Ordem e progresso

Introdução à história da sociedade patriarcal no Brasil – 3

Ordem e progresso

Processo de desintegração das sociedades patriarcal e semipatriarcal no Brasil sob o regime de trabalho livre: aspectos de um quase meio século de transição do trabalho escravo para o trabalho livre; e da monarquia para a república

Gilberto Freyre

6ª edição revista

Apresentação de Nicolau Sevcenko
Biobibliografia de Edson Nery da Fonseca
Notas bibliográficas revistas e índices elaborados por Gustavo Henrique Tuna

© **Fundação Gilberto Freyre, 2003**
Recife – Pernambuco – Brasil
6ª Edição, Global Editora, São Paulo 2004
1ª Reimpressão, 2016

Jefferson L. Alves – diretor editorial
Francisco M. P. Teixeira – editor adjunto
Gustavo Henrique Tuna – revisão de notas e elaboração de índices
Flávio Samuel – gerente de produção
Ana Cristina Teixeira – assistente editorial e revisão
Giacomo Leone Neto e Luiz Guasco – revisão
Fundação Gilberto Freyre e Global Editora – iconografia
Lúcia Helena S. Lima – projeto gráfico
Victor Burton – capa
Lúcia Helena S. Lima e Antonio Silvio Lopes – editoração eletrônica

A Global Editora agradece a gentil cessão do material
iconográfico pela Fundação Gilberto Freyre.

Obra atualizada conforme o
NOVO ACORDO ORTOGRÁFICO DA LÍNGUA PORTUGUESA.

Dados Internacionais de Catalogação na Publicação (CIP)
(Câmara Brasileira do Livro, SP, Brasil)

Freyre, Gilberto, 1900-1987.
Ordem e progresso / Gilberto Freyre ;
apresentação de Nicolau Sevcenko ; biobibliografia de Edson Nery da
Fonseca ; notas bibliográficas revistas e índices elaborados por
Gustavo Henrique Tuna. – 6a ed. rev. – São Paulo : Global, 2004. –
(Introdução à história da sociedade patriarcal no Brasil, 3)

Bibliografia
ISBN 978-85-260-0836-6

1. Brasil – Civilização. 2. Brasil – História – República Velha,
1889-1930. 3. Brasil – Usos e costumes 4. Freyre, Gilberto,
1900-1987. Ordem e progresso – Crítica e interpretação. 5.
Patriarcado – Brasil – História.6. Sociedade – Brasil – História I.
Sevcenko, Nicolau. II. Fonseca, Edson Nery da. III. Tuna, Gustavo
Henrique. IV. Título. V. Série.

03-7058   CDD-981.05

Índice para catálogo sistemático:
1. República Velha, 1889-1930 : Brasil : História social   981.05

Direitos Reservados

global editora e distribuidora ltda.
Rua Pirapitingui, 111 – Liberdade
CEP 01508-020 – São Paulo – SP
Tel.: (11) 3277-7999 – Fax: (11) 3277-8141
e-mail: global@globaleditora.com.br
www.globaleditora.com.br

Colabore com a produção científica e cultural.
Proibida a reprodução total ou parcial desta obra
sem a autorização do editor.

Nº de Catálogo: **2391**

*A Gilberto Amado, vigoroso sobrevivente de uma época – a
evocada nas páginas que se seguem – cujo crepúsculo seu
talento, então ainda de jovem, iluminou de modo singular*

e a
Lúcia Miguel-Pereira,
Rodrigo M. F. de Andrade,
Antônio de Barros Carvalho,
meus amigos.

"Le progrès est le développement de l'ordre."

AUGUSTE COMTE

"... Reality, if rightly interpreted, is grander than fiction."

THOMAS CARLYLE

*"The process of historical recreation
is not essentialy different
from that of the poet or novelist, except that his
(the historian's) imagination must be subordinated
sleeplessly to the truth."*

A. R. ROWSE

Gilberto Freyre fotografado por Pierre Verger, 1945.
Acervo da Fundação Gilberto Freyre.

Sumário

A modernidade do mestre do Recife
e a modernização mesquinha da República   13

Prefácio à 1ª edição   33

Nota metodológica   39

Nota bibliográfica   67

Índice biográfico   111

Tentativa de síntese   141

  I O 15 de Novembro no seu aspecto político: considerações
em torno da reação de um passado ao desafio do futuro   198

  II Ainda em torno da reação de um passado ao desafio do futuro:
testemunhos de uma época de transição   264

  III A República de 89 e a ordem social brasileira   290

  IV A República de 89 e o progresso cultural no Brasil   352

  V Ainda a República de 89 e o progresso cultural no Brasil   378

  VI A República de 89 e a ordem étnica   526

VII A República de 89 e o progresso da miscigenação no Brasil 578

VIII A República de 89 e a ordem econômica 626

IX A República de 89 e o progresso industrial no Brasil:
considerações em torno da realidade e da ficção
de um progresso talvez contraditório 714

X A República de 89 e a ordem religiosa no Brasil 766

XI A República de 89 e o progresso católico no Brasil 834

XII A República de 89 vinte e tantos anos depois: considerações
em torno da dissolução de um futuro em passado 872

XIII A República de 89 e o desafio do trópico à civilização brasileira 972

XIV A República de 89 e o desafio dos adeptos da restauração
monárquica aos republicanos no poder,
em torno da questão social 990

Apêndice 1 – Biobibliografia de Gilberto Freyre 1037

Apêndice 2 – Edições de *Ordem e progresso* 1073

Índice remissivo 1075

Índice onomástico 1095

A modernidade do mestre do Recife e a modernização mesquinha da República

"Há uma história na vida de todos os homens."
(SHAKESPEARE, William, Henry IV,
ato III, cena 1, c.1597-8)

"A história é a essência de inúmeras biografias."
(CARLYLE, Thomas, On History, 1830)

"Não existe propriamente a história, apenas biografias."
(EMERSON, Ralph Waldo, History, 1841)

*O*rdem e progresso, o livro, se abre com uma imagem impressionante. É o cartaz da *Grande Companhia Norte-Americana de Mistérios e Novidades Edna e Wood**, anunciando sua apresentação no Teatro São Pedro de Alcântara, no Rio de Janeiro, em 1895. O mesmo cartaz foi veiculado pelos jornais da capital e também, em tamanho ampliado, colado pelas paredes e muros da cidade. Tomado em mais de dois terços da sua área por uma única ilustração, espetacular e perturbadora, ele obviamente se destinava tanto ao público educado, quanto ao analfabeto, tanto às camadas mais abastadas, quanto aos assalariados, tanto àqueles que falavam português, quanto àqueles que mal o compreendiam. No espírito tradicional do circo, ele buscava um público amplo e diversificado, gente de ambos os sexos, todas as classes, todas as idades, famílias, indivíduos, grupos de amigos e companheiros de trabalho. Lamentavelmente, no cartaz, só se vê gente branca, já que o clichê era norte-americano, país onde prevalecia o *apartheid*. Não haveria de ser assim no Teatro São Pedro de Alcântara, talvez para o espanto dos membros da *troupe*, mas com certeza para a alegria do tesoureiro da Companhia.

---

* Esta imagem, a qual Nicolau Sevcenko se reporta, está no caderno iconográfico encartado neste livro.

Esse anúncio antigo ainda exerce um irresistível fascínio sobre o observador, o que deve ter tido um peso decisivo para que Gilberto Freyre o escolhesse como a grande abertura do seu livro, em tom comicamente espetacular para um livro sério, erudito e com um título tão solene. São detalhes como esse que revelam a sua originalidade sempre surpreendente. Mas há muito mais nesse cartaz do que apenas mistério e maravilha. As acrobatas da Companhia aparecem desempenhando proezas sobrenaturais. Uma flutua sobre a plateia segurando uma varinha de ponta irradiante. Outra permanece sentada, de ponta-cabeça, numa cadeira que repousa em posição impossível, apoiada com os quatro pés sobre o teto do teatro. Uma terceira caminha subindo horizontalmente pela parede vertical que divide o palco e a plateia, parando um instante em seu percurso antinatural para recolher um buquê de flores que um espectador lhe oferece do camarote. Ainda hoje ficamos perplexos com a cena. Como elas faziam isso? Qual era o truque?

Tendo nascido em 1900, talvez Gilberto Freyre, quando ainda criança, tenha visto alguma performance circense dessa natureza. Ele chega a lamentar, em tom melancólico, no início do livro, o modo como o aparecimento do cinema vai matando o circo, aos poucos porém, não de um só golpe, nos primeiros anos do século XX.[1] Se ele de fato viu alguma apresentação como essa, não haveria de esquecê-la jamais, porque o truque é de um realismo arrepiante para o espectador. Seu nome, significativamente, era "fantasmagoria". Ele era obtido pela iluminação intensa lançada sobre um ator em carne e osso, numa área invisível à plateia, normalmente sob o palco, cuja imagem em seguida era projetada para qualquer âmbito do teatro, através de um jogo calculado de espelhos e telas ocultas. Tem-se portanto a impressão de uma pessoa real, envolta porém numa aura de intensa luminosidade, cujo corpo escapa a todas as leis da física e a todas as limitações da realidade concreta. Theodor Adorno, se referindo a esse efeito, destacou seu enorme potencial ilusório, na medida em que "ao ocultar a produção [da imagem] por meio da aparência externa do produto (...), esse aspecto exterior demanda a condição de um ser autônomo".[2]

É extraordinário portanto, o quanto esse artifício da visualidade constitui um emblema do que Benjamin e depois Adorno exporiam como o processo reificador da alienação pela multiplicação das imagens ou daquilo que, mais tarde, Guy Debord descreveria como a vida vicária da mercadoria animada como espetáculo.[3] Não é portanto casual que Gilberto Freyre tenha escolhido essa ilustração como a chave de abertura de seu livro sobre o declínio da ordem patriarcal e a consolidação do mercado capitalista, baseado no trabalho assalariado. A fantasmagoria foi apenas mais uma das tecnologias de reprodução de imagens que invadiram a sociedade ocidental desde o início do século XIX. Elas se sucederiam num ritmo acelerado, se diversificando nos panoramas e dioramas, nos caleidoscópios, nos taumatrópios, nos zootrópios, nos fenaquistiscópios, nos estereoscópios, na fotografia e no cinema. O resultado dessas sucessivas transformações nos campos da ótica e das práticas de representação, provocou um abalo profundo no regime visual, tal como herdado do Renascimento e do Ilumininismo e centrado nas técnicas da perspectiva linear e da câmara obscura. Elas abalaram, descentraram, mobilizaram e dotaram o olhar de uma autonomia subjetiva, de modo a abrir assim o caminho para o que seriam as inovações revolucionárias do modernismo nas artes na transição para o século XX.[4]

O que se segue a esse cartaz prodigioso nas páginas seguintes do livro, é igualmente surpreendente. Gilberto Freyre compõe, no início da obra, um painel variado de matérias extraídas de jornais da época, anúncios diversificados na sua maior parte, mas também anúncios de aniversário, de casamento ou fúnebres, proclamas de leilões, ineditoriais, apedidos, sueltos, mensagens políticas e partidárias, notas de cobrança, ofertas de empregos, fachadas arquitetônicas de prédios residenciais ou comerciais, programas musicais, touradas, serviços de advocacia, de prostituição, clínicas de doenças venéreas, caridades, reuniões de lojas maçônicas, esclarecimentos de autoridades, juras de amor e por aí afora. O arranjo é completamente aleatório, a diagramação anárquica, as diferentes matérias se fundem e se interpenetram, desorientando o leitor e acentuando a sensação de uma barafunda gráfica e visual. Os temas dos anúncios e das matérias às vezes têm alguma relação com as análises do livro, às vezes apenas um nexo sutil e residual, às vezes não manifestam vínculo algum com os assuntos tratados. Essas autênticas colagens têm um mérito intrínseco, que é o de acentuar os aspectos contingentes, fortuitos e imponderáveis que caracterizam a dinâmica fluida e volátil da modernidade, corroendo hierarquias, abalando estruturas estáveis e acelerando mudanças. Nesses painéis introdutórios o autor como que renuncia à sua subjetividade e deixa que o jorro do material empírico construa os sentidos pelo seu próprio fluxo enérgico e descontrolado. Deslocando a centralidade, achatando a verticalidade, multiplicando os sujeitos, os nexos e os circuitos, ele reconstitui a sintaxe pela qual a modernidade instaura as condições da equiparação democrática implícita no projeto republicano.

Procedimentos como esses com os cartazes e os recortes da imprensa, assim como o método das entrevistas que comentaremos adiante, revelam como *Ordem e progresso* é o mais experimental dos livros de Gilberto Freyre e aquele no qual ele decidiu levar às mais sérias consequências as suas idiossincrasias. De todos os seus trabalhos, notáveis como o são em geral pela sua originalidade, neste em especial se pode vislumbrar o modernismo do escritor recifense, assumido conscientemente como o seu elo de compromisso com a atmosfera cultural dos seus anos de formação, ao redor da Primeira Guerra Mundial e ao longo dos anos 1920.

No contexto brasileiro Gilberto Freyre tem sido visto, de modo genérico, como uma figura periférica no âmbito do movimento modernista, cuja história ficou centrada sobretudo em São Paulo, com ressonâncias e interlocuções significativas no Rio de Janeiro e em Minas Gerais. Em virtude mesmo de ter organizado o Primeiro Congresso Regionalista no Recife, em 1926, e de ter escrito o *Manifesto Regionalista*, definindo e exaltando a singularidade do ambiente cultural nordestino, o escritor ficou circunscrito a esse seu espaço de eleição.[5] Os escritores do sudeste, neste mesmo momento, estavam empenhados em estabelecer uma consonância com as vanguardas internacionais, particularmente a francesa, procurando repercutir no Brasil as intensas transformações tecnológicas e os processos de metropolização que definiriam o padrão do que seria entendido aqui por modernismo, como uma projeção do país nativo voltado para o futuro. Gilberto Freyre, ao contrário, com seus parceiros regionais, José Lins do Rego, Rachel de Queiroz e José Américo de Almeida, se voltavam para a recuperação de todo um passado carregado de grande densidade histórica, social e ecológica. Fato que pesou decisivamente para que ele fosse representado, por parte da intelectualidade do sul, como um mero tradicionalista.

Esse juízo tem se provado não só injusto, como distorcido. Em primeiro lugar porque os intelectuais que se arvoravam revolucionários e inovadores no sul, eram em realidade mais conservadores e apegados às tradições do que se supunha ou do que eles tendiam a admitir.[6] Mas acima de tudo porque, confrontados diretamente, nenhum deles no sudeste, tivera uma vivência tão direta, prolongada e profunda com o ambiente cultural modernista, norte-americano e europeu, quanto Gilberto Freyre, em seus longos períodos de estudos, viagens e contatos artísticos e intelectuais pelos centros culturais dos dois continentes. Em termos de atualização de leituras e de sua posterior viagem à Alemanha em fins dos anos 1920 e início dos 1930, talvez só Sérgio Buarque de Holanda, tido, apesar de sua juventude, como o mais erudito dos intelectuais modernistas, poderia se comparar a ele.[7] Mas a convivência de Gilberto na Universidade de Colúmbia com Franz Boas e a nata da intelectualidade do período, suas relações com os poetas da *New Poetry* americana e com os imagistas ingleses, seu contato próximo com Yeats, Mecken, Tagore e John Dewey, fazem dele um caso único. Nenhum intelectual brasileiro do período circulou no epicentro do modernismo com tanta desenvoltura e familiaridade quanto ele.

* * *

O impacto devastador da Primeira Guerra Mundial provocou uma completa mudança do cenário cultural após o fim do conflito. A arte moderna, cujo potencial corrosivo irrompera com a revolução cubista no início do século, passou a ser vista com enorme desconfiança, como se seus excessos tivessem, de algum modo, contribuído para a catástrofe bélica que destruíra a mais requintada das civilizações, decantada em terras europeias desde o Renascimento.[8] O grito de comando dentre as novas gerações do pós-guerra exigia o imediato "retorno à ordem". O clima repressivo de uma Europa excessivamente militarizada incitava disposições reacionárias e anseios autoritários. A instabilidade econômica, social e política, acentuada pelas ressonâncias turbulentas das revoluções russa de 1917 e alemã de 1918, parecia empurrar o continente para o precipício da guerra civil. Duas datas emblemáticas revelam o que foi a atmosfera do entreguerras. Em 1922 os camisas-pretas de Mussolini marcharam sobre Roma, submetendo a Itália ao fascismo. Em 1933, com o incêndio do Reichstag, Hitler aniquilou toda e qualquer oposição, consolidando o terror nazista do III Reich.

As principais correntes de resistência crítica e criativa nesse período crítico foram dadá e o surrealismo.[9] Ambos se opuseram heroicamente ao embotamento das práticas culturais pelas tendências autoritárias predominantes. Dadá manteve sua autonomia estética intransigente, levando a liberdade artística aos limites extremos do solipsismo. Os surrealistas por sua vez se dividiram, parte optou por um caminho de orientação política pela esquerda comunista e outra se aproximou de uma disciplina científica incipiente, à qual eles haveriam de se incorporar, trazendo-a para o centro do debate cultural – a etnologia.[10] O ano-chave dessa aproximação foi 1925, quando um grupo de cientistas sociais, Lucien Levy-Bruhl, Paul Rivet e Marcel Mauss, criaram o Instituto de Etnologia em Paris. A partir dessa base pioneira eles transformariam a antiga coleção de quinquilharias coloniais do *Trocadero* no Museu do Homem e lançariam uma revista, *Documents*, em que atuariam em parceria com os agitadores surrealistas, abrindo um novo horizonte de pesquisas antropológicas que poriam em questão todas as convicções sobre as quais se assentava a cultura ocidental.

Entender como a etnologia se tornou no recurso crítico e cognitivo fértil e promissor por excelência no entreguerras, é um passo imprescindível para se entender Gilberto Freyre em primeiro lugar e sua obra, particularmente *Ordem e progresso*, depois. O interesse por culturas extraeuropeias já se mostrara decisivo na revolução cubista, baseada em grande parte na estética disruptiva das estátuas polinésias e das máscaras africanas. O impacto da Grande Guerra por sua vez desmoralizou e fez ruir os fundamentos em que se alicerçava a cultura europeia, responsáveis por terem desencadeado e justificado a carnificina. As opções totalitárias que se ofereciam, à direita e à esquerda, eram igualmente inaceitáveis para intelectuais independentes. No anseio de cobrir o imenso vácuo desses tempos críticos, eles se voltaram para outras tradições culturais, que os inspirassem a resistir tanto à ascensão do racionalismo das tecnologias desumanizantes e das engenharias de controle social, quanto às ideologias totalitárias, racistas e intolerantes impostas pelos partidos de massas através dos novos meios de comunicação.

Nesse sentido, o foco privilegiado das projeções antropológicas desses intelectuais e artistas se tornou o que eles chamavam de "culturas negras". Esse era um conceito guarda-chuva, amplo o suficiente para que nele coubessem, além de povos africanos, também polinésios, do extremo oriente e culturas pré-colombianas da América. Ou seja, povos que jamais tivessem participado do processo de formação da sociedade europeia e que estivessem longe o suficiente para manter sua aura de exotismo e de total estranheza. O elemento mais característico dessa atitude etnológica era uma concepção radical de relativismo cultural, destinado a dissolver qualquer ideia de hierarquia, superioridade ou predomínio de alguma cultura ou conjunto de valores sobre quaisquer outros. Nesses termos ele era o perfeito antídoto contra as tendências autoritárias, racistas e intolerantes vigentes.[11] O discurso etnológico não era o da superioridade, mas o da diferença; não enunciava a unidade, mas a fragmentação em inúmeras partes, pequenas que fossem, mas sempre equivalentes; não articulava a continuidade histórica e a convergência geográfica, mas a ruptura, o fluxo e a dispersão. O resultado dessa abordagem multiplicadora e fluida, paradoxalmente, foi a concepção de um novo, denso e profundo sentido de humanismo, baseado na compreensão, na tolerância, no respeito e na solidariedade. Um impulso generoso em meio ao furacão de ódio que desencadearia a Segunda Guerra e os campos de extermínio.

Do ponto de vista crítico e cognitivo, haveria outras contribuições ainda da etnologia, que teriam um impacto significativo sobre todo o conjunto das ciências humanas. Ela imporia definitivamente a predominância do viés da cultura sobre os fatores naturais da raça e do ambiente na explicação dos fenômenos humanos. Ela destacaria a subjetividade inevitável do pesquisador e de seus valores como elemento intrínseco e mesmo desejável das ciências sociais, contra os mitos positivistas da objetividade científica. Ela insistiria sobre a importância do substrato material sobre o qual se assentam as práticas, os rituais, as instituições e os processos simbólicos definidores de qualquer cultura, da culinária às cerimônias funerárias, dos ritos de iniciação às técnicas de caça, às brincadeiras e aos jogos. Da mesma forma, ela ressaltaria a relevância dos aspectos subconscientes e da sexualidade na dinâmica que articula as dimensões individuais, familiares, grupais e coletivas. Por último, mas em igual escala de importância, ela iria enfatizar as experiências do cotidiano, tanto as rotinas do dia a dia, como as contingências que demandam adaptações, improvisações, mudanças e reformulações.

Para dar conta de um programa de intenções tão complexo como esse, os europeus tinham toda a boa vontade, mas quem tinha o tirocínio, o treinamento e os métodos, eram sobretudo os norte--americanos. Lá, nos anos ao redor da Primeira Guerra, se dera a fusão entre os fundamentos teóricos, a pesquisa empírica e as técnicas da descrição etnográfica, consolidando ao mesmo tempo um novo campo do saber acadêmico e uma profissão científica de reconhecido interesse público. Bronislaw Malinowski, Radcliffe Brown e Franz Boas foram os principais responsáveis por essa construção disciplinar, fornecendo os modelos de trabalho de campo que seriam seguidos pelos seus sucessores.[12] Gilberto Freyre teve a rara felicidade de ser um dos estudantes de Franz Boas, formando-se na Universidade de Colúmbia junto com uma geração que galvanizaria os estudos etnológicos e antropológicos, dentre os quais se destacariam Melville Herskovits, Edward Sapir, Alfred Krober, Ruth Benedict e Margareth Mead. Nenhuma surpresa portanto que Gilberto Freyre tenha sido reconhecido como uma das grandes referências mundiais do século XX nos estudos antropológicos. Ele foi, literalmente, o homem certo, no lugar certo, na hora certa. E é por essa escala internacional que seu trabalho deve ser avaliado, mais do que pelo contexto nacional a que ele pertencia e onde atuou, em que todo esse debate não era ainda sequer embrionário.

* * *

No Brasil, os debates intensos sobre o padrão conformador da sociedade se concentravam ainda, com caloroso teor emocional, na questão das raças. Intelectuais e artistas das mais diversas posições, Euclides da Cunha, Monteiro Lobato, Lima Barreto, Mário de Andrade, Oliveira Lima ou Villa-Lobos, por exemplo, tentavam compreender as características ou as vicissitudes do país por um viés racial.[13] Mais que isso, tentavam distinguir um substrato unificador, capaz de fundir alma e corpo, cultura e sociedade, numa identidade única que definiria o caráter nacional brasileiro. Os primeiros trabalhos de Gilberto Freyre, o *Livro do Nordeste*, de 1925, e *Casa-grande & senzala*, de 1933, redefiniriam completamente os termos desse debate. Através deles, o autor comporia uma concepção orgânica da região açucareira do Nordeste, centrada na dinâmica funcional entre negros, brancos e mestiços. O aspecto chocante, para a época, dessas pesquisas, é que Gilberto observava a sociedade local, simultaneamente, como um membro integrante e participativo dela e como um cientista social estranhamente analítico.[14]

Uma sequência conjugada de fatos, a crise de 1929, o colapso da economia cafeeira que fora o esteio da hegemonia paulista na Primeira República, o golpe de 1930 e a ascensão de Getúlio Vargas, demonstravam que a sociedade brasileira vinha sendo abalada pelas mesmas forças que vinham desestabilizando o sistema capitalista em escala mundial. O advento de novas tecnologias e de um padrão de industrialização avançada, catalisado pelo esforço produtivo da Primeira Guerra, redistribuíam as oportunidades de concentração de renda para agentes mais agressivos, articulados com diferentes iniciativas de interferência estatal. O mercado de trabalho se recompunha para absorver novos estilos gerenciais decorrentes do planejamento, dos ganhos da economia em escala e da difusão das linhas de montagem. No Brasil, se iniciava a difícil transição de uma economia estritamente agroexportadora para um novo padrão industrial e de mercado interno consolidado. Mais que nunca era preciso entender o país, a fim de conhecer melhor os seus potenciais e colocá-lo em sintonia com as transformações internacionais. Dentro desse espírito, a elite política e empresarial paulista reuniria forças para a criação, em 1934, de um núcleo intelectual de elite, a Universidade de São Paulo, destinada à formação de quadros técnicos e científicos capazes de responder às pressões pela mudança e a planejar o país para o futuro.

Até que as primeiras gerações fossem formadas pelas missões de professores contratados nas universidades de elite da Europa e dos Estados Unidos, a iniciativa ficava por conta dos poucos que tinham as qualificações obtidas pelos seus esforços próprios ou de suas famílias. Essa foi a situação que projetou os três cientistas sociais pioneiros do país, Gilberto Freyre, Caio Prado Jr. e Sérgio Buarque de Holanda.[15] Caio Prado Jr., autor da *Evolução Política do Brasil*, de

1935, introduziu o método marxista de análise histórica, projetando os confrontos sociais como o eixo dinâmico tanto da formação da nação, quanto como a fonte das insuficiências que mantinham suas forças econômicas travadas. Sérgio Buarque de Holanda, com seu *Raízes do Brasil*, sondava o passado expondo as distorções nos níveis político e social que, por um lado, assinalavam uma tradição autoritária renitente, enquanto pelo outro bloqueavam a emergência de energias libertadoras e agentes democratizantes. Em contraste com ambos, Gilberto Freyre era o único que manifestava uma visão otimista, não problemática, compondo um quadro integrado, estável, funcional e altamente original da sociedade canavieira do Nordeste.[16]

No sentido que o modernismo europeu aplicava a essa expressão, como vimos anteriormente, Gilberto Freyre converteu a experiência histórica da monocultura açucareira numa visão antropológica de uma "sociedade negra". Ressaltados com ênfase e indisfarçável dose de afeto os traços menos "europeus", os mais íntimos, os mais extravagantes e os mais exóticos dessa sociedade fechada em si mesma, compreende-se o rápido e enorme sucesso que o livro teve sobretudo na América do Norte e no Velho Continente. Compreende-se também, pelo menos em parte, a má vontade com que foi recebido por boa parte da jovem intelectualidade acadêmica, sobretudo do Sudeste, empenhados em criticar as mazelas do passado e alinhar o país com a contemporaneidade. O projeto de Gilberto Freyre era porém nitidamente diferente do deles. As novas gerações de acadêmicos tinham um propósito eminentemente utilitário, um compromisso com o que eles definiriam como a modernização, o desenvolvimento, a soberania nacional. Sem ser indiferente a essas plataformas, Gilberto pretendia algo diverso: reconstituir um *ethos*, uma ambiência social carregada de memórias, emoções e excitação sensorial, uma experiência coletiva cujos sentidos se produziam e se encerravam nela mesma, uma vivência cultural cuja composição insólita, singularidade, inteireza e enraizamento territorial a justificavam como uma dimensão relevante em meio à diversidade humana.[17]

Se essa iniciativa parecia ousada em *Casa-grande & senzala*, aplicada aos três séculos da colonização, ela se desdobraria com a mesma desenvoltura para o período independente e para a área urbana, com *Sobrados e mucambos*, abrangendo a primeira metade do século XIX.

O plano original de Gilberto Freyre era o de uma tetralogia, envolvendo ainda *Ordem e progresso*, abordando dos anos 1870 até ao fim da Grande Guerra e concluindo com *Jazigos e covas rasas*, que não chegou a terminar. Como esse último estava previsto para ser apenas um ensaio e mais um contraponto que um desdobramento temporal em relação ao anterior, temos de fato em *Ordem e progresso* o fechamento do ciclo Gilbertiano. Visto em perspectiva, ele nos demonstra como o antropólogo encapsulou mais de quatro séculos de história em três sínteses sincrônicas consecutivas.[18]

Apesar da enorme extensão temporal, a abordagem permanece sempre assemelhada, a despeito das mudanças nas bases e fontes documentais de que o pesquisador se servia. Gilberto é sempre um observador participante, ele estuda o que é parte intrínseca de sua experiência, de suas memórias, de seus valores. De um certo modo ele é o seu principal informante. Nenhum de seus colegas de Colúmbia, nem mesmo Boas, jamais gozou de situação tão privilegiada. Dispondo de um tal domínio da cultura que ele estudava e que era a sua própria, ele podia ir direto ao âmago da rede de sentidos e valores culturais, elegendo símbolos capitais que, quando puxados para o primeiro plano, permitem a rearticulação em perspectiva de todo o plano de fundo. Por um efeito de metonímia, caro à geração dos alunos de Boas, algumas instituições emblemáticas, criteriosamente selecionadas e relacionadas entre si, podem se tornar a chave para o desvendamento de amplas e profundas estruturas sincrônicas.[19] Esse efeito funciona ainda melhor quando elas são construídas como símbolos, conceitos ou instituições emparelhadas, interativas e complementares: *Casa-grande e senzala*; *Sobrados e mucambos*; *Ordem e progresso*; *Jazigos e covas rasas*.

* * *

"Processo de desintegração das sociedades patriarcal e semipatriarcal no Brasil sob o regime de trabalho livre: aspectos de um quase meio século de transição do trabalho escravo para o trabalho livre; e da monarquia para a república." O subtítulo longo e ambicioso deste livro revela a intenção do seu autor de elaborar uma grande síntese histórica, sociológica e antropológica, à qual ele não se furtaria a acrescentar também uma vertente de psicologia social. De fato, como o termo do ciclo iniciado com *Casa-grande & senzala*, esse livro se desprende do âmbito mais regional e circunscrito dos dois anteriores, propondo-se como um estudo de âmbito nacional, elaborando análises e conclusões válidas para todos os quadrantes do território. Abordando um momento de intensas transformações, ele é também o mais diacrônico, mais atento ao tempo histórico, do que os anteriores. Por essa razão igualmente ele está centrado no Rio de Janeiro, capital do Império e da República. O período que ele abrange é, grosso modo, de 1871, quando, com a Lei do Ventre Livre, começam as pressões decisivas para a abolição da escravidão, à irrupção da Grande Guerra, que iria ao mesmo tempo corroer a economia cafeeira e acelerar a industrialização. Em *Ordem e progresso*, enfim, Gilberto Freyre não tem alternativa, dado ao momento crítico que ele enfoca, senão enfrentar um problema histórico e extrabrasileiro, o da modernização compulsória do país sob as pressões ingentes do capitalismo internacional.[20]

Ao estudar esse processo, o escritor teve que dosar a antropologia culturalista de Boas com as leituras positivistas que lhe foram tão caras em seus anos de formação. Estudioso entusiasmado das obras de Auguste Comte e de Taine, o autor de sua conversão sociológica entretanto foi o inglês Herbert Spencer, que havia incorporado a teoria positivista à tradição empirista anglo-saxônica. Sua primeira atividade intelectual notável, aos 16 anos, foi uma conferência sobre "Spencer e o Problema da Educação no Brasil", pronunciada na capital da Paraíba.[21] Essa vertente positivista explica não apenas o título do livro, o lema comtiano Ordem e Progresso, mas a linha de interpretação sociológica que atravessa todo o livro. Segundo ela, a elite dominante brasileira sempre soube assumir um compromisso equilibrado entre as pressões para a mudança, viessem elas de fora ou de dentro do país, e os requisitos para a manutenção da estabilidade estrutural e institucional do país. Ela só falhou num único episódio, o da abolição da escravidão, do qual os jovens republicanos se aproveitariam, explorando os ressentimentos dos grupos prejudicados, para provocar a mudança do regime. Desse ponto em diante, a Abolição, termina a cultura do patriarcado que ele descrevera com desvelo nos dois volumes anteriores da trilogia. A partir dali, o Brasil volta-se para o mundo, abrindo-se para a modernidade, e a antropologia cede o lugar para a história. Nas suas palavras, "os brasileiros, depois de 89 e, principalmente, em consequência do 13 de maio de 88, passaram a parecer-se menos com seus antepassados e a assemelhar-se um pouco mais com os seus contemporâneos".

Mas Gilberto Freyre alerta para o fato de que, por mais que essa mudança tenha se desencadeado de forma irreversível, seu compasso não foi radical, nisso precisamente repousando um lastro cultural brasileiro, esse apego das elites ao compromisso, à moderação, à preservação da ordem como prioridade que retarda as pressões da história. Nesse sentido, a fórmula do *Ordem e progresso* já estaria implicada na pragmática das elites dirigentes antes mesmo de Auguste Comte ou do positivismo. Gilberto Freyre a encontra aplicada por José Bonifácio e manifesta no modo como se fez a Independência, "o Brasil separou-se politicamente de Portugal, sem deixar de ser monarquia e de conservar, à testa do governo nacional, um português da mesma dinastia reinante entre os portugueses" (p. 52). Mais que um lema de uma corrente político-filosófica particular, o Ordem e Progresso é uma mística do patronato político, uma "constante nacional". Ele cita um exemplo emblemático de como se opera esse processo:

> "... a própria Bandeira Nacional com o seu lema – inovação positivista – Ordem e Progresso; e com a sua esfera e com as suas estrelas, também de invenção positivista. Mas sem que se tivessem modificado as formas e cores essenciais da mesma bandeira. Sem que a sofreguidão por um futuro messiânico tivesse levado aqueles bons discípulos brasileiros de Comte ao extremo de repudiar, em valores e símbolos consagrados pelo passado da sua gente, o que, nesses valores e símbolos, era já constante nacional. Constante por eles respeitada do mesmo modo que respeitaram a música do Hino Nacional." (p. 51-52)

Essa ênfase posta sobre as "constantes" insere um vetor inevitavelmente conservador na percepção da história. Mas não chega a ser suficiente para paralisá-la. Se por essa dimensão o estudo desse período decisivo da introdução do Brasil na modernidade parece ficar talvez demasiado enraizado no passado, esse efeito é compensado por outros âmbitos da imaginação moderna de Gilberto Freyre. Por exemplo, a sua concepção da técnica das entrevistas autobiográficas dirigidas a 183 pessoas nascidas entre 1850 e 1900, de ambos os sexos, de diferentes regiões, graus de educação, profissão, convicções, etc. Às quais foram acrescentadas outras tantas entrevistas concedidas oralmente, sobretudo por analfabetos e também diários, coleções de cartas e biografias inéditas ou impressas no período. Gilberto estava consciente da originalidade desse método, "não nos consta ter sido já escrito, em qualquer língua, livro do gênero deste..." (p. 48). Inédito como fosse, pela multiplicidade dos testemunhos, o método não deixa de ser peculiar às pesquisas antropológicas, especialmente dentre a geração a que ele pertenceu. Trabalhando com comunidades iletradas, os colegas de Gilberto "conversavam" com quantos membros do grupo lhes fosse possível ou conveniente, sendo que poucos chegariam a ser citados ou nomeados. No caso do antropólogo brasileiro, considerando a própria condição social e as expectativas de suas fontes, vê-se que a listagem de seus nomes e posições eram um tanto inevitáveis.

O aspecto inovador porém não está na listagem, mas na padronização das entrevistas em 17 questões formuladas por igual a todos (p. 65). Essa decisão retira em grande parte o valor histórico dos testemunhos, visto que questões que podem ser relevantes para alguém numa determinada geração ou posição social ou com um tipo peculiar de educação ou profissão, são indiferentes ou impróprias para outros. O que o antropólogo visava contudo, era menos a singularidade de cada história pessoal, do que o resultado do esforço de autoconsciência do interlocutor em relação a um processo radical de mudança histórica. Não era tanto a mudança em si que ele queria verificar, mas a percepção dela por diferentes sensibilidades. Seu objetivo maior não é o dado empírico, é o registro existencial, a ressonância afetiva, os efeitos psicossociais e culturais associados a um processo de mudança acelerada, num meio longamente isolado e alheio a transformações drásticas. Nesse sentido, sem dúvida, o livro manifesta uma preciosa novidade e um refinado tato analítico.

Outras características inovadoras de *Ordem e progresso*, típicas como fossem da prática antropológica de Gilberto Freyre, mas que ganham um especial destaque nesse momento, são sua atenção para o cotidiano, a privacidade e a cultura material. Também nesse sentido este livro mantém uma notável atualidade metodológica. As condições aceleradas de mudança histórica produzem contrastes nítidos entre as gerações, as camadas sociais, as profissões, as regiões, as comunidades étnicas e nacionais e assim por diante. Os objetos, as mercadorias, as modas, as rotinas, os rituais, dos banais aos mais elaborados, dos cotidianos aos cíclicos e aos eventuais, constituem índices preciosos das fantasias, tensões, trocas e acomodações sociais. Gilberto Freyre é um mestre em ler a história no seu substrato material. Sua disposição compulsiva à elaboração de vastas séries de objetos, de práticas, de gestos ou de palavras, deslocam qualquer sentido de centralidade cultural, realçando a ação fluida, dispersiva, equalizadora e corrosiva das energias da modernidade, esquivas a quaisquer controles ou reduções conceituais. A colagem de recortes de jornais que abre o livro é uma indicação que antecipa o espírito da pesquisa como um mergulho num arranjo altamente subjetivo, aleatório e fugaz. Se por um lado Gilberto Freyre insiste na "preponderância de formas sobre o transitório das substâncias" (p. 63), essa dimensão anárquica e imprevisível da multiplicação das matérias heteróclitas contamina e compromete a estabilidade impassível das durações que ele configura como as "constantes" do tempo histórico brasileiro.

Para que não fique a impressão de que o mestre pernambucano é recalcitrante às análises históricas e à denúncia das injustiças legadas por um passado opressivo, caberia chamar a atenção aqui para o capítulo final e portanto de maior efeito conclusivo. Seu título é bastante revelador "A república de 89 e o desafio dos adeptos da restauração monárquica aos republicanos no poder, em torno da questão social" (p. 990-1.035). Ele insiste nessa questão candente, talvez hoje ainda mais que outrora, sobre a sistemática do abandono das agendas sociais prioritárias pelos grupos de oposição, assim que ascendem ao poder. Tal foi o caso dos republicanos. Vociferando desde 1870, com a fundação de seu partido, pela abolição da escravidão, a incorporação dos excluídos à cidadania e a construção de uma sociedade democrática e participativa, assim que chegaram ao poder esses líderes criaram um regime ainda mais elitista, concentracionário e excludente do que aquele da monarquia que haviam destituído. Paradoxalmente os monarquistas, ou ao menos parte deles, acabaram se tornando os campeões da luta pelo resgate da dívida social. Nesse mesmo contexto, a análise de Gilberto Freyre sobre a Revolta da Armada, é absolutamente empolgante, comovente e atual, denunciando a nefasta insensibilidade das elites governantes sobre as vulnerabilidades, carências e expectativas do povo pobre deste país. Conservador como pode ter sido em assuntos políticos, ele demonstra aqui que, se há uma "constante" cuja resolução é imperativa, ela é a da desigualdade e da exclusão social.

Suas palavras, quase que ao final do livro, ponderando os ensinamentos a serem inferidos da Revolta da Armada, ecoam os grandes estadistas que viam na educação e promoção social do povo os mais prodigiosos instrumentos para a modelagem de um futuro promissor para o país, como José Bonifácio, Joaquim Nabuco ou José do Patrocínio. São palavras que evocam ademais, quase que literalmente, os termos com que Euclides da Cunha denunciou o crime aberrante de Canudos e Lima Barreto expôs a arrogância, a insensibilidade e o segregacionismo perverso que marcavam as relações das novas elites republicanas para com as populações humildes, tipificadas no episódio da Revolta da Vacina. Essas palavras, nesse sentido, são tão dramaticamente atuais, que se apresentam como a ponte mais propícia para ligar essas ponderações introdutórias com o coração apaixonado que pulsa ao longo das páginas deste livro, tornado-o por isso mesmo, um dos grandes clássicos do pensamento brasileiro:

> "O que se fez com a Marinha desde os primeiros dias da civilização da República de 89, foi o que se fez com o Exército, com o Rio de Janeiro, com os portos, com as indústrias: cuidou-se da modernização das coisas e das técnicas sem se cuidar ao mesmo tempo da adaptação dos homens ou das pessoas a novas situações criadas pela ampliação ou pela modernização tecnológica da vida brasileira. (p. 1.019) (...) Mas o problema básico e imediato tanto para o Exército como para a Marinha era o de assegurarem sua unidade ou sua integralidade, desenvolvendo o seu elemento médio: deixando de ser *élites* de bacharéis fardados que não se faziam compreender, senão vagamente, pela massa de soldados rasos para esforços em comum que de fato correspondessem a situações especificamente tropicais, sul-americanas, brasileiras.
>
> Era também o problema das indústrias que vinham nascendo prejudicadas pela mesma desarticulação entre os industriais-chefes e seus operários. O problema dos eleitores que vinham crescendo em número sem que se desenvolvesse

a sua compreensão dos problemas agitados pelos bacharéis da alta política. O problema de muitos dos jovens que se formavam doutores em Medicina na Bahia e mesmo no Rio de Janeiro, distanciados do saber vivo, prático, concreto de pajés e curandeiros caboclos e negros dos quais muito poderiam aprender sobre ervas e doenças tropicais. O problema da agricultura, cuja modernização se procurou fazer através dos mesmos métodos abstratos e acadêmicos e sem se cuidar de desenvolver, em escolas práticas e experimentais, um número considerável de contramestres que igualmente aprendessem da tradição oral da gente do campo lições de coisas sobre assuntos especificamente tropicais que não lhes poderiam ser ensinadas pelos mestres importados da Europa e dos Estados Unidos." (p. 1.022-1.023)

Eis uma expressão clara da tradição mais nobre do pensamento social brasileiro. Essa é a modernidade que a nossa modernização não soube incorporar.

Uma sabedoria profundamente enraizada no nosso legado intelectual, mas sistematicamente renegada pela "*élite*" dirigente. Voltemos a ela uma vez mais, mergulhemos no vigor crítico das suas aspirações democráticas. Por mais tarde que seja, talvez ainda não seja tarde demais.

São Paulo, primavera de 2003.

Nicolau Sevcenko
Professor de História da Cultura
Departamento de História da FFLCH
UNIVERSIDADE DE SÃO PAULO

Notas

1. FREYRE, G. *Ordem e progresso*, p. 155.

2. ADORNO, T. In: *Search of Wagner*, Londres, 1981, p. 85, citado por CRARY, Jonathan. "Techniques of the observer, on vision and modernity in the nineteenth century". Massachusetts, MIT Press, 1992, p. 53.

3. DEBORD, Guy. *The society of the spetacle*. London, Free Press.

4. CRARY, J. op.cit., p. 12-24 e 137-150.

5. VENTURA, Roberto. Casa-grande & senzala. *Col. Folha Explica*. São Paulo, Publifolha, 2000, pp. 36-39.

6. SEVCENKO, N. *Orfeu extático na metrópole: São Paulo, sociedade e cultura nos frementes anos 20*. 2ª reimpressão, São Paulo, Cia. das Letras, 2003, passim.

7. Sobre Sérgio Buarque de Holanda cf. DIAS, Maria Odila Leite da Siva (org.), *Sérgio Buarque de Holanda*, São Paulo, Ática, 1985, série Grandes Cientistas Sociais, vol. 51, especialmente a Introdução da organizadora, *"Sérgio Buarque de Holanda, historiador"*, p. 7-64. Ver também, BARBOSA, Francisco de Assis (org.). *Raízes de Sérgio Buarque de Holanda*. Rio de Janeiro, Rocco, 1989.

8. Essa percepção do modernismo é desenvolvida em profundidade por EKSTEINS, Modris. *Rites of spring, the great war and the birth of the modern age*. London, New York, Bantam Press, 1989.

9. Para uma crítica particularmente aguda do impacto da frente dada-surrealismo no entreguerras, SHATTUCK, Roger. *The innocent eye, on modern literature & the arts*. New York, Farrar, Strau, Giroux, 1984, especialmente "The D-S Expedition", p. 40-60.

10. Sobre os surrealistas e a etnologia, cf. CLIFFORD, James. *The predicament of culture, twentieth--century ethnography, literature and art*. Cambridge (MA-USA) and London, Harvard University Press, 1988, especialmente "On ethnographic surrealism", p. 117-151.

11. Idem, ibidem, p. 135-148.

12. Sobre a plataforma teórica dos estudos etnográficos e antropológicos e seus fundadores no contexto anglo saxônico, cf. CLIFFORD, James, "On ethnographic authority" in op.cit., p. 21-54.

13. LEITE, Dante Moreira. *O caráter nacional brasileiro, história de uma ideologia.* São Paulo, Ática, 1992.

14. Sobre o impacto inovador das primeiras obras de Gilberto Freyre e as reações que provocou no meio cultural brasileiro, ARAÚJO, Ricardo Benzaquen de. *Guerra e paz, Casa-grande & senzala e a obra de Gilberto Freyre nos anos 30.* Rio de Janeiro, Editora 34, 1994; VASCONCELLOS, Gilberto Felisberto. *O xará de Apipucos, um ensaio sobre Gilberto Freyre.* São Paulo, Casa Amarela, 2000; FALCÃO, Joaquim e ARAÚJO, Rosa Maria Barbosa de (orgs.). *O imperador das ideais, Gilberto Freyre em questão.* Rio de Janeiro, Colégio do Brasil, UniverCidade, Fundação Roberto Marinho, Topbooks, 2001. VENTURA, Roberto. Casa-grande & senzala. São Paulo, *Publifolha*, vol. 9 da série Folha Explica, 2000.

15. Um ensaio clássico sobre o papel desses pioneiros é a introdução do crítico Antonio Candido de Mello e Souza ao livro de Sérgio Buarque de Holanda, "O significado de raízes do Brasil", escrito em 1967 e republicado em todas as reimpressões posteriores do livro.

16. Um ensaio muito esclarecedor desses aspectos da obra do antropólogo é SCHWARTZ, Stuart. "Gilberto Freyre e a história colonial: uma visão otimista do Brasil", in FALCÃO, J. e ARAÚJO, R. M. B. de, op.cit., p. 101-120.

17. A crítica das limitações, distorções, equívocos e simplificações das obras de Gilberto Freyre forma a essa altura já um corpus bibliográfico consolidado, cuja profusão de argumentos não seria o caso de retomar nos limites desse ensaio introdutório. Para um levantamento da bibliografia sobre Gilberto Freyre remeto os interessados a VENTURA, R., op.cit., p. 85-89.

18. Num artigo de notável argúcia crítica, o historiador Evaldo Cabral de Mello aponta o que ele distingue como "a novidade da abordagem gilbertiana: a transposição para uma sociedade de tipo histórico, como a brasileira, até então exclusivamente examinada a partir dos métodos diacrônicos da história, da visão sincrônica desenvolvida pela antropologia anglo-saxônica para a descrição de sociedades primitivas." MELLO, Evaldo Cabral de, "O ovo de Colombo Gilbertiano" in FALCÃO, J. e ARAÚJO, R. M. B. de (orgs.). *O imperador das ideias*, op.cit., p. 17-45, o trecho citado está na p. 28. Nessa mesma coletânea, são igualmente esclarecedores das sínteses metodológicas do antropólogo recifense os artigos de PALLARES-BURKE, Maria Lúcia Garcia, "Um método antimetódico: Werner Heisenberg e Gilberto Freyre", p. 32-45 e BURKE, Peter, "A cultura material na obra de Gilberto Freyre", p. 55-70.

19. Sobre a utilização desses procedimentos metodológicos por Boas e seus discípulos, cf. CLIFFORD, J. "On ethnographic authority" in *The Predicament of culture*, op.cit., p. 21-54, especialmente as p. 26-32.

20. Sobre esse quadro histórico decisivo de transformação do país, na transição do Império para a República, cf. SEVCENKO, N. "A inserção compulsória do Brasil na belle époque", in *Literatura*

como missão, tensões sociais e criação cultural na primeira república. ed. revisada e ampliada, São Paulo, Cia. das Letras, 2003 e também SEVCENKO, N. "O prelúdio republicano, astúcias da ordem e ilusões do progresso", Introdução ao vol. 3, *República: da belle époque à era do rádio, da história da vida privada no Brasil*, coleção organizada por Fernando NOVAIS, São Paulo, Cia. das Letras, 1998, p. 7-47.

21. Sobre as relações do jovem Gilberto Freyre com o positivismo, cf. VENTURA, R. *Casa-grande & senzala,* op. cit., p. 24-29, especialmente as p. 25-26.

Prefácio à 1ª edição

Com o ensaio *Ordem e progresso*, a série de estudos em torno da sociedade patriarcal no Brasil – das suas origens e do seu desenvolvimento –, iniciados em 1933 com o ensaio *Casa-grande & senzala*, aproxima-se de conclusão, dentro do plano estabelecido pelo autor. Essa conclusão se verificará com o ensaio *Jazigos e covas rasas*, cuja publicação deverá ser acompanhada de três volumes de material ilustrativo dos assuntos versados nos vários ensaios da série: documentos, mapas, fotografias, caricaturas. Acompanhada também da publicação, na íntegra, de algumas das muitas autobiografias escritas em resposta ao inquérito ou questionário, organizado pelo autor, e nas quais sobreviventes da época de transição do Império para a República, estudada nas páginas que se seguem, fixam suas reações aos mesmos estímulos, isto é, às mesmas perguntas. Perguntas de caráter geral e perguntas concretas ou específicas.

É tempo de exprimirmos nosso reconhecimento a quantos generosamente nos auxiliaram na colheita de material tão difícil de ser colhido, como o que constitui grande parte do lastro deste estudo; e facilitaram, assim, a elaboração do terceiro dos ensaios que vimos nos aventurando a escrever nesta série; e, nessas aventuras, tocando, por vezes, no que de mais íntimo guarda o passado do homem brasileiro: sua vida sexual e de família; sua vida sentimental; as relações de menino e de adulto com a escola, com o teatro, com a rua, com a Igreja; sua atividade econômica e seu comportamento político em momentos às vezes decisivos da época que viveram; suas manifestações intelectuais e artísticas; e, no caso das páginas que se seguem, sua participação direta ou indireta na vida pública do fim do Império e do começo da República.

Vários desses colaboradores já não vivem. Alguns deles, barões do Império, senhores de engenho, fazendeiros do café, cônegos, vigários, médicos, advogados, engenheiros, militares, comerciantes, caixeiros, operários, industriais, funcionários públicos, parlamentares, políticos, jornalistas, babalorixás, homens do mundo, mulheres das chamadas alegres, transmitiram-nos já no fim de vidas longamente vividas informações preciosas sobre o antigo viver senhorial da gente brasileira. Outros, antigos escravos ou negros nascidos na época da escravidão, eram também indivíduos já muito gastos pelo tempo quando os ouvimos; mas ainda lúcidos e com excelente memória. Com voz arrastada de velhos, já no fim dos seus dias, informaram-nos acerca das suas relações com os senhores; com as festas; com os ritos religiosos; com as atividades rurais e urbanas no Brasil ainda escravocrático e patriarcal.

Houve, dentre eles e dentre antigos senhores, quem nos fizesse confidências como a um padre. Foi ouvindo-os, visitando suas casas antigas, seus sobrados velhos, escutando o som fanhoso dos seus pianos de cauda, dos seus bandolins, das suas flautas, há anos silenciosos, acariciando bonecas outrora louras e brinquedos arcaicos da meninice guardados por alguns quase como fetiches, que conseguimos nos contagiar do ambiente predominantemente patriarcal em que eles viveram, divertiram-se, sofreram, trabalharam, amaram. Também lendo suas cartas, seus cartões-postais, seus rascunhos de diários, seus testamentos, suas anotações a lápis ou a pena em almanaques, em romances, em álbuns de retratos, em cadernos de receitas de bolo; seus pensamentos ou seus versos escritos em leques ou ventarolas. Nossos melhores agradecimentos vão para esses sobreviventes da antiga ordem social brasileira, muitos dos quais tiveram a gentileza de pachorrentamente nos confiar por escrito suas autobiografias, respondendo a perguntas por vezes indiscretas de um questionário que visava obter de grande número, e não apenas de alguns, reações – repita-se – aos mesmos estímulos ou às mesmas provocações de memória ou de sensibilidade.

Por conseguinte utilizáveis em interpretações antropológicas ou sociológicas de passado assim especificado.

Alguns dos depoentes foram indivíduos nascidos nos primeiros anos da segunda metade do século XIX. Outros, já no fim desse século: nos últimos anos, até desse século – o XIX – ou no ano 0 do XX, tendo visto a época que se pretende agora interpretar através de olhos apenas de menino e de adolescente – às vezes mais agudos no ver e no fixar as impressões ou observações.

Não foi contrariada, na elaboração do estudo que se segue, a advertência do sociólogo espanhol Julian Marías, à página 52 do seu recente *La estructura social – teoría y método*, Madri, 1955, de que se deve procurar estudar historicamente uma sociedade – "sujeito plural" – considerando nela a presença, num mesmo tempo, de vários tempos distintos; e identificadas com esses vários tempos, várias gerações. Uma época, considerada sob critério sociológico, compreende a coexistência de várias gerações. Para o professor Marías, *"cuatro generaciones, ni más ni menos"* formariam o que ele denomina uma *"época minima"*. Portanto, uma duração de cerca de cinquenta ou sessenta anos. Dando-se como ponto de partida, para a época considerada no ensaio que se segue, o fim da década de 1860 ou o início da de 1870, no século XIX, e como ponto de conclusão, o fim da segunda década do século XX, procede-se um tanto arbitrariamente, é certo; mas inclui-se na época evocada a presença de quatro gerações que, com seus quatro tempos distintos, formariam um tempo sociologicamente único ou característico. Os homens que constituem a época presente não são, como adverte o professor Marías, *"sino parcialmente coexistentes, de manera que el hombre de 'otro tiempo' – el anciano – conviva con el de éste y se encuentren los dos o más tiempos cualificados en un mismo presente"*. Tratando-se de época menos presente – o fim do século passado e o começo do atual*, num período de cerca de cinquenta anos – resolvemos considerá-la não através da coexistência de duas gerações apenas, mas de quatro – bisavô, avô, pai, filho –, integrando-se assim o período, por um lado, na época anterior, através do bisavô, e, por outro, na posterior, através do bisneto, conforme o extremo que sirva de ponto de referência.

(*) Trata-se do fim do século XIX e começo do século XX.

Se todo o nosso esforço de colheita de material para os estudos a que nos temos aventurado em torno das origens e do desenvolvimento da sociedade patriarcal no Brasil vem sendo não apenas pesquisa igual às outras, as convencionais, de campo e de arquivo – mas um difícil esforço, com alguma coisa de aventura, de busca de documentos pessoais guardados em arquivos de família; de descoberta de papéis esclarecedores, sugestivos e significativos, ainda que obscuros; de conquista de pequenos nadas capazes, às vezes, de iluminar, melhor do que as grandes luzes, as sombras de um tempo morto – nenhuma parte desse esforço foi mais essa aventura do que a última: a que se reflete no ensaio agora publicado, *Ordem e progresso*. Resultou enorme a massa de material autobiográfico que conseguimos, não num ano ou dois, mas em mais de dez, na verdade quase em vinte, recolher daqueles sobreviventes.

Estas novas confissões – não a austero familiar do Santo Ofício mas a simples pecador, igual aos depoentes –, só nos foi possível reuni-las num esforço aparentemente fácil, na verdade dificílimo, de bisbilhotice disfarçada em investigação sociológica – ou o contrário – e tendo por colaboradores amigos dedicados e bons. A esses amigos, nossos agradecimentos. A todos eles: inclusive Doninha de Sigismundo, pecadora arrependida que, velha e vestida de preto, como a mais severa das viúvas, contou-nos há anos, durante meses a fio, intimidades da vida sexual de ilustres homens de governo do fim da Monarquia e do começo da República, suas informações confirmando as que com muita dificuldade recolhemos sobre assuntos afins dessas intimidades, de eminente baronesa do Império.

Ninguém espere do ensaio que se segue que seja história convencional do período de vida brasileira que principalmente considera. De modo algum é este o seu propósito; e sim o de tentativa de interpretação antes do passado íntimo que do público, do homem nacional, através do seu existir ou do seu viver no mesmo período: um viver que foi nosso afã procurar surpreender em diversas áreas e em diferentes tempos, sob a forma do que essas diferenças nos pareceu ter concorrido para um ser sintético ou coletivo; e para um tempo composto, embora plural. Interpretação das relações do primeiro desses dois passados com o outro – o público – em pontos por nós considerados psicológica e sociologicamente significativos para a compreensão do que seja o *ethos* brasileiro, através de constantes que pareçam vir superando, em suas formas de ser constantes, diferenças de área e de tempo sociais.

Mais sobre este assunto se dirá na Nota metodológica; e outro tanto, na Nota bibliográfica. Na última se registram as principais fontes de informação impressa de que nos servimos, além dos depoimentos escritos e das anotações daquelas confissões orais que constituem o lastro ou a base principal em que se apoia quanto, no ensaio que se segue, pretende ser generalidade nova ou interpretação também nova sobre tema já muito versado. Do ponto de vista político, versado de modo admirável pelo escritor José Maria Belo na sua *História da República* – destaque-se desde já; embora com algumas omissões, várias delas graves em obra, como a sua, principalmente cronológica no seu critério de apresentação e ordenação de fatos.

Neste prefácio, apenas desejamos exprimir – repita-se – nossos agradecimentos não só a quantos nos auxiliaram com aquelas suas informações – agradecimentos que serão renovados noutras oportunidades, neste mesmo livro – como àqueles que mais paciente e inteligentemente nos ajudaram no preparo do manuscrito para publicação. Injusto seria deixarmos de particularizar Adalardo Cunha e Marina Nicolay de Carvalho, no Rio de Janeiro, Lubélio Zirondi, em São Paulo, e Marco Aurélio de Alcântara, no Recife.

G.F.
Santo Antônio de Apipucos,
julho de 1957.

Nota metodológica

Este estudo – *Ordem e progresso* – é o terceiro da série que, iniciada com o ensaio *Casa-grande & senzala*, teve sua continuação em *Sobrados e mucambos* e será concluída – como já se disse no prefácio – com o ensaio *Jazigos e covas rasas*, atualmente em rascunho e a ser publicado breve. Constituem os quatro uma tentativa de introdução sociológica e antropológica à história da sociedade patriarcal no Brasil.

"Analisemos com probidade o presente; melhor compreenderemos então o passado para que possamos com segurança projetar para o futuro", escrevia em 1924 Vicente Licínio Cardoso num dos ensaios que constituem o livro *À margem da história da República*, excelente "inquérito por escritores da geração nascida com a República" (A. Carneiro Leão, Gilberto Amado, Oliveira Viana, Pontes de Miranda, Ronald de Carvalho, Tasso da Silveira, Tristão de Ataíde e outros), publicado naquele ano no Rio de Janeiro. Nosso critério, no ensaio que se segue, foi outro: a análise de um passado ainda recente da sociedade brasileira, para melhor compreensão do seu presente e do seu futuro, com os três tempos às vezes considerados, quanto possível, nas suas interpenetrações; e isto, através do que neles é menos perecível, isto é, suas formas e seus processos; suas constâncias; suas resistências a progressos por vezes mais aparentes do que reais, embora alguns tenham sido reais e tenham tornado arcaicas situações que pareciam estáveis ou duradouras. Através, também, do que neles é variável numa época que, em espaço físico e social da extensão do brasileiro, se apresenta como uma só quando foi na verdade diversamente vivida pelos seus vários subgrupos, nem sempre coincidindo os tempos ou os ritmos desse viver só aparentemente um só. O tempo de Antônio Conselheiro e o do Conselheiro Rodrigues Alves, por exemplo, foram contraditórios e diversos, embora ambos vivessem na mesma época e cada um fosse a seu modo conselheiro e importante, tendo o de Canudos alcançado um renome internacional – retrato no *Almanaque Hachette*, por exemplo – de modo algum atingido pelo de Guaratinguetá.

A forma da sociedade estudada no ensaio que se segue – a patriarcal – pretende-se que tenha sido a mesma, como forma predominante, através de toda a época nele considerada, havendo variado no tempo suas substâncias e, com estas, os aspectos simplesmente históricos ou cronológicos daquela forma. No critério, por nós seguido, de classificação desses aspectos, preponderam, porém, sobre as considerações de tempo apenas histórico ou somente cronológico, as de tempo social – ou de "tempos sociais", como diria mestre Georges Gurvitch; e que têm igualmente variado, no Brasil, em virtude de predominâncias desiguais de regiões, classes, raças, culturas, com relação ao todo brasileiro. Daí assuntos versados no primeiro dos quatro estudos terem transbordado no segundo; e os do segundo transbordarem neste, que é o terceiro. Daí não só transbordamentos dessa natureza como repetições ou insistências, por vezes concordamos que de mau efeito estético ou literário. Daí, também, a quase nenhuma rigidez de fronteiras entre os próprios capítulos do ensaio que se segue, quando se propõem, uns, a surpreender do quase meio século de passado social do Brasil considerado nas suas páginas, as expressões de constância nesse passado, devorador de um futuro messiânico; outros, os seus aspectos dinâmicos ou, no sentido apenas sociológico da palavra, progressivos. Relativamente progressivos. Sem que se atribua a tais aspectos a realização ou sequer a manifestação de um processo verdadeiramente messiânico de desenvolvimento nacional; ou exemplo do que um darwinista, aplicando marxistamente sua biologia à sociologia, chamaria "evolução".

Esta tentativa de introdução à história da sociedade patriarcal no Brasil vem sendo escrita, desde o início, sob o critério de não ter havido no desenvolvimento brasileiro progresso mas progressos; sob o critério, também, de não vir sendo a ordem brasileira uma só, monolítica ou única, mas uma variedade de ordens que têm se juntado para formar, às vezes contraditoriamente, o sistema nacional, a um tempo uno e plural, em seu modo de ser ordenação ou sistematização de vida e de cultura. De modo que tem sido ordem, num plano desse sistema, o que noutros planos se tem manifestado sob o aspecto de desordem. A consciência de ordem católica encarnada por D. Vital, bispo de Olinda, em momento dramático da vida brasileira, encontrou no senso de ordem política que animou então contra a Igreja, e particularmente contra os seus bispos mais severamente ortodoxos, os estadistas principais do Império, radical contradição. Eram entretanto dois aspectos essenciais – essas duas ordens – de um só sistema não só de convivência como de ordenação nacional; e esse sistema, ainda, o patriarcal de família, de cultura, de economia, de governo, de religião. Um sistema mais compreensivo ou mais amplo que qualquer das suas ordens; a social (no sentido mais restrito de social), a política, a cultural (no sentido mais restrito de cultural), a étnica, a econômica, a religiosa. Um sistema – ou uma ordem social total – que conservou na República suas formas principais de ser, ou de vir sendo, desenvolvidas durante séculos de relações íntimas – embora nem sempre harmoniosas – ou de interpenetração profunda entre aquelas várias ordens; e quase sempre de complementação ou integração dos seus vários, contraditórios e desiguais progressos, num progresso aparentemente único: o luso-americano, o brasileiro, o nacional. Contradição que dentro do progresso econômico, por exemplo, significou, na época evocada no ensaio que se segue a esta nota, sacrifício do progresso agrário ao industrial. E dentro do progresso católico, o sacrifício da popularidade de alguns dos ritos ou de algumas das práticas da Igreja à sua purificação de excessivas intrusões africanas, por um lado, e familistas ou patriarcalistas, por outro lado, na sua ortodoxia.

Ver uma época já desfeita, isto é, um passado, ou antes, uma ordem social desaparecida de todo ou quase de todo, já advertiu o professor Charles Horton Cooley, na página 73 do seu hoje clássico *Human Nature and the Social Order* (Nova Iorque, 1922), que é esforço extremamente difícil. Isto porque *"we can scarcely rid ourselves of the impression that the way of life we are used to, is the normal, and other ways are eccentric"*. Tanto com relação às distâncias no tempo como às distâncias no espaço, a tendência do homem é limitar seu sentido de normalidade à sua experiência imediata. Daí a tendência de já se considerar não só o fim do século XIX como o próprio mil e novecentos brasileiro época esquisita; mais pitoresca do que normal; bizarra nas suas modas; absurda em alguns dos seus costumes. E o fim do século XIX no Brasil, época ainda mais bizarra que o começo do século XX; mais pitorescamente afastada do que o brasileiro de hoje supõe ser a normalidade nacional, isto é, a normalidade visível e presente: a iniciada se não com a ditadura Getúlio Vargas, sob as vigorosas provocações à ordem estabelecida que resultaram nessa ditadura, isto é, as inquietações operárias de 1919, e os movimentos militares, animados de ingênuos mas perigosos ideais messiânicos, de 22, de 24, de 30.

Movimentos que de fato marcaram o fim da época considerada no ensaio que se vai ler. A qual, tendo sido uma época de transição, foi, entretanto, caracterizada por um forte sentimento de apego aos ritos da legalidade da parte dos brasileiros então mais responsáveis pelos chamados destinos nacionais. Esse apego à legalidade, revelou--o o próprio Floriano Peixoto; revelou-o Deodoro; e só o comprometeram agitações regionais e de superfície como foram a de Antônio Conselheiro; a de João Cândido ou a Revolta da Armada; e o surto militarista de 1911 em alguns Estados do Norte. Note-se, porém, da principal figura desse pseudomilitarismo – o general Dantas Barreto – que foi o primeiro a tornar-se mais notável pela sua farda e pelo seu pincenê de membro da Academia Brasileira de Letras que pelos seus galões de oficial superior do Exército, a que se atribuíram, por algum tempo, pretensões napoleônicas; e em Hermes da Fonseca os cariocas acabariam festejando o "bom liberal" e exaltando "o bom cidadão" que ele, aliás, não deixara nunca de ser: nem mesmo nos seus dias mais intensos de reorganizador do Exército pela modernização da sua técnica e pelo avigoramento da sua disciplina. No que Hermes se empenhara então fora num esforço de retificação, talvez necessária, dos excessos paisanos do chamado "Imperador filósofo" com relação às Forças Armadas. Excessos menos contra o Império, em particular, que contra a ordem social brasileira, em geral – ordem evidentemente necessitada de um Exército prestigioso e disciplinado que a resguardasse de aventureiros, sem que esse prestígio e essa disciplina tivessem precisado atingir o extremo militarista ou caudilhesco atingido por López, no Paraguai.

Este, o perfil de equilíbrio que vários dos testemunhos e documentos reunidos para servir de lastro ao ensaio que se segue parecem indicar ter sido possível ao Império brasileiro atingir, sem sua elite se haver deixado superar, nos seus meios de procurar conciliar com as solicitações do progresso os interesses de ordem nacional, pela ideologia do grupo de jovens republicanos, de algum modo *profiteurs* do repentino triunfo abolicionista. Não tendo se verificado tal equilíbrio, a República se fez necessária. Mas necessária dentro de constantes, porventura psicossociais, de conciliação daquelas solicitações com esses interesses que, como constantes, se revelaram superiores, entre os brasileiros, as diferenças técnicas de regímen político; e conforme um sentido de progresso, condicionado por outro sentido – o de ordem – que o lema positivista, parece ter vindo antes confirmar nos brasileiros, que inventar no Brasil. Os brasileiros, depois de 89 e, principalmente, em consequência do 13 de Maio de 88, passaram a parecer-se menos com os seus antepassados e a assemelhar-se um pouco mais com os seus contemporâneos. Mas sem ter havido, no caso dos brasileiros de então, radical alteração nessa maneira de um povo – ou do que havia então de povo, entre nós – revelar-se, na sua fisionomia, mais caracterizado pelas semelhanças com os antepassados que com as semelhanças com os contemporâneos; ou o contrário.

É essa uma das conclusões a que nos consideramos autorizado por uma nova interpretação de documentos já conhecidos, relativos à época em apreço; e aos quais se juntou, para a tentativa de análise e de interpretação, sob critério principalmente sociológico, do meio século de transição do trabalho escravo para o livre vivido pelos brasileiros entre a Lei do Ventre Livre (1871) e a presidência Venceslau Brás, o estudo de considerável número de autobiografias de indivíduos nascidos em nosso País entre 1850 e 1900: indivíduos dos dois sexos, das três raças e de suas várias nuances de mestiçagem; de profissões diversas; de condições sociais e intelectuais diferentes; de credos ou fé também diferentes.

Essas autobiografias, dificílimas de recolher, foram provocadas. Mais do que isto: foram dirigidas. Dirigidas, porque solicitou-se de cada autobiografado que, embora podendo-se expandir livremente naquelas reminiscências que fossem mais do seu gosto ou do seu agrado ou que lhe viessem espontaneamente à lembrança, respondesse a determinadas perguntas. Tais perguntas foram feitas a mais de mil brasileiros nascidos naquela época com o fim de se conseguirem deles reações aos mesmos estímulos, informações sobre os mesmos assuntos, possíveis revelações de diferentes traumas ou euforias suscitados pelos mesmos acontecimentos com repercussões diversas sobre indivíduos da mesma época e do mesmo país. Não obtivemos mil respostas escritas ao questionário organizado com a intenção de provocar essas autobiografias dirigidas: dirigidas mas sem coação maior da parte do pesquisador sobre os seus pacientes. Alguns desses recusaram-se a qualquer espécie de resposta. Outros concordaram em prestar depoimentos ou fazer confissões apenas orais, transformando o pesquisador em quase sacerdote católico; pois os mais refratários a respostas escritas foram, de ordinário, os que se consideravam mais traumatizados por certos acontecimentos da época sob análise; ou sob fortes sentimentos de culpa, com relação a personagens ou instituições importantes da mesma época. Houve quem chorasse ao nos fazer tal espécie de confissão.

Ainda outros ditaram suas respostas de boca pelo simples fato de serem analfabetos. Mesmo assim, chegaram a quase trezentas as respostas escritas e conseguidas durante anos de paciente colheita, que nos pareceram inteiramente idôneas nas suas informações e representativas nas suas reações, em alguns pontos não só diferentes como contraditórias aos mesmos estímulos.

Foi esforço, o dessa colheita em que vários amigos nos auxiliaram: dentre outros, Manuel Bandeira e Dilermando Cox, no Rio de Janeiro; Dante de Laytano, no Rio Grande do Sul; Aureliano Leite e Francisco de Assis Barbosa, em São Paulo; Pedro Nava, em Minas Gerais; Maria Clay, no Maranhão, Luís Maia, no Ceará, Diogo de Melo Meneses, na Paraíba; Almir de Andrade e Risério Leite, na Bahia. Material virgem, pessoal, colhido na fonte. Alguns autobiografados nos impuseram a condição de serem suas respostas consideradas confidenciais ou reservadas: delas por vezes nos utilizamos – sem declararmos sua origem – quase como se traíssemos segredos de confissão; confissão de interesse sociológico. Nunca, porém, deixamos de cumprir o prometido a tais autobiografados, alguns deles há anos falecidos: a promessa de não lhes revelar os nomes de modo algum; a de não nos utilizarmos senão obliquamente das suas confissões; a de considerarmos seus depoimentos orais, secretos; ou simples provocações a sondagens de outra espécie em torno de fatos ou acontecimentos por eles revelados.

É claro que em alguns desses depoimentos procuramos descontar possíveis exageros: reflexos de extremadas posições ideológicas outrora assumidas pelos depoentes. Extremadas foram na verdade as posições ideológicas de alguns dos brasileiros da época de transição que, através de provocações de depoimentos autobiográficos, procuramos revelar sob novos aspectos. Contra as possíveis repercussões dessas ideologias nos depoimentos nos conservamos atentos: atentos ao positivismo ortodoxo, de uns; ao antipositivismo, por vezes áspero, de outros; ao republicanismo ardente, de uns; ao monarquismo fervoroso, de outros; ao abolicionismo quase religioso, de uns; ao antiabolicionismo também quase sectário de outros. Foram profundas as restrições ao modo por que se fez entre nós o Treze de Maio, opostas por contemporâneos dos Joaquim Nabuco, da Princesa Isabel, dos José do Patrocínio, dos Rui Barbosa.

É também certo que somente procuramos nos utilizar de depoimentos de pessoas limpidamente idôneas, desprezando aqueles que nos parecessem prejudicados, não por simples paixões ou exaltações ideológicas – de resto tão humanas – mas por interesse, além de particular, mesquinho, em desvirtuar acontecimentos ou desfigurar fatos; ou em mistificar o pobre do pesquisador, passando-lhe gato por lebre.

Além desses depoimentos autobiográficos, em número de quase 300, foi considerável o número de outros documentos pessoais e virgens, de que nos servimos na elaboração do ensaio que se segue: cartas, entre as quais algumas inéditas e interessantíssimas, de Aluísio Azevedo a Francisco Guimarães; a correspondência, também inédita e interessantíssima, de Emílio Cardoso Ayres com sua mãe, Da. Emília de Melo Vieira Cardoso Ayres; cartas características da etiqueta da época como a escrita pelo bacharel Leopoldo Marinho de

Paula Lins a Alfredo Alves da Silva Freyre, pedindo em casamento a mão da sua filha Adélia da Rocha Wanderley da Silva Freyre; cartas e postais, também inéditos, de governantas alemãs e inglesas para amiga brasileira, de europeus residentes no Brasil a parentes na Europa, de brasileiros residentes no Rio de Janeiro a parentes deixados na província, o diário manuscrito de Jerônimo Teles Júnior; o diário manuscrito de um engenheiro inglês a serviço da Great Western, no Brasil, nos últimos anos do Império; o diário manuscrito de S. A. Accioli Lins (fim do Segundo Reinado e começo da República); o diário manuscrito de José Maurício Cavalcante da Rocha Wanderley, Barão de Tracunhaém; o manuscrito de um trabalho, em começo, de Estácio de Albuquerque Coimbra, sobre a vice-presidência da República brasileira (manuscrito encontrado entre os papéis do ilustre político pelos revolucionários de 1930, que nos foi há pouco gentilmente enviado pelo deputado Carlos de Lima Cavalcanti); escrituras de escravos; inventários; testamentos; numerosas contas de fornecedores de gêneros, principalmente de artigos de vestuário, que constam de arquivos brasileiros de família (inclusive o da Família Imperial, conservado hoje em Petrópolis pelo historiador Guilherme Auler) e que ilustram significativo aspecto da vida nacional nos fins do Império e nos começos da República de 89; o arquivo da família Lassance, do Rio de Janeiro – tão ligada à Família Imperial nos dias de transição do Império para a República – posto à nossa disposição pelo por algum tempo senador da República Hamílton Nogueira, casado com uma filha do general Lassance; o arquivo da Casa-Grande do Brejo, na Bahia; o da Casa-Grande de Noruega, em Pernambuco; o da Casa-Grande da Forquilha, da família Werneck, no Rio de Janeiro; o da família do barão de Amaragi, também em Pernambuco; o da família Silva Freire, ou Freyre, em Pernambuco; outros arquivos de família; álbuns de família, inclusive parte do da família Joaquim Nabuco; álbuns de cartões-postais – inclusive o que pertenceu a Da. Iaiá Cavalcanti, filha de Félix Cavalcanti de Albuquerque – livros manuscritos com modinhas da época; cadernos de músicas da época acompanhadas das respectivas letras; cadernos escolares da mesma época (1870-1915); livros manuscritos de cozinha ou de doces.

Também buscamos sugestões da época em candeeiros, porcelanas, cristais, bonecas, leques e brinquedos de criança. Valioso foi para nós o conhecimento ou o estudo dos leques do fim do século XIX e do começo do XX da coleção Tasso; o dos rótulos de cigarros do mesmo período da coleção Brito Alves; o de objetos de titulares do Império – carteiras, caixas de rapé, camafeus – da coleção Ricardo Brennand.

Esta própria nota é escrita em ambiente a que não faltam sugestões do mil e novecentos brasileiro: um tinteiro, representando a então gloriosa Sarah Bernhardt – recebida, ao que se diz, com tanto entusiasmo pelos estudantes de direito de São Paulo, que não permitiram os rapazes à atriz francesa rodar pelas ruas da capital paulista em carro puxado prosaicamente por cavalos – afastaram os cavalos e eles próprios puxaram o carro triunfal de madame; tinteiro que foi de Joaquim Muninho e nos foi oferecido em ano já remoto por Da. Laurinda Santos Lobo, cujo salão de Santa Teresa tivemos ainda o gosto de frequentar; um pegador de papel que foi de Joaquim Nabuco – presente com que nos honrou, também há anos, a viúva do grande brasileiro; um original de caricatura de Emílio Cardoso Ayres; uma fotografia de Estácio Coimbra de chapéu do chile e fato branco de senhor de engenho, montado num dos cavalos preferidos para seus passeios rurais em Morim; outra fotografia de Joaquim, cardeal Arcoverde, oferecida logo após sua ascensão ao principado da Igreja, a pessoa amiga de Pernambuco. Mais: é escrita à luz de um candeeiro dos chamados belgas, tão característicos dos interiores brasileiros de residências, no fim do século XIX e no começo do XX. Luz elétrica, é certo, mas em candeeiro fabricado para a luz de querosene. Acomodação do passado com o futuro.

É claro que nos estudos a que nos entregamos em torno do que foram no Brasil o fim do século XIX e o começo do século XX – o mil e novecentos brasileiro – não deixamos de recorrer aos anúncios de jornais da época; às chamadas "solicitadas" nos mesmos jornais; às notícias de falecimentos, aniversários, casamentos, tanto quanto às políticas e às crônicas sobre assuntos econômicos e financeiros; às revistas ilustradas; às revistas para crianças; às caricaturas. E a livros quer de estrangeiros, quer de nacionais, que versaram assuntos brasileiros, então atuais ou do dia. Mas a estes se fará referência noutra nota: na bibliográfica, embora reservemos para o volume exclusivamente de documentação, que deverá acompanhar os três de texto, bibliografia quanto possível completa referente ao meio século de vida nacional considerado nas páginas do ensaio que se segue.

Aqui nos limitaremos a procurar caracterizar o método seguido na elaboração do mesmo ensaio; e que foi método de algum modo original ou novo. Não nos consta ter sido já escrito, em qualquer língua, livro do gênero deste, baseado principalmente em material virgem constituído por autobiografias representativas; e essas autobiografias dirigidas, de maneira a ser possível a própria comparação quantitativa de umas respostas com as outras. Procurou-se, através dessas autobiografias provocadas, surpreender nos brasileiros da época sob análise as relações da comunidade, urbana ou rural, em que nasceu ou cresceu o indivíduo, com o passado brasileiro, com o nacional, com a América, com a Europa, com o mundo contemporâneo; as relações entre o mundo pessoal e o impessoal, dentro do qual se formou o mesmo indivíduo; sua simbiose com os espaços – o físico, o social, o cultural – pelos quais se estendeu sua vida de brasileiro ou sua atividade ou sua imaginação, numa época de transição como foi, em nosso país, o fim do século XIX alongado no princípio do XX. Várias das perguntas, aparentemente insignificantes, foram o que visaram: surpreender nessas relações – de pessoa com pessoa, de pessoa com subgrupo e grupo, de pessoa com coisa, de pessoa com valor – o que nelas fosse mais sutil, sem deixar de ser significativo. O uso pelos homens, por exemplo, da bengala: na época símbolo tão forte de masculinidade e insígnia tão importante de classe senhoril e de raça superior, como os bigodes que os mesmos homens pudessem usar, de maneira então só possível aos indivíduos de raça caucásia ou semita, retorcidos e abundantes. Com relação à atitude dos brasileiros de então para com as raças diferentes da sua, pediu-se a cada autobiografado que fixasse essa atitude – quase sempre respondendo ele não alimentar preconceito algum nem de raça nem de cor. Foi-lhe então feita outra pergunta: como receberia o casamento de filho ou filha, de irmão ou de irmã, com pessoas de cor mais escura? As respostas recolhidas à última pergunta são interessantíssimas, quer do ponto de vista antropológico, quer do psicológico. E nos fazem por vezes participar de um período brasileiro, de cujos extremos nos distanciam de um, quase meio século, de outro pouco menos de um século, como se fosse ainda atualidade, tal a projeção das atitudes ou dos sentimentos aí revelados sobre um futuro já agora transformado em passado. Entretanto, alguns dos depoentes, falecidos há anos, se ainda vivessem, talvez tivessem de retificar seus sentimentos etnocêntricos, em face de uniões conjugais de filhos ou netos com pessoas de cor ou com descendentes de pessoas outrora de cor. São uniões que se vêm verificando, quer devido à decadência social de certas famílias, outrora ricas, além de aristocráticas; quer devido à ascensão social de outras, outrora mais marcadas pela sua condição étnica que pela sua situação cultural ou econômica de brancos em potencial.

Vê-se, por estes reparos de ordem metodológica, constituir o ensaio que se segue tentativa de interpretação sociológica, além de antropológica ou psicológica, de uma época, seguindo-se mais as atividades, os símbolos, os valores em vigor entre os que a viveram, que o conjunto de fatos um tanto convencionalmente levantados pelos puros historiadores como expressão completa dessa época. O critério seguido nesse esforço de interpretação foi menos o histórico, assim puro ou convencional, que o antropológico ou psicológico de procurar reconstituir-se a ordem social considerada – a brasileira de cerca de 1870 a cerca de 1920 – como exemplo daquela "ordem de distribuição de valores", a que se refere, à página 60 de livro recente – *Theory and Practice of the Social Studies* (Nova Iorque, 1956) –, o professor Earl S. Johnson: tanto valores-coisas, isto é, casas, dinheiro, móveis, veículos, roupas, chapéus, objetos de uso, joias, máquinas – como valores imateriais: ideologias políticas e sociais, ideais de honra, ideais de pátria, de raça e de família, místicas religiosas. Vistos sob esse critério – sob esse critério de uma ordem social quanto possível considerada na sua totalidade de inter-relações – os fatos deixam de caracterizar, como puros fatos, uma época, para refletirem o que nela é ou foi conflito entre atitudes de uns homens para com os outros; e esses conflitos, em torno de valores ou símbolos, estimados desigualmente por classes, regiões, raças; culturas, sub-épocas, subordens, representadas dentro daquela ordem e daquela época. Mas o que principalmente define uma época é o conjunto de elementos diversos que constituem ou constituíram a ordem social nela dominante; o que, nesse conjunto, há ou houve de comum nos valores e nos símbolos consagrados valores e símbolos nacionais por esses vários elementos.

Ou aceitos pela maioria, sob a imposição de minorias quando não criadoras, conservadoras, renovadoras, ou intérpretes decisivas de tais símbolos e valores.

Daí, para a interpretação de uma época, não ser suficiente o analista dela, desdobrado em intérprete, familiarizar-se com o que no seu decorrer foram fatos; ou apenas valores-coisas. É preciso que ele se torne quanto possível íntimo das relações entre as pessoas e esses valores; entre as pessoas e os valores imateriais; entre as pessoas e os símbolos mais característicos da época. O conhecimento da realidade que o cientista social procura – salienta o professor Johnson na página 163 do seu já citado e recente livro – é o que se baseia mais na interpretação que na descrição dessa realidade. Daí ser-lhe necessário buscar penetrar a realidade social através do estudo direto de pessoas, tomadas isoladamente (biografias) ou em interação com outras (biografias sociológicas); através do estudo indireto dessas mesmas pessoas, pela análise de símbolos, palavras e estatísticas que lhes digam respeito; e por "penetração simpática" – ("*simpathetic penetration*") – diz o professor Johnson; "empatia", vimos nós dizendo há anos, depois de termos sido o primeiro a empregar em português a expressiva palavra, derivada do grego. Pois já não há mais quem pretenda ver a vida ou o passado do homem, em geral, racional, de todo explicável através de métodos apenas racionais, lógicos, matemáticos; ao contrário – escreveu já há anos o professor Frank H. Knight no seu "The Limitations of Scientific Method in Economics", na página 105 do livro *The Ethics of Competition* (Nova Iorque, 1936) – "*the scientific view of life is a limited and partial view*" desde que "*life is at bottom an exploration in the field of values*".

São valores em movimento, em transformação, em transmutação – aqueles com que tem de lidar o historiador sociólogo ou o antropólogo cultural ou social que se prolongue em historiador. Donde a necessidade, encarecida ainda pelo professor Johnson, de se ter por "verdadeiro conceito histórico" o de transformação e não o de tempo fixo. Mas sem que sob esse critério – o da transformação – se despreze a consideração das constantes: as constantes das formas e dos processos – ponto em que alguns de nós, sociólogos, antropólogos e psicólogos sociais modernos, preocupados com os problemas sociais e psicológicos de tempo, vimos talvez concorrendo para libertar o estudo histórico tanto da sua subordinação ao estreito critério da descrição do fato como ao igualmente estreito critério de análise da transformação social, para a esses dois critérios insuficientes e estéreis, opormos o do estudo empático de valores e de símbolos, através do estudo sociológico de formas e processos. É ideia por nós esboçada em trabalho já antigo: o nosso *Sociologia: introdução ao estudo dos seus princípios*, do qual acaba de aparecer nova edição. Sem empatia, não é possível o estudo do passado assim amplo e intenso a um tempo; social e pessoal. Estudo que nos transmita do passado humano um pouco do que nele foi valor vivo, símbolo vivo; ou existência, vivência, experiência condicionada por valores e símbolos.

Daí um professor dos nossos dias como Johnson recomendar aos seus leitores à página 341 de livro estritamente didático, como é o seu *Theory and Practice of the Social Studies*: "*Try your best to create a nostalgia for the part.*" Precisamente o pecado antissociológico de que mais temos sido acusado no Brasil por críticos nem sempre idôneos: o de nos mostrarmos "nostálgico" das épocas que evocamos. O professor Johnson reconhece a necessidade de irmos até a saudade – ou nostalgia – do passado, na busca de compreendê-lo, reconstituí-lo, interpretá-lo através de penetração em seus valores e em seus símbolos. Esses valores e esses símbolos, viveram-nos, às vezes intensamente, homens que, tendo desaparecido como indivíduos, nem sempre desapareceram sob a forma de expressões de valores, alguns dos quais uma época tem transmitido a outra, através de séculos, ou decênios de transição. Daí, talvez, os positivistas dizerem que "os vivos são governados pelos mortos".

Generalização aplicável a eles próprios, à sua participação como positivistas nos fatos ou acontecimentos que resultaram na transformação do Brasil de Monarquia em República. Foi uma participação de minoria intelectual que se exprimiu em torno de valores e de símbolos, de considerável importância para a nação inteira; mas de tal modo se manifestou essa intervenção que alguns dos valores e símbolos brasileiros vindos do Império e alterados – reformados mas de modo algum deformados pelos positivistas de 89 – ainda hoje vive o Brasil. Um deles a própria Bandeira Nacional com o seu lema – inovação positivista – "Ordem e progresso"; e com a sua esfera e com as suas estrelas, também de invenção positivista. Mas sem que se tivessem modificado as formas e cores essenciais da mesma bandeira. Sem que a sofreguidão por um futuro messiânico tivesse levado aqueles bons discípulos brasileiros de Comte ao extremo de repudiar, em valores e símbolos consagrados pelo passado da sua gente, o que, nesses valores e símbolos, era já constante nacional. Constante por eles respeitada do mesmo modo que respeitaram a música do Hino Nacional.

Mortos, quase todos os positivistas que participaram, como positivistas, da transformação do Brasil de Monarquia em República; e morto ou quase morto, no Brasil, o próprio positivismo sob o aspecto de igreja ou seita ou apostolado, que chegou a ser, nem assim esses mortos deixaram de influir sobre os vivos. O trabalhismo brasileiro, por exemplo, nasceria de raízes em parte positivistas: positivistas naqueles pontos em que seu programa refletiria ideias, sentimentos ou sugestões de Getúlio Vargas. Porque Vargas seria brasileiro até o fim da vida marcado por sua formação positivista. Um vivo fortemente governado por um morto: Júlio de Castilhos. Um cúmplice de agitadores progressistas que nunca deixaria de ser um aliado secreto dos brasileiros preocupados em resguardar de perturbações estéreis a ordem nacional. Nem sempre guardaria saudável equilíbrio, de resto tão difícil, entre esses dois extremos. Mas nunca deixaria inteiramente de viver sob constantes positivistas tendentes a consagrar, sob a fórmula "ordem e progresso", constantes sociais ou psicossociais brasileiras, anteriores a Comte: vindas de José Bonifácio e do próprio modo por que o Brasil separou-se politicamente de Portugal, sem deixar de ser monarquia e de conservar, à testa do governo nacional, um português da mesma dinastia reinante entre os portugueses.

O estudo da época de transição vivida pelo Brasil, dos anos que imediatamente se seguiram à guerra com o Paraguai, à Lei do Ventre Livre, à publicação do Manifesto Republicano e à prisão dos bispos, à participação da República, já consolidada, na Primeira Grande Guerra Europeia, e na Conferência da Paz, é o que parece indicar: a resistência daquelas constantes a crises que, noutro país da América chamada latina, talvez tivessem resultado em desagregação da ordem nacional. Uma ordem que no Brasil se revelou mais bem equilibrada que em qualquer desses outros países, graças, talvez, à simbiose que aqui se estabilizou, em dias decisivos para a formação nacional, entre a forma monárquica ou autoritária de governo – a forma, é bem de ver, e não a substância – e a organização patriarcal da família: simbiose que em vez de dificultar, favoreceu, sob vários aspectos, o desenvolvimento da população em sociedade sob vários aspectos democrática.

* * *

Acreditamos não haver excesso em admitir-se, nos estudos que um tanto pioneiramente vêm sendo empreendidos no Brasil, em torno da formação patriarcal da família, da sociedade e da cultura brasileiras e de alguns dos aspectos mais íntimos dessa formação, dessa sociedade e dessa cultura, a "originalidade" que neles vêm destacando críticos estrangeiros, ao apontá-los como "modelos" metodológicos para estudos que, segundo eles, faltam à América Espanhola, à Anglo-Saxônica e à própria Europa. É certo que com a atitude desses críticos não coincide a de alguns nacionais. Ainda há pouco, em introdução a interessante ensaio denominado *O catolicismo no Brasil*, o professor Tales de Azevedo, da Universidade da Bahia, destacava justamente o contrário, isto é, "estarem ainda por estudar", no Brasil, "muitos dos aspectos da sociedade" – o que é exato, principalmente quanto à atualidade – dentre esses aspectos especificando, pela "sua importância", "a família e a estratificação social em suas múltiplas facetas estruturais e funcionais". Neste particular é que talvez se impusesse uma ressalva, em virtude de vir-se esboçando no nosso país uma tentativa de análise em profundidade da formação e da deformação da família patriarcal que críticos estrangeiros e mesmo brasileiros, especializados no assunto, vêm reconhecendo constituir, sob alguns aspectos, esforço pioneiro de estudo sistemático da matéria. Assim, se é certo, como pretende o professor Tales de Azevedo, que o professor Antonio Candido, "quando redigiu seu artigo sobre a família no Brasil, para a obra coletiva, *Portrait of Half a Continent*, organizada pelos professores Lynn Smith e A. Marchant, "teve de valer-se dos próprios recursos para construir de base, porque praticamente nada havia sobre o assunto" (*O catolicismo no Brasil*, Rio de Janeiro, 1956, p. 4), evidentemente o critério de validade de material sociológico seguido pelo mestre baiano exclui da sociologia quanto seja histórico; e da sociologia da história quanto exceda a caracterização estatística do desenvolvimento de uma instituição. Resulta assim muito estreito o sentido que atribui o distinto sociólogo baiano à expressão, por ele próprio empregada – "estrutura íntima" – com relação ao passado da família brasileira.

Precisamente essa intimidade de estrutura é que vem sendo analisada pioneiramente em estudos brasileiros de sociologia genética com um afã de profundidade que críticos estrangeiros supõem não haver sido até hoje ultrapassado ou sequer igualado por analistas do mesmo assunto noutros países, havendo-se criado na França a expressão "sociologia proustiana" para caracterizar a especialização brasileira. Especialização baseada numa extensão e numa intensificação do método empático de análise, compreensão e interpretação do que de mais íntimo se possa encontrar no passado de uma sociedade, que talvez repugne, como método, aos puros objetivistas em questões de metodologia antropológica, sociológica ou histórica.

Mas a esses puros objetivistas nem o *interview*, nas suas formas mais controladas, nem a *life history*, nas suas formas mais convencionais, se apresentam como métodos ortodoxamente sociológicos, obcecados como se acham pelo método chamado em inglês *"statistical survey"* – tão útil, na verdade, à sociologia, ou à antropologia social, dentro dos seus limites. Poucos são hoje, entretanto, os sociólogos que se contentam em ver a sociologia dentro desse cinto de castidade aparentemente científico. Uma das características da sociologia moderna vem sendo a de procurar com a antropologia, a psicologia e a história sociais, os *"new tools of research"* a que se refere o professor Emory Bogardus à página 557 da mais recente edição (Nova Iorque, 1954) da sua *Sociology*. Essa procura, em face dos chamados *"social surveys"* e das *"social statistics"* virem se revelando insuficientes ou deficientes na captação da experiência humana, umas, por não irem ao mais profundo dessa experiência, outras, por se conservarem *"some what formal"* na análise da mesma experiência – daqueles seus aspectos subjetivos, que incluem "experiências pessoais" por meio das quais possam ser surpreendidos "processos sociais" nas suas raízes. Os significados, portanto, dos fatos e, sobretudo, das diferentes reações dos membros de uma só comunidade aos mesmos acontecimentos ou aos mesmos estímulos.

Mesmo que se admita, como o professor Bogardus admite e como admitem os professores Louis Gottschalk, Clyde Kluckhohn e Robert Angell, em *The Use of Personal Documents in History, Anthropology and Sociology* (Nova Iorque, 1945), que na chamada *life history* haja inexatidões da parte da pessoa que se autobiografa ou se deixe autobiografar, por falhas de memória ou de remembrança, a *life history* será sempre valiosa, desde que caracterizada pela *bona fide*. A maneira pela qual um indivíduo recorda sua experiência, mesmo quando ele a recorda com inexatidões, é – lembra o professor Bogardus – "altamente significativa" (*"highly significant"*), pois suas falhas ou distorções de lembrança (*"distorted remembrance"*), mais do que os acontecimentos tais como aconteceram, é que explicam suas reações a esses acontecimentos e – acrescentemos ao professor Bogardus – a outros estímulos ou a outras provocações; e quando essas distorções de lembrança – continuemos nossas reflexões à margem do capítulo do recente livro do professor anglo-americano sobre pesquisa social – não se limitam, quanto ao sentido da distorção, a um indivíduo só mas caracterizam as atitudes de vários, tornam-se distorções suscetíveis de análise psicológica, por um lado, e estatística, por outro, e também valiosa – essa análise estatística – para a interpretação sociológica do passado sob estudo.

Cremos que o material autobiográfico reunido para o ensaio que se segue, pelo fato, talvez novo em pesquisas do gênero da por nós empreendida, de ter sido um material até certo ponto dirigido por meio de perguntas que provocaram respostas, quase sempre escritas – embora às vezes orais ou completadas oralmente por *"non-directive interviewing"* do analista com alguns dos seus autobiografados – presta-se, em várias das reações suscitadas nos autobiografados em torno dos mesmos estímulos, a interpretações estatísticas. Não as procuramos desenvolver, porém, sob expressão matemática, no ensaio que se segue: o que só conseguiríamos, aliás, com o auxílio de especialistas. Apenas sugerimos as possibilidades dessa interpretação ou dessa utilização ao mesmo tempo qualitativa e quantitativa em torno de atitudes para com valores e símbolos, da parte de indivíduos representativos que durante cerca de meio século constituíram o Brasil; sua sociedade patriarcal não de todo uniforme nem tampouco estática durante esse quase meio século, porém vária no espaço e no tempo assim sociais como físicos; seu sistema de família, de economia, de cultura; sua cultura, no sentido mais restrito da palavra: a academicamente literária, a artística, a científica.

Para nos aventurarmos à obra a que vimos, há anos, nos aventurando, por etapas mais psicológicas do que lógicas ou cronológicas, de interpretação da formação social do Brasil, partimos da suposição, talvez sem fundamento real, de sermos indivíduo dotado de alguma "*empathic ability*", para usarmos a expressão de M. B. Suszki, em tese, ainda inédita, de doutoramento universitário, intitulada *Empathic ability and social perception*, citada e resumida pelos professores Roger W. Heyns e Alvim F. Zander no capítulo 9 da obra coletiva organizada pelos professores Leon Festinger e Daniel Katz, *Research Methods in the Behavioral Sciences* (Nova Iorque, 1953); e na qual Suszki chega à conclusão de haver "relação positiva" entre a capacidade empática, isto é, a de participar um indivíduo dos sentimentos e das emoções dos outros, e a capacidade, da parte do mesmo indivíduo, de "ver" o que se passa – ou se passou – numa situação social; e também de corresponder à mesma capacidade empática a de ver-se o indivíduo a si mesmo de maneira que as avaliações da sua personalidade pelos outros confirmem, em pontos essenciais.

Sem empatia da parte do autor com relação aos mil personagens do drama ao mesmo tempo psicológico e sociológico de que, de autor se torna participante pela sensibilidade e pela imaginação, tanto quanto pela ciência ou pelo conhecimento quanto possível científico do tema, dos personagens e das situações dramáticas, estudos como o que se segue seriam impossíveis.

Em 1931, em ensaio que escreveu sob o título "The Relation of Research to the Social Process", para a obra coletiva publicada em Washington, *Essays on Research in the Social Sciences*, W. I. Thomas destacava na página 189 o fato de ninguém viver, tomar decisões e alcançar objetivos na sua rotina "*either statistically or scientifically*". E sim por inferência: "*we live by inference*". A verdade é que os homens vivem em sociedade, como se, na realidade, existissem as condições que eles imaginam existir. Daí, para Thomas, a importância das atitudes; e dentro das atitudes, animando-as, se não os "quatro desejos" de sua célebre teoria, outras disposições, mais difusas e mais complexas, a constituírem componentes subjetivos em constante relação com os objetivos.

Saliente-se do grande renovador moderno dos estudos sociais que foi Thomas ter ele admitido – mas não tentado nunca – a padronização ou estandardização de documentos pessoais de modo semelhante ao que se esboça no ensaio precedido por esta nota metodológica. A presunção seria a de se referirem tais documentos à mesma categoria de experiência, podendo a matéria comparável contida neles ser submetida a análise quantitativa. Na página 188 do referido ensaio, escrevia com efeito Thomas, em 1931: "[...] *this form of data is capable of improvement and systematization, and will have valuable applications when considerable numbers of life histories adequately elaborated are employed in a comparative way in order to determine the varieties of the schematization of life in varieties of situations*".

A prever semelhante desenvolvimento do método conhecido por *"life histories"*, Thomas admitia a complementação desse método, dadas as variáveis e as relações que o seu emprego sugere, pelo método estatístico, capaz de estabelecer ou fixar o peso relativo de tais variáveis e de suas inter-relações. Complementação que ele já previra, aliás, no primeiro dos seus ensaios máximos, *The Child in America*, escrito de colaboração com Dorothy Thomas e publicado em Nova Iorque em 1928. Mas – como lembra o professor Edmund Volkart em sua introdução ao livro coletivo *Social Behavior and Personality* (Nova Iorque, 1951) – sempre temeroso do que fosse *"premature qualification of data"*. Para Thomas – cujo pensamento, neste particular, vimos seguindo, embora considerando válidas algumas das críticas levantadas contra sua metodologia pelo professor H. Blumer – a técnica quantitativa ou estatística seria, nos estudos sociais, técnica principalmente de verificação, enquanto através dos *"case studies"* e das *"life histories"* o analista social se supriria de conceitos, categorias, unidades e variáveis possíveis de ser relacionados com as hipóteses a serem confirmadas ou não por essas *"life histories"* e por aqueles *"case studies"*. O próprio professor Blumer admite, em seu *An Appraisal of Thomas and Znaniecki's The Polish Peasant in Europe and America* (Nova Iorque, 1939), que os documentos do tipo dos utilizados por aqueles dois sociólogos, quando numerosos, apresentam-se com *"representativeness"*.

De onde nos afastamos radicalmente de Thomas é quanto ao seu critério de dever-se compreender o passado pelo presente. Não que o inverso nos pareça ser exatamente o certo. Mas por não nos parecer possível separar-se sociologicamente o passado do presente, como contrários nítidos ou absolutos, quando o tempo é psicológica e socialmente composto de variáveis que se alteram conforme o ritmo em que os vivem, num vasto espaço-tempo social como o brasileiro, diferentes subgrupos. É verdade que o próprio Thomas, antes de tornar-se radical em sua concepção do presente como o tempo imperial ou decisivo de que o passado fosse simples dependência, escrevia em 1896, em artigo – "The Scope and Method of Folk-Psychology" – publicado no *American Journal of Sociology*, em janeiro daquele ano, dever-se combinar o conhecimento do presente com o conhecimento do passado *"for an adequate understanding of any part of the past"*. O que parece é que Thomas foi levado àquele seu radicalismo um tanto simplista na separação do "passado", do "presente", pela sua reação à teoria objetivista de Durkheim de serem os fatos sociais causados, de modo semelhante ao consagrado pelas ciências físicas, por fatos sociais anteriores; e o seu empenho era opor a semelhante "objetivismo" uma sociologia e uma antropologia social capazes de considerar, nos seus objetos de estudo, os fatores subjetivos. Esta a sua grande contribuição para a moderna metodologia sociológica; a retificação máxima, por ele conseguida, da sociologia durkheimiana. Mas sem que não se deva opor à sua separação rígida do "passado", do "presente", uma concepção de tempo social em que o antagonismo entre esses dois tempos seja superado, na análise de qualquer sociedade do tipo da brasileira, por uma perspectiva capaz de considerar, no desenvolvimento dessa sociedade, não dois tempos contrários, apenas, estes dois apenas cronológicos, mas vários tempos coexistentes – e todos eles menos cronológicos que psicológicos – menos históricos que sociais.

Se do "relato" literário – o mesmo é certo do sociológico – tipicamente anglo-americano, o crítico John Brown pôde escrever em seu *Panorama de la littérature contemporaine aux États-Unis* (Paris, 1954), que excetuado o do Sul, "tem um só tempo", e este "o presente", devendo notar-se de Whitman que seu tempo do presente projetou-se "sobre o futuro, o progresso e a utopia", o tempo do relato literário e sociológico tipicamente brasileiro parece dever corresponder a situação mais complexa, de constante entrelaçamento, na consciência do brasileiro, dos três tempos: o passado, o presente e o futuro. Pois somos um povo, mais que o anglo-americano, ligado, em nossa existência, ao passado, embora também americanamente sensível ao presente e ao futuro que, entre nós, como entre os anglo-americanos, são solicitações de tempo progressivo, utópico, messiânico, associadas às de espaço ainda por dominar.

A expressão, em nossos trabalhos sobre o Brasil, desse complexo ao mesmo tempo individual e coletivo – o de três tempos como que fundidos num só, que seria, quer em literatura, quer em sociologia, o caracteristicamente brasileiro – embora não tenha até hoje ferido a atenção brasileira, já despertou interesse europeu. Inclusive o de críticos franceses como Jean Pouillon, autor de *Temps et Roman* (a quem devemos generosa crítica a um dos nossos ensaios publicados em francês, aparecida em *Temps Modernes*, de Paris), e Jean Duvignaud, em recente artigo, também generoso, em *Arguments*, também de Paris. Se registramos um tanto deselegantemente o fato nesta página quase apologética do nosso próprio esforço, é para sublinhar o fato de que se trata de uma concepção de certo modo nova de análise social e psicossocial, partida do Brasil para o estrangeiro – onde vem sendo reconhecida como tal – e não adotada, por brasileiro, de estrangeiro.

Trata-se porventura de pequena contribuição brasileira para aquele humanismo científico que o mesmo John Brown salienta ser hoje mais vivo nos Estados Unidos – com o físico-pensador Robert Oppenheimer e o matemático-pensador Norbert Wiener – do que na Europa. E que estaria concorrendo para a elaboração de novo modelo de homem, que, transbordando das concepções humanísticas greco-romanas, sob as quais viveu até quase nossos dias o pensamento ocidental, alcança novas dimensões. Nessa elaboração, era de esperar que estivesse presente o pensamento brasileiro. O qual, parecendo ser, de todos da América, o hoje menos subeuropeu, desenvolve-se mais em harmonia com o europeu sem prejuízo ou sacrifício de arrojos americanos ou, antes, tropicais. Daí talvez ser atualmente o mais capaz de ligar estes arrojos às constantes europeias de pensamento, de ciência e de arte, dando-lhes novas perspectivas e novas dimensões. Novas concepções de tempo e de espaço. Inclusive nos relatos e nas interpretações sociológicas – as mais humanisticamente científicas que podem ser imaginadas – do homem situado em espaço como o brasileiro, inundado por ondas de cultura de origens diversas, e aqui tão misturadas – ainda que por vezes ainda em conflito – quer no espaço, quer no tempo, que parecem em processo de se transformar em nova cultura.

Ainda à margem do assunto – o método de certo modo novo, seguido na elaboração do nosso ensaio em torno da transição brasileira do trabalho escravo para o livre e da Monarquia para a República – recordaremos aqui três ou quatro episódios típicos das reações que o mesmo método de indagação provocou da parte de indivíduos escolhidos para personagens de autobiografias dirigidas, quer no sentido de recusas totais a solicitações do pesquisador, quer no de cooperações entusiásticas com os seus objetivos. Assim Getúlio Vargas, solicitado por nós, em 1940, em Petrópolis, a responder ao nosso inquérito, observou maliciosamente, depois de o ler, a princípio com um meio-sorriso, de certa altura em diante, sério e concentrado: "Este inquérito descobre qualquer um. E eu não sou homem que se descubra, mas que deve ser descoberto." Não nos parece que o tenha descoberto jornalista estrangeiro que pouco tempo depois desse nosso encontro escreveu a respeito do misterioso *"misionero"* um livro inexpressivo e um tanto banal, publicado em várias línguas.

Monteiro Lobato foi outro que se esquivou ao nosso questionário, acerca do qual escreveu-nos de São Paulo a 30 de setembro de 1947: "Quem conseguisse" – para um inquérito como o que lhe fora por nós apresentado – "uma resposta sincera de todos os homens que significam alguma coisa no País, teria reunido elementos para a solução dum enorme *nosce te ipsum*". Mas isto só seria possível "se todos os consultados tivessem aptidão e ânimo para escrever suas memórias, isto é, mentir a respeito de si próprios de um modo verossímil". E acrescentava: "Não creio que você o consiga, Gilberto. Os mais em condições de atender ao inquérito decentemente retraem-se, por força de dez razões: só vão responder os mentirosos pernósticos, essa gente miúda que procura aparecer a todo o transe e não perde o menor ensejo de pavonear-se. Eu, por exemplo, acho o programa maravilhoso, e o único em condições de resolver o *Nosce* – mas sou o primeiro a não aderir. Por quê? Eu poderia enumerar mais de dez razões justificativas, doze, treze... Mas não vale a pena. Está bastante calor, hoje, e eu suando, apesar disto aqui ser São Paulo". Entretanto, "faço votos para que ninguém mais pense como eu e que você leve a termo o mais inteligente e completo esforço de medição social que ainda vi, concebido e dirigido pela única mentalidade capaz, a meu ver, de medir-se peito a peito com a tremenda tarefa". E terminando, com a generosidade que era um dos seus traços mais salientes: "Adeus, meu caro Gilberto, e perdoe o paulista que mais quer e admira o mais compreensivo de todos os pernambucanos".

Qual a razão principal que teria levado Monteiro Lobato a semelhante atitude diante de um inquérito na verdade provocador de reações extremamente pessoais a temas ou estímulos sociais? Talvez o repúdio em que se exagerou ao seu próprio passado de neto, por via natural, de visconde e fazendeiro paulista da época de transição do trabalho escravo para o livre: atitude que nele surpreendeu o seu arguto biógrafo, o escritor Edgard Cavalheiro.

Longa foi a resposta que nos enviou o mineiro Heitor Modesto: quase um livro. E um livro interessantíssimo. O mesmo é certo das respostas que gentilmente nos remeteram os médicos de renome mundial, professor Heraclides César de Sousa-Araújo, do Paraná, e Pacheco e Silva, de São Paulo.

Da. Carlota Pereira de Queiroz, também de São Paulo, respondeu de modo particularmente esclarecedor ao nosso inquérito, embora reconhecendo nele "uma verdadeira psicanálise (sem o sentido restrito da teoria freudiana)", posta a serviço de uma tentativa de reinterpretação de passado ainda recente do Brasil: esforço a que a inteligente paulista deu o seu melhor apoio.

Da mesma maneira procedeu outro ilustre brasileiro de São Paulo, Júlio de Mesquita Filho, especificando com relação às suas respostas francas e até desassombradas: "Faça delas... o uso que entender". Autorização que nos foi dada por quase todos aqueles que concordaram em responder ao nosso inquérito.

Erasto Gaertner, médico ilustre, escreveu-nos a 10 de agosto de 1947, do seu Estado – o Paraná – remetendo-nos suas respostas, que as redigira "inspirado nas reminiscências que o próprio questionário suscita". Respostas de particular interesse, as suas, pois fixam experiências de um descendente de alemães, por um lado, e de brasileiros teluricamente brasileiros, por outro.

Em carta que nos dirigiu a 22 de agosto de 1947, acompanhando "30 páginas" de valiosas respostas ao mesmo questionário, explicou-nos, de São Paulo, o então deputado federal Luís Piza Sobrinho: "[...] deixei a pena correr no papel, na sequência de certos fatos constantes de vários itens do questionário... Abri-lhe, meu querido Gilberto, de par em par, as janelas da minha vida pregressa. Desnudei a minha alma. Não sei qual o objetivo do seu inquérito. Deve ser para uma grande obra como só você sabe fazer. Talvez uma nova interpretação do Brasil e dos brasileiros de todas as regiões".

Do Pará escreveu-nos a 14 de dezembro do mesmo ano o advogado e homem público Deodoro de Mendonça, conhecido por sua correção de atitudes: "[...] na simplicidade das minhas respostas terá [...] fatos e conceitos absolutamente certos e sinceros".

Ao advogado e por vários anos deputado federal Antônio José da Costa Ribeiro não foi desagradável responder ao nosso inquérito. A 23 de agosto de 1938, escrevia-nos ele, da sua velha casa do Monteiro, arrabalde do Recife: "A mim e aos da minha época restam as recordações, saudades dos banhos de rio e das travessuras. E sinto-as bem vivas, porque é minha hoje neste arrabalde uma dessas antigas casas onde moro parte do ano".

Recusa interessante a qualquer espécie de resposta ao nosso inquérito foi a do historiador J. F. de Almeida Prado, que a 9 de outubro de 1947 escreveu-nos de São Paulo com relação ao mesmo questionário: "[...] as perguntas são tantas, tão variadas e pormenorizadas, que me parece mais acertado esperar as minhas memórias que virão à guisa de fecho da *História da formação da sociedade brasileira, de 1500 aos nossos dias*". Não foi essa a única recusa sob o pretexto de que as respostas a inquérito tão minucioso poderiam importar no sacrifício de livros de memórias ou de autobiografias que poderiam ser escritas sem a preocupação de ater-se o autobiografado a um questionário por vezes impertinente. Igual atitude teve em Pernambuco o médico Otávio de Freitas, que veio, com efeito, a escrever e publicar suas memórias, provocado ou estimulado pelo nosso inquérito ou questionário. O mesmo já fizera o senhor de engenho Júlio de Albuquerque Belo.

Recusaram-se a respostas escritas ao mesmo questionário, sem se esquivarem a entrevistas em torno de alguns dos seus itens: a viúva Joaquim Nabuco; a baronesa de Estrela; a baronesa de Bonfim; a viúva Alberto Tôrres; o antigo diretor do Tesouro Nacional, José Antônio Gonsalves de Melo; o antigo professor da Faculdade de Direito do Recife, Odilon Nestor; o chanceler Raul Fernandes; o por algum tempo chefe do Escritório Comercial do Brasil em Paris,

Francisco Guimarães; Da. Laurinda Santos Lôbo; Gracho Cardoso; Roquette-Pinto; Paulo Prado; Afonso de E. Taunay; o embaixador Sousa Dantas; o antigo senador Eloy de Sousa; o presidente Artur Bernardes; o coronel Frederico Lundgren. Vários outros.

Em compensação, não poucas dentre as respostas que conseguimos reunir foram, como a do paulista Luís Piza Sobrinho, a do mineiro Heitor Modesto, a do rio-grandense-do-sul Manoel Duarte, a do professor Waldemar Ferreira – também de São Paulo e insígne jurista conhecido dentro e fora do seu Estado por suas normas de homem de bem –, a do advogado do Recife e do Rio de Janeiro Antônio José da Costa Ribeiro – parlamentar na República de 89 e outro homem integralmente de bem –, a do médico mineiro Cássio Barbosa de Resende, a do coronel do Exército Raimundo Dias de Freitas, a do médico paranaense Erasto Gaertner – "*life histories*" de uma amplitude inesperada e de uma riqueza surpreendente de pormenores.

O professor Waldemar Ferreira, em carta de São Paulo, de 18 de agosto de 1947, informou-nos vir elaborando com vagar suas respostas: "O seu pedido [...] é autobiografia que está a exigir. Por isso mesmo não é muito fácil." Ao contrário: "difícil". Difícil para quem fosse consciencioso e se esmerasse em ser, além de exato, minucioso, sincero, honesto, franco nas suas reações aos estímulos ou às provocações com que concordara em defrontar-se, assumindo o papel de paciente de um experimento de caráter histórico-sociológico ou antropológico-social.

Considerável foi o número de "*life histories*" assim minuciosas e assim conscienciosas – ou então espontâneas, quase à maneira de confissões irreprimíveis – que conseguimos reunir. Elas parecem constituir um desmentido aos temores, até certo ponto justos, de Monteiro Lobato; e também uma evidência de ser possível, através de tais autobiografias provocadas ou de tais confissões suscitadas, penetrar de algum modo o homem brasileiro de hoje em intimidades da existência vivida pelo de ontem: a tal ponto que as fronteiras mais rígidas entre os dois tempos quase desapareçam. Pois a preponderância das constantes de formas sobre o transitório das substâncias nacionais parece afirmar-se de maneira nítida, em consequência de sondagens em que o aspecto social do passado seja surpreendido através do pessoal; e, reciprocamente, o pessoal, através do social. Essa reciprocidade parece-nos constituir toda a dinâmica de um passado em que o analista procure surpreender projeções de vida já vivida no presente ainda vivo, ou antecipações – nem sempre exatas – de futuros. Futuros, no plural. Para a análise de jogo, por vezes tão sutil, de inter-relações no tempo condicionadas por situações de espaço, é evidente que os meios têm de ser principalmente qualitativos, embora com possibilidades de interpretações até certo ponto quantitativas.

Cremos que o eminente professor Alceu Amoroso Lima, ao qualificar de "empírica" a sociologia a que associa o nosso pobre nome, não pretende considerá-la necessariamente inferior – a não ser quando cultivada por inferiores da nossa espécie – nem à puramente doutrinária nem à apenas quantitativa, ou seja, a que deve basear-se somente em estatística ou só em números. A verdade é que não somos adeptos da sociologia "cientificista" que, por basear-se em estatísticas e em números, presume-se científica; e sim, cada vez mais, da que se funda naquele humanismo científico que admite íntima correlação do estudo sociológico ou antropológico do homem com o psicológico, com o histórico e com o filosófico. Estudo do homem através do que em critério não só experiencial como existencial da sua chamada "natureza humana" ou do que, em sua humanidade – no caso mais substantiva que adjetiva –, é menos resultado da sua herança, ou do seu físico, que das suas situações de experiência, de existência e de ambiência.

Precisamente dessa espécie de experimentalismo ou existencialismo é que nos ocupamos, na primavera deste ano, em conferência proferida em Roma, no Colégio Pio-Brasileiro da Universidade Gregoriana; e cremos que sem ferir nem ofender a ortodoxia católico-romana de que o professor Amoroso Lima tornou-se brilhante campeão em seu e nosso país, devendo ter, no íntimo, tanto quanto nós, respeito pela ciência com que se concilia o humanismo – inclusive o cristão – mas reservas quanto ao cientificismo que pretende excluir o humanismo da ciência; e também quanto ao humanismo que prescinde do saber científico tanto quanto da experiência humana cientificamente observada – a investigação empírica – nos seus estudos sobre o homem.

Ainda há pouco, o professor Raymond Aron, em nova edição do seu estudo sobre a "sociologia alemã" – *La sociologie allemande contemporaine*, publicado pela primeira vez em 1936 –, põe-se de acordo com o professor Georges Gurvitch quanto à necessidade de serem os objetos de investigação sociológica – inclusive as relações entre "condições sociais" e "construções mentais" – considerados como "fenômenos totais". Daí os atuais estudos empíricos – empíricos no sentido de experiências: por conseguinte, sem mácula pejorativa – combinarem, em sociologia, antropologia e sociologia, psicologia, economia e história, não tendo, entretanto, se alcançado já, através deles, a teoria sociológica supra-histórica da concepção de Comte. Não importa. Através dessa sociologia empírica – ou dessas sociologias principalmente empíricas – é que se vêm definindo conceitos básicos em torno da natureza dos fenômenos sociais e da metodologia mais adequada ao seu estudo: inclusive através da interpretação sociológica do desenvolvimento histórico de grupos humanos.

A pedido de vários críticos e de alguns leitores, vai aqui publicado o questionário que serviu de base às autobiografias provocadas de que tanto se serviu o autor de *Ordem e Progresso* na elaboração deste seu livro: 1. Nome. 2. Lugar onde nasceu (com descrição do mesmo lugar no tempo da sua meninice). 3. Escola ou colégio que frequentou (métodos, professores, colegas, castigos, brinquedos, jogos, trotes, livros escolares, estudo de Gramática, de Caligrafia, de Matemática, festas cívicas etc.). 4. Brinquedos, camaradagens, jogos e leituras de menino fora da escola. 5. Quais os seus heróis do tempo de menino? Quem queria ser quando fosse grande? Que mais ardentemente queria ser? 6. Por que se fixou na profissão que veio a seguir? Onde fez os estudos profissionais? Professores, escolas e leituras desse período? 7. Qual a sua impressão da República ao tempo da meninice e adolescência? 8. Qual a sua impressão de Santos Dumont ao tempo de sua mocidade e quando ele esteve no auge da glória? 9. Qual a sua atitude de menino, de jovem, de homem-feito, para com: *a)* Paris; *b)* Europa; *c)* Igreja Católica; *d)* Positivismo; *e)* Darwin; *f)* os chamados Direitos da Mulher; *g)* o divórcio; *h)* o clero; *i)* o ensino no Brasil (primário, profissional etc.); *j)* a oratória; *k)* Rui Barbosa em Haia; *l)* Rio Branco (o Barão); *m)* Nietzsche; *n)* Karl Marx; *o)* A Comte; *p)* Spencer. 10. Quais as danças ou modinhas de sua predileção no tempo de rapaz (ou mocinha)? 11. Frequentava café ou confeitaria? Restaurante ou Hotel? Clube? 12. Seus alfaiates (ou modistas)? Suas preferências de modas (inglesas, francesas, americanas)? Suas preferências em chapéus, calçados, roupas de dentro, guarda-chuva, bengala, joias? 13. Quais os jornais e revistas brasileiros e estrangeiros, da sua preferência, no tempo de jovem? 14. Viagens que fez, quando moço, no Brasil e no estrangeiro? 15. Suas ideias de rapaz, de reforma social, em geral, de reforma social e política do Brasil, em particular? 16-a. Sua atitude para com negros, mulatos, pessoas de cor? 16-b. Como receberia o casamento de filho ou filha, irmão ou irmã, com pessoas de cor? De cor mais escura que a sua? 17. Outras reminiscências.

Nota bibliográfica

O critério de dividir-se rigidamente a história de um país em épocas – épocas políticas – consideramo-lo uma arbitrariedade. Se transigimos com ele é com restrições profundas, e só no interesse da necessária sistematização de material bibliográfico. Sistematização que se baseie sobre a convenção mais geralmente aceita.

Devemos, entretanto, esclarecer que não nos consideramos especialistas em nenhuma das épocas políticas em que se divida a história do Brasil, desde que os estudos de nossa predileção se conformam antes com o critério histórico-sociológico ou histórico-antropológico do estudo de tendências, tipos e instituições sociais e de cultura (nem sempre coincidentes, em seu desenvolvimento, com as épocas ou os períodos políticos do desenvolvimento de um povo), do que com o critério principalmente político e rigorosamente cronológico, em geral adotado. Daí o período político constituído pelo fim do reinado de Pedro II e pelos primeiros decênios da República não ser por nós considerado válido, para efeitos de generalização ou interpretação sociológica, senão em seus aspectos sociais e culturais, que nem sempre se deixam comprimir pelas fronteiras apenas políticas e jurídicas dos seus concomitantes políticos e jurídicos.

Nem desse período, nem de outro período qualquer na história brasileira, pretendemos fazer nunca objeto de especialização, voltado como sempre foi, e continua, nosso interesse de pesquisador e por vezes intérprete de coisas brasileiras para o estudo sociológico do patriarcado agrário e escravocrático em nosso País: sua formação, seu desenvolvimento, sua desintegração, suas sobrevivências. Esse estudo em relação, é claro, com as diferentes formas políticas a que o mesmo patriarcado se acomodou ou a que deu, por sua vez, consistência, brilho, ou apenas prestígio; e com as diversas áreas ou regiões brasileiras marcadas pelo seu maior domínio ou vigor social – o Norte açucareiro, a princípio, e depois a região cafeeira do Sul. Pois seria absurdo pretender que as formas políticas não se relacionam com uma instituição e com um processo de vida social e de produção econômica da força e da amplitude do patriarcado agrário e escravocrático.

Oficialmente este teria morrido de vez no Brasil um ano antes de iniciar-se o período republicano. Sociologicamente, não morreu: já ferido de morte pela Abolição, acomodou-se à República federativa quase tão simbioticamente como outrora o patriarcado escravocrático se acomodara ao Império unitário. Várias sobrevivências patriarcais ainda hoje convivem com o brasileiro das áreas mais marcadas pelo longo domínio do patriarcado escravocrático agrário ou mesmo pastoril, e menos afetadas pela imigração neoeuropeia (italiana, alemã, polonesa) ou japonesa, ou pela industrialização da vida nacional brasileira. Esta industrialização e aquela imigração neoeuropeia e japonesa constituem fenômenos sociais de decisiva ação antipatriarcal. Fenômenos cujas origens devem ser procuradas ainda no período monárquico ou imperial, mas que se manifestaram ou se acentuaram durante os primeiros e decisivos anos do período republicano e se acomodaram de tal modo ao regímen federativo de república desenvolvido em nosso país que assumiram, por vezes, aspectos estaduais ou regionais comprometedores da unidade brasileira (assegurada e fortalecida no Império) ou do desenvolvimento harmônico de nossa economia e de nossa cultura. Sirva de exemplo o extraordinário desenvolvimento da imigração neoeuropeia em São Paulo, sob estímulo e cuidados oficiais, com prejuízo para o desenvolvimento de outras regiões brasileiras, feridas nas raízes de sua economia e de sua cultura pela abolição repentina do trabalho escravo.

Tal desenvolvimento – favorecido, é claro, pelas boas condições de solo e de clima de São Paulo, do ponto de vista europeu, e pela própria natureza da cultura do café e por sua situação no mercado internacional – preparam-no, ainda na Monarquia, paulistas inteligentes, preponderantes no governo nacional: um deles o conselheiro Antônio Prado. Mas foi sob a República que o desenvolvimento paulista se acentuou. Sob o sistema de alternativa de hegemonias estaduais, que quase se limitou à competição da economia paulista com a mineira e com a do Rio Grande do Sul, o Brasil teve os seus centros ecológicos de domínio político transferidos do Norte para o Sul. Efeito ou ação de preponderância da economia cafeeira sobre a açucareira, da indústria sobre a agricultura, do trabalho livre sobre o remanescente de trabalho escravo; e essa ação favorecida ou protegida pela ascendência política dos paulistas, mineiros e rio-grandenses-do-sul na direção das coisas nacionais.

Esboçada desde os últimos decênios do Império, a ascendência sulista se definiu e se acentuou depois da fundação, em 1889, da República e, sobretudo, depois da normalização da mesma República em regímen político antes paisano que militar e antes industrial que agrário, sob três presidentes paulistas caracteristicamente civis e não apenas acidentalmente paisanos: Prudente de Morais, Campos Sales e Rodrigues Alves. Com os dois últimos, principalmente com Rodrigues Alves, fixou-se na fisionomia da República brasileira um como sorriso de otimismo diante de quanto fosse tendência, na vida nacional, no sentido da industrialização, da urbanização, e da neoeuropeização do ex-Império, cujos traços mais vivamente lusitanos e africanos foram sendo considerados desprezíveis ou vergonhosos.

São dessa época um antilusismo e um antiafricanismo que tiveram expressões características no esforço do engenheiro Pereira Passos, prefeito do Distrito Federal, durante a presidência Rodrigues Alves, para substituir, com violência, arquitetura, costumes e meios de transporte tradicionais por estilos franceses, ingleses e anglo-americanos de mais moderno sabor; e na quase obsessão do barão do Rio Branco (por muitos anos o ministro do Exterior do Brasil republicano) de dar a impressão ao estrangeiro de que a República entre nós continuava a ser a mesma aristocracia de brancos que o Segundo Reinado. Não só de brancos, porém de brancos finos, elegantes, afrancesados, sem os maus costumes portugueses de palitarem publicamente os dentes e de cuspirem ruidosamente no chão. Pois o barão do Rio

Branco (tanto quanto o prefeito Passos) tinha uma antipatia especial aos portugueses, isto é, aos portugueses contemporâneos; pois dos antigos o barão, como bom historiador, foi sempre apologista. Era, sob o aspecto de não admirar os portugueses seus contemporâneos, um representante exato do Brasil de sua época, voltado com os Rui Barbosa, os Tobias Barreto e os Joaquim Nabuco, para os ingleses, os alemães e os anglo-americanos, com os Santos Dumont e os Graça Aranha, para a França, que era também o modelo de boas maneiras do barão, com os Magalhães de Azeredo, para Roma e a Itália. Do barão há quem diga ter concorrido com seu estímulo para o desenvolvimento, no Rio de Janeiro, de colégios de freiras francesas para meninas, do tipo nitidamente europeu e aristocrático do Sacré-Coeur e do Sion. Aí deviam educar-se as meninas aristocráticas do Brasil para que aos diplomatas, aos homens de Estado, aos grandes da República, não faltassem esposas de maneiras esmeradamente europeias. Apavorava-o o caso do seu consultor jurídico, mestre Clóvis Beviláqua, de quem era inseparável a esposa, Da. Amélia de Freitas, sempre mal penteada e malvestida. Também entendia o barão do Rio Branco que não deviam representar o Brasil no estrangeiro senão brasileiros brancos ou com aparência de brancos, tendo sido a República, sob esse aspecto e sob a influência do poderoso ministro do Exterior, mais papista que o papa, isto é, mais rigorosa em considerações étnicas de seleção do seu pessoal diplomático, que o próprio Império, ou que o próprio imperador Pedro II. Deste se sabe que teve sempre à mesa de trabalho um lápis vermelho – chamado "o lápis fatídico" – com o qual riscou, para desapontamento de seus ministros, muito nome de candidato a postos de alta representação política e diplomática, mas antes por motivo de moralidade e honestidade do que por considerações de ordem étnica. Lopes Neto, por exemplo, representou o Brasil imperial no estrangeiro, a despeito de ser homem de cor. Pessoalmente, D. Pedro II era muito homem para nomear o velho Rebouças – negro bom e honrado e de sua particular estima – ministro do Império; entretanto, hesitara muito em designar José Maria da Silva Paranhos, depois barão do Rio Branco, para cônsul do Brasil em cidade europeia, simplesmente por ter sido o filho do visconde, na sua mocidade de Juca Paranhos, um grande boêmio, doido por ceias com mulheres alegres e vinhos franceses.

Tanto que se casara com uma francesa da qual ninguém podia dizer que excedesse Da. Amélia de Freitas em fidalguia de origem, embora fosse europeia elegante no trajar. Do barão destaque-se, ainda, que foi quem, na diplomacia moderna, inaugurou, pelo menos na América do Sul, o uso sistemático, embora por vezes dissimulado, da propaganda ou do reclame, pago ou não, em jornais e revistas do País e do estrangeiro, em prol da causa em que estivesse empenhado. Quando tal afirmamos pela primeira vez, baseado em informação de pessoa de todo idônea – sobrinho do segundo Rio Branco que com ele conviveu na maior intimidade: quase a de filho com pai –, houve quem nos impugnasse a afirmativa, no afã de apresentar o grande chanceler como homem incapaz de recorrer a métodos tão contrários às tradições diplomáticas de sobriedade e de elegância por ele tão respeitadas noutras áreas de sua atividade política. Como houve quem repelisse como desonrosa para a memória do ilustre brasileiro outra das afirmativas a seu respeito – baseada, aliás, na mesma fonte idônea – com que pretendemos humanizar a reconstituição de tão expressiva figura, libertando-a de sua excessiva idealização num postiço "homem perfeito" e admitindo nela contradições surpreendentes: a confirmação do seu gosto talvez exagerado pela boa mesa que, para seu paladar, nem sempre foi a francesa e requintada, mas a rasgadamente brasileira ou portuguesa – uma representada pela feijoada completa, outra, pela peixada também sobrecarregada de plebeísmos lusitanos. Havia mesmo quem acreditasse ter o barão, depois de certa idade, concentrado no paladar a sensualidade que nos dias de moço dividiria entre mulheres e petiscos. Pois de certa idade em diante as mulheres desapareceram da sua vida, fazendo-o, neste particular, outro Joaquim Nabuco, casto e resguardado do perigo da bisbilhotice de amantes astutas que tantas vezes têm sido a perdição de homens públicos e de diplomatas sul-americanos.

Estamos talvez gastando o espaço reservado a esta introdução bibliográfica com detalhes e indiscrições sobre pessoas; mas sem *"personalia"* não se faz história nem se inicia ninguém nas intimidades da bibliografia que se deva procurar para exato conhecimento do passado, seja qual for o critério por que se considere esse passado. Não tem outra explicação a importância dos depoimentos reunidos pelo historiador Tobias Monteiro sobre fatos e homens dos primeiros tempos da República do Brasil, aos quais se deve juntar seu Campos Sales na Europa. No mesmo caso estão biografias e autobiografias, memórias e diários, quer de brasileiros vindos já politicamente maduros do Império para a República, à qual, entretanto, alguns serviriam em postos consultivos, técnicos ou de representação diplomática – o barão do Rio Branco, o barão de Lucena, João Alfredo, Afonso Pena, Rodrigues Alves, Jaceguay, Antônio Prado, Joaquim Nabuco –, quer de brasileiros a vida inteira republicanos ou nascidos já quase com a República: Prudente de Morais, Quintino Bocaiuva, Silva Jardim, Júlio de Castilhos, Pinheiro Machado, Rui Barbosa, Medeiros e Albuquerque, Nilo Peçanha, Barbosa Lima, Dunshee de Abranches, Lauro Müller, Lúcio e Salvador de Mendonça, João Pinheiro, Afrânio de Melo Franco. Ou a vida inteira absolutamente fiéis à Monarquia e mais ou menos hostis à República: o visconde de Taunay, Eduardo Prado, Carlos de Laet, o barão de Penedo, Saldanha da Gama.

A República de 89 foi, no Brasil, tanto quanto o Império, ou talvez, mais do que o Império, um choque constante entre personalidades, isto é, entre caudilhos e líderes de formações regionais e intelectuais diversas, de ideologias antagônicas, de interesses e aspirações econômicas contrárias. De modo que para bem compreendê-la impõe-se o maior conhecimento possível da bibliografia biográfica, autobiográfica e personalista, em geral, em que a outra – a impessoal, rigidamente jurídica, filosófica, sociológica, técnica, administrativa, ideológica – tem muitas vezes suas raízes ou sua explicação. Como compreendermos bem o antagonismo entre Rui Barbosa e Pinheiro Machado, sem conhecermos os antecedentes gaúchos e dizem que até ciganos de um Pinheiro Machado – sua vida, toda de aventuras e de gestos de "caudilho" valente, conhecedor de cavalos, bebedor de chimarrão, voluptuoso de churrascos sangrentos – e os antecedentes, a formação, a personalidade de Rui, nascido, criado a chá e amadurecido antes do tempo na Bahia, entre lições de latim e de gramática à hora certa, entre igrejas velhas e iaiás delicadamente quituteiras, entre tios doutores, parentes magistrados e primos burocratas? Entretanto foram, com todas as suas diferenças e antagonismos, igualmente brasileiros e altamente representativos de algumas das tendências que se juntaram para formar a República ou, pelo menos, para dar à história dos primeiros decênios da República entre nós não só seus mais violentos jogos de contrários, como suas confluências e combinações mais úteis. E de Pinheiro só se pode dizer que tenha sido caudilho, dando-se à palavra aquela "transfiguração literária" a que alude o escritor Moisés Vellinho no ensaio "O Gaúcho Rio-Grandense e o Platino" em recente (1957) número da *Revista Brasileira de Estudos Políticos*, desde que o Rio Grande do Sul, essencialmente luso-brasileiro em contraste com as repúblicas suas vizinhas, desconheceu tanto quanto as outras regiões do Brasil a figura do caudilho propriamente dito.

E o mesmo poderá dizer-se do antagonismo entre positivistas da rigidez doutrinária de Teixeira Mendes e republicanos quase sem doutrina nenhuma – apenas argutamente oportunistas – como o senador Francisco Glicério; entre militaristas ingênuos – se é que foram, mesmo ingenuamente, militaristas – como Deodoro e intransigentes civilistas como Prudente. Todos eles deram à República brasileira de 89 traços que resultariam na extrema complexidade de feições e na às vezes desconcertante mobilidade de expressões de sua fisionomia, predominassem, embora, nos começos do regímen, a influência dos modelos anglo-americanos – através de Rui Barbosa – e a influência do positivismo francês, através do Benjamim Constant brasileiro, isto é, Botelho de Magalhães.

"Ordem e progresso" foi o lema positivista que os adeptos dessa doutrina conseguiram que se imprimisse na Bandeira Nacional sob o protesto de tradicionalistas do feitio de Eduardo Prado, talvez o crítico brasileiro mais incisivo – embora nem sempre justo – que a República brasileira de 89 – especialmente o positivismo republicano – teve nos seus primeiros anos. Igualmente interessantes se apresentam em suas críticas à República de 89 Carlos de Laet, Ouro Preto, Joaquim Nabuco, Afonso Arinos I, Martim Francisco e Oliveira Lima. Este fora republicano na mocidade; homem-feito, desencantou-o a experiência republicana: tornou-se monarquista. O contrário, portanto, de Joaquim Nabuco e do próprio João Alfredo; o contrário de Lucena. Foi talvez um dos casos de nostalgia e remorso, destacados, em páginas interessantes de estudo psicológico dos primeiros bacharéis antipatriarcais da República de 89, pelo Sr. Luíz Martins. O notável historiador e diplomata brasileiro chegou, na sua fase de monarquista, a receber convite do príncipe D. Luís para ser seu ministro do Exterior, caso se restaurasse o Império entre nós.

De Eduardo Prado é, ainda, o famoso *A ilusão americana*, de oposição incisiva, mas raramente bem documentada, à política do Brasil republicano com relação aos Estados Unidos. Essa política de aproximação reflete-se, sob vários aspectos, na bibliografia do período republicano. Moldada a nova Constituição brasileira sobre a da República anglo-americana, nossos estudiosos de direito passaram a inspirar-se direta ou indiretamente em tratadistas anglo-americanos; a intensificação de relações políticas e econômicas entre os dois países foi também refletindo-se em nossa literatura política, econômica e pedagógica. Os livros, panfletos e documentos do período estão salpicados de sugestões anglo-americanas e, às vezes, de revolta contra anglo-americanismos. Numa das suas mensagens de governador do Estado de Pernambuco, Barbosa Lima – grande figura de administrador, político e intelectual da República de 89 no Brasil – chegou, em 1893, a criticar a política ultraprotecionista do Partido Republicano da União Americana, que responsabilizou, em duras palavras, pelo tratado ou convênio organizado por Blaine e aceito pelo nosso primeiro-ministro republicano em Washington, Salvador de Mendonça. Tratado, ao que alega Barbosa Lima em mensagem governamental correspondente àquele ano, todo em favor da produção norte-americana. Houve então quem pensasse que a adoção, pelo Brasil, da forma de governo anglo-americana não aumentara nosso prestígio nem melhorara nossa situação em Washington: tanto que o ultraprotecionismo do Partido Republicano norte-americano, em seu primeiro tratado comercial com a nova República, não se mostrava disposto à verdadeira reciprocidade entre as duas nações, mas à mesquinha exclusividade em proveito da República antiga, poderosa e, naqueles dias, com o um tanto arrogante Blaine na Secretaria do Estado, imperialista e não apenas imperial.

De vários problemas econômicos, financeiros, comerciais, industriais, técnicos, encontram-se reflexos na bibliografia referente ao primeiro período republicano no Brasil: a defesa da produção brasileira do açúcar (indústria tradicional e já decadente) e principalmente da do café, da borracha, de outros produtos e de novas indústrias; a estabilização do câmbio; o "saneamento das finanças"; as relações econômicas com outros países; a construção de estradas de ferro – uma delas a Madeira-Mamoré – portos, esgotos; o combate à febre amarela – obra em que se salientou Osvaldo Cruz, do mesmo modo que na de saneamento das cidades se destacaria Saturnino de Brito, um dos brasileiros do fim da época aqui considerada mais cheios de serviços ao Brasil. Se não lhe tocaram honras iguais às que prestigiaram Osvaldo Cruz, é que sua ciência sanitária foi de espécie mais prosaica que a do romântico higienista. Mas de modo algum menos importante. Sua técnica e suas soluções para problemas de saneamento de cidades tropicais chegaram a ter repercussão em revistas especializadas da Europa – glória que não parece ter tido Osvaldo Cruz, cujo mérito foi o de ter introduzido no Brasil técnicas já vitoriosas noutros países quentes, e o ter feito com extraordinário vigor de ação. Também se apresenta hoje maior a repercussão, na literatura científica da época nas línguas inglesa e francesa, do trabalho apresentado no Congresso Universal de Raças, reunido em Londres em 1911, sobre o mestiço e a mestiçagem no Brasil, pelo sábio J. B. de Lacerda, que a dos eloquentes discursos proferidos na Haia, em 1907, pelo conselheiro Rui Barbosa. Note-se, ainda, que, através dos registros de acontecimentos mundiais do *Almanaque Hachette* – verdadeira instituição francesa da época – o Brasil, depois de proclamada a República, salientou-se aos olhos europeus apenas pela revolta de Antônio Conselheiro e pelos voos em Paris de Santos Dumont. Nenhum dos seus juristas, artistas ou escritores de então – nem mesmo Machado de Assis, a despeito da conferência que a seu respeito Oliveira Lima proferiu em Paris e em bom francês, diferente do francês de Medeiros e Albuquerque e de Graça Aranha, dois outros brasileiros então muito frequentadores da Europa – alcançou renome europeu ou sequer sul-americano, através de obra escrita em língua portuguesa. O renome sul-americano que pouco antes da época aqui considerada prestigiara a obra de jurisperito de Teixeira de Freitas. É certo que as páginas do visconde de Taunay sobre a retirada da Laguna despertaram algum interesse europeu – mas foram páginas escritas em francês. Já no fim da época considerada no ensaio que se segue apareceria tradução inglesa do *Canaã*, de Graça Aranha, com prefácio de Guglielmo Ferrero. Mas sem que essa tradução despertasse verdadeiro interesse nos meios literários dos Estados Unidos e da Europa: nem sequer o outrora despertado pelas traduções ao inglês de José de Alencar. O pouco interesse de europeus e de anglo-americanos do fim do século XIX e do começo do XX pelo Brasil quase se limitou a uma vaga curiosidade entre política e econômica, servida, em parte, por livros dos seus próprios homens de ciência sobre geologia, geografia e etnologia brasileiras. Livros como os de von den Steinen, Hartt, Derby. Como os de Savage-Landor e Theodore Roosevelt. E menos, por trabalhos como o de Pierre Denis, o de Paul Adam, e do Padre Gaffre; e pelos capítulos dedicados ao Brasil, em livros a respeito da América do Sul, por homens públicos europeus como James Bryce e Georges Clemenceau.

Também os problemas brasileiros de limites com as repúblicas vizinhas são nesse período postos em foco pelo ministro do Exterior, barão do Rio Branco, que resolve inteligentemente os principais. Daí resultam estudos notáveis da história diplomática e de geografia histórica: do próprio barão, de Joaquim Nabuco, de Euclides da Cunha, ao lado dos de Capistrano de Abreu, de Oliveira Lima, Alberto Rangel, Tobias Monteiro, Felisbelo Freire, Pandiá Calógeras. Sobre problemas de economia e de finanças travam-se polêmicas ainda hoje de interesse: a polêmica entre Rui Barbosa e o visconde de Ouro Preto, por exemplo. Joaquim Murtinho liga o seu nome de ministro da Fazenda a esforço quase heroico de compressão de despesas públicas. David Campista deixa nos anais do Congresso ideias lúcidas sobre questões brasileiras de finanças, discutidas também com autoridade por Leopoldo de Bulhões e Pandiá Calógeras. A teoria brasileira de valorização – originalidade brasileira, de repercussão internacional entre economistas e sociólogos – esboça-se no Brasil com a República de 89: com os seus primeiros esforços políticos no sentido de defender oficialmente ou oficiosamente a produção do café – para, em 1906, ser introduzida na língua inglesa com o nome de *"valorisation"*. Do Brasil, onde a primeira valorização do café se verificou em 1905, a nova técnica de defesa econômica passaria ao Equador, onde seria aplicada na defesa do cacau (1912), à Malaia Britânica e Ceilão (borracha, 1922), a Cuba (açúcar, 1925), ao Egito (algodão, 1915; 1925), ao México (1922), à Itália (1925) e a outros países, para a defesa de vários outros produtos.

Pode, portanto, a República de 89 vangloriar-se do fato de ter se antecipado nos seus três primeiros decênios, a teorias e práticas modernas, europeias e anglo-americanas, de intervenção do Estado no sentido de regulamentar suprimentos de determinado produto e de estabilizar-lhe os preços por meio de sua retenção em armazéns, com a técnica e a teoria essencialmente brasileira de "valorização". A história dessa técnica e dessa teoria está ainda para ser escrita: na bibliografia do período republicano brasileiro vamos encontrar seu germe ou suas raízes. Não sabemos de assunto brasileiro mais digno de ser estudado por algum historiador econômico, nosso ou de fora; pois a teoria e a prática da valorização ligam de modo notável a República de 89 à história econômica internacional dos primeiros decênios do século XX. Isto, sem que os brasileiros responsáveis por aquela teoria se apercebessem da sua validade internacional. Fizeram eles ciência econômica como Mr. Jourdain fazia prosa: sem o saberem.

No que a época de transição que vem do fim do Império ao terceiro decênio da República de 89 apresenta-se um tanto pobre – pelo menos em relação com o número de obras sobre finanças, sobre a técnica econômica de defesa de produtos, sobre jurisprudência e direito, sobre geografia histórica, sobre medicina tropical, sobre história política, sobre questões de língua e de gramática, para não falarmos das belas-letras propriamente ditas, que nesse período nos aparecem com algumas das maiores figuras brasileiras de todos os tempos, nascidas ou formadas no Império mas desabrochadas de todo na República: Machado de Assis, Joaquim Nabuco, Euclides da Cunha, João Ribeiro, Aluísio Azevedo, Raul Pompeia, Graça Aranha, Afonso Arinos, Olavo Bilac, Simões Lopes Neto – é na apresentação e discussão de problemas brasileiros de economia social, de antropologia cultural e de sociologia. A questão de valorização do homem brasileiro – do homem do povo – e da adaptação de sua alimentação e de sua habitação e do seu vestuário às condições tropicais de vida – problemas que chegaram a preocupar os brasileiros do tempo do Império e até os médicos do fim da era colonial – quase não existiram nem para os homens públicos dos últimos decênios do Império – excetuando os Joaquim Nabuco – nem para os intelectuais e cientistas brasileiros da República, na sua primeira fase: 1889-1918 (outra divisão arbitrária: aceitemo-la, porém, por ter sido 1919 o ano que marcou no Brasil o início de nova era econômica e até certo ponto política e cultural, sob a influência de nova situação internacional). A questão de valorização do café toma o lugar de quase todas as outras. Grandes talentos se gastam no bizantinismo de discussões gramaticais, literárias, jurídicas e financeiras. Entretanto, a deficiência que acabamos de destacar é mais de quantidade que de qualidade. São desse período páginas, ainda hoje atuais, de Euclides da Cunha, Alberto Torres, Graça Aranha, Sílvio Romero, José Veríssimo, Roquette-Pinto, Afrânio Peixoto, Gilberto Amado – então ainda escandalosamente jovem –, salientando a importância de aspectos de problemas sociais por nós ainda hoje negligenciados, embora só de Romero e Roquette nos restem sobre tais assuntos estudos que possam ser considerados, além de intuitivos, sistemáticos: a sistemática que se encontra em obras jurídicas e filosóficas da época – as de um Lafayette Rodrigues, as de um Clóvis, as de um Júlio Ribeiro. É desse período o início do esforço, verdadeiramente notável, do governo federal e do Exército a favor do indígena brasileiro, esforço à frente do qual se destaca a figura, na verdade extraordinária, de Cândido Rondon, cujas ideias e métodos chocam-se às vezes com os de algumas missões religiosas dedicadas a obras de catequese; e cujo trabalho de educação e de ciência, ao lado do de catequese, mereceu o elogio de mais de um observador estrangeiro. Também os primeiros estudos de Oliveira Viana se esboçam no fim da era aqui considerada, e as primeiras críticas sociais de Monteiro Lobato.

Os próprios anais do Parlamento Nacional – depois de marcados, durante os últimos anos do Império, pela palavra de um Joaquim Nabuco que de simples político ou puro abolicionista elevou-se por vezes a reformador ou crítico social de alto porte, neste ponto superando Rui Barbosa – foram enriquecidos, durante a República de 89, com os discursos francamente parassocialistas de Alexandre José Barbosa Lima, que também se ocupou, tanto quanto Sílvio Romero, dos "perigos" do "imperialismo germânico" no sul do Brasil, tendo sido acusado, em gazetas alemãs, de "ultranativista". Também para um socialismo, com certeza personalista, democrático, espécie de trabalhismo à inglesa, caminharia, no fim da vida, o liberalismo de Rui Barbosa, a quem a forte caricatura do caboclo brasileiro traçada por Monteiro Lobato – o Jeca Tatu – faria olhar para o interior do Brasil e para a miséria da vida rural. Em 1919, Rui chegaria a dizer: "A concepção individualista do direito tem evoluído rapidamente, com os tremendos sucessos deste século, para uma transformação incomensurável nas noções jurídicas do individualismo, restringido agora por uma extensão cada vez maior dos direitos sociais." Ponto de vista que já era, desde o fim da era monárquica, o de Joaquim Nabuco. E que não deixou de ser o seguido, na República, por Sílvio Romero, em alguns dos seus estudos, e por Euclides da Cunha, em algumas das suas páginas; e também por alguns dos positivistas, e pelo príncipe D. Luís de Bragança, em proclamações de propaganda monárquica nas quais se mostrou mais adiantado que os políticos dominantes – os republicanos – em ideias de reforma social.

Desde o início da Primeira Grande Guerra que, no Brasil, foi tendo repercussão o novo sentido europeu de direitos sociais como restrição ao individualismo liberal ou ao *laisser-faire* econômico. Também se foi acentuando, nas gerações mais novas, o descontentamento com as teorias, e, sobretudo, com as práticas políticas dos dirigentes da República e com a literatura ou a arte acadêmica representada pelos Coelho Neto e pela Escola de Belas-Artes, contra os quais rebentaria, pouco tempo depois daquela guerra, em São Paulo e no Rio de Janeiro, o chamado "movimento modernista", enquanto no Recife se afirmaria um "regionalismo" a seu modo modernista, embora também tradicionalista, promovido por um grupo de brasileiros do Nordeste, desde adolescentes voltados para a consideração de problemas nacionais sob novo critério. Alguns jovens foram agindo sobre os próprios velhos de responsabilidade e de prestígio, no sentido de comunicar-lhes parte do seu mal-estar não só de revoltados contra as práticas políticas e as convenções acadêmicas de arte como de críticos dos próprios fundamentos do regímen dominante entre nós desde 1889. Que não correspondiam à nossa realidade social, diziam alguns. Que precisávamos de um presidencialismo mais forte, quase de uma realeza efetiva, pensavam outros, contanto que fosse "realeza" de elite intelectual e técnica e que cuidasse dos problemas sociais brasileiros, principalmente dos econômicos, dos de organização social, educação, higiene, sob critérios brasileiros. Tais ideias madrugaram até em adolescentes; um deles, o que em 1917 terminou seu bacharelado em letras no Recife proferindo um discurso que mereceu a inteira aprovação do paraninfo da sua turma: Oliveira Lima. Oliveira Lima já escrevia então artigos de algum sabor socialista, embora continuasse monarquista, a despeito do seu desencanto com os príncipes, a seu ver errados em sua definição ostensiva a favor dos Aliados e contra a Áustria.

Entre os críticos que, desde o governo Hermes da Fonseca – governo de desencanto, com a República de 89, da parte de muitos brasileiros que deixaram de enxergar no bom soldado um homem público pioneiramente preocupado com a questão operária no Brasil, até então (na verdade até 1919) desprezada pelo grande Rui –, exprimiam-se contra as práticas dominantes, achavam-se discípulos de Alberto Torres, entusiastas de Euclides da Cunha, leitores de Sílvio Romero; e também jovens educados no estrangeiro ou influenciados por ideias europeias e contatos com europeus ou anglo-americanos, e aos quais não satisfazia o "civilismo" de Rui ou o positivismo de Teixeira Mendes: Gilberto Amado, Delgado de Carvalho, Pontes de Miranda, Assis Chateaubriand, A. Carneiro Leão, Tasso da Silveira, Tristão de Ataíde, Astrojildo Pereira, Joaquim Pimenta, Andrade Bezerra, entre outros. Ideias e contatos que, em vez de distanciarem todos os jovens, assim educados ou influenciados, por novas tendências no pensamento europeu ou anglo-americano, da realidade nativa, tinham resultado em aproximar alguns deles da mesma realidade: o caso do professor Delgado de Carvalho, voltado para o estudo do Brasil meridional com toda a objetividade de um geógrafo de formação europeia, é expressivo. Ao mesmo tempo havia quem, bizantinamente, começasse a voltar olhos de uma languidez oriental para a "solução parlamentarista": "de mais parlamentarismo é que precisava o Brasil", suspiravam tais descontentes, talvez dissimulados, que eram, ao mesmo tempo, partidários da maior autonomia dos Estados em face dos "abusos" do poder central. Ainda outros descontentes pendiam sincera e honestamente para a solução convencionalmente monárquica, com a restauração do trono dos Bragança. Ou para a "solução católica", com o fortalecimento mais da ordem que do progresso: ideia que não tardaria a ser posta em relevo pelo vigoroso panfletário Jackson de Figueiredo, que teria brilhante continuador, já nos nossos dias, no professor Alceu Amoroso Lima (Tristão de Ataíde). Mas isto – repita-se – já um pouco depois do período considerado nas páginas que se seguem. Até 1918 a grande voz de renovação católica no Brasil foi a do padre Júlio Maria. Voz de desassombrado crítico social e não de melífluo apologeta.

Várias dessas formas de descontentamento tiveram sua expressão, se não em livros, em folhetos, conferências, opúsculos, que constituem um dos mais curiosos aspectos da bibliografia do período. Foi por meio dessas várias formas de descontentamento que se preparou a Revolução de 1930 – que seria repercussão, também, de grande crise econômica internacional. Tão grande que tornaria inúteis os esforços de valorização do café paulista, dentro da técnica já tradicional.

Das sugestões de mestres como Euclides da Cunha, Joaquim Nabuco, Alberto Torres, Sílvio Romero, Farias Brito, José Veríssimo, Oliveira Lima e da insistência de publicistas das novas gerações brasileiras, desde 1915, sobre a necessidade de soluções sociais, e não principalmente econômicas nem apenas jurídicas e financeiras, para os problemas nacionais – necessidade posta em relevo, mais de uma vez, em palavras sempre lúcidas pelos professores Gilberto Amado, Pontes de Miranda e Vicente Licínio Cardoso –, souberam aproveitar-se alguns dos dirigentes do Brasil, ainda durante a República de 89, para tentativas de reforma política e econômica, nem sempre bem conduzidas, no sentido da "organização nacional" pregada por Alberto Torres; da colonização dirigida – e não a esmo – da Amazônia, com que sonhara Euclides da Cunha; da recuperação do homem brasileiro pela maior defesa de sua saúde, reclamada pelo professor Roquette-Pinto e por Miguel Pereira; do abrasileiramento das populações e da sua cultura, naquelas áreas do sul do Brasil colonizadas por alemães, por vezes animadas de intuitos "imperialistas" denunciados desassombradamente por Sílvio Romero e Barbosa Lima; da maior assistência às populações da zona árida do Nordeste – obra em que se distinguiria, como ministro da Viação de Epitácio Pessoa, o engenheiro Pires do Rio, com a colaboração de Arrojado Lisboa, mas no estudo ou na consideração da qual se destacaram brasileiros do período aqui considerado. Um deles, Elói de Sousa.

Uma das expressões daquela inquietação de jovens, mais marcada pelo espírito de crítica e pelo desejo de renovação, se não de revolução, se refletiria nos depoimentos de intelectuais brasileiros nascidos ainda no Império ou nos primeiros anos da República, e crescidos com a República e na República: depoimentos reunidos no livro *À margem da história da República* (Rio, 1922). Um dos colaboradores, o professor Pontes de Miranda, escreveria aí contra o estadualismo reinante: "o Estado que se acha no poder, qualquer que seja ele [...] feitoriza o Brasil como o escravocrata feitoriza a fazenda". E acrescentaria que, contra semelhante estadualismo, só a "reação agregante" que, "sem desatender a legítimos interesses locais", considerasse principalmente a "unidade nacional". Outro, Ronald de Carvalho, assim se exprimiria:

"Deixemos de pensar em europeu. Pensemos em americano. Temos o prejuízo das fórmulas, dos postulados e das regras que não se adaptam ao nosso temperamento". Vicente Licínio Cardoso veria os políticos republicanos – os dominantes – preocupados só com "problemas secundários", "questões partidárias", "regionalismos deletérios" e "comentários constitucionais esdrúxulos ou fetichistas", e esquecidos dos problemas importantes de saneamento, comunicação, educação, higiene. Oliveira Viana pregaria a necessidade, para o Brasil, de uma legislação, de uma "arquitetura política", de um novo "sistema político", em que o legislador, o reformador, o reorganizador, "antes de se mostrar homem do seu tempo", se mostrasse "de sua raça e de seu meio". Poderia talvez ter acrescentado: do seu passado. E o professor Gilberto Amado insistiria em tese já antiga, por ele defendida com uma nitidez latina de pensamento e de palavra desde 1915: a necessidade de se considerarem os problemas brasileiros de administração e de governo em relação com o meio social. Com os antecedentes sociais peculiares ao Brasil.

Sob a chamada Primeira República acentuara-se, com efeito, durante os primeiros decênios do regímen, nos brasileiros da classe dominante, a disposição ou o empenho de se parecerem mais com os seus contemporâneos dos países tecnicamente mais adiantados do que com seus pais e avós do tempo do Império. Por exemplo: tornara-se mais elegante dizer-se alguém casado com inglesa ou francesa do que com alguma filha de família tradicional do interior de São Paulo, de Pernambuco, da Bahia. Foi a época de numerosos homens de Estado e diplomatas casados com senhoras francesas, inglesas, rumaicas, alemãs, norte-americanas: algumas, de modo algum à altura de tais responsabilidades, dando motivo a que Oliveira Lima, a propósito de casamentos dessa espécie, falasse em "cosmopolitanismo avariado". A época dos discursos parlamentares, relatórios, mensagens de governadores salpicadas mais de duras palavras inglesas – *trust*, *funding-loan*, *warrant*, *stock* – que de mole latim quase de igreja, como antigamente. Também a época de grandes leilões, cujos anúncios se espalhavam por páginas inteiras dos diários. Leilões de jacarandás e pratas de avós. Repúdio ao passado nacional.

Políticos e grandes da Primeira República não querem em suas casas os móveis pesados dos avós e dos pais, nem mesmo as boas pratas antigas, os grandes paliteiros portugueses de prata, tão característicos das mesas do Segundo Reinado. Os novos salões são mobiliados à francesa. Nos gabinetes de estudo se instalam "*maples*" ingleses. Os jacarandás desaparecem, comprados às vezes – ironia das ironias! – por ingleses e franceses, por argentinos e anglo-americanos. Os publicistas, os congressistas, os políticos, os pedagogos, em vez de se mostrarem conhecedores de clássicos – conhecimento em que se esmeravam os estadistas, parlamentares e educadores do Império –, citam em inglês e em francês autores ingleses, franceses e norte-americanos. Os livros do período é o que acusam: menor contato com os clássicos, maior contato com mestres e técnicos contemporâneos em assuntos de direito, finanças, engenharia, higiene, educação, ciência aplicada. Entretanto – repita-se – não faltam à bibliografia do período bons estudos gramaticais, filológicos e históricos sobre a língua portuguesa: os de João Ribeiro, Said Ali, Carlos de Laet, Mário Barreto, Eduardo Carlos Pereira, Heráclito Graça, Júlio Ribeiro. Gramáticos como que sociológicos. Pormenor interessante é que alguns dos melhores filólogos da época são, como Eduardo Carlos Pereira, Otoniel Mota, Jerônimo Gueiros, protestantes. Protestantes parecendo querer demonstrar no seu culto da língua materna pura sua condição de bons brasileiros e de bons patriotas, a despeito de dissidentes da religião materna e tradicional.

Quanto a filósofo, a época só produziu Farias Brito. Nada, porém, de desprezar-se o que há de pensamento vivo em ensaios como os de Joaquim Nabuco, Sílvio Romero, Eduardo Prado, José Veríssimo, Euclides da Cunha, Gilberto Amado.

Dos brasileiros dos primeiros decênios do período republicano, alguns não se contentam em parecer menos com os pais do tempo do Império do que com os contemporâneos dos grandes países industriais: pretendem parecer-se mais com os vindouros do que com os simples contemporâneos. As modas europeias e anglo-americanas de trajo e de esporte, as inovações pedagógicas, as novidades de técnica administrativa e de estilo literário são adotadas às vezes com exageros grotescos, no Brasil dos fins do século XIX e nos princípios do século XX, em um como desejo que tivessem os místicos do progresso, então senhores de muitas responsabilidades de direção em nosso país, de se avantajarem aos povos progressistas, por eles imitados, em aperfeiçoamento e em arrojo. Os meninos começam a querer ser Fultons e Benjamins Franklin – mais do que Cíceros, Lamartines ou Cavours; e muitos deles, em vez de receberem nomes gregos e romanos, que o pedantismo de erudição clássica predominante no Império tornara comuns entre nós – Ulisses, Demóstenes, Cícero, Demócrito, Epaminondas, Aristarco – ou nomes de poetas, de santos, de reis, de heróis da história sagrada e de novelas românticas, são batizados com os nomes às vezes arrevesados de presidentes da república norte-americanos, de almirantes, cientistas, engenheiros ingleses, de inventores e técnicos anglo-americanos: Washington, Jefferson, Benjamin Franklin, Newton, Nelson, Hamilton, Édison, Lincoln, Darwin, Spencer, Gladstone. É bem característico desse novo estado de espírito o fato de brasileiros ricos como Santos Dumont ou bem situados na política como Augusto Severo de Albuquerque Maranhão, e não apenas boêmios como José do Patrocínio, se dedicarem à chamada "conquista do ar": mística naturalmente derivada da convicção, que foi aos poucos se generalizando entre nós, de sermos um país vergonhosamente atrasado em progresso técnico, científico e industrial. Um país arcaico, de cabriolés e carros de bois, de doutores teóricos e de portugueses de tamancos, de negros boçais e de índios selvagens. A República nos libertara de um dos nossos "arcaísmos vergonhosos": a forma de governo. Mas o Brasil precisava se impor à consideração dos povos contemporâneos excedendo-os em adiantamentos técnicos: inventando novos meios de transporte aéreo, por exemplo. Antecipando-se a ingleses, franceses e anglo-americanos na difícil "conquista do ar". E dando ao seu progresso um caráter essencialmente prático.

É o que explica o sucesso fácil que obtêm entre nós as escolas norte-americanas, fundadas por missionários protestantes nos princípios do século XX e que divulgam entre a mocidade jogos como o voleibol e o basquetebol, ao lado do futebol, e do tênis, já lançados por ingleses ou por filhos de ingleses, como no Rio de Janeiro os irmãos Cox. Desses colégios se esperam milagres: meninos fortes, sadios, esportivos, bem preparados em matemática e em inglês, aptos a se tornarem engenheiros, técnicos, capitães de indústria. Milagres mais completos se esperam dos rapazes que os pais enviam para as escolas técnicas, comerciais e de engenharia, química e agricultura da Inglaterra e dos Estados Unidos. As mães receiam o protestantismo, a heresia, a irreligião. Mas os pais enfrentam o risco, contanto que seus filhos voltem da Inglaterra e dos Estados Unidos falando inglês, jogando tênis e aptos a transformarem o Brasil num grande país industrial, comercial e de homens "essencialmente práticos".

Os moços da classe dominante que não vão estudar no estrangeiro engenharia, comércio, medicina, odontologia, zootecnia, agronomia, frequentam no País as faculdades de direito, medicina, engenharia, odontologia. O estudo de humanidades do tempo do Império entra em declínio. A Primeira República pouco se interessa, durante os seus primeiros decênios, pela criação de universidades, sonhada ou desejada por um ou outro ideólogo, mas combatida pelos positivistas mais ortodoxos. E os seus dirigentes pretendem, quase todos, ser homens "essencialmente práticos" e alheios a "poesias". Conseguem sê-lo na organização do ensino superior: um ensino quase exclusivamente profissional. Tanto que Bryce, de passagem pelo Brasil, surpreende-se do caráter estritamente prático do nosso ensino superior. Estávamos sendo mais papistas que o papa: mais práticos que o inglês.

São do primeiro período republicano do Brasil, e também dos últimos decênios da Monarquia, numerosos livros e folhetos sobre questões de ensino. A Primeira República não hesita em "reformar o ensino": pelo menos no papel, "reforma-o" várias vezes. Essas "reformas de ensino" constituem um capítulo inteiro da bibliografia do período. Nelas se prolonga um afã vindo do Império: do célebre pronunciamento de Rui Barbosa sobre o assunto.

É entretanto justo salientarmos que, durante os primeiros decênios da Primeira República, se o ensino secundário e o superior não apresentam senão "aperfeiçoamentos", entre aspas, como resultados de reformas às vezes bizarras – uma delas a do governo Hermes – o ensino primário e normal melhoram consideravelmente. Principalmente no Distrito Federal e em São Paulo; e também – embora menos – em Minas Gerais, em Pernambuco e no Rio Grande do Sul. No próprio Rio Grande do Norte. Neste, como em outros setores de atividade cultural, São Paulo torna-se, desde os primeiros anos da República, uma inspiração e um exemplo para os demais Estados.

O Instituto de Manguinhos, o Museu Nacional, a Biblioteca Nacional, o Instituto Histórico e Geográfico Brasileiro, o Museu Goeldi, o Instituto Butantã, o Arquivo Nacional, o Museu Paulista, o Instituto

Arqueológico de Pernambuco, outras organizações oficiais, semioficiais e particulares de educação e cultura enriquecem a bibliografia brasileira, umas desde o fim da era monárquica, outras a partir do período republicano, com publicações de interesse intelectual, científico e técnico às quais se junta a produção de editores do Rio, de São Paulo e do próprio Recife. Seria ainda durante os primeiros decênios da Primeira República que os nomes dos brasileiros Nina Rodrigues, Vital Brasil, Osvaldo Cruz, Carlos Chagas, J. B. de Lacerda, Roquette-Pinto, Saturnino de Brito, começariam a tornar-se nomes internacionais em várias especialidades científicas, ao lado do de Rondon e do de Santos Dumont; e também dos de Rui Barbosa, Joaquim Nabuco, Rio Branco, Oliveira Lima; dos de Guiomar Novais, Epitácio Pessoa, Duque e Gabi, J. B. de Lacerda, Antônio Conselheiro.

Período fértil em prisões e exílios de brasileiros ilustres – um deles, o imperador velho e quase moribundo –, o fato se reflete na bibliografia. Dos livros que a abrilhantam, vários são obras de exilados, perseguidos ou prisioneiros políticos. Aplica-se talvez ao Brasil republicano – o dos primeiros decênios, depois da proclamação do novo regímen em 1889 – o conceito francês: *"Lorsque la légalité est complice de l'injustice et de l'oppression, on brigue l'honneur d'être mal noté par la police"*. Esta honra alcançaram-na – principalmente sob Floriano – não simples demagogos ou agitadores vulgares, mas homens da estatura de Ouro Preto, Saldanha da Gama, Silveira Martins, Rui Barbosa, Barbosa Lima, Carlos de Laet, Olavo Bilac, Eduardo Prado, Afonso Celso Júnior. Dos livros dos primeiros decênios do regímen republicano escritos por exilados, perseguidos ou prisioneiros políticos, é bastante lembrarmos as *Cartas de Inglaterra*, de Rui Barbosa.

As publicações positivistas – de propaganda, informação, polêmica – avultam da bibliografia da época brasileira considerada no ensaio que se segue. Grande parte delas foram obra de um homem assombrosamente ativo na propagação das ideias de que se tornou sectário: R. Teixeira Mendes. Homem que se tornou merecedor do respeito dos seus próprios adversários e a quem o próprio barão do Rio Branco descia dos seus cuidados de estadista sobrecarregado de preocupações para prestar esclarecimentos e dar informações. Um homem-instituição. Aliás, acerca do positivismo no Brasil – cuja fase de maior prestígio foi precisamente a época nacional que imediatamente precedeu a implantação da República e que imediatamente se seguiu a esse acontecimento – escreveriam, já nos nossos dias, ensaios notáveis o Sr. João Camilo de Oliveira Torres, autor também de *A democracia coroada* (Rio de Janeiro, 1957), e o professor Cruz Costa, da Universidade de São Paulo.

É curioso o fato de pertencerem à bibliografia relativa ao fim do Império e ao começo da República, no Brasil, se não livros, artigos longos, como os aparecidos em jornal ilustre, o *Diário da Bahia*, durante o ano de 1888, assinados por "Voltaire", "Diderot", "Lamartine", "D'Alembert"; e escritos "sob a influência destes grandes gênios imortais na sabedoria, heróis na liberdade, porém em perfeita e idêntica comunhão com as nossas opiniões, casados com as nossas ideias, sem as quais não poderíamos intuitivamente interpretar e materialmente reproduzir".

Quem o revelou, um ano após aquelas publicações, foi o próprio intérprete daqueles "gênios imortais na sabedoria" e "heróis na liberdade": o abolicionista, liberal e progressista Durval Vieira de Aguiar, em seu livro – aliás rico de informações concretas sobre a situação da Província da Bahia, nos últimos anos de regímen escravocrático e de governo monárquico – *Província da Bahia*. Livro que, dizendo-se publicado na mesma Bahia em 1888, só o foi, na realidade – simples pormenor bibliográfico –, em 1889. Inclui, a modo de anexo, eloquente mensagem atribuída a Lamartine e datada de 17 de dezembro de 1887. Falando pela própria Liberdade com L grande, teria dito Lamartine aos brasileiros, através do médium Aguiar, que o "caminho da liberdade era o caminho do futuro". Pois os artigos aparecidos com a assinatura daqueles franceses famosos foram escritos todos por médium, que não se sentia responsável nem por ideias que modestamente considerava superiores às suas, nem por visões do futuro impossíveis, segundo ele, a um simples homem da Terra. O espiritismo, adotado desde o fim do século XIX por alguns brasileiros de ânimo liberal em política, correspondeu evidentemente à preocupação com o futuro – o nacional e o do homem –, que importou, então, em repúdio ao passado e ao próprio presente: um passado e um presente, no Brasil, escravocráticos, monárquicos, "inferiores" em relação com o futuro liberal e republicano vivido já por aquelas nações progressivas como a França, a Suíça, os Estados Unidos. Nações nas quais o Brasil devia inspirar se, afastando--se das arcaicas, como as ibéricas.

Não sabemos – outro simples pormenor – como as publicações dessa espécie – as que se apresentam como tendo sido ditadas por mortos ilustres a simples médium – são classificadas pelos modernos peritos em ciência ou arte bibliográfica. Apenas desejamos salientar, à margem da bibliografia relativa à época de vida brasileira – o fim do Império e o começo da República – por nós considerada no ensaio que se segue, que durante os dias mais intensos do fervor progressista vivido então por numerosos brasileiros, aos célebres "ingleses do Sr. Dantas" – os nomes de grandes liberais ingleses usados como pseudônimos, por abolicionistas e progressistas brasileiros, em artigos e panfletos de propaganda política – juntaram-se na Bahia os dos "franceses do Sr. Aguiar": grandes liberais franceses que Durval Vieira de Aguiar acreditava serem os inspiradores da sua ardente ideologia política.

O fato nos parece sociológica ou psicologicamente interessante, e revelar o empenho forte dos mesmos progressistas de sentirem ao seu lado, solidários em espírito ou simbolicamente, com suas atitudes abolicionistas, federalistas ou republicanistas, ingleses ou franceses famosos pelo liberalismo romântico. A aprovação da Europa: se não a da contemporânea, pragmática e objetiva, representada principalmente pela Inglaterra, a da romântica, a da liberal, da heroica, representada pelos espíritos de homens de gênio que do século XVIII se projetaram sobre o futuro.

Entretanto, a aprovação da Europa contemporânea – se não da pragmática ou industrializada, de feitio inglês, da progressiva à maneira da França – a certas tendências e realizações, quer do Império, no seu crepúsculo, quer da República de 89, nos seus primeiros anos, não faltou de todo aos brasileiros: dos livros de europeus, aparecidos, nesse período, sobre o Brasil ou a América do Sul, foram vários aqueles em que, a páginas de crítica severa a costumes ou usos ainda dominantes no nosso país, se juntaram outras de lúcida confiança no futuro luso-americano. Ou mesmo de reconhecimento de esforços já desenvolvidos por estadistas, educadores, industriais, médicos, higienistas, artistas brasileiros, como esforços em nada inferiores aos de europeus. *"Dans toutes les régions de l'activité moderne"* – escreveu Georges Clemenceau à página 216 do seu livro sobre a América do Sul – *"le Brésil présente sans crainte à la critique européenne des hommes qui peuvent marcher de pair avec nos grands chefs d'entreprise"*.

São esses livros de europeus e anglo-americanos idôneos que nos permitem verificar, através dos seus depoimentos sobre atividades brasileiras, as relações de tempo – tempo social – entre o Brasil do fim do século XIX e do começo do século XX e a Europa e os Estados Unidos da mesma época. Relações que deram a essa época da vida brasileira características de tempo enquadrado sob alguns aspectos, no ritmo histórico de viver europeu, a despeito de erupções como que vulcânicas do passado ainda colonial do Brasil que se fizeram sentir, por vezes de modo dramático, em tempos sociais, culturais e psicológicos nada coincidentes com o dominante na Europa ocidental ou nos Estados Unidos. Daí a importância, para a caracterização do mesmo Brasil, como época não de um tempo só mas de vários, e esses às vezes contraditórios, de livros como *O abolicionismo*, de Joaquim Nabuco; *Os sertões*, de Euclides da Cunha; *Canaã*, de Graça Aranha; *O mulato*, de Aluísio Azevedo; *As religiões no Rio*, de João do Rio (Paulo Barreto). E, ainda, os estudos de Nina Rodrigues sobre o negro baiano; os de José Veríssimo sobre a vida amazônica; os de Sílvio Romero e João Ribeiro sobre o folclore brasileiro e sobre a literatura e a língua nacionais.

Quase não nos utilizamos, no estudo que empreendemos em torno dos valores, dos símbolos e das formas de vida e também dos processos de convivência que caracterizaram no Brasil do fim do século XIX e do começo do XX, senão de livros-fontes, isto é, aparecidos na mesma época, ou de autores nacionais e estrangeiros que a viveram na sua plenitude, mesmo quando seus livros vieram a ser publicados em época posterior. Tal o caso de José Maria dos Santos: intérprete que foi também participante dos acontecimentos que procurou interpretar.

Isto não importa em desconhecer-se ser considerável a recente bibliografia em torno daquele período de vida brasileira. Considerável pelo número e considerável pela qualidade. Obras de análise, obras de interpretação e obras de crítica social. Ninguém tem o direito de ignorar o valor de livros referentes ao mesmo período, como os ensaios sobre Machado de Assis: não só os escritos por Alfredo Pujol e Oliveira Lima, como os publicados em nossos dias pelo Sr. José Maria Belo – autor também de excelente *História da República* – pela Srª. Lúcia Miguel-Pereira e pelo Sr. Magalhães Júnior – autor de outras páginas notáveis sobre figuras e acontecimentos do fim do Império e do começo da República –, as biografias de Raul Pompeia e Olavo Bilac, traçadas pelo Sr. Eloy Pontes; as de Farias Brito, Sílvio Romero e Euclides da Cunha, escritas pelo professor Sílvio Rabelo; a monumental, do segundo Rio Branco, escrita pelo professor Álvaro Lins; a de Lima Barreto, escrita pelo Sr. Francisco de Assis Barbosa; a de Luís Tarquínio, escrita pelo Sr. Péricles Madureira do Pinho; a de Tobias Barreto, estudo do professor Hermes Lima; a de Pedro II, escrita pelo Sr. Heitor Lira; a de Pinheiro Machado, escrita pelo Sr. Costa Porto; a de Joaquim Nabuco, escrita pela Srª. Carolina Nabuco; a de Rui Barbosa, escrita pelo Sr. Luís Viana Filho (autor também de sugestivo ensaio sobre Joaquim Nabuco); o *Ruy, o estadista da República*, escrito pelo Sr. João Mangabeira; a obra em três volumes, *Um estadista da República,* escrita sobre Afrânio de Melo Franco pelo seu filho, Sr. Afonso Arinos de Melo Franco; a de Santos Dumont, escrita pelo Sr. Gondim da Fonseca; a de Pandiá Calógeras, escrita pelo Sr. Gontijo de Carvalho; a de Luiz Gama, escrita pelo Sr. Sud Menucci.

É pena que permaneçam inéditas as memórias de Gastão da Cunha e as de Alberto Rangel. Documentos interessantes foram já publicados sobre Floriano Peixoto, sobre Antônio Prado, sobre Santos Dumont, estes sob a inteligente direção do Sr. Aluísio Napoleão; apareceu o diário do engenheiro André Rebouças; apareceram *O meu próprio romance*, de Graça Aranha; apareceram as *Memórias de Oliveira Lima*; as do general Bertoldo Klinger; as de Medeiros e Albuquerque; as de Rodrigo Otávio; vêm aparecendo as do professor Gilberto Amado: todo um documentário valioso que vem completar memórias, aparecidas no próprio período em apreço, como as do barão de Jaceguay, as do general Dionísio Cerqueira, as de Anfrísio Fialho. E um antigo discípulo nosso na Universidade de Stanford, Mr. Charles Gauld, tem em preparo minuciosa biografia de Percival Farquhar: anglo-americano ligado ao mil e novecentos brasileiro pelos seus arrojos de pioneiro. Falta quem faça o mesmo com o canadense Alexander Mackenzie, figura igualmente merecedora de bom estudo biográfico. Foi bom que tivesse sido já escrita a biografia de um pioneiro da propaganda protestante no Brasil – *O padre protestante* (São Paulo, 1950) – pelo pastor Boanerges Ribeiro. Teixeira Mendes continua, porém, sem a biografia que merece, como pioneiro da propaganda positivista.

Excelente informação sobre a primeira fase do período em apreço, considerada no seu aspecto social, encontra-se em livros recentes como *Salões e damas do Segundo Reinado*, do Sr. Wanderley Pinho; e sobre a segunda, quer considerada sob esse aspecto, quer sob o político ou econômico, nas *Atas e atos do Governo Provisório*, de Dunshee de Abranches, publicado no Rio de Janeiro em 1907; nos numerosos volumes de documentos parlamentares, principalmente nos que se referem à *Defesa da borracha, Valorização do café, Legislação social, Estado de sítio*, publicados durante os primeiros anos do século XX; em *O Brasil, suas riquezas naturais, suas indústrias* (2 volumes), Rio de Janeiro, 1907; em mensagens presidenciais e de governadores de Estado no mesmo período – algumas notáveis pelo conhecimento de problemas nacionais e estaduais que revelam, como as de Quintino Bocaiuva e Barbosa Lima; em relatórios de ministros de Estado; em *A constituinte republicana* (2 volumes), de Agenor de Roure (Rio de Janeiro, 1920); na *História constitucional do Brasil* (Rio, 1915), de Aurelino Leal, que na parte relativa à República completa a *História constitucional da República* (Rio de Janeiro, 1894), de Felisbelo Freire; em *História da colonização do Brasil* (Rio de Janeiro, 1918), de Joaquim da Silva Rocha; em *História da civilização paulista* (São Paulo, 1954), do Sr. Aureliano Leite; no estudo psicossociológico *O patriarca e o bacharel*, do Sr. Luís Martins (São Paulo, 1953); em *História e tradições da cidade de São Paulo* (São Paulo, 1953), do Sr. Ernâni Silva Bruno; nos estudos de Alberto Torres sobre "a organização nacional"; na *História e teoria do partido político no direito constitucional brasileiro* (Rio de Janeiro, 1948), do professor Afonso Arinos de Melo Franco; no *Do Poder Executivo na República Brasileira* (Rio, 1916), do professor Aníbal Freire da Fonseca; no livro sobre o Rio de Janeiro do "seu tempo", do Sr. Luís Edmundo; no livro do *Centenário da Câmara dos Deputados* (Rio de Janeiro, 1926); no estudo sobre a economia brasileira, publicado em inglês por J. F. Norman – *Brazil – a Study of Economic Types* – e traduzido já para a língua portuguesa e nela publicado; no *Roteiro do café*, ensaio histórico-sociológico do Sr. Sérgio Milliet; no *The Conquest of Brazil*, de Mr. Roy Nash, aparecido em inglês, em Nova Iorque, e já publicado em língua portuguesa; nos quinze volumes da vasta *História do café no Brasil*, do historiador Afonso de E. Taunay (Rio de Janeiro, 1943); no estudo *Coronelismo, enxada e voto*

(Rio de Janeiro, 1949), do Sr. Vítor Nunes Leal; nas recentes publicações de documentos relativos aos últimos decênios da era imperial, por iniciativa do historiador Guilherme Auler; na correspondência de Capistrano de Abreu, também recentemente publicada pelo historiador José Honório Rodrigues; no recente e bem documentado *Palco, salão e picadeiro em Porto Alegre no século XIX, contribuição para o estudo do processo cultural do Rio Grande do Sul*, de Athos Damasceno (Rio de Janeiro – Porto Alegre – São Paulo, 1956); e, ainda, no também recentemente publicado *Alegrias e tristezas de uma educadora alemã no Brasil* – livro alemão referente ao Brasil do fim do século XIX, publicado com esclarecedores prefácios de Paulo Duarte e J. F. de Almeida Prado (São Paulo, 1956); e mais, Custódio José de Melo, *O governo provisório e a Revolução de 1893* (São Paulo, 1938); Dionísio Cerqueira, *Reminiscências da Campanha do Paraguai* (Rio de Janeiro, 1941); Evaristo de Morais, *Da Monarquia para a República* (Rio de Janeiro, 1936); *Dom Pedro II e a condessa de Barral* (correspondência comentada por R. Magalhães Júnior, São Paulo, 1956); George C. A. Boehrer, *Da Monarquia à República (História do Partido Republicano do Brasil, 1870-1889)*, tradução de Berenice Xavier (Rio de Janeiro, 1954); Hermes Lima, *Tobias Barreto* (São Paulo, 1939); Humberto Bastos, *Ruy Barbosa, ministro da independência econômica do Brasil* (Rio de Janeiro, 1949); Ivan Lins, *Benjamim Constant* (Rio de Janeiro, 1936); Luís Edmundo e outros, *A República* (obra coletiva publicada pela Biblioteca Militar, Rio de Janeiro, 1939); Lima Figueiredo, *Grandes soldados do Brasil* (2ª ed., Rio de Janeiro, 1942); Oliveira Lima, *O Império brasileiro* (São Paulo, [1927?]); Nelson Werneck Sodré, *Panorama do Segundo Império* (São Paulo, 1939); Afonso Arinos de Melo Franco, *Um estadista da República* (Rio de Janeiro, 1955); Gilberto Amado, *Minha formação no Recife* (Rio de Janeiro, 1955); Leôncio Basbaum, *História sincera da República – Tentativa de interpretação marxista da história* (Rio de Janeiro, 1957).

E não devem ser esquecidos estudos como o monumental, do professor Fernando de Azevedo, sobre "a cultura brasileira"; o do Sr. Herman Lima, sobre a caricatura no Brasil; o do Sr. Renato Almeida, sobre a música; o de Primitivo Moacir, sobre a instrução; o do professor Almir de Andrade, sobre a administração pública; o do Sr. José Jobim, sobre as indústrias; o de Almeida Nogueira, sobre a Faculdade de Direito de São Paulo; o do professor Odilon Nestor e o de Clóvis Beviláqua, sobre a Faculdade de Direito do Recife; o de Oliveira Viana, sobre as instituições políticas do Brasil; o do Sr. Aureliano Leite, sobre a "civilização paulista"; o do Sr. Alceu Amoroso Lima, o do Sr. Augusto de Lima Filho e o do Sr. Miran de Barros Latif, sobre Minas Gerais; os dos dois Lamegos, pai e filho, sobre a formação fluminense; os do geógrafo Hildarg O'Reilly Sternberg, sobre terras devastadas pela cultura do café no sul do País por métodos que resultaram no empobrecimento do Vale do Paraíba; o valioso ensaio do professor João Camilo de Oliveira Torres, sobre o positivismo no Brasil; o notável estudo do professor João Cruz Costa, *O desenvolvimento da filosofia no Brasil no século XIX e a evolução histórica nacional* (São Paulo, 1950). Tampouco podem ser desprezadas as obras que a Instituição Larragoiti, dirigida pelo professor Leonídio Ribeiro, vem publicando, de modo magnífico, sobre as artes plásticas, as ciências, a literatura, o teatro, a medicina do Brasil e em algumas das quais se encontram informações igualmente valiosas sobre o período que nos interessa. É todo sobre o mil e novecentos brasileiro, considerado do ponto de vista literário, *A vida literária no Brasil – 1900*, recente ensaio do Sr. Brito Broca. E muitas são as indicações de obras que versam problemas jurídicos, políticos e político-sociais da época em apreço que se encontram na *Bibliografia brasileira de direito constitucional*, publicada em 1956 pela Casa de Rui Barbosa: casa que o seu diretor tem sabido transformar em centro vivo de pesquisas em torno de assuntos brasileiros relacionados com a figura e a obra do eminente homem público e membro do governo provisório da Primeira República; um dos grandes liberais e abolicionistas do fim do Império e o político de ação intelectual mais intensa nos primeiros decênios do regímen republicano em nosso país. O mesmo diremos das publicações do Museu Imperial, de Petrópolis, referentes à época de transição brasileira que nos interessa; e das que continuam a aparecer sob a responsabilidade do Instituto Histórico e Geográfico Brasileiro e da Biblioteca Nacional, a cujo diretor de seção – a de manuscritos e documentos –, o historiador José Honório Rodrigues, se deve, em grande parte, o aparecimento de obras particularmente esclarecedoras acerca do período em apreço. Uma delas, a correspondência de Capistrano de Abreu, cheia de indiscrições sobre figuras brasileiras dos primeiros decênios da República, que o grande pesquisador e terrível má-língua conheceu de perto.

Não poucos foram os homens de ciência estrangeiros que se fixaram no Brasil no fim do século XIX, abrasileirando-se. Dentre eles, o belga Luís Cruls e o anglo-americano Orville Derby. Ambos afirmaram o seu valor em atividades grandemente úteis ao Brasil e também em livros ou publicações sobre assuntos de sua competência. Especialmente sobre climatologia e geologia escreveram-se e publicaram-se na época em apreço vários estudos sobre o Brasil, alguns dos quais, escritos por brasileiros, ficaram clássicos na matéria, como os de Calógeras, os de Gonzaga Campos, os de Costa Sena – que constam dos *Anais da Escola de Minas de Ouro Preto*, instituição que já destacamos ter alcançado, graças aos seus bons orientadores franceses, renome mundial na especialidade, desde o fim do reinado de Pedro II. Sobre o assunto são deveras interessantes os esclarecimentos que nos dá Paul Ferrand no seu *L'or à Minas Gerais* (Ouro Preto, 1894). Outros centros brasileiros de pesquisa científica que alcançaram no fim do século XIX e no começo do XX o mesmo renome, através das suas publicações, já recordamos que foram o Museu Goeldi, de Belém, o Museu Nacional, o Instituto Butantã e o de Manguinhos. Não devem ser esquecidos os Gabinetes Portugueses de Leitura, tão ativos no fim do século XIX. Dentre os europeus que então se abrasileiraram, não devem ser esquecidos o alemão von Koseritz, no sul do Império, e o francês Millet ou Milet, no norte. Um von Ihering – filho do famoso jurista – abrasileirou-se em São Paulo. Descendentes de aristocrática família alemã, ligada à de von Hindenbourg, abrasileiraram-se de tal modo em Minas Gerais que se tornaram quase biribas: ignorantes da língua alemã e desdenhosos de requintes europeus de civilidade. Biribas dos bons.

A época foi também de um notável surto de má literatura entre os médicos do Rio de Janeiro e dos Estados: má literatura imitada da castiça, ainda que preciosa, de Francisco de Castro. Distinguiu-se no gênero um clínico, aliás eminente na sua arte ou ciência médica: o professor Antônio Austregésilo. Desse surto como que epidêmico, de que as vítimas foram médicos ilustres, há reflexos na bibliografia da época. Não foram poucos, porém, os médicos brasileiros que, no período considerado nas páginas que se seguem, fizeram cursos de aperfeiçoamento na França e na Alemanha – o caso do próprio Osvaldo Cruz –, deles voltando com uma consciência especificamente médica de suas responsabilidades. Seus trabalhos publicados em português, e às vezes em francês, concorreram para dar dignidade científica à medicina praticada ou cultivada no Brasil, juntando-se aos estudos médicos os de antropologia, de Nina Rodrigues, seguidos pelos ainda mais notáveis, de Roquette-Pinto, e pelos de direito, de João Vieira, Viveiros de Castro e Clóvis Beviláqua, juristas cuja obra, por vezes relacionada com a antropologia e com a própria sociologia, despertou a atenção de mestres franceses e italianos, como a de Tobias despertara a de alemães, regozijados com o ardor posto pelo mestiço sergipano na propagação de novidades germânicas no Brasil. Juristas a cujo pequeno número se juntaria, desde o fim da época considerada no ensaio que se segue, começando, ainda jovem, a revelar-se homem, na sua especialidade, se não genial, quase genial, um nortistazinho chamado Pontes de Miranda. Ele, Gilberto Amado e Assis Chateaubriand foram os três nortistas talvez com alguma coisa de superiormente genial, cuja estreia na imprensa do Recife e, depois, na do Rio de Janeiro, se verificou no crepúsculo da mesma época, abrilhantando-o de maneira extraordinária. Especialmente – com relação a esse crepúsculo e à sua bibliografia – o mais velho dos três e, desde muito novo, autor de livros: Gilberto Amado. Sua estreia se fez com *A chave de Salomão*, em pleno período bibliográfico alcançado pelo ensaio que se segue. Ainda outro nortista cujo talento se esboçou no fim da época considerada no ensaio que se segue foi o paraibano Augusto dos Anjos.

No sul do País, apenas engatinhavam escritores cuja maioridade intelectual viria se definir na bibliografia de época mais recente do que a considerada nas páginas que se seguem: um Oliveira Viana, um Vicente Licínio Cardoso, um Mário de Andrade, um Oswald de Andrade, um Agrippino Grieco, um Ronald de Carvalho, um Alceu Amoroso Lima, um Manuel Bandeira, sem falarmos, é claro, em Monteiro Lobato. Nem num Ruben de Barcelos que mal chegaria a revelar-se em obra impressa à altura de sua alta vocação para os estudos sociológicos. Este talvez tenha sido, tanto quanto o seu comproynciano Simões Lopes Neto e do mesmo modo que aqueles três homens do norte cuja inteligência madrugou de modo notável em obras impressas – Gilberto

Amado, em *A chave de Salomão*; Pontes de Miranda, em *À margem do direito* (1912) e *A moral do futuro*, livro publicado em 1913, com prefácio de José Veríssimo –, indivíduo com alguma coisa de genial na sua capacidade de compreensão e de interpretação dos fatos mais característicos do *ethos* regional em relação com o nacional. É pena não ter Barcelos amadurecido no sociólogo capaz de obra mais séria e mais profunda que a de Oliveira Viana ou a de Vicente Licínio Cardoso, que prometeu ser.

À bibliografia do período que vai ser evocado em páginas seguintes, não faltaram os livros de coleção de modinhas. Livros como *O cantor de modinhas brasileiras*, por Eduardo das Neves, que, revistas por Catulo da Paixão Cearense, teriam nova edição em 1937, edição da Quaresma. Do ponto de vista da interpretação sociológica que hoje se empreenda do mesmo período, é interessante a constância com que na música popular, nos dobrados e sobretudo nas modinhas, projetaram-se acontecimentos políticos, ou feitos como o de Santos Dumont, ou crimes como o de Carleto e Rocca.

Neves levou para as suas modinhas as convicções políticas ou os entusiasmos cívicos que o animavam:

> *"É este o canto singelo*
> *De um peito nobre e leal*
> *Que enverga a farda briosa*
> *Da Guarda Nacional".*

Assim cantou "a Guerra de Canudos":

> *"Glória a ti, Oscar guerreiro!*
> *Mas Antônio Conselheiro...*
> *Para sempre amaldiçoado!!!"*

Mas sem se esquecer de aspectos do comportamento sexual de alguns rapazes, no Rio de Janeiro da sua época – um Rio de Janeiro do qual o bonde foi instituição característica:

> *"Anda a gente pelos bondes*
> *Sem poder nem se virar*

Porque logo grita um anjo
Este homem quer bolinar!"

E exaltando com frequência a morena brasileira:

"Eu amo a gentil morena
Bela, travessa, elegante".

Exaltou a própria preta – já que a loura era glorificada nas óperas e operetas:

"Eu tenho uma namorada
Que é mesmo uma papa-fina
Lá na Praça do Mercado
Digo logo: é preta mina".

À bibliografia da época considerada no ensaio que se segue pertence, ao lado do *El Brasil intelectual* (Buenos Aires, 1900), do argentino García Merou, *O Brasil mental*, do Português J. Pereira Sampaio (Bruno), publicado no Porto em 1898. É livro interessante sob vários aspectos: um deles, por ter sido, ao que parece, aquele, em língua portuguesa, em que primeiro foram citados, a propósito do caso sociológico do Brasil e contra o sectarismo dos positivistas, sociólogos anglo-americanos então escandalosamente novos para olhos e ouvidos brasileiros: Ward e Giddings. Outro aspecto interessante do livro: o de ter lançado a teoria de arianização para uso de brasileiros albinomaníacos, teoria que seria desenvolvida por Oliveira Viana. Bruno já sustentava em 1898 que entre gentes híbridas ou mestiças, a convergência "é sempre para a raça pura mãe e, de escolha, para a superior". Essa convergência e essa escolha no sentido de "raça superior" se realizariam através da mulher: esta buscaria "o macho de raça superior": de modo que o casamento nas sociedades afetadas pela mestiçagem seria "um posto de padreação superior: aí se apura a raça". Veremos, por meio de várias das respostas ao inquérito que serve principalmente de lastro ao estudo que se segue, que esse sentimento ou essa preocupação de "apurar a raça", num sentido eugênico ou estético, segundo padrões europeus de estética, animou considerável número de brasileiros, alguns talvez já influenciados direta ou indiretamente pela ideia de Bruno. Foi também Bruno um dos observadores da situação brasileira da fase de transição mais aguda do trabalho escravo para o livre que maior relevo deram ao fato de vir-se extinguindo, no Brasil, o tipo agrícola tradicional de economia, dessa extinção devendo-se esperar esta consequência: o desenvolvimento de um proletariado que reclamasse "o seu lugar ao sol da justiça". A "onda socialista" chegaria ao Brasil com o industrialismo: assunto que no Brasil já vinha sendo estudado por Getúlio das Neves e Sílvio Romero, e considerado, embora de modo vago, pelos positivistas. Quanto ao problema de raças, não nos esqueçamos de que Alberto Torres antecipou-se em citar, no Brasil, os estudos de Boas, nem nos olvidemos da participação do Brasil no Congresso Universal de Raças, reunido em Londres em 1911: fato talvez mais significativo – repita-se – para a cultura autenticamente brasileira que começava então a pôr-se de pé, que o triunfo alcançado na Haia pelo Conselheiro Rui Barbosa em 1907.

Tampouco nos esqueçamos das obras de estrangeiros que se revelaram observadores perspicazes e idôneos do Brasil dos últimos decênios do Império e dos primeiros anos da República de 89 – quase sempre tendo alguma coisa a dizer sobre raça ou mestiçagem. Dentre outros: Charles Pradez, em *Nouvelles études sur le Brésil* (Paris, 1872); Eugène Galdois, em *En Amérique du Sud* (Paris, s. d.); Thomas P. Bigg Wither, em *Pionneering in South Brazil* (Londres, 1878); Herbert H. Smith, em *Brazil, the Amazons and the Coast* (Nova Iorque, 1879); James W. Wells, em *Three Thousand Miles Through Brazil* (2 volumes, Londres, 1887); Emile Allain, em *Rio de Janeiro* (Paris – Rio de Janeiro, 1886); Karl von den Steinen, em *Dürch Zentral-Brasilien* (Leipzig, 1886); o cônsul C. C. Andrews, em *Brazil, Its Conditions and Prospects* (Nova Iorque, 1887); Ernest Michel, em *À travers l'hémisphère sud* (Paris, 1887); Agenor de Gasparin, em *L'Amérique devant l'Europe* (Paris, 1887); Alfred Mare, em *Le Brésil* (2 volumes, Paris, 1890); Silva Pinto, em *No Brasil* (Porto, 1879); Louis Couty, em *Étude de biologie industrielle sur le café* (Rio de Janeiro, 1883); Ed. de Grelle, em *Étude du Brésil* (Bruxelas, 1888); o rev. James C. Fletcher, nas últimas edições do livro que escrevera em colaboração com o rev.

Kidder, *Brazil and the Brazilians*; Max Leclerc, em *Lettres du Brésil* (Paris, 1890); Maturin M. Ballou, em *Equatorial America* (Boston e Nova Iorque, 1892); Isaac Ford, no seu *Tropical America*, publicado em Londres em 1893; Ferrucio Macola, em *L'Europa a la conquista dell'America Latina* (Veneza, 1894); Maurício Lamberg, em *O Brasil*, publicado em alemão e, logo depois, em tradução portuguesa de Luís de Castro (Rio de Janeiro, 1896); João Chagas, em *De bond – Alguns aspectos da civilização brasileira* (Lisboa, 1897); Percy A. Martin (o inglês e não o anglo-americano) em *Through Five Republics* (Londres, 1905); Neville B. Craig, em *Recollections of an Ill Fated Expedition* (Filadélfia e Londres, 1907); J. Delebecque, em *À travers l'Amérique du Sud* (Paris, 1907); Manuel Bernárdez, em *El Brasil* (Buenos Aires, 1908); Henri Turot, em *En Amérique Latine* (Paris, 1908); o padre Joseph Burnichon, em *Le Brésil d'aujourd'hui* (Paris, 1910); o Dr. Latteux, em *Au pays de l'or et des diamants* (Paris, 1910); Henry C. Pearson, em *The Rubber Country of the Amazon* (Nova Iorque, 1911); o barão d'Anthouard, em *Le progrès brésilien* (Paris, 1911); Georges Clemenceau, em *Notes de voyage dans l'Amérique du Sud* (Paris, 1911); Luís d'Orléans-Bragança, em *Sous la Croix du Sud* (Paris, 1912); W. E. Hardenburg, em *The Putumayo: the Devils Paradise* (Londres, 1912); L. A. Gafre, em *Visions du Brésil* (Paris, 1912); James Bryce, em *South America Observations and Impressions* (Nova Iorque, 1913); Frank Bennett, em *Forty Years in Brazil* (Londres, 1914); Theodore Roosevelt, em *Through the Brazilian Wilderness* (Nova Iorque, 1914); Paul Adam, em *Les visages du Brésil* (Paris, 1914); Pierre Denis, em *Le Brésil au XXe siècle* (Paris, 1917); o general Maitrot, em *La France et les républiques sud-américaines* (Paris, 1920); J. O. P. Bland, em *Men, Manners & Morals in South America* (Londres, 1920); L. E. Elliott, em *Brazil, Today and Tomorrow* (Nova Iorque, 1917); Roger W. Babson, em *The Future of South America* (Boston, 1915).

Dentre as obras da época escritas por brasileiros, mas publicadas em francês, sobre o Brasil ainda monárquico, destaca-se *Le Brésil en 1889*, em Paris, de 1889; obra coletiva organizada sob a direção do barão de Sant'Ana Nery. Igualmente em francês, apareceria, poucos anos depois de *Le Brésil, sept ans de république au Brésil*, por M. de Oliveira Lima, brasileiro que, tendo estudado na Europa, escrevia e falava corretamente a língua francesa e que, no período evocado no ensaio que se segue, tendo proferido conferências em francês, sobre o Brasil, na Sorbonne, a convite de mestres franceses, repetiu a façanha nos Estados Unidos, na Universidade de Stanford e noutras universidades, por iniciativa do sábio geólogo, por algum tempo residente no Brasil, John Casper Branner. Em algumas dessas universidades já proferira em inglês conferências, menos sobre o Brasil que a respeito de Camões, o brasileiro Joaquim Nabuco, de quem são igualmente trabalhos escritos e publicados em francês sobre temas literários sem ligação com o Brasil.

Saliente-se da bibliografia relativa à época aqui evocada o livro *Três séculos de modas*, de João Afonso, publicado em Belém em 1923; e do qual os capítulos IV e V são ricos de informações sobre o trajo brasileiro, desde a Independência. Aí se recorda ter sido o inglês quem introduziu no Brasil a conciliação entre o formalismo e a adaptação do trajo do homem aos climas quentes: conciliação representada pela jaqueta de brim branco. Desse anglotropicalismo talvez seja exato dizer-se que onde primeiro vingou no Brasil foi em Belém: na Belém dos grandes dias da borracha. Daí é que parece ter descido ao Rio de Janeiro, trazido por homens prestigiosos da República de 89. Homens que à forma adquirida no extremo Norte juntavam a posição política, podendo, assim, enfrentar como deputados e, sobretudo, como senadores, a rotina ou a tradição de trajo elegante, no seu mais forte reduto: a "corte" transformada em "capital federal".

Já se destacou da República de 89 que em mais de um particular continuou o Império, dando substância republicana a velhas formas de vida e de etiqueta, conservadas da Monarquia. Machado de Assis, ao evocar, em página clássica, o Senado do Império, escreveu que ele lhe dera a impressão de ser "um pouco de homens, outro pouco de instituição". Foi frequentando o Senado do Império como jornalista que Machado começou "a aprender a parte do presente que há no passado e vice-versa". Poderia ter acrescentado que, nesse presente penetrado de passado, havia também alguma coisa de futuro: o Senado da República de 89, como instituição e mesmo como substância humana, conservaria do Senado do Império – o retratado pelo autor de *Dom Casmurro* – o bastante para não quebrar-lhe a tradição aristocrática de reduto de bom senso político, sempre vigilante contra os excessos de furor neófito e também de austeridade: austeridade no próprio trajo.

Ser senador da República foi no Brasil, desde que o novo regímen se estabilizou, uma das situações sociais e políticas mais destacadas, depois da de presidente e da de vice-presidente, embora a de ministro do Supremo Tribunal Federal excedesse, talvez, em respeitabilidade, a de senador; e a de ministro de Estado a ela se avantajasse em prestígio atualmente político. Senadores foram, nos grandes dias da República de 89, Rui Barbosa, Pinheiro Machado, Lauro Sodré, Gonçalves Ferreira, Rosa e Silva, o arguto Lauro Müller. Também Antônio Azeredo – famoso pelos dourados do seu salão, onde o macio político, sempre de flor à lapela, voz sempre de veludo, e a senhora Azeredo, recebiam elegantemente a sociedade carioca e estrangeiros ilustres, convocando, além disso, o senador, amigos mais íntimos para um jogo, então muito comentado, com preciosas fichas de marfim. E, ainda, Pires Ferreira, célebre, segundo a malícia da época, pelos abraços com que se antecipava em saudar, exagerando-se em zumbaias indianas e em palmadinhas afetuosas às costas dos paulistas mais frios, os políticos triunfantes que o pudessem favorecer na política do Piauí. E já no crepúsculo da República de 89, seria seu senador, gordo, quase obeso, ar meio de pajé, meio de frade, Lopes Gonçalves, do qual se dizia à boca pequena que, à maneira de Pedro I nos seus dias mais boêmios, deixava-se ver às vezes em escandalosa nudez à varanda da sua residência. Era homem de algumas letras jurídicas, embora lhe faltasse a austeridade que durante anos se associara, talvez com excessivo rigor, à figura e às funções de senador: senador da República, continuador de senador do Império. Lopes Gonçalves parece ter sido um dos primeiros a comparecer ao Senado vestido frouxa e deselegantemente de brim: excesso – para aqueles dias – de simplicidade, que não lhe foi nunca perdoado pelos ortodoxos da austeridade parlamentar vindos dos grandes dias da República de 89: homens da raça de Estácio Coimbra. Como deputado, Estácio fora à Câmara sempre de fato escuro, nunca deslembrado da repreensão severa recebida do pai, em Pernambuco, por ter um dia se apresentado ao velho Coimbra de fraque cinzento para ir presidir a Assembleia Estadual. Estácio Coimbra, como político aristocrático da República de 89, conservou-se, no Rio, figura característica de uma época em que os homens verdadeiramente de prol do regímen só atravessavam a avenida, quando não de fraque, de jaquetão; de polainas; de bengala ou de guarda-chuva; de chapéu de coco quando não, ainda, de cartola; e até de luvas. Havia quem desgarrasse dessas normas: Pinheiro Machado, elegante à sua maneira, quase sempre de chapéu do chile, e vários dos mineiros mais municipais ou mais corajosamente provincianos no trajo, de chapéus moles e botinas de elástico, quase ruínas. Não assim os mineiros refinados pelo maior contato com o Rio ou com São Paulo ou com a Europa: os Gastão da Cunha, os Afrânio de Melo Franco, os Carlos Peixoto. Estes rivalizavam com os Estácio Coimbra, os Manuel Vilaboim e os Miguel Calmon em elegância de trajo e até de maneiras. Os próprios militares políticos imitavam neste particular os civis, tendo se tornado famoso pela sua elegância no trajo civil o almirante Custódio José de Melo.

São várias as fotografias da época – os chamados "instantâneos" – que retratam homens públicos e brasileiros ilustres do fim do Império e dos primeiros decênios de República, em trajos de passeio, em embarques ou desembarques, à saída de missas, descendo a Avenida Central, no Rio de Janeiro, homenageando estrangeiros notáveis como Anatole France. Com esses instantâneos, poderia alguém organizar um livro em que se fixassem algumas das relações do homem – ou da mulher – com o trajo burguês, na época aqui evocada. Com esse e com outros livros assim documentados ou ilustrados, muito se enriqueceriam a bibliografia e a iconografia do período estudado nas páginas que se seguem.

Quanto a expressões de ordem estética, que fossem também definições de espírito nacional ou de *ethos* brasileiro ou, simplesmente, de ânimo republicano, em oposição à tradição monárquica, saliente-se do período evocado neste ensaio que foi um período bem pouco criador, sua bibliografia e sua iconografia, neste particular, refletindo a pobreza de realizações significativas. Proclamada a República, viveu o Brasil, em arquitetura e em escultura, um período de grandezas apenas cenográficas: o Teatro Municipal do Rio de Janeiro, o de Manaus, o de Belém, a Biblioteca Nacional, o Palácio Monroe; e como expressões artísticas do positivismo republicano, o monumento a Floriano – trabalho de Eduardo de Sá, que teve defensor ardoroso em Gonzaga Duque, em artigo publicado em outubro de 1907 na revista *Kosmos*, do Rio de Janeiro – e a pintura de Décio Vilares. Mesmo assim apareceram pintores de alguma importância – Almeida Júnior, Teles

Júnior, H. Bernardelli, Antônio Parreiras, Visconti, Batista da Costa, o alagoano Rosalvo Ribeiro – dos quais publicaram-se apologias, algumas inteligentes, outras apenas retóricas. Sobre Teles Júnior, Oliveira Lima escreveu lúcido e sugestivo ensaio, tendo o próprio pintor nos deixado o manuscrito de uma espécie de "apologia *pro vita sua*". Não devem ser desprezados os escritos, sobre arte brasileira, de Araújo Viana e Gonzaga Duque, o primeiro dos quais foi com relação às artes plásticas uma espécie de Sílvio Romero com relação às letras, tal o modo por que procurou valorizar, sobretudo em arquitetura, a tradição nacional. Esforço quase inútil, porém. Não apareceu na época em apreço nenhum arquiteto que fosse em arquitetura um Euclides da Cunha, com a coragem de ser um antiMachado de Assis ou um antiJoaquim Nabuco no modo expressionista de procurar interpretar a paisagem, o homem e a situação brasileiros.

Esse arrojo, manifestaram-no, desde o fim do século XIX e do começo do XX, compositores do feitio de Brasílio Itiberê da Cunha – que apareceu com sua *A sertaneja* – e de Alexandre Levy – paulista para quem escrever música brasileira exigia do compositor que estudasse "a música popular de todo o País, sobretudo do Norte". Outras figuras de Joões Batistas a anunciarem o messias que estava para aparecer (e, na época evocada nas páginas que se seguem, apenas arranhavam boemiamente sua rebeca suburbana), foram o cearense Alfredo Nepomuceno, autor de *A sesta na rede* – de quem o crítico Renato Almeida diria ter sido, como compositor brasileiro, "a primeira expressão de harmonia entre o meio e a cultura"; o republicano Leopoldo Miguez, que muito republicanamente escreveu uma *Ode fúnebre a Benjamim Constant* e compôs o *Hino da Proclamação da República* sobre textos de Medeiros e Albuquerque; Francisco Braga, autor de *Jurupira e Anita Garibaldi*. Foram Joões Batistas com relação a um esperado ou desejado, nascido desde 1887, ainda sob a Monarquia, mas que, tendo sido na mocidade tocador de rabeca e um tanto boêmio, ao lado dos "pianeiros" que foram então uma instituição se não nacional, carioca, só depois da época aqui evocada se afirmaria grande criador, capaz de dar à música brasileira repercussão mundial. Para o que se serviria, como seus precursores, do folclore, mas superando o folclorismo, conforme observa a seu respeito, é claro que nos referimos a H. Villa-Lobos, o crítico Eurico Nogueira

França, em *Música do Brasil* (Rio de janeiro, 1957). Dos "pioneiros", destaque-se Ernesto Nazareth, que nada tendo escrito, foi um dos inspiradores dos brasileirismos musicais em torno do carnaval carioca, aproveitados pelo compositor francês Darius Milhaud na música que escreveu para o balé *L'homme et son désir*, sobre texto do poeta Paul Claudel. Claudel, já no fim da época considerada no ensaio que se segue, foi representante da França no Rio de Janeiro.

Aos livros de modinhas e trovas, já se fez referência. Falta-nos, porém, aludir aos livros de hinos evangélicos ou protestantes que começaram a aparecer na mesma época – vários deles traduzidos do inglês: até de Newman. A esse surto de literatura acatólica não parece ter correspondido nenhum surto de literatura católica de apologia e de propaganda da fé, acompanhada de música de repercussão popular.

Vários foram os folhetos e até livros publicados ainda nos dias do Império em torno da "Questão dos Bispos". E em 1900 apareceram, em livro, conferências apologéticas do catolicismo, de intelectuais dentre os mais notáveis da época – Eduardo Prado, Joaquim Nabuco, Teodoro Sampaio, Couto de Magalhães, Brasílio Machado. Esse livro, comemorando o terceiro centenário de Anchieta, teria marcado, no Brasil, o que o historiador Sérgio Buarque de Holanda considera, em página recente, o "renascimento dos estudos jesuíticos". O renascimento católico no Brasil, após a separação da Igreja do Estado, foi marcado de modo notável pelas conferências do padre Júlio Maria – algumas refutadas por pastores protestantes como Álvaro Reis. Vários os folhetos com que, na época em apreço, a presença do cristianismo evangélico começou a fazer-se sentir no nosso país. Em um desses folhetos – *O espiritismo*, 2ª edição, Rio de Janeiro, 1916 – destaca o mesmo autor, o rev. Álvaro Reis, o fato, de significação sociológica, de que o mesmo cristianismo evangélico vinha favorecendo, no País, a ascensão intelectual e social de elementos que sem esse estímulo talvez se conservassem inermes e inexpressivos: indivíduos "saídos da pobreza", que, pela "influência direta do Evangelho, haviam se tornado "luminares da sociedade". Refutava assim a afirmativa de Figner – na época, "grande campeão do espiritismo" – de vir o protestantismo progredindo apenas, no Brasil, entre "a classe baixa e média da sociedade". Esqueceu-se, porém, em sua refutação, Álvaro Reis, do fato de ao protestantismo virem aderindo, desde o fim do século XIX, brasileiros importantes pela origem social ou pela formação intelectual. Os Nogueiras Paranaguá, os Vieira, os Temudo Lessa, o ex-padre Santos Saraiva, por exemplo. Eduardo Carlos Pereira – autor de *A Monarquia e a Igreja cristã* (São Paulo, 1901) –, Auta de Sousa, Antônio Trajano, Otoniel Mota, Erasmo Braga – autor de interessante livro sobre o pan--americanismo considerado no seu aspecto religioso. Dos Nogueira Paranaguá a conversão à fé e à moral e aos ritos protestantes (batistas) se processou bíblica e patriarcalmente: toda uma antiga, prestigiosa e numerosa família rural do Nordeste do Brasil transferiu-se, em massa, cerca de 1890, da Igreja Católica para uma seita evangélica, num movimento que não teve até hoje o estudo sociológico que merece. Para esse estudo, uma das melhores contribuições aparecidas até hoje é o capítulo VI da memória *História das religiões no Piauí*, publicada em Teresina em 1924. Note-se que protestantes foram, por algum tempo, no período aqui evocado, Júlio Ribeiro – autor de *O padre Belchior de Pontes* e filólogo notável, que renovou no Brasil os estudos da sua especialidade – e Mário Rodrigues. Rodrigues, sempre inquieto, não tardou em abandonar a fé protestante, que lhe servira principalmente de veículo ao seu gosto de protestar e de criticar. Esse gosto, ele acabaria transferindo para o panfleto político, onde sua violência de protestante deixou de atingir o papa, a Igreja de Roma e os padres para concentrar-se em veementes agressões verbais ao conselheiro Rosa e Silva, aos "oligarcas", a Pinheiro Machado, ao P.R.C.

Alguns aspectos do desenvolvimento do protestantismo – inclusive no período evocado neste ensaio – vêm sendo estudados sob critério sociológico pelo professor Émile G. Léonard, que na *Revue*, da Faculdade de Teologia Protestante de Aix-en-Provence, publicou em 1949 (fascículo I, tomo IX) um ensaio, "L'Église presbytérienne au Brésil", seguido de outro, "O Protestantismo Brasileiro – Estudo de eclesiologia e de sociologia", aparecido na *Revista de História*, de São Paulo, fascículo I, 1951. Sobre o assunto devem ser lidos também o livro do padre Ambroise Shupp, S. J., *Os muckers* (Porto Alegre, s.d.), sobre uma erupção de fanatismo protestante – ou mais especificamente, anabatista – ocorrida no Rio Grande do Sul de 1872 a 1874 e que foi um Canudos em ponto pequeno; o estudo do professor Emílio Willems, *A aculturação dos alemães no Brasil* (São Paulo, 1946); o ensaio, *O padre protestante,* do rev. Boanerges Ribeiro (São Paulo, 1950); o livro de memórias *Cinquenta anos de metodismo no Brasil*, de J. L. Kennedy (São Paulo, 1928); a *História dos batistas no Brasil*, por A. R. Crabtree e A. N. de Mesquita (São Paulo, 1940). Vejam-se, ainda, do professor Léonard, o artigo "Le protestantisme brésilien", aparecido no número de julho-agosto de 1952, da *Revue de l'Évangélisation*, de Paris, e o livro *L'Illuminisme dans un protestantisme de constitution récente (Brésil)*, publicado em Paris em 1953 e que lembra de Miguel Vieira Ferreira – brasileiro de "família aristocrática" de São Luís do Maranhão, engenheiro pela Escola Central (depois Politécnica) do Rio de Janeiro, republicano ardente, um dos fundadores do jornal *A República* e um dos signatários do Manifesto Republicano de 1870 – ter sido fundador, no Brasil, de uma "igreja iluminista", depois de ter passado pelo espiritismo e de haver-se convertido ao protestantismo presbiteriano. Do próprio Miguel Vieira Ferreira é um livro deveras interessante para a compreensão da época aqui evocada, sob o aspecto da conexão de movimentos acatólicos com o emergente republicanismo: *Liberdade de consciência – O Cristo no júri* (Rio de Janeiro, 1891). Entre esses movimentos, o espiritismo. Presente no Brasil desde 1865, foi no período de vida brasileira aqui considerado que o espiritismo desenvolveu-se entre nós.

Ao espiritismo religioso ou filantrópico juntou-se, no Brasil de Pedro II já homem de mais de 50 anos – e talvez sob o estímulo da guerra com o Paraguai, que enlutou tantas famílias –, o outro: o curioso do sobrenatural. Daí o furor causado, de setenta e tantos a oitenta e poucos, por "professores" que se diziam mestres de "espiritismo moderno" – um deles, certo Pedro d'Amico. Ele e seu filho Vicente apresentaram-se ao público brasileiro, em exibições pelos teatros de que também participava uma Mme. Felicie. Fizeram sensação. Sobre muito católico, a influência dessas exibições foi no sentido de avivar-lhe a fé. Outros, porém, deixaram-se atrair para um espiritismo de algum modo rival romântico do misticismo clássico da Igreja, em seu modo de ser doutrina religiosa, ética e até terapêutica e de interpretar o sobrenatural. Sobre o assunto devem ser lidos *O espiritismo no Brasil*, dos professores Leonídio Ribeiro e Murilo Campos (Rio de Janeiro, 1931) e *O problema espírita no Brasil*, de Vicente M. Zioni (São Paulo, 1942) e, dentre as publicações da época, *O eco d'além-túmulo*, que começou a aparecer na Bahia em 1869. Assinala o Professor Léonard à página 19 do seu *L'Illuminisme* que *"dès le début le spiritisme eut du succès parmi les intellectuels du pays, et notamment parmi les ingénieurs, objets de la faveur marquée de D. Pedro II et qui devaient, peu après, être une des forces du positivisme brésilien"*. Mas não só entre engenheiros: também entre médicos. Um desses, Adolfo Bezerra de Menezes, nascido no Ceará em 1831 e que foi por duas vezes deputado geral. A seu respeito leia-se *Adolfo Bezerra de Menezes – Notas biográficas com esboço da história do espiritismo no Brasil*, por Canuto Abreu, São Paulo, 1950.

Curioso é que, frequentando sessões de espiritismo do tipo puramente experimental – sessões que foram frequentes no Brasil do fim do século XIX e do começo do atual – até positivistas deixaram-se impressionar por "mensagens" ou "comunicações" de mortos seus conhecidos. Foi o que aconteceu certo dia com Martins Júnior, presente a uma dessas sessões: convenceu-se de que lhe falara, sem ele saber explicar como, seu amigo Raul Pompeia, que há pouco se suicidara misteriosamente.

Não nos esqueçamos de que a época aqui evocada foi de vários suicídios de indivíduos ilustres, cujas mortes violentas criaram problemas religiosos extremamente delicados para suas famílias, de ordinário católicas, por um lado, embora, por outro lado, servissem aos experimentadores do espiritismo para insistentes invocações a "espíritos" que talvez tivessem alguma coisa de importante a revelar sobre seus dramas ou seus mistérios. Eles, e, tanto quanto eles, indivíduos igualmente ilustres, que, na época, tombaram assassinados. Entre os suicidas, além de Pompeia, o jurista Tito Rosas e o poeta Batista Cepelos. Entre os assassinados, o romântico Fausto Cardoso, o marechal Bittencourt, Pinheiro Machado, José Maria de Albuquerque e Melo, Delmiro Gouveia, Da. Rita Wanderley – por mascarados que a surpreenderam à noite na casa-grande do seu engenho; monsenhor Olímpio de Campos; o barão de Werther – genro alemão do segundo Rio Branco; o escritor Euclides da Cunha – franzino e pálido, abatido por um militar atlético, que Euclides provocara a um quase duelo por motivo de honra conjugal; o poeta Aníbal Teófilo – este, vítima, ao que parece, da fanfarronice com que evidentemente abusou de seu físico de atleta e das suas cores de gaúcho sadio em relação com um então jovem intelectual do Norte não só pálido como de corpo, naqueles dias, ainda quase de menino. Infelizmente, entre esses dois, o conflito resultou em morte, evitada noutros casos: na querela entre o belo, forte e meio narciso Pinheiro Machado – Pinheiro gabava-se até dos bonitos pés que exibia com coqueteria quase de mulher aos amigos (como uma vez a Estácio Coimbra) na intimidade – e Alexandre José Barbosa Lima, por exemplo. Casos em que indivíduos franzinos, enfrentando inimigos quase gigantes com desassombro – como Barbosa Lima, que era um homem com uma cabeça de frade terrivelmente pálido e espantosamente feio, sobre um corpo de meninote doente, enfrentou Pinheiro; como Rui Barbosa, outro corpo de meninote doente sob uma cabeça quase monstruosa de velho pálido, enfrentou Ramiro Barcelos, contribuíram para fortalecer, sob esse aspecto, o mito brasileiro do "amarelinho". A glorificação folclórica dos chamados "camões" estendida de indivíduos pequenos de corpo mas astutos de espírito a homens miúdos e até anêmicos, mas de coragem igual ou superior à dos agigantados. De Rui Barbosa teria dito o próprio Pinheiro Machado – que, cavalheiresco e romântico, sempre admirou e respeitou o adversário ranzinza – que no extraordinário baiano a coragem era superior ao próprio talento. Talento e coragem de "amarelinho" típico. Aliás tanto Rui como Severino Vieira, fortalecendo o mito do "amarelinho" bravo ou valente, desmentiram outro mito: o de que os baianos, ao contrário dos pernambucanos e dos gaúchos, seriam sempre homens excessivamente macios e melífluos, exageradamente pacíficos, nada inclinados à luta ou à resistência de qualquer espécie. Não nos esqueçamos de que, na época aqui evocada, travaram-se na Bahia, e entre baianos, veementes polêmicas que avivam a bibliografia aqui considerada de cores bastante fortes: uma dessas polêmicas, a que ocorreu entre Rui e o seu antigo mestre, Carneiro Ribeiro. Polêmicas em torno de questões de gramática – para a época, importantíssimas. Mas também polêmicas em torno de assuntos políticos, jurídicos e médicos.

Dos livros mais recentes – isto é, dos últimos anos – de autores estrangeiros que versam aspectos da época brasileira considerada neste ensaio, raros serão aqueles nos quais a atenção à complexidade dos temas abordados supere o gosto excessivo pela generalização: virtude – essa espécie de atenção – muito dos Brandt, dos Pierre Deffontaines, dos Pierre Monbeig, dos Francis Ruellan, dos Preston

James, dos Donald Pierson, dos Roger Bastide, dos Lynn Smith, dos Charles Wagley, nos seus estudos de especialistas em assuntos brasileiros de algum modo relacionados com a mesma época, mas que nem sempre se encontra nas páginas mais livres em suas generalizações de ensaios audaciosamente panorâmicos, como o do professor Maurice Le Lannou, *Le Brésil* (Paris, 1954), o do professor Charles Morazé, *Les trois âges du Brésil,* (Paris, 1954), o do professor René Courtin, *Le problème de la civilisation économique du Brésil* (Paris, 1941), o do professor Jacques Lambert, *Le Brésil, structure sociale et institutions politiques* (Paris, 1953), o do professor Roger Bastide, *Brésil, terre des contrastes* (Paris, 1957), o do professor Tullio Ascarelli, publicado em italiano em Roma e traduzido ao português com o título *Apresentação do Brasil* (1955), o do professor Marvin Harris, *Town and Country in Brazil* (Nova Iorque, 1956). Quanto aos ensaios *Amazon Town, A Study of Man in the Tropics* (Nova Iorque, 1953) – excelente trabalho do professor Charles Wagley – e *Vassouras, a Brazilian Coffee Country, 1850-1900,* do professor Stanley J. Stein (Cambridge, Massachussets, 1957), os seus autores por vezes se exageraram nos limites de área e de tempo que se impuseram, com sacrifício da compreensão das relações mais íntimas das áreas estudadas com outras áreas brasileiras. Exagero oposto ao panorâmico.

Quase sempre se apresentam os ensaios panorâmicos mais recentes, de autores estrangeiros, sobre o complexo brasileiro – inclusive o seu desenvolvimento na área evocada no ensaio que se segue – prejudicados pelo fato de virem os mesmos autores contentando-se, para chegarem aos seus arrojos de generalização, a permanências mais ou menos breves no sul do Brasil, para onde de fato deslocou-se, desde o fim do Império, o centro econômico e político do País sem que, entretanto, o complexo brasileiro tenha se simplificado com esse deslocamento de hegemonia a ponto de poder ser compreendido pela simples consideração de alguns dos aspectos dos processos de dominação – subordinação atualmente em vigor na República. Desprezados outros aspectos de uma ecologia quase continental na sua extensão e na sua complexidade, as generalizações perdem grande parte da sua validez.

Seria erro desprezar-se outra fonte valiosa de informações sobre a época considerada no ensaio que se segue: informações que se aprofundam por vezes em interpretações extremamente esclarecedoras do caráter ou do *ethos* da mesma época. Referimo-nos a obras de literatura e algumas, aparentemente, de pura ficção, como *O ateneu*, de Raul Pompeia, *O quinze*, de Rachel de Queiroz, *Menino de engenho* e *Doidinho*, de José Lins do Rêgo, *Minha vida de menina*, de Helena Morley, *Confissões de Minas*, de Carlos Drummond de Andrade; e também poemas evocativos como *Evocação do Recife*, de Manuel Bandeira, e *O mundo do menino impossível*, de Jorge de Lima.

Índice biográfico

Índice biográfico dos 183 brasileiros, nascidos entre 1850 e 1900 (e alguns já falecidos), cujas respostas escritas ao inquérito antropológico e sociológico retrospectivo, organizado e realizado pelo autor, selecionadas dentre várias outras, servem principalmente de lastro ao ensaio que se segue. De algumas dessas respostas se apresentam, neste índice, amostras ou se destacam as contribuições mais importantes por elas trazidas ao inquérito.

Deste índice constam não todas as respostas ao inquérito organizado e realizado pelo autor, mas apenas aquelas que, pela idoneidade dos depoentes e pelo especial cuidado por eles dispensado às principais perguntas que lhes foram dirigidas, permitem que sejam suas reações aos estímulos, sempre os mesmos, representados pelas referidas perguntas, objetos de interpretações qualitativas e de correlações, comparações e conclusões de caráter qualitativo-quantitativo, à base da relativa semelhança de configuração ética dos depoentes selecionados pelo critério da sua maior idoneidade e de seu melhor ânimo de colaboração, através de respostas longas e algumas minuciosas, com o organizador do inquérito. As interpretações de caráter mais quantitativo que qualitativo, baseadas sobre análise dos subgrupos de sexo, idade, região, grau de instrução profissão etc., representados no grupo, considerado representativo, de 183 brasileiros nascidos entre 1850 e 1900 nas diferentes regiões do Brasil que mais sofreram os efeitos da transição do trabalho escravo para o livre e da Monarquia para a República, constarão de volume especial de documentação a ser publicado breve, no qual também aparecerão, na íntegra, algumas das respostas ao inquérito por nós organizado, cartas de sobreviventes da época em apreço e uma bibliografia quanto possível completa, da mesma época, levantada sob critério antropológico e histórico-sociológico.

A

ABREU E SILVA, FLORÊNCIO CARLOS DE – N. corte ou capital do Império, 1882. Cursos primário, secundário e superior no Rio Grande do Sul. Bacharel em direito pela Faculdade de Porto Alegre. Advogado, jurista, homem público. Historiador. Colega e amigo de Getúlio Vargas, do qual recorda certas intimidades de comportamento. Formação católica.

ALBUQUERQUE MARANHÃO, JOÃO D' – N. interior, Província do Rio Grande do Norte, 1883. Estudos primários em casa e secundários no Recife e em Manaus. Curso de direito. Funcionário público. Publicista. Destacaremos do seu depoimento este trecho: "Sempre preferi a valsa, por ser mais espiritual, nas festas familiares; mas nos bailes públicos dancei muito [maxixe] rebolando nas salas como os capoeiras do Recife, que usavam calça balão e gaforinha. Esses bailes eram presididos por Nascimento Grande, o capoeira-chefe. As modinhas da minha adolescência, cantadas no Recife, já eram as de Catulo Cearense; eu preferia, entretanto, os versos de Adelmar Tavares: *Acorda, abre a janela, Estela*". Minhas óperas preferidas foram *O guarani*, de Carlos Gomes; a *Boêmia*, de Puccini; a *Cavalaria rusticana* e *Palhaços*, de Leoncavallo. Sempre

fui inimigo do jogo de cartas. Todavia, joguei bisca e burro em família e, no mercado do Derby, joguei boliche, excelente esporte que se praticava impelindo grandes bolas de madeira para derrubar tornos de pau. Sempre gostei muito de dançar." Formação católica.

ALENCAR NOGUEIRA, JOÃO FRANKLIN DE – N. capital, Província do Ceará, 1867. Cursos primário, secundário e superior. Formado em Engenharia pela Escola Politécnica do Rio de Janeiro. Engenheiro. Formação católica. Influência positivista.

ALENCAR PEIXOTO, JOAQUIM DE – N. interior, Província do Ceará, 1879. Curso primário. Profissão indefinida. Formação católica.

ALMEIDA BRAGA, EMILIANO RIBEIRO DE – N. capital, Província do Maranhão, 1873. Cursos primário e secundário. Funcionário público. Do depoimento de Almeida Braga, destacamos o trecho que se refere aos seus estudos primários: "Colégio do velho educador e historiador maranhense, já falecido, José Ribeiro do Amaral, onde fiz o curso primário então adotado: ler, escrever, as quatro operações, noções de gramática portuguesa e de geografia. O curso secundário estudei no Liceu Maranhense, onde prestei exames de português, francês e geografia, cursando as aulas de latim, inglês e aritmética, quando interrompi os estudos, devido ao estado de saúde de meu pai, que obrigou a família a retirar-se para sua propriedade fora da cidade. Foram meus professores primários: José Ribeiro do Amaral, que castigava os alunos, pondo-os de joelhos, com palmatória e puxões de orelhas (as duas), suspendendo o aluno do solo. (Que Deus o perdoe, pois apesar dos pesares o estimava.) Joaquim Alfredo Fernandes, asmático, era amigo dos alunos, pois não castigava nenhum. José Casimiro de Oliveira Fontes, pequenino, enfezadinho, que às vezes deixava de dar aula, pelo estado em que se encontrava (bêbado, pois nós bem sentíamos o cheiro de cachaça). Dizia ele ser doença." Formação católica.

ALMEIDA OLIVEIRA, SEBASTIÃO – N. interior, Estado de São Paulo, 1900. Curso primário. Cartório. Formação católica.

ALVES DA SILVA, LEVINA – N. interior, Província de Pernambuco, 1880. Curso primário. Doméstica. Formação católica.

ALVES DE FIGUEIREDO, JOSÉ – N. interior, Província do Ceará, 1879. Estudos primários. Em grande parte, autodidata. Aprendiz de farmácia. Farmacêutico. Do depoimento de Alves de Figueiredo destacamos dois trechos: "Só poderia receber o casamento de um filho ou filha, com um negro ou mulato, com grande contrariedade..." Quanto aos heróis do tempo da infância: "Os meus heróis do tempo de infância foram o rei Carlos Magno e os 12 pares de França. Desejei sinceramente encarnar Oliveiros. Sonhava ser um grande guerreiro. Depois, quando comecei a conhecer a literatura, desejei ser poeta, chegando a ter de cor as *Primaveras*, de Casimiro de Abreu,

e as *Espumas Flutuantes*, de Castro Alves. Tive, ao mesmo tempo, um ardente desejo de ser pintor e só não fui para uma escola de belas-artes, por absoluta falta de recursos. Sem nada conhecer da sublime arte, cobri as paredes da farmácia onde fui servir forçado, de cópias de retratos tirados a lápis. Fixei-me na profissão de farmácia porque foi essa que meu tio 'adotou para mim'. As crianças pobres, como eu fui, não têm direito de escolher profissões: têm de aceitar aquela que lhes dão, e que lhes pode garantir, bem ou mal, o pão de cada dia." Formação católica.

AMARAL JANSEN DE FARIA, JOAQUIM – N. corte ou capital do Império, 1883. Cursos primário, secundário e superior. Formado em medicina pela Faculdade do Rio de Janeiro. Médico. Pelo depoimento de Jansen de Faria, cuja meninice e adolescência decorreram no Rio de Janeiro do fim do século XIX, o carnaval era então, na capital do País, quase o mesmo que no Recife. Joaquim Amaral, ali nascido em 1883, viu, ainda menino, carnaval semelhante ao que no Recife divertia a mocidade de Iaiá (então Iaiazinha) Cavalcanti: "[....] grande número de mascarados representando bebês, velhos, a morte, diabinhos em profusão, palhaços, pierrôs, colombinas, unos, burros e outros animais, pais-joões, noivos e pesadas críticas às profissões liberais e religiosas."

Jansen de Faria recorda que, no Rio de Janeiro, dia de procissão era dia de festa para meninos de colégio. O colegial Joaquim ainda viu, com olhos ainda de criança, procissões pomposas: desfilavam pelas ruas cobertas com folhas que eram ali de mangueira, enquanto no Norte eram de canela ou pitanga. À frente "vinham uns malandros com olhares ameaçadores, peritos na capoeiragem e destros nas navalhas, que usavam mesmo sem motivo, gingando e provocadores". Eram esses malandros "temidos pela rapidez de suas resoluções". Seguia-se a esses capoeiras "uma banda de música militar" que "marchava, tocando". Vinham depois da música as irmandades, com seus distintivos, capas, fitas, crucifixos, estandartes. Havia varas que terminavam em crucifixos. Moças e senhoras desfilavam, vestidas de noiva e conduzindo velas acesas; sobre as cabeças das virgens viam-se flores de laranjeira ou "coroas de metal amarelo, cravejadas de pedras multicores". Meninos vestidos de anjos, também coroados, ostentavam asas brancas ou cor-de-rosa. Uma das jovens fazia de anjo cantor. Seguia-se o *palium*. Sacerdotes. Senhoras de idade. Muita gente de cor. Vários penitentes. Homens e mulheres que se humilhavam diante da cidade, pagando promessas: uma delas a de carregar pedras à cabeça. Os santos mais homenageados eram "os mais capazes de evitar flagelos", mas também São Benedito. Comparando-se o depoimento de Jansen de Faria com os de brasileiros cuja meninice decorreu na mesma época, no Norte, no Centro e no próprio Rio Grande do Sul, vê-se que procissões, carnavais, são-joões eram, no Brasil dos últimos anos do Império e dos começos da República, quase os mesmos espetáculos para os olhos de um menino guloso de pitoresco e de cor em todas, ou quase todas, as cidades principais do País. Nas do Norte, talvez o que houvesse de peculiar à região fossem os pastoris, os bumbas meu boi, os reisados, os cocos, que nunca floresceram no Sul, e dos quais Aluísio Azevedo tanto se recordava nos seus exílios de cônsul na América Espanhola, no Oriente, na Europa. Aquelas procissões, o carnaval, o São-João concorreram para dar ao Brasil de então, dividido por distâncias imensas, e contra as quais eram quase inúteis os meios de transporte da época, sua surpreendente unidade, o mesmo podendo-se dizer das modinhas que se espalhavam do norte ao sul; dos versos que de norte a sul eram cantados ao som da *Dalila*, tocada nos pianos; das danças importadas da Europa burguesa, das quais só se afastavam as de origem europeia rural por algum tempo consideradas por alemães e descendentes de alemães no sul do País. A todos esses elementos aparentemente insignificantes de unidade social, através do período de transição vivido pela gente brasileira do fim do século XIX ao começo do XX, referem-se minuciosamente depoimentos como o de Joaquim Amaral Jansen de Faria. Formação católica seguida de influências acatólicas.

AMÉLIA, MARIA – N. capital, Província de Pernambuco, 1886. Curso primário. Doméstica. Formação católica.

A. N. A. – N. Olinda, Pernambuco, 1867. Curso primário e secundário, este no colégio do Dr. Diegues. Ingressou em seguida na Faculdade de Direito do Recife, onde se formou, tendo sido J. J. Seabra paraninfo da sua turma. Doméstica. Formação católica.

ANJOS, MARIA – N. interior, Província de Pernambuco, 1885. Curso primário. Doméstica. Formação católica.

ATAÍDE, JOSÉ FELICIANO AUGUSTO DE – N. capital, Província de Pernambuco, 1879. Cursos primário, secundário e superior (direito). Desejou ser soldado. Profissão indefinida. Formação católica.

AZEVEDO PEREIRA DE QUEIRÓS, MARIA VICEN-TINA DE – N. interior, Província de São Paulo, 1868. Curso primário e estudos secundários. Desejou estudar geologia "porque quando viajava de trole para a fazenda ia observando a variedade das suas [das terras] cores..." Estudou piano e harpa. Doméstica. Sua filha, Da. Carlota Pereira de Queirós, representaria seu Estado na Câmara Federal de Deputados. Do depoimento de Da. Maria Vicentina de Azevedo Pereira de Queirós destacamos, como amostra, o seguinte trecho: "No meio em que vivi quando menina não se falava em Repúbli-ca nem havia em Lorena republicanos. Aos 15 anos comecei a frequentar a Corte, onde vim a conhecer a Família Imperial, que me habituei sempre a respeitar na minha meninice. Nessa ocasião fui ao paço cumprimentar o imperador e ao palácio da Princesa Isabel, no fim da rua Paissandu, para cumprimentá-la também. Fui em companhia de meu irmão, barão da Bocaina. Para essa cerimônia os homens se apresentavam de casaca e as senhoras com belos e vistosos vestidos de seda. Fui com um vestido de seda cor-de-rosa, feito na Corte, numa modista francesa. Ambos me trataram com carinho devido à tradição de minha família, tendo sido meu pai chefe político e tratado sempre com toda consideração pela Família Imperial. Tendo me casado em 1888 com um republicano, cujo pai tomou parte na convenção de Itu, vim a conhecer e me fami-liarizar com os nomes de Benjamim Constant e Rui Barbosa. Quando fiquei noiva, a baronesa de Jundiaí, monarquista conservadora e tia do meu noivo, enviou-lhe uma carta, que ainda hoje possuo e na qual, com fina ironia, o cumprimentava dizendo que os republicanos fanfarronavam muito mas iam buscar noiva na toca dos cascudos. Dos Estados Unidos, da França, da Inglaterra e da Alemanha só ouvia falar vagamente, até o meu convívio com a sociedade." Formação católica.

B

BARBOSA, FLORENTINO – N. interior, Província da Paraíba, 1881. Cursos primário e secundá-rio. Curso teológico no Seminário da Paraíba. Curso de Filosofia na Universidade Gregoriana (Roma). Sacerdote Católico.

BARBOSA DE RESENDE, CÁSSIO – N. interior, Província de Minas Gerais, 1879. Cursos pri-mário, secundário e superior. Médico. Descreve a cena de pugilato, a que assistiu com olhos de menino, entre o vice-diretor de um colégio da época – Napoleão Reis – e o Visconde de Ouro Preto. Formação católica seguida de influências acatólicas.

BARRETO DE MENESES, JOÃO – N. interior, Pro-víncia de Pernambuco, 1872. Cursos primário, secundário e superior (direito). Funcionário público. Por algum tempo, militar. Filho de Tobias Barreto. Formação acatólica.

BARRETO, PLÍNIO – N. Campinas, Província do Estado de São Paulo, 1882. Cursos primário, secundário e superior. Por algum tempo, interno do Seminário Episcopal de São Carlos do Pinhal. Advogado. Jornalista, homem público, parlamen-tar. Por algum tempo deputado federal por São Paulo. Teve como um dos seus professores de direito, Pedro Lessa, e relações de amizade com Euclides da Cunha. Formação católica.

BARROS LEITE, MARIA DE – N. Capital, Província da Bahia, 1883. Curso primário e estudos secundários. Doméstica.

BARROS, TEÓFILO DE – N. interior, Província de Alagoas, 1877. Curso primário. Estudos secundários. Funcionário público e finalmente agricultor. Formação católica.

BEZERRA DE BRITO, JOSÉ – N. interior, Província do Ceará, 1878. Estudos primários e secundários particulares. Magistério. Formação católica.

BEZERRA LOBO, CÍCERO – N. interior, Província do Ceará, 1883. Autodidata. Agricultor e escrevente de cartório. Formação católica.

BEZERRA PONTES, MARIA ESTER – N. interior, Província de Pernambuco, 1888. Curso primário. Doméstica. Formação católica.

BOTELHO, JOÃO AFONSO – N. Recife, Província de Pernambuco, 1875. Curso primário. Desejou ser médico. Várias ocupações ou profissões. Por algum tempo, banqueiro de jogo do bicho. Formação católica.

BOTELHO DE MAGALHÃES, AMÍLCAR ARMANDO – N. interior, Província do Rio de Janeiro, 1880. Cursos primário, secundário e militar (Escola Militar de Porto Alegre, Escola Militar do Brasil, no Rio de Janeiro, Escola de Artilharia e Engenharia do Realengo). Chegou a general do Exército. Autor de vários trabalhos sobre assuntos militares, um deles *Pelos sertões do Brasil*. Positivista de feitio não ortodoxo. Ainda que autobiografia de militar, o depoimento de Botelho de Magalhães é deveras interessante na parte relativa às modinhas do seu tempo de jovem. "Só tenho ideia de três *modinhas*

que me impressionaram favoravelmente, pois é gênero que considero rudimentar em matéria de arte; estas três são:

1 – (Creio que tem o título de *Feitiço*):

"Mostraram-me um dia, na roça dançando,
Mestiça formosa de olhar azougado..."

2 –(*Margarida*?):

"Margarida vai à fonte
Vai à fonte e vem sozinha..."

3 – (*Casa de caboclo*), que assim termina:

".... Na casa do caboclo... um é pouco, dois é bão... três é demais!"

"Gostei muito de dançar principalmente a *quadrilha* americana, que eu marcava bem, tanto em francês como em português; e a *valsa americana*, que dancei com certa perfeição e elegância – modéstia à parte. E sempre lamento que o nosso meio social ridicularize os velhos que dançam (aliás dançar é coisa bastante superficial e leve demais para um espírito de peso...), quando ouço valsas como *Danúbio azul*, *Sonho de valsa*, *Viúva alegre* e outras imortais cuja harmonia tanto me exalta e me aumenta as saudades da minha mocidade, quando os convivas não achavam ridículo *"nós queremos uma valsa, uma valsa para dançar cheia de amor... como a dos patinadores"* e que exclamássemos, a plenos pulmões, *"o pesar que havíamos de sentir... se a valsa morresse!..."*

C

CARNEIRO DE MENDONÇA, ALBERTO – N. interior, Província de Minas Gerais, 1868. Cursos primário e secundário. Fundador e diretor de agência de transportes. Registra indiscrições da época acerca de Olavo Bilac, que conheceu de perto. Formação católica.

CARNEIRO DE SOUSA BANDEIRA FILHO, MANUEL – N. capital, Província de Pernambuco, 1886. Cursos primário e secundário. Bacharel pelo Colégio Pedro II, do qual veio a tornar-se professor. Poeta e escritor, veio a ser membro da Academia Brasileira de Letras. No seu depoimento, Manuel Bandeira destaca a influência que teve João Ribeiro na sua formação literária. A propósito dos jornais brasileiros que mais leu quando jovem, responde: "*O País*, a *Gazeta de Notícias*; a *Notícia*." E acrescenta: "Meu pai assinava o *Punch* e *Fliegendes Blaetter*. Esta última revista era a minha predileta". Leu "os romances de Machado de Assis, *O ateneu*, *Casa de pensão*, *O cortiço*, os romances e contos de Maupassant, Anatole France, Eça"; e dos "cronistas: Bilac, Coelho Neto, Artur Azevedo; dos humoristas: Bastos Tigre, Raul Pederneiras, Calisto. (Não esquecer as revistinhas obscenas (*Rio-Nu* e *Coió*) ou simplesmente humorísticas (*O Mercúrio*, *O Tagarela*)." Pormenor pitoresco que consta do depoimento de Manuel Bandeira: "Ainda alcancei no Rio o tempo (1897) em que se tomava leite ao pé da vaca à porta de casa; em que os perus andavam em bandos pelas ruas tangidos pelo vendedor: 'Eh, peru de roda boa'!" Formação católica seguida, por algum tempo, de influência positivista.

CARVALHO, JOÃO FERNANDES DE – N. Recife, Província de Pernambuco, 1867. Curso primário e do Liceu de Artes e Ofícios. Comerciante. Formação católica.

CASTELLO SACCARELLO, PEDRO – N. interior, Província do Rio Grande do Sul, 1857. Curso primário no Brasil. Estudos na Itália. Agrimensor. Depoimento particularmente interessante do ponto de vista de aculturação de italiano em meio brasileiro e sob influências peculiares ao extremo meridional do Brasil. Formação católica.

CASTRO, JOÃO AUGUSTO DE – N. interior, Estado de São Paulo, 1897. Cursos primário e secundário. Curso livre de agrimensura. Agrimensor. Formação católica.

CAVALCANTE, VIRGÍNIA – N. interior, Província de Pernambuco, 1879. Curso primário. Estudos de corte. Costureira. Formação católica.

CAVALCANTI DE ALBUQUERQUE, MARIA – N. interior, Província de Pernambuco, 1857. Estudos primários e secundários particulares, com o próprio pai, Félix Cavalcanti de Albuquerque. Doméstica. Da. Maria Cavalcanti de Albuquerque informa, no seu depoimento, ter sido o carnaval o divertimento preferido por muitas das moças e dos moços do seu tempo; e divertimento, como o São-João – com suas "batalhas" de fogos, entre os bairros de cidades – com alguma coisa de bizarramente esportivo, estimado também pelos meninos. Pois "o forte era o entrudo, atirando-se água sobre as pessoas até ficarem bem molhadas". As chamadas limas-de-cheiro foram, na época vivida por Da. Maria, substituídas pelas bisnagas, tendo também aparecido o confete. Muita era a gente que se fantasiava – informa Da. Maria – de morte, de diabinho, de palhaço, de bicho, de cabeção, alguns mascarados pondo-se de pernas de pau; e todos fazendo piruetas e momices pelas ruas que por vezes rivalizavam em valor acrobático com as danças dos porta-estandartes dos clubes populares. Formação católica.

CERQUEIRA, TENÓRIO DE – N. interior, Província de Alagoas, 1871. Curso primário. Estudos secundários. Comerciante. Formação católica.

CHRISTIANI NAEGELI, ROBERTO – N. Capital do Império, 1881. Curso primário no Brasil. Estudos secundários na Europa. Magistério. Formação católica.

COELHO, JOAQUIM ERNESTO – N. interior, Estado de Minas Gerais, 1895. Cursos primário, secundário e superior. Formado em medicina. Médico. Formação católica.

COELHO DE SOUSA, ARTUR ROBERTO – N. interior, Província da Paraíba, 1889. Curso primário. Inventor, mecânico, tradutor, há anos residente nos Estados Unidos. Interessantes revelações acerca de suas atitudes de protestante para com o meio amazônico (Manaus), que conheceu adolescente, na fase ainda de esplendor da borracha. Formação protestante.

COELHO SOBRINHO, JOÃO – N. interior, Província do Ceará, 1879. Curso primário. Estudos secundários. Magistério. Formação católica.

CONCEIÇÃO, ANA MARIA – N. interior, Província de Pernambuco, 1865. Analfabeta. Doméstica. Formação católica.

CONCEIÇÃO, MARIA JOAQUINA DA – N. interior, Província de Pernambuco, 1885. Analfabeta. Quis ser freira. Médium vidente profissional. Formação católica seguida de orientação espiritista.

CORDEIRO DA ROCHA, CARLOS – N. interior, Estado do Ceará, 1890. Cursos primário e secundário. Caixeiro, depois jornalista, finalmente funcionário público. Formação católica.

CORREIA DE MELO, ÂNGELA – N. interior, Província do Rio Grande do Sul, 1875. Curso primário. Estudos particulares. Desejou ser irmã de caridade. Doméstica. Formação católica.

CORREIA LIMA, JUVENAL – N. interior, Província do Ceará, 1872. Curso primário. Viajante comercial e comerciante. Formação católica.

CORTES TABORDA, AFONSO – N. interior, Província do Rio Grande do Sul, 1857. Estudos particulares. Quis ser militar. Delegado de Polícia, inspetor escolar, juiz distrital e outros cargos públicos no interior. Formação católica.

COSTA CARVALHO, JOSÉ ARISTIDES DA – N. interior, Província de São Paulo, 1882. Cursos primário e secundário. Magistério. Formação católica.

COSTA GUIMARÃES, ABDON LEITE – N. interior, Província da Paraíba, 1880. Curso primário e estudos secundários. Tabelião público. Formação católica.

COSTA NOGUEIRA, ANTÔNIO – N. interior, Província de São Paulo, 1883. Curso primário. Estudos secundários. Agricultor. Desejou ser engenheiro. Formação católica.

COSTA RIBEIRO, CLÁUDIO DA – N. capital, Província de Pernambuco, 1873. Cursos primário, secundário, superior. Estudou na Escola Politécnica do Rio de Janeiro, concluindo o curso na de São Paulo. Engenheiro. Funcionário público. Formação católica seguida de influência positivista.

COSTA RIBEIRO, ANTÔNIO JOSÉ DA – N. capital, Província de Pernambuco, 1870. Cursos primário, secundário e superior. Bacharel em direito pela Faculdade do Recife, advogado, parlamentar, homem público. Representante, em mais de uma legislatura, do seu Estado, na Câmara Federal. Do longo depoimento de A. J. da Costa Ribeiro, destacamos, aqui, vários trechos, que servem de amostras do seu valor: "As danças de meu tempo de rapaz eram a polca, a valsa, a quadrilha e os lanceiros, o *schottisch* e, para findar o baile, o galope... Não havia, porém, a liberdade que se vê entre os moços com as danças modernas. Tudo era cerimonioso, esforçando-se os rapazes em se mostrarem discretos e corteses; ninguém deixava dama em meio do salão... Quando, ao dançar a valsa, não tinha à mão direita a luva para cingir a cintura de seu par, não esquecia o lenço perfumado... E após as danças havia sempre um pequeno passeio, durante o qual se conversava e, muitas vezes, se abriam os corações ou se transmitiam os recados de amigos (ou amigas) mais tímidos, ou se ouviam as queixas dos *enciumados*... E é preciso dizer que tudo isso se passava sob os olhares vigilantes dos pais, ou dos irmãos. O namoro era bem 'fiscalizado'. Hoje chama-se flerte e é livre..."

Quanto às óperas: "As óperas de meu tempo eram *Traviata, Rigoletto, Baile de máscaras, Barbeiro de Sevilha, Elixir de amor, Trovador, Profeta, Norma, Semíramis, Favorita* e, mais recentes, *Aída, Guarani*, estas sempre muito aplaudidas. Tivemos então boas companhias líricas no Santa Isabel, com algumas vozes notáveis, vindo alguns artistas e se tornaram celebridades mundiais. As torrinhas eram quase exclusivamente ocupadas pelos estudantes. E se formavam os partidos e eram quase sempre os *mezzosoprani* (ou sopranos ligeiros) que dividiam a plateia ou os rapazes das galerias".

"Também não foram poucas as companhias dramáticas, e das mais notáveis, brasileiras e portuguesas. Destas relembro Antônio Pedro e Brasão; das nacionais Furtado Coelho, inesquecível galã e sua mulher Lucinda, nos dramas e comédias. Apolônia Pinto nos dramas e dramalhões (*A doida de Montimaior*) e que, não faz muito tempo ainda, vi no Rio representar, no Trianon, as *Flores de sombras*, de Cláudio de Sousa. Lembro-me também do Teatro de Santo Antônio, na Rua das Florentinas, edifício de madeira, que me parece, foi construído após o incêndio do Santa Isabel. Nesse teatro vi representar o Xisto Bahia, nos *Milagres de Santo Antônio, Véspera de reis na Bahia, Amor por anexins* e outras do mesmo gênero, cujos nomes não me recordo. Ouvi dizer que nesse teatro também trabalharam, em começo, boas companhias dramáticas. Existiu, quando eu menino, outro teatro também de madeira no então Largo do Palácio (hoje Praça da República) e que se não me falha a memória, chamava-se Phenix Dramática. E, lembro-me bem (o que deve constar dos jornais daquela época — 1872 ou 1873), foi de suas portas, após um *meeting* em que falaram os tribunos populares daquele tempo, que saiu uma exaltada multidão, logo se encaminhando à Rua do Hospício, onde pôs fogo ao Colégio dos Jesuítas, ali situado, na esquina da atual Rua do Riachuelo. E poucos dias depois, quando no mesmo lugar reuniam o povo para um novo *meeting*, ao falar um inflamado orador, a cavalaria do Exército, então aquartelada nas proximidades (onde existe hoje o Palácio da Justiça), a pau de espada, dissolve a reunião, e isso a mando do general Wanderley, comandante das Armas."

"Ainda houve um outro teatro, ao meu tempo de rapaz: o da Nova Hamburgo, fábrica de cerveja, dos Irmãos Soares do Amaral, à Rua do Sol, próximo à antiga Estação da Estrada de Ferro Suburbana do Recife a Caxangá. Nesse teatrinho, além de bons bailes de máscaras, pelo carnaval, recordo-me de ter assistido a alguns espetáculos de uma companhia francesa de operetas. No Santa Isabel também tivemos boas companhias de operetas; brasileiras e italianas. Nas nacionais o Vasques, Guilherme de Aguiar, Rosa Villiot, Lopicollo e outros. Operetas – *Sinos de Corneville*, *Madame Angot*, *Mascotte*, *Boccaccio* e outras. Também companhias espanholas e excelentes zarzuelas. Lembro-me de *Tempestade*."

Quanto aos concertos: "Ao meu tempo de menino, de rapaz e já de homem-feito, muito poucos eram os concertos públicos, a não ser os das bandas de música. Ouvi falar de algumas senhoras que se distinguiram como boas cantoras e algumas que tocavam bem piano. E falava-se num professor alemão, Smoltz, que aqui estivera e ensinara a essa geração anterior a 1870."

"Naturalmente havia concertos particulares e familiares. Destes posso referir os da casa da família Lins, que era, pode-se dizer, um verdadeiro centro musical, e onde se encontravam os artistas que visitavam o Recife. Houve depois algum progresso, alguns bons professores e mais elevado o ensino da música com Alfredo Baer, Amaro Barreto e Da. Maria Vaz. Posso contar que uma de minhas irmãs, estando no Rio em 1879, surpreendeu o professor Alfredo Bevilacqua, chamado para a lecionar, ao mostrar as suas músicas e executar Bach, Beethoven, Chopin etc., e que aqui aprendera com Alfredo Baer!

Disse-lhe Bevilacqua: 'Não sabia que no Norte já se ensinava tão bem'."

Interessante a informação que nos traz sobre as chamadas "repúblicas": "Nas repúblicas (casas de estudantes) se levava a vida deste modo: almoço às 7h30; aulas, ligeiras conversas à saída, nas livrarias, ou no bilhar à Rua do Imperador, próximo à faculdade que era então no Largo do Espírito Santo; regresso a casa e, às 3 horas, jantar. Depois estudava-se até 8 ou 9 horas. Após, passeio, visita às casas amigas ou uma prosa nos cafés e especialmente no Mayer. Era aí que se davam os encontros e, ao trago da cerveja, se discutia e conversava. Preciso aliás dizer que, embora gostasse da 'companhia', não podia ser muito assíduo nem muito me demorar, pois, morando com minha família, era obediente ao toque de recolher às 9 horas."

Quanto aos clubes elegantes: "Inaugurou-se nessa época o Club Internacional, de que fui logo sócio e frequentador. E em suas reuniões mensais, lá estávamos com muitos dos colegas, que, de namoros respeitosos, chegaram alguns ao casamento e outros a lamentáveis decepções..."

São desse tempo: "João Bandeira, Manuel e Davino Pontual, Graça Aranha, Manuel Villaboim, os Barradas, Augusto Montenegro, Vergue de Abreu e outros."

Quanto aos hotéis no Recife e no Rio de Janeiro do fim do século XIX: "Não havia então no Recife nenhum grande hotel. Na antiga Lingueta havia o *Hotel de França*. Em Santo Antônio, o Hotel Comercial [...]." [No Rio de Janeiro], em "São Cristóvão [...] havia o Hotel Daury, frequentado pela *jeunesse dorée* daquela época, e também por 'velhos', fazendo a corte às altas damas do *demi-monde*".

Quanto ao chapéu de sol e sua vitória sobre a bengala: "A esse meu tempo era mais usado o chapéu de sol que a bengala, e esta era sempre muito simples."

E finalmente, com relação às "questões sociais": "Ao meu tempo de rapaz as questões sociais se esboçavam no Brasil. Lia-se Proudhon. Falavam alguns em Carlos Marx. Mas o que nos absorvia e onde a nossa atividade de moços se desenvolvia era pela abolição da escravatura no Brasil e reforma política, pelo estabelecimento da República. Fui companheiro de Martins Júnior, o nosso líder na propaganda republicana em Pernambuco. E nos limites de minhas forças, ajudei o trabalho dos abolicionistas no Recife. Fui auxiliar, na redação de *A Província*, quando esta esteve, de 1886 a 1888, arrendada a Antônio Carlos Ferreira da Silva e outros próceres abolicionistas. O 13 de Maio aí me encontrou, modesto colaborador de Maciel Pinheiro, chefe da redação e grande figura de homem público, emérito jornalista, ardente republicano e abolicionista. É ele o "Peregrino Audaz" de conhecido verso de Castro Alves, quando, com outros estudantes de seu tempo, seguiu num batalhão de voluntários para o Paraguai. E sob esse mesmo título – "O Peregrino Audaz" – encontra-se nas coleções de *A Província* (em 1886-1887), um interessante artigo de Joaquim Nabuco, ao embarcar Maciel Pinheiro, como juiz de direito, para Óbidos, no Pará, removido em satisfação a ódio político, por João Alfredo."

Alguns pormenores pitorescos: "Morei ainda muito menino na Rua Nova, no 3º, em começo, depois no 2º andar do prédio onde hoje existe o *Cinema Royal*. E daí assisti a dois grandes incêndios dos quais jamais me esqueci. Um foi no Teatro Santa Isabel. E recordo-me de uma quadra irreverente que então andou na boca do povo:

'O teatro se queimou
Muita gente tem saudade
E se acabou o namoro
Do barão da Soledade.'"

"O outro foi da Chapelaria Christiani, um prédio de dois ou três andares do lado oposto à nossa casa. Já iam altas as chamas quando, com grande espanto e pavor dos assistentes, surgiu na janela do mais alto andar o velho Christiani, de cartola, sendo daí a muito custo retirado." Formação católica, tocada de influência positivista.

COUTTO, PEDRO DO – N. corte ou capital do Império, 1872. Afilhado de D. Pedro II e de Nossa Senhora da Glória, cresceu republicano e livre-pensador. Estudos primários em casa e secundários no Mosteiro de São Bento (cursos gratuitos). Estudos superiores. Magistério. Formação católica seguida por atitudes anticatólicas.

CUNHA, HIGINO CÍCERO DA – N. interior, Província do Maranhão, 1858. Cursos primário, secundário e superior. Formado em direito pela Faculdade do Recife, onde sofreu a influência de Tobias Barreto. Jornalista, polemista, político, com tendências socialistas e sempre anticlerical. Magistrado. Formação católica seguida por atitudes anticatólicas.

D

DANTAS, JOSÉ CUPERTINO – N. interior, Província de Sergipe, 1854. Cursos primário, secundário e superior. Formado em direito pela Faculdade do Recife, onde foi colega de J. J. Seabra e F. A.

da Rosa e Silva. Magistrado, advogado, comerciante e finalmente agricultor e criador. Fez parte da constituinte do seu Estado (Sergipe), dissolvida pelo coronel Vicente de Oliveira. Formação católica.

DIAS, CASSIANO JOSÉ – N. interior, Estado de São Paulo, 1900. Curso primário. Estudos particulares. Advogado provisionado. Formação católica.

DINIS, CARLOS – N. capital, Província de Pernambuco, 1883. Cursos primário e secundário. Estudos especiais de música. Flautista de orquestra. Formação católica.

DUARTE, JOAQUIM ARTUR FERREIRA – N. Maragogi, Província de Alagoas, 1888. Curso primário. Agricultor. Proprietário. Formação católica.

DUARTE, MANUEL– N. interior, Província do Rio Grande do Sul, 1883. Cursos primário, secundário e superior. Formado em direito. Parlamentar. Homem público. Constituinte nacional (1946). Historiador. Formação católica tocada de influências positivistas.

F

FARIAS MAIA, DIONÍSIO DE – N. interior. Estado da Paraíba, 1890. Cursos primário, secundário e superior. Formado em direito pela Faculdade do Recife. Advogado. Formação católica.

FERNANDES PINHEIRO, LEOPOLDO – N. interior, Província do Ceará, 1880. Cursos primário e secundário. Curso teológico no Seminário de Fortaleza. Sacerdote católico. Publicista.

FERREIRA, FRANCISCO FAUSTINO – N. interior, Província de Pernambuco, 1884. Estudos primários.

Desejou ser militar. Funcionário público. Patente da Guarda Nacional. Formação católica.

FERREIRA BARBOSA, SEBASTIÃO – N. interior, Estado de São Paulo, 1895. Cursos primário e secundário. Agricultor. Formação católica.

FERREIRA CASCÃO, MARIA TOMÁSIA – N. capital, Província de Pernambuco, 1875. Nascida Soares Brandão. Frequentou a casa de Rui Barbosa, de quem seu irmão, Ulisses Soares Brandão, era companheiro de escritório de advocacia. Curso primário. Doméstica. Formação católica.

FERREIRA DA COSTA, ADOLFO – N. capital, Província de Pernambuco, 1879. Curso primário. Comerciante, pintor e finalmente funcionário público, tendo sido por algum tempo autoridade policial. Formação católica.

FERREIRA DE NOVAIS, JOSÉ – N. interior, Província da Paraíba, 1871. Cursos primário, secundário e superior. Formado em direito pela Faculdade do Recife. Magistrado. É particularmente interessante no depoimento de Ferreira de Novais, a parte referente às escolas de província no seu tempo de menino: "Nas escolas daquele tempo não havia brinquedos, nem jogos. A aula começava às 10 horas da manhã [indo até] às 3 da tarde, com quatro horas, pelo menos, para estudos, lições, exercício etc. A palmatória punia as faltas mais graves e, para as mais leves, havia outros castigos como, passar de pé uma hora, copiar ofícios ilegíveis, rebaixamento de notas etc."

"Os alunos eram divididos em classes, e em cada uma destas um decurião. A gramática adotada era a de Castro Nunes, e estudada por classes da inferior à superior, em que havia análise sintática, redação de cartas e outras. Para as classes mais adiantadas havia a leitura no *Livro do Povo*, o de manuscritos, cartas, ofícios."

"A caligrafia era ensaiada em folhas de papel almaço, servindo a escrita dos mais adiantados de modelo aos principiantes. A aritmética do padre Silveira era a adotada. Cada aluno tinha sua pedra. E a escola um quadro-negro."

"Predominava a sabatina sobre toda a matéria estudada na semana. O professor dispunha os alunos de uma classe em semicírculo na sua frente e fazia pergunta a cada discípulo sobre a matéria a arguir. Se a resposta estava errada, passava a outro, imediato, e se este a respondia, tinha de passar a palmatória no outro, que errou. Assim corria a roda. Era um gosto passar o quinau em colegas maiores do que eu, da mesma classe, e limpar-lhes as mãos com a palmatória. A entrada do período das férias era solenizada com festas. Enfeitava-se a palmatória, posta em lugar de destaque na escola. À hora aprazada, presentes todos os alunos, o professor entregava aos aprovados os certificados do exame primário, lia a lista dos que passaram para a classe superior, os aconselhava para bem procederem, respeitarem aos pais. Em seguida os alunos, em passeata, iam deixar o professor em casa dele, que lhes oferecia bolinhos e biscoitos."

"Em 1880 fui levado para o Recife, e me instalei em casa dos meus avós paternos, e ali fiquei restabelecido do impaludismo que me atormentara. Em janeiro de 1881 passei a ser externo do Colégio Pedro II (particular), e em 1882 interno desse estabelecimento escolar, dirigido por Francisco Moreira Dias. Foi nesse colégio que comecei a estudar português, latim, francês, geografia e aritmética, submetendo-me a exame de português e francês em 1884."

"A meninada do meu tempo gostava do pião, da carrapeta, do empinar da coruja, do gingomastro, da manja, do esconder e outros brinquedos. As camaradagens se faziam entre os alunos da escola e os meninos da vizinhança."

"O ensino primário, no Brasil, foi bastante descurado no tempo do Império, na Província da Paraíba. Na República tem aumentado o número de escolas, o analfabetismo decresce. O ensino primário é uma miscelânea, que cansa a inteligência infantil sem resultado positivo. O ensino profissional desponta com a criação de escolas de ofícios, de comércio etc."

"Constava do curso preparatoriano no regime imperial a cadeira de retórica, que compreendia a oratória. Não obstante, dos ginásios e liceus não saíram oradores pelo fato de estudarem essa disciplina, e extinta ou retirada do programa do ensino, não influiu para que a eloquência, a oratória, não continuassem a ter os seus privilegiados."

"Os escolares do meu tempo de menino respeitavam aos professores, durante a aula e na rua. Ao entrar e sair da escola tomavam-lhes a bênção, com um gesto reverente, erguendo a mão direita aberta à altura do rosto, diziam 'bênção, fessor'. No Colégio Pedro II não havia esse hábito, mas, se o aluno estava assentado, levantava-se e saudava ao professor – com o bom-dia ou o boa-tarde."

"Em 1885, cursava o Liceu Paraibano. O Partido Conservador galgara o poder, e fora nomeado presidente da Província da Paraíba o Dr. Antônio Herculano de Sousa Bandeira, advogado e jurista ilustre. No dia em que chegou a esta capital por via marítima, desembarcando no porto de Sanhauá, os estudantes de geografia exultaram porque, naquele dia, um extraordinário caso sucederia: o comendador Thomaz de Aquino, professor dessa cadeira, membro do diretório do Partido Conservador, faltaria. Éramos vinte, ansiosos pela passagem da hora da aula. Às nove e vinte minutos, um grito eleva-se da porta da rua: lá vem o professor Mindelo, que chegou de cartola, *croisé* e calça branca, indumentária invariável. Às nove e meia, sentado na cátedra, folheava a caderneta, acompanhando a chamada dos alunos, feita pelo bedel. Um dos colegas apressou-se em dizer-lhe: estávamos certos de que o professor hoje não daria aula, V. Sª. teria de receber o presidente da província. Ele sorriu, e retorquiu: em primeiro lugar está a obrigação, e em segundo, ou depois, a devoção; demais o presidente que chega é homem notável, mas eu não sei o que ele vem fazer; se fizer bom governo, irei então ao seu embarque. E esgotou a hora da aula. Desse jaez eram os professores daquele tempo, que diariamente compareciam naquele estabelecimento para cumprir o dever a que se obrigavam, aceitando o cargo de lente." Formação católica.

FIGUEIREDO CRUZ, JOSÉ CUPERTINO – N. Recife, Província de Pernambuco, 1878. Curso primário. Embarcadiço. Formação católica.

FLEIUSS, MAX – N. capital do Império, 1868. Cursos primário e secundário. Desejou ser oficial de Marinha. Laureado com o título de doutor-professor *honoris causa* pela Universidade de La Plata (Argentina), mediante seu livro *História administrativa do Brasil*. Durante anos, secretário do Instituto Histórico e Geográfico Brasileiro. Historiador. Era secretário particular do ministro de Estrangeiros do Império, quando se proclamou a República. Formação católica.

FRAZÃO MILANEZ, JOSÉ – N. capital, Província do Maranhão, 1886. Cursos primário e secundário, Colégio Militar, Escola Naval. Magistério especial (Escola Naval). Oficial de Marinha. Do seu depoimento constam informações valiosas sobre as relações entre oficiais e marinheiros da Marinha de Guerra anterior à revolta de João Cândido. Formação católica.

FREIRE, MATIAS – N. interior, Província da Paraíba, 1882. Estudos secundários. Curso teológico no seminário da capital da Paraíba. Ordenou-se no Recife. Sacerdote católico (cônego). Homem público, jornalista, poeta.

FREIRE (ou FREYRE) DE BARROS, FELICIANA – N. interior, Província de Pernambuco, 1868. Estudos primário e secundário em casa. Estudou piano com mestra particular. Doméstica. Formação católica.

FREITAS, RAIMUNDO DIAS DE – N. interior, Província do Piauí, 1874. Cursos primário, secundário e militar. Oficial superior do Exército. Formação católica.

G

GAERTNER, ERASTO – N. capital, Estado do Paraná, 1900. Cursos primário, secundário e superior. Formado em medicina. Médico. Constituinte nacional (1946). Descendente, do lado paterno, de alemães, seu depoimento é interessantíssimo para o estudo da aculturação, no Brasil do princípio do século XX, de um neto de pastor luterano. Amostra do valor sociológico da sua confissão: "[....] E aos 7 anos de idade fui matriculado numa escola alemã, que funcionava [....] apenas uma quadra distante de nossa residência. Era rígida com toda a severidade e sob os rígidos princípios da disciplina germânica e, no mestre, se podia sentir o legítimo orgulho de conduzir e praticar a educação de dentro do mais puro molde europeu. As circunstâncias de meu ingresso numa escola alemã foram motivo de muitas conversas e debates na casa de meus tios. Argumentava-se que sendo filho de pai alemão, era incompreensível que me não fosse ministrado o ensino da língua alemã. Além das vantagens que o uso de outra língua facultaria à minha instrução ulterior, ficou bem acentuado que os melhores resultados haveriam de ser colhidos na primeira infância, quando o aprendizado era mais favorável sobretudo para aquisição de boa pronúncia. Nessas exposições, sempre muito claras e lógicas, além de meu tio, tomava parte saliente o esposo de uma das minhas duas primas, muito inteligente e culto, competente jornalista e que se interessava de perto pelo meu futuro." E continua: "É muito interessante o aspecto paradoxal dessa orientação, que divergiu inteiramente daquela, que foi seguida por meu pai, quanto aos meus dez irmãos, a nenhum dos quais foi ensinado o alemão. Meu pai chegou ao Brasil com vários irmãos e meu avô João Frederico Gaertner, pastor luterano e mestre da leva de imigrantes e sob cuja iniciativa foi fundada a Igreja Evangélica do Paraná, em Curitiba, talvez a primeira em nosso país. Tendo-se desenvolvido aqui, onde aprendeu o seu ofício de marceneiro, e, apesar de conviver naturalmente entre os seus patrícios e companheiros emigrados, procurou meu pai, para casar, justamente uma moça brasileira, de família, hábitos e condições inteiramente

nacionais. Não ensinou o alemão a minha mãe, nem a filho algum, e excluiu, portanto, do lar, qualquer vínculo com a sua pátria de origem."

Erasto, ainda novo, tornou-se entusiasta não só de Eça e dos portugueses modernos, como dos clássicos lusitanos: "Dentre os portugueses, Júlio Dantas e Guerra Junqueiro detiveram nossas preferências. Junqueiro pela energia estupenda dos seus alexandrinos no combate ao clero, exercia para mim uma satisfação estranha. [....] Ao terminar, todavia, o curso ginasial, tendo feito um estágio pela imprensa, fui tomado de grande avidez pelo estudo do vernáculo. Isso me valeu uma ardente incursão pelos clássicos portugueses." Ao mesmo tempo "[...] os germes de livre-pensamento, semeados tão cedo em meu espírito, foram o instrumento de intermináveis elucubrações, na mocidade, em relação com as reformas sociais. Desde menino sentia revolta pelas desigualdades sociais e pela injusta distribuição das riquezas e dos bens que fazem a vida mais confortável e melhor. Esses sentimentos ganharam enérgica expansão logo que iniciados os estudos médicos, e assim cresceram sempre mais, à medida que aumentava o nosso contato com o sofrimento do próximo. Jamais se acomodaram em nosso raciocínio as diferenças de condição social na assistência aos doentes de vez que, sendo iguais, profundamente iguais na formação biológica e sobremodo no terreno que oferecem aos agentes mortígenos, torna-se, e tornava-se ainda, infelizmente, incrível que sejam diversos os elementos, os recursos e as atenções da assistência." Formação protestante.

GALENO, HENRIQUETA – N. capital, Província do Ceará, 1890. Cursos primário, secundário e superior. Formada pela Faculdade de Direito do Ceará. Desejou seguir carreira diplomática. Doméstica. Formação católica.

GOMES DA SILVA, FRANCISCA – N. interior, Província de Pernambuco, 1875. Pouco mais que analfabeta. Quis ser costureira. Lavadeira. Formação católica.

GOMES DA SILVA, HORÁCIO – N. interior, Província da Paraíba, 1863. Curso primário. Comerciante. Formação católica.

GONÇALVES DE SOUSA ROLIM, JOSÉ – N. interior, Província do Ceará, 1882, Curso primário. Cursou os seminários de Crato e de Fortaleza, concluindo os preparatórios no Liceu do Ceará. Curso de farmácia na Bahia, onde se diplomou farmacêutico, tendo sido colega de turma de Gilberto (de Lima) Amado. Farmacêutico. Formação católica.

GORDILHO DE FARIA, ROGÉRIO – N. Sergipe, 1889. Cursos primário, secundário e superior na capital da Bahia. Formado em direito. Magistrado, advogado e finalmente professor, por concurso, da Faculdade de Direito da Bahia. Do depoimento de Gordilho de Faria destacamos o seguinte trecho: "As modinhas líricas e chorosas eram o encanto do meu tempo. As serenatas e os luares, os violões e os bandolins... *"corria branda a noite e o Tejo era sereno..."* Remei, fui um futebolista teórico. Gosto do pôquer. Na minha adolescência pratiquei muito o bilhar que, ainda hoje, aprecio. Adoro o cinema, como fonte de observação, de estudo e como divertimento. Em criança era apaixonado dos circos, que hoje já não tolero. Os jardins zoológicos muito me atraíam. Os piqueniques e as excur-

sões me encantavam [...]." E quanto a Pedro II: "Considero Pedro II um homem de grandes intenções e sãs virtudes. Não hesito em qualificá-lo de 'grande homem', encarado em certo ponto de vista. Fez de sua mediocridade motivo de admiração aos coevos e aos contemporâneos. Não foi herói, não foi expoente. Foi um homem de excelentes virtudes. Um burguês de luxo." Formação católica.

GUIMARÃES ESPÍNOLA, DURVAL – N. interior, Província da Bahia, 1882. Curso primário e estudos secundários. Agricultor e tabelião de notas. Formação católica.

I

INGLÊS DE SOUSA, PAULO – N. Santos, Província de São Paulo, 1888. Cursos primário, secundário e superior. Formado em direito pela Faculdade do Rio de Janeiro. Advogado. Filho de H. Inglês de Sousa, notável advogado e autor de *O missionário*. Formação positivista.

J

JACOBINA, EDUARDO – N. corte ou capital do Império, 1879. Cursos primário, secundário e superior. Formado em engenharia pela Politécnica e Escola Militar da Praia Vermelha. Caso interessante, o seu, pelo fato de representar a conciliação de intenso entusiasmo pela figura e pelas ideias de Rui Barbosa, que conheceu de perto, com surpreendente antissemitismo. Formação católica.

JUNQUEIRA, JOSÉ – N. interior, Província de Minas Gerais, 1884. Curso primário. Estudos secundários. Agricultor. Formação católica.

L

LEITE, AURELIANO – N. Província de Minas Gerais, Sul, 1887. Cursos primário, secundário e superior. Bacharel em direito pela Faculdade de São Paulo. Advogado, publicista. Historiador parlamentar. Representante do Estado de São Paulo na Assembleia Nacional Constituinte (1946). Formação católica.

LEMOS PESSOA, MANUEL DE – N. interior, Província da Paraíba, 1877. Curso primário e estudos secundários. Desejou ser criador de gado. Agricultor. Formação católica.

LIMA, FRANCISCO ANTÔNIO – N. interior, Província do Piauí, 1875. Curso primário. Estudos particulares. Desejou ser músico. Advogado por provisão do Superior Tribunal de Justiça do Amazonas. Formação católica.

LIMA, LUZIA ANGÉLICA DE – N. interior, Província de Pernambuco, 1878. Analfabeta. Doméstica. Formação católica.

LIMA FIGUEIREDO, JOÃO BATISTA DE – N. interior, Província de São Paulo, 1878. Curso primário e estudos secundários (curso anexo à Faculdade de Direito de São Paulo), onde teve por professores José Vicente de Azevedo, cônego Valois de Castro e outros. Agricultor (lavoura de cana). Formação católica.

LOPES FILHO, FRANCISCO – N. interior, Província do Ceará, 1880. Curso primário. Desejou ser padre. Funcionário público. Formação católica.

LOUREIRO, NICOLAO – N. interior, Província da Paraíba, 1868. Curso primário. Agricultor. Formação católica.

LUZ, JOSEFA MARIA DA – N. interior, Província de Pernambuco, cerca de 1880. Analfabeta. Quis ser costureira: declara-se "remendona", isto é, costureira de pequeno porte. Formação católica.

M

MACHADO DE MENDONÇA, DEODORO – N. interior, Província do Pará, 1889. Cursos primário, secundário e superior. Formado em direito. Homem público. Por algum tempo, deputado federal pelo Estado do Pará. Interessante, como amostra de teor sociológico, é o seguinte trecho do depoimento de Deodoro Machado de Mendonça: "Ao contrário da maioria, nunca elegi heróis militares no desejo de imitá-los quando grande. Admirei padre Prudêncio, um herói local de Cametá que resistiu à Cabanagem em 1835 e doutor Ângelo Custódio, vítima de cólera em 1855 que, como presidente da província, veio ao nosso berço socorrer conterrâneos, ambos contemporâneos do meu pai, que deles contava as grandes virtudes. Depois enchi-me dos poetastros, Alves à frente, Bilac e, logo depois, Rui Barbosa e Lauro Sodré, aquele na mentalidade jurídica, este na política, e foi entre estes dois grandes espíritos que fixei minha aspiração, estudando direito e sendo em política, já há quarenta anos, apenas 'laurista'." Formação católica.

MACIEL PINHEIRO, LUÍS DE CASTRO – N. capital, Província de Pernambuco, 1875. Cursos primário, secundário e superior. Formado em direito. Comerciante. Desejou ser magistrado. Filho do famoso abolicionista e propagandista da República, Maciel Pinheiro. Formação católica.

MAGALHÃES CARNEIRO, JOSÉ – N. capital, Província de Sergipe, 1880. Cursos primário e secundário. Estudos especiais com Sílvio Romero, com quem residiu por algum tempo. Desejou ser oficial do Exército. Magistério. Formação católica.

MARINHO DE PAULA LINS, LEOPOLDO – N. interior, Província de Pernambuco, 1857. Cursos primário, secundário e superior. Bacharel em direito pela Faculdade do Recife. Magistrado. Agricultor. Finalmente industrial ou usineiro. Homem público, ocupou posições de relevo político no seu Estado, tendo sido chefe de polícia do governo Sigismundo Gonçalves. Em seguida, foi deputado federal. Formação católica.

MARTINS FERREIRA, WALDEMAR – N. interior, Província de São Paulo, 1885. Cursos primário, secundário e superior. Formado em direito pela Faculdade de São Paulo, da qual veio a tornar-se professor. Jurista, homem público, parlamentar. Por algum tempo, deputado federal por São Paulo. Autor de várias obras de direito. Formação católica.

MASSA, ANTÔNIO – N. interior, Província da Paraíba, 1863. Cursos primário, secundário e superior. Bacharel pela Faculdade de Direito do Recife. Foi discípulo e amigo de Tobias Barreto. Homem público. Parlamentar. Por algum tempo, Senador da República de 89. Formação católica.

MEDEIROS, JOÃO RODRIGUES CORIOLANO DE – N. interior, Província da Paraíba, 1875. Curso primário. Latim. Agricultor, mestre-escola, revisor, jornalista, caixeiro de balcão, caixeiro-viajante, comerciante e finalmente funcionário público. Historiador. Formação católica.

MELO, LUÍS GONZAGA DE – N. interior, Província do Ceará, 1880. Estudos particulares. Agricultor. Formação católica.

MENESES, EPAMINONDAS MONTEZUMA DE – N. interior, Província da Paraíba, 1864. Curso primário. Comerciante. Formação católica.

MERCÊS, ADAUTO ACTON MARIANO DAS – N. capital, Província da Paraíba, 1885. Cursos primário, secundário e superior. Bacharel em direito pela Faculdade de Direito do Recife. Advogado. Formação católica.

MESQUITA FILHO, JÚLIO DE – N. capital, Estado de São Paulo, 1892. Curso primário. Estudos secundários na Europa. Bacharel pela Faculdade de Direito de São Paulo. Jornalista e um dos proprietários do grande jornal *O Estado de S. Paulo*. Autor de vários livros de história e sociologia. Filho de Júlio Mesquita e sobrinho-neto de M. F. de Campos Sales, que foi presidente da República. Formação católica.

MIFONT, RAIMUNDO DE NOVAIS – N. interior, Estado do Ceará, 1890. Cursos primário, secundário e superior. Formado em medicina e farmácia pela Faculdade da Bahia. Médico. Professor de medicina. Formação católica.

MODESTO D'ALMEIDA, HEITOR– N. interior, Província de Minas Gerais, 1881. Cursos primário e secundário. Escola Militar. Jornalista. Depoimento extremamente interessante pelas informações acerca do alto e do baixo meretrício no Rio de Janeiro do fim do século XIX e do começo do XX, assim como pelo que evoca da função social então desempenhada pelas casas dos comissários de café. Formação católica.

MONTEIRO, JOSÉ RODRIGUES – N. interior, Província do Ceará, 1887. Curso primário. Desejou ser padre ou médico. Frequentou o Seminário do Crato. Magistério. Formação católica.

MOREIRA GUIMARÃES, JOSÉ MARIA – N. interior, Província de Sergipe, 1864. Cursos primário e secundário. Estudos preparatórios na Escola Militar da Praia Vermelha, da antiga corte, completando-os na Escola Militar e na Superior de Guerra. Engenheiro militar. Bacharel em matemática, ciências físicas e naturais. Chegou a general do Exército. Formação católica seguida de influência positivista.

N

NASCENTES, ANTENOR – N. corte ou capital do Império, 1886. Cursos primário e secundário. Desejou ser lapidário ou cabeleireiro. Professor humanista. Filólogo. Formação católica.

N. S. – N. interior, Província do Rio de Janeiro, 1870. Cursos primário e secundário. Bacharel pelo Imperial Colégio de Pedro II. Formado em cirurgia dentária pela Escola de Medicina do Rio de Janeiro. Cirurgião-dentista. Formação católica.

NORONHA JÚNIOR, J. R. – N. interior, Estado de São Paulo, 1895. Curso primário. Estudos secundários. Magistério.

NUNES, CARLINDA CUSTÓDIA – N. capital do Império, 1874. Curso primário e parte do secundário. Doméstica. Formação católica.

O

OLIVEIRA, SEBASTIÃO DE – N. interior, Província do Rio Grande do Sul, 1878. Curso primário. Estudos secundários. Comerciário, agricultor,

estancieiro, tropeiro e, finalmente, industrial. Formação católica.

OLIVEIRA BIVAR, MILITÃO DE – N. interior, Província do Rio Grande do Norte, 1875. Curso primário. Guarda-livros autodidata. Comerciante. Formação católica.

OLIVEIRA MACHADO, JOÃO DE – N. interior, Estado de São Paulo, 1892. Cursos primário, secundário e superior. Bacharel em direito pela Faculdade de São Paulo. Advogado. Formação católica.

OLIVEIRA SANTOS, BENEDITO – N. interior, Estado de São Paulo, 1896. Cursos primário e secundário, este no Seminário de São Luís. Curso profissional de contador, na Faculdade Livre de Comércio de São Paulo. Ainda menino, aprendeu telegrafia. Funcionário público. Formação católica.

P

PACHECO E SILVA, ANTÔNIO CARLOS – N. capital, Estado de São Paulo, 1898. Cursos primário, secundário e superior no País e no estrangeiro. Médico. Cientista. Parlamentar. Constituinte nacional de 1934. Formação católica. Recebeu influência positivista.

PAIVA, JOÃO – N. interior, Estado do Ceará, cerca de 1890. Curso primário. Nenhuma profissão definida. Autor de um livro de versos, *Vozes dos bastiões*. Formação católica.

PAIVA CASTRO, JOSÉ DE – N. interior, extrema do Estado de São Paulo com o de Minas Gerais, 1899. Curso primário. Estudos secundários. Curso de escola agrícola (Piracicaba), onde, naquela época, "quase todos os Estados do Brasil estavam representados". Agrônomo. Formação católica.

PEREIRA, ALCIDES – N. capital, Província do Maranhão, 1873. Cursos primário e secundário. Formado em direito (Recife). Advogado. Exerceu vários cargos públicos de relevo. Formação católica.

PEREIRA DINIS, MANUEL – N. interior, Província da Paraíba, 1887. Estudos primários particulares. Curso secundário. Formado em direito, Faculdade do Recife. Advogado.

PEREIRA DUARTE DA SILVA, ASTROJILDO – N. interior, Estado do Rio de Janeiro, 1890. Curso primário. Estudos secundários. Empregado no comércio, jornalista, revisor, tipógrafo, linotipista, negociante, apresenta-se como "revolucionário profissional". Líder comunista. Jornalista e crítico ou historiador literário. Formação católica seguida de influências e atitudes anticatólicas.

PINTO DE ABREU, FRANCISCO – N. interior, Província da Paraíba, 1869. Cursos primário, secundário e superior. Formado em direito pela Faculdade do Recife. Desejou ser "poeta, orador, escritor". Magistrado. Funcionário público. Professor de curso normal. Foi duas vezes secretário de Estado e uma, deputado estadual, tendo sido sua atuação principal em Pernambuco (onde casou-se com uma Cavalcanti de Albuquerque Melo) e no Rio Grande do Norte. Formação católica.

PINTO DE ALMEIDA, MANUEL – N. Campos, Província do Rio de Janeiro, 1887. Cursos primário e secundário, este em parte no então Ginásio Nacional (Pedro II). Desejou ser médico. Comerciante e, finalmente, industrial. Viajadíssimo no Brasil e no estrangeiro. Formação católica.

PINTO DE CARVALHO, LUÍS – N. capital, Província da Bahia, 1877. Cursos primário, secundário, superior. Médico. Formação católica.

PIRES DA FONSECA, ANTÔNIO – N. interior, Província do Maranhão, 1870. Curso primário. Curso de farmacêutico no Maranhão. Desejou ser soldado. Farmacêutico.

POMPEU DE SOUSA BRASIL SOBRINHO, TOMÁS – N. capital, Província do Ceará, 1888. Cursos primário, secundário e superior. Engenheiro pela Escola de Minas de Ouro Preto. Engenheiro. Formação católica.

PORTO, ADOLFO FAUSTINO – N. Olinda, Província de Pernambuco, 1887. Cursos primário e secundário. Bacharel em direito pela Faculdade Livre do Rio de Janeiro. Jornalista. Formação católica.

PRATES, LUÍS MÍLTON – N. interior, Província de Minas Gerais, 1888. Cursos primário e secundário. Estudos de filosofia com o redentorista padre Henrique Brandão. Homem público. Por algum tempo, deputado federal pelo Estado de Minas Gerais. Formação católica.

R

R. S. – N. interior, Província de Santa Catarina, 1878. Curso primário. Comércio de fazendas.

RÉGIS, MARIA – N. interior, Província de Santa Catarina, 1888. Estudos particulares. Doméstica. Formação católica.

RÉGIS DA SILVA, LEOVIGILDO – N. interior, Estado de Pernambuco, 1895. Curso primário. Cabeleireiro. Formação católica.

RIBEIRO, ANTÔNIO BENEDITO – N. interior, Estado de São Paulo, 1896. Curso primário em escola rural. Agricultor. Formação católica.

ROCHA BARRETO, ANTÔNIO – N. interior, Província da Paraíba, 1882. Curso primário. Funcionário público. Merecem destaque, a título de amostra, os seguintes trechos do depoimento deste simples funcionário público:
"Fora da escola, na rua, brincava de soldado com os meus colegas, todos mais velhos do que eu. A esse tempo estava destacada em Catolé uma força de linha do 27º Batalhão, comandada por um alferes. Havia na tropa um sargento, um cabo e alguns cadetes. O cabo, um mulato robusto de gigantesca estatura, fisionomia severa, bigode retorcido e cavanhaque, me impressionava vivamente, sobretudo quando dirigia os exercícios com a sua voz forte de comando. Sob a influência do ruído marcial do bumbo improvisávamos pelotões, armados de sabre de pau e espingarda também de pau. Um de nós, o mais nutrido e mais valente, fazia as vezes do cabo Sebastião, gritando para a meninada, debaixo de seu comando. No sítio, eu levava uma vida solta, quase selvagem, armando arapuca, atirando de besta, caçando ninhos e tomando banho num poço que ficava a pouca distância de minha casa."
"O meu herói no tempo de menino foi Pedro II. Meu Pai, que recebeu mal a República, não se cansava de exaltar as qualidades do velho monarca: sábio, patriota, guerreiro, protetor dos humildes e admirado de todo o mundo. O meu progenitor incutiu-me admiração pelo príncipe venerando. Não me inclinei para nenhum outro vulto nacional, na minha infância, por absoluta ignorância da história." Formação católica.

ROCHA WANDERLEY, MANUEL DA – N. interior, Província de Pernambuco, 1860. Curso primário. Desejou ser militar. Funcionário público. "Em lugar de bengala, apreciava uma boa tabica", informa Manuel da Rocha Wanderley, no seu depoimento de Wanderley louro e alto como um nórdico recém-chegado da Europa, ainda que descendente de Gaspar van der Ley, chegado ao Brasil no princípio do século XVII e aqui "fundador de numerosa família, pelo seu casamento com uma Melo, filha do primeiro Melo – Gomes de Melo – estabelecido no Brasil do século XVI como senhor de engenho". Nunca deixou de ser Manuel, "matuto" nos seus gostos: inclusive em preferir "tabica feita em casa a bengala comprada em loja". Havia tabicas que eram primores de arte como havia palitos de mesa e gaiolas de passarinhos, fabricadas pelos próprios senhores de engenho nos seus ócios, que eram outros tantos primores. Manuel da Rocha Wanderley informa que seu pai, também Manuel da Rocha Wanderley e senhor do Engenho Mangueira, era perito nesses trabalhos, feitos na própria rede em que passava fidalgamente os dias, no alpendre da casa-grande. Formação católica.

RODRIGUES, ALBERTO DE PAULA – N. capital, Província do Ceará, 1882. Cursos primário, secundário e superior. Formado em medicina pela Faculdade do Rio de Janeiro. Médico da Saúde Pública (Rio de Janeiro). Formação católica.

RONDINELLI, SÍLVIO – N. interior, Estado de São Paulo, 1893. Curso primário. Desejou ser padre. Aprendiz de alfaiate. Alfaiate.

ROQUE, VICENTE – N. interior, Província do Ceará, 1886. Curso primário e estudos secundários. Quis ser padre, depois militar. Caixeiro. Formação católica.

ROSA BORGES, ALFREDO BARTOLOMEU DA – N. Capital, Província de Pernambuco, 1864. Cursos primário, secundário e 1º ano de direito na Faculdade do Recife. Comerciante. Formação católica.

ROSAS, ALFREDO – N. capital, Província da Paraíba, 1887. Cursos primário, secundário e superior. Bacharel em direito pela Faculdade Livre do Rio de Janeiro. Desejou ser militar. Advogado. Formação católica.

S

SANTOS, JOÃO EVANGELISTA DOS – N. capital, Província de Pernambuco, 1885. Curso primário. Estudos especiais de alfaiataria. Alfaiate. Formação católica.

SANTOS, MARIA TEODORA DOS – N. interior, Província de Pernambuco, 1878. Curso primário. Desejou ser professora. Doméstica. Formação católica.

SANTOS LEAL, JOSÉ CLEMENTINO – N. interior, Província de Pernambuco, 1880. Estudos primários. Mecânico, operário, comerciário e finalmente funcionário público. Formação católica.

SANTOS PEREIRA, ALFREDO SEVERO DOS – N. capital, Província do Ceará, 1878. Cursos primário, secundário e militar (Escola Militar do Ceará). Quis ser padre, tendo sido seu brinquedo predileto de menino "simulacros de missa... com cálice de folha de flandres". Militar. Formação católica.

SEABRA DE MELO, MIGUEL – N. interior, Província de Pernambuco, 1878. Curso primário. Estudos particulares. Comerciário. Formação católica.

SEIXAS, TOMÁS – N. capital, Província de Pernambuco, 1862. Cursos primário e secundário: aluno interno do Colégio Santo Inácio, dos Jesuítas (Recife), que eram então vaiados quando apareciam nas ruas, e dos quais recorda que tratavam bem os alunos. Um dos seus colegas foi Henrique Marques, depois barão de Suaçuna. Comerciante, por algum tempo um dos mais importantes na sua especialidade no Nordeste do Brasil (um dos "Seixas Bacalhau"). Formação católica.

SEKKI, DANTE – N. interior, Estado de São Paulo, 1899. Curso primário. Desejou ser militar. Funcionário público. Formação católica.

SETTE, MÁRIO – N. capital, Província de Pernambuco, 1886. Cursos primário e secundário: preparatórios no então Externato Nacional (Pedro II). Jornalista. Escritor. Autor de vários livros de história social e de romances. Formação católica.

SIMONETTI, ANTÔNIO – N. interior, Estado de São Paulo, 1900. Curso primário, em escola rural. Formação católica.

SILVA, AMÉRICO RAIMUNDO – N. capital, Província de Pernambuco, 1882. Curso primário. Aprendiz de torneiro no Arsenal de Marinha. Desejou ser padre. Comerciário. Finalmente, sem profissão definida. Formação católica.

SILVA, GONÇALO GUILHERME DA – N. Maragogi, Província de Alagoas, cerca de 1880. Analfabeto. Quis aprender ofício. Trabalhador rural. Formação católica.

SILVA, JOSÉ AUGUSTO – N. interior, Província do Ceará, 1879. Curso primário. Profissão indefinida. Formação católica.

SILVA, PERGENTINO – N. interior, Província do Ceará, 1880. Estudos primários. Fotógrafo ambulante, aprendiz de dentista e finalmente dentista (prático). Formação católica.

SILVA, TITO HENRIQUES DA – N. interior, Província da Paraíba, 1856. Curso primário. Latim. Jornalista e professor de latim de liceu. Formação católica.

SILVA BORBA, JOSÉ JERÔNIMO – N. interior, Província de Pernambuco, 1857. Curso primário. Estudos secundários. Desejou ser negociante (com cavalos). Agricultor. Formação católica.

SILVA FREIRE ou FREYRE, JOSÉ MARIA DA – N. capital, Província de Pernambuco, 1887. Curso primário. Estudos secundários. Desejou ser médico ou oficial da Marinha. Profissão indefinida. Formação católica.

José Maria da Silva Freire, ou Freyre, foi dos depoentes que confessaram ter recebido influência de Júlio Verne, quando meninos, e a de Sherlock Holmes, quando moços, tendo também ouvido quando menino muita história folclórica de origem portuguesa. Já era homem quando começou a voga, nos primeiros anos do século XX, da revista ilustrada *O Tico-Tico*, destinada à população infantil da República inteira, do Amazonas ao Rio Grande do Sul, como *O Malho*, com suas caricaturas políticas, se destinava à adulta. Ambas – destacaremos o fato no ensaio que se segue mas desde já o registramos, à base do depoimento de José Maria – cumpriram bem sua missão de divertir, uma, os meninos, outra, os adultos, fazendo-os

ao mesmo tempo se interessarem, os primeiros pelos mesmos símbolos – Chiquinho, Jagunço, o Muleque, o Avô –, pelos mesmos brinquedos, pelos mesmos jogos, pelas mesmas tradições brasileiras; e os adultos, por símbolos de outra espécie que se tornaram válidos de um extremo a outro do País: Zé Povo, a Mulata Velha (Bahia), o Português de Tamancos, o Conselheiro Houbigant (Rosa e Silva), Papai Grande (Rodrigues Alves), o Barão, o Alemãozinho (Lauro Müller), a República representada por uma figura de mulher bela com o barrete frígio, o Brasil por uma figura de índio quase sempre triste. As novelas de Buffalo Bill, de Nick Carter e sobretudo as de Sherlock Holmes – muito lidas por brasileiros como José Maria, quando moços – foram, como em fase anterior haviam sido os livros de Júlio Verne, agentes literários ou subliterários de unificação da mentalidade dos adolescentes brasileiros das várias regiões da República numa só mentalidade: a seduzida por aspectos modernos da vida numa civilização, como foi a do mil e novecentos no Ocidente, anglo-saxônia nas predominâncias das suas normas de modernidade, das suas técnicas e das suas armas (revólver, rifle, metralhadora, pistola *mauser*) de defesa dos homens bons e certos – quase sempre os anglo-saxões ou seus imitadores – contra os maus ou, pelo menos, transviados: os selvagens da África, os índios da América, os chineses fumadores de ópio, os beduínos, os bandidos, os criminosos, os apaches, os anarquistas. Daí depoentes como José Maria terem, por algum tempo, dado para fumar cachimbo (imitação de Sherlock Holmes), e para usar *mauser*, sem, entretanto, terem deixado de ser apaixonados de pastoril e de pastoras mulatas, como foram ele, José Maria, e seu irmão Abel, criados parte em engenho, parte em cidade. Confessa-se José Maria também entusiasta de calças de flanela com sapatos claros – que muito usou quando moço – e de fatos de seda-palha. Em casa, gostava de jantar, como o pai, de paletó de alpaca. José Maria – neto de Wanderleys – confessa ter se amigado com Joaquina, mulher de cor, de quem teve um filho, Aluísio, que, entretanto, faleceram, sendo o depoente ainda moço. Casou então com branca, sem ter sido "tão feliz no casamento como fora em sua amigação com mulher de cor". Entretanto, permaneceu admirador de Sherlock e de Buffalo Bill; e sempre leitor de *O Malho* e grande admirador do barão, de Rodrigues Alves e de Joaquim Nabuco.

Em face da Guerra Russo-Japonesa, seus entusiasmos foram pelos japoneses; em face da Grande Guerra de 1914, inclinou-se pela causa aliada, embora estimando pessoalmente os alemães do seu conhecimento mais do que ingleses ou franceses. Um desses alemães, conhecera-o quando amigado com mulher de cor, e o alemão amigado com uma preta.

SILVA PEREIRA, JOSÉ DA – N. interior, Província do Ceará, 1880. Curso primário. Estudos particulares. Magistério. Formação católica.

SILVA RAMOS, JOAQUIM CIRILO – N. interior, Província de Pernambuco, 1882. Curso primário. Estudos secundários. Funcionário público. Formação católica.

SILVEIRA, GUARACY – N. interior, Estado de São Paulo, 1893. Cursos primário e secundário. Estudou para padre católico. Convertido ao protestantismo, tornou-se pastor protestante. Representou o seu Estado na Câmara Federal de Deputados. Formação católica, seguida de atitudes acatólicas.

SILVEIRA, JOSÉ ANTÔNIO DA – N. capital, Província de Pernambuco, 1884. Curso primário e estudos secundários. Caixeiro e finalmente auxiliar de contabilista. Formação católica.

SILVEIRA, MANUEL HIGINO DA – N. interior, Província da Bahia, 1882. Cursos primário e secundário. Curso teológico no Seminário de Santa Teresa. Sacerdote católico.

SIQUEIRA CAVALCANTI, TEÓFILO ARTUR DE – N. interior, Província de Pernambuco, 1877. Estudos primários e secundários. Frequentou a Escola Politécnica (Recife). Desejou ser militar. Prático de farmácia e finalmente farmacêutico. Formação católica.

SOUSA, AFONSO JOSÉ DE – N. Estado de São Paulo, 1880. Curso primário. Agricultor. Formação católica.

SOUSA (AMARANTO), OCTAVIO TARQUÍNIO DE – N. capital da República, 1889. Cursos primário, secundário e superior. Formado em direito (Rio de Janeiro). Funcionário público. Chegou a ministro do Tribunal de Contas. Publicista e historiador. Formação católica.

SOUSA-ARAÚJO, HERACLIDES CÉSAR DE – N. interior, Paraná, 1886. Curso primário. Estudos secundários orientados por um padre português. Tentou ingressar na Escola Militar (Rio de Janeiro), sendo impedido de fazê-lo pelo movimento contra a vacina obrigatória. Depois de "exame de madureza" no então Ginásio Nacional, matriculou-se na Faculdade de Medicina do Rio de Janeiro, seguindo depois do 3º ano para Ouro Preto, onde se diplomou na Escola de Farmácia.

Voltando ao Rio, matriculou-se no Curso do Instituto Osvaldo Cruz, onde se diplomou. Seguiu para Berlim, onde pretendia terminar o curso de medicina. Devido à Guerra de 1914, regressou ao Brasil, prosseguindo os estudos superiores na Faculdade de Medicina e no Hospital Osvaldo Cruz. Médico. Pesquisador científico (medicina experimental). Formação católica.

SOUSA DANTAS, DEMÓSTENES IPIRANGA DE – N. interior, Província de Pernambuco, 1880. Curso primário. Empregado e gerente, por longo tempo, de usina de açúcar e "superintendente de exploração agrícola" da mesma. Formação católica.

SOUSA E OLIVEIRA, ISABEL HENRIQUETA DE – N. capital, Província da Bahia, 1853. Estudos particulares. Curso normal. Depois de viúva, fundou colégio particular. Magistério. Formação católica.

SOUSA LEÃO, EURICO DE – N. interior, Província de Pernambuco, 1892. Cursos primário, secundário e superior. Estudou para o sacerdócio católico. Bacharel em direito. Advogado, homem público. Representante, por algum tempo, de Pernambuco na Câmara Federal e chefe de Polícia do Estado de Pernambuco no governo Estácio Coimbra. Formação católica.

SOUSA GOMES, SEBASTIÃO DE – N. capital, Província de Pernambuco, 1887. Curso primário. Desejou ser militar. Caixeiro. Formação católica.

SYLOS, JOSÉ HONÓRIO DE – N. interior, Província de São Paulo, 1862. Curso primário. Estudos secundários no seminário episcopal de São Paulo. Profissão indefinida. Formação católica.

SYLOS, MÁRIO ROBERTSON DE – N. interior, Estado de São Paulo, 1895. Cursos primário e secundário. Escola normal. Magistério. Formação católica.

SYLVEIRA, ARMANDO – N. capital, Província do Rio Grande do Sul, 1887. Cursos primário e secundário. Primeiro ano de direito, juiz, promotor público, inspetor de ensino, secretário do Ministério Público. Jornalista. Em seu depoimento, Sylveira recorda de seu pai, João Luís da Silveira – amigo de João Moreira da Silva (pai do depois famoso Álvaro Moreyra) e de Domingos Pereira e Sousa (pai do depois embaixador do Brasil em Washington, Carlos Martins Pereira e Sousa) – que, "em rapaz, perdia a cabeça pelo carnaval", como qualquer carioca ou recifense. O carnaval de Porto Alegre – tal como o descreve Sylveira – pouco se distinguia, então, do que se brincava no Rio ou no Recife: homens fantasiados de ursos, fazendo piruetas; outros, de diabos vermelhos, assustando as crianças; rapazes de grandes bigodes, à moda da época, jogando limões de cera às sinhazinhas; entrudo com baldes de água; bisnagas-relógio; cordões; carros ornamentados com velhas colchas, a rodarem pelas ruas. Formação católica.

T

TANAJURA JÚNIOR, JOSÉ DE AQUINO – N. interior, Província da Bahia, 1868. Curso primário. Agricultor. Formação católica.

TAVARES, RUFINO – N. capital, Província da Paraíba, 1870. Cursos primário e secundário, este no Seminário de Porto Alegre (Rio Grande do Sul). Formado em direito pela Faculdade de São Paulo, onde foram seus mestres Pedro Lessa, Brasílio Machado, João Monteiro e outros. Foram seus colegas de turma Antônio Carlos, Afrânio de Melo Franco, Pedro Moacir e outros brasileiros depois notáveis na vida política da República. Galvão pelo lado materno, teve também por colega de curso jurídico Eneas Galvão, filho do barão do Rio Apa, seu parente. Magistrado. Depois de ter sido maçom, tornou--se católico militante, tendo feito sua primeira comunhão com D. Duarte, arcebispo de São Paulo. Formação católica.

TAVARES SALES, CAROLINA — N. capital, Província de Pernambuco, 1884. Curso primário. Doméstica. Formação católica.

TEIXEIRA, SEVERINO MARTINIANO — N. interior, Província de Pernambuco, 1887. Curso primário. Trabalhador rural, cassaco de padaria, lavador de pratos, operário (de fábrica de óleos).

TOLEDO PIZA SOBRINHO, LUÍS DE — N. capital, Província de São Paulo, 1888. Cursos primário, secundário e superior. Aluno da Escola-Modelo Prudente de Morais e do curso normal. Bacharel em direito pela Faculdade de São Paulo. Homem público. Jornalista. Deputado federal pelo Estado de São Paulo. Formação católica.

TORRES, JOSÉ LUSO — N. interior, Província do Maranhão, 1879. Cursos primário e secundário. Estudou na Escola Militar da Praia Vermelha (Rio de Janeiro). Engenheiro. Seu depoimento, de homem idôneo, é dos que revelam que, no Maranhão, houve negros e ex-escravos que, por lealdade ou devoção à causa monárquica, foram abatidos por tropa do Exército, podendo ser considerados mártires de uma causa vencida, ignorados pela história oficial. São ainda do depoimento de José Luso Torres os seguintes trechos: "Em São Luís comecei com a carta de á-bê-cê, no colégio particular de Mariano de César de Miranda Leda. Era ele o único professor do seu colégio, ajudado por alguns alunos mais adiantados, que me pareciam pessoas muito importantes. Soletração em coro motomecanizado, apostas de letra bonita aos sábados, palmatória e gralhar de tabuada... Do colégio de Leda passei ao externato do Seminário de Santo Antônio. Mais ou menos os mesmos transes, e mais as rezas e a confissão... Depois o colégio de José Ribeiro do Amaral. Em toda parte a palmatória."

"A barroca (com castanhas-de-caju) e o papagaio (ainda não havia o futebol em São Luís) — eram os principais [brinquedos de menino]."

"Também cedo comecei a ajudar meu pai na sua pequena mercearia."

"Da Monarquia, propriamente, eu só ouvia dizer coisas sentimentais e lamentosas, quer quanto à velhice do imperador, quer quanto à chamada redentora."

"Joaquim de Souzandrade, poeta e republicano, tendo viajado até os Estados Unidos da América do Norte e a Europa, a cara toda rapada, rosto de fidalgo, com o seu *croisé* preto, a sua cartola, o seu ar de grande serenidade, o seu colarinho muito alto e aberto, foi o grande apóstolo da República, que conheci em São Luís. Este dizia bem, muito bem, dos homens que proclamaram o novo regime. E a sua voz calma, o seu olhar sossegado, tinham um grande poder sobre os adolescentes do meu tempo. Para Souzandrade, a Inglaterra e os Estados Unidos eram as grandes nações do mundo. Visão de poeta e profeta!..."

"Para a minha meninice, Paris era a cidade bonita, aonde os lojistas do Maranhão mandavam buscar as fazendas, os chapéus, as luvas, os extratos finos e as pomadas de toucador, para a 'festa dos Remédios', conforme eu lia nos anúncios. (V. João Lisboa.) Na minha mocidade, Paris era a capital do mundo (Comte)." Formação católica seguida de influência positivista.

TOURINHO JAPI-AÇU, CLETO LADISLAU – N. capital, Província da Bahia, 1856. Cursos primário, secundário e naval. Estudos de aperfeiçoamento na Inglaterra. Chegou a almirante. Formação católica.

TREVAS, HERMÍNIO DE HOLANDA – N. interior, Estado de Pernambuco, 1893. Cursos primário e secundário, este no Ginásio Pernambucano. Jornalista. São do depoimento de Hermínio de Holanda Trevas os seguintes trechos: "Antes de completar 7 (anos de idade) em 7 de janeiro de 1900, entrei na escola do professor Evangelista, homem austero, que funcionava na Praça do Capim, onde estive até fins de 1901 estudando carta de á-bê-cê e primeiro livro do professor Landelino Rocha, passando ao segundo, terceiro e quarto de Felisberto de Carvalho. Ingressando, no dia 1º de junho de 1905, na escola do professor João Crisóstomo de Melo Cabral, à Rua de Hortasn nº 22, 2º andar, onde em 23 de dezembro do mesmo ano fiz o 3º grau, com a mesma aprovação dos anos anteriores. Quanta recordação me faz a escola do professor Cabral, com os seus pontos em favor do aluno de acordo com as notas que obtinha nas lições, cujos pontos nos serviam para adquirir, aos sábados, em uma espécie de leilão feito pelo próprio professor, e no qual eram arrematados objetos escolares e brinquedos de toda espécie! Quanta alegria para os alunos! [....] Completando assim o meu curso primário, em princípio do ano de 1906 entrava para o Ginásio Pernambucano, onde fiz o curso de admissão, matriculando-me no primeiro ano de madureza. Lembro-me dos lentes mais ilustres que tive: Bianor de Medeiros (francês), Mota e Albuquerque, diretor do ginásio e lente de geografia – o Dr. Mota, como o chamávamos. Homem sábio e de poucas palavras, coração magnânimo, todos o respeitavam como um ídolo. Depois Trajano Alípio Temporal de Mendonça (o Dr. Trajano), lente de aritmética e álgebra, matérias que só em falar nelas causava pavor. Nunca me acostumei ao estudo da matemática. O jogo predileto era a 'academia'. Seis quadros ligados um ao outro e riscados a carvão na calçada do estabelecimento; todos numerados de 1 a 6. Uma pequena pedra, para passar de um quadro a outro até vencer todos os 6; mas tinham de ser vencidos jogados com um dos pés, enquanto o outro ficava suspenso. Neste jogo não sei quantos pares de sapato tive de estragar, e o meu pai queixava-se sempre que era o que eu mais gastava no estudo, mas não sabia explicar a razão. Só muito tempo depois ele veio a saber a razão de os meus pés gastarem tantas botinas. Os trotes, àquela época, eram demais. Os veteranos chamavam-nos de maduros, e os cocorotes choviam em nossas cabeças... Os meus brinquedos de infância eram os piões e papagaios; logo que chegava da escola, e com que alegria, empinava os meus camelos, arraias e índios; estes últimos subiam sem rabo, classificação que dávamos a uma grande tira de pano velho colocada na extremidade inferior do papagaio para estabelecer o equilíbrio e poder subir. Leitura fora da escola, não era comigo. Logo que deixava a aula, largava também os livros e só raras vezes, à noitinha, passava sobre eles uma ligeira vista." Formação católica.

U

UCHOA, NICANOR F. – N. interior, Estado de Pernambuco, 1898. Primeiros estudos com os pais. Viagem ao Amazonas quando criança, em companhia dos pais, daí regressando para ser interno do Colégio N. Sa. do Carmo, de Itabaiana. Estudou noutros colégios. Desejou ser militar. Ingressou no Exército, preparando-se para a Escola Militar, mas nos exames fracassou em 4 das 16 matérias. Fez o curso para sargento, sendo promovido. Deixou o Exército para estudar engenharia mecânica, nos Estados Unidos, na Baldwin. Engenheiro mecânico, voltou ao Brasil para exercer sua profissão. Formação católica.

V

VARGAS DANTAS, CARLOS LUÍS DE – N. interior, Província do Rio de Janeiro, 1870. Cursos primário, secundário, superior. Bacharel pelo Colégio Pedro II. Quis ser engenheiro. Médico. Monarquista. Interessantes revelações acerca de certa intervenção de Benjamim Constant, já ministro da República, a favor do filho, condiscípulo do depoente no Colégio Pedro II. Formação católica.

VAZ DE BARROS, LEONEL – N. interior, Estado de São Paulo, 1890. Cursos primário e secundário. Funcionário público. Jornalista e escritor. Amigo de Monteiro Lobato. Autor de *O professor*

Jeremias, publicado com o nome de Leo Vaz. Formação católica, tocada de influências protestantes e acatólicas.

VIEIRA DE MELO, ANTÔNIA LINS – N. São Sebastião, Província de São Paulo, 1879. Cursos primário e aperfeiçoamento. Doméstica. Meninice em engenho do Norte. Como amostra, destacamos do valioso depoimento de Da. Antônia os seguintes trechos: "Estudei na escola das filhas do professor Demétrio Toledo em Itabaiana. Celestina e Amélia foram as minhas primeiras professoras. Com elas aprendi a ler e a contar. Depois fui mandada pelo meu pai para a capital. Já estava crescida. Então passei a frequentar a escola da professora Ana Borges, onde fui encontrar muita gente desconhecida, mas agora cheia de nome, entre os quais se pode salientar o Dr. Irineu Jofily. Fomos condiscípulos. O regime escolar se processava com regularidade matemática. Pela manhã se estudava sob a vigilância da professora até que se chegava às 9 horas, quando se ia almoçar. Depois recomeçava o estudo até o momento de jantar, que se verificava às 3 horas da tarde. Imediatamente vinha o recreio. Brincava-se muito pouco ou mesmo nada. Não se podia fazer muito movimento, correr muito, saltar muito, nem gritar em excesso, falava-se em voz baixa e quase não se saía de um lugar para outro às carreiras sem merecer a censura da vigilância. O recreio durava breves instantes e logo se regressava ao estudo para só se levantar às 7 horas da noite com o fim de cear. Feita a última refeição, estudava-se até as 9 horas, quando se largava o livro para ir dormir. Acordava-se às 5 horas para o banho frio, o café com leite, queijo, requeijão, tapioca etc. e imediatamente seguir para o estudo. Quem via esse regime só podia apoiá-lo porque era realmente rigoroso, mas a verdade é que pouco se aprendia. As meninas não prestavam atenção aos estudos e nem os professores faziam por chamá-las à ordem. No curso dos rapazes havia neste ponto mais rigor e, naturalmente, melhor proveito. Brincava-se e cantava-se. Não havia jogo de qualquer espécie, mesmo porque o tempo era muito escasso, mal começava o recreio e logo ia terminando com o sinal da sineta de som fino. E por força de hábito, nem tínhamos necessidade dele, quase não sentíamos sofreguidão por que chegasse a sua hora. Vivíamos era pegadas com a gramática portuguesa, aritmética, geografia, história sagrada. Todo fim de ano havia festa. Era por ocasião das férias de despedidas e de se ir embora para casa. Ensaiava-se um programa para o dia de encerramento das aulas. Recitativos ao piano, algum monólogo e raro se encenava uma comédia, ou um drama de sentido escolar. Enfim, quando chegava o instante de volver à escola no começo do ano, não sentíamos atrativo; pelo contrário, voltávamos com enfado, arrastadas, sem animação qualquer para continuar os estudos, deixando a vida boa e liberta do engenho sempre em movimento ora de limpeza, ora de safra."

"Fora da escola o regime sem dúvida que era melhor. Vivia-se a correr e a saltar livremente, andando a cavalo, tomando banho nos rios, visitando os 'moradores' em suas casas. À noite se ouviam histórias contadas pelas negras velhas, dando cafuné, fumando os seus cachimbos, até que se adormecia sem se sentir. Antes de ir para a cama não se dispensava essa companhia amável. O sono estava habituado: somente chegava com os cafunés e as histórias da carochinha. Logo no começo da noite (e se era de luar, então se fazia uma roda enorme com os outros meninos e meninas que vinham de fora, brincava-se no terreiro da casa-grande e no terraço à direita) nós nos reuníamos em grupos para o brinquedo de manjim-manjão-carocinho-de-feijão e, quando não era isso, vinha a ciranda numa roda larga e cheia de gente pequena. Dentro de casa se fazia o jogo de prendas. Durante o dia a brincadeira se restringia à convivência com as bonecas de pano, de cera e louça."

"As danças de salão não variavam. Eram sempre as mesmas. Se havia oportunidade de dançar, dançava-se era a polca, o *schotts*, a quadrilha. Esta tornava aspecto de movimentação e graça porque os 'tiradores' faziam muito enxerto pilhérico. Tomava-se assim divertida e mesmo agradável. Geralmente os escolhidos para aquele 'serviço' eram rapazes sacudidos e despachados, que sabiam algumas palavras de francês e que, para suprir as deficiências, inventavam de momento uns termos adequados, despertando risos de alegria e satisfação. A quadrilha tinha um prestígio tamanho a ponto de não se abusar como dança clássica. Deixava-se sempre para o fim do baile e era repetida muito poucas vezes. Fora dos salões a dança preferida era o coco de terreiro, aliás ainda hoje muito praticado no campo e nas praias. Quanto a teatro, recordo-me de que assisti a dramas e comédias no velho Santa Rosa." Formação católica.

VILAS BOAS, JOSÉ AUGUSTO — N. interior, Província de Minas Gerais, 1880. Cursos primário, secundário e superior. Formado em direito. Profissão indefinida. Formação católica.

VILHENA FERREIRA, ELISA – N. no sul da Província de Minas Gerais, 1864. Curso primário. Estudos secundários. Estudou piano. Doméstica. Formação católica.

W

WILSON COELHO DE SOUSA, LUCÍLIA – N. capital, Província do Maranhão, 1865. Curso primário. Estudos secundários na Inglaterra. Doméstica. Descendente de ingleses que se integrou no meio brasileiro. Formação católica.

WITRUVIO, EURICO – N. capital, Província de Pernambuco, 1870. Cursos primário e secundário. Funcionário público. Por algum tempo jornalista político, ligado a Martins Júnior e Aníbal Falcão, republicanos de feitio positivista, embora não ortodoxos. Formação católica.

W. Z. – N. em província do Norte, 1888.

X

XAVIER, AGLIBERTO – N. Província do Rio de Janeiro, 1869. Curso primário, estudou no Colégio Pedro II, estudos particulares com Benjamim Constant, curso de engenharia na Politécnica (Rio de Janeiro). Estudos particulares com Audiffret, em Paris. Engenheiro. Positivista de feitio ortodoxo. Formação rigorosamente positivista.

Tentativa de síntese

O ensaio que se segue concorda-mos em que se apresenta, em sua arquitetura de ensaio, quase mons-truoso nas proporções. Ou antes: nas suas desproporções.

Os capítulos que o compõem são antes de tentativa de síntese que de análise de matéria, em muitos dos seus aspectos antes sugerida que considerada de modo exaustivo. Afinal, o nosso esforço é no sentido de esboçarmos uma introdução sociológica e antropológica à história da sociedade patriarcal no Brasil, e não no de escrevermos nós próprios essa história sob critério convencional ou cronológico.

Mesmo assim, não nos parece despropositado preceder esses capítulos de uma tentativa de síntese em que todos eles sejam alcançados de modo como que panorâmico. E onde se antecipem alguns dos assuntos versados de modo particular nos mesmos capítulos, isto é, em relação com particularidades consideradas em cada um deles de maneira específica. Por esta "tentativa de síntese", talvez o autor consiga iniciar o leitor – tornando-o de partida seu associado e seu colaborador noutros esforços de compreensão e interpretação de uma época – no denso conjunto constituído por aqueles capítulos, e na possível unidade que intimamente os anime, através da diversidade de matéria neles versada de pontos de vista talvez demasiadamente dinâmicos para não resultarem em alguma desordem ou mesmo confusão. E em inevitáveis repetições. Inevitáveis por necessárias e até essenciais a um trabalho da natureza deste.

É que de um só ponto de vista, que obrigue o observador a uma única atitude ou posição, fixa e sempre a mesma, não se consegue ver de uma época senão um aspecto. Para vê-la o mais possível em conjunto, de modo a conseguir-se uma síntese das suas contradições, dos seus vários tempos em conflito, dos seus diversos interesses em jogo, impõe-se aquela variedade de pontos de vista. E dessa variedade de pontos de vista é de esperar que decorram repetições, semelhantes às impressões de *déjà-vu* que possa nos dar uma paisagem vista do alto, depois de ter sido observada de lado.

Foi só depois de nos termos procurado inteirar da transição vivida pela sociedade brasileira, considerada essa sociedade se não na sua totalidade, nas suas principais áreas socialmente decisivas, do fim da economia escravocrática ao começo da livre e da dissolução do regímen monárquico à consolidação da República proclamada por Deodoro, que nos aventuramos a procurar caracterizar o que, nessa época, teria sido comum ou geral àquelas várias áreas e aos seus tempos diversos. Ou apenas característico da área predominante e do seu respectivo tempo.

A consideração de tal predominância não importa em desconhecer-se ou desprezar-se o fato de ter sido uma época – a marcada por aquela transição – assinalada por notável surto igualitário da parte da numerosa população de cor que desde 1871 foi deixando de nascer escrava: igualitarismo em relação com a população livre. E, ainda, da parte da gente sertaneja, em relação com a do litoral; da parte da adventícia em relação com a já antiga no País; da parte da acatólica em relação com a católica. Houve, nos últimos decênios do Império, decidido começo de alteração nessas relações, que prolongou-se através dos primeiros dois ou três decênios de regímen republicano. Eram substâncias étnicas ou culturais, se não novas, sequiosas ou desejosas de novas funções e novas situações, a se acomodarem a já antigas formas sociais de convivência e de cultura nacionais: formas que tiveram de expandir-se ou dilatar-se para acomodar tais substâncias novas.

"Tão bom como tão bom" tornou-se uma espécie de grito de guerra na boca dos libertos, logo após o 13 de Maio. "'Tão bom como tão bom' é a frase que trazem de contínuo na boca os indivíduos de baixa condição", escrevia à página 18 de livro publicado em Lisboa em 1894, o autor de *A revolução no Brasil*, e referindo-se principalmente ao Rio de Janeiro, onde já não havia "respeito porque todos se consideram iguais; não há ordem porque ninguém quer obedecer..." 'Tão bom como tão bom!' Grito de guerra às vezes insolente. Mas de uma insolência que os brancos não deviam estranhar: era natural em indivíduos que acabavam de conquistar a liberdade; embriagados de liberdade; ou que se supunham com direito a todas as regalias já gozadas pelos brancos, sem repararem no fato de que não eram regalias desfrutadas por esse elemento da população apenas por serem brancos livres, mas brancos instruídos, civilizados, europeizados, endinheirados. Diferença que os libertos só aos poucos descobririam entre sua situação de novos-livres e as dos livres já antigos. Enquanto não o descobriram, seu arrivismo tomou aspectos por vezes ridículos e até cômicos; e não de todo dessemelhantes dos característicos do arrivismo ou do rastaquerismo dos novos-ricos, que não tardaram a emergir do chamado Encilhamento. Uns, embriagados com a liberdade; outros, com a riqueza de repente adquirida; mas todos igualmente arrivistas.

Diante desse surto de igualitarismo, através de explosões de arrivismo por vezes cômicas, é que brasileiros, brancos livres, já seguros de sua condição social tanto de brancos como de livres, parecem ter se requintado em hábitos como que afirmativos de uma situação, além de social, cultural, difícil de ser atingida de repente por gente de outras origens: neobrasileiros, africanos e europeus nas suas origens. Um desses requintes, o do asseio, o da limpeza, o do apuro na higiene pessoal, no trajo e no calçado, o da elegância burguesa ou aristocraticamente europeia nas modas, com um ou outro americanismo ou brasileirismo – o chapéu do chile, por exemplo – admitido entre as modas inglesas e sobretudo francesas seguidas pela gente de prol das gentes aristocráticas da Inglaterra e da França.

Os depoimentos autobiográficos recolhidos pelo autor para neles apoiar generalizações ou deles derivar conclusões, revelam, da parte da grande maioria dos depoentes – brasileiros na sua maioria da alta e média burguesia – verdadeiro carinho com relação às chamadas roupas brancas ou roupas de baixo: a *lingerie*. O brasileiro da época evocada nas páginas que se seguem – o médio, pelo menos – foi, neste particular, quase um hindu, tal o seu escrúpulo de asseio com relação às ceroulas, às camisas, às meias; enquanto o rico ou o aristocrata ostentava não só o número como a qualidade de sua *lingerie*: um dos seus maiores luxos. Os próprios capoeiras é no que caprichavam: nas suas "camisas francesas". E as "baianas" nos seus cabeções picados de renda.

No Rio de Janeiro de mil e oitocentos e tantos, nenhuma loja teve maior prestígio que a de madame Coulon, sucessora, aliás, de madame Creten, e cuja especialidade era a *lingerie* para "homens, senhoras e crianças". Camiseira de "Sua Magestade o Imperador e Altesas Imperiaes", madame Coulon gabava-se de não ser apenas importadora de artigos finos de linho de fabrico europeu. Juntando ao comércio a indústria, já fabricava ela própria ceroulas – então ainda compridas e de cordão – e camisas, sob medida: de acordo com as formas do corpo predominantes entre os brasileiros, de altura, em geral, inferior à dos europeus do Norte. Daí as roupas feitas para crianças, adquirirem-nas as mães de número inferior ao da idade a que a roupa para menino – roupa de marinheiro, de escocês, de Luís XV – se destinava segundo o padrão europeu. Vestindo algumas dessas roupas feitas de lã ou de veludo ou com golas ou punhos de pelúcia, muito sofreu o menino brasileiro da época, que tinha de vesti-las sob o sol quente; e afrontar por vezes a reação, aliás saudável, dos moleques de rua, neste particular muito afoitos tanto no Rio de Janeiro como no Recife. Críticos desassombrados – esses moleques – de tudo que fosse vestuário excessivamente contrário não tanto ao clima como à tradição brasileira: inclusive as roupas de banho salgado que se afastassem no estilo das feitas com pesadas baetas. Nas senhoras essas baetas cobriam o corpo do pescoço aos tornozelos: chegavam a ser lúgubres. Defendendo-as contra inovações, os moleques da época revelaram-se um elemento conservador quanto às modas de sentido ético da burguesia ou da aristocracia brasileira, embora tolerando certas licenças ou arrojos nos estrangeiros.

Rival em prestígio, no Rio de Janeiro de mil e oitocentos e tantos, de madame Coulon e do próprio Au Printemps, de Paris – cuja clientela brasileira chegou a ser considerável – foi Carlos Tavares de Matos. Nos seus anúncios, dizia-se também "fabricante", elevando-se acima da simples categoria de importador de artigos finos à de industrial: fabricante de "toda qualidade de óculos, pincenê, binóculos, óculos de alcance"; e especialista em "lunetas" e "vidros para todas as vistas, todas as idades e para todas as moléstias dos olhos..." Quanto a Au Printemps, de M. M. Jules Jaluzat & Compª, anunciava de Paris nos jornais do Rio de Janeiro do fim do Império, com uma requintada cortesia francesa, estarem à disposição dos brasileiros suas amostras de todos os tecidos em sedas, fantasias, panos, flanelas, chitas, fitas, lenços, algodões, estofos para móveis"; e por elas e pelos catálogos podiam lhes ser feitas encomendas de roupas de linho, de roupas de cama, de roupa branca bordada, de cortinas, de enxovais de casamento, de enxovais de batizado, de roupa de copa, de rendas e plumas; e também de guarda-chuvas e bengalas e até de mobílias. De tudo Au Printemps se encarregava de fazer chegar aos brasileiros: às suas mãos, aos seus pés, ao interior das suas casas. Era a Europa a curvar-se ante o Brasil, sem esperar pelo voo triunfal de Santos Dumont em Paris; nem pelos discursos do conselheiro Rui Barbosa na Haia. Simples zumbaias comerciais de vendedor a comprador, não deixavam de ser curvaturas de negociantes da chamada Cidade Luz aos burgueses do "*là-bas*" brasileiro.

Não é de admirar que os franceses de Au Printemps tão gentil-mente se pusessem, de Paris, à disposição dos brasileiros de alguma fortuna, de mil e oitocentos e tantos e de mil e novecentos e pouco: faziam-no com a segurança de quem soubesse ter ainda a França no Império sul-americano e na própria República de 89 uma quase colônia, semelhante à Nova Orleans da mesma época; ou ao Canadá. Era em francês que M. M. A. Moreau e Jules Roux, por exemplo, se dirigiam ao público da corte, também em 1887, recomendando à sua atenção, seu Hotel Villa Moreau, na Tijuca, com "*cuisine française dirigée avec un soin particulier par M. Jules Roux, un des meilleurs chefs dans l'art culinaire*"; com "*cave citée à juste titre à Rio de Ja-neiro pour la variété et l'excellente qualité de ses vins, qui tous sont des meilleurs créés*"; com quartos e salas "*éclairées au gaz*"; com uma "*cascade naturelle*" que era "*une source d'eau ferrugineuse pour les anémiques ainsi qu'un grand-basin pour la natation*", havendo também na Villa Moreau "*des douches et des bains chauds, parc de promenade, billards, jeux divers*". Isto a cem metros sobre o nível do mar, sem que fosse, entretanto, difícil ir-se do centro da capital do Império a tão delicioso reduto de civilização francesa encravado na mata tropical: um bonde levava quase até lá o carioca ou o estrangeiro desejoso de regalar-se de paisagem e ao mesmo tempo de conforto.

Partindo do Largo de São Francisco de Paula, havia, com efeito, um bonde prestimoso e seguro que chegava até o alto da Tijuca. Desse bonde, grande e público, um bondezinho particular conduzia as pessoas à Villa Moreau. Seus diretores franceses já se tinham inteirado da importância da grande instituição brasileira que se tornara, nos últimos decênios do Império, o bonde de tração animal, com relação ao qual a República, conservando a forma, o processo, e a função de transporte coletivo, representada pelo valioso veículo, apenas substituiria a tração animal pela elétrica. Uma alteração histórica dentro de uma constância sociológica.

Aliás não foi a Villa Moreau o único hotel francês que, no fim da era imperial, se instalou com seus requintes "*au milieu des montagnes et des cascades de la Tijuca*"; e com "*bains de natation, cascade, douches, bains chauds, ainsi qu'un Grand Caramanchon pour restaurant champêtre*"; com "*cuisine française*"; com "*cave*"; com "*voitures et chevaux à toute heure pour les excursions aux splendides sites des environs*" – tudo na dependência do bonde que do centro da cidade levasse as pessoas desejosas desses regalos "*jusqu'au bas de la montagne*". No mesmo caso estava o Hôtel Jourdain, de Oscar Lecroq. O que consta – como outros anúncios aqui referidos, de jornais do Rio de Janeiro da época – principalmente da *Gazeta de Notícias* – e do *Almanaque* do mesmo jornal, iniciado em 1868.

Não foi por acaso que João Chagas intitulou *De Bond* o livro que, em 1897, publicou em Lisboa sobre o Brasil: país que acabara de descobrir. Caracterizou aí o bonde brasileiro: "um d'estes carros americanos abertos em plateia, como os que circulam nas ruas de Lisboa, de verão". Acrescentando: "O cocheiro não vestia uniforme especial. Trazia na cabeça um chapéu grande de feltro de abas longas e o condutor usava um boné de grande pala de tartaruga". Era noite quando Chagas desceu de bonde da montanha para o centro da cidade. Cantavam cigarras. A cada passo "o carro parava para receber ranchos de senhoras em cabelo, vestidas com luxo, acompanhadas de indivíduos em trajes de *soireé* que pareciam dirigir-se a algum espetáculo ou baile, mas em geral os homens subiam sem mandar parar, com uma agilidade e segurança pasmosas, apesar das mulas trotarem rijamente e o carro seguir com grande velocidade." Acrescente-se que o bonde levava gente pendurada nos estribos. E que não era silencioso: fazia retinir uma campainha forte.

Foi sobretudo de bonde que Chagas observou o Brasil dos primeiros anos da República: sua gente, suas casas, suas ruas, seu comércio, seus costumes. E não há exagero em dizer-se do seu livro que constitui ainda hoje um esboço de uma quase sociologia do bonde brasileiro: o bonde brasileiro do fim do século XIX. Observou o político português que "no vasto perímetro da cidade" (Rio de Janeiro) era então o bonde "o meio prático, barato e cômodo" de que toda gente se utilizava para se transportar, não somente de casa para o trabalho e do trabalho para casa, como de casa para a igreja, para o teatro, para a escola, para a academia; e de regresso à casa, de todos esses lugares. Toda a gente, note-se bem, e não apenas uma classe de gente. Havia o bonde urbano, que se limitava ao centro da cidade velha; o "bonde grande", que ia aos confins da cidade, só parando "onde a natureza não o deixa[va] prosseguir". O obstáculo sério ao "bonde grande" era, no Rio de Janeiro, apenas a montanha. Daí os últimos trechos de certas linhas serem já incursões do bonde pelo interior das florestas.

Era um bonde "pontual", o do Rio de Janeiro naqueles dias; e talvez o mesmo se pudesse dizer do bonde brasileiro, em geral: o "bonde não falta[va], não atraiçoa[va]", destacou Chagas na página 113 daquele seu livro. Nele, uma vez sentado, o passageiro podia dormir a seu gosto, ou ler o seu jornal, admirar a paisagem. E, é claro – não o notou João Chagas mas indica-o a tradição brasileira – havia as conversas, as discussões entre os passageiros do bonde; os debates em torno de assuntos do dia: debates de ordinário cordiais. O bonde foi no Brasil da época estudada no ensaio que se segue uma escola de tolerância: tolerância de ideias e tolerância social. E o conde Charles d'Ursel, no seu *Sud Amérique* (Paris, 1879) antecipou-se ao português Chagas e ao brasileiro Bilac – outro que fez a apologia do bonde – em destacar *"l'égalité la plus démocratique"* que vinha sendo favorecida no Brasil por esse tipo de veículo.

O que não escapou ao observador português foi o fato de ser o bonde daquela época "um constante traço de união entre a coletividade e a família"; "no dia em que o *bond* faltasse, operar-se-ia uma revolução, não na rua mas nos lares, porque toda gente, atônita, ficaria em casa a perguntar a razão por que ele não havia passado, e, por um momento suprimido esse indispensável traço de união entre a população e os seus hábitos, a vida fluminense ressentir-se-ia da falta de *bond* como de uma verdadeira crise social". Tendo curiosidade de ver o Rio de Janeiro, escreve Chagas na página 115 daquele seu livro, que tomou o bonde: "e foi de *bond* que pude, num curto espaço de tempo, senão compreender, vislumbrar alguns aspectos da civilização brasileira". Inclusive, poderia ter acrescentado, a paixão brasileira pela loteria: era principalmente nos bondes que o brasileiro comprava bilhetes a indivíduos espantosamente ágeis em subir aos veículos em movimento: acrobacia em que se destacavam rapazes cegos de um olho ou com pernas de pau. O jogo do bicho é que era mais discreto, embora a paixão por ele não fosse menos generalizada: tanto que nos bondes de regresso do trabalho a casa, um dos assuntos principais era qual dos passageiros ganhara no bicho, e por que, em virtude de que tabela ou de que sonho. Quase sempre era em virtude de sonho: em torno da interpretação dos sonhos ou de seus símbolos se prolongavam conversas das quais participavam indivíduos de diferentes classes, raças e profissões, democraticamente reunidos pelo bonde e pela paixão pelo jogo do bicho. Isto a despeito de haver então bonde de primeira e bonde de segunda classe, com a segunda classe reservada à ralé de tamancos, ou descalça e sem gravata e sem paletó. Nos bondes de primeira classe, o indivíduo limpo, calçado, engravatado e de paletó e sem muito embrulho ou pacote na mão, fosse qual fosse a sua cor, a sua raça, a sua profissão, podia viajar. Em bonde ou em trem. Podia também sentar-se em banco de jardim público, ou em *terrasse* de café. Era o trajo que fazia o *gentleman*.

Foi andando de bonde que João Chagas – para voltarmos a esse perspicaz observador da vida do Rio de Janeiro do fim do século XIX – notou no Exército brasileiro, a serviço da então jovem República, que não dava a impressão, a quem pretendesse julgá-lo pela aparência, de ser um "exército disciplinado". O soldado – outro passageiro dos bondes – vestia mal a farda; as correias pendiam da cintura; a baioneta batia-lhe nas pernas; a fardeta mal ajustada deixava nele ver, com o andar, o cós das calças; e trazia sempre o quepe atirado para a nuca ou posto à banda sobre o olho direito; além de que, andava sem aprumo; se em pelotão, mantinha um "relativo aprumo"; isolado, perdia "todo o garbo". Num bonde, Chagas chegou a ver, escandalizado, "um soldado pedir lume a um alferes, que lh'o deu, e um outro, despedindo-se igualmente de um alferes, dar-lhe uma palmada familiar num hombro". Entretanto, ninguém se enganasse com esse soldado pouco marcial na aparência, no porte, no comportamento, nas relações com os alfereses: antes de Euclides da Cunha ter feito, em livro memorável, a apologia do sertanejo que, em Canudos, resistira tenaz e bravamente ao Exército da nova República, João Chagas fizera o elogio do soldado – do simples soldado – desse mesmo Exército: a despeito do seu mau aspecto, era um bom soldado. Tinha, ao contrário do que se imaginava na Europa, "uma grande resistência, essa resistência exclusivamente militar a que os franceses chamam *endurance*"; quando preciso, era "corajoso e bravo". O que lhe faltava era disciplina.

E o que a Chagas mais parecia faltar à Nova República era intransigência na ordem: tanto nas ruas como com relação aos cidadãos e, é claro, que com relação também aos soldados. Poderia o observador português ter, neste particular, repetido a francesa Mme. Toussaint-Samson, que em seu livro *Une parisienne au Brésil*, publicado em Paris em 1883, notara o paradoxo de ser a ordem, no Brasil imperial, defendida por um exército composto em grande parte de "*fils des esclaves*", que assim serviam um país "*qui avait asservi leurs pères*". Isto quanto aos soldados, desde que os oficiais eram, na sua maioria, brancos e até filhos de fidalgos. "*Tout fils de fidalgo est cadet de droit, c'est-à-dire, officier*", reparava a francesa na página 198 daquele seu livro.

Poucos anos depois de Chagas, o francês padre Burnichon assistiria a desfiles militares nas ruas do Rio de Janeiro, e notaria o garbo dos fuzileiros navais e dos marinheiros: um garbo talvez superior ao dos soldados do Exército. No mesmo aspecto de civilização brasileira fixara-se, na mesma época da presença de Chagas no Rio de Janeiro, olhar por vezes arguto do alemão Lamberg, a quem a Marinha deu a impressão de ser mais bem organizada que o Exército da jovem República. Talvez o fosse na disciplina e devido ao fato de nela ter se prolongado o uso da chibata disciplinar, de extraordinário valor simbólico, e não apenas efetivo, para rapazes mal saídos do regímen de trabalho escravo ou das tradições africanas de justiça ou de governo tribal. O certo era que esses rapazes se apresentavam sob melhor aspecto militar – esteticamente militar – que os soldados; e entre eles os próprios oficiais inferiores – em geral homens de cor – caprichavam em cuidadosamente iniciar os rapazes, à maneira de irmãos mais velhos em relação com os mais moços, nas tradições de garbo, de elegância, de disciplina do marinheiro nacional. Havia assim mais espírito de corpo na Marinha que no Exército, a despeito da maior distância social entre os aristocratas ou os fidalgos brancos, que eram então quase todos os oficiais superiores da Marinha, e os oficiais inferiores e os simples marinheiros. Entre estes e os oficiais inferiores, sabe-se ter havido, como, aliás, noutras Marinhas e noutros Exércitos da época, algum homossexualismo: de alguns oficiais inferiores se sabe que, sob a denominação de "cônegos", desfrutavam de especial prestígio entre alguns dos jovens marujos por qualidades socráticas ou platônicas que faziam deles, irmãos mais velhos, indivíduos ouvidos com particular respeito pelos iniciandos. Há quem pense terem sido esses cônegos valioso ponto de apoio à revolta de João Cândido contra os oficiais superiores: revolta que foi também a explosão de um movimento já antigo contra o uso da chibata na Marinha de Guerra Nacional. É possível que nesse movimento os cônegos tenham-se comportado como protetores de noviços dos quais alguns talvez se considerassem, por possível sublimação de sentimentos homossexuais acentuados pela solidariedade da cor e da origem social, protetores e substitutos de pais, de tios ou de irmãos mais velhos.

Sem socorro ou assistência religiosa, os soldados e marinheiros da República laica de 89, era natural que, nas Forças Armadas, se desenvolvessem, com relação aos mais jovens e da parte dos menos jovens, substitutos de mestres, padres ou sacerdotes. Esses substitutos apresentaram-se sob a figura de inferiores, sargentos, cabos: veteranos que tomavam sob sua proteção noviços ou adolescentes. Por vezes essa proteção, reproduzindo no Brasil do fim do século XIX e do começo do XX costumes da Grécia antiga, assumiu aspectos de amizade amorosa entre homem-feito e adolescente. O fato se verificou sobretudo na Marinha, dada a maior segregação em que os militares de mar viviam da sociedade civil: inclusive da parte feminina dessa sociedade. Dos protetores não se pode dizer que fossem, todos, nefandos viciados que se deliciassem em corromper meninotes. Sua função teve por vezes o aspecto de uma substituição de mestres, de orientadores, de guias, de sacerdotes, de capelães, então ausentes na sistemática militar no Brasil. Os protetores, já veteranos e experimentados na vida militar e marítima, se esmeravam em fazer de marinheiros ainda quase meninos, verdadeiros marujos no garbo, no aspecto e no comportamento militar, exigindo porém dos iniciandos que fossem particularmente carinhosos com eles, mestres, e somente com eles: nunca com paisanos nem com militares do Exército. Chamavam-se muito significativamente "cônegos", e desfrutavam de imenso prestígio entre parte considerável da marujada mais jovem e mais sugestionável. Uma como maçonaria existia entre eles, e que parece haver sido antes útil que perniciosa à disciplina militar. Entretanto, na revolta de João Cândido, talvez se deva enxergar – repita-se – um triunfo alcançado pelos revoltosos por meio do prestígio dos cônegos entre seus noviços, e contra uma aristocracia de oficiais superiores desde o Império demasiadamente afastada da tropa.

Uma das elegâncias, quer de soldados, quer de paisanos, que vindo da parte mais humilde da população, atingissem os primeiros postos de importância nas suas atividades ou profissões, foi, na época, a do dente de ouro. Raro o cônego sem o seu dente de ouro. Rara, também, sem dente de ouro, a mulata ou a mulher de cor de algum sucesso como mulher ou de algum prestígio como quitandeira ou quituteira. Raro o indivíduo de cor, bacharel em direito, alferes do Exército, pequeno negociante – em ascensão social, necessitado de afirmar-se – sem dente de ouro. Dos próprios brancos e indivíduos de origem menos modesta, vários foram os que se deixaram contagiar pela moda do dente de ouro. Dentistas como Oliveira – cirurgião- -dentista pela Imperial Faculdade de Medicina do Rio de Janeiro –, ao anunciarem seus preços de extração, curativo e obturações, silen- ciavam quanto à obturação em ouro: esta era à parte e "conforme o trato que se fizesse". Dentistas nacionais e americanos enriqueceram no Brasil do fim do século XIX e do começo do XX, com "obtura- ções a ouro" nas bocas de considerável número de brasileiros. Do mesmo modo que negociantes mais ourives que oculistas enrique- ceram no comércio de pincenê de ouro, com ou sem trancelim; e outros negociantes, como, no Rio de Janeiro, Ferreira de Melo & C. gabavam-se de ser o "único fornecedor dos habitantes da Província de Minas", suprindo-os dos artigos mais elegantes que quisessem eles adquirir na corte: casacas; enxovais para noivos; roupas para luto; brins; roupinhas para meninos; uniformes militares e colegiais; sobretudos e guarda-pós; gravatas; suspensórios; bengalas; chapéus de sol; lenços; bonés. Tudo "a preços reduzidíssimos": superlativo que devia soar bem aos ouvidos dos mineiros da época que se de- cidissem a adquirir tais artigos na corte. Comprando roupas em Ferreira de Melo & C., eles evitavam preços como os de Douvizy, cuja casa, perto da de Ferreira de Melo & C., intitulava-se pomposamente *"L'Opéra, grande spécialité de modes parisiennes"*; embora entre Ferreira de Melo & C. e J. Rodrigues Sampaio os mais econômicos devessem hesitar: no seu *Ao Novo Figurino*, J. Rodrigues Sampaio afirmava receber mensalmente das fábricas da Europa "grande sortimento" e vendê-lo "com 40% de abatimento do que qualquer outra". É verdade que não se tratava de loja na Rua do Ouvidor e sim na dos Andradas: Rua dos Andradas, 25. Mas 40% representavam um abatimento digno da mais séria consideração de quantos brasileiros de província – especialmente da de Minas Gerais – fossem se suprir no Rio de Janeiro imperial de roupas, casacas, chapéus de sol, bengalas, brins, gravatas, uniformes, bonés.

O que talvez os seduzisse a um gasto maior na corte fosse o luxo de fazerem-se fotografar, na Rua do Ouvidor, por A. Heitor, "retratista da Casa Imperial". Mas as fotografias guardadas nos álbuns de família indicam ter havido, neste particular, considerável descentralização no Império brasileiro nos seus últimos decênios, e foram numerosos os retratistas ou fotógrafos não só no Rio de Janeiro como nas principais cidades do País. Ao brasileiro médio do fim do Império e do começo da República não faltou o gosto pelo retrato; pela fotografia de pessoa; pela fotografia de criança mais do que pela do antepassado; ou pela fotografia de criança mais do que pela reprodução de retrato de antepassado. É o que parecem indicar as coleções particulares, os álbuns de família. O que, sendo certo, valeria como sintoma de uma tendência já contrária à mística, então ainda dominante, em torno dos valores e símbolos patriarcais: a exaltação da figura da criança sobre a figura do ancião, do antepassado, do velho. A exaltação do futuro maior que a exaltação do passado. Mística que não poderia deixar de favorecer a novidade republicana e de desprestigiar a tradição monárquica, embora a essa valorização tenham ainda se oposto, na própria época de transição considerada no ensaio que se segue, consideráveis pendores do brasileiro para a conservação de valores ancestrais; e até para a rotina patriarcal em torno deles. Heitor podia gabar-se, em seus anúncios de "retratista da Casa Imperial", de ter como especialidade "os retratos de crianças", mas sem deixar de se fazer notar como perito em "reproduções de retratos antigos". Não nos esqueçamos de que, entre os republicanos, como entre os abolicionistas, havia então quem fosse indivíduo com avós ilustres, e não apenas com filhos ainda crianças para os quais desejasse o melhor dos futuros. Nem que dentre esses republicanos vários eram positivistas; e como positivistas, certos de serem os vivos governados pelos mortos; respeitadores da tradição; do passado que se harmonizasse com o presente e com o futuro.

Nas publicações brasileiras da época, não é insignificante o número de anúncios em que ao reclame de inovações técnicas adaptáveis a uma situação brasileira de maior progresso industrial – máquinas a vapor para isto ou para aquilo, engenhos de serrar, máquinas de picar fumo, engenhos de moer cana, ou de beneficiar café, máquinas de fazer tijolos, prensas e torradores de farinha, moinhos para fubá, descascadores, despolpadores, brunidores, ventiladores – os fabricantes ou importadores dessas máquinas acrescentam serem continuadores de fabricantes ou de importadores de máquinas, evidentemente menos adiantadas, para as antigas lavouras nacionais em seus começos de industrialização. Tal o anúncio de Lengruber & Lengruber, sucessores, no Rio de Janeiro, de Paris & Parrot, em cuja casa "funcionaram Adolfo M. Hallier e Joaquim José Marques Marinha e outros". Não eram eles inovadores puros – parecem tais anúncios esmerar-se em dizer –, porém continuadores de uma obra já antiga de aperfeiçoamento, através de técnicas europeias adaptadas a valores tropicais, de indústrias brasileiras ligadas tradicionalmente à terra ou à lavoura: café, cana, tabaco, farinha de mandioca, milho. Nem inovadores puros em suas técnicas nem importadores de máquinas que viessem introduzir atividades novas na indústria nacional, com interrupção das tradicionais ou em prejuízo delas. O que vinham era aperfeiçoar essas já antigas atividades de produção: a do café, a do açúcar, a do fubá, a da farinha, a do tabaco.

Junto a elas, indústrias tradicionais e de certo modo básicas, o mate e a banha industrializados se fazem notar, nos anúncios brasileiros do fim do Império, como produções características do sul do País; as imagens de madeira, como especialidade baiana; a cerveja, de sabor nacional, como especialidade petropolitana, representando o encontro da técnica alemã com as preferências do paladar brasileiro; os remédios com nomes indígenas e à base de ervas ameríndias, como especialidade quase sempre amazônica; os queijos e as manteigas de sabor já nacional – como a cerveja fabricada por alemães no Brasil –

como especialidade mineira; os doces de sabores também já nacionais, como especialidades das áreas do açúcar.

Destaque-se desses anúncios que, nos primeiros decênios da República, passaram a exprimir, uns, certa euforia patriótica em torno do "progresso da indústria nacional", cujos produtos recomendavam ao público; outros, a adaptação de produtos de fabrico tradicionalmente europeu ao clima do Brasil. Assim, a Fábrica Nacional de Tecidos de lã do Rink punha em relevo, em seus anúncios em jornais do Rio de Janeiro, o fato de competirem seus produtos "com similares importados das melhores fábricas da Europa"; a Fábrica de Camisas Esperança chegava ao extremo de fazer "apelo ao patriotismo da população fluminense" a favor das suas "camisas, ceroulas, enxovais para noivos e colégios de ambos os sexos", artigos de fabrico nacional que rivalizavam "com os congêneres estrangeiros"; os vendedores das cervejas *Franziskaner Brau e Pilsener*, salientavam fabricarem a "cerveja Ypiranga, que é pouco mais leve e própria para o nosso clima" – cerveja de nome brasileiríssimo, além de ser leve e própria para o trópico, com a qual os alemães, melhores comerciantes que os ingleses, venceram de todo, no Brasil, a cerveja intransigentemente inglesa vendida aqui por agentes britânicos; e os escoceses da Fábrica Clark de calçados, não se deixando ultrapassar em astúcia comercial nem por alemães nem por israelitas, ao sentirem o novo surto de nacionalismo provocado no Brasil pela fundação da República e pelo desenvolvimento da mística industrialista entre os brasileiros, não tardaram, nos jornais do fim do século XIX e do começo do XX, em destacar nos seus anúncios ser "o calçado Clark fabricado expressamente para o clima do Brasil em suas fábricas da Escócia", além de "dar ao pé a melhor elegância". Um dos orgulhos do brasileiro e, principalmente, da brasileira da época tendo sido o do pé, que a gente do Brasil considerava então ser uma das suas graças de corpo com que nem europeus nem anglo-americanos podiam competir, compreende-se a importância do anúncio da Clark ao acentuar nos calçados escoceses que, além de fabricados especialmente para o clima do Brasil, visavam dar ao pé do brasileiro e da brasileira "a melhor elegância". Ou – interpretavam decerto os brasileiros da época – colaborar com a natureza para dar todo o realce a uma superioridade nacional, destacada, aliás, por mais de um observador estrangeiro; e que fazia a Europa curvar-se aos pés da sinhá nacional, neste particular exaltada por poetas e romancistas nacionalistas com o maior fervor.

Entretanto, sob o fervor nacionalista refletido em anúncios de indústrias nacionais, ou reclames de importadores estrangeiros já atentos ao fato de vir-se desenvolvendo no Brasil novo tipo de civilização tropical cujo futuro exigia dos europeus e dos anglo-americanos a adaptação de seus produtos a um clima que não era nem o da Europa nem o dos Estados Unidos, não desapareceu de repente o respeito, senão do público brasileiro, em geral, de suas elites, em particular, por certos produtos estrangeiros. Compreende-se assim que o fenômeno financeiro representado pela oscilação do câmbio fosse aproveitado largamente por anunciantes de artigos europeus para recomendá-los à atenção do público, não só pelas suas virtudes como pelas "grandes reduções de preços" com que alguns passaram a ser vendidos; que os chapéus de sol, os guarda-chuvas, os chapéus de feltro ingleses e franceses continuassem a ser anunciados como os artigos desse gênero dignos dos cavalheiros e das damas elegantes; que os armazéns finos nem sequer anunciassem produtos nacionais ao lado das águas minerais europeias que vendiam – Vichy, Vals, Harzer, Germânia; dos presuntos ingleses e alemães; do chocolate francês; dos vinhos franceses e do Porto. Quando muito, repontavam às vezes desses anúncios charutos Lucas Frey & S., de Cachoeira, ao lado dos "superiores de Havana".

No Rio de Janeiro, no fim do século XIX, o Café Glacier gabava-se, em seus anúncios, de ser o "único estabelecimento no Rio de Janeiro que faz gelados iguais aos da Europa", jactando-se também da sua "variedade de cervejas estrangeiras, vinhos especiais e refrescos estrangeiros", e das suas *pièces montées* denominadas à Dantas – "nunca vistas neste país, para banquetes da alta aristocracia, diplomatas e jantares de grande luxo". Francisco Gurgel do Amaral requintava-se em importar diretamente da Europa "as novidades das estações": "o *chic* parisiense e o *fashionable* inglês", dizia ele no seu anúncio. No Recife, já republicano, uma loja de artigos finos para homens, situada na velha Rua do Bom Jesus, chamava-se The Gentleman; outra se denominava La Ville de Paris; ainda outra, o Louvre. E esses nomes significativamente ingleses e franceses de lojas, armarinhos, armazéns, não se limitavam a cidades então cosmopolitas como o Rio de Janeiro e o Recife, ou como Manaus e Belém: encontravam-se em cidades menores e mais castiçamente brasileiras, como Fortaleza. Pelos anúncios de leilões elegantes do mil e novecentos brasileiro, vê-se ter sido grande o destaque que se deu então a móveis e a objetos de arte importados da Europa, com prejuízo dos próprios jacarandás e vinháticos da terra. São anúncios sintomaticamente salpicados de palavras francesas e inglesas: *fayence, bibelot, christofle, vieux chêne, maple, abat-jour.*

A batalha entre o valor nacional e o estrangeiro foi intensa nos anúncios de jornais da época evocada no ensaio que se segue: a cama de lona não se deixou vencer de um golpe pela simples, de ferro, mas opôs à intrusa considerável resistência; houve hotéis e restaurantes que, aos anúncios de hotéis e restaurantes em francês, informando à gente fina do fim do Império ou do começo da República serem seus *menus* preparados por *chefs* franceses, responderam, como se respondessem a desafios, que suas cozinhas eram dirigidas por cozinheiros ou cozinheiras baianas; houve modistas, como Da. Leonor Porto – célebre pelas suas atividades abolicionistas – que nunca se intitulavam *mesdames,* mas sempre e brasileiramente donas: Da. Leonor e até Da. Sinhá; e não foi pequeno o combate entre os remédios da terra e os europeus para o tratamento de doenças que, embora chamadas secretas, figuraram com notável destaque nos jornais da época. Jornais que primaram pelos seus anúncios caracteristicamente brasileiros quanto ao ambiente entre patriarcal e urbano a que se aplicaram os produtos ou as técnicas anunciadas: o mosquiteiro, por exemplo, que teve então a sua época de esplendor; o candeeiro de querosene, principalmente o chamado belga; o pincenê; o espartilho; as luvas; o tamanco ou o sapato ou a botina atamancada, como os que se encontravam à venda na loja de Manuel Pereira Pinto, à Rua Andrade Neves, em frente ao mercado público, na cidade de Pelotas, no Rio Grande do Sul, conforme anúncio no jornal *Independência do Brasil,* de 7 de setembro de 1887; o chapéu de sol ou o guarda--chuva; a bengala; a obturação de dente a ouro; o xarope contra a tosse; o cavalo; o carro especial para transporte de piano; a máquina de costura movida à mão; o gramofone e o fonógrafo, que entraram em concorrência com a opereta, a cançoneta, o *vaudeville* dos teatros antes de outro concorrente – o cinema – fazer sentir o poder da sua sedução sobre o brasileiro, com suas fitas de Max Linder e Borelli, de Asta Nielsen e Psilander. O próprio circo sofreu com o aparecimento do cinema no Brasil dos primeiros anos do século XX, embora sem ter se deixado matar de um só golpe. De qualquer modo, datam dos últimos anos do século XIX os grandes anúncios de circos, como o da Companhia Norte-Americana de Mistérios e Novidades Edna e Wood, que se exibiu no Rio de Janeiro em 1895 – num Brasil já um tanto República sob alguns aspectos e ainda muito Império sob outros.

No Brasil já quase República, que foi para muito brasileiro o dos últimos anos do reinado de Pedro II, vividos por alguns sob a impressão do novo e do messiânico prometido pela propaganda republicana, os anúncios de jornais parecem acusar especial receptividade dos homens a produtos destinados a lhes tingir cabelos e bigodes. Eram produtos que os preparavam para uma época mais empenhada em consagrar os valores do futuro que os do passado. Daí a voga de tinturas como a Chinesa, da qual dizia em 1887 um anunciante, em jornal do Rio de Janeiro – *O Relâmpago* – ainda do tempo do Império mas já muito voltado, pelo seu próprio caráter de jornal de propaganda comercial, para o futuro republicano do Brasil: "Não confundir esta tintura com outras de diversas procedências que por aí se vendem, que as mais das vezes não tingem o cabelo mas queimam a pele". O Império morria a olhos vistos sob as barbas branquíssimas – branquíssimas e jamais maculadas por tintura ou pomada – de Pedro II, com as quais contrastava então o preto ou o castanho das barbas de jovens líderes republicanos sequiosos de poder: Quintino, Benjamim, Silva Jardim, Sampaio Ferraz, Campos Sales; e dos bigodes de Lopes Trovão, Coelho Lisboa, Martins Júnior, Raul Pompeia, Pinheiro Machado. Era natural que dos homens mais voltados para o futuro vários cuidassem de opor o negro ou o louro das suas barbas ou dos seus bigodes ao branco das barbas compridas e arcaicas de um Pedro II decadente e gasto: espécie de Ano Velho das caricaturas de ano velho a ser vencido por Ano-Novo. Disse com efeito a malícia da época que alguns dos homens públicos, já de alguma idade, que aderiram à República de 89, fizeram-no esmerando-se em tingir barbas ou bigodes, para não parecerem velhos ao lado de republicanos quase criançolas.

Sucederia, entretanto, a esse furor de "*place aux jeunes*", reais ou aparentes, curiosa reação a favor dos velhos de barbas ou bigodes embranquecidos pelo tempo: pelo pouco tempo republicano e pelo muito tempo monárquico vividos por eles. Sob o favor dessa reação é que a República buscaria, depois de alguns desencantos com os republicanos puros, os serviços dos Rodrigues Alves, dos Afonso Pena, dos Rosa e Silva, dos Gonçalves Ferreira, dos visconde do Cabo Frio, dos barão do Rio Branco, dos Joaquim Nabuco: nenhum dos quais – a não ser, talvez, o conselheiro Rosa e Silva – homem que tivesse recorrido, aos primeiros sinais de velhice, às tinturas ou às pomadas para enegrecer o cabelo, os bigodes ou a barba. Sedução a que dizem-nos alguns maliciosos da época ter sucumbido o general Pinheiro Machado. E sedução que talvez o tenha atingido através de algum anúncio em versos, como os que a 7 de setembro de 1887 publicava em Pelotas o patriótico *Independência do Brasil*. Um desses anúncios, em versos italianos de Leopardi, o da Loja da Estrada do Sul, propriedade de italiano. Outros em português, como o do armazém O Sobrado das Duas Estrelas:

> *"O Sobrado das Duas Estrelas*
> *Ao Pendão auriverde se abraça*
> *As fazendas de luxo e bom gosto*
> *Venderá quase todas de graça."*

Enquanto um terceiro tipo de anúncio no mesmo jornal se apresenta com característicos de novela: novela histórica, mas novela. É aquele em que vêm exaltadas as virtudes de um brasileiríssimo xarope, o Peitoral de Cambará, contra a tísica pulmonar: "O laborioso criador Sr. Delfim Felix de Vasconcellos parente do Sr. major João Manoel Barbosa, juiz de paz da Buena, 1º districto de Pelotas (Rio Grande do Sul) teve em 1877 sua esposa e a filha mais velha gravemente afectadas da terrível tísica pulmonar. A molestia, zombando do mais escrupuloso tratamento medico, ceifou a existencia da inditosa esposa do Sr. Vasconcellos, e mostrava-se ainda disposta a exercer sua fatal influencia sobre a pobre moça. O desespero do pae extremoso inspirou ao Sr. Vasconcellos uma resolução acertada, levando-o a fazer experiencia do Peitoral de Cambará. Os effeitos do primeiro frasco fizeram sustar o curso da molestia fatal e a continuação do medicamento operou a mais brilhante cura! Este facto deu-se em 1879, e hoje, passados sete annos, completamente outra, robusta e forte, já casada e com filhas, não apresenta o menor indicio da enfermidade que ameaçou arrebata-la n'aquella epoca."

E confiando ao próprio Sr. Delfim Félix de Vasconcellos "a narração d'este caso importante, fielmente desenvolvida na seguinte carta" ao farmacêutico, acrescentava o anunciante do remédio messiânico o texto da confissão do Sr. Vasconcelos: "Ilmo. Sr. José Alvares de Souza Soares – Upacarahy, 2 de Maio de 1879. – Fazem hoje justamente dois annos que faleceu minha mulher, de tysica pulmonar. Poucos mezes depois deste fallecimento, minha filha mais velha, de nome Honoria, declarou-se com a mesma enfermidade da mãe. Recorri a todos os meios aconselhados por medicos e curiosos para a cura de minha filha, assim como já tinha feito para a fallecida mãe, e o resultado era sempre o mesmo: a moléstia caminhava a olhos vistos para o seu termo fatal! O meu parente e amigo, o Sr. major João Manoel Barbosa, actualmente subdelegado de polícia do 1º districto de Pelotas, e muitas pessoas d'ahi, sabem perfeitamente d'este caso desesperador. Desanimado e sem saber mais o que fazer, fui instado por um amigo a dar á minha doente o seu elogiado Peitoral de Cambará, e confesso que nunca vi remedio tão maravilhoso, pois foi o que salvou minha filha de uma morte certa! Já se pode dizer que a tysica pulmonar não é uma molestia incuravel, que zomba de todos os meios aconselhados em medicina. Dou-lhe os meus parabens por esta grande descoberta, e Deus o recompense pelos beneficios que d'ella teem resultado á humanidade sofredora. – De V.S. etc. Delfim F. de Vasconcellos."

Os remédios messiânicos foram parte importante do complexo messiânico da época evocada nas páginas que se seguem, ao verificar--se intensa preponderância da preocupação com o futuro sobre a devoção ao passado. Outro aspecto significativo do mesmo complexo foi o pedagógico. Mas significativos foram também aspectos menos ilustres do mesmo complexo.

Assim como houve um messianismo, tanto pré-republicano como pós-republicano, em torno da engenharia, outro em volta da medicina, ainda outro, voltado para a catequese dos indígenas, para os sertões, para a Amazônia, houve o que se especializou em esperar o máximo da pedagogia. Meneses e Macaúbas, na Monarquia, José Veríssimo, seguido por um então ainda jovem A. Carneiro Leão e por vários paulistas, na República, foram figuras apostólicas dessa quase religião vinda do Império para a República. João Alfredo destacou--se, dentre os últimos políticos do Império, como aquele que mais se extremou em cuidar da propagação do ensino. Ainda no Império, Rui Barbosa salientou-se no Parlamento, por seu interesse pelas questões pedagógicas e de reorganização do ensino nacional. Nos primeiros dias da República, Benjamim Constant, afastado da pasta da Guerra, teria no Ministério da Instrução Pública compensação moralmente elevada para o ato que o desprestigiara como militar dentro da sua dupla personalidade de militar bacharel: o bacharel seria glorificado como o líder republicano mais capaz de reformar o ensino no País.

Curiosa foi a rivalidade, nos últimos anos do reinado de Pedro II, entre o Brasil, Império, e a Argentina, República, em torno do progresso de cada uma das duas nações em assuntos pedagógicos. Verdadeira guerra de estatísticas caracterizou essa rivalidade.

A rivalidade, desde o fim do Império, do Brasil com a Argentina, manifestou-se por vezes pitorescamente sob outros aspectos, relacionados sobretudo com evidências de progresso material, suscetível de ser medido ou pesado por meios estatísticos. Rivalidade em torno de largura e extensão de avenidas novas; de capacidade de docas; de quilometragem e aparelhamento de estradas de ferro; de instalações sanitárias e de hotéis; de eficiência ou modernidade nos transportes urbanos; de frequência aos teatros e às corridas de cavalo; de eficiência e modernidade nos armamentos de terra e mar.

Aliás, da preocupação com a eficiência e a modernidade de técnicas – de produção industrial e de transporte, de guerra, de marinha, de urbanização, de higiene – nunca será exagero destacar-se que foi uma das marcas mais salientes da época evocada nas páginas que se seguem. Época de transição e de modernização.

Não nos esqueçamos de que foi essa a época da substituição, nas áreas urbanas do Brasil, da latrina de barril, do penico, do tigre, pelo *water closet* à inglesa, completado nas residências mais elegantes pelo bidê: francesismo adotado inteligentemente pelo Brasil, a despeito da oposição em que, contra esse higiênico complemento do *water closet*, se conservariam os anglo-saxões. Época de outras substituições significativas. De inovações e renovações igualmente significativas na vida e na civilização nacionais. Época de desaparecimento quase completo das escarradeiras como ostentações de sala de visitas. Época do começo do telefone como meio de comunicação intraurbana; e o telégrafo, como meio de comunicação intranacional e internacional. Época de vários brasileirismos dos quais nem sempre se aperceberam os brasileiros: do guarda-pó, brasileirismo notado pelos estrangeiros; da tela de arame nos guarda-comidas, em lugar da porta de madeira – outro brasileirismo notado por estrangeiros. Época da "valorização do café": o maior dos brasileirismos a atrair a atenção dos estrangeiros para o Brasil. Foi ainda no período de vida nacional considerado no ensaio que se segue que se verificou o começo do brasileiríssimo jogo do bicho; que se acentuou a voga das seções pagas nos jornais – brasileirismo vindo dos primeiros decênios do Império –, que ocorreu o começo dos *interviews* de jornal e o das reportagens; e que se manifestaram com intensidade: a voga das academias de letras e de medicina; a voga do iodofórmio; a voga do porta-retrato; a voga do aparador; a voga da quartinheira; a voga da pistola Mauser e do revólver Colt; a voga do *passe-partout*; a voga do almanaque; a voga da charada; a voga da Emulsão de Scott, da Água de Flórida, do Sabonete Reuter, do Perfume Houbigant, do Elixir de Nogueira; a voga do clister; a voga do vinho de quina; a voga do chuveiro; a voga da loteria federal; a voga dos clubes elegantes ou esportivos; a voga (depois de consolidada a República) dos tiros de Guerra; a voga do nome de Rothschild como símbolo de suprema riqueza; a voga do espelho *biseauté*; o começo da voga das kodaks; a voga das coleções de selos; a voga da cadeira de balanço; a voga da espreguiçadeira de lona; a voga do *cachet* (especialmente de quinino, contra o impaludismo); a voga da injeção (especialmente contra a sífilis, tendo esse extremo culminado nas perigosas injeções de 606 e 914); a voga do *biscuit*, a voga do candeeiro belga; a voga do *electro plate*; a voga do mosquiteiro; a voga do cortinado de renda; a voga da *étagère*; a voga do bibelô; a voga da estatueta de bronze; a voga da mesa de jantar de elástico, com três ou mais tábuas de reserva; a voga da scharpe entre as senhoras de prol; a voga do xale entre as mulheres do povo; a substituição do carmim pelo ruge na pintura do rosto das senhoras; a substituição do carneiro pelo velocípede como brinquedo móvel de menino; a voga da exibição dos retratos dos donos da casa, em molduras douradas, na parte mais saliente das salas de visitas; a voga, até os primeiros anos do século XX, da palmatória nas escolas primárias; a voga, até os primeiros anos, do mesmo século, da chibata, na Marinha de Guerra; a voga da retreta, em volta a coreto, onde se instalava a banda de música, nas praças públicas e pátios de igreja; a voga do doce acompanhado de vinho do porto para receber o brasileiro de prol e mesmo o médio visitas de cerimônia; a voga do chapéu vitoriano chamado capota entre as senhoras de idade, principalmente entre as viúvas, cujo trajo devia ser sempre preto ou escuro; a voga do lustre de cristal nas principais salas burguesas; a voga do crochê; a substituição, nos meios elegantes, do presépio pela árvore de Natal e do Menino Deus pelo Papai Noel; a voga da caricatura política alongada em caricatura social, com a consagração das figuras de Zé Povo, de o Brasil representado por um Índio, de a República, representada por mulher de barrete frígio; da Bahia, por uma baiana gorda, de turbante e fazedora de angu; de Pernambuco, representado por um leão; do Rio Grande do Sul, por um gaúcho de poncho e botas; e, ainda, de figuras como a do capoeira, a do pelintra, a do parlamentar sob a forma de um papagaio palrador e comedor de milho, a do inglês (capitalista), sempre de fato de xadrez e suíças; a voga do dentista americano; a voga do cromo--calendário de boas-festas; a voga da oratória didática, da qual não escaparam os melhores mestres de direito, de medicina, de engenharia (Benjamim Constant, José Bonifácio o Moço, Martins Júnior, Francisco de Castro, o ainda jovem Aníbal Freire, o ainda jovem Octavio Mangabeira); o começo do uso da gilete; o começo de substituição das ceroulas compridas pelas curtas; o começo da substituição da caligrafia pela datilografia; a voga das rotisserias, dos *garden parties*, das *marches-aux-flambeaux*, dos *five-o'-clock tea*, das regatas, dos *meetings*; a voga dos cartazes de anúncios nas paredes dos edifícios e nos bondes; o começo de substituição das botinas pelos sapatos; a moda do jaquetão; a moda do chapéu-coco, do chapéu do chile, do chapéu de palha; a generalização do uso da capa de borracha e das galochas; o começo do uso da caneta-tinteiro; a generalização do uso do binóculo de teatro; a voga da fotografia ou do retrato fotográfico colorido; a devoção a Nossa Senhora de Lourdes; o começo do culto de Santa Teresinha; o começo das escolas de aprendizes e artífices; o começo das obras contra as secas; o desenvolvimento do futebol como jogo quase nacional, com característicos dionisíacos mais acentuados que os apolíneos, do jogo inglês; o aparecimento do voleibol e do basquetebol; o declínio da capoeiragem; o esplendor do Apostolado Positivista; o esplendor do Museu Goeldi; o início das atividades de pesquisa médica dos Institutos de Manguinhos e Butantã; a substituição do entrudo pelo carnaval com serpentina, confete, *bal masqué*; a voga do *Jornal do Commercio*, do Rio de Janeiro, como o jornal, por excelência, nacional do Brasil, lido por brasileiros de elite do País inteiro; a voga, como jornal, por excelência, do Norte do Império, do *Diário de Pernambuco*; a voga das edições Garnier; o começo da voga do chope; o começo da voga das *demi-tasse*; a voga do charuto como substituto do rapé elegante; o começo da imigração japonesa; a fundação da Associação Brasileira de Imprensa; o começo das vendas a prestações, principalmente em domicílio; o começo dos sanatórios; o começo da voga de clubes elegantes no Rio de Janeiro e nas províncias; a voga, em alguns meios, da homeopatia; o costume ou rito, severamente observado nos meios burgueses e aristocráticos, do luto, fechado, durante seis meses, e outros seis meses aliviado, por pai, mãe, esposo, vestindo as senhoras, vestido preto, crepe, chorão de viúva, os cavalheiros ostentando *plastron* de viúvo, os próprios lenços, pretos, chapéu e sapatos pretos, papel de correspondência tarjado; o declínio da Maçonaria como poder político, em seguida à chamada Questão dos Bispos; a voga do chalé; o declínio (até o desaparecimento) do hábito do rapé como hábito característico de homens de idade provecta; a voga das francesas como *demi-mondaines* e amantes de homens elegantes; a voga dos brindes de aniversário e casamento; a voga do canudinho de palha para refresco; a voga do sifão; a voga do chá Lipton; o começo da substituição do suspensório pelo cinto; a voga da ventarola; a voga do ventilador; a voga das *terrasses* de hotel e café; a voga dos velódromos (corridas de bicicleta); maior interesse pelo turfe; a voga do aparelho de porcelana mandado vir da França com brasão ou iniciais de família; a voga do piquenique; a voga do engraxate italiano de rua; a voga da banda alemã de rua; a voga de brigas de galo; a substituição da camisola de dormir pelo pijama; a substituição da caixa de música pelo gramofone; o começo da substituição do colarinho duro pelo mole (substituição com a qual acabaria transigindo o próprio Santos Dumont); a substituição dos punhos postiços duros pelos pegados à camisa; a voga do moinho de vento, para fornecer água às casas suburbanas; a voga do *lasquiné* seguida pela do pôquer; a voga do livro de sortes de São João; a voga da caçoleta de berloque nas correntes de relógio, com retrato de pessoa particularmente querida; a voga da bolacha, ao café, entre a gente média; a voga do soneto; a voga de cartomantes como, no Rio de Janeiro, Mme. Zizina; a voga da trova; a voga do escalda-pés; a voga de expressões significativas como "*dernier cri*" e "*up-to-date*"; a voga da Procissão dos Passos, como a grande procissão do ano em quase todo o País; a voga do São João, como a grande festa popular tanto nas cidades como nas fazendas; a voga da missa campal; a voga do ataque histérico entre as senhoras burguesas, à saída de enterros e em face de outras situações dramáticas; a voga das paradas militares; a voga do dobrado; a voga da valsa; da polca e da quadrilha; a voga do bandolim, para senhoras, e da flauta, para cavalheiros; a voga da serenata com violão; a voga da Western Telegraph; a voga, como pratos nacionais, da feijoada, da goiabada com queijo, do peru com fiambre, do lombo de porco, do bife (abrasileirado) com batatas; a voga da cafua nas escolas e colégios; o começo da substituição do sapato importado (principalmente dos Estados Unidos) pelo fabricado ou no País ou especialmente para o pé brasileiro; o começo da voga das joalherias Krause em vários pontos do País; o começo da exploração sistemática de carnaubeira.

Impõe-se também recordarmos as predominâncias nas atitudes, da parte do brasileiro, em face das principais guerras que se travaram em diferentes partes do mundo, durante o período em apreço e com relação aos respectivos beligerantes: em face da guerra de 1870, da França com a Alemanha, as simpatias brasileiras foram pela França; em face da guerra da Grã-Bretanha com os bôeres, as simpatias brasileiras foram, em seu maior número, pelos bôeres; em face da guerra dos Estados Unidos com Cuba, as simpatias brasileiras se dividiram; em face da guerra da Rússia com o Japão, as simpatias brasileiras favoreceram o japonês, no qual houve quem enxergasse o "amarelinho", do mito glorificador do "caboclo", em luta com o gigante louro. Em face da Grande Guerra de 1914, as simpatias brasileiras se inclinaram em maior número para os aliados – principalmente para a França. Das guerras entre repúblicas sul e centro-americanas, nenhuma parece ter tido, no Brasil na época aqui considerada, repercussão que provocasse movimento considerável de opinião.

Sob mais de um aspecto sociológico, ou socialmente significativo, a vida íntima do brasileiro foi, no período considerado no ensaio que se segue, afetada pela industrialização, pela imigração de europeus não ibéricos, e alguns não católicos, e pela urbanização: tendências que então se acentuaram, com repercussões consideráveis sobre as principais áreas do País. Um desses aspectos foi a substituição, em algumas dessas áreas, da prostituição nativa, se não doméstica, ao fácil alcance da organização patriarcal, pela urbana e estrangeira, acompanhada quase sempre de caftismo: fenômeno novo na vida brasileira, que não se explica ter deixado de atrair a atenção de um Aluísio Azevedo, de um Graça Aranha, de um José Veríssimo, de um Adolfo Caminha, de um Viveiros de Castro ou de um João do Rio, que deram à literatura brasileira do período algumas das suas melhores páginas de romance social ou de ensaio parassociológico, voltado, em alguns desses autores, para irregularidades sexuais. A própria repercussão especificamente psicológica daquela substituição de nativas por adventícias, como iniciadoras do brasileiro adolescente no amor físico ou como objetos de "dispêndio conspícuo" da parte de homens de idade, desejosos de exibir ou de ostentar nas amantes, quer a pujança do sexo, quer a opulência da sua situação econômica, poderia ter sido estudada com vantagem para o esclarecimento da psicologia, quer nacional, em particular, quer de qualquer população em face de transição social semelhante à atravessada então pela nossa gente, em geral.

Não foram poucos os adolescentes que, ainda impregnados de tradições rurais associadas à antecipação do ato sexual pleno, fracassaram nesse ato, quando obrigados, em cidades ou capitais, a se iniciarem no amor físico com estrangeiras de ordinário ruivas, de falar arrevesado e de aroma de mulher diferente do nativo. Foi o que sucedeu ao brasileiro, hoje eminente na sua especialidade, S. L.: "o cabelo de fogo" da polaca sobre um corpo friamente branco, em vez de excitá-lo, deu-lhe uma repugnância que não soube vencer do ponto de vista sexual. Já E. Di Cavalcanti teve uma experiência com prostituta estrangeira anterior à sua iniciação sexual, que o predispôs a favor das ruivas, embora viesse, como artista, a pintar quase exclusivamente mulatas. Ia ele, ainda rapazote, pela Rua do Núncio, na já capital da República, decidido àquela iniciação, quando desordeiros temíveis encontraram-se na mesma rua numa briga de morte. É claro que teve medo. Nas suas palavras, na página 22 do seu *Viagem da minha vida* (Rio, 1955): "Esgueirei-me pelas calçadas estreitas quase correndo. De repente vejo numa rótula uma grande mulher com cabelos de fogo, quase nua, que me gritou numa voz áspera, com forte sotaque estrangeiro: 'Menino vem cá pra dentro, sinó vão te fazer mal!' Eu olhei surpreso a mulher enorme, mas atraiu-me a doçura dos seus olhos claros. Senti no seu grito um apelo maternal." Depois, o menino já dentro de casa, explicou-lhe a estrangeira que se chamava Sofia e era da Polônia. Falou-lhe da Polônia, da terra onde seus irmãos trabalhavam, do mar que atravessara para chegar ao Brasil, da saúde do seu corpo: saúde que se empenhava em conservar, mesmo vendendo o corpo aos homens. Terminou de despir o menino acanhado. Tornou a falar-lhe na sua saúde: que era mulher limpa. Pediu-lhe que não andasse com as mulheres sujas. Grandalhona, Sofia apertou muito o pequeno, até o fim do ato, plena e gostosamente realizado, sob carícias maternas misturadas a advertências clínicas. Não é exagerado dizer-se dessas às vezes comercialíssimas polacas que se mostraram, no Brasil, superiores às nativas como "sacerdotisas do amor", não só pelas carícias às vezes sábias com que venceram, nos iniciandos, receios de mulheres brancas, como pelo medo por que concorreram para maior profilaxia e melhor higiene sexual entre os brasileiros, por meio de advertências e esclarecimentos a rapazes e até a homens, de ordinário descuidados.

Algumas se tornaram amantes de brasileiros importantes: casados, bem situados nas suas profissões e na sociedade. Tornou-se elegante entre eles ter amante estrangeira: não tanto polaca como francesa. As Mimis da época tornaram-se, quando finas e elegantes, além de bonitas ou graciosas, mestras de civilidade e de boas maneiras, e não somente de requintes sexuais, de brasileiros mal saídos da rotina rural do amor. Nem todas as francesas ou polacas, aliás, como nem todas as mulatas ou caboclas, prostitutas de melhor ou pior condição da época considerada no ensaio que se segue parecem ter sido simplesmente comerciais nas suas relações com iniciandos ou veteranos; nem simplesmente úteis a tais iniciandos ou veteranos pelas suas advertências de natureza profilática a respeito das aventuras sexuais. Algumas tornaram-se amigas dos amantes; suas colaboradoras ou animadoras nas próprias atitudes políticas desses homens, consolando vencidos ou aconselhando triunfadores. Foram expressivos os fatos que a esse respeito nos referiu Doninha de Sigismundo, velha mulher do mundo relacionada com políticos do mesmo modo que suas contemporâneas Amélia Quadros Vivos e Júlia Peixe-Boi; mas conservando-se sempre em plano mais alto que o delas. E. Di Cavalcanti, naquele seu livro de memórias, recorda que no quarto de Sofia viu "numa pomposa gravura emoldurada à império, o retrato de Pedro II". Há quem tenha visto nos quartos de outras estrangeiras, sobreviventes da época aqui recordada, retratos de outros brasileiros então eminentes: um deles P. de T., que foi ministro de Estado. Várias acompanharam com interesse o movimento literário do Brasil naquela época, com preferências que variavam entre os versos de Bilac e os próprios romances de Machado, tendo havido, entretanto, uma francesa vinda para o Brasil, no começo do século, que aqui envelheceu com gostos ao mesmo tempo de matrona brasileira e de bacharela nacional: sabendo fazer doce de goiaba em calda e recitar páginas inteiras de Euclides da Cunha. E sempre preocupada, já mais sob o aspecto de avó do que sob o de mãe, em insistir com os brasileiros jovens em que fossem cuidadosos com a higiene do sexo.

Contribuíram assim tais mulheres, então chamadas nos jornais mulheres da "vida", da "vida alegre", "da vida fácil", "horizontais", "hetairas", "mundanas", para desenvolver no Brasil aquela "consciência sanitária", cujo despertar sob outros aspectos, além do sexual, foi um dos característicos da época considerada nas páginas que se seguem; e para o qual contribuíram não só médicos como Osvaldo Cruz, Afrânio Peixoto, Carlos Chagas, Octavio de Freitas, Miguel Pereira, Belisário Pena, como farmacêuticos da fibra de João Daudt Filho e de Paulo Seabra, em seus esforços contra o mosquito da febre amarela e do impaludismo, as verminoses, o barbeiro, o amarelão; e não apenas na propaganda que, sustentada por Daudt, encheu os jornais, as revistas, as paredes dos edifícios, os bondes, de reclames de *A Saúde da Mulher* e de *Bromil*. Tão bem-feita foi essa propaganda de remédios – necessários alguns, na verdade, aos brasileiros e à recuperação da sua saúde – que Daudt teve por algum tempo a seu serviço certo Lira, exímio no jogo do bilhar, que chegando a qualquer cidade ou vila, anunciava um torneio: "O povo" – conta Daudt na página 166 de suas *Memórias* (2ª ed., Rio, 1938) – "se apinhava para assisti-lo". Finda a partida, Lira fazia uma preleção sobre o remédio de que fazia a propaganda, reforçada com cartazes e folhetos distribuídos de porta em porta.

Outra propaganda que na época se fez quase assim foi a das "verdades dos Evangelhos", pelos protestantes. E também a de preceitos de "pureza sexual", pelos pioneiros, no Brasil, das Associações Cristãs de Moços: cruzada a favor da "mente sã em corpo são", a que indiretamente se antecipou em dar seu apoio Joaquim Nabuco, na conferência que, em 1906, proferiu em Minas Gerais. Um aspecto curioso do movimento das ACM no Brasil é que vários dos seus pioneiros tornaram-se líderes de uma como renovação católica dentro do catolicismo: Andrade Bezerra e Barreto Campelo, por exemplo. O movimento, sem ser sectariamente protestante, não deixava de ter inspiração evangélica de sentido protestante. Um dos seus empenhos foi despertar, nos adolescentes e jovens brasileiros, preocupações por esportes e outras atividades que os afastassem de excessivas ou precoces aventuras sexuais numa época célebre, em nosso País, pelos desregramentos, neste particular. Destaque-se a propósito da Associação Cristã de Moços do Rio de Janeiro que nela Theodore Roosevelt proferiu em inglês, em 1914, uma conferência, traduzida imediatamente para o português pelo então ministro Oliveira Lima. Conferência paga, o que escandalizou alguns brasileiros da época.

O padre L. A. Gaffre, registrando em *Visions du Brésil* (Rio-Paris, 1912) suas impressões da sociedade brasileira, escreveu na página 123 desse seu valioso depoimento de sacerdote católico e de intelectual francês que, entre nós, no começo do século, o rapaz desfrutava de "uma liberdade fantástica", não havendo mais, entre as famílias, reuniões íntimas que os prendessem às casas. Daí não lhes restarem outras distrações senão as da rua e as de *"certains centres d'attractions qui ne sont pas plus moralisateurs au Brésil qu'ailleurs"*. Os pais do interior e das províncias viam os filhos partir para os estudos superiores no Rio e em São Paulo *"avec tremblement"*. Faziam-se necessárias num Brasil, que se urbanizava rapidamente e se industrializava desordenadamente, instituições que cuidassem de tais estudantes. O catolicismo não fundou nenhuma. As ACM, com todos os seus defeitos, foram o único arremedo ou substituto das instituições desejadas pelo padre Gaffre no Brasil católico do começo do século XX: um Brasil já consideravelmente urbanizado.

A tentativa de resumirmos os principais traços da época aqui considerada no conjunto dos seus aspectos sociais e socioculturais leva-nos a destacar os seguintes, dentre os mais característicos: o declínio do patriarcado, como instituição dominante da sociedade brasileira, tornou-se definitivo e definitiva a sua substituição por outras instituições; acentuou-se a alteração da composição étnica, étnico--social e étnico-cultural da população brasileira, no sentido do que viria a denominar-se sua arianização, em virtude de ter estancado a própria importação irregular de africanos e de ter aumentado a de europeus, inclusive a de europeus não ibéricos italianos e alemães, principalmente; verificou-se maior proteção ao componente ameríndio da mesma população, como tarefa ou responsabilidade do Estado que entrou, assim, em competição e, por vezes, em conflito com as ordens religiosas especializadas no mesmo empenho; tornou-se crescente a urbanização da vida e da paisagem nacionais e crescente a idealização dos valores urbano-industriais em prejuízo do apreço ou da estima pelos valores agrário-rurais; manifestou-se a agravação dos conflitos entre tais valores, ou seus portadores, devido ao fato de terem se extremado entre eles distâncias sociais e psicoculturais, em virtude da intensa idealização dos urbanos e da negligência pelos rurais; as famílias muito numerosas – de dez, 12, 15 e até 20 filhos – começaram a ser substituídas pelas médias, de cinco, seis, sete filhos; a disparidade nas idades dos cônjuges foi sendo substituída pela sua quase igualdade. Devem ser também destacados o aparecimento, o desenvolvimento ou a consolidação de várias instituições ou de diversas valorizações de homens ou de coisas sociológicas, precedidas por vezes de vigorosas tendências no sentido de sua consagração, nuns casos definitiva, noutros transitória. Entre as definitivamente consagradas: o sepultamento em cemitérios, nas zonas rurais (a exemplo do que já acontecia nas áreas urbanas); o casamento civil; a liberdade de cultos; a separação da Igreja do Estado; o hotel; a pensão; os esportes de origem britânica; o Alcázar (seguido por imitações no Rio de Janeiro e nas capitais de Províncias e depois Estados); a criação de gado zebu; a valorização da borracha; o começo de conquista efetiva, pelo Brasil, da Amazônia; a crescente substituição em chefias políticas e administrativas, de proprietários rurais pelos seus filhos e genros bacharéis em direito, médicos, engenheiros, sacerdotes, militares etc., embora a República de 89 tenha se consolidado através de "oligarquias" estaduais e estas se apoiado, nos municípios mais remotos dos Estados do Norte e em alguns dos do Sul, em "coronéis" e no chamado "coronelismo"; a crescente valorização de mestiços quando indivíduos cultos ou peritos em técnicas crescentemente necessárias à economia nacional; a crescente participação na vida pública, na nobreza do Império e, depois, nas elites da República, de filhos e descendentes de europeus não ibéricos, e até de estrangeiros não ibéricos naturalizados, alguns de origem fidalga, outros de procedência humilde: Varnhagen, Taylor, Calógeras, Hasslocher, Taunay, Escragnolle, von Hoonholtz, Daunt, von Koseritz, Müller, Campista, Frontin, Whitaker, Cirilo, Schmidt, Konder, Martinelli, vários outros; o revigoramento da Igreja Católica; a irradiação do protestantismo e do espiritismo como formas de organização religiosa rivais da católica; o desenvolvimento da imprensa no sentido comercial e industrial lamentado por Rui Barbosa; o desenvolvimento de algumas especializações de engenharia sanitária, nas quais brasileiros como Saturnino de Brito alcançaram renome mundial; o desenvolvimento de algumas especializações em belas-artes, como a paisagem regional ou a fixação de aspectos regionais de vida brasileira (Almeida Júnior, Teles Júnior); o desprezo por artes populares regionais e tradicionais sob a exaltação de artes importadas da Europa ou copiadas das eruditas, em voga na Europa; o desprezo, nos meios mais elegantes, pela cozinha brasileira e pelas tradições ibéricas ou hispânicas de cozinha, sob a exaltação da cozinha francesa; considerável assimilação de vocábulos franceses e ingleses pela língua portuguesa do Brasil e também de alguns italianismos e germanismos; a voga, nos nomes dados às crianças, dos nomes anglo-saxônios – Washington, Franklin, Nelson, Edison, Milton, Darwin, Elizabeth, Lincoln, Gladstone, Spencer; a moda dos colégios de religiosas francesas e belgas como colégios elegantes para moças; a consagração, entre os elementos mais progressivos da sociedade brasileira, dos colégios e dos métodos anglo-saxônios de educação de rapazes, como os mais adequados à situação nacional; a valorização da língua francesa como língua essencial ao brasileiro culto; a crescente atenção pelos problemas de higiene e de saneamento, principalmente os urbanos; o crescente espírito de solidariedade com as repúblicas americanas, especialmente com os Estados Unidos, como as nações a que os brasileiros devessem considerar particularmente associado o seu futuro republicano, industrial e progressivo, sem desprezar-se de todo a latinidade que o prendia à cultura latina, principalmente à França e à ordem católico-romana; o começo de valorização das praias e dos banhos chamados salgados; o começo da datiloscopia, nos gabinetes de polícia científica; o desprezo pelos móveis e pelos estilos coloniais ou portugueses ou ibéricos de habitação e sua substituição, nos meios mais elegantemente burgueses, por estilos "modernos", europeus, principalmente franceses; a idealização de Paris como a cidade das cidades, acompanhada de quase sistemático repúdio a Lisboa; desenvolvimento, entre intelectuais e quase intelectuais, do positivismo, do spencerismo, do darwinismo, do alemanismo, do socialismo, sob formas por vezes sectárias, mas quase sempre platônicas; a voga do calendário-cromo; a voga do porta-

-jornais; a voga do porta-cartões (postais); a voga dos criminalistas italianos entre especialistas em direito penal; a voga dos parnasianos, dos simbolistas, dos naturalistas, entre os intelectuais da última fase da época no ensaio que se segue; intensa vida de café e de confeitaria no Rio de Janeiro e nas capitais e mesmo em cidades do interior; a voga do bilhar no Rio de Janeiro, nas capitais e em cidades do interior; a voga da ópera, da opereta, do teatro lírico e, até certo ponto, do dramático, da comédia, da revista, no Rio de Janeiro e nas capitais das Províncias e dos Estados, destacando-se, nas representações, as companhias estrangeiras; voga da quadrilha, do lanceiro, da valsa, do *pas de quatre* nas danças elegantes das capitais e dos solares do interior; a voga do retrato em *passe-partout*; a voga do *cachet*, sobretudo de quinino, contra o impaludismo; a voga da injeção, sobretudo contra a sífilis e que culminou com o uso do 606 e do 914; a voga da modinha ao violão e da trova, nos meios suburbanos e de província, superadas nos meios mais elegantes pela cançoneta de inspiração francesa; a voga, naqueles mesmos meios, do pastoril, superado nos meios elegantes pela chamada revista do tipo *A Capital Federal*; a voga do galeão D. João VI e do carro aberto à Daumont nas recepções solenes de estrangeiros; a voga das livrarias francesas; a voga do *art nouveau*; a voga do guarda-comida guarnecido de tela de arame – brasileirismo ou tropicalismo louvado por estrangeiros; a voga do guarda-pó; a voga da *châtelaine*; a voga das *mitaine*; a voga do piano; a voga do charuto; a voga nacional dos livros de leitura de Felisberto de Carvalho; a voga do *Coração*, de Amicis; a voga, nos meios elegantes, da bengala, do guarda-chuva, das luvas, das polainas, do *pincenê*, do monóculo, da cartola e da sobrecasaca, para as solenidades oficiais, missas, cerimônias; a voga do fraque; a sobrevivência do feitiço no Rio de Janeiro e nas capitais das Províncias e dos Estados, com os feiticeiros africanos ou descendentes de africanos consultados por pessoas de sociedade; a voga da flauta, do bandolim e do violino nos meios elegantes; a voga do velocípede e da bicicleta para crianças e rapazes e da boneca francesa para meninas; a voga – de 1870 aos primeiros anos do novo século – dos recitativos ao piano, ao som da *Dalila*; a imitação, nos brinquedos infantis, de batalhas, guerras, combates, por influência da Guerra do Paraguai – influência que também resultou na idealização de soldados e marinheiros como supremos heróis nacionais; a crescente participação de militares na política nacional; o nativismo ou o caboclismo desenvolvido, como mística nacional e popular, em torno da figura cabocla de Floriano Peixoto contra as de aristocratas brancos e finos do tipo de Saldanha da Gama; a crescente participação de mulheres se não na política, em movimentos parapolíticos ou ultrapolíticos como o abolicionismo (Da. Olegarinha Carneiro da Cunha, por exemplo); a voga nacional de Macedo, Alencar, Gonçalves Dias, seguida pela de Eça de Queirós e de autores franceses; a voga, no fim da época em apreço, de Conan Doyle e do seu Sherlock; a voga da governanta europeia; a voga da cocote francesa; a voga do engraxate italiano; a voga da banda de música alemã; a voga das regatas; a voga da salva para cartões nas missas de sétimo dia; a voga do *habeas-corpus* que, através de Rui Barbosa, adquiriu no Brasil, após a proclamação da República, uma flexibilidade dionisíaca, adquirida também pelo apolíneo futebol britânico; a idealização do federalismo como solução messiânica para desajustamentos intranacionais; a idealização do Itamaraty, dirigido pelo barão do Rio Branco, como órgão supremo de irradiação ou afirmação do prestígio do Brasil no continente, em particular, e no exterior, em geral; a glorificação de Santos Dumont como expressão máxima da capacidade ou do gênio inventivo da gente brasileira, para resolver o problema – velha preocupação brasileira, talvez devida à vastidão continental do País – da navegação aérea; a glorificação de Rui Barbosa – depois do seu triunfo na Haia – como expressão máxima da inteligência, da eloquência e da cultura nacionais; a glorificação de Osvaldo Cruz como sanitarista messiânico; a voga de Júlio Verne seguida pela de Flammarion; a voga de Herbert Spencer, seguida pela de Gustave Le Bon; a substituição – repita-se – do cupê, da vitória e do landau puxados a cavalo pelo automóvel *landalet, limousine* e de passeio; o desaparecimento quase completo dos quiosques-botequins; a substituição do tílburi pelo táxi; a voga do espartilho entre as mulheres e do colete entre os homens; a substituição da barba pelos bigodes, entre os homens de prol; a voga de produtos amazônicos; a voga das estações de água nacionais; a voga das águas minerais de mesa estrangeiras e nacionais; o aparecimento dos navios a vapor, nas comunicações com o estrangeiro e na cabotagem; o aparecimento do Lloyd Brasileiro, da Central do Brasil, das grandes estradas de ferro paulistas, uma delas brasileira e dirigida de modo exemplar por brasileiros; começo das estradas de rodagem, marcado pelo aparecimento dos carros Ford; a introdução do trole pelos americanos do Sul dos Estados Unidos, estabelecidos em São Paulo.

Para o moço brasileiro foi um período assinalado, na sua última fase, pela crescente libertação do menor, da opressão por vezes excessiva dos pais ou dos velhos, o casamento romântico tornando-se, nas áreas urbanas e nas rurais, mais em contato com as urbanas, o sistema dominante de consórcio. Não só isto: o menino passou a crescer, de modo geral, nessas áreas, mais livre da dominação de pais, confessores e mestres, embora o uso da palmatória nas escolas e o do cipó, da peia ou da vara, nas casas ou entre as famílias mais lentas em se desprenderem dos ritos patriarcais de disciplina, tenham se prolongado até quase o fim do período que procuramos estudar nas páginas seguintes. Colégios como o dos jesuítas em Nova Friburgo realizavam, talvez do melhor modo, a transição de um sistema para outro. Os colégios americanos, de inspiração protestante, talvez tenham acentuado demais o individualismo nas atitudes de independência que procuravam desenvolver nos seus alunos, de modo às vezes excessivamente antipatriarcalista.

Não parecem ter sido, esses colégios americanos, nos seus grandes dias de escolas messiânicas, colégios com as muitas "safadezas" a que se refere Astrojildo Pereira no seu depoimento sobre as escolas de feitio tradicional que frequentou no Rio de Janeiro. Mas não deixava de haver neles meninos de voz já rouca, protetores exagerados de meninos de fala ainda fina.

De certos colégios católicos de religiosos da época dizia-se que neles essas proteções excessivas dos fracos pelos fortes não se limitavam à convivência de meninos entre si: estendiam-se por vezes às relações de padres com alunos. Alunos meninos bonitos, não deixava de haver nem nesses colégios nem nos demais, da época, ao lado dos feios, raquíticos, pálidos, doentes; ou entre a vasta maioria dos nem bonitos nem feios, nem muito sadios nem lamentavelmente doentes de lombrigas e de outras doenças infantis ainda dominantes na época. Alguns dos bonitos, desde novos, já se mostravam com o seu quê de viril: tal o aluno de internato do Rio de Janeiro que, em período anterior ao considerado no ensaio que se segue, se tornaria conhecido entre seus companheiros como Quincas, o Belo; e tendo representado, por vezes, em comédias ou dramas colegiais, papéis de mulher, nunca se fizera notar por qualquer dengo menos de menino que de moça. De dengosos desse tipo, recordam-se alguns dos brasileiros que estudaram em colégios, de padres ou não, do fim do século XIX e do começo do XX, como indivíduos sempre muito marcados pelo desdém ou pela sátira da parte do maior número dos seus companheiros de estudos: mesmo quando filhos de conselheiros ou de barões, de comendadores ou de viscondes, ou de grandes da República, civis ou militares. Faziam-se notar por uma meiguice na verdade quase de sinhazinhas, em alguns acentuada pelos trajos de veludo, pelas sobrecasacas à Luís XV com rendas nos punhos, pelas golas de pelúcia dos casacos – requintes que, junto com a muita brilhantina no cabelo e o extrato excessivo no lenço, lhes impunham as mães ou avós excessivamente carinhosas; ou desejosas de ostentarem de tal modo, em filhos ou netos, insígnias de superioridade de raça e de classe da família que, nesse afã, comprometiam o próprio sexo dos párvulos, e os tornavam objeto de palavras e de gestos maliciosos da parte dos colegas mais viris, se não no corpo, no trajo. Palavras e gestos que às vezes se estendiam a atos: arremedos da posse de fêmeas por machos.

Outros meninos, já crescidos, iam aos colégios de cabelo ainda igual ao das meninas, com cachos que lhes caíam pelos ombros: eram quase sempre meninos cuja cabeleira mães ou avós devotas do Senhor dos Passos, do Bom Jesus, do Menino Deus, prometiam às imagens da sua predileção piedosa. Cabeleiras de promessas aos santos que só aos oito ou aos nove anos de idade do menino eram pagas ou cumpridas. Em alguns casos, ao bem que se fazia às imagens dos santos, dotando-as de lindas cabeleiras novas – louras, castanhas, pretas, de cabelo sempre "bom", isto é, liso – correspondia o dano que se fazia aos pobres dos meninos escolhidos para essa espécie de sacrifício religioso: o de criarem cabeleira solta ou cacheada até aos oito ou nove anos. Tais cabeleiras lhes davam ao rosto o aspecto de verdadeiras iaiazinhas, e predispunham alguns a fazer as vezes de mulher para meninos mais precoces no arremedo dos homens como protetores das mulheres. Era esse um arremedo de todo natural numa sociedade predominantemente patriarcal como foi a brasileira até os primeiros anos do século XX, com alterações mais de substância que de forma nas predominâncias patriarcais de domínio. Uma dessas alterações, a que parece ter correspondido à decadência de Pedro II como imperador cioso do poder pessoal exercido por monarca que cedo tornou-se conhecido pelo cognome de o Velho, mas que se esmerou desde jovem e, principalmente, depois de homem maduro, em ser protetor de novos, num como desejo de tornar-se o único velho verdadeiramente poderoso do Império. À decadência desse seu poder, causada mais pela doença que pela idade, correspondeu, no Brasil, a ascensão dos genros como elemento de importância política: inclusive o conde d'Eu, genro do próprio imperador. Importância conquistada quase sempre à sombra de sogros influentes, mas empregada, às vezes, em sentido contrário aos interesses ou aos gostos desses "velhos" por eles, genros, ultrapassados em ação e em prestígio, com uma desenvoltura que de ordinário faltava aos filhos – e através de alianças como que secretas dos genros com as sogras. Definiu-se assim um novo patriarcalismo, que vindo dos últimos anos do Império, se acentuou notavelmente nos primeiros da República, para tornar-se uma como constante republicana. Genros, quase sempre particularmente protegidos, no início de sua ascensão aos postos de protetores dos mais velhos tanto quanto dos mais jovens das famílias, pelas sogras, tornaram-se patriarcas de um novo estilo.

Genros advogados, médicos, engenheiros, militares, industriais, urbanos, em oposição se não ostensiva, implícita, a velhos agrários e rurais, podiam dar-se ao luxo, a que muitos se deram, de ostentar ideias abolicionistas ou republicanas. Positivistas, vários deles, seus filhos já não cresceram cabeleiras de promessa aos santos, nem se apresentaram aos colégios vestidos com punhos de rendas e sobrecasacas à Luís XV. E sim de cabelo cortado como o dos homens; vestidos de dólmãs ou de roupas simples; quando muito fardados de soldados ou de marinheiros nacionais, com apitos, bordados e às vezes até pequenas espadas. O costume de vestirem os pais burgueses os filhos de 6, 8, 10 e até 12 anos, de marinheiros nacionais, foi um dos característicos da época evocada neste ensaio. Entre os meninos assim trajados e os vestidos de dólmãs, blusas, casacos parecidos com os dos homens, tornaram-se raros os de sobrecasacas ou blusas com golas de veludo. Mas sem desaparecerem de todo. Provocando uma vez por outra vaias dos moleques de rua. Assobios. Gargalhadas. Chacotas. Algumas vaias de uma grosseria violenta, que tornavam alguns dos meninos vaiados, inimigos do pai, ou da mãe ou da avó ou da madrinha, que os sujeitara ao ridículo de irem para as aulas vestidos de príncipes da Renascença ou de reis de França.

As amizades amorosas, as proteções exageradas de meninas veteranas a novatas não faltaram aos colégios de freiras e às escolas elegantes da época brasileira considerada neste ensaio. Ao contrário: a seguirmos o depoimento de ilustre senhora brasileira educada nos primeiros anos do século atual num desses colégios, foram numerosas.

Data da época estudada nas páginas que se seguem o desenvolvimento, no Brasil, de colégios elegantes para moças, sob a direção de religiosas francesas e belgas. Esse desenvolvimento teria sido animado pelo barão do Rio Branco, quando poderoso senhor de um Itamaraty que foi também, no Brasil dos dias do barão, uma espécie de ministério como que de Educação e Cultura, concorrendo para que viessem ao Rio de Janeiro intelectuais europeus eminentes, artistas, médicos de renome; e ministério também de Informação ou Propaganda, de certo modo responsável pela "*bonne presse*" francesa e às vezes inglesa em torno de valores brasileiros.

Nos colégios elegantes para a educação de moças brasileiras, via o barão, segundo seu sobrinho Pedro Paranhos, que com ele conviveu na maior intimidade e nos prestou, já na velhice, valioso depoimento oral sobre esse e outros assuntos – depoimento anotado por nós –, auxiliares do Itamaraty, pois deles sairiam preparadas para a vida de sociedade e falando fluentemente seu francês, senhorinhas capazes de se tornarem esposas e colaboradoras de homens públicos: sobretudo de diplomatas. Era pormenor que o preocupava quando se dava, ele próprio, ao trabalho de organizar listas de nacionais ilustres para serem convidados a banquetes ou jantares promovidos pelo governo, em honra de estrangeiros notáveis ou com a presença de representantes de governos europeus: a figura, o modo de vestir-se, a educação, a capacidade de falar com alguma fluência francês, da esposa de cada um desses nacionais. Daí muito o afligir o fato de Clóvis Beviláqua, jurisconsulto eminente, ligado ao Itamaraty, ter por esposa uma senhora que, sendo também intelectual, vestia-se de modo lamentável, parecendo uma eterna matuta ou dondon-enfeitada, das caricaturas de O *Malho* ou da *Careta*. Essa sua preocupação estendia-se à figura e à apresentação dos homens, parecendo explicar o fato de nunca ter aproveitado Euclides da Cunha – em certa época tão desejoso de ir à Europa que pensou ingenuamente em ser professor em Paris – e Eneias Martins senão em missões sul-americanas, e de ter retardado a ascensão de Oliveira Lima – mais do que ele, barão, obeso – a postos de primeira grandeza na representação do Brasil no estrangeiro. Rui Barbosa, diz-se não ter sido cogitado por ele, a fim de participar na

Conferência da Paz em Haia em 1907: para tão importante missão sua escolha parece ter sido, com efeito, Joaquim Nabuco. Rui, pensa mais de um informante idôneo sobrevivente da época aqui considerada, que teria sido nome, na verdade, imposto ao Itamaraty pelo então poderoso *Correio da Manhã*.

Do barão poderia escrever-se hoje, um tanto à maneira do que Shakespeare escreveu de César e do seu gosto ou afã de cercar-se de homens gordos, que procurou, quando senhor quase absoluto do Itamaraty, cercar-se de homens não só inteligentes, cultos e políticos como altos, belos e eugênicos: homens que, completados por esposas formosas, elegantes e bem-vestidas, dessem ao estrangeiro a ideia de ser o Brasil – pelo menos sua elite – país de gente sã e bem-conformada. Daí seu particular apreço pelos Joaquim Nabuco, pelos Graça Aranha, pelos Silvino Gurgel do Amaral, pelos Domício da Gama, pelos Magalhães de Azeredo, pelos Gastão da Cunha: homens de inteligência culta, ou, pelo menos, de algum espírito; e, também, animais de bela estampa. Os feios, os franzinos, os cacogênicos, se dependesse dele, não ocupariam sequer postos que obrigassem o Itamaraty a convidá-los a seus jantares ou banquetes; muito menos posições de relevo na representação do Brasil na Europa e nos Estados Unidos. Sua aversão aos cacogênicos estendia-se, de algum modo, a brasileiros de cor. Só quando de valor excepcional – o caso do cacogênico Santos Dumont – pareciam-lhe os indivíduos feios, pálidos, franzinos, utilizáveis ou toleráveis por um sistema mais que diplomático, como o Itamaraty, de organização e de definição de valores superiormente nacionais: sistema a que o barão comunicou sua imagem de superprotetor de uma pátria a seu ver necessitada do respeito dos europeus e dos anglo-saxões, para crescente afirmação do seu prestígio.

Nos colégios elegantes para moças, vistos com particular simpatia pelo barão, desenvolveu-se um ensino tendente mais a acentuar nas educandas as graças sociais e até mundanas, o chique no vestir-se, no pentear-se, no comer, no andar, no conversar, o apuro na pronúncia do francês, que virtudes propriamente intelectuais. Nem estas eram consideradas de perfeito bom-tom na formação de senhoras finas, capazes de ler um Bourget ou um Loti, mas que de modo algum se extremassem em bacharelas. O que não impediu a época considerada no ensaio que se segue de ter admirado uma Carmen Dolores e uma Júlia Lopes de Almeida: mulheres intelectuais.

Dado esse ambiente de requinte e de refinamento, na aliança de um sexo com uma classe, não é de estranhar que, nos colégios elegantes para moças, do Rio de Janeiro, tenha sido considerável, na época estudada nas páginas que se seguem, o número daquelas amizades amorosas entre as alunas, embora de caráter mais discreto que as chamadas "amigações" nos colégios de meninos. Nem nas amizades se refletia, ao que parece, um como espírito de solidariedade a unir de modo particular aquelas moças elegantes que formavam uma elite consciente de sua superioridade de belo sexo e de classe alta.

A ginástica sueca, os exercícios físicos, os esportes concorreram, desde o fim do século XIX, para dar maior vigor aos brasileiros crescidos nas cidades: sem as vantagens dos banhos de rio, dos passeios a cavalo e da vida ao ar livre nas fazendas e nos engenhos. O que não impediu que vários deles precisassem de emulsões, xaropes, remédios, papas especiais feitas por alguma tia mais carinhosa, gemadas, vinho de quina. Remédios para o fígado, para os pulmões, para os intestinos. Casas havia em que, ao jantar, junto a cada prato de menino ou de adulto, havia um frasco de remédio.

O fígado foi, no período em apreço, o vilão máximo – dos apontados pelos médicos – no grande drama de insalubridade ou de doença vivido então pela maioria dos brasileiros. Mas sem que os pulmões, o estômago, os intestinos deixassem de desempenhar no mesmo drama papéis importantes. Sem que os nervos se conservassem no segundo plano. E em vários casos, o brasileiro, além de ferido pela malária, pelas infecções, pelos vermes, pela tísica, foi vítima principalmente da sífilis. Daí ter dito um dos maiores médicos da época – o professor Antônio Austregésilo – que em clínica, no Brasil, o médico precisava de pensar "sifiliticamente". Isto é, atento à sífilis e vigilante contra a sífilis às vezes escondida nas doenças aparentemente menos sifilíticas.

Alguns dos crimes que então se cometeram no Brasil, alguns dos suicídios, alguns dos conflitos entre políticos que se extremaram em chacinas, talvez tenham sido obra mais da sífilis que simplesmente de paixões soltas. Ou de ódio de indivíduo a indivíduo.

Tobias Barreto – com suas iras exageradas de panfletário sempre zangado, seu ódio extremo a Nabuco, seu despeito violento contra Taunay – talvez tenha sido menos o endemoninhado que nele enxergaram os acácios da época que um brasileiro secretamente tocado em sua personalidade pela sífilis, tantas vezes inimiga dos grandes homens através dos seus nervos; sem se manifestar em feridas abertas nem em cancros nauseabundos. E o mesmo talvez seja certo de um Rui Barbosa que, desde novo, doentíssimo dos olhos e mártir de males menos evidentes, muitas vezes não se dominava: teria chegado a puxar, mais de uma vez, nas suas iras máximas, com a maior das violências a toalha da mesa já posta para o jantar, fazendo – como aconteceu pelo menos uma tarde na presença de amigo íntimo da família – que se despedaçassem pratos, porcelanas, cristais. Assim o viu – cheio de iras terríveis – mais de uma vez, inerme e escandalizado, o jornalista que foi durante anos seu secretário particular e conservou-se a vida inteira admirador da sua inteligência, do seu saber e da sua bravura cívica – conjunto na verdade assombroso: Tobias Monteiro. Referiu-nos Tobias Monteiro esses fatos em depoimento oral, no Rio de Janeiro, ouvido também por José Lins do Rêgo, e acrescentando pormenores que não reproduzimos aqui.

Vítimas da sífilis, então muito generalizada entre brasileiros, embora de ordinário de forma muito mais benigna que entre europeus, talvez tenham sido suicidas como Raul Pompeia, Santos Dumont e Emílio Cardoso Ayres, e o quase suicida Euclides da Cunha; e também o desde jovem desdentado Olavo Bilac. Sifilíticos que não teriam sido tratados como tais no tempo justo.

Aliás, com relação a Rui era o mesmo Tobias Monteiro, seu íntimo por algum tempo, o primeiro a pensar que o conselheiro nunca fora tratado dos seus males mais sérios, e sim dos menos essenciais; e destes por vezes erradamente: opinião, esta última, que, quanto aos olhos, parece vir sendo de algum modo confirmada pelo moderno exame das receitas médicas seguidas, nesse particular, pelo ilustre enfermo – exame realizado por um competente especialista, o Dr. Paulo Filho. Quanto a Tobias Barreto, a opinião de que, no seu tratamento, o mais sério tivesse sido desprezado pelo menos essencial, ouvimo-la de médico que, então ainda jovem, foi dos muitos chamados a examinar o difícil doente na casa de subúrbio do Recife onde o autor de *Dias e noites*, já muito enfermo, passava as horas mais quentes dos seus dias, e talvez noites inteiras de insônia, deitado, às vezes despido de todo, sobre uma simples esteira; e assim orientalmente deitado, lendo o seu alemão e até escrevendo o seu português áspero. Esse médico foi o Dr. Tomás Ferreira de Carvalho, tanto quanto o professor Antônio Austregésilo convencido, desde novo – e talvez exagerado nesse seu critério – de que, no diagnóstico e no tratamento de brasileiros da sua época, o médico devia ter sempre em vista a possibilidade de achar-se diante de uma manifestação disfarçada de sífilis.

Com esses brasileiros doentes e talvez despercebidamente sifilíticos – e a doença muitas vezes tem sido a íntima companheira da grandeza intelectual ou artística nos homens, sabendo-se de um dos maiores compositores do século XIX que foi sifilítico e de numerosos pensadores, escritores e artistas europeus que foram, como Nietzsche, Coleridge e, quase nos nossos dias, Van Gogh e Proust, grandes doentes – é que contrastaram figuras de brasileiros eugênicos que então floresceram em várias atividades de relevo: Penedo, o barão do Rio Branco, Joaquim Nabuco, Graça Aranha, Salvador de Mendonça, Magalhães de Azeredo, Silvino Gurgel do Amaral, na diplomacia; Caxias, Osório, Jaceguay, Saldanha da Gama, Deodoro, Dionísio Cerqueira, Tasso Fragoso, Cândido Rondon, Custódio de Melo, Roberto Trompowsky, nas Forças Armadas; D. Vital, D. Silvério, D. Jerônimo Tomé, o padre Júlio Maria, o cardeal Joaquim Arcoverde, no clero; vários, na política, entre os quais o primeiro Afonso Celso, Cotegipe, Saraiva, o visconde de Taunay, Prudente de Morais, Vital Brasil, Rodrigues Alves, Rosa e Silva, J. J. Seabra, José Mariano, Miguel Calmon, Lopes Trovão, Coelho Lisboa, Epitácio Pessoa, Estácio Coimbra; outros tantos na medicina, na engenharia, na magistratura, na advocacia: Francisco de Castro, Miguel Couto, Adolfo Simões Barbosa, Manuel Vitorino, Teodoro Sampaio, Osvaldo Cruz, Teixeira Soares, Pereira Passos, Rodrigo Otávio, Herculano de Freitas, Juliano Moreira, Alfredo de Carvalho, Manuel Vilaboim, Vicente de Carvalho, Pereira Barreto, Pandiá Calógeras, Lúcio de Mendonça, James Darcy, Rivadávia Correia, Afrânio Peixoto, Fausto Cardoso. Entre os artistas, Antônio Parreiras, Teles Júnior, Guiomar Novais, Alberto Nepomuceno. Entre os homens de letras, Alberto de Oliveira, Virgílio Várzea, Anibal Teófilo, Luís Murat, Carlos Dias Fernandes, o primeiro Afonso Arinos, Eduardo Prado, Antônio Prado, Aluísio Azevedo, Guimarães Passos.

A verdade, porém, é que tanto estes brasileiros eugênicos como aqueles, cacogênicos, estiveram, quase todos, como homens de elite, à altura das difíceis tarefas que exigiu deles, nas suas várias atividades, uma época de aguda transição no seu País. O que sucedeu com brasileiros menos importantes que formaram, nessa época, a parte ativa do conjunto nacional, realizando façanhas como a da construção da Madeira-Mamoré, como a ocupação da Amazônia por nordestinos aos quais se juntaram também brasileiros do Sul, como a consolidação de São Paulo em potência cafeeira, como a improvisação de Belo Horizonte em nova capital de Minas Gerais.

Transcendendo os muitos depoimentos individuais que conseguimos reunir, nosso fim, no estudo que se segue, é procurar captar, através deles, ou do seu resíduo, não só transpessoal como transregional, o que alguém já chamou o "ser coletivo": o ser coletivo mais característico do Brasil do fim do Império e do começo da República. O brasileiro-síntese ou o brasileiro médio dessa época, não no sentido estreito de classe – classe média – mas no de expressão social de um conjunto de espaços fundidos num conjunto de tempos; e formando, através dessa fusão, um sistema aparentemente único, embora complexo e até contraditório, de cultura e sobretudo de vida ou de existência ou de vivência: o que caracterizou o Brasil dos últimos dois decênios do Império e dos primeiros dois e meio ou três decênios de República.

Era um ser que nascia em casa, e quase sempre sem que a mãe recebesse, ao pari-lo no lar patriarcal, outro socorro senão o da parteira ou o da "curiosa", que se tornava comadre do casal. Já não estava muito em moda dar ao brasileirinho nome pomposamente clássico – Ulisses, Homero, Cícero, Horácio, Sólon, Aristóteles –, mas romântico, de herói de novela ou mesmo de romancista ou de poeta atual ou exótico – Ceci, Peri, Graziela, Eurico, Mílton, Victor Hugo, Paulo, Virgínia, Romeu, Julieta, Elvira, Evangelista, Edgar, Alfredo, Lamartine; ou, ainda, político ou cívico – Pedro de Alcântara, Garibaldi, Danton, Francisca, Washington, Lincoln, Franklin, Jefferson, Gladstone, Teresa Cristina, Isabel, Amélia, Gastão, Deodoro, Benjamim Constant, Rui; ou piedoso, tomado a novas santas ou inspirado em novas devoções – Teresa, Luís Gonzaga, Vicente de Paulo, Maria de Lourdes, Maria do Carmo, Maria da Penha, Inocêncio, Pio. Havia, porém, rebeldes a essas convenções: pais talvez nietzschianos que davam aos filhos nomes rebarbativos – Nero, Napoleão, Júlio César, Átila. Um desses nietzschianos deu, no começo do século XX, a um dos filhos o nome de Lutero. Protestantes começaram a dar aos filhos nomes bíblicos ou de reformadores: inclusive Calvino. Os positivistas, estes se esmeraram em dar aos filhos nomes inspirados na história científica da humanidade ou particular, da sua seita: Clotilde, Galileu, Paulo, Augusto, Newton.

Nascia o brasileiro da época com a casa toda cheirando a alfazema. Católico, era batizado em casa ou na capela ou na matriz mais próxima, às vezes no meio de festas iguais à de casamento. A primeira comemoração do acontecimento fazia-se em certas áreas do País com o "cachimbo": mistura de aguardente com mel de abelha. A mais solene com vinho do Porto.

O enxoval do menino era feito com esmero em casa, ou mandado fazer por gente perita na arte da renda, ou nos orfanatos, pelas discípulas das freiras, mestras, desde velhos dias, no Brasil, nessa arte tanto quanto na de doces, bolos, vinhos, licores para casamentos, batizados e festas de família. Já no meado do período considerado no ensaio que se segue é que tornou-se moda, entre as famílias mais elegantes do Rio de Janeiro e das capitais de Províncias ou Estados mais progressivos, mandar vir enxovais da Europa. Nos dias de casamento, foi costume patriarcal no Brasil escancarar-se a alcova ou o quarto dos noivos às vistas e até à visita do público, que podia admirar de perto o primor das sedas, das rendas, dos bordados das colchas, sentir o macio dos colchões, prever as doçuras nupciais que sobre aquele tálamo, às vezes opulentamente decorado, se realizariam após as cerimônias ou as festas. Os padrinhos tornavam-se parentes dos pais, e a eles o afilhado devia tomar a bênção como aos pais, aos avós, aos tios. Deles esperava-se proteção efetiva para o afilhado, no caso de faltar a dos pais.

Menino ou menina, crescia o novo membro da família com a medalha de Nossa Senhora ou de algum santo ao pescoço, à qual às vezes se juntava uma figa ou um dente de jacaré contra o mau-olhado. Crescia mimado pela mãe e quase sempre também pela ama, que de ordinário era quem lhe dava de mamar do seu peito preto ou pardo, além de gordo e opulento; quem lhe dava à boca os primeiros mingaus; quem lhe cantava as primeiras cantigas para o fazer dormir; quem lhe fazia os primeiros medos; mais tarde, quem lhe tirava dos pés os primeiros bichos; quem às vezes lhe catava nos cabelos os primeiros piolhos; quem lhe dava os primeiros banhos; quem o vestia; quem o despia; quem o calçava. Ao menino que se masturbava, fazia-se medo com o Mão de Cabelo e com outros monstros do folclore, aos quais se atribuía a capacidade de devorar ou cortar as pirocas dos pecadores mirins.

As famílias, embora já em diminuição entre a gente de prol e a média, eram ainda numerosas: cinco, seis, sete, oito, e até dez filhos.

Quase sempre, morriam alguns meninos ainda "anjos". As doenças de crianças eram muitas e cruéis. Faziam chorar muito brasileirinho, e sofrer muita mãe, muito pai, muito avô, muita avó, muita sinhama. Dominou na época, contra essas doenças, o cristel ou clister, a seringa, a pipada, o pipo – temido pela maioria dos meninos e por alguns adultos tido como um insulto à sua integridade ou dignidade física, havendo quem dissesse: "em c. de homem não entra pipo". Outro remédio heroicamente tolerado pelos meninos e adultos do período evocado nas páginas que se seguem foi o óleo de rícino.

Raro o brasileiro da época que crescesse sem ser objeto ou instrumento, de ordinário por motivo de doença ou febre vencida, de alguma promessa da mãe ou dos pais a Nossa Senhora ou a algum santo: sair vestido de anjo e de pés descalços em procissão; vestir-se a vida inteira só de preto ou de azul ou de roxo Senhor dos Passos; dar a Cristo ou a Nossa Senhora sua cabeleira de menino criado com excessivos dengos pelos avós, ou seus cachos ou suas tranças de menina. De meninos até os 8 ou 9 anos criados com cabelo de menina para seus cachos serem oferecidos a Nosso Senhor ou Nossa Senhora em pagamento de promessa de mãe ou avó – repita-se – que se tornaram quase umas sinhazinhas, efeminados, marcados alguns para o resto da vida por essa deformação social de sexo com objetivos terna ou esteticamente devotos.

Raro também o brasileiro da época considerada nas páginas que se seguem que chegava à idade adulta sem ter tido, entre outras doenças, a bexiga, se não "verdadeira", "doida": a varicela. Dela alguns guardavam no rosto sinais ou marcas, nem sempre leves. Havia também os que passavam da meninice à idade adulta marcados pela sífilis: pelas chamadas "impurezas do sangue". De crianças bonitas, a sífilis fazia às vezes homens repugnantes, mulheres feias, monstros, até. De um desses monstros o Elixir de Nogueira em seus reclames nos jornais e revistas da época divulgou largamente a figura – figura hedionda – antes dos efeitos do elixir sobre o coitado do doente. O tratamento caseiro de criança franzina foi, na época, o pirão de ovo, mas grande foi a voga alcançada do Norte ao Sul do País pela Emulsão de Scott.

A primeira comunhão marcava o fim da idade angélica quer para o menino, quer para a menina. Era de praxe o retrato: ela de véu, como que de noiva, noiva até certo ponto de Jesus; ele, de vela na mão, um laço branco no braço, fato já mais de homem que de menino, o cabelo bem penteado e lustroso de brilhantina ou de loção. Ou de água de quina. Usou-se e abusou-se nas barbearias de Houbigant, Coty, Roger-Gallet. Também de Água de Flórida. O europeu escandalizava-se de encontrar no Brasil cavalheiros tão perfumados quanto senhoras.

Menino ou menina, repita-se que trajava à europeia. Havia vestidos e roupas para crianças, importados da Europa ou copiados de figurinos europeus, que eram verdadeiras torturas para os párvulos, obrigados a ostentar golas de pelúcia e casacas de veludo sob o sol forte do trópico brasileiro. Para o menino, proclamada a República, tornou-se trajo comum, entre a burguesia, o uniforme de Marinheiro Nacional: branco e gola azul, gorro também azul, apito no bolso. Alguns colégios da época começaram a exigir dos alunos uniforme e boné de algum modo militares: homenagem indireta ao Exército, que estabelecera o novo regímen, depois de ter vencido a guerra com o Paraguai. Não poucos pais faziam o cabeleireiro cortar o cabelo dos filhos à escovinha.

Os brinquedos e jogos de crianças foram, na época aqui considerada, quase os mesmos, do Norte ao Sul do País, com uma ou outra especialização regional. Para as meninas, as bonecas, que para as meninas de famílias ricas ou remediadas, eram importadas da Europa e em geral louras. Criavam às vezes nessas meninas, tantas delas morenas ou de famílias morenas, desgosto ou insatisfação com sua condição de trigueiras; o desejo de terem filhos ou filhas louras como as suas bonecas e como a maioria das figuras de anjos e santos das capelas; a tendência para tingirem de louro o cabelo escuro; mesmo a vontade de se tornarem francesas, confessada por ilustre senhora em resposta ao nosso inquérito; o furor, entre algumas, pelo "*platine blonde*". Até que, em várias delas, as modinhas glorificadoras da beleza ou do encanto ou da graça das morenas, como a célebre

> *"A cor morena é cor de ouro*
> *A cor morena é meu tesouro"*

retificaram os primeiros pendores para a idealização das louras, através de bonecas ruivas importadas da Itália. Sobre os meninos do mil e novecentos brasileiro exerceria influência semelhante à exercida pelas bonecas e madonas louras, desde o século XIX, sobre as meninas, o Chiquinho de *O Tico-Tico*, menino louro e subeuropeu que era idealizado um tanto em contraste com o moleque que o acompanhava: moleque muitas vezes posto pelo caricaturista em situações cômicas.

Menos europeizantes foram, entre nós, na época estudada no ensaio que se segue, os brinquedos e jogos predominantes entre os meninos: pião, papagaio, peteca, barra, manja, queda de braço, imitação de circos, de batalhas da guerra com o Paraguai, dos voos do balão de Santos Dumont, da própria guerra dos japoneses contra os russos. Isto antes de se ter verificado a invasão do Brasil civilizado, do norte ao sul do País, pelo velocípede e pela bicicleta – brinquedos de meninos ricos; e também pelo futebol e pelo que Leonel Vaz de Barros (Leo Vaz), nascido em São Paulo em 1890, denomina, em seu depoimento, "outros esportes saxões". Invasão de que dificilmente se pode separar o começo da voga, no nosso País, daquelas escolas e colégios chamados americanos, que o mesmo depoente filia "à organização da propaganda protestante norte-americana" nesta parte da América – e que culminou em São Paulo com a fundação do Mackenzie. Dessas escolas e desses colégios se destaque que, além de terem concorrido para associar jogos e esportes ao ensino primário e secundário, contribuíram para introduzir, na formação do brasileiro, métodos menos torturantes que os antigos, latinos ou castiçamente ibéricos, de aprendizado das primeiras letras pelas crianças. No que nem todos os beneficiados por esses métodos enxergam apenas vantagens, porém também desvantagens; um deles – o mesmo Leonel Vaz de Barros –, em resposta ao nosso inquérito, chegando a filosofar a respeito: "Os que desde o início estudaram pelo método analítico, que dá às crianças tudo mastigadinho, digerido e pronto para assimilar, não ficarão com isso mal-acostumados, vindo a sentir, depois, invencíveis barreiras ou antipatias, ao defrontarem-se com matérias e disciplinas intrinsecamente difíceis e pouco susceptíveis de tais analíticos contactos?"

Houve, na época estudada no ensaio que se segue, muito menino que, em vez de se ter iniciado nos estudos em jardins da infância, instituição então "moderna" e tida pelos caturras por ingresia perigosa, não acreditando tais caturras em escolas, onde desde as primeiras letras não vigorasse a palmatória, aprendeu a ler em casa, mediante letras que as mães recortavam dos cabeçalhos e anúncios dos jornais. Isto tanto no Norte como no Sul do País, variando, é claro, os diários cujos cabeçalhos e anúncios se prestaram a essa útil função pedagógica dentro de lares ainda patriarcais: o *Jornal do Commercio*, o *Diário de Pernambuco*, a *Província do Pará*, *O Estado de S. Paulo*, entre eles. Também sendo parte essencial dos jornais da época os folhetins, alguns desses eram reduzidos pelas mães mais atentas à educação dos filhos pequenos a papa ou mingau que pudesse ser por eles saboreado, sem ser necessário o esforço de mastigar a criança o alimento destinado só a adultos. Em época anterior a *O Tico-Tico* e, por conseguinte, de jornais e revistas impressas só para benefício da gente crescida, foi o que aconteceu, havendo mães que se deram então ao trabalho de contar aos filhos histórias como a dos *Três Mosqueteiros*, a do *Mártir do Gólgota*, a do *Colar da Rainha*. *O Tico-Tico* foi um dos acontecimentos mais significativos do mil e novecentos brasileiro: poupou às mães esse esforço de adaptação de histórias para adultos à sensibilidade ou à curiosidade infantil e criou para os meninos brasileiros, do norte ao sul do País, símbolos de valor ou potência nacional, semelhantes aos criados para adultos pelas revistas ilustradas do tipo de *O Malho*: o Chiquinho, o Juquinha, o Jagunço, o avô de Chiquinho, o moleque seu companheiro de travessuras. Se entre esses símbolos estava o do menino louro, glorificado como superior, não nos esqueçamos de que a época foi também de glorificação do caboclo ou do "amarelinho", ora na pessoa de Santos Dumont, ora na de Rui Barbosa ou na figura do japonês vencedor do russo. E Eduardo Prado muito contribuiu para que se desenvolvesse em numerosos brasileiros do mil e novecentos antipatia ao "gigante louro" do continente.

Há quem atribua – recolhemos a informação de pessoa idônea, antigo ministro de Estado que teve acesso a documentação numerosa e a *gossip* quase oficioso sobre atividades brasileiras no estrangeiro – o ódio sistemático em que se aguçou, em Eduardo Prado, a antipatia fradiquiana aos Estados Unidos, a certa experiência infeliz que o ilustre paulista teria tido em barbearia elegante daquela república; erradamente tomado por negroide – era de fato muito moreno, podendo ser confundido com um indiano em trajo ocidental – teriam lhe recusado serviço na tal barbearia, alegando o *"color bar"*. Que o estrangeiro desculpasse, mas aquela *"shop"* era só para *gentlemen* brancos. O ressentimento pessoal, estendido a atitude de publicista, explicaria o anti-ianquismo sistemático que fez Eduardo Prado – na Europa tratado como um príncipe e a quem raro faltou a companhia de um *"valet de chambre"* inglês – escrever um dos livros mais veementes aparecidos no

Brasil na época estudada no ensaio que se segue: *A ilusão americana*. É um livro que se teria firmado melhor na literatura parassociológica em língua portuguesa, em torno às relações entre as duas Américas, a saxônia e a latina, se o autor tivesse posto em sua elaboração menor ardor panfletário – talvez expressão daquele ressentimento pessoal – e maior objetividade na análise de um tema que vinha, na verdade, servindo de pretexto a muita retórica ingênua da parte de ibero--americanos, em grande número mestiços, para com anglo-saxões, intransigentes nos seus sentimentos de purismo de raça – expressão, ao que parece, este purismo, da sua insegurança de pequenos-burgueses ou proletários protestantes, novos em posição de poder mundial e necessitados de se afirmarem ostensivamente superiores a povos de outras raças e de outras culturas. Tal insegurança de novos poderosos, ao mesmo tempo novos-ricos, tomou por vezes aspectos de arrogante desdém para com aqueles povos, tornando a pretendida fraternidade da poderosa República, dominada por sentimentos tão crus, com as repúblicas de populações mais ou menos mestiças das américas colonizadas por povos latinos, uma ficção. Nem Eduardo Prado, nem outro notável publicista da época – Oliveira Lima –, voltado com maior objetividade que o paulista para o estudo das relações do Brasil com as demais repúblicas do continente, especialmente com os Estados Unidos, deixaram-se iludir por esse artifício, considerando-o realidade; pendor de Joaquim Nabuco depois de nomeado embaixador do Brasil em Washington. Objetivo no trato do mesmo problema foi também o barão do Rio Branco, cuja intervenção no caso do *Bolivian Syndicate* marcou significativa vitória da diplomacia brasileira contra a pior forma de imperialismo anglo-americano que então se esboçou na América do Sul, sob a complacência de políticos bolivianos se não ingênuos, destituídos de pundonor ibérico ou de brio *criollo*.

Aos principais guias não só do pensamento como da política brasileira, no período considerado no ensaio que se segue – como, de resto, aos do pensamento e da política hispano-americana, em geral: a época das doutrinas Calvo e Drago e de atitudes de altivez que notabilizaram D. Cipriano Castro e outros caudilhos – não faltou esse pundonor ou esse brio diante de afrontas, quer britânicas, quer anglo-americanas, germânicas ou italianas, ao Império e, depois, à República. O que faltou a alguns deles – na verdade, a quase todos – foi confiança, à base de estudos objetivos, no mestiço e na capacidade do brasileiro, em parte mestiço, para desenvolver civilização igual às mais vigorosas da Europa e à dos Estados Unidos, em clima tropical. O mito do amarelinho era um mito de repercussão popular, impedido de desenvolver-se entre as elites pelo fato de serem então tomados demasiadamente a sério, por leitores brasileiros, publicistas franceses de segunda e até de terceira ordem como Le Bon, glorificados entre nós como pensadores ou sociólogos, sem que contra tais glorificações se levantassem críticos idôneos: só uma ou outra vez Sílvio Romero, homem de rompantes e por vezes contraditório. Foi uma confiança revelada por poucos: por um ou outro Alberto Torres – talvez o primeiro publicista brasileiro a inteirar-se das pesquisas sobre as relações de raças com ambientes físicos e sociais que vinham sendo realizadas por Franz Boas; por um ou outro J. B. de Lacerda; por um ou outro Cândido Rondon – logo seguido, de modo admirável, pelo antropólogo Roquette-Pinto, no seu esforço de reabilitação do ameríndio, em particular, e do mestiço, em geral; por um ou outro José Veríssimo ou Inglês de Sousa, em estudos sobre a população cabocla da Amazônia; por um ou outro Afrânio Peixoto ou Gilberto Amado – dentre os jovens estreantes aparecidos no fim do período aqui considerado –, Peixoto, com relação ao clima quente, Amado, em admiráveis páginas de intuitivo por vezes prejudicado pelo lógico e pelo retórico com relação ao mestiço brasileiro; e com intermitências lamentáveis, por Sílvio Romero e Euclides da Cunha. Isto na mesma época em que Nina Rodrigues, realizando notáveis estudos antropológicos sobre o negro brasileiro e sobre o mestiço, considerou-os temas de patologia – patologia médica e não social –, mostrando-se, nessa atitude, representativo de larga corrente de médicos e de outros estudiosos mais ou menos diletantes de assuntos étnico-sociais, influenciados grandemente por Gustave Le Bon – uma das maiores influências francesas sobre o Brasil da época evocada nas páginas que se seguem, e contra a qual não se compreende ter deixado de erguer-se de público um Gilberto Amado ou um Pontes de Miranda, outro que se antecipou no Brasil no conhecimento das ideias e das pesquisas de Boas. E para Le Bon – repetido pelo argentino Ingenieros, também lido no Brasil com algum alarme – nada havia a esperar nem das raças consideradas inferiores nem da mestiçagem: a América Latina, generalizava ele que, enquanto mestiça, era uma América sem esperança, condenada a uma situação de estéril inferioridade.

Ainda na época desse lebonismo furioso, acentuado por umas vagas generalizações de James Bryce acerca do homem brasileiro e por alguns reparos levianos do economista anglo-americano Babson sobre o clima tropical e sua influência sobre a capacidade de trabalho de grupos e indivíduos, e outros tantos do explorador inglês Walter Savage-Landor – sobre o brasileiro do interior – generalizações e reparos que não tiveram, no Brasil da época, retificação idônea – esteve no Brasil Theodore Roosevelt, que percorreu parte das selvas nacionais na companhia do então coronel Rondon. Certa ocasião, conta Rondon, recordando a expedição por ele organizada, para que Roosevelt visse o interior ainda agreste do Brasil, "estávamos todos entregues aos árduos trabalhos de varar, por terra, uma cachoeira. Era ao cair do dia." Roosevelt, ao lado de Rondon, "acompanhava com atenção o esforço e a boa vontade dos nossos canoeiros. De repente, não se pôde conter e exclamou: "E dizem que os brasileiros são indolentes... Pois meu caro coronel, um país que possui filhos como estes (e assim falando, apontava para os brasileiros presentes) está destinado a ir muito longe". Em muitas outras ocasiões, Roosevelt fez elogios do mesmo sabor aos brasileiros – elogios ouvidos pelo coronel Rondon e por seus companheiros de expedição. Inclusive o de que a construção da linha telegráfica de Cuiabá ao Madeira, "levada a efeito exclusivamente com trabalhadores nacionais" e estes, na sua maioria, mestiços – caboclos e mulatos – representava "um esforço só excedido" pelo que fora empregado "na abertura do canal do Panamá". Quanto ao Rio de Janeiro da época – máxima expressão urbana, naqueles dias, de uma civilização desenvolvida em espaço tropical por uma gente em parte mestiça – Theodore Roosevelt foi também enfático em sua apologia de homem franco e às vezes rude: considerou-o superior a Nova Iorque, Paris, Londres e Washington "em polícia, higiene, limpeza e calçamento". Só Berlim podia gabar-se de possuir "melhor higiene e limpeza mais cuidadosa".

Vê-se que ao ufanismo ou narcisismo brasileiro da época, a que um livro de algum interesse sociológico, *Por que me ufano do meu país*, do segundo Afonso Celso, deu expressão saliente, não faltava de todo apoio nuns tantos fatos, esquecidos ou desprezados por aqueles brasileiros, intelectuais e semi-intelectuais, que, influenciados pelas opiniões dos Le Bons e de outros sociólogos europeus e anglo- -americanos de segunda e terceira ordem, não enxergavam no seu país senão confirmação às teses desses estrangeiros. Os próprios apologistas de umas tantas virtudes nacionais – Sílvio Romero, Euclides da Cunha, João Ribeiro, José Veríssimo, Graça Aranha – tinham colapsos tais de confiança no Brasil tropical e na sua gente, em grande parte mestiça, que mais de uma vez engrossaram o número dos descrentes e dos desesperançados. Raros os que se conservaram sempre objetivos e confiantes, sem exageros nem de pessimismo nem de ufanismo com relação ao seu país: Cândido Rondon, Eduardo Prado, Afonso Arinos, Inglês de Sousa, Oliveira Lima, Artur Orlando, Alberto Torres, Teixeira Mendes, Teodoro Sampaio, talvez devam ser incluídos entre esses raros; e dentre os que apareceram já no fim do período aqui considerado, de novo devem ser aqui recordados Roquette-Pinto, Afrânio Peixoto, Gilberto Amado. Revelaram eles tendência – em Roquette, sobre segura base científica, nos outros dois, mais sobre felizes intuições que sobre conhecimentos de antropologia ou sociologia propriamente científica – para adorar o que os outros vinham queimando; e queimar o que os outros vinham adorando.

Lúcia Miguel-Pereira, no seu *Prosa de ficção* (*De 1870 a 1920*), publicado no Rio de Janeiro, em 2ª edição, em 1957, observaria, na análise dessa época sob critério literário, ter sido geral nos intelectuais brasileiros do fim do século XIX e do começo do XX "o sentimento de inferioridade racial": sentimento que, segundo ela, "a todos oprimia". Tanto que "uns exaltavam os alemães, outros, os franceses, alguns os ingleses e americanos do Norte, mas todos concordavam em que os brasileiros e seus avós, portugueses ou negros, pouco valiam". Da República, acrescentaria Lúcia Miguel-Pereira, "cedo se tornou um desencanto para os próprios ideólogos republicanos": "não era a dos sonhos de ninguém", e "o pessimismo imperava sobre os intelectuais". Daí termos de admitir nos excessos de ufanismo da época, reação o seu tanto saudável a exageros no sentido de desalento e da desesperança com relação ao Brasil. Reação – que foi também a de Eduardo Prado – a favor da reabilitação do passado ibérico e católico do Brasil, em face da extrema idealização de valores nórdicos e protestantes. Reação que foi a desenvolvida em torno da figura cabocla de Floriano Peixoto: o consolidador de uma República posta em perigo pela ação monarquista do aristocrata Saldanha da Gama – a favor, se não da mestiçagem, em geral, do caboclismo brasileiro, em particular. Reação de uns tantos homens práticos, contra teóricos impregnados de ciência acadêmica europeia ou anglo-americana, no sentido de se resolverem certos problemas brasileiros – o da pecuária, por exemplo – de acordo com as condições de clima peculiares ao Brasil; e de buscar-se numa pecuária assim reorientada uma das bases, além do café – já em crise – e do açúcar – já decadente – para uma riqueza rural, que nem todos esses homens práticos julgavam incompatível com a situação de clima e de solo do Brasil. Daí campanhas da parte desses práticos, e contra os acadêmicos, que resultaram no gado brasileiro cruzado com zebu e na utilização do chamado *"Pará-grass"* para pasto de gado de corte. Saliente-se, ainda a este propósito, ter se desenvolvido, na época estudada no ensaio que se segue, considerável interesse pelo por algum tempo desprezado cavalo sertanejo. Foi do Marechal Hermes da Fonseca a iniciativa, quando presidente da República, de equipar a Cavalaria do Exército Brasileiro com esse tipo de cavalo nacional que teve, assim, sua reabilitação. Crítico severo de homens e coisas brasileiras que esteve no Brasil no começo do século XX – o explorador inglês Walter Savage-Landor, no seu *Across Unknown South America* (Londres, 1913) – reconheceu, nesse "cavalo sertanejo", qualidades que podiam e deviam ser desenvolvidas: *"small, fairly agile"* e quando bem cuidado, com *"a handsome shiny coat with luxuriant mane..."* Uma espécie de equivalente, entre os cavalos, do "amarelinho" brasileiro.

Da educação do brasileiro do período considerado no ensaio que se segue, deve-se destacar que, em síntese, continuou, nos cursos secundários, a predominantemente latina, clássica no sentido mais estreito da palavra, e quase sempre clerical, dos tempos coloniais e do primeiro meio século de vida independente do Brasil; enquanto nos cursos superiores acentuou-se seu caráter imediatista – formar doutores em direito, em medicina, em engenharia, em ciências exclusivamente práticas, como notou James Bryce em suas argutas observações de 1910 sobre o Brasil, sem que isto significasse que, nesses cursos, se desse relevo ao estudo prático, experimental, científico, das matérias estudadas através de livros e ensinadas por meio de preleções: às vezes discursos simplesmente retóricos. Uma ou outra exceção. E não deve ser esquecido o fato de ter se fundado, no período considerado no ensaio que se segue, a Escola de Minas, de Ouro Preto, sob a orientação da melhor ciência francesa especializada no assunto; nem a circunstância de, em Pernambuco, seguindo-se, aliás, uma tradição pernambucana vinda da primeira metade do século XIX e até de tempo mais remoto – da era nassoviana –, tanto o barão de Lucena quanto o primeiro Barbosa Lima terem procurado dar caráter científico ao ensino de engenharia e à própria administração das obras públicas, através de técnicos franceses e ingleses contratados para esse ensino e para certos ramos dessa administração. Na capital do mesmo Pernambuco, procurou-se dar, na época, caráter científico ao próprio ensino do direito. E na da descansada Bahia, houve quem se esforçasse por desenvolver, à margem da sua academia, isto é, na Faculdade de Medicina e um tanto contra a sua rotina, uma Escola de Medicina experimental (Silva Lima, Patterson, Wucherer; nenhum deles brasileiro ou baiano nato) especializada no estudo de doenças peculiares ao meio regional e das condições locais ou tropicais de natureza que as favoreciam. Escola de certo modo merecedora da denominação de "tropicalista", que lhe vem sendo atribuída por um jovem médico brasileiro da Bahia, o doutor Caldas Coni.

Igualmente data do período estudado no ensaio que se segue a presença, no Brasil, de sábios europeus e anglo-americanos como o francês Louis Couty – que estudou em São Paulo a cultura do café – e dos geólogos anglo-americanos como Ham, Orville Derby e John Casper Branner, que, atraídos para o estudo da natureza brasileira por Agassiz, não deixaram de ter influência sobre os estudos de engenharia no Brasil, como Couty sobre os de medicina. No Brasil, repita-se que esteve também, na época em apreço, observando a natureza e a população e retratando-as em interessantes cartas ilustradas com desenhos de artista-cientista, William James, que pensou em dedicar-se ao estudo de assuntos físicos ou naturais, amazônicos ou brasileiros, e foi um dos primeiros homens do seu país a verificar de perto, no Brasil – com olhos de quem, estudando então "ciências da natureza" e entregando-se com algum amor à arte do desenho (o desenho de pessoas e de coisas) seria, anos depois, um dos maiores psicólogos-sociólogos do século XX –, a dignidade do mestiço ou do caboclo brasileiro: seu modo por assim dizer anfíbio de ser fidalgo, sendo ao mesmo tempo rústico habitante de um espaço intensamente tropical como o amazônico.

Dentre as inovações da época, de caráter pedagógico, deve-se destacar a governanta inglesa, alemã ou francesa, que no fim do século XIX e no começo do XX tornou-se luxo comum às famílias ricas, sobretudo de fazendas ou engenhos, tanto do Sul como do Norte.

Após a Abolição, verificou-se também, em casas ricas das cidades, a substituição de empregadas de cor por portuguesas e italianas. Um como repúdio àquelas mulheres de cor que não haviam sabido ser gratas aos seus ioiôs e às suas iaiás.

Não cessou de todo, entretanto, durante a maior parte do período estudado nas páginas que se seguem, a ação, também pedagógica, das negras velhas, contadoras de histórias, de quem o menino ou a menina brasileira ouvia do norte ao sul do País, quase as mesmas histórias: histórias de fadas, de anões, de princesas, de bruxas, de gigantes, de príncipes encantados, de mulas sem cabeça, de almas penadas, que o paulista Leonel Vaz de Barros informa ter ouvido, não na Bahia nem em Pernambuco, mas em São Paulo, da preta Eugênia, "'ingênua' remanescente da Fazenda Capivari". É um dos aspectos do modo, verdadeiramente notável, por que escravos transferidos do Norte para o Sul do Império, concorreram, no Brasil, para a unidade nacional de sentimento e de cultura que tornou vãos e inconsistentes os receios de quantos temeram a fragmentação do País, em virtude da, na verdade, exagerada federação republicana instituída em 89, em lugar da Monarquia, por sua vez excessivamente unitária. Nascido no Pará, outro brasileiro da época estudada no ensaio que se segue, Deodoro Machado de Mendonça, informa ter sofrido naquela área amazônica influências de escravos negros semelhantes às recebidas em São Paulo por Leo Vaz, ou no Nordeste, por Da. Antônia Vieira de Melo, nascida em São Paulo mas crescida em engenho da Paraíba. E vários depoimentos nos deixam ver não ter sido de ordinário cruel o tratamento que davam os senhores aos seus escravos, no fim da era escravocrática, nas áreas patriarcais e agrárias mais antigas do País. "Existiam escravos (eram a maioria) que não sofriam sequer repreensão", informa em suas confissões Antônio Massa, nascido no Engenho Pacatuba, na Paraíba, em 1863, e que chegaria a senador da República. Isto numa época em que raro era o menino branco e fino que aprendia latim sem bolo de palmatória e outros castigos duros e severos.

Recorde-se que um dos profetas da deterioração social do Brasil em consequência da República federativa foi Eduardo Prado, a quem, neste particular, faltou o exato conhecimento do conjunto brasileiro do seu tempo, como unidade já definida de cultura ou vivência nacional capaz de resistir aos conflitos entre interesses regionais ou estaduais, que vieram, com efeito, a ser favorecidos ou aguçados pela nova forma de organização política do País. A verdade é que a favor da mesma unidade e contra a desagregação temida por Prado ergueu-se a figura do brasileiro médio: ser coletivo ou sintético cuja formação continuou a processar-se, após a proclamação da República, sob a influência de forças de unificação de vida, de sentimento e de cultura nacionais vindas da Monarquia. Inclusive as próprias sobrevivências da figura do escravo e da do descendente de escravo dentro do sistema patriarcal de família e junto à criança brasileira.

Com o Império, "segundo todas as probabilidades", acabaria também o Brasil – pensava no fim do século XIX, evidentemente sob a influência de Eduardo Prado, o Eça de Queirós. "Daqui a pouco" – acrescentava numa das suas cartas de Fradique Mendes, publicadas depois de sua morte sob o título de *Cartas inéditas de Fradique* – "o que foi o Império estará fracionado em repúblicas independentes de maior ou menor importância. Impelem a esse resultado a divisão histórica das províncias, as rivalidades que entre elas existem, a diversidade do clima, do caráter e dos interesses, e a força das ambições locais. [...] Por outro lado, há absoluta impossibilidade de que São Paulo, a Bahia, o Pará queiram ficar sob a autoridade do general fulano ou do bacharel sicrano, presidente, com uma corte presidencial no Rio de Janeiro. [...] Os Deodoros da Fonseca vão-se reproduzir por todas as províncias. [...] Cada Estado, abandonado a si, desenvolverá uma história própria, sob uma bandeira própria, segundo o seu clima, a especialidade da sua zona agrícola, os seus interesses, os seus homens, a sua educação e a sua imigração. Uns prosperarão, outros deperecerão. Haverá talvez Chiles ricos e haverá certamente Nicaráguas grotescas. A América do Sul ficará toda coberta com os cacos de um grande Império."

Profecia que de modo algum se realizou. E não se realizou por lhe ter faltado quase de todo consistência sociológica; ou ter se baseado apenas numa estreita parassociologia, quando muito, política; e esta quase inteiramente lógica. Lógica e de gabinete: nem sequer intuitiva no seu arrojo profético. A negação, por conseguinte, da ciência da história que, segundo o próprio Eça, teria sido a praticada sempre por Eduardo Prado: aquela que, em vez de apoiar-se só "nos anais", procuraria também inspirar-se ou informar-se "no coração íntimo dos homens", "nas anedotas, que com sua eterna mistura de credulidades, desalentos, terrores, sacrifícios, cóleras, êxtases, mortificações, nos faz fundamente sentir a unidade humana...", como se lê na página 544 da primeira edição das *Notas contemporâneas*. O "coração íntimo" dos brasileiros da época que se seguiu à proclamação da República, se examinado de perto por um Prado ou um Eça, haveria de mostrar-lhe que existia entre a gente do Brasil, do norte ao sul do País, uma unidade nacional já tão forte, quanto às crenças, aos costumes, aos sentimentos, aos jogos, aos brinquedos dessa mesma gente, quase toda ela de formação patriarcal, católica e ibérica nas predominâncias dos seus característicos, que não seria com a simples e superficial mudança de regímen político que aquele conjunto de valores e de constantes de repente se desmancharia.

Daí não ter sido de todo inepto, em seu aspecto sociológico, um livro da época que, ao pessimismo exagerado de alguns críticos da situação nacional, tentou opor um excesso contrário: o de otimismo ou ufanismo. Este livro foi – insistamos neste ponto – o já recordado *Por que me ufano do meu país*, de Afonso Celso. Pertence ele ao grupo de literatura apologética do brasileiro que, após a queda da Monarquia e a fundação da República, apareceu entre nós, como uma espécie de corretivo ao desalento que há algum tempo vinha caracterizando a atitude de alguns nacionais com relação à situação e aos antecedentes, quer étnicos, quer históricos e sociais, da gente luso-americana. A essa literatura pertencem, aliás, algumas das melhores páginas do já referido Eduardo Prado, de Afonso Arinos, de Inglês de Sousa, de Sílvio Romero, de Euclides da Cunha ("o sertanejo é antes de tudo um forte") – escritores, os dois últimos, às vezes contraditórios em sua sociologia da vida brasileira. Nunca, porém, pessimistas sistemáticos com relação ao Brasil social como o Maciel em quem em parte se encarnou Graça Aranha, no seu *Canaã* – um dos livros mais significativos da época – e para quem o Brasil de formação lusitana e composição mestiça não poderia resistir aos nórdicos. Por esse Maciel falavam, como já observou Lúcia Miguel-Pereira no seu *Prosa de ficção (De 1870 a 1920)*, publicado no Rio de Janeiro, em 1ª edição, em 1950, e em 2ª edição, em 1957, vários dos intelectuais da época: intelectuais essencialmente subeuropeus em suas atitudes para com o Brasil. Intelectuais que não acreditavam num *ethos* brasileiro capaz de resistir àquelas invasões étnicas e éticas.

Há quem pense, como o crítico Adonias Filho, em recente artigo sobre interessante livro de memórias aparecido no Rio de Janeiro em março de 1957 – *Um sertanejo e o sertão*, do Sr. Ulisses Lins de Albuquerque – que "o processo de mudança" no período republicano, vem sendo, no Brasil, tão rápido que, comparados os avós aos netos, tem-se a impressão de alteração na própria psicologia do brasileiro. Mesmo verificada tal espécie de alteração, poderia vir-se realizando sob uma permanência de formas sociais que viria resistindo a mudanças de substância cultural: inclusive a ética, às vezes confundida com o ethos. No ethos não acreditamos que netos dos Deodoro, dos Benjamim Constant, dos Prudente de Morais, se venham apresentando muito diversos dos avós: nem no ethos nem nas formas gerais de comportamento. O que tem-se alterado – e muito – é o conteúdo ético de que se vêm animando essas formas, sob a pressão de novas condições de contato das regiões do Brasil umas com as outras e de quase todas com o resto do mundo. Daí muitos se virem assemelhando mais na sua ética – e não tanto no seu *ethos* – aos contemporâneos, do que aos avós ou aos antepassados.

Em seu *Time and the Novel*, livro publicado em Londres em 1952, A. A. Mendilow lembra terem sido, na língua inglesa, historiadores como Burke, ao lado de poetas como Wordsworth – portanto, humanistas – os pioneiros de uma nova concepção do passado humano que deles teria se comunicado aos homens de ciência: concepção que viria considerando "the living human implications of the past", dentro de uma tendência, comum a vários europeus, para incorporar-se o passado, assim revivificado, a nova escala de valores e a nova sensibilidade do homem moderno, civilizado, ocidental, ao tempo: nova "temporal sensibility". Essa tendência alcançou aqueles estudos de antropologia e de etnologia dos quais se desenvolveriam os de sociologia e de psicologia e história sociais, através de crescente interesse pelo estudo da infância do homem como raça ou como nação; ou como puro ser humano, cujos instintos primitivos e cujas experiências infantis e subconscientes, continuariam a se fazer sentir no comportamento do civilizado. Antes de aparecer Bergson ou Freud, já Wordsworth e Coleridge punham em relevo, do ponto de vista da repercussão da infância ou do passado sobre a vida do adulto, a importância do subconsciente. Opunham assim ao sentido clássico de tempo como espaço, outro, talvez já paraeinsteiniano e com certeza parabergsoniano, em que a tradição, incorporada a uma civilização, passava a ser considerada condição contemporânea da existência viva dessa civilização: parte inevitável da sua atualidade.

De modo que o passado não devia ser considerado apenas uma fase de vida experimentada pelo indivíduo ou pelo grupo, mas uma experiência presente no inconsciente do indivíduo ou do grupo; e, como tal, influência modificadora do seu comportamento. Modificadora da sua própria projeção sobre o futuro.

Sendo essa a tendência que deu importância, em antropologia, aos estudos de antropologia social ou cultural e, em sociologia, aos de sociologia genética ou histórica, compreende-se o nosso repúdio a Thomas na parte em que esse grande renovador dos modernos estudos sociais deixou de revelar essa sensibilidade moderna ao tempo, para mostrar-se apegado ao sentido clássico do passado como experiência humana sociologicamente dependente do presente, e não interdependente com relação ao mesmo presente e ao próprio futuro. Este é o critério sob o qual vimos tentando um tanto pioneiramente articular o passado social, cultural e psicológico de um povo moderno – o brasileiro – com o seu presente e, em certos pontos, com o seu próprio futuro: o da interdependência desses três tempos, quase sempre sob o comando do passado naquilo em que o passado secreta ou intimamente se mantém como condição contemporânea do presente. Daí no nosso primeiro ensaio sobre a formação da sociedade patriarcal no Brasil, termo-nos utilizado, de maneira escandalosa para alguns, de técnicas de articulação sociológica do passado com o presente, não só históricas como antropológicas; não só folclóricas como psicológicas. Orientação seguida no segundo dos nossos ensaios sobre o assunto; e também neste, que é o terceiro. Foi por essa conjugação de técnicas e por essa pluralidade de métodos convergentes que nos pareceu possível captar, nas sobrevivências do passado no presente e nas antecipações de presente e até de futuro, no passado de uma sociedade como a brasileira, fundada por europeus em espaço e tempo extraeuropeus, suas possíveis constantes estabilizadoras ou ordenadoras de um desenvolvimento que, sem essa estabilização ou essa ordenação, não teria passado de um caos de progressos diversos, contrariados ou anulados por vários e contraditórios regressos.

I

O 15 de Novembro no seu aspecto político: considerações em torno da reação de um passado ao desafio do futuro

Em 1889, certo inglês chamado Knight se achava empenhado, em águas tropicais do Atlântico, numa aventura de romance de Robert Louis Stevenson: a de encontrar na ilha brasileira da Trindade o muito ouro e a muita prata de igreja que ali teriam sido enterrados por homens misteriosos em 1821. Obra de piratas – dizia a lenda em certos pontos confirmada pela história – entregues no começo do século XIX ao saque de tesouros espanhóis guardados durante a era colonial em catedrais da América do Sul e por eles, piratas com certeza hereges, arrebatados a navios dos que naquela época de revoluções separatistas no continente americano, teriam recebido de Madri ordens de transportar à Espanha tão grandes preciosidades, evitando-se assim que caíssem em poder dos republicanos *criollos*.

E. F. Knight não era um inglês qualquer, mas homem de algumas letras. Tanto que o livro em que descreve sua aventura brasileira é uma das narrativas mais interessantes em torno do difícil assunto: a busca de tesouro em ilha deserta e um tanto misteriosa do trópico por homens civilizados. A descrição é minuciosa: a minuciosa descrição de um fracasso. Mas o livro, quase todo sobre a ilha sinistra, não deixa de referir-se numa ou noutra página ao Brasil continental. Inclusive a Pernambuco: às suas areias de praia que o inglês chama poeticamente "douradas", acrescentando que eram "guarnecidas de verdes coqueirais". Constituíam esses coqueirais e aquelas areias, juntamente com os morros cobertos de mata que lhes serviam de fundo, conjuntos que Mr. Knight não hesita em classificar de *"beautiful and very tropical-looking"*.[1]

Perto das praias pernambucanas e dos seus arrecifes viam-se do *Alerte* – o navio a vela de Mr. Knight – jangadas que lhe pareceram manejadas por "negros nus", quando na verdade os jangadeiros eram homens de cor – raramente negros – de tanga ou de calças, e que lhe deram a impressão de *"quaint"*. Primitivas e *"quaint"*, as jangadas e os jangadeiros do norte do Brasil formavam um contraste com os modernos vapores que ancoravam perto do Recife: nas águas quase sempre zangadas do Lamarão, como se fossem águas, por muito tropicais, hostis à presença de europeus da Europa fria.

Mas não foi do Recife nem de Belém, nem de Fortaleza nem do Rio de Janeiro, que os ingleses do *Alerte* fizeram o ponto de apoio continental às suas aventuras de meninos grandes – embora talvez mal-intencionados – na Trindade brasileira, e sim da cidade de Salvador. Salvador da Bahia. Viram-na pela primeira vez uma noite de lua. Vista do mar à luz da lua, Salvador era, então, uma beleza de cidade. Uma linda cidade para inglês ver: ver e admirar. Aos olhos dos ingleses do *Alerte* as igrejas e as casas do bairro alto de Salvador pareceram, com efeito, brilhar como mármore à luz da lua; palmeiras e outras formas tropicais de vegetação pareceram-lhes irromper como por encanto do vasto casario e das ruas bem iluminadas; e a cidade baixa, esta lhes deu a impressão de emergir majestosamente de águas verdes abrilhantadas pelo luar.

Toda essa ideia de magnificência, porém, o contato dos ingleses com Salvador à luz do sol, na manhã seguinte, muito concorreu para modificar, concluindo, então, os realistas terríveis que eram afinal, durante o dia, os românticos apenas noturnos, do *Alerte*, que a "velha cidade portuguesa" era com efeito "pitoresca"; mais dificilmente poderia ser considerada "magnífica".[2] Ruas sujas. Confusão de cores berrantes – de gente, de bichos, de papagaios, de turbantes de negras, de frutas estranhas. Confusão também de cheiros estranhos: uma variedade deles, entre os quais o da própria febre amarela talvez estivesse presente.

Cidade, também, de muito ruído: sinos sempre tocando e foguetes sempre rebentando no ar. O que no livro de Mr. Knight vem explicado como uma constância baiana: cidade sempre a festejar santos da igreja. A cidade se chamava de Todos os Santos, precisamente pelo fato de durante o ano inteiro cada dia ser dia de festa em honra de algum santo: o padroeiro de algum bairro ou de alguma rua ou simplesmente de alguma família. Cessasse um dia o estridor dessas comemorações barbaramente religiosas e Mr. Knight tinha a impressão de que os habitantes de Salvador se alarmariam, certos de haver alguma enorme desgraça descido de repente sobre a cidade: um "terremoto" ou uma "revolução". Ocorrências, naqueles dias, frequentes na América Espanhola, mas não na Portuguesa, graças principalmente – pensavam alguns brasileiros e vários estrangeiros quanto às revoluções, raras no Brasil – à sua forma de governo, que era a monárquica.

De Salvador, os ingleses do *Alerte* seguiram para a Ilha de Trindade. Mas para regressarem às doçuras da capital da Bahia depois de alguns penosos meses de procura de um tesouro talvez mítico. E não nos enganemos: é possível que a história de tesouro fosse apenas pretexto para uma exploração tanto quanto possível minuciosa da ilha deserta, talvez já cobiçada pelos ingleses.

Esse primeiro regresso foi em janeiro de 1890. Notaram então os exploradores que uma estranha bandeira flamejava no alto dos fortes e dos edifícios oficiais, e também nos mastros das pequenas embarcações brasileiras paradas ou em movimento nas águas do Recôncavo. Não lhes pareceu a tal bandeira semelhante a nenhuma das flâmulas suas conhecidas. Que teria acontecido ao Brasil? (Que espécie de revolução ocorrera?) Era um mistério para os ingleses. Até que, depois de atendidas formalidades burocráticas com a Saúde, Mr. Knight saltou para o bote que o devia levar a terra: e perguntando, em mau português, ao remador preto, o que significava aquela bandeira nova a flutuar nos fortes, nos edifícios do governo e nas embarcações, o negro lhe explicou com "um ar indiferente": "Ah, a República".[3] Friamente, sem se exaltar com o fato; como um inglês das anedotas brasileiras e confirmando, aliás, a ideia de Mr. Knight de serem os brasileiros uma gente "quase oriental" na sua "apatia": a seu ver, de "raça indolente".[4] Tudo dentro da sociologia mais ostensiva na época: uma sociologia que não hesitava em classificar os homens, suas virtudes, seus defeitos, pela raça de cada nação ou de cada povo.

Um inglês residente na Bahia – certo Mr. Wilson – explicou a Mr. Knight o que ocorrera: uma revolução política que expulsara do trono "o estimado Imperador". Uma revolução muito sem classe: não houvera uma única morte para lhe dar dignidade ou sequer respeitabilidade. O povo – informara Mr. Wilson a Mr. Knight – parecia envergonhado do acontecimento, acerca do qual poucos falavam na Bahia onde, aliás – fato talvez ignorado por Mr. Wilson – a Câmara de Salvador se erguera altivamente contra os republicanos, protestando solidariedade ao imperador. Atitude que, de forma menos ostensiva, fora a de muitos baianos, afinal solidários com os demais brasileiros na sua adesão sem entusiasmo ao novo regímen, contando que este assegurasse ao País a ordem e a unidade já por tantos anos garantidas pelo Império. Atitude – diga-se desde já – até de barões de Pedro II; um desses barões, o do Rio Branco, que, sendo um Paranhos, filho de baiano e de visconde, conservaria sempre seu apego ao velho regímen, embora admitindo a transigência com o novo. Transigência para bem do Brasil, da sua unidade, da sua ordem social e do seu progresso econômico. Precisamente quanto aos acontecimentos de 15 de novembro é que Rio Branco escreveria a Rui Barbosa – recorda-o o historiador Luís Viana – não ser a questão "entre Monarquia e República mas entre República e Anarquia".[5] Que o novo regímen conseguisse "manter a ordem, assegurar, como o anterior, a integridade, a propriedade e a glória do nosso grande e caro Brasil e ao mesmo tempo consolidar as liberdades que nos legaram nossos pais e que não se encontram em muitas das intituladas repúblicas hispano-americanas" – era o que "sinceramente desejava" o segundo Rio Branco.

Foi o que disseram sinceramente desejar, em comunicados aos jornais, outros barões, viscondes e conselheiros do Império, logo que se verificou não ter havido reação ao pronunciamento de 15 de novembro: que o novo regímen se consolidasse, assegurando ao País, "como o anterior", a ordem, a integridade e a prosperidade. Assim o visconde de Bom Conselho, que se apressou em dirigir ao ministro do Interior do governo provisório uma carta, apresentando ao novo regímen os protestos de sua "máxima adesão e obediência" e fazendo votos para que "ventos galernos" conduzissem os exilados "ao seu novo destino"; e sobretudo para que "o governo federal" fosse feliz "na sua importante tarefa de conservar a paz interna e externa, estreitando cada vez mais os laços de íntima fraternidade entre os brasileiros".[6] Assim o visconde de Arantes, que publicou sem demora, na imprensa, declaração aos seus "amigos e patrícios", em que, "diante dos acontecimentos políticos que acabam de se dar e que mudaram a forma de governo do País, sem que tivesse havido vencidos e vencedores", dizia julgar do seu dever, "consultado como tenho sido pelos meus amigos do Estado de Minas Gerais", a todos aconselhar que aceitassem "as consequências daqueles acontecimentos" e prestassem "franco apoio ao governo provisório e especialmente ao governador nomeado para esse Estado", nomeação que reputava "feliz", convencido como estava de que o nomeado podia e havia de prestar "muito bons serviços, garantindo paz e tranquilidade do Estado e concorrendo para o seu progresso e prosperidade".[7]

Outra declaração de titular do Império aparecida na imprensa, logo após a proclamação da República, foi a do conde de Araruama, escrita de Quissamã a 19 de novembro e dirigida especialmente aos seus amigos dos Municípios de Macaé e Barra de São João, na antiga Província do Rio de Janeiro, para comunicar-lhes "com a franqueza e lealdade", com que sempre lhes falara, a resolução que ele e toda sua família e amigos haviam tomado de "aderir ao governo provisório". "Com efeito" – acrescentava o bom do conde – "depois dos graves sucessos que todos conhecem, depois da retirada da família imperial, estou convencido de que o melhor serviço que se pode fazer à pátria é auxiliar o governo provisório na manutenção da ordem e da tranquilidade pública, únicas garantias da liberdade". E ainda: "À Constituinte, que se reunirá em nome do povo soberano, compete decidir afinal sobre a forma definitiva do governo. Entretanto, convém aos interesses do País que não oponhamos embaraços ao governo, antes o auxiliemos, cada um de nós com a mira na prosperidade da pátria comum." Seu apelo era a "todos os homens amantes da ordem e verdadeiramente patriotas, sem distinção de partidos".

O conselheiro Antônio Prado – "o cidadão Antônio Prado" – foi outro que apareceu sem demora na imprensa – no *Correio Paulistano* – com uma definição clara de sua atitude: estando "na consciência de todos, em vista da marcha dos acontecimentos, a impossibilidade de uma restauração monárquica, por meio de uma contrarrevolução", e sendo, por outro lado, indispensável, "para a manutenção da ordem, para a segurança dos direitos civis e políticos do cidadão", a "existência de um poder público", era forçoso "reconhecer a necessidade de aceitar o atual estado de coisas como ele se constitui, sem indagar de sua origem".[8]

O próprio conselheiro José Antônio Saraiva, respondendo a uma consulta dos seus amigos de Pernambuco, telegrafou ao então redator do *Jornal do Recife*, o ex-deputado Ulisses Viana, dizendo-lhe ser a República "um fato consumado". Pelo que: "Devemos adotá-la e servi-la lealmente."[9] Aliás, em resposta ao seu amigo Almeida Nogueira, redator do mesmo *Correio Paulistano*, diria, a propósito de "como deveriam proceder os brasileiros na atual situação política", o ex-senador Manuel Antônio Duarte de Azevedo – outra figura ilustre da política do Império – que "em vista da reforma definitivamente realizada, das instituições fundamentais, e do gravíssimo inconveniente de promover-se a restauração da Monarquia no Brasil", deveríamos "pelas mais imperiosas exigências do patriotismo, aceitar o fato consumado..." Constava-lhe, aliás, que "o Sr. D. Pedro II, ex-imperador do Brasil, no momento de despedir-se de um dos seus mais leais amigos, velho e benemérito servidor do Estado, lhe dissera comovido mas resolutamente: "O que está feito, está feito; cumpre agora que os brasileiros se esforcem para ter uma boa Constituição."[10]

Respondendo ao mesmo inquérito do *Correio Paulistano*, escreveu em carta datada do Rio de Janeiro, 29 de novembro de 1889, M. G. de Sousa Dantas, que pensava ser "a suprema necessidade da situação [...] a ordem, a tranquilidade pública, sem a qual os interesses fundamentais da nossa sociedade no presente e no futuro, a integridade do território, o funcionamento do comércio e das indústrias que constituem a nossa riqueza, o crédito do Brasil no estrangeiro, ficariam à mercê de perigos incalculáveis..." Paulino J. S. de Sousa respondeu ao inquérito do jornal paulista: "Não há quem possa contestar que está de vez formada no Brasil a forma de governo republicano..." Não havia "regresso possível". E João Vieira Cansanção de Sinimbu – outro grande do Império – escreveu ao *Correio Paulistano* que, a seu ver, o que mais devia preocupar os brasileiros em face dos acontecimentos de 15 de novembro era a "integridade do território nacional": a Monarquia sempre soubera "manter unido" o Brasil.[11] O futuro, neste ponto essencial, devia continuar o passado.

Não faltou, com sua adesão à República, o centro Família Espírita, de São Paulo, que, embora convicto de ser "a paisagem iluminada que nos espera" a assegurada pelo "império do espiritismo", reconhecia a necessidade de uma "República profana" que marchasse "correta, pela senda da justiça, da ordem e do progresso".[12] O espiritismo a confraternizar com o positivismo. Reconhecendo ter a nação mudado de governo, "para manter o espírito de ordem", julgava não se dever admitir "a existência de jornais" que propagassem "ideias anacrônicas", isto é, monárquicas. Entretanto, não concordava com "a bandeira provisoriamente levantada pela República", por não respeitar "as tradições gloriosas da nação, nem o legendário estandarte auriverde do País, sustentado com tanto heroísmo pelo Exército e pela Armada, nas pugnas sangrentas que mantiveram a integridade e a honra da pátria". Por onde se vê que até aos espíritas brasileiros preocupou, em face dos acontecimentos de 15 de novembro, o problema da ordem e da integridade nacionais, dos quais a "República profana" deveria principalmente cuidar, deixando ao "império do espiritismo" o cuidado com o progresso dos espíritos.

Compreende-se que, considerado superficialmente, o modo por que os brasileiros aceitaram a República ou a ela aderiram, tenha parecido aos olhos de Mr. Knight expressão de "apatia oriental". Mas a verdade é que a maneira por que alguns dos próprios conservadores brasileiros mais lúcidos e mais ligados ao Império assimilaram a ideia de um novo regímen político ao seu sistema moral de valores brasileiros fundamentais – e portanto necessários a uma sistemática nacional de ordem, de estabilidade e de integridade, e também de progresso – revela da parte deles menos "apatia oriental" – revelada talvez pelo grande número ou pela massa – que capacidade ou sabedoria de contemporização: virtude britânica, espantosamente desenvolvida por aqueles conservadores plásticos – pois eram ao mesmo tempo homens atentos ao futuro – no trópico americano. Em face do que, compreende-se que a um espanhol ou, talvez, a um russo, o comportamento brasileiro – sua reação à revolta de 15 de novembro – tenha parecido apatia ou pusilanimidade; mas não a um inglês – Mr. Knight mostrou-se pouco inglês ao registrar, enojado, que a transformação do Brasil de Monarquia em República se verificara sem sequer uma morte.

A bandeira nacional ainda não fora escolhida ao chegar Mr. Knight a Salvador, depois de algum tempo na ilha deserta de Trindade: a que os fortes, edifícios e embarcações ostentavam era apenas a do novo

"Estado da Bahia". À notícia vinda do Rio pelo telégrafo de que ali se proclamara a República, a cidade da Bahia não reagira com inquietação ou distúrbio de espécie alguma. A gente baiana de cor, tornada livre pelo Império, não tivera o menor gesto de defesa do monarca deposto. Voltara sem demora a festejar os santos, estes sim, seus eternos senhores, com repiques de sino, foguetes e fogos de artifício. Nem por isto se poder dizer da Monarquia no Brasil que caiu sem ter tido quem morresse por ela, ou por ela arriscasse a vida, como o barão de Ladário. Vários foram os negros e pardos que deram a vida se não pela causa monárquica pura ou abstrata, pela causa monárquica encarnada em Isabel, a Redentora: aquela que segundo recordava em 27 de janeiro de 1902 um jornal independente em política, ainda que católico – *Era Nova* – fora "idolatrada" pelo seu povo.

É certo que muitos foram, dentre a plebe mestiça e negra do Brasil, aqueles que se conformaram imediata e docemente com a vitória da República sobre a Monarquia: uma Monarquia que, por falta principalmente do imperador, revelara-se incapaz, aos olhos de todos, grandes e pequenos, de oferecer resistência armada ao pronunciamento do 15 de novembro. Nem era fácil a essa plebe assumir de súbito outra atitude, contra a surpresa de um pronunciamento – comparado por Joaquim Nabuco ao tiro do Caramuru ante os indígenas assombrados – que até a barões do Império deixara atônitos e dispostos, por "amor ao Brasil", "à ordem" e ao próprio "progresso nacional", a transigir imediatamente com o novo regímen, a aderir ao novo poder político. A maneira quase nipônica por que o antigo regímen caminhara para a própria dissolução, afastando-se dos seus naturais aliados, tivera a sua também natural consequência: a de esses aliados virem se sentindo alheios à sorte da Coroa. Não seria, então, de esperar da simples plebe, num país que, segundo a observação exata de Couty, não tinha ainda povo no verdadeiro sentido sociológico da palavra, o milagre de tornar-se de repente essa realidade apenas em perspectiva, nem que dominasse com sua gratidão à princesa Isabel um movimento republicano sustentado pelas então chamadas "classes" – classes e não forças – "armadas".

Entretanto, se Mr. Knight houvesse procurado inteirar-se da atividade da plebe mestiça e negra com relação ao regímen imperial teria encontrado o que admirar no comportamento da gentalha de cor, aos seus olhos tão desprezível. Não foi fato isolado o que noticiou em 1889 o jornal *A Província*, do Recife, divulgando a informação aparecida em *O Itatiaia*, da Província do Rio de Janeiro: o de virem ex-escravizados, daquela província, recusando-se a trabalhar "nas fazendas em que seus donos se alistavam no partido republicano",[13] alegando que não prestariam serviços a homens revoltados contra a princesa regente que os remira do cativeiro. Houve outras manifestações dessa espécie.[14] "O povo dispensava perfeitamente esse benefício (a República) que os despeitados e interesseiros lhe fizeram sem consultar a sua vontade nem levar em conta suas tradições", dizia *Era Nova* no editorial já citado de 27 de janeiro de 1902, ao rebater a tese defendida pelos positivistas como Lauro Sodré de ter havido "estreita correlação" entre o 13 de Maio e o 15 de Novembro: "correlação" que a sociologia de Comte apoiaria quando a verdade – acrescentava *Era Nova* – era que Comte, no dizer de Huxley, não passava de "um incompetente na filosofia e em todos os ramos da ciência, exceto na matemática". Verdade também que os libertos viam na princesa sua redentora e a idolatravam, tendo se apoderado de todos os brasileiros – excetuado pequeno número de republicanos – "pasmos... quando souberam que a República tinha sido proclamada no Rio de Janeiro".

Era, aliás, esse ânimo de gratidão efetiva à Monarquia e de confiança no elemento dinástico como capaz de paternal ou maternalmente estender à gente de cor a proteção necessária ao seu desenvolvimento em parte viva de uma democracia social e não apenas política, um espírito que, na gente mestiça ou negra mais humilde do Brasil, vinha de longe. Recordou-o Joaquim Nabuco ao destacar daquele negro íntegro que foi o primeiro Rebouças estas considerações na verdade expressivas sobre a atitude da Monarquia no Brasil para com aquela mesma gente: a Corte Portuguesa, desde dias remotos, "por meio de seus sábios ditames, promulgados em leis", procurara "a favor dos homens de cor, combater e extinguir inteiramente" toda prevenção "contra o seu acidente, criada e posta em voga nos países coloniais". Daí o interesse especial que, segundo Rebouças, "os mulatos" deviam ter na "guarda e defesa da monarquia constitucional": instituição que não seria "tão precisamente necessária a outros cidadãos brasileiros".[15]

Tivesse Mr. Knight se informado do que vinha sendo no Império a chamada Guarda Negra e teria verificado que ela não representava apenas um recurso de políticos monárquicos contra a onda antimo-nárquica – embora não exatamente republicana – que se levantava cada vez mais forte contra o regímen imperial, da parte do Exército, do alto clero e dos grandes senhores de terra. Havia nessa chamada Guarda Negra quem se dispusesse a defender a causa monárquica contra as agressões republicanas, movido por aquele sentimento de gratidão de negros e mestiços humildes a um regímen tradicionalmente protetor deles contra os abusos dos particulares ricos, para quem ser branco e rico era ser superior a quem fosse negro e pobre.

Quando o *Alerte* pela terceira vez ancorou na Bahia, ainda durante a aventura dos ingleses na Ilha da Trindade, já não era o pavilhão do Estado da Bahia que flutuava, provisório, nos mastros; e sim outro, semelhante ao do Império, agora desfeito. O que fez Mr. Knight per-guntar a si mesmo se teria havido "ainda outra revolução" durante sua nova ausência; e "se alguma forma estranha de governo" – "comunista" ou "oligárquica" ou "fosse qual fosse" – estaria sendo "experimentada" no Brasil,[16] não pela vontade, é claro, da "raça apática que o povoava" – há de ter pensado o *mister* com seus botões – mas por imposição, à massa inerme, de bacharéis inquietos ou de militares livrescos, a se servirem da gente passiva para novos experimentos políticos.

Talvez a reação de Mr. Knight à revolução republicana de 89 no Brasil tenha sido não dele só, nem apenas dos seus companheiros de aventura na Ilha da Trindade, mas de numerosos europeus, então em contato com a América Portuguesa; e alguns deles particularmente simpáticos a essa parte do continente americano pelo fato de nela vir--se conservando uma instituição que prendia de modo especialíssimo o Brasil à Europa, afastando-o do sistema continental de governo que era em todas as Américas o republicano.

E em todas as partes do continente chamadas latinas, esse repu-blicanismo se fizera célebre por sua turbulência, pela frequência de suas revoluções, pela sucessão de seus caudilhos, quase sempre generais messiânicos, que se tornavam presidentes por meio de pro-nunciamentos. Desse estado de coisas só se vinham afastando, nos últimos anos, o Chile aristocrático e, mercê de uma ditadura, sob alguns aspectos benigna, e de inspiração positivista, o México de D. Porfírio. O Brasil era a única nação que se resguardava há longos anos da turbulência comum à América chamada latina e intitulada republicana. O que talvez sucedesse, na verdade, em parte, pela "apatia" política da população: apatia destacada por Mr. Knight e por ele sumariamente atribuída à raça;[17] mas em parte, também, pela singularidade de conservar-se a América Portuguesa, monárquica, entre repúblicas demasiadamente "progressistas" nos seus sonhos. Pelo fato de ter se separado de Portugal, continuando sob governo monárquico. Voltemos a um ponto já ferido: o de ter sido completa "a apatia" da população brasileira ante a surpresa do 15 de Novembro. Foi o que pareceu aos europeus superficiais como Knight. É o que vem sendo dito e repetido nas histórias oficiais. Mas contra a realidade. "Ao proclamar-se a República no Brasil [...] correu o sangue de alguns negros em São Luís (Maranhão), os quais estavam convencidos de que deviam sua libertação ao Trono", recorda um simpatizante do positivismo e da República, José Luso Torres, nascido no Maranhão em 1879, numa das respostas mais esclarecedoras provocadas pelo inquérito que serve de lastro a este ensaio. Acerca do que, pormenoriza: "As balas que os vitimaram foram disparadas por um pelotão do 5º Batalhão, e eu passei a respeitar, muito mais ainda, o major Tavares", isto é, o comandante de tal pelotão. Esse major Tavares Torres – futuro engenheiro e futuro frequentador das conferências de Teixeira Mendes no Apostolado Positivista, no Rio de Janeiro – quando ainda menino, no Maranhão, invejara-o de tal maneira, que, pela impressão da "importância" e dos "galões dourados" do major, é que seguira, adolescente, para a Escola Militar da Praia Vermelha e daí para a de Rio Pardo. Daí o depoimento não ter sido escrito contra, mas a favor do militar republicano que não hesitou em mandar matar a bala os negros desarmados que no Maranhão se conservaram fiéis à Monarquia, considerando – no que não deixavam de ter alguma razão – os major Tavares, os Deodoro, os Floriano, os Benjamim Constant militares desleais aos seus juramentos de lealdade ao Trono. Se, retrospectivamente, valorizarmos a virtude da lealdade acima de outras virtudes, dentre as que estiveram dramaticamente em choque na consciência de alguns dos brasileiros que desde 1888 se foram sentindo obrigados a atitudes de definição pelo Trono ou pela República, temos de reconhecer heróis e até mártires – heróis e mártires ignorados pela história oficial, quase sempre exclusivista e estreita, no seu modo de consagrar vencedores – em negros e ex-

-escravos como as vítimas do major Tavares em São Luís do Maranhão. Negros e ex-escravos espontâneos na sua dedicação ao Trono que fizera deles homens livres. Porque negar-se espontaneidade à atitude de lealdade de muitos desses negros e ex-escravos com relação à Monarquia, redentora e protetora deles, não se compreende: essa espontaneidade existiu tanto da parte dos negros que, no Maranhão, foram abatidos pelos tiros um tanto covardes dos soldados do major Tavares como pelos que, no Rio de Janeiro, foram abatidos por tiros, da parte de ioiôs republicanos igualmente armados de armas de fogo ao se defenderem de pretos da chamada Guarda Negra, armados simplesmente dos cacetes denominados petrópolis: quando muito, de navalhas. É o que se depreende do depoimento insuspeitíssimo de Medeiros e Albuquerque. Ele próprio, Medeiros, foi então um dos agitadores republicanos; e confessa ter saído de casa, para enfrentar os seus rivais, os agitadores redentoristas ou monarquistas – a chamada Guarda Negra – levando "um excelente Smith and Wesson" e "duas caixas de balas". Isto em plena vigência da Monarquia. Assim armados é que os ioiôs brancos – entre os quais, alguns, decerto, mestiços – do Clube Republicano se dispuseram a repelir o que fosse ou parecesse agressão contra eles, da parte de pretos da Guarda Negra, armados apenas – reconhece Medeiros – de "cacetes e navalhas".[18] Não é de admirar que do "fogo que do Clube se fez contra eles" – pretos da Guarda Negra – tenha resultado a morte de "muitos" desses pretos, na verdade heroicos, "cujos cadáveres a polícia escondeu",[19] recorda Medeiros. Pois "a Travessa da Barreira estava literalmente apinhada de uma turbamulta ululante e sanguinária", isto é, a massa de pretos da Guarda Negra, nenhum deles armado de arma de fogo: todos apenas confiantes nas suas artes de capoeiras alguns nos seus cacetes e nas suas navalhas. Medeiros acrescenta este pormenor sobre o modo por que os ioiôs republicanos enfrentaram aquela turbamulta de pretos ou homens de cor, para eles, republicanos mais ou menos intelectualizados, retardados sociais, por se conservarem fiéis à Monarquia: "Carregávamos os revólveres, entreabríamos uma fresta na janela e, pondo apenas o braço de fora, descarregávamos os cinco tiros do barrilete. Feito isso, nova carregação, nova descarga." Era quase uma espécie de Klu-Klux-Klan, semelhante à do Sul dos Estados Unidos, após a vitória do Norte na Guerra Civil, que se esboçava no Brasil, da parte de brancos e de quase brancos, contra negros ou gentes de cor. Em minoria, organizaram, esses burgueses brancos ou quase brancos, entre nós, o movimento republicano, à base da superioridade técnica de suas armas e empregando-as contra brasileiros de cor, cujo crime vinha principalmente do excesso de uma virtude, não possuída ou revelada por alguns dos mesmos republicanos: a lealdade, a fidelidade, a gratidão. Gratidão ativa e não apenas passiva.

Comprometeu-se assim, durante o movimento republicano agitado no País por essa minoria de ioiôs privilegiados – alguns privilegiadíssimos, pelo fato de serem militares e, como militares armados, servirem a causa antimonárquica –, muito do que, como confraternização entre brancos e homens de cor, havia se conseguido durante a campanha paraguaia. Como acertadamente já observou o historiador Nelson Werneck Sodré, no seu *Panorama do Segundo Império*, a Guerra do Paraguai fizera que numerosos negros, como soldados, convivessem com os brancos, não havendo hierarquia social rígida "diante da morte", e criara para negros e sobretudo mestiços bravos oportunidades novas de "elevação social". Mais: criara na oficialidade do Exército, quase toda provinda dos campos do Paraguai, aversão profunda à ideia de "empregar suas armas, as armas destinadas à defesa da pátria, na repressão às evasões de elementos de uma raça que, num momento grave, incorporara tantos dos seus filhos às nossas Forças Armadas",[20] como, em comentário àquela justa observação de Werneck Sodré, viria a recordar o também historiador R. Magalhães Júnior.

Outro efeito da campanha republicana sob a forma de neutralização de certas consequências da campanha paraguaia no sentido de extensão e da intensificação, entre nós, de zonas de confraternização social, dentro dos complexos urbanos, entre brancos e gentes de cor, parece-nos encontrar-se na desvalorização de traços de cultura afro--brasileira que vinham sendo assimilados, desde a campanha paraguaia, pela cultura brasileira em geral: um deles, a arte da capoeiragem. Horácio Pires Galvão gabava-se, como outros Galvão, de ter aprendido com soldados negros, no Paraguai, passos de capoeiragem que considerava não só valiosos para a defesa de qualquer homem contra agressores, como elegantes.[21] Vinha assim se formando no Brasil, entre as elites, uma valorização dessa arte afro-brasileira que a campanha republicana, conduzida, em grande parte, por *señoritos* – como diria um espanhol – armados de revólveres e de caixas de balas, contra uma plebe de cor, cuja arma principal era a capoeiragem, interrompeu de modo brusco, violento, radical: considerando a capoeiragem degradante e vergonhosa. De modo que seria vão o esforço que, consolidada a República, desenvolveria o escritor Coelho Neto, para reabilitar a arte, exaltada pela campanha paraguaia e degradada pela campanha republicana, da capoeiragem. Coelho Neto confessaria ter chegado a pensar em apresentar à Câmara Federal, quando deputado pelo Maranhão, um projeto que tornasse obrigatório o ensino da capoeiragem nos quartéis e nos institutos oficiais, sob a forma de verdadeiro esporte nacional; e lembraria terem se associado às maltas de gente de cor – logo após a campanha paraguaia, acrescente-se a Neto –, com o fim de aprender "os segredos da capoeiragem [...] vultos eminentes na política, no professorado, no Exército, na Marinha [...]". Entre outros, Duque Estrada Teixeira, o capitão Ataliba Nogueira, os Tenentes Lapa e Leite Ribeiro, o aspirante de Marinha Antônio Sampaio e o próprio "Juca Paranhos, que engrandeceu o título de Rio Branco na grande obra realizada no Itamaraty e que, na mocidade, foi 'bonzão' e disso se orgulhava nas palestras íntimas em que era tão pitoresco".[22]

O francês Emile Allain não hesitou em classificar a capoeira de *"une gymnastique ou danse spéciale* [...]".[23] Nem em acentuar que a existência de maltas ou "badernas" de capoeiras não significava que *"la sécurité personnelle"* fosse, no Rio de Janeiro do fim da era imperial, *"insuffisamment garantie* [...]". Ao contrário: poucas seriam então as grandes cidades onde centro e subúrbios fossem *"aussi sûrs de jour comme de nuit"*. A capoeiragem não era assim considerada por todos os estrangeiros daquela época "a mancha na civilização brasileira" que viriam a considerá-la, uma vez instalados no poder, os *"señoritos"* republicanos que não se conformavam em perdoar a homens de cor e a ex-escravos a bravura e o destemor com que, valendo-se apenas das artes da capoeiragem, haviam, uns espontaneamente, outros animados, inspirados ou chefiados por ioiôs brancos como João Alfredo, no Rio de Janeiro, e José Mariano e, até certo ponto, o próprio Joaquim Nabuco, no Rio e no Recife, defendido até os últimos instantes a causa da Monarquia, contra os *"señoritos"* que eles consideravam desleais ou infiéis ou inconfidentes. Causa pela qual vários deles, negros e mulatos – acentue-se e repita-se – perderam a vida de modo exemplar, devendo ser considerados mártires de um regímen para muitos deles identificado com o que para eles era pátria ou mátria, no mais doce sentido da expressão.

Se, para surpresa de Mr. Knight e de outros ingleses, o Brasil se tornara de repente, em 1889, nação republicana, por outro lado tal parece ter sido o apego à ordem que os brasileiros criaram durante o Império, que os próprios fundadores militares da República acharam prudente transferir para a nova bandeira nacional o lema de sociólogos positivistas, seus mestres: "Ordem e progresso". Era como se se confessassem de início – havia de concluir algum Mr. Knight menos superficial que o do *Alerte* – revolucionários conservadores que, ao desejo de progresso, antepusessem o de conservação da ordem. Progressistas eram eles decerto – acentua um brasileiro da época em depoimento que escreveu, para servir de lastro a este ensaio –, mas não a ponto de se esquecerem da tradição de ordem, que vinha concorrendo para dar ao Brasil um dos seus característicos nacionais mais fortes; e destacando-o dos povos americanos de língua espanhola e de tendências bolivarianas, para aproximá-lo, nesse particular, dos próprios anglo-saxões do continente, progressistas, é certo, mas, como os anglo-saxões da Europa, inclinados, há mais de dois séculos, a realizar seus progressos técnicos e suas transformações sociais dentro do máximo de ordem política. Além do que, os positivistas brasileiros suspeitavam dos métodos violentamente libertários inaugurados na mesma Europa pela Revolução Francesa, mas desde o princípio do século XIX repudiados na França pelos próprios radicais como Saint-Simon e Fourier e, de modo decisivo, por Auguste Comte. Desses radicais de um novo tipo as ideias vinham repercutindo no Império brasileiro e nos Estados Unidos, de maneira mais intensa que nos países bolivarianos da América: países como que ainda demasiado presos às sugestões da famosa Revolução do século XVIII para se tornarem, como o Brasil, sensíveis ou receptivos ao que, nos novos revolucionários, também franceses, eram ideias que superavam em amplitude as dos místicos da guilhotina republicana. Tais místicos da "deusa da razão" haviam se destacado por métodos violentos e até macabros de ação revolucionária. Nas ideias de pensadores como Comte entendiam os positivistas brasileiros que ao gosto pelo progresso se juntava o desejo de uma tal harmonia entre os homens ou entre as classes, as nações, as raças, os sexos que outra coisa não era essa harmonia senão a verdadeira ordem. Ordem tanto nacional como internacional, admitindo-se dentro de suas exigências a necessidade de ditaduras semelhantes aos mais vigorosos governos monárquicos. Sobre o assunto, chegara a publicar em português notas interessantíssimas, de sabor se não positivista, parapositivista, certo engenheiro francês chegado ao Brasil em 1841 – e aqui discípulo de outro engenheiro, também francês, Louis Léger Vauthier, que foi talvez o primeiro europeu a procurar introduzir sistematicamente no Império brasileiro as ideias socialistas e, sob certos aspectos, pré-positivistas, de Fourier. Esse engenheiro, discípulo de Vauthier, foi Milet,[24] que, abrasileirando-se, casando-se com brasileira e deixando a engenharia pela lavoura de cana, corrigira os possíveis excessos do seu "progressismo" fourierista com ideias de ordem, algumas fundadas no mais terra a terra dos bons sensos.

O paradoxo de ter sido a revolução republicana de 89 no Brasil um movimento, em sua parte de inspiração positivista, empenhado em dar ao novo sistema nacional maior vigor de ação no interesse da conservação da ordem e da reorientação do progresso, que o que vinha caracterizando, nos últimos decênios, o poder monárquico, não surpreende a quem leia nos publicistas da época anterior à mesma revolução, observações como as de Milet. O que é preciso é não confundir-se essa consagração do princípio autoritário com os movimentos messianicamente caudilhistas da América Espanhola mais bolivariana em suas inquietações; e mais sugestionada pela ideologia da Revolução Francesa, libertária e igualitária: ideologia de vez em quando sufocada pelo despotismo de algum caudilho mais ou menos necessário à retificação de transbordamentos anárquicos.

A interpretação da nova bandeira nacional do Brasil e do seu lema, "Ordem e Progresso", como bandeira e lema de um regímen antes autoritário que libertário, não a fez nem em 1890, nem nos derradeiros anos do século XIX, nenhum Mr. Knight em viagem por águas ou cidades brasileiras. Quase todos os europeus em contato com o Brasil receavam, naqueles anos, a nova situação brasileira, lamentando o colapso da Monarquia; e, quando muito, saudando, no início da experiência republicana, o começo de uma possível política econômica de progresso que favorecesse, mais que a do Império, a exportações europeias para o mercado brasileiro. Raros parecem ter compreendido o que havia de substantivamente autoritário nas ideias dos principais fundadores da República em contraste com o que se tornara essencialmente antimonárquico no parlamentarismo e no extremo liberalismo de muitos dos estadistas do Império, tantos deles apenas adjetivamente monárquicos nas suas ideias e nos seus processos. O caso do próprio D. Pedro II, cuja cartola de chefe de Estado monárquico se tornara demasiadamente burguesa para inspirar a brasileiros emotivos ou litúrgicos extremos de dedicação à causa da conservação da Monarquia. Isto é, a causa da conservação da Monarquia considerada na sua plenitude: como substância e não apenas como forma – forma autoritária de governo paternalista. O tipo de governo ainda reclamado – pensavam então alguns brasileiros e vários europeus – pela situação quer do espírito, quer do corpo, da nação ainda disforme e imprecisa nas suas tendências, que era o Brasil. Vários dos depoimentos de contemporâneos da proclamação da República são nesse sentido; e refletem a ideia de que em 89 os brasileiros não estavam preparados para uma República que enfraquecesse, em vez de fortalecer, a autoridade central ou nacional do chefe de Estado, possível, aliás, de ser concebida com a autonomia simplesmente administrativa das Províncias. Era pelo menos o que pensavam os Joaquins Nabuco.

Aos positivistas é evidente que a substância monárquica no Brasil se afigurava arcaica, mas não a forma autoritária de governo. Ao contrário: eles subiram ao poder procurando, através de Benjamim Constant e de Demétrio Ribeiro, avivar no novo tipo de governo a autoridade do executivo ou o poder efetivo dos governantes, para que a causa do progresso condicionado pela ordem não fosse sacrificada ao perigo do progresso desordenado, nem a da ação refletida à do verbo irresponsável. Nenhum deles, na época, parece ter posto com nitidez sociológica o preto no branco quanto à distinção entre substância e forma, tratando-se de regímen político; mas é evidente que vários discípulos de Comte participaram da revolução republicana no Brasil, não sob a cor de radicais absolutos mas como revolucionários animados de um tal espírito autoritário – de resto muito comtiano – que, sob certos aspectos, eles, e não alguns dos monarquistas depostos, é que encarnaram então mais conscientemente o espírito de autoridade socialmente responsável contra o de individualismo liberal. O progresso desejado por positivistas do feitio de Demétrio Ribeiro deveria processar-se sob esse espírito de autoridade socialmente responsável, e não ao sabor de um liberalismo que, sob o melífluo pretexto de ser democrático, viesse acentuar no País – nos seus homens de governo – a irresponsabilidade social vinda dos últimos anos do Império: anos durante os quais Joaquim Nabuco se tornara quase corpo estranho, dentro do meio político brasileiro, pela sua sensibilidade a uma "questão social", então quase de todo desprezada pelos principais homens públicos do País: inclusive pelo veemente Rui Barbosa.

"República coroada", dizia-se desse Império que com efeito se tornara deficiente tanto na substância como na forma de regímen só no nome autoritário; e para cuja descaracterização, como regímen de autoridade, o próprio imperador vinha concorrendo com o seu liberalismo às vezes estéril e a sua ostentação de simplicidade ultrarrepublicana, embora houvesse nele um receio, até certo ponto saudável, de quanto fosse progresso material em larga escala; e que talvez fosse uma atitude menos de conservador lúcido que de tradicionalista irracional ou instintivo. Ou mesmo de reacionário escondido dentro do liberal ostensivo.

Um francês que se tornou de algum modo notável por suas observações acerca da queda da Monarquia e da proclamação da República no Brasil – Max Leclerc – escreveu num dos seus artigos escritos de 1889 a 1890, do Rio de Janeiro para o *Journal des Débats*[25], que Dom Pedro II juntava à "afabilidade", à "simplicidade de trajes e maneiras", "a lentidão em tomar partido"; ao empenho em fazer com que a Europa "o tomasse pelo soberano mais paternal, mais liberal, mais isento de preconceitos" – enquanto na sombra se esmerava em fazer prevalecer sua "vontade imperial" sobre a dos seus ministros – uma "instintiva desconfiança para com a mocidade", pois – acrescentava Leclerc – "era um pouco reacionário na sua política, se não nas suas ideias". Daí a "força de inércia" que opusera aos seus ministros ou conselheiros que reclamavam "a instituição do estado civil, do casamento civil, da lei sobre a naturalização". Nem sequer via com bons olhos "a imigração, em grande escala, de europeus", temendo, talvez, que "o elemento brasileiro fosse submergido" pelo adventício e "os costumes brasileiros desaparecessem ou se alterassem".

Pelo que escreveu Leclerc, e observaram outros europeus, em vida, ainda, de Pedro II, o último imperador do Brasil era liberal mais para efeito externo – sobre a Europa e sobre os Estados Unidos – que para íntima e efetiva repercussão sobre o Brasil, cujas necessidades de um governo que paternalmente protegesse o castiço – como diria um espanhol – dos costumes e das tradições luso-católicas da maioria da população soube reconhecer e procurou atender, embora dificultando a necessidade, igualmente considerável, de acrescentar-se a esse elemento nativo, conservador, castiço, o adventício, capaz de renovar costumes ou alterá-los, no bom, e não apenas no mau sentido. Aconteceu, porém, que era difícil viver D. Pedro a vida dupla que parece ter pretendido levar, indo piedosamente à missa no Brasil e fazendo o pelo-sinal aos olhos das multidões brasileiras e, na Europa, ostentando espírito voltairiano; de modo que o Pedro II de feitio europeu – que talvez fosse dos dois o mais autêntico – terminou superando, dentro do próprio Brasil, o de algum modo antieuropeu e antiprogressista. Daí em crises como a dos bispos e a militar ter se comportado exatamente como qualquer político ou liberal, republicano e até anticlerical – sem compromissos nem com a Igreja e com o alto clero –, empenhado em fazer valer o princípio da autoridade legítima sobre o da insubordinação – nem com o Exército, igualmente cioso de sua dignidade, contra a demagogia ultrarrepublicana de uma imprensa irresponsável até aos extremos, e tolerada pelos liberais do Império e pelo próprio imperador.

Comportamento de imperador politicamente suicida. Pois o 15 de Novembro, bem analisado, é o que parece ter sido: um suicídio político. O suicida talvez se tenha arrependido nos últimos momentos. Mas era tarde. Já estava mortalmente intoxicado com venenos, nem todos sutis, alguns até grosseiros, que há anos vinha ingerindo por sua própria mão.

Nada mais natural – como haveria de reconhecer, anos depois da morte, no exílio, do Imperador, seu próprio neto, em livro significativo – que o fato de ter o Exército imperial se republicanizado. D. Pedro II desde moço o vinha tratando de resto, sem que se desenvolvesse entre a Coroa – espécie de belo sexo do regímen – e o Exército – psicologicamente masculino e, sob esse aspecto, o natural sexo forte daquela bela mas frágil instituição necessitada de protetor viril – a necessária reciprocidade; o essencial amor entre o equivalente político de mulher bela e o de homem forte. Amor que, se tivesse existido, teria talvez dotado o regímen imperial brasileiro de qualidades psicológicas e sociológicas de sobrevivência monogâmica, entre repúblicas quase todas fugazes nas suas ligações com caudilhos militares dos quais um, entretanto, Porfírio Díaz, do México, como que nascera mais para imperador que seu contemporâneo, D. Pedro de Alcântara, neto de reis e filho de imperador.

Em vez de procurar ligar a Coroa ao Exército, para o que não lhe teria sido necessário nem extremar-se em militarista nem exagerar-se em chefe autoritário de Estado, D. Pedro desdenhou das Forças Armadas a ponto de abandoná-las às próprias feras da imprensa demagógica, aliás, sequiosa também de sangue real. Ao seu "liberalismo mal compreendido" referem-se vários dos seus contemporâneos, nacionais e estrangeiros, além do já citado Max Leclerc, pormenorizando que "a pretexto de liberdade de imprensa" permitia que "nenhuma glória e nenhuma reputação se mantivessem intactas". Leclerc acrescentava, tocando numa das piores feridas desse liberalismo inconsciente: "Os ataques anônimos, insertos nos jornais, mediante pagamento, constituíam o mais seguro agente de desagregação política: a disciplina, tanto no Exército como no funcionalismo, via-se profundamente atingida."[26]

Donde uma das críticas mais constantes dos positivistas ao regímen monárquico no Brasil ter sido a de que vinha faltando ao imperador, aliás doente e avelhantado, "energia" ou "ânimo": o ânimo imperial que os discípulos brasileiros de Comte desejariam ver substituído pelo ditatorial, nunca pelo republicano parlamentar ou pelo republicano democrático. Na circular anual, correspondente ao ano de 1888, a Igreja Positivista Brasileira, a propósito da chamada Lei Áurea, lamentava, no velho imperador, sua "natural falta de energia", a sua "inaptidão política",[27] contrastando-a com a firmeza com que soubera agir, naquele particular, a princesa Isabel.

Atitude lógica da parte dos dois positivistas ortodoxos que então falavam pela Igreja Positivista Brasileira: Miguel Lemos e Raimundo Teixeira Mendes. Pois estavam eles ainda quentes da vigorosa reação que haviam oposto ao próprio sucessor de Comte, em Paris, *monsieur* Laffitte, espécie de papa ou sumo sacerdote da religião dita da humanidade; e de quem o primeiro havia, em 1880, recebido na França o grau de "aspirante ao sacerdócio". Assim consagrado ou ungido é que Lemos aqui chegara, certo de oferecer à sociedade brasileira condições particularmente favoráveis ao triunfo positivista na política e nos costumes.

O próprio Comte – recordaria Lemos no seu *Resumo histórico do movimento positivista no Brasil*[28] – vaticinara grandes e rápidos triunfos para a sua doutrina na América Latina "sem cleros poderosos, sem tradições fundamentais, sem industrialismo poderoso". Além do que, "a progênie dos adoradores ferventes do tipo ideal de Maria" – que seriam, com efeito, numerosos num Brasil em que a imagem materna parece ter se desenvolvido num como refúgio a sentimentos de insatisfação e revolta porventura causados em muitos desses brasileiros pelos excessos de paternalismo autoritário sobre sua sensibilidade de esposas, de filhos, de netos, de escravos, de dependentes de toda espécie – devia "forçosamente acolher com simpatia" a religião que "vinha fundar o culto da mulher e proclamar a supremacia do amor". O Brasil, de entre "todas as nações ibéricas", afigurava-se ao apostólico Lemos "o caso mais propício ao triunfo da nova doutrina", em grande parte em virtude daquela mariolatria. E não há dúvida de que a mística republicana se vinha desenvolvendo no Brasil através da identificação da causa messiânica com uma figura ideal de mulher perfeita, santa, sofredora. Que sirvam de exemplo do vigor sentimental que tornou essa mística política, os versos de ardoroso propagandista da República no Recife e colaborador, nesse esforço, de Martins Júnior: o caixeiro-jornalista Ricardo Guimarães, que seria, aliás, assassinado, antes do triunfo republicano. Intitulam-se os versos *A República*, e apareceram no nº 20, de 30 de novembro de 1887, do *Antirrebate*, "Semanário Abolicionista e Republicano" que então se publicava na capital de Pernambuco, tendo a "colaboração política" de Martins Júnior, Pardal Mallet e Monteiro Filho. Aí exaltava-se a República como figura de nova Maria Santíssima, de nova Virgem Imaculada, de nova "Mãe protetora dos povos" que tinha

> *"[...] nos seus lábios rosados*
> *O néctar puro dos céus*
> *Mãe protetora dos povos,*
> *Formosa filha de Deus.*
> *Estátua feita de bronze*
> *Que esbofeteia Luís Onze*
> *Abraça, oscula Saint-Just;*
> *A cuja sombra bondosa*
> *Cresce o lírio e medra a rosa*
> *E cujo olhar nos seduz."*

Mais:

> *"Em seu regaço materno*
> *Dormem sonhando ideais*
> *Os Prometeus sublimados,*
> *Os Briaréus imortais,*
> *Por seus cabelos dourados*
> *Os ventos eletrilizados*
> *Derramam grato frescor;*
> *As aves cantam-lhe endechas*
> *E acolhe sorrindo as queixas*
> *Dos povos – o seu amor."*

E ainda, num crescendo de exaltação mística à imagem feminina da República ideal:

> *"Ela – a vítima constante,*
> *Do ódio, da perversão,*
> *Tem para o triste – um sorriso,*
> *Tem para o cego – um clarão.*
> *Sempre grande, airosa e boa*
> *Sofre, sofre, mas perdoa*
> *Aos judas, como Jesus.*
> *Também como ele traída,*
> *Como ele também vendida,*
> *Tem um calvário, uma cruz."*

Em conclusão, no mesmo tom de exaltação mística:

> *"Levantemos a essa deusa*
> *Em nosso peito um altar.*
> *Por sobre nossas cabeças*
> *Possa seu trono afirmar.*
> *Quando da grimpa dos montes*
> *À água pura das fontes*
> *Raiar o fiat lux –,*
> *Nós, de pé na praça pública,*
> *Diremos: viva a República*
> *Na terra de Santa Cruz!"*

Versos, como estes, de exaltação à República sob a forma de mulher ideal e mesmo deusa, não foram raros durante a propaganda republicana do decênio que precedeu o 15 de Novembro. Neles confirmava-se a ideia de Miguel Lemos de haver no Brasil um culto a Maria favorável à propaganda, quer republicana, quer positivista.

A propaganda, em sua primeira fase, deveria dirigir-se – pensavam os positivistas – "às classes liberais", "cuja conversão" arrastaria necessariamente "a aceitação popular do positivismo". A aceitação popular e a aceitação proletária. Nas classes liberais estariam os adoradores do "tipo ideal de Maria" mais capazes de se erguerem contra a continuação, no Brasil, daquelas formas de paternalismo – o feudal, dos senhores das casas-grandes, o eclesiástico, dos bispos e vigários, o acadêmico, dos doutores pré-positivistas – que mais repugnavam aos positivistas, e que eles desejavam ver substituídas por um neofraternalismo orientado por um neosacerdotalismo que se caracterizasse pelo modo "científico" de conduzir multidões e de resolver problemas de governo.

Talvez se deva destacar da propaganda positivista, desde 1880 sistematizada e intensificada no Brasil, que sua repercussão foi de fato considerável entre militares. É claro que, em grande parte, por ter se tornado entusiasta da "doutrina", através dos seus estudos de matemática, certo militar chamado Benjamim Constant Botelho de Magalhães – homem de forte influência, como repetidor e mestre, entre os jovens do seu tempo –; mas é possível que também pelo fato de ter acentuado o positivismo um culto a Maria – ou à mulher – que talvez substituísse em vários militares com a vocação para protetores de alguma causa necessitada de proteção amorosamente viril, a ausência de mística monárquica nos meios militares do País. Culpa, como já se sugeriu, do próprio imperador, que levara seu desdém pelos militares ao extremo de separar deles a causa feminina, bela, frágil, da Coroa, deixando-a quase entregue aos chamados máscaras. Isto é, abandonada à sua própria sorte.

Em 1867, era o próprio Benjamim Constant que, escrevendo do Paraguai à esposa, muito significativamente a colocava "acima de Deus e da Pátria".[29] Enquanto noutra carta, dizia ele à mulher: "Tu és para mim mais, muito mais, do que Clotilde de Vaux era para o sábio e honrado Auguste Comte." Evidentemente o culto de Maria levado ao extremo; e substituindo no espírito de um soldado em guerra ou campanha, o apego ou a devoção que era de esperar fosse máxima de sua parte pela causa da pátria, da Monarquia, da Coroa, em luta áspera com inimigo profundamente identificado com a sua Maria ideal: "La Patria" ou "La Nación", para Francisco Solano López; "La Guaira", para os bravos caboclos paraguaios que se batiam contra os soldados imperiais com essa mesma vantagem psicológica sobre eles: a de estarem amorosamente identificados com uma superior causa feminina que sentiam depender deles e de sua bravura máscula ou virilmente protetora, de soldados, de machos e de jovens.

Benjamim Constant procuraria anos depois da Guerra do Paraguai, em sua propaganda da República entre os jovens, seus compatriotas, transferir para essa Maria grandiosamente platônica ou ideal – a República – seu ânimo de positivista empenhado em exceder o próprio Comte no amor a uma causa-mulher. Mas talvez fosse como *monsieur* Laffitte – contra quem haviam se insurgido Miguel Lemos e Raimundo Teixeira Mendes – homem ele próprio um tanto mulher em sua complexa e sutil personalidade; e mais necessitado de ser protegido pela admiração dos seus discípulos e pela devoção dos republicanos seus correligionários, que capaz de proteger, com sua energia rusticamente viril de homem de Estado, a Pátria em transição; ou a República ainda jovem, para cuja fundação concorrera decisivamente com sua sedutora palavra de doutrinador erudito, talvez mais versado em matemáticas que nas ciências chamadas do homem. Compreende-se assim que na luta entre aqueles dois apóstolos brasileiros do positivismo e o supremo chefe – com sede em Paris – da "religião da humanidade", por eles afinal repudiado, a simpatia de Benjamim Constant fosse antes por Laffitte que pelos insurretos do Rio de Janeiro. Ambos – Laffitte e Benjamim Constant – talvez padecessem – sem desprestígio moral para nenhum dos dois – da "delicadeza feminina", lamentada no francês por alguns dos seus críticos; e pelos brasileiros que contra ele se revoltaram, identificada – ao que parece, injustamente – com "excessiva vaidade, pusilanimidade extraordinária e ausência quase completa dessa dignidade superior, tão essencial às funções elevadas".[30] Quando o evidente é ter havido em Laffitte, e, até certo ponto, em Benjamim Constant, uma superioridade de espírito que, prejudicando-os como homens de ação, prestigiava-os ou engrandecia-os como intelectuais, pois essa superioridade vinha precisamente da aversão deles a qualquer simplismo ou dogmatismo excessivamente sectário.

A acusação principal feita a Laffitte pelos insurretos brasileiros fora a de pretender introduzir "o livre exame na obra do mestre", isto é, a obra de Auguste Comte, tornando-se assim a direção laffittiana do positivismo "monstruosa", por subordinar tudo à "preocupação intelectual". Enquanto isto Lemos e Teixeira Mendes se empenhavam por propagar "a doutrina regeneradora, sem desnaturá-la e sem acomodá-la a quaisquer preconceitos ou paixões..."[31] Seguiam o positivismo no que consideravam sua pureza por assim dizer evangélica. O que para os dois ortodoxos brasileiros do Comtismo – o Comtismo tal como o deixara Comte – significava aceitar a "doutrina regeneradora" na "sua integridade" comtiana, sem admitir nela matéria "revogável" ou "sujeita a revisão".

Precisamente esse literalismo é que faria dizer ao positivista inglês Harrison, em crítica à atitude daqueles seus correligionários brasileiros, que tal literalismo não lhe parecia justificado nem pelo "espírito geral" nem "pelas palavras" de Comte, mas, ao contrário, recordava-lhe o "literalismo bíblico" de certos protestantes. Importando, como importava, em "erigir os livros de A. Comte em Escritura Santa ditada por inspiração verbal", ou em "tratar todos os conselhos e utopias da política positiva como prescrições absolutas", era, com efeito, uma atitude rigidamente protestante a seguida pelos Comtianos ortodoxos do Rio de Janeiro. Semelhante "fanatismo pueril" reduziria "o positivismo a uma repetição estéril de formas, a uma lista farisaica de deveres negativos", pensava Harrison.[32]

A esse extremo, não se deixaram prender nem Benjamim Constant nem Martins Júnior nem Pereira Barreto nem nenhum dos positivistas mais verdadeiramente científicos e, ao mesmo tempo, políticos, dentre os que concorreram para a fundação da República no Brasil, embora fossem homens prejudicados quase sempre pela tal "delicadeza feminina" no seu comportamento na vida pública: "delicadeza" que vinha, talvez, do seu modo intelectualista de procurar fazer política ou apenas nela influir. Desse intelectualismo resultaria seu fracasso na parte mais crua da atividade política, embora de tal espécie de fracasso se deva separar a repercussão da influência moral e intelectual sobre a vida pública da época, que foi considerável, da parte de Benjamim e do próprio Martins. Concorreram eles para que o Exército absorvesse da doutrina positivista sugestões no sentido de situar-se, pelos seus líderes mais decididos, naquela posição, desejada por Joaquim Nabuco e pelo barão do Rio Branco, de herdeiro da Coroa como poder suprapartidário e órgão apolítico nas lutas entre facções e nos conflitos entre grupos partidários. Enquanto os positivistas mais sectários desejavam fazer do Exército um órgão da doutrina.

Aquela seria, aliás, a nítida, embora difícil atitude, em momento crítico para a recém-fundada República, do antes instintivo que teórico Floriano Peixoto: homem que parece ter recebido da doutrina positivista o suficiente de influência ou sugestão para sentir-se justificado dos excessos de sua ação ditatorial, às vezes rude, por um sistema messiânico, como era então o de Comte para numerosos brasileiros de elite, reconhecimento superior em sua ética; mas homem, também, que cedo se revelara pelo temperamento ou pela personalidade o contrário tanto de Benjamim Constant como de Martins Júnior. Incapaz de deixar-se prejudicar em sua ação, às vezes simplista, de governante "regenerador" da política e "protetor" da República, tanto por sutilezas de intelectualismo como por extremos de "delicadeza feminina": homem duro, másculo, asperamente viril, conforme a figura de líder que a Igreja Positivista Brasileira devia considerar – e considerava – ideal para a República brasileira, em cuja bandeira os positivistas conseguiram inscrever um lema sectariamente seu, embora por eles proclamado cientificamente político ou cientificamente sociológico; e até certo ponto, com razão.

Reagindo de modo áspero contra as tentativas no sentido de restaurar-se no Brasil o sistema monárquico de governo, Floriano tornou-se o "consolidador da República" como que em função de uma constante brasileira estabelecida pelo Império: a constante da ordem nacional, inseparável da mística brasileiríssima de unidade, essencial, aliás, ao progresso americano em que os republicanos pretendiam integrar o País de modo mais rasgado, considerando alguns que o medo de Pedro II aos excessos de progresso material talvez representasse temor ao americanismo republicano. Dessa constante quem paradoxalmente se afastara fora Saldanha da Gama, com toda sua bravura de fidalgo magnificamente leal a seu rei. Extremando-se em fidelidade a um passado apenas histórico, Saldanha deixou que Floriano passasse a representar no Brasil do fim do século XIX o passado intra-histórico da definição de Unamuno. Um passado intra-histórico – o brasileiro – que após a surpresa do primeiro momento de inovação revolucionária – surpresa causada no brasileiro médio pelo 15 de Novembro – começou a reagir à República, triunfante pelas armas, absorvendo-a na sua constante de ordem; na sua mística de unidade; na sua disposição ao progresso conciliável com essa mística e com aquela constante. Mais do que isto, recebendo a intrusa, dentro dessa constante e sob essa mística, como um desafio que lhe fazia o futuro, em antecipação um tanto fora do que parecia ser contemporização tacitamente estabelecida, desde há algum tempo, entre passado e futuro, no sentido de só cuidar-se de substituir, no Brasil, o chamado arcaísmo monárquico pelo modernismo republicano, depois de desaparecido o imperador Pedro II.

Que houve desapontamento da parte do brasileiro médio – para não falar da decepção do elemento popular – quando essa antecipação ou precipitação, por muitos lastimada, inesperadamente se verificou, é evidente: basta que se leia hoje, com a precisa atenção às sugestões oblíquas, a imprensa da época: mesmo a que se tornou mais eloquentemente apologética da República. Ou que se ouça o depoimento daqueles que observaram como contemporâneos, de várias idades – uns com olhos ainda de menino, outros já com espírito ou juízo de adulto –, os acontecimentos revolucionários de 89 em grande parte absorvidos ainda quentes e até crus pela constante como que instintivamente conservadora da sociedade brasileira, tão ágil às vezes, sob a aparência de inércia ou apatia, em assimilar inovações, como foi a República ao seu modo de ser presente, sendo ainda passado: e passado quase sempre disposto a entrar em confabulações com o futuro. Constante que dá ao Brasil alguma coisa de China: uma China tropical.

Não estava aliás entre as tendências mais características de brasileiros que se tornaram quase a contragosto republicanos – um deles, Rui Barbosa – chegar a este extremo: o de admitir a necessidade ou a inevitabilidade da República, depois de desaparecido Pedro II. Pela vontade de políticos anglicizados em seu pensar e seu sentir, como Rui e como Joaquim Nabuco, o arcaísmo monárquico entre nós se adaptaria ao desafio do futuro, modernizando-se como sistema monárquico; descentralizando-se; tornando-se federal; americanizando-se;

mas conservando-se Monarquia. Monarquia separada da Igreja e da grande propriedade, porém mais identificada com as Forças Armadas e com a gente média que a Monarquia de Pedro II.

Num dos seus memoráveis artigos contra a política do visconde de Ouro Preto, foi do que principalmente a acusou Ruy: de vir indispondo a Coroa contra a causa da federação – contra o federalismo –, insulando ao mesmo tempo o imperador das chamadas "classes armadas", que o visconde pretendia substituir pela Guarda Nacional. Erro tremendo, segundo o crítico; pois num País como o Brasil eram as forças militares de mar e terra a própria base da estabilidade dos governos "contra a desordem, a exageração e a utopia". O adversário da política centralista de Ouro Preto falava não como um antimonarquista mas como simples federalista, inimigo tanto da "desordem" como da "exageração" e das "utopias", inclusive, com certeza, as dos republicanismos mais radicais no seu modo de ser messiânicos.

Numa sociedade como a brasileira, na qual Ruy observava verificar-se a falta de "pontos de resistência" e de "elementos conservadores" – parecendo querer referir-se a elementos definidamente conservadores – eram aquelas forças militares "o grande paládio da paz, da constituição, da liberdade". Como então quererem supostos campeões do monarquismo substituir essas forças tradicionalmente nacionais, "guarda das instituições contra a desordem, não pertencendo, assim, a facção de espécie alguma", por uma "guarda" intitulada nacional mas de fato facciosa e até exótica em sua maneira de ser milícia, da família imperial "contra a nação"?[33] Como compreender-se que a essa milícia se dessem "armas de excelência superior às das tropa de linha"? Como justificar-se a pretensão de fazer-se dela um como superexército? Os que não confiavam no Exército pensava Ruy que tinham razão "para desconfiar da Nação".[34] Sente-se que para o político baiano as chamadas "classes armadas" faziam as vezes, entre nós, de umas ainda desarticuladas "classes médias" paisanas.

Neste ponto, entretanto, talvez desprezasse o grande publicista o fato de que a situação que o visconde de Ouro Preto pretendia remediar com a organização daquela milícia vinha se desenvolvendo há anos; era uma situação que tinha sua principal raiz no desprezo ostensivo e sistemático de Pedro II pelas forças e pelos chefes militares. E já vimos que à sombra desse desprezo, e numa como vingança ou desforço contra ele, parte considerável do Exército se deixara seduzir e penetrar pela ideologia republicana de sabor positivista. Sendo assim, estariam o Exército e a Armada em situação de dar à Coroa o apoio necessário à sua sobrevivência? Não vinham eles se desenvolvendo em força nacional superior à própria Monarquia? E nesse caso não estaria agindo certo o visconde de Ouro Preto, do ponto de vista de uma política literalmente conservadora e realmente monárquica, ao organizar a intitulada Guarda Nacional – milícia que pudesse defender a Coroa, em dias críticos como os que se vinham anunciando para a causa monárquica desde a repentina e precipitada abolição a 13 de Maio de 88? Era uma milícia composta de homens do povo: por conseguinte ainda mais nacional do que se fosse constituída de gente de classe média. Ou, pelo menos, tão nacional.

Do ponto de vista dos "elementos conservadores" – cuja fraqueza, no Brasil, o próprio Ruy chegara a observar como que lamentando-a – a abolição de 13 de Maio de 88 fora uma traição da Coroa aos interesses agrários. Interesses desorganizados, é certo, e sem definida expressão política; e de algum modo superados, em sua significação partidária, pelo fato de os genros bacharéis virem começando a substituir, na direção das atividades políticas e das manobras partidárias – o caso de João Alfredo com relação ao barão de Goiana – os sogros fazendeiros ou senhores de engenho; mas, ainda assim, interesses consideráveis. Seu apoio, se não direto, indireto, à causa republicana, não poderia deixar de representar para a Coroa a perda de substância estabilizadora que na verdade representou: substância nacional e não apenas regional, dado o fato de no fim do século XIX o sistema agrário, ou agropastoril, brasileiro, estender-se de norte a sul do Brasil e do litoral ao centro, como uma vasta presença civilizadora, embora de algum modo feudal, sobre uma vastíssima paisagem tropical.

São significativas as palavras com que os mais importantes diários brasileiros – inclusive os de feitio mais conservador, ligados a interesses da lavoura, ou antes, do sistema agrário a que acaba de ser feita referência – noticiaram a revolução de 15 de novembro. Tão significativas quanto as já recordadas de alguns dos barões mais prestigiosos do Império ao novo regímen.

A Gazeta da Tarde, do Rio de Janeiro, por exemplo, em editorial de 16 de novembro de 1889, escreveu: "A nova forma de governo pode-se dizer que foi aceita quase unanimemente, pois nos últimos anos da Monarquia os que lhe pareciam mais dedicados mostraram preferir a pátria a tudo". Tal sentimento tornara-se, com efeito – repita-se – não só o de militares desprendidos da causa monárquica (às vezes esse desapego importando em repúdio a tradições de família, como entre os Galvão) e o de católicos (que também vinham se desprendendo da devoção à Monarquia, desde a violência contra os bispos, separada no espírito deles da causa da Igreja), como o de senhores agrários certos, como já se recordou, de haverem sido traídos pela Coroa, ao permitir um governo monárquico que contra eles, homens da grande lavoura, se decretasse a repentina abolição do trabalho escravo. Era natural que aos olhos de todos esses sólidos elementos conservadores brasileiros, ressentidos com a Monarquia, a causa monárquica tivesse se acinzentado em insignificância e deixado de despertar neles qualquer emoção forte de solidariedade. Embora incapazes, diante de um movimento como o de 15 de novembro, de dar "morras ao Império" e "vivas à República", acompanhavam eles jornais como a *Gazeta da Tarde* em sua atitude de – em editorial do próprio 15 de novembro – vivar apenas o Brasil; e com o "Brasil" ou a "Pátria", a "democracia" e a "liberdade". O que a *Gazeta da Tarde* desejava – sob a influência da constante conservadora – era que o novo regímen encaminhasse "a nova Pátria a seus grandes destinos"; e que os vencedores soubessem legitimar a posse do poder com o selo da moderação... "impedindo qualquer violência aos vencidos". O desencanto com a Monarquia não chegava a fazer de todos os desencantados nem republicanos, nem sequer indivíduos dispostos a facilmente aderir à República. Predispunha-os, porém, se não à adesão, à complacência.

Atitude também de *Novidades*, ao registrar, igualmente a 15 de novembro, que a população da capital do País fora surpreendida pela manhã com "a notícia de acontecimentos que excederam todas as previsões". Dizendo falar "em nome da nação e na defesa dos interesses nacionais", *Novidades* acentuava a necessidade de conservar-se "este grande todo chamado Brasil e a soma de interesses nacionais e estrangeiros que ele representa". Era o conjunto de "todas as forças vivas" que devia "decidir de nossos destinos", ou do futuro nacional. Todos deviam tornar-se, antes de tudo, "defensores da ordem social". A "nova situação" política não poderia ter outros fundamentos senão estes: "a ordem, a liberdade e a integridade nacional". Que acima de outros interesses, pairasse "a ideia de uma pátria forte, unida, bem dirigida", que se conservasse "na altura de uma grande nação americana". "O Exército", que operara a mudança política que acabava de verificar-se, era e devia ser "a nossa maior garantia". Ele saberia "resistir a todos os excessos e manter pura a revolução nacional" que, graças à sua "firmeza", se operara "sem derramamento de sangue" e "sem ataque" – note-se bem – aos "interesses industriais". Em vez de "morra o Império" e "viva a República", também esse jornal conservador do Rio de Janeiro terminava seu editorial com expressões por assim dizer apolíticas: "Ordem e liberdade! Esta é a nossa divisa".

Nem mesmo o quase republicano *O Dia* chegou ao extremo de dar morras ao Império e vivas à República no seu editorial do dia 15. Apenas antecipou-se em dizer que "o morto" isto é, o Império, não deixava "saudades". Vaticínio que seria de certo modo desmentido pela atitude de considerável número de brasileiros com relação se não ao regímen destruído, ao imperador deposto: o chamado "Velho" que por tanto tempo fora caricaturizado em "Pedro Banana" sem, em momento algum, ter havido contra ele qualquer animosidade brasileira capaz de extremar-se em ódio ou rancor. O descontentamento desde a Guerra do Paraguai era com o estado geral de coisas. A 15 de novembro de 1885, *A Vanguarda*, do Rio de Janeiro, em grave editorial, já via o Brasil "precipitar-se no abismo da revolução [...] trabalhado pela desmoralização política, pelo indiferentismo religioso e pelo charlatanismo no ensino público". Isto precisamente quatro anos antes do 15 de Novembro de 89. O descontentamento era difusamente social, e não especificamente político, muito menos contra o imperador ou o Império em particular.

Significativo é também o registro dos acontecimentos do dia 15 pelo *Diário de Notícias* – o jornal de Rui Barbosa – de 16 de novembro de 1889: "O Exército e a Armada, reivindicando direitos em cuja conculcação se comprazia o governo imperial, depuseram ontem o gabinete com assenso geral da população desta cidade..." E destacando pormenor nada insignificante, à margem de "um movimento cívico, de caráter nacional, que vem fundar sobre as bases americanas, o futuro do País": "Chamado, ontem de tarde, pelo marechal Manuel Deodoro da Fonseca, que o convidou a colaborar no novo governo, ocupando a pasta da Fazenda, o redator-chefe desta folha, o Sr. Rui Barbosa, julgou-se obrigado pelo seu dever a não recusar os seus serviços à pátria, em circunstâncias nas quais a ordem social e o bem da nação reclamam o concurso e o sacrifício de todos os seus filhos." Nenhuma palavra de apologia à República. Apenas a notícia de que o "novo governo" se propunha a inaugurar "a república federal", ao mesmo tempo que estava empenhado na "garantia rigorosa da propriedade e do crédito nacional", na manutenção dos funcionários que continuassem a "bem servir à Nação" e na "repressão absoluta e implacável da desordem".

Sente-se, nessa como noutras notícias de jornais brasileiros dos dias 15 e 16 de novembro, a atitude conservadora da maioria da imprensa brasileira – mesmo da que combatera incisivamente o gabinete Ouro Preto – a moderar, no registro do acontecimento revolucionário, o que nele pudesse haver de alarmante para nacionais e estrangeiros despreocupados do aspecto estritamente político de tão inesperada mudança não apenas de gabinete, mas de regímen. No *Diário de Notícias* – o jornal de Rui Barbosa, repita-se – muito expressivamente se acentuava na mudança que acabava de ocorrer o fato de que ela viria fundar "o futuro do País sobre bases americanas". Insinuava-se assim haver no regímen político destruído um compromisso do Brasil – do passado brasileiro – com a Europa, que agora desaparecia. Também salientava o *Diário de Notícias* na revolução de 15 de novembro o seu caráter de acontecimento nacional: o ato revolucionário e porventura necessário ao progresso do Brasil como nação americana, como que se fizera também no interesse da conservação da própria "ordem social", incluída nela a organização econômica da nação brasileira; e na organização econômica, compreendia-se a garantia da propriedade e do crédito nacional. Tratava-se, por conseguinte, de uma revolução paradoxalmente conservadora. Quem se afastara da constante brasileira de ordem, parece ler-se em registros do acontecimento revolucionário de 15 de novembro, em jornais não só da orientação do *Diário de Notícias* como do feitio de *Novidades*, que fora a própria Monarquia, criando arbitrariamente a Guarda Negra contra um Exército que, no dizer de um dos diários mais conservadores, do ponto de vista econômico, do Rio de então – o *Diario do Commercio*, do Rio de Janeiro, na sua edição de 16 de novembro –, tornara-se "o corretivo único das arbitrariedades do poder executivo". A verdade – segundo o *Diario do Commercio* – é que "à proporção do enfraquecimento dos elementos civis da nossa sociedade, a nossa classe militar tem ido aumentando em instrução, espírito de coletividade e coragem cívica". E fixando desse modo o que se passara na véspera, exprimia talvez o desejo de que a situação política não fosse dominada por elementos sectariamente republicanos, mas pelo Exército suprapartidário: "Os elementos civis foram nulos ou improfícuos e só apareceram depois de realizado o movimento e, segundo é de esperar, para ocupar as posições oficiais. É portanto a classe militar que deve ser considerada como único poder existente de fato e do qual depende o êxito ou insucesso da revolução." Às Forças Armadas entendia o *Diario do Commercio* competir a iniciativa de uma consulta à nação, representada por delegados competentes, sobre que forma de governo deveria ser definitivamente adotada pelo Brasil, tornando-se assim a revolução do dia 15 "legal e respeitadora de todos os direitos", além de "profícua".

E como era órgão do comércio, dizia o *Diario* a 16 – estando a revolução ainda quente – estar o comércio "agitadíssimo", cumprindo ao novo governo "tranquilizá-lo". Assunto que será versado em outro capítulo deste ensaio: naquele em que serão consideradas as relações do movimento de 15 de novembro com a ordem econômica dominante entre nós no fim do século XIX. Aqui nos limitaremos a recordar que havia brasileiros em 89 para quem o futuro nacional, a ser resguardado pelo governo revolucionário, era menos o futuro que coincidisse com o progresso brasileiro sobre "bases americanas" – segundo a sugestão do jornal de Rui Barbosa – que o amplamente representado pelo "futuro dos interesses financeiros", conforme palavras do editorial do dia 16 do mesmo *Diario do Commercio*. Era geral, aliás, a preocupação com o futuro, despertado pelo movimento do dia 15. Com "o futuro americano" do Brasil, da parte de uns; com o futuro geral do Brasil, da parte de outros.

Raramente, desde que o Brasil é nação, se encontraram tão diversos futuros, uns hipotéticos, outros considerados sociologicamente fatais, com um passado nacional, na verdade único, na América, como em torno do 15 de novembro. O repentino triunfo republicano pôs alguns brasileiros em face do problema do seu futuro nacional, ao mesmo tempo que os obrigou a considerar, no seu passado, singularidades que vinham sendo mal estudadas. Uma delas, a própria sobrevivência monárquica, contra a qual damagogos ou ideólogos republicanos vinham investindo como se ela constituísse vergonhoso arcaísmo. Essa ideia – a de ser a monarquia brasileira arcaísmo que colocava mal o Brasil, contra as nações progressistas da América – propagou-se em discursos e panfletos apologéticos do novo regímen. Mas não sem provocar os primeiros e vigorosos começos de revalorização do que havia de especificamente brasileiro no passado monárquico do Brasil: continuação, aliás, do seu passado colonial, também monárquico. Desses começos de literatura apologética do passado monárquico do Brasil – passado que, segundo os apologistas do regímen, e sobretudo de sua experiência brasileira, acabaria por exigir para a nação, provisoriamente republicana, um futuro também monárquico –, nenhum mais sugestivo, do ponto de vista sociológico, que o conjunto de artigos escritos pouco depois de proclamada a República, com admirável talento de quase sociólogo político e com notável erudição de historiador sociológico, pelo paulista Eduardo Prado.

Reinterpretando o passado brasileiro, Eduardo Prado foi um dos primeiros a pôr em relevo a importância da obra luso-católica na América tropical. Salientou ele, em polêmica com o positivista Luís Pereira Barreto, o fato de redundar "em glória da nossa raça o termos podido nos adaptar, não sem lutas, não sem sofrimentos, às condições naturais de que o destino nos cercou". Acrescentando: "De todos os agrupamentos civilizados na zona tropical podemos dizer com desvanecimento, que somos o mais próspero".[35] E esse título se devia ao esforço de uma "raça imigrante" – a portuguesa – que aquele sábio positivista pretendia caracterizar como "raça aguilhoada e entorpecida... pelo catolicismo".[36] Era um triunfo que se realizara, em grande parte, pela ação de monarcas católicos com a colaboração de religiosos – os jesuítas, entre eles – denunciados pelo positivista Barreto como estéreis e tacanhos, porém exaltados por Eduardo Prado, em páginas das mais vigorosas que já se escreveram em língua portuguesa, como figuras merecedoras do melhor reconhecimento brasileiro.

Sua conferência sobre "O catolicismo, a Companhia de Jesus e a colonização do Novo Mundo" provocaria, aliás, a admiração do próprio Rui Barbosa, que escreveu a um amigo comum, pedindo-lhe que felicitasse o conferencista por uma obra que considerava notável pela "majestade", pela "profundeza", pela "amplidão", pelo "vigor". O mesmo é possível que pensasse na intimidade o político baiano de algumas das críticas de Eduardo Prado ao regímen republicano no Brasil; e de outras tantas interpretações por ele oferecidas do período monárquico do passado brasileiro: as menos prejudicadas pelo fervor apologético ou pela flama de polemista de Frederico de S., pseudônimo com que o amigo brasileiro de Eça de Queirós publicara na *Revista de Portugal* memorável série de artigos sobre a República de 15 de Novembro. Por sinal que, nesses artigos, mais de uma vez se referira desfavoravelmente a Rui Barbosa: num lembrando que *The Times*, de Londres, comentando com objetividade às vezes britanicamente temperada pelo humor, os acontecimentos brasileiros de 89, chamara o ministro da Fazenda do general Deodoro "gárrulo doutor Barbosa"; noutro, fortemente acusando o antigo conselheiro do Império e recém--nomeado "general-de-brigada" da República de pouco escrupuloso com relação a presentes da parte de indivíduos por ele favorecidos como ministro de Estado. Tanto que desses indivíduos recebera não um simples busto ou uma estátua ou uma medalha ou um retrato mas "nada menos que um belo e grande palácio, no bairro pitoresco das Laranjeiras".[37]

Aos olhos de Eduardo Prado, tratava-se de um escândalo: a memória da passagem de Rui Barbosa pelo poder republicano ficaria assinalada – dizia o ardoroso publicista, em artigo na revista de Eça de Queirós – "pelas pedras do palácio que ele ganhou enquanto administrava os dinheiros públicos". E excedendo-se, admitia, quase demagógico e numa deselegância nada digna de sua inteligência, que talvez um dia "a cólera popular" corresse às Laranjeiras para "arrasar a casa da ignomínia". A verdade é que essa casa não a recebera Rui de presente; adquirira-a através de duas hipotecas que garantiram empréstimos iguais ao preço da compra, esclarece o professor Luís Viana Filho em *A vida de Ruy Barbosa*,[38] não sem deixar de reconhecer que, realizando um "rápido... negócio", Ruy praticara "grave imprudência". "Grave imprudência" – e talvez mais do que isto –, embora não o escândalo nu e cru denunciado por Eduardo Prado, como a refletir sentimento então generalizado no Brasil: o de ser Rui Barbosa homem sem escrúpulo, que, no poder, vinha rapidamente enriquecendo.

Não foi sempre que, na sua apologia de valores monárquicos e dos feitos luso-católicos, Eduardo Prado deixou-se ir a extremos de paixão política com relação aos valores contrários. Exagerou-se, é certo, em sua ianquifobia no livro, ainda hoje famoso, *A ilusão americana* – ao mesmo tempo anti-ianque e antirrepublicano; mas não lhe faltava de todo fundamento histórico ou critério sociológico às críticas aos pan-americanistas brasileiros ingenuamente certos de vir a República integrar-nos como por mágica num sistema continental de nações de todos fraternas, em consequência de o constituírem repúblicas na sua maioria inspiradas no exemplo da anglo-saxônia. Só ingênuos, na verdade, deixariam de enxergar, nas relações dos Estados Unidos com a maioria dessas repúblicas que cacicaturescamente lhes seguiam o exemplo, o desdém do forte pelos fracos; o desprezo de uma gente ordeira pelas turbulentas, suas vizinhas, aliás, por simples e superficial acidente. E só os desconhecedores da psicologia daquele povo nórdico e da história das suas relações com os chamados latinos do continente poderiam ignorar seu relativo apreço pelo Brasil – a despeito da considerável população mestiça que aqui se vinha desenvolvendo –, em contraste com seu desdém por quase todos os demais latino-americanos. Esse relativo apreço baseado no fato de conservar-se entre nós um sistema monárquico de governo, favorável à unidade e à estabilidade da gente brasileira; e que conferia ao Império luso-americano uma dignidade, uma respeitabilidade, um prestígio de tradição europeia no continente, uma superioridade de comportamento político graças à aristocracia política empenhada no serviço público, que sempre foram valores estimados por anglo--americanos: eles próprios criadores de um tipo entre federal e imperial de República, sob alguns aspectos semelhante a uma Monarquia eletiva; e sensíveis à mística de um título de barão ou de uma coroa de visconde, mesmo quando ostentados por indivíduos não de todo arianos em sua etnia. Ewbank observara o fato no Brasil dos dias de Pedro II já imperador, ao notar, no Rio de Janeiro, que tanto a viscondessa de C., como várias outras, das primeiras famílias da corte, tinham sangue negro. Entretanto – e também a despeito de se encontrar em "regiões equatoriais" – o Brasil monárquico era já, a seu ver, a mais importante, em progresso, das nações latinas, depois da França. E como que a compreender que a situação tropical do Brasil impunha-

-lhe desenvolver no continente seu próprio sistema de civilização, diferente do anglo-americano, escrevia:[39] "[...] *it is for them to determine how far science and the arts within the tropics can compete with their progress in the temperate zones*". Tremenda tarefa para uma nação que, para enfrentá-la, conservava-se politicamente monárquica e a seu modo aristocrática, embora etnicamente democrática.

O que é significativo nos reparos de Ewbank é que o seu autor; a despeito de anglo-americano dos Estados Unidos, sem resvalar no simplismo dos Webb e de outros dos seus compatriotas, era dos que lucidamente compreendiam a singularidade da posição brasileira na América, e respeitavam sua forma monárquica de governo combinada com uma maneira paradoxalmente democrática – democracia étnica – de sua sociedade ser aristocrática – e através dessa combinação preparar-se para um futuro que se anunciava importantíssimo para a civilização moderna. Pois esse futuro parecia esboçar a possibilidade de em pleno trópico ciências e artes europeias competirem com as ciências e artes das populações mais civilizadas dos países frios ou temperados.

Precisamente da capacidade da gente brasileira para destacar-se na competição se não com essas populações então mais civilizadas, com as das demais nações tropicais e com as colônias, nos trópicos, da Inglaterra e da Holanda, é que Eduardo Prado se convencera, através do estudo do passado luso-americano: "De todas as transplantações da raça e da civilização europeias debaixo do céu dos trópicos, a que Portugal fez no Brasil é a que tem tido mais completo, largo e perdurável sucesso. Levamos vantagens aos estabelecimentos coloniais espanhóis, nossos vizinhos de continente, que se transformaram nas nações daquela origem que entre si dividiram o remanescente do domínio territorial dos trópicos da América."[40]

Aqui é o ponto exato em que a conservação do sistema monárquico de governo, pelo Brasil, ao separar-se este País politicamente de Portugal, vem parecendo a alguns estudiosos do assunto apresentar-se como tendo representado nítida vantagem de caráter sociológico para o mesmo Brasil: a conservação de uma forma social – para fixar-se o fenômeno em moderna linguagem sociológica – que permitisse desenvolver-se daquelas substâncias transplantadas da Europa para a América tropical – raça e civilização europeias – um novo tipo de raça e um novo tipo de civilização. Precisamente aquele tipo novo de raça e civilização que estudos de antropologia iniciados no fim da época considerada neste ensaio – os de Roquette-Pinto – viriam identificar, ao se estenderem da antropologia física para a social, como caracterizado por predominâncias europeias, sem ser de modo algum tipo exclusiva ou estaticamente europeu de raça ou de civilização; muito menos, subeuropeu.

Parece evidente que esse desenvolvimento foi possível graças a se ter operado sob uma forma social de organização política que favoreceu ao mesmo tempo tal desenvolvimento e a conservação da unidade e da integridade do todo luso-americano, impedindo que esse todo, vastíssimo, se despedaçasse em várias nações irrequietas e insatisfeitas, como sucedeu – parece que em grande parte devido à aventura republicana, como que por natureza romanticamente dispersiva e um tanto anárquica – ao conjunto espanhol na América. A Monarquia salvou o Brasil dessa fragmentação favorecida na América Espanhola pela República.

Eduardo Prado, em seus ensaios de apologética monárquica e em suas críticas à substituição do sistema monárquico pelo republicano, realizada no Brasil sob vários pretextos ou visando atender a diversas solicitações da vida nacional, deixou de ver na República de 89 a continuação sociológica do Império unificador do Brasil. Isto sem a substituição da Monarquia pela República ter deixado de vir favorecer, entre nós, o necessário e fecundo jogo entre dois aparentes contrários – ordem e progresso –, que durante o Império vinha sendo sacrificado ao domínio quase exclusivo da ordem, com algum desprezo pelo progresso.

A verdade é que a conservação pelos brasileiros, advertidos em tempo justo pelo gênio político de José Bonifácio, da forma monárquica de governo, concorreu decisivamente para que aqui se conservasse a ordem, constituindo-se essa ordem, como em nenhum outro país sul-americano com exceção, talvez, do Paraguai de Francia e do primeiro López, em mística político-social. Mística que, no espírito dos brasileiros, confundiu-se por vezes com a mística da unidade nacional e da própria integridade territorial, do Amazonas ao Prata.

Mas ao mesmo tempo concorreu a forma monárquica do governo para que o Brasil se desenvolvesse – a despeito de ser considerado arcaico ou retrógrado, em seu sistema político, pelos republicanos sectários em seu modo de ser progressistas – em nação cujo progresso europeu, durante o reinado de D. Pedro II, estrangeiros de alguma responsabilidade intelectual – inclusive até anglo-americanos como Ewbank, em 1856 – declararam, mais de uma vez, ser admirável e situar – opinião de Ewbank – o Império brasileiro em lugar seguinte apenas ao da França – a França do meado do século XIX, rival da Inglaterra em arrojos de técnica e em adiantamentos de ciência aplicada – no conjunto de nações latinas. Superior, por conseguinte, em progresso – sobretudo em ordem e progresso conjugados – à Espanha, à Itália, a Portugal e ao numeroso grupo de repúblicas americanas de fala espanhola, das quais só no fim do século XIX o Chile, a Argentina e o México começariam a destacar-se como nações progressivas.

Vê-se, pelos jornais dos primeiros anos do Brasil como nação independente, que o regímen monárquico foi então havido como o mais conveniente do Brasil por vários dos publicistas mais preocupados com o futuro nacional do País, sem que essa preocupação importasse em desprezo por um passado colonial só por nacionalistas extremos repudiado então como de todo vergonhoso. José Bonifácio não foi o único a pensar, naqueles dias, como revolucionário e, ao mesmo tempo, como conservador, como progressista e, ao mesmo tempo, como tradicionalista, concorrendo, como ninguém, para que se firmasse entre os homens públicos brasileiros o sentimento de ordem, sem exclusão do de progresso, que já sugerimos ter favorecido entre nós a substituição, quase sem luta, de um império niponicamente suicida em seu modo de ser império, por uma república sob vários aspectos filial nas suas atitudes para com o mesmo império.

A 30 de julho de 1830, publicava *O Cruzeiro, jornal político, literário e mercantil*, longo artigo – quase um ensaio – a respeito da questão de forma de governo, no qual já se dizia refletindo o jornal aquela tendência conciliadora numa das cidades mais republicanas do País, vir-se conseguindo no Brasil "a reforma dos abusos da Monarquia absoluta sem ser preciso destruir ou atropelar os direitos da realeza..." Nem "os direitos da realeza", por um lado, nem os dos súditos, por outro. E destacava-se ser o "regímen monárquico moderado" o mais conveniente ao bem-estar do Brasil por ser o mais capaz de favorecer ao mesmo tempo "o desenvolvimento de sua futura prosperidade" – isto é, do seu futuro progresso, inclusive o político, caracterizado pelo progressivo aumento de liberdades e direitos dos súditos de Sua Majestade, e a manutenção da "ordem" no País inteiro. Precisamente a conciliação que os políticos separatistas da América Espanhola não souberam realizar nas suas várias repúblicas, durante anos em estado de agitação, às vezes terrivelmente sangrenta.

Daí, talvez, Eduardo Prado ter temido na República proclamada no Brasil em 89 o perigo de trazer, retardado, mas aumentado, ao seu e nosso país, o mal do "espanholismo das repúblicas sul-americanas", a que se refere num dos seus ensaios de 1890 na *Revista de Portugal*: intitulado "Práticas e teorias da ditadura republicana no Brasil". E não é sem razão que nota na página 97 desse ensaio ter a República de 89 introduzido entre nós pequenos espanholismos da América do Sul – o título de "generalíssimo", a técnica do "pronunciamento", as "promoções feitas por aclamação" –, através dos quais talvez viessem os grandes. A adoção de tal espécie de espanholismos atribuiu-a Prado a Quintino Bocaiuva, "admirador das civilizações argentina [...] e guatemalense"; mas devia ser também obra de Benjamim Constant, de quem o próprio Prado recorda no mesmo ensaio ter feito dizer ao general Deodoro: "A Monarquia do Brasil era obstáculo à união dos povos americanos." Contra o que o publicista monárquico apresenta argumentos retirados da história então ainda recente, das relações do Império brasileiro com os Estados Unidos e com as repúblicas da língua espanhola, que não confirmam aquela generalização. Ao contrário: alguns dos fatos invocados parecem favorecer a observação de Joaquim Nabuco, lembrada por Prado, de que o Império brasileiro era, em contraste paradoxal com aquelas repúblicas, a única "república", no sentido de ter se conservado, ao contrário delas, governo em que "grande número de cidadãos [...] influíam na marcha dos negócios". Em muitas das supostas repúblicas, mas na verdade monarquias "espúrias", imperavam "governos de um só"; monárquicos, por conseguinte, no mau sentido da palavra. Assim, quem fora mais do que Rosas "monarca e déspota do tipo antes asiático do que europeu", "tipo que a civilização ocidental repele"? E como Rosas pensava Eduardo Prado que deviam ser considerados os Sant'Anna, os Guzmán Blanco, os Daza, os Melgarejo, os Pierola, não lhe escapando ao gosto pelo pitoresco o fato de um desses monarcas espúrios, o Santos, do Uruguai, ter se dado ao luxo, evidentemente oriental, de trazer "o guarda-sol crave-jado de brilhantes". Enquanto isto, acrescente-se a Prado – Pedro II, desbragando-se no extremo oposto, fizera-se sempre notar pela falta de majestade imperial no seu comportamento e no seu trajo; e com esse ascetismo de republicano fora de termos, concorrera suicidamente para o 15 de Novembro.

Notaram seu excesso de simplicidade vários observadores estrangeiros. Nenhum, porém, deu a esse aspecto de comportamento do imperador suicida a importância que lhe soube atribuir, em páginas quase sociológicas sobre "O quadro social da revolução brasileira",[41] o escritor português Ramalho Ortigão. Surpreendeu a Ortigão o ambiente em que a família imperial vivia no Brasil no Palácio de São Cristóvão, com seu "triste claustro de convento pobre", sua escada "desguarnecida de todo ornato" e "sem tapete, sem flores, sem esculturas", adornado apenas por "incaracterística mobília de mogno moderno". Nesse palácio ascético o viver do imperador era o de um burocrata inexpressivo. Não tinha sequer casa militar. Era refratário à marcialidade. Incomodava-o o "ruído dos sabres". Parece que tampouco se viam em torno dele e da imperatriz baronesas bem-vestidas ou viscondessas de belos penteados. Nenhuma baronesa de Estrela – segundo ela própria obrigada a exilar-se em Paris, para sentir-se mulher do seu tempo e da sua classe: Pedro II temia tanto as baronesas excessivamente elegantes como os barões excessivamente progressivos do tipo de Mauá. Essa sua aversão ao esplendor e ao aparato da vida monárquica, comunicou-se, como era natural que se comunicasse, ao corpo diplomático que lhe frequentava as recepções. Donde o ridículo de ministros e adidos terem acabado por ir ao paço de bonde, evitando, assim, os solavancos da estrada. Suas carruagens levavam apenas os chapéus e os espadins. A caminho daquele paço tristonho e banal, os diplomatas revestiam-se prosaicamente, para a viagem de bonde, de guarda-pós; e levavam à cabeça simples chapéus-coco.

O mesmo em Petrópolis. No "meio das cores alegres dos vestuários de campo", dos "chapéus de palha", das "umbelas brancas", das "flores", dos "leques", Sua Majestade, quando surgia, era sob a forma de "uma grande mancha negra e austera". De casaca e chapéu alto às oito da manhã, trazia debaixo do braço um guarda-sol. Guarda--sol sem brilhantes. Guarda-sol em que se anunciava seu desprezo de imperador filósofo por quanta espada de general ou almirante lhe tocasse o direito de usar.

Procedendo assim, era natural que fosse o primeiro a considerar-se burlesco quando, no dia 2 de janeiro de cada ano, para o fim de ir abrir o Parlamento, via-se obrigado a pôr aos ombros o famoso manto guarnecido de penas de tucano; à cabeça, a coroa; e a empunhar o cetro. Cumpria esse seu dever de vestir-se liturgicamente, de imperador, como quem fosse obrigado a fantasiar-se para um baile de máscaras. Era uma liturgia, a monárquica, quer a clássica, quer a romanticamente tocada de brasileirismos como o papo de tucano, sem interesse para espírito tão puritanamente austero e tão mediocremente filosófico como o seu.

Daí o paradoxo de ter sido, com efeito, Pedro II, pelas suas próprias qualidades domésticas, pelas suas próprias virtudes pessoais, a negação do chefe de Estado reclamado pelas circunstâncias brasileiras: "um rei moço – não digo de idade mas de temperamento", como escreveu Ortigão; e que à "percepção da índole juvenil, impetuosa de seiva, um tanto insuficiente e tumultuária das nações americanas" juntasse "o sentimento europeu da disciplina, do prestígio e do comando", podendo ser assim "um penhor de ordem" e "um agente de progresso", além de "uma influência de civilização". "Um penhor de ordem" e um "agente de progresso", repita-se. Ortigão soube aperceber-se do fato de ter Pedro II fracassado como imperador do tipo mais marcial, porventura reclamado por circunstâncias brasileiras ou americanas de modo particularíssimo. Teria desse modo concorrido para "a ordem" e "o progresso" do Brasil, durante os seus muitos anos de reinado, desenvolvendo essa sua contribuição dentro de uma sistemática monárquica capaz de valorizá-lo ao máximo como chefe de Estado ao mesmo tempo americano e europeu; progressivo e organizador da vida nacional. Semelhante organização é evidente que teria sido alcançada de modo efetivo, durante reinado tão longo como foi o de Pedro II, se, em vez de ter se extremado, como se extremou, em rei acadêmico, o chefe de Estado tivesse se apoiado sobre um exército, como o imaginado pelo escritor português: "disciplinado, aguerrido e brilhante"; e sobretudo capaz de ser um fator considerável na educação nacional, um foco de aperfeiçoamento físico, de destreza e de força, uma escola prática de disciplina e de respeito..."[42] Inclusive, através de uma capoeiragem estilizada em exercício militar.

Pois se há deficiência que tenha assinalado no Brasil o reinado de Pedro II é a da espécie de educação de que Ortigão foi apologista em Portugal. O cuidado pela educação integral dos jovens, em que se juntasse a educação física à intelectual e a disciplina e o saber prático se sobrepusessem ao desenvolvimento da memória, do talento oratório e da capacidade de abstração, foi preocupação que faltou quase de todo a um Pedro II empenhado quase sempre, como *gourmet* intelectual, apenas em assistir aos bonitos concursos para as cátedras no colégio imperial e nas escolas superiores; em aplaudir nesses torneios oratórios as exibições de boa memória e de palavra fácil, ao mesmo tempo que erudita.

"Um imperador idoso e doentio não poderia conservar em completa coesão um país tropical ou meio tropical, quase tão vasto como a Europa, possuindo apenas 10 milhões de habitantes e lutando ainda com a dificuldade de imperfeitíssimos meios de comunicação", disse *The Times*, de Londres, no editorial que sob o título "*Brazil*" consagrou a 21 de novembro de 1889 à situação brasileira, ao fim do Império brasileiro; e referindo-se ao imperador deposto como se Pedro II não tivesse sido, desde moço, homem idoso e, pelo seu horror à vida ativa, às atividades marciais, aos exercícios físicos, "doentio". Foi uma situação, a brasileira, que o grande diário inglês comentou noutros editoriais – um deles, a propósito do Manifesto Ouro Preto – para salientar, com a mais britânica das honestidades e a mais rara das humildades jornalísticas, ser preciso, para predizer "com razoável confiança" o futuro que se abria à nova e surpreendente República, "minucioso conhecimento de todas as circunstâncias e condições" em que se operara a transformação do Brasil de Monarquia em República. Conhecimento – acrescentava *The Times* – "que ninguém possui aqui e poucos possuem no Brasil", donde estavam chegando à Europa, de parte do governo provisório, apenas "os supérfluos telegramas tão facilmente expedidos pelo ministro da Fazenda", que não era outro senão o, na verdade, exuberante de palavras, mesmo quando obrigado a exprimir-se em telegramas, conselheiro Rui Barbosa.

Sabe-se que na mesma época dos editoriais de *The Times*, certo publicista em língua inglesa, um Mr. Cornely, escreveu sentencioso artigo sobre a situação brasileira, aventurando-se a interpretações do movimento de 15 de novembro a que não se arriscara o editorialista do velho jornal, especializado em assuntos latino-americanos. E nesse artigo chegou a ser cruel com Pedro II: por que esse imperador, quando imperador, vinha tantas vezes à Europa? Não precisavam dele no Brasil? Crueldade injusta. Pois não foram frequentes mas, ao contrário, raras, as viagens à Europa de Pedro II.

No que Mr. Cornely parece ter se antecipado nas críticas, até certo ponto justas, a Pedro II, que não tardariam a ser feitas de modo direto pelos Ortigões e indireto, pelo Eça de Queirós, na "Última carta de Fradique Mendes", foi em haver considerado o imperador destronado, em artigo sobre os acontecimentos de 15 de novembro escrito quase imediatamente depois desses acontecimentos, homem com qualidades capazes de fazer honra a um particular; mas não a um soberano. Não a um chefe de Estado. Porque um chefe de Estado, no regímen monárquico, era um "piloto" que devia passar "os dias e as noites ao leme do seu navio", como devia ser, mais do que isto, "um soldado"; e, como soldado, não abandonar "um só instante nem a coroa nem a espada". "As suas pernas" – acrescentava do verdadeiro monarca Mr. Cornely – "não se fizeram para se estenderem pelo veludo de alguma cadeira de instituto mas para se ajustarem vigorosamente à sela de um cavalo de batalha." Dom Pedro II – pensava ainda o inglês meio carlyliano – "se em lugar de um soberano que tivesse merecido os diplomas mais honrosos das academias" houvesse sido "um homem militar desde os pés à cabeça, um soldado adorado pelos soldados e decidido a receber a tiros de peça os proprietários [de escravos] descontentes, os republicanos conspiradores e os jornalistas em baixa de fundos", continuaria a ser imperador dos brasileiros.[43]

Vários foram os europeus que reagiram ao 15 de Novembro brasileiro, lamentando no imperador destronado a sua falta de ânimo monárquico; e manifestaram assim o desejo de que o Brasil continuasse Império. Mas não foi menor o número daqueles que enxergaram na República vitoriosa uma forma de governo em que talvez se prolongasse a monárquica, embora com substância nova. A essa expectativa de considerável número de europeus prestigiosos – dentre os que se interessavam então por assuntos brasileiros – os líderes mais prudentes da nova situação política procuraram corresponder, desembaraçando-se o mais possível dos excessos de purismo republicano; e dando mais importância à forma social que à substância política do sistema de governo.

Em correspondência de Londres para o *Jornal do Commercio*, do Rio de Janeiro, informava poucos dias depois do 15 de Novembro, o representante do jornal brasileiro naquela capital europeia, ter-se ocupado da nova situação brasileira, em discurso num *meeting* realizado em Dartford, o próprio subsecretário do Estado de Negócios Estrangeiros da Grã-Bretanha, sir James Fergusson, que dissera esperar dos republicanos brasileiros, empenhados em "difícil tarefa de reconstrução", não só "prudência" e "firmeza" como "fidelidade aos compromissos do passado". Ao que se juntava a palavra de *The Times* de 18 de novembro quanto à probabilidade de vir a mostrar-se "a nova ordem de coisas" no Brasil "tão estável" como "a antiga". Atribuindo a queda da Monarquia no Brasil ao fato de "ter sido o Sr. D. Pedro mais liberal que a massa dos seus súditos", o mesmo *The Times* de 18 de novembro admitia não haver "motivo na natureza das coisas" para que uma República não fosse "tão honesta como uma Monarquia". O *Daily News*, também de 18 de novembro, é que, considerando o fato de "cem milhões esterlinos do capital do povo britânico" dependerem da ordem e do progresso brasileiros, sob o novo regímen, mostrava-se inquieto quanto à capacidade da República de continuar a ser, no essencial, o mesmo tipo de governo que fora para o Brasil a Monarquia. Era preciso que se soubesse qual viria a ser o futuro do País sob "um regímen mais popular". Estava "preparado o Brasil para reger-se por si mesmo?" Conseguiria a nova República "manter a integridade e unidade que foram a característica do Brasil sob a Monarquia, no meio das agitações e desagregações reiteradas nas Repúblicas sul-americanas?"

A palavra desses e de outros jornais europeus de alta categoria como que foram para a nova República a voz de uma como posteridade por antecipação: o "póstero contemporâneo" a que alguém já comparou a crítica do estrangeiro idôneo, isto é, bem informado ao mesmo tempo que desapaixonado. Essa crítica estrangeira, pela qual parecia antecipar-se em julgar o novo regímen a própria posteridade, é evidente que souberam estimá-la, no seu alto valor, alguns dos membros do governo provisório que, conscientes de haverem rompido, de algum modo, com o passado nacional, mostraram-se empenhados em atenuar esse rompimento, para caminharem de consciência mais leve ao encontro do futuro. O futuro com que mais facilmente podiam comunicar-se era o representado por aquele julgamento estrangeiro mais autorizado: o de *The Times*, por exemplo. Ou o do grande Gladstone, que também viria a manifestar-se sobre o assunto, a respeito do qual também se exprimiram jornalistas exuberantes como Rochefon. A esses julgamentos, o novo regímen, por aqueles dos seus líderes mais lúcidos, procurou adaptar o seu proceder, se não doméstico, mais exposto aos olhos dos estrangeiros, esmerando-se em mostrar-se um governo preocupado escrupulosamente com a ordem pública, com a unidade nacional, com a integridade territorial, com o próprio respeito dos triunfadores aos vencidos. Um respeito que não tardaria em extremar-se na solicitação do concurso dos vencidos em responsabilidades políticas de importância máxima. O barão de Lucena substituiria como guia político-jurídico do general Deodoro, o conselheiro Rui Barbosa. E o título de barão, ante o nome de um primeiro-ministro do governo inquietantemente republicano instalado num Rio de Janeiro por muito tempo sede de Império estável, não podia deixar de soar de modo agradável a ouvidos ingleses. Foi o primeiro caso de assimilação pela nova República de velhos titulares do antigo regímen. Não tardariam a ser convocados para o serviço da República outros barões igualmente ilustres do Império, e também alguns viscondes, além de vários conselheiros.

Em discurso proferido em Manchester,[44] poucos dias depois da proclamação da República no Brasil, Gladstone, o arquiliberal entre os estadistas ingleses de seu tempo, chegara a ser enfático ao exprimir sua admiração pelo Imperador destronado: "nenhum monarca foi mais dedicado à felicidade do seu povo." Mas sem deixar de manifestar simpatia pela maneira por assim dizer britânica por que os revolucionários brasileiros haviam substituído a forma monárquica de governo pela republicana: "[...] sem a menor tentativa de violência, sem perturbação, podemos dizê-lo, da ordem social, sem interromper o curso das transações comerciais por mais de 24 ou 48 horas, sem um tiro, sem prisões e sem efusão de sangue – pois acredito que um só ferimento acidental faz exceção ao meu asserto – e tudo isso numa sociedade longínqua, que se podia julgar de civilização atrasada, uma sociedade que lutou até há poucos dias, se é que ainda não luta de certo modo, contra a maldita e perniciosa escravidão, e onde a moral de todo o País deve ter sido consideravelmente retardada em seu desenvolvimento pela existência dessa deplorável instituição".

Era ou não um proceder de algum modo britânico, o dos brasileiros que, lutando contra todas essas desvantagens, haviam substituído a Monarquia pela República de modo tão pacífico, tão sóbrio, tão sem perturbação das transações comerciais? Das palavras de Gladstone se conclui que sim: o Brasil mostrara à Europa ser sociedade menos atrasada do que a julgavam os europeus: mais próxima do modelo político britânico do que supunham os Knights e os Wilson que confundiam, talvez, de modo absoluto, sobriedade com apatia. O 15 de Novembro revelara, não há dúvida, apatia do brasileiro para com o seu sistema de governo. Mas revelara também civilidade da parte dos revolucionários: sobretudo os militares.

Nos Estados Unidos, às primeiras notícias da proclamação da República no Brasil, houve, nos meios interessados em assuntos latino-americanos, quem se regozijasse com o fato por parecer significar maior identificação do Brasil com a sistemática continental de governo. "Os Estados Unidos do Brasil são agora o natural aliado dos Estados Unidos da América", escreveu um tanto retoricamente *The Tribune*, de Nova Iorque, que representava então o pensamento do Partido Republicano. Mas esclarecendo ser a sua confiança no futuro da nova República baseada no respeito pelo passado monárquico do Brasil: "[...] a República caminhará bem, pois a isso o prepararam as instituições livres de que [o Brasil] já gozava".[45]

Para *The New York World* os brasileiros, adotando o sistema republicano de governo, livravam-se de uma carga de "tradições medievais e hereditárias": um rei no continente americano era "o mais absurdo dos anacronismos". Devia-se entretanto reconhecer que D. Pedro fora "um homem bom".[46] Apenas esse "homem bom", destacado por *The New York World*, na opinião de outro importante jornal anglo-americano, *The Herald*, promovera "sua própria queda". Com o que "não concordava de todo *The New York Times*: D. Pedro fora destronado pela violência. A 17 de novembro, *The New York Times*, em grave editorial, embora simpático ao Brasil, mostrava-se apreensivo em face de uma revolução que representava "a queda violenta de uma Monarquia liberal" chefiada por um homem – D. Pedro – "sinceramente" dedicado à "prosperidade do seu país".[47]

De modo que também dos Estados Unidos chegaram aos ouvidos dos novos líderes brasileiros palavras que, em vez de contribuírem para acentuar neles o radicalismo revolucionário ou o messianismo republicano, devem ter concorrido para avivar nos mais conscientes das suas responsabilidades de inovadores o respeito pelo passado monárquico do Brasil. Pelo que nesse passado se apresentava aos próprios anglo-americanos mais idôneos como garantia da aventura de 15 de Novembro.

Não só dos Estados Unidos. Também do Chile e da Argentina chegaram aos ouvidos dos triunfadores do 15 de Novembro notícias de opiniões não de todo favoráveis à inovação brasileira. De Buenos Aires escrevia a 7 de dezembro de 1889 para o *Jornal do Commercio*, do Rio, o seu correspondente na capital argentina, que "para o vulgo, para a multidão, que só conhecia do Brasil duas coisas, o nome de Dom Pedro e a febre amarela", a revolução do dia 15 de novembro fora "como o derribamento da Torre Eiffel".[48] Aos olhos da vizinha Argentina, o nome do imperador D. Pedro e a condição política de Monarquia davam ao Brasil, a despeito da febre amarela, um relevo de organização sólida e quase monumental, afirmada também pela "supremacia monetária" do Império. Daí ter havido, da parte de "homens de negócios" de Buenos Aires – segundo informação daquele correspondente, "um tanto invejosos da situação monetária e financeira do Brasil", isto é, do Brasil monárquico – certo sentimento de regozijo com um "pronunciamento militar" no Rio de Janeiro que se tornaria, talvez, "fonte de desordens e guerras intestinas"; e que retiraria do mesmo Brasil, agora República, "a supremacia monetária". Também tal atitude de homens de negócios de Buenos Aires deve ter concorrido para tornar os novos líderes brasileiros conscientes de sua responsabilidade para com o passado monárquico do seu país: um passado que não deviam desprestigiar, porém, até certo ponto, conservar, aproveitando dele valores que pudessem continuar a ser motivos de prestígio para o Brasil tornado republicano.

Ainda segundo o correspondente do *Jornal do Commercio* em Buenos Aires, em sua referida correspondência de 7 de dezembro de 1889 para o velho diário do Rio de Janeiro, "causava admiração" aos argentinos o procedimento do Exército Brasileiro, responsável principal pela proclamação da República; pois – acrescentava humoristicamente o correspondente – contentara-se em "dar vivas à República e ao marechal Deodoro, sem pensar, sequer, no prazer de saquear armazéns".[49] Evidente alusão ao modo de proceder daqueles "exércitos" sul-americanos que, sob as sugestões ou o mando de caudilhos, por vezes pouco escrupulosos, estendiam de tal modo seus pronunciamentos políticos que estes se transformavam numa espécie de invasões de terras inermes por conquistadores estrangeiros, com assassinatos, violências, saques de armazéns e até de casas particulares.

A verdade é que, por mais distanciado que viesse vivendo o Exército Brasileiro de um imperador – Pedro II – excessivamente paisano nas suas atitudes e nos seus gestos, e por maior que viesse sendo, desde a guerra com o Paraguai, a republicanização dos seus oficiais por meio do positivismo e de outros ismos, sua tradição distinguia-o da que se desenvolvera entre alguns dos chamados exércitos das nações bolivarianas da América do Sul. Por um conjunto de circunstâncias peculiar ao Brasil monárquico, o Exército, entre os brasileiros, sem se extremar, como até certo ponto a oficialidade da Marinha, em casta ou em aristocracia fardada, mas, ao contrário, absorvendo jovens de várias procedências, sociais e étnicas, tornara-se democrático sem, entretanto, deixar-se seduzir pela demagogia, às vezes tão desbragada contra o imperador e contra algumas das maiores figuras de chefes militares, políticos e eclesiásticos durante o reinado de Pedro II.

Em seus *Apontamentos para a história da República dos Estados Unidos do Brasil*, M. E. de Campos Porto transcreve na página 119 interessante editorial de um jornal ardorosamente republicano, do Rio de Janeiro, o *Correio do Povo*, em que, poucos dias depois da proclamação da República, procurava-se atribuir "as reservas da imprensa europeia" com relação ao novo regímen – principalmente ao fato de ter resultado esse regímen de um pronunciamento militar – às circunstâncias de ser uma imprensa "adita às velhas instituições..." Por conseguinte, incapaz de compreender em política ou em organização social, o que fosse novo ou americano. Mais do que isto: ignorante da situação brasileira, "quer quanto às suas condições políticas e sociais, quer quanto às raras qualidades de seu povo". Apenas sabia essa imprensa europeia – destacava o *Correio do Povo* em editorial evidentemente escrito por intelectual positivista e cujo sabor é quase o de uma tese sociológica – "que reinava neste País um amigo das letras e das ciências, tão superior aos seus governados que mal se concebia na Europa a anomalia de um membro da Academia das Ciências regendo 14 milhões de tupis e de negros".

Mas é no tocante ao fundamento alegado para a explicação das reservas da "imprensa do Velho Mundo" e que, no dizer da Agência Havas, referia-se principalmente ao "caráter militar do movimento", que se apresenta particularmente significativa a apologia positivista da revolução de 15 de novembro pelo editorialista do referido *Correio do Povo*. Pois nessa apologia menos política que sociológica se trazem à tona fatos na verdade merecedores da consideração europeia que, habituada aos pronunciamentos militares sul-americanos, parece ter confundido – excetuado *The Times* – o que na mesma revolução foi evidente intervenção das Forças Armadas na vida política nacional, com aqueles puros e crus pronunciamentos militares.

"Dada a situação dos povos modernos nos quais a velha organização dos exércitos compostos de oficiais aristocratas e soldados constrangidos ao serviço do rei se transformou em instituição de milícias verdadeiramente populares ao serviço da pátria, nem uma revolução se pode legitimamente considerar nacional tendo contra si a força armada", dizia o *Correio do Povo*, apresentando uma tese de amplitude sociológica, com um arrojo de antecipação quanto às revoluções do século XX realmente admirável. "Acresce" – continuava o mesmo *Correio* – "que o aperfeiçoamento extremo dos instrumentos de guerra e o adiantamento extraordinário da tática, bem como os progressos da nova disciplina, tornaram impossível a vitória de qualquer insurreição puramente civil. O apoio dos exércitos às revoluções populares veio, pois, a ser necessário, o que significa também legítimo." E fixando aspecto especificamente brasileiro do problema: "Advirta-se ainda que no Brasil nenhuma classe melhor que a da Armada e do Exército pode representar o conjunto das belas qualidades do povo. Se o raro apego e a subida veneração das raças afetivas que compõem a massa do proletariado nacional incrementam-se no coração dos simples soldados e marinheiros, os oficiais superiores representam, por seu lado, o que a mentalidade brasileira tem de mais elevado e mais seleto, em virtude da apurada educação científica proporcionada nos estabelecimentos de ensino militar. Ajunte-se ainda a isto a feliz situação moral das classes militares no Brasil, despidas de toda preocupação de egoísmo industrial, resignadas a uma pobreza digna, afervoradas no culto contínuo da pátria e da honra."

Quanto ao 15 de Novembro, em particular, perguntava o editorialista do *Correio do Povo*, em face das "reservas da imprensa europeia" àquele movimento, então ainda recentíssimo: "Tratou-se de algum egoístico pronunciamento militar?" E respondia: "Absolutamente não. Os chefes militares que promoveram, com o concurso efetivo dos republicanos, a revolução de 15 de novembro de 1889 esperam, antes mesmo de proclamar a deposição da dinastia, as manifestações da opinião pública da capital. Expressa essa opinião, eles a sancionaram." E logo a seguir, "a composição mesma do governo, em que se harmonizam os representantes das classes militares e os das civis, veio provar que não se tratava, nem jamais se tratou, de outra coisa que não o bem comum da população brasileira..."

Confirmando a tese positivista do *Correio do Povo*, dizia na mesma época jornal de outra orientação, o *Diário de Notícias*, que, conforme já se recordou neste ensaio, era o jornal de Rui Barbosa: "O Exército tendo tudo nas mãos, tudo deu ao povo..."[50] E pondo em destaque o valor da propaganda da República, feita em conferências e periódicos, por intelectuais e por políticos intelectuais, em cujo número, entretanto, seria justo incluir os militares bacharéis ou os militares doutores do tipo de Benjamim: "Para tal *desideratum*" – isto é, a República – "labutaram as penas e os cérebros, que conseguiram inflamar o patriotismo e pôr o Exército e a Armada ao lado do povo. Passado o período da persuasão, chegado o momento da ação, as espadas desembainharam-se e conquistaram as posições." E com não pequena retórica – retórica que, de resto, não faltou, na época em apreço, aos próprios telegramas oficiais, mesmo quando redigidos por um homem público da responsabilidade intelectual de Rui: "Mas o anjo da vitória não havia sorrido ainda com todas as suas louçanias sobre as hostes do progresso e da liberdade, e já de novo essas espadas se embainhavam, com modéstia e com timidez, dando todas as glórias e todos os proventos às cabeças organizadoras do movimento." Mais: "a fria ditadura da espada" pretendera até, nessa fase do movimento, sumir-se na sua "modéstia" e dar "ao povo o direito de deliberar como entendesse sobre todas as questões". Foi então preciso que "os civis, os jornalistas e os pensadores apontassem às espadas os pontos que era forçoso continuar a defender; que pegassem nos braços dos generais para obrigá-los a ter fora da bainha o aço vitorioso; que lhes aconselhassem isso como o cumprimento de um dever, guardando os postos ocupados, defendendo a República proclamada pelo povo, pelo Exército e pela Armada..."[51]

A 22 de novembro de 1889 voltava o *Diário de Notícias* ao assunto para acentuar: "Estamos hoje no oitavo dia da República e, entretanto, parece estarmos nela há mais de oito meses, não se notando diferença do tempo do Império senão" – e o que se segue ao "senão" parece ir por conta apenas da retórica – "no sentido do engrandecimento da pátria."[52] Isso do tempo da República dar aos próprios republicanos a impressão de continuar a ser psicológica e socialmente o da Monarquia, devia-se principalmente à circunstância de não ter se afirmado o perigo da "ditadura militar", receado por nacionais e estrangeiros: "Os militares depois de alcançada a vitória, depositaram nas mãos do povo os destinos da nação, demonstrando não terem ambição alguma..." É claro que também a expressão "povo" tem aqui um sabor quase puramente retórico, e não sentido real. O interessante é o empenho da parte do jornal de Ruy em fazer a apologia do Exército e da sua atitude, com efeito, quase nada militarista. Permitindo, por conseguinte, a proeminência de civis como o próprio Ruy na organização ou sistematização da República.

Ponto em que insistiria dias depois o mesmo *Diário*, ao recordar que, proclamada a República, só uma conquista fizera o general Deodoro da Fonseca: a da Rua do Ouvidor. A atitude para com o procedimento do Exército da Rua do Ouvidor que era a "rua legendária da edilidade", "o nosso fórum", "o nosso Monte Aventino, onde o povo diariamente se reúne e delibera" importava num julgamento do 15 de Novembro pelos brasileiros. Ora, a Rua do Ouvidor, para onde, proclamada a República, "haviam convergido os representantes de todas as classes sociais", aprovara a conduta do Exército: "só teve para o Exército aclamações, vivas, palmas e flores."

A 24 de novembro era o próprio *Jornal do Commercio* que, lembrando aos novos líderes nacionais sua promessa, em proclamação do dia 15, de serem "simples agentes temporários da soberania nacional", reconhecia virem eles revelando "firmeza no resolver e moderação no executar". Sinal de que se comportavam como se os animasse um sentido da vida nacional nada semelhante ao dos caudilhos sul-americanos, quase todos militares simplistas; e sim o mesmo sentido clássico de procedimento político que durante longos decênios vinha distinguindo os estadistas brasileiros do Império dos políticos das repúblicas bolivarianas: quase todos, românticos mais no mau do que no bom sentido. O jornal por excelência clássico, conservador e antirromântico do Rio de Janeiro era o que reconhecia no novo governo: seu empenho de manter a ordem pública para que em ambiente de ordem se consultasse a Nação "sobre a forma definitiva da sua nova existência".[53] Evidentemente não parecia ao *Jornal do Commercio* que bastavam para a consagração da República federativa como "forma definitiva da nova existência" brasileira os aplausos da Rua do Ouvidor ao Exército e a Deodoro: outras vozes deviam ser ouvidas. Mas o fato é que as vozes que começavam a chegar de distantes casas-grandes de fazendas, aos ouvidos do governo provisório, eram, quase todas, vozes se não de aplauso ao Exército, de conformação com a sua atitude, favorecendo a súbita substituição da Monarquia pela República, sem permitir que o novo poder se tornasse sectariamente ideológico ou facciosamente republicano; intervindo na vida política como um órgão suprapolítico e apartidário da vontade ou do interesse nacional, capaz de conciliar antagonismos intranacionais, quando extremados – como vinham se extremando sob o ministério Ouro Preto – em divergências inconciliáveis pelos meios ordinários ou normais de apaziguamento interpartidário. Pois na consciência dessa responsabilidade é que parece ter se baseado a intervenção na vida política nacional, a 15 de novembro de 1889, do Exército superiormente guiado por Deodoro; e diferente, neste ponto, da parte do Exército, de certo modo faccioso ou sectário, orientada por Benjamim Constant.

Tanto que a Deodoro não repugnaria solicitar a colaboração, no seu governo, de titulares do antigo regímen como o experimentado barão de Lucena. Era uma atitude, a do velho general, de quem procurava identificar a República talvez inevitável com a comunidade brasileira. Mas uma atitude que o *Correio do Povo*, de inspiração positivista, se antecipou em condenar desde os primeiros dias de regímen republicano. Havia, entre "os destroços" deixados pela Monarquia – pensava o editorialista do *Correio do Povo* em artigo publicado ainda em novembro de 89 –, destroços que a República era capaz de carregar, "sem lhes sentir o peso", um que, entretanto, a faria "sucumbir": "o dos homens que constituíram os maus governos que o monarca decaído andou a carregar durante meio século!" "O esquecimento do passado" – acrescentava o *Correio* – "deve compreender a todos os cidadãos, menos aos estadistas do Segundo Reinado, não como um ato de vingança, mas como uma medida simplesmente preventiva, para que a República não seja também corrompida."[54]

Era o que pensavam os republicanos puros, ortodoxos, radicais, quer os do Exército, quer os paisanos. Mas essa intransigência não correspondia ao pensamento do Exército representado pela majestosa figura de Deodoro; pela sua espada de antigo soldado da Guerra do Paraguai, agora a serviço não de nenhum ismo mas do Brasil; pelo seu ânimo de tornar a República a continuação da Monarquia em tudo que dissesse respeito a interesse nacional.

O Exército desempenhava na nova ordem política o papel da Coroa monárquica, situando-se, como poder suprapartidário, acima das lutas entre positivistas e não positivistas, entre republicanos históricos e adesistas, entre republicanos e monarquistas; e procurando prestigiar, nesses conflitos, o interesse nacional contra o subnacional. Joaquim Nabuco compreendeu de modo notável essa tendência do Exército de Deodoro para continuar a ser na República, em plano apartidário ou suprapartidário – embora desempenhando uma responsabilidade superiormente política: aquela que até o 15 de Novembro fora desempenhada pela Coroa – o que fora no Império o Exército de Caxias: um Exército pacificador; vigilante pela ordem pública; atento aos problemas que pudessem comprometer a unidade nacional ou pôr em perigo a integridade territorial do Brasil. Neste ponto o monarquista Joaquim Nabuco revelou-se, do mesmo modo que o monarquista barão do Rio Branco, muito mais compreensivo da participação do Exército – o representado por Deodoro e não o sectário, do grupo de Benjamim – no movimento de 15 de novembro que o monarquista Eduardo Prado – tão injusto em alguns dos seus comentários a essa participação; tão sem discernimento em sua maneira de julgá-la; tão simplista em seu afã de considerá-la militarismo do feitio sul-americano. Mais do que isto: tão sem olhos para enxergar na ação do mesmo Exército da vida brasileira, a constância de uma atitude como que de alerta em face da perenidade de interesse nacional que não era nem é para ser confundida nem com a atitude dos neófilos radicais, por um lado, nem com a dos reacionários convencionais, por outro. O furor neófilo animou, decerto, o republicanismo de alguns militares do mesmo modo que o de alguns civis, sob a forma da tendência brasileira à neocracia, de que fala Joaquim Nabuco numa de suas melhores páginas de crítica social; mas não parece ter caracterizado, na crise que explodiu a 15 de novembro, o procedimento das chamadas classes armadas. Não caracterizou nem sua participação na obra da fundação da República nem sua intervenção no esforço de consolidação do regímen, a primeira sob a influência de Deodoro, a intervenção no esforço de consolidação, sob o cuidado ou o zelo de Floriano. Nenhum dos dois se empenhou em pôr as Forças Armadas a serviço de uma estreita e nova ideologia política, com sacrifício de interesses de sempre aos de momento; e de tradições irredutíveis da nação brasileira a conveniências efêmeras. Favorecendo a República, quando esse regímen passou a ser desejado pelos próprios conservadores agrários, procuraram servir a nação, certos, ao que parece, de já não haver no Brasil, em número decisivo, monarquistas de qualidade convictos da superioridade da forma especificamente monárquica de governo ou seguros de corresponder essa forma, presa à sua substância dinástica e hereditária, àquela perenidade de interesse nacional que não se define nem em termos exclusivamente tradicionalistas, de apego absoluto ao passado, ao familiar, ao consagrado, nem em termos estreitamente neófilos, neocráticos ou progressivos, de amor apenas ao futuro. Ao futuro, ao novo, ao estranho, ao messiânico. Daí não haver sinais de terem Deodoro e Floriano concorrido, por fervor sectário, para que o Exército e a Armada se extremassem em servos de qualquer mística ou ideologia politicamente sectária, em vez de se conservarem fielmente nacionais; e sensíveis às sugestões vindas do passado, do mesmo modo que às chegadas do futuro, que envolvessem interesse nítida e perenemente brasileiro. Este é se não o propósito, o instinto político – ou a política instintiva – que parece ter animado no Brasil, ao favorecerem o experimento republicano, os dois primeiros generais presidentes de República, embora no caso de Floriano as circunstâncias tenham como que se esmerado em dificultar--lhe o esforço de sentido nacional, tornando-o por vezes sectariamente republicanista em suas atitudes e em seus modos de agir.

Ao tornar-se consolidador da República já era Floriano figura integrada no tipo ideal de herói que, desde a guerra com o Paraguai, vinha sendo para a grande maioria de crianças brasileiras o herói militar. Era uma figura, a do soldado com o passado guerreiro, que a imaginação popular associava à vida de áspero sacrifício pela pátria: uma pátria, quase sempre, ingrata para com os herois. O caso de Osório, de Caxias, de Deodoro; e menos evidentemente de Benjamim, mais bacharel que soldado. Compreende-se assim que a República se beneficiasse, como se beneficiou, do apoio que lhe deram militares considerados heroicos e românticos pela infância e pela adolescência brasileiras da época, e também pelo belo sexo e pela própria mocidade da era que se seguiu à difícil vitória brasileira sobre o caudilho Solano López.

Compreende-se ao mesmo tempo que o Imperador, não tendo sobressaído nem então nem quando moço como monarca-soldado, fosse prejudicado na sua popularidade pelo fato de lhe faltar, além da aura marcial, a marca de sacrifício militar pela pátria. Findou seu longo reinado virgem desse sacrifício; e diminuído, enquanto imperador, no seu prestígio de chefe nacional, pela ausência de serviços de guerra ao vasto Império sob o seu cetro. Duas ou três gerações de brasileiros que cresceram sob a sedução do heroísmo ou do sacrifício militar, tendo tido irmãos, tios, pais, avós, primos que se bateram contra o caudilhismo de López em circunstâncias rudemente desfaroráveis ao esforço brasileiro, desinteressam-se, enquanto crianças e adolescentes – quando mais plástica sua imaginação e mais vibrátil sua sensibilidade – de uma figura de imperador que só aparecia aos olhos do público burguesmente revestido de sobrecasaca e cartola: a pé ou de carruagem também burguesa; de guarda-sol e botinas pretas, ainda de burguês; nunca de farda; nem de espada; nem de botas; nem a cavalo. Menos imperial, portanto, em seu porte ou em sua aparência, que qualquer coronel da Guarda Nacional mais garboso; que qualquer militar mais elegante no seu modo de ser ou parecer marcial; que qualquer senhor de engenho mais instintivamente senhoril na sua maneira de montar a cavalo.

Comenta Ramalho Ortigão, no seu excelente ensaio quase sociológico, "O quadro social da revolução Brasileira", que, "declaradamente republicano" o próprio Imperador, "seria singularmente estranho que no partido monárquico brasileiro alguém nutrisse a pretensão de ser mais realista do que o rei". E transcreve, a respeito, dos *Estudos brasileiros (1877-1885)*, de José Veríssimo, palavras realmente sagazes do crítico paraense de análise da situação brasileira anterior ao movimento de 15 de novembro. Palavras que põem em relevo o fato de que encontrava a república que se projetava estabelecer no Brasil não só receptividade da parte do meio americano – isto é, do espaço – como antecedentes históricos ou de tempo: os movimentos de Beckman, no Maranhão, em 1684, os dos "pernambucanos em 1710, 1817, 1848, os dos mineiros em 1789 e 1842. "A obra da unidade e integridade da pátria" concordava Veríssimo que "aos olhos de todo pensador sério" tornaria "benemérita à história a Monarquia brasileira, dado o desigual desenvolvimento das províncias, a geografia do País e o espírito separatista que nos infiltrou a organização colonial portuguesa..."[55] Mas era uma obra que talvez só se pudesse manter com a federação; e a federação parecia a Veríssimo irrealizável dentro do sistema monárquico. Embora outro fosse o modo de ver de um arguto pensador político como Joaquim Nabuco, e o próprio Rui admitisse a possibilidade de se conciliarem Monarquia e Federação, o modo de ver de Veríssimo merece ser hoje considerado.

Impossível a conciliação, admitida pelo Ruy e desejada por Nabuco, teria razão Ramalho Ortigão para, discordando de Eduardo Prado, concluir aquele seu ensaio julgando não terem feito "os homens que determinaram o acidente militar de 15 de novembro, tão diversamente julgado pela crítica europeia", senão "acelerar o progresso, simplificando, pela supressão de quantidades supérfluas, a resolução do problema social na civilização brasileira".[56] Era já essa civilização a mais importante de todas as civilizações predominantemente europeias que vinham se desenvolvendo em espaço tropical. Substituído, dentro dela, o regímen de trabalho, que fora durante séculos o escravocrático, pelo livre, e substituído o regímen de governo monárquico pelo republicano – substituição, esta última, sob a indiferença dos antigos proprietários de escravos – os novos rumos que iria tomar a nova República – o seu futuro – passaram a preocupar tanto a europeus como a americanos.[57]

A substituição do trabalho escravo pelo livre importava numa substituição do sentido de tempo na economia brasileira que não passou de todo despercebida aos publicistas nacionais da época. Houve, na verdade, quem escrevesse no *Diario do Gram-Pará*, em artigo incluído a 11 de junho de 1888 no "numero unico" da publicação comemorativa consagrada à Abolição pela Liga da Imprensa Paraense, que "'o tempo, que é dinheiro, na produção, o escravizado procurava 'esperdiçar' inutilmente para evitar a mortificação da sua sujeição". Reconhecia o publicista que, no Brasil escravocrático, o capital vinha funcionando simultaneamente como senhor do "dinheiro da terra", dos "utensílios" e do "trabalho"; mas não do dinheiro vivo representado pelo tempo. Para que o tempo, no Brasil, passasse a significar, como o tempo na então nova Europa industrial e nos Estados Unidos, dinheiro vivo, era preciso que o trabalho se tornasse também agente na produção nacional: agente responsável.

Notas ao Capítulo I

1. E. F. Knight, *The Cruise of the Alerte. The Narrative of a Search for Treasure on the Desert Island of Trinidad*, Londres, s. d., p. 139. É possível que as expedições de Knight a Trindade tenham concorrido para a ocupação da ilha, poucos anos depois das mesmas expedições, pelo governo de Sua Majestade britânica: caso resolvido através da mediação portuguesa, sugerida pelo então ministro das Relações Exteriores do Brasil, que era o conselheiro Carlos de Carvalho. A propósito dessa violência britânica contra o Brasil, escreveu recentemente o jurista J. de Castro Nunes que na época em que ela se verificou "as potências europeias não tratavam de igual para igual as nações sul-americanas" (*Alguns homens do meu tempo*, Rio de Janeiro, 1957, p. 46).

2. Knight, op. cit., p. 140.

3. Knight, op. cit., p. 305.

4. Knight, op. cit., p. 304.

5. Luís Viana Filho, *A vida de Ruy Barbosa*, São Paulo, 1941, p. 151.

6. M. E. de Campos Porto, *Apontamentos para a história da República dos Estados Unidos do Brasil*, Rio de Janeiro, 1890, p. 838.

7. Campos Porto, op. cit., p. 839.

8. Campos Porto, op. cit., p. 849.

9. Campos Porto, op. cit., p. 857.

10. Col. *Correio Paulistano*, novembro-dezembro de 1889.

11. Col. *Correio Paulistano*, novembro-dezembro de 1889.

12. Campos Porto, op. cit., p. 876.

13. *A Província*, 10 de julho de 1889.

14. Segundo depoimentos orais de vários sobreviventes da época em apreço, um deles, o da baronesa de Bonfim (1941).

15. Joaquim Nabuco, *O dever dos monarquistas. Carta ao almirante Jaceguay*, Rio de Janeiro, 1895, p. 8-9.

16. Knight, op. cit., p. 311.

17. Knight, op. cit., p. 305.

18. Medeiros e Albuquerque, *Minha vida da infância à mocidade – Memórias (1867-1893)*, 2ª ed., Rio de Janeiro, 1933, p. 124.

19. Medeiros e Albuquerque, op. cit., p. 125.

20. R. Magalhães Júnior, *Deodoro, a espada contra o Império*, São Paulo, 1957, vol. I, p. 310.

21. Depoimento oral colhido pelo autor de descendentes de Horácio Pires Galvão, seu parente, que participou da campanha paraguaia.

22. Coelho Neto, *Bazar*, Porto, 1928, p. 135.

23. Emile Allain, *Rio de Janeiro, quelques données sur la capitale et sur l'administration du Brésil*, 2ª ed., Rio de Janeiro, 1886, p. 272. Veja-se também o que sobre o assunto escrevia no começo do século J. C. Alves Lima, e que consta do seu *Recordações de homens e cousas do meu tempo*, Rio de Janeiro, 1926. "Mais uma vez" – registra aí o memorialista – "viajando em navios de guerra, do Brasil aos Estados Unidos, e vice-versa, tive a ocasião de sugerir aos oficiais de Marinha a introdução desse jogo [capoeira] na Marinha e no Exército. Notei porém que sobre este assunto todos se fechavam propositalmente, por onde se vê que o preconceito muito pode influir para o adiamento da ideia mais aceitável, mais oportuna" (p. 334). Verificou Alves Lima que entre os marinheiros "grande número [...] conhecia o jogo", do que, entretanto, guardavam reservas.

24. Henrique Augusto Milet. Dos seus trabalhos de interesse sociológico destaca-se *O Quebra-Quilos e a crise da lavoura*, que publicou primeiro no *Jornal do Recife*, depois em *A Província*, no decorrer do ano de 1876. Aí destacou ele, antecipando-se ao Euclides da Cunha de *Os Sertões*, "as raízes mais profundas" de sedições sertanejas como, no seu tempo, a denominada Quebra-Quilos, a qual, segundo Milet, não devia ser interpretada nem como simples "pronunciamento político" nem como mero "protesto religioso".

25. Max Leclerc, *Cartas do Brasil* (trad. do francês, com prefácio e notas, por Sérgio Milliet), São Paulo, 1942, p. 135. Segundo o prefaciador brasileiro da edição portuguesa desse livro francês, ele espelhou, na época em que apareceu em Paris, "o ponto de vista se não do mundo, pelo menos de boa parte da Europa" acerca da República que acabava de ser estabelecida no Brasil. A essa atitude não faltava "desconfiança na palavra de Ruy Barbosa".

26. Leclerc, op. cit., p. 42. Do assunto se ocupam outros europeus que na época visitaram o Brasil e fixaram suas observações em livros. A todos pareceram escandalosos os exageros de "liberdade de imprensa" no reinado de Pedro II.

27. *Circular Anual*, Igreja Positivista do Brasil, Rio de Janeiro, 1888, p. 112.

28. Miguel Lemos, *Resumo histórico do movimento positivista no Brasil*, Rio de Janeiro, 1882, p. 38-39.

29. R. Teixeira Mendes, *Benjamim Constant*, Rio de Janeiro, 1892-1894, p. 19-21. Este estudo biográfico foi publicação do Apostolado Positivista do Brasil, para o qual Benjamim Constant era "o fundador da República" de 1889.

30. Miguel Lemos, op. cit. Veja-se também José Carlos Rodrigues, *Religiões acatólicas*, Rio de Janeiro, 1900, p. 120.

31. Lemos, op. cit., p. 79-147. Também Rodrigues, op. cit., p. 120.

32. Rodrigues, op. cit., p. 119.

33. "O plano contra a pátria" (*Diário de Notícias*), in Campos Porto, op. cit., pág. XXV j.

34. Veja-se também a respeito de "fatos memoráveis" em torno da proclamação da República no Brasil, *A República brasileira*, Rio de Janeiro, 1890. Impõe-se, entretanto, o contato direto do analista social com a imprensa da época, na qual as reações mais significativas, do ponto de vista psicossocial, aos acontecimentos revolucionários, nem sempre se encontram em editoriais mas em ineditoriais, inclusive em anúncios. Daí termos procurado acompanhar aqueles acontecimentos através de suas repercussões em ineditoriais de diários da época, principalmente o *Jornal do Commercio* (Rio de Janeiro), a *Gazeta de Notícias* (Rio de Janeiro), *Correio Paulistano* (São Paulo), *Correio do Sul* (Rio Grande do Sul), *Diário de Notícias* (Bahia), *Diário do Gram-Pará* (Belém) e *Diário de Pernambuco* (Recife).

35. Eduardo Prado, "O Dr. Barreto e a ciência", artigo de polêmica com Pereira Barreto, reproduzido do jornal *Comércio de São Paulo* (1901), em *Coletânea*, São Paulo, 1906, vol. IV, p. 169-170.

36. Loc. cit., p. 178.

37. Eduardo Prado, "Ditadura republicana no Brasil", *Revista de Portugal*, Porto, 1890, p. 111.

38. Luís Viana Filho, *A Vida de Ruy Barbosa*, São Paulo, 1941, p. 174.

39. Thomas Ewbank, *Life in Brazil, or a journal of a visit to the Land of the Cocoa and the Palm*, Londres, 1856, p. 436.

40. Eduardo Prado, "Práticas e teorias da ditadura republicana no Brasil", *Revista de Portugal*, Porto, 1890, III, p. 74-120.

41. Ramalho Ortigão, "O quadro social da revolução brasileira", *Revista de Portugal*, Porto, 1890, II, p. 79-102.

42. Ramalho Ortigão, loc. cit., p. 96.

No livro, hoje raro, intitulado *A sociedade no Rio de Janeiro – Cartas de um diplomata escritas de Bucareste*, Rio de Janeiro, 1886 (obra de "Um Diplomata": disfarce que encobre observador por vezes malicioso da situação nacional no fim do Segundo Reinado), encontram-se várias indiscrições sobre Pedro II e a sua corte. Entre outras, a de que o imperador e os cortesões eram mal-educados: "vi [o imperador] meter a faca na boca e palitar os dentes em uma ceia, em uma das recepções do Palácio Isabel". Acrescenta "Um Diplomata" a respeito da educação doméstica do imperador: "Dizem que quando menino era muito vigiado; nunca teve liberdade para falar com moça alguma; o frade não lhe tirava os olhos de cima. Afinal, um dia rebelou-se e quando o frade deu fé estava o seu pupilo já adiantado, graças às lições que lhe deu uma velha fidalga então residente no próprio palácio. O menino lucrou com a lição mas a mestra foi punida com o banimento e faleceu há anos em Lisboa, onde viveu muito tempo de uma pensão que lhe dava seu discípulo. Apenas, porém, emancipou-se, gostou de... [nome omitido]". Refere-se "Um Diplomata" à influência sobre D. Pedro II da condessa de Barral e do conde d'Agueda, "dos quais qualquer recomendado consegue no Brasil o que quiser" (p. 10). Reconhecendo "distinção" na imperatriz, nega-a o indiscreto à princesa Isabel. Ambos, entretanto, primaram pela austeridade.

Embora faltasse "elegância" à corte de Pedro II, parece que não faltou a algumas senhoras, "mulheres de altos personagens", certa desenvoltura; pois "não se querendo dar nunca por velhas" tomavam por afilhados "dinstintos mancebos provincianos", de quem faziam "a fortuna". É o que informa Afonso d'Albuquerque Melo na página 129 do seu *A liberdade no Brasil,* Recife, 1864. A influência de senhoras, se não desse tipo, na verdade raro, encantadoras ou envolventes, em assuntos secundários de governo, parece ter se acentuado no governo de Deodoro e, consolidada a República, em torno de certos ministros de Estado e de outros líderes políticos. Houve sinhás famosas por essa espécie de prestígio: sinhás que merecem um estudo especial e sistemático.

43. Campos Porto, op. cit., p. 819.

44. Campos Porto, op. cit., p. 828.

45. Campos Porto, op. cit., p. 633.

46. *The New York World,* 20 de novembro de 1889.

47. *The New York Times,* 17 de novembro de 1889.

48. Campos Porto, op. cit., p. 682.

49. Campos Porto, op. cit., p. 682.

50. Campos Porto, op. cit., p. 128.

51. Campos Porto, op. cit., p. 127. O papel do Exército, quer na proclamação da República, quer no desenvolvimento brasileiro, em geral, vem sendo estudado, nos últimos anos, em trabalhos de considerável interesse sociológico, entre os quais os do hoje tenente-coronel Nelson Werneck Sodré,

do ponto de vista marxista. Vejam-se também os ensaios *O sentido do tenentismo*, de Virgínio Santa Rosa (Rio, 1936), *Prestes e a revolução social*, de Abguar Bastos (Rio, 1946) e o lúcido e objetivo *Dois momentos de Ruy Barbosa*, de Santiago Dantas (Rio, 1949), *Consolidação da República*, de J. B. Magalhães (Rio, 1947), *Formação democrática do Exército brasileiro (Pequena tentativa de interpretação social)*, de Samuel Guimarães da Costa (Rio, 1957), além do nosso *Nação e Exército* (Rio, 1949) e sem nos esquecermos das já clássicas *História militar do Brasil*, de Genserico de Vasconcelos, e *História militar do Brasil*, de Gustavo Barroso, para a parte propriamente militar dessa história.

52. *Diário de Notícias* (Rio de Janeiro), 22 de novembro de 1889.

53. *Jornal do Commercio* (Rio de Janeiro), 24 de novembro de 1889.

54. Campos Porto, op. cit., p. 124.

55. Ramalho Ortigão, loc. cit., p. 101.

56. Ramalho Ortigão, loc. cit., p. 102.

57. A preocupação com esse futuro parece ter sido grande da parte dos argentinos: "*La nueva situación que parece abrirse para el Brasil interesa especialmente a todas las repúblicas sudamericanas com las cuales su suelo toca y se relaciona su historia*", escrevia *La Prensa*, de Buenos Aires, a 16 de novembro de 1889. *El Diario*, pondo-se ao lado dos republicanos brasileiros, fazia do conde D'Eu o vilão dos acontecimentos que acabavam de culminar com a proclamação da República no Rio de Janeiro: "[...] *antipático personaje que tanto contribuyó a mermar las simpatias con que contaba su suegro* [...]". Não hesitava em recordar do francês que vivera de "*alquileres de sus conventillos, donde explotaba la miseria de las últimas clases de la capital brasilera.*" Na França, porém, havia quem reagisse de modo diferente à revolução brasileira de 15 de novembro: em vez de culpar pela queda do imperador o seu genro, *Le Figaro* de 18 de novembro de 1889 esclarecia seus leitores: " [...] os antigos proprietários de escravos sem dúvida engrossaram [depois do 13 de Maio] o número dos descontentes e, como o dinheiro faltava aos 'bacharéis', pode dizer--se sem exageração que foram os proprietários de escravos que forneceram os meios de fazer-se a revolução". Havia, entretanto, fazendeiros e senhores de engenho que além de abolicionistas, eram republicanos, desde a Lei Rio Branco. Entre os senhores de engenho, o Accioly Lins, do Engenho Goiana (Pernambuco), cujo diário íntimo, manuscrito, se acha em nosso poder e se refere aos anos 1886-1889. A 31 de janeiro de 1890, procurando ser objetivo, ele escrevia: "Os negocios publicos sob a nova forma de governo correm com melhor caracter p.m continua o estado de marasmo de m.tos q.e parecem ainda indecisos sobre o verdadeiro estado de coisas presente e futuro. Por ora sobresae [sic] o governo militar, predominando os denominados conservadores [...]". Pareciam--lhe necessárias "medidas rigoristas p.a os desprotegidos, e ignorantes, vadios", necessitados de ser levados pela educação "á prática do bem"; o que "nem sempre podia ser conseguido pelo terror".

Era um patriarca antigo a sentir a falta que fazia, a uma parte numerosa da população brasileira, a assistência outrora dispensada pelos particulares aos seus escravos.

O abolicionismo e o republicanismo desses senhores de terras e escravos não são tão fáceis de ser explicados pelos intérpretes mais rigidamente marxistas da formação brasileira como a política industrialista e protecionista que o Sr. Venceslau Brás, quando presidente da República, teria favorecido "com violento caráter de exclusividade [...] podendo-se facilmente compreender a perfeita identificação desse interesse com a política, sabendo-se que o presidente da República [de 1914 a 1918] era também industrial de nota, tornado posteriormente um dos mais fortes e opulentos da sua classe" (Abguar Bastos, *Prestes e a revolução social*, Rio de Janeiro, 1946, p. 45.). Vejam-se também sobre este e outros assuntos, considerados de ponto de vista marxista, os ensaios históricos de Caio Prado Júnior.

Exemplo expressivo de senhores de terras que se destacaram, em área tradicionalmente agrária e escravocrática, como abolicionistas e republicanos, foram os fidalgos das margens do Vaza--Barris, em Sergipe: Sousa Bastos, Dantas Melo, Faro Dantas, ligados ao famoso Clube Laranjeiras. Contra eles anunciou-se a oposição da também famosa Guarda Negra. Resolvendo enfrentar as violências da Guarda Negra, com meios não violentos, o Clube Laranjeiras adotou o projeto de um dos seus membros, Antônio Manuel da Paixão, de criar "uma escola noturna para os homens do povo, especialmente para os libertos, a quem em vez da fouce da guarda negra que lhes dá a Monarquia, convertendo-os em selvagens, os republicanos devem dar o livro, convertendo-os em bons cidadãos". Projeto que vem publicado na página 59 do livro *A República em Sergipe (Apontamentos para a história, 1870-1889)*, de Baltasar Góis, publicado em Aracaju 1891. A escola foi iniciada. Mas tendo se espalhado, entre a gente do povo, que era anticatólica ou antirreligiosa, foi abandonada por grande número de alunos. É uma das numerosas evidências a favor do fato de que a gente do povo, nela compreendida a multidão de libertos, não se sentiu de modo algum inclinada a acompanhar, após a Abolição, republicanos, inimigos, aos seus olhos, do Trono e da Igreja: instituições nas quais a mesma gente continuou a ver antes instituições maternalmente protetoras dos humildes que exploradoras do seu trabalho. Quem não tomar em justa consideração a predominância dessa atitude entre a gente do povo brasileiro, inclusive a multidão de libertos, após a Abolição, não compreenderá não só a indiferença, da parte da maioria dos brasileiros, em face do golpe militar com que se substituiu a Monarquia pela República, como a antipatia de muitos deles, homens do povo e libertos, ao novo regímen. Nos líderes do novo regímen alguns homens do povo deixaram de ver protetores como a princesa, Joaquim Nabuco, José Mariano, para enxergar políticos que lhes prometiam antes liberdades políticas nas quais eles, homens do povo e libertos estavam muito menos interessados que na sua segurança econômica. Daí para vários deles Francisco Glicério ter sido o "mero galopim eleitoral" da caracterização do visconde de São Boaventura na p. 46 do seu *A revolução no Brasil* (Lisboa, 1894), considerando-se aqui Glicerio típico de todo um grupo novo de políticos para os quais a população humilde do Brasil quase não existia, senão sob a forma de eleitores republicanos.

Desde os dias da propaganda sua mística fora esta: a da República. Uma República que a seu ver seria a solução de todos os grandes problemas brasileiros.

A 5 de março de 1888 Francisco Glicério escrevia ao seu amigo Quintino Bocaiuva, então na capital do Império, que chegara "o tempo" de proclamar-se a República: "Vibre o golpe aí que São Paulo e o Rio Grande respondem imediatamente. O resto é sorte e da sorte da República eu não tenho medo". É carta que se encontra no arquivo de Quintino Bocaiuva. De vários documentos desse precioso arquivo nos foram fornecidas cópias pelo ilustre descendente daquele eminente brasileiro, ministro Bocayuva Cunha.

Em Sergipe – para voltarmos a essa província do Norte – nos engenhos de antes da Abolição, já se reuniam muitas vezes vários senhores "[...] que procuravam estudar as condições de trabalho livre, buscando desse modo receber sem choques imprevistos a Abolição que julgavam iminente, mas que por outro lado compreendiam ser uma necessidade de ordem social para o País. Aguardavam a reforma do trabalho, buscando apenas atenuar as perturbações econômicas que traria necessariamente, pela imprevidência do governo imperial em não ter disposto as condições materiais do País para recebê-la". É o que afirma Manoel Curvelo, em *Sergipe republicano* (Rio de Janeiro, 1896, p. 60-61). "Muitos proprietários tinham já, por iniciativa própria, encetado a reforma do trabalho, empregando homens livres na lavoura, mediante o pagamento de salários", informa ainda Curvelo. O que era dificílimo pela "escassez de trabalhadores livres que quisessem sujeitar-se ao trabalho rural nos engenhos de açúcar. Havia da parte destes uma espécie de repugnância em desempenhar misteres que por toda parte em redor eram confiados aos escravos".

Em regra "o senhor sergipano era para os seus cativos de uma raras vezes desmentida paternidade benevolente [...]". Memória escrita em 1808 pelo vigário da Bahia Marco Antônio de Sousa já punha este fato em relevo, recordando que enquanto na Bahia os proprietários de escravos embaraçavam o matrimônio entre os seus cativos, nos engenhos de Sergipe os escravos "podiam casar-se com as escravas da mesma família e ainda de outra [...]". Os escravos, nesses engenhos, "passavam uma vida relativamente suave, parecendo mais um prolongamento *sui generis* da família", confirma Curvelo naquele seu depoimento sobre os últimos decênios da era do trabalho escravo em Sergipe.

Segundo Felisbelo Freire, foi a Monarquia que "não soube evitar o desastre econômico da reforma [de trabalho], tendo tido tempo de sobra para cogitar deste lado do problema, lado que diretamente olhava os interesses das classes produtoras". Foi uma "reforma que instantaneamente aboliu o regímen de trabalho escravo sem previamente preparar os elementos do trabalho livre", opina Manoel Curvelo, no seu citado *Sergipe republicano. Estudo crítico e histórico* (p. 4), em comentário às palavras de Felisbelo Freire.

II Ainda em torno da reação de um passado ao desafio ao futuro: testemunhos de uma época de transição

Não só nos dois últimos decênios do Império, como já depois de fundada e consolidada a República, era de soldado que brincavam, com mais entusiasmo, os meninos brasileiros. Os nascidos ainda no tempo de Pedro II mas crescidos sob a presidência de Deodoro e sob a de Floriano, foi como cresceram: sob o encanto da figura de soldado.

O caso de (Luís) Mílton Prates,[1] nascido – em 1889 – e crescido numa pacata província como a de Minas Gerais. De (Luís) Mílton Prates é também o depoimento de que os heróis dos meninos mineiros do seu tempo foram principalmente "os generais brasileiros da campanha do Paraguai; e de preferência Osório". Entretanto, esse culto pelos heróis militares ocorria numa parte de Minas Gerais onde, segundo o mesmo informante, a República foi "mal recebida", parecendo esse acolhimento nada cordial ao novo regímen indicar que, não fosse a circunstância de ter ele se apresentado sob a proteção de grandes soldados, alguns com a auréola de heróis do Paraguai, como Deodoro, e ainda menos cordial teria sido o acolhimento mineiro – pelo menos em Montes Claros – à inovação política de 15 de novembro.

Nascido na Fazenda São João, na então Província de São Paulo, ainda no reinado de Pedro II, João Batista de Lima Figueiredo é outro que informa ter sido dos meninos que receberam mal a República, com a qual só aos poucos viria a concordar. Não que a Monarquia ou Pedro II lhe causasse entusiasmo; nem que, brincando de soldado, admirasse com particular fervor até ou aquele dentre os heróis da campanha do Paraguai. Ainda pequeno, o pai fazendeiro levara-o a ver D. Pedro em Poços de Caldas. João Batista, porém, tanto se impressionaria com o bonde – ingresia que ali parece ter visto pela primeira vez –, que quase não guardaria lembrança da inexpressiva figura do monarca de sobrecasaca e cartola: sem nada de marcial ou heroico ou romântico que ferisse a imaginação de um menino. Ouvindo sempre dos mais velhos que a República fora "organizada às pressas", não se entusiasmaria pelo novo regímen; nem sua admiração se fixaria em nenhum dos seus heróis. Cresceria quase apolítico.

O mesmo aconteceu a Sílvio Rondinelli, paulista filho de italiano e nascido também em fazenda – a Fazenda Sant'Ana – de propriedade do pai; e já sob a presidência de Floriano. Seu herói da meninice tendo sido Garibaldi, "pela sua têmpora guerreira", depois de homem feito Sílvio só conservaria pela memória do nada garibaldino Pedro II um vago respeito, empalidecido por sua admiração pela figura, sem dúvida mais sugestiva e como se diria hoje, em linguagem sociológica, mais carismática que a do "Velho", da princesa Isabel, a Redentora; e da República de 89, a impressão de não ter conseguido inaugurar no País a "política segura" que dela talvez esperassem os neobrasileiros mais ou menos desconfiados do nativismo ou do jacobinismo que caracterizou as atitudes de alguns republicanos florianistas.

Já outro paulista, José Honório de Silos, nascido em Casa Branca, em 1869, "fim da Guerra do Paraguai", informa terem sido os heróis da sua meninice todos soldados: Caxias, Osório, o conde D'Eu. Note-se bem: o próprio conde D'Eu, apesar de "estrangeiro" ou "francês".

O caso igualmente de Aureliano Leite que, nascido em Ouro Fino, no sul da Província de Minas Gerais, em 1887, pensava às vezes, quando menino, em ser músico: "mas o que predominava em mim era o desejo de me matricular numa escola naval ou militar. As fardas me atraíam. Eu tinha tido tios na guerra com o Paraguai e irmãos bem mais velhos que eu nos batalhões patrióticos a favor de

Floriano." Compreende-se assim que viesse, adolescente, a "amar na República" um regímen prestigiado pelos galões e pelas fardas de soldados heroicos, seus principais fundadores, embora o pai fosse monarquista e só a gente da sua mãe, republicana. Republicana histórica. A mãe de Aureliano Leite era, com efeito, sobrinha-neta de Bárbara Heliodora.

Nascido também em Minas, em 1866, Alberto Carneiro de Mendonça teve como os seus maiores heróis do tempo de menino "o coronel Tibúrcio – um dos heróis da Guerra do Paraguai; o duque de Caxias; Trajano de Carvalho, construtor naval".

Francisco Pinto de Abreu, nascido em 1869 na então Província da Paraíba, informa ter tido por heróis, na meninice: Aníbal, Alexandre, Caxias, Osório, Barroso, tendo também venerado "Tiradentes e os mártires da liberdade". Mais: "Compus versos campanudos a Napoleão I, que Estácio Coimbra, meu colega de internato no Recife, pálido como cera e débil como vime, gostava de declamar no recreio..." Acabaria, entretanto, querendo ser intelectual, para o que talvez tenha concorrido o fato de ter tido a honra de ser arguido, em exames de preparatórios, por Tobias Barreto: "fronte larga, moreno, bigode malcuidado, olhos vivos, roupa escura, gesto franco, comentando com um sorriso as asneiras dos examinandos". Teve também Martins Júnior como seu "explicador particular".

Eurico de Sousa Leão, nascido quase com a República em velho engenho de Pernambuco – o Laranjeiras – confessa que seus brinquedos de menino com seus irmãos foram de soldado. E pormenoriza: "Admirava nos soldados de polícia o fardamento berrante de então, com vivos tons escarlates, o facão rabo de galo." Daí sua impressão de adolescente, da República, ter sido contraditória: por um lado, "os impulsos de temperamento" – inclusive, é evidente, a admiração pela farda heroica – levavam-no a "achar encanto" na inovação; por outro lado, não podia ser indiferente ao fato de que o novo regímen viera, com a Abolição, "solapar as bases de toda a minha família – família numerosa de donos de terra..." O que o encantava, porém, na República, era o que significava ação, renovação, atividade. Deixavam-no sem entusiasmo tanto a figura de Pedro II – "uma espécie de velho professor bonachão esperando a aposentadoria" – como a de Benjamim Constant – "um professor militar meio fanático, esquisitão, sem brilho..."

Ao que se assemelha a confissão de João de Oliveira Machado, nascido no já Estado de São Paulo, pouco depois de proclamada a República: seus principais heróis do tempo da meninice foram "Tiradentes e os comandantes da Guerra do Paraguai"; e ao crescer a ponto de poder fazer juízo político dos acontecimentos, veio a considerar Benjamim Constant "o filósofo da República, entre nós [...] grande espírito, portador de invulgar cultura"; mas prejudicado "pelo seu sectarismo positivista".

Nascido na mesma época, e igualmente em São Paulo, Sebastião Ferreira Barbosa foi também os heróis que teve quando menino: "o general Osório, Caxias, Tamandaré"; Tiradentes; e mais "os que brilharam na Insurreição Pernambucana". Mas ainda que desse culto ou fervor por heróis militares tivesse sem esforço passado à admiração pela República de 89 – república antes marcial que civil nos seus começos – reconheceria, ao voltar-se para o seu passado e para o passado republicano do Brasil – para escrever a interessante resposta que escreveu ao inquérito que serve de lastro a este ensaio – as virtudes de Pedro II – mais visíveis a olhos retrospectivos de adulto que aos de menino ou de adolescente próximo da figura cinzenta do monarca. E escreveria em 1953: "[...] os republicanos não deixaram de ser ingratos com ele!"

Antônio Costa Nogueira, nascido na Fazenda Santo Antônio, em São Paulo, em 1883, não tendo em menino brincado de guerra nem de imitar heróis da Guerra do Paraguai, envelheceu simples e bom lavrador e pensando da República o mesmo que pensara dela quando, ainda menino, ouvira dos mais velhos a notícia da proclamação do novo regímen: que fora inovação "muito ruim"; e que "se fosse Monarquia, o Brasil talvez estivesse hoje [1953] em situação muito melhor."

José Junqueira, porém, nascido em 1884 em Três Corações do Rio Verde, na então Província de Minas Gerais, confessa ter sido sempre indiferente à Monarquia, à República e aos heróis militares do após-guerra – Campanha do Paraguai –, lembrando-se apenas, a respeito de política – a política do seu tempo de menino –, que havia um partido liberal e outro conservador, e que costumava frequentar a casa de um seu tio, Joaquim, "um tal barão de Caldas, grande conservador". Por picardia ao barão, os meninos de tio Joaquim – e parece que o próprio José –, ao saberem que o ilustre conservador ia visitar a casa do pai – isto é, o tio Joaquim –, enfeitavam portas e janelas, quadros e espelhos, com "grandes laços de papel de seda vermelho". O barão, porém, não se dava por achado; e com a fleuma e o humor de um conservador inglês, atribuía aquele esplendor de papel vermelho aos "republicanozinhos" da casa. Entretanto, o avô do apolítico José Junqueira fora grande político em Minas Gerais, durante grande parte do reinado de Pedro II, lembrando-se ainda em 1952 o seu neto de que, à sua qualidade de chefe político, ele juntava o prestígio semimilitar de tenente-coronel da Guarda Nacional. Possuía o velho "uma bela farda e espada com cabo todo de ouro maciço, a qual ainda está com minhas duas tias, Marica, com 94 anos, e tia Lídia, com 70 e tantos, moradoras em Cambuquira". O que parece indicar ter sido a gente de Minas – durante o Segundo Reinado, relativamente pacata – sensível tanto quanto a do norte do Império ao prestígio da farda e da espada; e, portanto, predisposta a conformar-se com uma república abrilhantada, nos seus começos, pela presença, entre seus campeões, de homens de farda e de espada. Precisamente o brilho marcial de galões e de insígnias militares de que os adolescentes brasileiros do após-guerra – a Guerra do Paraguai – parecem ter sentido a falta na pessoa e na corte do segundo imperador.

"Quando foi proclamada a República, tinha eu 8 anos de idade, e não me lembro de quase nada, a não ser que soltaram foguetes em minha cidade natal e houve algumas manifestações", informa José Augusto Vilas Boas, nascido em 1882 em Botelho, no sul da então Província de Minas Gerais. Era Botelho naquela época um lugarejo de suas 2 mil pessoas e com poucas casas que, "na sua maioria, pertenciam aos fazendeiros que nos domingos, dias santos e de festas, vinham com toda a família para a cidade". Proclamada a República, "os descontentes com a Monarquia" vieram festejar em Botelho o novo regímen, soltando foguetes; mas José Augusto Vilas Boas, ao recordar o fato setenta anos depois, diria a propósito da substituição da Monarquia pela República ter sido "um absurdo o povo brasileiro exilar o seu imperador". Aos seus olhos de menino, porém, o imperador de sobrecasaca e guarda-sol parece nada ter significado. Ou lhes ter dado apenas aquela ideia de "velho professor bonachão esperando a aposentadoria" que deu ao pernambucano Eurico de Sousa Leão.

O mesmo sucedia em Aracaju a José Magalhães Carneiro, ali nascido em 1880. Ao proclamar-se a República, também ele, menino então de 9 anos, pouco preocupou-se com o acontecimento. Pedro II não era monarca que tivesse a menor sugestão romântica para um menino ou adolescente brasileiro daquela época. Os seus heróis do tempo de menino, informa o sergipano José Magalhães Carneiro terem sido "as grandes figuras militares da época". Mais do que isto: seu desejo, "quando fosse homem, era ser oficial do Exército brasileiro..." "Esse sonho" acrescenta Magalhães ter iluminado os dias das sua infância; e o deve ter predisposto à veneração, que confessa, por Benjamim Constant, "a figura idealizadora da República".

Cássio Barbosa de Resende, nascido em 1879, na Fazenda da Filadélfia, na Província de Minas Gerais, teve também como heróis da sua infância "Caxias, Osório, Barroso e Tamandaré"; e, adolescente, desejou ser "oficial de Marinha, entusiasmado com os feitos da nossa esquadra na Guerra do Paraguai".

"Os heróis do meu tempo de menino eram Caxias, Tamandaré etc.", informa Cleto Ladislau Tourinho Japi-Açu, nascido na Bahia em 1856 e que veio a ser almirante da Armada brasileira. Tendo servido lealmente a República, recordaria, entretanto, com certa coqueteria baiana, em depoimento datado de 1940, o fato de o mesmo regímen só ter sido proclamado na Bahia a 17 de novembro.

"Os heróis da minha admiração ao tempo de menino eram Napoleão Bonaparte, o duque de Caxias e Floriano Peixoto", informa o paraibano Adauto Mariano das Neves, nascido na capital da sua então província em 1885; e que também se confessa "republicano por índole", embora admitindo a magnanimidade de Pedro II.

Outro paraibano, Antônio da Rocha Barreto, nascido em 1882 na então província, "a meia légua da então vila, hoje cidade, de Catolé de Rocha", surpreende-nos com esta revelação: "O meu herói do tempo de menino foi D. Pedro II." Mais tarde, concluiria ter sido "benéfico o longo reinado de D. Pedro II". O que "possa ter sido retardado em função do progresso, foi compensado pelo fortalecimento da unidade nacional", dando aos brasileiros motivos para se orgulharem de "um império respeitado". Pensando assim é que se tornara "apologista discreto da República": sempre fiel à ideia de ter sido o segundo imperador "um soberano de raro equilíbrio para o seu tempo".

Cláudio da Costa Ribeiro, nascido em 1873, na capital da então Província de Pernambuco, depõe: "Na Rua da União" [onde morava seu pai] "dominavam os heróis do Paraguai: Osório, Caxias, Marcílio Dias." Acrescenta ter sido desde a meninice "republicano". O que atribui principalmente "à influência do meio e dos mestres". Era com entusiasmo que ouvia "a palavra de Martins Júnior nos *meetings* de propaganda". Martins Júnior se tornara, aliás, "o ídolo dos acadêmicos pernambucanos". Os olhos do então menino da Rua da União viam-no como mártir ou vítima da Monarquia: "Prestava concurso para lente da Academia de Direito, classificado em 1º, não era nomeado. Por isto me habituei a não gostar, quando menino, de Pedro II. Achava-o ingrato."

Nascido no Rio de Janeiro em 1889, Octavio Tarquínio de Sousa (Amaranto) já não sentiu a sedução dos heróis da Guerra do Paraguai. Seus heróis depõe que foram "o presidente Kruger, o general Dervet, o general Botha": líderes da guerra chamada do Transvaal, contra os ingleses. É que o então menino, desinteressando-se dos acontecimentos brasileiros, tomara "furiosamente partido contra a expansão imperialista inglesa". Quanto à Monarquia brasileira: "Embora meu avô e meus tios tivessem sido notícias no tempo do Império, não havia em minha casa nenhuma espécie de saudosismo." Daí sua atitude sobriamente objetiva: "[...] achava a República um regímen normal, estável, definitivo." Pedro II acinzentou-se aos seus olhos de adolescente em um "velho": "um representante de um regímen extinto e remoto". Enquanto: "Benjamim Constant nada representava para mim."

Do paraibano nascido em 1882, em Mamanguape, padre Matias Freire – neto de um senador e barão do Império, o barão de Mamanguape, mas filho de um republicano – é o depoimento de que "as primeiras informações que tive de heroísmo dos homens me foram transmitidas por meu pai, quando lia para mim a história da guerra de 1870". Destinava-o seu pai à carreira militar. Ele, porém, viu-se entre duas atrações: a da farda e a da batina. Por influência da mãe, decidiu-se pelo sacerdócio. Também quase sacerdote – frade e não padre – tornou-se o fluminense Astrojildo Pereira Duarte da Silva, nascido em 1890 em Rio Bonito, e por algum tempo aluno do Colégio Anchieta, dos Jesuítas, em Nova Friburgo. Quanto à atitude de menino e adolescente para com a República, esclarece Astrojildo Pereira:

"Já na adolescência, republicano radical. Inimigo da Monarquia e D. Pedro II. Admirador de Benjamim. Mais ainda de Ruy [...] Durante a guerra russo-japonesa, a favor da Rússia."

Raros os brasileiros nascidos no decênio 1870-1880 ou mesmo de 1880 a 1890 que, em vez de homens de ação, tenham tido como heróis da sua infância intelectuais ou sábios. Manuel (Carneiro de Sousa) Bandeira Filho, nascido no Recife, em 1886, informa: "No tempo do ginásio, lembro-me que a glória de Camões me parecia invejável". Esse ginásio foi o Nacional, ou Colégio Pedro II. Aí teve professores que "procuravam incutir nos seus alunos as ideologias que professavam: Paula Lopes, o positivismo; Nerval de Gouveia, o catolicismo: Vicente de Sousa, o materialismo". Sua inclinação foi naquela época pelo positivismo. Talvez se explique, pela influência comtiana, o culto que nele então se manifestou por Camões: tema de um estudo de Miguel Lemos. Lembra-se, porém, Manuel Bandeira, de, menino no Recife, ter sido "custodista": "me interessei muito pela revolta e pelas façanhas do *Aquidabã*". Outro pormenor interessante: "Em meu tempo de menino Ruy tinha má fama: davam-no como culpado do encilhamento..."

Alfredo Bartolomeu da Rosa Borges, nascido também no Recife, mas em ano remoto – 1864 – informa terem sido os heróis da sua infância "Napoleão e Nélson". Ao mesmo tempo, contraditoriamente, desejava ser "deputado": era "louco por discursos". Recorda Rosa Borges: "Ardoroso entusiasta de Ruy Barbosa, li tudo quanto escreveu. Vibrei com a oratória flamejante de Nabuco. Mas meu ídolo foi Martins Júnior. Com ele fui republicano." A oratória – apreciadíssima na época – fez de muito menino indiferente ao problema político, republicano ardoroso. É também o depoimento de Pedro do Couto, nascido no Rio de Janeiro em 1872.

Demóstenes (Ipiranga) de Sousa Dantas, nascido no interior da então Província de Pernambuco, em 1880, depõe sobre os seus brinquedos de menino sertanejo: "brinquedos militares ou de natureza bélica". Iam da "marcha dos exércitos aliados através do Paraguai" à tomada de Tuiuti, Humaitá, Itororó. E esclarece: "Comandava eu estes exércitos, ora como Caxias, ora como Osório." Auxiliava-os nos brinquedos "velho soldado veterano". Com esse auxílio, "figurava posições topográficas como se fossem aquelas mesmas paragens". Uma vez, "efetuava-se a passagem de Itororó", quando o menino surpreendeu o velho a chorar: "perguntei-lhe por que chorava; ele disse-me, foi ali que morreu um dos mais valentes generais brasileiros, Hilário Gurjão." A despeito desses brinquedos de natureza bélica lhe terem marcado profundamente a infância, Demóstenes Ipiranga não se deixou seduzir pelo prestígio militar da República de 89; considerou-a "produto da hibridade de alguns intelectuais despeitados com outros tantos militares ambiciosos e ignorantes".

Leopoldo (Marinho de Paula) Lins foi outro que, nascido em ano remoto – 1857 –, sofreu quando menino o impacto da Guerra do Paraguai em toda a sua plenitude: daí "gravar-se em meu espírito" o que "ouvia dizer de Osório, Caxias e Tamandaré". Já homem, quando se proclamou a República, recebeu-a mal: "horrorizavam-me os pronunciamentos constantes das repúblicas irrequietas, como a Argentina, Uruguai, Peru, Bolívia e outras da América Central." Para o Brasil "não desejava outra forma de governo" senão a monárquica; julgando a República "incompatível com a nossa índole", com o "respeito às [nossas] instituições tradicionais, até então assecuratórias de uma paz invejável sem o adoçamento de um progresso tumultuoso..."

"Apesar de desde menina gostar muito do progresso, tive uma impressão bastante desfavorável da República", informa Da. Virgínia Cavalcante, nascida em Pernambuco em 1881.

E Rogério Gordilho de Faria, nascido na mesma época em Sergipe, mas educado na Bahia, depõe ter tido entre os heróis do seu tempo de menino, ao lado dos "grandes militares do Império brasileiro", Rui Barbosa, confessando-se assim, do mesmo modo que seu contemporâneo um tanto mais velho, Rosa Borges, fervoroso admirador da oratória. Esta, a seu ver, culminou, no Brasil, no grande baiano, sob forma "apostolar".

"Os heróis do meu tempo de menino eram os nossos cabos de guerra que haviam se distinguido no Paraguai – Osório, Caxias, Porto Alegre, Tamandaré, Barroso" –, informa, confirmando uma tendência comum ao Império inteiro, de 1870 a 1890, Florêncio (Carlos) de Abreu (e Silva), nascido em 1882 no Rio de Janeiro mas cuja formação se fez principalmente no Rio Grande do Sul: em Porto Alegre. Era a Porto Alegre dos dias da sua formação cidade de "cerca de 80 mil habitantes, população de hábitos simples e patriarcais, mas afeita ao militarismo e cheia de militares, não só em consequência da vida de fronteira, teatro de nossas guerras cisplatinas, mas ainda por ser a sede de uma Escola Militar Superior, que atraía filhos de todas as regiões do país, no Império e durante os primeiros anos da República". Explica-se por esse caráter militar da cidade que os brinquedos de meninos fossem, na época em apreço, jogos belicosos, havendo rivalidades entre os meninos de um distrito da cidade contra os de outro. Formavam-se batalhões para ataque e defesa, travando-se combates a espada de taquara ou bambu..." Confessa Florêncio de Abreu que sua aspiração foi primeiro ser jóquei; depois, general. Tendo, porém, se fundado uma escola de direito em Porto Alegre, resolveu estudar para advogado; e recorda, dentre os seus contemporâneos, Getúlio Vargas, João Neves, Maurício Cardoso, Carlos Martins de Sousa, Rodolfo Linch, Osvaldo Vergara, Sousa Lobo. Era natural que a uma mocidade como a rio-grandense-do-sul, Pedro II se apresentasse apenas como um "bom velho"; e a Monarquia, por ele encarnada, como regímen inexpressivo. Cedo pareceu a Florêncio de Abreu que a República "bem compreendida e praticada seria a solução para todos os males [brasileiros] de ordem política e social".

No mesmo Rio Grande do Sul nasceu em 1883 Manuel Duarte, neto do coronel Fidélis Ramos, "grande expressão da nobreza pastorícia rio-grandense". Os heróis do seu tempo de menino foram os "campeadores" da região, "cujos feitos viviam, e vivem, nos lares e nos descantes dos fogões gaúchos". Depois é que foi admirando Castilhos, Gumercindo Saraiva, Gomes Carneiro, Pinheiro Machado. Recorda-se de um livro de estampas que apareceu no Rio Grande logo após a proclamação da República: aí se viam os retratos das figuras "que atuaram na parada de 15 de novembro" – "todos militares". Ao lado das suas fotografias, as da "família imperial desterrada e da maioria dos ministros do governo provisório". O menino Manuel Duarte deixou-se enternecer, vendo aquelas fotografias, pela sorte da família imperial, acerca da qual lembra-se de que andava então de mão em mão, no Rio Grande, uma "melancólica poesia narrativa":

> *"Desterraram o imperador*
> *Que nos amou cinquenta anos."*

O velho Duarte chegou a repreender o filho de 7 anos, por ouvi-lo recitar os tais versos: "pois era republicano e solidário com a mudança do regímen". Manuel Duarte, porém, "tinha a ideia de que [com essa mudança] se repetia a tradição daquilo que era nosso para se enveredar na encruzilhada do desconhecido..." Era o filho como que instintivamente tradicionalista e apegado sentimentalmente ao passado, enquanto o pai se entregava de modo absoluto ao futuro, certo de que a República significava para o Brasil inteiro, progresso: progresso nacional.

Aliás não foi só entre pai e filho que se verificaram esses conflitos: também entre marido e mulher. Da. Isabel Henriqueta de Sousa e Oliveira, nascida na Bahia em 1853, em depoimento datado de 1983, informa ter sido sempre monarquista. Entretanto, seu marido "era republicano e dizia que o Brasil só havia de ser bom quando se enforcasse o último príncipe na tripa do último padre". É verdade que esse republicano assim radicalmente anticlerical morreria "com confissão e tendo tomado os últimos sacramentos". Vitória da mulher conservadora sobre o homem progressista. Essa espécie de vitória parece não ter sido rara no Brasil da época aqui evocada.

João Barreto de Meneses, filho de Tobias Barreto, e nascido em 1872, em Pernambuco, no Engenho Riqueza, de que era proprietário seu avô materno, João Félix dos Santos, depõe terem sido os heróis da sua meninice "Caxias e Herval". Fiel ao seu culto pela farda – surpreendente em filho de jurista e professor togado – esteve, depois de rapaz, nas fileiras do Exército e figurou entre os soldados que se bateram "na revolução de setembro de 1893 e em Canudos". Ele próprio estranharia o fato, ao recordá-lo no fim da vida: "Não sei explicar a razão de, mostrando-me sempre ardentemente liberal por temperamento, ter chegado a vestir a farda, pois embora gloriosa como é, nunca deixou de simbolizar a força, que tem sido a gargalheira dos ideais." É que, em seus "arroubos de juventude", o filho do célebre jurista, aliás revolucionário, se deixara inflamar pela figura de Floriano, animado, nesse seu fervor pela ação do áspero soldado, por sua devoção às "instituições republicanas [...] as quais se anunciavam ameaçadas de uma restauração monárquica".

Teófilo de Barros, filho de senhor de engenho e nascido em 1877 em Pernambuco, teve por heróis da sua infância "Carlos Magno, Roldão, Osório, Napoleão e Floriano". Depõe que "quando fosse grande, desejava ser como um deles." Entretanto, quando veio a República, proclamada por militares, confessa que se sentiu mal porque adorava o imperador: "tinha D. Pedro II na conta de um semideus... Não podia compreender um país sem rei. Por isso tive má impressão da República". Só aos poucos, e já no colégio, começaria "a admirar a obra de Benjamim Constant. [...] No engenho todos [os seus] eram partidários da monarquia. Tal ojeriza tinham a Deodoro que lhe davam o nome aos animais de serviço."

José Bezerra de Brito, nascido em 1878, em fazenda situada à margem direita do Rio Carás, no Ceará, informa ter tido igualmente por heróis, quando menino, "Napoleão Bonaparte, Caxias, Barroso e outros vultos da Guerra do Paraguai", sem que isto o impedisse de vir a considerar a República, feita antes por militares do que por civis, "uma decepção".

E José Frazão Milanez, nascido em 1886, em São Luís do Maranhão, informa ter encontrado muito viva no Colégio Militar do Rio de Janeiro, onde fez seus estudos, a ideia de ter sido Pedro II, como imperador, um verdadeiro "Pedro Banana", embora como particular fosse homem bom; enquanto de Rui Barbosa se dizia que, a despeito do seu "grande talento", era "muito desonesto" e "homem de poucos escrúpulos". Parece ter dominado então a crença, em certos meios militares, de serem os soldados o sal da terra, em relação com qualquer regímen político; e os casacas, também em relação com qualquer regímen, ou incompetentes ou desonestos. Raras seriam as exceções.

O paraibano Coriolano de Medeiros, nascido em 1875, depois de recordar que os heróis do seu tempo de criança crescida em meio rústico – na Várzea das Ovelhas – foram "os das fabulosas empresas dos Doze Pares de França", informa que "mesmo no tempo da minha adolescência, dentro da minha casa, república era uma palavra sacrílega." Só com o governo de Prudente de Morais se reconciliariam os Medeiros com a República. Sinal de que havia, então, no interior do Brasil, quem não acreditasse em militar nem em governo de soldado. A mesma atitude dos Medeiros, da Várzea das Ovelhas, recorda Da. Carolina Tavares Sales, filha do capitão da Guarda Nacional Matias Muniz Tavares e sobrinha-neta do monsenhor Muniz Tavares, nascida no Recife, em 1884, ter predominado entre a gente do seu pai, político do Partido Liberal e homem de alguma fortuna: tanto que fora dele o sobrado na Madalena, que se tornaria "o afamado Hotel Rocambole". "Achei a República uma coisa horrível", escreve no seu depoimento Da. Carolina.

Impressão a que se assemelha a de Da. Ângela Correia de Melo, nascida em Sant'Ana do Livramento, no Rio Grande do Sul, em 1875, que informa de seu pai e de seus amigos terem recebido tão a mal a República que "nunca mais votaram nas eleições." Ela, Ângela, teve quando menina uma boneca que emprestava aos propagandistas da República – Cassiano do Nascimento, Demétrio Ribeiro, Alcides Lima, Francisco Osório – para suas procissões republicanas. Era uma boneca "vestida com a indumentária da figura da República Francesa". Faziam-lhe discursos e em sua honra – era quase uma santa – tocava-se a Marselhesa. Ângela só fazia emprestar sua boneca aos republicanos. Não participava das suas passeatas. Como o pai, era monarquista.

Pedro do Coutto, nascido na Corte em 1872, dá testemunho de desde adolescente ter considerado a Monarquia brasileira um "governo aburguesado"; e Pedro II, "um medíocre". E desde muito novo, entregou-se à atividade política: ao abolicionismo e à propaganda republicana. Seus heróis do tempo de menino foram "os precursores da nossa independência"; mas também Danton. Os ideais franceses de 1789 eram os que mais o empolgavam. Foi desde novo um afrancesado na suas ideias políticas. Confessa ter se encontrado em antagonismo com os pais, talvez castiços, desde os 13 anos: "meus pais, católicos e monarquistas; eu, republicano e livre-pensador". E pormenoriza: "Meus pais fizeram-me afilhado de Pedro II e de Nossa Senhora da Glória; e eu, naquela idade, fui forçado a me pôr em divergência com essas duas forças, do céu e da terra". Explica-se assim que o seu precoce radicalismo viesse a levá-lo a fervorosa admiração por Benjamim Constant; e a fixá-lo em duro ou inflexível republicano cheio de reservas para com os homens de meio-termo vindos da Monarquia para a República, como o próprio Rui Barbosa: "[...] deputado monarquista e conselheiro da Coroa, manteve-se sempre dentro desses princípios, mesmo quando serviu à República, para a qual cooperou de modo indireto, quando fazia oposição ao último gabinete da Monarquia".

Nascido em 1879, no Ceará, num sítio às fraldas do Araripe, de "clima ameno" e "águas abundantes", João Coelho Sobrinho foi dos que, quando meninos, brincaram "de soldado" e de "combates simulados", tendo por heróis figuras clássicas de guerreiros: Alexandre, Aníbal, César, Napoleão. O que, entretanto, não o levou a colégio ou escola militar: fez seus primeiros estudos no Seminário do Crato e continuou-os no de Fortaleza, para apenas os concluir em colégio profano na Bahia. "Educado num ambiente essencialmente católico", informa o quase padre João Coelho Sobrinho ter recebido com restrições a República, "surgida sob a égide do positivismo". Mas é evidente que seus ideais de menino, conciliados com os de adolescente, predispuseram-no a admirar em Benjamim Constant – a despeito do seu positivismo – um "idealista sincero", misto de militar e de humanista.

"Napoleão, Barroso e Caxias" são os heróis de meninice confessados por Dionísio de Farias Maia, nascido cerca de 1890 no antigo Povoado de Pilões do Maia, na Paraíba. Ao culto desses heróis da infância é que em Dionísio de Farias Maia se juntou o de Floriano. "Era natural que nós [brasileiros] não ficássemos uma exceção, com a corrente avassaladora de Bolívar, que se vinha infiltrando por toda a América do Sul", escreve ele na tentativa de justificar pelo argumento, na época muito invocado pelos propagandistas da República, da solidariedade continental, o movimento de 15 de novembro.

"Não me lembro do que pensei quando se fez a República", é o testemunho de Da. Maria de Barros Leite, nascida no último decênio do Império na Ladeira dos Coqueiros da Piedade, na Bahia. Mas pormenoriza: "Em nossa casa não houve nenhuma simpatia por Benjamim Constant porque se dizia que ele não era católico". Aliás, outra senhora da mesma idade, em informação oral ao autor, esclarece que as simpatias do belo sexo se voltaram principalmente, ao ser proclamada a República, para a figura de Deodoro, prestigiada desde moço com a fama de grande fascinador de mulheres. Fascinava-as não só pelo seu famoso perfil aquilino como pela sua auréola de herói – com vários outros Fonsecas Galvões – da Campanha do Paraguai. O advogado Francisco Solano Carneiro da Cunha,[2] também em informação oral ao autor, afirma, baseado no que ouviu há quase meio século do barão Homem de Melo, ter tido ligação com rivalidade em torno de mulher o profundo antagonismo entre o mesmo Deodoro e Silveira Martins. Antagonismo profundo que teria motivado a participação do general no pronunciamento de 15 de novembro, ao ser informado de que

Ouro Preto seria substituído, como chefe de ministério imperial, pelo conselheiro Silveira Martins.

"Era e sou monarquista por convicção", informa Da. Lucila Wilson Coelho de Sousa, nascida em São Luís do Maranhão em 1863. E explica por que: "A esta forma de governo, deveu o Brasil a sua grande coesão no passado".

O mesmo não sucederia a Deodoro Machado de Mendonça. Tendo nascido três meses antes da República, seu nome "devia ser Pedro, homenagem de meu pai, velho monarquista, ao imperador; mas na igreja, meu padrinho, o Dr. Virgílio Mendonça, republicano histórico que chegara formado da Bahia, onde fora um dos diretores do Centro Acadêmico Republicano, trazendo no corpo a cicatriz de um chanfalho policial, durante a agitação das chegadas conjuntas à cidade do Salvador, do conde D'Eu e de Silva Jardim", conseguiu modificar as ideias do velho. Foi assim que o paraense Deodoro Machado de Mendonça nasceu republicano, e não monárquico, no nome. Cresceu, porém, "sem eleger heróis militares, no desejo de imitá-los quando grande." Sem nenhuma particular admiração pelo outro Deodoro – o grande, da República de 89 –, de quem Rui Barbosa diria ter sido notável como soldado, mas não como estadista, o paraense Deodoro de Mendonça tornou-se homem, seguindo, em política, o semibacharel, semimilitar Lauro Sodré, também paraense; e que parece ter pretendido trazer a influência da Maçonaria, tão considerável no movimento abolicionista quanto no da Independência, à vida política da República; mas sem muito sucesso.

Quase com a República nascera também, na ainda Província de São Paulo, outro brasileiro – Leonel Vaz de Barros – cuja infância oscilaria em Piracicaba, entre a influência da Monarquia, representada pelo seu mestre de primeiras letras, e a República, encarnada em seu próprio pai, amigo e vizinho de Prudente e que "perdera uma parte da fortuna em escravos, na Abolição." O mestre "não perdia vaza de exaltar as prendas de Pedro II, contraponteando, naturalmente, com sublimes catilinárias ao Deodoro, ao Floriano, ao Glycerio, ao Benjamim, ao Ruy..." O pai, em casa, mostrava-se "admirador incondicional do Floriano e aborrecido desprezador do Pedro Banana". Enquanto o avô materno, também em família, e para perplexidade de quem na escola ouvia as lições de mestre fervorosamente católico e monarquista, "vivia a meter à bulha as burrices e contradições da Bíblia". O caso de Leo Vaz ou Leonel Vaz de Barros não foi único mas o de numerosos brasileiros, meninos ou adolescentes ao alvorecer a República no Brasil; e que cresceram, uns como Leonel, ouvindo na escola exaltar a Monarquia e, em casa, a República; outros, ouvindo exaltar a Monarquia em casa e a República nas escolas: na primária, na secundária ou na superior.

Foram-se tornando raros, no período em apreço, os meninos ou rapazes brasileiros que os pais mandavam estudar na Europa. Em São Paulo começaram os mestres anglo-americanos a ter alunos brasileiros – alguns dos quais foram concluir os estudos iniciados no Brasil em escolas ou universidades dos Estados Unidos. Ainda assim, houve brasileiros ricos, nascidos com a República, cujos estudos foram em parte feitos na Europa – um deles, Júlio de Mesquita (Filho) –; mas que nem assim deixaram de preocupar-se com o passado brasileiro em relação com o futuro; ou de cotejar o passado monárquico do País com o seu presente republicano. Foi o que fez, da própria Europa e ainda adolescente, esse sobrinho-neto do presidente Campos Sales, para concluir que, de tal cotejo, o Brasil republicano saía diminuído; e exaltado o Império de Pedro II. É que "à ordem, ao progresso mais lento, mas indubitavelmente mais sólido, verificados na vigência do grande, do incomparável imperador, sucedera essa coisa profundamente lamentável que vem sendo a República de 89..." Os próprios três primeiros quatriênios, sem dúvida alguma dignos de elogios, do regímen republicano, concluiria, já rapaz, Júlio de Mesquita Filho, só se terem tornado possíveis "pelo fato de Prudente de Morais, Campos Sales e Rodrigues Alves haverem sido formados, moral e culturalmente, na Monarquia".

Daí, brasileiros nascidos com a República, que fizeram, como Júlio de Mesquita (Filho), parte dos seus estudos na Europa, terem chegado a uma admiração pelo imperador e pela Monarquia tão forte quanto a sua falta de confiança no presente republicano do Brasil dos seus dias de moço. Ou o seu desencanto por um futuro nacional condicionado mais por esse presente de que por aquele passado.

Outros, como o também paulista Plínio Barreto, nascido em 1882, confessam ter tido "impressão desconsoladora" da República desde os seus dias de menino. Adolescente, Plínio Barreto era já um convencido do fracasso da República no nosso país: "Convenci-me de que moralidade real só houvera na Monarquia e só na Monarquia podia haver. Tão longe foi essa convicção que o primeiro jornal, fundado por mim na academia [de direito], foi um órgão monarquista".

Bem impressionado, quando menino, com a Monarquia, confessa-se outro paulista ilustre, este nascido em 1885 em fazenda de café, desmembramento da que possuíra seu avô materno, "o capitão Beraldo Inocêncio de Oliveira, ele dos Pretos, ela dos Pires": Waldemar (Martins) Ferreira. Isto em Bragança. Na cidade de Bragança, viu Waldemar, muito menino, o imperador que ali fora em visita oficial: o pai do então paulistazinho, já voltado para José Bonifácio e para Diogo Antônio Feijó como para os seus heróis máximos, era membro da Câmara Municipal. E seu tio-avô havia sido honrado por Pedro II com o título de barão: barão de Juqueri. Daí Waldemar Ferreira ter crescido antirrepublicano: violentamente antirrepublicano, até. Só pouco a pouco, já menino de colégio, passaria a aceitar a República e a desprender-se do seu apego sentimental ao Império.

Já Luís (de Toledo) Piza Sobrinho, paulista descendente de "D. Simão de Toledo Piza, fidalgo espanhol que se instalou em 1634 no povoado fundado por Anchieta, então, como toda a Colônia, sob o domínio da Coroa de Espanha, informa que, tendo nascido em 1888, na capital da ainda Província – cidade então de "pouco mais de 100 mil almas" –, cresceu sob a influência de um "republicano vermelho": o senhor seu pai. Tinha o velho Toledo particular admiração por Prudente de Morais; e ainda pequeno, já Luís gostava de ouvir os grandes conversar política. "As alusões pessoais ao segundo imperador, ouvidas por mim, eram em geral lisonjeiras", informa no seu depoimento. Mas também se dizia que "o País não progredira pela sua falta de visão e pela incompetência e espírito retrógrado dos que o rodeavam." Além do que, "comparava-se amiúde a situação do Brasil com as Repúblicas dos Estados Unidos e Suíça." O confronto – é claro – resultava desfavorável ao passado monárquico do País. De modo que os paulistas de feitio mais dinâmico preocupavam-se principalmente com o futuro nacional e de São Paulo, considerando inferior não só aquele passado como toda a origem portuguesa do Brasil. Opinião que constituía a base de grande parte do progressismo "científico", isto é, positivista, pregado por Pereira Barreto. Não pensavam assim todos os paulistas; nem todos os brasileiros nascidos na mesma época que Luís de Toledo Piza Sobrinho. Já vimos o caso de Júlio de Mesquita Filho e o de Plínio Barreto: ambos seus comprovincianos.

Em Pernambuco, Mário Sette, nascido no Recife em 1886, e, pelo lado materno, Cavalcanti e Albuquerque Melo, confessaria, em depoimento datado do ano de 1947, ter sido "monarquista em menino e até certa altura da adolescência". Desde muito pequeno "ouvira frases de devoção monárquica do pai e do avô paterno", guardando delas "o bastante para criar simpatias pelo regímen deposto, sem entendê-lo: sobretudo pela influência das figuras de Pedro II e Isabel, a Redentora." Adulto, conservaria o culto do passado brasileiro, em geral, de pernambucano, em particular, que o tornaria uma espécie de Ricardo Palma das tradições do seu país e da sua província.

Enquanto Luís de Castro Maciel Pinheiro, nascido em 1875, também na cidade do Recife e filho do famoso republicano Maciel Pinheiro, confessaria, em depoimento datado de 1940, que a República, "ideal de meu pai, foi também o meu". Desde a meninice republicano, reconhecia, entretanto, "a moderação e o patriotismo do nosso velho Pedro II". Preocupado com o futuro do Brasil, não se afastou, entretanto, nunca, de culto pelo passado brasileiro: nem mesmo nos dias da campanha antimonárquica em que o velho Maciel Pinheiro tanto se empenhara, depois de ter participado do movimento abolicionista ao lado de Joaquim Nabuco.

De outro brasileiro – este nascido no Rio de Janeiro em 1881 – educado na Europa, e chamado Roberto Christiani Naegeli, é o depoimento, datado de 1942, de que durante sua permanência na Suíça, terra republicana do seu pai, um dos laços que mais o prenderam ao Brasil foi o culto ao mesmo tempo sentimental e estético pela figura do imperador: o imperador da terra de sua mãe. Guardava com ternura filial moedas de ouro e selos postais com a efígie de Pedro II. De modo que "o advento da República" foi para ele "profunda decepção", aumentada quando a nova bandeira lhe chegou às mãos: uma bandeira sem a beleza do pavilhão imperial; sem a coroa e as armas do Império. Não é de admirar: esse neobrasileiro, analisando-se e ao seu passado, quando já homem de alguma idade, reconheceria ter sido sempre indivíduo de "espírito conservador" a quem "pouco agradavam as reformas".

A impressão que guardou da Monarquia, sob cujo domínio nascera em Olinda, em 1887, Adolfo Faustino Porto, foi a do seu "fracasso absoluto" e da "impossibilidade de sua permanência". Não é de admirar que crescesse "contrário a essa forma de governo": seu pai fora "abolicionista, republicano histórico e constituinte estadual da [primeira] República". Mas julgaria sempre Adolfo Faustino Porto, desde a meninice até a mocidade, o imperador Pedro II, "se bem que incapaz como governante, um velho bondoso e reto". Tanto que teria, já maduro na idade, de reagir contra esse saudosismo. Era um saudosismo que o fazia voltar-se com particular ternura para um passado brasileiro – o monárquico – que, analisado sob critério rigorosamente político, talvez devesse ser considerado um dos maiores obstáculos ao progresso nacional. Entretanto, desse critério exclusivamente político de julgar o caso brasileiro Adolfo Faustino Porto se libertaria, ao convencer-se, já quase velho, de que, "quando implantada a República, enveredamos por um industrialismo artificial, à custa dos mais penosos sacrifícios – os que o protecionismo aduaneiro nos impôs"; deixando-se de procurar dar à "igualdade de oportunidades políticas" as suas essenciais condições econômicas. Com esse sentido da chamada "realidade social brasileira", Adolfo Faustino Porto se tornaria parlamentarista; e nesse parlamentarismo é possível que voltasse a atuar sobre ele – como tem voltado a atuar sobre outros brasileiros – aquele saudosismo: a saudade do passado monárquico do Brasil. A busca, nesse passado, de valores porventura perenemente nacionais, capazes de contribuir para melhor resposta brasileira aos desafios que o futuro vem fazendo a uma república nem sempre segura de si mesma, quando desprendida de experiência ou de substância imperial. Quando pura e crua república.

"No meio em que vivi quando menina não se falava em república, nem havia em Lorena republicanos", informa Da. Maria Vicentina de Azevedo Pereira de Queirós, nascida em São Paulo em 1868 e cujo pai, o coronel José Vicente de Azevedo, "ex-deputado da província pelo Partido Conservador, foi assassinado numa emboscada, no caminho de sua fazenda, por três indivíduos pagos pelos chefes liberais". Só depois de casada se familiarizaria com nomes de republicanos. Nas suas palavras: "Tendo me casado em 1888 com um republicano, cujo pai tomou parte na Convenção de Itu, vim a conhecer e a me familiarizar com os nomes de Benjamim Constant e Rui Barbosa. Quando fiquei noiva, a baronesa de Jundiaí, monarquista convicta e tia do meu noivo, enviou-lhe uma carta, que ainda hoje possuo e na qual, com fina ironia, o cumprimentava dizendo que os republicanos fanfarronavam muito, mas iam buscar noiva na toca dos cascudos."

Nascido em São Paulo pouco depois de proclamada a República, Guaracy Silveira chegaria depois de homem-feito e pastor metodista, a esta conclusão quase maurasiana: a de ser "a Monarquia mal dirigida", "um perigo"; e a "bem dirigida", "útil". Pois "na Monarquia, a família real zela pelos interesses do país, os quais se confundem com os seus, enquanto que, na República, onde não existe fundamento moral seguro, cada governo promove os interesses dos seus detentores, de seus amigos e de suas famílias, sempre com aumento do acervo de responsabilidades do tesouro."

Raimundo de Novais Mifont, nascido no Ceará em 1890, informa "que quando foi proclamada a República só um pequeno núcleo de elite tinha noção abstrata do novo regímen instituído, enquanto a grande maioria dos brasileiros nada compreendia dessa mudança [...] operada com evidente infração da lei de evolução social [...] Logo no seu advento alguns Estados, inclusive o nosso [Ceará] [...] retrogradaram ao regímen colonial [...]". Os heróis da sua meninice não haviam sido soldados, mas intelectuais.

São expressivos, do ponto de vista político, os depoimentos e testemunhos reunidos para servirem de lastro a este ensaio, e procedentes de brasileiros de várias regiões e profissões, de diferentes idades e classes, de condições e etnias diversas, que viveram difícil época de transição política: a que, no Brasil, se estendeu da guerra do Império com o Paraguai à presidência Epitácio Pessoa, depois do pacato "tempo de Venceslau" – pacato para o Brasil – e da um tanto tempestuosa presidência Hermes da Fonseca. Com Epitácio nova fase de regímen republicano seria marcada por novas crises nacionais; mas liberta de preocupações excessivas com a segurança do regímen como regímen republicano. Pois a oposição que virá a aguçar-se em luta armada contra presidentes como Epitácio Pessoa e Artur Bernardes representaria esforços não contra a continuação da República como República mas, ao contrário, a favor da sua intensificação ou do seu avigoramento em face de reais ou supostas adulterações do seu espírito e da sua letra. Enquanto até a presidência Hermes da Fonseca parece ter havido, no Brasil, possibilidade de restauração monárquica: assunto que talvez venha a ser um dia melhor esclarecido que à base dos documentos atualmente ao alcance do historiador ou do sociólogo. Das atividades nesse sentido, do príncipe D. Luís de Bragança, homem lúcido no seu modo de ser monárquico e eficiente nas técnicas de propagação das suas ideias, é possível que se venha a saber terem sido atividades mais penetrantes do que pareceram aos nossos pais. Até onde a missão de certos europeus no interior do Brasil, durante a presidência Hermes da Fonseca, terá correspondido a um empenho restaurador menos platônico que efetivo da parte daquele príncipe, é ponto ainda obscuro. O certo é ter a voz de sereia de D. Luís chegado da Europa aos ouvidos patrióticos de Euclides da Cunha: um Euclides que de místico ou devoto da República-mulher se vinha desencantando amargamente dessa sua primeira deusa. Isto depois de ter a voz do autor de *Sous la Croix du Sud* penetrado nos ouvidos igualmente patrióticos de Manuel de Oliveira Lima: o historiador sociólogo que escrevera o apologético *Sept ans de République au Brésil* para tornar-se, passados os quarenta anos e atingido o sábio outono da inteligência e da vida, outro desencantado da República de 89.[3] Sabe-se ter D. Luís lhe escrito, considerando-o o homem certo para ocupar o Ministério dos Negócios Estrangeiros num Brasil que se reintegrasse de todo na tradição monárquica de política exterior. Tradição já seguida, aliás, de algum modo, em plena República, pelo barão do Rio Branco, no longo período – longo e fecundo – em que o segundo Paranhos esteve à frente do Itamaraty e durante o qual, retificando na própria política interna, D. Pedro II, procurou concorrer para prestigiar de modo decisivo as Forças Armadas.

É que, mesmo sem o esforço restaurador de D. Luís, a República de 89, desde o barão de Lucena como que primeiro-ministro de Deodoro, vinha, sob vários aspectos menos ostensivamente políticos, reintegrando-se na tradição monárquica do País; e retificando D. Pedro II no seu ponto fraco: o pouco apreço ao Exército. Vinha assim a República deixando-se influenciar no seu modo de ser futuro por aquela maneira de ser o Brasil, além de passado, presente. Um presente sempre entre nós: a presença da Monarquia na República através de conselheiros, barões, viscondes que, em responsabilidades republicanas de governo, reataram tradições de ordem ou unidade nacional[4] vindas do Império, conciliando-as – a grande obra das presidências Rodrigues Alves e Afonso Pena – com os arrojos da República no sentido de progresso material.[5]

Notas ao Capítulo II

1. Os testemunhos reunidos neste capítulo, assim como os invocados nos capítulos seguintes, são respostas ao inquérito realizado pelo autor entre sobreviventes da época considerada neste ensaio. Os autógrafos dessas numerosas respostas, assim como as notas que registram testemunhos de analfabetos ou de depoentes que preferiram deixar-se entrevistar oralmente, pertencem ao arquivo do autor.

2. Essa informação nos foi transmitida em 1956 peto ilustre homem público, felizmente ainda vivo, que, na sua mocidade, muito conviveu com o barão Homem de Melo.

3. As cartas do príncipe D. Luís ao historiador Oliveira Lima se encontram na seção de manuscritos da Coleção Oliveira Lima, da Pontifícia Universidade Católica da América, em Washington, D.C. Comunica-nos D. Pedro Henriques possuir em seu arquivo as cartas de Oliveira Lima a seu pai.

4. Eram talvez essas condições, em oposição às bolivarianas, de desordem e separação, que faziam alguns publicistas da América Espanhola considerar o Império brasileiro *um peligro para la America del Sud*", como em editorial sob o título "La América Republicana" repetiu a 16 de novembro de 1889 *El Nacional*, de Buenos Aires. Esse *"peligro"* vem empalidecendo na medida em que se vem solidificando a ordem nas Repúblicas espanholas da América do Sul.

   Que a tradição brasileira contrasta com a bolivariana, parece-nos evidente; e esse contraste vem-se manifestando principalmente na constância pacifista que tem animado no Brasil as Forças Armadas: quase sempre, forças de pacificação ou de conciliação nas crises políticas nacionais do nosso País. Em livro publicado em português (trad. do alemão) no Rio de Janeiro, em 1896, sob o título *O Brasil*, observou o alemão Maurício Lamberg: "A Marinha brasileira, e principalmente os oficiais e aspirantes, dava sobre os estrangeiros que aqui vinham no tempo do Império, uma impressão de distinção e elegância. Eram homens geralmente inteligentes, finos, educados, com uma certa aparência marcial; enquanto os marinheiros eram rapazes sacudidos e alegres. Que são também todos homens do mar capazes e valentes, provaram-no mais durante a revolta naval. Houve e ainda há entre eles oficiais de todas as patentes que honrariam qualquer marinha europeia. Já do tempo do Império, essa instituição tão extraordinariamente importante em um país que tem uma extensão de costa marítima de 9 mil quilômetros, não foi tratada como devia ser quanto a material naval e de guerra; mas o pessoal pouco deixava a desejar" (p. 303). Quanto ao Exército tornara-se a "força militar [...] senhora da sorte do povo brasileiro" depois de 89; e seu comportamento não revelava militarismo ou caudilhismo, e sim "moderação": "Mesmo durante a revolta, não se deram atos de violência e raros são os abusos cometidos pela força bruta". Isto a despeito de soldados rasos compostos de "negros, cabras, mulatos e caboclos [...]". Antes de 89: "não gozava de prestígio no povo [...]." O batalhão reunia "tropa sacudida e de aparência realmente guerreira. Deu provas durante a revolta de uma coragem na verdade digna de admiração. Compõe-se quase todo de homens de cor" (p. 304). Não lhe escapou o fato de dividir-se então o Exército brasileiro em uma oficialidade de "doutores" e em outra, de simples militares – fato talvez peculiar ao Brasil ou ao Estado-Maior do seu Exército: "Divide-se aqui em duas classes; uma compõe-se de engenheiros militares que terminaram os seus estudos e se fazem chamar doutores; da outra tomam parte aqueles que não os absorveram de todo. Estes estão, na maior parte, espalhados pela artilharia ou pela cavalaria [...]" (p. 306). Quanto às escolas militares cuja importância na vida brasileira da época considerada neste ensaio, salientaremos em capítulo especial: "Além da Escola de Artilheria para educação de oficiais, há ainda três grandes escolas militares no Rio de Janeiro, no Rio Grande do Sul e no Ceará, e uma Escola Superior de Guerra no Rio" (p. 306). E ainda: "Todas essas escolas militares contribuíram muito para a revolução de 15 de novembro de 1889, que teve como resultado a proclamação da República [...]. O plano de estudos dessa escola [a Superior, da Guerra] é tão heterogêneo, tão pouco adequado à prática militar, que os seus oficiais licenciados possuem, na verdade, vasta educação e, à custa de ciências militares, profundas e práticas, chegam a uma condição completa ou incompleta em muitas outras disciplinas do saber humano. É por isso que o Exército brasileiro forma grande quantidade de oficiais superiores e de generais de grande ilustração: mas, na maior parte, não são militares que se possam comparar com os da mesma classe nos exércitos das grandes potências europeias. A sua capacidade militar limita-se, em geral, apenas à bravura, aos conhecimentos e exercícios táticos no quartel e na praça de armas e finalmente a conhecimentos teóricos" (p. 307).

5. Aliás, em fase ainda difícil de consolidação da República, o alemão Lamberg escrevia no seu excelente livro sobre o Brasil dessa época de verdadeiro conflito entre o passado e o futuro brasileiros, com a substituição, em várias responsabilidades, de velhos práticos por jovens teóricos, que era "com razão" que, no meio de todas as dificuldades, tinha-se "esperança no futuro", isto é, no futuro nacional ou brasileiro: "Os grandes proprietários de terras" tinham sido, através do Império, "em geral fidalgos, isto é, comendadores, barões e condes, dos quais ainda ficou um resto dos antigos tempos; enquanto que os novos fazendeiros são na maioria médicos ou formados em direito". "Se o prestígio do doutorado" os habilitaria ou não a vencer as dificuldades da vida agrária, era "coisa muito duvidosa". E acrescentava: "Há por certo, mais de um bom doutor cuja fazenda se acha em condições relativamente boas; mas para isso contribuíram os recursos adquiridos com a sua profissão [...]. A situação lamentável da lavoura no Norte teria materialmente falando arruinado qualquer outro país; mas o Brasil assemelha-se ao gigante Anteu que assim que tocava na terra adquiria novas forças. Um país cuja fonte material de vida reside única e exclusivamente na cultura do solo, do que, porém, a parte baixa do povo se descuida por indolência, e que as classes

elevadas em parte não compreendem, em parte não possuem os meios e auxílios materiais para isso, fechando demais o governo olhos e ouvidos para viver apenas segundo os seus interesses políticos; um país que apesar de tudo isso satisfaz, sem dificuldades especiais, todas as necessidades que exigem uma situação política muito dispendiosa e o progresso da civilização, deve possuir grandes riquezas naturais e indestrutível força vital. E aí está porque é com razão que se tem esperança no futuro" (p. 81).

Saliente-se, entretanto, ter havido com o estabelecimento da República no Brasil, um excesso de "esperança no futuro" que se manifestou por vezes de modo lamentável. *De impressões do Brasil no século vinte, sua história, seu povo etc.*, publicado em Londres em 1913 (livro organizado por Reginald Lloyd), capítulo "História", por Arnold Wright, são estes reparos: "Com a República [...] por todos os lados começaram a surgir empresas de caráter especulatório... O governo achou-se profundamente envolvido no movimento devido ao desvario das concessões feitas, muitas delas em condições que pareciam denotar irregularidades". Cita-se um observador inglês, que visitou então o Brasil, e segundo o qual "o país estava inundado de papel-moeda... O tráfico das concessões governamentais e as especulações em ações de novas companhias de estrada de ferro e de mineração preocupavam a atenção dos políticos ativos e dos homens de negócio de espírito prático. Era um período de delírio, esse, em que todas as classes [...] especulavam sobre a prosperidade material que se devia seguir à implantação da República [...]" Demasiada esperança no futuro. "Os capitalistas ingleses, que o *crack* platino havia escaldado, olhavam com desconfiança para essas perspectivas brilhantes e recusavam-se a crer que o capital subscrito nas diversas empresas representasse realmente dinheiro em caixa" (p. 91). "Devido à abstenção do capital estrangeiro, o movimento de especulação em breve se consumia a si próprio, deixando atrás de si um legado de dificuldades e de impopularidade para o governo" (p. 91).

Do mesmo livro, do capítulo "Finanças", pelo comendador A. B. Ramalho Ortigão: "Com a República vieram as emissões exageradas de papel inconversível [...] provocando crises, desequilibrando os orçamentos e determinando o aumento considerável dos impostos" (p. 460). Outra expressão de excessiva esperança no futuro.

III A República de 89
e a Ordem Social Brasileira

O menino disse à diretora do colégio chamar-se Joaquim. Joaquim Amaral Jansen era o seu nome inteiro. Nascera em 1882 na própria Corte. O colégio era o Vitória. Ficava na Rua Haddock Lobo. Aí ele aprenderia o á-bê-cê da cartilha, sem deixar de continuar a ouvir em casa, da negra mais velha, escrava da família, outros á-bê-cês: histórias de lobisomem e de mula sem cabeça; e também a história de Carlos Magno; a de príncipes encantados; a de reis, de imperadores, de guerreiros. Estas eram histórias mais contadas aos meninos brasileiros da época pelas avós brancas que pelas mães negras. Mas as avós brancas e as mães negras nem sempre se conservavam fiéis às suas funções convencionais: às vezes era a branca que contava histórias de assombro e a preta que falava aos sinhozinhos de mouras-encantadas.

Também em casa Joaquim, com os meninos da vizinhança, soltava pipa ou papagaio, isto é, "um papel de seda colado numa armação de flecha circulada por uma linha ou barbante", como ele próprio recordaria mais de meio século depois desses dias mágicos; e reduzindo a esquema prosaicamente lógico a poesia de um brinquedo tão misterioso: tão dependente do sopro dos ventos quanto os românticos navios a vela, então já em declínio. Havia papagaios de vários feitios. Enquanto Joaquim, no Rio de Janeiro, empinava os seus, Manuel (Carneiro de Sousa) Bandeira, aproveitando o vento findo do Capibaribe, também fazia subir baldes e gamelos ao céu cheio de nuvens leves e sempre mudando de forma – carneiro, cisne, caravela – do Recife. Um Recife do qual precisamente nessa época Joaquim Nabuco dizia a Ramalho Ortigão, de passagem por Pernambuco, ter um céu onde as nuvens pareciam asas, de tão leves. E tanto Joaquim Amaral Jansen, no Rio, como Manuel Carneiro de Sousa Bandeira, no Recife, brincavam de "pular carniça" ou "academia"; mas sempre os meninos à parte das meninas.

As meninas pulavam corda ou cantavam em roda: Da. Virgínia Cavalcante, nascida em São Bento, no sertão de Pernambuco, mas educada no Recife, recorda quais eram os brinquedos prediletos das meninas do seu tempo: ciranda, cirandinha, senhora viúva; mas também cabra-cega e boca de forno. Brinquedos que algumas iaiás consideravam de machonas.

Manuel Bandeira, indo, ainda menino, do Recife para o Rio, verificaria ser no Rio o jogo de gude diferente do que se jogava então em Pernambuco: "em vez do ser dado com a unha do polegar firmado no índice, era desferido por este fazendo anel com o primeiro". Também sentiria a falta dos cajus e das goiabas de Pernambuco, do mesmo modo que os meninos que se transferiam então do Pará para o Sul não se deixavam consolar da perda do açaí ou do buriti pela excelência das jabuticabas das chácaras do Rio e de São Paulo, famosas também pelos cambucás; mas sem pitangas iguais às do Norte; sem pitombas, sem macaíbas; sem guajirus. E sem os mandacarus, em cujas flores vermelhas alguns dos meninos sertanejos se iniciavam então, e um tanto poeticamente, em formas de amor físico predecessoras da união de homem com mulher: vicárias, por assim dizer, dessa união. Menos poéticas eram as iniciações, comuns ao norte e ao sul do Império, entre os meninos sexualmente mais precoces, através de orifícios em tronco de bananeira; ou em animais: da simples galinha à vaca de ancas quase de baiana.

Gastão Cruls – que foi mesmo do Rio de Janeiro, do começo da República, tendo nascido em 1886 – recorda, em notas manuscritas sobre o passado carioca que foram aproveitadas na elaboração do seu excelente *Aparência do Rio de Janeiro*, terem sido então o regalo dos garotos que cresciam na antiga Corte e recém-criada capital federal, o cambucá, o abiu, a grumixama, o cajá, a manga, o sapoti, a fruta-de-conde, o jambo-rosa, o jambo-de-caroço – frutas, quase todas, que se encontravam nas árvores dos vastos fundos de sítios ou simplesmente de quintais das casas da maior parte da burguesia brasileira do fim do Império e do começo da República. Também os pássaros que os meninos apanhavam em arapucas eram, muitos deles, os mesmos nas províncias que na capital do País. Apenas na capital do País verificou--se mais cedo que nas províncias a substituição de frutas e até de pássaros agrestemente nativos pelos importados da Europa, como a pera, a maçã, o pêssego, o morango. E foi quase trágica, no Rio de Janeiro, pelas suas consequências, a introdução do pardal, que desde o começo da modernização da cidade, sob o prefeito Passos, come-çou a expulsar os pássaros nativos dos jardins e dos quintais cariocas. Também os meninos cariocas foram, com os de Belém, os primeiros a sofrer sobre um dos divertimentos de sua predileção – o empinar de pipa ou de papagaio – o impacto da eletrificação do tráfego urbano. Não era possível harmonizar os fios dos bondes elétricos com o mais tradicional dos brinquedos brasileiros – desde então em declínio nas cidades principais do Brasil.

Emiliano Ribeiro de Almeida Braga, nascido em 1873, em São Luís do Maranhão, pensava dos papagaios empinados pelos maranhenses no seu tempo de menino que eram os melhores do Brasil: "feitos e brincados como só no Maranhão se fazia". Tanto que não era só brinquedo de menino: mas também de "médicos, bacharéis, padres, cônsules, juízes". Aliás, também no Recife dessa época, Augusto Severo de Albuquerque Maranhão brincava de empinar papagaio com o primo da sua mulher, José Antônio Gonsalves de Melo, ambos já rapazes de fraque e bacharéis formados. Costume – o de adultos empinarem papagaios – que se prolongaria em Manaus.

Manuel Bandeira aprendeu as primeiras letras no Recife: num pequeno colégio da Rua da Sociedade dirigido pelas irmãs Barros Barreto. Só depois passaria para o de Virgínio Marques Carneiro Leão. Nesses colégios informa que não havia pátios de recreio; no de Virgínio Marques ainda se empregava a palmatória. De modo que os meninos só se divertiam em casa ou atravessando as ruas, a caminho de casa para o colégio e do colégio para casa. O colégio era ainda lugar ape-nas de estudo. De dever. De castigo ou bolo de palmatória quando o menino não sabia a lição ou praticava alguma traquinice maior. De modo que, para os meninos da época, ir de casa para a escola e vir da escola para casa era um contato com a rua que significava libertação tanto da rotina da casa quanto do rame-rame da escola.

Todo santo dia, menos aos domingos ou nos feriados ou nos dias santos, Joaquim Amaral Jansen passou a ir de casa ao colégio, no Rio de Janeiro, levando cadernos, lápis, merenda. E divertindo-se com o que as ruas apresentavam de novo e vário aos seus olhos de um sinhozinho criado em casa ainda um tanto patriarcal, onde brincava no jardim e empinava papagaio no fundo do sítio.

Antes dessa aventura, breve tornada rotina, de ir todas as manhãs de casa ao colégio, Joaquim só avistava da rua o que a rua lhe levava até o portão ou a varanda ou as janelas da casa. Não era pouco mas ele agora começava a descobrir que não era tudo. Era o leiteiro, quase sempre chamado Manuel, bigodudo e português, vendendo a dois vinténs o copo de leite, tirado na própria rua do peito da vaca: leite talvez contaminado pela mão nem sempre limpa do portuga; mas fresco e de ordinário sem água. Era o vendedor de perus, trazendo suas aves sobre enormes varas de bambu: "perus de boa roda", se apregoava naqueles dias; e como as famílias patriarcais eram ainda numerosas nos sobrados e chalés de Botafogo, de São Cristóvão, de Santa Teresa, havia sempre um aniversário a comemorar, um batizado a festejar; e não se comemorava então festa da família sem faltar à mesa um peru gordo para ser saboreado com farofa à carioca. Carioquismo, o dessa farofa, que se espalhou por meio Brasil.

Também à porta da casa de Joaquim vinha o vendedor ou freguês de verdura, com balaios ou cestas, sustentados por compridas varas que o vendedor punha aos ombros, à maneira madeirense; e das cestas transbordavam legumes frescos e alguns cheirosos, com todo o seu esplendor de vermelhos, verdes, amarelos. Vinha o vendedor de frutas. Vinha o de peixe. Vinha o de camarão. Vinha o de galinhas. Cada um com seu pregão, com seu tipo de cesto, com seu cheiro que da rua chegava às casas.

E vinha, ainda, o amolador de tesouras. Vinha a mulher que vendia renda do Norte. Vinha o mascate, com seus baús: o mascate quase sempre chamado turco. Os baús do mascate pareciam aos olhos de um menino burguês de chalé ou de sobrado verdadeiros baús mágicos, tanto era o que eles reuniam: fazendas, roupas feitas, fitas, carretéis de linha, pentes, espelhos, agulhas, vidros de cheiro, brilhantina para o cabelo dos moços e para as barbas dos velhos elegantes, escovas. Serviam de matraca ao mascate, duas réguas grossas presas à mesma extremidade por um pedaço de correia pregada a tachinhas. Ao som dessa matraca, alvoroçavam-se iaiás e mucamas. Mas também meninos: um dia talvez saíssem de um baú de turco brinquedos brilhantes de novos. Brinquedos como nunca ninguém vira iguais: a não ser os próprios meninos nos seus sonhos. Brinquedos vindos de algum país maravilhoso. Cheirando a colas e tintas que não se confundiam com os cheiros dos grudes e dos vermelhos com que se faziam e se pintavam em casa papagaios, manés-gostosos, corrupios de papel.

Os meninos do interior é que mais facilmente se contentavam com os brinquedos feitos com as próprias coisas da natureza que os cercava: gaitas de canudos de mamão; carrapeta ou pião feito toscamente de pau; quengas de coco atadas aos pés, para sobre elas o menino andar ou correr; cavalos de pau; arapucas de pegar passarinho; bodoques.

João d'Albuquerque Maranhão, por exemplo, nascido em 1893, no Rio Grande do Norte, no Engenho Estêvão – engenho de besta, como era então chamado, isto é, de almanjarras a que se atrelavam éguas e não apenas bois –, julgava-se o mais feliz dos meninos brincando com cavalos de pau "feitos de folhas de carnaubeira". Também montava em carneiro; e cedo começou a andar a cavalo "em osso", apenas com um cabresto de cordas de cavalo. Brinquedo muito dos meninos de outras áreas agropastoris do Império, a começar pela principal: o Rio Grande do Sul.

Manuel Duarte, nascido na Fazenda da Estrela, em Vacaria, no Rio Grande do Sul, informa ter desde os 5 anos começado a brincar de campeiro.

Entretanto, não se pode generalizar a esse respeito: Carlos Cordeiro da Rocha, nascido em 1884, no interior do Ceará, teve por principal brinquedo de menino pegar passarinho.

Já R. S., nascido em 1878 em Lajes, no planalto catarinense e, desde os 8 anos, caixeiro da loja de um tio, não se recorda de ter se entregue a brinquedos ou a jogos de meninos: sua vida foi até à adolescência atrás de um balcão, pela semana afora, domingos e dias santos, "desde o amanhecer até a noite".

Maria Joaquina da Conceição, mulher do povo e analfabeta, nascida em Goiana, na Província de Pernambuco, em 1885, e neta bastarda de certo grande senhor da mesma Goiana, chamado M. P., em cujo sobrado viu pela primeira vez a luz do dia, diz que as meninas pobres naquela parte do interior da então Província de Pernambuco que ela conheceu brincavam com bonecas de pano. Mas brincar com boneca de pano era sinal de ser menina de gente inferior. Ela, que bem ou mal nascera em sobrado, não tolerou uma boneca de pano: sempre brincou com boneca de louça. Boneca velha, já gasta de ter servido de filha a menina rica, mas de louça. Mesmo porque suas amigas e companheiras de brinquedo eram todas iaiás brancas como Da. Emília Josefina da Cunha Gouveia, depois senhora do Engenho Cachoeira. Outra sua amiga e companheira de brinquedo com boneca de louça foi Da. Margarida Davina também da Cunha (havia em Goiana muita gente fidalga que era da Cunha) e até filha de barão. Dessa Da. Margarida, Maria Joaquina se tornaria, mulher-feita, comadre de verdade, depois de ter sido na meninice comadre de brinquedo: em torno de filha boneca. Mas boneca toda de louça: nem sequer metade de louça e metade de pano, como havia algumas, mais baratas que as só de louça, que eram em geral louras e de olhos azuis. E francesas. Europeias.

Da. Antônia Lins Vieira de Melo, nascida em 1879, em São Sebastião, na então Província de São Paulo, onde seu pai era juiz, mas crescida na Paraíba do Norte, em engenho de açúcar, confirma, do ponto de vista de menina aristocrática, o depoimento de Maria Joaquina da Conceição quanto às bonecas de louça: eram as mais prestigiosas. Vinham para os engenhos, do Recife, que as recebia da França. Da. Antônia lembra-se delas como bonecas sempre "lindas". Lindas e "coradas e de olhos azuis, cabelos louros e com vestidos de seda". As outras eram ou de cera – "resultado de mãos hábeis no modelamento, principalmente das feições simpáticas, mas sem olhos azuis nem carmim nas faces: quase sempre bonecas pálidas e sem muita vida"; ou simplesmente de pano. As de pano se compravam nas feiras, em tabuleiros; e depõe Da. Antônia que às vezes "ostentavam bom gosto na sua confecção"; além do que "eram as que mais resistiam ao tempo e aos repuxos da idade infantil".

O culto das bonecas louras e de olhos azuis entre as meninas da gente mais senhoril ou rica do Império deve ter concorrido para contaminar algumas delas de certo arianismo; para desenvolver no seu espírito a idealização das crianças que nascessem louras e crescessem parecidas às bonecas francesas; e também para tornar a francesa o tipo ideal de mulher bela e elegante aos olhos das moças em que depressa se transformavam no trópico aquelas meninas. Da. Isabel Henriqueta de Sousa e Oliveira, nascida na Bahia em 1853, confessa que quando moça "desejava ser francesa" e "conhecer as modas [francesas] de perto"; e também confessa ter sempre achado que se deveria "manter a distância social" de branco para negro, sendo o negro "raça inferior".

Tendo brincado com bonecas, parece também que louras e francesas, talvez esse fato tenha concorrido para que Da. Carlinda Custódia Nunes, nascida em 1874 em Botafogo, na corte do então Império, crescesse não só admiradora como quase devota da França: nação que lhe parecia receber "carinhos da Divina Providência" sob a forma de "aparições memoráveis". É também possível que do seu confessado apego a bonecas, com certeza louras, tenha resultado o seu também confessado arianismo de aristocracia convicta da necessidade de no Brasil "apurar-se a raça branca". Ela, por exemplo, "receberia mal o casamento de qualquer parente com pessoa de cor".

É ainda de Da. Virgínia Cavalcante – já referida – a confissão: "uma viagem à Cidade Luz foi sempre o ideal de minha mocidade, mas não me foi possível realizá-lo". Essa devoção pela França ou por Paris dessa e de muitas outras brasileiras da época é possível que se ligue não só ao seu entusiasmo quando crianças, por bonecas vindas de Paris – bonecas louras e vestidas elegantemente de seda – como pelas modas parisienses ou francesas de mulher, nas quais de ordinário se prolongava a idealização de figuras louras e de faces cor-de-rosa como as mulheres mais elegantes da Europa ou do mundo. Da. Virgínia informa ter ficado muito satisfeita com a lei que libertou dos "horrores da escravidão" negros e mulatos "também filhos de Deus e, portanto, nossos irmãos". Mas acrescentando: " [...] quanto ao casamento [de brancos] com gente de cor, discordo por completo. Branco com branco, mulato com mulato, preto com preto".

Já Da. Henriqueta Galeno, tendo, desde criança, vivido, no Ceará, um ambiente que, por influência da figura paterna, foi um ambiente especial – donde ter brincado pouco com bonecas e cedo aprendido a recitar poemas de um Gonçalves Dias cuja poesia indianista idealizava figuras indígenas de preferência às europeias –, cresceu menos afrancesada.

Embora viesse a encontrar na literatura francesa motivos para entusiasmos, nunca foi devota nem das bonecas nem das modas vindas de Paris, sempre preferindo vestir-se "com a maior simplicidade". Talvez se ligue um pouco a essa sua formação especial o fato de poder proclamar-se, em seu depoimento, escrito mais de meio século depois da sua infância, livre de qualquer preconceito de cor: "Não faria a menor objeção à união de qualquer membro da minha família com pessoa de cor".

Voltemos aos vendedores de rua no Brasil dos últimos decênios do Império e dos primeiros da República. Nas ruas do Rio de Janeiro e de outras cidades do País, eles se anunciavam, quando não por matracas, por seus pregões. Raros os silenciosos como as vendedoras de renda. Cantavam quase todos pelas ruas os seus pregões como se repetissem cantos de um ritual vindo de um passado irredutível: sempre presente. Alongando-se pelo próprio futuro. Agradáveis esses pregões – o poeta Manuel Bandeira recorda alguns em poema célebre – aos ouvidos de uns, tinham para os ouvidos dos brasileiros mais progressistas dos últimos decênios do Império, o mau sabor de um arcaísmo vergonhoso. No Recife – onde eles vigoravam de modo particular, estendendo-se aos pretos que carregavam pianos, aos que transportavam jacarandás e aos que levavam açúcar das barcaças aos armazéns – havia quem se indignasse contra tais cantigas, algumas meio africanas, tanto como contra os cantos dos maracatus e as assuadas dos sambas, também de gente de cor. "Até quando, ó maracatu, abusarás dos nossos narizes e dos nossos ouvidos?", perguntava em seu número de 18 de fevereiro de 1877 a revista *Diabo a Quatro*, órgão por excelência progressista e sofisticado: inimigo do Trono, da Igreja, dos padres, dos maracatus, dos sambas, das novenas, das procissões. A suposição de quase todos esses progressistas, incomodados com as sobrevivências de um passado que alguns chamavam desdenhosamente colonial, era a de que as mesmas sobrevivências irritassem os olhos, os ouvidos e os narizes dos estrangeiros, ainda mais que os dos nacionais afrancesados ou anglicizados. E a época foi, no Brasil – pelo menos nas capitais – de extrema idealização da figura do "estrangeiro"[1] como pessoa superior em assuntos de comportamento em sociedade elegante ou de estética urbana; superior aos nacionais e aos íberos. Idealização vinda do começo do século XIX; mas acentuada nos últimos decênios do reinado de Pedro II, ele próprio um tanto inclinado a prezar sobremaneira a opinião, sobre certos assuntos mais elevados, de estrangeiros progressistas, como lhe pareceram, entre outros, o professor e madame Agassiz; e a opô-la à dos nacionais mais caturras, apegados em tudo a uma ordem social de base quase inteiramente agrária e de estrutura persistentemente patriarcal. Isto em uns pontos. Em outros, ninguém como D. Pedro mais parecido nos seus hábitos aos patriarcas brasileiros de formação agrária e patriarcal.

Nada mais característico da atitude de idealização da figura do estrangeiro pela burguesia brasileira mais alta que o relevo tomado na época em apreço pelos leilões de ingleses, de franceses, de alemães, de suíços, que, após anos de residência no Brasil, se retiravam para seus países de origem. Leilões dos quais não há o menor exagero em dizer-se que foram educativos:[2] tão educativos quanto os colégios e hotéis estabelecidos no Brasil da mesma época por europeus do Norte; e quanto às francesas – aliás, nem sempre francesas – como as do célebre Alcázar do Rio de Janeiro, ou como as da Rua do Ouvidor que, atrizes, cantoras, modistas, caixeiras de lojas elegantes, também se afirmaram às vezes naqueles decênios, em sua qualidade de cocotes, mestras de civilidade, de polidez e de refinamento de muito brasileiro ainda rústico, a despeito da ourama no banco ou do anel de bacharel ou de doutor no dedo. Uma dessas cocotes foi a Susana.

Do próprio Machado de Assis é lícito supor-se ter devido parte do seu refinamento de gosto e de maneiras a essas "estrangeiras"; cocotes ou atrizes ou modistas – *mesdames* ou *mesdemoiselles* – de chapéus de plumas e punhos de renda, do tipo da famosa Susana, com as quais Machadinho esteve muito em contato nos seus dias de crítico de teatro. O mesmo parece ter sucedido a seu amigo Quintino Bocaiuva, que assim socialmente experimentado assumiria, sem ter se educado na Europa, mas apenas viajado na América, o Ministério dos Negócios Estrangeiros, no governo provisório de 89. E ainda o mesmo é certo ter sucedido até certo ponto ao próprio José Maria da Silva Paranhos que, a despeito de barão desde moço, e filho de visconde ilustre, parece ter aprendido com as cocotes europeias do Rio de Janeiro sutilezas que seriam úteis à sua atuação diplomática, tão atenta a aspectos não de todo desprezíveis da convivência mundana; mas um tanto desprezados por conselheiros do Império de formação inteiramente patriarcal. Daí o estímulo de Paranhos, nos seus dias de senhor do Itamaraty, aos colégios de religiosas francesas, onde fosse dada educação elegante às moças brasileiras de sociedade, que aprendessem, dessas religiosas, não só a língua francesa como certos requintes de civilização europeia, embora sem chegarem, é claro, ao conhecimento de outros.

Referimo-nos a Susana. Foi ela quase uma instituição no Rio de Janeiro do seu tempo. Em resposta[3] ao inquérito que serve de lastro a este ensaio, brasileiro idôneo, nascido em 1881– designemo-lo aqui por H. A. –, recorda com pormenores expressivos o que foi a influência da Susana no tempo do mesmo H. A., adolescente, que apenas se iniciava nos mistérios da vida sexual numa grande cidade. Falava-se então no Rio de Janeiro, da Susana, como de uma deusa pagã; ou de uma sacerdotisa de culto proibido. Era ela "a mais famosa caftina do Rio de Janeiro. Exercia nos últimos tempos, no fim do século, o direito de *jambage*". Tal chegara a ser o seu prestígio, que o carioca lhe perdoava a prática do amor sádico.

Entrou no folclore, quase tanto quanto Garibaldi:

"A Susana nos domingos vai à missa
Mas nos dias de semana tem preguiça."

Segundo H. A., nosso informante, versadíssimo no assunto, Susana "era boa criatura. Só arruinava quem tinha para perder. Tratava bem os rapazes e dava-lhes conselhos:

– *Mon petit*, não bebe parati *non* (parati era o *champagne* caríssimo)." E "ia buscar uma garrafa da sua quinta. Tinha a palma do *Mérite Agricole*. Estudantes, jornalistas jovens iam lá ensinar suas meninas a dançar o maxixe. Cobrança dos préstimos em... espécie. Susana era camarada da turma."

Ainda segundo o mesmo informante, fora então, por influência de Susana e de outras francesas de alto porte, muito maior que nos seus dias de homem de idade provecta (1940), o prestígio do meretrício dessa espécie na vida do Rio de Janeiro. No fim do século XIX era raro, na capital do Brasil, o estudante que não tivesse suas relações com francesa, a quem ensinava a dançar o maxixe e de quem aprendia numerosas sutilezas não só de ordem sexual como artística, literária, social. Donde admitir o antigo frequentador das meninas da Susana a possibilidade de terem as gerações brasileiras mais novas que a sua "se desvirilizado, como dizem, pelo abuso do futebol. É fato já verificado pelos que examinam certos pormenores da vida galante no Rio que o safismo tem aumentado de modo alarmante até na sociedade mais fina. Na baixa nem se conta. Será isso um índice dessa civilização? Certo tempo fazendo estudos e observações psicológicas [...] meti-me a estudar aspectos do safismo na nossa sociedade (já depois de 1900). Desisti breve. As fichas que reuni eram assustadoras." O chamado "meretrício de alto bordo" estava, nos dias da mocidade do idôneo informante que nos esclareceu, com seu depoimento, aspectos interessantíssimos da vida na capital brasileira nos últimos anos do Império e nos primeiros dois decênios e meio de República, "localizado no Catete e em Senador Dantas". Ainda com olhos de menino, ele vira o célebre Hotel Ravot, na Rua do Ouvidor: "Um sobradão que [...] tomava metade do quarteirão. As mulheres, sentadas ou debruçadas à janela, chamavam e faziam sinais às pessoas que passavam na rua. Vi-as de penhoar." Quanto ao meretrício de menor porte, ocupava casas da Rua Sete e da Uruguaiana, até o Largo do Rossio, dali se espalhando até a Lapa e até o Mangue.[4] Além do que "lastravam ramais pela Prainha [...] passando pela Glória [...]". Tinha-se a impressão de haver no fim do século XIX "mais rótulas de meretrizes que casas de comércio".

São Paulo, com os altos preços do café, também atraiu, naqueles dias, e, sobretudo, nos começos do século XX, francesas de alto bordo. Seus centros de irradiação eram também hotéis e *"maisons"*, do tipo da que se tornou famosa no Rio de Janeiro com o nome de Mère Louise, e foi frequentada não só por deputados como até por senadores e por ministros do Supremo. São Paulo teve também sua Susana, que, sob o nome de Mme. Pommery seria retratada em livro ali publicado em 1919 por Hilário Tácito, e no qual se salienta ter havido considerável alteração nos costumes paulistanos "desde a arribada de Mme. Pommery até o triunfo e consolidação do seu colégio".[5] Dentre as inovações que, dos *"paradis"* de "francesas", se comunicaram à sociedade elegante, quer em São Paulo, quer no Rio de Janeiro, devem ser recordados, por muito característicos da época aqui evocada, os *thés-tangos*.[6] Susanas tiveram também, na época brasileira considerada neste ensaio, Salvador, o Recife, e sobretudo Belém e Manaus. Manaus chegou a ter francesas, italianas, alemãs louras e cheias de rendas e de plumas, de sedas e de joias, cocotes caríssimas, algumas delas verdadeiras mulheres fatais – ao lado de caboclas ingênuas e quase nuas; e em competição com umas tantas "baianas" rivais de francesas em sutilezas do amor do mesmo modo que nos hotéis havia cozinheiros baianos rivais de *chefs* franceses no preparo de quitutes raros e caros.

Se algumas francesas do tipo de Susana envelheceram no Brasil, adotando, por vezes, das senhoras de sociedade o hábito de ir à missa aos domingos e tornando-se quase segundas esposas de industriais ricos, de militares, de advogados, de engenheiros, de médicos, de comerciantes, houve as que regressaram ao seu país; e com esse regresso encheram de regozijo[7] as famílias brasileiras mais pacatamente burguesas dos últimos anos do Império e dos primeiros da República. Famílias alarmadas com a sedução exercida por certas cocotes ou certas "artistas" sobre seus chefes nem sempre capazes de resistir a tais sereias louras, às quais eram preferidas por algumas esposas as iemanjás de água doce, mesmo quanto pretas. Isto a despeito do mau hábito de certas pretas ou mulatas de procurarem reter amantes brancos por meio de feitiços africanos.

Ferreira da Rosa, no seu *O lupanar – Estudo sobre o caftismo e a prostituição no Rio de Janeiro* (Rio de Janeiro, 1896), confirma, em vários pontos, as informações de H. A. sobre as "francesas" na capital do Brasil no fim do século XIX. Viviam muitas delas em " [...] sobrados": três, quatro e mais mulheres com uma superiora: a "patrona". Ficavam esses sobrados nas ruas "São Francisco de Assis, Sete de Setembro, Luís de Camões, Lavradio, Visconde do Rio Branco e na Praça Tiradentes."[8]

A exposição pública e permanente de meretrizes nas janelas constituía "tristes quadros vivos".[9] Eram "um produto direto do caftismo, que tem sido entre nós protegido [...]"[10] "Os bondes, meio de locomoção generalizada pela cidade, levam os milhares de passageiros que diariamente transportam à forçada contingência de testemunhar, nas ruas centrais, as mais acentuadas cenas dos desregramentos desse mulherio que se exibe nas rótulas ou mesmo no interior de suas habitações propositalmente devassadas." "Eram essas mulheres", em grande número, "rejeições dos prostíbulos da Índia, do Rio de Prata e das colônias inglesas". Mulheres que já tinham "perdido [...] todo respeito ao decoro público [...]". Quase todas eram "húngaras, alemãs, polacas, russas [...]".[11] Poucas as francesas, entre elas: as francesas verdadeiramente cocotes eram "artistas", mundanas de elite.

Em 1879 Tito de Matos, chefe de Polícia da Corte, recomendou ao seu delegado, Félix da Costa, que procedesse a um inquérito sobre caftismo. Verificou-se desde então haver no País uma "associação composta de judeus russos, alemães, austríacos e de outras nacionalidades" para a "importação de meretrizes".[12] Fingiam-se os caftens negociantes de joias. Um dos maiores caftens de então, que a polícia quis expulsar, Siegmond Richer, pretendeu ter por advogado Ferreira de Meneses, que recusou-se a ser patrono de Richer; serviu-lhe então como advogado, outro brasileiro, então no começo de brilhante carreira. Provou Richer que era cidadão brasileiro por "carta imperial" e homem probo. "Que é que não se prova com um pouco de boa vontade?"[13] – pergunta a este respeito Ferreira da Rosa.

"Na Secretaria de Polícia [...] o modo de informar um papel é tudo para a importância que se tenha em vista", esclarece o mesmo pesquisador. O mesmo Siegmond Richer, ao se ver denunciado em *O País*, como cáften, requereu logo ao então chefe de Polícia, Andre Cavalcanti, informação escrita sobre se havia sido alguma vez condenado ou deportado como cáften". O requerimento foi para a Secretaria, a que estava afeto o Arquivo Central da Polícia; e de lá veio com a informação ao pé da letra: "Fulano 'nunca foi condenado nem deportado como cáften'". Armou-se assim o criminoso de "um documento oficial" protetor de suas atividades.[14] "Por que o informante oficial não declarou 'nunca foi deportado porque naturalizou-se mas é cáften, provado nos inquéritos formais de 26 de agosto e 30 de setembro de 1879?'" – pergunta Ferreira da Rosa. Outro cáften conseguiu, a dinheiro, "fazer-se alferes da Guarda Nacional".[15] Protegido esse cáften por "alguém [...] um belo dia" – o Brasil já República – "o comandante superior da Guarda Nacional, general Ouriques Jacques", mandava que o comando do 9º Batalhão de Infantaria "desse posse ao Sr. 'alferes Izidoro Kappler'". Não se realizou a posse porque o comandante foi a Floriano e "a patente de alferes concedida a Izidoro Kappler rasgou-se afinal, não obstante os esforços ingentes do seu defensor".[16]

No *boudoir* de Anita, umas das escravas brancas de Izidoro, "não era senão muito frequente e repetido o encontro, lá dentro, de deputados, homens ricos do comércio, advogados de primeira plana, jornalistas e militares de boa posição". Era essa Anita "formosa, inteligente", favorecendo as ambições.[17] Vários caftens, havendo-se feito maçons, tiveram de ser "solenemente expulsos do Grande Oriente" do Brasil.[18] O mesmo Izidoro chegou a ser "auxiliar da Delegacia a 15ª Circunscrição Policial do Rio em 1893", segundo documento a seu favor do próprio delegado: Damasco Gomes. Havia "secretários fáceis para a conquista da nacionalização e para a aquisição de '*documentos comprobatórios*' de 'ilibada honradez'",[19] que qualquer cáften ou *escroque* endinheirado pretendesse.

Já se recordou, em capítulo anterior, haver o português viajado e um tanto fradiquiano que foi Ramalho Ortigão se surpreendido do mobiliário banal e de mogno que encontrou no Palácio de São Cristóvão; da quase nenhuma vida de corte vivida no Rio de Janeiro no reinado de Pedro II, da ausência, nos meios imperiais de então, de mulheres bonitas ou de senhoras bem-vestidas. A aristocracia brasileira mais requintada da época era em Paris que aparecia e brilhava; e de algumas baronesas e viscondessas do tempo de Pedro II se sabe que se tornaram célebres na Europa pela sua beleza, pela sua graça e pela sua elegância e algumas pela sua coqueteria: qualidades para as quais faltava ambiente no Rio de Janeiro do segundo imperador. O caso – repita-se – da baronesa de Estrela, quando ainda muito moça e já coquete.

Em depoimento com que enriqueceu a elaboração das notas que servem de lastro a este capítulo, a baronesa de Estrela recordou, já no fim de uma vida opulentamente mundana e durante a qual sua graça de mulher fina e por algum tempo bela fez curvar-se ao Brasil mais de uma cabeça aristocrática da Europa, o tédio que lhe dava a corte de Pedro II. Informação que confirma o reparo de Ortigão: "Sem mundanismo, sem arte, sem moda, sem equipagens, sem uniformes, sem festas, sem flores, sem bibelôs, o Palácio de São Cristóvão era um desterro mortífero para toda gente alegre, para todos os homens novos, para todas as mulheres bonitas". Daí "muitos dos brasileiros mais educados, portadores dos mais ilustres nomes do Império", terem vivido então "habitualmente, em França, na Inglaterra ou na Bélgica". De modo que quem quisesse conhecer "as mais elegantes senhoras da nobreza brasileira" – uma baronesa de Estrela, por exemplo, desde a extrema juventude esplêndida de graça e de elegância – "não seria no Palácio de São Cristóvão, mas sim no do Sr. Carnot, em Paris, que teria de procurar o distinto prazer de uma apresentação".[20]

Talvez se deva reconhecer nesse fato uma superioridade moral da corte de Pedro II sobre as demais cortes da época, que a recomende aos aplausos dos vitorianos porventura ainda existentes neste mundo. Tratava-se de homem de vida austera, de hábitos simples; e muito recatado quanto ao sexo. Mas teria ele o direito, como chefe de um governo monárquico, de desprezar todo o mundanismo, mesmo o inerente a essa espécie de governo? A verdade é que semelhante mundanismo talvez tivesse favorecido em nosso país o desenvolvimento das belas-artes e das belas-letras; e concorrido para a melhor solução de problemas nacionais através do maior contato, em circunstâncias agradáveis, de líderes que se desconheciam, que não se encontravam, que não conviviam fora dos serviços ou dos deveres burocráticos.

Faltara, ao que parece, à mocidade tristonha de D. Pedro II, a influência de alguma "estrangeira" de chapéu de plumas e de punhos de rendas que lhe tivesse comunicado, mais que a senhora de Barral veio a comunicar-lhe depois, o gosto por sutilezas e graças da vida, de que parece não ter se apercebido nunca. Suas cartas de amor, recentemente publicadas, a essa ilustre baiana afrancesada, é o que parecem indicar, sendo lamentável, desse ponto de vista, que as tenha escrito: um bom silêncio teria sido mais elegante da sua parte. É claro que como indivíduo ele teria o direito de ser o mais antimundano dos homens. Em um chefe de Estado monárquico é que semelhante antimundanismo parece ter sido deficiência grave, em vez de virtude indiscutível, em relação com a época então vivida pelo Brasil: uma época que talvez exigisse do monarca que fosse não só mais dramaticamente monárquico em seu comportamento – para efeito estético e psicológico de sua figura e de seu estilo de vida sobre a imaginação da aristocracia, do público, do belo sexo, da mocidade, da infância –, como mais esteticamente monárquico no seu viver menos público: nos seus jantares, nas suas recepções, nas festas de arte que promovesse, com o seu imperial prestígio, para estabelecer entre o Brasil e a Europa.

Não só com a Europa das academias de ciências como com a Europa jovem, experimental, vibrante, das exposições de pintura, das escolas de escultura, das faculdades de arquitetura. Que dessas o

Brasil de Pedro II viveu quase de todo isolado – e em situação inferior à do Brasil de D. João VI; e dessas é que o Brasil do terceiro quartel do século XIX particularmente necessitava para que tais influências europeias se estendessem ao Rio de Janeiro, à Bahia, ao Recife, a São Paulo, ao Pará, ao Sul, a Minas. O que se verificou então – ou um pouco antes – de contatos dessa espécie – o de Pernambuco, através de Vauthier, com a arquitetura, e não apenas com a engenharia, francesa, por exemplo – foi iniciativa de presidentes de província afrancesados, como o barão da Boa Vista, e não do imperador de olhos voltados mais para as estrelas, como diletante de astronomia, do que para a arquitetura, a engenharia, a ciência aplicada à renovação da vida urbana. É certo que houve interesse da sua parte pelos jardins de *monsieur* Glaziou no Rio de Janeiro. Mas não basta esse interesse isolado por jardins franceses que alegrassem o aspecto do Rio imperial para consagrá-lo monarca consciente da função estética que poderia ter desempenhado no aprimoramento da paisagem urbana e da vida social do Brasil: um Brasil que Sua Majestade deixou, durante longos anos, conservar-se, no que dependia mais diretamente de orientação ou iniciativa sua, Império apagado e melancólico a despeito de uma natureza suscetível de ser tão valorizada pela arte como aproveitada pela técnica. Tão tristonho foi o Império sob vários desses aspectos, como ele próprio, D. Pedro: desde menino, indivíduo triste, em seu modo de ser criança e depois homem, em sua maneira de ser monarca, preocupado apenas em governar, quase nada em reinar. Triste aos 20 anos. Ainda mais triste depois de velho.

Ainda moço de 20 anos, já impressionava europeus como Max Radiguet pelo seu aspecto de homem um tanto pensativo e fatigado. Velho antes do tempo, em contraste com o pai: "*aventureux, impétueux et galant comme un Français du bon temps*".[21] A esse monarca triste e avelhantado antes de tempo, correspondeu uma capital de império também, quase sempre, triste, nos seus aspectos mais caracteristicamente urbanos: "*l'oeuvre des hommes semble triste, mesquine, sordide et peu en rapport avec les splendeurs du paysage*",[22] observou o mesmo francês. Alguns dos mais importantes edifícios públicos davam aos estrangeiros a impressão de serem todos quartéis ou hospitais. Só os conventos pareciam guardar o seu caráter e aparentar o que realmente eram. Os conventos e as igrejas.

Tanto o monarca como a sociedade do Rio de Janeiro se faziam então notar por uma reclusão que persistiria, embora atenuada, nos hábitos do Brasil imperial, até o fim do Império. *"La vie intime est en quelque sorte murée à Rio de Janeiro, si on la compare à celle des villes hispano-américaines"*, observou Radiguet, que vinha ao Brasil do Chile e do Peru. Daí lhe ter parecido tão difícil "apreciar rapidamente o caráter" do brasileiro, e sobretudo o da brasileira, embora não lhe parecesse faltar às iaiás do Império, quando reclinadas nas suas redes, durante as horas mais quentes do dia, *"cette grâce indolente"* e *"ce charme mélancolique et rêveur"*, a seu ver, *"particulier aux créoles"*.[23] Esse charme, mesmo *"mélancolique"*, é pena que uma vida social um tanto mais ativa e mais fina em torno da família imperial do que a tolerada por Pedro II e pela também melancólica Da. Teresa Cristina não tenha valorizado nas grandes sinhás, senão do Império todo, ao menos da corte, até o fim do reinado de Pedro II tão sem oportunidades, a não ser uma ou outra rara vez, de mostrarem sua beleza e apurarem sua graça em ambiente digno de uma corte, presidida em terra jovem da América por uma Bragança-Habsburgo. Ao contrário: as muitas iaiás que não emigraram para a Europa conservaram-se, de modo geral, em situação inferior às *"créoles"* de Lima, célebres pelas suas mantilhas espanholas usadas como um donaire quase rival do parisiense; e tanto quanto as sinhazinhas brasileiras, das quais se faz a apologia em romances como os de José de Alencar e mesmo nos de Machado de Assis, mulheres de pés quase incrivelmente pequenos. As aristocratas brasileiras na Europa – que infelizmente não tiveram o seu Henry James – constituíram-se, com seus maridos barões, viscondes, comendadores, num grupo do qual se deve fazer um dia estudo quanto possível psicológico, além de sociológico; pois foi um grupo de desenraizados interessantíssimos e que tornaram o nome do brasileiro célebre no teatro e no anedotário elegante, não como rastaquera ou *parvenu*, mas como aristocrata um tanto exótico. Exótico para a Europa e exótico para o Brasil. O caso da já citada baronesa de Estrela, que o Rio de há vinte anos ainda conheceu não mais no outono, ainda vivido quase todo na Europa, mas num crepúsculo não de todo desgracioso da sua coqueterie de brasileira da época, mas não da corte de Pedro II. Foi essa fluminense famosa nas cortes europeias pelos amores que inspirou até a arquiduques.

Triunfos dessa espécie, alcançados por brasileiros desse tipo, fizeram europeus distantes do Brasil imaginar que tais figuras, esquisitamente sedutoras, de baronesas assim prestigiosas nos meios mundanos da Europa, eram representantes da sociedade de Pedro II. Engano: eram emigradas dessa sociedade na qual nem sequer havia ambiente, favorecido pelo Imperador, que lhes permitisse, de torna--viagem, exercer uma discreta ação educativa no sentido de fazer as doces e quase sempre gordas iaiás do Brasil, enraizadas que nem abadessas nos seus palacetes de cidade e nas suas casas-grandes do interior, aprender a mobiliar com mais gosto esses palacetes e essas casas, a decorá-los com quadros e estatuetas de bons artistas, a cercá-los de jardins que em vez de roseiras cultivadas em canteiros construídos com cacos de ostras ostentassem de modo menos rebarbativo plantas e flores dos trópicos. E também a falar mais baixo do que falavam; a usar menor número de joias e pedras preciosas quando saíam a fazer compras; a dar jantares também mais sóbrios quanto ao número de pratos. Teria sido uma ação, a dessas aristocratas de torna-viagem, equivalente, em plano superior, ao que foi a das cocotes, atrizes, modistas, que ensinaram a bacharéis, a doutores, a jornalistas, a negociantes, a industriais da época de Pedro II velho e até dos primeiros decênios da República, discrição no cuspir, no palitar os dentes, no vestir, no assoar-se, no rir, no pentear do cabelo com pomada, no perfumar da barba com brilhantina e do lenço com extrato, no uso de brilhantes nos dedos e nos punhos e no peitilho da camisa. Que em todos esses pormenores, a tradição oral, confirmada por depoimentos e testemunhos de sobreviventes da época aqui considerada, nos ensina ter sido considerável a ação educativa das tais cocotes, algumas delas repita-se que às vezes também modistas ou atrizes; e que se tornaram, como mestras, a seu modo, de civilidade, merecedoras do reconhecimento brasileiro. A malícia da época chegou a dizer, no Rio de Janeiro, dos negociantes franceses mais econômicos, que faziam de suas mulheres – às vezes suas amantes e não suas esposas – caixeiras; enquanto os negociantes portugueses mais econômicos faziam dos seus caixeiros, suas mulheres: substitutos de esposas e até de amantes do sexo feminino.[24]

A verdade é que, quer como modistas, quer como caixeiras de lojas de modas e perfumes, houve na época francesas que, sendo também, se não cocotes, mulheres capazes de favorecer excepcionalmente mais de um homem com as graças do seu sexo, se tornaram notáveis – repita-se – como orientadoras de adolescentes e jovens brasileiros em sutilezas do amor; e em revelar a homens de idade já provecta delicadezas eróticas por eles desconhecidas. E fazendo sempre acompanhar tais iniciações ou aperfeiçoamentos na arte amatória, de iniciações – destaque-se o fato de importância sociológica – em outras graças da civilização francesa ou da civilidade europeia. Iniciações – as do último tipo – que o brasileiro menos viajado da época deveu também – repita-se – aos leilões de ingleses, de suíços, de alemães, dos próprios franceses, dos quais havia sempre o que aprender ou assimilar ou transportar às casas brasileiras, aumentando dentro delas a elegância ou o conforto, então modernos. E esse aumento da elegância ou conforto então modernos, nem sempre com o desprezo de brasileirismos, ainda notáveis na época, como as opulentas escarradeiras e os às vezes suntuosos urinóis de louça fina decorados até a ouro, como se fossem vasos destinados a recolher de pessoas senhoris essências finas; e também como os paliteiros de prata maciça e de mil e uma formas: desde a de Netunos clássicos e camonianos à de índios romanticamente patrióticos, dos quais os palitos destinados a dentes senhoris, alguns de ouro, eram às vezes as flechas de arcos de guerreiros. O heroico e o prosaico em combinações as mais inesperadas em torno de um ostensivo palitar de dentes que, ao menos num inglês – Richard Burton – encontrou, como se sabe, um apologista.

Em trabalho publicado em francês em 1889, sobre a arte no Brasil da época – o fim da era imperial –, E. da Silva Prado, ou Eduardo Prado, dizia do interior da casa brasileira de então que se assemelhava ao da casa portuguesa: *"la même nudité ou le mêne mauvais goût"*.[25] E especificava serem raros, nesses interiores, os objetos de arte, o que talvez se devesse em parte ao fato de pagarem "enormes direitos *ad valorem*, como simples mercadorias". Quanto aos artistas nacionais, os de mérito apenas se entregavam à pintura grandiosa, pintando quadros mais vastos que as salas burguesas; além do que os preços dos quadros desses artistas eram ainda mais altos que os dos quadros de mestres vivos da pintura europeia. Daí não se pendurarem às paredes senão retratos, trabalhos de pintores que não ousando o monumental, queriam vender suas pinturas. Não se viam as paisagens, as aquarelas, os quadros de tamanho moderado capazes de embelezar um interior de casa.

Quanto ao mobiliário, a situação era pior, do ponto de vista de quem a quisesse considerar com olhos de artista ou de simples homem de bom gosto. Ainda na época imperial, Silva Prado já lamentava a tendência, que aliás se acentuaria com o progressivismo, durante a primeira fase do regímen republicano, de substituir-se por novidades de duvidoso valor e precário gosto o móvel antigo e belo que junto com o couro escuro e a prata portuguesa davam dignidade às melhores casas brasileiras. Era um móvel feito com *"le bois ravissant du pays"*. Junto com *"les bahuts et les autres meubles en palissandre tourné et sculpté dans lesquels excellaient les ébénistes de Bahia et Minas"*,[26] *"les fauteuils en cuir noir orné de gros clous en cuivre, les lits à colonnes, la belle argenterie portugaise et brésilienne de l'école de Valentim da Fonseca et ses contemporains"* foram desprezados como feias velharias ou vergonhosos arcaísmos por uma burguesia que, ainda sob o reinado de Pedro II, começou a europeizar-se ou modernizar-se ou americanizar-se sob o pior dos progressivismos. Como se tivesse perdido quase de repente o sentido de fidelidade a uma tradição que era a única, na América, de sociedade patriarcal desenvolvida sob o signo monárquico, de ordinário um signo de ordem, mesmo quando junto ao gosto da tradição se encontra o do progresso.

Com aqueles valores havia no estilo de interior das melhores casas patriarcais do Brasil que da era colonial se prolongou pelo Primeiro Reinado, pela Regência e por grande parte do Segundo Reinado, uma ordem ou harmonia que se não era primor de estética, fazia-se respeitar pela autenticidade dos objetos que constituíam seus conjuntos de móvel, prata, louça de mesa e vasilhame de cozinha; e pelas combinações já estabilizadas, dentro desses conjuntos, de valores europeus com os tropicais ou os da terra. Estes sob a forma de redes, às vezes de penas, que além de frescas e confortáveis eram verdadeiras obras de arte: da arte plumária cujo valor foi desde o princípio do século XIX destacado pelos francês Ferdinand Denis; de potes, quartinhas ou bilhas de barro, de formas também artisticamente interessantes, onde a sabedoria patriarcal fazia esfriar a água de beber, sobre o peitoril das janelas, devendo as bilhas aí permanecer ao sereno ou durante a noite inteira; de panelas onde, cozinhados ou servidos, certos quitutes pareciam oferecer melhor gosto ao paladar exigente dos brasileiros mais telúricos; de vassouras, espanadores e abanos feitos de material da terra; de peneiras, urupemas, pilões de madeira – os célebres pilões onde se pisava milho ou café – para o preparo de especialidades de mesa e sobremesa exigidas pelo paladar daqueles mesmos brasileiros mais afeiçoados ao meio tropical; de cortinas de porta ou janela e de cortinados de cama, feitos, juntamente com toalhas de mesa e guardanapos, fronhas de travesseiro e lençóis, com as rendas mais finas da terra; as do Ceará, de Alagoas, de Pernambuco. Os potes, as bilhas, as quartinhas haviam sido, aliás, objeto de estudo da parte do artista francês Debret que, no princípio do século XIX, desenhara as que lhe pareceram de formas mais características, encontrando nelas vaga semelhança com as dos potes orientais. Talvez influência de herança de arte árabe, das várias que foram introduzidas aqui pelos portugueses; e que neste caso teria se exercido sobre uma arte indígena nada desprezível nem como arte nem no seu aspecto ecológico: o já assinalado por ilustre estudioso do assunto de apresentar o pote de barro brasileiro de Santa Catarina, da Bahia e de Pernambuco o bastante de porosidade para que a evaporação se possa fazer no exterior, abaixando a temperatura da água no interior da quartinha ou do pote, sem que a mesma água poreje ou transpire tanto como nos *gollebs* do Egito ou nas *alcarrazas* da Andaluzia. Nestas, aliás, notara Silva Prado que sua cor amarelada era feia, comparada com o vermelho vivo da cerâmica brasileira:[27] uma cerâmica, recorde-se a esta altura, que teve lugar de honra e função cotidiana nas melhores casas patriarcais do Brasil, até os dias de desorientado progressivismo que começou a descaracterizar essas casas particulares – seu interior, sua intimidade, sua essência já brasileira – antes de, com a República, ter principiado a descaracterizar nas instituições políticas do País o que nelas era castiçamento ibérico, sob o verniz inglês ou britânico.

Dentre os sobreviventes da ordem social aqui evocada, que colaboraram com seus depoimentos para o que, nesta tentativa de evocação de um passado brasileiro ainda recente, se baseia em informações orais, não raros se referiram – ou ainda se referem, como Alfredo Alves da Silva Freyre – às quartinhas, bilhas e potes, outrora parte essencial do interior das casas patriarcais, como irrivalizáveis para o efeito de conservação de água fresca no interior das casas, em clima ou ambiente tropical como o brasileiro. Nesses sobreviventes, alguns nunca de todo habituados ao para eles excessivo frio da água de beber gelada em *refrigerador*, a recordação do gosto e da temperatura de água guardada nessas quartinhas parece constituir uma das suas memórias sensuais mais proustianamente ligadas à convicção de terem nascido e crescido em ordem social mais autenticamente brasileira que as suas sucessoras, cheias, segundo eles, de um conforto mais aparente do que real, em comparação com o antigo. Convicção que parecendo exprimir nostalgia ou recordação apenas sentimental do passado, comum nas pessoas de idade mais avançada, merece, entretanto, ser considerada em algumas de suas alegações mais insistentes, como testemunhos de experiência ou de vida vivida: testemunhos experimental ou existencialmente válidos.

A música vem sendo a arte por excelência brasileira no sentido de ser, desde os começos nacionais e até coloniais do Brasil aquela – dentre as belas-artes – em que de preferência se tem manifestado o espírito pré-nacional e nacional da gente luso-americana: da aristocrática e burguesa tanto quanto da plebeia ou rústica. Já o notara De Freycinet, com relação aos brasileiros dos começos do século: "*De tous les arts d'agrément cultivés par les Brésiliens*", era a música aquela na qual "*ils réussissent le mieux*".[28]

Esse pendor tornou-se um daqueles característicos da sociedade brasileira com que a dinastia dos Bragança mais se identificou: a Monarquia foi no Brasil uma Monarquia eminentemente amiga da música e protetora dos músicos.[29] O nome do compositor mestiço padre José Maurício está ligado ao de D. João VI; do imperador D. Pedro I se sabe que, discípulo de Neukomm – alemão que, juntamente com o português Marcos Portugal, muito concorreu para desenvolver o gosto musical no Rio de Janeiro do tempo daquele rei e para revelar à Europa as modinhas brasileiras: especialidade, em sua forma mais sensualmente crioula, de mulatos como o admirável Joaquim Manuel – foi autor de um hino patriótico: o da Independência; e ao reinado do terceiro Bragança a reinar sobre o Brasil, tendo o Rio de Janeiro por sede do seu governo, pertencem os triunfos de compositor de Francisco Manuel da Silva, aluno daquele alemão e daquele português e dizem alguns que mestiço; e de Antonio Carlos Gomes, também parece que mestiço; e autor de *O guarani*, ópera de repercussão mundial; e expressão – dizem os críticos que admirável – de alguma coisa já de especificamente crioulo como arte brasileira.

Não só isto: o reinado de D. Pedro II se tornou notável pelo vigor do teatro lírico, em espetáculos de companhias italianas formadas por artistas de primeira qualidade. Nesses espetáculos a presença do imperador, ou da família imperial, no Rio de Janeiro, e a de presidentes de província e das excelentíssimas senhoras suas esposas, nas províncias mais cultas do Império, tornou-se como que obrigação de nobreza; e esse exemplo de *noblesse oblige*, com relação a forma tão elegantemente europeia de música, comunicou-se de tal modo aos brasileiros mais cultos das grandes cidades, que não nos é hoje possível imaginar barão ou visconde ou conselheiro ou comendador de Pedro II, nem bacharel ou doutor ou funcionário público ou comerciante de alguma categoria ou mesmo estudante de curso superior, residente naquelas cidades, que fosse pessoa de todo estranha ao teatro lírico. Alguns eram seus devotos; muitos, os seus frequentadores. A preferência sabe-se que era pelos cantores e sobretudo pelas cantoras italianas de música lírica, em torno das quais chegou por vezes a haver conflitos entre estudantes e caixeiros; entre rapazes de repúblicas (estudantes) e moços de castelos (caixeiros); ou entre grupos rivais de acadêmicos, como então se chamavam os alunos dos cursos superiores. Mas sem que fossem raros os apreciadores de música clássica.

Nem nos devemos esquecer, a este respeito, da voga que teve, no Segundo Reinado, o piano,[30] não tanto de sala de concerto, mas de sala de visita e às vezes de sala de música, de casa particular: o vasto piano de cauda que se tornou símbolo de distinção, de gosto e de prestígio social, quer em palacetes aristocráticos de subúrbio, quer em sobrados nobres ou burgueses, distinguindo, também, nas casas-grandes de engenhos e fazendas, as casas das famílias aparentemente mais cultas das mais sincera ou rusticamente rurais. Alegradas apenas pela presença de algum violão ou cavaquinho, essas casas-grandes mais rústicas chegaram a ser conhecidas com algum desdém por "casas sem piano"; e nelas, como nas urbanas, constatava-se se não a ascensão social ou econômica, o progresso cultural da família sua proprietária, através da aquisição de piano: "já tem piano de cauda". De tal modo o piano se tornou parte do sistema social, ou sociocultural, brasileiro, durante o Segundo Reinado e os primeiros anos da República, que alguns observadores estrangeiros a ele se referem como a uma praga; e é evidente que nem sempre terá sido instrumento bem tocado ou manejado pelas iaiás suas senhoras, das quais nem sempre terá sido dócil e obediente escravo.

No livro dos reverendos James C. Fletcher e Daniel P. Kidder sobre o Brasil encontra-se, na página 163 da edição de Boston de 1879: *"Pianos abound in every street..."* Isto com referência especial à capital do Império, cujas casas patriarcais de residência foram atentamente observadas por esses dois anglo-americanos, o primeiro dos quais conheceu o Brasil nos dias ainda da Regência. Eram casas das quais era comum descerem até as ruas sons de músicas docemente tocadas ao piano por mãos de iaiás. Em algumas, aos sábados, dançava-se "animadamente até de madrugada, não ao som de uma orquestra, mas de um piano tocado por profissionais, que viviam de compor músicas e de executá-las", recorda em sua resposta ao nosso inquérito, Cássio Barbosa de Resende, nascido em 1879. "Muitos desses profissionais" – acrescenta o mesmo informante – "tornaram-se afamados e as suas músicas populares eram assobiadas nas ruas e tocadas por toda parte". Pois não devemos nos esquecer do assobio: foi um dos característicos mais vivos das ruas e dos próprios campos do Brasil na época evocada neste ensaio. Assobiavam rapazes de cidade e moleques de bagaceira. Assobiava-se de manhã e à noite. Assobiava-se no trabalho, durante o lazer, no banho.

Dos ruídos que alvoroçavam uma casa aristocrática ou altamente burguesa do Rio de Janeiro imperial, alguns eram de fora para dentro: o das carruagens que, principalmente nos dias de festas, lhe entravam com estridor pelo portão de ferro que só nesses dias se escancarava; o dos pregões dos vendedores de fruta, de peixe, de aves; o das matracas dos mascates; o dos irmãos das almas ou do santíssimo, pedindo esmolas; o dos simples mendigos, rogando esmolinhas pelo amor de Deus; o dos dobrados das bandas de música a caminho do coreto do largo da matriz ou de alguma festa; o das serenatas a que também se refere no seu depoimento Cássio Barbosa de Resende[31] – serenatas ao violão; o dos maracatus ou sambas de escravos; o das simples pessoas que batiam palmas, na falta de campainha ou aldraba, à porta de entrada. Às vezes se sabe que um diálogo em voz nem sempre musical, embora de ordinário um tanto cantada, se estabelecia entre a rua e a casa, esta representada pelo seu residente senhoril ou por algum dos filhos ou escravos; aquela pela pessoa que desejava, por qualquer motivo, comunicar-se com a casa quase sempre fechada e até hostil à rua. Depois de bater palmas, gritava ou cantava essa pessoa de fora para dentro: "Ó de casa!" E de dentro para fora lhe respondiam em voz também às vezes um tanto cantada: "Ó de fora!" E estabelecia-se, através desse ritual, a comunicação desejada, da qual podia resultar ser o adventício admitido à sala de visitas; e convidado a sentar-se na parte nobre da mobília, às vezes – quando o gosto pelo móvel antigo de família não fosse substituído pelo austríaco ou pelo francês – de jacarandá ou de vinhático; e que consistia em sofá, dos dois lados do qual se estendiam, simetricamente, três ou quatro ou mais cadeiras, sendo de cada lado uma ou duas de braços e duas ou três ou mais de guarnição; e destinando-se o sofá, no caso de haver senhoras, às senhoras, e as cadeiras, aos senhores. Podia também o adventício ser honrado, na sala de visitas ou na de música, com algum trecho de música, talvez clássica, talvez simplesmente do dia, tocado ao piano pela senhora ou pela sinhazinha – ou por uma das sinhazinhas – da casa. O som dessa música de piano, tocada às vezes para as visitas, outras vezes para as pessoas da família ou como lição ou exercício de sinhazinha – que, no Segundo Reinado, passou a ser considerada incompleta em sua formação social se não aprendesse além de música, piano – tornou-se o principal som de comunicação de dentro para fora, de casa nobre ou burguesa, com a rua.

Não é de admirar que num ambiente como o brasileiro do Segundo Reinado, sobrecarregado de sugestões musicais nas suas próprias atividades mais prosaicamente cotidianas e dominado por uma natureza rica em música – a do seus pássaros e cigarras tropicais –, as melhores admirações burguesas, aristocráticas e plebeias se reunissem, como em nenhum outro caso, em torno de talentos musicais: o do padre José Maurício e o de Carlos Gomes, por exemplo. A música, desde a sacra, de interior de igreja, à de largo de matriz, representada pela banda que tocava dobrados cívicos e até pela de africanos que nos sambas e maracatus recordavam a África negra nas ruas do Rio de Janeiro ou do Recife ou de Salvador, acompanhava de tal modo o brasileiro do tempo do Segundo Reinado nas suas várias e contraditórias expressões de vida e de cultura, de algum modo harmonizando-as ou aproximando-as, que pode-se afirmar ter se realizado então mais pelos ouvidos que por qualquer outro meio, a unificação desses brasileiros de várias origens em um brasileiro se não de um só parecer, quase de um só sentir. Pois se umas músicas os dividiam em classes, em raças, em culturas diferentes, outras os uniam num povo só, através de uma síntese sonora de antagonismos e contradições. A modinha, por exemplo, foi um agente musical de unificação brasileira, cantada, como foi, no Segundo Reinado, por uns, ao som do piano, no interior das casas nobres e burguesas; por outros, ao som do violão, ao sereno ou à porta até de palhoças. Sua voga prolongou-se entre a gente média até os primeiros decênios da República.

Se não foi tanta a comunhão de sentir brasileiro em torno da música menos popular e mais erudita de Carlos Gomes, foi quanta. Carlos Gomes tornou-se talvez o maior herói não militar brasileiro do decênio 1870-1880 – isto é, o mais aclamado e o glorificado por maior número. Durante o reinado de Pedro II, foi quem mais chegou a rivalizar com os heróis militares da Guerra do Paraguai na sedução exercida sobre a mocidade, quer burguesa, quer plebeia; sobre os dois sexos; sobre velhos e moços; sobre brancos e gente de cor. Nem Castro Alves nem Gonçalves Dias nem Macedo nem José de Alencar parecem ter alcançado popularidade igual. Começou por ser o ídolo dos acadêmicos de direito de São Paulo, na época em que esses acadêmicos, representando a flor intelectual da mocidade não apenas paulista, mas do Império inteiro, faziam as vezes, com os acadêmicos de direito de Olinda e depois do Recife e os de medicina, da Bahia, de universitários; e o eram de fato, pela extensão de suas preocupações intelectuais, sociais e artísticas, que, transbordando do simples interesse técnico pela jurisprudência ou pela medicina, alcançavam a filosofia, a literatura, as ciências, o teatro, a política; e encontraram na música uma das suas maiores seduções.

Compreende-se, assim, que, para essa mocidade entusiástica e culta, Carlos Gomes tenha composto em 1859 um *Hino acadêmico* – letra de Bittencourt Sampaio – que fez furor entre os moços; entre os paulistas; entre os brasileiros; e que na mesma época, tenha sido intensa sua produção de modinhas, apreciadas tanto por estudantes como por caixeiros; tanto pelos rapazes como pelas iaiás; tanto pelos brancos como pela própria gente de cor que, já desprendida da música mais cruamente africana, foi encontrando nas modinhas alguma coisa de sutilmente africano dentro de um encanto mestiço.

Tornando-se o "gênio de Campinas" quase universalmente apreciado pelos brasileiros da época imperial, não lhe podia faltar o amparo, além da admiração, do próprio imperador. E esse amparo informam testemunhos da época que o obteve, para que Carlos Gomes se tornasse imediatamente aluno do Conservatório de Música da Corte, a condessa de Barral, talvez à base de alguma doce ou melíflua modinha, composta pelo paulista, que houvesse tocado de modo mais particularmente romântico as duas sensibilidades: a da ilustre fidalga, influente na corte, e a do austero monarca, sabe-se hoje que não de todo alheio a influências ou seduções de mulher, embora vitorianamente discreto neste como em outros aspectos do seu comportamento. Sob o amparo imperial Carlos Gomes continuaria em Milão, com Lauro Rossi, os estudos iniciados no Rio de Janeiro; e em 1868 já era autor de duas ou três operetas. Em 1870 produziu *O guarani*, do qual comentou-se na época ter levado do Brasil ou do trópico para o estilo italiano de ópera alguma coisa de agrestemente novo, que admiradores estrangeiros do então jovem compositor chegaram a identificar em palavras um tanto retóricas, mas de modo algum inexatas, como uma expressão brasileira de "floresta tropical" ou de "paixão tropical". Tropicalismo do bom, que causaria entusiasmo a críticos italianos, franceses e ingleses. As próprias estatísticas o proclamam: de 1872 a 1873, das 57 representações de óperas de vários compositores dadas em Milão, a *Fosca*, de Carlos Gomes, foi a mais repetida. Mais repetida que a *Africana*, de Meyerbeer, que a *Safo*, de Gounod, que a *Aída*, de Verdi. E Milão era então a Roma da ópera. Era já a Europa a "curvar-se ante o Brasil".

Não tardou *O guarani* a ser assobiado por brasileiros até analfabetos com certo brio patriótico; e o assobio de músicas pelas ruas da cidade já se disse que era então tão frequente que impressionava os estrangeiros. Rivalizou *O guarani* em popularidade com modinhas e dobrados: essas modinhas e dobrados que repontam ainda hoje dos depoimentos de alguns dos sobreviventes mais humildes do tempo de Pedro II como as suas mais alegres recordações de meninice e de mocidade. Modinhas ouvidas pelas moçoilas, dos próprios namorados, ao som de violas românticas. Dobrados executados Deus sabe com que vigor pelas bandas ou filarmônicas, em coretos de praças ou largos de pequenas e até de grandes cidades do Império. Bandas às vezes politicamente rivais: uma conservadora, outra liberal. No fim do Segundo Reinado, chegou a haver as republicanas, rivais das monárquicas. As maçônicas, rivais das organizadas ou amparadas por vigários, foram um dos característicos da época em que se aguçou pelo Império quase todo o conflito entre o clero e a Maçonaria, dramatizado em Pernambuco pelo então bispo de Olinda: D. frei Vital de Oliveira. Compreende-se assim o fato de ter sido rara a vida de brasileiro do tempo de Pedro II e dos primeiros anos da República que não fosse de algum modo tocada pela música: pela música de ópera italiana, pela clássica, pela de *O guarani*, pela dos hinos acadêmicos, pela dos dobrados cívicos e políticos, pela das modinhas, pela dos maracatus, cocos, sambas.

Josefa Maria da Luz, analfabeta, nascida em 1880 em Pau-d'Alho, no interior da então Província de Pernambuco, depõe ter brincado apenas, quando menina rústica ou criança matuta, com boneca e dentro de casa, desde que sua mãe, ainda que pobre, a prendia muito. Dentro dessa meninice assim caseira e presa, seu grande desejo foi tornar-se um dia "costureira chique". Mocinha, porém, foi-lhe permitido dançar coco e cantar modinha. Lembra-se bem da modinha "Quero casar com a mulher do meu amor". Dançar coco e cantar modinha foram a sua maior alegria de moça – ligada, é claro, à alegria de amar e ser amada.

Experiência semelhante é a que nos transmite a também analfabeta e mulher de cor Francisca Gomes da Silva, nascida em 1875 igualmente em Pernambuco; e tão consciente da sua condição de quase preta que confessa não ter nunca se aventurado a usar chapéu de branca: só xale. Esta não brincou apenas com boneca e dentro de casa mas também no quintal de "peia quente, de esconder e de la condessa". Como Josefa, seu desejo de menina foi ser um dia, quando mulher-feita, costureira; "mas meu pai morreu e eu tive de ajudar minha mãe, acabando sendo lavadeira". Sua mais agradável experiência de menina-moça pobre foi também a que lhe veio à sensibilidade de adolescente, em fase de amar e ser amada, pela música; no seu caso, porém, menos a música de modinha que "a das retretas que se faziam no pátio da minha cidade", lembrando-se de que gostava muito do dobrado "Quinze dias de viagem", que a banda de Bom Conselho tocava.

Ainda outra rústica, Maria Joaquina da Conceição, nascida em Goiana em 1885, informa ao recordar sua meninice e adolescência que gostava muito de dançar: "dançava oito dias seguidos". E "apreciava também modinhas chorosas e amorosas como esta:

> *'Adeus, Maria, que de ti me ausento.*
> *Meu pensamento ficará em ti.*
> *Talvez sonhando te veja chorando um dia por mim.*
> *Parto; talvez a sina ainda me traga aqui'".*

Da. Maria Teodora dos Santos, nascida em 1878, em Jaboatão, tendo aprendido com uma professora chamada Minervina de Albuquerque a carta de á-bê-cê e a fazer "as quatro espécies de conta, gramática, aritmética e manuscrito", chegou a ler na escola os livros de Felisberto de Carvalho. Tornou-se mulher sabendo ler e escrever. Lendo os romances de José de Alencar e as poesias de Casimiro de Abreu. Costurando, bordando, marcando, fazendo bichinhos de labirinto, dessa sua arte é que principalmente viveu, desde que não foi feliz com o marido: homem arengueiro e que bebia demasiado, parece que cachaça ou aguardente. Uma negra chamada Constância é que vendia os trabalhos de agulha feitos por Da. Maria. Gostava ela de fazê-los, embora seu maior desejo fosse ser professora. Mas não se lembra de nada que lhe tenha divertido mais a vida de moça do que "dançar e cantar modinha". Confessa ter tido "predileção pelas valsas": dança, então, das iaiás finas que ela parece ter desejado imitar. E sua modinha predileta foi "Acorda, abre a janela, Estela!". "Cantei muito", depõe Da. Maria Teodora. A sociedade de danças que frequentou foi a Linda Flor, onde só dançava "mocinha séria". Séria e parece que branca; pelo menos, quase branca. Gostando de valsa fina e de modinha romântica, não gostava Da. Maria Teodora de negro. Achava que os negros tinham nascido para servir aos brancos; e não para ser seus iguais, parecendo-lhe que deviam dançar seus maxixes, enquanto os brancos dançavam valsas; cantar seus cocos, enquanto os brancos cantavam modinhas.

Cássio Barbosa de Resende, nascido em Minas Gerais em 1879, depõe a esse respeito que no seu tempo de moço e nos meios altamente burgueses ou aristocráticos que frequentou "as danças usuais eram a valsa, a polca, o *schottisch* e a quadrilha americana". Houve tempo – acrescenta – "em que se dançou o maxixe, mas não em casas de família". O maxixe era considerado então dança não só de negro como acanalhada. E quanto à música, a que mais se apreciava nos meios finos era a ópera; e das mais em voga no fim do Segundo Reinado e nos começos da República, depõe Cássio Barbosa de Resende que as mais estimadas foram "a *Cavalaria rusticana*, a *Cármen*, a *Gioconda*, o *Rigoletto*, a *Traviata*, o *Trovador*, sem nos esquecermos do *Guarani*. Das operetas, estiveram muito em voga naqueles dias a *Viúva alegre* e a *Princesa dos dólares*". Do mesmo e ilustre mineiro é a informação de terem sido frequentes na época as reuniões familiares, a que não faltava música; e quem, aos sábados, andasse à noite pelas ruas do Rio de Janeiro recentemente transformado de corte em capital federal – o Rio de Janeiro do seu tempo de moço – "teria ocasião de ver muitos salões abertos e iluminados onde se dançava animadamente até pela madrugada, ao som" – como já recordamos – "de músicas compostas e tocadas por profissionais": músicas que eram depois "assobiadas nas ruas e tocadas por toda parte". O que mostra ter havido então, através da música, comunicação entre os salões aristocráticos e burgueses e a rua; e que música composta para regalo da burguesia dos sobrados e chalés tornou-se popular, no sentido de ser gostosamente assobiada pela gente do povo e por ele adotada nas suas reuniões, às vezes com adulterações da letra: palavras difíceis de ser pronunciadas que se tornavam caricaturas das originais.

Com o depoimento de Cássio Barbosa de Resende coincidem, neste particular, os de vários outros sobreviventes da época de transição da Monarquia para a República, marcada em vários dos seus característicos sociais antes pela persistência de traços antigos que pela sua dissolução em inovações republicanas. Pois o caráter democrático das modinhas, este não o inventou a República: veio da Monarquia. "Outro divertimento muito comum" – informa ainda Cássio Barbosa de Resende, referindo-se ao ambiente musical do seu tempo de rapaz, e estudante, sob a República, mas cuja meninice decorrera ainda, até os 10 anos de idade, sob o Império – "eram as serenatas ao violão, o que estimulava o aparecimento de trovadores e de modinhas, algumas das quais ainda conservo na memória". Uma muito cantada por aqueles trovadores começava assim:

"Quisera amar-te mas não posso, Elvira,
Porque gelado trago o peito meu
Não me incrimines que não sou culpado,
Amor no mundo para mim morreu."

Outra, recordada pelo mesmo Barbosa, começava desta maneira:

"Bem sei, mulher bem conheço
Que fui um louco em fitar-te,
Inda mais louco em amar-te
Sem consultar a razão."

Essa loucura por motivo parece que social: por ser amor de rapaz pobre por moça rica. Segundo a modinha:

"Mas não suponhas, não creias
Que o teu desdém me consome
Pois que um pobre e sem nome
Sei desprezar-te também."

Datam, aliás, dessa época modinhas em que eram idealizadas figuras de morenas e até de mulatas, alternando tal espécie de exaltação com a idealização das louras e pálidas. A projeção de tendências sociais nas modinhas, durante o longo período em que elas foram a principal expressão musical do Brasil, permite ou sugere que sejam consideradas material particularmente valioso para a interpretação sociológica e psicológica dessa mesma época. Mas isto em estudo especializado, em que aliás se acha empenhado, com rara competência, o professor Almir de Andrade. Aqui só nos interessa destacar alguns dos traços que mais significativamente as associaram ao complexo ainda patriarcal, mas já muito penetrado de romantismo individualista, que caracterizou a ordem social brasileira, vinda do sistema escravocrático de trabalho para o livre; e do regímen monárquico de governo para o republicano. Parece ter se acentuado nas modinhas, no último decênio do século, o individualismo romântico, valorizando o amor independente de qualquer consideração de família ou de raça: ou de Romeu por Julieta. O amor independente da situação econômica dos amantes. O amor idilicamente liberto de excesso de convenções, que o tornasse formal com prejuízo das suas expansões ou variações mais agrestemente brasileiras, idealizadas em amor de "caboclo" ou de "sertanejo" ou de "gaúcho".

Essa idealização, tendo chegado, com Carlos Gomes e sob a sugestão de José de Alencar, a assumir expressão erudita em música de ópera, manifestou-se principalmente em modinhas. E essas modinhas nem sempre foram agradáveis aos ouvidos de brasileiros mais ortodoxamente conservadores em assuntos sociais ou de cultura do período aqui evocado. Tal o caso de Luís Pinto de Carvalho, nascido em Salvador, na Bahia, em 1877, de pai "radicalmente monarquista"; e que em depoimento escrito em idade provecta diria, quanto à música, ter sido sempre apreciador e conhecedor da "fina", confessando sua admiração pelo próprio Wagner e informando ter detestado, com raríssimas exceções, a "chamada regional".

A essa atitude se assemelha a que se reflete no depoimento de outro brasileiro de formação monárquica, Carlos Luís de Vargas Dantas, nascido em 1870 no Rio de Janeiro; e inimigo quase pessoal de Benjamim Constant por ter, a seu ver, esse militar intelectual se comportado incorretamente para com D. Pedro II, seu protetor. Confessa nunca ter dançado; e quanto à música, só se recorda de ter apreciado, na sua mocidade, a ópera e a opereta: *Aída, Guarani, Rigoletto, Sinos de Corneville, Mascote*, dentre outras.

Confissão interessante, sobre este ponto, é a de Raimundo Dias de Freitas, nascido no Piauí, em 1874, e que, em 1938, já oficial superior do Exército, recordaria em depoimento escrito sobre sua vida de brasileiro vindo do Império para a República: "Em meu tempo de rapaz as músicas dançantes se me afiguram, comparadas com as de uso atual, mais românticas, mais distintas e algumas se apresentavam exprimindo em alto grau o aspecto perfeitamente aristocrático". Refere-se, é claro, às músicas dominantes no seu meio social: "a valsa, a quadrilha, os lanceiros, o *pas de quatre*, o *schottisch*, a mazurca, a polca". Acerca do que traz um pormenor expressivo: "A valsa era dançada pelo sistema francês ou pelo sistema americano. Este último eliminou, desde o seu aparecimento, o sistema francês". E mais este, um tanto surpreendente: "A valsa dançada segundo o método americano dava ao par um ar muito mais perfeito de distinção e de elegância". Também a quadrilha, "depois de ser muito dançada pelo sistema francês foi igualmente dominada pela moda criada pelos norte-americanos, aí pelo decorrer dos anos de 1891 a 1893. A quadrilha dançada à moda americana era mais leve, e se exibia com bastante elegância. Tinha a vantagem de se poder, apenas com quatro pares (quatro damas e quatro cavalheiros), formar-se uma quadra completa". Quanto aos lanceiros, era "uma dança cuja execução apresentava um cunho verdadeiramente aristocrático", sendo por isso mesmo "a dança preferida nos salões aristocratas".

Esse conhecedor minucioso das danças elegantes dos últimos anos do Império e dos primeiros da República esclarece não ter sido nunca "trovador ou seresteiro, porque senti não ter inclinação para esse ramo de entretenimento". Gostava de frequentar as óperas; lembrando-se de ter se deixado empolgar pelo *Guarani*, talvez por patriotismo tanto quanto por amor à arte da música.

"As danças de salão não variavam", depõe Da. Antônia Lins Vieira de Melo, nascida em São Paulo em 1879. "Eram sempre as mesmas... a polca, os *schotts*, a quadrilha." Tendo crescido em engenho do Norte, informa: "Fora dos salões, a dança preferida era o coco de terreiro..." E o coco era também música cujos sons subiam do mesmo terreiro ao alto das casas-grandes.

João Fernandes de Carvalho, nascido no Recife em 1837, recorda-se de ter dançado quando moço "quadrilhas, valsas e polcas"; e ter se deliciado ouvindo "recitar ao piano belas poesias de Castro Alves como 'Imprensa', 'Vozes d'África' e outras ao som da *Dalila*": costume, aliás, muito da época. E quanto às óperas e operetas da sua paixão: *Dama das camélias, Guarani, Norma, Rigoletto, Lucia de Lammermoor, As mulheres guerreiras, Saltimbanco, Viúva alegre*. Entusiasta, também, de "concertos de violino por artistas europeus de grande fama como Dalman", não lhe parece ter sobrado tempo ou ânimo para gostar de modinhas cantadas ao violão. Recorde-se, a esta altura, do violino que, junto com o bandolim e a flauta, tornou-se instrumento musical socialmente prestigioso no Brasil da época, embora nenhum deles pudesse competir em importância com o piano.

Outro brasileiro do Norte, este nascido na Paraíba em 1885 – Adauto Mariano das Neves –, guardaria na velhice boa recordação das modinhas ouvidas nos seus dias de moço e de acadêmico de direito no Recife: "modinhas... amorosas e sentimentais". O que não o impediu nunca de gostar também de ouvir ópera e opereta: *O guarani*, a *Tosca*, a *Traviata*, a *Princesa dos dólares*.

Nascido em São Paulo em 1888, Luís de Toledo Piza Sobrinho muito frequentou, quando moço, os teatros da capital do seu Estado, onde se cantava em italiano. Pois "a numerosa colônia italiana localizada no Estado" familiarizara "o paulista com a língua do imigrante", que era, por excelência, na sua forma polida, a língua do canto, das óperas, do teatro lírico. Desejando ardentemente ouvir *O guarani*, pois Carlos Gomes fora "um dos heróis" de sua infância, teve, já rapaz de 20 anos, a alegria de ver anunciada a ópera brasileira no repertório de uma companhia lírica. Foi uma decepção: "confesso que de certa maneira me decepcionou [...]". Gomes já não era mais o ídolo da mocidade paulista.

Outro paulista, Júlio de Mesquita Filho, nascido em 1892, escreve no seu depoimento (1946) recordar-se de modo muito vivo das "tradicionais quermesses" no Largo da Liberdade, "com bandas de música tocando os nossos deliciosos e incomparáveis dobrados".

Mário Sette, nascido em 1886 em Pernambuco, informa ter sido, quando moço, mau dançarino. Mas entusiasta de modinhas que ele próprio cantou ao violão. Uma delas, "Gondoleiro do amor".

Da. Maria Vicentina de Azevedo Pereira de Queirós, nascida em São Paulo, em 1868, foi quando moça apreciadora de música de ópera e de opereta: *Guarani*, *Traviata*, *Rigoletto*, *Barbeiro de Sevilha*, *Sinos de Corneville*, várias outras. Dançava quadrilhas, lanceiros, polcas, mazurcas, varsovianas, *schottisches*. Frequentou os bailes mais elegantes da época: os da corte, os do Casino, depois Clube dos Diários, os do Itamaraty, os do Catete. Por outro lado, sempre gostou, muito brasileiramente, de "ouvir modinhas e especialmente desafios entre moças e rapazes". Para os bailes, seus vestidos eram "encomendados nas modistas da corte". Nesse tempo "um vestido de cauda de seda pura acompanhado de meias de seda, sapatos de cetim com salto Luís XV, leque de madrepérola ou marfim com rendas ou pinturas à mão, luvas de pelica tomando todo o braço, flores para o peito e a cabeça, regulava de 400 a 500 mil-réis". As moças iam para os bailes de carnê. Anotavam-se aí os compromissos para as danças. Estava também na etiqueta da época o pedido cerimonioso de compromisso para esta ou aquela dança: o cavaleiro curvava-se ante a dama e solicitava à excelentíssima a honra de dançar com ele a próxima valsa ou a próxima polca. Aliás, também ao encontrar um cavaleiro em lugar público dama sua conhecida, mandava a etiqueta da época que tirasse o chapéu num gesto largo e cerimonioso. Os próprios cavaleiros, quando suas relações eram apenas de cortesia, descobriam-se ao se encontrarem em lugar público; ou tocavam na aba do chapéu.

(Luís) Mílton Prates, nascido em Minas Gerais em 1888, gostou, quando moço, de dançar de preferência valsas. Foi apreciador de modinhas populares como o 'Gondoleiro do Amor' e 'As Duas Flores', ambas "com letra de Castro Alves". Mas sem deixar de frequentar óperas como a *Cavalaria rusticana* e operetas como *A princesa das czardas*.

Waldemar (Martins) Ferreira, nascido em São Paulo em 1885, depõe que, no seu tempo de moço, na capital paulista, "as modinhas tinham perdido o seu prestígio" e "haviam de há muito cessado as serenatas". Dançou valsa, mazurca, *schottisch*, polca: "A valsa principalmente". Lembra-se de ter aparecido então o *cakewalk*; e do maxixe, que até então só se dançava em teatro de revista ou nos meios plebeus, ter sido dançado uma noite em baile oficial no Rio de Janeiro, no Ministério da Agricultura.

Plínio Barreto, nascido em São Paulo em 1882, escreve no seu depoimento ter sido apreciador de modinhas e de ter gostado do maxixe, em particular. Quanto a óperas: "[...] nunca as tolerei. Sempre me deram sono. Das operetas, sim, dessas só tenho boas recordações". Aliás, tendo sido menino "franzino e tímido", procurara compensar-se dessas deficiências organizando com "moleques" de suas "relações infantis, um circo particular no fundo de um quintal, onde nos exibíamos de vez em quando". Sua especialidade era "o trapézio". Daí, talvez, sua especialidade de rapaz dançarino ter se tornado o maxixe, tão malvisto pelo seu comprovinciano e contemporâneo Waldemar Ferreira.

Deodoro Machado de Mendonça, nascido no Pará em 1889, tendo sonhado, quando menino, "com os brinquedos de Paris", jovem teve "anseios de prazer pelas delícias de seus *cabaret*", delícias das quais algumas chegaram então a Belém e a Manaus sob a forma de bonitas francesas. A verdade é que o Pará "cheio de ouro da borracha atraiu ótimos conjuntos de teatro e música. Todas as grandes óperas tiveram deslumbrantes exibições no suntuoso Teatro da Paz, por mais de cinquenta anos o melhor do Brasil. Carlos Gomes aí regeu *O guarani*, *O escravo* e as famosas óperas de Verdi, Puccini, Wagner etc." O que não fez de Deodoro um desdenhoso das "velhas modinhas com letra de Castro Alves, Casimiro de Abreu, Melo Morais e outros, acompanhadas ao violão". Como rapaz dançou tanto quadrilha como maxixe; e também valsa, *schottisch*, mazurca, polca.

Nascido na ainda Província da Paraíba do Norte, um mês antes de proclamar-se a República, Artur (Roberto) Coelho (de Sousa) recordaria, em depoimento escrito em 1940, das "modinhas mais populares" no seu "tempo de menino", que tinham sido 'Confissão de amor', 'Talento e formosura', 'Estela, Cruz do teu rosário'. Eram canções que, em Itabaiana, "os serenatistas traziam para a rua, em noites em que não se acendiam os candeeiros de querosene da cidade, para aproveitar-se o esplendor dos luares".

Eurico de Sousa Leão, nascido em 1887, em Pernambuco, lamenta que, na sua mocidade, "as boas companhias" [líricas] não buscassem mais Pernambuco – o que talvez deva ser atribuído a certo desamparo da parte dos governos que a música da ópera parece ter experimentado nos primeiros decênios da República. Ele e os da sua geração tiveram de contentar-se com os pastoris e as modinhas cantadas "nas serenatas do Capibaribe em noites de lua" por "grupos de estudantes". Aliás, alguns dos pastoris da época tornaram-se célebres no Recife e em outras cidades de nova República pela excelência da apresentação das pastoras, quer as do cordão azul, quer as do encantado, e das suas danças; e pelo modo por que essas pastoras cantavam as toadas tradicionais, rivalizando assim, em alguns pontos, com os pastoris do interior e até os ultrapassando. Prestigiado pela frequência de gente de prol veio até aos começos do século atual o pastoril recifense de Herotides, mulato de andar gingado que participava ele próprio das danças e dos cantos das pastoras, fazendo-se aplaudir pela sua arte de dançarino com uma *coqueteria* um tanto de prima-dona. Na vida privada, dava-se ao requinte de competir com as pastorinhas mais sedutoras de homens pela graça do sexo, ligada à da arte da dança e à da voz. Isto, porém, não o impediu nunca de ser indivíduo notável pela valentia num Recife célebre, na mesma época, pelos seus Tonicos Ferreiras e pelos seus Nascimentos Grandes: *valientes,* uns de colarinho engomado e de brilhantes nos punhos duros, outros de lenço ao pescoço e tatuagens no peito; e todos capazes de fazer fechar o comércio em ruas inteiras. Tonico (Antônio Gonçalves Ferreira), filho de conselheiro do Império, não hesitava em frequentar, quando moço, o maxixe da mundana Júlia Peixe-Boi; e dançar a dança plebeia que era então o maxixe, com mulatas. Foi isto antes de o maxixe ter sido lançado nos *cabaret* de Paris por Duque – brasileiro que alcançou então alguma fama na Europa – e por Gabi, sua mulher.

Vários foram os cantores europeus de ópera e os pianistas e violinistas que se tornaram ídolos dos brasileiros durante um reinado impregnado de entusiasmo pela música como foi o de Pedro II; e mesmo durante os primeiros anos da República. Sigismundo Thalberg foi um deles, ainda na primeira parte daquele reinado. De Thalberg se disse na época dos seus maiores triunfos que era o rei dos pianistas e o pianista dos reis. Natural, portanto, que se sentisse atraído pela corte de D. Pedro II, amigo da música e protetor de músicos como que por hereditariedade; e certamente por uma tradição vinda do tempo do seu avô e que se apurou nos seus dias. Durante anos os brasileiros do Império recordariam com saudade a estreia do famoso pianista no Rio de Janeiro: acontecimento de tal porte que em memória dele se mandou cunhar uma medalha. Era Thalberg um louro romântico: barba à maneira de costeletas, nariz aquilino, tez rosada; e as mãos, as bem tratadas de uma pianista de reis; os dedos, finos. O *Jornal do Commercio* de 27 de julho de 1855 registrou o acontecimento com não pouca retórica: e houve quem dissesse desse aclamado pianista que os seus dedos eram de anjo; que só o seu dedo mindinho, brincando com uma tecla, cantava mais que um sabiá no mês de agosto; que ao lado do seu piano, todos os pianos ficavam reduzidos a marimbaus. Marimbaus eram o equivalente africano de piano; e estava em voga, em certos meios brasileiros mais socialmente requintados, contrastar-se o extremo requintadamente europeu de cultura, desprezar-se quanto fosse expressão grosseiramente africana do que se supunha incultura. Isto tanto em música como em várias outras artes: inclusive na da culinária. Havia quem na corte desdenhasse da Bahia por ser terra de carurus e vatapás, comidas evitadas pelos próprios baianos mais esmerados em se comportarem como europeus finos; do mesmo modo que, na Província de Pernambuco, a gente mais requintada não tinha senão desdém pelos maracatus.

Foi na corte que durante o reinado de Pedro II mais se apurou nos requintados um gosto pela música eruditamente europeia que significasse um como repúdio à africana, à popular, à regional. Daí ter surgido no Rio de Janeiro uma empresa de iniciativa particular, com 360 contos de capital, com o fim de trazer à capital do Brasil "os melhores cantores do mundo."[32] Entre os seus acionistas estavam o barão de Lajes, a viscondessa do Minho, o visconde de Estrela, Jequitinhonha, Itaboraí, Eusébio de Queirós, Abrantes.

Não é de admirar que havendo esse entusiasmo por cantores, pianistas e violinistas europeus, Gottschalk empolgasse, como empolgou, a gente culta do Rio de Janeiro: desde as fidalgas elegantes aos alunos do Colégio Episcopal de São Pedro de Alcântara. Foi em 1869. A permanência do artista na corte brasileira culminou com um festival que foi também um grande acontecimento mundano: e uma afirmação, eloquente como nenhuma o fora tanto, até então, de ser a ordem social brasileira, politicamente regulada pelo governo monárquico de Pedro II e economicamente apoiada sobre o trabalho escravo dos pretos, aliada da música ainda mais que da oratória.

Desse festival escreveu um historiador que conhecera com olhos de menino o ambiente em que ele se verificou, ter atraído ao teatro "a melhor sociedade do Rio de Janeiro": nos camarotes, "senhoras e moças, formas cetinosas, sedas roçagantes, que tinham posto a tinir as costureiras da moda, Comaitá, Guignon, Gudin, Guimarães e a Ottiker, costureiras das princesas". Quanto aos cabelos dessas senhoras e dessas moças, rebeldes, uns, macios, outros, tinham passado pelas mãos de Gilet e de Carlos Binet – cabeleireiros elegantes; e "serviam de alvo a binóculos curiosos", que também se fixavam nos brilhantes comprados a Faroni ou a Bouete ou a outro dos joalheiros então na moda. Em cena, viam-se as bandas militares dos corpos da guarnição da corte. Seus uniformes luziam. Subiu o pano, houve palmas "e dentro em pouco se ouviam as notas da "Marcha triunfal" dedicada ao imperador, sobre motivos do Hino Nacional; Gottschalk a dirigir 650 músicos brasileiros. Um espetáculo grandioso. Muito foi o aplauso ao fim da marcha. Era a música, representada por Gottschalk, e o Império brasileiro, ali encarnado pela sua mais brilhante aristocracia, que se mostravam unidos não só nas notas daquela marcha como na imponência daquele espetáculo. Sabe-se que no dia seguinte "não se falava de outra coisa na Rua do Ouvidor, nas salas de visitas, entre amigas, trocados os beijos de estilo",[33] senão do espetáculo no Lírico.

Sucedeu, porém, que dois dias depois, devendo o artista dirigir, no mesmo Teatro Lírico, novo concerto de 650 músicos, foi acometido de uma síncope momentos antes de aparecer ao público. Enorme a consternação entre os seus admiradores. E vinte dias depois dessa síncope, a 18 de dezembro de 1869, às quatro da madrugada, num quarto do Hotel Bennet, na Tijuca, Gottschalk expirava, tendo ao lado um médico brasileiro, a quem beijou galantemente a mão; e que deixou da morte do artista este atestado, existente no Arquivo da Santa Casa de Misericórdia, de onde o copiou paciente pesquisador: "Atesto que o Sr. Moreauld [sic] Gottschalk, americano, solteiro, de 40 anos de idade, estando a tratar-se na Tijuca, Hotel Bennet, faleceu de uma pleuropneumonia abcedada intercorrente; sua enfermidade durou 21 dias e o seu cadáver pode ser sepultado."[34]

O enterro de Gottschalk foi outro espetáculo grandioso; e outra evidência de ser a música, dentre as artes, a principal aliada do Império brasileiro e da sua ordem social: tradição que, na República, continuou-se no Rio de Janeiro, durante os primeiros anos do novo regímen. Muita gente a pé, empunhando tochas acesas, acompanhou o caixão até o Largo da Lapa, onde o esperava o coche fúnebre. Não eram poucas as pessoas que choravam. Foi um estrangeiro por quem numerosos brasileiros puseram luto, como por um parente amado. E para sempre ficaria o seu nome ligado ao do Brasil, através da sua "Marcha triunfal" sobre motivos do hino brasileiro. O Império brasileiro como que encontrara em um americano dos Estados Unidos o seu músico como que oficial: mais do que em José Maurício ou em Carlos Gomes, em cuja música se exprimira muito mais vigorosamente o Brasil; porém não, de modo tão específico como em Gottschalk – no próprio modo de Gottschalk reger, conseguindo o milagre de uma vasta orquestra obedecer-lhe a batuta, seduzida pelo que havia nele ao mesmo tempo de másculo e de meigo nos olhos e no sorriso – o Império brasileiro. O Brasil imperial – especificamente imperial – pela gente fluminense aristocrática, pela burguesia e pela do povo, amou nesse estrangeiro alguém que até a língua portuguesa aprendera para melhor identificar-se com os brasileiros. Amou-o e admirou-o. Foi talvez o estrangeiro mais amado e admirado pelo Brasil de Pedro II, representado pelo Rio de Janeiro, em geral, e também pelo São Paulo acadêmico: um São Paulo representativo da mocidade intelectual do Império – repita-se – ante a qual o culto à música e ao teatro rivalizava com o gosto pela eloquência.

O entusiasmo por Gottschalk não significa que esse São Paulo e esse Rio de Janeiro assim representativos tenham sido parcos em sua admiração por outros artistas estrangeiros da música e do teatro que aqui estiveram. Sabe-se que a Candiani foi centro de verdadeiros movimentos de admiração no Rio, em São Paulo, no Recife. A Ristori foi recebida no paço pelo Imperador e pela Imperatriz. Finda a sua récita no Rio de Janeiro, homenageou-a o público; e quem lhe ofereceu em nome dos seus admiradores uma coroa muito brasileiramente formada de peitos de beija-flor foi uma baronesa: a baronesa do Rio Negro. Por ocasião do seu benefício, "centenas de pessoas, empunhando archotes e balões, acompanharam-na até em casa, ao som de bandas de música, ao espocar de foguetes, ao ruído de calorosos vivas".[35]

Outras celebridades da música e do teatro o Brasil imperial soube festejar pelas homenagens das suas *élites* e pelos vivas dos estudantes e do próprio povo do Rio de Janeiro, de São Paulo, de Salvador, do Recife. Dentre elas, a Patti, o Sarasate, a própria Duse, que esteve no Rio em 1885. É de estranhar não ter vindo ao Rio e a São Paulo Gabriel d'Annunzio, cujo gênio verbal conquistou então no Brasil entusiastas, além de admiradores. O que d'Annunzio não conseguiu foi competir na admiração dos brasileiros mais cultos do fim do século XIX e do começo do XX com Anatole e Eça de Queirós.

O benefício da grande trágica coincidiu com "o período incandescente do problema abolicionista...", que trazia consigo "as ideias republicanas, sincera em uns, em outros refalsadas".[36] De modo que havia no ar muita paixão política. Daí, talvez, a princípio "certa indiferença do público, que a desconhecia". Ferreira de Araújo, porém, com o seu talento de jornalista orientador, soube despertar a curiosidade brasileira pela italiana. E o Império mostrou-se mais uma vez à altura de sua tradição de país de gente entusiástica da música e do teatro, mesmo quando preocupada com problemas como o do abolicionismo e turvada por ideias como as republicanas, em alguns propagandistas um tanto inimigos da música e do teatro; e amigos só da eloquência política. O público terminou sabendo aplaudir a Duse com seus melhores aplausos. O imperador ofereceu-lhe "riquíssima pulseira".[37]

Aliás, com a Duse viera ao Brasil o então também célebre Flávio Andó, cujo nome ficaria ligado a um estilo de barba que seria por algum tempo moda elegante entre os homens finos e mesmo entre os modestos do Império brasileiro: a barba à Andó. Entusiasmo, esse, por um estilo novo de barba, muito natural numa época, como foi a do Segundo Reinado entre nós, que teve um culto, quase uma mística, do cabelo. Nos homens de prol esse culto se exprimia principalmente na barba, que alguns até perfumavam, além de trazê-la bem aparada, conforme o estilo com que ela se conformasse; e nas iaiás, nos penteados; e em ambos, no uso de pulseiras ou porta-lembranças com cabelos. Desses cabelos, informa um cronista que alguns eram "obtidos por artimanhas amorosas". Vários porém eram cabelos de mães ou esposas falecidas que os filhos ou viúvos conservavam se não em pulseiras, em porta-lembranças de ouro; ou de filhos mortos, que as mães guardavam de igual modo no seio. As pulseiras com cabelos é que eram às vezes galantes. Foi um culto, o do cabelo, no Brasil do fim da era imperial, que se prolongou em arte associada a outras artes. Sabe-se do cabeleireiro Hellot que, além de cuidar de cabelos, negociava à Rua do Ouvidor, com plumas, objetos dourados, pérolas e marabus, talvez por os considerar ligados ao trato e adorno dos cabelos.[38]

No trato e no adorno e até na mística dos cabelos não há exagero em dizer-se que a sociedade brasileira se esmerou, durante o fim do Segundo Reinado, de um modo que está a merecer a atenção retrospectiva de algum psicanalista, convencido da possibilidade de fazer sua ciência ir até as intimidades psicossociais de um passado ainda recente. É assunto em que já tocamos em ensaio anterior, mas ao qual voltamos nestas páginas para acentuar-lhe a importância na fase de transição da Monarquia para a República no Brasil. É certo que, naquele trato e naquela mística, se manifestavam as tendências de uma época – o século XIX europeu – e as de um regímen – o patriarcal – que parecem ter se combinado, no caso aqui considerado, para valorizar na barba patriarcal e na abundância de cabeleira feminina, expressões, no primeiro caso, do poder masculino, no segundo, da fecundidade feminina: duas das principais condições de um sistema patriarcal que tendo entre nós afeiçoado a seus interesses grande parte do regímen de governo monárquico, procurou fazer quanto possível o mesmo com a ideologia republicana.

Não deixa de ser curioso o fato de a propaganda republicana, no Brasil, em vez de se colocar em oposição àquela simbologia, socialmente válida, sob um regímen monárquico, ter se conformado com ela e a seguido, dando os desenhistas e caricaturistas republicanos grande relevo à cabeleira da mulher-símbolo da República. Mulher--símbolo cuja imagem, de 70 em diante, começou a aparecer em revistas ilustradas e em jornais, sua mocidade e seu viço em contraste com a velhice melancólica do imperador caricaturado ora em Pedro Caju ora em Pedro Banana.

Raros, entretanto, dentre os propagandistas da República, os que não se fizeram notar por barbas caracteristicamente patriarcais ao mesmo tempo que – ao menos sob o critério cronológico, quanto à moda masculina – imperiais. Saldanha Marinho, Prudente de Morais, Campos Sales, Silva Jardim, Barbosa Lima, Sampaio Ferraz, Quintino Bocaiuva, foram homens desde moços patriarcalmente barbados. Era como se houvesse da parte deles o empenho de se mostrarem, aos olhos do público, da mocidade, do belo sexo, dos escravos, tão homens e, social e politicamente, tão machos, quanto os indivíduos mais virilmente barbados dentre os barões, viscondes, conselheiros e comendadores do Império. E era também como se para alguns deles a República quisesse dizer uma nova forma política de governo mas não uma ordem social inteiramente nova, em que os homens tivessem de deixar de ser os senhores ainda patriarcais que eram e as mulheres de deixar de ser as mulheres dengosamente sinhás do tempo do Império. Deodoro, com a sua barba caracteristicamente imperial a simbolizar-lhe o espírito socialmente conservador, não agiria, à frente do governo provisório, senão no sentido de tornar evidente a modificação política e de superfície, e não social e em profundidade, trazida pela República sob o seu amparo, o de Rui Barbosa e o do barão de Lucena; e diferente da República socialmente revolucionária desejada pelos positivistas. Aos republicanos do primeiro feitio é evidente que bastava ao Brasil, como modificação social em profundidade, a trazida pela Abolição. No mais é também evidente, pelo que transparece dos seus atos e até das suas palavras, ter-lhes parecido sensato ou prudente continuar o Brasil republicano a ser, no essencial da sua organização social, o mesmo Brasil monárquico incluindo-se, nesse essencial, todo um conjunto de símbolos reguladores ou ordenadores das relações de poder entre os sexos e entre os grupos econômicos. As barbas mais ou menos longas nos homens e os penteados mais ou menos elaborados nas senhoras continuaram a ser, nos primeiros decênios da República, os mesmos sinais de um prestígio de classe e de uma diferenciação de sexo anunciados ou caracterizados por esses símbolos durante o período monárquico; e muito significativos do ponto de vista do que esse prestígio e essa diferenciação exprimiam com relação a uma ordem social que, tendo sido desintegrada, em alguns dos seus fundamentos, pela abolição do trabalho escravo, seria respeitada em várias das suas insígnias de sexo, de raça e de classe superiores e em diversos dos seus símbolos mais atuantes, pela República. Um desses símbolos foi o que idealizou, nas barbas ou nos bigodes dos homens senhoris e na cabeleira abundante das iaiás, expressões de vigor masculino e de fecundidade feminina. Recordando seus dias de moço, escreveu, em resposta ao nosso inquérito, José da Silva Pereira, nascido no Ceará em 1880: "Naquele tempo, os poetas cantavam a beleza dos cabelos da mulher, dispostos em tranças e em diversos outros penteados. Quem não possuía uma cabeça bem-composta, comprava tranças bem tratadas, vendidas em bandejas pelas ruas [...]". A "maldita tesoura" – a expressão é de José da Silva Pereira – ainda não fizera sentir suas audácias contra essas cabeleiras vastas e lindas; nem contra os bigodes, alguns em tufos, outros caídos, à gaulesa, dos homens: sobretudo dos importantes como líderes. Mística que do Império se comunicou à República, tendo havido apenas redução no número de homens barbados à nazarena; ou de suíças; ou de barbas em colar. Mas não um desaparecimento desses símbolos sociais que tivesse implicado na sua sistemática extinção por incompatíveis com um novo e neófilo regímen político.

Daí os ministros e os deputados da República, por exemplo, terem seguido os do Império, quanto a vários dos seus hábitos sociais de homens de governo, frequentando no Rio de Janeiro os mesmos cabeleireiros. E também os mesmos camiseiros, os mesmos perfumistas, os mesmos hotéis, as mesmas confeitarias, as mesmas cocotes. Continuaram a fumar os mesmos charutos e, quanto à qualidade, os mesmos cigarros – embora desses, alguns viessem desde o meado da era imperial mudando de rótulo de acordo com os acontecimentos sociais, em geral, e os políticos, em particular, de modo interessantíssimo, como o indica a Coleção Brito Alves; a servir-se dos mesmos tipos de carro puxados a cavalo e dos mesmos bondes puxados a burro; a ir aos mesmos teatros. Voltaram a aplaudir com mãos de homens de governo ou de negociantes e industriais – membros das classes conservadoras em que passara a se apoiar a República – artistas como a Duse, que tinham aplaudido com mãos de estudantes ou de caixeiros abolicionistas e republicanos. Passaram a beber os mesmos vinhos que os conselheiros do Império; a sentar-se nas mesmas cadeiras de mogno forradas a marroquim e nas mesmas poltronas de molas que desde os últimos anos de Pedro II vinham substituindo as de jacarandá e vinhático nas salas de visitas dos palacetes e nas dos próprios palácios de governo; a ouvir as moças prendadas tocar, nessas salas ou nas de música, decoradas com harpas ou liras simbólicas, músicas clássicas, nos mesmos pianos de cauda de Erard; a ler no *Jornal do Commercio* os mesmos graves artigos de apologia à ordem estabelecida – e que era agora a politicamente representada pela República – que haviam lido nos dias do governo imperial. Além do que, eram homens como o barão de Ramiz Galvão que continuavam a ser os eruditos como que oficiais do País; e na eloquência política a cor e a forma das flores de retórica pouco se modificaram. Os telegramas de Rui Barbosa para a Europa, ao proclamar-se a República, deram aos europeus uma tal impressão de retórica garrulamente arcaica, que mostram como até nesse eminente brasileiro se conservara vivo o verbalismo aprendido por ele com os mestres imperiais de eloquência: quer da política, quer da sagrada.

É este um aspecto nada desprezível da ordem social ou do sistema sociocultural que do Império se prolongou na República: a supervalorização da oratória ou da eloquência ou da retórica, quer sacra, quer política; ou simplesmente mundana ou de sobremesa. Tal foi essa supervalorização que a eloquência, durante todo esse longo período de vida brasileira, transbordou dos seus meios convencionais de expressão – o discurso, o sermão, o brinde – para desfigurar ou perverter outros gêneros: a poesia, o romance, o ensaio, o editorial, a carta, o ofício, o relatório, o próprio telegrama. Quer o político, quer o simplesmente de pêsames ou de parabéns. Tudo foi contaminado por essa viscosa e contagiosa flor que, tendo tido, na Monarquia parlamentar, ambiente favorável ao seu excessivo desenvolvimento de eloquência sacra em profana, continuaria, na República presidencial, a florescer, dentro e fora de portas, quase com a mesma opulência dos dias do Império e do parlamentarismo, através da palavra dos Rui Barbosa, dos Barbosa Lima, dos Martins Júnior, dos Lopes Trovão, dos Pinto da Rocha. Na eloquência sagrada, nenhum padre ou frade alcançaria nos primeiros decênios da República o renome de Mont'Alverne – cujos sermões obtiveram sob a Monarquia uma repercussão de triunfos que, tendo sido de arte dramática, parecem ter também significado, aos ouvidos dos brasileiros mais empolgados pela palavra do franciscano, expressão de saber teológico ou filosófico. Mas na oratória política, Rui Barbosa, né monarquista e monarquista parlamentar, seria, no parlamento da Primeira República, o último dos atenienses vindos da Monarquia parlamentar – um sistema de governo que sociologicamente não deixou de existir a 15 de novembro de 1889: prolongou-se República adentro, resistindo, como forma, ao impacto de novas substâncias ideológicas. E um dos seus prestígios mais persistentes foi exatamente o de ter sido um sistema político em que se valorizava extremamente a oratória ou a eloquência, tornando possível aos oradores fluentes vencerem, mesmo sem razão, os políticos de palavra sóbria e cauta. O que se verificava também nos concursos para cátedras nas academias superiores: torneios de oratória que do Império se prolongaram na República, com prejuízo para a ciência, tantas vezes melhor servida pelos homens de palavra lenta e prudente que pelos de verbo fácil e transbordante.

Raros os brasileiros que, nascidos, como Astrojildo Pereira, em 1890 – estando ainda quente a memória do Império – e tendo sido, quando meninos, entusiastas da oratória e, quando jovens, devotos da eloquência de Rui Barbosa, para eles "um deus", acabaram desencantando-se dos oradores e da oratória.

A atitude, ainda mais incisiva, do cearense Alfredo Severo dos Santos Pereira, nascido em Fortaleza em 1873; e para quem "em vez de agir, gostamos de falar, com dós de peito na voz, em estilo de peço-a-palavra e como se recitássemos ao som da *Dalila*. É o vício dos entorpecentes da retórica que é, como a definia Ramalho Ortigão, a arte de alterar, mediante o exagero das palavras, a justa proporção das coisas". Daí sua crítica a Rui Barbosa: "Da ação teórica e diplomática de Rui Barbosa em Haia só há o que elogiar"; mas esse louvor não devia, a seu ver, alcançar os "quilométricos discursos", do mesmo Ruy, em que "os requintes da sua arte tribunícia mal encobrem aqueles vícios da nossa oratória romântica, o que fica deslocado numa assembleia política como aquelas onde só é escutado o raciocínio fino e comedido..." E como seguisse "a sociocracia de Auguste Comte" e as suas "ideias republicanas", que sempre lhe pareceram corresponder à "estrutura social baseada na ciência e não no empirismo romântico dos políticos que tudo pretendem resolver com arroubos pirotécnicos de oratória", Santos Pereira chegaria à idade provecta certo de vir continuando a ser no Brasil, o gosto excessivo pela oratória ou pela retórica, quase o mesmo vício que fora durante o Império.

Outro positivista, Agliberto Xavier, nascido no Rio de Janeiro em 1869, confessa ter aprendido de Benjamim Constant, de quem foi discípulo de matemática, a considerar a matemática "a verdadeira lógica; e a astronomia, o melhor modelo da ciência". Para melhor consolidar sua formação científica de acordo com a orientação positivista, depois de ter estudado matemática com Benjamim Constant, no Rio de Janeiro, foi "aprender biologia com o mais eminente dos discípulos diretos de Auguste Comte": Georges Audiffret, que, "depois de se ter feito engenheiro civil pela Escola Politécnica de Paris, onde recebeu lições de matemática de Comte, por conselho dele mesmo se fez médico, pela Faculdade de Medicina de Montpellier, e com esse cabedal completou a teoria cerebral de Comte". Sendo assim, não podia ser simpático à oratória nem à retórica que, vindo da Monarquia parlamentar, se prolongaria na República presidencial por influência, sobretudo, de Rui Barbosa. "Quando se deu a República", esclarece Agliberto Xavier que "estava terminando sua adolescência e ia entrar no setenário chamado da mocidade": tinha 20 anos. Mas já "havia passado pelo ensino de Benjamim Constant"; já aprendera com esse fundador da República que "as grandes mutações sociais obedecem a leis naturais..." Via "na organização monárquica que os antecedentes históricos haviam criado para o momento político da independência da nossa pátria, um regímen teológico-militar incompatível com o regímen científico-industrial do futuro e peando já sobremodo a marcha da nossa revolução". De modo que não se iludia, como os seus "coetâneos sob a influência da metafísica democrática", supondo que, "feita a República estaríamos no regímen normal do futuro". Graças àquela sua formação científica e isenta de retórica, Agliberto Xavier sabia haver "nos acontecimentos como o da substituição da Monarquia pela República no Brasil uma marcha de transição", contra a qual nada podiam nem os oradores nem os demagogos: Comte a estudara no seu "imperecível opúsculo" intitulado *Apelo aos conservadores*. E esse "imperecível opúsculo" continha uma "série de previsões científicas da sociologia de verdade, tais como as da astronomia, afora a precisão peculiar a esta, pela redução de seus problemas a soluções matemáticas".

É evidente que positivistas desse feitio e dessa formação concorreram, nos primeiros decênios da República, para dar à política brasileira rumo diverso do parlamentar, vindo da Monarquia e que às vezes se extremou naquele regímen e nos começos da República em política turvada pelo verbalismo. Mas é certo também que alguns dos próprios positivistas, no Brasil, foram oradores a seu modo verbalista, dando a certas fórmulas de sociologia abstrata e mesmo doutrinária apenas o aspecto do que consideravam sociologia científica. Mas essa restrição não implica desconhecer-se o fato de que o positivismo, no Brasil, contribuiu para reduzir a tradição ou a constância de verbalismo, vinda do Império e desenvolvida sob a República pelo gênio de Rui Barbosa.

"O agnosticismo comtista deixou de me satisfazer, mas sobre questões de ensino as ideias positivistas ainda hoje me parecem as mais razoáveis", depõe a este respeito Manuel (Carneiro de Sousa) Bandeira, nascido em Pernambuco em 1886. E quanto à eloquência, confessa o seu "horror" a essa arte: tanto que "nunca procurei ouvir Rui Barbosa", embora viesse a achar "admirável a atitude dele em Haia defendendo a soberania dos pequenos países". De música, seria Manuel Bandeira sempre um apaixonado; com a oratória, parece não ter se reconciliado nunca.

"Vibrei com a oratória flamejante de Nabuco, mas o meu ídolo [como orador] foi Martins Júnior", depõe Alfredo Bartolomeu da Rosa Borges, nascido em 1864; e entusiasta ao mesmo tempo da música, do teatro e da oratória, como tantos dos brasileiros do seu tempo. E informa ter se tornado republicano pela influência sobre seu espírito – ou sua sensibilidade – da palavra eloquente de Martins Júnior que era, aliás, homem de formação positivista. Pois no Brasil e a despeito do que pensavam positivistas afrancesados como o matemático e biólogo Agliberto Xavier, o positivismo não se tornou nunca – repita-se – inimigo tão de morte da oratória que desprezasse de todo a eloquência. Brasileiros de formação positivista, dentre os que mais brilharam na propaganda da República ou na apologia e consagração dela, após o 15 de Novembro, foram, como José Isidoro Martins Júnior, Alexandre José Barbosa Lima e o próprio Benjamim Constant, homens notáveis pela eloquência; e eloquência nem sempre pura de retórica ou isenta de verbalismo. O que aconteceu, porém, foi nenhum deles, durante a época em apreço, ter igualado em vigor ou opulência verbal o tremendo Rui Barbosa, cuja orientação, a princípio espiritualista mas um tanto anticlerical, depois espiritualista e quase católica, ao mesmo tempo que liberal – mas sempre burguesa-industrialista nos pontos essenciais do que fosse filosofia política – foi antagônica, sob vários aspectos, à dos positivistas e comtistas, já naqueles dias animados da ideia de "incorporar-se o proletariado" à sociedade brasileira. Daí, no governo provisório, seus constantes atritos com os positivistas Benjamim Constant e Demétrio Ribeiro, pelo gosto dos quais teriam se verificado, então, no Brasil recentemente transformado em República na sua forma de governo, reformas da ordem social do Império conservada pela República, de considerável alcance; e que teriam representado expressiva resposta, talvez antes de tempo, talvez no momento certo, por ter sido momento excepcionalmente plástico, a desafios do futuro a um presente ainda muito sobrecarregado de passado, como o vivido pelo Brasil nos primeiros anos da República.

Foi Rui Barbosa quem, pela oratória magnífica, a serviço do pendor, nele constante, para um liberalismo nitidamente burguês-industrialista, venceu não só Joaquim Nabuco – inclinado, dentro da Monarquia, a uma política também rasgadamente social, mas sem o sectarismo positivista – como os positivistas, ortodoxos ou não, na luta pela definição da atitude do Brasil, após o 13 de Maio, em face de problemas sociais e de reorganização do trabalho nacional. Eram problemas, esses, já enxergados pelos mesmos positivistas e pelo mesmo Nabuco, que foram até 1919 um tanto desprezados pelo insigne baiano.

De Rui, entretanto, houve, desde os seus discursos proferidos ainda no tempo do Império, numerosos contemporâneos mais jovens, ou da sua mesma idade, que se tornaram partidários ou entusiastas das suas ideias políticas, seduzidos pela sua eloquência ou persuadidos pela sua retórica; e indiferentes ao fato de quase não alcançarem essas ideias os problemas sociais criados pela Abolição.

Demóstenes Ipiranga de Sousa Dantas, nascido em 1876, depois de confessar, em interessantíssimo depoimento, ter tido má, horrível impressão da República, quando ela se proclamou, por ter sido, até então, "fervoroso entusiasta de Pedro II", e ter considerado Benjamim Constant e Rui Barbosa "plagiadores e implantadores de um regímen republicano no molde do dos Estados Unidos, diametralmente oposto aos nossos costumes e ao nosso caráter", informa ter sofrido posteriormente a fascinação do eloquente Rui e de sua "inteligência fulgurante." Viu espalhar-se "como um furacão" o "verbo eloquente e puro" do baiano. A esse furacão o antigo entusiasta de Pedro II não resistiu. A sensibilidade à oratória coincidiu nele com o horror, que sempre animou esse Sousa Dantas pernambucano, aos positivistas: "fui sempre um adverso do positivismo, por julgar Auguste Comte um louco e um despeitado".

Paulo Inglês de Sousa, nascido em São Paulo, em 1888, informa não ter tido, quando menino ou adolescente, entusiasmo nem pela oratória nem pelo Rui. O que atribui à influência do pai, o ilustre Herculano Inglês de Sousa, no sentido de aproximá-lo da disciplina positivista. O velho Inglês de Sousa era positivista. Chegou a dar aos filhos nomes de inspiração positivista: Paulo e Clotilde, por exemplo. Sob a mesma influência, austeramente comtiana, Paulo Inglês de Sousa não usaria nunca anel de bacharel em direito, embora viesse a praticar a advocacia e a seguir a tradição de jurista do pai. Entretanto, com o correr do tempo, Paulo se sentiria menos republicano que monarquista, com relação ao caso brasileiro. Mas sempre avesso à oratória. De alguns discursos de Rui ele chegaria a ter a impressão de "ridículos".

Já Leopoldo Marinho de Paula Lins, nascido em 1857 em Pernambuco, entendia que da oratória – inclusive da de Ruy – o Brasil devia ufanar-se: quem, nessa arte, "excederia a Silveira Martins, Manuel Vitorino, Germano Hasslocher, Joaquim Nabuco, Pedro Moacir, Glycerio...?" E quanto a Rui Barbosa, era orador que nada devia "a Castelar, Danton e Mirabeau." Na Haia, esse mesmo Rui reduziria "às suas justas proporções o orador russo, que passava como o *non plus ultra* da oratória". Já homem-feito ao ser proclamada a República, Leopoldo Marinho de Paula Lins, fidalgo de engenho do sul de Pernambuco, não a aceitara com entusiasmo, talvez por temer que a República viesse a ser um regímen inimigo da eloquência: tanto que, tornando-se político militante, foi sempre republicano parlamentarista.

"Fui e sou um grande admirador de um bom orador", depõe Emiliano Ribeiro de Almeida Braga, nascido no Maranhão, em 1873, e que era, portanto, já rapazinho quando Deodoro proclamou a República. Viu então, na sua velha província, "fazerem-se muitas bandalheiras, sempre com a declaração 'o Exército e a Armada em nome do povo'". Com o ânimo antimilitarista que lhe ficou desses primeiros dias da República e com aquela predisposição a admirar "bons oradores", era natural que se tornasse entusiasta de Rui: a grande figura civil do governo provisório. Tornou-se. E passou a considerar o eloquente baiano "inteligência superior, dessas que assombram e que raramente o mundo vê". Como quase todo entusiasta de Rui e da oratória, pertenceu também ao número de brasileiros pouco simpáticos ao positivismo, a Auguste Comte e a Benjamim Constant. Daí depor sobre os positivistas: "Positivismo, creio que tenha sido com a melhor das intenções que A. Comte o criou como religião, porém conheci tanto positivista que vivia... no escuro! Lembro-me do tal governador do Amazonas e da sua camarilha, toda positiva... nas bandalheiras!" Desse governador do Amazonas nos primeiros dias da República, pormenoriza o maranhense Almeida Braga que por algum tempo residiu em Manaus: "Quando comecei a ouvir falar em Benjamim Constant, foi em Manaus, pelo então governador F. B. F., aparentado de Benjamim Constant, que, todas as vezes que se referia ao seu nome, era dizendo-o por inteiro, levantando-se e tirando o chapéu, no que era imitado pelos presentes, naturalmente. Esse governador cultuava o nome do parente, porém não as virtudes, pois quando saiu do governo... fez uma vila de casas no Rio de Janeiro. E passara apenas um ano no governo!"

"A oratória atravessou no Brasil seu período áureo com Rui Barbosa [...]", escreve em seu depoimento José Alves de Figueiredo, nascido no Ceará, em 1879. Quanto à sua primeira atitude com relação à República, proclamada em 89 e ligada ao nome do eloquente Rui, confessa: "Quando a República foi proclamada, eu tinha 10 anos e residia na Vila de Brejo Seco de Araripe [Ceará]. Tinha ouvido falar do velho imperador como de um santo e não sabia, até então, o que significava a palavra República e considerava a Monarquia como uma causa sagrada, inatacável". E recorda ter ele próprio contribuído com sua oratoriazinha de menino de escola para a proclamação da República na Vila do Brejo Seco: "Proclamada a República no dia 15 de novembro, só na manhã do dia 16 de dezembro chegou a notícia na vila... Nesse dia, minha professora, Da. Maria Alves Feitosa, senhora inteligente, quando iniciou a aula fez uma preleção, explicando o que era a nova forma de governo e suspendendo [as aulas], mandou que nós saíssemos agrupados dando vivas à República. Obedecemos e depois de andar um bom trecho calados, sob o olhar curioso da população, eu entusiasmei-me e dei o primeiro viva. Meus colegas responderam e tocando fogo no estopim do patriotismo, andamos cerca de uma hora pelas ruas do vilarejo, aturdindo os ouvidos da população com os nossos vivas. Fui portanto o proclamador da República naquela localidade..."

Crescido, com essa predisposição para a oratória cívica, era natural que o cearense se tornasse entusiasta de Rui homem – como aliás, a seu ver, Benjamim Constant –, de "uma cultura tão vasta que o Brasil de então não comportava..." Na Haia a palavra desse Ruy extraordinariamente culto mostrara ao mundo a existência do Brasil. Quanto a Benjamim Constant, deviam todos reconhecer nele um "positivista franco": "nunca ocultou as suas convicções filosóficas..." Isto "num tempo em que seguir A. Comte era quase um crime".

Waldemar (Martins) Ferreira, nascido em São Paulo em 1885, confessa que de "Ruy Barbosa e de sua influência se fez admirador"; e, "quando foi do seu sucesso" – isto é, do sucesso da sua oratória – "na Segunda Conferência Internacional de Haia, organizou na Faculdade de Direito uma comissão de que fizeram parte Nereu Ramos, Agostinho Pires do Amaral e Francisco da Cunha Junqueira, e que tomou a si a incumbência de fazer o busto de Ruy Barbosa, que desde então se encontra no salão nobre".

Do também paulista Plínio Barreto, nascido em 1882, é a informação de que Rui Barbosa deslumbrou-o "desde cedo, pelo esplendor do verbo". Mais: "Devido às suas *Cartas de Inglaterra* deixei a oratória, o mais detestável dos gêneros literários. A de Rui, excessivamente verbosa, é de tal riqueza vocabular que deslumbra mesmo quando fatiga."

Nascido em 1886 no Recife, informa Mário Sette terem sido os autores que mais lhe seduziram a inteligência de jovem, Alencar, Casimiro, Castro Alves, Gonçalves Dias, Taunay, Vicente de Carvalho,

Alberto de Oliveira, Bilac, Coelho Neto, Alberto Rangel, João Grave, Guerra Junqueiro, Machado, "o Eça (ah! o Eça!)" – sem que Rui tivesse sido, pela sua arte oratória, um desses sedutores.

A mesma história de desenvolvimento intelectual fora da influência de Rui e do seu verbo de orador é a que nos conta, no seu depoimento, Leonel Vaz de Barros, nascido em São Paulo em 1890; e cujo grande mestre de prosa e de estilo foi "o formidável, ultraquerido e repetidamente lido Eça de Queirós, cujas piadas, passagens biográficas, tiques, temas, páginas, capítulos, personagens e conceitos" sabia "de cor e salteado, como toda a gente então, aliás". Eça foi para a mocidade intelectual brasileira da época aqui considerada uma espécie de anti-Rui, ou de antiorador, trazendo até nós e contra um dos mais altos valores luso-brasileiros de então e de sempre o seu anticonselheirismo e o seu horror à eloquência parlamentar.

"Má [...]" sua impressão, de moço, sobre Rui; achava que "ele [Ruy] tinha uma das memórias mais assombrosas e muito talento intelectual"; sua "impressão má" sobre Rui é porque "Ruy não era honesto e sobre este aspecto ele, declarante [Alberto Carneiro de Mendonça], conhece muitas coisas", escreve no seu depoimento Alberto Carneiro de Mendonça, nascido em 1866 em Minas Gerais; e crítico aparentemente incapaz de separar do grande orador que foi Rui o político que ele, Alberto, acreditava ter sido "desonesto".

"De Benjamim Constant e de Rui Barbosa, eu, criança ainda, depois que meu irmão Afonso partiu para o Amazonas, ouvia falar muito mal pelo meu cunhado, Dr. José Joaquim de Sá e Benevides, advogado paraibano, notável pelo seu grande saber jurídico e que era um monarquista exaltado", depõe João d'Albuquerque Maranhão, nascido em 1883 no Rio Grande do Norte. Estudante de humanidades, ele próprio, em Manaus, aí se tornaria João d'Albuquerque Maranhão entusiasta de Rui Barbosa, a despeito de ser então a capital do Amazonas um reduto de positivistas ortodoxos: entre eles, os tenentes Vilaronga Fontenele e Godói e Vasconcelos. Mas era reduto, também, de oratória ou de eloquência, destacando-se nessa arte – rival da de música de ópera aos ouvidos da maioria dos brasileiros: inclusive dos de Manaus – "Francisco Pedro de Araújo Filho, Adriano Jorge, Heliodoro Balbi e Telésforo de Almeida, o primeiro ardoroso discípulo de Martins Júnior". Parece que foi sob a influência de meio assim inclinado à retórica e à música – o teatro lírico de Manaus não tardaria a tornar-se famoso pela sua suntuosidade – que João Barreto de Meneses sustentou, na época em que ali estudou João d'Albuquerque Maranhão, uma polêmica, que ficou célebre, com o padre Júlio Maria, em torno de assuntos teológicos. Manaus inteira vibrou em torno do debate, uns colocando-se ao lado do sacerdote, outros tomando o partido do eloquente filho de Tobias Barreto. Aliás, João Barreto de Meneses conservou do pai, até a extrema velhice, a paixão pela oratória e o ardor pelo debate. Essa paixão e esse ardor fizeram dele, depois de velho, figura um tanto arcaica nos meios brasileiros mais sofisticados em sua cultura intelectual, embora João continuasse a empolgar com sua oratória romântica os mais simples ou ingênuos, dentre os seus compatriotas. Na própria época dos seus triunfos oratórios em Manaus, esses triunfos talvez já não fossem possíveis nem no Recife nem no Rio de Janeiro nem em São Paulo. A própria oratória de Rui Barbosa não podia ter passado dos começos do século XX empolgando os brasileiros desses meios cultos do mesmo modo que os empolgara durante o último quartel do século XIX. Talvez porque os ouvidos dos brasileiros mais cultos, desde o segundo decênio do século XX, já não se deixassem emprenhar tão facilmente nem pelas belas palavras nem pelas vozes melífluas como naquele período eminentemente lírico que foi entre nós o último quartel do século XIX; talvez porque aos próprios Ruis Barbosas começasse a faltar a fé ou a confiança de outrora no poder da sua eloquência que era a exageradamente barroca e às vezes a rococó.

Oradores de um novo tipo começaram a aparecer; e a expressar-se de modo por assim dizer antioratório e com certeza antibarroco: funcional, para aplicar-se retrospectivamente a essa então nova forma de eloquência um adjetivo que viria a designar, já nos nossos dias, um tipo de arquitetura apenas substantiva. O caso da eloquência de David Campista, de Manuel Vilaboim, de Carlos Peixoto, de Gastão da Cunha, de Epitácio Pessoa, de Medeiros e Albuquerque, do próprio Lauro Sodré. E não é sem significação o fato de ao começo de declínio da oratória exageradamente barroca, quando não rococó, de que a última expressão admirável parece ter sido o paraibano Coelho Lisboa – admirável homem de bem, a despeito do seu verbalismo e do seu anticlericalismo, na época já arcaico – haver correspondido o declínio, no Brasil, do gosto pela ópera italiana que tão vivamente caracterizara, entre os brasileiros, aquele último quartel do século XIX. O que nos permite aplicar ao caso do Brasil a generalização de W. J. Cash quanto ao fato, por ele ressaltado numa de suas melhores páginas, de ter a oratória acompanhado a política, entre os sulistas de antes da Guerra Civil, dos Estados Unidos – gente tão semelhante à brasileira –, constituindo-se em "instrumento direto da emoção, tal como se fosse música."[39]

Dificilmente se imagina uma sociedade mais apaixonada pela oratória rococó e mais inebriada pela música lírica do que foi a brasileira nos seus dois ou três principais decênios de transição da Monarquia para a República e do trabalho escravo para o livre. Foram decênios durante os quais esses problemas, em vez de considerados principalmente através de análise política ou do que houvesse então de ciência ou filosofia social, despertaram menos essa consideração que emoções oratórias ou tensões retóricas; provocaram apenas soluções jurídicas, quando muito políticas. Às vezes essas soluções foram propostas com a colaboração da música e do teatro propriamente ditos.

Sob o encanto de mil e uma vozes de sereias, as asperezas da realidade social foram esquecidas ou evitadas por alguns dos principais responsáveis pelo governo e pela administração, pelo ensino e pela religião, na solução daqueles problemas. Entregues em excesso ao prazer da música e da retórica – prazer que envolveu então grande número de brasileiros – deixaram esses responsáveis às vezes irresponsáveis de cumprir seus deveres para um país necessitado de direção política quanto possível sóbria e objetiva.

Houve realistas do melhor teor entre os homens públicos da fase de transição social aqui considerada: tanto entre os últimos estadistas da Monarquia como entre os primeiros da República. Homens do feitio de Cotegipe, de João Alfredo, de Antônio Prado, de Tavares Bastos, de Couto de Magalhães, de Saldanha Marinho, de Prudente de Morais, de Campos Sales, de Rodrigues Alves, de Afonso Pena, de Lauro Müller, de Júlio de Castilhos, de Rosa e Silva. Mas o número dos que se conservaram bons e maus atenienses, sob um sol que pedia novo tipo de homens públicos, foi igualmente considerável, durante os dez anos mais críticos que precederam o 15 de Novembro; e também durante o decênio e meio de consolidação da República proclamada por Deodoro.

A ordem social dominante produziu tanto a uns como a outros: tanto a realistas capazes de analisá-la nas suas peculiaridades como a retóricos que apenas pretenderam ajustá-la a generalidades de origem europeia ou anglo-americana. Saíram dela tanto um Cotegipe como um Lopes Trovão; um Antônio Prado tanto como um José Mariano; um Floriano Peixoto todo ação silenciosa, fria, calculada, do mesmo modo que um Coelho Lisboa todo verbo e todo ímpeto: romântico e até lírico na sua maneira de ser republicano messiânico. Não se pode dizer daquela ordem só produzisse políticos que, pela revolta contra ela ou pela forma platônica de a sustentarem, fossem homens incapazes de resolver de modo objetivo problemas concretos. Seria um injustiça contra um sistema que teve em homens da sabedoria prática e do senso administrativo de Cotegipe, por um lado, e de Rodrigues Alves, por outro, quem o defendesse por meios políticos, plásticos e sagazes, da rápida desintegração de suas formas mais características de sistema social, desenvolvido na América através de processos tão diferentes dos anglo-americanos, por um lado, e dos bolivarianos, por outro. Cotegipe, antes de ter se verificado, entre flores e discursos, a abolição repentina do trabalho escravo; Rodrigues Alves, depois dessa abolição, liricamente realizada, haver resultado na República.

De ambos nos é hoje lícito dizer que foram estadistas atentos ao que naquela ordem era valor estrutural brasileiro capaz de transformar--se lentamente se não em novo conjunto, em nova combinação de formas sociais. Com esse ânimo, sob esse critério, é que parecem ter quase sempre agido, eles e outros do seu feitio, destacando-se de quantos, em redor deles, foram antes oradores ou retóricos que homens de ação sóbria e quanto possível silenciosa. Os Cotegipes e os Rodrigues Alves, esses foram homens de ação capazes de proferir, quando preciso, os seus discursos; e discursos se não eloquentes, expressivos. Nunca, porém, se extremaram em retóricos ou sequer em oradores. O caso, também, de Rosa e Silva, cuja figura acaba de ser evocada em páginas inteligentes – comemorativas do 1º centenário do nascimento do ilustre conselheiro (1957) – pelo jurista e antigo político Aníbal Freire, também escritor e autor de um dos melhores ensaios escritos no fim do período aqui considerado sobre o presidencialismo brasileiro: *Do Poder Executivo na República brasileira*.

Notas ao Capítulo III

1. Num dos seus folhetins referentes à primeira fase da época evocada nestas páginas, escreveu França Júnior que "o estrangeiro" era, então, para alguns brasileiros "a unidade do belo, do útil, do conforto, do que é bom". Até nos anúncios de jornais refletia-se essa tendência, dizendo-se de uma "excelente casa", por exemplo, que era "própria para uma família estrangeira" (*Folhetins*, prefácio e coordenação de Alfredo Mariano de Oliveira, 4ª ed., Rio de Janeiro, 1926, p. 652).

2. Os próprios anúncios de jornal desses leilões tinham alguma coisa de educativo, pelo que informavam acerca de objetos de conforto doméstico, de arte e de luxo, introduzindo na língua portuguesa termos ingleses e franceses para designar com exatidão tais objetos: palavras ou expressões que às vezes se abrasileiravam como bidé ou bufete. Outras, através principalmente de anúncios de jornal, se tornaram correntes nas próprias formas de origem: *abat-jour, chaise longue, maple, bibelot, étagère, recamier, passe-partout, bureau*. A 1º de julho de 1878, o *Mercantil*, do Rio Grande do Sul, anunciava um leilão no palacete do barão de Jaguarão, no qual se ostentavam todos os requintes franceses de conforto e de luxo de um palacete da corte ou da Bahia ou do Recife de então: "1 rica mobília francesa", "obras de talha com tampos de mármore", "um excelente piano francês de 3 cordas", "1 jogo de bagatelas", "caixas de *crochet*", "um lindo *étagère*", "lavatórios, toucador", "álbuns para retratos", "uma rica cama de mogno com enxergão de moedas" etc. Sinal de que tais requintes já haviam atingido aquela área menos antiga do Brasil do mesmo modo que não tardariam a atingir a burguesia da área dominada por Manaus.

   Sobre o interior de casas de fazenda do interior do Rio de Janeiro, pouco alcançadas pela influência francesa ou inglesa, veja-se o que diz Mme. Toussaint-Samson, no seu livro *Une parisienne au Brésil* (Paris, 1883). Outra senhora europeia que na mesma época visitou o Brasil e outros países tropicais – *lady* Brassey – justifica a aversão dos residentes nesses países – a começar pelos residentes de "palácio de imperador" – a tapetes e cortinas, pouco adequados aos trópicos (*In the Trades, Tropics & the Roaring Forties*, Londres, 1885). *Lady* Brassey foi hóspede dos barões de Bonito, no interior do Rio de Janeiro, em 1877.

3. Autógrafo pertencente ao arquivo do autor.

4. Baseado no que observou no Rio de Janeiro, Lamberg escreveu sobre "a prostituição de mulatas" na capital do País: "[...] há mulatas que aos 11 e aos 12 anos já são mães". (Lamberg, op. cit., p. 61). Quando "se aviltam e se degradam (não de modo vergonhoso e repugnante como as suas semelhantes noutros países)" conservam "certa decência e até se poderia dizer... certa dignidade".

Era "só nas grandes cidades que, graças ao mau exemplo dado pelas muitas cortesãs europeias, mudam, isto é, estragam os seus costumes primitivos" (Ibidem).

Este o motivo de a prostituição, "no Norte do Brasil, com poucas exceções", conservar-se "num estado mais ou menos decente", em vez de apresentar-se, como na cidade do Rio de Janeiro, "de modo o mais ofensivo à moral pública, e isto tanto mais quanto as prostitutas, em maior parte europeias, habitam, não em becos escondidos, mas nas ruas principais e muito frequentadas pela boa sociedade, onde às janelas e às portas oferecem aos transeuntes os seus duvidosos encantos desbragadamente" (idem, ibidem, p. 62).

5. Hilário Tácito, *Madame Pommery*, São Paulo, 1919, p. 152.

6. Hilário Tácito, op. cit., p. 165.

7. Depois de recordar que "os *flâneurs* da melhor sociedade" dos últimos anos do Império faziam hora para ir ao Alcázar e ao Eldorado na "charutaria da Cristina", Ernesto Matoso lembra que do "Alcázar Lyrique Français [...]" destacou-se Mlle. Aimée, que "arruinou a vários". Daí ter a *Revista Ilustrada* estampado "logo após a partida da festejada artista para a Europa, um grupo de famílias brasileiras, na praia de Botafogo, soltando girândolas e foguetes por ocasião da passagem do paquete em frente aos fortes da barra". Seu leilão deu muito: "Era chique ter-se um bibelô que houvesse pertencido à famosa elegante". (Ernesto Matoso, *Coisas do meu Tempo,* Bordéus, 1916, p. 273-274). Sobre o assunto, veja-se também Gastão Cruls, *Aparência do Rio de Janeiro*, Rio de Janeiro, 1948.

8. Ferreira da Rosa, *O lupanar – Estudo sobre o caftismo e a prostituição no Rio de Janeiro*, Rio de Janeiro, 1896, p. 27.

9. Ferreira da Rosa, op. cit., p. 251. Veja-se também Francisco Ferraz de Macedo, *Tese apresentada à Faculdade de Medicina do Rio de Janeiro*, Rio de Janeiro, 1872.

10. Ferreira da Rosa, op. cit., p. 252. Veja-se também Herculano Augusto Lassance Cunha, *A prostituição, em particular na cidade do Rio de Janeiro*, Rio de Janeiro, 1845.

11. Ferreira da Rosa, op. cit., p. 253.

12. Ferreira da Rosa, op. cit., p. 46.

13. Ferreira da Rosa, op. cit., p. 49.

14. Ferreira da Rosa, op. cit., p. 126.

15. Ferreira da Rosa, op. cit., p. 127.

16. Ferreira da Rosa, op. cit., p. 129.

17. Ferreira da Rosa, op. cit., p. 130.

18. Ferreira da Rosa, op. cit., p. 130.

19. Ferreira da Rosa, op. cit., p. 137-138. Sobre o assunto veja-se também *Ignotus* (Viveiros de Castro), *Chiquinha Mascote*, Rio de Janeiro, 1893. Sobre atrizes de vida alegre, veja-se Múcio da Paixão, *Cenografias*, Rio de Janeiro, 1905.

20. Ramalho Ortigão, loc. cit., p. 99.

21. Max Radiguet, *Souvenirs de l'Amérique Espagnole – Chili – Pérou – Brésil*, Paris, 1856, p. 285.

22. Max Radiguet, op. cit., p. 253.

23. Max Radiguet, op. cit., p. 263.

24. Sobre o que foi, na época aqui considerada, o homossexualismo no Rio de Janeiro, veja-se o estudo médico-social de Pires de Almeida, *Homossexualismo (A libertinagem no Rio de Janeiro)*, Rio de Janeiro, 1906, que se refere, na página 84, aos caixeiros de lojas e armazéns portugueses como tendo sido, alguns, "rubicundos" e caracterizados pelo uso de "jaqueta, sem gravata". O uranismo, porém, não se limitava a esse meio nem aos presídios, cadeias e quartéis: estendia-se a colégios. Não só o homossexualismo: também o abuso de animais por indivíduos segregados de mulheres. Assim "durante a revolta" – refere-se à Revolta da Armada – "existia na Ilha das Enxadas um carneiro do Cabo que apresentava verdadeiros fenômenos de cio à presença de um marinheiro [...]" (p. 85). Quanto a outros aspectos – estes heterossexuais e aristocráticos – de libertinagem no Rio de Janeiro, Pires de Almeida vai ao extremo de referir que "o bondoso velho que fechou o passado regímen como modelo de virtudes" – parece querer aludir ao próprio imperador – teria sido visto mais de uma vez "a desoras, embuçado e guardado pelo cocheiro Narciso, na escura Rua de Santa Teresa", onde teria o seu "caso". Amores adulterinos teria tido também "a marquesa de A... com o Dr. A."; quanto à marquesa de O., se entregaria "aos seus próprios cocheiros" (p. 62). Também se refere Pires de Almeida a certo pederasta de cor preta, Atanásio, em cuja casa à Rua dos Ciganos "eram recebidos indiferentemente em visita particular desde o caixeiro ao senador do Império" (p. 81). Dado inveteradamente a práticas homossexuais teria sido, segundo Pires de Almeida, certo V... de C..., "representante duma heroica província do Norte", no mesmo vício, praticado do mesmo modo inveterado, tendo se distinguido "o brigadeiro L. P." (p. 77-78).

No Recife, segundo jornal que aí se publicou no começo do século, *O Periquito* (veja-se no nº de 14 de dezembro de 1905, "A orgia do Recife", por Eurico Flores), os pederastas eram chamados "tarugos". Entre eles havia então – 1905 – "um moço de 16 anos, pardo", com uma cabeleira que se desprendia em grande trança. Vestia "camisa de mulher, meias compridas, sandálias bordadas [...]". Em um dos seus baús "foram encontrados retratos de alguns empregados no comércio, cartas amorosas etc." Foi também a época de Herotides, que dançava em pastoril. Mas este fora do tablado mostrava-se viril e até valente; e não ostentava trança de mulher mas cabelos de homem.

25. *Le Brésil en 1889* (trabalho coletivo dirigido por M. F. J. de Santa Ana Nery), Paris, 1889, p. 573. Note-se que a Silva Prado antecipou-se, no elogio da moringa ou bilha de barro para a conservação de água fresca, o anglo-americano C. C. Andrews, no seu *Brazil, its Conditions and Prospects*, Nova Iorque, 1887. Andrews foi ao ponto de recomendar esse brasileirismo aos seus compatriotas: *"would form a mast useful addition to American household utensils in warm weather* [...]". (p. 26).

26. Prado, loc. cit., p. 537.

27. Prado, loc. cit., p. 544.

28. Prado, loc. cit., p. 554.

29. Vejam-se sobre o assunto os estudos de Renato Almeida e Luís Heitor. Também o excelente *Do salmo ao jazz*, de Gilbert Chase, Rio de Janeiro, s. d., trad. do inglês *America's Music*, Nova Iorque, 1955.

30. Tal foi a voga do piano no Brasil dos últimos anos do Império, que Filipe Neri Colaço, no seu *O conselheiro da família brasileira* (Rio de Janeiro, 1883), depois de considerar "de mau gosto" colocar-se sobre a mesa redonda que se devia ter no meio de um salão, guarnecido também de sofá, cadeiras de braço, cadeiras de guarnição, jardineira, "objetos de porcelana" que impedissem fazer-se da mesma mesa o uso para que era destinada, não hesitava em escrever, contra todo o sentido "prático" revelado em quase todas as páginas do seu livro: "Um piano [...] é indispensável em um salão ainda mesmo quando nenhuma pessoa da família o saiba tocar". O piano vertical devia ser o preferido; e sobre ele não se devia pôr coisa alguma à exceção de "livros ou cadernos de música" (p. 28). Ao centro do salão, assim dominado por um piano, não devia faltar "um lustre suspenso"; nem às janelas, cortinado; nem a um dos recantos, cadeira de balanço: "parte integrante da mobília de um salão..." Era sentado em cadeira de balanço que o ioiô ou a iaiá da casa, ele lendo revista, ela fazendo crochê, ouvia a filha tocar piano; ou exercitar-se nos exercícios, tão irritantes, às vezes, para os nervos dos vizinhos. Daí o piano ter sido assunto de muita pilhéria ou anedota, característica da época aqui evocada.

31. Cássio Barbosa de Resende recorda dentre as modinhas muito cantadas no Rio de Janeiro do seu tempo de moço não só as líricas, como a que começava assim:

> *"Quisera amar-te mas não posso Elvira';*

ou a que principiava:

> *"Bem sei, mulher, bem conheço*
> *Que fui um louco em fitar-te",*

como também as quadrinhas cantadas a propósito de acontecimentos do dia, como esta, de comentário à Revolta da Armada (1893):

> *"Pif-paf!*
> *Não foi nada!*
> *Bombardeio*
> *Na cidade!"*

Também foi celebrado em música pela malícia carioca, no começo do século XX, "o crime bárbaro, cometido por dois italianos, que num bote assassinaram e jogaram ao mar um pobre rapaz com o fim de perpetrarem um roubo na relojoaria que o mesmo possuía": italianos que foram "metidos na Detenção". Cantou-se então não só no Rio de Janeiro como no Brasil quase todo:

> *"Mandei fazer um terno*
> *De jaquetão*
> *Para ver Carletto e Rocca*
> *Na Detenção."*

Isto sem nos referirmos às modinhas e quadras relativas a Santos Dumont. As quadrinhas de sabor popular tomaram caráter acentuadamente político e tom violentamente agressivo no fim do período de vida brasileira aqui considerado, isto é, no quatriênio Hermes da Fonseca, quando a malícia popular extremou-se em alvejar o chefe da nação, apelidado grosseiramente por ela de Dudu:

> *"Ai Filomena*
> *Se eu fora como tu*
> *Tirava a urucubaca*
> *Da careca do Dudu."*

Venceslau Brás não gozaria dessa espécie de popularidade, nem no sentido apologético que consagrou a glória de Santos Dumont como inventor, nem no sentido depreciativo que procurou cobrir de ridículo a figura, aliás respeitável, de Hermes da Fonseca.

Das modinhas líricas que ouviu no Brasil, a de que guardou maior lembrança o sacerdote italiano Donato Canonico Barrucco foi a que dizia:

> *"Eu tenho quinze anos*
> *E sou morena e linda."*

> (*Dodici anni di residenza nel Brasile*, 1901, p. 356.)

32. Escragnolle Dória, *Coisas do passado*, Rio de Janeiro, 1909, p. 50.

33. Dória, op. cit., p. 72. Veja-se também Gilbert Chase, op. cit., sobre a presença de Gottschalk no Rio de Janeiro. Mr. Chase transcreve interessante carta escrita por Gottschalk do Rio de Janeiro a um amigo de Boston: "Os meus concertos aqui são um verdadeiro *furore* [...]. Sua Majestade me tem recebido diversas vezes em palácio [...]. O Grande Oriente da Maçonaria do Brasil me deu uma

recepção solene [...]. A minha fantasia sobre o *Hino Nacional Brasileiro*, é claro, agradou ao imperador e lisonjeou o orgulho nacional do meu público" (p. 295).

Veja-se ainda Francisco Curt Lange, *Vida y muerte de Louis Moreau Gottschalk en Rio de Janeiro. El ambiente musical en la mitad del Segundo Imperio*, Mendoza, 1951.

34. Dória, op. cit., p. 73.

35. Dória, op. cit., p. 80.

36. Dória, op. cit., p. 105.

37. Dória, op. cit., p. 106.

38. Dória, op. cit., p. 129-130.

39. W. J. Cash, *The Mind of the South*, Nova Iorque, 1954, p. 90.

IV | A República de 89 e o Progresso Cultural do Brasil

Os Cotegipes foram talvez homens mais preocupados com a ordem do que com o progresso; os Rodrigues Alves, mais atentos aos interesses do progresso que às solicitações da ordem. Mas uns e outros consideraram sempre – ou quase sempre – os problemas de ordem em íntima conexão com os de progresso, revelando-se, assim, criaturas ou expressões de um sistema de sociedade e de cultura que se tornara nacional em 1822 à base dessa conciliação, já característica, aliás, do Brasil pré-nacional de D. João VI. Pelo que o positivismo, ao anunciar, da República proclamada por Deodoro em 1889, que seria um regímen político condicionado por tal conciliação sociológica, embora julgando aplicar à nova República uma nova ciência, consagrou evidente constante no desenvolvimento brasileiro. Constante vinda de já remotos dias coloniais.

Ao procurarmos considerar as relações da República de 89 com o que foi progresso ou desenvolvimento cultural, quer no Brasil dos últimos anos do Império, quer no já republicano na aparência mas ainda monárquico nas sobrevivências mais íntimas – inclusive as de formas de convivência –, o sentido que atribuímos ao adjetivo "cultural" é o compreensivamente sociológico. Designando, portanto, todo um conjunto de valores e de estilos, de técnicas e de hábitos; e não apenas referindo-se aos primores de ciência, de arte e de literatura.

E o sentido que atribuímos à palavra progresso é o relativo, de desenvolvimento, e não o messiânico, de evolução sempre ou completamente para melhor. Somos dos inclinados a acreditar menos em progresso, sempre completo e para melhor, que em progressos, neutralizados às vezes por tendências em sentido contrário ao melhorista, quando ao melhorismo se aplica um critério de avaliação de valores éticos, estéticos, religiosos, intelectuais, paralelo ao de consagração ou exaltação dos puramente técnicos e mecânicos. Paralelo, note-se bem; e não convergente. Por esse duplo critério de análise e comparação dos progressos é que nos é possível situar o conjunto ateniense de valores e estilos de vida, por exemplo, em plano se não absolutamente, relativamente superior, ao conjunto de valores de que hoje se orgulha Chicago, na América do Norte; e na do Sul, São Paulo; e na própria África, Joanesburgo. O historiador inglês G. M. Trevelyan nos parece certo quando adverte, em página já clássica, que *"Progress, as we of the Twentieth Century are better aware than our Victorian ancestors, is not always change from bad to good or from good to better [...]"*.

Ao visitar o Brasil, para observar os efeitos gerais da transformação do regímen de governo de Monarquia em República, notou o publicista anglo-americano Isaac N. Ford ser característico dos brasileiros o hábito de procrastinação, que com alguma leviandade atribuiu ao clima: *"formed under the influence of an enervating climate"*.[1] Daí ter ouvido constantemente no Brasil as frases: "Espere um pouco" e "Tenha paciência". De modo que era por "instinto de raça" (*"race instinct"*), além de por efeito de clima, que os brasileiros vinham se adaptando lentamente às alterações políticas e sociais trazidas pela República. E como não fossem gente que nos negócios ou nos prazeres se apressasse em ver chegar o dia seguinte, não se vinham mostrando impacientes com as instituições republicanas; nem esperando que, por elas, se operasse, de repente, "a regeneração nacional".

"They believe" – notou Ford dos brasileiros que conheceu no ano seguinte ao da proclamação da República – *"that they have entered upon a future of brilliant promise."* Isto é, encontrou os brasileiros vivendo já, psicologicamente, num futuro que, pelos decretos principais do governo provisório, ia significar acima de tudo "desenvolvimento industrial"; e sob o encanto dessa mística e daquela fé, a tendência de

quase todos os cidadãos da nova República foi para se reconciliarem com "as finanças desordenadas", "a temporária usurpação militar" e "as anomalias constitucionais" que vinham caracterizando os primeiros dois anos de experiência republicana.[2]

Dos estrangeiros que, na época, se detiveram em analisar nos brasileiros as primeiras reações de um povo jovem mas excepcionalmente sobrecarregado de passado, aos desafios de um futuro que lhe entrou de repente pelas portas da rua, talvez nenhum tenha sido tão preciso quanto Ford em associar essas primeiras reações ao sentido de tempo – tempo psicológico, tempo social, tempo cultural – peculiar aos mesmos brasileiros. Dentro desse sentido, não repugnava aos brasileiros a intrusão do futuro no seu presente, contanto que não significasse repúdio total ao passado; e que se fizesse aos poucos a articulação de presente com futuro. Aos poucos e sem impaciências nem sofreguidões. Dando-se à figura nova de chefe de Estado – que era a de presidente de República – alguma coisa da de imperador constitucional; separando-se a Igreja do Estado, sem se deixar de considerar a Igreja Católica instituição nacional; aproveitando-se em postos importantes da administração na antiga corte – agora chamada capital federal – e nos novos Estados em que se transformaram as antigas Províncias, sem nenhuma alteração nos seus característicos sociais, culturais e ecológicos, figuras de homens experimentados na política e na administração do Império. Até barões, como o de Lucena. Conselheiros, como Antônio Prado. Viscondes, como o de Cabo Frio.

Entretanto, uma nada desprezível alteração de ordem cultural se verificara na transformação, do Brasil, de Império em República: em vez de a França e a Inglaterra – as principais inspiradoras do regímen monárquico – essa inspiração, buscara-a Rui Barbosa, quase inteira, nos Estados Unidos; e daí decorreria uma série de consequências importantes para a cultura brasileira. Inclusive para o estudo de direito constitucional e de direito administrativo, que teria de ser feito sobre novas bases e através de uma língua ainda pouco conhecida no Brasil pela maioria dos juristas e advogados: a língua inglesa. É certo que o parlamentarismo, seguido pelo Império e em parte inspirado em exemplos britânicos, já dera prestígio à língua inglesa entre os políticos e juristas brasileiros de elite. No Parlamento do Império discutiram-se até sutilezas de pronúncia inglesa. Mas era assunto, o sistema britânico de governo, muito versado por franceses: publicistas franceses conhecidos no Brasil. Através principalmente deles é que os brasileiros da época de Pedro II se inteiraram do direito parlamentar britânico. Agora a situação era outra: impunha-se o conhecimento de tratadistas anglo-americanos em língua inglesa.

Já há mais de um decênio, antes de proclamar-se a República, que a cultura brasileira vinha sendo influenciada pela dos Estados Unidos, em vários e significativos aspectos. Essa influência se acentuaria com a proclamação da República que, aliás, quase coincidiu com a reunião em outubro de 1889 da primeira Conferência Pan-Americana. Em capítulo anterior recordou-se, à base de interessante depoimento de um brasileiro do Norte nascido ainda na era imperial, que os próprios estilos franceses de dança de salão foram no seu tempo de moço superados pelos anglo-americanos. Noutros estilos de cultura, começou a influência francesa a sofrer a competição da anglo-americana em sua ação ou atração sobre os brasileiros. O mesmo verificou-se com a influência britânica: também ela começou a sofrer no Brasil a competição da anglo-americana, na própria literatura, de modo a ser Walter Scott se não superado, igualado por Cooper. Isto ainda na era imperial; quando o próprio imperador tomou a iniciativa de juntar ao seu conhecimento da Europa o dos Estados Unidos, voltando dessa parte da América impressionado com certas maravilhas do seu progresso técnico, algumas das quais, pelo seu gosto, seriam introduzidas, sem muita demora, no Brasil. Dizemos "o próprio imperador" porque ninguém, na época aqui considerada, foi mais cauto do que ele com fazer conciliar o progresso cultural com a ordem social. Daí os caricaturistas, republicanos, ou pararrepublicanos, terem procurado enxergar motivos para humorismo, nas suas alegadas declarações, em Filadélfia, em 1876, de que desejava ver no Brasil máquinas modernas, pacificamente agrárias e industriais; e não canhões. *O Diabo a Quatro*, revista anticlerical e antimonárquica que se publicava então no Recife, foi do que se ocupou com mais relevo, no seu número de 7 de janeiro de 1877: da disposição em que parecia estar D. Pedro II de trazer ao Brasil a civilização americana, representada por máquinas. A propósito do que recordou em tom brejeiro que da primeira viagem do mesmo D. Pedro à Europa resultara "verdadeira reforma nos costumes e nas instituições do Brasil": "a abolição do beija-mão".

Agora, com aquelas declarações o "pretensioso" do imperador quisera apenas "fazer figura entre os americanos sem contar, ou contando já com a pateada no Brasil".[3]

A verdade é que Dom Pedro II comportou-se nos Estados Unidos como se fosse apenas um embaixador do Brasil curioso de ver de perto a civilização anglo-americana, isto é, o que, nessa civilização, mais particularmente pudesse interessar um chefe de Estado de país ainda tecnicamente atrasado. Daí ter conferenciado em Nova Orleans com os comissários de Saúde conhecedores do problema regional da febre amarela; visitado as máquinas modernas do corpo de bombeiros de Nova Iorque; a Escola Naval de Anápolis; a Militar, de West Point; e nos Estados Unidos, como na Europa, a curiosidade pelas maravilhas técnicas de civilizações modernas não o impediu de procurar conhecer os sábios, os intelectuais, os poetas então de mais renome: Longfellow, Lowell, Whittier, em Massachusetts; Bancroft, em Rhode Island; o professor Loomis, em New Haven. Isto depois de ter prestigiado com a sua presença de único monarca americano, a Exposição de Filadélfia, onde o Império brasileiro alcançou, aliás, prêmios em número muito mais elevado que qualquer das Repúblicas da América do Sul: 421 contra os 80 obtidos pela República Argentina e os 40 conquistados pelo Chile.[4] Sinal de que não era Império apenas caracterizado pela ordem, em contraste com a desordem então reinante nas repúblicas bolivarianas, mas também por algum progresso cultural – inclusive nas indústrias. E a visita do imperador aos Estados Unidos não tinha outro sentido senão acentuar o empenho do mesmo Império em juntar novos progressos aos que tornavam possível seus triunfos, não de todo insignificantes do ponto de vista geral e notáveis sob critério continental, numa exposição como a de 76, em Filadélfia.

É natural que a viagem de Dom Pedro II aos Estados Unidos tenha contribuído, como contribuiu, para abrir novas perspectivas ao progresso cultural do Brasil, que vinha se inspirando quase exclusivamente em modelos e sugestões europeias. Para o mesmo fim concorreram, na mesma época, a permanência no Brasil do sábio suíço, naturalizado cidadão dos Estados Unidos, Louis Agassiz e a presença, durante anos, em Nova Iorque, do judeu brasileiro José Carlos Rodrigues, que ali publicando o *Novo Mundo* e a *Revista industrial* adquiriu dos anglo-americanos conhecimentos e técnicas de imprensa, que, ao regressar ao Rio de Janeiro, soube aplicar ao Brasil com notável vantagem para a cultura brasileira, embora arrepiando os escrúpulos do jornalista Rui Barbosa, campeão de uma imprensa de certo modo romântica, em face da industrializada ou comercializada que Rodrigues passou a representar num Rio de Janeiro ainda subeuropeu nos seus jornais e nas suas revistas. Outros brasileiros da época – três ou quatro – trouxeram da sua permanência nos Estados Unidos conhecimentos úteis ao Brasil: um deles, Amaro Cavalcanti, que estudara direito numa universidade anglo-americana.

A Agassiz se deve a vinda ao Brasil do próprio William James, que quase se dedicou às ciências naturais, fazendo do trópico brasileiro seu principal objeto de estudo.[5] Foi, aliás, o que fizeram Hartt, Orville Derby e Branner. Em 1880 já se contavam entre os cientistas que melhor vinham estudando o trópico brasileiro na sua expressão mais crua e mais sedutora – o Amazonas –, ao lado dos ingleses Wallace, Bates, Chandlers, do francês Marquoi e dos brasileiros Costa Azevedo, Soares Pinto e Couto de Magalhães, os anglo-americanos Hartt e Orton, sem falar no mestre suíço de Harvard. A contribuição desses anglo-americanos para o conhecimento, pelo mundo científico, daquela parte equatorial do Brasil, recomenda-os à melhor atenção brasileira. Além do que, alguns deles, como Branner e Derby, ao estudo da geologia juntaram o de outros aspectos não só da natureza como da cultura brasileira, através de um conhecimento da língua portuguesa que fez Branner escrever uma gramática, em inglês, da língua do Brasil. Hartt, estudando "The Amazonian Tortoise – Myths", concorreu para que se desenvolvessem entre os brasileiros as pesquisas etnológicas.

Os relatórios dos tenentes da Marinha dos Estados Unidos Herndon e Gibbon e as cartas do tenente Maury, sobre as pesquisas por eles realizadas nas águas do alto Amazonas, despertaram o interesse do governo brasileiro pelas mesmas águas, podendo-se atribuir àqueles relatórios e às cartas de Maury o tratado, entre o Império brasileiro e a República do Peru, de que resultou a primeira navegação regular do Amazonas, por barcos do Brasil, partindo do Pará. Publicadas no *Correio Mercantil*, do Rio de Janeiro, as cartas de Maury produziram no Brasil considerável indignação contra os Estados Unidos, tendo o rev. James Fletcher lamentado o fato em palavras certamente sinceras: o cientista – pensava o clérigo, seu compatriota – fora de fato infeliz na parte extracientífica de suas cartas, dando motivos aos brasileiros de verem em argumentos de algum modo favoráveis a flibusteiros, expressão de imperialismo anglo-americano.[6] Entretanto, aberto o Amazonas, em 1867, do Atlântico ao Peru, a barcos sob qualquer bandeira, a medida resultaria extraordinariamente vantajosa para o Império, despertando em anglo-americanos a esperança de vir o Brasil a desenvolver na imensa área, servida pelo rio-mar, uma civilização que não seria capaz de desenvolver na mesma área nenhum povo nórdico. O Brasil – começaram a pensar anglo-americanos como Fletcher – era "diferente de todas as outras nações tropicais" ("*differs from all other tropical countries*"); de modo que sua civilização talvez se estendesse à área amazônica, levando até lá o progresso já evidente noutras áreas dominadas pelo sistema imperial brasileiro. Era aproveitando-se dessa capacidade brasileira para firmar no trópico uma civilização sob vários aspectos já notável, que os Estados Unidos deviam intensificar seus esforços no sentido de tornar mais viva a presença anglo-americana no império de Pedro II, sob a forma de máquinas que reduzissem o trabalho do homem: "*labor-saving machines*". Já havia em 1870 numerosas casas brasileiras de comércio onde se encontravam esses e outros "gêneros norte-americanos".[7]

Desde 1855, em cartas dirigidas a jornais do seu país, que o rev. James Fletcher vinha salientando o fato, desconhecido por muitos nos Estados Unidos, de ser o Brasil "a única monarquia na América" e "o único governo constitucional" no continente, além do da República dos Estados Unidos, que caminhava para o futuro "*in tranquillity and material prosperity*". Em outras palavras, conciliando a ordem com o progresso.[8] Era um país onde se começava a consagrar grande atenção ao ensino. Onde floresciam sociedades eruditas dignas de ser comparadas à Sociedade Histórica de Nova Iorque. Daí o seu desejo de ver-se estabeleceram relações entre os homens de saber e de ciência do Brasil e os dos Estados Unidos; de ver bons livros didáticos, à maneira dos anglo-americanos, nas mãos das crianças brasileiras; de ver manufaturas anglo-americanas consumidas pelos brasileiros: habitantes de um país capaz de se tornar "tão grande consumidor"[9] de tais artigos.

Animado desses três empenhos é que Fletcher promoveu no Rio de Janeiro uma exposição de artigos culturais, fabricados nos Estados Unidos – fotografias, mapas, livros, gravuras, cromolitografias, instrumentos agrários –, que deve ser considerada histórica pelo que significou para o desenvolvimento das relações de sentido especificamente cultural do Brasil com os Estados Unidos; e para que se acentuasse no progresso cultural brasileiro a influência da grande república. Realizou-se a exposição no Museu Nacional. E não lhe faltou a presença do imperador. D. Pedro II se deteve com a sua melhor atenção em examinar o que fosse material científico. Passou meia hora debruçado sobre o *Atlas de química*, de Youmans. Mostrou-se interessado em trabalhos referentes aos indígenas da América do Norte. Também em mapas e livros escolares. Em instrumentos agrários. Em máquinas. Em coisas de ciência física. Em papéis de forrar paredes desenhados pelos estudantes da Academia de Arte de Filadélfia. Em encadernações.[10]

A exposição foi um acontecimento no Rio de Janeiro. Sem ser grandiosa, deu para despertar em brasileiros de várias profissões – intelectuais, industriais, agricultores, comerciantes, cientistas – curiosidade por uma civilização que muitos não supunham capaz de competir com a europeia em tantos refinamentos de técnica.

Compreendeu-se que sob esse e outros estímulos, o Brasil fosse se tornando adepto de vários ianquismos que lhe foram chegando sob a forma de máquinas, instrumentos agrários, tecidos, trabalhos em couro, julgados por engenheiros e técnicos superiores aos europeus. Tal o caso da locomotiva Baldwin, que se tornou conhecida por Balduína; e sob o nome assim aportuguesado, símbolo de força ou de energia capaz de vencer todos os obstáculos. O mesmo é certo da máquina de costura anglo-americana Singer, cuja voga torna-se grande no Brasil, ultrapassando a da inglesa Excelsior, fabricada por Gipping. Ambas – locomotiva e máquina de costura – deram novos rumos culturais ao progresso brasileiro, cada uma no seu campo de ação.

Não nos esqueçamos de que foi no reinado de D. Pedro II que se iniciou no Brasil, além da já referida navegação regular do alto Amazonas por barcos a vapor, a construção de estradas de ferro que tornaram possível a presença triunfal das Balduínas *made in USA.* na paisagem brasileira; que se iniciou a comunicação do Brasil com a Europa pelo cabo submarino; que a iluminação a gás tornou-se característica da corte e das principais capitais do Império; que se modernizaram obras de cais, de águas, de esgotos; de jardins públicos; pontes; teatros; mercados; instalações de hospitais e penitenciárias; e também que se modernizou o transporte urbano, pela introdução do *tram-car* que, entre nós, tomou o nome de bonde; e concorreu de modo notável para a democratização da vida nacional.[11] Várias dessas inovações técnicas, que vieram alterar a paisagem, a convivência e a cultura brasileiras sob a forma de progressos evidentes, foram obras de capital e engenho britânicos. Algumas, de engenho francês, representaram o concurso para o progresso cultural do Brasil, no seu aspecto cultural, da ciência, ainda soberana, dos mestres da Escola Politécnica de Paris, empenhados no século XIX em unir as ciências físicas e matemáticas à social, na solução de problemas de progresso humano. Mas não foi pequena a contribuição ou a interferência, nessas alterações técnicas da paisagem e da cultura brasileiras, iniciadas ainda no tempo de Pedro II, da engenharia e do próprio capital anglo-americanos.

A partir da Exposição Fletcher, no Museu Nacional, e a despeito da indignação patriótica por algum tempo levantada contra os Estados Unidos pelas leviandades de Maury em torno de águas e terras amazônicas, os anglo-americanismos principiaram a ser desejados por brasileiros progressistas como valores ou influências como que carismáticas. Prestigiava-os a aura de serem valores novos e libertos das complicações do passado europeu. Deles faria o elogio Rui Barbosa em 1891, em sua informação ao generalíssimo Deodoro sobre "a execução da Lei Torrens na capital federal", ao destacar desse australianismo, sociologicamente igual aos anglo-americanismos, que, significando, "em face das leis romanas e portuguesas [...] a mais monstruosa das heresias", representava, entretanto, na apreciação das funções econômicas da propriedade imobiliária, "a vitória dos economistas sobre os jurisconsultos".[12]

É que, segundo o insigne jurista – aliás, pouco economista e menos, ainda, sociólogo – que acabara de transplantar para o Brasil o sistema político anglo-americano, o regímen Torrens de registro de bens imobiliários pertencia ao número das "reformas simplificadoras inerentes à civilização industrial de nossos dias", em face de cujo triunfo vinha desabando "a andaimaria do velho formalismo". Com o prestígio de serem "reformas simplificadoras inerentes à civilização industrial" é que, desde 70, técnicas e inovações anglo-americanas vinham se recomendando à atenção dos brasileiros mais progressistas como técnicas e inovações sem as quais dificilmente haveria esperança de libertar-se o Brasil das sobrevivências do seu passado feudal e de alguns perniciosos arcaísmos do romano.

Da presença romana na vida e na cultura brasileiras muito se surpreenderam os Agassiz, quando aqui estiveram em 1865. Ao notarem que no Império brasileiro *"les moeurs publiques, qui résultent probablement de l'ancienne condition sociale, offrent certaines particularités qui mettent obstacle au progrès"*, ocorreu-lhe associar tais "peculiaridades", desfavoráveis ao progresso, à sua convicção de ter sido Portugal, à época da descoberta e da colonização do Brasil, de todas as nações da Europa, a menos afetada pela civilização moderna (*"[...] de toutes les nations de l'Europe [...] la moins affectée par la civilisation moderne"*). Mais: *"Il est de fait que les grandes transformations qui ont bouleversé l'Europe au moyen âge et au commencement des temps modernes avaient à peine atteint le Portugal"*. Para os Agassiz, *"les traditions romaines, l'architecture romaine, le latin dégénéré y fleurissaient encore quand ce royaume fonda ses colonies transatlantiques, et, dans toutes ces colonies, les conditions de la métropole ne furent que peu modifiées"*.[13]

Não devia causar espanto a ninguém o fato de recordarem as construções mais velhas do Rio de Janeiro, de modo impressionante, a arquitetura da Roma antiga. A própria administração das províncias brasileiras era à da Roma antiga que se assemelhava, como se as sobrevivências romanas, no Império de Pedro II, da arquitetura física se estendessem à social. Não era de administração organizada para reforçar a autoridade do centro sobre as províncias que o Brasil necessitava, mas de uma outra, que se empenhasse em desenvolver – pensavam os progressistas Agassiz – os recursos materiais do País: *"les ressources matérielles du pays"*. Dentro daquele critério como que romano de administração apenas política de províncias pelo centro, achavam-se à frente dos governos provinciais "jovens advogados" quando de quem o Império precisava nesses postos era, segundo ainda os Agassiz, de "homens práticos, familiarizados com os interesses da agricultura e da indústria e não de fazedores de discurso" (*"des hommes pratiques, familiers avec les intérêts de l'agriculture et de l'industrie et non pas des faiseurs de discours"*).[14]

Vê-se que, embora pertencendo antes à categoria dos *"faiseurs de discours"* que à dos *"hommes pratiques, familiers avec les intérêts de l'agriculture et de l'industrie*", o Rui Barbosa do governo provisório seguia como um discípulo a um mestre, o Agassiz de 1865, ao considerar necessário pôr-se abaixo no Brasil a "andaimaria do velho formalismo romano", conservada de um Portugal que, sob alguns aspectos, continuara mais romano que os romanos, depois de passado o período criador de Roma imperial e da sua civilização. Só assim seria possível no Império americano, transformado em 1889 em República o seu tanto imperial, um progresso de acordo com as suas condições de espaço e de tempo, que não eram evidentemente as daquela Europa já superada, em pontos essenciais, na própria Europa, por uma série de "reformas simplificadoras inerentes à civilização industrial..." Era um critério que admitia a modernização da Monarquia sob a forma federativa desejada por Joaquim Nabuco (que aliás se antecipou a D. Luís de Bragança em considerar a questão operária como digna, dentro do desenvolvimento industrial do Brasil, da melhor atenção dos monarquistas brasileiros) mas que, sobretudo, favorecia a substituição da forma monárquica de governo pela republicana, aproveitando-se a substituição política para integrar-se o Brasil no moderno sistema de civilização industrial, representado pela neotécnica anglo-americana ainda mais que pela paleotécnica da Europa. Compreende-se assim que, feita a República, o Brasil tenha se exagerado em aproximar-se política e economicamente dos Estados Unidos, tornando-se campeão da política pan-americana em Washington e deixando-se prender por uma aliança comercial com os Estados Unidos mais favorável à grande que à nova República: "*a treaty highly favorable to the United States*", como escreveu Ford em 1892.[15]

Como reagiram brasileiros da época de transição do Império para a República a essa nova presença – a dos Estados Unidos – na vida política e no desenvolvimento cultural do País, para cuja transformação de economia agrária e escravocrática em economia industrial, fundada no trabalho livre, as máquinas importadas das fábricas anglo-americanas pareceram aos progressistas mais extremados daqueles dias verdadeiros inventos mágicos? De diferentes modos.

Assim, Amílcar Armando Botelho de Magalhães, nascido em 1880 na então Província do Rio de Janeiro, informa ter desde novo admirado os Estados Unidos pelo "esplendor" da sua "democracia" e da sua "liberdade", e também pelos seus "progressos industriais". Crescido sob influência positivista, filho e irmão de militares ilustres e sobrinho de Benjamim Constant, pareceu-lhe sempre necessário ao Brasil um sistema republicano que trouxesse "melhor amparo ao proletariado, tanto em facilitar-lhe a instrução geral, a especialização técnica, o desenvolvimento intelectual e a cultura artística [...] o amparo material [...] a habitação higiênica [...] alimentação cientificamente orientada, instituições hospitalares, creches, consultórios médicos", humanizando, assim, os progressos industriais que aqui se desenvolveram, depois de longos anos de "regímen retrógrado": o monárquico.

Higino Cícero da Cunha, nascido em 1858, na então Província do Maranhão, não se lembra de ter quando menino ou moço sentido a presença dos Estados Unidos na vida ou na cultura brasileira: em depoimento escrito em 1940 afirma que essa influência – a dos Estados Unidos – "só se fez sentir no Brasil depois da proclamação da República, no Direito Público Constitucional [Ruy Barbosa], nas finanças, no cinema e nas danças exóticas".

Nascido em 1880 em Pernambuco, Demóstenes Ipiranga de Sousa Dantas depõe sobre os Estados Unidos: "[...] país que maior número de maldades nos tem feito".

Já Nicanor Uchoa, nascido poucos anos depois de proclamada a República, em Pernambuco, faria seus estudos de engenheiro prático em uns Estados Unidos para ele messiânicos, onde conseguiu aprender mecânica na própria sede das Balduínas, que haviam encantado sua meninice: *The Baldwin Locomotive Worlds*, em Filadélfia. Aí praticou, como aprendiz, em vários departamentos de mecânica, a começar pelo de fundição. Foi como se realizasse um sonho, pois seu desejo fora desde novo estudar "engenharia mecânica, com especialidade em siderurgia geral", e a Escola Politécnica do Rio de Janeiro não dispunha, nos começos do século atual, de "aparelhamento necessário para tais matérias..." Diga-se de passagem que vários foram os brasileiros que desde os fins do século XIX principiaram a preferir para seus estudos de engenharia e até de direito, os Estados Unidos à Europa, contando-se – repita-se – entre os que ali fizeram curso de direito – nos Estados Unidos, curso apenas técnico e difícil de ser adaptado às condições brasileiras –, o rio-grandense-do-norte Amaro Cavalcanti, figura, aliás eminente, como jurista e financista, da República de 89.

Leopoldo Marinho de Paula Lins, nascido em Pernambuco em 1857, confessa ter quando moço e monarquista admirado "as excelências republicanas" dos Estados Unidos – e também do Chile – de então, embora o horrorizassem "'os pronunciamentos' constantes das Repúblicas irrequietas como Argentina, Uruguai, Peru, Bolívia e as da América Central". Para o Brasil não desejava outra forma de governo senão a monárquica, parecendo-lhe as republicanas, mesmo do modelo anglo-americano, incompatíveis com "a nossa índole" e as nossas "instituições tradicionais".

José Alves de Figueiredo, nascido em 1879, no Ceará, depõe: "Quando li *A ilusão americana*, de Eduardo Prado, fiquei odiando os Estados Unidos. Com o andar dos tempos vi que errei, adotando as ideias do ardoroso escritor brasileiro". Passou a considerar os Estados Unidos "depois da Suíça, a república mais perfeita do mundo e que forçosamente atrairá o eixo da civilização para o nosso continente".

José Ferreira de Novais, nascido em 1871 na Paraíba, confessa ter, como estudante de direito no Recife, e sob a influência de Albino Meira e Martins Júnior, deixado seduzir-se pela propaganda da República; e reconhece haver sido "grande" a "influência" dos Estados Unidos na organização da mesma República que, federativa, "começou a infelicitar o Brasil que, de repente, entrou no regímen da descentralização governamental". Não lhe pareceu nunca possível separar do federalismo, a seu ver prejudicial ao Brasil, a influência anglo-americana.

Rogério Gordilho de Faria, nascido em Sergipe, quase com a República – a 28 de junho de 1889 – informa, em depoimento datado de 1940, terem os Estados Unidos, "apesar de apontados como o país da plutocracia", exercido sobre sua "sensibilidade, a impressão de cousas grandiosas".

Raimundo Dias de Freitas, nascido em 1874 no Piauí, depõe: "Na minha adolescência, eu via nos Estados Unidos a figura enorme de um papão, de um dominador das pequenas nações da América Central e quiçá das do Sul, não obstante ter sido já proclamada a célebre Doutrina de Monroe". Não o impressionavam bem as interferências anglo-americanas na vida dos pequenos Estados da América Central. Entretanto, com o tempo, viria a admirar os Estados Unidos. Na meninice, porém, prevalecera em seu espírito "a primazia da França": predominância, aliás, geral, nos brasileiros de uma época em que não só "a literatura francesa empolgava a mocidade brasileira", como eram francesas – como já se viu – as bonecas louras com que brincavam as meninas e francesas se não de fato, por convenção, as mulheres com quem se iniciavam no amor físico os rapazes urbanos da burguesia ou da aristocracia.

A despeito, porém, de ter sido das meninas que brincaram com "lindas bonecas francesas" e só compreendiam artigos de luxo, vindas da França, Da. Antônia Lins Vieira de Melo, nascida em São Paulo em 1879, confessa ter se impressionado desde nova com os Estados Unidos: com "os feitos de Edison, que mais pareciam fantasias". Aliás não foram poucos os meninos então nascidos que se chamaram Edison, juntando-se aos Washington, aos Lincoln, aos Benjamin Franklin.

Interessante, neste ponto, é o depoimento de Artur (Roberto) Coelho (de Sousa), nascido na Paraíba em 1889, que informa ter sua mãe se convertido, sendo ele ainda menino, ao protestantismo: daí ter sido protestante a primeira escola que frequentou e que o pôs, desde verde idade, "em contato com os Estados Unidos, pelo conhecimento que fizera com alguns missionários americanos". Como se interessasse também por linotipia, decidiu seguir na primeira oportunidade para um país que era centro do cristianismo evangélico e ao mesmo tempo de admiráveis progressos mecânicos: inclusive em linotipia. Pois "tinha uma ideia de aperfeiçoamento de linotipos (um sistema de matrizes de quatro letras, em vez das duas de uso comum, com inversão automática das matrizes antes de sua volta ao magazine) e queria ver se a mesma podia ser aproveitada". Caso – o de Artur Coelho, inventor – a que voltaremos.

Não foram raros os brasileiros da época para os quais os Estados Unidos se tornaram messiânicos deste ponto de vista. Donde lhes terem parecido a terra de promissão para seus talentos mecânicos. O paraíso dos inventores.

Menino no Rio Grande do Sul, tendo nascido na corte em 1882, Florêncio (Carlos) de Abreu (e Silva) cresceu naquela então província sob a impressão de serem os Estados Unidos "um país em tudo muito grande, o país da eletricidade sob a magia de Edison".

Tomás Pompeu de Sousa Brasil, nascido na mesma época no Ceará, depõe quanto à sua atitude, nos dias de moço, para com os Estados Unidos: a de "entusiasmo pelas suas atividades industriais e científicas". Desejava que "o Brasil tivesse algo do espírito progressista norte-americano, do democrático inglês, do cultural francês, do de disciplina alemão, e do artístico italiano".

Antenor Nascentes, nascido no Rio de Janeiro em 1886, confessa ter crescido sob o temor tanto dos Estados Unidos quanto da Alemanha com relação ao Brasil: vendo nos Estados Unidos "um papão", "uma ameaça para a América do Sul". Isto em contraste com sua adoração por Paris: "Sempre adorei Paris, desde 8 anos de idade, em que vi as primeiras vistas na *Geografia* de Lacérda".

Manuel Duarte, nascido em 1883 no Rio Grande do Sul – onde, como Florêncio de Abreu, foi companheiro e amigo de Getúlio Vargas –, informa ter sido sua impressão de moço, dos Estados Unidos, a de uma das "grandiosidades supremas" da época, parecendo suas indústrias fabricar tudo para o Brasil, "como eu via nos objetos adquiridos...". Cedo se convenceu de ser a forma presidencialista de república, inspirada no modelo anglo-americano, a mais conveniente ao Brasil, tendo encontrado ainda moço no Castilhismo "o remédio sociopolítico dos nossos males", através da "responsabilidade administrativa, publicidade ampla dos atos do governo, economia nos dinheiros públicos, parcimônia nos gastos necessários, irrestrito respeito à opinião individual e coletiva, alojamento e auxílio inicial ao agricultor pobre, desenvolvimento contínuo da instrução pública, liberdade pessoal e profissional, legislativo orçamentário e sua fiscalização nas despesas autorizadas, plebiscito municipal aos projetos de lei do Executivo, depois de ampla colaboração das competências e do povo na feitura das leis".

Nascido em Santa Catarina, em 1873, R. S. informa ter desde novo considerado os Estados Unidos "o campo em que se desenvolverão as novas fórmulas sociais que ainda se chocam e experimentam...". País de gente capaz de "grandes realizações" ou "cometimentos exagerados, quer para o bem, quer para o mal", os brasileiros precisavam de reconhecer, na "grande América", que eram os Estados Unidos, o sucessor de uma Europa que já desempenhara "o seu papel principal na evolução do mundo".

Quanto a João Barreto de Meneses, nascido em Pernambuco em 1872, filho de Tobias Barreto, informa ter crescido sob a impressão de serem os Estados Unidos "um laboratório de atividades industriais sempre em movimento". Confessa ainda ter preferido, no seu tempo de jovem, a valsa americana que, como já vimos, superou a francesa entre muitos dos brasileiros dos primeiros anos da República.

O padre Leopoldo Fernandes Pinheiro, nascido no Ceará, no crepúsculo do Império, de família intransigentemente monarquista, cresceu sob a impressão de ser a República "forma satânica de governo": tanto que, ainda não sabendo ler, "batia palmas quando ouvia dizer que Antônio Conselheiro esmagara um batalhão do governo", pois "achava que a vitória do fanático de Canudos era o meio mais fácil de ser restaurada a monarquia." Mas cresceu, também, admirador dos Estados Unidos: "uma grande máquina conduzindo o maior povo da terra". Apenas não lhe falassem em "sociedades bíblicas americanas".

Manuel Pereira Dinis, que se confessa mestiço e nascido na Paraíba em 1887, diz-se desencantado com a República de 89, copiada de modelo anglo-americano: "[...] regímen político federalista, o qual concorreu para termos quarenta anos de atraso [...]" quase de "ruína econômica e política". E acrescenta, em depoimento escrito em 1939, ter a certa altura da vida passado a considerar os Estados Unidos, com a Inglaterra, potências que, "confiadas nas suas indústrias", pretendiam "ser senhoras absolutas de todas as outras nações..." Estudante de direito no Recife, fora republicano; depois de amadurecido, porém, chegara à conclusão de ser "o regímen republicano entre nós [...] apenas um sindicato de exploradores dos cofres públicos em prejuízo, cada vez maior, do futuro do nosso povo e da nossa autonomia..."

Já Ângela Correia de Melo, embora nascida em 1875, no Rio Grande do Sul, em família apegada à Monarquia e contrária à República, informa ter, quando menina, desejado casar com um norte-americano: "dizia às [suas] amigas que desejava casar com um norte-americano". E julgava os Estados Unidos "o maior povo do mundo, composto de homens que sabem querer".

"Os Estados Unidos eu os olhava com desconfiança", depõe Plínio Barreto, nascido em São Paulo em 1882, ao recordar suas reações de moço à proclamação da República no Brasil sob influência, em parte, do modelo anglo-americano. E pormenoriza: "O livro de Eduardo Prado, *A ilusão americana*, tinha gerado em mim uma antipatia invencível à grande república". Quanto ao regímen estabelecido no Brasil em 1889, sua impressão de adolescente foi "desconsoladora".

Ainda os Estados Unidos começaram a fazer sentir sua presença na paisagem, na vida, e na cultura do Brasil, desde os últimos decênios do Império, através dos sulistas que, vencido o Sul escravocrático pelo Norte industrial na Guerra Civil, emigraram para terras brasileiras. Principalmente para São Paulo. Aí diz-se de alguns que se instalaram com seus preconceitos de raça, participando da reação ao abolicionismo da parte daqueles fazendeiros paulistas mais dispostos a se conservarem o mais possível senhores de escravos. Atribui-se a um anglo-americano a instigação ao assassinato de um abolicionista, ocorrido em São Paulo quase às vésperas da Abolição. Seria, entretanto, injusto deixar-se de reconhecer terão trazido ao Brasil, esses e outros anglo-americanos que no fim do século XIX foram se estabelecendo em províncias e não apenas na corte, valores que concorreram para o progresso cultural brasileiro. São Paulo desde o fim daquele século começou a tornar--se notável por uma renovação de métodos de ensino e de técnicas de educação, em grande parte animada por anglo-americanos. Mas também por ingleses e alemães, sob a forma de mestres, governantes e *institutrices*.

É assunto – o aspecto pedagógico do progresso cultural brasileiro no período de transição aqui considerado – que pede estudo especializado. Aqui vamos considerá-lo, juntamente com outros aspectos intelectuais do mesmo progresso – o da imprensa, o literário, o médico, o técnico –, apenas em relação com o ambiente que condicionou a dissolução do sistema monárquico de governo e sua substituição pela República, sem que essa substituição importasse em alteração profunda da ordem social. Esta se alterará nas suas bases, ao ser substituído o trabalho escravo pelo livre naquelas áreas em que o imigrante europeu não viera com alguma antecedência dar novo aspecto à produção, quer agrária, quer industrial. Mas não sofrera com a mudança, apenas política, senão leve depressão. Justifica-se assim o reparo de pessoa ilustre que na mocidade foi testemunha das duas aventuras de transformação social: a República teria sido leve sobremesa, após uma feijoada indigesta servida de madrugada. Ambas coincidentes, porém, com alterações de caráter cultural, algumas das quais teriam provavelmente ocorrido sob um ou outro dos dois regímens, quer de governo, quer de trabalho, sob a influência do próprio ritmo cultural por assim dizer imperial da época (o tempo social norte-europeu e o tempo social anglo-americano) sobre um espaço-tempo social de exceção – o vivido pelo Brasil de formação lusitana na América tropical – apenas até certo ponto capaz de conservar-se à parte daqueles outros.

Tempo social de exceção ainda mais acentuada, quanto ao regímen político de governo e econômico, de trabalho, foi, na mesma época do reinado de Pedro II, o vivido em espaço durante anos particularmente segregado dos vizinhos, o paraguaio, se não de Francia, dos López, sem que deixasse de receber voluntária e involuntariamente a influência daquele ritmo imperial de tempo cultural, dominante na Europa e nos Estados Unidos e, por extensão, presente nos espaços alcançados pela economia, pela política, pela técnica ou pela ciência desses dois centros de irradiação de cultura. Tanto que não deixou de se fazer sentir na cultura paraguaia sob a figura de técnicos, educadores, mulheres do tipo mais refinado se não de cocotes, de hetairas no melhor significado grego da expressão, cuja atuação sobre aquela cultura – sob vários outros aspectos, segregada –, no sentido de fazê-la, sob outros aspectos, sociologicamente, dançar conforme a música sociológica europeia e anglo-americana da época, foi notável.

Não é de estranhar que num espaço-tempo social como o brasileiro, durante os reinados de D. João e dos dois Pedros, cuja segregação do regímen econômico dominante no Ocidente – o baseado sobre o trabalho livre – não importou quase nunca em medidas excepcionais contra infecções ou infiltrações de caráter cultural vindas desses outros espaços-tempos, a paisagem, a vida, a cultura se deixassem influir, sob tantos aspectos, por sugestões vindas das Américas republicanas e do Ocidente de economia baseada sobre o trabalho livre. Deixaram-se. O bonde, por exemplo – para invocar-se um exemplo pitoresco –, representou transigência considerável de uma situação como a brasileira, escravocrática e aristocrática, com o tempo social norte-europeu ou anglo-americano, igualitário e nivelador de discrepâncias ostensivas entre os membros de uma comunidade. A estes o bonde veio impor – como aliás o trem – a igualdade na velocidade de transporte coletivo.

Em sentido semelhante agiram imigrantes vindos da Europa para o sul do Império, pelo que passou a representar sua presença de brancos pobres, trabalhadores manuais, pequenos lavradores, operários, artífices, artesãos, numa sociedade habituada a associar a tal espécie de trabalho apenas o negro, isto é, o negro caracterizado ou estilizado em trabalhador manual pela sua condição de escravo. Ainda no mesmo sentido, agiu a importação de máquinas europeias e anglo-americanas para indústrias e serviços públicos brasileiros do tempo do Império. Essas máquinas passaram a ser manejadas por homens de várias condições étnicas e sociais, numa viva demonstração de serem todos esses homens capazes de assimilar de uma mesma cultura eminentemente tecnológica – a norte-europeia completada ou intensificada pela anglo-americana – as mesmas inovações, através de idênticas aptidões.

Compreende-se assim que essas infiltrações de caráter amplamente cultural tenham se verificado no Brasil, sem dependerem nem de um regímen político nem de um sistema de trabalho que diretamente as favorecessem. E não é sem razão que alguns estudiosos do assunto têm chegado à conclusão ou à ideia – na época em apreço alcançada por Oliveira Lima – de que teria sido, além de possível, desejável, o prolongamento, no Brasil, tanto do regímen monárquico quanto do sistema escravocrático de trabalho, enquanto se processasse uma melhor assimilação das mesmas infiltrações pela cultura brasileira, apoiada há séculos na Monarquia e no trabalho escravo. Era o desejo do imperador. E também o de estadistas mais objetivos no seu conhecimento da situação brasileira como Cotegipe. Daí tanto Cotegipe como Lafayette terem sido acusados por agitadores republicanos do feitio de Maciel Pinheiro de pretenderem perpetuar "a escravidão" como "fonte de renda pública" e de antes e depois da Abolição haverem pretendido atrair os proprietários agrícolas para a causa da preservação da Monarquia "prometendo-lhes indenizações" pelos negros libertados. Foi a nota ferida com mais vigor por Maciel Pinheiro no artigo que sob o título "A indenização" publicou em 2 de dezembro de 1888 no jornal *A Província*: jornal onde fizera campanha abolicionista ao lado de Joaquim Nabuco e de José Mariano.

Nabuco, porém, sempre separou a causa monárquica da abolicionista. Mas com a maior das elegâncias: impondo-se ao respeito dos abolicionistas ou dos federalistas republicanos. Tanto que, ainda quente o entusiasmo dos republicanos pela vitória de 15 de novembro, Martins Júnior pronunciou-se no jornal *O Norte*, de 23 de novembro de 1889, de modo particularmente honroso para aquele monarquista vencido: atribuindo ao seu "cérebro de poeta" a "esperança infundada de salvar a pátria por meio da federação, sem prejuízo da Monarquia". Com o triunfo republicano, porém, "o grande pensador" – isto é, Joaquim Nabuco – devia estar "inteiramente convencido de tudo quanto lhe diziam". Era aos "pequenos inimigos de ontem" que "o remorso" devia estar, depois do mesmo triunfo, "perseguindo"; e não a "irmãos ingênuos" como Nabuco, aos quais o republicanismo generoso de Martins Júnior estendia "um abraço fraternal", lembrando que, com a República, já se achava "o altivo e circunspecto cidadão Ruy Barbosa". Nabuco, porém, se conservaria por muito tempo convencido de ter sido um erro no Brasil, a substituição da Monarquia pela República. É possível que tenha morrido com essa convicção íntima.

Aliás, do regímen monárquico de governo já havia no começo do século atual quem, embora no serviço da República, lamentasse ter sido substituído entre nós pelo regímen republicano, considerado espúrio em face do imperial, que seria o sociologicamente autêntico, não só do ponto de vista de uma tradição social peculiar, na América, à gente brasileira, como do ponto de vista do desenvolvimento ou do progresso da cultura nacional dentro de uma combinação, que a monarquia sob alguns aspectos procurou favorecer, com efeito, entre nós, entre a qualidade e a quantidade nas manifestações ou realizações culturais de caráter superiormente estético, intelectual, científico. Tradição monárquica que, aliás, passou a ser seguida pela República em alguns dos seus momentos mais ativos ou mais criadores com relação a tais manifestações, como ainda nos primeiros anos do século XX, a presidência Rodrigues Alves, orientada, na sua política estrangeira, pelo barão do Rio de Branco e servida em atividades diplomáticas por homens de convicções monárquicas como Joaquim Nabuco.

Restabelecia-se assim o equilíbrio que se quebrara com o episódio de Canudos, quando a brava resistência oferecida pelo Conselheiro e pelos seus "jagunços" aos soldados da República pareceu comprometer a estabilidade das instituições republicanas e favorecer o regresso do Brasil à Monarquia, através de uma aliança das populações sertanejas com as elites monárquicas das capitais. Aliança reforçada pelo sentimento católico que animava tanto essas elites como aquelas populações.

Parece hoje demonstrada a tese dos que vêm pretendendo para o movimento de Canudos a dignidade – dentro dos seus limites, de rebelião de rústicos – de uma resistência católica e monárquica às inovações dos bacharéis e militares republicanos da parte de uma população castiçamente brasileira e até devotamente católica, embora arcaica nas predominâncias da sua cultura pastoril. O chamado "breviário" de Antônio Conselheiro – manuscrito encontrado em Canudos – não confirma de modo algum a enfática afirmativa de Euclides da Cunha de que o famoso místico fosse um rebelde "contra a Igreja Romana" que, ao mesmo tempo, favorecesse "o amor livre". É pena que Euclides – a quem Afonso Peixoto teria oferecido aquele manuscrito valioso, hoje em poder de um colecionador paulista – não se tenha obrigado a retificar, à base das revelações do "breviário", sua interpretação da figura do Conselheiro. O que, no "breviário", se diz contra o casamento, não atinge a monarquia mas simplesmente o casamento civil. O casamento religioso – este é exaltado por ser expressão da graça de Nosso Senhor "com a cerimônia que lhe juntou a Santa Madre Igreja". A República, considerava-a o Conselheiro "um grande mal para o Brasil", por querer "acabar com a religião". Estava o republicanismo baseado num "princípio falso"; "ainda que ela [a República] trouxesse o bem para o País, por si é má, porque vai de encontro à divina lei". Pela "divina lei" o brasileiro devia obedecer ao "pontífice, ao príncipe, ao pai" e não ao chamado "presidente da República". Assim contrária à "divina lei", a República, no Brasil haveria de "cair por terra". Deus faria a "devida justiça".[16]

Visto através desse "breviário" do Conselheiro, o movimento de Canudos teve o seu sentido político de sabor extremamente conservador, sem que o inspirassem rebeldias "contra a Igreja Romana" ou furores contra a Monarquia. Ao contrário: sob certos aspectos, antecipou-se em reafirmar valores tradicional e castiçamente brasileiros, de alguns dos quais a República de 89 acabaria reaproximando-se. Rodrigues Alves acabaria sendo conhecido por "Papai Grande".

Destaque-se do conservantismo ou do tradicionalismo com que Antônio Conselheiro pretendia valorizar no Brasil o culto do pai (pontífice, príncipe, pai), contra os excessos de um republicanismo a seu ver demagógico, anárquico e antirreligioso que, em certos pontos, coincidia com o conservantismo ou o tradicionalismo de brasileiros de elite, que vinham se desencantando com a República de 89. Em 1909 Sousa Bandeira escrevia no seu livro *Reformas* que a salvação do Brasil estava numa "República conservadora". Era uma necessidade que, segundo ele – a de tornar-se a República, conservadora –, vinha sendo já reconhecida "pelos republicanos que têm a responsabilidade do que se fez em 1891". Era, com efeito, tempo de "voltar-se atrás", enquanto "os males não se acentuam". Nas suas palavras: "Não nos envergonhemos de confessar os erros e tratemos de consolidar a República, cimentando-a com a experiência dos nossos antepassados, inspirando-a na larga fonte das tradições nacionais [...]".[17] Só faltou, para aproximar-se do tradicionalismo do Conselheiro, que às "tradições nacionais" acrescentasse as "tradições católicas" de ordem, de autoridade e de hierarquia.

Notas ao Capítulo IV

1. Isaac N. Ford, *Tropical America*, Londres, 1893, p. 72.

2. Isaac Ford, op. cit., p. 73.

3. *Diabo a Quatro*, 7 de janeiro de 1877.

4. Fletcher e Kidder, op. cit., p. 592.

5. Assunto esclarecido já pelo professor Carleton Sprague Smith – "William James in Brazil", in *Four Papers Presented in the Institute for Brazilian Studies*, Nashville, Vanderbilt University, 1951 – à base de cartas do futuro sistematizador do pragmatismo, em nota prévia que o erudito anglo-americano está na obrigação de expandir em livro.

   Note-se, a propósito da presença de William James no Brasil – país acerca do qual escreveu páginas de lúcida simpatia – que nem todos os seus compatriotas, da época em que o futuro filósofo do pragmatismo esteve no Amazonas, seriam capazes daquela simpatia com relação a um povo em grande parte mestiço e situado em espaço tropical. Havia quem pensasse que os Estados Unidos deviam acompanhar, com relação a estes povos e a esses espaços, as grandes potências europeias, já há mais de meio século francamente imperialistas. Característico desse estado de espírito é o livro de Josiah Strong, *Our Country*, publicado em Nova Iorque em 1885, no qual o autor retorna à ideia da "superioridade da raça anglo-saxônia" e dos povos protestantes, defendida pelo inglês E. A. Freeman em livro de parassociologia darwinista, para aplicá-la aos Estados Unidos e à sua missão de potência anglo-saxônica e protestante, em face dos "perigos do catolicismo romano". Desse livro apareceram várias edições, parecendo a repercussão que obteve indicar que influiu consideravelmente para o avigoramento, na época que se considera neste ensaio, do esforço missionário anglo-americano e protestante em países como o Brasil, evidentemente incluídos na genealização de Strong, isto é, a de espaços habitados por povos que eram *"only the precursors of a superior race..."* (*Our Country*, p. 222). Não é outro o espírito que caracteriza o livro, aparecido nos Estados Unidos em 1890, *The Influence of Sea Power on History*, escrito pelo capitão Alfredo Mahan, no qual se defende com inteligência um *"mercantilistic imperialism"* baseado no poder naval. Como acentua de Mahan, o professor Merle Curti no seu *The Growth of American Thought* (Nova Iorque e Londres, 1943), sustenta-se nesse livro *"the doctrine of America's Christian and racial mission to spread its ideas over backward regions and even among such highly developed but 'inferior' peoples as those of India, China and Japan".* (p. 672). Com essas ideias manifestou-se de acordo o nada pacifista Theodore Roosevelt.

Contra essa espécie de bem-intencionado imperialismo, ao qual não é difícil associar-se parte do esforço missionário dos protestantes dos Estados Unidos no Brasil, desde o começo do reinado liberal de Pedro II, é justo salientar-se ter havido na grande república quem, na época aqui considerada, protestasse com insistência e veemência: além de William James, David Starr Jordan, Mark Twain, William Jennings Bryan. Como Willian James e Theodore Roosevelt, Bryan foi um dos vários anglo-americanos ilustres – outro foi Elihu Root, que em discurso surpreendente num homem público ianque fez o elogio da Bahia e do seu tempo lento de vida – que visitaram o Brasil na época aqui evocada.

6. Fletcher e Kidder, op. cit., p. 580.

7. Fletcher e Kidder, op. cit., p. 196.

8. Fletcher e Kidder, op. cit., p. 238.

9. Fletcher e Kidder, op. cit., p. 239.

10. Fletcher e Kidder, op. cit., p. 240.

11. A importância do bonde, sob o ponto de vista da democratização da vida brasileira nas cidades maiores do Império e, depois, da República, não escapou a Olavo Bilac, que fixou-a em páginas quase sociológicas de crônica de jornal reproduzidas no seu *Crítica e fantasia* (Lisboa, 1904). De algumas dessas páginas destacaremos aqui trechos que nos parecem expressivos: "O bonde, assim que nasceu matou a 'gôndola' e a 'diligência', limitou despoticamente a esfera de ação das caleças e dos coupês, tomou conta de toda a cidade [...]." (p. 203). Tornou-se "o servidor dos ricos, a providência dos pobres [...]" alegrando-os com "as suas lanternas vermelhas ou azuis". A "sua marcha é a mesma, certa e pausada [...]". Depois de transcrever do *Jornal do Commercio* de 10 de outubro de 1868 o registro do aparecimento do bonde no Rio de Janeiro – "uma só parelha de bestas puxa aquela pesada máquina suavemente sobre os trilhos, sem abalo para o passageiro que quase não sente o movimento" – Bilac acrescentava, dirigindo-se como que à própria alma do prestimoso veículo: "Sem dar mostras do que fazes, tu vais passando a rasoura nos preconceitos e pondo todas as classes no mesmo nível. Tu és um grande socialista, ó bonde amorável" (p. 207). "[...] Tu destruíste os preconceitos de raça e de cor [...], és um criador de relações de amizade... e de amor" (p. 209). Aliás de encontros fortuitos em bondes saíam, com efeito, "negócios, namoros, combinações políticas e financeiras, empresas e bancos e até... evoluções". Além do que, o bonde obrigava os homens "a ser polidos" (p. 209).

Um aspecto como que ecológico do triunfo alcançado pelo bonde, no Brasil da época considerada neste ensaio, sobre outros meios de transporte urbano, é o sugerido pelo conde Charles d'Ursel no seu *Sud Amérique* (Paris, 1879): o de que "*ce moyen de locomotion, établi seulement depuis peu d'années, a permis à toutes les personnes jouissant d'une petite fortune d'aller habiter les faubourgs, qui sont situés à plusieurs kilomètres de la ville*" (p. 6). Ao mesmo aspecto refere-se, de diferente ponto de vista quanto ao problema de causa e efeito, Manoel de Sousa Pinto, no seu *Terra moça, impressões brasileiras* (Porto, 1910): "[...] razão forte de voga e expansão dos 'bondes' é certamente o fato do brasileiro ter, na sua quase generalidade, a sua casa longe do seu negócio, do seu escritório ou do seu emprego. Na 'cidade', no centro comercial, são raras as moradas. À noite é um deserto. Todos preferem viver nos arrabaldes [...]". (p. 215). Anota várias classes de bondes em voga no Rio de Janeiro do começo do século XX: bondes para bagagem; "bondes de ceroulas", isto é, para espetáculos ou representações de teatro que exigissem trajos de gala, para a proteção dos quais os bancos dos veículos eram encapados de branco; bondes para casamentos; bondes para batizados. Estes últimos, evidência da transigência do progresso urbano com a ordem patriarcal.

12. *Governo provisório dos Estados Unidos do Brasil — Anexos ao Relatório do ministro da Fazenda*, Rio de Janeiro, 1891, p. 20.

13. *M.* e madame L. Agassiz, *Voyage au Brésil*, Paris, 182, p. 252-253.

Em *Impressões do Brasil no século vinte, sua história, seu povo etc.*, livro organizado por Reginald Lloyd e publicado em Londres em 1913, há um capítulo intitulado "Sociologia", que se estende da página 133 à página 143. Cita-se aí certo Nevin O. Winter (USA) que no livro *Brazil and Her People of Today*, escrevia serem "os fluminenses [...] verdadeiros latinos..." Até "o condutor do bonde entrega à gente o bilhete com uma pequena cortesia. O carregador que leva a bagagem para o trem pode discutir o preço do carreto, mas, combinado o negócio, tira cortesmente o chapéu e faz votos de boa viagem" (p. 134). Uma lentidão nada moderna de gestos de etiqueta.

Cita-se, entretanto, de George Crichfield (USA), isto é, do seu *The Rise and Progress of the South American Republics*: "Os diplomatas americanos (USA) em comparação com os espertos representantes dos governos latino-americanos não passam de asnos para raposas" (p. 135). À lentidão de gestos corresponderia, entre alguns brasileiros, notável agilidade mental.

Cita-se, mais, de E. Laveneur sobre o brasileiro pouco "moderno" do fim do século XIX: "O homem de negócios adia para o dia seguinte o que poderia fazer no mesmo dia e o operário vai descansar quando ganhou com o que comer até o fim da semana" (p. 135); e de Paul Walle: "[...] o brasileiro *se laisse aller, se laisse vivre*. Ele parece ignorar o valor do tempo, e no entanto os negócios caminham regularmente, os jornais aparecem exatamente, os trens partem à hora" (p. 135).

14. *M.* e madame Agassiz, op. cit., p. 253.

15. Ford, op. cit., p. 396.

16. Luciano Carneiro, "Os conselhos de Antonio Conselheiro", O Cruzeiro, Rio de Janeiro, 5 de dezembro de 1953. Aí se informa que o "breviário" do Conselheiro se acha hoje em poder de "um poeta ilustre e bibliófilo famoso, Aristeu Seixas", de São Paulo. Descobriu-o em 1891 em Canudos o então estudante do 6º ano médico em Salvador, João Pondé.

17. Sousa Bandeira, Reforma, Rio de Janeiro, 1909, p. 16.

V Ainda a República de 89 e o Progresso Cultural no Brasil

Isaac Ford regressou a Nova Iorque, do Brasil, em 1891, certo de ter encontrado na nova República uma das duas partes da América tropical onde a "educação do povo" prometia maior progresso aos olhos de um anglo-americano: a outra era o México. "*It is in the direction of popular education that progress unerringly lies in Mexico no less than in Brazil*";[1] escreveu Ford com alguma ênfase: uma ênfase mais jornalística que sociológica. O México a que se referia Ford era o do "presidente Díaz". O Brasil, o já republicano na aparência, mas ainda monárquico na intimidade do seu sistema cultural inteiro: inclusive o ensino. O Império preocupara-se quase amorosamente com o ensino, embora não o da população, em geral; só o de uma parte dela, em particular. O Imperador só faltara ele próprio deixar de lidar com adultos para ensinar meninos.

Em 1869 o Brasil possuía uma escola primária para 541 crianças livres de 6 a 15 anos. Cinco anos depois, tal foi o progresso quantitativo alcançado nesse particular que o Império ostentava uma escola para 314 brasileiros livres em idade escolar. O fato vem registrado em *Le Brésil en 1869*, publicação dirigida pelo barão de Santa Ana Nery, com a colaboração do barão do Rio Branco, de Luís Cruls e Eduardo Prado e outros, e aparecida em Paris em 1889.[2] Em 1889, calculava-se ser o número de escolas primárias, tanto públicas como particulares, no Brasil, cerca de 7.500, frequentadas por cerca de 300 mil alunos, contra as 3.516 escolas e os 115.735 alunos do ano de 1869.

A menina dos olhos do Imperador parece que foi, durante a parte mais longa do seu reinado, o Imperial Colégio com o seu nome, situado, como era natural, na própria corte. Ao alcance, portanto, da sua vigilância verdadeiramente paterna quanto à qualidade do ensino aí ministrado. Era um ensino que terminava por coroar o aluno com um título então particularmente valioso: o de bacharel em letras. Nenhum outro estabelecimento no Império poderia conferir esse título aos seus alunos: só o Pedro II. Nem era diploma fácil de obter: em 1887, por exemplo, sendo o Pedro II frequentado por 569 alunos, só 12 dos seus rapazes receberam a láurea de bacharel.[3] Quem fosse, entretanto, bacharel do Pedro II entrava triunfalmente em qualquer escola superior. Era como se saísse do Imperial Colégio um pequeno príncipe, com direito a todos os acessos que dependessem da inteligência aprimorada pelo saber humanístico.

Carlos Luís de Vargas Dantas, nascido em 1870 na então Província do Rio de Janeiro, depõe sobre o Pedro II em que se bacharelou em letras. Vinha ele do curso do Liceu Literário Português, instalado num prédio da Rua da Carioca, onde funcionava das 7 às 8 da noite. Não era menino rico: foi aluno gratuito do mesmo Liceu depois de ter feito os estudos primários no interior da Província do Rio de Janeiro, onde nascera numa fazendola "situada num lugar denominado Macacos, em Realengo", de onde sua família se transferiu, sendo ele ainda muito menino, para Queimados. Já senhor da carta do á-bê-cê, aprendida em casa, "no regaço da mais santa das mães", é que Carlos Luís entrara na escola pública de Queimados. O mestre-escola era um Estêvão dos Santos Fasciotti, muito dedicado aos seus alunos. Com ele o menino nascido em fazendola aprendeu caligrafia – a usada na época "e que o povo denominava de pauzinhos, curvas e letras de hastes, passando depois às letras cobertas"; leitura corrente; gramática (primeira parte); ditado; análise léxica; aritmética até sistema métrico; geografia física e noções de religião. Informação interessante sobre o mestre-escola é a de que dos "vencimentos mensais de 100$000 que lhe pagava a Província do Rio de Janeiro e com que mantinha não pequena família, ainda conseguia o professor desviar alguma coisa para adquirir prêmios," com que no fim do ano letivo "brindava os alunos que mais tivessem merecido". Cada sábado "levava o aluno para casa uma "nota semanal' com três dizeres – 'frequência', 'lições', 'comportamento' –, para que os pais pudessem fiscalizar como se conduziam os filhos". Quanto aos castigos numa escola primária pública, típica do reinado de Pedro II: "consistiam em admoestações, inutilização das 'notas semanais' para diminuir a classificação no fim do ano, permanência de pé algum tempo, privação de recreio, retenção depois das horas habituais [de aula], apanha de papel picado propositalmente lançado no chão e, nos casos de grande falta, conhecimento íntimo da férula". E quanto a recreio na escola: "funcionando a escola em prédio de aluguel, não havia pátio apropriado a exercícios ginásticos ou jogos de qualquer natureza. O recreio era aproveitado para dar um pouco de movimento ao corpo, principalmente às pernas, compensando as horas de imobilidade".

No curso do Liceu Literário Português, o meninote vindo do interior para a corte aumentou seus conhecimentos de português, "estudando pela gramática de Coruja"; e iniciou o estudo de Francês pelo *Méthode Ollendoff*. E estudou com tal proveito que nos exames na Instrução Pública obteve nota plena. Mais do que isto: dentre todos os alunos do curso – meninos, adolescentes, adultos, cerca de 400, "quase todos portugueses" – foi quem alcançou o prêmio chamado Passos Manuel que no mesmo liceu instituíra muito lusitanamente o conde de São Salvador de Matozinhos: grande medalha de ouro maciço. "Cabe assinalar" – recorda entre parênteses Carlos Luís em depoimento escrito em 1940 – "o generoso gesto da diretoria [do liceu], outorgando a um menino brasileiro de 11 anos, filho de pais brasileiros e completamente desconhecido de todos, o primeiro prêmio [do curso], na primeira vez em que foi concedido."

Quem, vindo de fazendola do interior, assim conseguia triunfar nos seus primeiros estudos na corte, tinha um destino certo: o Pedro II. Era para que se bacharelassem no seu curso de humanidades as melhores inteligências do Império que, fosse qual fosse a origem dos adolescentes mais sequiosos de saber ou a sua condição social ou a sua situação econômica ou a sua cor ou a sua raça ou o seu credo, pudessem alcançar o Rio de Janeiro, que o Imperial Colégio existia. Sob os olhos vigilantes do imperador, seu empenho era preparar uma elite brasileira que se recomendasse pela superior formação humanística, à qual os cursos superiores os técnicos apenas se acrescentassem, sem diminuir-lhe a importância ou ofuscar-lhe o prestígio. Bacharel do Pedro II era, como título de nobreza intelectual, o mais puro que se podia então alcançar no Brasil.

Carlos Luís, nascido pobre e no interior, foi, pelo seu mérito, aluno gratuito do Pedro II: "honro-me em confessar meu imorredouro agradecimento [...] ao governo brasileiro desse período [o Império] a cuja generosidade devo esse pouco que sou". Desejando a princípio ser engenheiro, esmerou-se no estudo da matemática. Teve até professor particular: Luís Pedro Drago. E frequentou as aulas do Curso Anexo que era, nesse tempo, o vestibular à Escola Politécnica. Os engenheiros não tardariam, aliás, com a proclamação da República, a se tornar, de repente, entes supervalorizados, não pelos serviços de sua técnica a empresas idôneas, mas pelo prestígio que dessem aos conselhos chamados fiscais de companhias fictícias. A existência dessas companhias era um mito, com vantagens pecuniárias de vulto apenas para os seus incorporadores. Seus conselhos fiscais, compostos de engenheiros pagos magnificamente, tiveram vida tão breve que os engenheiros seduzidos por esse estranho jogo de números apenas provaram dele um gosto rápido.

Mas ao se verificar o jogo de bolsa republicano, em que tão de repente foram abandonados os engenheiros que também de repente haviam sido supervalorizados, já Carlos Luís estava decidido a seguir, depois do seu curso de bacharel no Pedro II, o de medicina. Tornou--se, com efeito, médico.

Recorda ele o ensino de línguas vivas como tendo sido deficiente nos seus estudos de bacharelado em letras: eram línguas – a inglesa, a alemã, a francesa – ensinadas como se fossem mortas. Daí só ter se assenhoreado da francesa, então essencial ao brasileiro culto, do qual era "por assim dizer uma segunda língua..." Aliás, "os livros escritos em inglês e alemão" eram "pouco citados ou seguidos pelos docentes" de então.

Dos idiomas vivos, o indispensável ao brasileiro culto continuava o francês. Português, Latim e Francês eram línguas que ele precisava de conhecer bem. Uma silabada em latim podia ser a desgraça de um homem com pretensões a culto. Pecado intelectual tão grave quanto esse era então um erro de pronúncia em francês; ou a tradução de *obsèques* por obséquios. Enquanto um pronome mal colocado em discurso parlamentar podia levar um bacharel em direito ao ostracismo. Houve quem ficasse a vida inteira com a alcunha de Senéca; e de um jovem com pretensões a diplomata se conta que teve de abandonar tais pretensões por ter empregado a palavra *obsèques* com o sentido de obséquios. Um dos obstáculos à ascensão política de Estácio Coimbra foi, num discurso, ter se descuidado da pronúncia da palavra elite como palavra francesa.

Conheceu Carlos Luís na sua adolescência de aluno do Pedro II, voltado com especial interesse para o estudo da matemática, o naqueles dias famoso Benjamim Constant. Mas sem admirá-lo. Pois sendo homem a quem "o monarca magnânimo tratava como pai carinhoso e tolerante", pregava "de sua cátedra e em uma praça de guerra a necessidade de ser transformada a forma de governo, o que importaria na deposição do venerando ancião a cuja bondade sem limites ele devia o poder continuar nessa prática sem a punição que seria natural".

Interessantíssimo a respeito de Benjamim e ainda em ligação com o Pedro II, é o pormenor de que Carlos Luís guardou a lembrança até a velhice, sem nunca o ter divulgado: "Tinha Benjamim Constant um filho, seu homônimo, no 6º ano do Colégio Pedro II (externato). Por ele fui procurado quase no encerramento do ano letivo de 1889, creio que a 26 de novembro, para que, como setianista, encabeçasse as assinaturas de uma petição coletiva por ele trazida de casa, na qual os alunos de todos os anos solicitavam que o [novo] ministro da Instrução [Benjamim Constant] lhes concedesse dispensa do ato de exame. Tratando-se de rapaz folgazão tomei o pedido como pilhéria, certo de que o pai não acederia ao pedido, mas depois de pequeno diálogo fiquei sabendo que entre pai e filho tudo tinha sido previamente concertado [...] cheio de surpresa do que ouvia, prometi assinar não no início, mas no meio, e assim o fiz, para que minha recusa não fosse mal interpretada. Recebida a petição, foi logo deferida. Um dos beneficiados seria Benjamim Filho, com notas baixas em história geral."

Houve, porém, dentre os professores do Pedro II – que na República, por algum tempo, se denominou Ginásio Nacional – quem não se deixasse "amedrontar com o poder discricionário do ministro da Instrução [Benjamim Constant]", conforme a Carlos dissera o próprio Benjamim, filho: o professor de história geral. Chamava-se Ramos

Melo. "Ramos Melo [...] contou calmamente as notas do aluno [Benjamim Constant Filho] e reprovou-o." Benjamim Constant Filho não tinha notas que lhe permitissem ser dispensado do exame; e Ramos Melo não lhe elevou as notas, "amedrontado com o poder discricionário do ministro da Instrução": Benjamim Constant. Carlos Luís recorda o fato, até hoje na sombra, destacando no ato do professor "bela lição de hombridade e civismo"; mas sem deixar de informar haver o quixotismo custado a Ramos Melo "a jubilação compulsória poucos dias depois". Vingança de ministro republicano de Instrução Pública contra um professor do Pedro II, vindo da Monarquia; e escrupuloso no cumprimento do seu dever de mestre de um colégio-modelo. O ato do ministro parece ao depoente ter caracterizado em Benjamim Constant um catão não de todo autêntico.

Ao registro desse procedimento de Benjamim, espantoso, a seu ver, num homem tido pelos republicanos por puro ou modelar, Carlos Luís junta outras acusações ao ilustre simpatizante do positivismo: "Protegido do imperador, não trepidou em depô-lo"; "tendo jurado defender a Monarquia, não hesitou em pregar a necessidade de extingui-la, em conspirar e em ultimar a proclamação da República"; "militar, devendo manter a disciplina, serviu-se de sua cadeira, numa praça de guerra, para fazer propaganda da República"; "positivista, não devendo receber mais que o necessário para sua manutenção, em um mês, recebia os proventos da patente, da cátedra, de professor da Escola Normal, de diretor do instituto que hoje tem seu nome e no qual tinha casa, cama, comida, criados, luz etc., para si e sua família"; "ministro da Guerra, aceitou sua promoção por ocasião da manifestação demagógica feita em frente ao Itamaraty pelo major Serzedelo Correia, que lhe bradou que o povo proclamava generalíssimo a Deodoro e general a Benjamim. Sem mesmo pedir que o proclamador apresentasse a procuração passada pelo povo, aceitou para ambos a procuração, pouco cogitando da moralidade do ato e não escrupulizando-se em lesar em direitos e até mesmo pecuniariamente os que o deviam preceder na escala. Para compensar a dedicação de Serzedelo, promoveu-o também no mesmo instante a coronel". Daí ter filosofado em 1940 o antigo bacharel em Letras pelo Pedro II: "se tivesse de apontar, a qualquer adolescente, vulto brasileiro que devesse ser tomado por modelo, longe estaria de escolher o de

Benjamim Constant". Sinal de não ter se apagado da sua lembrança o ato, que tanto lhe escandalizou a adolescência, do primeiro-ministro da Instrução Pública da República, concertando com o filho uma petição a ele, ministro discricionário, de alunos do Pedro II, no sentido de serem dispensados de exames de fim de ano – o ano de 1889! – os mesmos alunos, a fim de ser, com essa medida, beneficiado o então também adolescente aluno Benjamim Constant Filho. Mau começo para a República, quanto à moralidade do ensino.

Essa moralidade, durante o Império, não foi exclusiva do Pedro II; nem de mestres como Ramos Melo. Em 1884, Raimundo Dias de Freitas, nascido em 1874 no Piauí, veio fazer o curso secundário no Ginásio Pernambucano – o Pedro II do Nordeste do Império; e aí encontrou ambiente de tal modo austero que a princípio o intimidou. Fizera ele os estudos primários no Piauí. Primeiro, em Jerumenha, com uma Da. Ludovica: "distinta senhora" que "ensinava com carinho e se esforçava pelo aproveitamento dos seus discípulos..." Depois, em Amarante, com "o velho José". Tanto numa como noutra escola "o método do ensino era o mesmo. Ensinavam a conhecer as letras do alfabeto, e, depois, passavam a ensinar a formação das sílabas, fazendo juntar um b com um a e dizia-se b-a-bá. E todas essas formações de sílabas como as lições de tabuada eram ditas em voz alta e cantadas. Esse era o método: aprendia-se quase de oitiva e pelo muito de se estudar cantando e gritando".

O "velho José" era, porém, "um homem severo". Muito vadio, Raimundo "tinha dele um medo muito grande". Mas com todo esse medo do severo José, continuou com "pouca vontade de aprender" e achando que estudar era "uma coisa dificílima". Sua "única preocupação era brincar". Talvez porque lhe faltasse alguém que o estimulasse ao estudo com "bondade e carinho": o pai era viúvo e homem que, além de entristecido pela viuvez, vivia preocupado "com as funções de um cargo público que exercia".

Na escola de mestre José "o castigo principal era a palmatória". Mas havia outros: "de quando em quando, colegas eram levados para a porta que dava para a rua, conduzindo cartazes irônicos e hilariantes pendurados ao pescoço e outros com máscara de burro enfiada à cabeça". Isto "quando não davam lições certas". A palmatória, esta não tinha descanso: "quer nas simples lições ao mestre, quer nos dias de sabatina ou argumento". E eram bolos dados "com talento", isto é, vigor. Em nenhuma das duas escolas piauienses do último decênio da Monarquia havia "intervalo para recreio" nem "lugar apropriado para brinquedos".

Do interior da Província do Piauí, veio Raimundo, com seu irmão Cantídio, para a Província do Maranhão, da qual era presidente um seu tio desembargador. Conheceu em São Luís nova escola primária: a terceira que cursou. Recorda que nesse tempo não se conheciam, ao menos no Norte do Império, "os atuais cadernos para aprendizagem dos caracteres do alfabeto e da numeração". O ensino da caligrafia foi-lhe ministrado pelo método da cobertura a tinta, das letras do alfabeto e dos algarismos, "previamente feitos os traços pelas mãos dos professores".

Mas não terminou aí sua peregrinação por escolas públicas: a quarta veio a conhecê-la no Recife, antes de entrar no ginásio. Era dirigida por uma Da. Maria Rita; e "o sistema do ensino" era o mesmo do Piauí e do Maranhão: "tabuada, leitura e formação de sílabas cantadas em voz alta". O mesmo castigo: bolo de palmatória. De uma feita, porém, experimentou castigo que lhe repugnou: a professora "prendeu-me num quarto infecto porque eu não soube a lição; não me conformando com a situação, pois além de ser um aposento desarrumado, cheio de roupas servidas, existia [nele] um vaso com um cheiro nauseabundo... passei a reclamar, chorando e batendo na porta. Minha atitude exasperou a professora que, indignada, veio calar-me agarrando-me pelas orelhas, levando-me contra uma parede e comprimindo-me com um joelho, na altura do estômago, batendo-me enfurecida; e eu vinguei-me dando-lhe uns empurrões onde e como pude. A queixa à minha tia Teresa não se fez esperar; dentro de poucos dias estava a professora dizendo de mim cobras e lagartos e assim fui criando fama de menino brigão e insuportável".

Com essa fama é que Raimundo entrou no Ginásio Pernambucano, ainda em aula primária. Era professor dessa aula "um homem austero e rigoroso". Chamava-se Miranda. Com ele o menino vindo do Maranhão adiantou-se "vantajosamente" na leitura, na caligrafia e na tabuada. O tio desembargador de Raimundo, agora presidente da Província de Pernambuco, deu ordem ao sobrinho para estudar de preferência português, francês e aritmética, desde que teria de dedicar-se ao comércio. E foi sob essa orientação que Raimundo começou a estudar no Pedro II do Nordeste as matérias do curso secundário.

Teve mestres excelentes. Ensinava francês no primeiro ano do curso, "o padre Joaquim Arcoverde"; no segundo, o Dr. Sarmento. Quanto aos livros escolares no curso secundário: "Foram meus livros: de língua francesa, a gramática de J. F. Halbout (1º e 2º anos) e a leitura e tradução de Chateaubriand; de língua portuguesa, a gramática do Dr. Abílio César Borges". Do "padre Joaquim Arcoverde" se recorde que era nem mais nem menos o futuro cardeal do Rio de Janeiro.

Acredita Raimundo que, pelo fato de duas vezes não ter dado certo as lições de catecismo, viu-se "vítima da antipatia e prepotência de dois censores". Mas o certo é que, a despeito de ser sobrinho do presidente da Província, foi castigado como um menino qualquer que faltasse com o cumprimento dos seus deveres. No seu entender foi castigado "barbaramente": "a palmatória, pelos dois centuriões", aos quais teve de estender as mãos para "formidáveis palmatoadas". Como, vendo-se com as "mãos já pontilhadas de sangue no sulco das linhas palmares", recusasse a continuar a receber o duro castigo, foi levado à presença do reitor da casa. E acabou expulso do insigne ginásio, é verdade que já tendo, a esta altura, falecido o seu tio, por algum tempo presidente da Província de Pernambuco e orientador dos seus estudos.

Aos 16 anos, matriculou-se, a conselho de outro parente, na Escola Militar do Ceará. Por esse parente, tenente do Exército, soube que "a Escola Militar era um instituto nacional de ensino onde os moços pobres poderiam, por esforço próprio, se fazer na vida, conseguir posição útil a si e ao seu país, sem auxílio ou proteção de ninguém". O que era preciso era que "não se afastasse da linha inflexível dos deveres de militar e cidadão". O Pedro II deixara de ser o Pedro II para obedecer – já vimos às vezes como – a um militar bacharel: Benjamim Constant, primeiro-ministro republicano da Instrução Pública. O Exército, a carreira de oficial, a vida de militar adquiriram aos olhos dos adolescentes brasileiros um prestígio que infelizmente lhes faltara durante os dias do Império. Raimundo foi beneficiado, na Escola do Ceará, pela "disciplina militar" que lhe pareceu "positiva e real". E que corrigiu nele o suposto "menino incorrigível". Explica-se assim ter envelhecido considerando admirável esse tipo de ensino e dignos do máximo respeito seus principais orientadores, antes e depois de proclamada a República.

Desses orientadores do ensino militar, em particular, e do brasileiro, em geral, nenhum, na época de Raimundo moço, lhe pareceu maior que

Benjamim Constant: "[...] espírito independente, altivo e ponderado". Desde cedo manifestara preferência pelo regímen republicano, "certamente influenciado pela leitura da história da França que empolgou por muito tempo o espírito da mocidade brasileira". Mais: "Benjamim Constant foi um mestre querido não somente dos seus discípulos militares como da mocidade civil. Suas ideias republicanas e os seus estudos sobre o positivismo tornaram-no muito acatado. [...] A Benjamim Constant se deve em grande parte a extinção do regímen monárquico no Brasil: contribuiu em pessoa para levar de vencida as últimas resistências que estavam sendo opostas ao golpe de 15 de novembro!"

Também no Ginásio Pernambucano estudou Cláudio da Costa Ribeiro, nascido no Recife em 1873. Isto depois de ter feito os estudos primários na mesma cidade na escola de mestre Landelino: Landelino Rocha. Mestre Landelino dava aula a limitado número de alunos na sala da frente do primeiro andar da sua moradia que era na Rua das Trincheiras, numa época em que algumas das melhores residências – residências até de barões e comendadores – eram no Bairro de Santo Antônio e no de São João. Em sobrados e casas térreas. Era esse Landelino, mestre-escola de sobrado, "alto, alourado e de bigodes grossos". "Ríspido e exigente", fazia-se temer pelos alunos: "terror das crianças do meu tempo!", depõe Cláudio, em depoimento escrito mais de sessenta anos depois dos seus dias de aluno de Landelino. "As aulas começavam às 10 horas e iam até as 2 ou 3 horas, não me lembro bem. A palmatória trabalhava; a reincidência no erro acarretava meia dúzia de bolos." É verdade que não havia cafua: "tão usada em outros colégios". Aprendia-se nos próprios livros escritos e editados pelo Landelino, com exceção do *Paleógrafo* e da *Cacografia*. Nenhuma organização militar dos meninos: "Nunca formamos". Esse homem alto, alourado e bigodudo era, ao contrário do que sua figura sugeria, paisano da cabeça aos pés, abolicionista e republicano, frequentador dos *meetings* de Martins Júnior e Aníbal Falcão e talvez, como eles, um tanto positivista nas ideias.

No ginásio, Cláudio ele próprio se tornou entusiasta de Martins Júnior, de quem recorda que "prestava concurso para a Academia de Direito, classificado em 1º lugar e não era nomeado". Daí Cláudio não gostar de Pedro II: o imperador não respeitava a classificação dos concursos. Do Recife seguiu para o Rio de Janeiro a fim de ser engenheiro, desejando tornar-se "um grande empresário ou um grande industrial"; mas por "questão de família, receio do dia de amanhã", e também pelo que viu na época do ministro Murtinho (que "paralisou todos os trabalhos", obrigando os engenheiros "quase a pedirem esmola"), acabaria a agarrar-se "com unhas e dentes ao emprego público". Seu curso de engenheiro, começado no Rio de Janeiro, na Escola Politécnica, completou-o em São Paulo. Sobre os mestres de curso superior depõe: "Tive admiração pelo meu diretor, Dr. Paula Sousa, varão de Plutarco e pelo grande arquiteto Dr. Francisco de Paula Ramos de Azevedo. Seu aluno, fui seu obscuro auxiliar na construção do Hospício de Juqueri. Tenho ainda grandes recordações do meu mestre Dr. Augusto Ramos [...] homem de grande inteligência e preparo".

Sebastião de Oliveira, nascido em 1879 na então Vila de Cruz Alta, no Rio Grande do Sul, não chegou a fazer estudos superiores. Frequentou quando menino duas escolas públicas e um colégio particular "onde pouco se brincava e muito se castigava, até com palmatória". Quanto aos livros: "[...] eram a *Cartilha*, o 1º, 2º, 3º e 4º de Hilário Ribeiro, a *Seleta* de Aulete".

Octavio Tarquínio de Sousa (Amaranto), nascido no Rio de Janeiro já na República – em 1893 –, foi, quando menino, aluno do Externato Tavares Bastos, dirigido por uma irmã do grande brasileiro (Aureliano Cândido Tavares Bastos), que se chamava Da. Teolina, "senhora baixinha, de voz mansa, mas muito enérgica, que aplicava aos alunos rebeldes castigos de cocorotes e bolos". Quem, porém, ensinou Octavio Tarquínio a ler, não foi Da. Teolina mas outra professora: uma irmã de Rodrigo Octavio. Chamava-se Da. Genesi essa irmã de Rodrigo Octavio. "Era linda e foi... o meu primeiro amor." Tinha Octavio Tarquínio nessa época 7 anos.

Do Externato Tavares Bastos passou Octavio Tarquínio ao Colégio Kopke, onde fez todo o seu curso secundário. Colégio famoso pelos seus novos métodos de ensino e de disciplina, teve por alunos os filhos das melhores famílias do Rio de Janeiro nos dois primeiros decênios da República e no último do Império. "Já não dirigia mais o colégio o Prof. Kopke, mas os seus métodos de ensino continuavam em grande parte a ser observados. Não havia nenhum castigo, os alunos mais velhos eram os chefes de disciplina. Lembro-me de Guilherme Guinle e Henrique Inglês de Sousa, de classes mais adiantadas, conduzindo os alunos para o recreio ao som de um apito. Dos professores, guardo boa lembrança de Temístocles Sávio, oficial de Marinha que nos ensinava geografia com uma vara na mão, apontando sempre grandes mapas; Saldanha da Gama Filho, professor de matemática, homem extremamente polido e persuasivo; e também de Júlio Augusto de Meneses, professor de história e de latim, sempre vestido de impecável sobrecasaca. Não posso esquecer o americano Langhort Marchant, pai do historiador Alexander Marchant, homem brusco, mas envolto também na sua sobrecasaca preta. Por último, recordo-me de Joaquim Inácio de Almeida Lisboa, sobrinho de João Francisco Lisboa, que me ensinou álgebra, geometria e trigonometria com a segurança que lhe dava o seu curso feito na Escola de Pontes e Calçadas de Paris. Aprendi caligrafia com Luís Filgueiras, inventor de argolinhas que forçavam os dedos a ficar na posição propícia a escrever." Assinala que "tendo sido aluno primário e secundário nos primeiros quatorze anos de República, não tenho ideia de nenhuma festa cívica nos colégios que frequentei". Reparo que coincide com a crítica de Sebastião de Oliveira, quanto às escolas que conheceu, menino, no Rio Grande do Sul ainda da época monárquica: as festas cívicas não eram para as crianças, mas realizadas à noite, para os adultos.

Observa, ainda com espírito crítico, Octavio Tarquínio que, "tendo sido bom estudante no curso secundário, na Faculdade de Ciências Jurídicas e Sociais, que funcionava no Colégio Pedro II, então Ginásio Nacional, faltaram-me maiores estímulos". Daí ter se limitado a "estudar o essencial para passar nos exames". Dos mestres que teve nessa época, destaca Sílvio Romero, "que me abriu o espírito para os estudos sociais". Estimulado por Sílvio, começou a "ler muito". Teve, nesse período de estudos, "a fé religiosa abalada". Mas "criado em família católica", manteve com relação à Igreja "uma atitude respeitosa". Quanto à "pregação que Miguel Lemos e Teixeira Mendes fizeram [então] no Brasil, e de que fui testemunha, tornou o positivismo para mim, sobretudo no seu aspecto religioso, ridículo". O ensino da época parecia-lhe "mau". Dos seus dois grandes renovadores, nos primeiros anos da República, nem Benjamim Constant nem Rui Barbosa o impressionaram então sob esse aspecto; Rui despertou-lhe a atenção apenas "como um grande orador", embora a oratória nunca o tenha seduzido, como já se viu em capítulo anterior. É que Octavio

Tarquínio representava já uma nova geração – crítica, discriminadora, cética – de brasileiros nascidos nos primeiros anos da República. Jovens cujos autores preferidos eram os franceses como Renan e Anatole e os portugueses como Eça e Ramalho. Não podiam, sob o encanto de tais mestres, deixar-se atrair nem pela eloquência às vezes rococó de Rui Barbosa nem pelo positivismo dos devotos brasileiros de Comte, quase todos ou quase sempre afirmativos e enfáticos no seu cientificismo. E, "como a maioria dos rapazes do meu tempo, encarava com certo desdém os autores brasileiros": parece que o próprio Machado. O próprio Joaquim Nabuco. Tal era a sedução que a Europa exercia sobre esses brasileiros desencantados com o Brasil dos primeiros anos da República, que Octavio Tarquínio confessa com a melhor das canduras: "Tendo sido sempre o mais possível verídico, detestando a mentira, antes de conhecer a Europa, quando alguém me perguntava se já eu lá estivera, era com grande esforço que não mentia. Mais de uma vez menti". Já com mais de trinta anos é que realizaria esse seu sonho de menino e adolescente brasileiro: conhecer a Europa. O ter visto a Europa, o ter estado na Europa, o ter viajado pela Europa, foi uma das marcas de distinção não só social como intelectual entre os brasileiros da época evocada neste ensaio.

O cônego Matias Freire, nascido em Mamanguape em 1883 e neto do barão de Mamanguape, foi outro que não sossegou enquanto não conheceu a Europa: "seus estabelecimentos de instrução, museus, bibliotecas, livrarias, principalmente suas igrejas e monumentos outros de caráter católico". O Vaticano; as Basílicas de São Pedro, de São Paulo, de Santa Maria Maior; Lourdes e Vichy. Mas também outras partes da França; Portugal; a Espanha com sua "alacridade", "exuberância", "espírito latino". Isto sem que a Europa o desprendesse do recanto provinciano do Brasil onde nascera: um sítio, perto do mar, no litoral paraibano, "com os mais altos coqueiros que já vi". À frente da casa-grande onde decorreram seus dias de menino, recordava-se o cônego, em depoimento escrito em 1941, que havia "três copadíssimas gameleiras [...] onde cantavam bem-te-vis, sabiás, galos-de-campina, juritis..." Da mata próxima vinha-lhe todos os dias, ao amanhecer, o canto das araguaris: "canto que ainda guardo em meus ouvidos". Daí, depois de adulto, "o canto dos pássaros" guardados em sua casa "servir-lhe de consolo", quando assoberbado por "qualquer contrariedade".

Estudou Matias as primeiras letras numa escola primária de Guarariba, da qual era vigário seu tio materno Valfredo Leal: padre metido em política, como aliás vários, nos primeiros anos da República e durante o reinado de Pedro II, um dos quais seria assassinado: monsenhor Olympio de Campos. O professor era homem "muito dedicado à sua profissão, de costumes rígidos, severo no ensino", que "punha em função a sua férula contra os estudantes vadios e malcomportados". De Guarariba, Matias seguiu para a capital da antiga Província, já então Estado, continuando aí os estudos, primeiro no Colégio Paraibano, do professor Abel da Silva, depois no seminário. "As línguas que estudei foram apenas a portuguesa, a francesa e a latina. Nunca li livros senão nessas línguas..."

Nascido em Rio Branco, no Estado do Rio de Janeiro, em 1890, quem em certo momento de sua vida de colegial pensou em ser frade – "frade, não padre", acentua ele em depoimento escrito especialmente para servir, com os vários outros, que vem sendo citados, de lastro a este ensaio – foi Astrojildo Pereira: Astrojildo Pereira Duarte da Silva. Ocorreu este falso despertar de vocação religiosa em Astrojildo durante seus dias de aluno do Colégio Anchieta em Nova Friburgo: dias não de todo seráficos, como adiante se verá. Antes de aluno do Anchieta, estudou ele em dois "colégios primários". O primeiro, "público", com professor "austero, ríspido, seco". Os livros escolares eram, desse "colégio público", para a leitura, os de Felisberto de Carvalho, para geografia, Lacerda, para história do Brasil, Sílvio Romero. Castigo principal: ficar em pé no canto da sala. Bolo, poucas vezes. Brincadeiras, "vulgares". "Bastante safadeza." No colégio particular onde continuou os estudos primários, teve por professor certo médico "descrente da medicina": "camarada, bonachão, paternal". Aí começou a estudar francês. O livro escolar, dessa fase, de que mais se recordaria depois de adulto, foi "a *Seleta contemporânea* [sic], de João Ribeiro". Entre os alunos, havia nesse colégio "mais camaradagem e menos safadeza nas brincadeiras". Era também escola mais "aristocrática" que a pública, onde estivera.

Mas a experiência de colégio verdadeiramente aristocrático, Astrojildo viria a tê-la menino de 13 anos, ao tornar-se aluno do Colégio Anchieta, dos padres jesuítas. Era "colégio rico". Como seu pai viesse prosperando, podia dar-se ao luxo de ter filho aluno do mesmo colégio em que vinha estudando o filho de Rui Barbosa. Fora no Anchieta, em discurso célebre, que Rui se reaproximara há pouco da Igreja, como que apagando a má impressão causada nos meios mais ortodoxamente católicos pela sua introdução ao livro *O papa e o concílio*.

Dos métodos do aristocrático colégio de Nova Friburgo recorda Astrojildo que eram – como não podiam deixar de ser – "os jesuíticos". Missa todo dia. Padre-nossos, ave-marias, salve-rainhas, dez vezes por dia. Tornou-se Astrojildo "o melhor aluno de álgebra" de sua turma. Mas sua leitura predileta era a *Antologia nacional*, de Laet e Barreto. A despeito de sentir-se "sinceramente católico" – "mau aluno de catecismo e religião" mas católico sincero –, confessa que, "ao mesmo tempo, com X. Y., (filho de Y.) redigia um jornal manuscrito clandestino, pornográfico". X. Y., entretanto, arrependendo-se dessas "aventuras pornográficas", seguiria para Roma a fim de estudar para o sacerdócio.

Astrojildo Pereira foi um tanto cigano na sua vida de colegial. Do Anchieta passou a outro colégio, também famoso: o Abílio, de Niterói. Deste recorda que "o ambiente era leigo". Os "brinquedos físicos" eram poucos, mas aí conheceu "os primeiros grupos literários". Fez os primeiros "versos amorosos": tinha já mais de 15 anos. Aí também sentiu as "primeiras preocupações políticas", entre elas o "antimilitarismo". Veio-lhe o ateísmo. Abandonou o curso ginasial no terceiro ano, para resvalar no que denomina em seu depoimento "autodidatismo arquiatabalhoado". Não acredita ter sofrido influência de qualquer mestre em sua formação. E registra estas "predileções contraditórias na literatura brasileira" que lhe marcaram o autodidatismo de adolescente: "Machado de Assis, Raul Pompeia, Euclydes, João Ribeiro, Graça Aranha..." Lembra-se também de ter sido "já na adolescência, republicano radical. Admirador de Benjamim. Mais ainda de Rui. Mais admiração pela França que pelos Estados Unidos. Pela Inglaterra, um pouco devido a Rui. Antipatia pela Alemanha".

Talvez não seja exagerado dizer-se de Astrojildo Pereira que lhe fez falta um curso sistemático em colégio como fora o Pedro II nos últimos decênios do Império e continuou de certo modo a ser sob o nome de Ginásio Nacional, depois de proclamada a República. "O Colégio Anchieta deixou-me as piores recordações da adolescência; o Colégio Abílio não me ensinava o que eu queria aprender", confessa ele no seu depoimento, onde também recorda ter a "crise religiosa íntima" o feito resvalar no anticlericalismo, daí tendo passado ao "ateísmo anarquista" e do "ateísmo anarquista" à "interpretação marxista".

Amílcar Armando Botelho de Magalhães, nascido em 1880, na então Província do Rio de Janeiro, num sítio anexo à Fazenda do Turvo, e sobrinho de Benjamim Constant, aprendeu as primeiras letras na própria fazenda de café, com sua madrinha, Da. Elvira Chaves Fernandes. Ao vir morar na corte, já sabia ler e escrever. Foi quando começou a frequentar o jardim de infância – inovação, a essa época – dirigido pela senhora do Dr. Meneses Vieira, um dos educadores mais famosos do Brasil no tempo de Pedro II; e aos 12 anos foi internado no Ateneu Brasileiro, com sede em São Cristóvão. O ateneu era dirigido por um professor de português e matemática, alferes-aluno reformado do Exército, Ulisses José da Costa Cabral. "As suas lições de humanidades" – recordaria meio século depois delas Amílcar Armando – "acompanhavam sempre oportunas prédicas patrióticas, argumentações para alicerçar as conquistas da liberdade, da democracia, da República como forma de governo para que tendem todos os povos civilizados." Mais: "[...] empolgava-nos com a sua eloquência e elegância de estilo". Constantemente abria aos olhos dos alunos "passagens dos livros de Samuel Smiles, principalmente *O caráter* e *O poder da vontade* [...] *A educação moral do soldado*, do coronel Carlo Corsi, o *Coração*, de Edmundo de Amicis". Quanto aos castigos, empregava os morais, "mais eficazes que os castigos corporais, quando manejados por um mestre em psicologia, como era Ulisses Cabral". Aqueles livros foram dos mais lidos pelos meninos e adolescentes da época, sob a recomendação de adultos preocupados com o excessivo pendor da mocidade pelas leituras por alguns deles consideradas frívolas: durante algum tempo, os romances de Júlio Verne; já no século XX, as novelas de Conan Doyle sobre as aventuras do detetive Sherlock Holmes.

O Ateneu Brasileiro era misto: outra inovação pedagógica num Brasil até o meado do reinado de Pedro II quase inteiramente mouro ou mourisco neste particular. Mas sem que se permitissem "namoricos". O diretor, ao que parece, sob influência positivista, ensinava seus alunos a considerar a mulher "superior ao homem em sentimentos, pelo coração, pela bondade". Tese que Amílcar Armando informa que, "no fim da vida", viria a lhe parecer "um grande erro", só "excepcionalmente" lhe parecendo "o belo sexo [...] digno desta veneração". "Em regra geral" – havia de ensinar-lhe a experiência, contrariando as lições do diretor do Ateneu Brasileiro –, "o belo sexo se apresenta despido de caráter, leviano, preocupado somente com as aparências, egoísta, com veleidades de se superpor ao sexo forte e obcecado por dominá-lo, extremamente fútil, sem noções elevadas de patriotismo, colocando-se como ponto central da família acima da própria pátria!" O que parece indicar que nesse ilustre sobrinho de Benjamim Constant – devoto extremo da República-mulher – a ideia ou o sentimento ou a mística de identificação profunda da República messiânica com a mulher quase deusa (até quanto possível essa divinização, dentro da filosofia chamada positiva) sofreria restrição tal, que se compreende ter vindo, em idade provecta, a julgar o próprio positivismo merecedor, como a Igreja Católica, da sua simpatia, sob a forma de "saber" ou "ciência"; e como fonte de "princípios úteis à humanidade"; mas "cuja implantação considero utopia". Isto sem deixar de ver em Auguste Comte filósofo "que deixa Nietzsche, Karl Marx e mesmo Spencer a perder de vista"; e na República democrática, "a meta de todos os povos cultos e civilizados como forma de governo ideal."

Do Ateneu Brasileiro se destaque que "sempre promovia solenidades para festejar as datas nacionais e os aniversários das grandes batalhas em que o Brasil esteve empenhado". Dessas solenidades, porém, as que deixariam maior impressão em Amílcar Armando, quando já militar, seriam as da Missão Rondon nos seus dias heroicos, "por ocorrerem em pleno sertão da nossa pátria..."

Seus estudos superiores seriam de engenharia militar e civil. Ao matricular-se na Escola Militar do Rio Grande do Sul, já tivera experiência como soldado, pois na defesa da legalidade republicana assentara praça, muito jovem, num batalhão patriótico, nos dias de Floriano, treinando "sob os bombardeios da esquadra revoltada e o ripostar da artilharia da fortaleza de São João", no Rio de Janeiro.

Curioso é que, desde cedo soldado, não se tenha extremado nunca em fanfarrão: "poucos foram aqueles com quem cortei relações, alterquei ou tive cenas de pugilato". Leu muito, como aluno da Escola Militar: "afora os livros de estudo [...] as poesias de Gonçalves Dias, Casimiro de Abreu, Castro Alves, Guerra Junqueiro, assim como os romances de José de Alencar". E sempre, ao que parece, sob a influência das lições de moral do diretor do Ateneu Brasileiro, detestou "leituras obscenas ou mesmo livres". Tanto que "a um colega que me deu para ler conhecido volume desse gênero, de Bocage, devolvi o livro e informei de que só lera um soneto ("Não lamentes, ó Nise, o teu estado...") e este me causara náuseas. Nem depois, quando rapaz, e homem maduro, mudei de gosto".

Manuel (Carneiro de Sousa) Bandeira, nascido no Recife em 1886, depois de aí ter estudado, como já se recordou em capítulo anterior, as primeiras letras, seguiu para a então nova capital federal, a fim de fazer as humanidades no antigo Pedro II, recém-denominado Ginásio Nacional. No Rio fez, com efeito, o curso completo de Bacharel em Ciências e Letras; e não simplesmente o de preparatórios. Estudou, assim, matérias que não faziam parte do curso de preparatórios: desenho, música, mecânica, literatura e lógica. Acerca dos professores, alguns vindos do Império, depõe: "Tive grande admiração e respeito pelos professores Silva Ramos (português), José Veríssimo (geografia), Cabrita (matemática), Frontin (mecânica), Said Ali (alemão), Alexander (inglês), Paula Lopes (história natural), Nerval de Gouveia (física e química), João Ribeiro (história geral e do Brasil)". Uns – como já se recordou – positivistas; outros católicos; outros materialistas. Dos professores, o que mais influiu na formação literária de Manuel Bandeira foi João Ribeiro "com quem alguns colegas costumávamos conversar depois da aula. Ele fazia-nos sentir a superioridade de Raimundo Correia sobre Bilac, de Machado de Assis sobre Eça de Queirós num tempo em que Bilac na poesia e Eça na prosa eram os ídolos". "Superioridade" que – é claro – nunca conseguiu demonstrar por A + B.

Do então chamado Ginásio Nacional, depõe Manuel Bandeira que "tinha ainda um aspecto conventual: grande pátio com claustro onde se brincava violentamente nos dez minutos do recreio que intercalavam as aulas". Os jogos eram corridas, pique, *saute-mouton*, saltos, toda sorte de exercícios físicos nos aparelhos de ginástica. Davam-se trotes nos calouros mas sem crueldade. "Nunca houve festas cívicas, ao que eu me lembre", informa Manuel Bandeira.

No tempo do ginásio é que Manuel Bandeira começou a ler "fora da escola": "Lia muito e devorava *Os Lusíadas*, clássicos portugueses, Bocage (menos o sétimo volume), Filinto Elísio, os românticos brasileiros (sobretudo Castro Alves e Gonçalves Dias), Bilac, Alberto de Oliveira." Aos 15 anos leu muito Guy de Maupassant e Anatole France, "este ainda muito pouco conhecido no Brasil. No 6º ano do ginásio recebeu como prêmio, do professor de literatura Carlos França, "o livro de Taine sobre La Fontaine", do qual registra: "Li-o com muito cuidado e atribuo a ele grande influência sobre as minhas ideias a respeito de poesia". O que concorre para indicar que os bons livros de prêmio – então dados, como que ritualmente, aos bons alunos – exerceram influência por vezes considerável sobre os laureados. Alfredo Alves da Silva Freyre (Júnior) recebeu, quando menino, pelo seu bom aproveitamento nos estudos, belo volume de *O paraíso perdido*, de Milton, em tradução portuguesa, que igualmente o afetou nas suas ideias a respeito menos de poesia que de teologia; e Eduardo de Morais Gomes Ferreira, mesmo depois de formado na França pela Escola de Pontes e Calçadas, não se libertou da influência sobre o seu espírito de adolescente de um volume-prêmio do *Robinson Crusoé*, de Defoe, que sempre o predispôs à admiração pelos ingleses e pela sua engenharia prática.[4]

José Cupertino Dantas, nascido em 1854 no antigo Engenho Unha de Gato, na então Província de Sergipe, informa ter sido mandado, ainda menino, pelo pai, senhor de engenho, ao Recife, a fim de aprender de fato as primeiras letras, já que não vinha obtendo proveito algum na escola de Pé do Banco: a mais próxima daquele engenho. No Recife foi colocado na casa do padre Félix Barbosa de Vasconcelos, com quem estudou gramática e, depois, latim. Da casa do padre Félix – que era "uma espécie de pensão" para estudantes sergipanos – passou a ser aluno do Colégio da Conceição, fazendo aí os preparatórios para a Faculdade de Direito. Lembra-se de, no colégio, ter feito exercícios de ginástica; e de toda quinta-feira e domingo, sair com os outros meninos, a mandado do diretor, em "passeios estirados pelo Brum e pelos arrabaldes, até Olinda, voltando no trem". De modo que com esses exercícios não perdeu na cidade o vigor de menino de engenho. O diretor do Conceição, Manuel Alves Viana, parece ter sido homem de algum modo anglicizado em suas noções do que devesse ser a educação de um rapaz. Pois os exercícios de ginástica nos colégios e os passeios a pé, de colegiais, pelos arrabaldes, não eram então comuns nas escolas brasileiras para rapazes.

Waldemar (Martins) Ferreira, nascido em São Paulo em 1885, recorda ter sido "estudante pobre, copista de cartório". O "quartel-general da estudantada" era, então, na capital de São Paulo, o Café Guarani. Como estudante pobre, frequentava restaurantes das Ruas de Santa Teresa, Formosa e São João, que tinham "denominações genéricas que se não escrevem". Lembra-se de ter escrito num jornal anticlerical de estudantes da Faculdade de Direito chamado *A Bomba*. Dos seus estudos primários e dos seus jogos e brinquedos de menino de escola, dá-nos Waldemar (Martins) Ferreira relato minucioso que merece ser aqui reproduzido palavra por palavra: "Tinha 6 anos quando se matriculou no Colégio Mineiro, que era internato e externato de meninas, dirigido por Da. Mariana de Campos Aires, ainda viva, graças a Deus. Acedera ela em receber uma turma de meninos, o que não deixou de constituir revolução nos costumes. Não havia recreio em que brincassem meninos e meninas. As aulas tinham um período só, que começava às 11 horas e terminava às 16 horas. Aprendia-se a ler e a escrever. Escrevia-se cobrindo debuxos a lápis e completando os espaços em branco. Depois copiavam-se traslados dos manuscritos. Liam-se cartas. Liam-se livros impressos em tipos manuscritos, que se chamavam paleógrafos. Aprendia-se pela cartilha de João de Deus. Estudava-se a gramática portuguesa de Coruja e, concomitantemente, se lia o *Primeiro livro de leitura*, de Abílio César Borges, barão de Macaúbas. Tudo era lido e decorado. Havia, aos sábados, sabatinas entre meninos e meninas, mas de tabuada e de cartilha religiosa. A de tabuada requeria exercício de atenção e boa memória. Cinco vezes oito? – perguntava a professora. Quarenta! – respondia-se. E ela, rápida e imediatamente, por gesto designativo de outro ou outra dos discípulos, inquiria: Noves fora vezes nove? – e assim por diante. Os que erravam tomavam bolo de palmatória dos que imediatamente acenavam. Diariamente se tomavam as lições de leitura e se faziam 'escritas', pelas cópias dos 'traslados'. Não havia o sistema dos cadernos de notas para trabalhos em casa. Tudo se aprendia nos livros e decorava-se. Logo depois transplantou-se Waldemar Martins Ferreira para o Colégio Bragantino, dirigido pelo professor particular Adelino Campos, que era irmão da primeira professora e adotava o mesmo sistema e método de ensino, com a circunstância de que fazia ler, diariamente, a Constituição do Estado de São Paulo, sem que, todavia, explicasse convenientemente. Os textos constitucionais eram decorados e os livros os mesmos nos dois colégios, sendo que, uma vez por mês, se realizavam sabatinas entre as meninas de um e os meninos de outro."

Ainda sobre o assunto, escreve Waldemar (Martins) Ferreira no seu valioso depoimento: "Apareceu em Bragança, vindo de Atibaia, um professor francês, chamado Hubert François Salu von Hagenborgh. Fundou o Colégio Hubert, em chácara nos arrabaldes da cidade – a chácara do Toledo, onde, há mais de trinta anos, se acha instalado e em pleno funcionamento, prestando obra da mais alta assistência social e humana, o Preventório para os Filhos dos Tuberculosos Pobres, fundado e mantido pela Exma. Sra. viscondessa da Cunha Bueno, há pouco tempo falecida. O novo colégio alcançou grande sucesso. Introduziu métodos novos, acabando com o estudo decorado. Havia lições de coisas. Estudava-se português, francês, italiano, geografia, história, aritmética, álgebra, geometria e história do Brasil." E quanto aos brinquedos em voga num colégio que sendo novo em alguns dos seus métodos de ensino conservava-se fiel aos velhos jogos: "No colégio, os brinquedos eram os comuns. Barra-bandeira, o preferido. Barra. *Saute-mouton*. Corridas. Pulos. Barra-manteiga. Começara a prática do futebol. Havia, também, para os maiores, o jogo de frontão, com uma parede só. Mas Waldemar Martins Ferreira não era dado a tais exercícios, que não eram obrigatórios. Tinha havido, no colégio, um clube literário – o Grêmio Literário e Científico Valentim de Magalhães. Deixara de funcionar; mas restava pequena biblioteca literária brasileira e aquele estudante preferia ler, mesmo durante as horas do recreio. Recebia jornais. Passou a entrar em contato com os escritores. Júlio Ribeiro, cuja *A carne*, tinha, com efeito, o sabor especial, que nunca perdeu, tantas as suas edições. José de Alencar. Valentim de Magalhães. Joaquim Manuel de Macedo. Adolfo Caminha. Raul Pompeia. Luís Guimarães. Aluísio Azevedo. Liam-se, em aula, a *Antologia nacional* de Carlos de Laet e os *Autores seletos* [sic] de João Ribeiro. O *Théâtre classique* de Regnier. *Beautés de Chateaubriand* de Mar-çou e o *Génie du christianisme*. Traduzia-se do inglês, além de várias seletas clássicas, o *Vigário de Wakefield*. De Cícero, o *Pro Milone*. O *De Bello Gallico*, de César, de Virgílio, a *Eneida*. De Horácio, quase tudo, parceladamente. *A odisseia*, de Homero. O *Fausto, Werther*."

Estudante de direito, o sergipano Cupertino Dantas morou no Recife em república. A época foi a do apogeu das repúblicas tanto no Recife como em São Paulo, no Rio de Janeiro, em Salvador da Bahia, dado o grande número de rapazes de várias províncias brasileiras que vinham fazer nesses centros os estudos superiores. Nessas repúblicas, rapazes das mais diversas procedências se acamaradavam e tornavam-se às vezes amigos fraternos. De José Cupertino Dantas parece que o companheiro predileto de república foi um rapaz do distante Rio Grande do Sul, cujo nome destaca dentre os amigos que fez quando estudante no Recife: Cornélio Almeida, de Bagé. Outro foi o paraibano Joaquim Monteiro Dinis, a quem deu de presente a coleção encadernada da revista *Novo Mundo*, que se publicava – já sabemos – em Nova Iorque. Quando colegial, se acamaradara com certo pernambucano, também menino de engenho – Ismael Cisneiros – com quem, nas férias do terceiro para o quarto ano, passara uma temporada na casa-grande de Utinga. Aí conhecera, ainda bacharel novo e promotor, um parente dos Cisneiros chamado André: André Cavalcanti. Um André simplório e bom, em quem poucos adivinhavam então o futuro chefe de Polícia de Prudente de Morais e ministro do Supremo Tribunal.

Uma das mais evidentes vantagens do sistema imperial de ensino no Brasil foi ter sido imperial no sentido unificador, através dos seus centros transprovinciais de irradiação de saber: o Rio de Janeiro, a Bahia, São Paulo, Olinda, o Recife. Evitou-se assim a vulgarização de um ensino de qualidade, através do seu progresso indiscriminado em quantidade. A esses centros, brasileiros de todas as partes do Brasil se sentiam obrigados a mandar os filhos, para os quais desejassem educação apurada, quer em direito quer em medicina ou engenharia ou farmácia, sem nos referirmos às escolas militares e aos seminários como o de Mariana, o de Olinda; nem às humanidades ou aos estudos chamados de gramática e de latim. Nesses centros, brasileiros das mais diversas províncias se conheciam na convivência das aulas, dos recreios, das troças; e na intimidade das repúblicas: as famosas repúblicas de estudantes, rivais dos castelos de caixeiros. Pois por mais paradoxal que pareça, eram os caixeiros, rapazes de ordinário pobres, que principalmente encarnavam, como mocidade, o sentido conservador da ordem simbolizado pelos seus castelos, em relação com o espírito por vezes anárquico de progresso, representado principalmente por estudantes de direito, de medicina e de engenharia, moços, na sua maioria, filhos de pais ricos ou remediados.

Brasileiros do Rio Grande do Sul ou de Sergipe, do Maranhão ou de Minas Gerais, casavam-se com alguma frequência com moças da Bahia, de Pernambuco e do Rio de Janeiro, que conheciam durante seus dias de estudantes. Futuros líderes políticos do Império, tendo se encontrado, ainda moços e plásticos, naquele ambiente de intimidade das repúblicas, voltaram mais de uma vez a encontrar-se, depois de homens-feitos, como velhos amigos, embora representando interesses diversos e agindo por partidos diferentes. Além do que, nesses centros, rapazes vindos às vezes de meios rusticamente rotineiros, deixaram--se seduzir por professores de ideias progressivas em política ou em filosofia ou em literatura, voltando às suas províncias com novas tendências ou novas atitudes.

Higino (Cícero) da Cunha, nascido em 1858, no Município de São José das Cajazeiras, da então Província do Maranhão, ao vir estudar preparatórios no Liceu de São Luís do Maranhão, depois de ter sido já durante anos caixeiro de balcão "no interior da Província, foi ao extremo de, sob a influência de *O Pensador*, "semanário de Manuel Bittencourt e Aluísio Azevedo", então em luta contra a *Civilização*, jornal dos padres católicos, tornar-se anticlerical e fazer "tábua rasa das crenças avoengas com a leitura das obras do filósofo alemão Büchner, *Força e matéria* e *O homem segundo a ciência*". Seu radicalismo só fez acentuar-se quando, feitas as humanidades em São Luís do Maranhão, veio estudar direito no Recife; e aqui alistou-se – segundo sua própria expressão – na "falange dos adeptos de Tobias Barreto, na qual sobressaem Artur Orlando, Clóvis Beviláqua, Martins Júnior, Faelante da Câmara, Benedito Leite, Viveiros de Castro, Urbano Santos". Depõe Higino ter participado, no Recife, das campanhas abolicionista e republicana "sob o patrocínio de José Mariano, Joaquim Nabuco e Martins Júnior", colaborando "em diversos jornais, especialmente na *Folha do Norte* de Martins Júnior e Faelante da Câmara".

Ainda mais: foi durante sua permanência no Recife que leu "muito revistas francesas e inglesas", travando também "relações com alguns filósofos como Auguste Comte, E. Littré e outros". Depois de formado em direito, foi um tanto aventurosamente ao Amazonas; mas terminou por fixar-se na sua província natal. Aí foi sempre elemento renovador, como se a experiência recifense – ainda mais que a maranhense – concorresse para prolongar nele a mocidade de espírito e mesmo a de corpo, pois recorda, em seu depoimento escrito em 1940, ter promovido "muitos concertos musicais em Teresina, no Palácio do Governo, no Teatro 4 de Setembro e nos salões familiares". Não só retomou, de volta ao seu pacato Piauí, a vivacidade do tempo de rapaz, como acrescentou, ao que parece, a essa vivacidade de temperamento, as sugestões recebidas num centro de cultura intelectual, artística e mundana da importância do Recife: o Recife dos últimos decênios do Segundo Reinado. O Recife onde conhecera Tobias, Nabuco, Martins Júnior, José Mariano; onde fora colega de Clóvis Beviláqua e Artur Orlando; onde lera revistas francesas e inglesas; onde se inteirara da filosofia positiva de Comte e de Littré, sem tornar-se positivista do feitio dos ortodoxos do Rio de Janeiro e do Rio Grande do Sul; onde fora "assíduo às representações teatrais – dramas, comédias, óperas líricas –" num Santa Isabel ainda em pleno esplendor e em teatros menores como o Apolo; onde dançara "quadrilhas, lanceiros, valsas, polcas" em salões de palacetes do Mondego, da Madalena e de Ponte d'Uchoa e de sobrados de Santo Antônio e de São José, que por vezes acolhiam acadêmicos de direito nas suas festas, permitindo a rapazes um tanto desajeitados nas casacas às vezes alheias e vindos de províncias remotas, ver de perto sinhás aristocraticamente dengosas que falavam francês como as francesas e vestiam-se com modistas parisienses; viscondessas viajadas pela Europa; baronesas que quando meninotas haviam sido cortejadas por Antônio Peregrino Maciel Monteiro. Foi nesse Recife e pouco depois dos dias de Higino que se apurou a inteligência e se poliram as maneiras de alagoanos, notáveis como diplomatas e homens do mundo, letrados, como Araújo Jorge e Pontes de Miranda; de sergipanos como Gilberto Amado e Aníbal Freire; de paraibanos como Augusto dos Anjos e Francisco de Assis Chateaubriand Bandeira de Melo e o próprio José Américo de Almeida que, por mais áspero que fosse como paraibano e por mais inimigo de rique-fifes, que se conservasse como sertanejo, no Recife tornou-se estudante de fraque e cartola: o quase dândi que aparece em certas fotografias da época. Além de homens do Sul, estudaram no Recife, um pouco antes dos Josés Américos e dos Araújos Jorges, maranhenses como Graça Aranha, paraibanos como Epitácio Pessoa, sergipanos como Sílvio Romero.

Vindo de São Paulo – onde nascera em Santos em 1888 – estudar no Rio de Janeiro, Paulo Inglês de Sousa tornou-se de tal modo metropolitano e cosmopolita no comportamento, que a província jamais o reabsorveu, para dar-lhe à vida um sentido convencionalmente paulista. Estudou nos colégios então mais em voga do Rio de Janeiro: o Kopke, o Abílio, o antigo Pedro II. Cedo pretendeu ser escritor; e estava com um conto na cabeça, "O fantasma das praias"– na cabeça e em parte revelado aos companheiros mais íntimos – quando se sentiu plagiado pelo seu primo, Oswald de Andrade. Tinha então 9 anos. Fez jornalismo de colégio. Chamava-se o jornal *O Cometa*. Na primeira página, saíam artigos patrióticos: sobre o Sete de Setembro, por exemplo. Na segunda, crítica, sátira, oposicionismo. Apareceu certa vez em *O Cometa* acusação ao próprio diretor do colégio: a de que recebia mulheres na biblioteca. Aluno do antigo Pedro II, na sua fase de Ginásio Nacional, aí continuou Paulo Inglês de Sousa sua atividade jornalística: publicou *O Tupi*, juntamente com Belisário de Sousa. Adolescente, foi, nos ideais, niilista, anarquista, tolstoiano: aventuras intelectuais nessa época difíceis noutro meio brasileiro que não fosse o do Rio ou o do Recife – onde Artur Orlando se dava ao luxo das mesmas atitudes, sem ser considerado lunático. Eram atitudes então impossíveis na Bahia; ou em Minas; ou no Maranhão. Reagiu Paulo à influência do pai no sentido positivista, desgarrando--se em ideias anarquistas e em atitudes romanticamente tolstoianas. Um tanto boêmio, ao mesmo tempo que aristocrata, e também muito europeu na aparência de homem louro e róseo vestido elegantemente à inglesa pelo Brandão e pelo Vilarim, chapéus e sapatos ingleses, camisas francesas de Bartholet – elegância completada pela bengala, que distinguia um acadêmico ou um bacharel ou um doutor jovem, do simples caixeiro – teve amores com a mulata Esmeralda – famosa, nessa época – ao mesmo tempo que com francesas. Mas sem que mulata ou francesa o empolgasse de todo. Entre as atrações, para um brasileiro do princípio do século XX, representadas por esses dois tipos opostos de mulher – a francesa e a mulata – parece ter decorrido parte da mocidade de jovem ao mesmo tempo intelectual e rico, que foi a mocidade de Paulo Inglês de Sousa. Era como se simbolizassem a atração da Europa supercivilizada e se opusesse, nele, a do Brasil mestiço, e ainda agreste, que o pai, aliás, estudara com notável perspicácia num romance e em vários contos em torno de motivos amazônicos.

Da. Virgínia Cavalcante, nascida em Pernambuco em 1879, frequentou no Recife uma escola pública na Rua do Cotovelo. Fez aí o curso primário. "O método de ensino" – depõe Da. Virgínia – "era de soletração e de lições decoradas ao pé da letra. Sabatina de tabuada com a respectiva palmatória, terror dos alunos... Havia também o castigo de permanecer algum tempo de pé com o livro aberto". Quanto aos livros: "Os livros adotados eram: gramática, de João Ribeiro, aritmética, de Castro Nunes, geografia, de Eleutério Ribeiro e geometria, de Abílio César Borges. Traslados da caligrafia inglesa".

Desde menina se entretendo muito em "confeccionar vestidos para as minhas bonecas com tanta habilidade e gosto que causava admiração a todos de casa", não lhe foi preciso aprender corte para tornar-se costureira. Admiradora da França que, dos países europeus, foi sempre o da sua predileção de brasileira com vocação, desde muito nova, para a arte da costura, já depois de adulta aprendeu a língua francesa "com o auxílio de *Francês sem mestre*". De tal modo que passou a ler em francês não apenas revistas e figurinos, mas Mme. de Staël, Bossuet, Mme. de Sevigné. Em vez de apenas brincar com bonecas francesas, lia agora escritores franceses na sua própria língua. "Não entendo, porém, patavina das línguas inglesa e alemã, países estes que eu sei serem muito adiantados e poderosos mas que não me seduzem", informa em seu depoimento Da. Virgínia Cavalcante. Lamenta nunca lhe ter sido possível frequentar, quando moça, o teatro, porque o "avô não consentia". Uma viagem a Paris "foi sempre o ideal de minha mocidade", informa ainda Da. Virgínia, que registra, também, dentre as leituras de seu tempo de moça, que a prenderam à cultura francesa, a dos romances de Júlio Verne.

Foram romances os de Júlio Verne, muito lidos no fim do século XIX e no começo do XX por meninos e adolescentes brasileiros; e talvez tenham concorrido para desenvolver em brasileiros da época o gosto pelas invenções, a admiração pelas maravilhas técnicas, o entusiasmo pelos balões e pela chamada "conquista do ar". Entusiasmo que foi um dos traços característicos da sensibilidade brasileira durante os primeiros decênios da República. Entusiasmo que, dos adolescentes, passou a homens-feitos, repercutindo no próprio Congresso, numa afirmação ostensiva de ser a solução do problema da navegação aérea um dos afãs em que a jovem cultura brasileira, animada por estímulos como o da leitura de Júlio Verne e principalmente pelo desafio, aos seus técnicos de maior imaginação científica, de um espaço-tempo só igualado na América pelo dos Estados Unidos, mais empenhada estava em competir com culturas mais antigas e mais adiantadas. Dos brasileiros que então se mostraram cheios de ânimo romântico de resolver o que chegou a se chamar, no Congresso Nacional, "secular problema brasileiro", dois eram homens políticos: José do Patrocínio e Augusto Severo de Albuquerque Maranhão, tendo este – deputado pelo Rio Grande do Norte – desde 1894 experimentado no Realengo com um balão de sua invenção, o Bartolomeu de Gusmão, que infelizmente fracassou, como fracassaria em Paris o seu Pax. Mas ao assunto voltaremos em capítulo próximo. Aqui apenas desejamos salientar o fato de que o empenho em resolver no Brasil o problema da navegação aérea foi um dos característicos da cultura brasileira, em sua fase de transição do trabalho escravo para o livre; em seus dias ainda incertos de consolidação da República e da colonização do País por novos métodos. Era como se nesse empenho se exprimisse de modo particularmente dramático a sofreguidão nacional por progresso; pela recuperação de tempo perdido com a economia extremamente lenta dos dias de carros de boi conduzidos por escravos negros; pela integração, no todo nacional, de espaços-tempos que só se deixariam dominar pelas novas formas de economia e de colonização – a industrial, a europeia, a branca – por meios magicamente rápidos de comunicação. Foram assuntos que chegaram a ser versados por Augusto Severo, quando ainda jovem, em conversas, no Recife, com seu primo José Antônio Gonsalves de Melo. Aliás, repita-se dos dois que, já bacharéis, não hesitavam em ir para as campinas, aos domingos, empinar papagaios, não por puro divertimento mas por estar já Augusto voltado com olhos de inventor para o problema da "conquista do ar". E talvez nas reações dos papagaios de papel aos ventos do Recife, ao ar mais seco ou mais úmido, das manhãs tropicais de Pernambuco, pudesse Augusto aprender alguma coisa de útil ao seu desejo de inventar novo tipo de balão, que servisse para aproximar o mesmo Recife de Mato Grosso, do Amazonas, do Prata, do Rio de Janeiro, de Minas Gerais. Havia um sentido construtivamente brasileiro nas pesquisas de Augusto Severo: sentido político, sentido econômico, sentido nacional. Desejo de concorrer para a unificação nacional, tornando a República federal império unitário ao mesmo tempo; e unindo a tradição ao futuro de modo a não sacrificar-se a unidade do vasto conjunto brasileiro de províncias, desde 1889 Estados demasiadamente soltos uns dos outros dentro de uma imensidade territorial quase igual à da Rússia ou à da China. Outra não foi a ideia que durante anos animou o comandante Luís Gomes, para quem era do Recife que devia partir a ligação ferroviária, através do Brasil, do Atlântico com o Pacífico. Se Luís Gomes contentava-se em que essa ligação fosse ferroviária, o filho Eduardo, nascido no fim do século XIX, se juntaria à tradição dos entusiastas do progresso brasileiro sob a forma de progresso de transporte aéreo.

Um brasileiro nascido no Norte do Império, que estudou humanidades não no Pedro II do Rio de Janeiro – de tão imperial esplendor naqueles dias – mas num Pedro II, particular, situado no Recife, foi José Ferreira de Novais, nascido em 1871 na Paraíba. Foi estudante do Pedro II do Recife, depois de ter sido aluno de escolas primárias no interior da sua Província e do Liceu Paraibano na capital. Nessas escolas, informa que "não havia brinquedos nem jogos. A aula começava às 10 horas da manhã e ia às 3 horas da tarde, com quatro horas pelo menos para estudos, lições, exercícios etc. A palmatória punia as faltas mais graves e para as mais leves havia outros castigos, como passar de pé uma hora, copiar ofícios ilegíveis, rebaixamento de notas etc." Os alunos "eram divididos em classes, e em cada uma destas, um decurião. A gramática adotada era de Castro Nunes, e estudada por classes da inferior à superior, em que havia análise sintática, redação de cartas e outras [tarefas]. Para as classes mais adiantadas havia a leitura do *Livro do povo* e de manuscritos, cartas, ofícios. A caligrafia era ensaiada em folhas de papel almaço, servindo a escrita dos mais adiantados de modelo aos principiantes. A aritmética do padre Silveira era a adotada. Cada aluno tinha sua pedra. E a escola, um quadro-negro".

Mais sobre as escolas primárias da Paraíba nos últimos decênios do Império: "Predominava a sabatina sobre toda a matéria estudada na semana. O professor dispunha os alunos de uma classe em semicírculo na sua frente e fazia pergunta a cada discípulo sobre a matéria a arguir. Se a resposta estava errada, passava a outro, imediato, e se este a respondia, tinha de passar a palmatória no outro, que errou. Assim corria a roda. Era um gosto passar o quinau em colegas maiores do que eu, da mesma classe, e limpar-lhes as mãos com a palmatória".

Quanto às festas escolares: "A entrada do período de férias era solenizada com festas. Enfeitava-se a palmatória, posta em lugar de destaque na escola. À hora aprazada, presentes todos os alunos, o professor entregava aos aprovados os certificados do exame primário, lia a lista dos que passavam para a classe superior, os aconselhava para bem procederem, respeitarem aos pais. Em seguida os alunos, em passeata, iam deixar o professor em casa dele, que lhes oferecia bolinhos e biscoitos".

O Pedro II do Recife – isto é, o colégio particular com esse nome, e que não deve ser confundido com o equivalente exato do Imperial Colégio do Rio de Janeiro que era, nessa época, o Liceu ou Ginásio Pernambucano – dirigia-o Francisco Moreira Dias. Nele se estudavam português, latim, francês, geografia, aritmética. Aos seus alunos chegavam os ecos dos discursos de Joaquim Nabuco e de José Mariano, despertando entusiasmo nos adolescentes.

Daí – desse colégio – passou José Ferreira de Novais à Faculdade de Direito, onde viria a bacharelar-se. Já não alcançou Tobias, como professor. Teve de contentar-se com mestres menos famosos, embora alguns ilustres em suas especialidades jurídicas e dois ou três, letrados, além de juristas: Albino Meira, Barros Guimarães, João Vieira, Adolfo Cirne, Laurindo Leão, Augusto Vaz, Faelante da Câmara. Ocupava ainda sua cátedra Gomes Parente, de quem era tradição ter dito Tobias Barreto, num improviso mordaz, ao lhe ser pedida por um estudante – diz a anedota – "rima para camelo":

"Francisco Gomes Parente
Doutor de borla e capelo."

Informa José Ferreira de Novais ter sido corrente, no seu tempo de acadêmico de direito, a leitura, pelos estudantes, das obras de Émile Zola, Ramalho Ortigão, Guerra Junqueiro, Balzac". Quanto ao positivismo, fazia então "prosélitos entre os letrados e acadêmicos" do País. Mas a "filosofia positiva" não o seduziu. Comte "nunca me preocupou o espírito", esclarece. Isto a despeito de ter sido entusiasta de Martins Júnior. O que concorre para sugerir que no Recife, a essa altura centro de progresso cultural, no Brasil, mais intenso, sob alguns aspectos, que o Rio de Janeiro ou Salvador ou São Paulo, o ambiente intelectual era, em suas predominâncias, o de equilíbrio crítico representado principalmente por Joaquim Nabuco – aliás, recifense nato; e não o de germanismo exaltado, encarnado pelo sergipano Tobias; ou o do spencerismo, também extremado, seguido pelo igualmente sergipano Sílvio Romero; ou o de positivismo sectário, do tipo pregado no Rio de Janeiro por Miguel Lemos e Teixeira Mendes, através de uma sistemática quase religiosa da filosofia de Comte que teria sido talvez impossível num meio intelectualmente crítico como o do Recife.

Sebastião Ferreira Barbosa, nascido em São Paulo em 1895, frequentou, menino e adolescente, várias escolas do interior do Sul do Brasil: primária, em Sapecado; secundária, em Muzambinho e Silvestre Ferraz (Minas). Estudou pela gramática de João Ribeiro, pela aritmética de Antônio Trajano, pelo livro de leitura de Felisberto – livros que foram verdadeiramente nacionais, na época em apreço, como livros escolares ou didáticos, concorrendo de modo nada desprezível para a unidade brasileira de sentimento. Também muito brasileiramente brincou de pião, de peteca, de empinar papagaio, de roda e de cabra-cega: jogos que, ao lado dos livros, concorreram fortemente para a mesma unidade.

Guaracy Silveira, nascido em São Paulo, em 1893, na Fazenda Sobradinho, recorda seus problemas de consciência ao seguir para Lorena, onde devia estudar para padre: "Ia partir para o Aspirantado dos Salesianos em Lorena. Ia estudar para padre. Disseram-me que muitos faziam assim: ficavam alguns anos e depois abandonavam os estudos. Vi muitos que, depois de alguns anos, perdendo a coragem para sair e enfrentar a vida, continuavam sem fé, sem religião, sem formação cristã, até a ordenação, enganando e sendo enganados. Daí o número de padres mundanos e incrédulos que muita gente conhece". Recorda que, já aluno dos Salesianos, a fim de fazer estudos eclesiásticos, "confessava-me sem fé, maquinalmente, e comungava todos os dias, da mesma maneira. Não tinha noção de pecado. Ao contrário, recordava-me com prazer dos muitos que havia cometido no passado, e dormia embalado pelas recordações deles".

Da. Maria Vicentina de Azevedo Pereira de Queirós, nascida em São Paulo em 1868, foi menina criada em meio fidalgo, é certo: mas fidalgos arruinados ou empobrecidos: "Os meus companheiros de brinquedo eram um irmão, três anos mais velho do que eu e meus primos. Os brinquedos eram cabra-cega, pega-pega e outros. Eu não tinha brinquedos porque minha mãe era pobre. Desejava muito ter uma boneca, como a de uma de minhas primas. Nunca tive convivência com crioulinhas porque minha mãe foi sempre zelosa da nossa educação".

Da. Elisa Vilhena Ferreira, nascida em Minas Gerais em 1864, fez igualmente no interior da ainda Província seus estudos primários. Aí também – em Campanha – brincou e viu circos e companhias de teatro que iam das capitais ao interior: "Os brinquedos e jogos eram os usados na época: boneca de pano, peteca, corda, roda, comadre, prendas". A família de Elisa conservava-se ortodoxamente patriarcal. "Éramos 13 irmãos e os primos em grande número. As festas eram bem familiares e não havia clubes. Naquela época predominavam: a valsa, a polca, a quadrilha, o minueto, o lanceiro. Campanha já possuía um teatro e assisti a diversas peças levadas por várias companhias [...]." E quanto às novidades técnicas que do Rio de Janeiro se estenderam até o interior de Minas Gerais, alvoroçando os jovens e inquietando os velhos: "A 1ª vez que vi cinema foi num circo que lá surgiu. O 1º gramofone que apareceu na cidade e que causou um enorme sucesso foi comprado por meu marido".

Nascido em 1866 em fazenda de café de Minas Gerais – "fazenda grande", com "capela onde havia missa aos domingos" celebrada por um sacerdote português, o padre Manuel, que "gostava de jogar" –, Alberto Carneiro de Mendonça fez parte dos seus estudos em casa, ainda à velha moda patriarcal: outra parte no colégio de madame Meunier – senhora francesa; e no Colégio Vitório, dirigido por um português formado em Paris: Adolfo Manuel Vitório da Costa. Nesse colégio – ou nessa época, pensa Alberto Carneiro de Mendonça – não havia a preocupação de métodos: "[...] era adotado o clássico, muito latim". Os livros eram: francês, gramática de Halbout, inglês, gramática de Bensabath, português, gramática de Sotero dos Reis e gramática de Soares Barbosa; história, os clássicos. O estudo era o de decorar". Em casa, no Rio, Alberto teve professores particulares: Pedro Venâncio (latim), o cônego Viana, secretário do bispo D. Pedro (latim), Teixeira Mendes (matemática), Otto Niemeyer (aritmética). No colégio, conheceu o castigo da época: o bolo. Era aplicado solenemente pelo diretor, que para cumprir esse rito vestia sobrecasaca e calçava luvas. Os brinquedos eram barra, pião, peteca. Não havia trote. Não se recorda de nenhuma comemoração cívica no Colégio Vitório. Dentre os seus companheiros de jogos, lembra-se de Manoel Francisco e Eduardo, filhos do conselheiro Manoel Francisco Correia, que foi ministro do Exterior e senador do Império. Um dos seus heróis da sua meninice foi o coronel Tibúrcio Ferreira de Sousa; herói do Paraguai; outro, o duque de Caxias; ainda outro seria – este já da mocidade – Trajano de Carvalho: "dois dos seus filhos foram fuzilados pelo general..., que morreria em Canudos".

Luís de Toledo Piza Sobrinho, nascido em São Paulo em 1888, recorda ter sido menino criado entre entusiasmos pela causa abolicionista: "Tão apaixonado pela Abolição se conservou meu pai que, ao aprender eu a escrever, tendo eu o nome de Luís, em homenagem a um seu primo e íntimo amigo, fazia-me assinar Luís Gama de Toledo Piza, em lembrança do grande negro baiano que, nascendo escravo, pela sua inteligência e esforço, se fizera notável advogado, orador e paladino da redenção de seus irmãos". Mas também entre entusiasmos de outra espécie: pelos métodos anglo-americanos de renovação do ensino que São Paulo se esmerou então em importar e adotar: "Cesário Mota, o grande secretário do governo Bernardino [de Campos], com a inestimável assistência técnica de *miss* Brown, formou uma verdadeira escola de pedagogos, conseguindo, principalmente, criar uma mentalidade nova no departamento da instrução. No setor da higiene pública, não foi menor a sua notável obra administrativa. A instalação do Instituto Bacteriológico, do Instituto Vacinogênico, Hospital de Isolamento, e o início de obras de saneamento e abastecimento de água e construção de redes de esgotos, nas principais cidades do interior, no que foi auxiliado por abalizados cientistas como Emílio Ribas, Adolfo Lutz, Bonilha de Toledo e outros, foram as armas de que se valeu para o combate às epidemias de febre amarela, peste bubônica e varíola que assolavam periodicamente as populações do Estado, ceifando, anualmente, dezenas de milhares de vidas. Datam dessas inteligentes iniciativas governamentais, como consequência lógica dos resultados colhidos, o afluxo imigratório, nacional e principalmente estrangeiro, que trouxe o surpreendente surto de progresso econômico de que se orgulha, hoje, a terra bandeirante."

Mário Sette, nascido no Recife, em 1886, recorda os seus dias de menino de colégio na capital de Pernambuco: "Dei então, além da carta de á-bê-cê, os livros de Felisberto de Carvalho e um outro de que não me recordo o autor, do qual tendo lido correntemente uma história de Carolina, boa menina – muito adiantada – tive um prêmio..." Contas na lousa e argumento de tabuada "na ponta da língua". Já lia o *"João Felpudo e D. Quixote* aos 11 anos, quando fiquei órfão".

(Antônio Carlos) Pacheco e Silva, nascido em São Paulo em 1898, frequentou na capital paulista o jardim da infância anexo à Escola Normal, cuja instalação acredita ter obedecido "à orientação de *miss* Brown e de Cesário Mota, os grandes reformadores da Instrução Pública de São Paulo". *Miss* Brown era anglo-americana. As festas do fim do ano eram um acontecimento. Havia recitativos dos alunos. Também exposição de trabalhos manuais. Tudo presidido "pelo Dr. Thompson, diretor da Instrução Pública" de São Paulo, numa época em que os nomes anglo-saxônios andaram ali e noutras partes do Brasil messianicamente associados à instrução pública, ao ensino, a colégios, a escolas, a jardins da infância, dos quais se esperava que fizessem em pouco tempo, da República do Brasil, novos Estados Unidos. Daí a voga das escolas e dos colégios chamados americanos. Na Escola Americana foi precisamente onde foi posto a estudar Antônio Carlos – menino elegante, de bicicleta, e filho de família católica: apenas com um tio positivista –, sob os cuidados do "velho Lane". Era um presbiteriano com alguma coisa de apostólico no seu modo de ser missionário ou educador, esse "velho Lane". "Tolerante mas enérgico, o velho educador, coadjuvado pelo seu filho Rufus e por uma plêiade de professores, quase todos diplomados pelo Mackenzie, sob sua orientação, sabia manter uma atmosfera de disciplina, sem tolher as nossas liberdades e sem ameaças ou castigos severos." Nos dias de sol, as aulas na Escola Americana "eram ministradas ao ar livre, debaixo de árvores frondosas ou de galpões de madeira": americanismo que muito agradou aos meninos brasileiros. Os livros de leitura, alguns "de autoria de professores do colégio", eram fornecidos pelo próprio estabelecimento, quase todos impressos nos Estados Unidos e contendo "lindas gravuras". As gramáticas adotadas eram as de Júlio Ribeiro e Eduardo Carlos Pereira: dois brasileiros – seja acrescentado à informação de Antônio Carlos Pacheco e Silva – que haviam se tornado protestantes; e numa como compensação ao fato de terem abandonado, por alto motivo de consciência, a Santa Madre Igreja, esmeravam-se – tendência já assinalada noutra parte deste ensaio – em ser mais fiéis que os professores católicos à também quase sagrada língua materna, tornando-se não só mestres exemplares de português como gramáticos, autores de gramáticas da língua portuguesa, puristas. O caso, também, de Otoniel Mota, Jerônimo Gueiros, Álvaro Reis. A aritmética adotada, era a de Trajano: outro brasileiro ilustre que se tornara protestante. Em aritmética, os alunos eram "diariamente obrigados a resolver vários problemas [de aritmética], que os professores corrigiam com espantosa rapidez": outro americanismo que fez época no Brasil. Expressão pedagógica do *"time is money"* que começava a transformar brasileiros não só da gente média como da chamada classe alta, em apologistas da eficiência, da pressa, da rapidez, em oposição ao "tenha paciência" e ao "fica para amanhã" das normas tradicionais. A favor dessa americanização do sentido brasileiro de tempo, vinha agindo desde os primeiros anos do século XX o triunfo alcançado por Santos Dumont em Paris: triunfo sobre o espaço e sobre o tempo em que o brasileiro se antecipara aos anglo-saxões. Em geografia, os compêndios seguidos na Escola Americana eram os de Lacerda e Scrosoppi; mas era também um ensino com seu aspecto "prático" e "eficiente", novo para o Brasil: os alunos deviam eles próprios "fazer mapas", localizando nesses seus mapas "os rios, montanhas e cidades principais". Outro americanismo entre meninos de famílias elegantes: "fazíamos também trabalhos manuais em madeira, orientados por um mestre de carpintaria".

Nos recreios, recorda (Antônio Carlos) Pacheco e Silva que o jogo preferido pelo maior número de meninos era o futebol jogado com bolas de pano "confeccionadas pelos próprios alunos". Além do futebol, brincava-se de "barra à cega, barra-manteiga, acusado, saltos em distância, sela, amarelinho". Também de "bolinhas, bilboquê, diabolô, pião, etc."

Saliente-se do edifício da Escola Americana de São Paulo que, num excesso de americanismo, era todo "de tijolos vermelhos não revestidos, como a maioria das universidades e colégios americanos". No Recife, porém, tanto os presbiterianos como os batistas, que seguindo o exemplo de *miss* Brown e de Mr. Lane – pioneiros em São Paulo – fundaram "colégios americanos", à inovação de edifícios próprios, de

tijolos vermelhos não revestidos, preferiram a acomodação; e instalaram-
-se com suas novidades pedagógicas, semelhantes às já introduzidas
por *miss* Brown em São Paulo, em antigos casarões patriarcais, outrora
residências de fidalgos da terra. Em Pernambuco, o Cesário Mota desses
renovadores da pedagogia nacional foi Alfredo Alves da Silva Freyre
(Júnior). E sua *miss* Brown, certa *miss* Elise Reed que era mulher bela,
além de culta: ao contrário das *misses* quase sempre dentuças e feias
que fixaram, aos olhos dos brasileiros do fim do século XIX e do começo do XX, o tipo de missionárias ou educadoras anglo-americanas –
assim como o de governantas ou *institutrices* alemãs, francesas, inglesas – na figura quase caricaturesca de uma solteirona magra, angulosa,
assexual. Houve, também na época ingleses, mestres particulares da
língua inglesa: um deles Mr. Williams, no Recife. E francesas, como
Mme. Meunier, com quem Antônio Carneiro Leão aprendeu francês no
mesmo Recife; e a distinguir *chevalier* de *cavalier*, corrigindo-se de um
erro tão fácil entre brasileiros como o da confusão de *obsèques* com
obséquios. Aliás, a época aqui considerada foi de severa intolerância
para quem cometesse erros de pronúncia em francês ou de tradução do
francês: ou resvalasse em silabadas de latim. Quem quisesse pronunciar
mal língua estrangeira ou arranhar-lhe a gramática, que praticasse tais
crimes na língua inglesa ou na língua alemã.

Não foram raras as governantas alemãs que de volta à Alemanha
continuaram, com pertinácia germânica, um pouco mestras dos seus
antigos alunos, escrevendo-lhes, aconselhando-os, orientando-os,
perguntando pelo Brasil. O caso de certa *Mlle.* Ida, alemã que esteve
algum tempo no Brasil; e a quem voltaremos a nos referir.

Ainda que a capital de São Paulo viesse nos começos do século XX
se americanizando nuns aspectos da sua vida, e se italianizando – italianismos e ianquismos que acabariam sendo assimilados pelas constantes
brasileiras, enriquecendo-as – noutros, Antônio Carlos Pacheco e Silva,
ali nascido em 1898, ainda teve uma meninice muito impregnada de
sugestões castiçamente brasileiras: fogos e balões de São-João, laranjas
de cera cheias de água, confetes e serpentinas pelo carnaval. Pião.
Capoeira. E papagaios: papagaios empinados o ano inteiro. Também
estilingues e bodoques, que "constituíam o terror das vizinhanças,
cujas vidraças partidas denunciavam a pontaria feita quase sempre
inadvertidamente, outras vezes de propósito".

É surpreendente o caso sociológico dos jogos e brinquedos: foram os mesmos ou quase os mesmos entre os meninos brasileiros dos fins do século XIX e dos começos do XX, do norte ao sul do País. Os mesmos nas suas formas com pequenas variações regionais de conteúdo. Os mesmos em várias regiões e quase os mesmos entre meninos de diferentes classes, embora deva-se sempre ter em vista que dos das classes superiores vários cresceram bilíngues, isto é, juntando ao português uma elegante língua europeia – a francesa, a inglesa ou a alemã – aprendida com governanta europeia; rodando de velocípede e de bicicleta; jogando tênis. Acrescentando, portanto, aos jogos ou brinquedos tradicionais os estrangeiros, ligados ao aprendizado das línguas francesa e da inglesa. Sobretudo da inglesa: língua, na época, por excelência lúdica ou esportiva.

Já aludimos a *Mlle*. Ida. Voltamos ao seu caso e aos de outras governantas europeias que estiveram como educadoras, num Brasil ainda mal saído da rotina escravocrática. A vida dessas governantas – inglesas ou alemãs – ou das *institutrices* francesas, no Brasil da época evocada neste ensaio, raramente parece ter sido para essas moças europeias nem todas feias ou solteironas, uma vida fácil ou cor-de-rosa. Foi principalmente de frustração a aventura, como governanta no Brasil, de certa educadora alemã – Ina von Binzer – que esteve no Rio de Janeiro e em São Paulo nos últimos anos do Império. E Ina não parece ter sido a única a sofrer insolências de meninos-sinhozinhos e teimosias de meninas-sinhás, num país cujo sol violento também repugnava a essa dengosa branca de neve, cujo campo de ação foi o Sul do Império: o Rio de Janeiro e principalmente São Paulo.

O mesmo aconteceu com as Idas e as Ernas que se deixaram contratar por famílias ricas do Norte, naqueles dias e nos primeiros decênios da República. Os meninos malcriados, os adolescentes mal-educados, as meninas pouco meigas com as mestras, além do muito sol e das muitas chuvas, eram, então, comuns ao Brasil inteiro: um Brasil em começo de desintegração dos seus melhores valores patriarcais. É o que indicam cartas de governantas inglesas e alemãs a Da. Feliciana (Freire ou Freyre) de Barros, que, por ter sido muito dada, quando moça, à música clássica e a leituras francesas, gozou da amizade de várias dessas educadoras europeias, desgarradas no trópico brasileiro.

Em 1912 escrevia do Engenho X. a sua "querida Da. Sana", *mademoiselle* Ida..., que há anos se achava em Pernambuco como governante alemã de certa família rural do Estado: "Com esta solidão no campo não passa um dia que eu não tenho *mal du pays*. [...] Eu já sou [sic] com raiva destas chuvas aburrecidas [sic]. [...] Agora eu estou estudando muito com as meninas, as mais estudiosas são M. e L., mas todas malcriadas como sempre; e por isso com certeza não fico mais que até no fim do contrato. [...] Da. Sana estuda muito piano? Eu agora [estudo] as valsas de Chopin, bem lindas mas difíceis demais. [...] Também eu queria ler muito francês, inglês e português mas todo este tempo eu estou tão cansada [sic] e não tão forte como a princípio, não sei que me faz tão mole [...]". E ainda: "chegou [-me] agora um livro muito bonito da Alemanha".

Na praia de Boa Viagem é que *mademoiselle* Ida se sentira melhor. Segundo carta sua a "Da. Sana", de 27 de outubro de 1911, ela se sentira feliz, à beira-mar, e com os banhos – "algumas vezes dois por dia" e "a música de noite na casa do vizinho". Aí ela conhecera um sobrinho de Da. Feliciana, menino ainda de seus 11 anos, em quem descobrira, com olhos de alemã romântica, "muito talento"; um menino "muito e muito inteligente". Vendo-o desenhar e até pintar, deu-lhe umas lições de pintura a aquarela. Da. Santa devia falar com o pai do menino, para mandá-lo estudar na Alemanha.

Em 1913 era uma *miss* Ella Ireson, inglesa, que escrevia a Da. Feliciana quase no mesmo tom; e agradecida à brasileira de felizmente conhecer já em Pernambuco "algumas famílias inglesas", além de pessoas-sinhás da terra. Seu "reconhecimento" era "muito grande e profundo". Pois já não se sentia só ou isolada em meio estranho: de sol tão cru para uma inglesa.

Esse isolamento devia ser na verdade terrível para alemãs ou inglesas que vinham ser governantas no Brasil do fim do século passado e no começo do atual, sem quase nada conhecerem do País nem da América nem do trópico. O que não impediu algumas de aqui fazerem bons casamentos. Aliás, o mesmo sucedeu na época com artistas de teatro que à maneira da cantora Cerutti deixaram companhias líricas para se estabelecerem no Brasil, casadas com brasileiros; e que às vezes passaram a auxiliar os esposos, nas suas despesas, com o ensino de canto, de piano, de bandolim, de violino, de harpa, a sinhazinhas fidalgas ou burguesas. Pois não faltaram ao Brasil do começo do século XX brasileiras finas que aprenderam com mestras estrangeiras a tocar, além do bandolim, harpa, com dedos tão cheios de anéis e braços tão sobrecarregados de pulseiras que sua arte tinha alguma coisa de especificamente do País e de especificamente da época. Tais, Carmelita e Iaiá do Rego Barros Gibson, em Pernambuco.

Reatemos a relação de depoimentos, sobre jogos e principalmente estudos, de brasileiros nascidos no fim da era imperial e no começo da republicana. Rogério Gordilho de Faria, sergipano nascido em 1889, e que fez na capital da Bahia os estudos primários, secundários e superiores, ainda alcançou a palmatória mas já em declínio; e substituída em grande parte pela cafua, pelas "bancas prorrogadas", pelas "cópias em múltiplo", pela "proibição de recreio". Conheceu, ainda em pleno vigor, ao lado de "torturantes gramáticas" e "inquisitoriais matemáticas", "o trato dos paleógrafos para o treino da caligrafia". Não faltaram à sua meninice de escolar na Bahia festas cívicas com "discursos patrióticos". O filósofo da sua juventude foi Spencer. Participou, como estudante, de tertúlias; discutiu política; deliciou-se com modinhas; ouviu óperas e operetas, adorou o violino, considerando-o superior ao piano; dançou valsa; remou; jogou bilhar; perdeu o entusiasmo pelos circos, de que fora apaixonado quando menino, para ganhar o gosto pelas viagens; e foi sua turma acadêmica que primeiro realizou na Bahia a Festa de Primavera: "passeata a cavalo e piquenique no subúrbio da Barra" e "encenação (a rigor) da *Ceia dos cardeais*, de Júlio Dantas". Nessa encenação, "fez o papel de cardeal Rufo" Paulo Filho, depois jornalista notável no Rio de Janeiro.

Para o progresso cultural da época parecem ter contribuído principalmente, como centros intelectuais experimentadores e renovadores, o Rio de Janeiro, o Recife e São Paulo, já tendo entrado em decadência, sob este aspecto – e a despeito da efêmera atuação revolucionária, em meio tão conservador, de Aluísio Azevedo – São Luís do Maranhão; e sem ainda ter principiado a destacar-se, pelos seus primeiros arrojos intelectuais, de sentido renovador da cultura regional ou nacional, Porto Alegre. A capital da Bahia teve durante a época brasileira de transição social e cultural aqui considerada, sua expressão mais eloquentemente revolucionária num Rui Barbosa que cedo deixou de ser apenas baiano para tornar-se metropolitano; mas sem ter perdido, como revolucionário e como metropolitano, nem os seus característicos baianos nem os pendores, muito da gente de sua Província, para as atitudes conservadoras, mesmo quando rasgadamente liberais. Daí só em 1919 ter vindo a enxergar a "questão social" no Brasil, num retardamento de quase meio século com relação aos positivistas do Rio, de São Paulo e do Rio Grande do Sul; e sobretudo com relação ao seu antigo colega de estudos de direito, Joaquim Nabuco.

Ninguém mais baiano do que Rui no seu gosto pela expressão oratória, eloquente e às vezes retórica das suas ideias e dos seus sentimentos. E ninguém mais conservador do que ele no seu purismo com relação à língua: uma língua que, pelo seu gosto, se resguardaria de tal modo no Brasil, não só durante o reinado de Pedro II como nos dias da própria República, de africanismos, indigenismos, alemanismos, italianismos, francesismos, modernismos, que se conservaria aqui mais portuguesa que a de Portugal na Europa. Esses dois traços eminentemente conservadores – a paixão pela oratória e o culto extremo da pureza da língua portuguesa – parecem ter caracterizado, mais do que quaisquer outros, a cultura especificamente ou castiçamente baiana, durante a época de transição considerada neste ensaio. E um paradoxo salta aos nossos olhos, com relação a este particular: o de ter sido o principal reduto baiano desses dois cultos conservadores, não um colégio que tivesse sido então em Salvador o equivalente cultural do Pedro II ou do Ginásio Pernambucano ou do Seminário de Mariana; ou uma Faculdade de Direito rival da do Recife ou da de São Paulo na extensão filosófica e literária dada brasileiramente aos seus cursos jurídicos; e sim uma Faculdade de Medicina. Uma escola científica, na qual a medicina científica propriamente dita se viu, por vezes, em situação de estudo ou de culto quase ancilar do da literatura clássica; do da oratória; do da retórica; do da elegância de dizer; do da correção no escrever; do da pureza no falar; do da graça no debater questões às vezes mais de gramática que de fisiologia; ou problemas mais de patologia de estilo literário que de anatomia patológica.

Três estrangeiros e um maranhense ousadamente romperam, nos últimos decênios da Monarquia e no primeiro da República, com essa tradição baiana de conservar-se a medicina, na própria escola dedicada a essa ciência na capital da Bahia, subordinada a atividades intelectuais outrora consideradas, na Europa, mais nobres que as simplesmente científicas: as letras clássicas; a retórica; as artes liberais. Os três estrangeiros revolucionários, que vêm sendo, ultimamente, objeto de sugestivos estudos da parte de um médico baiano, desdobrado em historiador da medicina regional, foram o inglês Pattenon, o alemão Wucherer, o português Silva Lima. E o maranhense, foi Raimundo Nina Rodrigues.

Antes de considerarmos o que foi a contribuição desses quatro médicos, com a vocação científica superior à clínica, para o progresso cultural brasileiro da época aqui evocada e até certo ponto interpretada, destaquemos da Bahia por eles revolucionada em seus hábitos intelectuais e, por extensão, nos sociais, que o seu comércio – assunto a que voltaremos noutro capítulo deste ensaio – era considerável; e em vez de prejudicado pela monocultura, como o de Pernambuco, o de São Paulo, o da própria Província do Rio de Janeiro, caracterizado por uma variedade a que não chegava o de nenhuma outra província, como pôde observar, nos primeiros anos da República, o alemão Maurício Lamberg.[5] Além do açúcar, produzia a Bahia no fim do século XIX cacau, algodão, tabaco, café, peles, madeira, penas de enfeite, pássaros raros, frutas, existindo também no seu território minas de diamante, minerais, madeiras preciosas. Seus habitantes chegavam a 1,8 milhão, sendo mais de metade pretos ou mestiços; vinha dando a Província à Monarquia – reparou Lamberg, antes de o ter salientado Joaquim Nabuco, em página célebre – "os estadistas mais eminentes";[6] e intelectualmente não era inferior a nenhuma outra Província ou Estado. A cozinha distinguia-se pelos seus quitutes; e era já "conhecida e apreciada em todo o País".[7] Havia na capital dois teatros, um de ópera, outro de opereta e drama. Um jardim público. Dois hotéis de alguma importância. A arte religiosa era outra que se fazia notar, pelo seu esplendor barroco, em 120 igrejas; e em vários conventos que, aliás, acabavam de ser repovoados com mais de cem frades vindos da Alemanha do Sul e da Bélgica. Tivesse o alemão reparado mais atentamente nos tabuleiros das "baianas" de xales de cores vistosas e turbantes às vezes imaculadamente brancos, sentadas nas esquinas das ruas ou dos pátios de igreja, e teria se surpreendido com a variedade e o belo aspecto das frutas da terra: sobretudo das enormes laranjas-de-umbigo, que já naqueles dias davam fama mundial à Bahia. E nas tabacarias, teria notado que iguais às laranjas, em qualidade, eram os fumos; os charutos; os rolos de tabaco caracteristicamente baiano; e também já famoso na Europa. Um alemão chamado Mann, empenhado durante o reinado de Pedro II em importar do Brasil para a Alemanha primores da natureza tropical, não resistiu ao encanto também tropical de uma sinhazinha brasileira de olhos romanticamente negros; e talvez tocada de sangue ameríndio. Casou-se com a iara. Dessa união resultaria um dos maiores romancistas alemães de todos os tempos: o semibrasileiro Thomas Mann. Do ponto de vista mais nobremente cultural não era de nenhuma daquelas artes nem de nenhum daqueles produtos de fama europeia que se ufanava então, com a sua melhor ufania, o baiano castiço; e sim da sua Academia – academia e não faculdade ou escola, dizia-se muito significativamente na época – de Medicina. Nos seus "vastos anfiteatros" soube Lamberg que "professores de mérito e grande saber"[8] davam lições a moços que poderia ter particularizado procederem de Províncias as mais diversas do Brasil; mas dos quais informa apenas que eram "rapazes alegres e vivos".[9]

Inteligência notou esse alemão arguto não faltar aos brasileiros. O que faltava, a seu ver – e sua generalização decerto se aplicava de modo incisivo aos doutores da Bahia, que conhecera na sua passagem por Salvador – era "profunda seriedade, firmeza, paciência e constância, e também a paixão científica que deve possuir todo sábio pela matéria de sua predileção..."[10] A Academia – isto é, faculdade – de Medicina, no Rio de Janeiro, parece ter-se apresentado a seus olhos mais "bem organizada" que a da Bahia, com estudantes "recrutados por todos os Estados da República": rapazes que em nada diferiam dos "seus colegas dos países mais civilizados da Europa".[11] O que, quanto à inteligência dos moços, vários deles já mestiços, era exato dos acadêmicos de medicina da Bahia e dos de direito do Recife e de São Paulo de então; dos alunos da Politécnica do Rio de Janeiro e da de São Paulo; e dos seminaristas de Mariana, de Itu e de Olinda. Todos eram moços com boas humanidades: bem preparados para os estudos superiores. A deficiência das escolas superiores brasileiras dos últimos decênios do Império e dos primeiros da República, em relação às europeias e anglo-americanas da mesma época, estaria, principalmente, nos professores, ou antes, nos seus métodos; nos poucos recursos de que dispunham para o ensino prático; no fato de raramente recorreram tais escolas a cientistas estrangeiros que nelas professassem certas matérias, ainda mal conhecidas pelos brasileiros. A Politécnica, do Rio de Janeiro, tivera por algum tempo um professor alemão de química, "muito estimado por todos os discípulos", notou Lamberg: tanto que, havendo falecido, "os seus inúmeros admiradores brasileiros mandaram colocar o seu busto em mármore na sala de honra" da mesma escola. Mas isto era raro: "raro se acha aqui um tal procedimento para com as ilustrações estrangeiras aqui estabelecidas".[12] A atitude predominante era a de suficiência: para que mestres estrangeiros havendo brasileiros tão brilhantes? Tão eloquentes? Tão elegantes na arte de dizer e tão corretos na de escrever? É verdade que o Brasil – precisamente a Bahia – já produzira um jurista da alta categoria de Teixeira de Freitas. Médicos como Torres Homem. Engenheiros como Rebouças. Mas não eram o suficiente para que as escolas do País pudessem dar-se ao luxo de desprezar a ciência de mestres europeus.

A não ser em São Paulo, cuja gente teria sobre a carioca a vantagem, com relação ao ensino, de ser mais prática e mais enérgica. Prova dessa superioridade seria, aos olhos, ainda, de Lamberg, "o fato de apreciarem melhor o alemão e a cultura alemã..."[13] Encontravam-se em São Paulo "vários alemães à testa de estabelecimentos científicos práticos, que por isso prestaram bons serviços. Isto seria impossível no Rio, onde, mesmo em empregos secundários, não se veem com bons olhos alemães nas repartições públicas. Muitas famílias paulistas têm professores e preceptores alemães e outras, mais abastadas, enviam os seus filhos desde pequenos à Alemanha, onde estudam e se educam, regressando depois já homens capazes".[14] Foi isto antes da sedução pelo ensino ianque ter afastado da Europa tanto São Paulo como o Recife.

Também no Recife do fim da era imperial notara o mesmo observador "grande veneração pela ciência alemã" e o empenho de "difundi-la pelos outros", da parte dos melhores discípulos de Tobias Barreto, que conseguira renome "no mundo científico da Europa, graças à sua erudição enciclopédica e aos seus trabalhos publicados".[15] Era "sobremodo conhecido na Alemanha, por cuja vida intelectual se interessara mais particularmente, sendo muito considerado pelos primeiros homens de ciência daquele país", registra do teuto-sergipano do Recife Maurício Lamberg, exagerando, aliás, a repercussão do nome e dos trabalhos de Tobias na Europa. Mas é significativo o fato de reconhecer que Pernambuco e o Pará vinham procurando "recuperar o tempo perdido" com relação às artes e principalmente às ciências, por longo tempo, a seu ver, estacionárias, no Norte do Império, achando-se as ciências, como consequência desse esforço de recuperação, "em melhores condições que as artes". Ainda assim, sem justa relação com "o espírito progressivo da época".

Talvez fosse o Recife a cidade do Norte do Império onde a relação da vida intelectual com esse "espírito progressivo" se mostrasse mais avançada, ao findar a época imperial. Além da Academia de Direito – ponto de atração, como já vimos, de jovens de todas as Províncias do Império –, havia um Instituto de Arqueologia, História e Geografia que, segundo o observador alemão, não apresentara ainda "nenhum trabalho de importância universal" realizado em conjunto ou por qualquer dos seus membros, mas que possuía, entre os seus sócios, "muitos [...] verdadeiros sábios". O que era verdade também dos membros da sua Sociedade de Medicina: um deles, ainda na primeira metade do século XIX, Joaquim de Aquino Fonseca, formado em Medicina pela Universidade de Paris; e que até de problemas de urbanização se ocupara inteligentemente nos seus estudos de higienista.

A causa de não virem contribuindo os brasileiros do Norte e do Sul do Império com nenhum trabalho "de importância universal" para as ciências ou o saber, julgou encontrá-la Lamberg – esquecido de todo de um José Bonifácio, de um Teixeira de Freitas, de um João Vieira – não na "falta de inteligência e de boa vontade" mas "na natureza do habitante do trópico, incapaz de consagrar toda a sua existência ao exame de um problema científico, sacrificando muitos gozos da vida, como faz o sábio das zonas temperadas e frias".[16] Tobias Barreto estava, segundo ele, entre as "exceções a esta regra". Faltou, porém, quem iniciasse Lamberg e, anos depois dele, o economista anglo-americano Roger – que resvalou no mesmo erro de apreciação ao resumir impressões do Brasil tropical no seu *The Future of South America*, publicado em Boston em 1915 – no conhecimento de obras ainda mais sistemáticas que as de Tobias Barreto, produzidas, durante o período colonial ou a era monárquica, por homens de estudo brasileiros, em pleno Brasil tropical. Tal a obra de filólogo de Morais, autor do primeiro dicionário brasileiro da língua portuguesa; e que foi realizada principalmente em

Pernambuco. A obra jurídica do já recordado Teixeira de Freitas: brasileiro da Bahia. A que o historiador João Lisboa produziu no Maranhão. A de botânico, de Arruda Câmara. A também de botânico, de Joaquim José de Serpa, por algum tempo diretor do Jardim de Aclimatação de Olinda, no sentido da primeira tentativa séria, empreendida por brasileiro, de sistematização do estudo regional de plantas tropicais úteis à medicina: assunto ninguém sabe por que negligenciado pelos mestres da Bahia, na sua imperial escola.

O rev. Fletcher, escrevendo da Imperial Academia – isto é, faculdade – de Medicina que conheceu no Rio de Janeiro, no reinado de Pedro II, notou haver entre seus professores vários (*"several"*) médicos formados na Europa,[17] estando a faculdade em "íntima ligação com o Hospital da Misericórdia": "vasto campo para observações médicas". Da Academia ou Faculdade de Medicina da Bahia observou quase o mesmo: alguns dos seus professores, tanto da terra como estrangeiros, eram "homens de talento e erudição"; de modo que os cursos por eles conduzidos eram provavelmente iguais aos ministrados por bons professores "em qualquer escola médica do continente".[18] Talvez se referisse a homens excepcionais do tipo de Patterson, de Wucherer, de Silva Lima, cujo trabalho se realizou na Bahia se não contra, à margem das convenções acadêmicas. Impossível, entretanto, saber-se se é por ironia ou sem segunda intenção que, entre suas impressões da mesma faculdade inclui, Fletcher a de conter a biblioteca acadêmica "grandes e custosos volumes sobre anatomia na língua russa". Haviam chegado recentemente de São Petersburgo e com excelente aspecto: aspecto que deviam guardar por longo tempo, se sua virgindade não sofresse agressões de insetos tropicais – pode-se hoje conjeturar. Quanto a observações médicas em hospitais, por mestres e alunos da escola médica, nada informa. O que parece é terem sido então insignificantes nesta como na do Rio de Janeiro, prejudicados por aquilo que Oscar Freire, em seu ensaio "Evolução da medicina no Brasil", publicado em 7 de setembro de 1922, em *O Estado de S. Paulo*, chamou de "cultura livresca" com sacrifício do "ensino prático". Já em sua *Memória histórica da Faculdade de Medicina da Bahia relativa ao ano de 1891*, publicada na capital da Bahia em 1893, dissera na página 90 o desassombrado Luís Anselmo da Fonseca que o mesmo ensino era prejudicado na Bahia por uma série de "preferências" lamentáveis: pela "verbosidade" por exemplo; e também pelos "requintes do classicismo gramatical"; pelo "gosto teatral", pela "ênfase".

Kidder escrevera em 1839 da Academia ou Faculdade de Direito de São Paulo que, instalada em antigo convento de franciscanos, sua biblioteca era deficiente em livros científicos,[19] e mesmo em literários, conservando-se sobrecarregada de obras teológicas. Além do que, seus cursos eram antiquados: seguiam o modelo dos de Coimbra. Fletcher, porém, em 1855 e em 1878 achou, pela sua observação direta das escolas superiores do Império, que os cursos de preparatórios para os estudos jurídicos no Brasil haviam se modernizado, de maneira a se assemelharem aos dos Estados Unidos. Na Faculdade de Direito de São Paulo e na do Recife é que se preparavam – observou ele – "os estadistas brasileiros para suas atividades no Parlamento Imperial e nas várias assembleias legislativas estaduais", parecendo-lhe essa educação político-jurídica, sobre base humanística, superior à que existia então na América Espanhola.[20] Poderia ter acrescentado que na própria Faculdade de Medicina da Bahia os brasileiros, instruídos numa medicina de ordinário mais acadêmica do que prática – a despeito do "rico laboratório" notado por Lamberg –, apoiada sobre aquela mesma base humanística – quase sempre, boa e sólida, durante o Império, mas abstrata, mnemônica e decorativa –, apuravam talentos e desenvolviam aptidões para a vida parlamentar, tal a importância a que naquela faculdade, rival das de direito, se atribuía à oratória ou à retórica – aliás, estudada, então, nos chamados colégios às vezes indevidamente intitulados das artes, nos ginásios ou liceus ou nos cursos de preparatórios, com evidente sacrifício da parte prática ou técnica da formação científica. Não foram raros os médicos que durante o Segundo Reinado e nos primeiros decênios da República, se tornaram competidores dos bacharéis em direito na arte política, alguns se salientando precisamente pelo talento oratório: o caso de Manuel Vitorino, quase outro Rui na eloquência. Outros levaram para a atividade política alguma coisa de um conhecimento por vezes objetivo dos problemas sociais do seu meio e do seu tempo que se relacionavam com os de higiene. Alguns dos médicos brasileiros do tempo do Império – principalmente os do Rio de Janeiro e os do Recife – revelaram-se, nesse conhecimento, superiores aos bacharéis em direito e aos próprios engenheiros da Politécnica; aos padres de Olinda, de Mariana, de Itu e de São José do Rio de Janeiro. O caso do próprio Manuel Vitorino, como se depreende de trabalhos que publicou sobre assuntos sociais: um deles as "Conclusões do relatório de 1896", ao prefeito do Distrito Federal; outro, o artigo que em janeiro de 1890 publicou sobre "Higiene das escolas" no nº 7, ano XXI, da *Gazeta Médica da Bahia*.

Dizemos que foram principalmente os médicos do Rio de Janeiro e do Recife que se revelavam mais animados se não sempre pelo conhecimento daqueles problemas, pela curiosidade em estudá-los, à base de atento exame das teses de doutoramento então escritas pelos médicos formados nas duas faculdades imperiais de medicina, antes de conseguirem seus graus; e dos trabalhos pós-doutorais publicados por médicos formados no Brasil ou na Europa, nos três centros, então supremos, no Brasil, como focos de preocupações médicas por vezes alongadas em preocupações sociais. Cotejadas essas teses e esses trabalhos pós-doutorais, vê-se que nos do Rio de Janeiro e do Recife preponderaram os de sabor social, embora não se possa dizer que as preocupações por problemas como o de raças, o de sepultamento nas igrejas, o de alimentação, fossem de todo ausentes das publicações baianas. Apenas não aparecem nelas – até os três médicos estrangeiros e o maranhense que renovaram os estudos médicos na Bahia – com um empenho que as notabilize sob esse aspecto, mais que pelo apuro da linguagem, pela elegância da retórica, pela superioridade de virtudes graciosamente acadêmicas.

O professor Agassiz não limitou à Faculdade da Bahia, mas generalizou ao ensino médico no Brasil do tempo de Pedro II, a crítica de lhe faltarem os acessórios de preparação científica, indispensável a uma educação médica superior: "*On n'accorde pas, dans les Écoles de Médecine, assez d'importance à la zoologie, à l'anatomie comparée, à la botanique, à la physique, à la chimie; l'enseignement se donne par les livres, au lieu de se donner par les faits.*" A respeito do que, aproximou-se o suíço de Harvard do nervo mesmo do assunto: o sistema escravocrático de sociedade, dentro do qual viviam os brasileiros, dificultava entre eles o ensino prático fosse do que fosse: de medicina ou de engenharia ou de agronomia. O professor Agassiz observou: "*Au reste, tant que le préjugé contre le travail manuel existera au Brésil, l'enseignement pratique se fera mal: tant que ceux qui étudient la nature trouveront qu'il n'est pas séant à un homme comme il faut de porter à la main ses spécimens ou son marteau de géologue, de faire lui-même ses propres préparations, ils ne seront que des amateurs en fait de recherches scientifiques; ils pourront connaître admirablement les faits rapportés par autrui, mais ils ne feront pas de recherches originales*".[21] Mesmo na Politécnica no Rio de Janeiro, surpreendeu--se Agassiz da "mesquinharia dos meios de demonstração prática e experimental"; os professores lhe deram a impressão de não haverem suficientemente se compenetrado do fato de que *"les sciences physiques ne s'enseignent uniquement ni principalement avec des manuels"*.[22]

A verdade é que, aos olhos do suíço, o Império brasileiro ao tempo do seu amigo D. Pedro de Alcântara, imperador, pareceu de tal modo deficiente em "progresso intelectual" – o progresso intelectual que significasse nas escolas superiores mais ciência experimental, maior utilização de laboratórios, maior trabalho manual da parte de mestres e alunos –, que semelhante substância de progresso cultural – para ele a mais importante – pareceu-lhe faltar quase de todo o império sul-americano sob o aspecto de realizações ou concretizações. Era um progresso, esse, enormemente dificultado pela forma da ordem social ainda dominante – a patriarcal e escravocrática. De modo que o dilema sociológico estaria – para interpretarmos em modernos termos socio-lógicos a atitude dos Agassiz em face da situação intelectual brasileira por eles conhecida – na incompatibilidade entre aquela substância e estas formas. De onde terem se sentido obrigados a concluir que continuava o "progresso intelectual" no reinado do seu bom e sábio amigo D. Pedro II, a manifestar-se da mesma maneira que ao tornar-se o Brasil independente de Portugal: menos como uma realidade do que como um desejo ou uma tendência. Nas suas palavras: *"comme un désir, pour ainsi dire, d'où naît dans la société un certain mouvement en avant; il n'est pas encore un fait"*.[23]

Esse *"mouvement en avant"* no sentido de progresso intelectual científico experimental, moderno, manifestou-se mais, durante o reinado de Pedro II, no Rio de Janeiro – nas suas duas escolas superiores –, no Recife e sobretudo em São Paulo – na sua Faculdade de Direito e na sua Politécnica – do que nos centros intelectuais que se conservaram, no Império, mais presos às formas daquela ordem social. Desses centros, nenhum mais conservador que a capital da Bahia: conservador do que fosse nobreza castiçamente intelectual naqueles seus aspectos portugueses entre clássicos e barrocos, entre europeus e asiáticos, também por longo tempo conservados em Portugal na própria Coimbra sob um zelo quase oriental, da parte de alguns dos seus mestres e doutores, pelos aspectos decorativos, oratórios, retóricos do saber outrora vivo e criador, irradiado pelos colégios da mesma Coimbra. Também a Bahia, quando vivo e criador o seu saber humanístico, produzira, entre outros sábios notáveis por suas antecipações, um Antônio Vieira genialmente antecipado em saber científico aos doutores profanos do seu tempo. O que lhe faltou foi, a partir, se não do fim do século XVIII, do começo do XIX, procurar realizar, não através de indivíduos, como Cairu, mas de suas instituições acadêmicas em conjunto, tais antecipações, uma vez atingida pelo Ocidente a fase de preponderância do saber experimental – já desejada por Camões – sobre o abstrato mnemônico e retórico; e empenhar-se em viver no tempo cultural vivido vantajosamente por esse Ocidente, em vez de conservar-se no dos dias de esplendor de um humanismo agora arcaico, pela ausência, dentro das suas preocupações e dos seus métodos de pesquisa, das preocupações e dos métodos científicos.

Daí ter a Bahia chegado a pleno fim do século XIX com uma Academia de Medicina mais notável, no seu conjunto, por ser academia à moda antiga do que de medicina em estilo moderno: retardada em seu tempo cultural de tal maneira que os professores estrangeiros e o maranhense que procuraram renová-la de fora para dentro, fizeram-no como se traíssem uma tradição quase sagrada de baianidade. Seu esforço foi, precisamente por isto, dos que mais merecem ser destacados dentre quantos, na época considerada neste ensaio, significaram, no Brasil, progresso intelectual contra rotina clerical ou acadêmica: o de Tobias, no Recife, por exemplo; o de Pereira Barreto, em São Paulo; o de Aluísio Azevedo, no Maranhão. Pois mais do que no Rio de Janeiro ou em São Paulo ou no Recife era preciso um ânimo quase heroico da parte de quem se dispusesse a enfrentar, na Bahia – ou no Maranhão – uma ordem intelectual, como em nenhuma outra parte do Império, entrosada com a ordem social, com a ordem econômica, com a ordem religiosa, sob todos os aspectos em que ordem quer ou quisesse dizer fixidez, rotina, preponderância da mística de tradição sobre o carisma da inovação messiânica. Desse ponto de vista, a Bahia representava, então, mais e melhor do que outra Província do Império, além do justo, o excessivo, quer na resistência brasileira ao progressivismo cultural de toda espécie, quer na afirmação, se não ostensiva, pela inércia às vezes saudável, do que fosse valor castiçamente luso-brasileiro ou consagradamente luso-católico, contra inovações bizarras ou estrangeirices afoitas. O positivismo, por exemplo, nunca fez adepto nenhum notável na Bahia; o alemanismo de Tobias teria sido talvez de todo impossível entre baianos; ao próprio abolicionismo de Joaquim Nabuco, difundido através de uma oratória menos retórica que fundada em análise quase sociológica da situação feudal brasileira, teria faltado ambiente na Província de Nabuco de Araújo. Mesmo porque, todos esses ismos se apresentaram a ouvidos e a olhos brasileiros, num português que em nenhum dos seus campeões foi um português castiço; e houvessem esses campeões procurado converter aos seus ismos os baianos e os olhos e os ouvidos dos baianos mais ciosos de suas tradições teriam vomitado tais exotismos como se repelissem dos seus estômagos, habituados a quitutes, também tradicionalmente luso-baianos, bifes crus à inglesa ou linguiças à moda mais rudemente alemã.

De um dos últimos presidentes da Província da Bahia, durante o Império, foram as palavras de que não podia a mesma Província ser "devidamente apreciada", para efeitos de sua colonização por europeus e para outros objetivos, correlacionados com a reorganização da sua economia, enquanto não se fizesse "o levantamento de cartas geográficas, topográficas, itinerárias e agrícolas..."[24] Falta que cuidadoso pesquisador das coisas baianas, na mesma época, Durval Vieira de Aguiar, atribuía à indiferença dos baianos pelo progresso da sua Província: "[...] esta vasta e infeliz Província, tão infeliz no progresso quanto bem dotada pela Providência; tão pobre de indústria, comércio e lavoura quanto rica, vasta e fértil de território..."[25]

É que, a seu ver, o baiano esquecia-se da Província pelo Império, isto é, pela corte, "para onde convergem, em curso forçado, todos os nossos recursos materiais e intelectuais e convergiria, se possível fosse, até a nossa pura atmosfera, em troca da pestilenta que lá reina em certas estações". Apenas deveria acentuar que essa "pura atmosfera" era também ela, na Bahia, dom da Natureza e não resultado de esforço sistemático da maioria dos seus doutores em medicina, para estenderem sua clínica, de clínica de doentes ricos e, quando muito, de hospitais, a preocupações de higiene pública e de ciência sanitária que se baseassem em estudos ecológicos. O que não faziam tampouco, a não ser excepcionalmente, os padres saídos dos seus seminários, quase todos também contentes ou satisfeitos de apenas dizerem missas e celebrarem casamentos e batizados para os ricos dos sobrados, só os mais doutos se esmerando em sermões da mais ramalhuda eloquência, nos dias de festas de igreja: tão numerosos na Bahia. Indignavam-se porém os baianos quando sabiam de padres estrangeiros que, descendo até populações pobres ou indígenas da província ou do Império, recitavam seus sermões no que um político da época chamou de "linguagem estropiada, quase ininteligível": afoiteza intolerável para ouvidos baianos. Como indignidade para seus ouvidos de brasileiros eminentemente castiços devia ser ouvirem médicos estrangeiros falar de doenças e de febres num português que não fosse o castiço e eloquente dos legítimos doutores – os saídos da sua imperial Academia; e tão sacerdotais quanto os padres. Ou ouvir falar de males sociais ou de atrasos culturais um Joaquim Nabuco ou um Tobias Barreto ou um Pereira Barreto – nenhum dos três castiço em seu português de renovadores e de críticos da sociedade brasileira do seu tempo e da cultura que a caracterizava. Joaquim Nabuco, afrancesado e anglicizado; Tobias, germanizado; Pereira Barreto, corrompido no seu português pela longa permanência na Europa, de onde voltara positivista.

"Quando se tem de mencionar as Províncias em que o movimento abolicionista tem tomado grande incremento, são sempre lembradas Pernambuco, Rio Grande do Sul, Goiás e ultimamente São Paulo e Pará", escrevia já no crepúsculo da era imperial o médico baiano Anselmo da Fonseca; "quando pelo contrário se tem de indicar aquelas em que os domínios da escravidão são mais amplos, citam-se Maranhão, Rio de Janeiro, Minas, Espírito Santo".[26] E a Bahia? A Bahia, segundo esse médico baiano pouco castiço nas suas ideias e nas suas atitudes, devia ser considerada "ultraescravista". Era uma Província, a da Bahia, em que o espírito público se habituara a curvar-se à voz da "nobreza" – isto é, a patriarcal e escravocrática, quer das casas-grandes do interior, quer dos sobrados da cidade – e a "respeitar os seus privilégios", e a considerar seus "interesses" mais "sagrados" que os da própria "coletividade social". E ligada a essa nobreza econômica e a essa casta social, como se fosse a sua voz ou o seu verbo, atuante e prestigioso através de uma eloquência consagrada no Brasil inteiro, como superior ou inigualável, estava a nobreza clerical e sobretudo médica, que veio a formar na Bahia um elemento como que sacerdotal; e como tal, conservador; particularmente devoto da mística da ordem; quase sempre suspeitoso da do progresso. É certo que dessa mística se desgarraram baianos ilustres do século XIX: Teixeira de Freitas, Nabuco de Araújo, o primeiro Rio Branco, Luiz Gama, Castro Alves, Rui Barbosa. Mas sob o estímulo de outros meios; em correspondência com outros ambientes brasileiros; pelo acréscimo à sua condição de baianos de outras situações, particularmente dinâmicas, dentro das quais suas aptidões ou suas formas ou maneiras baianas de ser se exaltaram sob a influência de outras substâncias, daí resultando combinações magníficas de baianidade com paulistanidade, por exemplo. O caso de renovadores – mais fora da Bahia que dentro dela – de ciência, como se revelaram, no fim do mesmo século XIX e no começo do XX, Manuel Vitorino, Teodoro Sampaio, Juliano Moreira, Oscar Freire, Afrânio Peixoto, dos quais é provável que nenhum teria se afirmado renovador, dentro da ordem social baiana do seu tempo. O exemplo de Nina Rodrigues é na verdade impressionante. Mas Nina era homem fugido a uma ordem tão estática como a baiana e menos exposta que esta aos contatos renovadores vindos da corte; e que na Bahia se viu favorecido pela sua condição mesma de adventício; pela aparente desvantagem de homem vindo de outra Província; pela consciência, que lhe animou decerto as audácias, de imigrante, quase na mesma situação de Patterson, de Wucherer, de Silva Lima. Do imigrante ou do adventício sabe-se que, vindo do estrangeiro ou de Província distante e mesmo próxima do próprio país, é quase sempre indivíduo capaz de audácias a que raramente se afoita o nativo ou o homem da terra, da cidade, da Província natal. O que tanto explicaria os arrojos renovadores de um Juliano Moreira, no Rio de Janeiro, como os de Nina Rodrigues, na Bahia. Mas sobretudo o movimento de renovação realizado na mesma Bahia por estrangeiros impregnados de amor à gente baiana como foram Patterson, Wucherer e Silva Lima, aos quais se atribui hoje a fundação de verdadeira escola médica brasileira que se denominasse tropicalista; e tivesse se especializado no estudo das doenças predominantes entre os baianos sob critério ecológico vizinho, em certos pontos, do sociológico; e por conseguinte, para a época, revolucionário; progressivo; capaz de alcançar, através de doentes, todo o sistema, ou toda a ordem social, então em vigor no Império e particularmente na capital de Província caracterizada por Agassiz como aquela em que mais genuíno se mostrava o Brasil. "Nenhuma outra cidade manifesta em tão alto grau, nem reproduz tão visivelmente a fisionomia, nem torna tão saliente o cunho da nação a que pertence", escreveu de Salvador o suíço de Harvard. Ao que acrescentaria o médico baiano Anselmo da Fonseca, sob preconceitos de progressista para quem o Brasil inteiro tinha de repudiar quase todo o seu passado: "Não ignoramos que as causas pelas quais explicamos o atraso da Bahia tivessem atuado sobre todo o país. Sabemos porém, e isto é o que nos afirmamos, que aqui [Bahia] é que a sua ação foi mais profunda, mais intensa e mais acentuada".[27] Pelo que a esse fanático do progresso absoluto – progresso que se tornasse futuro desligado do que fosse passado – parecia que a Bahia, como a Espanha, "deveria destruir este passado já imprestável", isto é, o representado por uma ordem social apoiada, a seu ver, sobre "a escravidão, o clero e a nobreza". A Bahia, segundo Fonseca, adorava o passado: "ama o *status quo* e antipatiza todo movimento".[28] Era uma Província em que, para "conquistar a fama de pessoa sensata ('homem de juízo'), o indivíduo precisava de não se intrometer nem preocupar-se com os negócios públicos e afetar uma certa ignorância e um certo desdém pelos interesses da Província e do país".[29]

Assuntos a serem evitados pelos homens de juízo na Bahia eram não só os relacionados com "a escravidão" porém com "a instrução" e – quem o afirmava, em 1887, era Anselmo da Fonseca, então professor da Faculdade de Medicina – "a salubridade pública".[30] Em geral, o baiano era, segundo o médico Fonseca, "essencialmente retrógrado e conservador"; e quem não se conformasse "com a manutenção da estabilidade" era considerado pelo mesmo baiano "vão teorista". Daí "o atraso da Bahia" se manifestar "em tudo": "nos costumes, nas edificações, no asseio das ruas, na higiene pública, nas finanças, na instrução".[31] Na "higiene pública", destaque-se; pois era assunto em que, como médico, Fonseca devia ser versado ao menos como "vão teorista"; e campo no qual parece certo ter a Bahia do tempo de Pedro II e dos primeiros anos da República, primado e muito – a despeito da sua "pura atmosfera" – pela indiferença dos seus governantes e moradores a medidas de ordem sanitária capazes de fazer acompanhar o aumento da população e da edificação urbanas do asseio já conseguido noutras cidades tropicais. Inclusive em cidades do próprio Império brasileiro.

O que em 1875 o bacharel em ciências físicas e matemáticas e engenheiro civil Luís Rafael Vieira Souto, invadindo um tanto domínios então considerados dos médicos, escrevia do Rio de Janeiro (no seu *O melhoramento da Cidade do Rio de Janeiro*, Rio, 1875), talvez se aplicasse de modo ainda mais direto à antiga capital do Brasil: "A humanidade, o decoro, o amor-próprio nacional, o progresso do país, tudo isso pede com urgência que se melhorem as atuais condições de vida do Rio de Janeiro". Pois "quem diz cidade, diz civilização..."[32] E se a capital do Império se mostrava, em 1875, nos seus próprios centros, cidade de "ruas tortuosas, mal arejadas e sem escoamento pronto para as águas das chuvas", com "casas apertadas além de todo limite, sem luz, sem ventilação e outras condições indispensáveis à saúde", "sem arquitetura nem alinhamento", as praias pedindo cais, os pântanos clamando por aterros, os mercados de carnes, frutas, legumes e hortaliças exigindo melhor situação, as praças, melhor arborização, além de calçamento, imagine-se o que eram essas deficiências em Salvador, cidade ainda mais indiferente que o Rio de Janeiro aos problemas de "salubridade pública"; ao progresso cultural representado pelo melhoramento das condições de luz, calçamento, ventilação, arborização, alinhamento e saneamento de uma cidade. Não se devendo esquecer que era tempo de, no Império brasileiro, a cidade ou o Estado intervir em assuntos de higiene doméstica relacionada com a pública, tidos, ainda, por privados, isto é, da alçada apenas dos patriarcas, donos dos sobrados urbanos. Era preciso, no Brasil – reconhecia o mesmo Vieira Souto, em outro dos seus livros – regularizar, por exemplo, a relação entre a altura das casas urbanas e a largura das ruas, embora as alturas estipuladas pela Comissão de Melhoramentos da Corte lhe parecessem exageradas.[33] Mas era necessário, também, que se conservasse nessas e noutras exigências da cidade ou do Estado aos particulares o sentido brasileiro da ordem urbana e sobretudo da arquitetura doméstica: o que neste particular o sistema patriarcal brasileiro, quer na Bahia, quer no Rio de Janeiro, quer no Rio Grande do Sul, quer em Pernambuco ou em Minas Gerais ou no Pará, já desenvolvera em harmonia com o meio tropical. E não eram poucas essas realizações que mereciam a aprovação de um arquiteto-sanitarista, ou urbanista, que ao sentido de progresso imitado das nações burguesas e industriais da Europa juntasse o respeito pelas tradições do seu país, conciliáveis com a ciência dos modernos politécnicos e dos modernos médicos, sem que o apreço por essa ciência e por esses técnicos precisasse de significar a imitação passiva daquele progresso.

Ao contrário: para progressistas moderados como Vieira Souto, já em 1876 era tempo de "extinguir a perniciosa prática de moldar as nossas construções pelas estrangeiras, sem a mínima atenção às condições de clima, riqueza e costumes do país".[34] Prática de que se resguardaram melhor, com relação às suas habitações mais adaptadas à ecologia tropical do meio brasileiro, cidades conservadoras como Salvador ou estacionárias como Ouro Preto, em Minas Gerais, Olinda, em Pernambuco e São Cristóvão, em Sergipe, que as durante o Segundo Reinado mais progressistas. Vieira Souto acusava naquele ano os arquitetos como que oficiais da corte de virem empregando nas fachadas dos prédios a "pedra artificial" e a "pedra francesa", apesar de possuirmos "os mais finos granitos". Não era só: vinham-se levantando no Rio de Janeiro edifícios servilmente copiados dos modelos fornecidos pelos monitores e revistas de arquitetura. Pelo que ele fazia votos pela "adoção de uma arquitetura mais brasileira, mais racional, e pela abolição do sistema seguido por alguns construtores improvisados, que levam o seu 'escrúpulo' ao ponto de ornar os edifícios com fingidas chaminés de lareira, o que é o maior dos disparates em uma cidade tão quente como a nossa".[35]

"E que diremos" – perguntava o engenheiro e crítico social: crítico de um progresso urbano desorientado – "dessa conhecida forma de chalé, tão própria para os arrabaldes quanto absurda para ser adotada nas ruas do comércio, como já se vai fazendo entre nós?".[35] "A voga desse tipo de construção rural, importado da Suíça, e indevidamente situado no Brasil em ruas até de comércio, não foi somente no Rio de Janeiro que alcançou extremos por vezes ridículos: também no Recife que, aliás, sob o ponto de vista da intervenção do Estado em assuntos de construção e de higiene, tidos, entre nós, até o meado do século XIX, por assuntos privados, foi cidade mais beneficiada pelo auxílio técnico europeu que a capital da Bahia e a própria capital do

Império. Isto graças à presença, no mesmo Recife, da missão técnica chefiada pelo engenheiro L. L. Vauthier, precedida e seguida pelo contato da capital pernambucana com outros técnicos franceses que tiveram, quase sempre, o bom senso de procurar adaptar soluções europeias a situações peculiares ao Brasil tropical. Desse modo se explica o fato de, por algum tempo, ter havido, nessa parte do Império, saudável conciliação entre o passado brasileiro e o futuro, representado este por aqueles renovadores europeus de estilos urbanos de arquitetura, saneamento, iluminação, calçamento e alinhamento de ruas que, no Recife, tornaram-se famosos por sua atividade técnica, em alguns acompanhada por outras formas de atividade projetada sobre o futuro nacional do Brasil. A atividade socializante do referido Vauthier, por exemplo.

Também se explica que em virtude da maior transigência com tais atividades ou penetrações de caráter técnico e às vezes ideológico, tenha se verificado no século XIX, tanto no Recife como em São Paulo, no Rio de Janeiro e no Sul do Império, maior penetração que na Bahia ou em Minas Gerais ou no Maranhão, da língua portuguesa pela francesa, pela inglesa e pela alemã, através de termos técnicos. Acerca do que escrevia na época um engenheiro brasileiro, justificando-se a si e a colegas seus, do uso de neologismos: "Em matéria de tecnologia é sabido que os dicionários portugueses são os mais incompletos que é possível imaginar. Quem toma de um dicionário nosso e nele procura um termo técnico, tem quase certeza de não vê-lo mencionado ou, pelo menos, de deparar com uma definição errada". "Sob este ponto de vista a nossa língua está ainda na infância", escrevia o mesmo técnico, admitindo que mais atrasada estaria, sem dúvida, se "os profissionais" não se empenhassem em resolver esses problemas de deficiência linguística – reflexo de deficiência cultural – aproveitando, quando necessário, os próprios termos criados por operários, rústicos no falar. Tal o caso da palavra embasamento usada por alguns engenheiros brasileiros do tempo do Império sob a forma envasamento, por corrupção do b em v na boca de operários portugueses, então numerosos nas atividades de construção no Rio de Janeiro. Corruptelas hediondas a ouvidos maranhenses ou baianos, dada a considerável distância social guardada nessas Províncias eminentemente conservadoras, entre doutor de qualquer profissão e operários ou trabalhadores manuais; entre a língua falada e sobretudo escrita pelos primeiros e a falada e às vezes cantada durante o trabalho, pelos últimos. Mas essas corruptelas foram sendo toleradas em meios como o carioca, o paulista, o pernambucano, em virtude de menor distância entre tais extremos, estabelecida pela presença, nesses meios, de técnicos estrangeiros, mestres de brasileiros; estes, mais de uma vez, tiveram de empregar aqueles termos, conforme a adaptação dos estrangeirismos ao português, feita por operários portugueses ou mestiços: no Sul do Império, por italianos, alemães, suíços. Corruptelas como envasamento, sulipa, breque, balduína e talvez encrenca, que da boca de rústicos passaram à língua corrente do brasileiro, vem desse maior contato entre técnicos e operários – maior desde a segunda metade do século XIX – com os operários; e estes vêm de certo modo representando a soberania popular ou a preponderância proletária, em matéria de poder de assimilação e de consagração de estrangeirismos técnicos, aportuguesados à maneira rústica, e, por esse meio, incorporados ao vernáculo.

Essa assimilação verificou-se, como era natural que se verificasse, naqueles meios menos apegados à rotina ou à tradição lusitana tanto de técnicas de vida urbana como de língua casticamente portuguesa. É assunto, o processo de assimilação de tais estrangeirismos técnicos pela língua portuguesa no Brasil, através principalmente da boca proletária e plebeia, durante os últimos decênios do Império e os primeiros da República, que está a merecer a atenção de um mestre da categoria do professor Aurélio Buarque de Holanda, capaz de apurar as predominâncias de área cultural no mesmo processo e as relações dessas predominâncias com as diferenças de ritmo de progresso cultural, em geral, e técnico, em particular, da sociedade brasileira. Tendo se verificado as primeiras assimilações relativas a máquinas e técnicas europeias e anglo-americanas, naqueles anos de maior ou menor transição, conforme as áreas e seus diversos tempos sociais e até psicológicos, devem essas assimilações ser aqui recordadas como um dos característicos de mais vivo interesse cultural ou significado sociológico da mesma fase: tanto quanto os muitos termos franceses e ingleses que, na mesma época – ou um pouco antes ou depois dela, um ou outro –, foram introduzidos na língua portuguesa do Brasil pela boca ou pela pena de ricos ou aristocratas de torna-viagem, de caixeiros-viajantes, de modistas, de cronistas mundanos e esportivos e de publicistas especializados em assuntos de finanças e de direito; e vários dos quais sobrevivem no português corrente de hoje, ou abrasileirados ou ainda em suas formas originalmente inglesas ou francesas: madame ou madama, *five-o'clock, tea*, jóquei, turfe, *spleen, snob, causeur, wagon* ou vagão, *dogue*, toalete, bife, menu, restaurante, *funding, impeachment*, tílburi, cabriolé, landô, cupê, *deck, smart*, ragu, elã, *warrantagem, casse-tête*, lonhão, charrete, raquete, pincenê, *étagère*, etiqueta, clube, clichê, penhoar, repórter, *tête--à-tête*, bonde, bulevar, *water-closet, vaudeville*, envelope, elite, comitê, *clown, bureau*, iole, iate, *faisandé, trust, maple*, bufê, *box*, rosbife, *toast*, tênis, pule, linchamento, *coterie, high-life*, sabotagem, hotel, macadame, bombom, festival, *batiste*, ateliê, *meeting*, echarpe, *bal-masqué, iale, adresse*, bebê, *book-maker*, claque, *châtelaine*, calembur, buquê, abajur, *soirée*, marionete, garçom, *récamier, surmenage*, grogue, chalé, vitrine, turista, *chaise longue*, breque, *mise-en-scène*, valete, *vieux rose*, marrom, *budget*, líder, *groom, cache-nez*, gare, pastel, detalhe, apache, escalope, purê, gafe, *canard*, placar, *entourage, dreadnought, scout*, destróier, tênder, boicote, *boulanger*, conhaque, Noel, pônei, lorde, blague, suíte, omelete, *bluff*, truque, *trottoir*, detetive, maquete, maionese, *institutrice*, dossiê, *mitaine*, mantô, bege, *gris perle, diseuse, passe-partout*, marquise, guichê, *forfait, filme, gaucherie*, matinê, guidão, croqui, *mignon*, gigo-lô, *demi-monde*, crochê, creche, debutar, nuance, cocote, champanha, gendarme, *hors-d'oeuvre, bijoux, joujou, fin-de-siècle, frappé, flâneur, robe de chambre, tableau, taylleur*, plastrom, rotisseria, *rendez-vous*, lanche, bibelô, *écran, plateau, démarche*, complô, *raté*, cáften, *mi--carême, match*, gol, trupe, turnê, equipe, *crayon, vernissage, aplomb*, bijuteria, *boudoir*, carnê, repórter, *interview*. Vários outros. A palavra *boss* parece ter sido usada pela primeira vez no Brasil em 1912 pelo então repórter Assis Chateaubriand. *Footing* parece ter sido inventada por brasileiro. *Smooking*, adotada dos franceses. Não há um só desses barbarismos que não traga uma sugestão de sentido sociológico sobre a época que aqui se procura evocar.

Isto, a despeito de protesto da parte de puristas e gramáticos que, dos seus principais redutos – a Bahia e o Maranhão, entre eles – não deixaram nunca de conservar-se vigilantes, quer durante os últimos decênios do Império, quer através dos primeiros anos da República, contra o que se apresentasse como perigo contra a língua nacional:

expressão viva de todo um sistema cultural, de toda uma ordem social digna de ser preservada pelos homens protegidos por ela; e expressão viva dessa ordem que eles, puristas e gramáticos, se julgavam no difícil dever de conservar pura, casta e quanto possível sã, não permitindo que o furor progressista de muitos dos seus compatriotas a maculasse ou desfigurasse com neologismos ou barbarismos sempre julgados por eles desnecessários. Por que *menu*, se podia-se dizer vernaculamente cardápio? *Abat-jour*, se era possível dizer-se em português quebra-luz? Pincenê, se em seu lugar podia-se dizer nasóculos?

É da época, aqui considerada, obra significativa a este respeito: *Neologismos indispensáveis e barbarismos dispensáveis*, trabalho de um mestre, Castro Lopes, do qual se faria segunda edição no Rio de Janeiro em 1909, depois de "há muito esgotada a primeira". "Fato desgraçadamente notório é a decadência dos bons estudos em nossa terra", dizia-se na introdução à página X; "entretanto ilude-nos o fictício aparato de uma instrução relativa a humanidades, fazendo crer que à juventude são esses indispensáveis conhecimentos literários regular-mente administrados". Era lastimável: estudavam-se os preparatórios "somente para, por meios quase sempre ilegítimos, poder alcançar-se a inscrição nos cursos superiores, e ser doutor embora não douto". É que "no século do vapor, da eletricidade e do aeróstato" já não bastava correr; era preciso voar. E registrando muito argutamente, do ponto de vista de um linguista, evidente mudança de ritmo no tempo social brasileiro, escrevia Castro Lopes: "Há pressa de chegar; ninguém quer andar pausadamente..."

Uma necessidade Castro Lopes reconhecia em face de um pro-gresso técnico em ritmo tão acelerado: a de "serem criadas [...] novas palavras (filhas legítimas da necessidade...)". Mas que fossem criadas essas palavras dentro da tradição ou da ordem clássica da língua por-tuguesa: sem se adotarem apressadamente termos exóticos. Daí seu regozijo de purista ao verificar – e disto se ufana na segunda edição do seu livro – terem alguns dos seus neologismos sido já adotados "pelo povo e pela imprensa diária". Parecia-lhe matéria em que poderia continuar a ser decisiva a influência dos "dignos diretores do nosso jornalismo" que se empenhassem em fazer vingar os bons neologismos, exigidos pelo progresso brasileiro e, ao mesmo tempo, em "expungir de estranhas eivas a linguagem portuguesa..."[37]

Em geral o que havia era confusão de progresso com anarquia: pelo menos com relação ao desenvolvimento da língua sob a pressão de novas necessidades ou de novas situações sociais, era possível juntar um pouco de ordem ao progresso. "Confundem progresso com desnaturação", pensava Castro Lopes. Tratando-se de uma língua, o verdadeiro progresso estava em "criar com bons elementos termos que no idioma português faltem para traduzir os exóticos".[38] O que de modo algum importava em "antagonismo ao internacional". Importava apenas em preservar o Brasil a sua língua dentro de "uma ordem literária" que dependia de autoridade efetiva que se atribuísse aos filólogos, aos gramáticos, aos mestres da linguagem. Deviam estes ser "respeitados da plebe insurgente"; sem o que, "prevaleceria a anarquia". Pois se tudo pudesse o chamado "uso popular" no modo de escrever e de falar, para que as gramáticas e os códigos ortográficos?

Havia, ou devia haver, para gramáticos como Castro Lopes, uma "ordem literária", dentro da qual se regularizassem o falar e o escrever de um povo, como o brasileiro, em face de quantos progressos técnicos lhe chegassem com a rapidez do vapor, da eletricidade, do próprio aeróstato. No Brasil, porém, não se enxergava quem fizesse efetivamente respeitada a autoridade filológica e literária dos mestres da linguagem. Isto era bom em países em que as letras e as ciências formavam "um ramo sério da administração pública", pensavam os Castro Lopes, do fim do Império de um Pedro chamado desrespeitosamente Pedro Banana por aqueles jornais em que se fazia desbragada propaganda da República; e, decerto vendo esses países ideais aos olhos dos filólogos, menos na Inglaterra que na França. No Brasil, porém, que ministro "ainda que se presuma de letras" – o caso, evidentemente, de Rui Barbosa – capaz de livrar-se da "intriga política" para "cogitar de tais bagatelas?"

Confessa Castro Lopes na introdução do seu referido livro – do ponto de vista sociológico seguido na elaboração deste ensaio, um dos mais significativos do período de transição aqui estudado e da sua constante oscilação entre as solicitações das várias ordens que compõem o social e as exigências dos vários progressos que perfazem o cultural: inclusive o técnico – ter-se proposto, ainda no Império, a compor o que seria um *Código ortográfico da língua portuguesa para o Império do Brasil*; e "um amigo, distinto homem de letras, sem que eu pedisse, apresentou ao governo essa proposta, em cuja execução não despendia o Estado dinheiro excedente dos orçamentos". Mas nem sequer lhe haviam devolvido os papéis com a proposta, acerca da qual nada se resolvera. Isto, sendo "ministros muitos daqueles de quem tive a honra de ser mestre..."[39] Coisas de um país onde, aos olhos do desencantado filólogo, campeão da ordem literária contra os transbordamentos na língua nacional de um desordenado progresso técnico, tudo se afigurava "aparência e tramoias teatrais". Ele, porém, fiel à sua missão, procurava influir sobre a sua gente através da imprensa e do livro, já que, não podendo contar, a favor do seu programa de "ordem literária", nem sequer com os ministros de Estado seus amigos, nada queria mais de governos nem "presentes", nem "futuros", nem "monárquicos", nem "republicanos", soubesse embora o caminho para conquistar no Brasil as graças oficiais: "apresentar-me foliculário político, isto é, pôr escritos para vender-me".[40]

A Castro Lopes um dos francesismos que mais o irritavam nos diários brasileiros da sua época era precisamente reclame. Infelizmente, Morais o acolhera no seu vocabulário sob a forma aportuguesada de reclamo. *Réclame* tinha em francês além de outras, a significação especial de "anúncio em que se elogia, se engrandece alguma coisa: *une réclame* é portanto um anúncio preconizador". Para o que mestre Castro Lopes deu-se ao trabalho de criar o neologismo preconício, de *precon* (em latim, voz do pregoeiro) e *nuncio* (do ablativo latino *nuncio*, notícia, anúncio). Era palavra de "formação erudita e ascendência legítima", que não encontrou, porém, da parte dos "dignos diretores do jornalismo", nem acolhida nem simpatia. Isto, numa época em que dirigiam, com efeito, alguns dos jornais brasileiros de maior prestígio, homens que com satisfação teriam adotado um bom neologismo que substituísse reclame, se esse neologismo se apresentasse sob forma menos erudita do que preconício. Preconício não era apenas vocábulo de contextura erudita porém de configuração pedante. E justiça se faça aos grandes jornais brasileiros da época, sua linguagem raramente resvalava de razoavelmente correta e mesmo elegante em seus editoriais, em seus artigos de colaboração literária, política, científica – alguns redigidos por homens como Machado de Assis – e mesmo no seu noticiário, em linguagem ostensivamente pedante. O que podia haver por vezes no noticiário acerca de pessoas ilustres ou semi-ilustres, era exagero na adjetivação; mas não, de ordinário, pedanteria que se manifestasse no emprego de palavras ou expressões raras ou preciosas.

Antes, porém, de considerarmos este aspecto de um jornalismo que, do fim do Império ao começo da República de 89, participou ativa e às vezes criadoramente do progresso cultural, então intenso, no País, embora concorrendo também, com seus exageros demagógicos, para comprometer, na ordem social e no próprio sistema cultural, valores que bem poderiam ter sido resguardados dessas audácias, principiemos por salientar o que, através dos diários, representaram, no período evocado, aquelas seções ineditoriais ou pagas pelas quais mais caracteristicamente se manifestou o *ethos* ou o temperamento nacional: os anúncios; os avisos; os reclames; os apedidos[41] e as solicitadas. Foi talvez essa a época de esplendor desta peculiaridade do jornalismo brasileiro: as solicitadas ou os apedidos; os avisos; as correspondências, às vezes até em versos. E se as julgamos, com os anúncios, os avisos e os reclames, expressão do que um tanto arbitrariamente é neste ensaio denominado progresso cultural é que, através deles, se fez sentir a presença ou participação na vida nacional brasileira de elementos que o avanço da alfabetização, por um lado, e o da técnica da imprensa, por outro, dotaram de meios de expressão ou de afirmação social, desconhecidos pelos seus antepassados; e que sob este aspecto, constituíram progresso. É certo que vários dos anúncios e dos apedidos da época foram ditados por analfabetos e escritos por terceiro; havendo até, para os apedidos, testas de ferro profissionais para servirem não só a analfabetos como a indivíduos que não desejassem ser chamados à responsabilidade pelas publicações de sua inspiração ou do seu interesse; mas sem deixar de haver da parte dos analfabetos mais afirmativos em sua personalidade inspiração às publicações aparecidas sob sua responsabilidade.

Foram os anúncios de jornal, aparecidos na imprensa da época brasileira aqui considerada, expressões brasileiras, em seu maior número – e o mesmo é certo de avisos e apedidos – de um português oral, vivo e espontâneo, que às vezes contrastava com o erudito, acadêmico, até mesmo artificial, dos editoriais. Em termos psicossociológicos ou psicoculturais modernos, poderíamos classificar os primeiros – expressões de português oral, divulgadas pela imprensa em suas seções pagas – de dionisíacos; os outros, de apolíneos. E está ainda para ser feito por especialista no assunto o estudo do que na linguagem e na própria substância desses anúncios representa manifestação de uma cultura sob vários aspectos mais genuinamente brasileira do que a erudita: uma cultura próxima da folclórica não só na sua frescura ou na crueza da oralidade como no seu humor, na sua maneira às vezes rude de ser espirituosa, ou satírica, ou caricaturesca, no seu modo nem sempre moderado de ser crítica ou apologista de valores contemporâneos ou de valores tradicionais.

Os anúncios mais espontâneos no seu humor e pitorescos na sua linguagem encontramo-los mais em jornais da primeira que da segunda metade do século XIX. Assim, do *Diário de Pernambuco* de 28 de junho de 1838 destacaremos os seguintes exemplos, cada um no mesmo diário precedido do sinal ☛: "Quem no dia Segunda-Feira 25 do corrente, ou por graça, ou por veras apanhou hum xapeo de sol em São Francisco na sella [sic] de Fr. José: queira restituir na mesma sella se não verá seo nome publicado." ☛ "Quem anunciou querer um Pope, dirija-se á rua das Flores casa ultima junto ao armasem de porta larga, que ha hum com a sua tradução ao lado." ☛ "O sr. C. F. Y. queira ir tirar os seus pinhores [sic] no espaço de 3 dias impreteriveis, aliás serão vendidos para pagamento de principal e juros, pois já tem se passado 3 sobre o vencimento." ☛ "Precisa-se de hum homem estrangeiro, que entenda de ser feitor de sitio sendo solteiro melhor, ou que só tenha mulher sem mais família..." ☛ "Vende-se [...] hum relogio de repetição, muito bom regulador, hum bicudo e hum canario do imperio cantadores..." ☛ "Fugiu [...] hum preto de nome Antonio, nação congo, de idade pouco mais ou menos de 25 anos, com os sinais seguintes: corpo seco, pernas finas, pés pequenos, rosto curto, marcas de alcorpas ao pescoço, tem falta de cabelos na corôa da cabeça, olhos vivos, o qual preto costuma andar com uma preta forra de nome Paula, e também se intitula forro quando anda vendendo fazendas, sendo muito conhecido por muitas pessoas por ter o apelido de barateiro, ou calombo..." Anúncios semelhantes poderiam ser destacados de outros jornais brasileiros da mesma época: inclusive do *Jornal do Commercio*, rival daquele diário em antiguidade e constância de publicação.

Mas essa espontaneidade no humor e esse pitoresco na linguagem, nos ineditoriais dos diários, não desapareceram de todo da imprensa brasileira, na fase de transição social atravessada pelo País durante o meio século que, começando com as novas perspectivas para o trabalho, abertas pela Lei do Ventre Livre, prolongou-se, sob a sombra de uma República ainda meio monárquica ou meio patriarcal em seu modo de ser república, até o fim da primeira Grande Guerra, com o despertar, entre trabalhadores nacionais já bastante distanciados do regímen de trabalho escravo, de uma consciência nitidamente proletária. Ao contrário: sob alguns aspectos, durante essa fase de transição acentuaram-se nesses ineditoriais, e em publicações abolicionistas, o pitoresco e às vezes as asperezas de uma linguagem entre plebeia e panfletária, na crítica, em alguns casos desaforada, às instituições dominantes, representadas por pessoas respeitáveis e até venerandas. Em fevereiro de 1882, aparecia num jornal abolicionista do Império, *O Club 33*, longa crítica a escravocratas em torno da compra e venda de escravos que continuavam a registrar-se nos arquivos dos tabeliães. E nessa crítica particularizavam-se acusações, como, por exemplo, a certo "barão de..., pessoa cujo título pertence à seleção de uma cidade hebreia, para quem se existisse Inferno estariam abertas há muito suas portas..." Entretanto, esse "traficante de escravos" se vinha ultimamente transformando em abolicionista "talvez para subir com mais descanso às cumeadas da representação provincial e provar finalmente que engana a Deus e ao Diabo". Ao mesmo tempo dizia-se do "tenente-coronel... Cavalcanti d'Albuquerque" que estava "ainda em pleno vigor graças ao leite das suas vacas dizem que a maior parte das crias que ele possui e que são todas obras do seu fabrico, o que lhe dá o duplo atributo de pai e de senhor! Nós, creia o leitor, não fosse o temor de ofender os pobres escravos, chamar-lhe-íamos simplesmente: Pai-d'Éguas!"

Interessantes, pelo que revelavam da vida social da época – a vivida pela gente mais humilde e não apenas a desfrutada pela mais importante – foram, às vezes, nos jornais dos últimos anos do Império mais contaminados pelo furor ou pelo regozijo abolicionista, as próprias notícias editoriais relativas às relações entre senhores e escravos: notícias editoriais às vezes semelhantes às publicações ineditoriais. Esta, por exemplo, aparecida em *A Cidade do Recife*, de 1º de outubro de 1888: "Os libertos de hoje, gratos àqueles que tanto trabalharam para que eles sacudissem o jugo do cativeiro, em grande número estão adotando os apelidos de Dantas, Prado etc., ao contrário do que praticavam antes da Lei Áurea, pois anteriormente chegavam a adotar os apelidos da família dos seus possuidores, alguns dos quais eram os seus maiores algozes. Ainda há pouco casaram-se na Piedade, Minas Gerais, Casimiro Vicente Dias Ferraz Clap e Severiana José do Patrocínio Nabuco de Araújo Prado". Por vezes fez-se humorismo em torno do assunto – isto é, as relações entre senhores e escravos: por exemplo, em *O Binóculo*, de 18 de janeiro de 1883, registrou-se este diálogo entre um padre antigo, um padre Gama – talvez frei Miguel do Sacramento Lopes Gama, em torno de quem foi considerável o anedotário – e "certo barão muito nosso conhecido": "Então, V. fez sua fortuna a negociar com peles?" E o barão: "É verdade, mas dentro delas havia gente".

Várias eram nas solicitadas, ou colunas pagas ou seções livres as expansões líricas por motivos de regozijo íntimo ou particular: "Salve! Salve! Salve! Cumprimento afetuosamente com o coração cheio de júbilo a minha prezada prima A. P. C. B. [o nome por extenso], pela data fulgurante do seu aniversário natalício que amanhã passa e faço votos para que se reproduzam muitas outras datas como esta". Mas sob essas expansões de regozijo muitas vezes apareciam advertências graves: "Pedimos ao acadêmico A. F. N. [o nome por extenso], para aparecer no Pátio do P. nº 8 a negócio que o mesmo não deve ignorar *As vítimas*". É aliás tradição recifense que só por motivo do seu admirado abolicionismo e do seu eloquente republicanismo, outro acadêmico da época, o fluminense Nilo Peçanha, livrou-se de ter o seu nome em apedido semelhante ao aqui transcrito. É que de Nilo Peçanha refere a mesma tradição que uma vez feitos seus elegantes fraques e adquiridas suas reluzentes cartolas, esquecia-se boemiamente do alfaiate e do chapeleiro, contando com a generosidade dos comerciantes se não para com a República em perspectiva, com a república de estudantes de que ele, já pachola e prestigioso, fazia parte. E havia comerciantes em cidades como São Paulo, Salvador e o Recife, na fase difícil de transição da Monarquia para a República, dos quais não é exagero dizer-se que temiam menos a problemática República – quando a temiam – do que as repúblicas de acadêmicos, alguns dos quais abusavam da sua condição de moços de fraque e bengala, não só com relação aos caixeiros como com relação aos próprios patrões dos caixeiros, tomando as namoradas aos primeiros e caloteando os segundos. Não obstante, aparecem nos jornais da época clamores de negociantes, alfaiates, chapeleiros contra acadêmicos relapsos, denunciados de modo incisivo como caloteiros.

Naquele mesmo *O Binóculo* houve quem mantivesse uma seção humorística em versos intitulada "Anúncios Binoculados" na qual vinham comentados, por vezes de modo excessivamente picante, anúncios aparecidos nos jornais da época, dentre os quais os relativos às relações entre patrões e empregadas (criadas, amas, copeiras, cozinheiras, arrumadeiras). Na edição de 12 de janeiro de 1895 comentaram-se dois anúncios de "Precisa-se... de criada", em versos bastante livres: fesceninos, mesmo. O primeiro anúncio era: "Precisa-se de uma criada que se encarregue de passarinhos..." Nos versos se dizia:

> *"Tenho um pássaro formoso*
> *Vermelho como um tomate*
> *Que por ser muito dengoso*
> *Precisa de alguém que o trate."*

O segundo anúncio era: "Precisa-se de uma ama de leite que dê atestado de sua conduta..." No verso comentava-se humoristicamente a oferta da mulher já livre para ofício até há pouco de mucama ou escrava:

> *"Também preciso uma ama*
> *Rapariga que se ajeite*
> *Não a dar leite de mama*
> *Mas que saiba tirar leite."*

Era como se, passada a época de furor ou de regozijo abolicionista, já assinalada, e durante a qual foram os barões, os senhores de negros, os donos de escravos, as pessoas mais atingidas com sátiras e até desaforos, quer nos editoriais, redigidos por jornalistas, quer nas publicações ineditoriais, provenientes do público em geral, e às vezes escritas de modo particularmente curioso para os folcloristas e psicólogos – alguns desses editoriais comentaram entusiasticamente o ato do ministro da Fazenda do governo provisório, mandando incinerar quanto fosse documento oficial que prestigiasse a propriedade escrava entre nós – começasse a manifestar-se, quer através da pena dos jornalistas, quer pela boca dos particulares frequentadores dos apedidos e colunas pagas, certa insatisfação com o novo tipo de trabalho: o livre e desorganizado. Essa insatisfação, traduzida no desdém por mulheres que se oferecessem em anúncios de jornais para serviços domésticos, sob a forma de trabalho profissional pago, às quais alguns dos burgueses de um país agora todo de gente livre, pareciam encontrar especial prazer em lembrar, em seções editoriais ou ineditoriais dos diários e revistas, que delas se esperava, no desempenho daqueles serviços domésticos, as mesmas atitudes de subserviência sexual das antigas mucamas. Aliás, a transição, nas residências urbanas, do trabalho escravo para o livre, processou-se entre dificuldades com que alguns dos abolicionistas talvez não tivessem contado, em seus entusiasmos mais líricos pela abolição imediata. Basta recordar-se que, expedidos regulamentos municipais, em áreas urbanas, para a "matrícula de amas e outros servidores particulares [...] têm se nos feito sentir os embaraços criados pela má vontade de 'criados' que, pela ignorância peculiar, fogem e negam-se à observância dessa lei, alegando ser isso nova forma de escravidão". É o que se lê em *O Binóculo*, 14 de janeiro de 1888.

Entretanto, no mesmo número da revista semanal em que se fazia este comentário, reconhecendo-se a incapacidade da gente de cor já livre para substituir imediata e satisfatoriamente a ainda escrava em serviços domésticos, doutrinava-se em artigo dos chamados de fundo: "Está provado que o escravo é um elemento incompatível em nosso mecanismo social. Perante a grande lei evolutiva do progresso, debaixo mesmo do ponto de vista do ágio e do mercantilismo, o escravo é um impossível, não se sustenta, como o mais indiscutível do absurdo vivo... por tanto tempo chamado elemento servil mas que só pode merecer o nome de elemento inservível".

Aquela insatisfação acentuou-se durante os primeiros anos de trabalho livre e refletiu-se de modo às vezes interessante nos anúncios e noutras seções ineditoriais dos periódicos. Tornaram-se frequentes nos jornais brasileiros da época os anúncios de "Precisa-se de uma boa ama de arrumação", "Precisa-se de uma boa cozinheira", "Precisa-se de uma ama para andar com criança". Mas antes mesmo da Abolição, já vinham aparecendo nos jornais brasileiros da corte, de Salvador, do

Recife, anúncios em que se procuravam amas livres que, entretanto, dormissem em casa dos patrões. No *Diário de Notícias*, de Salvador da Bahia, de 19 de julho de 1884, por exemplo, aparece um "precisa-se de uma cozinheira que durma em casa", e outro, de ama "para cuidar de crianças", que fosse de "maior idade", tivesse "bom procedimento" mas que igualmente dormisse "em casa". Eram as famílias urbanas a se prepararem para nova situação quanto aos serviços particulares, tendo, entretanto, o cuidado de exigir das cozinheiras, em particular, e das amas, em geral, que dormissem "em casa".

O *Jornal do Commercio*, do Rio de Janeiro, é dos jornais brasileiros da época – época em que foi dos diários do mundo inteiro, o que maior número de anúncios publicava, com a única exceção de *The Times*[42] – aquele que nos permite seguir melhor as curvas daquela insatisfação e a busca de substitutos para o mau trabalho livre nacional em estrangeiros dispostos ao serviço doméstico. A busca de tais substitutos viria a acentuar-se nos primeiros anos do século XX, aparecendo então, no mesmo diário, de 1890 a 1908, anúncios em que a seleção ou a oferta desses substitutos se torna às vezes específica: "estrangeira", "alemã", "portuguesa", "espanhola", "japonesa". Exemplos extraídos de um número típico do *Jornal do Commercio* da época – o de 3 de setembro de 1909 – ilustram o que aqui se sugere: "Precisa-se de uma criada para todo o serviço em casa de família sem crianças, prefere-se estrangeira; na Rua do Resende nº 180"; "Precisa-se de uma boa cozinheira estrangeira; na Rua dos Voluntários da Pátria nº 118, novo"; "Precisa-se de uma boa cozinheira alemã para casa de família de tratamento, paga-se bem; dirija-se à Rua Cosme Velho nº 113 [...]" A procura de substitutos para domésticos de cor, desde a Abolição evitados por algumas das famílias mais distintas do Rio de Janeiro e de outras cidades da República, não se fixou apenas em italianos, como pareceu ao padre Gaffre:[43] estendeu-se a alemães, espanhóis, portugueses, como indicam os anúncios em jornais daquele período de transição mais aguda do trabalho escravo para o livre.

Por outro lado não faltavam na época – e a tendência vinha se acentuando desde o fim do século XIX no Rio de janeiro e manifestando-se também no Rio Grande do Sul, em São Paulo, na própria Bahia, no próprio Recife – ofertas de estrangeiros para o serviço doméstico nas melhores residências urbanas. São ainda do *Jornal do Commercio* daquele ano típico – 1909 – anúncios dos quais transparece a valorização da empregada estrangeira para o serviço doméstico e sua exaltação sobre a negra ou a mestiça: "Aluga-se uma ama portuguesa com leite de três meses, casada, dando boas referências; na Rua General Polidoro n.º 177, casa n.º 1"; "Aluga-se uma moça espanhola de toda confiança para ama-seca ou arrumadeira; informa-se na Rua dos Andradas n.º 122, moderno"; "Aluga-se uma ama portuguesa, com leite de 5 meses, sadia e carinhosa, não faz questão de ser examinada; na Rua da Gamboa n.º 117, sobrado"; "Aluga-se uma ama de leite portuguesa, com leite de 7 meses, com atestado do Dr. Moncorvo, trata-se na Rua Marechal Floriano Peixoto n.º 191, moderno, sobrado"; "Aluga-se uma moça espanhola para ama-seca, prefere-se criança recém-nascida, na Rua do Santo Cristo n.º 112"; "Aluga-se uma ama com leite de 1 mês, portuguesa; na Rua Macedo Sobrinho n.º 21, segundo portão, Largo dos Leões"; "Aluga-se uma moça portuguesa para lavar e passar roupa a ferro para casa de família séria; na Rua de S. Cristóvão, portão n.º 36, casa n.º 14"; "Aluga-se uma moça portuguesa para qualquer serviço; na Rua dos Inválidos n.º 145, casa n.º 10"; "Aluga-se uma moça portuguesa chegada há pouco para arrumadeira, dormindo fora, na Rua da Imperatriz n.º 120"; "Aluga-se uma perfeita lavadeira e engomadeira portuguesa, prefere família estrangeira; na Avenida Ipiranga n.º 6, Laranjeiras"; "Aluga-se um chefe de cozinha japonês, de forno e fogão; na Rua de S. Clemente n.º 216"; "Aluga-se um bom cozinheiro chinês de forno e fogão, trata-se na Rua do Lavradio n.º 53"; "Aluga-se um cozinheiro italiano de cozinha francesa e brasileira, massas e doces; na Rua da Lapa n.º 12, confeitaria"; "Aluga-se uma boa cozinheira portuguesa, trata-se na Rua do Lavradio n.º 64, quitanda"; "Aluga-se uma cozinheira portuguesa para o trivial, Rua Pedro Américo n.º 6"; "Aluga-se um perito copeiro estrangeiro, para hotel ou pensão, dá fiança, na Ladeira Senador Dantas n.º 9"; "Aluga-se um copeiro habilitado, português, para pensão comercial ou casa de família, abonada; na Travessa de S. Francisco n.º 30, padaria"; "Aluga-se um bom jardineiro e hortelão português, dando carta de boa conduta, trata-se no Largo da Misericórdia n.º 15"; "Aluga-se uma moça portuguesa chegada há pouco, para copeira ou arrumadeira; na Rua Visconde de Itaúna n.º 209, moderno"; "Aluga-se uma senhora portuguesa para arrumadeira, copeira ou ama-seca; quem precisar dirija-se a Rua de Sant'Ana nº 14, casa 31"; "Aluga-se uma criada alemã para cozinheira de forno e fogão ou para arrumadeira ou copeira, dando fiança de sua conduta; na Rua Guanabara nº 7, quitanda"; "Aluga-se uma senhora portuguesa para arrumadeira e algumas costuras, dando boas referências; na Rua do Lavradio nº 123"; "Aluga-se uma senhora alemã de meia-idade, perfeita engomadeira e passando roupa a ferro, dando as melhores referências, para casa de tratamento; na Rua da Misericórdia nº 95."

Estes anúncios de portugueses e estrangeiros aparecem nos jornais brasileiros da época em número muito maior do que os raros, de "Aluga-se uma moça parda para pouco serviço a um casal ou para tomar conta de uma criança, Rua da Misericórdia nº 75" ou "Aluga-se um rapaz de cor para cozinheiro, dando informações de sua conduta, na Travessa de S. Francisco de Paula nº 6, 2º andar" ou "Aluga-se uma boa cozinheira de cor que durma no aluguel, em casa de pequena família, na Rua Miguel de Paiva nº 13, Catumbi" ou, ainda, "Aluga-se uma arrumadeira de cor preta, falando alguma coisa de francês, com prática de pensão, para tratar na Rua das Palmeiras nº 75". Invertia-se assim a proporção da época – o meado do século XIX – em que no Império, nas suas principais cidades, era raro oferecer-se, como pelo *Diário de Pernambuco* de 6 de julho de 1857, "uma portuguesa de boa conduta para casa de homem solteiro ou para fazer companhia a alguma senhora e coser: na Boa Vista, Rua do Comércio nº 12", entre anúncios numerosos deste sabor: "Precisa-se de uma ama forra ou cativa que se encarregue de ensaboar e engomar, para uma casa de pouca família..."; "Vende-se uma bonita escrava moça, robusta, engomadeira, costureira e cozinheira: na Rua das Trincheiras nº 29"; "Na Rua Estreita do Rosário nº 25, 1º andar, vende-se uma crioula de 20 anos, bonita figura, engomadeira, cozinheira, lava de sabão e cose chão, e uma dita de 35 anos com as mesmas habilidades"; ou "Vende-se um mulato de 22 anos de idade, bom alfaiate, e bom boleeiro, e um negro também da mesma idade e uma negra de meia-idade que cozinha muito bem e cose, de muito boa conduta e outra negra de 22 anos que cozinha muito bem: na Rua do Lavradio nº 4", ou ainda "Vendem-se 2 lindas mulatas de idade de 16 a 20 anos, com habilidades" e "2 lindas molecas de 11 e 12 anos..."

São também de interesse sociológico, em ligação com o assunto aqui versado, estes outros anúncios destacados do *Jornal do Commercio*, do

Rio de Janeiro: "Precisa-se de uma cozinheira estrangeira, prefere-se inglesa ou alemã, para um casal sem filhos, para os subúrbios na altura de S. Francisco Xavier; trata-se na Rua da Saúde nº 165, exige-se boa conduta" (*Jornal do Commercio*, 11 de janeiro de 1896); "Aluga-se uma moça espanhola para arrumar casa; trata-se na Rua Senador Pompeu nº 206" (*Jornal do Commercio*, 21 de janeiro de 1896); "Alugam-se duas moças italianas para arrumar móveis em casa de família ou pensão; dão fiança de sua conduta, trata-se na Rua de Santo Antônio nº 28" (*Jornal do Commercio*, 21 de janeiro de 1896); "Copeiro – oferece-se um perfeito, estrangeiro, de conduta afiançada, sabendo português, alemão, inglês e alguma coisa de francês; trata-se na Rua do Catete nº 200, armazém" (*Jornal do Commercio*, 4 de janeiro de 1896); "Precisa-se de um cozinheiro, português ou nacional, que entenda de frituras de peixes; para tratar na Rua General Pedro nº 58 com Antônio Brandão, até 8 horas da manhã ou das 8 da noite em diante" (*Jornal do Commercio*, 2 de janeiro de 1896); "Cozinheira – Precisa-se de uma boa cozinheira, prefere-se alemã na Rua Paula Ramos nº 4, Rio Comprido" (*Jornal do Commercio*, 7 de janeiro de 1900); "Aluga-se um cozinheiro chinês de forno e fogão para casa de família ou pensão; trata-se na Rua do Catete nº 72" (*Jornal do Commercio*, 9 de janeiro de 1900).

Na época imediatamente anterior à considerada neste ensaio – os dias de esplendor do trabalho escravo e da economia agrária –, o europeu que os anúncios de jornais valorizavam era o que entendesse de lavouras para "feitor de engenho" no Norte. Ou "de fazenda", no Sul do Império. A valorização do estrangeiro para o trabalho doméstico nas casas burguesas mais elegantes foi – repita-se – característico da época evocada neste ensaio; e traduziu um como repúdio à gente de cor que, libertada da condição servil pelo Treze de Maio, abandonou casas-grandes do interior para empregar-se em palacetes das cidades.

Um pormenor deveras interessante a assinalar-se nos anúncios de jornais brasileiros, referentes a serviço doméstico, é o aparecimento, nos anúncios do começo do século XX, da expressão "senhora" para designar estrangeira ou pessoa branca que, oferecendo a famílias das chamadas de tratamento, seus serviços como engomadeira, ama de criança, cozinheira ou copeira, reserva, entretanto, para si, aquela condição senhoril, outrora inconciliável, aos olhos de numerosos brasileiros, com a situação servil. A insatisfação desses mesmos brasileiros com o novo tipo de serviço doméstico, da parte de libertos ou de gente de cor tornada livre pela Lei Rio Branco e notadamente pela de Treze de Maio de 88, parece ter concorrido para a extraordinária valorização, no serviço doméstico, de estrangeiros e brancos, mesmo quando se tornou preciso pagar-lhes salários para a época muito elevados. Era, entretanto, elegante poder uma família distinta da capital da República ou as das capitais dos principais Estados ostentar no serviço da sua casa senhoras não só brancas, como, em vários casos, louras: inclusive alemãs. Uma dessas senhoras alemãs, tendo estado, nos primeiros anos da República, no serviço doméstico de uma das ricas famílias burguesas do Recife, veio a tornar-se, depois de consorciada com operoso sueco, também de começo modesto, no Brasil – proprietário de *shipchandler*, primeiro em Salvador, depois na capital de Pernambuco –, uma das mais opulentas milionárias do Norte industrializado, durante a primeira República. Ao mesmo tempo, dos descendentes da família de príncipes do comércio a que ela servira, quando moça, alguns degradaram-se economicamente, numa exata inversão de *status* sociais em relação com neobrasileiros de origem nórdica, que não haviam hesitado em principiar suas atividades brasileiras no próprio serviço doméstico. Tendo sido essas degradações frequentes na época, menos pela mudança de sistema político de governo que pela do regímen de trabalho, foram várias as senhoras estrangeiras – das que surgiram em anúncios de jornais brasileiros do fim do século XIX e dos começos do XX como criadas, amas, cozinheiras, engomadeiras e não apenas como governantas – que se tornaram senhoras plenas na sociedade brasileira, enquanto algumas das suas antigas patroas sofreram, com a degradação da condição econômica, o desprestígio social de *status*. Não raras, dentre essas iaiás empobrecidas, perderam para as novas senhoras suas mais preciosas joias de família, através de casas de penhores.

Se é certo que das degradações de condição econômica e de *status* social da época, várias foram as que resultaram da substituição repentina de regímen escravo pelo livre, não deixa de ser exato que para algumas concorreu a desorientação de política financeira do governo, nos primeiros anos da República, com repercussões na imprensa que das colunas editoriais transbordaram nas pagas, exprimindo considerável desapontamento com os novos políticos. "Na capital federal o jogo da bolsa, a febre das empresas, as concessões que enriquecem os protegidos e depauperam o Tesouro têm constituído o eixo em torno do qual gira toda a engrenagem republicana", clamava no Recife, a 7 de abril de 1891, o próprio órgão do Clube Republicano da Boa Vista. Para tais republicanos, era um falso "progresso nacional" o que a República vinha obtendo: favorecendo "a meia dúzia de banqueiros", por um lado; e por outro, "inundando o País com uma moeda depreciada", que era de esperar, senão a opulência de uns poucos e penúria de muitos? Perdera-se a noção dos valores: "[...] indivíduos cujos sonhos nunca ultrapassaram no tempo do Império ao lugar de amanuense de secretaria ou de porteiro de repartição" vinham sendo nomeados para "lugares que não estão na altura de desempenhar". Nas repartições públicas, no magistério, nas próprias faculdades superiores, a política vinha "comprometendo instituições de que tanto esperava o País", pela improvisação em chefes, em altos funcionários, em catedráticos de direito das "mais chatas mediocridades" e dos mais "pretensiosos e incapazes politiqueiros".

Às "críticas da imprensa", vinha respondendo o novo regímen – ao contrário, neste particular, do antigo – "com a cacetada e com o desforço pessoal". Pelo que perguntava o *Jornal Pequeno* de 7 de abril de 1891: "Que progressos estão reservados às nascentes instituições republicanas, se a autoridade responde à crítica da imprensa com a cacetada e com o esforço pessoal?" Isto sem se sentir impedido de investir com alguma violência contra os correligionários que julgava transviados; e de acusar o "Sr. Lucena" de vir continuando "a obra de descrédito contra a República, inaugurada pelo Sr. Ruy Barbosa"; e aos dois de revelarem "tal incapacidade que corre parelha com sua enfatuação".

A 11 de fevereiro de 1888 a *Gazeta de Notícias*, do Rio de Janeiro, publicava áspera resposta de José de Carapebus a um ineditorial aparecido no dia 4 no *Diário de Notícias*, também do Rio de Janeiro, sob a epígrafe "Fidalgo de Lama". Desafiava Carapebus o autor do ineditorial "a declarar o seu nome para que eu lhe dê a resposta que merece onde quer que o encontre".

Violência de linguagem sempre houve na imprensa brasileira. Mas no período aqui evocado parece ter chegado a alguns dos seus maiores extremos, nas discussões que se travaram no Rio de Janeiro e em alguns Estados, entre os próprios republicanos desentendidos ou desavindos. A 11 de dezembro de 1889 já escrevia *A Lancêta*, do

Recife, a propósito das agressões aparecidas noutro jornal da mesma cidade a José Mariano e que deviam ser obra de "mercenários": "Tudo eles são capazes de assinar, de escrever na imprensa anônima, à sombra da impunidade, sem que jamais possam temer o chicote, que lhes retalhe a cara". O redator do jornal que as acolhera "deveria levar o seu escrúpulo ao ponto de recusar a publicação, porque a imprensa não é a sarjeta por onde se escoam as águas podres da difamação e da calúnia". Mas era essa *A Lancêta* que a 31 de maio de 1890 investia, na sua seção editorial, contra o então ministro da Fazenda, o conselheiro Rui Barbosa – a propósito de um telegrama que recebera do governo federal o comércio de Pernambuco –, em termos agressivos e em palavras maliciosas. Recomendava ao ministro que "aprendesse a responder a uma classe honesta" que vivia do "seu trabalho" e não fora acostumada "ao parasitismo da advocacia administrativa". "Não há neste país exemplos de ministro mais fanfarrão", dizia do conselheiro Rui Barbosa o jornal recifense, em palavras brandas ao lado da insinuação de "advocacia administrativa". Mas não é de admirar; a Martins Júnior, homem da terra, houve no Recife quem acusasse de dengoso, insinuando pederastia passiva da sua parte e da parte dos seus melhores amigos. Quando um advogado, amigo de Martins, quis processar o difamador, este, inspirado, segundo informa ilustre sobrevivente da época, por José Maria de Albuquerque e Melo, preparou-se para requerer exame médico que confirmasse ou não sua acusação. Foi nesse ambiente que o primeiro Barbosa Lima se viu obrigado a mandar que um jornalista mais leviano engolisse o artigo que escrevera contra pessoa da família daquele um tanto violento político, então muito jovem. Para que tal se verificasse – isto é, para que o jornalista reabsorvesse literalmente o insulto leviano – o artigo injurioso foi reduzido a bola de papel.

De homens públicos casados, se insinuava que eram traídos pelas esposas. Mas a acusação mais comum a tais homens era a que os atingia em sua probidade; e ninguém como Rui Barbosa foi tão alcançado pela pecha de ímprobo. Não era de todo raro insinuar-se de político em evidência que fosse filho de negra ou neto de escrava. Mas com o triunfo dos Nilo Peçanha e dos Glicério tais insinuações foram perdendo a força e deixando de ter sentido.

Tão generalizadas foram, na época, as insinuações, da parte de jornais brasileiros, contra a honestidade de Rui Barbosa no exercício de funções públicas de governo, que o grande baiano deixaria o Ministério da Fazenda sob a suspeita nacional de ser desonesto na sua conduta de homem público. O feitiço caiu por cima do feiticeiro: o jornalista às vezes desabusado, nas suas agressões a estadistas e políticos do Império, foi ele próprio vítima de métodos jornalísticos que concorrera para desenvolver no Brasil, embora com uma elegância na violência que faltaria aos seus agressores ou difamadores.

Rui nascera jornalista no meio de métodos jornalísticos de oposição ao governo e de crítica aos poderosos, às vezes extremamente grosseiros: grosseria em que não resvalaria nunca. Mas que deve ter influído para fazer dele publicista por vezes violento na linguagem. A 15 de maio de 1869 um jornal que se intitulava *A Ordem – periódico político, imparcial e noticioso* e era publicado em Santos, na então Província de São Paulo, extremava-se de tal modo na sua linguagem de crítica ao Império que, nas próprias colunas editoriais, chegava a estes excessos com relação ao presidente da mesma Província: "o celebérrimo burrão de Itaúna, o mais graduado alcoviteiro de São Cristóvão e o mais safado presidente que a fedorenta corte tem mandado sujar esta Província". Aos desaforos editoriais, juntava os de uma transcrição de jornal do Rio Grande do Sul, que refutando artigos do *Rio-Grandense*, de defesa do então marquês de Caxias, intitulados "Delenda Caxias", aproveitava-se de deslize no latim, para dizer: "[...] o *Rio-Grandense* descobriu que o Caxias era mulher!" E mais: "Não admira que no Brasil haja um general e senador fêmea porque em Roma já houve um papa que era mulher e que teve seu bom sucesso ao recolher-se ao Vaticano. Também por isso explica-se a rápida carreira que alguns oficiais têm feito, protegidos pela generala Sra. Caxias. Está também descoberto que não há duque brasileiro, mas duas duquesas – a de Goiás e a de Caxias". Na época em que tais insultos se publicavam em jornais brasileiros contra um homem público da grandeza de Caxias, Rui tinha 20 anos; era um adolescente impressionável. Não é de admirar que tenha se tornado um jornalista violento em suas críticas a homens de governo.

Não é de admirar, por outro lado, que ministro da Fazenda do governo provisório, Rui, até então quase sempre jornalista de oposição, tenha se tornado alvo de campanhas semelhantes às que, quando moço, vira alguns dos mais brilhantes diários do Império sustentar contra ministros da Coroa, contra presidentes de Província, contra senadores e conselheiros, contra o marquês e depois duque de Caxias, contra o bispo D. Vital, contra o próprio imperador. Campanhas em linguagem violenta e insistindo – repita-se o que foi dito em capítulo anterior – em acusações de repercussão popular, algumas das quais aderiram de modo tal às pessoas visadas, que as marcaram ou estigmatizaram para sempre. Rui Barbosa só viria a reabilitar-se da pecha de desonesto que contra ele levantou a imprensa descontente com sua orientação ou sua conduta como ministro da Fazenda do governo provisório, quinze anos depois de implantada a República no Brasil, mercê dos seus triunfos na Haia, seguidos pouco tempo depois pela Campanha Civilista, na qual tomaria extraordinário relevo sua personalidade de reformador político. Pelo que seu caso é típico dos extremos de alteração nas relações da imprensa com um homem público, no período evocado neste ensaio: período que foi também de muita leitura de jornais e revistas pela burguesia – a burguesia do fim do Império e do começo da República. Pelos depoimentos de brasileiros de várias regiões crescidos nesses anos de transição, veremos quais os jornais mais lidos por eles assim como que atitudes para com Rui Barbosa foram as suas: para uns, "semideus", para outros, "mau patriota" e até "desonesto".

Florêncio de Abreu, nascido no Rio de Janeiro em 1882, mas educado no Rio Grande do Sul, recorda sua impressão de moço, de Rui Barbosa: "uma espécie de semideus, como orador, estilista e jurista, mas administrador imprestável". Quanto aos seus contatos de adolescente e de moço com a imprensa, informa: "Lia na minha cidade o *Correio do Povo*, a *Federação* e *O País*... No Rio continuei a ler *O País* mais a *Gazeta de Notícias* e *A Noite*; aos domingos também o *Comércio*. Não lia jornais estrangeiros. Das revistas, lia por vezes a *Illustration*; passava os olhos no *Punch*. Das nossas preferia o *Fon-Fon*".

Tomás Pompeu de Sousa Brasil, nascido na mesma época no Ceará, informa só ter "apreciado Ruy Barbosa" depois de seus triunfos na Haia. Quanto aos jornais da sua preferência, quando moço, depõe: *Jornal do Commercio*, do Rio de Janeiro.

Antenor Nascentes, nascido em 1886 no Rio de Janeiro, esclarece com relação a Rui: "Só dei conta da personalidade de Ruy, quando se discutiu o Código Civil". Dos jornais e revistas de sua preferência de jovem, informa: *Jornal do Brasil, Revista da Semana, O Malho,*

O Tagarela, o *D. Quixote*, de Ângelo Agostini. Note-se, a propósito de Agostini, que a caricatura política esteve muito em voga na época aqui evocada. Foi a época de Agostini, de Henrique Fleiuss, de Crispim do Amaral.

De Manuel Duarte, nascido em 1883 no Rio Grande do Sul, é este depoimento quanto a Rui Barbosa. "De 91 em diante, eu lia o *Diário do Congresso*, de que meu pai era assinante. De jeito que... lia e admirava Ruy Barbosa, Barbosa Lima etc. e sinceramente, eu desejava ser deputado..." Ainda menino, "de Ruy Barbosa, eu contemplava, exaltado, vibrátil, o seu retrato de moço, cuja expressão vitoriosa me atraía e exaltava: era alguma coisa de divino..."

R. S., nascido em Santa Catarina em 1878, confessa ter tido sempre "entusiasmo desmedido" por Rui Barbosa, porque "o culto da justiça para mim devia ser a qualidade máxima do homem, quer público, quer particular". Quanto a jornais: "Preferi sempre a jornais, revistas ilustradas, talvez pelo pendor que sempre tive por desenhos e pinturas..."

Armando Silveyra, nascido em 1887 no Rio Grande do Sul, é outro que confessa ter sido empolgado quando jovem pela "palavra de Ruy", reconhecendo: "Eu nasci no ciclo do verbalismo". Ora, Rui era "a riqueza verbal e a pureza clássica". Mais do que isto: "Mestre da língua, mestre da palavra, mestre do direito, mestre do sofisma..." Quanto a jornais e revistas: *Mercure de France, Revue, Revue des Deux Mondes*. Dos brasileiros, "houve tempo em que *O País* foi" – a seu ver – "o... melhor".

N. S., nascido em 1878 no Rio de Janeiro, envolve Rui Barbosa neste julgamento desfavorável da República: "Testemunha ocular da proclamação da República, tenho muito má impressão pelo modo traiçoeiro e ingrato pelo qual ela foi feita". O jornal de sua preferência de moço foi a *Gazeta de Notícias*. A revista, *A Semana*.

Da. Isabel Henriqueta de Sousa e Oliveira, nascida em 1853 na Bahia mas educada no Rio de Janeiro, informa de sua atitude de jovem para com Rui Barbosa: "Ouvia falar em Ruy Barbosa como sendo talentoso, mas não tinha [por ele] simpatia nem antipatia". Os jornais da sua preferência eram: o *Jornal do Commercio*, o *Diário Oficial, A Pátria*.

De João Barreto de Meneses, nascido em 1872, no interior de Pernambuco, é o depoimento de ter sido sempre "admirador" de Rui

Barbosa. Não especifica o filho de Tobias Barreto quais os jornais da sua preferência quando moço.

Tito Henriques da Silva, nascido em 1856, na Paraíba, informa, quanto aos jornais de sua preferência, terem sido a *Folha do Norte*, do Pará, *Diário de Pernambuco* e a *Gazeta de Notícias*, do Rio de Janeiro. Aliás, foi fundador de *A União*, na capital da Paraíba, ao mesmo tempo que professor de latim do Liceu Paraibano. Nada informa sobre sua atitude do moço para com Rui Barbosa.

Da. Carlinda Custódia Nunes, nascida em 1874 no Rio de Janeiro, informa "nada ter gostado de Benjamim Constant" e em Rui Barbosa ter "apreciado [apenas] o talento". Não especifica quais os jornais de sua preferência, quando moça.

Epaminondas Montezuma de Meneses, nascido em 1864, na Paraíba, informa que à sua sensibilidade de moço o nome de Rui se apresentava como "significando o gênio". Dos jornais de sua preferência, recorda que "gostava dos de oposição".

"Sempre acompanhei Ruy Barbosa, desde o começo do civilismo", informa Teófilo de Barros, nascido em 1877 em Alagoas. Mas como tivera "má impressão da República", quando da sua proclamação, não lhe fora simpática naquela época a figura de Rui. Dos jornais e revistas da sua preferência de moço, recorda os *Sertões de Portugal*, *O Malho* e a *Leitura Para Todos*.

José Gonçalves de Sousa Rolim, nascido em 1882 no Ceará e formado em farmácia na Bahia, tendo, quando moço, considerado "o maior cientista, orador e intelectual daquela época, o então vice-presidente da República" – Manuel Vitorino Pereira –, parece não ter nunca modificado essa opinião a favor de Rui Barbosa. Menino, "a impressão da República que atuou em meu espírito foi a do povo simples da minha terra. A população sentia muito a queda de D. Pedro II por ter sido o maior benfeitor do Ceará na seca de 1877..." Quanto a jornais e revistas da sua preferência de moço: "Tanto eu como os meus colegas dávamos preferência à revista *O Malho*".

José Frazão Milanez, nascido em 1886 no Maranhão, informa: "Dizia-se de Ruy Barbosa [que era] um grande talento porém muito desonesto e jornalista, advogado, político e homem de poucos escrú-pulos. Falava-se [mal] da sua administração no começo da República como ministro". O jornal que se habituou a ler, quando moço, por influência de um tio com quem morava, foi o *Jornal do Commercio*, do Rio de Janeiro.

Da. Ângela Correia de Melo, nascida no Rio Grande do Sul em 1875, informa que quando moça "gostava de ler os discursos de Ruy Barbosa; mas nunca tive entusiasmo pelas suas ideias propagandistas". É que era monarquista: "tudo que se reportava a Pedro II me entusiasmava". Os jornais de sua preferência de jovem foram *A Fronteira*, *Canabarro* e *O Debate*; "lia também a *Revue des Deux Mondes*".

Alberto de Paula Rodrigues, nascido em 1882 no Ceará, informa ter crescido sob a influência do pai que, "embora não fosse grande entusiasta de Pedro II, comparava o seu espírito liberal, justiceiro e imparcial, a sua profunda honestidade, com os estadistas improvisados da República". Daí só ter vindo "a apreciar o valor [de Ruy Barbosa] na campanha civilista..." Quanto a jornais: "As minhas predileções nos jornais e revistas nacionais sempre foram pelas crônicas leves, curtas, pelos humoristas, ou então pela diversão com a leitura desses pseudointelectuais ou iluminados que outrora faziam dos apedidos do *Jornal do Commercio*, campo de suas doutrinações. Medeiros e Albuquerque, Olavo Bilac, Alcindo Guanabara, José do Patrocínio, José Manuel Rocha foram sempre os polemistas de minha leitura preferida [...]. Que interessantes foram aqueles semanários sob o nome de *Sans Dessous*, *A Maçã*, para os quais o célebre J. J. Tosta, quando diretor dos Correios, mandou sustar a veiculação pela posta! Nunca mais tivemos um semanário humorístico como *D. Quixote*". Quanto a jornais e revistas estrangeiras informa ter tido predileção pelos "magazines franceses e alguns italianos". Note-se dos semanários do tipo de *Sans Dessous* que alguns tiveram bons colaboradores. Austero magistrado no Paraná – Hugo Simas – informou-nos, já velho, ter, quando jovem e estudante, escrito para o *Rio-Nu*.

"Apreciava mais Nabuco do que Ruy Barbosa, por achar este um pouco vaidoso", informa José Maria da Silva Freire, nascido em Pernambuco em 1887. Não especifica os jornais de sua preferência quando moço; mas se confessa saudoso – em seu depoimento de 1943 – da Monarquia.

Da. Carolina Tavares Sales, nascida também em Pernambuco em 1884, tendo achado a República, quando foi proclamada, "uma coisa horrível", envolve a figura de Rui nesse seu julgamento do novo regímen.

Recorda dentre os jornais e revistas da sua predileção, quando moça: "*A Província, Diário de Pernambuco, Lanterna Mágica, O Malho*".

Ainda outra brasileira nascida em Pernambuco, Da. Maria Tomásia Ferreira Cascão (nascida Soares Brandão, em 1875), depõe acerca de Rui, depois de recordar que um seu tio foi, como o insigne baiano, conselheiro e também ministro do Império: "Ruy Barbosa foi companheiro de advocacia de um meu irmão (Ulisses Soares Brandão). Fui mais de uma vez à casa de Ruy. Recordo-me muito de um seu aniversário em que [houve] uma recepção onde apareceu a senhora Ruy Barbosa com um vestido de renda verdadeira e uma joia de grande valor". Lia quando moça *O Diário de Pernambuco, A Província* e os figurinos *A Rainha da Moda* e *La Saison*.

"De Benjamim Constant não fui muito adepto e sim de Ruy Barbosa, que elevou o nome do Brasil não só na conferência da Haia como nas esferas políticas internacionais pelo seu alto senso de liberdade, justiça e democracia", informa José de Aquino Tanajura Júnior, nascido em 1876 no interior da então Província da Bahia. Isto sem prejuízo do seu pendor, na política interna, para a Monarquia como "boa forma de governo"; e para a figura de Pedro II, por ter sido "democrata, caritativo e, especialmente, ótimo administrador e brasileiro exemplar". Os jornais de sua preferência de moço foram o *Diário da Bahia* e o *Diário de Notícias*.

Joaquim Amaral Jansen de Faria, nascido em 1883, na então ainda corte, depõe sobre o que Rui, como homem público, representou para a sua adolescência: "Culto, egoísta, julgando-se o mais sábio do Brasil quando acima dele se achavam Cândido de Oliveira, Clóvis Beviláqua, Epitácio Pessoa etc. e mau patriota". Mesmo com relação ao seu triunfo na Haia, repara (repetindo, aliás, injustiça já praticada por um Andrada – o 3º Martim Francisco –, que lhe valeu imediata refutação de Joaquim Nabuco, para quem – escrevia em 1909 o então embaixador do Brasil ao seu amigo paulista em carta datada de 28 de dezembro e publicada no capítulo "Joaquim Nabuco" do livro *Contribuindo* (São Paulo, 1921) – era "injustiça eliminar do quadro o agente" para apenas glorificar-se "Rio Branco suprimindo o Ruy"): "penso que embora bastante culto o conselheiro Ruy Barbosa, não se deve olvidar a figura do barão do Rio Branco, que pelo telégrafo ditava as ordens ao prolixo orador baiano..." Dos jornais e revistas da sua preferência de moço, recorda: "*A Cidade do Rio*, de José do Patrocínio, a *Gazeta de Notícias*, de Ferreira de Araújo, *O País*, de Quintino Bocaiuva, o *Jornal do Commercio, A Liberdade* (jornal monarquista), o *Correio da Manhã, O Malho*, a *Revista da Semana*, o *Fon-Fon* e *Kosmos* (uma bela revista)".

"Fui sempre e continuo sendo admirador de Pedro II, o que não impede que seja também de Benjamim Constant e Ruy", informa Sebastião de Oliveira, nascido em 1878 no Rio Grande do Sul. Quando moço, lia a *Federação, Jornal Ilustrado* e *O Século*. Ainda com relação a Rui, homem público: "[...] cheguei a participar das campanhas eleitorais em que o eminente brasileiro foi candidato à presidência da República".

Cláudio da Costa Ribeiro, nascido em 1873 em Pernambuco, mas formado em engenharia em São Paulo, informa que, quando rapaz e republicano, admirava Rui pela sua "erudição" e pelos "seus artigos". Isto a despeito de confessar-se "comtista e positivista". Quando jovem, no Recife, "lia [...] *Diário de Pernambuco*, o mais velho da América do Sul, o *Jornal do Recife*, onde escrevia Martins Júnior. Do Rio de Janeiro (corte e distrito federal), *O País*, em sua primeira fase, quando escrevia Quintino Bocaiuva. Apreciava o humorismo de Urbano Duarte e de Artur Azevedo, cujas quadrinhas, diariamente escritas, decorava e ainda me lembro de muitas. Em São Paulo (1891-1900), *O Estado de S. Paulo* e o *Diário Popular* e *Il Fanfulla*, escrito em italiano: fazia da sua leitura exercício para aprender a língua. Estrangeiros, lia *L'Illustration* [...] para ver o que ia pelo mundo e por causa do suplemento teatral: o alemão *Fliegende Blaetter*, cujas histórias humorísticas, desenhadas, muito apreciava".

"Ruy Barbosa me impressionava apenas como um grande orador", diz Octavio Tarquínio de Sousa, nascido no Rio de Janeiro em 1893, do Rui Barbosa do tempo da sua meninice e adolescência. "Só depois, durante a campanha civilista, na minha mocidade, é que passei a reconhecer o grande lutador que ele foi." Quanto a jornais e revistas: "Em menino, só se comprava em minha casa o *Jornal do Commercio*. Em rapaz, habituei-me a ler o *Correio da Manhã*, que era o meu jornal preferido. Fui assinante da *Revista do Brasil*, na sua primeira fase. E durante muitos anos, da *Revue Hebdomadaire*, da *Nouvelle Revue Française* e também da *Revue Bleue*".

"Ruy Barbosa é nome que jamais será esquecido no Brasil", opina Alcides Pereira, nascido no Maranhão em 1873, depois de se confessar admirador da oratória e dos oradores e de dizer-se "sempre republicano", embora "conservando veneração pela memória de Pedro II". "Quando jovem li sempre com satisfação os jornais que circulavam no Maranhão e no Recife..."

Astrojildo Pereira, nascido do Rio de Janeiro em 1890, tendo sido na adolescência "republicano radical", admirou Rui Barbosa, mais do que a Benjamim. Adolescente, "lia muito dois semanários pornográficos do Rio: *O Coió* e o *Rio-Nu*".

Max Fleiuss, também nascido no Rio de Janeiro em 1868, considerando D. Pedro II "até hoje, o maior vulto da nossa história", admitia o valor de brasileiros como "Ruy, Ouro Preto, Rio Branco, Afonso Celso, Lafayette". Aliás, "quando se proclamou a República tinha 21 anos e já havia sido secretário particular do ministro dos Estrangeiros, conselheiro Rodrigo Silva". Admiraria, já adulto, em Rui Barbosa o orador: o que se salientou na Haia. Os jornais e revistas da sua preferência de moço informa terem sido: "*Jornal do Commercio, Revista dos Dois Mundos*". E ao dar em 1939 o seu depoimento escrito de sobrevivente do período monárquico, no qual nascera e dentro do qual atingira a maior idade, apresentava como seu ideal de brasileiro para o Brasil: "Um Brasil forte, unido, sob o regímen monárquico ou um ditador honesto e progressista".

Amílcar Armando Botelho de Magalhães, nascido no Rio de Janeiro em 1880, depõe sobre Rui: "Sempre tive grande admiração pelo talento e pela cultura, principalmente jurídica, de Ruy Barbosa; mas prefiro abster-me de emitir juízo sobre seu caráter e sua moral. Considero-o culpado da bacanal do encilhamento, aliás escudado na opinião do visconde de Taunay, e penso que foi elemento pernicioso à República e asa-negra do governo provisório de 1889". Isto sem deixar de prestar sua homenagem à "oratória, da qual Ruy Barbosa foi expoente, tanto elevando a fama do Brasil em Haia". Dos jornais e revistas da sua preferência de moço, recorda: "*O País,* sob a orientação do príncipe [?] republicano da imprensa, Quintino Bocaiuva, uma das mais brilhantes penas que têm fulgurado nos nossos periódicos; o *Jornal do Commercio; A Notícia; A Tribuna*; quando no Rio Grande do Sul, *Correio do Povo* e *Diário de Notícias*, ambos de Porto Alegre; *Revista da Semana, Careta...*

Alfredo Severo dos Santos Pereira, nascido em 1878 no Ceará, cresceu extremo admirador de Benjamim Constant e do positivismo, sem deixar de reconhecer o valor intelectual de Rui Barbosa, acerca de quem informa – conforme já foi recordado, a propósito da oratória: "Da ação teórica e diplomática de Ruy Barbosa em Haia, só há o que elogiar, malgrado seus quilométricos discursos em que os requintes de sua arte tribunícia mal encobrem aqueles apontados vícios de nossa oratória romântica...". Dos jornais de sua predileção de moço, escreve que foram *O País* e a *Gazeta de Notícias*. De revistas, então "pouquíssimas e más", recorda aquelas em que trabalhavam Ângelo Agostini e Julião Machado.

Manuel (Carneiro de Sousa) Bandeira, nascido em 1886 em Pernambuco, informa: "Em meu tempo de menino, Ruy tinha má fama, davam-no como culpado do encilhamento; com a campanha civilista a opinião pública começou a mudar, ainda que muitos lhe censurassem a má-fé até em questões de linguagem". Salienta como "admirável" a atitude de Rui na Haia "defendendo a soberania dos pequenos países". Dos jornais e revistas que leu quando jovem, escreve: "Brasileiros: *O País*, a *Gazeta de Notícias* e *Notícia*. Meu pai assinava *Punch* e *Fliegendes Blaetter*. Esta última revista era a minha predileta".

João Franklin de Alencar Nogueira, nascido no Ceará em 1867, depõe: "Eu tinha 22 anos quando assisti ao 15 de Novembro no Rio". Sua impressão foi de horror ante "a traição", de uns e "a ingratidão negra" de outros. Mas na Haia, Rui Barbosa se apresentaria aos seus olhos como "um grande". Os jornais de sua preferência de moço foram o *Jornal do Commercio* e o *Correio da Manhã*. "Na minha meninice muito estimava a *Revista Ilustrada*, de Ângelo Agostini e o *Novo Mundo*, que se publicava somente sobre assuntos brasileiros em Nova Iorque."

José Luso Torres, nascido no Maranhão em 1879, cresceu vendo em Rui Barbosa "admirável e terso apóstolo do direito...". Estudante no Rio, foi aí "assíduo leitor de *O País*, de Eduardo Salamonde, com as palestras de A. A. (Artur Azevedo). Não perdia de vista a *Revista Ilustrada* e o *D. Quixote*, revistas de caricaturas de A. Agostini e muito depois *O Tagarela*".

Antônio José da Costa Ribeiro, nascido no Recife, em 1870, depõe sobre Rui: "De Ruy Barbosa, quando éramos estudantes, conhecíamos o trabalho, talvez o 1º, uma tradução: *O papa e o concílio.* Mais tarde estivemos entre os que fizeram restrições à sua gestão na pasta da Fazenda, no governo provisório. E, por fim, por suas campanhas na imprensa e na tribuna judiciária, política, nos tornamos, como todos do Brasil um seu grande admirador". Dos jornais de sua preferência de moço recorda o *Jornal do Recife, Diário de Pernambuco,* e *A Província.* Numa e noutra vez, uma folha ou revista do Rio.

Higino Cunha, nascido no Maranhão em 1858, mas educado na Faculdade de Direito do Recife, informa ter sido desde estudante admirador de Rui, homem público: especialmente através de *O papa e o concílio,* dos dois pareceres sobre o ensino público e dos "seus discursos na Câmara dos Deputados como livre-pensador racionalista [...]". Sem se referir à atuação de Rui no governo provisório, informa ter acompanhado também com "vivo interesse" a "campanha civilista" e os triunfos na Haia. Quanto a jornais: "Desde a escola primária, na casa paterna, li os jornais de Teresina e São Luís [...]".

Demóstenes Ipiranga de Sousa Dantas, nascido em 1880, em Pernambuco, depõe sobre Rui: "Benjamim Constant, Ruy Barbosa, não foram mais que plagiadores [...]". Quanto a jornais e revistas da sua preferência de moço, escreve: *"A Província, Jornal do Recife, Lanterna* Mágica".

Heraclides César de Sousa-Araújo, nascido no Paraná em 1886, escreve sobre Rui, homem público: "Na meninice, a leitura da *História da República,* de J. J. Carvalho, tirou-me a impressão que fosse Benjamim Constant o fundador de fato da República. Mais tarde, conheci, através de Teixeira Mendes e alguns militares ilustres, a sua grande influência no terreno da propaganda e educação. As conferências de Teixeira Mendes apagaram ou reduziram na mocidade o entusiasmo [que tivera] por Ruy Barbosa". Voltou, porém, a admirar Rui, quando este representou o Brasil na Haia. "Desde estudante sempre li o *Jornal do Commercio* [...]. Gostei muito da *Revista da Semana* e do *Fon-Fon*".

Militão d'Oliveira Bivar, nascido em 1875 no Rio Grande do Norte, não tendo acreditado nunca que a República, derrubada a Monarquia, "pudesse ser de ordem e progresso", não se tornou entusiasta de nenhum dos fundadores do regímen republicano: "Rendi e ainda rendo [1939] culto às Monarquias Brasileira e Inglesa". Isto sem deixar de "render também culto ao talento de político internacional de Ruy Barbosa, revelado na Haia". De jornais e revistas, informa ter sempre lido os do Rio de Janeiro, junto com os das Províncias onde residiu quando moço.

Leopoldo (Marinho de Paula) Lins, nascido em 1857 em Pernambuco, sendo afeiçoado ao regímen monárquico quando se verificou o pronunciamento de 15 de novembro, não pôde nem soube admirar, quando moço, nenhum dos responsáveis pela implantação da República no Brasil, por ele julgada "incompatível com a nossa índole [...]". Veio, entretanto, a admirar Rui Barbosa pelos seus triunfos de político internacional na Haia. Dos jornais da sua preferência de moço recorda *O País* e o *Jornal do Commercio*, do Rio de Janeiro; e da sua Província natal, o *Jornal do Recife, Diário de Pernambuco, A Província, O Comércio*.

Emiliano (Ribeiro de Almeida) Braga, nascido no Maranhão em 1873, a despeito da má impressão que teve da República, quando ela foi proclamada em 1889, sempre admirou em Rui Barbosa, homem público, "uma inteligência superior". Quanto a jornais e revistas do seu tempo de moço, informa: "Fui sempre um apreciador de revistas e jornais e apreciava muito as revistas francesas *Je Sais Tout* e *Le Bambou*".

José Alves de Figueiredo, nascido no Ceará em 1879, depõe sobre Rui, homem público: "[...] uma capacidade que era quase um caso fora dos lindes da inteligência humana", atravessaria "mais de trinta anos de República, sempre preterido, sempre repudiado por ela". Dos jornais e revistas da sua predileção de jovem, informa: "o *Correio da Manhã*, o *Jornal do Brasil... O Malho*".

De João d'Albuquerque Maranhão, nascido em 1883 na então Província do Rio Grande do Norte, já se recordou que, quando menino, "ouvia falar muito mal" tanto de Rui como de Benjamim, pelo seu cunhado José Joaquim de Sá e Benevides. Dos jornais e revistas da sua preferência, quando moço, recorda *Kosmos, A Careta, O Malho, Ilustração Portuguesa, Blanco y Negro*, esta de Madri.

José Ferreira de Novais, nascido em 1871, na Paraíba, reconhece ter sido Rui Barbosa tão brilhante na República como "ministro, senador, jurisconsulto e internacionalista" como fora no Império como "advogado e publicista"; mas destaca do regímen federativo, de que Rui foi o principal fundador no Brasil, ter vindo "infelicitar" o País, através dos excessos de "descentralização governamental". Dos jornais de sua predileção de moço recorda *O Norte, Jornal do Recife, A Província* – todos do Recife.

Rogério Gordilho de Faria, nascido em 1889 na então Província de Sergipe, mas educado desde criança na Bahia, informa ter admirado principalmente em Rui Barbosa o orador "apostolar". Esclarece, porém: "Não tive a glória de alistar-me entre os seus discípulos [...]". Quanto aos jornais de sua preferência de jovem, recorda ter lido sempre o *Jornal do Commercio*, do Rio de Janeiro; quanto às revistas, as preferidas foram então "*L'Illustration*, francesa, e *O Malho*, de que cheguei a possuir a coleção completa, que ofereci à Biblioteca de Aracaju". Isto sem desprezar o fato de que "o melhor jornal de minha infância na Bahia era o *Jornal de Notícias*".

Aureliano Leite, nascido em 1887, em Minas Gerais, em município encostado na fronteira de São Paulo", e formado na Faculdade de Direito de São Paulo, depõe sobre Rui Barbosa, homem público: "Não fui fetichista de Ruy, que eu até achava contraditório [...]. Sempre me agradou mais Rio Branco do que Ruy Barbosa. Gostava das boêmias de Rio Branco e admiro até hoje [1946] os serviços diplomáticos [por ele] prestados ao Brasil e seus trabalhos históricos. Não nego o talento de Ruy mas acho-o pouco substancial em relação ao que escreveu e produziu". Quanto aos jornais e revistas da sua preferência de moço, recorda *O Estado de S. Paulo, O País, A Imprensa*, a *Gazeta de Notícias, Kosmos, Revista da Semana, Fon-Fon, Careta*; revistas portuguesas.

José Maria Moreira Guimarães, nascido em 1864 em Sergipe, confessando sua admiração pelo "gênio verbal" de Rui Barbosa, não se pronuncia sobre o homem público. Quanto aos jornais e revistas de sua preferência de rapaz, informa terem sido a *Gazeta de Notícias, O País, A Federação, O Republicano, O Laranjeirense*, a *Gazeta da Tarde, Revista Brasileira, Revue des Deux Mondes, Revista da Família Acadêmica, Cidade do Rio*.

"Apreciei mais os grandes Nabuco e José Mariano que o Ruy Barbosa", informa Ana Maria da Conceição, nascida em engenho de Pernambuco em 1865; e que nunca aprendeu a ler nem escrever, tendo sido "criada por Joaquim Maciel, casada com Pedro Maciel, lavrador do dito engenho [Pantorra], tendo aprendido a coser, lavar e engomar"; "andava [quando menina] com camisola, descalça, correndo pelos cercados, pastorava carneiros, cabras e aves [...]". Nascera escrava. O conhecimento dos nomes e das figuras de Joaquim Nabuco e de José Mariano veio-lhe através de quadras e versos, que durante a campanha abolicionista tornaram esses dois homens públicos figuras como que folclóricas: consagração que Rui Barbosa só veio a ter depois dos seus triunfos na Haia, quando sua idealização pelo folclore brasileiro tornou-se parte de todo um complexo mito nacional: o de exaltação da figura do nativo "amarelinho", do caboclo franzino e até feio, do brasileiro "pequeno em tamanho", mas "grande em inteligência" como Rui e Santos Dumont, dentre os que mais se destacaram na época aqui evocada. Antes da Haia pode-se dizer de Rui que foi herói nacional apenas para a gente alfabetizada ou para a marginal da alfabetizada; sem a repercussão entre rústicos, inclusive escravos. Semelhante repercussão beneficiou a princesa Isabel mais do que Pedro II, o padre Ibiapina mais que D. Vital, Joaquim Nabuco mais do que o próprio visconde do Rio Branco, José Mariano mais do que José do Patrocínio, Osório talvez mais do que Caxias, Deodoro mais – com certeza – do que Benjamim Constant.

Esta generalização se baseia em numerosos depoimentos de analfabetos, sobreviventes da época aqui considerada. E também em depoimentos de pessoas medianamente cultas, mas na verdade quase tão espontâneas quanto as iletradas em algumas das suas reações patrióticas aos estímulos das perguntas que lhes foram feitas com intuitos menos de provocar nelas análise retrospectiva de suas emoções e atitudes, que recuperação dessas antigas emoções ou dos sentimentos que animaram aquelas suas atitudes para com figuras máximas dos dias de sua infância ou adolescência ou mocidade. Tal o caso de J. S., nascido em 1880 no Ceará, cujo depoimento sobre Rui Barbosa, embora corretamente escrito, apresenta-se com alguma coisa de folclórico em seu entusiasmo pelo triunfo brasileiro alcançado na Haia, graças à eloquência do notável baiano: "Quando Ruy Barbosa assomou à tribuna no Palácio da Rainha Guilhermina escolhido para os trabalhos, no dia do Brasil (quinta-feira, parece-me), voltando-se para a assembleia perguntou em que idioma queriam ouvir o seu verbo. Os delegados da Alemanha e da Rússia e finalmente todos combinaram que a língua francesa devia ser a preferida para os trabalhos respectivos. Nosso imortal Rui combinou igualmente e continuou com os arroubos próprios do seu gênio: 'Eu tenho a felicidade de dizer que falo todas as línguas cultas, vivas e mortas.' O seu discurso preliminar durou seis horas a fio, onde o grande homem demonstrou conhecer todos os códigos do mundo civilizado, comparando-os entre si. A tribuna onde ele falava já estava cheia das flores mais custosas da Holanda e a multidão inteiramente absorta naquele profundo saber [...]. Podemos dizer com certeza que foi naquela ocasião soleníssima que o Velho Mundo chegou a conhecer as imensas possibilidades da nossa querida pátria..."

Já Da. Carolina Tavares Sales, nascida em Pernambuco em 1884, tendo se deixado levar, quando menina, por exagero em sentido contrário ao da idealização do gênio de Rui, nunca pôde entusiasmar-se por ele: nem sequer pela sua eloquência na Haia. Vivera por algum tempo amedrontada com relação à República, tão ligada por algum tempo à figura de Rui, o herege que escrevera contra o papa. Mesmo porque "por esse tempo era um perigo as crianças [no Recife] saírem, mesmo para perto, pois apareciam homens dando brinquedos para enganá-las e levá-las para os Amorins a fim de [os Amorins] beberem o sangue [das crianças] e curarem-se de más doenças". É possível que as caricaturas de Rui, exagerando nele a desproporção entre a cabeça enorme e o corpo de criança franzina, tenham concorrido para torná-lo pouco atraente aos olhos das crianças brasileiras dos primeiros quinze anos de República. A identificação desse seu físico com o gênio – o gênio do próprio Brasil – só se processaria jornalística e folcloricamente, após a Conferência da Paz na Haia; e para ambos os processos de identificação de sua figura de gnomo com a suprema inteligência e o supremo saber a serviço da pátria, parece ter concorrido a propaganda sistemática que do talento e da erudição do ilustre baiano se fez então no Brasil e no estrangeiro, em parte sob a sagaz orientação do barão do Rio Branco. O chanceler brasileiro foi talvez, dentre os estadistas da América do Sul, o que mais inteligentemente se antecipou no emprego, a favor do governo de que era colaborador e sobretudo do seu país, de técnicas de informação e propaganda que só anos depois dele se tornariam correntes, sob forma sistemática, quer nas relações internacionais, quer nas relações entre os governos e o público, dentro dos limites ou das fronteiras nacionais. É claro que de certa altura em diante o mito Rui Barbosa, como o mito Santos Dumont, transbordando de quanta propaganda sistemática se fez inteligentemente deles por inspiração do segundo Rio Branco ou sob sua orientação de grande conhecedor da psicologia europeia, ao mesmo tempo que da brasileira, ganharam vida própria; e tornaram-se folclóricos. Identificaram-se então, conforme já se sugeriu, com o complexo ou o mito nacional do "amarelinho", do "pequenino", do "brasileirinho valente".

Eurico de Sousa Leão, nascido em Pernambuco em 1889, conta que, tendo vindo adolescente de Pernambuco para o Rio de Janeiro, aí encontrou, deslumbrado, Rui Barbosa, que voltava de "sua excursão política a São Paulo" (1909). Eurico foi ao encontro do homem então já mítico que se tornara Rui, como "delegado da Faculdade de Ciências Jurídicas". Foi "o dia de mais alegria dessa época de minha vida [...]". Essa "lembrança" não se apagaria mais da sua "memória".

Cássio Barbosa de Resende, nascido em 1879 em Minas Gerais, informa que quando moço, "como todo florianista [...] detestava Ruy Barbosa, que era acusado até de venalidade. Mais tarde, entretanto, tornei-me um enorme admirador daquele homem, a partir sobretudo da campanha civilista e do papel brilhante que ele desempenhou em Haia, estando convencido de que foi um dos homens mais notáveis do Brasil e digno da nossa veneração". Dos jornais de sua preferência de moço recorda *O País, Correio da Manhã, A Notícia, Tribuna, Tempo.*

Eduardo Jacobina, nascido no Rio de Janeiro em 1879, e cujo pai foi por algum tempo ajudante do mordomo do imperador D. Pedro II, depõe sobre um Rui Barbosa que conheceu de perto e com olhos de fervorosa admiração: "Ruy aceitou a República como um *pis-aller*. Ele sabia que ela vinha prematuramente. Ouro Preto convidou Ruy para uma pasta do Ministério 8 de março. Antes de responder, Ruy pediu uma audiência ao imperador – Convidado para o governo, venho para realizar as reformas pelas quais me tenho batido, não é? – Que reformas? – A federação dentro da Monarquia, é claro! – O senhor está maluco? – Nada tenho então a fazer no governo de Vossa Majestade!" "Estas frases" – depõe Jacobina – "são textuais. Ouvi-as a meu pai; e em 1922, tendo necessitado delas, Ruy mas confirmou, acrescentando este comentário: – Nada tinha a fazer naquele governo".

Procurando atalhar quanta restrição se pudesse levantar a Rui Barbosa, homem público, pela alegação, contra ele, de "retórica" ou de "verbalismo", Jacobina acrescenta ao seu depoimento escrito em

1938: "Eu não posso crer, por um instante sequer, que o autor deste questionário partilha da opinião, generalizada neste país de cultura inexistente, que Ruy Barbosa é uma variedade aperfeiçoada do alferes Bico Doce, orador de sobremesa nas bodas e batizados de bairro das Ruas Pedra do Sal e Harmonia! E que a Conferência de Haia de 1907 foi uma espécie de jogos olímpicos retóricos em que saiu vencedor o nosso embaixador!" A propósito do que, Eduardo Jacobina transcreve parte de uma sua carta já antiga sobre o assunto: "[...] para mim foi Ruy o maior estadista que o Brasil já produziu e no mundo não vejo quem se possa a ele comparar". Em Rui a atividade literária teria sido condicionada sempre pelo objetivo político; e na sua ciência política havia também, segundo Jacobina, sociologia: "não evidentemente de sociólogos à Pareto e Maritain, mas de um sociólogo que estudou sociologia na história da civilização humana". Como político cujas ideias se fundavam nessa sociologia da história é que Rui teria se oposto na Haia ao "desiderato hebraico" de uma sociedade de nações; e por ter contrariado esse "ideal hebraico" é que uma "conjura internacional" teria impedido que "Ruy representasse o Brasil em Versalhes e lá fôssemos representados por um caricato Epitácio Pessoa". Não especifica Eduardo Jacobina quais os jornais da sua preferência de moço.

Luís Pinto de Carvalho, nascido em 1877, na então Província da Bahia, cresceu em família monarquista e sob a influência de "juízos desabonadores" dos "homens de governo da República de 89": inclusive Rui. Mais tarde, porém, "desde que raciocinou e analisou os fatos", tomou-se de grande admiração por esses vultos, especialmente Rui Barbosa, "que se tornou [no Brasil] um dos entes mais entusiasticamente apreciados [...]". Também Luís Pinto de Carvalho deixa de especificar no seu depoimento os jornais da sua preferência de moço.

Carlos Luís de Vargas Dantas, nascido em 1870 na então Província do Rio de Janeiro, depõe sobre Rui Barbosa, fazendo coro – segundo sua própria expressão – "com quantos ainda hoje [1940] incham de entusiasmo e orgulho ao recordarem sua atuação em Haia, onde fez o Brasil conhecido e respeitado, conseguindo que o Congresso obedecesse em suas decisões unicamente à justiça e ao direito, abandonando o critério do poderio bélico que em começo queria adotar". Mais: "Foi nesse momento o digno representante do nosso país, o ilustre auxiliar do grande brasileiro barão do Rio Branco, cuja trajetória na administração pública deixou de princípio a fim uma esteira de luz que infelizmente nem sempre conseguiu iluminar os que na mesma cadeira vieram depois se sentar". Não se devia, porém, esquecer de Rui Barbosa outros aspectos do seu comportamento de homem público: "Era Ruy redator-chefe do *Diário de Notícias*, propriedade de Antônio Azevedo, quando por falta de pagamento foi esse jornal privado do consumo de gás. Foi isso motivo bastante para artigos infindáveis em extensão e em número contra a companhia [...]. Só terminou [a campanha] quando a companhia canadense, rendendo preito à sua cultura jurídica, nomeou-o chefe do seu corpo de advogados com elevados vencimentos mensais e obrigação de funcionar nos casos mais importantes". Ainda sobre Rui: "Bateu-se desde o período monárquico para que o Brasil fosse organizado em federação, conseguindo que assim fosse estabelecido na Carta de 1891, como se partisse do múltiplo para o uno [...]. Mais tarde, quando ministro, na orgia financeira que foi sua administração, chegou a fundar três bancos de emissão, com zonas exclusivas – do Norte, do Centro e do Sul –, dividindo assim em três a sua pátria. Felizmente foi isso corrigido no governo Floriano Peixoto". Quanto aos jornais e revistas da sua predileção de jovem, Vargas Dantas informa: "*Gazeta de Notícias, A Semana*".

"Foi um dos soberbos talentos do Brasil", depõe sobre Rui Barbosa Raimundo Dias de Freitas, nascido no Piauí em 1874. Mais: "Intelectual que soube impor o seu nome e o da sua pátria em todo o mundo civilizado, não somente quando representava individualmente a sua própria pessoa como nos congressos e sociedades internacionais em que por vezes o nosso país foi por ele representado". Este o lado cor-de-rosa do assunto. Havia outro: "Embora houvesse sido um homem que formava, pela sua culta inteligência, na primeira linha dos vultos notáveis do País, no seu tempo, sou de opinião que não soube se impor, na política, de maneira que viesse contribuir para incrementar a ação do progresso brasileiro e descurou de orientar, patrioticamente, por todos os meios de que era capaz, a implantação de uma norma rígida, de civismo e dignidade para a conduta de seus compatriotas". Quanto aos jornais e revistas de sua preferência de moço, Raimundo Dias de Freitas informa: "Em Fortaleza costumava ler *O Pão* – da sociedade literária *A Padaria Espiritual* (1891-1893) – e a *Revista Militar* (editada pelo Grêmio Literário da Escola Militar do Estado do Ceará) e outros jornais e revistas. Revistas estrangeiras eram por mim manuseadas: as das Escolas Militares de Santiago do Chile e de Buenos Aires. Talvez em razão da lei do atavismo, embora sendo eu militar, me era agradável a leitura das revistas *La Hacienda* (da América do Norte) e *Chácaras e Quintas* [...]".

Cleto Ladislau Tourinho Japi-Açu, nascido em 1865 na então Província da Bahia, recorda que na Bahia do seu tempo de menino "pouco se falava em república". No Rio "apenas tratavam da mesma Benjamim Constant e Ruy Barbosa". Seu entusiasmo de baiano velho ou castiço tendo sido sempre por Pedro II, só podia lamentar que, havendo se festejado em 1939 – seu depoimento escrito é de 1940 – "o 50º aniversário da República", a ninguém tivesse ocorrido lembrar que "na Bahia ela só foi proclamada no dia 17, porque o então comandante das Armas marechal Hermes Ernesto da Fonseca, irmão do general Deodoro, não tendo concordado, deixou-se ficar até que naquele dia o coronel comandante do 9º Batalhão, provavelmente devido a ordens que recebeu do Rio, reuniu os batalhões e proclamou a República. Ouvi dizer que ao passar pela Bahia em caminho do exílio contaram este fato a Pedro II e ele dissera: – A Bahia! Sempre a Bahia!" Quanto a periódicos, informa ter sido assinante desde jovem (1879) da revista de Londres *The Marine Engineer*.

Da. Antônia Lins Vieira de Melo, nascida em 1879 em São Paulo, mas crescida em engenho da Paraíba, recorda-se de Rui Barbosa como de alguém que se tornou alvo de grande admiração da parte dos brasileiros, "principalmente depois do bonito que ele fez no estrangeiro"; mas sem que sua figura tivesse adquirido aos seus olhos, quer de menina, quer de moça, o prestígio da de Pedro II, "que era como um protetor e um pai [dos brasileiros]". Quanto a jornais, depõe: "Meu pai nunca deixou de ter assinatura regular do *Diário de Pernambuco*, do Recife, *Gazeta de Notícias* e *Jornal do Commercio*, do Rio de Janeiro, *A União*, da Paraíba, e depois o *Correio da Manhã*, do Rio de Janeiro. Estávamos [no engenho da Paraíba] sempre a par do que se passava no mundo. Os jornais chegavam em pacotes e com atraso às vezes de um mês. Mas ainda assim eram devorados com extrema curiosidade".

"Ruy Barbosa sempre o conheci como uma águia que era", escreve no seu depoimento João Fernando de Carvalho, nascido em Pernambuco em 1867; e que registra o qualificativo entre retórico e folclórico com que se popularizou no Brasil, depois de 1907, o grande baiano: "águia de Haia". Quanto a jornais, informa ter sido quando moço leitor do *Jornal do Recife* e da *Lanterna Mágica*.

Nascido em 1889, no interior da ainda Província da Paraíba, Artur (Roberto) Coelho (de Sousa) informa só ter o nome de Rui Barbosa chegado aos seus ouvidos de nortista do interior "trazido pela sua fama em Haia". É que na Itabaiana de então era dos que, não se interessando por política, pouco liam os jornais: "Lembro-me, sim, de ter procurado e lido o *Diário* [*de Pernambuco*] ou *A Província*, em abril de 1910, para me informar sobre a marcha do cometa de Halley, o maior fenômeno celeste que já vi". Aliás, "lia-se muito pouco na cidade". Enquanto, "as histórias em verso de Francisco das Chagas Batista eram muito populares".

"De Ruy Barbosa eu tenho a impressão que todo brasileiro tem: uma grande cabeça e uma grande coragem cívica", escreve no seu depoimento Antônio da Rocha Barreto, nascido no alto sertão da Paraíba no ano de 1882. Mas não que essa impressão tivesse madrugado nele: menino, crescera tendo por exclusivo herói nacional o imperador, D. Pedro II, sob a influência de um pai intransigentemente monarquista; enquanto na escola, ninguém jamais lhe explicou o novo regímen: "nem mesmo o professor, que nunca se preocupou com os aspectos cívicos do ensino". Registra "a emoção" com que acompanhou "os triunfos de Ruy Barbosa em Haia". Não especifica quais os jornais da sua preferência de moço: diz apenas que lia quantos "lhe caíssem sob os olhos" e "às pressas".

Alfredo Rosas, nascido na Paraíba em 1883, mas formado em direito no Rio, informa ter sido Rui Barbosa um dos seus "fetiches", a sua ação, na Haia, tendo lhe parecido na época "o vivo espelho do Brasil [...]". Isto, a despeito de desde o tempo de rapaz vir Alfredo Rosas desconfiando dos "indivíduos palavrosos", pois queria "verdades claras, estilo de panfleto, lances à Rochefort". Dos jornais e revistas da sua preferência de moço, escreve que "lia pacientemente o *Jornal do Commercio*"; e "para temperar o conservantismo de Carlos Rodrigues, procurava os panfletários. Lembro-me muito do *Correio da Noite*, jornal-incêndio..." Ao mesmo tempo que apreciava as crônicas de Bilac, gostava de ler aventuras de Júlio Verne. O gosto pelos "jornais-incêndios" não faltou, aliás, a outros brasileiros da época aqui evocada. É o que explica o sucesso alcançado por certas campanhas mais violentas de Edmundo Bittencourt, no *Correio da Manhã*, e pelo tipo de jornalismo em que, desde 1912, começou a notabilizar-se Mário Rodrigues. Este escrevia dos adversários políticos que eram homens em cujas "veias só correm pus e lama"; e coisas semelhantes.

"Gostei de Ruy Barbosa pelo que fez em Haia", escreve Francisco Faustino Ferreira, nascido em Pernambuco em 1884 que, na mocidade, foi fervoroso admirador de Floriano, desejando ser militar. Dos jornais de sua preferência de moço destaca o *Jornal do Recife* e *A Província*; e recorda-se de ter passado horas no escritório de Henrique Milet, conversando com esse seu amigo, diretor do jornal *O Pernambuco*, advogado e professor da Faculdade de Direito do Recife. Ali conheceu um jovem aprendiz de jornalista que soube chamar-se Aníbal Fernandes. Outro jovem jornalista se fazia notar na mesma época pelos seus primeiros triunfos de repórter – entrevistando, nos próprios vapores, estrangeiros e nacionais notáveis que chegavam ou regressavam da Europa, como Percival Farquhar, Paul Adam, Graça Aranha: Francisco de Assis Chateaubriand Bandeira de Melo.

Da. A. N. A., nascida também em Pernambuco, em 1867, informa ter desde adolescente, como filha de "um grande abolicionista", companheiro de lutas de José Mariano, Numa Pompílio, Barros Sobrinho, Da. Leonor Porto, desejado a Abolição e a República: daí sua admiração pelo "grande Ruy Barbosa" ao mesmo tempo que pelo "Marechal de Ferro". Tendo se matriculado na Faculdade de Direito, "que era no oitão da Igreja do Espírito Santo", aí se bacharelou; o paraninfo da sua turma foi J. J. Seabra. Não discrimina os jornais da sua preferência de moça, recordando, entretanto, que ia às vezes apreciar "vistas no Cosmorama".

Júlio de Mesquita, nascido em São Paulo em 1888 e menino quando seu tio-avô, Campos Sales, morador em casa contígua à sua, era presidente da República, lembra-se da forte impressão que recebeu da leitura das *Cartas de Inglaterra*, de Rui, como obra de análise da situação política do Brasil e da América do Sul. O que vira na Europa já levara o então jovem Mesquita a contrastar o Brasil republicano com o monárquico, para concluir pela superioridade do monárquico. "Os próprios três grandes quatriênios paulistas" – inclusive o do seu tio-avô – "só se haviam tornado possíveis, a meu ver, pelo fato de

Prudente de Morais, Campos Sales e Rodrigues Alves haverem sido formados moral e culturalmente na Monarquia." Vindo da Suíça, Mesquita encontrara na Faculdade de Direito de São Paulo – a mesma onde estudara Rui – "a mais completa falta de cumprimento profissional" da parte da "quase totalidade" dos lentes. Do ponto de vista da cultura – inclusive a cívica – era apenas um "panteon", pois "o espetáculo que ofereciam os alunos era o de uma inacreditável decadência [...]". Talvez um Júlio de Mesquita que tivesse frequentado então, em vez da Faculdade de São Paulo, a do Recife, pudesse dizer o mesmo da do Recife, a despeito do *Hino a Pernambuco* que a essa faculdade, em particular, e ao Recife, em geral, consagrou Rui Barbosa em 1893.[44]

A literatura da época considerada neste ensaio – a que culminou no mil e novecentos brasileiro –, não existiu à parte – rigorosamente à parte – das atividades paraliterárias da imprensa; nem a imprensa, nas suas melhores expressões, fechou-se então à literatura, como se enxergasse nela uma intrusa, embora ilustre, que só fizesse perturbar-lhe a função propriamente jornalística. Essa função foi então exercida pela imprensa brasileira, através de um ritmo de atividade menos majestoso que o dos escritores de livros; mas superior ao deles em repercussão ou influência sobre o público. Dessa sua outra função pode-se hoje dizer que foi intermediária entre o jornalismo e a literatura.

Raros, assim, nessa época, os escritores que não se fizeram notar pela sua presença nos jornais ou nas revistas; que ao gosto ou empenho pela criação artística ou literária, não juntassem o desejo de influir na vida nacional; de atuar sobre o público; de participar da política; de intervir na discussão dos problemas do dia. Davam quase todos os escritores a essa intervenção um aspecto que não sendo o puramente literário, não se tornava nunca o apenas jornalístico. Dos próprios jornalistas assim considerados, os maiores da época, como Quintino Bocaiuva e Carlos de Laet, como Medeiros e Albuquerque e, durante os seus grandes dias do *Diário de Notícias*, Rui Barbosa, como Alcindo Guanabara e o então ainda jovem Félix Pacheco, como o primeiro Júlio Mesquita e Nestor Rangel Pestana, como Tobias Monteiro e João do Rio, tinham alguma coisa no comportamento que os destacava dos jornalistas comuns. Esse destaque, não só pela superioridade do talento e do saber como pelo estilo ou pela forma, que neles era a dos híbridos: jornalistas-escritores. O próprio Raul Pompeia, tão estético, tão artístico, tão literário no seu modo de ser homem de letras, foi também jornalista e homem de ação. Raro um João Carlos Rodrigues, que, ao regressar dos Estados Unidos – onde, durante anos, publicara o *Novo Mundo*, deixando-se impregnar em Nova Iorque da consciência de separação, já naqueles dias nítida, dos países de língua inglesa, entre jornalismo e literatura –, seria de 1890 a 1915, na direção do *Jornal do Commercio*, puro jornalista; e só no fim da vida se entregaria à pesquisa histórica, esta mesma sem pretensão ou virtude literária. Raro um Ferreira de Araújo: também jornalista puro. Ou um Edmundo Bittencourt: outro jornalista sem maior empenho que o de influir de modo imediato, incisivo e vibrante na vida brasileira do seu tempo através de um jornal sempre em oposição mais ou menos violenta aos governos.

Já na fase de desenvolvimento cultural do Brasil, anterior à considerada neste ensaio, fora "relevante o papel da imprensa política e literária", como recordam os autores de trabalho recente – *A literatura no Brasil*[45] – que constitui notável esforço, realizado sob a direção do professor Afrânio Coutinho, de reconstituição e avaliação do que, dentro daquele desenvolvimento geral – o cultural – vem sendo o especificamente literário: literário no sentido (por vezes exagerado pelo professor Coutinho, ao ponto de tornar-se esteticista) de beletrista. Desde aqueles dias, com "a liberdade de prelos", desencadeara-se no Império, ainda jovem e precedido pelo reinado já quase nacional de D. João VI, "intenso movimento de imprensa por todo o País, em que se misturavam a literatura e a política numa feição bem típica da época". Essa "mistura" estabeleceria "um laço" entre o público brasileiro e os escritores; e seria uma mistura sob vários aspectos favorável às letras quer as fortes, quer as belas-letras, a aceitarmos de modo rígido a divisão como que racial, ainda mais que sexual, entre as duas espécies, seguida e recomendada por aqueles críticos para quem só haveria verdadeira literatura no conto, no romance, no drama, na poesia, em suas formas convencionais: formas por eles denominadas arbitrariamente "criadoras". Concordamos, porém, com os autores de *A literatura no Brasil* em que "a essa fusão de política e literatura" – tão acentuada, no Brasil, nos dias que este nosso ensaio procura evocar e interpretar no conjunto de suas formas culturais mais características de uma sociedade ainda subeuropeia, nas suas predominâncias de cultura, mas já brasileira nas suas tendências no sentido de um estilo novo de convivência, de vivência e de expressão" – se devem também muitos malefícios à produção literária".

Não há dúvida que "implantou entre nós, a moda do 'publicista', misto de jornalista, político e homem de letras, capaz de borboletear por todos os assuntos sem se fixar em nenhum", a isso se devendo "a primazia do diletante sobre o profissional no exercício das letras, de graves consequências para a qualidade da produção, seja no terreno da literatura de imaginação, seja no das ideias".[46] De qualquer modo, através do jornalismo, "político ou literário, pela notícia e pela tradução", é que "o incipiente e rarefeito meio cultural brasileiro" se manteve, durante aquela época ainda de prestígio do púlpito mas já de influência considerável da imprensa, "em contato espiritual com os grandes centros estrangeiros". Esse prestígio da imprensa, em sucessão ao do púlpito, em competição com o da tribuna e em antecipação ao do livro literário, capaz de alcançar um número considerável de leitores, caracterizaria o Brasil intelectual no seu próprio período mil e novecentista, quando, entretanto, pela presença mais viva do editor Garnier na vida nacional, começou a acentuar-se para o escritor brasileiro uma fase nova, de maior dignidade e de maior independência com relação à imprensa. É certo que essa fase, anunciaram-na, sem o auxílio direto de Garnier, Macedo e Alencar, com seus romances publicados sob a forma de livros. Mas foi com o editor francês que se definiu nova sistemática nas relações entre escritor e público – ou parte do público – no Brasil, sem que, de repente, cessasse a imprensa de servir de ponte entre as letras e um público maior: um público que, sob essa atividade pontifical dos melhores jornais do Império, deixara de só ter noção de valores literários pelo que ouvia, com intuitos religiosos ou moralistas, dos padres, nos púlpitos, dos mestres, nas cátedras, dos declamadores, nos teatros e dos políticos, nas tribunas – oradores, todos esses, que citavam com frequência os clássicos latinos e portugueses. Em casa, ou dentro da convivência patriarcal, era dos leitores em voz alta de livros capazes, como o *D. Quixote*, de repercussão popular através dessa espécie de leitura, ou da voz ou da palavra das velhas ou das negras contadoras de histórias de Trancoso e de outros contos, que meninos e às vezes adultos ouviam literatura. Até que começou-se a ler literatura em livros ao alcance da inteligência, da sensibilidade e da capacidade econômica daquele público maior que o apenas acadêmico. Ora, o começo definitivo dessa fase antes visual que auditiva de apreciação literária por parte de um público já considerável é que data das edições Garnier; ou do fim da era monárquica.

Foi nelas – nas edições Garnier de brochuras de feitio francês – que depois de aparecerem Álvares de Azevedo, Gonçalves de Magalhães, Porto Alegre, Macedo, Alencar, Bernardo Guimarães, Manuel de Almeida, Pereira da Silva, o cônego Fernandes Pinheiro, Joaquim Norberto de Sousa, Melo Morais pai, começaram a aparecer jovens cuja mocidade trouxe novos valores para uma literatura já com tendências a tornar-se nacional sob vários aspectos: Escragnolle Taunay, Luís Guimarães, Tavares Bastos, Augusto Teixeira de Freitas, Joaquim Maria Serra, Pimenta Bueno, o visconde de Uruguai, Bittencourt Sampaio, Cândido Mendes de Almeida; a seguir, Machado de Assis, Melo Morais Filho, Sílvio Romero, Aluísio Azevedo, Joaquim Nabuco; e mais: Alberto de Oliveira, Medeiros e Albuquerque, Nestor Vítor, Afonso Celso, Olavo Bilac, Clóvis Beviláqua, Domício da Gama, Graça Aranha, Júlia Lopes de Almeida, José Veríssimo, Antônio Sales, Laudelino Freire, João do Rio (Paulo Barreto). Vários outros: todos editados por Garnier.

Pelo que não exagerou Ernesto Senna ao escrever em seu trabalho sobre o velho comércio do Rio de Janeiro, que "de grande relevância foram os serviços prestados por Garnier à literatura brasileira, editando grande número de autores nacionais, muito embora fosse avaro na recompensa. Por um ligeiro cálculo, ascendem a 665 as obras de escritores brasileiros publicadas pela antiga livraria, não contando o avultado número de traduções feitas também por escritores nacionais".[47] Dentre estas, a *História do Brasil*, de Robert Southey, em tradução de Luís de Castro: obra de interesse fundamental para os brasileiros. E justo é destacar-se do francês, mesmo admitindo-se que fosse somítico para com os editados, que "ninguém como ele, com tanto ardor e boa vontade se aventurou à arriscada empresa de editar trabalhos de autores nacionais". Autores nacionais e obras do porte do *Código filipino* e da relação dos arrestos do antigo Tribunal da Relação, codificados e anotados por Cândido Mendes de Almeida; dos trabalhos jurídicos de A. J. Ribas; e da própria *Bíblia Sagrada*, traduzida por Antônio Pereira de Figueiredo, em edição ilustrada com 30 gravuras sobre aço e impressa em Paris por Blot.

Sabe-se que a Garnier se deve a introdução no Brasil do formato 7º e 12 alongado: iniciativa, na França, de Calman Levy. Também publicou o editor francês estabelecido no Rio de Janeiro a *Revista Popular* e o *Jornal das Famílias*. Data do decênio 1870-1880 o estabelecimento da sua tipografia, com material de composição e máquinas modernas mandados vir da Europa e onde editou a chamada *Biblioteca Universal* em 8º e a *Biblioteca de Algibeira*, em 12, "vulgarizando em língua portuguesa" – lembra Senna – "as produções de Musset, Droz, Gauthier, Sardou, Júlio Verne".[48] Nessas publicações, teria ganho 30 contos de réis. Gabando-se de conhecer bem o mercado brasileiro, disse um dia o famoso editor a certo "freguês constante da casa" que lhe aconselhava, a respeito de um livro editado pelo Garnier Irmãos que não tivera a aceitação esperada, diminuir o preço da venda: "É um engano, há livros que qualquer que seja o seu preço, sendo bem aceitos, não podem ter mais de 300 a 400 compradores, e outros até menos; dos populares se podem vender no primeiro ano 600 a 800..."[49]

Tudo parece indicar haver Garnier começado a desenvolver sua atividade editorial no Brasil no momento preciso em que as circunstâncias brasileiras pediam a presença na corte de alguém que soubesse corresponder às solicitações de um público, espalhado pelo Império, já capaz de adquirir às centenas os livros do seu agrado.[50] Os de autores estrangeiros já célebres e os de autores nacionais, às vezes ainda novos. Júlio Verne – que foi então muito lido pelos brasileiros ávidos de progresso, de modernidade, de futuro – e Machado de Assis – que com certeza não estava entre aqueles autores de livros de mais fácil aceitação, dos quais se vendiam no primeiro ano 800 exemplares. Mesmo assim era honroso para o Império que um editor mais prudente que afoito nas suas iniciativas, como o às vezes chamado "judeu Garnier", editasse um escritor da qualidade de Machado, em vez de apenas aproveitá-lo, como aproveitava Lopes Trovão, em trabalhos de revisão: na dura tarefa de corrigir provas das obras que eram mandadas do Brasil a imprimir na França. Aliás, Lopes Trovão, nobremente republicano nas ideias e um tanto dândi no trajar – usando monóculo e cartola como qualquer lorde inglês –, vivera, antes desses trabalhos, de dar lições de português a meninos, filhos de brasileiros ricos; e da tradução de rótulos e reclames de preparados farmacêuticos mandados da Europa para o Brasil como novidades messiânicas. Para suas traduções no Rio, Batista Luís Garnier chegou a ter a seu serviço intelectuais da estirpe de Salvador de Mendonça, que ganhavam entre 250$000 e 280$000 por tradução de volume de Verne ou Montepin. E como era de esperar que lhe sucedesse em país governado por um imperador devoto dos livros e amigo de escritores, Batista Luís foi agraciado com a Ordem da Rosa. Morreu comendador por "serviços prestados às letras brasileiras";[51] e depois de ter publicado grande variedade de livros, uns úteis ao que Castro Lopes chamava "ordem literária", outros ao progresso se não sempre nobremente intelectual, que interessasse ao Brasil sob algum aspecto de sua cultura predominantemente europeia: inclusive a civilidade. Livros que variaram da *Bíblia Sagrada* à *Cornucópia dos salões* ou ao *Manual de dança*, organizados, aliás, estes dois últimos, pelo próprio caixa de Garnier, certo Valadão que talvez tivesse alguma coisa de personagem de conto menos de Machado de Assis que de Artur Azevedo; e compusesse livros sobre assuntos práticos por ter fracassado noutra espécie de literatura. Mas não seremos nós que ousaremos negar a um livro a qualidade de literário, só por ser a respeito de danças; ou jurídico; ou médico. Nem o hábito faz o monge nem o assunto nos parece essencial à condição de literário ou não de um livro.

Dentre os autores das quase 700 obras brasileiras publicadas pelo velho Garnier nos últimos decênios do século XIX, muitos terão pretendido sobreviver como escritores, através, quer das virtudes de estilo e de composição, quer dos assuntos nobremente literários que versaram nas suas páginas. Poucas foram, porém, dessas quase setecentas obras as que se tornaram clássicas na literatura em língua portuguesa, como as de Machado de Assis, algumas das de Taunay, outras tantas de Joaquim Nabuco, de Aluísio Azevedo, de Olavo Bilac, de Alberto de Oliveira, de João Ribeiro, de João do Rio. Este último, escrevendo ousadamente, já em pleno mil e novecentos, sobre assuntos na aparência extraliterários, melhor se conformaria do que alguns dos seus contemporâneos mais convencionais na escolha de assuntos nobres para suas composições e mais puros no seu português imitado dos mestres antigos, com as exigências através das quais o tempo consagra clássicos uns escritores e repudia outros como efêmeros. Na época, porém, João do Rio quase soçobrou sob a acusação de escrever afrancesado; de nem sempre seguir os mestres da língua; de preferir aos assuntos nobres os efêmeros. Para a época, foi ele um revolucionário, embora já em Joaquim Nabuco e em Aluísio Azevedo – que foram homens ao mesmo tempo cosmopolitas e apegados à província – se notasse a tendência para se libertarem do purismo lusíada, adotando de ingleses e franceses modos de dizer atrevidamente novos. Atitude que vinha sendo em Portugal a de Eça de Queirós, cuja repercussão sobre o Brasil chegou a ser, no período aqui evocado, semelhante à de um novo santo sobre os seus devotos. Tanto que até seus excessos de humorismo crítico – seus e de Ramalho Ortigão, quando os dois redatores de *As farpas* – contra o imperador e contra os próprios brasileiros, em geral, lhe foram generosamente perdoados pelos seus admiradores espalhados do norte ao sul do Império.

É verdade que em Pernambuco e no Pará verificaram-se em 1872, meio século depois da Independência, movimentos ou agitações antiportuguesas que foram também, até certo ponto, antiecianas. É exato, também, que no ardor do seu debate com antiecianos locais, todos publicistas de pouco calado intelectual – dos de alto porte nenhum se manifestou então contra Eça –, o escritor português chegou a considerar "bárbara" a Província de Pernambuco quando era, na verdade, no momento dessa divergência luso-brasileira, não só a mais intelectualizada como a mais avançada em ideias de renovação social, dentre todas as que formavam o conjunto imperial. Tão intelectualizada que, na sua Assembleia Legislativa, se discutia a questão da inteligência da mulher em comparação com a do homem, considerando-se os argumentos sociais ao lado dos aspectos antropológicos do problema, estes postos em relevo, com certo desprezo pelos sociais, pelo jurista Tobias Barreto e pelo médico Malaquias Gonçalves; e aqueles destacados, por aparente barão dos então chamados feudais: o de Nazareth. Discussão provocada pelo empenho de um pai pernambucano – evidentemente progressista demais para a época e cujo clamor chegara até aquela Assembleia – em conseguir auxílio da Província para que uma sua filha ainda adolescente, mas já notável pelo talento e pelas aptidões, fosse mandada estudar ciência médica nos Estados Unidos. De tais conflitos de opinião em Província brasileira, no penúltimo decênio da era monárquica, e do modo por que Eça de Queirós e Ramalho Ortigão – Eça mais do que Ramalho que, em 1887, visitou, aliás, o Brasil, sendo recebido em Pernambuco por intelectuais ao mesmo tempo lusófilos e progressistas em suas ideias de reforma política e social, como Joaquim Nabuco – concorreram para provocar entre pernambucanos, principalmente em Goiana, agitações antilusitanas, ocupa-se em páginas deveras sugestivas, recentemente publicadas, um pesquisador do Recife que a respeito do esquecido assunto realizou paciente investigação em jornais brasileiros da época e nos arquivos oficiais da velha Província: o Sr. Paulo Cavalcanti.

Dos brasileiros nascidos entre 1850 e 1900, cujos depoimentos foram recolhidos pelo autor deste ensaio para servir de lastro biográfico a tentativas de interpretação sociológica de uma época interessantíssima de transição na vida nacional, vários são os que, de modo semelhante ao de Octavio Tarquínio de Sousa (Amaranto), nascido no Rio de Janeiro, em 1889, confessam, como ele confessa: "Como a maioria dos rapazes do meu tempo, encarava com certo desdém os autores brasileiros. E, em português, só me interessavam realmente os livros de Eça de Queirós e de Ramalho Ortigão". Seus principais mestres, porém, foram "Renan e Anatole France".

(Luís) Mílton Prates, nascido em Minas Gerais em 1888, recorda a influência que sobre os intelectuais e estudantes mineiros do seu tempo de jovem exerceram "os escritores anticlericalistas de Portugal, com Eça de Queirós à frente".

Guaracy Silveira, nascido em São Paulo em 1893, informa ter lido, quando jovem, Machado, Macedo, Alencar, Aluísio, vários outros, dentre os brasileiros. Maupassant foi o seu favorito, dentre os franceses. E dentre os portugueses, Herculano, embora fosse leitor de Eça, de Ramalho e de Camilo.

Já Astrojildo Pereira (Duarte da Silva), também nascido no Rio de Janeiro em 1890, informa ter escapado ao entusiasmo por Eça: lia "muitos jornais e revistas", "os discursos de Ruy", "polemistas portugueses (Camilo, Fialho)"; depois "muito Mirabeau, os teóricos e agitadores Kropotkine, Grave, Faure, Malatesta"; e confessa as seguintes "predileções contraditórias na literatura brasileira: Machado de Assis, Raul Pompeia, Euclydes, João Ribeiro, Graça Aranha..."

Max Fleiuss, outro brasileiro do Rio de Janeiro, onde nasceu em 1863, informa terem sido leituras de sua predileção, quando jovem, os romances de Alencar, Aluísio Azevedo e Machado de Assis; depois, Eça de Queirós, Zola, Flaubert, Maupassant. Os afrancesados da época – época já de declínio da influência de Renan, de Comte e de Victor Hugo – estavam divididos em dois grandes grupos: os entusiastas de Anatole e os estusiastas de Zola. Havia, porém, quem considerasse o Eça escritor mais francês do que português e como tal digno de melhor devoção da parte de um brasileiro jovem que um Herculano ou um Camilo.

Cláudio da Costa Ribeiro, nascido em 1873 em Pernambuco, mas formado em engenharia em São Paulo, inclui entre os autores que lhe influenciaram a formação literária: Eça, Zola, Flaubert, o *Candide*, de Voltaire; dentre os brasileiros, por ele "devorados" na época, recorda: "Alencar, Macedo, Bernardo Guimarães..." Quanto a Bilac, apenas "aparecia"; "surgia Valentim Magalhães": "já existia Machado de Assis". Mais tarde veio a ler ou reler com interesse: ainda Eça, Zola, Flaubert, Alencar; e mais Ramalho Ortigão, Aluísio Azevedo, Valentim Magalhães, Raul Pompeia, Machado de Assis, Maupassant, D'Annunzio, Dante, Horácio ("cujas odes li e reli"), Malherbe, Gauthier, Campoamor, Stecchetti, Castro Alves, Gonçalves Dias, Fagundes Varela, Álvares de Azevedo, Camões, Vicente de Carvalho, Guerra Junqueiro, Bilac, Martins Júnior, Tobias.

Interessante a este respeito é o depoimento – ao qual já se fez referência em capítulo anterior – de Manuel (Carneiro de Sousa) Bandeira, nascido em Pernambuco em 1886 e que informa de suas leituras de adolescente e moço e das influências que recebeu em sua formação literária: "Lia muito e decorava *Os Lusíadas*, os clássicos portugueses, Bocage (menos o sétimo volume), Filinto Elísio, os românticos brasileiros (sobretudo Castro Alves e Gonçalves Dias), Alberto de Oliveira. Aos 15 anos li muito Guy de Maupassant e Anatole France, este ainda muito pouco conhecido no Brasil. No 6º ano recebi como prêmio do professor de literatura Carlos França o livro de Taine sobre La Fontaine. Li-o com cuidado e atribuo a ele grande influência sobre minhas ideias a respeito de poesia". Mais tarde, tendo adoecido "gravemente, quando fazia o curso de arquitetura na Escola Politécnica de São Paulo", abandonou os estudos; e "na inatividade forçada pela doença" voltou a fazer versos, como nos seus dias de aluno de ginásio; e leu então "Antônio Nobre, Eugênio de Castro, Guerra Junqueiro, Antero de Quental, Wilde, Heine, Lenau...". Destaca "a influência literária" recebida do pai – "fez-me decorar a 'Cantata de Dido', de Garção, a

'Morte de Lindoia', de Basílio da Gama" – e de João Ribeiro: "cujo gosto, diferente dos entusiasmos correntes, me interessava e me fazia meditar". Também confessa ter sido leitor, quando moço, dos romances de Machado de Assis, de *O ateneu*, de *Casa de pensão*, *O cortiço*, de Maupassant, Anatole France, Eça, Bilac, Coelho Neto, Artur Azevedo. O pai de Manuel Bandeira conciliava com a ciência de engenheiro não só o amor às belas-letras como certo interesse pela literatura mística de Swedenborg, rival de Maeterlinck na sedução que exerceu, na época, sobre brasileiros de pendores espiritualistas, aos quais não satisfaziam nem os autores católicos, por um lado, nem por outro, Flammarion e Kardec.

Alfredo Rosas, nascido na Paraíba em 1887, não inclui Eça nem Ramalho entre as leituras prediletas do seu tempo de moço. Seus entusiasmos foram por Zola, Flaubert, Aluísio, Bilac, Mark Twain. Antes lera Cantu, Terrail, Montepin, Escrich, Paulo de Kock. Estudante de direito do Rio de Janeiro, foi levado a ler Garofalo, Lombroso, Ferri, Tarde por Esmeraldino Bandeira, "o notável professor de Direito Criminal" e "a coqueluche da turma", "o mestre amado cujas aulas eram ouvidas com alto interesse", "o paraninfo", o expositor de "teorias positivistas em matéria penal". Outros professores cuja palavra ou cuja influência ia além do puro ensino do direito: Niemeyer, de direito romano, "caturra" mas "sabendo de cor o *Corpus juris*", sempre "com a sua tabaqueira de rapé e o seu lenço vermelho"; Raul Pederneiras, de direito internacional, com seu "hirsuto bigode negro" e "chapelão espanhol de abas largas" que, à atividade de professor de jurisprudência, juntava a semiliterária de humorista-caricaturista, com vasta irradiação pelo país inteiro. Pois não nos esqueçamos do fato de que a época aqui evocada foi de caricaturistas cuja arte esteve sempre muito próxima se não de movimentos literários, de escritores influentes, ou atuantes, como no Portugal do mesmo tempo a arte de Rafael Bordalo com relação à literatura de crítica social, por vezes intensa, de Eça e de Ramalho. No Brasil – onde também esteve Bordalo – foi, nos últimos decênios do século XIX, o caso – repita-se – da arte de Ângelo Agostini; da de Fleiuss; da de Crispim Amaral; da de Vera Cruz; e no primeiro decênio do século XX, o caso de vários artistas do lápis aos quais não faltaria sensibilidade nem aos valores literários nem aos fatos políticos do momento, tendo por isto se esmerado em caricaturar escritores e políticos, ao lado das grandes figuras apenas mundanas, então em foco. Tal o caso de J. Carlos e dos caricaturistas de *O Malho*.

Nenhum, porém, no mil e novecentos brasileiro, que tenha atingido, neste particular, a importância de caricaturista sociológica e psicologicamente proustiano da sociedade carioca dos primeiros anos do século XX, atingida pelo hoje um tanto esquecido Emílio Cardoso Ayres. É um nome a que dificilmente pode alguém deixar de associar as recepções que tornaram famosa naqueles dias a casa ao mesmo tempo muito brasileira e muito europeia de madame Santos Lobo, também chamada Da. Laurinda: casa que foi para Emílio Cardoso Ayres, educado mais na França que no Brasil, ponto ideal para suas observações da elite ou aristocracia – a social e a literária – brasileira da Primeira República. Viu-as com olhos de quem adquirira em Paris uma perspectiva psicológica e sociológica para a crítica da sociedade brasileira através de caricaturas, que não podia senão faltar aos caricaturistas formados apenas no Rio; e talvez seja para lamentar não haver Emílio encontrado no Brasil um escritor de quem tivesse se tornado fraterno colaborador, na análise e na interpretação daquela elite ainda muito subeuropeia nos seus requintes, mas já caracteristicamente ou conscientemente brasileira em algumas das suas atitudes. O que em parte se deve atribuir à influência de Da. Laurinda, sempre empenhada em receber estrangeiros ilustres numa casa, como se tornou a sua, em Santa Teresa, que fosse capaz de dar a esses estrangeiros, junto com a sensação dos confortos europeus característicos de uma residência elegante, sugestões inconfundíveis do meio, do ambiente e da paisagem tropicais do Brasil.

Aliás, nessa tendência, Da. Laurinda – ou madame Santos Lobo – foi precedida por outra dona também chamada por vezes madame: Da. Veridiana – ou madame Prado –, cuja casa, em São Paulo, antecipou-se à de Da. Laurinda – ou madame Santos Lobo –, no Rio de Janeiro, em ser um centro ao mesmo tempo de refinamento e de valorização de expressões já genuinamente brasileiras de cultura e até de natureza, tendo por isto mesmo se tornado ponto de reunião de homens de letras, de sábios, de políticos, de diplomatas, de artistas, dentre os mais ilustres do Brasil, nos últimos anos do século XIX; e também dentre os mais eminentes estrangeiros que na mesma época visitaram o nosso país. Tais centros de mundanismo aliterado não faltaram de todo, nos últimos decênios do Império e nos primeiros da República, nem à Bahia nem a Pernambuco; nem ao Maranhão nem ao Pará; nem ao interior do Rio de Janeiro nem ao próprio Rio Grande do Sul, desde o meado do século XIX famoso pela chamada "aristocracia da banha" que se vinha desenvolvendo em Pelotas e na cidade do Rio Grande. Aristocracias semelhantes não deixaram de florescer em Rio Pardo e em Porto Alegre; nem em Minas Gerais; nem mesmo em Santa Catarina: em Lajes, por exemplo. Houve nesses meios, não só entre os homens como entre as próprias senhoras, quem juntasse à consciência de refinamento social a sensibilidade a valores artísticos e literários, se não nas suas formas de mais difícil acesso, nas líricas e nas novelescas. O sentido de *noblesse oblige* manifestou-se então em ambientes que se tornaram semelhantes ou quase iguais, em sua configuração de residências domésticas elegantes ou nobres em seu recheio, do norte ao sul do Império e, depois, da República: os mesmos espelhos, os mesmos pianos de cauda, as mesmas mobílias. E também em semelhanças de preferências por óperas, por operetas, por livros, por escritores, por jornais, por álbuns de retratos, por coleções de cartões-postais, por modas femininas, por estilos de trajo e de calçado de mulher, de homem e de criança.

Eça de Queirós, continuaremos a ver que foi tanto como Alencar e Bilac uma dessas preferências da parte dos brasileiros requintados, do norte ao sul do País, que, como preferências nacionais em sua extensão e em sua significação, concorreram para unificar a aristocracia intelectual do Brasil em torno dos mesmos cultos ou de iguais devoções; e, sob este aspecto, semelhantes a devoções ou cultos de caráter popular ou folclórico como os que, desde os dias coloniais, vinham unificando brasileiros de várias regiões ou Províncias em torno de Santo Antônio de Lisboa, de São João, de São Pedro, de São José, de Sant'Ana, de Nossa Senhora, do Menino Jesus; ou com aqueles outros cultos, evidentemente menos profundos nas suas raízes, que, durante os últimos decênios do Império e os primeiros da República, formaram-se, entre brasileiros de várias condições, em volta de figuras carismáticas de contemporâneos como, do norte ao sul do Império, a do imperador, a de Caxias, a de Osório, a do barão do Rio Branco, a de Rui Barbosa, a de Santos Dumont, a de Joaquim Nabuco, a de Castro Alves, a de Gonçalves Dias, a de José de Alencar, a da princesa Isabel. Para essa unidade de atitudes da parte da burguesia ou da aristocracia brasileira das várias regiões do País é que – insistamos neste ponto – parece ter contribuído consideravelmente durante a época considerada nestas páginas, a devoção por uns tantos santos literários, assim nacionais como estrangeiros, festejados tanto pela elite do Rio de Janeiro como pelas elites provincianas.

Heraclides César de Sousa-Araújo, nascido em 1886 no Paraná, informa ter lido, quando adolescente e moço, de preferência "Aluísio Azevedo, Graça Aranha, Machado de Assis, Fialho de Almeida, Eça de Queirós, Alexandre Herculano, Chateaubriand, Dumas, Lesage, Cervantes, Blasco Ibáñez, *Cid o Campeador*, Stevenson, Thackeray, Oscar Wilde, Gonçalves Dias, Vítor Hugo, Dante, Carducci, Stecchetti, Bilac, Emílio de Meneses, Emiliano Perneta, Valentim Magalhães".

Paulo Inglês de Sousa, nascido em Santos, em São Paulo, em 1888, leu quando adolescente Balzac, Stendhal, Anatole France, Alexandre Herculano, Rebelo da Silva, frei Luís de Sousa, Vieira; depois Camões, Eça, Machado, Wilde, Dickens.

Leopoldo (Marinho de Paula) Lins, nascido em Pernambuco em 1857, não foi em sua adolescência ou mocidade alcançado pela influência nem de Eça nem de Ramalho. Os autores que mais leu foram Mílton, Chateaubriand, Victor Hugo, Alexandre Herculano, Camilo, Bocage, Ponson du Terrail, Dumas, Lamartine, Camões, Paulo de Kock. Chegou a ler Zola. Também Gonçalves Dias, Fagundes Varela, Casimiro de Abreu, Castro Alves, Tobias. Nada, a seu ver, se escreveu em poesia de superior a 'O navio negreiro', quando o poeta diz: "Ó mar por que não apagas,/ Com a esponja das tuas vagas,/ Do teu manto este borrão?/ Astros, raios, tempestades,/ Rolai das imensidades,/ Varrei os mares, tufão!"

Da. Virgínia Cavalcante, também nascida em Pernambuco em 1879, muito apreciou, quando moça, de província, José de Alencar, Escrich, Lamartine, Bernardin de Saint-Pierre, Victor Hugo, Macedo, Castro Alves, Gonçalves Dias, Casimiro. "Adorava" – confessa – "um sonetinho bem-feito"; porém "apreciava mais a prosa que a poesia".

Nascido em 1873 no Maranhão, Emiliano (Ribeiro de Almeida) Braga recorda dentre os seus autores prediletos Alexandre Herculano, Camilo, Garrett, Oliveira Martins, Ramalho Ortigão, Eça, Gonçalves Dias, Castro Alves, Bilac. Também certo Sousandrade, de quem lhe ficou a impressão de que era "genial". "Este Sousandrade" – informa –

"quando foi proclamada a República, foi nomeado intendente municipal de São Luís, cargo que exerceu pouco tempo pois era poeta demais, era talento demais, era genial, para servir em cargos de pelotiqueiros e pantomimeiros. Oriundo de família rica, passou a vida em estudos na Europa, na América, na sua quinta do Jenipapeiro, em São Luís, hoje em ruínas, escrevendo seus versos, filosofando..." Morreu desconhecido do Rio de Janeiro. Observe-se a este propósito que não raros brasileiros do Norte do País faziam então estudos na Europa e nos Estados Unidos e voltavam às suas Províncias, sem conhecerem o Rio que, pagando amor com amor, não se interessava por eles, quando manifestavam qualquer talento literário. Para o maranhense Emiliano Braga, esse ignorado Sousandrade teria sido "um dos maiores poetas do Maranhão, quiçá do Brasil!" Exagero, talvez, da parte de Emiliano Braga, pessoa aliás, idônea. Lembremo-nos, porém, de que quase ignorados do Brasil, por falta de contato com o Rio, permaneceram durante longo tempo o rio-grandense-do-sul, talvez genial, Simões Lopes Neto, autor de *O negrinho do pastoreio*, o mineiro Alphonsus de Guimaraens, o pernambucano Alfredo de Carvalho, o paraibano Augusto dos Anjos.

José Alves de Figueiredo, nascido no Ceará em 1879, confessa ter, quando moço, lido e relido as obras de Macedo e Alencar, as poesias de Alberto de Oliveira, Castro Alves, Bilac, Raimundo Correia, Luís Guimarães; e dentre os estrangeiros, Zola, Ohnet, os Dumas, Eça, Camilo, Junqueiro.

João d'Albuquerque Maranhão, nascido em 1883, no Rio Grande do Norte, informa das leituras preferidas da sua infância e da sua mocidade: da infância, Gonçalves Dias, Casimiro, Castro Alves, "de quem minhas irmãs cantavam as poesias"; da idade juvenil, Guerra Junqueiro, Victor Hugo, Rostand, Antônio Nobre, Antero, Bilac, Artur Azevedo, José de Alencar, Aluísio Azevedo, Eça de Queirós. Sempre Eça de Queirós.

O paraibano José Ferreira de Novais, nascido em 1871, depõe sobre os escritores prediletos da sua mocidade: José de Alencar, Franklin Távora, Machado de Assis, Aluísio Azevedo, Macedo, José Veríssimo, Eça de Queirós, Émile Zola, Melo Morais Filho, Bruno Seabra, Casimiro de Abreu, Luís Guimarães Júnior, Castro Alves, Tobias Barreto, Guerra Junqueiro, Tomás Ribeiro e outros.

Rogério Gordilho de Faria, nascido em Sergipe em 1889 mas desde novo educado na capital da Bahia, informa ter sido, na mocidade, grande devorador de romances; mas não recorda dos preferidos, senão os que primeiro leu: Ponson du Terrail, Montepin, Maupassant, Alencar. Discrimina os cronistas: João do Rio, Figueiredo Pimentel; os poetas: Castro Alves, Olavo Bilac, Alberto de Oliveira, Guimarães Passos; os humoristas: Mark Twain, Lulu Parola (Aluísio de Carvalho, pai), Bastos Tigre. Curiosa, no caso de Rogério Gordilho de Faria, a ausência de Eça.

Antônio José da Costa Ribeiro, nascido em Pernambuco em 1870, depõe sobre sua geração: "Quanto a romances, líamos os nacionais. Todos os de José de Alencar; Joaquim Macedo (*A moreninha*); as *Memórias de um sargento de milícias* (Manuel de Almeida), Bernardo Guimarães e alguns outros. A esse tempo começaram a aparecer os naturalistas: *A carne*, de Júlio Ribeiro, a *Casa de pensão, de* Aluísio Azevedo. Portugueses, os de Herculano, Camilo e Eça de Queirós. *As farpas*, de colaboração deste com Ramalho Ortigão, eram por todos nós muito apreciadas. Os trabalhos de Teófilo Braga nos mereciam muita atenção, como os de Oliveira Martins. E o Latino, com seu apurado estilo, nos deliciava, salientando-se a sua tradução da *Oração da coroa*, de Demóstenes". De franceses, "lemos quase todos [os livros] de Vítor Hugo; alguns de Balzac; os dos dois Dumas; George Sand, não falando nos de Flammarion, que todos, meninos e rapazes, liam; Chateaubriand" (de quem algumas obras eram "livros escolares"). "Estudando francês, também li Michelet; vieram depois Flaubert, Maupassant, os Goncourt e a série de Zola. Ingleses, lemos no original Macaulay e Milton, adotados no ensino da língua. Outros em tradução francesa." Dos poetas, os preferidos pela geração de Ribeiro eram, segundo ele, Gonçalves Dias, Álvares de Azevedo, Casimiro de Abreu, Fagundes Varela, Guimarães Júnior, "e sobre todos Castro Alves, cujas poesias declamávamos, na exaltação da juventude". Dos sonetos de Maciel Monteiro informa que "alguns eram sempre recitados ao som da *Dalila*..." Dos portugueses, "os que mais apreciávamos a esse nosso tempo e mais em voga" eram "Antero de Quental e Gonçalves Crespo, este aliás nascido no Brasil". Dos franceses, "andavam sempre em nossas mãos Lamartine, Vítor Hugo, S. Prudhomme, Musset, Baudelaire, Rollinat". Quanto a humoristas, distinguiam-se "àquele tempo na imprensa do Rio...": "França Júnior, Artur Azevedo e o Carlos de Laet". "Lia-se Proudhon", informa Ribeiro. "Falavam alguns em Carlos Marx", acrescenta. "Mas o que nos absorvia e onde a nossa atividade de moços se desenvolvia era pela abolição da escravatura no Brasil e reforma política, pelo estabelecimento da República".

Também informa ter lido "com a maioria dos seus colegas, o Comte e o Littré", para filosofar, em depoimento escrito em 1938: "Hoje se generalizam ideias filosóficas que antecederam às do meu tempo de estudante. Voltam as novas gerações ao espiritualismo, que era aliás o sistema seguido pelos nossos velhos mestres. A insurreição [contra esses velhos mestres] principiou pouco após a minha entrada na Faculdade [de Direito, do Recife]: João Vieira, José Higino e logo após a este, o grande revolucionário Tobias Barreto..." Outras informações interessantes sobre a época, quanto às leituras da primeira de suas gerações, quando ainda nova, nos traz Antônio José da Costa Ribeiro. "As nossas leituras" – escreve em seu depoimento – "eram quase todas de livros franceses: direito e literatura". O mesmo era certo quanto à medicina, à engenharia, à arquitetura, à farmácia. "Livros ingleses e americanos" – acrescenta – "muito poucos" e estes poucos através de "traduções francesas".

Não nos esqueçamos, porém, de que no Recife, precisamente nessa fase da vida nacional, principiou o alemão a ser estudado, principalmente por juristas, sob a influência de Tobias. "O alemão" – recorda Antônio José da Costa Ribeiro – "começou a se aprender a meu tempo de estudante [1880-1884]. Influiu muito para isso o Tobias Barreto e o desejo de se conhecer na língua original as grandes obras de direito. O professor de alemão, no Ginásio Pernambucano, era Antônio Carlos Ferreira da Silva, educado na Alemanha, grande figura de abolicionista e republicano [...] amigo fraternal de Joaquim Nabuco. Antônio Carlos abriu um curso gratuito de alemão no Liceu de Artes e Ofícios e que foi frequentado por alguns estudantes daquele tempo. Lá estiveram Martins Júnior, Clóvis Beviláqua, Adelino Lima Freire e outros então já notáveis...". Alfredo Alves da Silva Freyre, nascido também no Recife em 1874, lembra a este propósito ter havido também na época, no Recife, um alemão, Roth, bom professor da sua língua e excelente pessoa; e homem que se fazia notar não só pela erudição como pela sua glutoneria: tanto que nos restaurantes pagava por dois. Com a vinda, no fim do século XIX, de frades alemães para os conventos franciscanos e beneditinos do Brasil – nos quais, em virtude da política antimonástica do Império, haviam se extinguido os frades brasileiros –, alguns desses alemães como frei Matias Teves, desde o fim do século XIX e os primeiros anos do século XX, juntaram às suas funções de religiosos a de mestres da língua alemã a particulares, nos próprios conventos. Com frei Matias, O. F. M., iniciaram-se no estudo do alemão, já nos começos do século XX, os depois eminentes Francisco de Assis Chateaubriand (Bandeira de Melo) e (Joaquim) Pontes de Miranda.

Recordando suas leituras de jovem, informa Joaquim Amaral Jansen de Faria, nascido em 1882 no Rio de Janeiro, onde fez seus estudos: "Passei longo tempo aproveitando a esplêndida biblioteca do conselheiro Cândido de Oliveira. Era das particulares a maior do Brasil. Conheci a luxuosa biblioteca de Ruy Barbosa". E quanto à língua então mais utilizada no Brasil para a leitura pelos médicos e estudantes de medicina: "Em medicina usava-se mais a língua francesa, pois quase todos os livros eram em francês: Testut, histologias, Sappey e Dieulafoy e os diversos tratados de clínica eram no idioma de Vítor Hugo. Usava-se mais o inglês na Escola Politécnica devido a estudos de estradas, portos e canais, que naquele tempo provinham da Inglaterra". Em direito necessitava-se, além do francês, do italiano: "quando se estudavam direitos criminais com Lombroso, Carrara e posteriormente Ferri; ou com Garraux..." No direito civil, com as Ordenações do Reino e as Codificações portuguesas, "não eram muito usados outros idiomas, a não ser para ilustração do espírito. O latim também se tornava algum tanto necessário". Quanto à literatura, lia-se Victor Hugo, Henri Murger, "cantando a mocidade": "*aimons et chantons... la jeunesse n'a qu'un temps*"; e também Alfred Musset, Rousseau. E alguns liam Renan. "Não havia estudante de língua inglesa que tivesse deixado de ler Shakespeare", sabendo alguns de cor "trechos de *Hamlet*"; e "quando um empregado nas repúblicas se atrapalhava nalgum recado para as namoradas ou nalgum serviço, lá se ouvia a célebre frase: '*To be or not to be*'". Também eram lidos Spencer – o sociólogo – e Longfellow. Lia-se Schopenhauer. "No meu tempo de estudante" – escreve Jansen de Faria em seu depoimento – "as leituras prediletas eram a *Divina comédia*, de Dante", de que alguns estudantes "sabiam de cor trechos inteiros!"; o *Paraíso perdido*, de Milton, *D. Quixote* etc. De Júlio Verne escreve que era "o iniciador científico da mocidade nas leituras sadias". Alexandre Herculano "preparava o estilo dos bons escritores". Guerra Junqueiro era "o poeta da época".

Às vezes reuniam-se estudantes das Escolas de Direito, Medicina e Engenharia, no Clube Acadêmico, por eles organizado; e que ficava à Rua Haddock Lobo. Aí estudantes entravam em contato com escritores. Nesse Clube Acadêmico os estudantes "recebendo temas, às vezes, de diplomatas, eram obrigados a estudar e a se desenvolver na arte da palavra".

Florêncio (Carlos) de Abreu (e Silva), nascido no Rio de Janeiro em 1882 mas desde muito criança educado no Rio Grande do Sul, informa ter tido na mocidade predileção por Eça de Queirós, Aluísio, Coelho Neto, Alencar, Zola, Victor Hugo, Guerra Junqueiro, Bilac. Entusiasta desses e de outros autores portugueses e brasileiros de obras notáveis, recorda ter se sentido constrangido, na sua primeira viagem ao Rio da Prata, ante o contraste entre Buenos Aires e o Rio de Janeiro: Buenos Aires mais "civilizada" que o Rio; "intensíssimo movimento", como não havia então na capital do Brasil; edificação grandiosa: casas comerciais superiores às do Rio; grandes hotéis que "deixavam a perder de vista os do Rio"; magnífico teatro; jardim zoológico; "extraordinário número de carruagens elegantes, puxadas quase todas por animais de raça". Regozijou-se, porém, intimamente, o jovem brasileiro lido em Eça, com o cotejo dos valores morais e intelectuais argentinos com os brasileiros, "quer no domínio do direito, quer da oratória, quer das letras, quer da política". Faltavam-lhes "Teixeira de Freitas, Clóvis, Rui, Alencar, Bilac, Rio Branco, Carlos Gomes..."

Heitor Modesto (d'Almeida), nascido em Minas Gerais, em 1861, leu, quando adolescente, Júlio Verne e Edmundo de Amicis – o de Amicis cujo *Coração*, traduzido ao português, seria tão lido nas escolas pelos meninos do mil e novecentos brasileiro – e veio a descobrir, depois de adulto, nesses dois escritores, "uma barreira a uma fácil infiltração de literatura de que foi campeão Zola". Leu também os Dumas, Ponson du Terrail, Hugo, Musset; e dentre os nacionais, Macedo, Alencar, Artur e Aluísio Azevedo, Coelho Neto, Valentim Magalhães, Bilac, Castro Alves, Gonçalves Dias, Varela, Casimiro, Guerra Junqueiro. Camões "era a cúpula".

Alberto de Paula Rodrigues, nascido em 1882 no Ceará, informa que sua literatura predileta, quando moço, "foi sempre em língua francesa, de autores franceses ou de tradição francesa ou então em italiano e espanhol". Somente de ciências, esclarece, é que preferia "os autores alemães, norte-americanos e ingleses". E foi sempre "um consumidor de literatura, mas no domínio da prosa"; poesia, "rara é aquela que me emociona". Quanto à literatura portuguesa, confessa sua admiração por Eça de Queirós e por "alguma coisa de Alexandre Herculano"; de Camilo, "apenas os livros polêmicos e alguns históricos". Estudante de medicina no Rio de Janeiro, recorda que, ao formar-se, toda a sua biblioteca profissional era em língua francesa, com alguns livros em espanhol e italiano: "só após a formatura é que aprendi o alemão, para ilustrar-me na ciência teutônica. Os livros em inglês eram naquela época raros e caríssimos". Aliás, só após a Primeira Grande Guerra os norte-americanos viriam "a figurar decisivamente na literatura médica".

Mas suas primeiras leituras, fora da escola secundária, repete que foram em francês: "a leitura que então mais me impressionou foi a do *Gil Blas*, de Lesage, a qual veio concorrer para levar-me ao ceticismo, com que sempre apreciei os homens e os seus atos. Da brutalidade dos meus camaradas de infância e dessas leituras, mais tarde completadas com a literatura de Anatole France, nasceu e afirmou-se meu ceticismo". Leu também a condessa de Ségur, o *Robinson Crusoé* e Júlio Verne.

Informa Alberto de Paula Rodrigues que no Rio de Janeiro os estudos lhe deixavam tempo para conhecer escritores e conviver com alguns deles, graças ao seu comprovinciano Domingos Olímpio. Conheceu Olavo Bilac, Guimarães Passos, José do Patrocínio, Pedro Rebelo; mais tarde, Emílio de Meneses e Lima Barreto. Lima Barreto conta que era evitado pelos demais literatos pois já cedo, no dia, estava "completamente embriagado e o seu aspecto era repugnante". Ao contrário de Emílio de Meneses, que, mesmo encervejado, "mantinha a linha". Aliás, não foram raros, na época, os intelectuais brasileiros dados ao excesso das bebidas alcoólicas: entre eles, historiadores como Capistrano de Abreu e Alfredo de Carvalho. Carvalho curou-se desse mal na Inglaterra, sujeitando-se a tratamento severo em Londres, de onde se correspondeu com seu amigo Alfredo Freyre. Correspondência por postais coloridos, então muito em voga. Houve também entre intelectuais e artistas da época quem se entregasse ao vício da morfina; à cocaína; e, ainda, quem, imitando Wilde – que no começo do século XX começou a ser muito lido pelos literatos mais sofisticados –, ostentasse amores exclusivamente homossexuais: João do Rio e Virgílio Maurício, por exemplo; João do Rio chegou a traduzir Wilde do francês.

De Antenor Nascentes, nascido no Rio de Janeiro em 1886, as primeiras leituras foram de Alexandre Dumas, Alencar, Casimiro de Abreu. Mais tarde sua predileção foi por *Luzia-Homem*, de Domingos Olímpio; e *Canaã*, de Graça Aranha. E pela prosa de Bilac.

Manuel Duarte, nascido em 1883 no Rio Grande do Sul, confessa que durante seu "currículo acadêmico" leu "muito, desordenadamente, insaciavelmente": "li Comte, Spencer, Haeckel, Kant, Carlyle, Marx, Michelet, Ihering, Taine, Tobias, Farias Brito, Clóvis, os filósofos pessimistas". Também: Nabuco, Rui, Teófilo Braga, Emerson, Maeterlinck, Eça, Machado de Assis, Euclides da Cunha, Aluísio Azevedo, Raul Pompeia, Coelho Neto, Graça Aranha, João do Rio, poetas, literatos e clássicos, principalmente portugueses, mas tudo atropeladamente, aglutinadamente, sem método..." A impressão mais profunda que lhe ficou foi a de Renan, Machado e Rui. A partir de 1882, entretanto, formara-se na vida intelectual do Rio Grande do Sul "vigorosa corrente de opinião" em torno de Júlio de Castilhos, que acabara de regressar, bacharel em direito, da Faculdade de São Paulo; e segundo Duarte, "talento gigantesco e imensa cultura". E como valor literário: "prosador insigne". Tornara-se assim o extraordinário Castilhos "o porta-voz e chefe indisputável das aspirações republicano-federativas da mocidade gaúcha" no tempo em que já se distinguia no Rio Grande, como "grande jornalista", na defesa do Partido Liberal, o alemão naturalizado brasileiro Carlos von Koseritz. Encontraram-se esses "dois titãs da palavra escrita" em "pugna memorável". Discutiram ciência, sociologia, filosofia. E segundo Duarte, quem "arrastara a palma da vitória", mercê de "sua cultura, sua ginástica mental, sua argumentação agílima, sua dialética prodigiosa, servido de fino estilo vernáculo", fora Júlio de Castilhos. Daí a sedução que exerceu sobre muitas das jovens inteligências gaúchas, sedução que, no primeiro decênio do século XX, alcançaria – lembra ainda Duarte – Getúlio Vargas, Maurício Cardoso, João Neves, Paim Filho, Jacinto Godói. Todos se deixaram influenciar pelos "postulados castilhistas", que na sua "essência mestra" eram "preceitos de positivismo na sua aplicação política"; e através da palavra de um jornalista com alguma coisa de escritor nas suas virtudes literárias. Compreende-se que tendo se feito homem sob a sedução de um político com tais virtudes literárias, Getúlio Vargas – que Manuel Duarte conheceu de perto desde os dois muito novos – tenha sempre se sentido inclinado para a literatura. Dentro desse discípulo de Castilhos, houve talvez, mais do que em qualquer outro, o desejo de tornar-se novo Castilhos: ao mesmo tempo intelectual e político prático. Poucos dias antes do seu suicídio, em conversa com o autor deste ensaio, Getúlio Vargas recordaria sua admiração por Júlio de Castilhos, lamentando não ter esse homem público rio-grandense-do--sul chegado à Presidência da República.

Recordando a Porto Alegre dos seus dias de estudante, Duarte escreve, em seu depoimento, que nas "reuniões sociais era enlevo prestigioso o recitativo..." Os poetas mais recitados eram os então na moda no Rio Grande do Sul: "Bilac, Alberto de Oliveira, Raimundo Correia, Machado de Assis, Vítor Silva, Eugênio de Castro, Zeferino Brasil, Augusto de Lima..." Os estudantes "aclamados à recitação" e cujo repertório se revelava "inesgotável e crescente" chamavam-se Getúlio Vargas, João Neves, Maurício Cardoso, o próprio Manuel Duarte. Vargas era então não só declamador aplaudido como rapaz muito entusiasta das letras. Seu maior entusiasmo talvez fosse por Zola. Ao Bloco Acadêmico Castilhista pertenciam estudantes de outros Estados; alunos da Escola Militar e de outras escolas de Porto Alegre. Entre esses castilhistas, Góis Monteiro e Gaspar Dutra. No órgão desse Bloco, *O Debate*, escreviam Paim Filho, Getúlio, Neves, Maurício, Jacinto Godói, Odon Cavalcanti, Góis.

Carlos Cordeiro da Rocha, nascido em 1880 no Ceará, depõe: "Creio que foram as leituras de Tobias Barreto e Sylvio Romero que me fizeram, na mocidade, ser um admirador da Alemanha". Leu também Alencar, Pinheiro Chagas, Casimiro de Abreu, Fagundes Varela, Castro Alves.

R. S., nascido em Santa Catarina em 1878, escreve ter preferido quando moço "os livros históricos e de viagens, abominando a ficção..." Inclusive, ao que parece, o próprio Eça.

Armando Silveyra, nascido em 1887 no Rio Grande do Sul, informa que as suas primeiras leituras foram Júlio Verne, Paulo de Kock, Macedo, Alencar, Aluísio; depois Dinis, Camilo, Herculano e "o grande Eça". E franceses: vários franceses – "o fino e sutil Anatole, o imenso Balzac, o impecável Flaubert". Alguns italianos e espanhóis. "O nosso inglês" – escreve Silveyra, falando por si e pela sua geração –, "o nosso inglês pobre do curso de humanidades não permitia atacássemos as altas leituras da língua." Eram as traduções que "nos davam mais ou menos a medida dos anglo-saxões". Eça – sempre "o grande Eça", no Sul como no Norte do Brasil – "nos conduziu à França, embora gritando ao mesmo tempo a Eduardo Prado: – 'Criai a vossa civilização; sede vós e não outros'!" Adulto, continuaria entusiasta do Eça – em primeiro lugar –, Camillo, Machado, Pompeia, Euclydes, Graça Aranha. Quanto a poetas: Gonçalves Dias, Cesário Verde, Gonçalves Crespo, Antônio Nobre, Correia de Oliveira, Guerra Junqueiro, em português; Baudelaire, Leconte de Lisle, Heredia, Kahn, Moréas, Verlaine, Mallarmé, em francês; D'Annunzio. E sem esquecer os escritores humoristas: Cervantes, Dickens, Shaw.

N. S., nascido em 1870 no Realengo, no Rio de Janeiro, ainda que bacharelando pelo Imperial Colégio de D. Pedro II, confessa não ter tido, entre suas leituras de jovem, a de outro romancista senão Júlio Verne. Os poetas de sua predileção foram Raimundo Correia e Olavo Bilac.

Bilac tornou-se também o poeta da predileção de Da. Isabel Henriqueta de Sousa e Oliveira, nascida na Bahia em 1853. Bilac, precedido por Gonçalves Dias; por Casimiro; por Castro Alves. "Mocinha", informa ter lido Macedo, Alencar, "outros semelhantes". Durante o tempo de casada, "não lia romances, porque o marido não gostava"; recomeçou, depois de viúva, a leitura deles, tendo então lido, entre outros, Escrich.

Já Da. Maria Vicentina de Azevedo Pereira de Queirós, nascida em São Paulo em 1868, não leu Bilac senão depois de grande senhora. Quando moça, leu Macedo e Alencar; e também as crônicas e os contos de Machado num jornal de modas, *A Estação*. E, ainda, o que o *Jornal do Commercio* publicava de literatura, pois na fazenda de sua mãe existia o velho diário "desde o primeiro número". Outras leituras prediletas do seu tempo de moça foram a da *Revista Ilustrada*, *de* Ângelo Agostini e a de figurinos como *La Saison*.

Nascido na Paraíba em 1856, Tito Henriques da Silva leu, quando jovem, Alencar, Eça, Camilo, Paulo de Kock. Também Camões, Guerra Junqueiro, Álvares de Azevedo, Castro Alves, Bilac. Ainda hoje sabe de cor todo o Camões de *Os Lusíadas*. E talvez por influência de D. Pedro II, "estudou muito astronomia, tendo preferência por tudo quanto produziu Camilo Flammarion". Não obstante estas "preocupações" – escreve Silva – "sempre me preocupou a realização de uma indústria de caráter puramente indígena. Assim é que fundei uma fábrica de vinhos de caju e jenipapo" que na sua velhice se tornaria "a mais famosa do Norte, se não de todo o País...". Influência, ao que parece, de José de Alencar, cujos heróis deram nome a produtos industriais de matéria-prima exclusiva ou principalmente indígena. Os nomes de Ceci, Peri, Iracema serviram para designar licores, vinhos, sabonetes, banhas e loções para cabelo; e não apenas pessoas: numerosas, numerosíssimas pessoas. Enquanto Eça não deixou de inspirar, neste particular, pais requintados, fazendo-os batizar os filhos com o nome de Carlos Eduardo, com o de Jacinto, com o de Gonçalo.

João Barreto de Meneses, nascido em 1872, em Pernambuco, informa: "Nunca apreciei romances nem crônicas. De poetas tinha-os diversos em meu repertório para as declamações muito ao sabor do tempo, principalmente Cláudio Manuel da Costa, Gonçalves Dias, Laurindo Rabelo e Moniz Barreto, não o Rosendo mas o Francisco, que foi o maior de todos os repentistas". Participou no Recife dos seus dias de jovem de reuniões de sociedades literárias, que então floresciam, uma delas a União e Letras. Outra, a Gonçalves Dias, cuja sede era "no velho sobrado do Largo de São Pedro", onde a Recreativa Juventude tinha suas danças.

Da. Maria Régis, nascida em 1888 em Santa Catarina, não leu quando jovem senão romances publicados como folhetins nos jornais. Leu, dentre outros, a *Rosa do adro*. Destaque-se dos jornais da época que neles a publicação de folhetins foi verdadeira instituição; e que através desses folhetins é que escritores do valor de Alencar alcançaram público, para aqueles dias, considerável. Houve também a chamada pirataria editorial com relação a escritores portugueses; e contra a qual Eça de Queirós, no tempo de *As farpas* e de sua colaboração com Ramalho Ortigão, protestou em termos violentos.

"O romance é leitura que sempre me seduziu", informa, quanto às suas leituras de jovem, Epaminondas Montezuma de Meneses, nascido na Paraíba em 1867. Leu, de preferência, Alencar, Aluísio Azevedo, Machado de Assis. Também Gonçalves Dias, Castro Alves, Bilac.

Nascido na Bahia em 1883, Durval Guimarães Espínola escreve ter sido leitor apenas de jornais como *A Bahia*. Por eles é que teve contato com a literatura da época, lendo folhetins.

O que parece ter sido também o caso de outro baiano, o padre Manuel Higino da Silveira, nascido em 1882 e ordenado depois do curso do Seminário de Santa Teresa. Este, servindo-se não só de jornais do Estado, como do *Jornal do Commercio*, do Rio de Janeiro, tão cheio, sempre, de matéria literária de valor.

Teófilo de Barros, nascido em Pernambuco em 1877, informa muito ter se deliciado, nos dias da sua formação, com a leitura das obras de Chateaubriand, Charles André e Victor Hugo. Mais tarde, veio a preferir Alencar e Alexandre Herculano; e dos poetas, Castro Alves, Gonçalves Dias, Casimiro de Abreu, Olavo Bilac.

Nascido em 1872 no Ceará, Juvenal Correia destaca dentre os romancistas que preferiu quando moço, José de Alencar, Machado de Assis e Camilo Castelo Branco. E dentre os poetas, Castro Alves, "o maior das Américas", Guerra Junqueiro, Casimiro de Abreu, sem esquecer Camões.

O padre Leopoldo Fernandes Pinheiro, nascido também no Ceará em 1880, informa: "Fui, como ainda sou, um entusiástico leitor dos clássicos franceses e, ainda no seminário, tornei-me um dos melhores fregueses da Editora Lecofre, de Paris..." Depois de formado, lendo sempre "com carinho" a *Revue des Deux Mondes*, *Études* e *La Croix*, leu também Alencar e Machado de Assis; e dentre os poetas brasileiros, Castro Alves, Olavo Bilac, Raimundo Correia.

José Magalhães Carneiro, nascido em 1880 em Sergipe e que cresceu chamado ainda em casa "Sinhô" – "desfiguração de 'senhor' pelas mucamas" – teve, quando jovem, preferência pelos romances de José de Alencar e Machado de Assis. Poetas, os da sua predileção foram Tobias Barreto, Castro Alves, Olavo Bilac, Emílio de Meneses.

Manuel Pereira Dinis – mestiço, como destaca no seu depoimento –, nascido em 1887 na Paraíba e formado em direito na Faculdade do Recife, da qual muito aspirou ser um dia lente ou catedrático – informa terem sido poetas da sua preferência de rapaz, Castro Alves, Fagundes Varela, Tobias Barreto; mas lamenta não ter tido então tempo para se dedicar mais intensamente à leitura dos escritores que mais o atraíam: Macedo, Alencar, Taunay dentre os beletristas nacionais; e dos estrangeiros, Eça de Queirós – que recorda em primeiro lugar – Homero, Virgílio, Cícero, Lamartine, Alexandre Dumas, Dante, Milton, Eugênio de Castro, Garrett, Herculano, Camilo, Camões,

Bocage, Júlio Verne, Schiller, Longfellow, Castelar. Leu de todos esses alguma coisa, porém pouco. Não só porque o seu tempo era tomado pelo estudo da matéria jurídica de sua especialização como por não lhe permitirem então suas condições econômicas adquirir as obras que desejava possuir. Grande parte de suas leituras foram feitas na Biblioteca Pública do Estado e na da Faculdade de Direito do Recife. "Ainda assim" – acrescenta – "escrevi alguns versos que publiquei num folheto intitulado *Raios e trevas*, em 1911".

Tendo insistido sempre em ler apenas "romances de homens honestos", José Augusto Lisboa, nascido em 1879 no Ceará, informa ter preferido, quando moço, dentre os romancistas, Alencar e Escrich e, dentre os poetas, Castro Alves, Gonçalves Dias, Casimiro, Guerra Junqueiro.

José de Alencar, Macedo, Escrich, Cervantes, Gonçalves Dias, Artur e Aluísio Azevedo, Afonso Celso foram as leituras preferidas, na mocidade, por José Bezerra de Brito, nascido em 1878 no Ceará.

Antônio Pires da Fonseca, nascido em 1870, no Maranhão, informa que sua primeira leitura, fora dos livros escolares, foi "o célebre livro *Carlos Magno e os doze pares de França*". Rapaz, leu vários romances, recordando-se principalmente de *A moreninha*, *O mulato*, *Casa de pensão*, *O cortiço*, *O rei negro*, *O conde de Monte-Cristo*, *O cativeiro* e *Memórias de um médico*.

O também maranhense José Frazão Milanez, nascido em 1886, informa das suas primeiras leituras, fora dos livros escolares, que foram de romances nacionais e de traduções de romances franceses. Dentre os nacionais, Alencar, Bernardo Guimarães, Aluísio Azevedo. Dos traduzidos do francês, Júlio Verne foi o mais lido pelo adolescente. Já rapaz, seus beletristas prediletos foram Zola e Anatole France; e lembra-se do furor que fez no Brasil a tradução de *Quo vadis?* Os poetas de sua melhor estima de moço foram Bilac, Gonçalves de Magalhães, Castro Alves.

Nascido em 1887 no Recife, onde tornou-se caixeiro do armarinho Esperança, de Pedro Antunes, depois de ter desejado em vão ser militar, sob o estímulo de um retrato do brigadeiro José Joaquim Coelho, muito bonito e todo fardado, que havia numa casa vizinha à sua, Sebastião de Sousa Gomes depõe: "sempre me conheci jacobino". Daí não se ter sentido atraído nem por Paris nem pela Inglaterra, nem pela Igreja de

Roma nem pelo positivismo francês, embora confesse transigência de sua parte com as modas inglesas de roupa de homem. Em literatura, foi também, quando moço, "jacobino", concentrando sua admiração "nos romances de José de Alencar e nos versos de Gonçalves Dias".

José de Alencar – sempre José de Alencar –, Gonçalves de Magalhães, Gonçalves Dias, Castro Alves, Luís Guimarães foram os autores da predileção do também um tanto jacobino, nas suas leituras de moço, José da Silva Pereira, nascido no Ceará em 1880. Suas primeiras leituras, fora da escola, foram *Carlos Magno* e *Maria Borralheira*.

Da. Ângela Correia de Melo, nascida em 1875 no Rio Grande do Sul, informa ter, quando menina, em Santana do Livramento, aprendido de cor *Os Lusíadas*. Lembra-se de ter lido *As farpas*, de Ramalho Ortigão, "cuja leitura achava insípida", preferindo a dos livros de Herculano. As suas leituras, escreve, em depoimento interessantíssimo, que foram "sem sistema e sem método". Assim misturou os livros de "Jorge Ohnet, Taunay, Machado de Assis, Alexandre Dumas Filho e Alexandre Dumas pai, Ponson du Terrail [*Rocambole*]". Os poetas de sua preferência de moça foram Gonçalves Dias, Casimiro de Abreu, Victor Hugo, D'Annunzio.

"Li todos o livros de Júlio Verne e depois os de Samuel Smiles", informa José Antônio da Silveira, nascido em Pernambuco em 1884. Atribui a Verne e Smiles "muita influência na plasmação do meu caráter". Também "gostava muito de poesias, como ainda hoje [1940] – Maciel Monteiro e Castro Alves tiveram o meu culto. Depois muitos outros, inclusive os locais, como Mendes Martins e Manuel Duarte etc."

Adolfo Ferreira da Costa, nascido também em Pernambuco em 1879 e que foi um dos homens mais valentes no Recife do seu tempo, confessa ter tido preferência, quando rapaz, pelos versos de Casimiro de Abreu e Gonçalves Dias; e não apenas pelos de Castro Alves.

Manuel de Lemos, paraibano nascido em 1877, informa que suas leituras prediletas sempre foram as dos poetas matutos como Manuel Riachão, Silvestre Rodrigues e outros. A propósito do que, lembra a sua Pasárgada, aprendida com um desses poetas em 1892, quando a poesia 'Minha terra' foi publicada no jornal *A Verdade*, de Areia:

> *"Dizem que existe um país*
> *Tão fértil e tão singular*

Que para a gente ser feliz
Não precisa trabalhar.

Desejo que brevemente
No brasileiro país
Como essa feliz gente
Venha o povo a ser feliz."

(João Rodrigues) Coriolano de Medeiros, também nascido na Paraíba em 1875, informa ter lido quando adolescente Ponson, Dumas, Hugo, que fizeram então suas delícias. Dos portugueses: Herculano, Camilo, Júlio Dinis, Guerra Junqueiro, Tomás Ribeiro. Mas "o primeiro romance que li foi *Os filhos do capitão Grant*, de Júlio Verne, e conheci todas as obras deste autor publicadas pela Casa Corazzi". Estudante de preparatórios, conheceu Balzac, Flaubert, Zola. Dos nacionais, Macedo, Alencar, Almeida, Pompeia, Aluísio. Dentre os poetas, Casimiro, Castro Alves, Álvares de Azevedo. Deste acrescenta que sua "*Uma noite na taverna* estragou uma geração de estudantes paraibanos".

Das próprias brasileiras da época várias foram, na adolescência, leitoras de Júlio Verne. Uma delas, Da. Maria Tomásia Ferreira Cascão (nascida Soares Brandão), nascida em Pernambuco em 1875, que confessa ter, antes de se afeiçoar a José de Alencar, Macedo, Ponson du Terrail, lido Júlio Verne. Também Alexandre Dumas. Dos poetas, leu de preferência, quando moça, Camões, Castro Alves, Casimiro; e dentre os da terra, Gervásio Fioravante. Também se recorda bem do poema português 'D. Jaime'. Foi um poema – note-se de passagem – de cuja leitura resultou vários brasileiros nascidos por volta de 1890 terem sido batizados com o romântico nome de Jaime. Entre eles, Jaime Castelo Branco de Albuquerque Coimbra, filho de Estácio de Albuquerque Coimbra e da sua mulher, Da. Joana Marinho Castelo Branco (Dondon do Morim). Estácio sabia de cor, de 'D. Jaime', vários trechos que já homem de idade provecta se deliciava romanticamente em recitar para os íntimos.

Aureliano Leite, nascido em 1887 em Minas Gerais, mas formado em São Paulo, depõe sobre suas preferências de leituras literárias, quando moço: Eça, Camilo, Zola, Balzac, Machado de Assis, Alencar, Victor Hugo, dentre os prosadores; Camões, Bocage, Junqueiro, Gonçalves Dias, Castro Alves, Bilac, Raimundo Correia, dentre os poetas. Também Carlos de Laet, Ramalho, Sílvio Romero, Araripe Júnior, Euclides da Cunha, Tobias Barreto, João Ribeiro.

(José Maria) Moreira Guimarães, nascido em Sergipe em 1864 e formado, ainda na "antiga corte", pelas Escolas Militar e Superior de Guerra, informa ter lido quando adolescente "romances ingleses" ao mesmo tempo que Darwin, Haeckel, Spencer, Comte. Mais tarde veio a ler toda a obra de Walter Scott; e também Júlio Verne, Victor Hugo, Dumas, Goethe, Zola, Alencar, *A carne*, de Júlio Ribeiro, Tobias Barreto, Castro Alves. Nos folhetins literários dos jornais, França Júnior e Artur Azevedo; e ainda nos jornais, as crônicas de Ferreira de Araújo e José do Patrocínio.

Informa Da. Maria Teodora dos Santos, nascida em 1878 em Pernambuco que, depois dos livros escolares de Felisberto de Carvalho, como era "doida por livros de história" e pelos próprios "contos da carochinha", leu muita história e muito conto; e gostou tanto dos romances de José de Alencar quanto das poesias de Casimiro de Abreu.

Alberto Carneiro de Mendonça, nascido em 1870 em Minas Gerais, informa ter lido "tudo", quando moço: Camões, Dumas, Castro Alves. Rapaz dos seus 18 anos, conheceu Olavo Bilac. Bilac – depõe Alberto Carneiro de Mendonça – quando moço, "não tinha dentes; só quando foi importante, pôs dentadura. Um cunhado de Bilac suicidou-se no dia seguinte ao seu casamento. Dizia-se que foi porque o pai de Bilac fora incestuoso. Uma vez Bilac insultou Raul Pompeia chamando-o de onanista porque era este muito retraído. Então Pompeia retrucou chamando Bilac de incestuoso, por causa do escândalo do casamento da sua irmã." Mexerico literário de uma época que foi fértil nessa espécie de escândalos e de boatos em torno de escritores, talvez por serem então os homens de letras figuras de importância máxima: tanto que os provincianos não voltavam satisfeitos da corte ou da capital federal sem terem visto, além do Pão de Açúcar, do Corcovado, do imperador, do presidente da República, do barão do Rio Branco, os intelectuais famosos da época: Machado, Taunay, Bilac, Aluísio e Artur Azevedo, Alberto de Oliveira, Coelho Neto, Joaquim Nabuco, Rui Barbosa, Euclides da Cunha, Sílvio Romero.

(Antônio Carlos) Pacheco e Silva, nascido em São Paulo em 1898, informa ter, ainda aluno de colégio, lido José de Alencar em aulas de análise lógica e gramatical. Mas sua "formação espiritual de profissional" obedeceria "sobretudo a orientação francesa". E pormenoriza: "Viajando frequentemente para a Europa, tendo muitos parentes residindo em Paris, estive em colégios franceses; mais tarde na França, fiz vários cursos de especialização [médica] e frequentei hospitais em Paris, ficando com o meu espírito fortemente impregnado pela cultura gaulesa, tanto geral como especializada". Dos romancistas em língua portuguesa de sua predileção de moço, recorda-se de Camilo, Eça, Machado, Alencar, Coelho Neto. Dos poetas, Bilac, Raimundo Correia, Vicente de Carvalho.

Eurico de Sousa Leão, nascido em Pernambuco em 1889, escreve em seu depoimento terem sido autores preferidos pela sua adolescência: dentre os brasileiros, Joaquim Nabuco; dentre os franceses, Zola, Hugo, Maupassant, Daudet. "As leituras francesas" – depõe – "predominavam nos rapazes da minha geração; raros se dedicavam aos autores ingleses, americanos e alemães". Estranhíssimo que tenha escapado à sedução de Eça, na língua portuguesa, e à de Anatole na francesa.

De Cássio Barbosa de Resende, nascido em Minas Gerais em 1879, é a informação de ter lido, quando moço, "muitos romances", entre os quais *O tronco do ipê*, *A moreninha*, *O moço louro*, a *Tempestade* – este de Coelho Neto. De romances estrangeiros, recorda-se de ter lido então *Os miseráveis*. Dos poetas, os preferidos da sua mocidade foram Casimiro, Fagundes Varela, Castro Alves, Calasãs, Álvares de Azevedo, Gonçalves Dias. Depõe lealmente: "Li o *Inferno*, de Dante, em tradução portuguesa, mas confesso que não me causou a impressão que eu esperava. Li também *Os Lusíadas*, de Camões, mas me pareceram versos monótonos. Entretanto, o *Jocelyn*, de Lamartine, suscitou no meu espírito emoções tão vivas que nunca mais as esqueci".

Eduardo Jacobina, nascido também em 1879, mas no Rio de Janeiro, informa terem sido Júlio Verne e Walter Scott os autores preferidos pela sua adolescência. Acontece que "familiarizado com duas línguas estrangeiras, desde a tenra infância", não lhe faltaram leituras na "biblioteca paterna, rica e escolhida". Acerca do que, pormenoriza, para assombro dos meninos de épocas menos favoráveis à leitura: "Aos 13 anos, já havia lido todo o Antigo e o Novo Testamento". Mais tarde leria, entre outros autores, Guizot, Alexandre Herculano, Michelet, Oliveira Martins.

Luís Pinto de Carvalho, nascido na Bahia em 1877, foi outro que "logo cedo teve entre mãos os melhores escritores quer portugueses, franceses, ingleses e alemães, que lhe foram fornecidos escolhidamente pelo próprio pai". Infelizmente não especifica que escritores foram esses. Apenas confessa que foi primeiro entusiasta de Hugo; depois, de Zola; para "finalmente assentar suas maiores simpatias pelo espírito ateniense de Anatole France".

Já Carlos Luís de Vargas Dantas, nascido no Rio de Janeiro em 1870, não cresceu entre tais regalias. Suas leituras prediletas, quando adolescente, foram as dos livros de Júlio Verne e Paulo de Kock. Seus poetas foram Gonçalves Dias, Casimiro, Laurindo Rabelo.

De Raimundo Dias de Freitas, nascido no Piauí, em 1873, é este o depoimento acerca das suas leituras de adolescente e de rapaz: "Os romances de minha predileção eram os brasileiros: li toda a coleção de José de Alencar; vários de Machado de Assis; e de muitos outros autores. Li quase toda a coleção de Júlio Verne, Eça de Queirós e alguns de Camilo Castelo Branco [...]. Os poetas que mais me agradaram [então] foram Tobias Barreto, Castro Alves, Álvares de Azevedo, Olavo Bilac, B. Lopes e os portugueses Guerra Junqueiro e Antônio Nobre".

Da. Antônia Lins Vieira de Melo, nascida em 1879 em São Paulo mas crescida em engenho ainda patriacal do Nordeste, depõe sobre suas leituras de jovem: "Os livros de José de Alencar eram os mais conhecidos. Conheci quase todos os seus romances que eram lidos e relidos, passavam de mão em mão, viviam em permanente viagem entre os engenhos..." Dos poetas, "o mais querido era Castro Alves. Seus versos se sabiam decorados e na ponta da língua. Muitos deles eram cantados ao violão e ao piano a jeito de modinhas". Parece que Castro Alves era particularmente querido das moças que "sabiam tudo quanto o poeta criou durante sua breve existência".

De Artur (Roberto) Coelho (de Sousa), nascido na Paraíba em 1889, já se recordou o reparo de que na cidade de Itabaiana, onde viveu os seus primeiros anos, "lia-se muito pouco..." Daí, ter apenas começado a se interessar, quando adolescente, pelos "romances de Alencar". As "histórias em verso", de Francisco das Chagas, parecem ter bastado para lhe satisfazer a fome de romance, de drama, de aventura, numa irrecusável vitória – que não se limitou, então, a Itabaiana – da literatura oral sobre a escrita, em torno da imaginação e da sensibilidade de pequenos e grandes, de meninos e de adultos. Tanto que Artur Coelho confessa ter aprendido de memória "uma quantidade enorme de sonetos e poemas".

Nascido também na Paraíba – no alto sertão, até – em 1882, Antônio da Rocha Barreto informa ter crescido entre "sessões festivas, passeatas cívicas, música, toques de corneta" – tudo em comemoração de novo regímen político: a República. Daí ter suposto a República um "regímen feliz, de festas sucessivas". Nesse ambiente de festas, porém, parece lhe terem faltado livros. Em seu depoimento, escrito em 1940, recordaria com alguma tristeza patriótica ser "impressionante o número de analfabetos povoando os nossos campos". Suas primeiras leituras literárias foram de José de Alencar, Machado de Assis, Camilo, Eça, Flaubert, Zola. Dentre os poetas, Castro Alves e Raimundo Correia.

Da. Henriqueta Galeno, nascida no Ceará, cresceu entre as sugestões da "poesia popular", de que seu pai, Juvenal Galeno, foi um dos campeões no Brasil, e a influência dos seus mestres do liceu e depois da Faculdade de Direito do Ceará, onde se bacharelou. Suas *primeiras* leituras, fora da escola, foram as de *Robinson Crusoé* e de *Iracema*: depois a *Cabana do Pai Tomás*. Mais tarde, a literatura francesa tornou-se "a de [sua] particular preferência". Mas sem deixar de ser tocada pelo entusiasmo, de todos os brasileiros cultos da época, por Eça de Queirós. Leu também João Ribeiro, Sílvio Romero, Afrânio Peixoto, Taunay, Euclides da Cunha. E confessa que suas recreações prediletas sempre foram, ao lado dos concertos musicais e do teatro, "as sessões literárias".

Por tais depoimentos, recolhidos de brasileiros de diferentes condições e regiões, mas sempre de idade superior a 50 anos na época – de 1938 a 1950 – em que gentilmente concordaram em ser interrogados, sobre sua formação – desses depoimentos, muitos escritos, alguns, orais, ou ditados –, vê-se que, no Brasil dos últimos anos do Império e dos primeiros da República, houve, entre os alfabetizados, considerável semelhança nas preferências por escritores, destacando-se José de Alencar, dentre os nacionais, Eça de Queirós, dentre os portugueses, os Dumas e Júlio Verne, seguidos a distância por Zola e Anatole, dentre os estrangeiros que exerceram maior sedução sobre aquele público. Quanto aos poetas, os preferidos foram Castro Alves e Gonçalves Dias, dentre os nacionais já consagrados, Bilac dentre os novos, e Guerra Junqueiro, dentre os portugueses.

Época já de adiantada desintegração, em certas subáreas, do antigo regímen patriarcal de família, isto é, do seu bem estabelecido sistema, assentado em tradições vindas de velhos dias, de relações entre homens e mulheres, entre senhoras e escravas, entre adultos e párvulos, entre velhos e moços, nela começou a definir-se novo tipo de sociedade brasileira em que se entrecruzaram apegos sentimentais ao passado e entusiasmos por um futuro considerado pela gente mais moça, messiânico. Esse entusiasmo por um futuro messiânico refletiu-se de modo característico na voga, entre adolescentes e moços, dos romances de Júlio Verne, com suas fantasias em torno de possíveis desenvolvimentos técnicos de invenções já esboçadas ou definidas. Compreendeu argutamente esse estado de espírito brasileiro o editor Garnier, ao fazer traduzir aquele escritor francês, talvez responsável pelo número considerável de brasileiros que passaram a se entregar a pesquisas em torno de inventos com possibilidades maravilhosas de domínio do homem sobre o tempo e sobre o espaço, sobretudo para um país da imensidade do Brasil: balões, principalmente. Daí as atividades de José do Patrocínio, de Augusto Severo, de Santos Dumont, às quais já nos referimos e às quais voltaremos a nos referir, tão características as consideramos da época aqui evocada. De Santos Dumont se sabe que confessa, em suas memórias, a influência recebida de Júlio Verne.[52]

Mas igualmente notável foi a voga, entre os brasileiros, durante os últimos anos do século passado e os primeiros do século XX, dos romances de Alencar, nos quais a sedução sobre o leitor, não tendo sido principalmente no sentido da nostalgia de um passado nacional arriscado de comprometer-se ou desvirtuar-se sob um progresso demasiado exótico em suas formas ou reformas de vida, não deixou de atuar nesse sentido ao exaltar em valores e estilos já brasileiros de convivência, suas virtudes de autenticidade, de sinceridade, de americanidade até. Mas americanidade à moda nacional e com a exaltação e mesmo a sublimação do elemento ameríndio. Alencar atuou assim como influência contrária, sob certos aspectos, à de Júlio Verne. No mesmo sentido parece-nos justo dizer que atuaram a poesia de Gonçalves Dias, a de Fagundes Varela, mesmo a de Casimiro, os romances de Walter Scott; os dos Dumas, os de Alexandre Herculano, os de Garrett, os de Camilo, os folhetins de França Júnior, as crônicas dos Melo Morais, os estudos pioneiros de folclore de Celso de Magalhães, as notáveis apologias do Império escritas por Eduardo Prado, Afonso Arinos, Carlos de Laet e pelo Visconde de Taunay, o próprio *Por que me ufano do meu País*, de Afonso Celso, enquanto a poesia de Castro Alves, a de Tobias – muito lido, por brasileiros da época aqui considerada, como poeta –, a de Junqueiro, teriam agido a favor da mística progressiva ou messiânica, junto com os romances de Aluísio, a *Cabana do Pai Tomás* – traduzida do inglês –, certos discursos e ensaios de Joaquim Nabuco e de Rui Barbosa – alguns dos ensaios de Rui quase traduzidos do inglês –, certas páginas de Sílvio Romero, de Martins Júnior, de Euclides da Cunha, de Graça Aranha, de Inglês de Sousa, de Medeiros e Albuquerque, de Araripe Júnior.

Nem num sentido nem no outro, mas num terceiro sentido, de conciliação de extremos temperada por um ceticismo às vezes exagerado, parecem ter agido os contos, romances e pequenos ensaios de Machado de Assis, o *Minha formação* e *Um estadista do Império*, de Joaquim Nabuco, os estudos críticos de José Veríssimo e – é claro – os romances de Eça: tão lidos, de norte a sul, pela elite brasileira da época; e tão imitados por escritores novos. Aliás, pode-se em parte atribuir a preferência dos brasileiros elegantes ou semielegantes dos dias aqui evocados, pelo corte inglês de roupa de homem, à influência do Fradique, de Eça, que também parece ter sido responsável pelo uso, por alguns dos mais requintados dentre esses elegantes, de monóculo e polainas. Houve anglomania, à parte dessa influência literária; mas não há dúvida que ela a reforçou de modo indireto.

Repita-se dos últimos decênios do Império e dos primeiros da República, no Brasil, que se notabilizaram antes pelo gosto pelo teatro lírico que por outras formas de teatro. Mas sem deixar de haver apreciadores de dramas e comédias – em geral traduzidas do francês e de outras línguas ou representadas em francês. A produção genuinamente brasileira de obras teatrais não concorreu, naqueles dias, para dar realce à literatura brasileira. Mesmo assim vê-se pelos jornais da época e pelos depoimentos de sobrevivência dela, ter sido o nome de Artur Azevedo – que, além de humorista em prosa, foi autor teatral – um dos mais festejados pelos brasileiros do seu tempo. Apenas nem ele nem nenhum outro criaram obra literária para teatro que sequer se aproximasse em importância artística da de Machado de Assis, Raul Pompeia e Euclides da Cunha, em prosa de conto, romance e ensaio; da de Carlos Gomes ou Alberto Nepomuceno, em música; da de Joaquim Nabuco e Rui Barbosa, em eloquência capaz de resistir à prova da leitura a frio, sem o estímulo das sugestões do momento. Prova a que não resistiram os discursos de Silveira Martins, Júlio de Castilhos, Coelho Lisboa, Lopes Trovão, Martins Júnior, tão louvados pelos que os ouviram, quentes e vibrantes, nos últimos anos do Império e nos primeiros da República. Orador sacro que tenha se feito notar na mesma arte por altas virtudes literárias, parece não ter havido nenhum. Nenhum que tenha sido nesse período o que frei Francisco de Mont'Alverne fora no anterior. Nenhum João Caetano, no teatro.

As grandes figuras do teatro dramático, admiradas pelos brasileiros dos dias aqui relembrados, foram atores e sobretudo atrizes portuguesas; no segundo decênio da República, alguns atores e sobretudo atrizes francesas, que representaram em francês no Rio e às vezes em São Paulo, com grande repercussão da sua arte nos meios literários; alguns italianos; e Isadora Duncan, que, com suas danças de caráter dramático, deslumbrou escritores brasileiros então jovens como João do Rio, Gilberto Amado, Oswald de Andrade. A um deles – "poeta" – se refere Mr. John dos Passos, em um dos seus romances históricos, *The Big Money* (Nova Iorque, 1936), como tendo sido uma das ligações de Isadora na América do Sul. Há entretanto quem afirme ter sido esse "poeta" amado pela Duncan, um belo rapaz gaúcho, então – diz a lenda – estudante de direito e que se notabilizaria, depois, como político: Osvaldo Aranha. Interrogado por nós, pessoalmente, sobre o assunto, o escritor John dos Passos nada pôde adiantar, confessando-se ignorante de pormenores.

A representação teatral de dramas por artistas admirados prolongou-se às vezes em influência social desses artistas no meio brasileiro. O pesquisador dos arquivos imperiais Guilherme Auler documentou há pouco, em artigo na *Tribuna de Petrópolis*,[53] e confirmando sugestão já feita pelo crítico Raimundo Magalhães Júnior, o que foi a influência deixada no Brasil, nos fins do século XIX, pela representação de *O anjo da meia-noite,* "grande sucesso da atriz Lucília Simões". Houve quem se deslumbrasse de tal modo com os espetáculos de Lucília no Teatro São Luís, que batizou com o nome de *Ao anjo da meia-noite* um armarinho, em Petrópolis, que em 1880 se anunciava como a "única casa que vende barato [...] brinquedos, perfumarias, objetos de escritório, cera, rapé, chapéus de sol, roupas feitas, cestas de vime", além de "fazendas de sedas, lãs, linho e algodão, chapéus para senhoras e crianças, artigos de fantasia etc." Esse negociante, entusiasta de literatura teatral, foi João José Dias; o pesquisador Guilherme Auler apurou que era ele português de nascimento e ter sido logo alcunhado de "Anjo da Meia-Noite". Já lembramos que vários produtos industriais brasileiros, feitos com matéria-prima indígena, tomaram nomes de personagens de romances de Alencar. *A moreninha* popularizou-se sob várias formas. E foram numerosas as crianças nascidas no período aqui considerado cujos nomes de batismo foram os de heróis de romances e contos: inclusive Helena, por inspiração do romance de Machado de Assis.

Que impressão fez a literatura da época aqui evocada sobre essa posteridade por antecipação que são os estrangeiros? É o que, concluindo este capítulo, procuraremos ver, à base do pouco que então escreveram sobre o assunto estrangeiros ilustres ou idôneos, homens de letras ou de ciência ou de algum saber, que visitaram o Brasil; e dos quais um, Guglielmo Ferrero, muito deixou-se encantar pelo romance recém-publicado de Graça Aranha, *Canaã*. Tanto que concordou em escrever o prefácio para a tradução inglesa dessa obra brasileira, tão característica do mil e novecentos nacional.

"Em literatura têm os brasileiros já muitas obras notáveis, mormente na poesia lírica e no romance", escrevia o alemão Maurício Lamberg em 1896, num dos melhores livros de autor europeu sobre o Brasil do fim do século XIX. E acrescentava: "Na primeira deve-se citar entre outros aqui afamados como o mais notável o falecido poeta Castro Alves e no segundo o José de Alencar, igualmente falecido, tendo sido algumas das melhores obras deste traduzidas ao inglês. Nos últimos tempos salientou-se um escritor por uma romance [sic] tão distinta que apareceu na Europa em diversas línguas. A romance" – "a romance" é como vem na tradução portuguesa do livro alemão, feita por Luís de Castro – "chama-se *Inocência* e o seu autor é o brasileiro visconde de Tonnay [*sic*], descendente de uma família nobre francesa, cujos membros, em parte eruditos, em parte artistas distintíssimos, emigraram para o Brasil no princípio deste século". Caracterizava o alemão a literatura brasileira: "A literatura brasileira move-se com muita habilidade e às vezes com elegância nos altos coturnos do chiste e da fantasia".

Os exemplos por ele citados de escritores brasileiros são vários: os dois Azevedos – Artur, autor de "pequenos dramas e comédias" – e Aluísio, romancista da escola naturalista; Valentim Magalhães; Coelho Neto; Sílvio Romero, "discípulo do homem mais ilustrado e mais talentoso do Brasil, o professor de direito Tobias Barreto". E sem mencionar Machado de Assis nem Rui Barbosa, destaca jornalistas que lhe pareceram intelectuais de valor e de significação nacional, depois de salientar serem muitos, no Brasil por ele retratado, os eruditos, cultores de estudos históricos: "mas uma obra realmente clássica nesse gênero ainda até hoje não apareceu". O que revela de sua parte evidente desprezo pelos trabalhos de ilustre brasileiro de origem alemã: Varnhagen, visconde de Porto Seguro. Entre os jornalistas, inclui intelectuais que já eram escritores: Joaquim Nabuco, que cita ao lado de Afonso Celso Júnior; e Carlos de Laet, que de algum modo contrapõe a José do Patrocínio; um, "monarquista convicto", escrevendo em "linguagem nobre e escolhida", "semelhante ao diamante"; outro, "homem de cor", "sempre apaixonado" embora "engenhoso", e parecendo exprimir-se através de "um fogo de artifício que cega". Elogia Ferreira de Araújo, Pederneiras, Quintino Bocaiuva. De José Carlos Rodrigues já vimos sua opinião: a de que devia ser "um vulto", já pelos "muitos inimigos" que tinha – "o que conforme o provérbio alemão mostra grande superioridade de qualidades" –, já pelo fato de dirigir um jornal como o *Jornal do Commercio*, que podia "alinhar-se aos primeiros jornais do mundo civilizado".

Em sua edição de 1879 (Boston), de *Brazil and the Brazilians*, já insinuara o rev. James C. Fletcher vir-se tornando a literatura brasileira, produzida em parte por mestiços, a principal na língua portuguesa: "*The only recent Portuguese writer who excels those of Brazil*" – escrevera então com algum exagero o clérigo anglo-americano – "*was the late Alexander Herculano of Lisbon. As a prose writer the late Torres Homem, a Brazilian statesman tinged with as much African blood as coursed in the veins of Alexander Dumas, was by the admission of literary men at Rio their first prose writer*".[54] Este progresso literário do Brasil dentro da língua portuguesa atestavam-no os estudos críticos da nova literatura pelo cônego Pinheiro e pelo europeu Wolf. E Fletcher não deixava de destacar o muito que representava para a cultura nacional brasileira o fato de já ter produzido um homem de ciência do valor de José Bonifácio de Andrada, superior a quem nunca houvera nenhum português em Portugal: tanto que os portugueses o haviam tomado de empréstimo ao Brasil para sua Universidade de Coimbra.

Outros escritores brasileiros pareciam a Fletcher, em 1879, dignos de atenção. Otaviano, por exemplo, pela elegância da sua prosa. Alencar, que revelara bom gosto e visão larga, lidando com assuntos indígenas. O visconde de Porto Seguro e Pereira da Silva, pela abundância dos seus estudos históricos. E mais os já então "bem conhecidos literatos do Rio de Janeiro", Porto Alegre, Macedo, Norberto e Assis.[55]

Era porém na poesia que o Brasil se avantajava já a Portugal, com Magalhães, Gonçalves Dias, Azevedo, Junqueira Freire, Castro Alves e Varela, devendo-se notar que, nos últimos anos – lembrava Fletcher –, D. Pedro II, pelo exemplo do seu interesse por poetas ingleses e anglo-americanos, vinha inflenciando a mocidade brasileira no sentido de estudar tais poetas. Já existiam "excelentes traduções" de Longfellow e Whittier pelo próprio D. Pedro, pelo barão de Japurá, por Pedro Luís e por "Bittencourt S. Paio [sic]".[56]

Da língua portuguesa, contra a qual havia da parte de estrangeiros considerável "preconceito", mas que vinha se enriquecendo, no Brasil, com uma literatura sob alguns aspectos já superior à europeia na mesma língua, era preciso que se destacasse – pensava Fletcher – que nada tinha de desprezível. Era, ao contrário, pelos seus clássicos, digna de estima e de estudo por parte de europeus e anglo-americanos, sendo, dentre as modernas, a mais próxima da latina e avantajando-se em alguns pontos às suas irmãs neolatinas. Conservava a gravidade do materno latim, à qual acrescentara a flexibilidade e a doçura do italiano, sem ser prejudicada pelas asperezas guturais do espanhol. Nessa língua – a portuguesa – é que havia a possibilidade dos brasileiros criarem, se para tanto revelassem possuir gênio e poder de concentração de esforço, uma literatura capaz de atrair um dia o respeito ou a admiração mundial. Não obstante a ignorância da parte de *litterati* europeus e anglo-americanos com relação à língua de Portugal e do Brasil, era língua viva em todas as regiões onde os portugueses haviam fundado estabelecimentos: não só no Brasil como em ilhas do Atlântico, na África, na Índia, da Guiné ao Cabo da Boa Esperança e do Cabo da Boa Esperança ao Mar da China, estendendo-se às ilhas do Arquipélago Malaio. "Como seria interessante" – exclamava Fletcher em 1879, cheio de entusiasmo pelas possibilidades literárias de um Brasil cujo futuro lhe parecia de algum modo imperial – "ver-se a luz e a verdade irradiar do Brasil [através da língua portuguesa] a cada uma dessas distantes regiões!" Antes, entretanto, de poder se esperar que tão grande acontecimento se realizasse – "a luz e a verdade" eram para Fletcher "a luz e a verdade" cristãs, segundo o cristianismo evangélico –, as condições "morais e religiosas" do Império brasileiro deviam sofrer grandes alterações. Pois "a luz e a verdade" em que pensava Fletcher eram uma luz e uma verdade condicionadas: ele se exprimia como missionário evangélico para quem todo o progresso a esperar-se do Brasil – inclusive o literário – devia ter por base uma renovação do cristianismo romano sob a influência do anglo-saxônio, por Fletcher identificado um tanto ingenuamente com o apostólico, o verdadeiramente cristão, o anterior ao poder político da Igreja de Roma. Não lhe ocorria o risco de, operada de modo radical essa renovação, o Brasil vir a perder as virtudes romanas ou latinas que, na sua nova literatura, em particular, e na sua cultura, em geral, se revelavam essenciais à conservação da língua portuguesa e dos seus clássicos na América tropical, mesmo quando expostos estes valores a novos estímulos de ambiente social, a novas situações de ordem – ou desordem – cultural e a novas influências de meio físico – o ameríndio tropical – como as que Alencar e Gonçalves Dias vinham já procurando refletir em suas obras; e que vinham também se refletindo noutras expressões brasileiras de cultura – na música, por exemplo – sob formas ou combinações nitidamente indo-latinas, quando não afro – além de indo-latinas, de arte e de vida.

Já no fim do período de transição cultural ao mesmo tempo que social considerado neste ensaio, outro anglo-saxão fixaria seu olhar crítico na situação literária do Brasil, para concluir aplicar-se menos ao mesmo Brasil que a outras partes da América o reparo de serem todas as literaturas americanas ramos das matérias europeias – a inglesa, a espanhola, a portuguesa, a francesa –, *"because this country has so largely developed a series of writers who take native Brazilian life for their theme"*, escrevia em 1917 o geógrafo cultural L. E. Elliott, F. R. G. S., no seu *Brazil Today and Tomorrow*.[57] E mais: "[...] *I know no other South American country where literature is so emancipated, not from French style so much as from European subject matter"*. A propósito do que salientava escritores dentre os mais lidos pelos brasileiros no período aqui considerado: Taunay, Gonçalves Dias, Alencar, Machado de Assis, Coelho Neto, Aluísio Azevedo, Macedo, Olavo Bilac, João do Rio, Euclides da Cunha. E também Xavier Marques, Rodolfo Teófilo, Lindolfo Rocha, Afrânio Peixoto; e, ainda, Júlia Lopes de Almeida, José Veríssimo, Rui Barbosa, Alberto de Oliveira, destacando na maior parte deles – no próprio Machado – o fato de terem deixado, ou virem deixando, nos seus escritos literários, *"records of Brazilian life"*.

Desses *"records of Brazilian life"* é justo salientar-se que, na época evocada neste ensaio, tiveram significação ou importância social e intelectual, além da pitoresca ou da histórica, para considerável número de brasileiros cultos. Eram já esses brasileiros homens empenhados em se manifestarem, ou se reconhecerem, sob vários aspectos do seu comportamento, extraeuropeus. Sentimento ou empenho que teria expressão épica, no começo do século XX, nas vigorosas páginas de *Os sertões*, de Euclides da Cunha e em alguns dos escritos de Sílvio Romero, Simões Lopes Neto e de Lima Barreto. O que não aconteceu com outros que, mesmo ostensivamente mestiços no seu físico, continuaram – o caso de Coelho Neto, para não nos referirmos a B. Lopes – subeuropeus em seu modo de ser escritores ou em sua maneira de apreciar ou sentir literatura. No íntimo, consideravam-se de modo demasiadamente literal – como viria a revelar um deles, em gritos comovedores, numa reunião tumultuosa de literatos – "helenos"; ou "arianos"; ou "latinos" da América.

O fato de ter sido o período aqui considerado, enobrecido pela presença, nas letras nacionais, de vários filólogos ilustres, alguns deles puristas intransigentes, talvez se ligue em parte a esse sentimento de helenidade, latinidade ou arianidade que não deixou de ter, com relação à língua literária e a outros aspectos do comportamento intelectual dos brasileiros, vantagens evidentes, no sentido de preservar essa língua e esses outros aspectos de comportamento intelectual, de deturpações grosseiras, que se apresentassem disfarçadas em reivindicações nativistas, nacionalistas, caboclistas, quando não significavam senão tentativas da parte de gente simplista e até de jovens ignorantes, sem gênio ou espírito que neles suprisse a falta de saber ou de estudo, no sentido de substituírem todo esforço intelectual pela improvisação ou pela inspiração. Improvisação cujos excessos foram lamentados, nos intelectuais brasileiros, por europeus que visitaram o País no fim do Império e no começo da República.

Teve, entretanto, o purismo da parte de classicistas, em geral, e, em particular, em antropologia e nas ciências sociais, da parte de arianistas, exageros que chegaram a ser ridículos. O purismo dos primeiros por vezes se manifestou em numerosas e ardentes contendas em torno de questões bizantinas de língua ou de linguagem. O dos outros, em atitudes subeuropeias no trato de problemas de mestiçagem; ou com relação à presença do africano na composição étnica do povo brasileiro. O próprio trabalho de Rui Barbosa, em torno da redação do Código Civil, foi prejudicado por tais excessos. Prejudicados também por eles, no setor da antropologia, foram os estudos, aliás notáveis, de Nina Rodrigues sobre o negro africano no Brasil. Haviam de passar se ainda anos, antes de restabelecer-se nesses estudos, ou atividades, saudável equilíbrio entre o culto da tradição clássica – greco-romana, europeia, portuguesa – e da herança "ariana" na raça e na cultura do Brasil, por um lado, e por outro, a coragem de reconhecerem os brasileiros a necessidade de aceitarem se não como valores, como traços inevitavelmente nacionais, os trazidos para a sua formação pela presença na parte lusitana da América, de elementos étnicos e culturais africanos, além dos por vezes romantizados ou exaltados ameríndios: até Roquette-Pinto, mal estudado por brasileiros, embora não sejam desprezíveis os ensaios que lhes consagraram Gonçalves Dias e Couto de Magalhães. Na época aqui considerada foram pioneiros de um movimento no sentido de reconhecer-se a importância dessa presença e o valor desses elementos, Sílvio Romero e João Ribeiro, ainda no fim do século XIX; J. B. de Lacerda e Roquette-Pinto, no começo do século XX, retomando, aliás, Roquette antigas ideias de José Bonifácio.

Ainda que o período aqui considerado viesse a terminar com Rui Barbosa exclamando dos brasileiros serem descendentes não de guaranis, mas de latinos, dando assim relevo absoluto à herança "ariana" do Brasil, e com um jovem mestiço fluminense, Oliveira Viana, preparando-se para desenvolver, numa série de obras notáveis de sociologia, de história, e contra as tendências de outros então também jovens intelectuais como o professor Gilberto Amado, teses "arianistas" aplicadas à formação da gente brasileira, é exato que a melhor atenção dos mais idôneos observadores estrangeiros, voltada então para o nosso país, fixou-se menos naquelas exclamações eloquentes e nessa brilhante defesa de teses, que na verdadeira situação étnica e cultural do Brasil: inclusive em aspectos de tal situação registrados em obras de escritores realistas ou objetivos. Obras como algumas das de Sílvio Romero; como *O mulato*, de Aluísio Azevedo; como *A pesca na Amazônia*, de José Veríssimo; como os contos amazônicos de Inglês de Sousa; como alguns dos estudos de Alberto Torres; como os estudos de J. B. de Lacerda e Roquette-Pinto. O geógrafo Elliott, no seu já citado livro, foi a trabalhos literários e parassociológicos desse sabor que atribuiu maior importância, por haver encontrado neles a expressão do Brasil por assim dizer mais brasileiro: mais autêntico. Por ter sido este o seu critério é que dedicou páginas inteiras ao resumo de ideias já desenvolvidas por Sílvio Romero no sentido da valorização do concurso negro-africano, ao lado do ameríndio, para a civilização brasileira. Uma civilização que por vir sendo predominantemente europeia, não deixava de representar o esforço de elementos extraeuropeus. Theodore Roosevelt teve atitude semelhante à de Elliot para com o valor dos mesmos elementos; e o próprio Bryce admitiu a importância deles no desenvolvimento brasileiro. Inclusive no desenvolvimento de uma literatura merecedora de alguma atenção europeia; e na qual brilhavam, naqueles dias, negroides como Tobias e como Machado e até pretos retintos como Cruz e Sousa. Bryce, referindo-se ao Brasil que conheceu no começo do século XX, escreveu ter encontrado entre os brasileiros maior carinho pela sua tradição literária nacional que entre as nações da América espanhola por idênticas tradições nacionais.[58]

É que nos brasileiros se notava, segundo esse observador britânico, "ágil suscetibilidade às ideias semelhante à dos franceses e à dos russos". A despeito disso, "não haviam feito até aqueles dias nenhuma grande contribuição à ciência, nem no campo da pesquisa física nem no da economia ou no da filologia ou no da história". Encontravam-se, porém, na então ainda jovem república brasileira, "oradores admiráveis, advogados engenhosos e sutis, políticos astutos"; também administradores cujos dons eram "demonstrados por triunfos como a extinção da febre amarela no Rio e em Santos". Além do que, era comum o que chamou de amor às *"polite letters"* entre a gente da classe alta; o poder de escrever bons versos, de modo nenhum se apresentava raro, retendo os brasileiros na sua língua as qualidades que Camões fixara em *Os Lusíadas*, poema que, a seu ver, vinha contribuindo para manter entre os luso-americanos o "gosto" e o "talento" literários.[59]

Aliás, talvez se pudesse alegar contra a afirmativa de Bryce quanto à nenhuma contribuição do Brasil para algumas das ciências por ele especificadas – a economia, a filologia, a história – que, na época da visita do historiador inglês à América do Sul, economistas brasileiros acabavam de enriquecer a ciência econômica com a técnica da "valorização"; que em filologia já se escrevera no Brasil o *Dicionário*, de Morais; que, em pesquisa histórica, Varnhagen já produzira sua *História do Brasil*, Sílvio Romero, sua *História da literatura brasileira* e Martins Júnior, sua *História do direito nacional*; que em literatura histórica, duas obras magistrais haviam sido já publicadas no Rio de Janeiro: *D. João VI no Brasil*, de Oliveira Lima – elogiada por críticos ingleses em especialidade que não era a de Bryce – e *Um estadista do Império*, de Joaquim Nabuco. Obras dignas de ser comparadas às melhores que, em literatura histórica, desde o fim do século XIX vinham sendo publicadas na Europa e nos Estados Unidos em francês, em inglês e em alemão: inclusive as do próprio James Bryce. Se no Brasil, "como em outras partes da América", notou o diplomata e historiador inglês, de homens *"of undoubted talent"*, serem *"often beguiled by phrases, and seem to prefer words to facts"*[60] – referência talvez a Rui Barbosa, desde Haia conhecido um tanto injustamente entre diplomatas e jornalistas europeus especializados em assuntos sul-americanos por "Doutor Verbosa" –, a verdade é que muitos eram então os intelectuais brasileiros, no trato dos quais sua impressão teria sido a de indivíduos agudamente objetivos e antirretóricos no seu modo de ser homens de letras: João Ribeiro, José Veríssimo, Capistrano de Abreu, Tristão de Araripe, Carlos de Laet, Inglês de Sousa, Medeiros e Albuquerque, João do Rio, Mário de Alencar, além dos já referidos Joaquim Nabuco, Oliveira Lima e Sílvio Romero; e de escritoras como Cármen Dolores e Júlia Lopes de Almeida, em quem a sensibilidade feminina não matava o espírito crítico.

García Merou foi principalmente o Brasil literário dessa época que retratou no seu *El Brasil intelectual*, destacando a figura do mestiço

Tobias Barreto. Henri Turot, foi um dos aspectos da situação brasileira a que dedicou melhores páginas no seu *En Amérique Latine*,[61] não tendo hesitado em magoar ou escandalizar latino-americanos de outras áreas ao salientar: *"Le Brésil est considéré comme le seul pays latino-américain qui possède une littérature"*. O que ao seu ver se devia atribuir ao fato de que *"au sein d'une société organisée, jouissant d'une entière liberté de parole, les lettres purent s'épanouir et briller à loisir..."*[62] Essas letras não vinham se desenvolvendo à inteira revelia da sociedade: daí ter o francês notado em mais de uma cidade brasileira, monumentos a artistas, poetas, oradores, ao lado dos dedicados a políticos e militares. Aliás, a poesia e a oratória pareceram-lhe o forte literário dos brasileiros nos começos do século XX.

Em seu *Al Brasile*,[63] Alfonso Lomonaco já se mostrara impressionado com o fato de ser maior, no Brasil do fim do século XIX, o número de poetas que o de prosadores dignos de alguma atenção europeia. Mas sem deixar de antecipar-se em reconhecer o valor de Machado de Assis, nisto se revelando mais arguto do que Lamberg: *"[...] il più grande scrittore brasiliano dell'época attuale, poeta di scuola romantica, romanziere e novelliere delicato, como scrittore il più perfetto cesellatore di stile che noveri adesso questo paese"*.[64]

"Idéalistes épris d'intellectualité", pareceram os brasileiros de elite a Georges Clemenceau, quando aqui esteve nos começos do século XX; e idealistas e intelectuais capazes de "esforços de alta cultura" tanto quanto de "ingratos trabalhos" de ordem prática. Daí poderem se orgulhar de uma "obra grandiosa" que não se achava então senão em começo.[65] E na observação desse fato – o de vir-se desenvolvendo no Brasil um progresso material a que não faltava o acompanhamento do literário, do musical, do científico – precedeu a Clemenceau, Eugène de Robiano, que visitou o Brasil no fim da era imperial; e cujo livro, *Dix-huit mois dans l'Amérique du Sud*, apareceu em Paris em 1892. Ao atraso que notou nas artes de pintura e de escultura, observou que, no Império de Pedro II, se contrapunha o culto da música, prestigiado, aliás, pelo imperador; e também o das ciências e das letras.[66]

Foram letras que, não tendo chegado, no período em apreço, a produzir obra de repercussão imediata nos meios intelectuais mais adiantados da Europa e dos Estados Unidos, não deixaram de chegar, em alguns casos lentamente, a esses meios, através de traduções que vieram – ou viriam – a ser acolhidas com algum interesse, embora nenhuma delas com excepcional entusiasmo: o entusiasmo com que nesses meios tinham sido acolhidos os romances russos ou as páginas humorísticas de Mark Twain ou os poemas de Walt Whitman; ou mesmo a poesia de Rubén Darío. Com algum interesse foram recebidas por europeus e anglo-americanos as edições francesas e inglesas de *Inocência*, de Taunay; de *Canaã*, de Graça Aranha, de alguns contos de Machado; e, posteriormente, sucederia o mesmo com as edições francesas e inglesas de algumas das obras brasileiras aparecidas na época aqui considerada: com as traduções de alguns romances de Aluísio e de *Os sertões*, de Euclides e precedidas, aliás, pelas traduções de romances de Alencar e de poemas de Gonçalves Dias, algumas realizadas pelo inglês Burton, mas que foram obras produzidas antes da época evocada nestas páginas.

Ao mesmo tempo houve quem, precisamente na época considerada neste ensaio, escrevesse, discursasse e publicasse obras com certa coqueteria literária, em francês: Joaquim Nabuco foi um desses; outro, Oliveira Lima – talvez o primeiro homem de letras no Brasil a proferir conferências na Sorbonne; ainda outro, o visconde de Taunay. Rui Barbosa, no começo do século XX, deu-se ao luxo intelectual de receber em francês, na Academia Brasileira de Letras, o escritor Anatole France, então admiradíssimo no Brasil; mas nem em Anatole nem em qualquer outro francês esse discurso literário de Rui fez impressão profunda. Tampouco foi profunda ou duradoura a impressão das conferências literárias proferidas por Joaquim Nabuco, em inglês, em universidades dos Estados Unidos. Mesmo assim, já vimos ter um europeu da responsabilidade intelectual de Henri Turot admitido em 1908, a respeito do Brasil, que era então o único país da América Latina em que a crítica europeia, interessada em letras exóticas, podia enxergar uma literatura. O difícil para essa literatura ganhar o interesse de europeus ou anglo-americanos estava, talvez, no fato de seguirem seus escritores, com demasiada passividade, os modelos europeus se não sempre quanto aos temas, quanto aos métodos de composição ou de expressão literária. De modo que os europeus sentindo nela – no próprio Machado – gostos já conhecidos, preferiam saborear esses gostos em obras castiçamente europeias.

Os sertões foi talvez o livro brasileiro da época a oferecer aos europeus, através de virtudes literárias de estilo superiores aos defeitos, a revelação de um Brasil tropical e agreste que, tendo em seus homens alguma coisa capaz de ser compreendida pelos mesmos europeus, apresentava também no corpo e na alma desses homens a marca de um ambiente, de um mistério e de um destino extraeuropeus. O que acontecia também com alguns dos homens retratados discreta e genialmente, sem a ênfase nem a oratória de Euclides, por Machado. Retratados de maneira tão sutil que essa marca de ordinário desaparecia sob as semelhanças, por vezes excessivamente acentuadas pelo chamado "mulato inglês", dos ioiôs e das iaiás aristocráticas ou burguesas da corte de Pedro II com *gentlemen* e *ladies* da Inglaterra vitoriana. Houve tais semelhanças; e do do próprio imperador se pode com alguma verdade dizer, como já foi dito, que comportou-se às vezes no Brasil tropical como uma rainha Vitória de barbas brancas e de calças pretas; fazendo-se imitar ou acompanhar nesse seu vitorianismo por vários dos seus conselheiros e barões – um deles, o talvez a vida inteira britânica ou vitorianamente "*soul*", isto é, donzelo (virgem ou donzelo se não no corpo, no sexo do espírito) Bom Retiro. Outro vitoriano foi Zacarias. Ainda outros: o conselheiro Nabuco de Araújo e José Bento da Cunha Figueiredo (visconde de Bom Conselho).

Compreende-se assim que viesse a faltar por muito tempo o interesse do europeu ou do anglo-americano pela obra literária do maior escritor brasileiro da época aqui considerada. E que esse interesse só viesse a manifestar-se – assim mesmo, moderadamente, e apenas nos Estados Unidos – ao descobrir-se da pessoa do autor de *Brás Cubas* que tendo sido por fora, a de um "inglês" – embora não um dos "ingleses do Sr. Dantas" – e a de um aristocrata – aristocrata arredio do imperador –, fora, nas suas raízes, um mestiço e um plebeu que, através de esforço próprio e da assimilação inteligente dos mais altos valores literários, artísticos e mudanos da Europa do seu tempo, se identificara com ingleses no seu estilo literário e com aristocratas no seu modo de ver o mundo e de analisar os homens. Depois de conhecidos esses traços íntimos de Machado é que, nos Estados Unidos, se acentuaria a valorização, aliás justa, de suas qualidades de escritor: escritor considerado ali – principalmente nos meios afro-americanos – digno de apreço, pelo seu aspecto social ou sociológico; e não tanto pela sua obra de análise e interpretação da sociedade burguesa do Império brasileiro. Digno de apreço, sobretudo, pela sua condição de afro-americano, é claro que associada às suas virtudes literárias. Espécie de valorização da obra de Machado que nem ele nem nenhum dos brasileiros seus contemporâneos teriam previsto ou sequer desejado.

Notas ao Capítulo V

1. Ford, op. cit., p. 340.

2. Capítulo XIX, *"Instruction Publique"*, p. 564.

3. Veja-se a respeito dessa instituição brasileira, particularmente ligada ao sistema imperial de cultura, a *Memória histórica comemorativa do 1º centenário do Colégio de Pedro II*, pelo professor emérito do mesmo colégio Escragnolle Dória, Rio de Janeiro, 1937. "Parece-se a um ginásio real alemão", escreveu do Pedro II o alemão Lamberg, em livro publicado em português em 1896, embora negando que seus alunos deixassem o colégio com os mesmos conhecimentos das escolas alemãs, austríacas etc., da mesma categoria. Isto a despeito de a mocidade brasileira não lhe ter parecido "como inteligência e talento, de modo algum inferior à [da] Europa. Posso afirmá-lo com segurança na minha antiga qualidade de antigo professor desse colégio" (op. cit., p. 296). E sobre o futuro dos jovens diplomados por escolas secundárias e acadêmicas, acrescentava: "Os filhos das famílias abastadas e das famílias da classe média que frequentaram uma escola secundária ou academia, só raríssimas vezes se tornam negociantes ou agricultores. Procuram, quase todos, empregos públicos, quando não encontram posição vantajosa como médicos, advogados ou engenheiros práticos. Mesmo assim ocupam-se mais ou menos com política [...]. Não estando no tempo do Império o número de lugares em relação com o número de pretendentes, os que ficaram logrados retiraram-se queixosos e descontentes e foram engrossar as fileiras da oposição que afinal de contas, com exceção de alguns homens sérios e bem-intencionados, se compunha apenas daqueles cujos interesses particulares durante o passado regímen não tinham encontrado satisfação. Dessas saiu com o tempo o partido republicano e foram principalmente os seus homens de talento que, pela humilhação que continuavam a sofrer do governo, tornaram-se demagogos e procuraram espalhar por todos os modos a doutrina republicana, sem que, aliás, as autoridades pensassem em incomodá-los seriamente" (Lamberg, op. cit., p. 59). A opinião de Lamberg sobre o Colégio Pedro II coincide com a do também alemão, naturalizado brasileiro, Von Koseritz, em livro que escreveu em língua alemã, a respeito do Brasil e cuja tradução ao português foi feita pelo professor Afonso Arinos de Melo Franco, que antes de publicá-la nos enviou cópia datilografada desse seu trabalho: cópia por nós consultada no decorrer da elaboração destas notas.

4. Depoimentos orais, anotados pelo autor.

5. Lamberg, *O Brasil*, cit., p. 198.

6. Lamberg, op. cit., p. 200.

7. Lamberg, op. cit., p. 201.

8. Lamberg, op. cit., p. 201. Sobre o assunto veja-se também o recente ensaio de Ordival Cassiano Gomes, *Manuel Vitorino Pereira, médico e cirurgião*, Rio, 1957. Também *A escola tropicalista baiana*, de Antônio Caldas Coni, Bahia, 1952.

9. Lamberg, op. cit., p. 203. C. C. Andrews, no seu *Brazil, its Conditions and Prospects* (Nova Iorque, 1887), destacou o fato de no fim da era imperial a biblioteca da Faculdade de Direito de São Paulo, que ele visitou, mostrar-se arcaica com relação à literatura jurídica não só anglo--americana como inglesa: *"these great fountains of jurisprudence were represented by about half a dozen antiquated and unimportant volumes"* (p. 58). Na Biblioteca Nacional, a única edição dos *Commentaires*, de Blackstone, que encontrou, foi uma edição francesa (p. 59). Parece que a voga, no Brasil, da literatura jurídica em língua inglesa só começou, de modo nítido, com Amaro Cavalcanti – que estudou direito prático nos Estados Unidos – e com Rui Barbosa. Destaque-se da época considerada neste ensaio que uma das suas instituições características foi a "livraria francesa", como no Rio de Janeiro a Garnier e em São Paulo a Garraux. Os originais da correspondência de Rui Barbosa com Joaquim Nabuco – quando Nabuco Embaixador do Brasil em Washington – mostram que graças a Nabuco, Rui se atualizou em vários pontos com a literatura jurídica daquele país: a dos primeiros anos do século XX. Dessa correspondência foi-nos fornecida cópia em 1950 pelo então diretor da Casa de Rui Barbosa, o ilustre historiador Jacobina Lacombe.

    Carta de Joaquim Nabuco para Rui Barbosa, datada de Hamilton, Massachussets, 3 de agosto de 1908, e que consta da opulenta Seção de Manuscritos da Casa de Rui Barbosa, indica que mesmo em época tão recente como 1908 era tal o apego dos juristas brasileiros às normas jurídicas da Europa latina que Nabuco ainda se sentia obrigado a chamar a atenção do mais anglo-saxonizado (com a possível exceção de Amaro Cavalcanti) dos mestres brasileiros de direito público, para o fato de que nos Estados Unidos, como na Inglaterra, continuava a não haver códigos "no sentido que a palavra tem fora do mundo anglo-saxônio". Isto atendendo a uma encomenda de livros que Rui lhe fizera, do Rio e justificando-se de só lhe enviar "os dois chamados Códigos de Alabama e de Virgínia"; e também a compilação – que não era código – de leis de Massachusetts, das quais, entretanto, "o grande espírito" do autor de *Cartas de Inglaterra* tiraria "muita coisa que se adapte ao nosso código e dilate o campo dele muito além dos códigos civis europeus".

10. Lamberg, op. cit., p. 293-294.

11. Lamberg, op. cit., p. 294. Sobre a Faculdade de Medicina do Rio de Janeiro – sua história – veja-se *O centenário da Faculdade de Medicina do Rio de Janeiro*, de Fernando de Magalhães, Rio, 1932. Ainda sobre a da Bahia, veja-se *Memória sobre a medicina na Bahia*, de Antônio Pacífico Pereira, Bahia, 1923. O inglês Percy F. Martin, poucos anos depois do alemão Lamberg, observou da Faculdade de Medicina da Bahia que era "excelente". Mas com todo esse "saber médico" – excelente apenas como saber médico, ou abstrato, ou independente da preocupação de higiene

pública – a Bahia se conservava *"one of the most deadly fever holes on the Brazilian coast"* (Martin, op. cit., p. 203).

12. Lamberg, op. cit., p. 295.

13. Lamberg, op. cit., p. 324.

14. Lamberg, op. cit., p. 325.

15. Lamberg, op. cit., p. 12.

16. Lamberg, op. cit., p. 12.

17. Kidder e Fletcher, op. cit., p. 180.

18. Kidder e Fletcher, op. cit., p. 490.

19. Kidder e Fletcher, op. cit., p. 371.

20. Kidder e Fletcher, op. cit., p. 372.

21. *M. e Mme.* Agassiz, op. cit., p. 248. Em livro publicado em 1890, no Recife, Teotônio Freire e França Pereira criticavam o ensino brasileiro do tempo do Império que, segundo eles, sobrecarregava o preparatoriano de "francês, latim e filosofia" (*A pátria nova*, p. 72). Sobre o assunto veja-se também o *Relatório apresentado ao presidente da República* pelo Dr. João Barbalho Uchoa Cavalcanti, Rio de Janeiro, 1891. Severa crítica levantou à atitude do imperador Pedro II para com o ensino, Anfrísio Fialho, no seu livro *Processo da Monarquia brasileira*, s. d., onde, cerca de 1880, escreveu que o monarca ia "assistir aos exames da mocidade a fim de descobrir os meninos ou moços talentosos para cortar-lhes as asas [...]" (p. 113).

22. *M. e Mme.* Agassiz, op. cit., p. 249.

23. *M. e Mme.* Agassiz, op. cit., p. 247.

24. Durval Vieira de Aguiar, *Descrições práticas da Província da Bahia*, Bahia, 1888, p. 5.

25. Vieira de Aguiar, op. cit., p. 6.

26. Anselmo da Fonseca, *A escravidão, o clero e o abolicionismo*, Bahia, 1887, p. 134.

27. Fonseca, op. cit., p. 172.

28. Fonseca, op. cit., p. 173.

29. Fonseca, op. cit., p. 173-174.

30. Fonseca, op. cit., p. 174.

31. Fonseca, op. cit., p. 176. Note-se que um dos renovadores da medicina na Bahia, no sentido de sua maior objetividade científica, foi o professor Pirajá da Silva, sob alguns aspectos, continuador, no começo do século XX, da "Escola Tropicalista Baiana". Na mesma época – ou no segundo

decênio do século XX – começaram a fazer sentir sua presença outros renovadores baianos: um deles, Afrânio Peixoto.

32. Luís Rafael Vieira Souto, *O melhoramento da Cidade do Rio de Janeiro*, 1875, p. 6. Manoel de Sousa Pinto notaria no Brasil mais progressivo do começo do século XX a "variedade de fachadas" que passara a caracterizar no Rio e principalmente em São Paulo a arquitetura urbana e suburbana: *cottages*, chalés, vilas italianas, ao lado de prédios pombalinos. (*Terra moça, impressões brasileiras*, Porto, 1910, p. 344.) É interessante notar-se que de São Paulo partiria a reação a favor da arquitetura tradicionalmente luso-brasileira, pela voz de um português ilustre, ali residente há anos: Ricardo Severo.

33. Luís Rafael Vieira Souto, *O melhoramento da Cidade do Rio de Janeiro, Refutação da resposta à crítica dos trabalhos da respectiva comissão*, Rio, 1876, p. 132.

34. Vieira Souto, *O melhoramento*, cit., p. 121.

35. Vieira Souto, *O melhoramento*, cit., p. 121.

36. Vieira Souto, *O melhoramento*, cit., p. 121.

37. Castro Lopes, *Neologismos indispensáveis e barbarismos dispensáveis*, 2ª ed., Rio de Janeiro, 1909, p. XII.

38. Castro Lopes, op. cit., p. XIV.

39. Castro Lopes, op. cit., p. XXXIX.

40. Castro Lopes, op. cit., p. XL.

41. Dos "apedidos", tão salientes nos jornais brasileiros da época aqui considerada, escreveu o francês Emile Allain, em seu *Rio de Janeiro, quelques données sur la capitale et sur l'administration du Brésil*, 2ª ed., Rio de Janeiro, 1886: "*La section des réclames et des annonces est très importante dans les journaux brésiliens. Quelques-unes de ces annonces se font remarquer par leur originalité* (p. 261). *[...] ce qui distingue surtout la presse brésilienne et lui donne un caractère à part, c'est la collaboration du public, par le moyen d'une section spéciale habituellement designée sous le nom de* a pedidos (*publications demandées*) *et commune à tous les journaux, dont elle forme souvent la principale source de revenu. Chacun y peut, moyennant un prix convenu par ligne, non seulement exposer ses idées mais encore attaquer avec violence ses adversaires ou ennemis. On y voit des polémiques soutenues par des hommes connus, et d'où chacun d'eux sort amoindri dans sa dignité; des médecins vanter leur habilité aux dépens de leurs collègues; des professeurs d'écoles supérieures s'accuser réciproquement d'ignorance; des auteurs reproduire les articles élogieux que leur a valu la camaraderie de leurs confrères*" (p. 262). Continuava o observador francês: "*la loi vent que l'original de tout article qui n'émane pas de la rédaction soit signé; mais l'administration*

des journaux a tourné facilement cet obstacle, grâce à l'industrie des testas de ferro... *On appelle ainsi les gens qui font métier d'endosser la responsabilité des articles diffamants qui pourraient provoquer de la part de l'offensé des poursuites et une condamnation à quelques mois de prison. Le nombre de ceux qui exercent cette triste profession est grand à Rio de Janeiro...*" Mais: "*Dans les publications anonymes la licence ne connaî pas de limites*" (p. 263). E ainda: "*Il n'y a personne de si honorable dont un ennemi ne puisse ainsi tenir impunément la réputation par les plus viles calomnies* (p. 264). [...] *L'étranger qui, dans le but d'observer les moeurs locales, étudie les journaux se fait d'abord la plus triste idée, et souvent la plus fausse, des hommes et des choses du Brésil*" (p. 264).

Rui Barbosa reconheceu o que havia de vergonhoso para o Brasil no abuso do anonimato nas seções pagas dos jornais brasileiros: "a seção paga da anonimia, explorada comercialmente pelas empresas jornalísticas em proveito seu e satisfação a toda a espécie de fregueses, transformou a imprensa, no Brasil, em vazadouro das fezes de uma sociedade alimentada nos baixos costumes do cativeiro" ("A saburra de pasquino", *A Imprensa*, Rio de Janeiro, 17 de outubro de 1900).

Já o português Silva Pinto no seu *No Brasil* (Porto, 1879) – livro em que muito estranhou que no Brasil "o Sr. Ramalho Ortigão" fosse considerado "um mestre da língua portuguesa (perdoa--lhes, Camilo!)" – lamentara a voga, no Império brasileiro, das "ineditoriais" e das agressões, particularizando "os Ângelos Agostinis e quejandos energúmenos que alimentam o sacro fogo da estupidez, da infâmia e da cobardia da ralé brasileira com os produtos do lápis alugado" (p. 15). Apoiara-se em Augusto de Carvalho (*O Brasil*, 1876) para destacar que era vergonhoso, nos jornais brasileiros, "o estendal de abjeções e de torpezas que aí se acobertam sob os títulos Ineditoriais, Mofinas e Anônimos" (p. 146).

Atitude semelhante foi a do italiano Ferruccio Macola, que no seu *L'Europa alla conquista dell'America Latina* (Veneza, 1894) referiu-se ao assunto: "*una nota canaglia, certo Apulchro de Crastro, aveva fondato un giornale O Corsário (Il Corsario), col quale tentava ricatti ignobili, sapevca chiedere abilmente denaro, e se riceveva un rifiuto, approfittando della licenza di cui gode la stampa in Brasile, diffamava persone e famiglie*" (p. 156-157).

42. James C. Fletcher e D. P. Kidder, no seu *Brazil and the Brazilians*, cit., destacavam em 1879 do *Jornal do Commercio*: "*It has the honor of having the greatest number of advertisement of any journal in the world except the* London Times *and the* New York Herald" (p. 253).

43. L. A. Gaffre, *Visions du Brésil* (Rio de Janeiro/Paris, 1912). O padre francês observou dos negros e de sua atitude para o serviço agrário e para o trabalho doméstico: "*Beaucoup sont animés du désir d'arriver, et laissent paraître, quand l'occasion se présente, une sorte de mépris par les occupations auxquelles s'adonnaient forcement leurs pères. A je ne sais quelle demande qu'une maîtresse de maison adressait à un serviteur noir, celui-ci se refusait péremptoirement: 'Est-ce que vous me prenez pour un Italien?' La réponse est jolie. L'immigrant italien*

accomplit aujourd'hui les travaux exécutés jadis par les esclaves et l'on ne peut pas dire, d'après, cette réponse, qu'aucun parmi ceux-ci 'n'en est plus fier pour cela'" (p. 220).

44. *Jornal do Brasil*, 20 de junho de 1893. Aí Rui chamou à Faculdade de Direito do Recife "mãe intelectual de tantas gerações, cujo escol tem povoado as letras, o foro, a administração, o parlamento [...]". Elogio justo ao passado intelectual da escola. Quanto ao naqueles dias "presente", merecia a Faculdade do Recife louvores por terem sua congregação e seus estudantes tomado o partido do então professor J. J. Seabra, atingido por violência do presidente Floriano Peixoto.

45. *A literatura no Brasil*, Rio de Janeiro, 1955, vol. 1, tomo 2, p. 579.

46. *A literatura no Brasil*, cit., p. 579.

47. Ernesto Senna, *O velho comércio do Rio de Janeiro*, Rio de Janeiro/Paris, s. d., p. 29.

48. Senna, op. cit., p. 12.

49. Senna, op. cit., p. 22. Sobre o mesmo assunto veja-se Bilac, *Crítica e fantasia*, cit., que, a propósito de edições, no Brasil, informa que na época – fim do século XIX e começo do XX – elas iam de 2 mil a 2.500 exemplares.

50. Não eram só livros de literatura que Garnier publicava: também os "de utilidade prática". É o que indicam seus anúncios na imprensa brasileira do fim do século XIX. Um deles, o seguinte:

"LIVRARIA GARNIER, RUA DO OUVIDOR, Nº 71

Livros de utilidade prática

Cozinheiro nacional, *1 volume*	*3$000*
Doceiro nacional, *1 volume*	*3$000*
Jardineiro brasileiro, *de Salles, 1 volume*	*4$000*
Galinheiro brasileiro, *1 volume*	*3$000*
Cultura das abelhas, *1 volume*	*2$000*
Fabricação do queijo e manteiga, *1 volume*	*3$000*
O porco-charcuteiro nacional, *1 volume*	*3$000*
Fisiologia do amor, *de Mantegazza, 1 volume brochado*	*2$000*

(*Imprensa Fluminense*, 21 de maio de 1888.)

51. Senna, op. cit., p. 25.

52. "Santos Dumont reconhece, em seus livros, haver sofrido a influência benéfica de Júlio Verne [...] sobretudo os livros que se relacionavam com a navegação aérea como *Cinco semanas em balão* e *Robur, o conquistador*, os que ele não se cansava de ler", destaca um dos biógrafos do grande brasileiro (Henrique Dumont Villares, *Quem deu asas ao homem. Alberto Santos Dumont, sua vida e sua glória*, São Paulo, 1953, p. 43). Veja-se do próprio Santos Dumont, *Dans l'air*, Paris, 1904.

53. *Tribuna de Petrópolis*, 13 de dezembro de 1904.

54. Fletcher e Kidder, *Brazil and the Brazilians*, cit., p. 601.

55. Fletcher e Kidder, op. cit., p. 602-603.

56. Fletcher e Kidder, op. cit., p. 603.

57. Nova Iorque, 1917, p. 97-98.

58. James Bryce, *South America, Observations and Impressions*, Nova Iorque, 1913, p. 418.

59. Bryce, op. cit., p. 416.

60. Bryce, op. cit., p. 417.

61. Paris, 1908.

62. Henri Turot, *En Amérique Latine*, cit., p. 208.

63. Milão, 1889.

64. Alfonso Lomonaco, *Al Brasile*, cit., p. 343. A Alfonso Lomonaco muito irritou o desprezo, da parte do brasileiro médio e até do culto, pelo imigrante italiano, chamado nas cidades "carcamano". A propósito do que escreveu: *"L'attuale presidente del Consiglio dei ministri del Brasile, baron de Cotegipe, uomo di moralità assai dubbia e cinismo ributtante, disse in una publica seduta al Senato, parodiando la frase di Metternich e Lamartine, non riconoscere nell'Italia che la terra del cantante e delle ballerin."* (p. 429). Havia no Brasil do fim do século XIX e do começo do XX quem fosse ao extremo, evidentemente injusto, de enxergar nos muitos italianos que então vieram para o Brasil, menos os elementos bons que os maus: "os mais finos e civilizados gatunos da Europa, os narcotizadores, os anarquistas, os desordeiros, os moedeiros falsos", vilões aos quais certo nativismo da época se requintava em opor a figura, para eles heroica, do "amarelinho" cearense, retratada por um desses inimigos de italianos e apologistas, em livro publicado em 1906, sob a forma não só de herói como de mártir (Antônio Bezerra, *O Ceará e os cearenses*, Fortaleza, 1906, p. 18-43). O italiano integrado desde a meninice na vida brasileira de São Paulo só quase nos nossos dias encontraria escritor brasileiro que lhe levantasse o merecido monumento de consagração literária: o Gaetaninho, de Antônio de Alcântara Machado, equivalente, como obra literária de idealização em mito, de infância sofredora, de *O negrinho do pastoreio*, de Simões Lopes Neto. O mesmo estão a merecer o teuto-brasileiro, o polonês-brasileiro, o nipo-brasileiro, o sírio-brasileiro, o libanês-brasileiro, o israelita-brasileiro, como figuras, ou enquanto figuras de transição, das culturas maternas para a brasileira.

65. *Notes de voyage dans l'Amérique du Sud*, Paris, 1911, p. 216.

66. Eugène de Robiano, *Dix-huit mois dans l'Amérique du Sud*, cit., p. 13. Pode-se sugerir do "culto da música" que foi sempre, na vida brasileira, um corretivo artístico ou simplesmente lúdico, a

tendências para a monotonia ou para a tristeza de certos elementos da população. A esse corretivo juntou-se no começo do século XX o cinema – acompanhado de música – sem que devam ser esquecidos, ao lado do teatro lírico e do dramático, alguns esportes, quase sempre acrescentando-se a presença de bandas de música a tardes ou manhãs esportivas de maior importância. A este respeito, são interessantes os seguintes reparos, extraídos de *Impressões do Brasil do século vinte* etc., cit.: "O cinema, no Rio de Janeiro, foi uma solução para a crise de alegria que havia na cidade no fim do século XIX" (p. 136). O primeiro lugar entre esportes cabia no Brasil no começo do século XX às corridas de cavalos: "o prado de corridas com o futebol e o *rowing* em segundo lugar" (p. 136). "O prado de corridas tem um atrativo especial que é o jogo". Destacando a importância, para a alta burguesia, da estação teatral, com grandes companhias estrangeiras no Lírico e no Municipal do Rio de Janeiro (p. 139), observava-se: "[...] grande parte da população do Rio de Janeiro só se diverte aos domingos". (p. 140).

VI

A República de 89
e o Ordem Étnica

O 15 de novembro no Brasil não foi senão o periquito sociológico em relação com o papagaio: o 13 de Maio. As alterações de natureza sociológica que trouxe foram mínimas, em comparação com as já causadas pelo 13 de maio: este é que verdadeiramente comeu o milho da tradição social ou da organização econômica brasileira, provocando distúrbios sociais e sobretudo econômicos atribuídos por observadores levianos à neste particular quase inocente República. O fato é que a República de 89 desde os seus primeiros dias esforçou-se por sociologicamente continuar o regímen monárquico de ordem, dando-lhe quanto possível – é certo – nova substância; mas conservando-lhe a forma – isto é, a forma social; a configuração até certo ponto paternalista; o processo social de ser governo autoritário dentro de uma sociedade democrática na estrutura: inclusive na mobilidade entre raças, classes, culturas e populações de regiões diversas; na interpenetração das relações entre esses elementos na aparência e às vezes na realidade antagônicos; e devido a tais antagonismos, necessitados de um poder político bastante vigoroso para lhes regular ou dirigir as relações.

"Seria vão esperar de uma Constituição modelada na dos Estados Unidos, que operasse maciamente no Brasil", reparou Bryce;[1] pois sendo uma nação, criação ou filha do seu passado, esse passado é que condicionaria seu comportamento. *"A nation is the child of its own past"*, afirmou com relação ao Brasil o constitucionalista de *The American Commonwealth*: constitucionalista desdobrado em sociólogo. Pelo que em parte alguma do mundo pareceu-lhe ser mais pungente do que no Brasil republicano que conheceu em 1910 a necessidade do que chamou *"constructive statesmanship"*.[2] A arte de estadistas capazes de construir, de criar, de recombinar – em vez de simplesmente copiar ou seguir exemplos estrangeiros –, que vinha sendo, aliás, a arte dos melhores estadistas do Império: aqueles que haviam compreendido não ser o sistema monárquico parlamentar do Brasil simples imitação do britânico mas distante ou vago parente – distante e pobre – desse modelo europeu. Por conseguinte, obrigado a constantemente adaptar-se a situações extraeuropeias, diferentes sobretudo das britânicas; situações americanas e tropicais, em sua ecologia física e até certo ponto na social; situações entre arcaicamente feudais ou patriarcais, por um lado e, por outro, avançadamente modernas – mais modernas, sob certos aspectos, que as britânicas – não em sua cultura, é claro, mas em sua ecologia cultural ou no que alguns sociólogos de hoje chamariam os seus tropismos; situações predominantemente neolatinas em suas predominâncias de substância cultural; situações principalmente mestiças e, em algumas subáreas, indianoides ou negroides, em suas substâncias culturais, embora noutras subáreas, principalmente caucasoides.

O Império funcionara diante de todas essas situações novas para um sistema monárquico-parlamentar de governo como um império um tanto república; e república presidencial. Constituíra-se em simbiose liberal-patriarcal, por um lado, e por outro, em combinação autoritário-democrática. O imperador, através do seu famoso "poder moderador" – brasileirismo de ordem sociologicamente política, mais do que simplesmente jurídica, ainda à espera de uma análise idônea e de uma interpretação adequada –, moderara o poder dos patriarcas, alguns quase republicanos em seu modo de ser aristocratas, das casas-grandes patriarcais, e fora por eles moderado em suas tendências para excessos não só de autoritarismo monárquico como de liberalismo ou modernismo político, também quase republicano por vezes. Nunca, em terra americana, foi tão interessante, em seus aspectos paradoxais, o jogo político entre contrários: contrários aparentemente só políticos mas na verdade sociológicos, com aqueles patriarcas divididos por dois partidos, segundo interesses intrarregionais, nem sempre profundamente divergentes no plano nacional; e o imperador a equilibrar os choques entre eles – de uns com os outros e de todos, ou quase todos eles, como classe, com a gente miúda, com a servil, com a escrava, protegida por vezes contra os excessos dos senhores ou dos aristocratas, pela Coroa, cujas atitudes chegaram a ser paradoxalmente liberais ao mesmo tempo que suprapaternalistas.

Pois o balé político que então se dançou no Brasil foi sobretudo um balé em que se destacaram por seus passos, seus avanços, seus recuos, suas contemporizações, suas transigências, o paternalismo da Coroa e o paternalismo das casas-grandes. Este, com a Abolição, perdeu o seu nervo principal; aquele, desaparecido o Império, tornou-se apenas um fantasma político. Sociologicamente, porém – isto é, como formas –, tanto um como o outro paternalismo sobreviveram na República de 89: no presidente da República, que teve de conformar-se em continuar sob vários aspectos a ser o que o imperador fora durante a Monarquia; no Exército Nacional, que passou a desempenhar funções suprapartidárias e superiormente nacionais de conciliador e pacificador dos brasileiros divididos por ódios de partido ou antagonismos de interesses subnacionais; nos chamados coronéis cujas mãos de chefes mais que políticos do interior reuniram parte considerável da herança dos antigos barões do Império: alguns quase feudais em seu modo de ser patriarcas. Mas patriarcas por vezes aristocrática e republicanamente desdenhosos do poder imperial.

Essa atitude comunicou-se de alguns deles a filhos e genros bacharéis e doutores e, como os velhos, desdenhosos do poder Imperial por ser um poder que moderava o das casas-grandes, o dos letrados, o de doutores nem sempre atentos, na prática, ao que fosse o bem ou o interesse público – embora extremados romanticamente em liberais teóricos; e fazendo-se, por seus ideais, solidários com bacharéis, doutores, sacerdotes e militares, mestiços, vindos de grupos étnicos e socioculturais um tanto desajustados dentro da sociedade patriarcal do Império. Também desdenhosos desse poder por parecer aos mais neófilos dentre eles, um poder arcaico em terra americana. Negavam, então, ao Império, a capacidade de recuperar para o Brasil o tempo que lhes parecia vir sendo perdido pela gente brasileira, quando comparada em progresso com a anglo-americana republicana; com os próprios argentinos.

Entretanto, a defesa do Império e do imperador, neste particular, seria feita de modo veemente por intelectuais desencantados com a República, passados os dois ou três primeiros anos de expectativas messiânicas que se seguiram ao 15 de Novembro. Um desses intelectuais um provinciano de Minas Gerais, em opúsculo publicado em Juiz de Fora em 1891: *Questões políticas e sociais.* Alfredo de Paiva era o seu nome.

"Onde estão os estadistas da República?" – perguntava o desencantado. E observava: "O Sr. Pedro II, que era acusado de poder pessoal, dizia a seus ministros frases como esta: – O Sr. sabe que eu nunca fui um embaraço a nenhuma reforma desejada pela nação".[3] E de acordo com Paiva, Pedro II vivera de acordo com essas suas palavras: aceitara as reformas verdadeiramente desejadas pela nação. O que sucedera fora que "em São Paulo, no Recife, talentos aliás de elite" tinham se deixado imbuir de "leituras demagógicas", persuadindo-se de ser a Monarquia no Brasil arcaísmo imprestável, mórbido e até pútrido.[4]

Páginas como as de Paiva marcaram o começo do "remorso", estudado já, em inteligente ensaio, pelo escritor paulista Luís Martins; e que alcançaria principalmente patriarcas da aristocracia social e bacharéis da aristocracia intelectual – homens, em grande número, brancos ou apenas tocados de sangue ameríndio, considerado, quando remoto, tão nobre quanto o europeu. Porque a parte mestiça ou negroide da população, outrora escrava ou ainda servil, esta nunca se deixara seduzir pela República: aceitara-a apenas. Conformara-se com suas inovações sem perder o velho apreço pelo imperador e a veneração quase mística pela princesa Isabel, a Redentora.

É certo que havia quem escrevesse na mesma época, como o autor de outro opúsculo, este publicado em Buenos Aires em 1897, *Um Estadista da República (Joaquim Murtinho)*, que na Monarquia os cargos políticos no Brasil tinham "sucessores natos", havendo preponderância tal de certas famílias – naturalmente brancas e quase brancas – no exercício desses cargos que eles constituíam quase exclusividade de casta. Mesmo porque eram "raros os profanos que conseguiam penetrar no templo augusto das academias, sem a dispensa de graças especiais".

Exagerava-se o apologista da República, destacando-se nela uma força nova que viera democratizar o ingresso dos brasileiros nas academias e o exercício, por eles, a despeito de sua origem humilde ou de sua condição étnica, de cargos políticos de importância. Não há observador estrangeiro da situação nacional sob o Império – e no caso, o depoimento de estrangeiros parece-nos o mais idôneo, pois opinavam eles sobre o assunto em que podiam exprimir-se sem considerações ou compromissos capazes de prejudicar os juízos, a respeito de problema tão delicado, dos homens da terra – que, tendo-se fixado no estudo ou na análise do aspecto étnico-social daquela situação, tenha deixado de reconhecer o caráter democrático do Império com relação ao acesso de plebeus e mestiços não só às academias – isto é, às escolas superiores – como aos cargos políticos.

Na edição de 1879 de *Brazil and the Brazilians*, o Rev. James C. Fletcher destacava o fato, um tanto escandaloso para anglo-americanos, de, pela Constituição do Império brasileiro, a cor ou a raça não ser nem direta nem indiretamente base de direitos civis. Daí, uma vez livre o indivíduo preto ou pardo poder atingir pela energia ou pelo talento posições a que a sua raça, nos Estados Unidos, não lhe permitia chegar por maior que fosse seu talento ou sua energia ou sua virtude. Daí, no Brasil, o clérigo anglo-americano ter encontrado entre os homens mais inteligentes que pôde conhecer – homens formados em Paris e em Coimbra –, "descendentes de escravos": "*of African descent (...) whose ancestors were slaves*".[5] De modo que, já no Brasil daqueles dias, "*if a man have freedom, money and merit, no matter how black may be his skin, no place in society is refused him*". Mais: "*In the colleges, the medical, law, and theological schools, there is no distinction of color*". Havia – reconheceu o anglo-americano – certo preconceito a favor dos homens puramente brancos: mas de modo nenhum chegava a ser forte: "*by no means strong*". Páginas adiante, Fletcher insiste no assunto no fato de estarem então abertas no Brasil-Império oportunidades de ascensão ao negro ou mulato livre que lhe eram negadas na cristaníssima República, terra natal daquele clérigo: "*when freedom is once obtained, it may be said that no social hindrances, as in the United States can keep down a man of merit*". O que ele atribuía ao fato de ser o Brasil uma nação latina; e os latinos, ao contrário dos anglo-saxões, inclinarem-se a pôr o mérito acima da cor: "*merit before color*".

Outro anglo-saxão, o inglês Frank Bennett, depois de residir no Brasil durante quarenta anos, publicou em Londres, em 1914, um livro sobre o nosso país: *Forty Years in Brazil*. Aí destaca Bennett terem vários brasileiros de origem africana recebido, durante o reinado de D. Pedro II, títulos de nobreza e condecorações.[6] E que a condição desses homens de cor era, no Brasil, muito diferente da do *"people of colour"* nos Estados Unidos. A propósito de que vêm narrados no livro de Bennett dois expressivos incidentes: o do visconde de Jequitinhonha, titular do Império brasileiro, que, por ser homem de cor, fora recusado pelos hotéis dos Estados Unidos, quando em visita à ilustre República; e o de outro brasileiro de origem africana, recém-formado em medicina, com quem o próprio imperador, em baile da corte, fizera a princesa imperial dançar. Além do que, era homem de cor – refere Bennett – o barão de Cotegipe, "grande líder dos conservadores" no Império; e tão respeitado no país e no estrangeiro que, quando presidente do Conselho, *"the rate of Exchange was nearly always higher than under the administration of any other political leader"*. É Bennett quem escreve *Exchange* com E maiúsculo, revelando esse pormenor – a caracterização da *exchange* como uma espécie de deusa que só obedecesse a sumos sacerdotes de poderes quase sobrenaturais sobre as relações das finanças nacionais com a Meca de então das finanças internacionais: Londres – a importância imensa que um inglês residente no Brasil durante o fim do Império e os primeiros anos da República atribuía ao reflexo do fator moral da confiança nos homens sobre as oscilações do câmbio. E os homens de governo capazes de inspirar tal confiança aos estrangeiros podiam ser mulatos como Cotegipe, aos quais o Império entregava seus destinos como se fossem brancos de quatro costados europeus e formados em ciência econômica nos meios mais ortodoxamente londrinos. O Império não só pelos representantes das suas Províncias como pelo seu imperador; pois segundo o velho Rebouças, a Monarquia portuguesa, com relação ao Brasil, se distinguira naturais de Portugal de naturais do Brasil, a estes sempre considerara indistintamente; e se distinguira alguma vez brancos, de homens de cor, fora para combater nos brancos a prevenção contra o acidente de cor dos seus conterrâneos de origem africana. A respeito do que, Joaquim Nabuco, invocando a favor da já profunda tradição de identificação da população mestiça com a Monarquia, no Brasil, o testemunho do mesmo Antônio Pereira Rebouças, no livro *Vida parlamentar*,[7] escreveu, em *O dever dos monarquistas – Carta ao almirante Jaceguay*,[8] ter a realeza se esforçado, entre nós, "o mais que pôde, para diminuir o sentimento de superioridade de raça" da parte dos brancos. Isto em resposta ao argumento contra a continuação do regímen monárquico no Brasil levantado por Jaceguay: "Por um fenômeno que não sei se algum dia se chegará a explicar cientificamente, o sentimento dominante na raça mestiça americana é o da igualdade. Como conciliar com esse sentimento a afeição à Monarquia, que é o privilégio por excelência?"

A este argumento, o futuro embaixador da República brasileira nos Estados Unidos opôs toda aquela tradição de sentimento dinástico da parte dos seus compatriotas mestiços, já recordada pelo advogado Rebouças, ele próprio homem de cor. Além do que – reparava Nabuco – "nunca o sentimento de desigualdade das cores foi tão forte como em uma República – os Estados Unidos". Enquanto nos Estados Unidos os negros e seus descendentes formavam "uma casta inferior", na Europa monárquica "vê-se o negro em toda parte, morando nos melhores hotéis, viajando em vagões de primeira classe, sentando-se como um igual nos bancos das grandes escolas de arte ou de ciência", não se notando contra ele "um sinal de preconceito [...] na imprensa ou na literatura..." Não era ele, Nabuco, que o dizia; e sim o Rev. John Snyder, no número de outubro de 1889 de *Forum*. Ele Nabuco, porém, perguntava se nos Estados Unidos seria "acaso possível a um mulato, qualquer que fosse o seu gênio, chegar à posição, à quase realeza literária de um Alexandre Dumas em Paris". Pergunta que poderia ter formulado com igual vigor com relação à posição que acabara de ocupar no Império brasileiro um barão de Cotegipe; ou um Jequitinhonha; ou um Rebouças; ou um Torres Homem. Ou que ocupava já na literatura nacional um Machado de Assis, continuando um Gonçalves Dias.

Não há dúvida de que o 15 de Novembro, seguindo-se ao 13 de Maio, veio acentuar em brasileiros – principalmente nos de cor – até então um tanto indiferentes às suas relações com compatriotas seus superiores em situação social e com estrangeiros brancos e socialmente também bem situados, a noção do "tão bom como tão bom". Bennett descreveu que, ao proclamar-se a República, notava-se, da parte da gente mais moça, ao lado de uma espécie de confiança mística em maravilhosas transformações que resultariam da simples mudança do regímen político, um estranho sentimento igualitário: *"strange notions of equality"*.[9] Entre *"enthusiastic republicans"*, observou o inglês ter notado que falavam como se cada um deles fosse não apenas "tão bom como tão bom", porém melhor que os simplesmente bons.[10] Tampouco a abolição dos títulos de nobreza pela República lhe pareceu acabar com as "curiosas noções de igualdade" da parte de certos republicanos que, a seu ver, continuaram a se mostrar sequiosos pelos títulos de doutor a que, no Brasil, davam direito os cursos de simples bacharelado em qualquer escola superior: direito, medicina, engenharia, não sendo *"uncommon for a lawyer to be styled doctor when he has only talken his bachelor's degree"*. Não tardariam a aparecer os capitães doutores, os majores doutores, os coronéis-doutores um tanto ridicularizados por Eça de Queirós na "última carta de Fradique Mendes". Mas em vão, pois contra essa busca exagerada de títulos militares dobrados em acadêmicos, acentuada no Brasil pela República, nem cinco Eças, com todo o prestígio que viessem a desfrutar entre os brasileiros, pela extraordinária graça do seu estilo e pelo vigor também extraordinário da sua ironia, da sua sátira e do seu sarcasmo, teriam sido capazes de conseguir a menor vitória. Os próprios adeptos do positivismo que, pela ortodoxia de sua doutrina, deveriam ter sido os primeiros a dar, aos demais republicanos, o exemplo de virtuosa renúncia a toda espécie de títulos, usaram-nos, às vezes, em forma dupla, juntando o título acadêmico ao militar: capitão Dr. Alexandre José Barbosa Lima, por exemplo. *"Great is the power of these two letters (Dr) before one's name in a country that has done away with titles that savour of feudalism..."*, notou Bennett.[11]

Entretanto, convém salientar que com o prestígio adquirido no Brasil pelo Exército após a guerra com o Paraguai – prestígio que se acentuou com a participação do mesmo Exército na proclamação da República – os títulos militares tornaram-se, aos olhos da massa brasileira, mais prestigiosos que os civis. Compreende-se assim que Floriano tenha declarado as honras militares "o maior prêmio que a pátria confere aos seus benfeitores", no decreto em que anulou o de 25 de maio de 1890 concedendo a Rui Barbosa as honras de general de brigada. A iniciativa fora de Deodoro; e segundo Rui, em carta dirigida a *La Prensa*, de Buenos Aires, em novembro de 1890 e publicada em português, entre os apensos ao livro do general Honorato Caldas, *A desonra da República*, aparecido no Rio de Janeiro em 1895, a concessão daquelas honras teria sido uma "anomalia": em "grandiosa solenidade" realizada no Rio de Janeiro, logo após a proclamação da República, com todas as forças militares reunidas no "imenso Campo de São Cristóvão", Deodoro, "possuído de uma impressão que transparecia na sua palidez e na vibração de sua voz", declara "no meio do mais profundo silêncio que em reconhecimento dos serviços extraordinários" que os seus ministros civis "haviam prestado à organização da República, conferia-lhes naquela data as honras de generais de brigada". Segundo Rui fora "indizível" o seu "retraimento" sob o peso de uma distinção" a seu ver "incongruente com a natureza" dos seus "trabalhos", "a índole" das suas "ideias" e "o caráter" do seu "passado". Entretanto, acostumado a não armar-se "com troféus de batalhas" em que não entrava, "nunca me servi – para reproduzirmos suas palavras exatas de bacharel em direito tipicamente civil nos seus melindres – "desse título nem o aceitei de ninguém...". Não se compreendiam tais honras "na pessoa essencialmente civil de um homem como eu, cuja vida é, sob todos os aspectos, a negação radical da guerra". Com esses melindres excessivamente civilistas é que Rui repudiaria em 1909 a candidatura Hermes da Fonseca, conseguindo atribuir à mesma candidatura um sentido "militarista" e, ferindo essa nota, iniciar com o honesto Fonseca uma das mais injustas campanhas que já se fizeram no Brasil contra um homem público. Hermes da Fonseca seria caricaturado, em consequência dessa mistificação, num simples sargentão que só devia merecer o desprezo dos civis cultos e lúcidos: sobretudo dos bacharéis em direito aos quais devia tocar o comando político da República na sua plenitude, formando eles, sob a denominação de doutores uma aristocracia não de toga, mas de beca, que conservasse distantes desse comando os demais brasileiros. A não ser os militares que fossem também bacharéis, mesmo em matemática; os médicos, os engenheiros, os padres – também doutores ou acadêmicos.

Dos próprios bacharéis em ciências e letras notaria o padre Joseph Burnichon que, no Brasil dos primeiros anos da República, os títulos que lhes coroavam os cursos davam-lhes uma importância superior à dos "vulgares bacharéis" em letras ou em ciências, formados dos liceus franceses. Tanto que eram às vezes chamados também doutores.[12] Serviam-lhes de paraninfos, quando se titulavam, homens dentre os mais eminentes da República: Rui Barbosa por exemplo. O gosto dos brasileiros pelos títulos pareceu, de resto, ao padre Burnichon, bem latino: "*bien latin*".[13] Daí os "doutores" brasileiros lhe terem dado a impressão de "legião"; e legião também, lhe pareceram os "coronéis". Eram títulos que lhe informaram terem substituído na República os de nobreza, da Monarquia; mas com grande amplitude. O que fez o padre francês filosofar sobre a "igualdade republicana", que havendo repudiado, no Brasil, os títulos de conde, de barão, de duque, não se recusava a acomodar-se com os de "coronel", transpostos da hierarquia militar à sociedade civil; e abusava dos de doutor, estendendo-os aos bacharéis. De fato, a proporção de portadores de títulos – doutores e coronéis, sobretudo – pareceu-lhe, na ocasião de sua visita ao Brasil, maior na jovem República que nas velhas monarquias da Europa. Um exemplo: o Conselho Municipal da Bahia acabara de ser renovado, quando da passagem do sacerdote francês por Salvador em 1908. Eram 16, os novos membros, dos quais cinco qualificados coronéis e nove qualificados doutores.

Em ensaio anterior já procuramos sugerir que desde o Império os títulos acadêmicos foram no Brasil meios de ascensão social que favoreceram particularmente os moços mestiços ou de origem modesta. Eram cartas de branquidade sociológica que os foram tornando iguais aos brancos de origem fidalga: às vezes seus superiores pelo talento e pelo saber aplicado à política, à advocacia, à medicina, ao sacerdócio, à engenharia: a atividades socialmente prestigiosas.

Esse processo de valorização do homem de origem modesta ou de condição étnica socialmente inferior, pelo título acadêmico, acentuou--se com o advento da República; e não apenas através das referidas academias ou escolas superiores, como através das academias ou escolas militares. Não tanto a da Marinha como a do Exército. Embora continuando, neste ponto, a obra do Império, e não propriamente inovando na matéria, a República avivou no Brasil as oportunidades de ascensão social, particularmente política, dos mestiços e dos plebeus. Essas oportunidades, através, principalmente, da carreira ou da atividade militar, que da parte de oficiais do Exército se tornou mais vizinha da política que nos dias do Império.

Com a fundação da República, realizada a 15 de novembro menos pelos republicanos sectários que por militares conscientes do que lhes pareceu seu dever de orientadores de uma força suprapartidária a serviço da nação, em momento excepcionalmente crítico para a mesma nação, o prestígio nacional do Exército aumentou consideravelmente. Não que tivesse diminuído o dos bacharéis ou dos doutores empenhados em atividades políticas e parapolíticas: o dos militares é que cresceu. Vinha crescendo, aliás, desde a guerra chamada do Paraguai, quando já vimos, por depoimentos de sobreviventes da época, terem os heróis da áspera campanha se tornado figuras carismáticas aos olhos das crianças adolescentes do País inteiro, ao ponto de ter o culto por esses heróis concorrido – como aliás a mesma guerra através de outros dos seus aspectos – para avivar a unidade nacional, separando-a, de algum modo, da unidade monárquica.

Não que com esse prestígio político do Exército ou das Forças Armadas – prestígio vindo da Campanha do Paraguai e acentuado pela proclamação e pela consolidação da República sob a responsabilidade de militares excepcionalmente tornados políticos: sem caudilhismo nem militarismo propriamente ditos – tivesse de repente se desenvolvido nos brasileiros um brio marcial ou um gosto pela atividade militar, que não parece ter sido nunca um característico forte da nossa gente. O padre Burnichon narra em seu *Le Brésil d' aujourd'hui* ter assistido no Rio de Janeiro, em 1908, a uma parada militar, não do Exército, mas da Marinha: marinheiros nacionais vestidos de branco imaculado, ostentando uniformes ainda reluzentes das mãos das engomadeiras; e essa alvura dos trajos bem engomados contrastando com o preto ou o pardo da cor de muitos deles: *"une très forte proportion d'hommes de couleur et un bon nombre de noirs authentiques"*. Quanto aos oficiais – na Marinha de então, todos brancos, ou quase brancos; no Exército, menos ortodoxamente "arianos" que na Marinha – o francês achou-os *"sveltes, fins, la mise irréprochable"*; mas o conjunto pareceu-lhe *"un peu trop joli, peut-être"*, para ser considerado marcial.[14] O *"fanion"* levado à cabeça por um soldado do Corpo de Infantaria da Marinha, pareceu-lhe bizarro e indecifrável: *"une sorte de chapeau chinois ou de mât de cocagne, avec tout un attirail d'objets décoratifs suspendus, queues de cheval jaunes, breloques, je ne sais quoi encore"*.[15] A tendência luso-brasileira para o barroco, com alguma coisa de oriental ou de asiático, extremada numa espécie de rococó militar.

A impressão de conjunto mais elegante que marcial teria se confirmado decerto no observador francês se lhe tivesse sido dado ouvir da boca de soldados canções militares ou hinos patrióticos. A época aqui considerada foi, uma vez proclamada a República, de muito cantar de hino militar ou patriótico: inclusive um, especial, da República. Nenhum deles, porém, rigorosamente marcial na sua contextura; menos, ainda, na sua execução, a julgar pelo que se lembra dessas execuções, às vezes por bandas militares em coretos armados no meio de doces largos de igreja, outras vezes, em desfiles patrióticos pelas ruas centrais das cidades, sobreviventes dos primeiros anos da República.

Não que não houvesse desde a Monarquia, à frente das bandas militares em desfile, muito saracoteio de moleque; capoeiragem; às vezes navalhadas entre capoeiras rivais. Embora com a República o ânimo marcial, vindo da campanha paraguaia, se tivesse acentuado entre nossa gente, fixou-se menos em pura ou crua marcialidade que num entusiasmo com alguma coisa de lírico pela pátria – substituta, para alguns, da princesa Isabel; pelo Brasil representado por uma índia, pela nação, pela própria República: símbolos todos femininos em torno dos quais uma só ideia ou sentimento parecia afirmar-se: o de ternura filial por uma deusa protetora que por vezes – raros momentos, esses – precisava de ser protegida. Nesses momentos, muitos dos brasileiros seus entusiastas souberam defendê-la, às vezes com bravura e até com uma tenacidade insuspeitada neles, como se verificara no Paraguai. Mas menos como soldados propriamente ditos do que como guerreiros. Daí não ser de estranhar que, na execução de hinos marciais, pusessem menos marcialidade que lirismo, cantando alguns esses hinos como se fossem guerreiros em repouso que apenas cantassem modinhas não em louvor de alguma Maria simplesmente amada como mulher, mas de qualquer daquelas supraMarias – a pátria, a nação, a República – misticamente cheias de amor pelos seus filhos; e por eles amada, venerada e adorada – tudo a um só tempo – como supraMulheres ou supraMães.

Nos versos de um hino patriótico, com pretensões a marcial:

"Nós somos da pátria amada
Fiéis soldados, por ela amados",

sente-se a reciprocidade nesse amor: um amor com alguma coisa de lírico. Uma mariolatria transposta do altar da Igreja para o chamado altar da pátria, embora do "altar da igreja" deva-se especificar que da Igreja Católica. Entretanto, na época aqui considerada já o protestantismo fazia sentir sua presença no Brasil, sendo protestantes até engenheiros formados na Politécnica; até doutoras em medicina como a Dra. Amélia Cavalcanti. E esses, protestantes ou crentes, quando perguntados se eram "filhos de Maria" não tardariam a responder enfaticamente que não: que eram filhos ou filhas de Deus. E como filhos ou filhas de Deus, foram desenvolvendo um novo tipo de brasileiro, rival do positivista – tão ligado ao Exército – na austeridade quase ascética de comportamento. Um deles – Nogueira Paranaguá – de velha família rural do Piauí, não tardaria a juntar sua presença de protestante, severo e evangélico, à dos católicos um tanto mundanos, como Antônio Azeredo e dos positivistas ou maçons como Lauro Sodré, que compunham o Senado da República.

Compreende-se a impressão de "pouco militares" que tenham dado a franceses como o padre Burnichon os soldados brasileiros que ele viu desfilar pelas ruas do Rio de Janeiro em 1908. "*Oh! je sais bien que l'idéal en ce genre varie avec les temps et les climats*", escreveu ele, lembrando-se, diante da um tanto excessiva elegância dos militares brasileiros em parada, dos veludos, das plumas e das rendas dos senhores da corte de Luís XIV. Notava-se, porém, que o Brasil republicano era uma nação que se esmerava, sob governos civis, em prestigiar as Forças Armadas, certamente para melhor assegurar a paz na América e dentro do próprio Brasil: o Congresso Nacional já votara o serviço militar obrigatório; na Inglaterra vinham-se construindo *dreadnoughts* para a ainda jovem República. Jovem República que certamente não desejava incorrer no mesmo erro de Pedro II: o de ter se conservado indiferente às aspirações, às necessidades e aos interesses das Forças Armadas. Nem ser de novo surpreendida – depois da presidência Prudente de Moraes – em algum dos seus remotos sertões, por outro Antônio Conselheiro que, com seus guerrilheiros, desafiasse o Exército Nacional; desmoralizasse a eficiência da sua organização; comprometesse o bom nome dos brasileiros mais polidos do litoral como soldados regulares, mesmo exaltando os do centro, aos olhos dos estrangeiros, como guerrilheiros heroicos. Guerrilheiros capazes de grandes e ásperas façanhas em áreas que eram, afinal, pela sua ecologia, as mais profundamente nacionais: aquelas onde europeu nenhum nem nenhum anglo-americano poderia então pretender vencer *manu militari*, de modo definitivo, os homens da terra, os sertanejos, os caboclos, os cabras-sarados. Aliás, esses cabras-sarados, capazes de surpreender os estrangeiros afoitos pela sua capacidade de concorrerem guerrilheiramente para a defesa de um Brasil em perigo, não eram só os sertanejos mas muitos dos mestiços e dos descendentes de africanos, das áreas próximas ao litoral ou do próprio litoral; caboclos, cafuzos, mulatos, negros ainda retintos mas no fim do século XIX e no começo do XX, já brasileiríssimos. Jangadeiros, capoeiras, cabras das bagaceiras dos engenhos. Descendentes de africanos como os que, formando a chamada Guarda Negra (que sagazes políticos dos últimos anos do Império organizaram para a defesa do Império contra os "agitadores" ou os "demagogos" republicanos), fizeram dessa guarda monárquica, de negros e mulatos, um reduto de homens bravos a serviço de uma causa à qual muitos deles, distinguindo-se dos mercenários, parecem ter, com efeito, dedicado o melhor daquele "sentimento dinástico" que Joaquim Nabuco pretendia em 1895 vir caracterizando, através do passado quer pré-nacional, quer nacional, do Brasil, a atitude da maioria da gente de cor para com os seus monarcas. Triunfante a República, passaria a Guarda Negra a ser tratada de resto ou com desprezo por historiadores oficiais,[16] quando a verdade é que, no seu esforço antirrepublicano, se exprimiu a capacidade de gratidão ao Império de muito negro liberto pelo governo monárquico; e o que esses libertos possuíam então para pôr ao serviço dessa sua causa, era principalmente a sua capoeiragem, a sua arte de cabroeiras, a sua perícia de guerrilheiros urbanos.

Sabe-se dos capoeiras que tornaram-se durante o Império "uma força real, habilmente explorada pelas influências políticas, as quais, dispensando-lhes proteção, tinham-nos à mão para as empreitadas eleitorais".[17] Em 1873, dizia Ludgero Gonçalves da Silva, chefe de Polícia, serem esses capoeiras "uma vergonha para a capital do Império": ostentavam "desmedida audácia", folgavam "com a desordem", cometiam "a sangue-frio, às vezes por passatempo, ferimentos e mortes". Essa "vergonha para a capital do Império" vinha, porém, menos dos capoeiras em si que do uso ou abuso que deles faziam aquelas "influências políticas" para fins eleitorais. Quando foram utilizados, também por "influências políticas", para a defesa do Trono contra agitadores republicanos, sua atividade, exprimindo da parte de muitos deles sincera gratidão ao governo imperial pelo que esse governo vinha, desde a Lei do Ventre Livre, realizando a favor dos pretos e pardos, sublimou-se em esforço digno da atenção respeitosa daqueles analistas e intérpretes do passado nacional que não consideram as causas triunfantes como tendo sido sempre as indiscutivelmente certas; e as fracassadas, como tendo sido sempre as indiscutivelmente erradas.

Louva-se geralmente, e com alguma razão, a República de 89, por ter conseguido, através do seu primeiro e enérgico chefe de Polícia do Rio de Janeiro, Sampaio Ferraz, esmagar a capoeiragem na capital do País. A verdade é que a polícia republicana parece ter agido contra os capoeiras – negros e homens de cor, todos eles, e nem todos malfeitores, mas adolescentes e moços desajustados nos quais se antecipou no Brasil o problema depois chamado da "meia força" – com o rigor com que agiu, menos por energia policial do que por sectarismo republicano: para punir nos que haviam formado a Guarda Negra num movimento de gratidão e fidelidade da parte de muitos, à Coroa ou à Monarquia, visível protetora deles, essa sua fidelidade e essa sua gratidão, incômodas e até temíveis do ponto de vista de uma República ainda débil e insegura. Movimento a que não faltara sentido ético, ao lado do político: o seu monarquismo. Politicamente, porém, outra não podia ser então a atitude dessa gente negra e de cor senão aquela, em face de um republicanismo que desde 1870 contava entre seus adeptos não poucos senhores de terras e de escravos – aliança que em 1888 se tornaria preponderante e ostensiva. Eticamente, não devia ser outra.

O que talvez tenha sido errado do ponto de vista nacionalmente brasileiro, na enérgica atitude da polícia republicana para com esse elemento antirrepublicano, tenha sido o caráter apenas punitivo da mesma atitude. Outro tivesse sido o sentido da ação policial, e os valores da capoeiragem poderiam ter sido aproveitados, ainda vivos e na plenitude de sua eficiência, pela própria polícia, para torná-la mais apta para algumas das suas intervenções contra desordens; e pelas Forças Armadas, compostas, então, em grande parte, de gente mestiça e plebeia – que formava o grosso de soldados, marinheiros e fuzileiros – para intervenções contra desordens de maior porte; ou simplesmente para seu adestramento físico de militares. Um adestramento que não se fizesse só com a exótica ginástica sueca ou, já no começo do século XX, através de exercícios imitados dos japoneses, triunfantes sobre os russos, dizia-se então que principalmente em virtude da sua maior agilidade e flexibilidade, como soldados. Soldados pequenos mas vigorosos: quase acrobatas contra russos grandes, gigantescos, louros mas estáticos. Não eram outras as virtudes que a capoeiragem poderia ter desenvolvido nos mestiços das Forças Armadas brasileiras, dos quais a República tivesse se empenhado em tornar soldados ao mesmo tempo modernos e ecologicamente nacionais.

Em vez de cuidar imediatamente de tais problemas, superando a Monarquia num dos seus pontos fracos – o descaso pelas Forças Armadas – a República só viria a aperceber-se de fato dessa deficiência nacional, depois dos desastres que as tropas de linha sofreram, primeiro na chamada campanha federalista, no Sul, depois, em Canudos. Em 1900, era um monarquista irredutível, Andrade Figueira, que clamava a favor da melhor organização das Forças Armadas, sobretudo depois que "a resistência de matutos em Canudos, armados mais do seu fanatismo que de meios materiais de combate" se fizera sentir, de modo tão impressionante, "contra não menos de quatro expedições militares rechaçadas", indicando, por um lado, "a eficácia da resistência popular entre nós contra as pretensões de injustificável predomínio militar", por outro, a necessidade da nação brasileira, agora República, garantir melhor sua "independência e a integridade do seu território contra o estrangeiro..."[18] Isto porque uma nação na situação do Brasil, "cercado de nações novas e irrequietas, todas mais ou menos dominadas do espírito de expansão natural à mocidade e à forma de governo que a todas infelicita como hoje a nós" e, além disso, "trabalhado pelo espírito revolucionário de que a revolução de 15 de novembro foi a mais alta expressão, isto é, por um sentimento que não é o melhor alicerce da paz e da ordem pública", não podia prescindir de "forças militares seriamente organizadas", com as quais pudesse se resguardar contra estrangeiros e, no interior, manter "a ordem contra a anarquia". Ao que o antigo conselheiro do Império poderia ter acrescentado, em 1900, depois de dez anos de regímen novo, não estarem mais em capoeiras, nem em negros romanticamente devotados à princesa

Isabel e ao "Pai dos Brasileiros", as ameaças à ordem, dentro do País, mas em republicanos brancos como os do Rio Grande do Sul, em divergência de doutrina e de interesses com os também republicanos brancos, líderes do governo na capital federal; ou em outros líderes "brancos" desentendidos com correligionários também "brancos" e líderes; todos agora republicanos; todos agora oficialmente "brancos"; e tão bons como tão bons.

Branco, oficialmente, por se ter tornado líder prestigioso da República, era agora o mestiço Francisco Glicério; era o mestiço Nilo Peçanha – que chegaria à Presidência da República; e embora se murmurasse de outros líderes novos, como Campos Sales, não serem de todo caucásicos, mas tocados de algum sangue negro africano, sua situação de brancos de fato estava confirmada ou assegurada pela sua posição de triunfadores políticos. O domínio político na República continuava a ser quase tão de brancos puros ou de fato, como fora no Império. Quem atentar nas fotografias dos membros da Constituinte republicana de 91, não conclui, da análise dos característicos étnicos dos homens públicos que ela reuniu, terem eles representado a tomada do poder político no país por uma camada social etnicamente diversa da que dominara politicamente o Império, com uma ou outra fisionomia negroide – Jequitinhonha, por exemplo – no meio das muitas fisionomias caucásicas ou arianas. Viria a acentuar-se, sob a República, a ascensão de brasileiros negroides aos altos comandos políticos: mas aos poucos e através de um processo de seleção que importou em alguma discriminação contra quem fosse ostensivamente africano na cor e nos traços. Era preciso que na Argentina – pensavam alguns patriotas republicanos da época, um deles o depois senador Antônio Massa – não se pensasse que a nova República era um novo Haiti ou uma nova Nicarágua em ponto grande.

A proporção de negroides, entre os líderes políticos nacionais, seria, imediatamente depois de 89, quase a mesma que fora antes do 15 de Novembro. Só aos poucos essa proporção se alteraria, com a ascensão aos grandes postos no Exército e na magistratura, a posições de relevo no clero, no magistério, na advocacia, no jornalismo e no Parlamento republicanos, de brasileiros de origem ou de sangue em parte africano que, havendo nascido ainda nos dias de Pedro II, teriam, provavelmente, num possível Terceiro Reinado atingido esses mesmos postos; ou chegado à mesma eminência que viriam a atingir na República. Não é de supor que, subindo ao trono, a princesa Isabel viesse a substituir o chamado lápis "fatídico" que, nas mãos de Pedro II, servia para impugnações de caráter vitorianamente ético, por outro que, sendo azul, viesse a servir para dificultar a ascensão às grandes responsabilidades políticas do Império, de brasileiros excepcionalmente idôneos e virtuosos, por motivos de caráter apenas étnico.

A por algum tempo discutida ascendência caucásia do paulista Manuel Ferraz de Campos Sales, houve quem acusasse o ilustre líder republicano de querer afirmá-la, pelo "ódio" ostensivo não só à raça africana como à indígena e "aos seus derivados", através da "ignominiosa seleção da tripulação" que o mesmo Campos Sales teria ordenado que se procedesse nos navios nacionais, escalados para o transportarem à Argentina, quando presidente da República.[19] Não se compreendia tal procedimento da parte de um governo republicano – escreveu contra Campos Sales, por ocasião dessa viagem, um seu adversário intransigentemente monárquico – num "país de generalizada mestiçagem, de raças étnicas que aqui sempre afirmaram suas aptidões morais e intelectuais e seu patriotismo nos mais elevados cargos do Estado, no Senado e na Câmara, nos conselhos do governo, na diplomacia, na imprensa, nas letras, nas ciências, na Igreja", e que só agora "incorreram em condenação ou suspeição por ter sido de anos a esta parte proclamados por eles próprios" – isto é, por líderes em parte mestiços – "o regímen que se diz fundado na igualdade". Tão generalizada podia-se dizer ser então a mestiçagem no Brasil, que "dificilmente encontra-se uma família, um indivíduo isento do bodum característico dessas raças cruzadas, dilatado pelo calórico das regiões intertropicais".[20]

Houve, talvez, da parte daqueles republicanos que se tornaram de repente homens de governo – com o pronunciamento de 15 de Novembro – certo arrivismo que em alguns deles parece ter ido ao ponto de se apresentarem aos olhos dos estrangeiros como gente se não melhor, tão boa, social e etnicamente, quanto a do Império. Esse afã os teria levado às "seleções" nos seus séquitos, quando em viagens oficiais por terras alheias, de que o próprio Campos Sales, homem equilibrado, sensato e honesto, chegou a ser acusado. Se a princesa Isabel se deixara proteger por guardas negras, é que o Império vinha

O bonde: símbolo de tolerância social do Brasil das últimas décadas do século XIX e início do século XX. *Almanach d'A Noite*. Rio de Janeiro, 1917.

ACERVO DA FUNDAÇÃO GILBERTO FREYRE

Tipos da aristocracia brasileira do início do século XX:
Pedro Affonso e Flora Cavalcanti de Albuquerque Mello.

Anúncios de produtos e serviços característicos da
primeira e segunda décadas do século XX.
Ao lado: *Almanach d'A Noite*. Rio de Janeiro, 1917.
Acima: *Almanach d'O Malho*. Rio de Janeiro, 1907.

Acervo da Fundação Gilberto Freyre

Acima: Casal do início do século XX: Diogo e Nena Menezes.

Ao lado: Capa do *Almanach d'O Malho*, publicado no Rio de Janeiro em 1907.

Acervo da Fundação Gilberto Freyre

A MODA INFANTIL

DESCRIPÇÃO DA GRAVURA

Da direita para esquerda

1. — Capote abotoado até ao pescoço.
2. — Capote commodo para meninos de 2 a 4 annos.
3. — Novo capote para meninos de 10 a 12 annos.
4. — Capote protector para meninos de 10 mezes a 2 annos.
5. — Capote elegante para meninos de 2 a 4 annos.
6. — Novo capote para meninos de 6 a 8 annos.
7. — Guarda-pó e chapéo para meninos de 12 a 14 annos.
8. — Vestido para meninos de 12 a 14 annos.

Representações do vestuário infantil do início do século XX.
ACIMA: Artigo publicado em *A Lanceta*. Recife, 6 de agosto de 1913.

ACERVO DA FUNDAÇÃO GILBERTO FREYRE

Registro de crianças fantasiadas para o carnaval. Santos, fevereiro de 1913.

Ao lado: Carnaval de 1913. *A Lanceta*. Recife, 1º de fevereiro de 1913.

Acervo da Fundação Gilberto Freyre

E emquanto o lança-perjume
Espalha a essencia das flores
Os olhos, cheios de lume,
Lançam philtros seductores.

Do carnaval no alvoroço,
Vencendo antigas rotinas,
O velho se faz de moço,
As moças viram meninas.

E este, que de uma fugia
Do amor fugindo á manobra,
Nas expansões da folia
P'ra duas chega... e inda sobra.

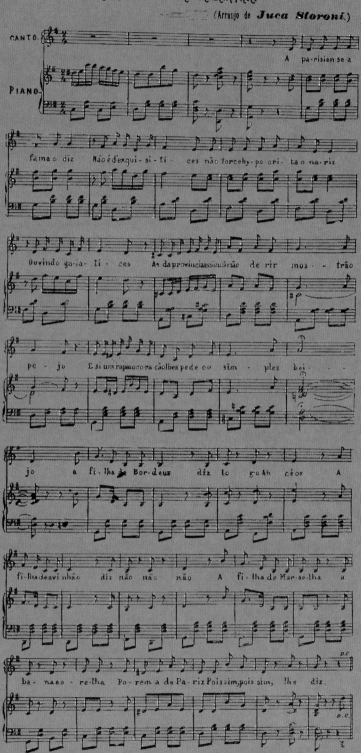

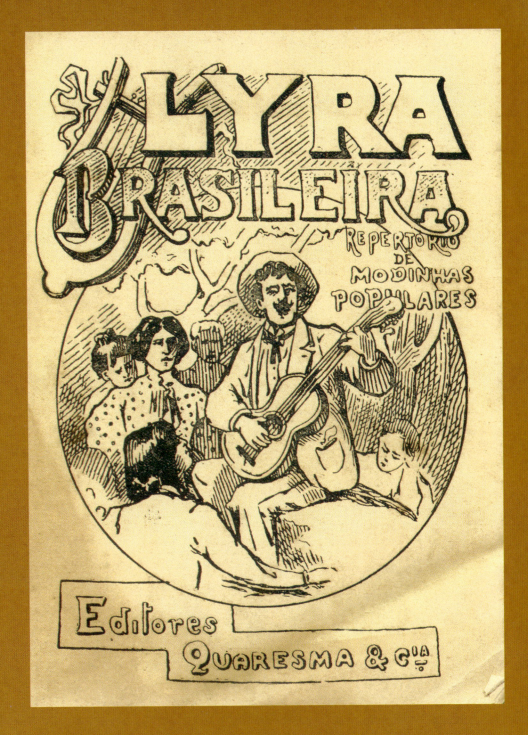

Ao lado: Música e letra de cançoneta do início do século XX, publicada no *Almanach d'O Malho*. Rio de Janeiro, 1907.

Acima: Capa do *Lyra brasileira: repertório de modinhas populares*, organizado por Catulo da Paixão Cearense. Publicado no Rio de Janeiro pela Livraria do Povo em 1908.

Acervo da Fundação Gilberto Freyre

──── A LANCETA ──── 5 ──

COMPANHIA CINEMATOGRAPHICA BRRZILEIRA

SEDE SÃO PAULO
Succursaes: Rio de Janeiro, Pernambuco, Bahia, Porto Alegre e Paraná.

Capital: 4:000$000000
Fundo de reserva: 1:234$227000

A Companhia Cinematographica Brazileira enregistrou mais um colossal successo com o ultimo capolavoro e monumental film de Cines desempenhado pelos grandes artistas italianos A. NOVELLI, LUPI E TERRIBILE GONZALEZ.

Marco Antonio e Cleopatra

Nos cinemas

PATHE' e

VICTORIA

Successo colossal.

A illustrada imprensa de Pernambuco tem sido unanime a reconhecer o valor extraordinario deste film. Ver nos jornaes de 13 do corrente o "compte rendu" da sessão dedicada á Inprensa.

Nas páginas anteriores: *O chá da Cavé*, caricatura de Emílio Cardoso Ayres, retratando figuras ilustres da sociedade carioca, 1910.

Acima:
Companhia Cinematographica Brasileira. *A Lanceta*. Recife, 17 de dezembro de 1913.
Theatro Maison Moderne. *Almanach d'O Malho*. Rio de Janeiro, 1907.

Ao lado: Anúncio publicado em jornais e em avulso, durante o ano de 1895, pela Grande Companhia Norte-americana de Mysterios e Novidades Edna e Wood.

Acervo da Fundação Gilberto Freyre

THEATRO S. PEDRO DE ALCANTARA

EMPREZA — FERNAMDES PINTO e C.

Grande Companhia Norte-Americana de Mysterios e Novidades

EDNA E WOOD

Orchestra sob a direcção do Maestro Julio S. Dimitri

Hoje Sabbado e amanhã Domingo
DUAS GRANDES REPREENTAÇÕES
(A 1 datar de e 8 da noite)

Preços e hora do costume

NOTA—Domingo grande "Matiné" á 1 hora da tarde dedicada ás crianças. Rifa de brinquedos para os meninos; cada espectador receberá

Acima: Primeira página de *O Clarim*, publicado no Recife, em 1892.
Ao lado: Primeiro número do semanário ilustrado *A Lanceta*. Recife, 1912.
Acervo da Fundação Gilberto Freyre

Semanario illustrado

Anno 1 — CRITICO, POLITICO E NOTICIOSO — Numero 1

Na maré dos acontecimentos

Adeus minhas encommendas!... Fiz o que pude, porem a maré estava cheia e o vento ruim... Quem quizer que dê murros em ponta de faca.

ACIMA: Faculdade de Direito do Recife, construção do início do século XX.

AO LADO:
Capa de *O evolucionismo e o positivismo no Brasil*, de Sylvio Romero, publicado pela Livraria Clássica de Alves & Comp, em 1895.
Folha de rosto do *Questões vigentes de philosophia e de direito* de Tobias Barreto. Publicado no Recife, pela Livraria Fluminense, em 1888.
ACERVO DA FUNDAÇÃO GILBERTO FREYRE

DOUTRINA CONTRA DOUTRINA

O
EVOLUCIONISMO

E

O Positivismo no Brasil

POR

SYLVIO ROMÉRO

2.ª Edição melhorada

LIVRARIA CLASSICA DE ALVES & COMP.

RIO DE JANEIRO   S. PAULO

46, Rua Gonçalves Dias, 46   9, Rua da Quitanda, 9

1895

QUESTÕES VIGENTES

DE

PHILOSOPHIA E DE DIREITO

POR

TOBIAS BARRETTO DE MENEZES

Lente cathedratico da Faculdade de Direito do Recife

COM UMA INTRODUCÇÃO

POR

ARTHUR ORLANDO

PERNAMBUCO
LIVRARIA FLUMINENSE — EDITORA
Rua do Barão da Victoria n. 9

1888

LIVRARIA ECONOMICA
José Nogueira de Souza
N. 73 Rua do Imperador N. 73
PERNAMBUCO

Respostas

Ao 1º e ao 2º quesito:

Nome: Pedro do Coutto

Logar e tempo em que nasceu:
— Nasci em Santa Thereza, Freguezia da Gloria, no então Municipio Neutro, hoje Capital Federal. Da minha primeira meninice pouco me recordo: sei que passei de relativo bem-estar, a periodo difficil, visto que perdi meu pae aos 4 annos incompletos; e d'ahi por diante, vivi...

Para que não seja accimado de pretensioso que esconde a edade, cumpre-me informar que nasci a 28 de Março de 1872. Não me acode á memoria o aspecto do logar em que nasci, de modo a descrevel-o com exactidão: direi sómente que não tinha sequer a decima parte dos encantos artificiaes de que hoje goza

Ao 3º quesito:
— Estudei instruccão primaria com minha mãe, e a secundaria no mosteiro de S. Bento, nos cursos gratuitos que a Ordem Benedictina mantinha cursos, cumpre repetir, inteiramente gratuitos.

Atitude sôbre nêgros e mulatos etc.-

Fui educado em minha casa no respeito indistinto a brancos, negros e mulatos.

Eram amigos de meu Pai dois homens bem escuros: os irmãos Libôa (Candido e Joaquim), ambos formados em Direito.

Em nossas festas familiares, os tinhamos sempre, um no violão e o outro na flauta.

Como estes, outros, mais ou menors escuros, eram bem recebidos, gosando da amizade de todos.

A côr não influia para os que a mereciam.

Nesse meio me criei e sempre vivi fóra de qualquer preconceito.

Sôbre o problema de raças no Brasil, nem hontem nem hoje fiz estudos especialisado.

O que aconteceu era natural: o portuguez, o holandez, embora este em pequena dose, cruzavam com o negro e com o indio e, como, melhor do que eu, sabe quem me interroga, daí sahiram os tipos mais generalisados, fortes e inteligentes: o mulato e o mameluco.

Quanto ao mais, para me instruir leio hoje Gilberto Freire, Arthur Ramos e antes já alguma coisa leu de Nina Rodrigues.

Manuscrito do prefácio à primeira edição de Ordem e progresso.

ACERVO DA FUNDAÇÃO GILBERTO FREYRE

1959 - 1ª edição.

1974 - 3ª edição.

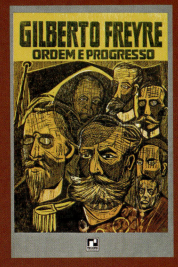

1990 - 4ª edição.

2000 - 5ª edição.

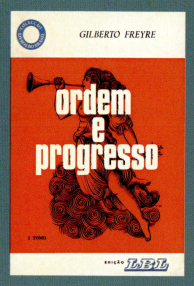

Portugal - 1969.

"Ordem e Progresso" de Gilberto Freyre será editado nos Estados Unidos

Estados Unidos da América - 1970.

se democratizando demasiadamente; eles, novos príncipes, preferiam viajar com guardas brancas, num como desejo de aristocratizarem etnicamente a República.

Outro aparente arrivismo foi o que se exprimiu no já referido empenho, da parte de alguns líderes republicanos, de se fazerem conhecer ao mesmo tempo por títulos acadêmicos e por títulos militares. A insegurança de *status* a provocar a ostentação e até a exibição desse mesmo *status*, recém-adquirido ou recém-atingido. A este respeito parece-nos também significativa a reação de antigo conselheiro do Império, intransigente em face da República, como foi Domingos de Andrade Figueira. Não lhe passou despercebido o "ridículo prurido de honras militares", característico dos primeiros anos da República e a que, segundo o severo crítico, "não escaparam espíritos bem-educados que atirando suas casacas de cidadão ao cesto de roupa servida, se mascararam com bonés e fardas militares, que só assentam em peitos militares". Um desses, Francisco Glicério, que se deixou adornar pelo título e pelas insígnias militares como se o animasse o empenho de parecer, aos olhos da plebe, tão príncipe da República quanto qualquer general coberto de bordados, sendo, ao mesmo tempo, sob o brilho da farda honorária, astuto político.

Se é certo que vigorava entre militares, isto é, entre os desde a campanha paraguaia "inclinados à solução republicana para o Brasil, a ideia de virem os bacharéis formados" monopolizando o governo da nação, essa ideia pensava Andrade Figueira ser falsa: não houvera tal monopólio. Apenas, a "inevitável" influência – inevitável em país novo e ainda por constituir-se – dos "cidadãos instruídos nas leis e nas ciências sociais e políticas..."[21] Na verdade vários tinham sido os militares de terra e mar chamados pelo Império a ocupar "os mais elevados cargos, como fossem de presidente de Província, de ministros, conselheiros de Estados, Deputados e Senadores". E exato era também que o antigo regímen dotara as chamadas classes armadas de quatro escolas militares "onde os alunos eram vestidos, alimentados, instruídos e preparados desde a instrução preparatória até a conclusão dos cursos, à custa do Estado e com o soldo por este pago, e com o meio-soldo às famílias..."[22]

Fato que talvez explique o número considerável de jovens de origem modesta e descendentes, alguns, de boa e honrada gente mestiça, que, em vez de estudarem direito ou medicina ou engenharia, fizeram, sem muita vocação para as armas, naquelas quatro escolas e sob aqueles favores concedidos a si e a suas famílias, cursos militares; e nesses cursos se esmeraram menos em procurar adquirir a arte ou a ciência da guerra que em juntar conhecimentos rivais dos adquiridos pelos bacharéis em direito nas suas academias e pelos engenheiros nas suas Politécnicas: inclusive o conhecimento das ciências políticas e sociais através do positivismo. Com a aquisição em escolas semimilitares, semipolíticas – ou semissociológicas – de tais conhecimentos, era natural que os militares assim formados se sentissem eles próprios semibacharéis em direito, semidoutores em política, semipolitécnicos; e com direitos iguais aos desses seus compatriotas de formação acadêmica a participarem da direção política do País. Como o imperador não foi nunca homem que, no governo, dedicasse aos militares e aos seus assuntos a atenção merecida por eles, num país como o Brasil, esses militares, meio bacharéis, inclinaram-se, em número considerável, para a República, desejando-a, uns através do positivismo, como Benjamim Constant, outros através da intervenção suprapartidária do Exército na política nacional: o ponto de vista que Deodoro adotou à frente do governo provisório e foi também, de algum modo, o de Floriano.

Empolgado o governo por um chefe militar como o generalíssimo, alguns dos bacharéis republicanos sentiram-se incompletos, por não serem meio militares como vários dos novos líderes militares da República eram – o caso do próprio Benjamim – semibacharéis em ciências políticas – misturadas, no ensino militar, às ciências físicas e matemáticas – ou semidoutores em direito. Daí o que aos olhos de antigos conselheiros do Império, do feitio de Figueira, pareceu "ridículo prurido de honras militares" da parte de bacharéis republicanos. A verdade é que havia também prurido de honras acadêmicas da parte de militares. De honras, mais do que de qualquer poder efetivo que no Império fosse privilégio dos mesmos bacharéis quando magistrados, pois cerca de 90 dos membros da legislatura votaram "a incompatibilidade eleitoral e parlamentar, isto é, o suicídio; a perda da influência da classe", deixando aos bacharéis advogados, aos bacharéis jornalistas, aos bacharéis apenas bacharéis o exercício da atividade política na sua expressão mais prestigiosa durante o Império: a parlamentar. Nessa atividade pretendia em 1901 Andrade Figueira que os advogados, sucessores nela dos magistrados, não votassem lei alguma, em nenhuma das legislaturas do seu conhecimento, em benefício da "classe",[23] isto é, em benefício deles advogados.

Santa ingenuidade, neste particular, a do crítico dos militares e defensor dos civis de toga; pois quando se acusava um advogado parlamentar de então de votar em benefício de um grupo, à revelia dos interesses nacionais, não se supunha que esse grupo fosse a classe dos advogados, mas a classe por eles servida, representada e beneficiada do ponto de vista econômico tanto quanto do político. E aqui parece-nos que os militares, em geral procedentes de gente econômica e socialmente mais modesta que a maioria dos indivíduos que se formavam em direito, engenharia, medicina, vinham representando, com efeito, no Brasil, desde o Segundo Reinado, interesses mais nacionais e menos de grupo que os representados e servidos pela maioria dos advogados políticos, vários deles filhos ou genros de poderosos senhores agrários ou comerciais. Embora seja justo admitir, com Figueira, que bacharéis em direito houve, no Império brasileiro, "que nunca puderam acumular os lucros da sua profissão", não se deve concluir daí, com o mesmo Figueira, que seja de todo a favor dos mesmos bacharéis o fato de terem sido, naquela época, "uma classe educada por suas famílias às próprias expensas e não a expensas do Estado"; e que continha "em seu seio a flor, a nata da sociedade brasileira, por seus talentos e ilustração, por seu talento e pela confiança que sabia inspirar a seus concidadãos, os nomes mais conceituados e as reputações mais sólidas não só na política geral do País e na política local das Províncias, que sempre dirigiram com prudência e patriotismo, senão também no jornalismo, no Parlamento, na literatura e em vários ramos das ciências da administração e do governo, e na economia política". Tanto que "citar-lhes os nomes seria escrever a história geral do Brasil e de cada uma de suas ex-províncias".[24]

Exagero, decerto, do antigo conselheiro do Império e autor de *A década republicana – Cousas da República*. Durante o Segundo Reinado foram vários os bons administradores, homens de governo e parlamentares que pela sua formação militar, médica, clerical, politécnica, comercial, agrária, prestaram ao País serviços notáveis, em cargos ou atividades públicas, bastando que se recordem aqui nomes como os de Mauá, visconde do Rio Branco, Morais Âncora, dos Rebouças, de Taunay, Caxias, Francisco e Sebastião do Rego Barros, Buarque de Macedo, o padre Pinto de Campos, Antônio Peregrino Maciel Monteiro, Aquino Fonseca, Rodolfo Galvão, Manuel Vitorino. Desses homens, vários foram, tanto quanto aqueles bacharéis, educados por suas famílias e às próprias expensas. Alguns, como Maciel Monteiro, os Rego Barros e Aquino Fonseca, fizeram seus estudos superiores na Europa: em universidades europeias de categoria mais alta que as simples academias nacionais. O caso do próprio José Bonifácio de Andrada. Outros, como Irineu Evangelista de Sousa, se educaram pelo próprio e duro esforço, sem que deixassem de vir a pertencer à "nata" ou à "flor" da sociedade brasileira pelos seus talentos e pelas suas virtudes, quer profissionais, quer as chamadas cívicas. O que houve, realmente, de certa altura do Segundo Reinado até os dias mais brilhantes da República de 89, foi – repita-se – evidente facilidade para os brasileiros de origem modesta e de condição étnica tida, em certos meios, por inferior, de se instruírem em escolas militares e a expensas do Estado; e se instruírem nessas escolas não apenas em assuntos tecnicamente militares como nos políticos, sociológicos, econômicos, tornando-se de certo modo rivais dos bacharéis em direito, dos médicos, dos engenheiros, dos sacerdotes, em aptidões para o exercício de cargos públicos. É esse um fato cuja significação social não foi até hoje – ao que parece – posta no seu justo relevo.

Estabeleceu-se assim uma rivalidade entre esses subgrupos – o formado nas escolas militares, por um lado, e o educado nas escolas de direito, de medicina, de engenharia e nos seminários de teologia, por outro –, que veio se esboçando desde a ascendência dos militares, favorecida pela campanha paraguaia, para definir-se de modo às vezes incisivo nas tentativas de reorganização nacional, após a proclamação da República a 15 de novembro de 89. O positivismo representou, de um modo que está ainda por ser analisado e destacado, o instrumento ideológico de conquista do poder político – que vinha sendo empolgado, mas de modo algum monopolizado, pelos bacharéis em direito – por militares sequiosos daquele poder; e certos de serem capazes de trazer para o exercício dele virtudes de desinteresse por lucros profissionais ou por vantagens de classe, que eram virtudes a seu ver raramente atingidas por aqueles bacharéis, quando advogados de interesses particulares, muitos em choque, na verdade, com os nacionais.

Foi esse o positivismo de que a figura máxima no governo provisório que organizou entre nós a República tornou-se Benjamim Constant Botelho de Magalhães, homem de origem modesta, embora branco, tantas vezes acusado por seus adversários de ter sido aluno gratuito do Império, graças ao imperador; de ter sido educado a expensas do Estado; de ter se formado menos em ciências e artes militares que em ciências e artes filosóficas, sociais, políticas; de ter, como professor de escola militar, procurado fazer de dezenas ou centenas de brasileiros jovens, como ele, educados a expensas do Estado, em escolas militares, outros Benjamins Constants, por dentro menos militares que bacharéis em ciências políticas e sociais, embora por fora ostensivamente militares; e utilizado-se do prestígio das insígnias militares para seus objetivos políticos de competidores dos bacharéis em direito na luta pela conquista do poder. Tivesse sido Benjamim Constant indivíduo que à origem modesta houvesse juntado a condição étnica considerada então, em certos meios, inferior – a de negro ou negroide – e teria sido completa, na sua personalidade, a expressão de todo um movimento que se processou menos através das escolas de direito, das de medicina, das de engenharia, dos próprios seminários teológicos, que das escolas militares de ensino gratuito e até remunerado, no sentido de se dar acesso ao ensino superior e, através do ensino superior, aos cargos políticos de importância, a numerosos brasileiros cujas famílias não podiam custear, para seus filhos, estudos caros. Não os podendo manter nos cursos jurídicos, médicos, politécnicos, teológicos, nem por isto deixaram de vê-los doutores sob outro aspecto: como capitães doutores, majores doutores, coronéis doutores. Duplamente prestigiosos, portanto, numa época, como foi, no Brasil, a que se seguiu à campanha paraguaia, de exaltação ou de idealização dos heróis militares, situados pela imaginação nacional sobre os civis ou os religiosos, como figuras merecedoras da gratidão dos seus compatriotas. Daí os Caxias, os Osórios, os Tibúrcios terem empolgado maior número de adolescentes que os Anchietas, os Josés Bonifácios, os Cairus, os Teixeiras de Freitas, sem que, entretanto, deixasse de haver admiração da parte de muitos pelos juristas ou letrados, principalmente quando oradores capazes de seduzir câmaras ou fascinar jovens ou multidões:

Torres Homem, Saldanha Marinho, Silveira Martins, Antônio Pereira Rebouças, Tobias, Alencar, Dr. Aprígio (Aprígio Guimarães), Joaquim Nabuco, Rui Barbosa, Silva Jardim.

Era assim uma combinação ideal a que o adolescente brasileiro de origem modesta, criado ou desenvolvido sob tais sugestões, encontrava nos cursos das escolas militares capazes de o tornarem ao mesmo tempo um novo Osório e um novo Vasconcelos: capitão e doutor; militar e intelectual. Isto sem que deixasse de haver, nas escolas militares, certo número de jovens de famílias aristocráticas com decidida vocação para a pura e crua vida de soldado; nem que frequentassem os cursos jurídicos, médicos, politécnicos, teológicos, em número sempre crescente, brasileiros vindos de gente modesta; e mestiça e mesmo negra, quanto à sua condição étnica. Brasileiros do tipo de Nilo e Alcebíades Peçanha, que se formaram em direito no Recife; do feitio do Rebouças formado em engenharia; ou como Juliano Moreira, formado em medicina; ou como Silvério Pimenta, formado em teologia. Todos doutores a seu modo, segundo o estilo brasileiro de consagrar doutores os bacharéis; todos letrados; todos aristocratas em face da plebe iletrada que olhava para eles com olhos quase de devotos para figuras quase de santos. O que lhes faltou, para seu maior prestígio, fundada a República, foi, aos mestiços de sangue e apenas doutores, outra condição, esta apenas sociológica, de híbridos: a dos doutores que se fizeram também militares; a dos militares que se fizeram também doutores. Serzedelo Correia foi um desses. Outro, já se recordou que foi Alexandre José Barbosa Lima. Ainda outro, o próprio Benjamim Constant. Este tornou-se no gênero um modelo. Inspiração e exemplo para muitos.

Compreende-se assim que mais do que qualquer outro fosse ele, Benjamim Constant, que entrasse em choque mais agudo com a figura máxima de doutor puro – grão-doutor, na verdade, embora na realidade estritamente formal, simples bacharel – que foi, no Brasil dos primeiros anos da República, o Rui Barbosa elevado pelo generalíssimo Deodoro – militar puro ou cru: soldadíssimo – à situação como que de primeiro-ministro do governo provisório. Compreende-se também que esse doutor puro tivesse entrado em conflito ainda mais agudo com outro militar, este quase tão puro quanto Deodoro no seu modo de ser militar: Floriano. E que viesse a desfraldar em 1909 a bandeira do civilismo e do antimilitarismo, opondo, sob essa mística, sua candidatura à Presidência da República, à do militar, reorganizador do Exército – segundo os patrióticos desejos do bacharelíssimo Andrade Figueira – Hermes Rodrigues da Fonseca. Compreende-se, também, que tenha sido Rui o principal obstáculo encontrado pelo positivismo – doutrina, então, no Brasil, menos de civis que de militares empenhados no estudo de problemas políticos e sociais do País e do homem – para sua obra de impregnação do sistema republicano brasileiro, de ideias positivistas ou de princípios comtistas. E, ainda, que dele, Rui – bacharel em direito, nascido de família burguesa capaz de enviar por sua conta filho ao Recife e a São Paulo, para estudos superiores – tenha sido a maior resistência, dentro do governo provisório, a tentativas da parte de republicanos, discípulos de Comte, no sentido da "incorporação do proletariado" à nova sociedade brasileira: a republicana que eles desejavam, além de republicana, ainda mais democrática que sob o Império.

Recorde-se a este propósito que antes de terem se tornado parte definida e nítida do programa positivista de reforma social, ao lado da política, do Brasil, através da República, tais ideias foram defendidas com alguma objetividade e muita lucidez, dentro da forma monárquica de governo, por outro filho de família não só burguesa mas aristocrática: Joaquim Nabuco. Ao contrário de Rui Barbosa, Nabuco desertou ainda jovem – jovem e no esplendor de uma beleza viril e de uma saúde de homem eugênico que contrastavam com a debilidade, a palidez, o todo doentio de cacogênico, do ilustre Barbosa – de alguns dos compromissos que tácita e normalmente deviam tê-lo prendido a interesses altamente burgueses, aristocráticos e até escravocráticos, para antecipar-se em traçar para o Brasil o começo de uma política de reforma social que, ultrapassando a dos simples abolicionistas, seguisse rumos que depois se chamariam, à maneira britânica, laboristas ou trabalhistas. O que não o impediu de, tanto quanto Rui Barbosa, ter entrado em conflito com os da seita positivista e mesmo com alguns daqueles discípulos de Comte que, sem serem ortodoxos, eram quase iguais aos ortodoxos em ideias de tentativa de impregnação da República de princípios comtianos de reforma social a favor do operariado.

Já definidas, no Brasil do fim do século XIX, outras questões sociais, além da de pura transformação do trabalho escravo no livre, essas questões preocuparam os positivistas brasileiros; preocuparam um ou outro Joaquim Nabuco; um ou outro Sílvio Romero, influenciado por Le Play depois de se ter deixado orientar por Spencer; mas é curioso verificar-se como elas foram evitadas até 1919 pelo conselheiro Rui Barbosa, ao ponto de parecer ter havido de sua parte, durante longos anos, um como repúdio sistemático ao trato de tais assuntos. Nisto sua atitude assemelhou-se à de Tobias Barreto com relação ao problema do negro ou do escravo no Brasil – problema que alguns supõem ter sido desprezado pelo vigoroso revolucionário intelectual, para que não se verificasse ostensiva identificação de sua condição étnica com a do negro cativo do brasileiro branco. Pois seu próprio alemanismo talvez tenha sido, conforme antiga sugestão nossa ao professor Roger Bastide, que a vem considerando sociologicamente válida, uma como vingança ou um como desforço de brasileiro negroide contra aqueles outros brasileiros que, sendo brancos, o eram apenas por sua condição étnica de neolatinos, de neomediterrâneos, de neo-hispanos, faltando-lhes a perfeita arianidade que era a nórdica, particularmente a germânica; e com esta é que ele, Tobias, estava identificado pelo espírito; pela cultura; pelo intelecto; e de tal maneira que sua condição étnica de afro-brasileiro ele talvez a considerasse superada pela intelectual ou cultural, de homem impregnado, da cabeça até quase aos pés, de alemanismo jurídico, filosófico, literário. Sob essa convicção, não poderia nunca tornar-se um abolicionista, semelhante ao neolatino Joaquim Nabuco; muito menos aos Luiz Gamas e aos Josés do Patrocínio, negroides retóricos e sentimentais em sua exaltação das virtudes de uma raça que, aos olhos de um apologista, como Tobias, dos europeus por excelência superintelectualizados, que seriam os alemães, deveria representar a negação externa da intelectualidade em suas formas mais nobres, para apenas recomendar-se por suas qualidades de robustez, de afetividade, de sentimentalidade.

Não houve, aliás, na época, com a exceção talvez única de Antônio Pereira Rebouças, nenhum brasileiro descendente de africano mais retintamente negro ou mulato na sua aparência, que, sendo intelectual de categoria alta, se tornasse campeão ostensivo da causa do negro ou do escravo negro. Tito Lívio destacou-se por uma obra notável de sociólogo e antropólogo sobre a mulher, na defesa da qual intimamente ele talvez se esmerasse em defender o negro, raça que alguns sociólogos viriam a denominar raça-mulher; Anselmo da Fonseca, em ensaio sobre o abolicionismo, antes criticou os negros que traíam a causa da sua raça que revelou-se paladino dessa causa; o próprio Tobias, na Assembleia Legislativa da Província de Pernambuco, tendo se ocupado do assunto – a inteligência da mulher – para defender a tese de ser o sexo feminino tão intelectualmente capaz quanto o masculino, o fez de modo abstrato: evitando a consideração do *status* social da mulher no Brasil sob o aspecto de reflexo da opressão de classe senhoril sobre a servil, como, em sugestivo livro sobre Eça de Queirós e o nativismo brasileiro da época, lembra o pesquisador Paulo Cavalcanti. Isto, a propósito de ter se referido, naquela discussão parlamentar, a aspecto tão concreto do problema, não o revolucionário Tobias mas o conservador barão de Nazareth. O qual, ao recordar o trabalho de mulheres nos campos, insinuou serem elas servas ou escravas exploradas pelos seus senhores.

Não deixou Anselmo da Fonseca, em seu *A escravidão, o clero e o abolicionismo* de sugerir que era, a seu ver, erro ou equívoco buscar--se a causa dos "males sociais, econômicos e políticos" do Brasil, na "fisiologia das raças brasileiras", certo como lhe parecia serem em sentido contrário "as lições da história": "povos que hoje admiramos, todos, quando eram mais ignorantes do que nós somos, estavam em estado social ainda pior do que o nosso".[25] Mas sem insistir no assunto do modo incisivo por que nele insistira Joaquim Nabuco, em *O abolicionismo*. Talvez para que ninguém o supusesse sob a ação, como homem de cor, de "algum ressentimento particular, desafeição ou a dor de alguma injustiça ou ofensa recebida", como parece insinuar no prefácio ao seu ensaio.

É interessante, entretanto, que Anselmo da Fonseca tenha dedicado algumas das melhores páginas desse seu ensaio a registrar o fato de, no Brasil do seu tempo, encontrarem-se entre homens pretos ou de cor alguns dos "principais adversários dos escravos",[26] lembrando ter sido o aparente paradoxo já observado por Rui Barbosa. Rui explicava o fato de modo semelhante a Victor Hugo: pela circunstância de acreditarem aqueles negros ou homens de cor que "odiando a raça africana, ajudando a persegui-la", pareceria "a todos" que eles não tinham "o sangue dela".[27]

No livro de Anselmo da Fonseca vem fixado, a este propósito, caso expressivamente concreto: "Em 1884 apresentaram-se candidatos à Câmara dos deputados gerais por esta província [Bahia], cerca de 30 cidadãos. De todos eles só havia um homem de cor – era o conselheiro Domingos Carlos da Silva, ex-professor da Faculdade de Medicina desta província. Pois bem: foi o único que em documento escrito e público teve a coragem de pedir sufrágios em nome da escravidão. Foi além do Sr. Pedro Moniz – digno representante dos engenhos de Santo Amaro – e que, como os Srs. Lacerda Werneck e Coelho Rodrigues, votou contra a abolição dos açoites."[28]

Desse Domingos Carlos da Silva pode-se hoje dizer que foi dos que serviram, na época, de compensação a quantos Joaquins Nabucos desertaram da sua classe e da sua própria raça para se tornarem, como se tornaram Nabuco e alguns dos republicanos positivistas, também brancos ou caucásicos, pioneiros de uma reorganização social do Brasil que extinguisse os privilégios de raça e de classe ainda atuantes entre os brasileiros. Silva não parece ter sido politiqueiro vulgar mas homem consciente das responsabilidades dos conservadores brasileiros do seu tempo, no sentido de retardarem medidas abolicionistas ou reformistas demasiadamente rápidas, que para beneficiarem apenas escravos ou trabalhadores, prejudicassem de modo talvez fatal a lavoura, e, com a lavoura, o Brasil inteiro. Sua identificação de político brasileiro, era, a despeito da sua cor ou da sua recente origem africana, com a lavoura – base, no Brasil de então, da economia nacional; e não só da economia, como da sociedade, pensava o conselheiro Silva; pois desorganizada de repente a mesma economia, não sofreriam apenas os senhores de terras mas a nação brasileira "sem recursos para a cultura das terras" e "entregue a uma horda de salteadores", que seriam "os libertos". Todos haveriam de sofrer: inclusive – insinuava Silva, pensando talvez nos Joaquins Nabucos e nos Josés Marianos – "os filhos pródigos e insensatos que vivem dos sacrifícios dos pais, sem se lembrarem de que o dinheiro que dissipam vem todas as vezes diretamente da lavoura".[29]

Não nos parece que pelo fato de ser homem de cor faltasse ao conselheiro Silva, dentro do sistema social brasileiro – nos dias de Silva, sistema já de superação da condição étnica pela social dos homens – o direito de ser conservador em sua identificação com os interesses da lavoura e dos senhores de terras e no seu repúdio à demagogia, na verdade por vezes exagerada, retórica, subjetiva no mau sentido, com que alguns reformadores pretenderam transformar de modo rápido uma economia desenvolvida sobre o trabalho escravo em outra que passasse da noite para o dia a basear-se no trabalho livre. Direito igual aos dos Joaquins Nabucos de serem, neste particular, revolucionários, a despeito da sua condição de brancos, de caucásicos, de Paes Barretos: de afilhado – no caso específico de Joaquim Nabuco –, quase filho, de uma Da. Ana Rosa, senhora de engenho pernambucana, em quem se afirmavam, sob uma doce figura de mulher, todas as qualidades imperiais ou autoritárias dos últimos patriarcas agrários das terras brasileiras de açúcar: tanto que quis absorver no nome de família do seu defunto marido aquele que Joaquim conservara do pai, o senador do Império Nabuco de Araújo. Por pouco não se verificou tal absorção do nome do afilhado, filho de político ilustre da cidade, no da família do marido da madrinha rural, numa última demonstração de ser ainda a lavoura patriarcal e escravocrática a grande e decisiva força do sistema social brasileiro. Tese que viria a ser defendida com tão honesto fervor pelo afro-brasileiro Domingos Carlos da Silva quando repudiada por numerosos brasileiros caucásicos na raça, na cor; ou na condição étnica tanto quanto na social.

A tese escravocrática, defendeu-a principalmente Silva em "folha por 'ele só' redigida e denominada *União da Lavoura*" e que "não obstante" ter sido impressa na capital da Bahia, foi publicada com a data de "Caitité, 15 de outubro de 1884", naturalmente para acentuar-se nela o sabor rural ou a cor local. Não nos foi possível conhecê-la no original mas apenas na transcrição oferecida por Anselmo da Fonseca e pela qual se vê ter sido um dos documentos mais interessantes para a história, no Brasil, das ideias e atitudes conservadoras em oposição às liberais ou revolucionárias; e para o estudo do que houve de interpenetração de condições étnicas e de condições sociais, entre os defensores de umas e outras ideias, com as condições sociais preponderando sobre as étnicas na definição de atitudes aparentemente paradoxais. Donde não nos parecer justo o reparo do afro-baiano Anselmo da Fonseca sobre o também afro-baiano Domingos Carlos da Silva, de ter sido "ridícula" sua posição de conservador e escravocrata. Parece-nos que foi posição de todo conforme com a tendência brasileira para o brasileiro, negro ou descendente ostensivo de africano, vir-se sentindo, e sendo aos próprios olhos e aos olhos dos demais, brasileiro e não negro ou descendente de africano; vir comportando--se como tal: como brasileiro; e não como sobrevivente da condição étnica ou biológica, de origem do indivíduo, no Brasil superada pela social e cultural – inclusive a econômica ou a política – de brasileiro situado; de brasileiro condicionado pela cultura e caracterizado pela classe; de brasileiro definido, no tempo de Silva, pelo *status* de senhor ou de escravo; ou de aliado de senhor ou de escravo.

Chocante à primeira vista – mas não absurdo, sob o critério sociológico de análise de situações aqui esboçado – talvez deva ser considerado o caso, referido também por Anselmo da Fonseca, de certo "homem de cor" que deixou em 1887 de ser "assinante do *Diário da Bahia* pelo fato dessa folha – fiel aos seus precedentes – haver se recusado a publicar o anúncio de um ingênuo fugido". Esse senhor comentava Anselmo ser "conhecido como um dos mais intolerantes escravocratas da Bahia".[30] Talvez fosse apenas outro brasileiro, conservador em seu feitio e pela sua situação de cultura e de classe, mesmo que a cor política do seu partido o apresentasse como "liberal", e a cor da sua pele – a pardo-escura – o caracterizasse como descendente ostensivo de africano.

Seguramente "dois terços dos indivíduos que descem a tão ignóbeis misteres" – calculava em 1887 Fonseca, referindo-se aos feitores das fazendas, capitães do mato e corretores de escravos –, "são nesta Província, e provavelmente em todo o País, homens negros ou de cor".[31] Eram portanto "traidores dos seus irmãos", afirmava, numa atitude antibrasileira, por biologicamente etnocêntrica, de quem considerava os brasileiros negros ou de cor grupo à parte da comunidade brasileira; com deveres particulares, de uns para com os outros, que praticados sistematicamente por todos os negros e homens de cor no Brasil, teriam resultado na sua segregação da sociedade brasileira, em grupo semelhante ao israelita; ou ao negro, nos Estados Unidos; ou mesmo na África do Sul dominada pelos boêres. Para o desenvolvimento do Brasil em democracia étnica foi tão conveniente que, antes da Abolição, houvesse feitores, capitães do mato, corretores de escravos, negros e homens de cor – e não apenas brancos –, além de homens de cor escravocratas como o conselheiro Domingos Carlos da Silva – como que, durante a campanha da Abolição e a propaganda da República, alguns dos mais destacados abolicionistas fossem brancos finos de casas-grandes como os Joaquins Nabucos e os Josés Marianos que se distinguiram nesse empenho ou nesse esforço ao lado dos Luiz Gamas e dos Josés do Patrocínio; e que alguns dos mais fervorosos republicanos fossem também brancos do feitio social ou intelectualmente aristocrático de Quintino Bocaiuva, de Júlio de Castilhos e de Silva Jardim. Os quais, ao lado de mestiços também aristocratizados pela cultura como Glicério e Nilo e Alcebíades Peçanha, concorreram para dar substância civil e significado social ao movimento no qual já sugerimos ter a participação militar correspondido a uma insatisfação social mais profunda que a aparente.

Pois essa insatisfação – repita-se – era de numerosos jovens brasileiros de origem modesta e alguns mestiços, a quem as escolas – ou colégios – militares facilitaram a formação intelectual, secundária e superior. E com essa formação, oportunidades de ascensão social, completada pelo desejo de direção política do País. Era uma responsabilidade – a de direção política do País – no exercício da qual vinham se especializando – repita-se – os bacharéis em direito formados em escolas superiores de mais difícil acesso econômico para os brasileiros pobres que as militares. O próprio fato de não haver vingado entre nós a beca ou batina – como a de Coimbra – para os estudantes de cursos superiores civis, parece ter contribuído para essa dificuldade, dado o costume, que cedo se desenvolveu no Império, de os estudantes das escolas superiores trajarem como se fossem doutores: sobrecasaca, cartola, botinas caras e bengala, de preferência de castão de ouro, que os distinguisse, com outras insígnias, dos caixeiros e mecânicos da mesma idade. Era todo um enxoval caro, o de que necessitavam estudantes de direito, de medicina, de engenharia, mesmo quando moradores de "repúblicas" boêmias e franciscanamente pobres quanto ao mobiliário ou ao conforto. Enquanto nem esse nem outros problemas econômicos que definissem ou caracterizassem o ensino superior como aristocrático ou altamente burguês existiam para os estudantes dos cursos militares. A farda era para eles um equivalente da batina universitária: trajo igualitário ou democrático de escolares, fosse qual fosse sua origem social ou sua situação econômica.

Compreende-se assim – insista-se neste ponto – que o ensino militar superior tenha contribuído, desde o Império, para a democratização social e étnica do Brasil, pelas oportunidades, não que criou, mas que estendeu, de acesso às altas responsabilidades nacionais, de homens que, sem o mesmo ensino, dificilmente teriam adquirido a instrução necessária ou essencial à sua ascensão ao poder político e ao prestígio social, de resto favorecida pela aura heroica de que a campanha paraguaia cercou, aos olhos dos meninos e adolescentes brasileiros, a carreira militar. A carreira de Osório, de Caxias, de Tibúrcio. Homens – repita-se daqueles jovens – em grande número de origem modesta, embora alguns já constituíssem rebentos de certo modo nobres de dinastias, através de gerações de militares por assim dizer natos, como no norte do Império, os Fonseca Galvão e, no sul, os Mena Barreto. E essa origem modesta, incluindo brancos de famílias que se empobreceram pela força de circunstâncias econômicas, em um país de organização patriarcal e aristocrática, onde, entretanto, não vingou, a não ser por exceção, o morgadio. Brancos pobres; ou brancos de famílias adventícias ou novas no país: filhos de imigrantes não só portugueses como de outras origens, chegados ao Brasil, em situação precária ou modesta, mas que pelo seu trabalho, aqui prosperaram dentro de alguns anos depois de sua chegada ao Império. Tal o caso de Lauro Severiano Müller, filho de colonos alemães de Santa Catarina, que, através de estudos militares no Rio de Janeiro, tornou-se um dos principais líderes da República brasileira.

Em plano inferior ao dos estudos militares, rivais dos jurídicos, dos médicos, dos teológicos, dos politécnicos, contribuiu para aquela democratização o ensino técnico, principalmente o oferecido pelos seus liceus chamados de artes e ofícios, fundados no Brasil ainda no tempo do segundo imperador; e frequentado por grande número de mestiços. Na necessidade desse ensino, nenhum homem público da época insistiu tanto e com tanta objetividade como Joaquim Nabuco; nem mostrou melhor que ele o erro de identificar-se o exercício das artes mecânicas com a condição étnica de negro – ou de pardo – ou com a social, de escravo. Para Anselmo da Fonseca chegara a ser dogma na Bahia a ideia de não ser próprio do brasileiro livre trabalhar senão no exercício das artes liberais; e esse dogma, longe de ter sido apenas baiano, se estendera a quase todo o Império, sofrendo refração apenas naquelas subáreas do território nacional dominadas pela presença de colonos suíços e alemães. Isto é, naquelas subáreas onde esses colonos foram em número tal que puderam constituir, como constituíram por algum tempo, grupo à parte da comunidade brasileira; e caracterizados na sua vida um tanto à parte da do complexo imperial-patriarcal-escravocrático, pelo exercício das artes mecânicas e da pequena lavoura: atividades nas quais alguns desses neobrasileiros tornaram-se, dentro de alguns anos, mestres, alguns valendo-se de plantas tropicais na lavoura, outros, de madeiras dos trópicos na execução de trabalhos de marcenaria. Foram trabalhos, esses, em que se tornaram famosos, artesãos germânicos de Petrópolis e no Recife. Inclusive Spieler, cujos móveis vieram a tornar-se, na segunda metade do século XIX, rivais em beleza e solidez dos fabricados na província de Pernambuco pelos franceses Bérenger, pai e filho, na primeira metade do mesmo século. Móveis e escadas de madeira para sobrados patriarcais: especialidade do mestre alemão que tanto quanto os dois franceses teve aprendizes brasileiros. Desses aprendizes, aliás, os três europeus devem ter aprendido alguma coisa do Brasil e de matérias-primas brasileiras; mas a eles muito ensinaram, decerto, de arte ou de técnica norte-europeia, comunicando-lhes, ao mesmo tempo, um novo sentido da dignidade do trabalho manual.

Essa valorização do trabalho manual verificou-se, de modo mais sistemático, através dos cursos franqueados a rapazes pobres pelos liceus de artes e ofícios, dos quais começaram a surgir, ainda no Império, mestres marceneiros, carpinteiros, construtores porventura senhores de conhecimento mais sistemático de suas artes que os antigos aprendizes de artesãos particulares, brancos ou mestiços. Tais artesãos, ainda impregnados da ideia medieval de guardarem os segredos de suas técnicas ou de só os comunicarem a raros dos seus aprendizes, concorreram a seu modo para o ensino técnico no Brasil-Colônia e no dos primeiros decênios do Império; mas foi nos liceus de artes e ofícios que esse ensino adquiriu no Segundo Reinado e na República de 89 amplitude. E também foi com esse ensino que se criou, entre nós, ambiente favorável ao despertar, entre trabalhadores manuais categorizados, de uma consciência proletária, que Joaquim Nabuco muito procuraria desenvolver entre os homens de trabalho da sua cidade natal: o Recife.

O que houvera até então dessa consciência entre artesãos e trabalhadores brasileiros, parece ter sido vago, embora não se devam perder de vista certas tendências nesse sentido, esboçadas desde os dias coloniais. Sucedera, porém, que até o meado do século XIX pouco se fizera sentir, entre brasileiros livres, quer brancos, quer mestiços, quer pardos, que fossem pobres, a necessidade de trabalho. Durval Vieira de Aguiar nos fala, em sua *Descrição da Bahia*, de cidades do Império, que até o fim do regímen monárquico se conservaram centros de populações tão ociosas que nelas o único passatempo era, para muitos, "a entrada e a saída dos vapores, a armadilha de passarinhos ou a prosa".[32] O que ele não se sentia com direito a censurar pois considerava "tudo como natural consequência da falta de indústria e de lavoura e da abundância de recursos providenciais para viver-se nesta nossa abençoada terra", sendo que, por "falta de lavoura", queria dizer a falta de lavoura pequena e média, diversificada, que viesse substituindo a "lavoura da cana, hoje defunta, não obstante as concessões, isenções de impostos e auxílios de capitais, sob a garantia de terras depreciadas, cada vez mais monopolizadas pelos compromissos das transações quase hipotecárias".[33] Mesmo na capital da Província – cidade que chegou à segunda metade do século XIX considerada "a segunda [...] do País pelo seu grande comércio e lavoura [...] e com relações diretas com todas as capitais do mundo, não só por linhas de vapores como pelo fio elétrico submarino. [...] O maior defeito" era "a falta de trabalho e o aumento progressivo da população proletária", defeito ou mal atenuado pela circunstância de ser fácil a alimentação e de haver "muito relacionamento das classes e das raças..."[34] De modo que a mendicidade se limitava aos "inválidos" e aos "decrépitos". Entretanto, era tempo para começar-se a suprir com trabalho população tão considerável; com trabalho e com instrução.

Sabe-se por outro observador da época, também baiano, que na então segunda capital do Império carpinteiros, calceteiros, sapateiros, catraieiros, ferradores, cabeleireiros, jardineiros eram "quase todos escravos por seus senhores postos no ganho". Que passado o meado do século XIX, raras eram ainda, na capital da Bahia, as carroças destinadas a conduzir fardos, tal o número de escravos pretos disponíveis para esses serviços, sendo os volumes de peso regular conduzidos na cabeça e os de grande transportados por meio do chamado pau-e-corda: "descansando cada uma das extremidades de dois paus colocados paralelamente sobre os ombros de 3 homens, a esses paus se atavam duas longas cordas, sobre cuja concavidade descansava o fardo." O meio de transporte dos abastados prolongou--se na capital da Bahia sob a forma das cadeirinhas de armar, em que eram escravos que faziam as vezes de cavalos. E não havendo encanamento de águas para o interior das casas nem fábrica de gás de iluminação, nem, tampouco, esgotos, continuaram os escravos na então segunda capital do Império, por mais tempo do que na então primeira e na então terceira, a transportar água, a iluminar as ruas para seus senhores, a carregar de suas casas para as praias o excremento e o lixo,[35] a fazer, por conseguinte, as vezes de carros de água, de carros de esgotos, de lampiões de gás. Isto a despeito de ter tido a Província por presidente em 1850 um homem de visão superior à dos simples burocratas: Francisco Gonçalves Martins, futuro visconde de São Lourenço. Não pôde, é claro, Martins libertar de repente de todos os arcaísmos, na sede da Província por ele governada, o sistema de trabalho, em transição de escravo para livre; mas deu golpe decisivo na preponderância daqueles arcaísmos vindos da época colonial. Esse golpe, que teve repercussões profundas, foi permitir que os irmãos Cardoso, valendo-se de lei já existente mas inoperante, organizassem "o serviço dos saveiros por pessoas livres":[36] "o primeiro fato ocorrido na Província da Bahia relativamente à substituição do trabalho servil pelo trabalho livre".[37] Fato que os próprios trabalhadores livres passaram a considerar tão significativo para eles e para os baianos, que durante anos o comemoraram pomposamente com uma festa que se tornou quase tão característica da Bahia quanto as novenas de igreja; e que foi seguido de outras substituições maciças de trabalho escravo pelo livre. Inclusive a de transporte de fardos, difícil por se envergonha-rem os homens livres de executar serviço particularmente associado à condição de escravo. De modo que essa substituição só se tornaria efetiva vinte anos depois da primeira, e sendo Francisco Gonçalves Martins, pela segunda vez, presidente da Província. Organizou-se en-tão a Companhia União e Indústria, de carregadores livres, da qual o *Diário da Bahia*, na sua edição de 8 de dezembro de 1870, dizia que vinha "oferecer emprego e lucro lícito a muitos brasileiros que precisa-vam de campo à atividade natural até então desocupada".[38] Na União e Indústria, achavam-se "voluntários da pátria": homens que haviam feito a campanha paraguaia. É curioso que nesse grêmio pioneiro de carregadores livres houvesse, pouco depois de ele organizado, quem se empenhasse em não admitir africanos, querendo-o exclusivo de brasileiros.[39] Nativismo grosseiro que encontrou desaprovação da parte da melhor imprensa baiana.

O de que mais necessitavam esses homens livres, que agora começavam a se organizar em grêmios, era de instrução. Martins não só como homem de governo como na sua qualidade de particular, procurou concorrer para desenvolver a instrução profissional entre os brasileiros livres mas pobres da Bahia. Esse tipo de instrução considerava-o essencial à substituição do trabalho escravo pelo livre que valorizasse os brancos, mestiços e negros pobres: tão essencial que devia preceder esforços no sentido de estimular-se a imigração dos europeus. O dinheiro a ser despendido nesse melhoramento começaram a pensar vários brasileiros da época em que foi se acentuando a necessidade de substituir o trabalho escravo pelo livre – após a Lei do Ventre Livre – que poderia o Império empregá-lo com maior vantagem para o Brasil, pondo em prática ideias já esboçadas pelo visconde de São Lourenço, que faleceu precisamente em 1872; uma delas, a de se instruírem, brasileiros natos, quando ainda meninos pobres, para melhor e facilmente trabalharem; outra, a de socorrerem governos e particulares "os milhares de crianças abandonadas e entregues à miséria" as quais poderiam tornar-se "robustos e inteligentes operários".[40] A instrução apresentava-se assim como "o meio mais eficaz" de valorizar-se tal elemento humano: "a instrução profissional [...] a cargo de estabelecimentos especiais".

Era a essa necessidade que vinham correspondendo de modo específico, nas principais cidades do Império, os já referidos liceus de artes e ofícios; a ela que começaram a corresponder institutos como os da Providência, fundado no Amazonas, por D. Antônio Macedo Costa, para assimilar cristãmente selvagens à civilização brasileira: obra em que os positivistas brasileiros – os militares, principalmente Cândido Mariano da Silva Rondon, quando orientador do Serviço de Proteção aos Índios – não tardariam a se tornar, por algum tempo, rivais dos missionários católicos. Mas sem que, neste particular, a ação positivista, oficializada pela República de 89, viesse a inutilizar a católica, do modo por que alguns dos positivistas mais severamente lineares em sua interpretação do "progresso" da fase teológica para a científica, imaginaram que sucederia. A verdade, porém, é que dentre as figuras que mais animaram o mil e novecentos brasileiro de saudável brasileirismo, nenhuma se afirmou tão representativa das melhores, ainda que por vezes ingênuas, virtudes positivistas e republicanas de 89, que Rondon. Coincidiu sua ação com o empenho de Euclides da Cunha em integrar, além dos sertões, a Amazônia – suas terras, suas águas, sobretudo seus indígenas – no complexo brasileiro de civilização: empenho a que ficaria devendo a literatura brasileira algumas das melhores páginas de sabor romanticamente telúrico escritas no período aqui considerado: as do próprio Euclides e as do seu discípulo Alberto Rangel; e também algumas das escritas por Inglês de Souza e por José Veríssimo. De ciência, ao mesmo tempo que de literatura, seriam escritas no fim da mesma época, as páginas, também memoráveis, da *Rondônia*, traçadas por E. Roquette-Pinto; e onde a obra, aliás admirável, de Couto de Magalhães, *O selvagem*, é ultrapassada na intensidade de propósito, na concentração de análise e no arrojo de síntese com que o cientista-escritor, um tanto discípulo de Rondon, interpreta a vida e a cultura de um grupo telúrico de brasileiros em potencial.

Isto, enquanto no Rio Grande do Sul se escrevia outra obra-prima, esta só de literatura, em que também se exaltam virtudes de gente primitiva sob a forma virgem e ingênua de uma criança, vítima ou mártir da opressão dos civilizados: *O negrinho do pastoreio*. E na Bahia, Nina Rodrigues produzia seus notáveis estudos de ciência, um tanto prejudicada pelo "arianismo", sobre os negros africanos em suas relações com a civilização brasileira que de escravocrática acabara de passar a livre; e de monárquica a republicana. O que ninguém escreveu na época foi uma grande obra – apenas esboçada por Joaquim Nabuco em *O abolicionismo* – sobre a transição, que então se operava, nas normas de trabalho.

Em 1889, escrevia, é certo, Pires de Almeida, no seu *L'Instruction Publique au Brésil*,[41] que "*au Brésil, le nombre de ceux qui peuvent vivre sans travailler eux-mêmes s'est considérablement réduit depuis vingt ans et ce petit nombre même diminue chaque jour...*" Acrescentando: "*Or, l'instrument le plus précieux, indispensable même du travail, c'est l'instruction. Sans elle, l'homme ne vaut que par la force de ses bras et de ses jambes, par l'adresse de ses mains, par quelques heureux dons de l'esprit inculte...*" Enquanto o instruído *"peut, quelque part qu'il soit né, conquérir le rang dont il se rend digne par son énergie, sa moralité et son intelligence".*[42]

Aí se refletia o pensamento quase oficial, mas um tanto platônico, do Império acerca da instrução, em geral e, em particular, da capaz de favorecer, pelo ensino especial de arte ou ofício, o homem livre, mas pobre. Era o ensino desse tipo uma crescente necessidade num país em que o governo imperial sabia, desde a Lei do Ventre Livre, estar o trabalho escravo com os dias contados; por conseguinte em fase de começar a ser substituído pelo do técnico e do operário livre. Era este operário ou técnico, que à sua condição de livre devia juntar a instrução que de simples substituto de escravo o elevasse, fosse qual fosse a sua cor, a homem tão capaz – sendo superiores sua inteligência e sua vontade – como qualquer dos Rebouças ou dos Torres Homens, de se tornar grande do Império.

Fora em 1858 que se estabelecera no Rio de Janeiro o Liceu de Artes e Ofícios, numa das salas do consistório da Igreja do Santíssimo Sacramento. Nos seus trinta anos de atividade, rememorados em 89 por Pires de Almeida, vinha prestando serviços valiosos à capital do Império; e nos últimos anos do regímen imperial já em outras cidades brasileiras, como Salvador e o Recife, se haviam fundado estabelecimentos idênticos. Segundo Pires de Almeida era um tipo de instrução, o ensino ministrado aos brasileiros livres e pobres pelos liceus de artes e ofícios, que à vantagem social de prepará-los para ser homens úteis ao Brasil, juntava a conveniência especificamente política de fechar, entre eles, as portas *"aux idées de révolution et de changement de gouvernement..."*[43] Começara a industrialização da economia brasileira; e segundo os líderes industriais, a falta de instrução entre os operários, dificultando o desenvolvimento de suas faculdades, era, ao mesmo tempo, um obstáculo ao progresso da indústria no Brasil.[44]

Em 1878 o Liceu de Artes e Ofícios da capital do Império contava já 1.049 alunos, sendo 359 de 10 a 15 anos; 405, de 16 a 20; 170, de 21 a 25; 70, de 26 a 30; 32, de 31 a 35; 9, de 36 a 40; 4, de mais 40; e dos quais 814 brasileiros, 177 portugueses, 14 franceses, 4 ingleses, 17 italianos, 10 espanhóis, 2 alemães, 1 austríaco, 1 chileno, 2 orientais,

2 argentinos, 5 paraguaios. Possuía gabinete de física, laboratórios de química e biblioteca. Em 1880, o número de alunos se elevava a 1.341![45] Em 1883 Niterói passou a possuir também seu Liceu de Artes e Ofícios, dirigido pelos salesianos, com ateliês de tipografia, encadernação, alfaiataria etc. e cursos de música instrumental.

Já havia então no Império, ministrando a jovens brasileiros ensino profissional de caráter superiormente técnico, além da Escola Politécnica do Rio de Janeiro, a de Minas, de Ouro Preto; o Instituto de Surdos-Mudos do Rio de Janeiro; a Academia de Belas-Artes, também do Rio de Janeiro; o Instituto Farmacêutico; Escolas Normais; um curso de horticultura em Santa Cruz; as Faculdades de Medicina da Bahia e do Rio de Janeiro com seus cursos de Farmácia; o Instituto Providência, fundado no Amazonas pelo Bispo D. Antônio Macedo Costa para a educação dos indígenas, com aulas de primeiras letras e ateliês ou oficinas de vários ofícios; vários cursos militares elementares, de aprendizes de soldados e marinheiros, além das escolas para a formação de oficiais. Desses estabelecimentos foram saindo, do mesmo modo que dos liceus de artes e ofícios, em número crescente, brasileiros capazes de substituir de modo, em geral, vantajoso, em várias atividades, os antigos práticos disto e daquilo; os artesãos isolados e às vezes arcaicos nas suas artes; os mestres de obras; os negros e até escravos que estendiam sua arte, chamada pejorativamente, de "barbeiros", a outras artes.

Houve ainda no Império, um começo de valorização desses ofícios, dessas artes, dessas técnicas, dessas ciências, que se acentuaria na República, vindo a merecer especial e significativo carinho da parte de Nilo Peçanha quando, vice-presidente da República, subiu à presidência por morte de Afonso Pena. Passada sua fase heroica de consolidação, esmerou-se a República de 89 em obras de engenharia, de saneamento e de higiene em que os técnicos nessas várias especialidades foram chamados por governos animados de fervor progressista a desempenhar tarefas importantes. Daí a valorização social, e especificamente política, desses técnicos, alguns dos quais se tornaram líderes políticos em nada inferiores, na sua influência sobre a política nacional ou estadual, aos bacharéis em direito e aos militares mais ou menos "sociólogos" dos primeiros anos da República. Tais os casos de engenheiros como Pereira Passos e Paulo de Frontin; de médicos como Joaquim Murtinho e Afrânio Peixoto; de farmacêuticos como Graciliano Martins, em Pernambuco e Lindolfo Color, desde jovem figura prestigiosa na política, ao mesmo tempo que nas letras, do Rio Grande do Sul. Isto sem nos esquecermos de que, datando dessa fase o despertar de uma consciência proletária na vida brasileira, foi também esse o período em que começaram a surgir nas assembleias dos Estados e no próprio Congresso da República, por uma como homenagem dos partidos políticos a uma ainda imprecisa corrente de opinião popular ou operária, homens, de ordinário mestiços, aos quais se atribuía a representação do trabalho, ou das artes mecânicas. Um deles foi o nada mestiço mas, ao contrário, nórdico na raça, Jerônimo José Teles Júnior, que em seu diário, ainda em manuscrito, escrito no Recife durante os últimos anos do Império e os primeiros da República, confessa-se desencantado com seus companheiros de lutas a favor de reivindicações de artistas ou homens de trabalho: gente na época ainda muito próxima da escravidão para comportar-se como a livre, dos países europeus.[46]

Dos operários urbanos do Brasil, numa época, como o último decênio do século XIX, em que a República era ainda "uma nova ordem de coisas muito recente", escreveu o alemão Lamberg que eram "honestos", ainda que, por vezes "vagabundos"; e que alguns já tinham suas associações sem, entretanto, "quererem transformar radicalmente os alicerces da sociedade". Mesmo porque não se sabia então no Brasil o que fossem "comunistas, anarquistas e democratas sociais exaltados". Não havia "sublevações populares, atentados de dinamite, morticínios gerais"; nem sequer se observava a olho nu "luta entre o capital e o trabalho", talvez por não se terem ainda desenvolvido "grandes indústrias". Viviam os operários, na sua maioria, "afastados das contendas políticas, muitas vezes até com prejuízo da boa causa". Não pareceu, porém, nem a Lamberg nem a outros observadores estrangeiros que na época fixaram um pouco de sua atenção nesse aspecto da vida brasileira, que sofressem opressão sistemática nem da parte do "governo", nem da parte dos "ricos". Aliás os brasileiros, gente do povo, eram, segundo Lamberg, "povo bom, pacífico e pouco amigo de feitos heroicos", embora "em certas circunstâncias" tivesse já "dado provas de coragem e de amor à pátria".[47]

Um pormenor deve ser posto em destaque: o de terem particulares concorrido, desde o fim do Império, sem nenhuma pressão ostensiva da parte dos seus empregados, para melhorar a condição dos mesmos empregados. Mr. C. C. Andrews, tendo estado no Brasil nos primeiros anos do decênio 1880-1890, observou em São Paulo ter a Santos and São Paulo Railroad Company introduzido entre os empregados da companhia a "semana inglesa", além de proporcionar ao pessoal dos escritórios facilidades de recreação e instrução que ele nunca vira antes em parte alguma, proporcionadas por patrões a empregados: "*I had never before seen anything of the sort [...]*".[48] É verdade que em contraste com essas antecipações, havia no Brasil da mesma época escravos nem sempre bem tratados pelos senhores, quando novos-ricos ou industriais – esses senhores – sequiosos de lucros rápidos que ultrapassassem os dos agricultores; e abolida a escravidão patriarcal em 88, formas nada patriarcais nem sempre benignas de trabalho escravo se desenvolveram nos seringais do Amazonas. Em época alguma o Brasil parece ter vivido, neste e em outros particulares, tantos tempos sociais contraditórios e antagônicos, como na evocada neste ensaio: o período mais agudo de transição do trabalho escravo para o livre. Assunto a que voltaremos noutro capítulo.

Conveniente, e muito, à unidade brasileira não só de tempo social como de tipo étnico-social, foi a considerável transferência de população escrava – negra ou de cor – que se verificou do Norte para o Sul nos últimos decênios do Império. Concentrando-se grande parte dessa população em São Paulo – próspero com os altos preços que o café brasileiro, isto é, paulista, vinha alcançando no exterior – pôde ser beneficiada pelo encontro, na mesma área, com italianos raramente refratários à união sexual com mulheres de cor. Daí resultou a absorção de parte não pequena da população negra, concentrada em São Paulo, pela italiana, que desde os últimos anos do Império vinha também se concentrando na mesma área; e com essa absorção, o desenvolvimento de um belo e eugênico tipo mestiço: o ítalo-africano. Notou-o com agrado o olhar, no caso autorizado, de um observador português que no começo do século XX visitou o Brasil, tendo fixado sua melhor atenção no progresso paulista. "Tenho aqui [em São Paulo], mais que no Rio, a impressão [...] da penetração de raças", predominando "o italiano", escreveu Sousa Pinto no seu

Terra moça. São Paulo deu-lhe em 1905 a impressão de "uma cidade italiana". Com uma população de 3 milhões, São Paulo – isto é, o Estado – albergava então para mais de 1 milhão de italianos. Havia italianos de toda espécie: desde o meridional e palreiro ao lombardo, com os portugueses batidos não só por eles como pelos polacos. E os problemas de choques entre raças e culturas vinha se resolvendo através de "afinidades estranhas e conúbios imprevistos", dos quais já resultavam "novos tipos, oriundos dos cruzamentos mais diversos". Entre esses tipos, "figurinhas de tez baça, olhos azuis e cabelo louro", atribuídos por Sousa Pinto ao cruzamento, não de italianos meridionais, porém lombardos, com negras; outros pareciam resultar da união de caboclos com italianas. Tipos considerados por Sousa Pinto "verdadeiramente excepcionais e graciosos".[49] O abrasileiramento de europeus e africanos se verificava a olho nu, a despeito da impressão de italianização do luso-brasileiro que à primeira vista se recebia da capital de São Paulo, no alvorecer do século XX. Nos letreiros das lojas, uma mistura constante de italiano e português – uma casa chamada Bottighierra alla Ponte dei Sospiri, por exemplo. Condutores de bondes, carroceiros, criados, engraxates italianos. Comerciantes, industriais, jornais italianos. Restaurantes, alfaiatarias. Nas livrarias, a voga de Eça de Queirós ameaçada pela de D'Annunzio e pela de Ferrero. Aliás, o engraxate italiano foi, na época considerada neste ensaio, uma instituição brasileira e não apenas paulista, ao lado do tenor italiano, do trágico italiano, da culinária italiana. D'Annunzio, Ferrero, Ferri estiveram por algum tempo entre os autores estrangeiros mais lidos pelo brasileiro, não só em São Paulo como no Rio de Janeiro, em Porto Alegre, no Recife, em Manaus. Cidades que foram também alcançadas pela influência, quase sempre má, de construtores italianos: um deles Januzzi, no Rio de Janeiro. E do norte ao sul do País, foram muitos os meninos brasileiros nascidos no fim do século XIX e no próprio começo do século XX que receberam de pais anticlericais ou simplesmente românticos, o nome de Garibaldi.

Note-se ainda, da presença italiana no Brasil, através de uma imigração que, na época considerada neste ensaio, superou todas as outras pelo número e pelo vigor, ter resultado em considerável reforço do caráter não só europeu, em geral, como latino e católico, em particular, da civilização que aqui vinha se desenvolvendo: latinidade e catolicidade de certo modo ameaçadas pela presença alemã tanto no Rio Grande do Sul e em Santa Catarina como em São Paulo e no Espírito Santo. Verificou-se esse reforço étnico-cultural em período agudo de desapreço, da parte do brasileiro médio, pelas suas origens hispano-católicas – particularmente luso-católicas – sob a sedução de evidências de superioridade técnica de anglo-saxões e alemães, predominantemente protestantes: superioridade interpretada pela gente mais simplista de então, até na França, como absoluta ou total. Foi no sentido desse reforço essencial da base ou da estrutura latina e católica que se manifestaram publicistas da época, preocupados com o problema do futuro brasileiro. Um deles, o A. D'Atri que publicou em francês, em Paris, em 1901, um livro sobre Quintino Bocaiuva; e para quem o pangermanismo representava perigo não pequeno para o Brasil latino. Outro, Luciano Pereira da Silva, autor de *A necessidade de um equilíbrio americano ante a política de expansão dos Estados Unidos*, livro aparecido no Recife em 1905.

Não deixou de agir no mesmo sentido e de contribuir para a reabilitação, entre nós, de desprezados valores latinos e católicos, o começo de reação espiritualista iniciada nos meios intelectuais pelo filósofo R. Farias Brito: um antiTobias. Pois sua reação atingiu em cheio o germanismo do mestiço sergipano, fascinado pelo cientificismo em que se requintara parte da filosofia alemã na segunda metade do século XIX.

Um paradoxo sociológico é que para a reabilitação de valores católicos e latinos que começou a processar-se nos meios intelectuais do Brasil desde o fim do século XIX concorreu fortemente a presença, em conventos brasileiros de franciscanos e beneditinos, de frades e monges alemães que vieram substituir os nacionais. Donde a revolta de maçons e anticlericais contra a influência do "frade estrangeiro" no Brasil ter precisado de ser, um tanto contraditoriamente, uma revolta contra o católico alemão e não apenas contra o dos para eles decadentes países latinos.

Notas ao Capítulo VI

1. Bryce, op. cit., p. 418.

2. Bryce, op. cit., p. 419.

3. Alfredo de Paiva, *Questões políticas e sociais*, cit., p. 19.

4. Paiva, op. cit., p. 48.

5. Fletcher e Kidder, op. cit., p. 133.

6. Frank Bennett, *Forty Years in Brazil*, cit., p. 61. Sobre o assunto escreveu o alemão Lamberg: "Nenhum estrangeiro é aqui desprezado pela sua religião ou a sua nacionalidade. É estrangeiro, e está dito tudo; seja judeu, muçulmano, católico, protestante, francês ou alemão é considerado na vida pública e particular segundo o seu valor pessoal [...]. Nenhum dos relativamente muitos judeus que aqui vivem sofre humilhações, seja lá de que modo for. São na maioria pequenos industriais e alguns, mas poucos, negociantes por atacado e mascates [...]. É esta também a profissão dos turcos e árabes, dos quais, há poucos anos, têm emigrado para o Brasil algumas centenas" (op. cit., p. 94).

7. I, p. 524.

8. Rio de Janeiro, 1895, p. 7.

9. Bennett, op. cit., p. 119.

10. Bennett, op. cit., p. 119.

11. Bennett, op. cit., p. 131.

12. *Le Brésil d'aujourd'hui*, Paris, 1910, p. 249-250.

13. Burnichon, *Le Brésil d'aujourd'hui*, cit., p. 17.

14. Burnichon, op. cit., p. 318.

15. Burnichon, op. cit., p. 319.

16. *O Almanaque Republicano* (Rio de Janeiro), para 1889, no seu registro de acontecimentos do dia 18 de dezembro de 1888, já descrevia a Guarda Negra como composta de "homens negros metidos em largas roupas também negras ou vestindo ternos espantados, de casimira barata. O charuto nos cantos dos lábios, os olhos congestionados pelo álcool, os grandes 'petrópolis' manejados como

para intimidar [...]". Também *A República Brasileira* (Rio de Janeiro), de 16 de julho de 1889, assim a descrevia: "[...] turbamulta da inconsciência e da baixeza servil [...]". Para a mesma *A República Brasileira*, de 25 de julho de 1889, "no Recife como em São Paulo, como em Porto Alegre, como aqui, como em Salvador" havia "a grande ralé popular, a lama do fundo da caldeira, que sempre ferve [...] ou aos pés de um suposto ídolo ou aos pés de uma autoridade [...]". Era "a grande canalha", "a gentinha", que não devia ser confundida com o povo. Tal "gentinha" acompanhava José Mariano no Recife, acentuava *A República Brasileira* e não passava de uma "casta faminta que chamam por grossa hipérbole 'povo'". Era semelhante aos "negociantes palermas" que iam "atrás do palavrório do Sr. Gaspar, no Sul"; e aos "ricaços confederados" que se reuniam "em volta do tesouro do Sr. Prado, em São Paulo"; nenhum desses grupos podendo ser caracterizado como povo brasileiro. Para *A República Brasileira* o povo brasileiro era apenas aquela gente que aclamava Silva Jardim nos comícios. Já foi lembrado, em capítulo anterior, a propósito do depoimento de Luso Torres sobre a proclamação da República no Maranhão, que no Brasil a gente negra, fiel à Monarquia, soube morrer pela causa monárquica – embora esse martírio não conste das histórias oficiais e seja aqui destacado quase pela primeira vez. Dizemos quase porque no seu livro *Figuras da República Velha*, publicado no Rio de Janeiro em 1941, João Lima recorda ter sido o Maranhão "a única terra brasileira onde se derramou sangue pela Monarquia" e este sangue de negros que "se lançaram às balas..." (p. 78). Foram "mais de 20" os ex-escravos que pereceram, varados pelas balas da guarda do Palácio do Governo, já republicano, comandada por um alferes Belo.

17. Elísio de Araújo, *Estudo histórico sobre a Polícia da capital federal*, Rio de Janeiro, 1898, p. 113.

18. Andrade Figueira, *A década Republicana – Cousas da República,* Rio de Janeiro, VII, p. 294-295.

19. Andrade Figueira, op. cit., VII, p. 245.

20. Andrade Figueira, op. cit., VII, p. 245-246.

21. Andrade Figueira, op. cit., VI, p. 226-227.

22. Andrade Figueira, op. cit., VI, p. 228. Do arquivo do general Guilherme Lassance, secretário dos condes D'Eu quando no Brasil, constam entre outros manuscritos interessantes para a história social do Brasil, pedidos de brasileiros de várias partes do Brasil no sentido de serem concedidas aos seus filhos adolescentes matrículas gratuitas em escolas militares. O referido arquivo se acha em nosso poder graças à gentileza dos descendentes e parentes do ilustre militar: principalmente do ex-senador Hamilton Nogueira.

23. Andrade Figueira, op. cit., VI, p. 230. Numa das suas cartas sertanejas escritas no fim da era imperial, Júlio Ribeiro insurgiu-se contra a afirmativa de Lúcio de Mendonça de ser bacharel (em direito) "título positivo", salientando das escolas brasileiras de ciências jurídicas que eram então

"antros de metafísica". Reconhecendo embora que desses "antros" viessem saindo "homens da estatura de Cândido Mendes, de Nabuco de Araújo, de Tobias Barreto, de Vieira de Carvalho, de Teixeira de Freitas" e outros, destacava que "Paranhos era formado em matemática", que Ottoni era outro homem público, formado em matemática, que "Ladislau Neto, Capistrano de Abreu, Quintino Bocaiuva, Joaquim Serra" não tinham "diploma algum" (*Cartas sertanejas*, Rio de Janeiro, 1885, Carta IX).

Confirmando observações de Lamberg e de outros estrangeiros que se ocuparam da situação do ensino no Brasil no fim da era imperial e no começo da época republicana, é deveras expressivo o depoimento que nos trouxe há mais de vinte anos, quando apenas esboçávamos o plano do presente ensaio, distinto oficial do Exército brasileiro que será aqui designado pelas iniciais X. Y. Segundo esse militar, profundo conhecedor do assunto, era um ensino "sem expressão prática" o dos militares brasileiros, quando o Império teve de enfrentar os problemas criados pela guerra com o Paraguai: "Daí erros de concepção que se arrastaram até a Guerra do Paraguai onde deveríamos levar à frente um grande número de doutores, cheios de citações filosóficas, de definições de estratégia, de noções de cálculo, mas incapazes de empregar o material que a indústria lhes punha na mão e compreender as novas características da guerra. E assim entramos naquela luta com um enorme cabedal de erros e só os resgatamos a peso de muito sacrifício, de muita dor e de muita abnegação. Pagavam os nossos oficiais as deficiências de que eram as primeiras vítimas e que se resumiam na incompreensão de suas funções [...]". Mesmo depois dessa experiência, o Exército teria continuado a ser desdenhado por Pedro II: "[...] não só o imperador não tinha pelo Exército nenhuma estima como não o soube dignificar. Daí ser ele mal pago; mal recrutado; mal constituído. Daí a sua incultura geral, a sua heterogeneidade e o divórcio natural entre ele e o resto da nação". Da experiência na Guerra do Paraguai, nada teria lucrado o Brasil: "Em primeiro lugar, porque os que a fizeram não foram aproveitados. Nas escolas permaneceram os mesmos professores, os mesmos erros, a mesma mentalidade e as lições aprendidas e apuradas nos sofrimentos, não se transmitiram a ninguém. É oportuno dizer que só hoje [1934], desenterrados os arquivos, é que se começa a compreender e a sentir que ela não foi um 'rolo' mas, ao contrário, uma guerra conduzida, na sua parte militar, com verdadeiro sentimento da realidade. Parece absurda esta afirmativa pois um exército de bacharéis e de inaptos não poderia transformar-se em exército de profissionais. Pois transformou-se!" Mais do que isso: o Exército brasileiro no Paraguai teria construído "peça por peça, diante da própria necessidade, a ciência que os seus mestres nunca lhe haviam ensinado". Os militares que ali estiveram teriam voltado ao Brasil "senhores de uma nova concepção". Mas "a estreiteza do imperador não os compreendeu". Por isso "tudo se estiolou e perdeu e por isso também os oficiais do Exército se intrometeram na política onde era possível encontrar um brilho maior que na sua própria carreira. E são os Porto Alegre, os Pelotas, os duque de Caxias solicitados para o campo da atividade partidária quando eles representavam um capital inestimável que convinha assegurar. Morta essa geração morreu tudo o que nós tínhamos de mais nosso aprendido na guerra". Quanto ao Manifesto Republicano, a ressonância que encontrou, informava X. Y. em carta ao autor deste ensaio datada de 1934, não foi no Exército propriamente dito mas na Escola Militar: "Era natural. Entre a escola e o verdadeiro Exército havia um enorme divórcio. O segundo vinha da experiência da guerra; a primeira, teórica por excelência era sobretudo acadêmica". Com a República, teriam assumido a direção do Exército "doutores" que conheciam "toda a obra de Augusto Comte", estavam "familiarizados com o cálculo algébrico" mais ignoravam "todos os rudimentos da vida militar". Havia neles mesmo "certa repugnância pelo *'troupier.'*" Assim teria se arrastado o Exército nacional até 1914, quando, "pela primeira vez, por influência de alguns oficiais dedicados que haviam estagiado no Exército alemão foi possível introduzir entre nós as primeiras noções de organização, de cultura, de orientação militar". Nesse esforço teria se destacado "Cardoso de Aguiar, cercado de alguns elementos de elite" e continuado por "Calógeras, o mais clarividente dos nossos homens públicos".

A situação de divórcio entre o Exército propriamente dito e os doutores das escolas militares já fora agudamente observada pelo alemão Lamberg, nos primeiros anos da República, e à base de uma longa residência desse europeu no Brasil, quando ainda Império. Parece que tais depoimentos reforçam a tese, talvez apresentada neste ensaio pela primeira vez, de que, gratuitas, para grande número de brasileiros cuja vocação não era a militar, as escolas militares se desenvolveram, no Império, em academias menos militares que rivais das academias de direito e de engenharia como centros de bacharelismo teórico e até livresco. Aliás, esse novo critério de interpretação do papel desempenhado não pelo Exército, como força suprapartidária, mas por numerosos oficiais do Exército com ideias e doutrinas de ação política adquiridas em cursos militares rivais dos de direito e de engenharia, concilia-se, em alguns pontos, com a tese daqueles estudiosos da história brasileira que sugerem "a identificação do Exército com a classe média". Segundo o professor Santiago Dantas – um desses estudiosos –, "se é verdade que entre nós a classe média não surge com a estruturação econômica robusta, que lhe daria tanta influência no destino de outras sociedades, é também certo que essa influência surge compensada pela concentração de força política que lhe seria proporcionada pelo surgimento de um verdadeiro poder novo: o poder militar [...]. Na classe média nascente é que o Exército vai escolher os seus oficiais, alguns vindos de soldados, outros preparados nesse centro da classe média que seria, por oposição às faculdades jurídicas da aristocracia agrária, desde 1874, a Escola Militar" (*Dois momentos de Ruy Barbosa*, cit., p. 18). Já o Sr. Virgínio Santa Rosa escrevera a respeito do assunto: "[...] quase sempre, em todos os casos, os grandes fazendeiros, ciosos de hegemonia política, despachavam os filhos para os bancos e exames das Faculdades de Direito do Recife ou São Paulo" (*O sentido do tenentismo*, cit., p. 14.) Cremos apresentar pela primeira vez os verdadeiros motivos por que nos cursos militares começaram a preparar-se bacharéis rivais dos de direito, em vez de militares propriamente ditos: esses cursos permitiam, a moços pobres, ou de famílias empobrecidas – vários dos moços pobres, mestiços –, realizarem estudos superiores que dificilmente podiam ser por eles realizados nos cursos jurídicos, médicos ou de engenharia. Tornando-se militares sem vocação militar, especializavam-se em estudos políticos e parapolíticos. Uma vez formados, deixavam-se atrair por atividades políticas nas quais por vezes competiam com os diplomados por escolas superiores civis, com conhecimentos bacharelescos aos quais juntavam o prestígio da farda ou das insígnias militares. O mesmo fora feito, antes deles, por brasileiros formados em seminários e que se tornaram sacerdotes sem vocação para o sacerdócio.

Significativa, a esse respeito, é a apologia do militar como portador de "habilitações científicas" equivalentes às do bacharel em direito, às do médico, às do engenheiro, que se fez em decreto do governo provisório de 31 de dezembro de 1889 e que vem publicado no livro *Dois regímens*, de Elpídio Mesquita, Rio de Janeiro, 1896, p. 171. Livro mais doutrinário do que histórico, não deixa de apresentar interesse sociológico na sua parte histórica.

Vejam-se também, sobre o assunto, *O advento da República no Brasil*, do conselheiro C. B. Ottoni (Rio, 1890), principalmente a 4ª parte; *O ocaso do Império*, de Oliveira Viana (2ª ed., São Paulo, Caieiras, Rio, s.d.), especialmente a 4ª parte ("O papel do elemento militar na queda do Império") e a 5ª ("A queda do Império"); *Militarismo e República, crítica e história* (São Paulo, Rio de Janeiro, s.d.), de Pedro Luís. E mais: *Pesquisas e depoimentos* (Rio, 1913), de Tobias Monteiro, *O advento da ditadura militar* (Rio de Janeiro), do visconde de Ouro Preto e o "Manifesto", do mesmo visconde (*O País*, Rio de Janeiro, 10 de janeiro de 1890), *As Forças Armadas e o destino histórico do Brasil* (São Paulo, 1937), de A. Lourival de Moura, *O militarismo na República* (São Paulo, 1925), de José de Souza Soares, *Contra o militarismo* (Rio, 1910), de Rui Barbosa, *Militarismo e política moderna* (Rio, 1908), de R. Teixeira Mendes, *Significação do marechal Hermes*, de Umberto Peregrino (Rio, 1956), além de *Fastos da ditadura militar* (Lisboa, 1890), de Eduardo Prado e, ainda, *Reminiscências da Campanha do Paraguai*, de Dionísio Cerqueira, em sua recém-aparecida 4ª edição, precedida de esclarecedor "estudo biocrítico" de Umberto Peregrino e publicada pela Biblioteca do Exército (Rio de Janeiro) e, na mesma coleção, a excelente "pequena tentativa de interpretação social" intitulada *Formação democrática do Exército brasileiro* (Rio de Janeiro, 1957), de Samuel Guimarães da Costa. Essencial, em ligação com o assunto, é o capítulo dedicado às Forças Armadas do Brasil pelo general Maicrot, no seu *La France et les Républiques Sud-américaines* (Paris, 1920). Aí se destaca a importância que vinha tendo no Brasil o tiro de guerra: *"pépinière d'excellents sous-officiers pour l'armée active"*, desde que recrutava jovens das melhores famílias (p. 230).

24. Andrade Figueira, op. cit., VI, p. 230.

25. Anselmo da Fonseca, *A escravidão, o clero e o abolicionismo*, cit., p. 82.

26. Fonseca, op. cit., p. 142.

27. Fonseca, op. cit., p. 143.

28. Fonseca, op. cit., p. 146.

29. Fonseca, op. cit., p. 149-150.

30. Fonseca, op. cit., p. 148-149.

31. Fonseca, op. cit., p. 150-151.

32. Vieira de Aguiar, *Descrições práticas da Província da Bahia*, cit., p. 287.

33. Vieira de Aguiar, op. cit., p. 316.

34. Vieira de Aguiar, op. cit., p. 306-308.

35. Vieira de Aguiar, op. cit., p. 183-184.

36. Vieira de Aguiar, op. cit., p. 188.

37. Vieira de Aguiar, op. cit., p. 195.

38. *Diário da Bahia*, 8 de dezembro de 1870.

39. Vieira de Aguiar, op. cit., p. 209.

40. *Anais do Senado do Império*, Rio de Janeiro, 1869.

41. Rio de Janeiro, 1889.

42. Pires de Almeida, *L'Instruction Publique au Brésil. Histoire.* Législation, cit., p. 530.

43. Pires de Almeida, op. cit., p. 685.

44. Pires de Almeida, op. cit., p. 688.

45. Pires de Almeida, op. cit., p. 697.

46. Jerônimo José Teles Júnior, diário, manuscrito, conservado por sua família e em parte copiado pelo autor, do original.

47. Lamberg, op. cit., p. 69-71.

48. C. C. Andrews, *Brazil, its conditions and prospects*, Nova Iorque, 1887, p. 145.

49. Manoel de Souza Pinto, *Terra moça. Impressões brasileiras*, Porto, 1905, p. 336. Enquanto italianos extrovertidos comunicavam a São Paulo sua energia e sua vivacidade, quase o mesmo elã era transmitido a Belém, a Manaus e a outros extremos do setentrião brasileiro, não só por italianos de espírito mais aventuroso do que esses, como, principalmente, por brasileiros do Nordeste, notadamente do Ceará, que para lá começaram a dirigir-se em número considerável depois da grande seca de 77 e sob a atração dos altos preços da borracha. Essa energia e essa vivacidade, em contraste com a tendência para a vida ociosa e estéril que na mesma época se apoderou de parte igualmente considerável de libertos das áreas brasileiras mais profundamente marcadas pelo regímen de trabalho escravo. Daí Quintino Bocaiuva, em sua notável *Mensagem apresentada à Assembleia Legislativa*, do Estado do Rio de Janeiro, em 1902, ter chegado na

página 96 a sentenciar que a "nossa inferioridade, a nossa pobreza" eram "devidas em parte ao efeito de uma causa étnica [...]". Ele próprio, porém, no mesmo documento, como que se retifica, ao filiar tal inferioridade, que se observava então agudamente no interior da antiga Província do Rio de Janeiro, a causas antes sociais do que étnicas: com o liberalismo da República deixara de haver para os moços e homens vadios ou como ele próprio os classificava, "transviados", "o recrutamento" e "a imposição do serviço militar obrigatório". De modo que "com a segurança de que o cidadão não pode ser obrigado ao trabalho e que é livre de empregar o seu tempo e de dispor da sua pessoa como bem lhe aprouver, exagerou-se o princípio da liberdade [...]". (p. 132). A solução parecia-lhe estar nas escolas correcionais.

Onde a solução encontrada não pelo governo da República, mas por particulares, para essa falta de disciplina no trabalho, parece ter sido a substituição do antigo regímen patriarcal de escravidão por uma servidão ou um cativeiro de tipo cruamente industrial, foi na área amazônica, os atingidos, por esse sistema, aliás pouco brasileiro, de produção, tendo sido principalmente, além de indígenas – naquela área dóceis e submissos – os cearenses. De onde apologistas da ação cearense na obra de abrasileiramento da Amazônia os terem considerado, em livros escritos na época aqui considerada, além de heróis, mártires. É a tese de Antônio Bezerra no seu *O Ceará e os cearenses* (Fortaleza, 1906) onde lembra: "trabalham alguns cearenses em lugares amazônicos alagados, pântanos insalubres, e se por acaso a borracha extraída não chega para satisfazer o pagamento da conta deste ou daquele, o patrão o tem preso e vigiado até que se desobrigue do compromisso. Dá-se por ali uma espécie de cativeiro legal [...]" (p. 36). Esse "cativeiro legal" parece ter atingido de forma ainda mais crua indígenas da região. De onde a repercussão, na Europa, das atrocidades na área amazônica (na peruana, principalmente) denunciadas pelo cônsul Roger Casement, no seu famoso relatório a *sir* Edward Grey, publicado em *Blue Book* e posteriormente resumido no capítulo VIII do livro *The Putumayo: the Devil's Paradise*, de W. E. Hardenburg, publicado em Londres e Leipzig em 1912. Tal regímen de cativeiro era iníquo, sobretudo pelos seus abusos. Convém entretanto nos recordarmos do fato de que enquanto na maior parte do Brasil, desde o fim do Império, ao lado de escravos relativamente bem tratados sob o regímen patriarcal de trabalho, muitos eram os libertos que viviam no mais completo ócio, protegidos nesse seu ócio por um extremo conceito do que fosse "liberdade", e pois aquela "espécie de cativeiro" era praticada apenas em algumas subáreas de plantação ou de indústria extrativa, em Barbados, Demerara, Trinidad e outras colônias britânicas na América tropical, o regímen de trabalho era o de intensa exploração do *coolie* pelo europeu: "Vi em Barbados, Demerara, Trinidad e outras colônias britânicas, um *coolie* ganhar menos de 6 *pence* por dia útil – o que ao par representa mais ou menos 220 Rs", escreveu na página 53 do seu *Pró-pátria* (Nova Iorque, 1908), Carlos de Vasconcelos. Era, portanto, enorme, segundo o mesmo observador, a vantagem de que a borracha, o cacau e o açúcar das Índias Orientais e Ocidentais britânicas gozavam sobre os similares brasileiros.

Sobre o assunto vejam-se também, além das páginas, já clássicas, sobre os brasileiros do Nordeste na Amazônia, de Euclides da Cunha em *Contrastes e confrontos* e de Alberto Rangel, em *Inferno verde*, o ensaio de A. Teixeira de Melo, *Nordestinos na Amazônia* (Rio, 1956) e a conferência lida no Instituto Joaquim Nabuco de Pesquisas Sociais pelo historiador especializado em assuntos amazônicos, Artur César Ferreira Reis e publicada pelo mesmo Instituto, sob o título *Aspectos sociais da valorização da Amazônia* (Recife, 1955), com prefácio de Gilberto Freyre. Aí se reconhece que os nordestinos foram na Amazônia, desde "a sexta década do século XIX", "atuantes em uma frente de batalha interna que lhes custou centenas de vidas [...]" (p. 16). Veja-se ainda, sobre a colonização brasileira da Amazônia, o capítulo XVII da *História económica del Perú*, de Emílio Romero, Buenos Aires, 1949.

Pode-se dizer dos nordestinos e da sua ação na Amazônia que se assemelhou à dos "italianos--americanos" em São Paulo e à dos "teuto-americanos" no Rio Grande do Sul e em Santa Catarina.

Em Impressões do Brasil no século vinte, no capítulo "População", cita-se Enrico Corrodini que, em artigos no jornal Marzoco, de Florença, após viagem à América assinalara que o italiano encontrando na América "campo mais vasto para se desenvolver" revelara aí – inclusive no Brasil – "qualidades de energia e iniciativas que vivem incubadas no ambiente peado da sua pátria". Essas qualidades, faltando de ordinário aos brasileiros, lhes estariam sendo transmitidas por esse "italiano-americano", que já fizera do paulista o mais laborioso povo do Brasil moderno (p. 116).

Cita-se também Tonnelat que, tendo visitado colônias alemãs no Brasil, publicara em 1907 um artigo na Revue de Paris concluindo: "Esses descendentes de alemães são, por sua situação, os pioneiros do adiantamento brasileiro para o Oeste: eles adquirem lentamente os costumes e os traços de caráter próprios dos habitantes dos países novos. Pode-se dizer que à medida que se adaptam ao seu novo meio eles trabalham não para germanizar mas para americanizar o Sul do Brasil". O mesmo poderia dizer-se dos polacos (p. 117).

VII

A República de 89
e o Progresso da Miscigenação no Brasil

Já se sugeriu, em capítulo anterior, ter havido no Brasil, em consequência da República de 89, progresso de democratização étnica, através das oportunidades não que o 15 de Novembro criou – pois elas já eram flagrante realidade – mas, de certo modo, estendeu, de ascensão social, em geral, e especificamente política, em particular, a homens de cor, a mestiços de africanos, aos próprios negros retintamente pretos, valorizados uns pela instrução, outros pela sua situação econômica, ainda outros por serviços militares prestados ao novo regímen. Dos já valorizados indígenas pode-se dizer que, sob Floriano, tiveram, sobretudo na pessoa dos caboclos, dos brasileiros com algum sangue, mesmo remoto, de ameríndio, nova fase de exaltação, romanticamente patriótica, de suas já de há muito proclamadas virtudes; e sobretudo de sua condição telúrica de brasileiros autênticos. Foi exaltação – essa nova, sob Floriano, desde a Guerra do Paraguai conhecendo entre os colegas conforme recorda um deles, Dionísio Cerqueira, em página de reminiscência, por "caboclo muito mitrado" – semelhante à que se seguira à Independência, quando até brasileiros descendentes só de europeus, caucásicos de quatro costados e apenas queimados ou amorenados pelo sol do trópico, valeram-se dessa sua melanização por influência de agente exterior, para se dizerem caboclos; e para se proclamarem integrados de corpo e alma na perfeita condição de brasileiros. O que vários deles se esmeraram em anunciar pela mudança dos seus nomes de família, de portugueses, em nomes tupis e guaranis. Outros pelo fato de não saberem comer nem carne nem peixe sem farinha de mandioca, sob a forma de pirão ou farofa. Ainda outros, pela simples ostentação de ascendentes ameríndios aos quais atribuíam, em conversas com estrangeiros, a principal resistência brasileira, nos tempos coloniais, a franceses e holandeses, negando, neste particular, qualquer glória aos próprios antepassados brancos ou portugueses. Um indianófilo disse, em São Paulo, a Mr. C. C. Andrews, dos ameríndios de outrora: *"The Tupay Indians did the fighting"*. Referia-se à era colonial e às guerras contra invasores europeus do Brasil. No fim do século XIX estavam esses bravos *"mixed more or less with the Brazilians"*. O resumo dessa conversa de Mr. Andrews com um paulista parece que castiço vem na página 148 do livro *Brazil* que o antigo cônsul anglo-americano no Rio de Janeiro publicou em Nova Iorque em 1887.

Ainda mais interessante é o que Silva Jardim conta, a propósito, na página 415, das suas *Memórias e viagens*, publicadas em Lisboa, em 1891. Recorda ele aí a figura do seu companheiro paulista de propaganda da República, o depois chefe de Polícia da capital federal, Sampaio Ferraz: "um rapaz alto, gordo, forte, elegante, atlético, cor bronzeada de caboclo [...]". E acrescenta do ardoroso republicano: "chamava-se 'caboclo' na conversa, quando queria dizer-se homem decidido, capaz de sacrifícios pelo seu ideal. Daí veio que espontaneamente formásse-mos um núcleo de boa e sã palestra denominamos Club dos Caboclos. Eram caboclos sob a presidência do caboclo-mor Xavier da Silveira, o padre João Manuel, o Aníbal, o Júlio, o Teixeira de Sousa, eu e mais dois ou três cidadãos". Esses caboclos reuniam-se "em torno de mesa preparada segundo as modas culinárias da nossa terra, distinguindo-se especialmente a feijoada [...]. Essencialmente "republicanos", os "caboclos" de São Paulo – alguns negroides – opunham-se aos nór-dicos como Da. Isabel e o conde D'Eu que, a seu ver, detinham, ou pretendiam deter, o poder indevidamente num país, na sua maioria, de caboclos – incluídos os negroides entre os caboclos – por moti-vos que não deixavam de ser dos hoje chamados pelos sociólogos franceses do Instituto do Havre, etnopsicológicos. Isto a despeito de, ao lado dos príncipes nórdicos, se encontrarem caboclos da fibra de João Alfredo e negroides da alta classe de Cotegipe.

À época que aqui se evoca não faltou, mesmo fora do que houve de caboclismo na apologia da figura ostensivamente indianoide de Floriano Peixoto pelos seus adeptos, nova romantização do ameríndio. Essa romantização, da parte de Roquette-Pinto, foi justa; revestiu de aspecto científico; e atingiu sua melhor expressão em *Rondônia*. Estendeu-se, de certo modo, a exaltação roquettiana do caboclo puro ao mestiço – mesmo o que tivesse algum salpico de sangue africano em vez do indígena: o caso, ao que parece, do próprio Roquette. E não é desprezível o fato de se ter feito então de um brasileiro do Norte, belo e eugênico, com sangue de princesa ameríndia a abrasileirar o italiano dos Cavalcanti e o ibérico dos Albuquerque, o primeiro cardeal da América do Sul. Havia alguma coisa de cacique ameríndio no fidalgo perfil romano de Joaquim Arcoverde de Albuquerque Cavalcanti.

Roquette-Pinto foi aliás, dentre os brasileiros do seu tempo, uma das mais belas figuras de homem eugênico a serviço do Brasil. Integrou um conjunto de brasileiros eugênicos – alguns deles, mestiços – que compensaram o Brasil dos primeiros decênios de República da perda, à frente de cargos ou de representações de expressão intelectual, diplomática ou política do País, de aristocratas já com alguma coisa de imperialmente brasileiro no seu porte, na sua figura e nos seus modos de homens bem-criados e bem-apessoados. Afastados desses cargos e alguns, por algum tempo, do próprio País, pelo 15 de Novembro ou pela crua política republicana de Floriano, fidalgos de um tipo nobre ou senhoril, belo e já estável como o imperador; o visconde de Ouro Preto; Joaquim Nabuco; Silveira Martins; Ferreira Viana; o visconde de Taunay; o barão de Saboia; Nabuco de Gouveia; Saldanha da Gama, era preciso que a República os substituísse por homens igualmente eugênicos, embora alguns de origem modesta. Os que primeiro se salientaram em compensar o Brasil pela falta, nesse particular, de homens públicos como aqueles, crescidos à lei da nobreza, e que impressionavam bem os estrangeiros pela sua aparência virilmente bela e pelos seus modos fidalgamente imperiais, foram, uns, indivíduos de formação ou feitio de todo monárquico como os Deodoros, que só as circunstâncias de momento obrigaram a tornar-se republicanos; outros, republicanos que, a despeito do seu republicanismo antigo e veemente, trouxeram do Império para a República certa fidalguia inconfundivelmente imperial na aparência e nos modos: Quintino, por exemplo. Rodrigo Otávio. Assis Brasil. Júlio de Castilhos. Coelho Lisboa. A estes se juntariam os monárquicos que, reconciliando-se sem muita demora com a República, se distinguiriam no seu serviço, como haviam se destacado no do Império, pondo o interesse nacional acima do apego a qualquer regímen: Antônio Prado, o barão de Lucena, o barão de Jaceguay, o barão Ramiz Galvão, algum tempo depois seguidos pelo conselheiro Rosa e Silva, pelo barão do Rio Branco, pelo engenheiro Pereira Passos.

A estes, se juntariam, no segundo decênio da República, outras figuras de brasileiros ilustres e eugênicos que, à frente de serviços públicos ou na atividade política ou diplomática, mostrariam ser o novo regímen, neste particular, capaz de seguir a tradição do Império; e de impressionar bem os estrangeiros com a boa ou bela aparência de seus homens públicos; com os modos finos e elegantes desses estadistas e desses políticos. Pois um regímen que, ainda no século XIX ou já desenvolvido o XX, pôde apresentar, entre os homens ao seu serviço, indivíduos superiormente eugênicos e até belos na aparência, ou apenas bem-apessoados como, além dos já recordados, um Sampaio Ferraz, um Osvaldo Cruz, um Miguel Calmon, um Epitácio Pessoa, um Pinheiro Machado, um Estácio Coimbra, um Germano Hasslocher, um Herculano de Freitas, um Gastão da Cunha, um Augusto Severo, um José Marcelino, um Rivadávia Correia, um Fausto Cardoso, um Silvério Gurgel, um Otávio Mangabeira, um Graça Aranha, um James Darcy, um Washington Luís, um Flores da Cunha, era um regímen a que não faltava elite repleta de indivíduos eugênicos, além de inteligentes, para compensá-lo dos cacogênicos ou desengonçados que, representando-o em altos cargos, pudessem dar ao estrangeiro superficial a falsa impressão de ter sido a elite monárquica substituída, entre nós, por uma quase antielite republicana, em tudo, a começar pelo físico ou pela aparência, deficiente em aptidões ou virtudes representativas das melhores qualidades ou possibilidades brasileiras. Entre esses cacogênicos, repita-se que é dever do historiador ou do analista social incluir o conselheiro Rui Barbosa; do mesmo modo que Barbosa Lima, Augusto de Lima, Santos Dumont, Severino Vieira, Alcindo Guanabara, Olavo Bilac, Euclides da Cunha. Homens de superior inteligência mas ostensivamente franzinos, feios, malconformados. Alguns – repita-se o que já foi dito em capítulo anterior – pálidos, terrosos de pele, doentios no aspecto. Mestiços cacogênicos, uns; brancos dos que poderiam ser descritos como degenerados pelo trópico, outros. De Afonso Pena escreveu um seu admirador europeu, o ministro plenipotenciário francês Charles Wiener, na página 201 de um interessante livro de impressões do Brasil aparecido em Paris em 1907, que era *"de petite taille, mince et pâle"*. O que não impedia fosse o ilustre mineiro, pela voz suave e pela palavra *"gracieuse, souvent spirituelle"*, um homem encantador. Homem encantador mas "amarelinho" miúdo e franzino. Um dos vários brasileiros pequenotes e pálidos da época de Santos Dumont e de Rui Barbosa, de Severino Vieira e de Coelho Neto. É possível que fosse pelo fato de serem vários os brasileiros eminentes desse feitio que argentinos do começo do século XX passaram a chamar aos brasileiros, em geral, de "macaquitos": caracterização que dificilmente atingia os Rio Branco, os Nabuco, os cardeal Arcoverde.

Caricaturistas do período assim caricaturaram aqueles homens importantes mas pálidos e feios, além de híbridos sem vigor. E não raras vezes a malícia política desses artistas fez que, a esses traços cacogênicos, juntassem, ao exagerar característicos de alguns dos caricaturados, sinais ou evidências neles de mestiços com sangue africano: gaforinhas um tanto rebeldes aos pentes de fabrico europeu e para cabelos de tipo europeu, que, nas caricaturas, se tornavam de todo encarapinhadas, como as dos capoeiras. Beiços que de polpudos se tornavam beiçolas de negros bantos. Narizes que por não serem caucásica ou amerindiamente aquilinos se tornavam ventas africanas. Em compensação, acentuou-se na época a indústria de aumentos de retratos em que as fisionomias menos caucásicas se tornavam perfeitamente arianas; e o amarelo dos pálidos por doença tanto quanto o alaranjado pela presença africana no seu sangue de mestiços tornavam--se cor-de-rosa.

Desde o Império, o brasileiro vinha aparecendo no teatro europeu como figura às vezes um tanto ridícula de rastaquera que abusava de joias, de coletes escandalosos, de brilhantina no cabelo e na barba. Às vezes, de mestiço rastaquera – caricatura talvez inspirada pelo fato de ser, ou parecer, negroide, certo barão do Império residente em Paris e aí conhecido por *baron du Chocolat*. Mas eram más impressões que desapareciam quando esses mesmos europeus – que, aliás, se inclinaram, depois de proclamada a República no Brasil, a confundir brasileiros com outros sul-americanos, perdendo o único ponto de referência para distinguir uns dos outros: o fato de os brasileiros procederem de um Império e os demais sul-americanos, de várias repúblicas – conheciam na Europa, ou no Brasil, um Penedo, um Bom Retiro, um barão do Rio Branco, um Estrela, um Joaquim Nabuco, um Eduardo Prado; ou oficiais de Marinha do aspecto marcial, do garbo militar e da elegância discretamente fidalga de um Saldanha da Gama ou de um Jaceguay. Ou, ainda, brasileiros de cor – alguns quase negros – com o porte de príncipes, também discretamente fidalgo, que caracterizava um Juliano Moreira; ou qualquer dos Rebouças; ou um Teodoro Sampaio. William James, quando esteve no Brasil com a ideia de dedicar a vida ao estudo científico da área amazônica, impressionou-se com o porte e a conversa dos *gentlemen* de cor que conheceu no Norte do Império em meios rústicos. Esses *gentlemen* havia em número considerável entre os brasileiros de cor daqueles dias; como havia, entre mestiços elevados a viscondes, engrandecidos em doutores e consagrados conselheiros do Império, quem fosse um tanto *parvenu* nos modos ou nas maneiras: um deles, diz a malícia da época que Jequitinhonha. Deste, conta um observador inglês da sociedade brasileira do fim do Império e do começo da República – inglês perito na arte inglesa do *gossip* – que Pedro II o teria mandado em missão especial aos Estados Unidos, para que, ali, o arrivismo petulante do ilustre mestiço se chocasse com a brutalidade ianque contra os homens de cor, mesmo quando *gentlemen* e fidalgos; e o petulante político – aliás, de valor – se aquietasse em homem menos imodesto do que era.[1]

Do barão do Rio Branco se sabe que, escolhido pela República para ser ministro dos Negócios Estrangeiros do Brasil, ocupou esse cargo, inteligentemente atento a aspectos da representação brasileira no estrangeiro que sua longa residência na Europa lhe ensinara serem de importância para a afirmação de prestígio de uma nação ainda jovem e em formação, entre as antigas e plenamente maduras. Entre esses aspectos, a aparência dos diplomatas que, a seu ver, deviam ser eugênicos, altos, bem-apessoados, representando o que a "raça" brasileira em formação tivesse já de melhor; e esse seu cuidado pela aparência de diplomatas brasileiros no estrangeiro levou-o ao excesso arianista de quase sistematicamente incluir entre aquelas virtudes eugênicas, que exigia dos candidatos à representação do Brasil no exterior, o aspecto caucásico dos indivíduos. Que fossem brancos ou quase brancos – quase brancos como Domício da Gama, por exemplo: quase outro Nabuco na distinção do porte e das maneiras – além de bem-nascidos, bem-criados e bem-educados. E não só isso: casados com senhoras que fossem também, se não sempre belas, o mais possível elegantes no porte e no trajo, além de brancas ou quase brancas; e falassem o seu francês ou o seu inglês razoavelmente bem. Esta caracterização do segundo Rio Branco como homem atento a pormenores de ordem eugênica, estética e étnica, na escolha de enviados do Brasil ao estrangeiro, baseia-se em informações orais que nos foram transmitidas pelo seu sobrinho, e nosso amigo, já falecido, Pedro Paranhos Ferreira, nascido em 1875; e que foi na mocidade tratado pelo barão quase como se fosse um dos filhos; admitido à sua intimidade; contagiado pela sua tendência para expandir-se, sempre que a discrição inerente ao cargo diplomático o permitisse, de *gourmet* em *gourmand*, tanto quanto por algumas das suas ideias menos ostensivas porém mais constantes: uma delas, a de terem deixado os portugueses de ser um povo admirável, ao qual muito devia o Brasil, para viverem na vizinhança do ridículo, à semelhança de vários dos sul-americanos. Desse ridículo é que era uma das preocupações do barão livrar o Brasil, para que as afirmações do progresso brasileiro sob a República – pelo seu gosto, não se teria dado a substituição do Império pela República de 89 – se fizessem dentro de uma ordem que, além de social e também ética, em geral, fosse estética, em particular; e incluísse o comportamento, a aparência, o aspecto dos brasileiros incumbidos da missão, para ele quase sagrada, de representarem o Brasil na Europa. Os próprios nomes dos diplomatas brasileiros em serviço no exterior preocupavam o barão, receoso de que algum deles fosse representar o Brasil em país onde o seu nome soasse mal aos ouvidos da gente da terra ou provocasse escândalo, como no Rio de Janeiro os de certos representantes diplomáticos de países europeus ou da China em repúblicas vizinhas do Brasil: diplomatas portadores de nomes nada diplomáticos pelo que sugeriam à malícia nacional. Querica, por exemplo. Ou Buceta. Ou Porras. Ou Ku. Diz-se ter o segundo Rio Branco conseguido evitar a vinda para o Brasil, em missão diplomática, de um italiano chamado Puto e de um centro-americano chamado Porras y Porras.

Correspondia a preocupação arianista, além da eugenista, do barão do Rio Branco, a uma atitude generalizada entre os brasileiros cultos da sua época? Entre considerável número deles, parece que sim. Outros, embora brancos ou quase brancos, já não hesitavam em ir a extremos nos seus princípios de democracia étnica; e eram capazes de admitir a própria representação do Brasil na Europa confiada a brasileiros não só cacogênicos como mestiços. Não fora a um Rui Barbosa quase monstruoso de feio, de franzino, de "fanadinho" – como se dissera outrora de José de Alencar, segundo apurou o pesquisador Renato Campos, em estudo iniciado, por sugestão nossa, sobre o mito do "amarelinho" no Brasil – que a Europa se curvara na Haia? Não fora a outro brasileiro pequenote e feiote, que a Europa se curvara ainda mais, ao vê-lo voar triunfalmente sobre Paris? Por outro lado, não se mostravam os próprios alemães bem impressionados com negros brasileiros como o médico Juliano Moreira? Daí alguns brasileiros, dentre os brancos, virem começando a pensar, durante a época considerada neste ensaio, que o Brasil não devia envergonhar-se dos seus mestiços de sangue negro, a ponto de negar-lhe o direito de exercerem cargos importantes, de frequentarem – quando cultos – a sociedade elegante e de casarem com moças brancas e fidalgas, como a fluminense fidalga com quem se consorciara Nilo Peçanha. Dentre os raros a assim pensarem, em época ainda tão subeuropeia nas atitudes e nas ideias de suas elites "arianas" e "arianizadas", destacou-se pelo modo por que tornou-se um quase campeão de um melanismo adequado à situação étnico-social do Brasil, o cientista J. B. de Lacerda, por algum tempo diretor do Museu Nacional; e cujas ideias, apresentadas em assembleia internacional – o Congresso Universal de Raças, reunido em Londres em 1911, por iniciativa britânica – chegaram a ter alguma repercussão europeia: repercussão europeia bem maior que as ideias brilhantemente defendidas pela retórica de Rui na Conferência da Paz reunida na Haia em 1907. Outro que teve atitude igual foi João Ribeiro. Ainda outro, José Veríssimo. Mas este – sempre honesto – reconhecia-se mestiço luso-ameríndio com um toque de sangue africano. Quanto a Sílvio

Romero – por vezes campeão ardoroso do melanismo –, faltou-lhe neste ponto, como noutros, coerência. Mesmo assim, suas atitudes foram antes no sentido de favorecer que no de impugnar o que fosse tendência brasileira à melanização do homem ou da gente nacional. Vejamos, entretanto, qual a média de opinião brasileira em torno de mestiços e da mestiçagem, através de depoimentos de sobreviventes da época evocada neste ensaio.

Nascido em 1882, no Rio de Janeiro, mas crescido e formado no Rio Grande do Sul, Florêncio (Carlos) de Abreu (e Silva) informa a este respeito: "A minha atitude para com negros e mulatos sempre foi de tolerância e de boa vontade. O secretário de meu pai, no governo de São Paulo, havia sido um mulato de talento. Um outro mulato de talento, jornalista, secretário dos governos do Rio Grande, frequentava nossa casa, onde era recebido com toda consideração". Acrescenta Florêncio de Abreu: "[...] quando comecei a ter alguma percepção das cousas a escravidão estava abolida desde 1884 na Província ou pelo menos em nossa casa, onde as serviçais, antigas escravas ou filhas de escravas, eram tratadas como pessoas da família [...]. Não me preocupava o problema de raça, porque o português o havia resolvido [...] ao contrário do que ocorria nos Estados Unidos, onde o problema social e político relativo ao negro era e é insolúvel e grave [...]." Só mais tarde viria Florêncio de Abreu a preocupar-se com o assunto; e chegar à conclusão de que, para evitar-se perturbação da situação étnica no Brasil, devia obstar-se "a penetração de elementos imigratórios asiáticos e africanos".

Já Heitor Modesto (d'Almeida), nascido em Minas Gerais em 1881, depois de recordar ter recebido, "em menino, com grande simpatia, a abolição dos escravos", pois os escravos eram "um anexo da família", alguns tendo ficado com os Modesto "o resto da vida, depois de libertos", confessa sempre ter gostado "mais do negro que do mulato", considerando o mulato "o inimigo natural do branco".

Tomás Pompeu de Sousa Brasil Sobrinho, nascido no Ceará em 1880, depõe: "Sempre tive horror à escravidão e achava que o elemento que saiu da escravidão foi abandonado criminosamente, pois o seu racional aproveitamento, na ordem social, teria sido de grande importância para a nacionalidade". Pensando "que a educação dos mulatos constitui problema muito delicado", confessa ter tido sempre, desde muito moço, "uma natural simpatia pela raça ameríndia, estupidamente mal aproveitada". Quanto a casamento de filho ou filha, irmão ou irmã, com pessoa de cor – pergunta evitada por Abreu e por Modesto – informa: "Conforme. Tudo depende de uma combinação de ordem educativa e qualidades pessoais de caráter psíquico".

Antenor Nascentes, nascido no Rio de Janeiro em 1886, depõe: "Sendo um mulato, minha atitude para com negros e mulatos não podia deixar de ser a da maior solidariedade, porque desde muito criança senti a inferioridade social do homem de cor em nosso país. Eles – os homens de cor – são vítimas de odioso preconceito que não tem coragem de mostrar-se à luz do sol. Entretanto, se procuramos um grande poeta, aparece Gonçalves Dias, um mestiço; um grande prosador, Machado de Assis, outro mestiço [...]. Onde fica a superioridade destes indivíduos claros que por terem dinamizado seu sangue índio ou africano, se julgam da mais pura raça ariana?"

"Sempre fui contrário à aproximação de negros e mulatos para com os brancos", informa José Rodrigues Monteiro, nascido em 1887 no Ceará. De modo que "receberia de mau grado" casamento de filho ou filha, irmão ou irmã, com pessoa de cor mais escura.

Manuel Duarte, nascido no Rio Grande do Sul em 1883, mostra-se mais discriminador no trato do delicado assunto, considerando "inegável" ter existido, entre nós, na época de sua meninice, e ter continuado a existir, nos seus dias de homem maduro, "distinção cordial e íntima entre homens de cor e os chamados brancos, de origem europeia". Daí, "perene desigualdade social, de mentalidade, de separação automática de convívio e simpatia eletiva". Tudo, porém, que se prestasse "a minorar as fronteiras epidérmicas dos nacionais", devia ser considerado "obra de bom senso e construção da nacionalidade futura". Quanto – entretanto – a casamento de filho ou filha, irmão ou irmã, com pessoa de cor mais escura, opina que, certo o velho preceito "se queres casar bem, casa com igual", não lhe parece senão difícil "a conformidade no casamento de entes que mais eu preze ou adore, com indivíduo de situação inferior". O que indica de sua parte pouca disposição em contribuir para que se reduzam aquelas "fronteiras epidérmicas". Reconhecendo no barão do Rio Branco, "o símbolo ideal de nossos grandes homens públicos, que resumem épocas, constroem para a posteridade", tendo se tornado ainda em vida como que a própria estátua de si mesmo, caracterizada pela "compleição de atleta apolíneo", parece confessar-se também adepto de sua política ao mesmo tempo arianista e eugenista na seleção de representantes do Brasil no estrangeiro.

R. S., nascido em Santa Catarina em 1878, informa não considerar a raça senão acidente: o que importa é o espírito. Mesmo assim, destaca do mulato que, "não deixa de trazer inconvenientes à nacionalidade pela arrogância de suas maneiras, e sempre que galga posição de destaque, vinga-se da sua origem, maltratando e humilhando os brancos. É claro que isso só se verifica entre os menos cultos, com fumaças de sabichões. Ao mulato deve também o Brasil grandes coisas, no terreno intelectual, porque apesar de suas taras, não deixa ele de ser um híbrido inteligente. Acredito, felizmente para a predominância do branco no Brasil, que o mulato tende a desaparecer do País, com o decorrer de alguns séculos..."

Nascido no Rio Grande do Sul em 1887, Armando Silveyra, em seu depoimento, se estende sobre o assunto, retratando a situação das relações entre brancos e pessoas de cor observada por ele no extremo sul do País: "A Europa carreia para cá, há mais de um século, uma população contrária a qualquer transação racial com essa base [o casamento misto]. Alemães, italianos, poloneses..." Entretanto "o meio agirá, ainda que muito lentamente, sobre eles". Conheceu uma senhora, bisneta de alemães, que se tornara o tipo brasileiro de mulher, à parte "a cor dos cabelos". Adquirira até "esbelteza particular e aquele abandono um pouco sensual de certas atitudes da nossa mulher"; e com isto, "gostos, costumes, linguagem, cacoetes brasileiros". Mesmo assim, ao rebentar a Grande Guerra na Europa, confessara-se, "pálida e exaltada", numa conversa sobre o assunto, "alemã": que se sentia fundamentalmente alemã. Sinal de que, Silveyra opina, era preciso fazer penetrar o Brasil profundamente nos descendentes de alemães, italianos e poloneses, fixados no extremo sul do Brasil: não só a língua e os costumes mas a imagem como que mística do Brasil. Ele próprio, Silveyra, se confessa entusiasta do tipo de mulher "branca e loura": "alva como um lírio..." Entretanto, se filha sua tivesse por seu tipo ideal de homem o escuro ou pardo, respeitaria sua preferência.

Outro brasileiro do Rio Grande do Sul, Afonso Cortes Taborda, nascido em Santo Ângelo em 1857, recorda ter sido "desde tenra idade

[...] contra a escravidão". Seus pais tinham muitos escravos e Afonso conseguiu "com eles que lhes dessem liberdade a uns quantos..." Entretanto receberia mal o casamento de filho ou filha, irmão ou irmã, com pessoa de cor.

N. S., nascido em 1870 no Rio de Janeiro, reconhecendo ter sido a abolição uma "medida humanitária", lamenta que não tenha sido "regulamentada". A falta de sua regulamentação – inclusive quanto ao serviço doméstico – teria criado "um problema para as donas de casa". Evita, no seu depoimento, a pergunta relativa ao casamento de filha ou irmã, filho ou irmão, com pessoa de cor. Atitude, aliás, de vários depoentes.

Da. Isabel Henriqueta de Sousa e Oliveira, nascida na Bahia em 1853, mas educada na capital do Império, confessa ter sido sempre "antipática ao abolicionismo". Considerando "o negro, uma raça inferior", qualquer mistura "legal ou ilegal" que tenha havido de brancos com pretos no Brasil, lhe parecia, na época de sua resposta ao questionário que serve de lastro a parte deste ensaio, merecer censura.

Atitude oposta à de Silveyra, à de Taborda, à de N. S. e à de Da. Isabel Henriqueta é a que revela, no seu depoimento, João Barreto de Meneses, filho de Tobias Barreto e nascido em Pernambuco em 1872: "Quanto aos negros e mulatos de minha terra, quiçá de minha pátria, fui sempre da maior simpatia. Não sei por que gosto imenso do mulato e mais ainda da mulata pernambucana, que se não tem o feitiço artificial da representante da terra do vatapá decantado por Melo Morais Filho mostra entretanto nos risos e nos olhares o natural condão de saber dominar sem o aparato bizarro da sua roupagem. O problema de nossas raças, histórico e social que é, está compreendido em nossos destinos e nossas finalidades. Não foi a sociedade que fez o mulato mas este é que entrou para a sociedade brasileira pela porta de sua história. Ele está dentro de nós. O brasileiro, embora arrogando-se de limpidez ariana, é sempre um mulato de espírito. Tobias está vivendo em nossa concepção do direito e Machado em nossa concepção da forma. O tema não precisa de padrões mais incisivos e mais eloquentes".

Quanto a casamento de filho ou filha, irmão ou irmã, com pessoa de cor mais escura, João Barreto de Meneses informa que o teria recebido "sem menor relutância nem pesar algum". Seria "uma atração de ordem físico-psicológica, sobretudo a primeira. Lei fatal que rege os seres. Quiseram-se? Nada veria eu que o pudesse impedir-lhes. Nem eu nem a sociedade. Eu, porque tenho em minhas veias uma porção de glóbulos da raça que santificou com seu martírio nos troncos o soerguimento de nossa grandeza econômica, e a sociedade porque toda ela, com seus olhos azuis e cabelos de anéis dourados, também traz, diluído pelo cruzamento, o sangue sofredor e generoso dos negros do Brasil".

Atitude semelhante à de João Barreto de Meneses é a revelada por Tito Henriques da Silva, nascido na Paraíba em 1856 e homem que envelheceu preferindo à leitura dos modernos, a de "Ovídio, Virgílio, Horácio", com "especial afeição" pelas fábulas de Esopo e Fedro, "seus companheiros de cabeceira": "Sou favorável à civilização misturada por negros, mulatos e caboclos, não fazendo questão de que pessoas da [minha] família venham a contrair casamento com alguém de cor".

Não pensou nunca assim Da. Carlinda Custódia Nunes, nascida em 1874, em Botafogo, no Rio de Janeiro, que moça, teve "pena dos negros e mulatos" e "gostou muito da abolição", achando, porém, que "se deve apurar [no Brasil] a raça branca. Receberia mal o casamento de qualquer parente com pessoa de cor".

Do padre Florentino Barbosa, nascido em 1881, na Paraíba, são estas palavras: "Não aprovo o casamento de negro com branco pela disparidade de tendências, costumes etc." Quanto ao casamento de parente próximo com pessoa de cor, "não [o] receberia bem".

Atitude também de Da. Maria Régis, nascida em 1888, em Santa Catarina. Nada de filha ou de irmã casada com homem de cor.

Para Durval Guimarães Espínola, baiano de origem rural nascido em 1883, a abolição dos escravos, no Brasil foi "boa": "boa" a ideia da princesa Isabel, "mas isto depois que ela indenizasse os senhores que aliás naquela época tiveram muito prejuízo". Lamentável lhe parecia – seu depoimento escrito é datado de 1942 – que a raça se mostrasse entre nós "degenerada", pois "eu muito aprecio a cor branca e não desejava que se casasse um preto com um branco, coisa muito comum entre nós, o que eu muito combato e eis a razão da nossa mistura de raça que eu muito condeno".

"Nunca tive preconceito social para com negros e mulatos e admito-os em todas as atividades, apenas tendo reservas no entrosamento racial porque não creio que a felicidade possa permanecer num casal de preto com branca", escreve no seu depoimento Deodoro Machado de Mendonça, nascido no Pará em 1889.

Muito incisivo se mostra, no seu depoimento, com relação a casamento de filha ou irmã, filho ou irmão, com pessoa de cor, Leonel Vaz de Barros (Leo Vaz), nascido em São Paulo em 1890: receberia tal casamento "como uma aberração de péssimo gosto". Isto porque, sempre considerou "negros e mulatos, uma desgraça histórica, à qual não há outro remédio senão resignarmo-nos. A Abolição, o menor dos males, no caso. O problema das raças (ou das cores) é uma dessas coisas em que a gente prefere não pensar: o cérebro vai para um rumo; o sentimento, o hábitos, a educação, tradições e os preconceitos de família, para outro, diametralmente oposto. Um perfeito beco sem saída. E afinal de contas, o homem se agita, como dizia Comte, e a humanidade *'s'en fiche'*, como o Comte não disse, mas devera".

De Plínio Barreto, nascido em São Paulo, em 1882, é a confissão de que sentiria "constrangimento" em introduzir na sua família, pessoa de cor, salvo se se tratasse de pessoa excepcional pela inteligência e pela cultura. Nas suas palavras: "Nunca olhei com desprezo para os negros e mulatos. Não me cansava de admirar, quando menino, a superioridade física de uns e outros. Da Abolição não tenho ideia especial, pois que era criança quando ela se realizou. Quanto às minhas ideias de homem-feito sobre o problema de raça, no Brasil, confesso que não admito a existência desse problema. A meu ver, há lugar e atmosfera em nossa terra para o convívio íntimo de todas as raças". E passando ao problema específico do casamento de filho, filha, irmão ou irmã, com pessoa de cor: "É difícil dizer-lhe como receberia o casamento do filho, filha, irmão ou irmã com pessoa de cor. Não tenho preconceitos de raça nem de cor. Não considero o preto inferior ao branco. Acho, porém, que, apesar de tudo isso, sentiria tal ou qual constrangimento em introduzir na minha família uma pessoa de cor, salvo se se destacasse pela inteligência e pela cultura. Todavia, se se tratasse de um caso de amor, o constrangimento desapareceria".

Waldemar (Martins) Ferreira, nascido também em São Paulo, em 1885, escreve no seu depoimento: "Não receberia (quando moço) com agrado o casamento de filho ou filha, irmã ou de irmão, com homem de cor. Com o preto, enfim. Não com o mestiço, o que é diferente; e mestiços há em toda a parte".

Quanto ao brasileiro de Pernambuco, Adolfo Faustino Porto, nascido em Olinda, em 1887, depois de se dizer livre de preconceitos de raça, reage de modo diferente à pergunta específica ou concreta sobre o assunto: "Poderia parecer uma chocante contradição com o que atrás deixei consignado, acerca de minha atitude para com os negros, em resposta ao quesito 16 do inquérito, a ressalva que faço, ao responder ao quesito 16-a. Devo estabelecer uma gradação, ao justificar meu ponto de vista pessoal sobre coloração pigmentária, o qual me parece fundado, ao mesmo tempo, em motivos estéticos e fisiológicos. O branco, nessa gradação, vem em primeiro lugar, seguindo-se-lhe o índio, o mulato e, por fim, o negro. A cor preta nunca me agradou. Ela não é uma síntese, como a branca. É a própria ausência de cor, na série prismática. Luto, trevas, fumo se associaram na formação de um complexo que remonta, talvez, à minha meninice e a que também não é estranha a influência de 'histórias de Trancoso', com personagens que eram 'negros velhos', perversos e de hórrido aspecto. De sorte que, para ser rigorosamente verdadeiro, devo afirmar que não receberia bem o casamento de filho ou filha, irmão ou irmã, com pessoa de cor preta".

De (Luís) Mílton Prates, nascido em Minas Gerais, em 1888, e que, branco e até louro, teve entre seus amigos fraternos o quase negro Antônio Torres, é o depoimento: "Víamos a Abolição como o único ato de verdadeira sabedoria do regímen monárquico, e tínhamos pela figura da princesa Isabel uma admiração exaltada e enternecida. Sobre o problema de raças, entendíamos que era indispensável revigorar o sentimento brasileiro nas Províncias do Sul. Não tínhamos prevenção contra nenhum povo nem mesmo o negro. Mas não perdíamos de vista o perigo de um sistema de imigração que gerava enquistamentos raciais, como no caso de Santa Catarina". Mas quanto a casamento de filha ou filho, irmão ou irmã, com pessoa de cor: "Receberia sem nenhum entusiasmo".

Da. Lucília Wilson Coelho de Sousa, filha de inglês e de brasileira, nascida no Maranhão em 1863, escreve no seu depoimento que "apurar raças no Brasil é perder-se em um dédalo infindável". E evitando a pergunta específica, adianta: "Meu único irmão casou-se com uma prima, filha de mãe brasileira e pai descendente de alemão".

Pedro do Coutto, nascido em 1872, no Rio de Janeiro, confessa: "[...] descendo de portugueses pelos lados paterno e materno mas estou convencido da minha mestiçagem porque o português é o povo mais mestiçado da Europa, sendo elemento de valor na sua formação racial o negro, como o é também na do italiano, do espanhol e do francês. Fiquem portanto sabendo os nossos negrinhos e mulatinhos que o seu *béguin* pelo português não tem razão de ser, visto como não lhe pode 'apurar a raça', na linguagem tão do nosso povo crioulo." E "como não tenho preconceito de espécie alguma [...] não procurei para esposa uma loura – francesa, alemã ou sueca [...] casei-me com uma mestiça muito digna".

João Batista de Lima Figueiredo, nascido em São Paulo em 1878, informa ter tido, quando menino e jovem, atitude de "certa pena" para com os negros. Quanto a casamento de parente próximo com pessoa de cor, "receberia com tristeza e revolta".

José de Paiva Castro, nascido também em São Paulo em 1899, depõe sobre casamento de filha ou irmã com pessoa de cor: "o coração não tem cor". Segundo ele, "aforismo popular".

Júlio de Mesquita, nascido em São Paulo em 1892, expande-se sobre o problema sociológico das relações de brancos com pretos e mulatos, para concluir "poder-se afirmar, categoricamente, que os 'valores ocidentais' são cada vez mais fortemente determinantes de nossa maneira de encarar os problemas que se nos deparam. Pois bem. Entre os valores que essa fatalidade nos impõe se contam tanto os étnicos como os estéticos. Por outras palavras, aumenta constantemente o desejo de vermos um dia atingir o Brasil – por cruza, está claro – o tipo branco puro. Os cânones estéticos, que sempre inspiraram a nação, são os mesmos que norteiam a todos os povos chamados ocidentais. Daí o nos afastarmos, cada vez mais, dos valores africanos. A mais superficial observação demonstra a verdade do que acabamos de afirmar. Não tem mesmo outra origem o esforço desesperado que fazem os mulatos por parecerem, a todo custo, brancos e os pretos para disfarçarem, tanto quanto possível, as características da sua raça. Exemplo: a mania que se apoderou da maioria dos pretos de combater a carapinha, tornando, por meios mecânicos, lisos os seus cabelos. Outra prova do que afirmamos: os terríveis recalques que fazem da maioria dos mulatos indisfarçáveis seres desgraçados e, de quase todo preto, um marginal em choque permanente com o meio: Isto pelo menos em São Paulo e nos Estados do Sul, onde tendem a viver em grupo e em oposição aos brancos". E acrescenta: "Por todas essas razões, é óbvio que eu não aceitaria jamais, voluntariamente, o casamento de qualquer membro de minha família com gente indisfarçavelmente de cor. Além do mais, porque me recusaria sempre a concorrer para que viessem ao mundo infelizes. E o preto e o mulato, devido às condições sociais, cada vez mais predominantes no Brasil, de toda evidência, são uns infelizes".

Menos radical sobre o assunto se revela Da. Maria Vicentina de Azevedo Pereira de Queirós, nascida em São Paulo em 1868, de gente antiga e aristocrática da então Província: "Sempre gostei de negros e mulatos, que eram todos muito bons e nos tratavam com amizade e carinho. Foi com grande alegria que recebi a notícia da Abolição e em São Paulo, onde residia, assisti às grandes festas que fizeram na data de 13 de maio. Armaram grandes coretos nas ruas principais e ao som de bandas de música os escravos dançavam e cantavam, dando vivas e mais vivas à princesa Isabel, a Redentora, a José do Patrocínio, Antônio Bento e outros defensores da raça. Como era natural para uma pessoa da minha época, considerava os pretos uma raça à parte e nunca poderia imaginar que parentes meus viessem a se casar com pessoas de cor. Tendo havido o casamento de uma amiga de minha família com um mulato, na época da minha meninice, ouvi uma de minhas tias perguntar à avó negra do rapaz como iam os casadinhos e ela respondeu: 'Por enquanto, nem ele ficou branco, nem ela ficou mulata', o que foi motivo de grande desapontamento para minha pobre tia".

Outro paulista, de origem aristocrática, Luís de Toledo Piza Sobrinho, nascido em 1888, assim se exprime sobre o assunto, em seu longo depoimento: "Jamais se aninhou em mim qualquer preconceito de raça. Cresci, e me fiz homem, amando os meus semelhantes, tratando com especial deferência e carinho os pretos e mulatos, os mais humildes. Pensava, assim, resgatar a injustiça da escravidão a que estiveram submetidos. Como já disse antes, minha família foi entusiasta da Abolição". E quanto ao aspecto concreto e pessoal da questão: "Poderá parecer que minha resposta a este item, contradiz a dada ao anterior. Mas não há tal: fui sincero, como serei ao responder o último. Falo a um sociólogo, a um fino psicólogo e, estou certo, ele me compreenderá. Não veria com agrado, confesso, o casamento de um filho ou filha, irmão ou irmã, com pessoa de cor. Há em mim, forças ancestrais invencíveis, que justificam essa atitude. São elas, percebo, mais instintivas do que racionais, como, em geral, soem ser aquelas forças, sedimentadas, há séculos, no subconsciente de sucessivas gerações".

De Da. Elisa Vilhena Ferreira, nascida em Minas Gerais em 1864, é o depoimento: "Os escravos eram tratados na fazenda de meus pais como entes humanos. Não havia castigos físicos, tanto que, após a Abolição da Escravatura, eles continuaram na fazenda mesmo e muitos ficaram conosco até morrer, em companhia do sinhô, da sinhá e das sinhazinhas, com os quais rezavam o terço, em conjunto à noite". Quanto ao aspecto concreto da questão: "Francamente, não receberia com agrado um casamento desigual em minha família. Essa é uma opinião toda pessoal. Antigamente a sociedade era mais exigente e os pais mais severos. Os casamentos desiguais eram evitados, os malcasados, ou casados só no civil, não eram bem recebidos".

De Guaracy Silveira, paulista nascido em 1893 e que, no seu depoimento se diz descendente do "bandeirante Carlos Pedro da Silveira, descobridor das minas de Cataguases", é esta confissão: "Penso que, se eu fosse preto, procuraria casar-me com moça de cor, mas um pouco mais branca, para ir melhorando as condições, de modo que meus filhos tivessem uma condição melhor. Como branco, entretanto, embora não tenha repugnância por moças com algum sangue negro, não acharia hoje razoável casar-me com uma delas, pois creio que meus filhos não me perdoariam lançá-los ao mundo para sofrerem as humilhações da cor". E acrescenta: "Neste sentido receberia com tristeza o casamento de um filho, ou filha, com uma pessoa de cor, já pelo ridículo que sofreriam, já pela responsabilidade quanto aos filhos que iriam ter, já pelo perigo da inadaptação e arrependimento. Refiro-me, todavia, à diferença muito pronunciada de cor. Quanto à diferença pouco pronunciada, não tenho restrições, porque não afeta aos filhos, num país onde as famílias mais ilustres, não poucas vezes, descendem de senzalas".

Roberto Christiani Naegeli, brasileiro filho de europeus, nascido no Rio de Janeiro em 1881 e educado na Suíça, depõe sobre o assunto: "Lembro-me, entretanto, do meu tempo de menino na Suíça, acontecer, às vezes quando éramos apresentados em sociedade a pessoas desconhecidas, que estas exclamavam com muito espanto e pouca delicadeza: 'Brasileiros brancos?!' – o que, regularmente, era motivo para que minha mãe se encolerizasse bastante". E quanto à miscigenação brasileira, opina "que o sistema adotado pelo Brasil para a solução da questão da cor e que consiste na absorção paulatina das raças de cor pela raça branca, está dando esplêndidos resultados. Estou observando o fenômeno desde a minha volta ao Brasil em 1901. Quase todos os trabalhadores das docas de Recife, Bahia e do Rio eram homens de cor retinta; o negro era visto em profusão em toda parte. Tive ocasião de observar no Rio negros africanos legítimos, tatuados, a conversar no seu idioma africano. O negro puro quase não pode mais ser encontrado. De 40%, em que computava a população branca então, a mesma passou a ser – conforme calculo – mais ou menos 65%; os restantes 35%, representados por gente de cor, se apresentam à minha vista como 50% mais claros em comparação com a população de cor que tive ocasião de ver em 1901. Estimo que, com mais 75 anos, o elemento de cor tenha completamente desaparecido da população brasileira. Contudo, não poderia ver com bons olhos um casamento de membro da minha família com uma pessoa de cor".

Já Erasto Gaertner, nascido em 1900 no Paraná, de pai alemão e mãe brasileira, manifesta-se, no seu depoimento, de modo diverso sobre o assunto: "O fato de haver nascido e crescido no Sul, no Paraná, onde é mínimo o contingente de pretos na massa da população, deu-nos sempre uma atitude muito displicente e muito tolerante, em face da contribuição da cor em nosso caldeamento racial. Sendo de tão pouca expressão, pelo seu número, a tendência infalível seria a rápida absorção, dos pretos, e mulatos na multidão do aglomerado de brancos, reforçada intensamente pelo surto imigratório. Não são da mesma simplicidade as noções que o problema sugere, quer no Rio de Janeiro, quer mais ao norte, onde é considerável a quota de pretos nos agrupamentos da população. Nesses centros a população de cor, dotada de vigoroso potencial de multiplicação cresce sensivelmente. Esse crescimento é muito mais para considerar quando observado em relação ao declínio evidente dos índices de reprodução dos brancos, entre os quais prevalecem cada vez mais os recursos anticoncepcionais, numa restrição que se acentua na razão direta do nível da civilização. Nos centros mais adiantados, com efeito, em função do desnível econômico e principalmente da transição intempestiva para a era industrial, as limitações da natalidade constituem empeço cada vez maior ao crescimento da população. Entre os pretos tal fenômeno não se verifica com a mesma nitidez, quer pela irregularidade das uniões, quer pelo atraso educacional, de que resulta positivamente um empenho menor de responsabilidade pelo cultivo da prole. E a prova desse asserto está na população enorme de menores abandonados de cor, que povoam os abrigos e orfanatos. Vi em um dos orfanatos em São Salvador, entre mais de uma centena de menores, acima de 80% de pretos e mulatos. O que resulta daí é a prescrição do aumento progressivo da população negra, em oposição ao aglomerado branco, quase estacionário, em razão dos índices sempre menores de reprodução, numa discordância de crescimento que ao longo do tempo, determinará a inversão da fórmula. Para obviar a essa solução, só uma medida se apresenta eficaz – a intensificação imigratória com grandes efetivos de elemento europeu. Esse remédio heroico não é só para esse como para a imensa maioria dos problemas nacionais, que clamam por maior intensidade demográfica. Foi essa alavanca que construiu o estupendo progresso da América do Norte." E acerca da miscigenação: "Quanto às possibilidades de miscigenação, as realidades não na estimam como fator ponderável na absorção dos pretos. É nossa a impressão de que as uniões se operaram no período colonial e durante o Império, em grande intensidade, mercê das condições muito especiais que a escravatura propiciou. De lá para cá, excluídas as uniões com os portugueses recém-chegados, eventuais extravagâncias sexuais e portanto anomalias, o que se constata, positivamente, é a separação sumária, patente das duas raças". Finalmente, enfrentando o aspecto concreto ou pessoal do problema, confessa: "Não tenho irmãs para casar e as duas filhas já obtiveram os seus eleitos. Se escolhessem pessoa de cor dar-me-iam a convicção de um desvio mental. Se não lograsse impedir o casamento é certo que me causaria profundo desagrado, não que esteja, eu mesmo, dominado por preconceito racial, mas simplesmente porque as realidades atuais me fariam temer pela tranquilidade e pela felicidade da criatura branca, obrigada a enfrentar, pelo resto da vida, as reações que a união singular e estranha haveria de produzir".

"Minha ideia sobre as raças é que deve haver separação", depõe José Junqueira, nascido em Minas Gerais em 1884.

Já Da. Analice Ribeiro Corbelli, nascida em São Paulo em 1892, escreve: "[...] não deve haver preconceito de cor no casamento, tudo dependendo das circunstâncias e da afeição dos nubentes [...]". Pois "nossa história desde o tempo dos holandeses até agora está cheia de uniões felizes de brancos com pessoas de cor". O porquê da restrição "desde o tempo dos holandeses" não vem explicado no depoimento de Da. Analice.

"Partidário da ascendência da raça branca sobre as demais, não aprovaria nunca o casamento de um filho ou filha, irmão ou irmã, com pessoa de cor", depõe outro brasileiro de origem e formação rurais, Teófilo de Barros, nascido em Alagoas em 1877. Isto depois de ter generalizado: "Penso que no Brasil não há o problema de raças, como nos Estados Unidos e na Europa, o que é uma felicidade para todos nós. O Brasil por seu espírito de generosidade a todos acolhe sem distinção de cor".

"Condeno totalmente o casamento de gente de cor com filhos ou filhas de branco", diz em seu depoimento o padre Leopoldo Fernandes Pinheiro, nascido no Ceará em 1880.

Isto em contraste com a atitude do cônego Manuel Silvino da Silveira, vigário, em 1943, de Livramento, na Bahia; e nascido na mesma Bahia em 1882. Este escreve em sua resposta ao nosso inquérito que receberia o casamento de parente próximo com pessoa de cor mais escura, com "respeito e acatamento", a todos considerando "irmãos em Nosso Senhor Jesus Cristo".

Não assim o cearense nascido em 1880, Luís Gonzaga de Melo, para quem "a Abolição foi um ato de franca humanidade", devendo-se, entretanto, com relação a casamentos mistos, seguir o preceito "cada macaco no seu galho".

Ainda mais intransigente neste particular, revela-se, em seu depoimento escrito, datado de 1940, José Magalhães Carneiro, nascido em Sergipe em 1880 e formado na Faculdade de Medicina em 1901, depois de ter feito estudos de humanidades no Rio de Janeiro, "sob a orientação de Sílvio Romero, de quem foi discípulo onze anos"; e "morando com Sílvio", de quem era parente. Deste sergipano, parente e discípulo de Sílvio Romero, é um depoimento em sentido contrário ao da interpenetração das raças, ora defendida, ora não, pelo contraditório autor da *História da literatura brasileira*. "Sempre pensei que a abolição da escravidão no Brasil" – depõe José Magalhães Carneiro – "em vez de um bem-feito aos escravos foi um mal em que talvez nunca tivessem pensado seus promotores. Com a liberdade, viram-se os negros sem o necessário e anterior preparo, obrigados a lutar pela subsistência; acabaram extinguindo-se, deixando de sua existência no país apenas a recordação de tudo quanto fizeram em nosso benefício e que lhes pagamos com seu aniquilamento, a que os condenamos na nossa boa e santa fé". Quanto ao casamento de filho ou filha, irmão ou irmã, com pessoa de cor, Magalhães o receberia "do pior humor". Isto por ter sempre considerado a mestiçagem de negro "uma irremediável desgraça. Ao conflito de sangue corresponde um desequilíbrio no metabolismo dos três domínios. Quem já viu um mulato criador? Ninguém me venha dizer que Tobias Barreto e outro que tais foram gênios..."

Interessante é, a este respeito, o depoimento do mestiço confesso Manuel Pereira Dinis, nascido na Paraíba em 1887 e formado em direito pela Faculdade de Direito do Recife: "Nosso país é da raça crioula de cujo cruzamento não podem fugir os tipos mais alvos e mais belos [...] porque não temos senão uma raça em formação de tipos mestiços, de que sou uma das mais autênticas parcelas. Tenho uma conhecida, viúva [branca], que se casou com um cidadão de boa família, alvo e de alguns bens de fortuna, mas como era muito sifilítico, deu-lhe tal casamento uma descendência tão raquítica e doentia que seria melhor que ela se tivesse casado com um preto trabalhador e educado e não sifilítico que lhe tivesse dado uma descendência crioula, inteligente e trabalhadora". O pior, "na raça negra e na silvícola", não pareceu nunca a Dinis ser a cor e sim "a falta de cultura e as crenças baixas por que são dominadas..." Ainda a respeito do assunto, Dinis informa, no seu depoimento, saber, por "pessoa fidedigna", da existência, no norte do Ceará, em 1841, "de uma família de negros trabalhadores e honestos, vivendo em regímen patriarcal, sem cruzamento com qualquer pessoa de outra raça, de sorte que um rapaz branco e de boa família, tendo se apaixonado por uma pretinha, a ponto de pedi-la em casamento, o patriarca dos pretos já aludidos não consentiu no casamento, porque, segundo ele afirmou, os brancos estavam muito cheios de moléstias do mundo e não convém as pretas de sangue sadio se casarem com tais rapazes".

Era o eugenismo oposto ao arianismo, de modo a refletir o despertar, no Brasil, de uma consciência sanitária que se sobrepunha, em certos meios, à consciência étnica. O próprio barão do Rio Branco, ao abrir exceções, dentro da sua orientação arianista, para mestiços eugênicos como Domício da Gama, parecia agir sob a influência de um eugenismo mais forte que o arianismo.

José Bezerra de Brito, nascido no Ceará em 1878, lembra-se de que tendo seus avós possuído escravos, estes eram tratados com tanta humanidade que, depois da Abolição, "ficaram em nossa casa e só foram saindo à medida que iam se casando ou encontrando colocações convenientes". Acrescenta sobre o assunto: "Os negros [escravos e descendentes de escravos] da nossa família tinham regalias especiais e eu vi muitas vezes minha avó, santa velhinha, a cuidar dos escravinhos, a banhá-los, a alimentá-los". Em matéria de casamento, porém, José Bezerra de Brito não se deixava dominar pelo sentimentalismo: era adepto da sentença "se não queres casar mal, casa com igual".

De outro cearense, este nascido em 1882 no sertão, é o depoimento de ter tido "a ventura" de assistir ao "maior e mais honroso acontecimento nacional, o 13 de Maio de 1888": "Fui testemunha do desfile de escravos que deixavam as senzalas com a carta de alforria na mão, radiantes de felicidade". Mas quanto a casamento misto, "para nós, sertanejos, o casamento de branco com negro é muito reprovado. Quando se dá, há bastante censura e contrariedade da família [branca]".

De sabor diferente é o depoimento de Antônio Pires da Fonseca, nascido em 1870 no Maranhão: "[...] fui sempre favorável [à Abolição], por não me conformar com as crueldades de uma lei que dava aos senhores o direito de escravizar seus semelhantes". Mas dever-se-ia ter indenizado "os prejuízos dos fazendeiros com a perda dos seus escravos, a fim de não se verificar o colapso das finanças públicas". Não havendo no Brasil "propriamente uma questão de raça, de maneira a impedir a influência de sangue mesclado na constituição da família, e isso pela razão, muito brasileira, de ser a raça mista", o que havia principalmente era uma questão eugênica, impondo-se "uma política sanitária preventiva das enfermidades luéticas e venéreas e taras incipientes, fatores essenciais do enfraquecimento da raça". Daí lhe parecerem convenientes: a esterilização e o tratamento intensivo hospitalar da sífilis. Eram o meio de dar-se ordem eugênica ao processo desordenado de miscigenação, pois "a união do branco com homem ou mulher de cor" não deixando de "atentar contra a melhoria da raça, porque nela atuam fatores psicológicos e grande contingente biológico de raça inferior", pedia ou exigia aquelas medidas preventivas. Assim se asseguraria o desenvolvimento eugênico do "tipo moreno brasileiro, caracterizado pela pele transparente, face delicada e cabelos sedosos e finos" que não devia ser confundido com o de "ventas chatas, o ângulo facial obtuso, o mento inexpressivo e os cabelos secos e enroscados, provando a sua origem próxima da raça preta..." Desta devia afastar-se a população brasileira através de um aperfeiçoamento eugênico que importasse no que Oliveira Viana chamaria "arianização". Combinação de arianismo com eugenismo.

Cícero Bezerra Lobo, cearense nascido em 1887, depõe, falando de si próprio na terceira pessoa: "Embora tenha, como todo homem [branco] de família, certo preconceito [de raça], nunca odiou, menosprezou ou humilhou pessoa de cor, e quanto à Abolição, achou magnífica, tendo em mente que seu avô materno deu liberdade aos seus poucos escravos antes do dia 25-3-1884 e o seu bisavô paterno, aconselhando para anular o testamento de um neto padre, que dava liberdade a 40 escravos, os quais ficariam pertencendo a ele por ser o único herdeiro do padre que já não tinha pais, respondeu: 'Deus me livre de fazer a infelicidade de tanta gente'". Mesmo com essas ideias, receberia, ou teria recebido, o casamento de qualquer dos seus 16 filhos e filhas com pessoa de cor "como um castigo".

"Sempre fui tolerante para com os negros", informa José Frazão Milanez, nascido no Maranhão em 1886 e que esclarece: "Quando rapaz, fui socialista, ao contrário do que pregava Comte, com o qual nesse ponto nunca eu concordei. Evoluí mais tarde". Aplaudiu a Abolição, sem deixar de reconhecer que o Estado "devia dar uma forma de compensação" aos proprietários de negros.

Sebastião de Sousa Gomes, nascido em 1887, em Pernambuco, revela-se no seu depoimento homem [branco] particularmente intolerante da gente de cor: "O negro como o português foram feitos para os trabalhos de carga e os mulatos para intrigantes e alcoviteiros". A seu ver, no Brasil, "a Abolição deu neste descalabro em que estamos [1939]".

O cearense José da Silva Pereira, nascido em 1880, depõe: "Tive sempre compaixão da sorte dos escravos e de todos os tipos inferiores da nossa raça; não podia vê-los sofrer que não sofresse também". Quanto a relações mais íntimas de brancos com negros, porém: "Dou tudo pela igualdade, mormente em matéria de casamento onde a desigualdade mais se acentuaria, aí vai o velho axioma: cada qual com seu igual".

Da. Ângela Correia de Melo, nascida em 1875 no Rio Grande do Sul, recorda que "embora em sua casa não houvesse escravos, despertou-lhe grande entusiasmo a obra da Abolição e a figura da princesa Isabel lhe pareceu uma das maiores do tempo. Chegou a ver na casa de um dos seus tios uma escrava por nome Justina, amarrada ao tronco, e esta é uma das reminiscências mais dolorosas da sua mocidade". Evita no seu depoimento, a pergunta relativa a casamento misto.

Ainda outro cearense, Pergentino Silva, nascido em 1880, depõe ter tido sempre negros e mulatos, indiferentemente, por iguais [dos brancos]. Particularizando: "O casamento [com pessoa de cor] para qualquer irmão ou irmã, tomaria por bem desde que fosse com pessoa boa. O dos filhos sempre recebi com azedume com quem quer que seja. Não sei a razão disto".

O pernambucano Artur de Siqueira Cavalcanti, nascido em Palmares, em 1877, no Engenho Primoroso, declara ter sido simpático à Abolição. Mas "o casamento de filho meu com negra ou mulata, receberia sempre com o coração envolvido pela faixa negra da mágoa".

Outro pernambucano, José Antônio da Silveira, nascido em 1884, confessa: "Não tenho preconceito de cor. O que vale para mim é o caráter de par com o nível da educação. Sou teósofo porque estou integrado nos ditames da teosofia [...]. A Sociedade Teosófica, com sede em Madras, na Índia, à qual me filiei há quinze anos, exige como condição *sine qua non* o seguinte preceito: promover por todos os meios a fraternidade universal sem distinção de raças, de cor, de religiões e ideologias. Por princípio de coerência, pois, não tenho preconceito de cor. Entretanto a eugenização da raça seria um grande bem para o Brasil". Sem ter nem "reservas nem preconceitos de cor", no casamento via "um certo perigo na desigualdade de cor porque pode determinar mais tarde certas incompatibilidades e mesmo constituir sempre um entrave à eugenização da raça".

De ainda outro pernambucano, Adolfo Ferreira da Costa, nascido em 1879, é a confissão: "Sou contra a igualdade de raças, embora todos sejam humanos. Deveria haver seleção pois os tais[2] tomam muita liberdade. Sobre o casamento [de filho com pessoa de cor] ficaria indignado. Acho que [cada qual] deveria procurar um da sua igualha". Sua expressão "os tais" refere-se a mulatos ou indivíduos de cor.

O paraibano Horácio Gomes da Silva, nascido em 1862, depois de se dizer adepto da "igualdade das raças na sua origem e no seu fim" e "ardente abolicionista", diz quanto aos casamentos mistos que envolvessem parente seu muito próximo: "Radicalmente contrário a tais casamentos". Em outras palavras: igualitário, em teoria; arianista, na prática. Atitude revelada por vários nas respostas às duas perguntas do nosso inquérito relativas às relações de raças: uma pergunta, abstrata; outra concreta, a ponto de ter sido considerada por alguns demasiadamente pessoal.

Já outro paraibano, (João Rodrigues) Coriolano de Medeiros, nascido em 1875, declara em seu depoimento escrito em 1940: "Nunca distingui negros e mulatos [de brancos] – distingui predicados e caracteres", deixando de referir-se à sua atitude para com casamentos de filho ou irmão com pessoa de cor, por não ter filhos nem irmãos.

O médico cearense Alberto de Paula Rodrigues, nascido em 1882, destaca em seu depoimento: "Sempre tive uma simpatia grande pelos negros e seus mestiços [...]. Tive a fortuna de não conhecer escravos, pois que o Ceará os libertara em 1883. Conheci porém as velhas pretas alforriadas, que ficaram no seio das famílias, carinhosamente tratadas pelos meninos de mães: Mãe Maria, Mãe Domingas etc. Ouvia-lhe curiosamente as histórias singelas de lobisomens e mães-d'água e de almas do outro mundo e raramente elas se referiam aos maus-tratos ou às suas condições anteriores de escravas [...]. Não sei se os Estados Unidos andaram mais acertados do que nós, pois que constituíram um tipo negro selecionado, de que são exemplos os seus expoentes intelectuais ou esportivos. A decadência de certas populações mestiçadas do Brasil decorre mais como consequência das endemias rurais, do alcoolismo e da alimentação imperfeita [que da situação étnica]. O problema da formação brasileira ainda é embrionário e temos de resolvê-lo com elementos nossos, dado que hoje a importação de imigrantes só nos trará súditos de nações imperialistas ou adeptos da revolução mundial, com fitos puramente subversivos".

Francisco Antônio de Lima, nascido em 1875, no Piauí, informa que receberia bem o casamento de filho ou irmão com pessoa de cor porque "cor não é indignidade..."

Enquanto o cearense Francisco Lopes Filho, nascido em 1880, e casado com mulher de cor, informa da sua atitude para com negros e mulatos ser regulada, como sua atitude para com os brancos, pelo procedimento dos mesmos. Veria entretanto "com repugnância o casamento de filha com homem de cor mais escura".

Joaquim Amaral Jansen de Faria, nascido no Rio de Janeiro em 1883, recorda o modo por que a Abolição foi recebida pelos moços: julgavam eles que era uma necessidade acabar-se no Império com o trabalho escravo. A verdade, porém, é que a lavoura sofrera muito com o 13 de Maio: "Ainda hoje se verifica a grandeza decaída dos engenhos em ruínas, das velhas fazendas, dos rios outrora navegáveis, pela mataria onde outrora eram canaviais, milharais, campos semeados de feijão, de arroz ou de mandioca". De qualquer modo o Brasil mostrara não desprezar seus negros; e daí estarmos hoje em situação diferente da dos Estados Unidos, através da assimilação daquele elemento étnico pela população nacional. A propósito do que, recorda: "Certa vez aqui aportou uma comissão induzida pelos dirigentes americanos e composta de reluzentes pretos que desejavam estabelecer cidades negras, em Minas Gerais. O piegas presidente Afonso Pena quase cedeu. Felizmente nada conseguiram, pondo-se ao fresco, como se diz".

"Não faço distinção de cor, para mim o que vale são as qualidades intrínsecas ao homem, o seu caráter", generaliza Sebastião de Oliveira, nascido em 1878 no Rio Grande do Sul. Mas quanto a casamento de filho ou irmão com pessoa de cor, "receberia com prevenção".

Octavio Tarquínio de Sousa (Amaranto), nascido em 1893 no Rio de Janeiro, depõe: "Sempre fui muito tolerante com relação a negros e mulatos. Entre negros e mulatos conheci algumas das criaturas mais perfeitas que já tenho encontrado". Quanto a casamento de filho ou irmão com pessoa de cor: "Respondendo a frio, raciocinadamente, não faria objeção [...] mas estou certo de que acharia pelo menos estranho que isso acontecesse: teria um choque".

Alcides Pereira, nascido no Maranhão em 1873, declara: "Para mim a cor dos indivíduos não influi".

E o mesmo afirma Astrojildo Pereira, nascido no Rio de Janeiro em 1890: "Sem preconceitos de cor". Acrescentando: "Só na madureza a questão me preocupou do ponto de vista político marxista".

Max Fleiuss, nascido também no Rio de Janeiro, mas em 1868, informa ter sido sempre abolicionista. Por sinal que, "numa fazenda, ao ler uns versos, bem fraquinhos, aliás, que escrevi contra a escravidão, quase levei uma surra". Evita, no seu depoimento, a pergunta relativa a casamento misto que envolvesse parente seu, próximo.

Amílcar Armando Botelho de Magalhães, nascido em 1880 no interior do Rio de Janeiro, declara quase nas mesmas palavras de Max Fleiuss sempre ter sido abolicionista. Abolicionista "desde a mais tenra idade!" Mais: "Acho que é prova de atraso pretender encontrar supremacias de raças que marcham paralelas, embora sem nenhuma animadversão reconheça a inferioridade da raça negra (superior apenas em grau de afetividade). Todas as raças brancas e todas as raças aborígines, dentro de iguais condições de espaço e de tempo, demonstram o paralelismo de suas marchas de progresso e civilização". Quanto ao Brasil: "Julgo que não há propriamente um problema de raças no Brasil mas que a tendência natural para a seleção individual, conforme leis biológicas e sociológicas, preparam o amálgama dum tipo de estabilidade crescente. O que parece necessário é facultar os cruzamentos e evitar, por medidas adequadas, a perpetuação dos tipos elementares, quer índios, quer negros, incrementando a fusão dessas duas [raças] separadamente com tipos da raça branca. Mas isto só é possível e viável nas camadas inferiores desta raça, como os *poilus*, os jecas, os homens do campo de toda parte, de instrução elementar". Daí sua atitude com relação a casamentos de filho ou irmão com pessoa de "raça elementar pura ou quase pura": "Repudiaria [...] e tudo faria para os evitar, como altamente prejudiciais, no ponto de miscigenação a que atingiu minha família. Particularmente tive oportunidade de assim agir num caso concreto".

Com critério igualmente positivista é que Alfredo Severo dos Santos Pereira, nascido no Ceará em 1878, versa o assunto em seu depoimento, para concluir vir a crescente miscigenação no Brasil, favorecida pelo 13 de Maio e pelo 15 de Novembro, significando progresso étnico ou biossocial, pois, o tipo ideal de raça seria precisamente aquele que resultasse da miscigenação dos três tipos raciais fundamentais. Daí, "o tipo miscigenado, como o nosso, em vez de 'sub-raça', como apregoam os seguidores de Gobineau, Nietzsche e outros" ser "em verdade 'super-raça'". Foi isto o que compreendeu o alto espírito de José Bonifácio quando disse: "No Brasil só haverá uma grande nação quando pelo aspecto de cada brasileiro não se puder saber de que raça proveio." Era o que vinha sucedendo: tendo-se partido aqui da unidade, e tendo havido diversificação, estávamos "a voltar a uma nova unidade, apagando as diferenças". Não poderíamos, decerto, deixar de reconhecer que a mestiçagem se ressentia no Brasil da "degradação de que foi vítima a raça negra por efeito da escravidão [Joaquim Nabuco, Gilberto Freyre]". Por este motivo, e confessando-se honestamente "vítima de preconceitos ainda reinantes" é que "não veria com inteiro agrado o casamento de filho ou filha, irmão ou irmã, com pessoa de cor; mas também não empregaria esforços para impedir tais uniões se fossem resultado de afetos compartilhados espontaneamente". Pensava Alfredo Severo dos Santos Pereira, ao responder por escrito ao nosso inquérito, que "nas épocas normais, no futuro, tais preconceitos terão certamente desaparecido". E recordando Comte: "Augusto Comte, em sua 8ª carta ao Dr. Audiffret, depois de haver assinalado que a diversidade entre a raça branca e a negra é análoga à existente entre os dois sexos, conclui: 'A raça branca dominou durante a grande fase da iniciação humana que dependeu do espírito e do caráter. Não mais será assim no estado final, quando o sentimento prevalecerá cada vez mais. Quando todas as nações da família humana atingirem o nível normal, a raça negra obterá, pois, como o sexo afetivo, uma consideração e mesmo uma influência que não podemos hoje suspeitar'".

Outro positivista ilustre, Agliberto Xavier, nascido em Niterói, no Rio de Janeiro, em 1869, se estende sobre o assunto, no seu depoimento, revelando seguir a mesma orientação comtiana de Alfredo Severo: "Por seu grande desenvolvimento intelectual e pelo poderoso auxílio que a máquina criada por seu engenho tem prestado à sua atividade, a raça branca preponderou sobre as outras duas [a negra e a amarela] mas exerceu cruel tirania sobre a raça afetiva [a negra], mais dócil e submissa". No Brasil a raça negra "prestou serviços como escrava nos mais rudes trabalhos da agricultura e da vida doméstica. Suas mulheres nos alimentaram com o leite de seus filhos e nos acariciaram como se também fôssemos filhos seus. Qual é o brasileiro que se recorda da Mãe-Preta sem ter os olhos abeberados de lágrimas? Cruzando-se com a raça branca, ela transmitiu-lhe essa delicadeza de sentimentos que já se reconhece como atributo da nossa nacionalidade". Daí Xavier consagrar aos seus "compatriotas de cor [...] cordial estima e bem judiciosa consideração".

Nascido em Pernambuco em 1868, Antônio José da Costa Ribeiro recorda ter sido educado "no respeito indistinto a brancos, negros e mulatos. Eram amigos de meu pai dois homens bem escuros: os irmãos Lisboa (Cândido e Joaquim), ambos formados em direito. Em nossas festas familiares, os tínhamos sempre um no violão e o outro na flauta". Daí ter Costa Ribeiro escapado – segundo pensava – ao preconceito de cor.

Alfredo Rosas, nascido na Paraíba em 1887, depois de tachar de "audaciosa" a pergunta que lhe foi feita em questionário que concordara em responder por escrito, sobre como receberia o casamento de filho ou irmão com pessoa de cor, escreveu em depoimento datado de 1940, não sem ter antes generalizado sobre o assunto, que considerava o Brasil "um povo modelar" no tocante às relações entre as raças: "Se pode existir no casamento de um branco com uma negra ou mulata, a afinidade eletiva, de que nos fala Max Nordau, não me oporia a uma dessas uniões na família. Estou convencido, porém, de que essa afinidade não poderia existir [...]. Como não existiria numa aliança de branco com uma maori neozelandesa".

"Não obstante minha boa vontade para com os homens de cor, não toleraria o casamento de uma filha ou de uma irmã com um deles, fosse embora um Patrocínio, um Luís Gama ou um Rebouças", confessa João Franklin de Alencar Nogueira, nascido no Ceará em 1867.

Nascido no Maranhão em 1879, José Luso Torres depõe: "Não me animaram nunca preconceitos raciais contra negros e mulatos". Com a mestiçagem, no Brasil – "operação inevitável, contínua" – o negro viria "lentamente desaparecendo, em gradações que só a visão do sociólogo poderá avaliar". Reconhecia, entretanto, existir, no Brasil, "no íntimo de cada sujeito, ainda o mais democratizado, um instinto de branquidade (princípio de seleção), o qual orienta a composição geral dos cruzamentos..."

Alfredo Bartolomeu da Rosa Borges, nascido em Pernambuco em 1864, depois de recordar sua qualidade de abolicionista e de republicano, adepto de Martins Júnior, confessa lealmente ter sido sempre dominado por esse "instinto de branquidade" na sua forma absoluta: "Tenho um arraigado preconceito de cor. Seria contrariadíssimo que receberia, em minha família, um casamento com pessoa de cor".

Atitude semelhante é a revelada por José Cupertino Dantas, nascido em 1854 no Engenho Unha de Gato, em Sergipe: "Como o meu pai foi sempre humanitário em tratar os escravos, não sofreu grande abalo com a Abolição, continuando quase todos eles na propriedade sob o regímen de assalariados. O casamento de pessoa de cor em minha família seria um grande desapontamento [...] pois não se dissipa facilmente em nosso espírito a hereditariedade de antiga prevenção".

Já Demóstenes Ipiranga de Sousa Dantas, nascido em 1880, em Pernambuco, de gente rural por algum tempo escravocrática, em depoimento escrito em 1940, mostrava-se mais desembaraçado que Rosa Borges ou Cupertino Dantas, do chamado "instinto de branquidade" sob a forma de preconceito de cor: "A Abolição não nos causou a menor surpresa nem prejuízo, pois meu pai já havia antes libertado os escravos da sua propriedade; estes porém continuaram conosco a prestar os mesmos serviços, e com a mesma dedicação. Eu e meu pai éramos extremosos democratas, olhávamos com indiferença as raças do Brasil. Não me era agradável que uma minha irmã ou filha desposasse uma pessoa de cor, uma vez, porém, que isto acontecesse não me constituiria seu inimigo, consumado o fato".

"Nunca tive prevenção contra [negros e mulatos]", informa Heraclides César de Sousa-Araújo, nascido em 1886 no Paraná, depois de confessar ter sido na mocidade simpático ao positivismo e recebido direta influência de Teixeira Mendes. Tanto que, por influência de Teixeira Mendes, "em moço, considerei Paris o coração do mundo e ali chegando pela primeira vez, uma madrugada [...] sofri forte emoção, maior do que tivera ao entrar em Roma. Procurei logo conhecer a casa de Augusto Comte, a Sorbonne, os hospitais, os museus..." Foram, aliás, as conferências de Teixeira Mendes que apagaram ou reduziram nele "o entusiasmo por Ruy Barbosa" que o empolgara na primeira mocidade. Vinha de família orientada por homem extremamente adiantado em suas ideias de reforma social: "Meu pai foi livre-

-pensador, antiescravocrata e republicano da época da propaganda. Ele casou-se no civil em janeiro de 1885! Meu pai mudando-se de São Paulo para o Paraná em 1870, logo que voltou da Guerra do Paraguai, deu alforria a todos os escravos da família". Evita, entretanto, no seu depoimento, o aspecto concreto do problema: o casamento misto que envolvesse parente seu, próximo.

"Receberia da melhor vontade o casamento de filho ou filha, irmão ou irmã, com pessoa de cor, desde que houvesse amizade entre os nubentes" pois "para mim a base para união e harmonia da família continua a ser de amor", confessa Hermínio de Holanda Trevas, nascido em Pernambuco em 1883. Isto depois de ter generalizado sobre os homens de qualquer cor no Brasil: "[...] acho que todos têm direito à vida [...]" e de haver feito a apologia da Abolição: "Gostei muito da Abolição e continuo a reverenciar a memória de Joaquim Nabuco, José Mariano, Paula Mafra, João Ramos, a princesa Isabel..."

Paulo Inglês de Sousa, nascido em São Paulo em 1888, pensa da Abolição que "veio tarde demais". Quanto à sua atitude para com negros e mulatos, em depoimento de 1940, afirma ter sido sempre de cordialidade, evitando, porém, a intimidade. Não gostaria de ver filha ou irmã casada com homem de cor evidente.

Nascido em Pernambuco em 1857 e casado em primeiras núpcias com uma branquíssima Rocha Wanderley de Rio Formoso, Leopoldo Marinho de Paula Lins destaca em seu depoimento ter sido sempre admirador dos negros e mestiços capazes de se elevarem pela inteligência ou pela virtude: "Quer aqui [Pernambuco], quer em todo o País, tem havido notabilidades nas ciências jurídicas, na medicina, na engenharia etc. Ainda aqui são lembrados os Dornelas, Leonardo, os Monteiro Lopes e André Gomes e outros, somente para falar dos mortos. As individualidades de Patrocínio, Manuel Vitorino, que foi vice-presidente da República, Zacarias de Góis, senador Glicério e o próprio Cotegipe, e muitos outros da mesma raça, serão sempre acatados como brasileiros notáveis pelos seus talentos, patriotismo, saber. De dois dos enumerados, lembro-me de um caso de Zacarias e de um fato passado com João Clodoaldo Monteiro Lopes. Aquele, segundo dizem, achava-se em um salão de baile, no Rio, junto a uma senhora metida a espirituosa e ele, meio resfriado, dá um espirro, ao que a senhora pergunta-lhe: 'Temos chuva, Conselheiro?', referindo-se à sua qualidade de mulato, ao que ele responde: 'Não, excelentíssima, quando bode espirra, é cabra perto'. De Clodoaldo, meu colega de ano (na Faculdade de Direito do Recife), que depois defendeu teses brilhantemente, tendo sido um dos grandes advogados no nosso foro, tenho a lembrar o seguinte: no dia da minha formatura, dei em casa do meu sogro, Alfredo Alves da Silva Freyre (sênior), um jantar e reunião dançante aos colegas, meus afeiçoados. Compareceu Clodoaldo e na ocasião das danças ficou ele afastado, não tomando parte nelas, certamente pelo receio ou escrúpulo de dirigir-se a qualquer dama. Vendo isso, apresentei-lhe minha querida esposa Adélia (Adélia da Rocha Wanderley Alves da Silva Freyre), com quem ele dançou fidalgamente..." Leopoldo Lins assim fazendo imitava aliás um gesto do Imperador que na mesma época convidara a dançar com a princesa Isabel um homem de cor, ainda jovem e já ilustre, um tanto esquivo no salão imperial de baile. Não enfrenta, no seu depoimento, o problema das relações de raças no Brasil da sua época, no seu aspecto concreto; e deixa de recordar que um seu irmão por parte de mãe, quando magistrado, recusou-se a celebrar o casamento de uma branca com um preto.

Da. Virgínia Cavalcante, também pernambucana, nascida em 1879, depois de afirmar sua certeza quanto a estarem "no Céu, gozando da recompensa divina", abolicionistas como a princesa Isabel, confessa: "Mas quanto a casamento com gente de cor, discordo por completo. Branco com branco, mulato com mulato, preto com preto".

Expressivo é o depoimento de Emiliano (Ribeiro de Almeida) Braga, nascido no Maranhão em 1873 de pai que, se possuiu escravos, foi por "uma questão de meio e época em que viveu". Tanto que o único castigo que infligiu a um dos seus negros, que quase matara outro, foi "mandar dar-lhe 12 bolos de palmatória". "Creio que por herança dele e pelos seus exemplos, nós, seus filhos, sempre fomos amigos de todos os seus escravos, tratando muitos, os mais velhos, por tio fulano, compadre fulano, mestre fulano, tratando-os com respeito, enfim. E entre eles tivemos verdadeiros amigos. Quando meu irmão mais velho foi estudar engenharia no Rio de Janeiro, com 15 anos, meu pai mandou em sua companhia um molecote de mais ou menos a idade de meu irmão, para servi-lo. Ao chegarem ao Rio, meu irmão disse ao molecote que procurasse uma ocupação em que ganhasse sua vida, pois não queria escravo para servi-lo, que estava livre..."

Quanto a Emiliano, depois de crescido, sempre teve "homens de cor como amigos, não só entre o povo baixo como entre a classe média. Um dos homens mais dignos, mais nobres, de sentimentos mais elevados, a quem com orgulho chamo meu amigo, a quem devo inúmeros favores, é um homem de cor". Concordaria em que casasse com ele "filha ou irmã".

Depois de considerar a Abolição "uma cruzada purificadora", o cearense José Alves de Figueiredo, nascido em 1879, mostra-se em seu depoimento confiante na assimilação do negro pelo branco no Brasil: assimilação de que resultará uma "raça forte", e que acontecerá em virtude do contato de "grandes correntes imigratórias" com os remanescentes de negros no país. Receberia "o casamento de filho ou filha com negro ou mulato com grande contrariedade", pensando decerto que era noutras camadas sociais da população, e não na sua, que deveria processar-se aquela assimilação.

O mesmo parece pensar João d'Albuquerque Maranhão, nascido em engenho do Rio Grande do Norte em 1883; e para quem "a pobre gente mestiça" no Brasil – principalmente no Norte – se apresenta, desde a Abolição, "desnutrida, doente, preguiçosa e estúpida [...]", ao contrário dos teuto e dos ítalo-brasileiros que vêm se desenvolvendo "de um modo superior, sabendo ler, sabendo comer, sabendo morar e sobretudo possuindo educação econômica". Daí a necessidade de maior e melhor imigração europeia que viesse favorecer noutras partes do Brasil "a formação de uma raça forte, sadia e inteligente". Considerando "azul" seu sangue luso-ameríndio, Maranhão jamais admitiria "o casamento de um filho ou filha, irmão ou irmã, com pessoa de cor", isto é, com pessoa de sangue africano.

José Ferreira de Novais, nascido na Paraíba, de gente rural, em 1871, escreve em seu depoimento ter crescido vendo na gente preta e na parda uma parte da espécie humana "dotada de sentimentos iguais aos dos entes de outras cores". "Na Academia" – isto é, na Faculdade de Direito do Recife – "privava com colegas pretos e mulatos. Antonino Guimarães, o mais preto da minha turma, figura no quadro dos bacharéis de 1892 [abril] ao meu lado, tendo do outro o branco Antônio Francisco, e nesse mesmo quadro se acham Ageu

Torres, Araújo Filho e Ladislau Costa, que não eram brancos, mas bons, inteligentes e dignos". No Brasil já não havia "carreira privilegiada aos brancos". Eram já numerosos os pretos e mulatos "doutores em direito, medicina, engenharia, odontologia, farmácia, agronomia etc." Não existia problema de raças: "Estas continuarão, naturalmente, fundindo-se e confundindo-se, até a formação de um só tipo, o branco, ora preponderante". Quanto a casamento de filha ou irmã com pessoa de sangue africano, confessa: "Descendente de portugueses e índio, darei preferência a um genro ou cunhado de cor igual à minha. Entretanto, se um filho ou filha, irmão ou irmã, se casar com pessoa de outra cor, aceitarei de bom humor o fato consumado. A respeito tenho observado que o casamento de pessoas de cores diferentes não é em regra bafejado pela felicidade. Por quê? Talvez a dessemelhança das cores, reconhecida após a paixão amorosa, quando deve surgir a estima afetiva e duradoura entre os casados, seja a causa do infortúnio".

Daí, talvez, Rogério Gordilho de Faria, nascido em Sergipe em 1889 mas crescido e educado na Bahia, depois de reconhecer que "o pigmento não deveria constituir barreira para os acessos", "a raça", entre nós, devendo ser "depurada no sentido mais psicológico que pigmentar", confessar: "Se sob o ponto de vista mental penso assim, o casamento de filho, filha ou irmã, brancos, com um preto, ainda me choca o instinto, pela sedimentação do costume".

Aureliano Leite, nascido em Minas Gerais em 1887, mas crescido e educado em São Paulo, lembra em seu depoimento não ter sido "do tempo da Abolição"; quanto à sua atitude para com negros e mulatos, caracteriza-a como "de tolerância, sem grandes preconceitos, certo de que o Brasil é um País de mestiços". Nada, porém, de casamento de filha ou irmã sua com pessoa de sangue africano: "Opor-me-ei quanto possa".

José Maria Moreira Guimarães, nascido em Sergipe, em 1864, mas educado para a vida militar na Escola da Praia Vermelha, onde "teve a ventura" de ter entre seus professores Benjamim Constant, confessa haver sido, na mocidade, abolicionista, desejando também, "do ponto de vista político", a República. Ao que acrescenta no seu depoimento: "Logicamente receberia o casamento de filho ou filha, irmão ou irmã, com pessoa de cor, sem nenhuma ideia preconcebida. Isto é, bem, se a pessoa de cor fosse boa pessoa".

De considerável interesse sociológico se apresenta o depoimento de Ana Maria da Conceição, nascida em 1865 em Pernambuco; e que, mestiça analfabeta, ditou a pessoa idônea suas confissões, recordando ter fugido, ainda mocinha, para casar com certo "Manuel B. G., filho de pais portugueses" mas "foi um dia casamento": trabalhava ela, "na enxada", enquanto ele era mestre de açúcar no Engenho Boca do Mato. Mais ou menos nessa época viu, como consequência da seca de 77, "muitos pais de família darem suas filhas, lindas retirantes, brancas, de seios e corpos capazes de virar a cabeça até do vigário, em troca de cavalos e alimentos". Enciumada, abandonou, algum tempo depois da fuga, o seu amásio, indo "para o Engenho Massanauaçu, do coronel Marcionilo, casado com Da. Carol": "trabalhava [aí] botando canas nas esteiras, pois já era usina, ganhando 1.200 réis por dia", e conservando em sua companhia os três filhos que tivera do tal branco, filho de português. Cantava então "muitas modinhas em casa das famílias da redondeza e da casa-grande, acompanhadas a violão e tenho satisfação em dizer que era apreciada deveras". Empregou-se depois como cozinheira do Engenho Ronda, daí saindo para a Torre, onde se demoraria "até hoje" (1941) como lavadeira e engomadeira, tendo já um casal de netos e dois de bisnetos, e sabendo "benzer cobreiro, dores de dente e mau-olhado". Embora "não tivesse sido escrava", mas apenas nascido na escravidão "e logo liberta", diz ter apreciado muito "o Dr. Nabuco e Zé Mariano e Da. Olegarinha". Confessa ter, quando moça, dançado de pastora "como diana"; e – nas suas palavras – "gozei as delícias dos beijos quentes dos filhos dos brancos daquele tempo e lindos como uns amores e que me davam força para viver e trabalhar..." Entregava-se a esses brancos, socialmente seus superiores, escondida do outro, seu homem, também branco, mas de importância social média e "de quem não gostava". Também confessa que para atrair a atenção dos "moços que passeavam a cavalo no tempo de férias", tomava banho nos rios de engenho, mostrando o mais possível o corpo pardo e sempre sadio. A alguns desses sinhozinhos brancos em férias, foi ela, Ana Maria, quem fez "gozar as delícias do primeiro amor".

Outro mestiço analfabeto, Gonçalo Guilherme da Silva, nascido em Alagoas cerca de 1880, diz ter desde menino trabalhando no eito do Engenho Marreco, no qual o senhor, um Rocha Wanderley de

Holanda Cavalcanti, nunca consentiu que trabalhador aprendesse ofício. Aprender um ofício era entretanto o desejo de Gonçalo. Mas isto só em alguma cidade; e Gonçalo tinha medo do recrutamento. Ao prestar seu depoimento oral (1940), referiu-se ao tempo da Monarquia como tendo sido melhor que o da República, embora reconhecendo ser a República um sistema "mais civilizado" que o monárquico. Menino, era desadorado para assobiar. Tanto que o seu patrão (pois não foi mais escravo) disse um dia a outro negro do engenho: "Pega esse moleque, bota ele para cortar capim". Rapaz, sua paixão tornou-se acompanhar modinhas ao violão. Não tendo podido aprender um ofício, tornou-se afeiçoado à viola. Estimaria casar com mulher de pele mais clara que a sua, embora "gostasse muito de negra".

Ainda outro mestiço analfabeto, Luzia Angélica de Lima, diz que "quando veio a alforria tinha dez anos". Nasceu no interior de Pernambuco. Viu negros "quebrarem cestos de ovos inteiros" em regozijo pelo 13 de Maio. Estimaria que seu filho casasse com pessoa de pele mais clara que a sua.

Quase analfabeta a preta Francisca Gomes da Silva, nascida em 1875, também no interior de Pernambuco, diz ter saído da escola que começou a frequentar porque a professora, Da. Maria Firmina, era "velha feroz que quando pegava a gente só faltava tirar o couro". Queria ser costureira; morto o pai, teve de contentar-se em viver de lavar roupa. Sem nada entender de governos, gostava muito de D. Pedro, de quem seu pai dizia que era "muito bonito". Católica-romana, sempre achou os frades mais sérios que os padres. Chapéu, diz nunca ter usado: "Chapéu nunca botei; negra de chapéu parece macaca". Favorável a casamentos de pessoas de cor com pessoas também de cor.

A analfabeta Maria Joaquina da Conceição informa ter nascido em Goiana, no interior de Pernambuco, em 1885; e sempre ter desejado ser freira. Por muito tempo católica-romana, tornou-se, depois de velha, espírita e até médium vidente. Branca, gostou da Abolição por ter feito cessar o sofrimento dos negros. Talvez por ser pobre e filha natural, é que não tenha podido ser freira, transferindo-se com a sua vocação mística, da Igreja para o espiritismo. Evitou o assunto casamento misto.

Já outra branca pobre, Maria Teodora dos Santos, nascida em Pernambuco em 1878, informa ter se casado aos 16 anos com homem que deu para beber. De pretos, diz, no seu depoimento, não gostar como iguais de gente branca: "nasceram para servir os brancos". Ela própria teve a seu serviço "uma preta chamada Constância que vendia os seus trabalhos de labirinto". Se filha sua "se casasse com preto, sentiria, a não ser que ele tivesse dignidade e caráter e cuidasse bem dela".

Nascido em 1878, também em Pernambuco, outro branco que de pobre elevou-se a remediado, pelo seu trabalho e pela sua atividade, José Cupertino de Figueiredo Cruz, informa ter sempre desejado "ser artista mecânico para não precisar de ninguém". Estudou "sozinho, mecânica"; embora sempre amparado por um padre, seu padrinho, não conseguiu concluir os estudos. A atividade em que se fixou veio a ser a de embarcadiço, que lhe permitiu viajar até pelo estrangeiro, tornando-o entusiasta da República Argentina. Daí, talvez, ter achado bom que o Brasil se transformasse, em 89, de Império em República. Mas sem deixar de reconhecer que homem como D. Pedro "nunca mais tivemos outro". Gostou da Abolição. Sempre gostou dos pretos: gente, como ele, amante da música. Entusiasta da música de pancadaria, tocou, quando moço e até homem-feito, bombo e prato. Tocando bombo, serviu no Tiro 205, com o comandante Lisboa. Em 1907 tornou-se irmão da Confraria das Chagas, da Igreja do Paraíso; e foi presidente da Sociedade Sete de Setembro de Nossa Senhora da Conceição. Evitou o assunto casamento misto.

Nascido em São Paulo, em 1898, de gente fidalga, Antônio Carlos Pacheco e Silva lembra terem sido seus antepassados, abolicionistas, e que em sua casa, viveram "tratadas como pessoas da família, velhas 'manas' [pretas], cozinheiras e criadas, às quais votei a maior afeição". Quanto a casamento de filha ou irmã sua com pessoa de sangue africano, diz ser "difícil conceber semelhante hipótese"; e evita definir-se sobre o assunto.

Eurico de Sousa Leão, nascido em Pernambuco em 1889, de família rural e aristocrática, embora, naquela época, empobrecida pela própria Abolição, informa ter depois de adulto passado a considerar o problema de raças, no seu e nosso país, pelo prisma democrático de quem não podia compreender um Brasil sem negros e mulatos. Quanto a casamento de filha ou irmão com pessoa de cor, teria recebido "sem nenhum choque emotivo ou indignação – esportivamente, olhando apenas o fato sentimental".

Nascido em Minas Gerais em 1879, também de família rural e aristocrática, de senhores de terras e de escravos, Cássio Barbosa de Resende recorda: "Quando se deu a Abolição, eu tinha 9 anos [...]. Apenas fiquei muito apreensivo, com receio de ser abandonado pela minha ama, porque, na ocasião, nós fomos informados de que os negros poderiam retirar-se da fazenda quando bem lhes aprouvesse. Eles, entretanto, dando mostras de sentimento generoso, quiseram poupar a meu pai o prejuízo de perder todo o café que estava nas árvores e espontaneamente declararam que não deixavam a fazenda enquanto a colheita não estivesse terminada. E assim fizeram." Quanto ao problema de raças no Brasil, confessa em seu longo e minucioso depoimento (1937) ser problema que não o preocupara, tendo lhe parecido sempre de importância secundária. Mas não diz como receberia casamento de filha ou de irmã com indivíduo de cor escura.

De Eduardo Jacobina, nascido no Rio de Janeiro em 1869, é o depoimento: "[...] penso [...] que as grandes, as imensas qualidades morais dos portugueses degeneraram no brasileiro em consequência da mestiçagem e da promiscuidade em que vivíamos com os negros e guaranis. Estas duas raças são anatomicamente inferiores, ninguém em seu juízo pode isto negar. Elas não são somente imorais como amorais. Falta-lhes iniciativa, amor-próprio, amor ao progresso, ao conforto. Nada sabem e não compreendem as vantagens do saber. Têm vaidades e preconceitos e nada mais. É isto que explica este país onde os 'gênios' pululam e que cada dia mais se chafurda no lodo. Onde mestiços assassinos, covardes e traiçoeiros são encarregados da representação nacional no estrangeiro! [...]. Manobrada por organizações secretas a massa mestiça tem submergido se não destruído a nossa elite". Compreende-se assim a aversão, que sempre o animou, ao casamento de parente próximo com pessoa de cor.

Luís Pinto de Carvalho, nascido na Bahia, em 1877, depõe: "Sempre foi adepto da Abolição, considerando a escravatura como a maior nódoa lançada sobre o Brasil; acha contudo que a Abolição como foi feita, foi um erro". Quanto aos vários elementos étnicos que vêm constituindo o Brasil, opina: "Mulatos ou negros [...] todos se valem desde que sejam cultos e educados". Quanto a casamento de filha ou irmã com pessoa de cor: "Receberia o casamento de gente sua com pessoa nitidamente colorida com pouca simpatia; mas porque julga que o casamento deve, tanto quanto possível, servir para o apuramento do sangue. Só por isto. Entretanto, dadas certas circunstâncias, não faria oposição absoluta a uma tal opinião".

Carlos Luís de Vargas Dantas, nascido em 1870 no Rio de Janeiro, recorda: "Vivendo quando rapaz num país dos mais liberais e democráticos do mundo, onde então não era conhecida a miséria nem existiam barreiras entre as diferentes classes, onde os representantes das mais modestas [classes] podiam, desde que tivessem real aptidão, aspirar e alcançar as mais elevadas posições, como a tantos sucedeu, não me feria muito fundo nessa época a necessidade de se executarem [no Brasil] grandes reformas sociais [...]. Tinha para mim que por evolução ponderada e sem abalo se devesse ir aprimorando nossa organização de modo que cada vez mais se aproximasse da perfeição a distribuição de justiça a todos os brasileiros. A epopeia de 13 de maio foi episódio sublime que ilustrou o que eu sentia". Evita, no seu depoimento, o problema de casamento de parente próximo com pessoa de cor.

Nascido no Piauí em 1874, Raimundo (Dias) de Freitas lamenta ter sido o Brasil colonizado pelos lusos: foram eles que se exageraram na importação de escravos da África para o Brasil, causando "a superabundância de negros na constituição da antiga população brasileira..." Isto porque em Portugal havia "falta de visão": "tudo ali era pequenino: desde o seu território até a concepção cultural dos seus homens". Reconhece, entretanto, que pelas suas "virtudes cívicas e morais", predominantes sobre as possíveis inferioridades de raça, "os negros e mulatos" vêm, no Brasil, representando "a alavanca que movimenta o progresso industrial de nossas fábricas, de nossas usinas, dos nossos campos e de todo o serviço material e rude do País", sobretudo porque, "nos casos mais perigosos em que se tem por vezes empenhado o nosso caro Brasil na defesa do seu território ou da sua soberania são eles, os negros e mulatos, são eles que primeiro se destacam para se sacrificarem pela sua pátria". Não só isto: "também [...] na órbita em que giram a inteligência e a cultura, eles [negros e mulatos], por sua vez, se têm distinguido nos vários ramos das ciências, concorrendo, portanto, para o bom conceito do Brasil nos meios culturais do mundo". Todavia, "por sentimento imposto pelo princípio de seleção e pureza da raça, eu condenaria o casamento de filho ou filha, ou de meus irmão e irmã, com pessoa de cor".

Do baiano Cleto Ladislau Tourinho Japi-Açu, nascido em 1866, é o depoimento: "A minha atitude para com os negros e mulatos foi sempre a melhor possível e não deixo de proclamar minha admiração pelo professor Elias de Figueiredo Nazareth pelo seu saber e procedimento exemplar. Quanto à Abolição penso que não deveria ter sido feita como o foi, causando a desgraça de muita [gente] que [era] garantida pelas leis do País [...]. A Lei Áurea seria executada sem assim acontecer e já hoje não haveria escravos no Brasil". O casamento, porém, de um filho ou filha, irmão ou irmã, com pessoa de cor, "seria por mim recebido muito mal". E pormenoriza: "O casamento de um branco com uma mulher preta ainda pode ser tolerado mas o de uma mulher branca com um homem preto é insuportável e conta-se o fato do vigário de uma freguesia que depois de perguntar aos nubentes se era do gosto de ambos contraírem matrimônio e obtendo resposta afirmativa, declarou: 'Pois do meu gosto é que não é casar um preto com uma mulher branca, pelo que retirem-se' – e não os casou, tendo o ato sido efetuado posteriormente por outro sacerdote".

Da. Antônia Lins Vieira de Melo, nascida em 1879 em São Paulo mas desde os 4 anos de idade criada em engenho ainda patriarcal do Nordeste, depõe: "Quanto a preconceitos de cor nunca soube tê-los..." Lembra, porém, que em sua família, ainda ao tempo da sua meninice, "os casamentos só se faziam quando anteriormente combinados pelos chefes [das famílias] que preferiam os parentes abonados a outro elemento, por mais coberto de joias e valor moral". Fortaleciam-se assim – repare-se a este propósito – os laços domésticos, inclusive a relativa pureza étnica das mesmas famílias; mas sobretudo a fortuna dos conjuntos patriarcais – fortuna que não se espalharia por mãos estranhas. É possível que esse interesse econômico de preservar riqueza ou aumentar fortuna particular, através da coesão dos conjuntos patriarcais, favorecesse a endogamia e com ela, como subproduto, a pureza étnica – principalmente caucásica – dos mesmos conjuntos. Mas é também possível que o afã da parte de alguns patriarcas de preservar sobretudo, com essa pureza étnica, a nobreza caucásica, ou luso-ameríndia, das suas famílias, tenha significado, em alguns casos, preservação concomitante de riqueza.

João Fernando de Carvalho, nascido em Pernambuco em 1867, salienta em seu depoimento ter sido sempre adepto da "fraternização e igualdade entre todas as raças"; e coerente com essas suas ideias, receberia o casamento de filho ou filha com pessoa de cor "com todo o acatamento desde que fosse da vontade do filho ou filha".

O paraibano Adauto Acton Mariano das Neves, nascido em 1885, pensa haver sido a escravidão "uma nódoa para a história do Brasil", tendo a Abolição representado "necessidade imperiosa", sobretudo num país em que a população vinha sendo "uma fusão de três raças [...]." Dada essa sua atitude, sempre tem olhado "com desprezo, com desdém, certos indivíduos, quando os ouço apurando branquidade, raça pura, raça fina, sangue azul [...]".

Outro paraibano, Artur (Roberto) Coelho (de Sousa), nascido em 1889, e há anos residente em Nova Iorque, informa só ter vindo a ter "conhecimento real do preconceito de raça – contra o negro e o judeu – nos Estados Unidos", para onde seguiu ainda jovem, a fim de estudar mecânica. É certo, porém, que "mesmo no Brasil eu já notara num velho cantador ('negro pra cantar comigo lava a boca com sabão') e em determinadas indiretas do povo, alguns resquícios de preconceito de cor: 'Negro em pé é um toco, deitado é um porco' ou então, ferreteando o mulato: 'Cabra, quando não salta, berra'. Entretanto, eu traduzia [essas indiretas] como simples motivo de troça; não me ocorria então que estes dizeres representavam suaves manifestações do nosso preconceito". Quanto a casamento de filho ou filha com pessoa de cor: "Eu me oporia [...] simplesmente por uma questão de estética; e talvez econômica. De feito, numa civilização predominantemente branca, de alto preconceito de cor, como a norte-americana [onde o depoente constituiu família, pelo casamento com mulher anglo-saxônia], positivamente não é negócio 'estar do outro lado da cerca'. Mas isto, em mim, não é bem um preconceito de cor; é antes um sentimento mais utilitário que racial".

"Qualquer ideia que conceba em torno do casamento dos meus filhos ou sobre raças se subordina absolutamente à ideia cristã que aprendi e que me orienta ainda hoje", escreve em seu depoimento Da. Maria Amélia, nascida em 1896 em Pernambuco.

Já Da. Maria Ester Bezerra Pontes, nascida também em Pernambuco em 1888, apenas informa ser "afeiçoada à raça negra e à [gente] mulata": "muito gostei da extinção da escravidão no Brasil". Não esclarece, em seu depoimento, como receberia o casamento de parente próximo com pessoa de cor mais escura.

Antônio da Rocha Barreto, nascido no alto sertão da Paraíba em 1882, é mais explícito: informa cedo ter compreendido que "num país como o Brasil, onde é forte a contribuição do sangue africano [...] seria ridículo distanciar-me de homens de cor, por efeito de um presumido arianismo". Pensa que "a Abolição poderia ter vindo quatro ou cinco anos depois da Lei do Ventre Livre". Quanto à mestiçagem decorrente da presença do negro no Brasil, ao lado da luso-ameríndia: "No meu arraial sertanejo, ao tempo de minha meninice, encontravam-se muito poucos negros e mulatos fixados. Morenos, de cabelos lisos, como quase todos os habitantes, na sua maioria elementos da minha família, que tem uma leve porcentagem de sangue aborígine. Recordo-me de ter visto algum tipo louro. Meu bisavô materno, que ainda conheci, velhinho, com 93 anos de idade, muito vermelho, muito calvo e de olhos azuis, parecia um indivíduo de raça nórdica. Ele era filho de pai português e mãe alsaciana. Homem voluntarioso e algo excêntrico, quando foi posta em vigor a Lei do Ventre Livre, deu alforria a meia dúzia de escravos, três dos quais passaram a agregados da casa do ex-senhor. Esse gesto do meu bisavô causou desapontamento aos filhos, por se tratar de uma extravagância para quem tinha escassos haveres". Quanto a casamento de filho ou filha, irmão ou irmã, com pessoa de cor: "Para me pronunciar com sinceridade eu receberia com desagrado o casamento de meu filho, de minha filha, de meu irmão ou de minha irmã com um espécime de negro ou mulato indisfarçável. Por mais que eu simpatize ou me nivele com pessoas de cor, nas permutas sociais, estou ainda preso a certos preconceitos de fundo atávico".

Não assim Da. Henriqueta Galeno, nascida cerca de 1890 no Ceará: "Não faria a menor objeção à união de qualquer membro da minha família com pessoa de cor. Não tenho preconceitos de raças: o mestiço de talento e cultura a meu ver vale muito mais do que o branco ignorante e boçal".

Da. Levina Alves da Silva, nascida no interior de Pernambuco, cerca de 1880, e criada "numa engenhoca de nome Tamanduá", em Bonito, informa ter ficado "contentíssima com a libertação dos escravos", verificada quando ela era ainda menina: tempo em que muito admirou a Monarquia, particularmente a princesa Isabel. Talvez por ter sido sempre piedosa como a princesa; e ter tido sempre "muita compaixão pela pobreza [...]." Não esclarece, em seu depoimento, como receberia o casamento de parente próximo com pessoa de cor mais escura.

Do também pernambucano José Maria da Silva Freyre, ou Freire, nascido em 1887, é o depoimento de ter sido mais feliz em sua "amigação com negra" – no que seguiu o exemplo do seu tio Manuel da Rocha Wanderley, "homem louro como um estrangeiro, olhos azuis, alvíssimo de pele, para quem 'mulher branca não era mulher'" – do que no seu casamento com branca. Daí sua predileção por mulher de cor ter-se tornado total, tendo deixado de se casar com negra pelo receio de "ofender a família e ficar malvisto pela sociedade". Informa ter sido, quando moço, amigo de um alemão que pensava do mesmo modo, considerando a mulher de cor "a rainha das mulheres".

Notas ao Capítulo VII

1. Bennett, *Forty Years in Brazil*, cit., p. 62.

2. Pelos "tais", o depoente quer referir-se aos mulatos. Vê-se por esse e por outros depoimentos que, estando então ainda próxima e até viva – para alguns – a instituição do trabalho escravo, que estigmatizava o escravo como "raça inferior", vários brasileiros brancos e quase brancos consideravam inferiores as pessoas de cor, quando negras ou mulatas. Por outro lado, não deviam ser poucas, segundo esses depoimentos e conforme outras evidências, as pessoas de cor, em ascensão social, que se revelavam arrivistas ou *parvenus* em certos aspectos do seu comportamento, tornando-se desagradáveis aos seus compatriotas já mais ou menos estabilizados na sociedade brasileira da época como pessoas se não todas de classe alta, da média, em suas várias gradações. Esse arrivismo, sob a forma de presunção, insolência, maus modos, parece ter se estendido à parte do proletariado urbano que começou, na época aqui considerada, a adquirir consciência prolerária; e que em livro de arguto observador inglês publicado em Londres, em 1920, mas referente ao Brasil de antes de 1918, veio a ser caracterizado como, em grande parte, mestiço de branco e negro: "*a breed which acquires the modern exaggerated idea of individual's rights without any compensating idea of duty to the State and produces a curious blend of primitive childishness and precocious modernity*" (J. O. P. Bland, *Men, Manners & Morals in South America*, Londres, 1920, p. 49).

   Dos libertos que conheceu no Brasil, na sua primeira fase de intoxicação com a liberdade, escreveu outro arguto observador da situação brasileira na época aqui considerada, o alemão Lamberg, que se revelavam crianças grandes, necessitadas de tutor: "O livre-arbítrio, que não se pode recusar ao homem culto porque é um direito natural e inato, torna-se ao negro daqui um instrumento prejudicial, como se viu suficientemente na ocasião da emancipação. Seria preciso dar-lhe um tutor, como às crianças, pois eles [negros] o são, com efeito, intelectualmente – e às vezes até crianças bem malcriadas, cujos instintos nem sempre são bons [...]. Muitos aprendem um ofício em que se mostram hábeis, e entre esses mais de um chega a um grau de aperfeiçoamento artístico digno de nota. Alguns até conseguiram ser artistas, literatos e jornalistas, graças à igualdade de condições. Mas a maioria não sabe fazer bom uso da liberdade. E se as autoridades não lhes puserem um freio e não os obrigarem a uma certa disciplina, ao trabalho regular e ao desenvolvimento intelectual e moral, esses pretos continuarão a ser durante gerações inteiras a escória da população inculta, que anda vagando pelo país".

Quanto à miscigenação, ou à absorção do negro pelo casamento com brancos, observou Lamberg: "Este fato dá-se até na parte mais elevada da sociedade e com alguns dos brasileiros mais notáveis" (op. cit., p. 50). Entretanto, verificava-se principalmente na parte menos elevada do povo em formação. Daí um proletariado em grande parte mestiço.

Teles Júnior, do seu convívio com proletários de cor, logo após a Abolição – gente que pretendeu orientar no sentido de reivindicações operárias –, formou de pretos e mestiços de repente libertados da disciplina do regímen de trabalho escravo, opinião semelhante à de Bland e à de Lamberg (Diário, manuscrito conservado pela família do artista).

É evidente que o problema, tal como se apresentou na época considerada neste ensaio, muito influenciou a atitude, quer de brasileiros, quer de estrangeiros, com relação à imigração para o Brasil. Sobre o assunto, vejam-se, dentre os livros aparecidos na época, o de Alfredo d'E. Taunay, *Questões de imigração*, Rio de Janeiro, 1889, o de S. Nicosca, *Imigração e colonização*, Rio de Janeiro, 1891, o de José Avelino Gurgel do Amaral, *Relatório e projeto sobre colonização e imigração*, Rio de Janeiro, 1891, o de Sílvio Romero, *A imigração e o futuro da raça portuguesa no Brasil*, Rio de Janeiro, 1891, o de Lievin Coppin, *L'empire du Brésil au point de vue de l'émigration*, Charleroi, 1888, o de Alberto de Foresta, *Attraverso l'Atlantico e in Brasile*, Roma, 1884, o de Francesco Forzano, *L'Emigrazione italiana nello Stato di San Paolo*, Roma, 1904, o de Michaux--Bellaire, *Considérations sur l'abolition de l'esclavage et sur la colonisation du Brésil*, Paris, 1876, o de Vicenzo Grossi, *Storia della collonizzazione italiana nello Stato di S. Paulo*, Roma, s. d. (1905?). Para Grossi, na lei brasileira de 13 de Maio o sociólogo devia ver "*il germe di due grandi rivolgimenti: d'indole economico-sociale, l'uno, eminentemente politico, l'altro. Il primo há radicalmente mutato la basi dell'economia agraria del paese [...]*". Não lhe parecia, aliás, que o Partido Republicano brasileiro estivesse grandemente empenhado no abolicionismo: "*Non mi pare: certo quest'ultimo non si revelò tale durante la dittatura del governo provisorio*" (p. 285-289). Ainda outro livro de observador italiano sobre a colonização italiana de São Paulo deve ser destacado, pelo sentido sociológico das suas observações: o de Antônio Piccarolo, *L'emigrazione italiana nello Stato di S. Paulo*, São Paulo, 1911, onde se registra o fato de não ter havido então no Brasil "legislação operária": "*il proletariato non ha ancora acquistato il diritto di cittadinanza nella legislazione brasiliana*" (p. 29). Sob esse aspecto, a Argentina e o Uruguai se apresentavam superiores ao Brasil aos olhos do italiano mais esclarecido disposto a emigrar para a América do Sul, sendo lamentável que os líderes republicanos e seus assessores ou orientadores não soubessem atender a esse nada insignificante estado de espírito europeu, dando início a uma legislação operária em nosso país. Ao assunto voltaremos em outro capítulo.

A presença italiana na vida brasileira, em geral, e paulista em particular, do fim do século XIX ao começo do XX, foi um dos mais vivos característicos dessa época de transição nacional. Destaca-a também Manuel Bernárdez que, em livro, *El Brasil*, publicado em Buenos Aires, em 1908, escreveu, na página 267, do italiano em terra brasileira tanto vir triunfando na cidade de São Paulo como passando, no interior, de "jornaleiro a proprietário, a agricultor, a colono, a fazendeiro" e até dominando selvas; e conquistando, na estatística rural de São Paulo, o lugar de segundo proprietário agrícola do Estado, em seguida ao brasileiro e acima do português que ocupava então o terceiro lugar na estatística rural do mesmo Estado. Mas não nos esqueçamos do imigrante italiano em São Paulo que de certa altura em diante tornou-se o mais mimado, o mais protegido, o mais bem amparado dos imigrantes europeus acolhidos pelo Brasil; e que o mesmo começou a ocorrer com o mesmo imigrante no Amazonas. Em São Paulo era o italiano aquele imigrante messiânico e desejado por quem esperava terras que, segundo o argentino Bernárdez, pelo seu valor agrário e pelo clima de altitude favorável à sua exploração, *"hacian facil la vida del trabajador europeo"*. Era o imigrante italiano em São Paulo aquele a quem rodeavam de *"alicientes y garantias tanto el gobierno del Estado, por el deseo que lo asiste de fomentar su población, cuanto el propio fazendero o gran plantador..."* Ficou assim *"al abrigo de toda explotación"*.

Ninguém sabe de agrados semelhantes, no Amazonas da mesma época, nem ao homem do Nordeste nem ao português do Norte de Portugal. Eles para aí vieram no fim do século passado e no começo do atual, atraídos pelos preços altos da borracha, boêmia e até heroicamente; confiando apenas em Deus e no vigor do próprio corpo. Nesse vigor de corpo e nos seus remédios caseiros, nos seus quinados, nos seus vinhos feitos quase em casa. Assim enfrentaram quanto beribéri, quanta febre, quanta doença má defendiam então a selva e a própria cidade de Manaus dos intrusos de qualquer origem, a muitos desses intrusos tendo essas doenças devorado como se fossem dragões de histórias de fazer menino dormir. Ao inglês Savage-Landor horrorizaram as condições de trabalho na selva amazônica do começo do século XX, em contraste com os requintes de lazer e os encantos de prazer que os lucros altos com a borracha permitiam ao homem mais enriquecido pelos seringais desfrutar em Manaus. Só através do que parece ter sido, em vários casos, predisposição biológica, endócrina e de sangue, igual à do brasileiro do Nordeste, talvez superior à do próprio italiano e muito acima da do europeu nórdico, e completada por um conjunto de virtudes de adaptação social ou psicossocial reveladas também no Oriente e na África tropicais, pôde o português fixar-se em um Amazonas tão áspero; e escrever com diferentes letras, desde a caligrafia aprendida em liceu à garatuja de quase analfabeto, em postais cor-de-rosa que daí enviava para os parentes e para os amigos de Portugal, que "ia bem ", que "a saúde ia bem", que "os negócios iam bem". É possível que às vezes mentisse. Mas quase sempre esses postais parece que diziam a verdade; ou a verdade se não realizada, desejada e procurada.

VIII | A República de 89 e a Ordem Econômica

A época brasileira aqui evocada, consideramo-la como tendo se estendido de mil oitocentos e setenta e poucos – ou da Lei do Ventre Livre, com a qual coincidiu o lançamento do Manifesto Republicano – ao fim da presidência Venceslau Brás, ou começo da presidência Epitácio Pessoa. Foi uma presidência, a de Venceslau Brás, com que se encerrou, entre nós, uma fase social, e também econômica, vinda, aliás, dos primeiros anos do reinado de Pedro II, de relativa estabilidade de estilos de vida e de normas de cultura no desenvolvimento nacional. Através dessa relativa estabilidade, interrompida apenas por alguns breves anos de inquietação e mesmo de indecisão política, ao lado de alguma desorientação financeira, a Monarquia veio a projetar-se na República de 89 pela presença, no governo e em outros postos de direção, de conselheiros, barões, viscondes,[1] comendadores, vindos do Império, alguns dos quais se tornaram colaboradores de bacharéis e militares republicanos também marcados, em vários aspectos da sua personalidade de líderes e de brasileiros, por sua formação em parte monárquica. Moderadora, portanto, de suas ideias ou de seus ideais republicanos. Nenhum regímen ou sistema, nem econômico – como o de trabalho – nem político – como o de governo – se deixa substituir de todo por outro, da noite para o dia; e na vida das instituições, essa transição dura às vezes tanto, em suas contemporizações de natureza sociológica, que as datas de registro do fim deste regímen ou de começo daquele sistema, não significam, em sua pureza ou rigidez cronológica, senão mudanças de superfície. As verdadeiras transformações se verificam num ritmo que não sendo nem cronológico nem sequer lógico é principalmente psicológico, além de sociológico.

Em interessante estudo, publicado em inglês, em Buenos Aires, em 1896 – *Brazilian exchange – The study of an inconvertible currency* –, J. P. Wileman destacou a *degringolade* – palavra que depois se aportuguesaria em degringolada – nas finanças brasileiras, após a proclamação da República, como resultado de causas mais profundas que a desconfiança europeia no novo regímen; e em grande parte, como consequência da incapacidade dos novos dirigentes – o principal deles, neste particular, o conselheiro Rui Barbosa – para darem objetividade à sua política messiânica de "largos horizontes".[2] Rui – o Rui a quem nesse estudo se acusa de *"exuberant fancy"* – entretanto, sabia, em 1890, não ser a situação financeira atravessada pela República nos seus primeiros anos, reflexo apenas de uma audaciosa política republicana, diferente da monárquica, mas de todo um despertar de novas e um tanto desordenadas atividades nacionais, provocado pela abolição do trabalho escravo.[3] E entre as consequências imediatas da Abolição devia ser considerada – e isto o próprio Wileman o reconhecia – *"the increased cost of production"*, ao lado da *"reduction of nominal profits* (in *paper money) caused by the rise of exchange"*. Daí verdadeira "epidemia" – a expressão é do economista Wileman – que, começando em 1888 – antes da República, portanto – continuou até 1891, atacando *"all classes"* e criando *"an unprecedent expansion of credit that only feed still more the adventurous spirits."*[4]

Pensava entretanto Wileman que a mania especulativa, que, através do chamado encilhamento, se tornara contagiosa e epidêmica, poderia ter sido contida pelos governos durante os quais ela principiara a tornar-se mórbida: o último do Império e o provisório da República. Em vez de terem procedido assim, tais governos haviam-na, ao contrário, encorajado, através de *"imprudent and unreflected measures"*.

O fato confirma a tese aqui esboçada: a de que a República no Brasil nasceu penetrada pela Monarquia. Antimonárquica principalmente no superficial; continuadora da Monarquia, em grande parte do essencial. E no essencial das atitudes de que pudessem resultar novas medidas de ordem financeira, os membros do governo provisório vinham da Monarquia sob a influência um tanto desnorteante de novas situações criadas pela abolição do trabalho escravo: influências que teriam provavelmente se feito sentir em homens monárquicos de governo se o 15 de Novembro não tivesse ocorrido. Pois eram influências ou situações que exigiam nova orientação financeira do governo brasileiro, fosse ele qual fosse, com relação à economia nacional, envolvendo, como envolviam, problemas econômicos agora particularmente ligados aos financeiros. *"The problem is dual: both financial and economic"*, escrevia Wileman naquele seu estudo técnico, para destacar serem inúteis as medidas dos puros financistas que pretendessem só como financistas resolver a crise brasileira vinda da Monarquia – ou da Abolição – que estourara nas mãos do primeiro governo republicano.

Um conselho dava Wileman aos novos dirigentes do Brasil: o de cuidarem melhor das estatísticas. Era, a seu ver, uma anomalia e um mal, a ausência quase completa de estatísticas num país importante e progressivo como o Brasil.[5] Não fossem os retrospectos anuais do *Jornal do Commercio*, com suas "excelentes estatísticas", e talvez ele não pudesse ter escrito o seu livro. Ora, as estatísticas talvez indicassem que o progresso nacional vinha custando demais aos brasileiros: *"too dearly bought"*.[6]

Sem dúvida, não seriam possíveis vias férreas, vapores, telégrafo, imigração, progresso, sem muito gasto de dinheiro. Mas seria a vida no Brasil menos agradável antes das vias férreas e dos vapores? Quem o pergunta é Wileman. Para ele também era duvidoso que houvesse vantagem em encher-se o País, sempre visando-se o progresso – sem outra consideração – de uma população estranha e heterogênea, talvez difícil de ser assimilada; mas que produzisse riqueza. Progresso, reconhecia ele, no seu inglês de economista alongado em moralista, ser coisa "boa" e até "excelente"; mas só quando não degenerava em *"money grubbing"*. Se "o desenvolvimento moral e intelectual" de um país não corresse paralelo ao "material, as maneiras, os costumes, a moral sofreriam com a disparidade e o caráter nacional deterioraria.[7] O que homens como Wileman, entendidos em finanças mas também em economia, preocupados, no fim do século XIX, com o futuro ou o destino do Brasil em relação com o seu passado e o seu caráter nacionais já definidos, temiam era que a essa mística de futuro ou de progresso, e progresso material, se sacrificassem aquele passado e aquele caráter; e para resguardá-los viam a necessidade de assegurar--se uma ordem ou um sistema, com a sua hierarquia de valores, em que o desenvolvimento intelectual e moral fosse tão considerado quanto o outro: o material. Orientação que veio a ser de algum modo seguida por dois homens nascidos e criados no Brasil Central, quando ministros da Fazenda e da República: Joaquim Murtinho e Leopoldo de Bulhões. E até certo ponto por David Campista, a quem escandalizavam os gastos, a seu ver excessivos, do barão do Rio Branco, quando ministro do Exterior, com banheiros de luxo e outros requintes somente materiais, no palácio que era a "sala de visitas" do Brasil. O assunto já vinha preocupando estudiosos brasileiros de problemas de economia e finanças desde o Império, devendo-se ler a esse respeito livros como o de Sousa Carvalho, *A crise da praça,* publicado no Rio de Janeiro em 1875, e o de Amaro Cavalcanti, *Resenha financeira do ex-Império do Brasil,* publicado no Rio em 1889.

A preocupação com o progresso material foi uma das características mais vivas da época de vida brasileira considerada neste ensaio. No seu livro *Os republicanos paulistas e a Abolição,* José Maria dos Santos lembra datar "do fim da Guerra do Paraguai e da Lei do Ventre Livre [...], com a inauguração das primeiras docas no porto do Rio de Janeiro e a concessão de várias estradas de ferro pelas províncias, um notável interesse pelas coisas do progresso material", que "no ponto de vista arquitetônico e paisagístico" teria se manifestado "sobretudo na substituição dos antigos beirais dos prédios pelo frontal de platibanda e no calçamento de ruas e praças a paralelepípedos".[8] Parece-nos deficiente a caracterização das exteriorizações daquele interesse e discutível o "sobretudo"; mas concordamos quanto à data fixada para o início daquele interesse pelas "coisas do progresso material", é claro que data a ser aceita ou compreendida com elasticidade sociológica e tomando-se em consideração o fato de que o Brasil nunca foi país de um tempo social ou psicológico ou cultural só, a mover-se num mesmo ritmo de norte a sul ou de leste a oeste do Império ou da República, mas sujeito a vários desses tempos, às vezes contraditórios; e mais adiantados, nuns espaços, mais retardados, noutros.

Foi o que sucedeu com o início daquele interesse. Foi também o que sucedeu com o maior ou menor conservantismo em contraste com o maior ou menor progressivismo manifestado pelos brasileiros daquela época: manifestaram-se esses contrários em ritmos regionais por vezes tão diversos que se tinha a impressão de ser quase impossível conciliar o progressivismo dos cearenses ou dos rio-grandenses-do-sul de então com o conservantismo de muitos dos fluminenses, dos baianos, de grande parte dos mineiros e, com relação à propriedade escrava, dos próprios paulistas senhores de grandes cafezais. Compunham eles, antes de se ter verificado a Abolição e se proclamado a República, uma ordem econômica em que se equilibravam antagonismos e contradições tais que é admirável a arte política que os conseguiu conciliar, dentro da tradição ou da constante de sabedoria de contemporização dos estadistas do Império: tradição ou constante que só veio a fracassar sob o governo do visconde de Ouro Preto, mareado por uma intransigência quase germânica da parte do áspero político.

O caso de São Paulo, dentro dessa ordem, foi único: o de uma província onde se aguçaram os dois extremos. Econômica e socialmente, seu gênero de vida passou a ser, desde a primeira metade do século XIX, com uma opulência ou um vigor novo, o que vinha sendo vivido desde remotos dias coloniais, pela Bahia, por Pernambuco, pelo Maranhão, pelo Rio de Janeiro. Passou a ser uma região de casas-grandes, de senzalas, de barões e de escravos, em contraste com o seu viver colonial, jamais caracterizado por tais extremos, antes à parte do estilo de vida ou do modo de convivência brasileiramente feudal daquelas outras capitanias; e sóbrio e até ascético; equilibrado sobre uma economia diversificada, de que resultara uma paisagem agrária marcada por casas médias e por lavouras também médias. E etnicamente semelhante antes ao Paraguai, com sua muita mistura hispano-guarani, que àquelas subáreas brasileiras assinaladas pela presença africana na sua miscigenação: uma miscigenação que, vindo de baixo para cima, chegava às vezes, dulcificada e aristocratizada, a moreno de pele de homem e de mulher a um tempo aveludado e quente, distinto do de origem apenas moura ou ameríndia; e que tornou famosa a beleza ou a graça até de baronesas. Aliás, o próprio moreno dessa graça de mulher fidalga – tocado muito de leve pelo sangue de raça escrava, numa como expressão requintada de aristocracia já segura de si mesma que soubesse descer uma ou outra rara vez, com sutilezas de mistério sexual, à energia ou à beleza plebeia, para revigorar-se no seu todo e reembelezar suas mulheres – São Paulo, ao substituir o açúcar pelo café, como substância econômica de uma nova aristocracia brasileira baseada sobre o trabalho escravo do negro, importaria do Norte do Império, juntando o moreno assim importado ao castiçamente paulista, que era o da mistura hispano-ameríndia. Isto parece ter sucedido com a própria família Silva Prado, ao deixar-se penetrar por sangue baiano fidalgo mas talvez tocado, nesse caso, de alguma coisa de remotamente sudanês.

Além disso, e de muitos escravos, o São Paulo neoaristocrático do século XIX importou daquelas subáreas de aristocracias já antigas – e condicionadas, quase todas, em sua configuração social, pela atividade econômica da exploração da cana-de-açúcar – bacharéis, filhos de famílias abaladas em sua opulência econômica pelo fato de vir o açúcar brasileiro perdendo para os de outras regiões de cana o prestígio desfrutado quase imperialmente durante algum tempo. Foram bacharéis que se fixaram em São Paulo, casando-se com moças já sinhás de famílias paulistas: um deles, Albuquerque Lins, de Alagoas, se tornaria governador do Estado; outro, dos Sousas fluminenses, chegaria também a esse posto de alto comando político; o baiano Manuel Vilaboim representaria interesses de São Paulo no Rio de Janeiro como advogado completado pela condição de deputado federal. Isto já na República: no segundo e no terceiro decênios da República de 89. A assimilação, porém, desses bacharéis e daquelas iaiás, algumas morenas, procedentes de velhas áreas aristocráticas do açúcar, pela neo-aristocrática, do café, começara a verificar-se no fim do Império, ao mesmo tempo que a absorção de negros ou escravos do Norte pelas fazendas paulistas.

Assimilação e absorção, essas, de substâncias humanas, étnicas, culturais, que corresponderam à transmigração sociologicamente mais característica dessa fase de transferência de hegemonia econômica e política das subáreas, ainda escravocráticas, de açúcar, para a subárea neoaristocrática, de São Paulo, com suas vastas fazendas de café: a transmigração de todo um conjunto de formas, de normas, de ritos sociais, expressivos de um viver, de um sentir e de um pensar patriarcalmente aristocráticos, do Norte para a subárea paulista do Império.

A forma arquitetônica da casa-grande completada pela senzala. Os ritos de convivência de senhores rurais com escravos, com aderentes, com moradores pobres, já desenvolvidos nas áreas mais antigas num sistema de etiqueta que São Paulo adotou desses modelos já brasileiros, acrescentando-lhe a importação de um ou outro traço europeu ou anglo-americano: dos escravocratas anglo-americanos que lá se instalaram após a derrota do Sul agrário pelo Norte industrial na guerra chamada de secessão nos Estados Unidos. Também os ritos de convivência de senhores com sinhás, de meninos com sinhamas, de sinhazinhas com mucamas, de pais patriarcais com filhos, foram adotados daqueles modelos brasileiros, sedimentados em Pernambuco e na Bahia, no Rio de Janeiro e no Maranhão, pelos paulistas, neoaristocratas, em consequência da superação do açúcar pelo café na ordem econômica nacional; e sofreram alterações na subárea da aristocracia cafeeira, em virtude da maior presença nessa subárea que nas do açúcar, de governantas alemãs e de *institutrices* europeias. Mas no essencial foram ritos transferidos do Norte agrário – inclusive no Nordeste – para o Sul; e não inventados nem improvisados pelos novos barões enriquecidos pelo café. Pois não nos esqueçamos de que, com a exaustão das minas de ouro, a gente paulista descera a "situação de inferioridade perante a maioria das Províncias do país". Sua recuperação se fez com a cultura do café e à base de um sistema de estradas, superior ao de simples caminhos, de Minas Gerais, tornando essa superioridade paulista possível o desenvolvimento da economia da Província, sob vários aspectos superior ao de qualquer outra área brasileira da época aqui considerada. Tudo quanto o cofre provincial adiantou às estradas de ferro de 1860 a 1870 foi gasto rapidamente coberto: em 1874 já quase não havia dívida das estradas ao governo provincial, tal o aumento nas exportações de café e de algodão. Se de 1870 a 1871, 96 navios de longo curso e 151 de cabotagem haviam entrado no porto de Santos, de 1872 a 1873 essas entradas subiram além do quádruplo: 475 navios de longo curso e 678 de cabotagem. Em nenhum outro porto do Brasil se vinha verificando coisa igual. Era a afirmação da hegemonia da economia paulista sobre a das demais províncias do Império. O triunfo do café sobre o açúcar.[9]

J. F. Normano destaca na página 98 do seu *Brazil: a study of economic types* (Chapel Hill, 1935), o fato de terem os primeiros dez anos de República marcado, no Brasil, a transferência do centro econômico de gravidade do Norte para o Sul. São Paulo tornou-se então o novo centro. Durante aquele decênio não só se definiu de modo completo a supremacia do café na economia agrária do País como à sombra dessa supremacia acentuou-se um desenvolvimento industrial que vindo de Mauá – um Mauá grandioso mas quase único – acentuou--se com o aparecimento, no Sul do Brasil, de vários Mauás, menores porém vários, que principiaram a competir com artigos das indústrias estrangeiras sob a dupla proteção de tarifas e de fretes. Para Normano o período da verdadeira criação da indústria brasileira com esses vários Mauás sulistas foi de 1885 a 1914. "O Relatório do ministro da Fazenda do governo provisório", publicado em 1891, estabelecera esse ponto de partida em data mais recente, fazendo-o coincidir um tanto arbitrariamente com a implantação da República.

Felisbelo Freire é quem, na sua *História constitucional da República* – publicada no Rio de Janeiro em 1894 – parece-nos colocar o problema nos seus exatos termos históricos, ao lembrar na página 342 do tomo II, que o "Relatório da crise do mês de setembro de 1864" já dava um total de 124 companhias industriais para o Império. Enquanto em 1881, quando se realizou na corte uma exposição já chamada industrial, o Império se apresentava com 46 fábricas de tecidos de algodão das quais apenas uma em Pernambuco, 12 na Bahia, 7 na Província do Rio de Janeiro, 9 em São Paulo, 9 em Minas Gerais. Havia, assim, relativo equilíbrio entre o Norte e o Sul industriais com relação a tecidos, embora os Mauás do Sul já se mostrassem superiores em número aos do Norte, sendo 7 no Rio de Janeiro, 9 em São Paulo, 9 em Minas Gerais. Não é sem razão que Felisbelo Freire sugere que desde então começou a haver no nosso país um deslocamento de capital, do trabalho agrícola para a atividade industrial, deslocamento que se acentuou com a reforma abolicionista e com a substituição do regímen de trabalho escravo pelo regímen do salário. A estrutura econômica do Brasil passou a ser caracterizada por essa duplicidade, com os auxílios às indústrias tendendo a substituir os auxílios à lavoura. Para aquele economista a primeira vitória nesse sentido e, por conseguinte, no sentido capitalista propriamente dito, teria sido assinalada pelo decreto de 18 de dezembro de 1892, que fundiu o antigo Banco do Brasil e o Banco da República num terceiro banco, expressão da preponderância do capitalismo sobre o agrarismo. Mas não foi o decreto de 1892 a única vitória naquele sentido. Acompanharam-na e até precederam-na vários triunfos da indústria capitalista sobre a grande lavoura: a isenção de impostos para máquinas e objetos de indústria votada pelas Câmaras; a criação do regímen das garantias de juro para ativar as explorações industriais; a consagração pela nova constituição política da nacionalização da navegação de cabotagem; a emissão de bônus para auxílio às indústrias. E já em 1891 se verificara o chamado "golpe da bolsa", considerado por alguns "defesa excessiva e ilegítima do governo para com os interesses capitalistas".

Os empréstimos feitos pelo governo provisório aos Estados, pretende Felisbelo Freire na página 358 daquele tomo da sua obra admirável, que tenham concorrido para a prosperidade que em alguns deles se manifestou. Pois quando concedidos a um Estado como o de São Paulo, beneficiando uma lavoura que era então lavoura básica para a economia do País, beneficiavam também empresas industriais que ali tinham condições para o seu desenvolvimento superiores às que caracterizavam os demais Estados: a presença de uma população capaz de consumir dentro do próprio Estado produtos das novas indústrias; um sistema-fenômeno que desenvolvido há anos em função da economia cafeeira veio a servir também à distribuição de produtos industriais; a ausência, em redor do Estado, de Estados que se extremassem em competição com o de São Paulo pela concessão de verbas federais, a portos estaduais que disputassem ao regional, de Santos, sua condição de porto regional, como veio a suceder com o Estado de Pernambuco e com o porto regional do Recife, que não tardou a ser sacrificado a portos meramente estaduais, do mesmo modo que sacrificado a interesses simplesmente estaduais e até municipais, veio a ser, segundo observou em trabalho retrospectivo de 1925 o engenheiro Graciliano Martins, o plano de viação férrea traçado para o Nordeste conforme critério regional. Não há dúvida de que São Paulo teve, em dias decisivos para o seu futuro econômico como foram os últimos dez anos do Império e os primeiros dois decênios da República, uma elite político-econômica mais plástica, mais ágil, mais sensível aos novos problemas de trabalho pelo regímen de salário, que as elites do Norte: o que talvez se deva ao fato de sua maior convivência com neoeuropeus que lhes traziam da Europa capitalista e industrialista sugestões diretas dos mesmos problemas. E certo é também dos militares responsáveis pela transformação do Império brasileiro em República que, tendo sido homens de melhor espírito público que os paulistas do feitio prático e do estadualismo exagerado de Francisco Glicério, não se mostraram, entretanto, capazes de, pela sabedoria na ação política, neutralizarem naqueles paulistas e noutros homens do Sul as tendências estadualistas que neles foram uma deformação do novo e elástico federalismo, instituído pela República. O que os mesmos militares teriam talvez conseguido, opondo àquelas tendências estadualistas um sentido dinâmico de unidade nacional. Tão dinâmico que tivesse favorecido a execução das ideias de intervenção do Estado na vida econômica do País, então defendidas por homens do Sul como Alcindo Guanabara, ligando-as menos ao puro fortalecimento de regiões desde o Império mais prósperas que as do Norte, que à recuperação das mesmas regiões do Norte, vítimas da decadência do açúcar como gênero brasileiro de exportação; e prejudicadas, como regiões necessitadas de imigração não europeia, pelo seu excesso de tropicalidade; e tão mal divididas sob o aspecto político em províncias que a República de 89 talvez pudesse tê-las reorganizado em novos Estados e territórios, dando-lhes nova configuração, não só mais adequada que a antiga à sua situação econômica e às suas condições ecológicas como mais favorável ao equilíbrio inter-regional dentro do complexo brasileiro de economia, em particular, e de cultura – no sentido sociológico de cultura – em geral.

Faltou, talvez, ao começo da República no Brasil indivíduo ou grupo de prestígio que tivesse se apercebido da importância do critério inter-regional para um reajustamento da economia nacional: reajustamento que tivesse se processado, não dentro da cópia passiva do federalismo anglo-americano, mas de acordo com uma sistemática, se não definitiva, experimental, que os próprios brasileiros tivessem desenvolvido das suas próprias condições. Sob esse critério, a ordem econômica brasileira não teria sofrido o desequilíbrio que sofreu com o estadualismo republicano.

É José Maria dos Santos quem lembra ter havido, nessa fase, em São Paulo, "numerosos barões fazendeiros que se fizeram barões, elevando-se ao respectivo nível econômico e social sobre o trabalho escravo extraído das províncias do Norte e do Nordeste..."[10] Mas sem que deva ser esquecido o fato de terem subido na mesma época a barões, cearenses, "pela opulência adquirida na revenda em grande escala de escravos para o Sul".[11] Foi essa revenda, excepcionalmente vantajosa, no Ceará e em outras províncias, antes para alguns indivíduos que para o Norte considerado em conjunto, que permitiu ao Ceará a glória de ter sido a primeira província do Império a extinguir a escravidão. Transferiram-se daí e de outras subáreas brasileiras, para São Paulo, formas e substâncias essenciais a um novo surto, dentro do Brasil, de escravocratismo, sem que, entretanto, chegasse a mesma São Paulo a ser, em dia algum, a Província de mais numerosa população escrava e africana. Tanto Minas Gerais como o Rio de Janeiro a ultrapassavam em número de escravos e de africanos no fim da era imperial: nos dias mesmos em que foi ela, a Província de São Paulo, centro de escravocratismo pela importância representada pelos escravos – embora em número menor que naquelas províncias suas vizinhas – para a economia cafeeira em solo paulista. Em terras excepcionalmente favoráveis a essa economia tropical quanto as do massapê pernambucano ou baiano haviam sido à economia do açúcar, São Paulo, mesmo com menor número de trabalhadores, podia produzir mais e melhor que suas concorrentes: circunstância ecológica que, desde o início do surto cafeeiro em Província para tanto privilegiada, contou, juntamente com o clima do interior paulista, a favor da possibilidade de substituir-se aí o escravo africano, importado do Norte e do Nordeste do Império, pelo trabalhador livre, que se fizesse vir do sul da Europa em número bastante para aquela operação; e esse número, muito aquém do necessário para a já onerosa e até antieconômica produção brasileira do açúcar. De qualquer modo, estava assegurada a hegemonia paulista na ordem econômica nacional. Compreende-se assim o paradoxo de ter São Paulo, no fim da era imperial, se tornado ao mesmo tempo foco de escravocratismo e centro de imigracionismo, desde que era subárea em que à solução do trabalho escravo, na exploração ou na lavoura cafeeira – solução imediata, que justificava a compra de escravos no Norte e no Nordeste – podia-se seguir com relativa facilidade a solução definitiva, representada pelo trabalho livre, em geral, e pela imigração de europeus do sul da Europa, em particular.

Não há assim que estranhar-se ter sido São Paulo a Província da por vezes violenta atividade abolicionista do mestiço Luiz Gama – atividade que se concebe na Bahia da mesma época; nem que na mesma

Província de São Paulo tenham se acentuado, juntamente com suas manifestações abolicionistas, tendências republicanas e de solidariedade política do Brasil, livre de escravos, com a América democrática e republicana, que haviam madrugado em Pernambuco, em Minas Gerais e no Rio Grande do Sul sem maiores consequências. Sud Menucci destaca em seu ensaio *O precursor do abolicionismo no Brasil*, que a primeira vez que foi anunciada apologeticamente a expressão "Estados Unidos do Brasil" foi em carta dirigida em 1870 por aquele mestiço – Luiz Gama – ao seu filho Benedito, depois engenheiro-militar e major de artilharia.[12] Evidência de que o exemplo anglo-americano de republicanismo, dito democrático, começava a seduzir brasileiros, na própria Província da qual sairia contra esse mesmo republicanismo, trinta anos depois da carta de Gama, considerado falsamente democrático, o vigoroso panfleto, clássico no gênero, intitulado *A ilusão americana*, de Eduardo Prado.

O curioso é terem as tendências republicanas e as manifestações abolicionistas se manifestado, em São Paulo, no fim da era imperial, ora juntas, ora como contrários que terminaram por se encontrar, a despeito do que nelas havia de irredutivelmente antagônico. Para essa conciliação – que o radicalismo de Luiz Gama não favorecia – contribuiu outro mestiço de talento: Francisco Glicério;[13] mas foi o próprio 13 de Maio que uniu em São Paulo e noutras Províncias predominantemente agrárias do Império, aos republicanos – até então, poucos e vistos pela maior parte da gente sensata sob o aspecto de moços românticos e até estudantis – fazendeiros, senhores de engenho, proprietários rurais: toda uma aristocracia sólida para quem, com a abolição radical, deixara de haver ordem econômica associada à ordem política representada pelo Império. E sendo assim, que viesse a República, muito capaz, para ganhar respeitabilidade, de transigir com esses desencantados do Império, vários deles barões. Já Glicério, desde 1884, vinha com sua maciez de paulista que tivesse alguma coisa de baiano no modo sutil e astucioso de ser político, procurando convencer seus correligionários de que o objetivo dos republicanos era "fundar a República, fato político, não libertar escravos, fato social".[14] No íntimo devia estar certo de que entre o que denominava um tanto arbitrariamente "fato político" à parte de "fato social", estava uma realidade ou uma situação econômica, comum tanto ao que fosse considerado apenas político como, sob o critério por ele adotado, somente social.

Em análise da confusão que então se estabeleceu no Brasil, com o governo Imperial a pretender confraternizar com o povo miúdo, através do abolicionismo para o qual veio se inclinando até através de conservadores, e a aristocracia rural, inclinando-se para os republicanos, em face desse mesmo e radical abolicionismo, José Maria dos Santos escreveria, recordando uma fase da vida brasileira que conhecera com olhos de adolescente ou menino de cor, ter a Monarquia agido sobretudo "como elemento compensador", ao colocar-se, como passou a colocar-se desde a Lei do Ventre Livre, "ao lado do povo brasileiro, contra os interesses do escravagismo daquela época".[15] E lembraria dos deputados republicanos que, na mesma época, representaram São Paulo no Parlamento imperial, não terem sido na Câmara "senão legítimos e confirmados representantes do mundo agrário, de nada servindo os disfarces de que usaram para conciliar perante o grande público as suas origens eleitorais com as bases teóricas ou mesmo a simples apelação verbal do seu partido".[16]

Orientação de que se desgarrou Prudente de Morais, sob a desaprovação de Glicério, para quem havia "escravistas [...] maçados" com a aproximação dos republicanos paulistas "do rei, na questão da reforma servil".[17] À atitude de Glicério, republicano mas não abolicionista, correspondia, na mesma Província de São Paulo, a de monárquicos conservadores, como Antônio Prado, que eram emancipacionistas; e viram-se "liberais" e "republicanos" a "atacar desabridamente o vice--presidente [da Província] conservador por andar, como diziam, a colocar-se fora das leis gerais do País, com suas medidas libertadoras de caráter local".[18]

É que esses "conservadores", vistos de perto, eram os verdadeiros progressistas. Progressivo era o seu empenho de aproveitarem-se de facilidades ecológicas – facilidades de caráter, por conseguinte, "local": o clima, o solo, a situação geofísica paulista – para se anteciparem em São Paulo – um São Paulo a que o trabalho escravo a serviço da economia cafeeira dera já situação eminentemente vantajosa no conjunto econômico brasileiro – em substituir o trabalho escravo pelo livre, colocando-se, embora, fora das conveniências "gerais" do País, representadas, em quase todas as outras subáreas do Império

– excetuadas partes do Rio Grande do Sul, de Santa Catarina e do Paraná – por uma lavoura dependente, ainda, do trabalho escravo; e incapaz de substituí-lo rapidamente, como São Paulo o seria, pelo trabalho livre do italiano.

Foi assim São Paulo a Província do Império que mais pôde e soube aproveitar-se, no plano econômico, da política psicológica e sociológica do Império de aproximar-se do povo miúdo, através da aceleração, por vezes demasiada, do processo abolicionista ou emancipacionista, deixando os estadistas imperiais, tanto conservadores como liberais, de considerar aqueles interesses que sendo dos agricultores, dependentes de trabalho escravo, eram também nacionais. A frase de Silveira Martins, de não ser dos que amavam mais o negro que o Brasil, não foi, quando atentamos nesse desequilíbrio, pura retórica.

Em São Paulo os próprios mestiços militantemente republicanos, como o perspicaz Glicério, agiram no sentido de conciliar o republicanismo paulista, sedutor dos jovens – estudantes e caixeiros – com os interesses dos proprietários rurais, alarmados com o abolicionismo animado pelo próprio governo imperial. E conservadores, como os Prados, agiram, por sua vez, no sentido de conciliar o seu monarquismo de conservadores com aquele abolicionismo capaz de conquistar para a Coroa simpatias populares, antecipando-se em promover a imigração italiana para as fazendas paulistas.

Explica-se assim a situação complexamente vantajosa em que São Paulo passou de Província do Império a Estado da República: ao mesmo tempo que com uma excelente aristocracia de brasileiros antigos, muitos deles hispano-ameríndios, herdeira de valores da do Norte e do Nordeste – alguns dos quais ali se aperfeiçoaram – com uma pujante democracia em potencial, pronta a harmonizar-se com a industrialização, já em perspectiva, do Estado. Democracia etnicossocial e até socioeconômica mais que política, é bem de ver; mas democracia. E democracia para a qual vinham contribuindo fatos anteriores à Abolição, como o de em 1887 já mais de um terço das fazendas de São Paulo serem cultivadas, segundo o engenheiro Bueno de Andrade, por "escravos fugidos de outros pontos e nelas admitidos no regímen de mão de obra retribuída [...]."[19]

Diz-se terem sido se não da autoria, da inspiração de Antônio Prado, os artigos publicados em 1887 pelo *Correio Paulistano*, nos quais se justificava "o incremento da fuga dos escravos pela circunstância de já terem eles sob os olhos, com a recente imigração italiana, o sugestivo exemplo da mão de obra retribuída".[20] Entretanto, há quem, como José Maria dos Santos, atribua apenas à queda dos preços do açúcar e do algodão do Norte do Império a depressão das Províncias do Norte e do Nordeste, argumentando com o fato de, ao verificar-se a Abolição, já haver ocorrido a transferência em grande número de escravos das mesmas províncias para as do Sul: especialmente São Paulo. Ora, se o processo emancipacionista que atuou, como série de leis de caráter, por algum tempo, gradual, e só, na fase final, radical, foi o mesmo, para todo o Império – para toda a sua ordem econômica – a verdade é que foi diferente, nas várias Províncias, o processo de substituição do trabalho escravo pelo livre, o próprio Santos concordando com o *Correio Paulistano*, de 1887, em ter sido favorecida, em São Paulo, essa substituição não só pela mecânica da substituição do trabalho africano pelo italiano como pelo exemplo da mão de obra retribuída, dado pelo italiano livre, haver se comunicado ao africano, com vantagem para a economia regional. Essa substituição e esse exemplo faltaram quase de todo ao Norte e ao Nordeste do Império não apenas pelo fato de por motivos talvez eleitorais já haver começado a preponderância das grandes Províncias do Sul sobre as do Norte e as do Nordeste, podendo os estadistas sulistas como Antônio Prado favorecer os interesses regionais de São Paulo de preferência aos do Norte e do Nordeste, como pela própria ecologia do Sul facilitar a instalação, em subáreas como a paulista, a mineira, a espírito-santense e não a catarinense, a paranaense e a rio-grandense-do-sul, de colonos europeus, ao contrário da do Norte e do Nordeste que, por ser rebarbativamente tropical, dificultava essa instalação de trabalhadores brancos. Além do que, no Norte e no Nordeste, a economia baseada sobre o cultivo da cana e o fabrico do açúcar desenvolvera condições de tal modo feudais nas relações entre senhores e escravos de campo, que os colonos europeus não se consideravam com as forças necessárias a superá-las, enquanto sobrevivessem o latifúndio e a monocultura, mesmo desacompanhados da escravidão.

Durval Vieira de Aguiar, em estudo por nós já citado, sobre a Bahia – principalmente a do fim da era imperial –, recorda ter se estabelecido em Comandatuba, em 1872, um serviço de colonização contratado pelo governo geral com o conselheiro Policarpo Lopes de Leão e com o depois barão de Muniz. Desse serviço o fracasso não foi menor que o da colônia de alemães, anos antes instalados em Pernambuco. As terras baianas eram reconhecidamente de "superior qualidade"; o clima, "verdadeiramente europeu"; mas a situação desfavorável, da colônia, por ser à grande distância de porto ou de mar e à demasiada proximidade – como Catucá, em Pernambuco – da mata. Na realidade, instalara-se a colônia em cima de "frescas derrubadas". Por outro lado, não houvera seleção de imigrantes considerando-se seu destino de pioneiros de colonização agrária em espaço tropical: eram uma mistura de austríacos, alemães e poloneses comprados em Antuérpia a tanto por cabeça; e gente, na maioria, ignorante de lavoura. Passaram a ganhar para nada fazerem. Mal administrada a colônia e ignorantes os colonos do que de mais elementar devia ser do seu conhecimento quanto à vida, à agricultura e à higiene no trópico brasileiro, não tardou que entre esses desnorteados se desenvolvessem o bicho-de-pé – até à gangrena – e a praga do piolho; além das inflamações, das disenterias, das sezões e, por fim, das febres de mau caráter. Ainda que houvesse mulheres especializadas em tirar bichos-de-pé desses europeus talvez pouco dados ao costume tropical do banho diário e do lava-pés bíblico, os bichos dos pés passaram a ser, nos pobres dos adventícios, bichos de mãos e do próprio rosto. Terminou a colônia do modo mais tristonho: fugindo dela os que escapavam da morte e das doenças; e vindo viver de esmolas nas ruas da capital da Província. O governo imperial repatriou a alguns.[21]

Destino semelhante teve outra colônia de europeus que se estabeleceu, também desordenadamente, na mesma Bahia, desta vez com espanhóis presumivelmente mais capazes, pela própria origem ibérica, de se adaptarem aos trópicos, que irlandeses ou europeus do Norte, em geral. Foi esta outra aventura em 1882 e em Caravelas; e também em plena mata tropical. Passados meses, não haviam os espanhóis conseguido derrubar área, mesmo exígua, em que se fizesse roça.[22] Também aí os bichos-de-pé roeram os europeus, desta vez do Sul, como a delicado manjar às vezes cor-de-rosa que lhes chegasse providencialmente de terras de Espanha. Alguns espanhóis se tornaram esverdeados de doenças do fígado; e amarelos de sezões.

Abrasileiramento, é certo, o verificado com esses europeus; mas abrasileiramento macabro.

Tudo porque as propriedades feudais não queriam perto de suas fronteiras lavradores brancos e livres que não viessem ser seus servos numa atividade como o cultivo da cana e o fabrico de açúcar, a que era mais difícil a adaptação do europeu que à lavoura e à cura do café. Só permitiam os donos daquelas propriedades, em grande parte senhores do executivo e das assembleias provinciais, que fossem concedidas terras a colonos nas matas ainda por desbravar: longe dos engenhos e das fazendas. Do mesmo modo que não se interessavam por lavradores da terra, brancos e mestiços, empenhados em desenvolver ao lado da agricultura da cana a chamada pequena lavoura, quase de todo desprotegida pelo governo imperial e pelos provinciais. A não ser no Rio Grande do Sul e em Santa Catarina: em largos trechos dessas províncias de terras, em grande parte, férteis e de clima mais aparentado do europeu que o das terras baixas do Norte.

Entretanto, havia na época quem calculasse que "com vigésima parte do que se destina à aristocrática lavoura [a da cana-de-açúcar], mandaria o governo suprir as municipalidades [do Norte do Império] de pequenos arados, carrinhos de mão, descaroçadores de milho e algodão, portáteis e aperfeiçoados, moendas de mandioca, que o plantador pagaria modicamente a longos prazos por meio de razoáveis recolhimentos às respectivas coletorias". Tal benefício "não só aproveitaria na realidade à agricultura como daria aos nossos lavradores desprotegidos um bem-estar que se completaria com leis sobre a subdivisão das terras, em toda parte ao alcance dos nacionais que desses favores se quisessem aproveitar [...]". Isto sem se desconhecer nos estrangeiros "auxiliares indispensáveis do nosso futuro engrandecimento [...]". Como supor-se, entretanto, que o europeu viesse a "tornar-se servo dos engenhos? Era absurda tal suposição".[23]

A verdadeira "colonização europeia" só viria, ao Brasil, "trabalhar não para o *landlord*, porém para si, no gênero de lavoura que pudesse e quisesse adotar",[24] pensava Durval Vieira de Aguiar, tendo por ponto de referência do que entendia por Brasil apenas a situação baiana. Pois em São Paulo essa colonização, sob outras condições ecológicas – ecologia natural, ecologia social, ecologia total – vingou, trabalhando o colono em parte para o *landlord* e em parte para si, num gênero de lavoura – o café – que sem ter sido o da sua escolha, foi o da sua vantagem, pelo menos, inicial: permitiu-lhe seguir outras atividades embora todas sempre condicionadas por essa, inicial ou principal, dentro de um sistema que seria, em São Paulo, por muito tempo o da monocultura. Monocultura sem escravidão mas monocultura. Monocultura tipicamente tropical em suas relações com os mercados europeus e anglo-americanos. Mas favorecida por um conjunto de circunstâncias que só fizeram acentuar o que havia de vantajoso para os paulistas e para o Brasil nessa tropicalidade. Isto em contraste com o que já se verificara com o açúcar e com o algodão e não tardaria a verificar-se com a borracha, dentro do sistema de economia quase exclusivamente tropical representado desde seus dias coloniais pela América Portuguesa.

Tomando em consideração justa advertência do alemão Ernst Samhaber, no seu *Sudamerica, biografía de un continente* (trad., Buenos Aires, 1946), não nos esqueçamos de que o intercâmbio e a complementação recíproca de produtos do trópico e da zona temperada que levaram a tão rápido e próspero auge os Estados Unidos não seriam possíveis no Brasil, com "um clima tropical quase uniforme", dentro do qual o equilíbrio a ser realizado na economia é o equilíbrio intratropical. Esse equilíbrio tem estado na dependência da competição com o Brasil de outras economias tropicais. O cafeeiro em Ceilão, próspero desde a primeira metade do século XIX, quase desapareceu em 1880, devido a doença mortal que o atacou. Exatamente por essa época as plantações de cana e algodão do Norte do Brasil estavam endividadas em 60% do seu valor. Havia diante dessa situação crítica, vantagem imediata na venda de escravos para os cafezais do Sul. Mas isto significava também o esgotamento das reservas nortistas de braços para o trabalho agrário a favor do Sul cafeeiro. Algumas províncias do Norte, pelos seus governos, procuraram impedir esse deslocamento de escravos para o Sul: mas em vão. O deslocamento deles do Norte para o Sul talvez tenha sido, com efeito, a "alavanca poderosa a favor da sua libertação, constituindo, ao mesmo tempo, a arma com que o Sul florescente pôde alcançar na parte mais sensível o velho e empedernido competidor do Norte", sugerida na página 650 daquele ensaio pelo escritor alemão. É curioso que o mesmo Ceilão, tendo perdido para o café brasileiro no Sul, ganhou para a borracha brasileira do Norte, concorrendo, assim, para desequilibrar as relações Norte-Sul do Brasil de modo quase trágico. Mas assegurando a São Paulo uma predominância econômica e política sobre o resto do Brasil que, estabelecida a República, não deixou de ser benéfica ao conjunto brasileiro. Pois exprimiu-se numa nova expressão de chefia de homens saídos de famílias antigas e idôneas, embora não propriamente das mais opulentas nem sequer das mais ricas, que deu à grande maioria de brasileiros dos demais Estados confiança na liderança paulista e tornou essa liderança um refúgio contra possíveis aventuras de caudilhismo militar, imitado do das repúblicas americanas de língua espanhola, que, segundo esses brasileiros, viesse afastar o Brasil das suas melhores tradições de ordem não só social, em geral, como econômica, em particular.

A República fez que grande parte dos brasileiros, temendo o caudilhismo militar, se refugiasse nas constantes sociais, em geral, e econômicas, em particular, representadas pelos "poderes locais", nos quais ainda se exprimia o que Ernst Samhaber, no seu *Sudamerica*, chama "o influxo social das grandes famílias", reconhecendo assim a validade da tese brasileira de ter sido a formação brasileira uma formação patriarcalista. Explica-se a receptividade brasileira a paulistas que, representando esses "poderes locais" e esse "influxo social", representavam, também, uma garantia de segurança nacional: Prudente, Campos Sales, Rodrigues Alves. Campos Sales, principalmente, é o que teria representado, à base de uma prosperidade estadual que se refletia, ou prometia refletir-se, na nacional: uma garantia de segurança para todos os brasileiros. Preocupando-se em manter sua hegemonia econômica, São Paulo, pelos seus políticos, soube, por longo tempo, subordinar sua política à sua economia; e não resvalou para excessos de interferência na vida política dos demais Estados como os que viriam a caracterizar a presidência mineira de Artur Bernardes. O movimento paulista de 1924 teria sido de insatisfação com tais interferências: insatisfação que se prolongaria até 30, tendo de 1926 a 1936 dividido o próprio São Paulo em dois. Mas tais fatos escapam aos limites não só cronológicos, como lógicos e, principalmente, psicológicos e sociológicos deste ensaio.

Em Minas Gerais é que, desde o Segundo Reinado, vinha se acentuando a tendência para a diversificação econômica, depois de ter a

Capitania, e, nos seus começos, a própria Província, sofrido do mal e das consequências do furor em torno da mineração. Esse furor deixara a atividade agrária em situação apenas ancilar, tendo a gente mineira se afastado dessa má tradição pelo esforço que soube desenvolver no sentido da valorização de suas terras por várias culturas: o açúcar, o café, o milho. É natural que em várias das subáreas mineiras, o agricultor tenha se inclinado para a cultura do café que vinha dando tanto esplendor à Província vizinha de São Paulo.

Em longo depoimento escrito em 1937, Cássio Barbosa de Resende, nascido em 1879, informa, autobiografando-se dentro de perguntas que lhe foram indiscretamente feitas, o que era então uma típica fazenda progressiva em terra mineira, das médias ou pequenas e de um tipo durante algum tempo quase impossível em São Paulo, onde a monocultura e o latifúndio fizeram, desde o meado do século XIX, uma espécie de pacto econômico, ao qual a escravidão fora também admitida: pacto que duraria dezenas de anos. Podia ter a fazenda mineira do conselheiro Francisco de Paula Ferreira de Resende seus cem alqueires apenas; mas bem tratada e bem montada, rendia mais do que outras mais extensas. A casa-grande era ampla, assobradada e assoalhada. Rivalizando com as mais progressivas dentre as paulistas, que eram talvez as do meio fradiquianos Prados, tinha já água encanada e fogão elétrico, embora continuasse a manter escravos a seu serviço. A cultura principal era o café mas a fazenda produzia tudo quanto era necessário para a alimentação da família e dos escravos. Possuía moinho de fubá e engenho de cana. O café era socado e brunido em monjolos. O transporte de mercadorias era ainda a carros de boi.

Verificada a Abolição em 88, os escravos se ofereceram para fazer a colheita de café do ano. Terminada esta, começaram a se retirar, só ficando em companhia dos antigos senhores: "um preto velho que fora pajem de meu pai [...] uma mulata ainda moça que tinha um casal de filhos pequenos e que logo depois casou com um preto de uma fazenda vizinha e também se retirou" e "uma preta, mãe de um filho e duas filhas, a qual tinha sido a minha ama de leite e porque me tivesse grande amizade [...]". Em 1889, o conselheiro Resende foi a Juiz de Fora e trouxe da "Imigração", isto é, do posto que ali funcionava, "umas quatro famílias italianas, para tocarem o serviço da fazenda; mas elas pouco se demoraram de sorte que, em 1891, estava a fazenda completamente abandonada. Meu pai, sentindo-se doente, não tinha mais coragem de tomar providências para arranjar trabalhadores que cada vez mais escasseavam e como nessa ocasião os seus últimos quatro filhos tinham saído do colégio e se achavam na fazenda, foram eles que fizeram as duas últimas colheitas de café, auxiliados pelo preto velho e pelo filho da minha ama, que regulava comigo em idade [...]. Durante dois anos todo o serviço da fazenda foi feito por nós, até que um dia, com a maior surpresa de todos, veio o convite a meu pai para aceitar o lugar de juiz do Supremo Tribunal Federal. O seu primeiro impulso foi recusar o convite, mas graças à ação enérgica de minha mãe, que não podia conformar-se com a situação dos filhos, entregues ao serviço braçal na fazenda e impossibilitados de estudar por escassez de meios [...] acabou por aceder ao convite do governo [federal] e em setembro de 1892 toda a família se transferiu para o Rio de Janeiro". Explica-se assim que, mais tarde, considerando retrospectivamente esse acontecimento de família, em consequência de um 13 de Maio que não se limitou a desorganizar uma ou duas ou três famílias rurais apenas, dentre as mais saudáveis, progressivas e úteis à economia nacional, mas estendeu sua ação desorganizadora a considerável número de famílias semelhantes à do conselheiro Resende, e nem todas amparadas, como a dele, na sua *débâcle*, por convites para cargos de relevo na magistratura da República, seu filho Cássio tenha pensado da Abolição: "[...] feita como o foi, a lei de 13 de Maio constituiu um assalto à propriedade privada e, revelando a imprevidência dos nossos homens de governo que não prepararam o País materialmente para suportar golpe tão profundo na organização do trabalho agrícola, deve ter sido uma das causas preponderantes da grande crise econômica e financeira por que passou o Brasil nos primeiros tempos do novo regímen".

Vê-se, pelo depoimento de Cássio Barbosa, que nem sempre a substituição do trabalho do negro pelo do italiano se fez facilmente, mesmo tratando-se de fazendas principalmente de café e pequenas ou médias, em terras de clima doce. Isto nos faz pensar no drama que representou essa substituição para senhores de terras agrárias de maiores extensões e em áreas de clima tido por menos favorável aos europeus – mesmo aos europeus do Sul – que Minas Gerais ou São Paulo; que o Paraná ou o Rio Grande do Sul.

"Ninguém gostou da República por causa do que ela trouxe como desorganização da vida rural", depõe Da. Antônia Lins Vieira de Melo, nascida em São Paulo em 1879 mas crescida em engenho da Paraíba; e aí residente quando se verificou a Abolição seguida um ano depois pela República. "É certo que no Engenho Novo" – o de sua família – "os escravos permaneceram nas senzalas, em grande número, após o 13 de Maio, tendo ganho o mundo apenas os que não eram de bons sentimentos"; tanto que, não tivesse vindo a Abolição, teriam sido vendidos pelos Vieira de Melo. Mas aos poucos foi sendo sentida uma inquietação que alguns dos senhores rurais mais intransigentemente monárquicos nas suas atitudes deixaram de atribuir à Abolição, realizada em 88, para atribuir à República de 89 a cuja frente se achavam homens como Rui Barbosa e Benjamim Constant, tidos por perigosos inimigos da ordem nacional, quer política, quer religiosa, um por causa de sua tradução de um livro herético como *O papa e o concílio*, outro, devido ao seu positivismo também considerado seita ou doutrina herética. Ao se definirem, já sob a República, os efeitos do regímen do trabalho livre sobre a vida rural, passaram esses e outros estadistas da República a ser considerados inimigos da ordem econômica, naquelas subáreas do país onde, por ser mais lento o tempo social, mais retardados foram os efeitos da Abolição sobre a convivência de trabalhadores de campo com senhores de terras; e sobre os lucros da atividade ou da produção agrária dependentes da sistematização econômica dessa convivência. Mais retardados e mais trágicos.

Compreende-se assim que ao se definirem tais efeitos, tenham-se arruinado, ou pelo menos decaído do seu antigo esplendor na mais tristonha mediocridade de vida, famílias patriarcais do Nordeste, em maior número que as do Sul. Várias foram, então, dentre essas famílias, as que se desorganizaram, pela emigração para o Sul da República ou para o extremo Norte daqueles dos seus membros mais capazes de buscar na aventura em terra estranha a possível solução para seu infortúnio econômico. Já se sugeriu que para o Sul se foram sentindo atraídos, desde que começara o primado do café na economia nacional, bacharéis do Nordeste e do Norte dos que, outrora, permaneciam em suas províncias como filhos e, sendo mestiços, com ambições a nobres, ou pobres com ambições a ricos – o caso do pernambucano João Alfredo Correia de Oliveira, dentre numerosos outros –, como genros dos grandes barões do açúcar: destino a que escapou quase pelo milagre de uma como predestinação o também pernambucano Joaquim Nabuco. Essa atração é que se transformou em necessidade, com a *débâcle* da chamada açucarocracia. Tornaram-se então legião os moços do Nordeste e do Norte da República – algumas das melhores inteligências, das melhores energias, das melhores capacidades de ação das agora decadentes terras do açúcar – que como bacharéis em direito, médicos, engenheiros, militares, deixaram suas terras para se tornarem magistrados, burocratas, profissionais no Sul; ou para se ligarem pelo casamento a famílias sulistas, alguns se tornando genros de barões do café; ou de estancieiros, no extremo Sul. Migrações sob estímulo ou pressão econômica, essas, a que não faltariam consequências extraeconômicas de considerável importância: inclusive para a unidade nacional, também favorecida pelas migrações de negros já abrasileirados pelo Norte para as lavouras do Sul. Isto sem nos esquecermos de consequências de ordem biológica: com tais migrações empobreceu-se o Nordeste, a favor do Sul, de elementos biologicamente superiores, isto é, produtos de uma aristocracia social que, desde os começos da colonização da região por europeus aptos à fundação de lavouras dispendiosas, não deixara de ser uma elite. Elite biológica que foi antes favorecida que desprestigiada pela endogamia através da era colonial.

Outros jovens do Norte agrário – inclusive do Nordeste – deixaram-se fascinar por aventura mais romântica que a de "vencer" no Sul: a aventura amazônica. Esta até a homens do Rio Grande do Sul atraiu ao extremo Norte. Pois data do fim do Império e do começo da República, coincidindo com a *débâcle* do açúcar, a ascensão da borracha como rival do café dentro da economia nacional de repercussão internacional: repercussão que outrora prestigiara o açúcar e o próprio algodão; mas que ainda não bafejara nem o mate nem as carnes do gado, das estâncias das Províncias do Sul, onde, entretanto, já se vinha constituindo, entre brasileiros de origem lusitana, alguns penetrados de algum sangue neoeuropeu vindo das zonas ali denominadas coloniais, a chamada aristocracia da banha, com hábitos e estilos de vida semelhantes aos das aristocracias mais antigas do Império. A verdade é que não poucos, dentre os homens do Norte, que, como os Carneiro Monteiro, os Morais Âncora, os Fonseca Galvão, haviam ido para o Sul do Império na qualidade de militares – vários deles para a Guerra do Paraguai – deixaram-se atrair pelo encanto, então célebre no Brasil, a ponto de ter se tornado folclórico, das mulheres chamadas gaúchas; e desposando-as, enraizaram-se naquela subárea do Império – conforme já foi recordado em outra página; e comunicaram à população do extremo Sul do Império hábitos e tradições desenvolvidos entre os brasileiros, mais antigos, do Norte e do Nordeste. A mesma transfusão de hábitos e tradições se operaria do Norte agrário – inclusive do Nordeste – para o extremo Norte do País, através de bacharéis em direito, de militares, de médicos, de comerciantes ou de jovens simplesmente jovens e cheios do desejo de aventura que ali foram, em número considerável, sob pressões econômicas ou estímulos psíquicos de diferente natureza, "vencer" no Amazonas.

De um desses brasileiros, nascidos nos últimos anos do século XIX, é o depoimento de que desaparecido seu pai, na Paraíba, se viu "na contingência [...] de atirar-se para a Amazônia". Ao que acrescenta Artur (Roberto) Coelho (de Sousa), nascido em 1889, e cujos avós paternos haviam sido donos do Engenho Melancia, em Sapé: "Era natural que assim se desse, pois para o nordestino o Amazonas tinha [então] a força de um ímã. Milhares tinham acorrido ao chamado da 'esfinge verde' e lá tinham ficado atolados nos igapós; os poucos que voltavam, embora empalemados, traziam dinheiro bastante para justificar a fama de que as ruas de Manoa eram mesmo calçadas de briquetes de ouro... Ao formular o meu projeto, na [cidade de] Itabaiana, vários rapazes se prontificaram a ir comigo. Mas todos estavam em melhores condições [econômicas] do que eu; nenhum deles se sentia empurrado pela necessidade de sair – fosse como fosse – e lutar. Resultado: na data fixa, eu saí sozinho! Viajei de terceira classe no vapor *Maranhão* do nosso Lloyd (que boia, que navio, que sujeira! Mas também que esperar de uma passagem de 65$000 para 14 dias a bordo?). Ao desembarcar em Manaus, mesmo antes de ir procurar casa onde dormir ou mesa onde comer, me dirigi ao *Jornal do Commercio*, o primeiro que se me deparou, à procura de emprego de tipógrafo. Fui bem-sucedido, pois, ao ir ter com os companheiros com quem fizera a viagem para com eles almoçar – já estava empregado! E empregado na imprensa, aos olhos deles muito acima de todos, que eram estivadores!" Foi em Manaus que Artur Coelho se sentiu aos poucos "passar de menino a homem..." Ao cabo de uns dois anos, comprou aquele jornal "os primeiros linotipos que depois do Rio e de São Paulo se importavam no Brasil. Mais uma vez a Amazônia, com a sua farta economia da borracha, fazia sombra a todos os outros Estados". Já Manaus tivera, com efeito, bonde elétrico, antes das capitais do Sul, afora o Rio e São Paulo. Bonde elétrico, praças asfaltadas, porto eletrificado – tudo antes de outros Estados, excetuado o de São Paulo, se aventurarem a essas inovações grandiosas. O Teatro Amazonas já era "o mais belo e o mais imponente teatro em todas as Américas": generalização do então um tanto ingênuo Artur Coelho que sabemos, por depoimentos orais de outros brasileiros dentre os mais sofisticados que, na mesma época, emigraram de Províncias do Sul para Manaus, ter sido a impressão de quase todos. O baiano Joaquim Pereira Teixeira, nascido em 1870, amigo fraterno de José Joaquim Seabra que no Amazonas se tornou, em pleno mil e novecentos, verdadeiro príncipe oriental, com alguma coisa de parisiense nos gostos e nos hábitos, se recordava, na velhice, do Teatro de Manaus, como de uma vitória de arte italiana no meio da selva tropical. Era um teatro a quem os homens iam de casaca; as poucas senhoras, de decote e cobertas de joias; as muitas *cocottes*, ainda mais decotadas e mais cheias de joias. Havia, com efeito – segundo nos informou Pereira Teixeira – quem, dentre os novos-ricos, acendesse charutos com cédulas de cem mil-réis; quem fizesse correr de fontes, nos pátios dos palacetes, champanha em vez de água; quem mandasse vir de Paris pelo mesmo vapor inglês, não uma mas várias francesas, para com elas se regalar como paxá a quem fosse necessário se não gozar, ostentar aos olhos dos aventureiros menos afortunados, a posse de muitas francesas louras a um tempo só.

Artur Coelho não foi a tanto, mesmo porque era, como veremos em outra página, brasileiro de formação protestante e puritana. E como puritano já um tanto ianquizado nas suas ambições de sucesso ou de triunfo econômico, rejubilou-se com o fato de ainda adolescente ter se tornado um dos primeiros linotipistas brasileiros a dedilhar o teclado de uma mergenthaler com a voluptuosa sensação de vitória de menino amante da música que tivesse aprendido antes dos outros a executar Bach ou Mozart em piano de cauda. A música mais doce aos seus ouvidos era a das máquinas. De modo que Manaus lhe dava a felicidade de trabalhar, como que brincando, divertindo-se, regalando-se do gozo de lidar com ingresias maravilhosas, sonhadas por seus olhos de menino no interior da Paraíba. Ao mesmo tempo pagava Manaus bom dinheiro para o paraibano Artur ter todas essas maravilhas ao alcance das suas mãos e mais a ir ao teatro, a comer patê, a estar em contato com a Europa através dos vapores que da Inglaterra vinham até ao porto elétrico de Manaus deixar cocotes e vinhos franceses, quadros e objetos de arte italianos, biscoitos e artigos ingleses de homem, e carregar borracha: inclusive mudas de seringueiras que, vingando em colônias inglesas da Ásia, acabaram transportando o esplendor econômico do Amazonas para o extremo Oriente colonizado pelos mesmos e astutos ingleses.

Pagava-lhe de tal modo Manaus que o ainda quase menino Artur chegou sem demora a fazer férias que lhe davam três, quatro contos de réis por mês: na época, soma fabulosa do ponto de vista de um brasileiro do Nordeste. Salário vastamente superior ao de um desembargador velho e provecto na Paraíba de então.

Animado pelo seu triunfo amazônico, Artur, sempre sob a influência de sua formação protestante, não tardou a desejar outro: o triunfo nos Estados Unidos. Manaus dera-lhe oportunidade e lazer para inventar não sabemos ao certo que aperfeiçoamento de linotipos – matrizes de quatro letras em vez das duas, de uso então comum – que levaria, com efeito, à Mergenthaler. Mas sem sucesso. Tanto que, depois de seu belo começo amazônico, terminaria em Nova Iorque honesto mas simples tradutor de legendas de fitas de cinema. Mas sempre procurando tirar patente para alguma invenção nova: talento que nele se desenvolvera na progressiva Manaus onde aprendera a crer na máquina – "única coisa realmente nova na chamada civilização do Ocidente" – e na sua capacidade de levar o mundo, pacificamente, sem o sangue das revoluções marxistas, ao coletivismo. Pois se "a máquina representa verdadeiramente uma manifestação de inteligência, sua missão de redentora do esforço humano há de cumprir-se". E misturando seu evangelismo de menino ao novo messianismo – o da máquina – que se apoderou dele diante da primeira economia regional mecanizada e em parte eletrificada que viu no Brasil e que foi a da capital do Amazonas, pergunta, em seu depoimento autobiográfico, datado de 1940: "Que foram os primeiros inventos, que são todas as descobertas e invenções, se não grandes verdades reveladas? [...] Toda máquina traz consigo uma missão redentora: dar ao homem um máximo de produção com um mínimo de esforço [...] a missão socializadora da máquina vai se cumprindo". E essa missão como que evangélica deve ter sido nascida de "uma dor de músculo": "o esforço produziu o cansaço [...] o músculo doía". Palavras de quem parece ter ouvido de negros velhos, talvez escravos do pequeno engenho dos Coelhos, Melancia, no interior da Paraíba, recordações do trabalho doloroso de plantar cana e fabricar rapadura em almajarras de feitio mais arcaico. E ter sido levado por essas sugestões a procurar a redenção dos homens nas máquinas, nos motores, na eletricidade, capazes de reduzir o esforço humano e substituí-lo pela depois chamada automatização: situação messiânica de que Manaus foi para os olhos daqueles homens nascidos nas subáreas mais arcaicas do Nordeste agrário do fim do século XIX, que se aventuraram a ir "vencer" no Amazonas, a primeira revelação.

Por ter crescido sob as mesmas sugestões de economia arcaica, de atraso social e de pobreza do interior do Nordeste, quer agrário, quer pastoril, é que outro paraibano nascido em 1882 no alto sertão, num sítio denominado Cajueiro – Antônio da Rocha Barreto –, consideraria, depois de adulto, uma das maiores necessidades do Brasil rural, a criação de escolas de aprendizes artífices, com seções de ensino agrícola. Nelas, quem tivesse vocação para mecânica, poderia adquirir o conhecimento básico que lhe permitisse desenvolver-se para atividades técnicas, paraindustriais e industriais que, na época aqui considerada, de recente desorganização do que havia de melhor e não apenas do que existia de pior na economia patriarcal baseada na exploração do açúcar e no trabalho do escravo e do boi, começaram a tomar relevo em raras cidades como o Rio de Janeiro, o Recife, e em São Paulo – à sombra do café; em um ou em outro ponto do interior; em Belém e Manaus, à sombra do esplendor efêmero, mas nem por isso de todo infecundo do ponto de vista de quem procure caracterizar e interpretar a ordem econômica brasileira da época marcada pela abolição da escravidão e pelo advento da República.

Diferente da aventura de Artur Coelho foi a experiência amazônica de João d'Albuquerque Maranhão, também originário de subárea arcaicamente agrária do Nordeste, onde nasceu em 1883. Recorda ele que era aluno do Colégio Pestalozzi, no Recife, quando aí irrompeu a epidemia da peste bubônica. Foi terrível. Fez centenas de vítimas. Fecharam-se os colégios. Morreram médicos ilustres, devido ao contato com os pestosos. Instalou-se um lazareto na Ilha do Pina. Foi quando João, tendo um irmão em Manaus, já juiz de direito – o bacharel Afonso d'Albuquerque Maranhão –, partiu para o Amazonas; e aí continuou a estudar preparatórios, sendo ao mesmo tempo escrivão de Polícia. Era chefe de Polícia o bacharel Estêvão de Sá Cavalcanti de Albuquerque, político pernambucano que fugira do seu Estado "para não ser assassinado pelo governo de Alexandre José Barbosa Lima". José Maria de Albuquerque Melo fora morto no Recife por oficial da Polícia do mesmo Barbosa – aliás chamado na época capitão doutor – na eleição de Estêvão de Sá para prefeito da capital pernambucana. De modo que o bacharel Estêvão de Sá Cavalcanti de Albuquerque não fora para o Amazonas por espírito de aventura mas a fim de escapar às violências de um governador, então jovem e como que inebriado pelo arrivismo ao poder; mas que mesmo assim se revelou administrador eficiente e progressivo; e, embora liberal em algumas das suas ideias, na prática e por influência, talvez, de Auguste Comte, antidemocrata para quem "não se deviam resolver questões técnicas pelo sufrágio universal". Um maurrasiano em antecipação a Maurras, Barbosa Lima foi, também, o primeiro governador republicano a retomar, em Pernambuco, a tradição dos monárquicos – a do barão da Boa Vista, a do barão de Lucena, principalmente – que se distinguiram pelo esforço de desenvolver o progresso intelectual e material da Província por meio da colaboração de técnicos estrangeiros com o governo.

No Amazonas, entretanto, João d'Albuquerque Maranhão se deslumbraria com maravilhas de progresso técnico superiores, pelo menos em seus efeitos cenográficos ou imediatos, às que vinham dando novo aspecto à economia, à paisagem e à cultura de Pernambuco, após a desorientação dos primeiros anos de regímen republicano. "O povo do Amazonas" – lembra Maranhão no seu valioso depoimento – "viajou muito para a Europa no primeiro decênio deste século XX. Era o apogeu da goma-elástica, de que fomos então quase os únicos detentores nos principais mercados do mundo, que se refletia no padrão de vida nababesco de aventureiros que iam veranear nas praias europeias e mandavam educar os filhos nos colégios de

Londres e Paris. Eu casei-me em primeiras núpcias com uma moça amazonense educada em Lisboa e que tinha tios e primos residentes em Paris. Líamos [em Manaus] revistas francesas e ouvíamos óperas cantadas por artistas da Ópera de Paris".

Com efeito, o mil e novecentos foi em Manaus, ainda mais que o fim do século XIX, época de um esplendor artístico em desproporção com a paisagem agrestemente tropical que rodeava a um tanto postiça capital do Amazonas: espécie de dentadura cheia de dentes de ouro em boca de caboclo capaz de comer se não carne humana, caça ou cobra ainda crua. João d'Albuquerque Maranhão lembra-se de ter ali aplaudido "D'Angeville, Armel e Ricordeau"; "artistas da Comédie Française"; e também Ângela Pinto, Lucinda Simões, Dolores Rentini, Chabi Pinheiro, Cristiano de Sousa; o maestro Nicolino Milano. Em 1899, representara no Teatro Amazonas Giovanni Emanuel, trágico italiano então famoso pela sua interpretação de Shakespeare.

Em artes menores que a do teatro, a Confeitaria Bijou, de Manaus, rivalizava com a Pascoal, do Rio de Janeiro. E havia um café, o Itatiaia, que era outra afirmação artística da vitalidade econômica de Manaus. Para que essa vitalidade econômica não só de Manaus, como da Amazônia, à sombra dos altos preços da borracha, se exprimisse em formas civilizadas de vida, concorriam então, ao lado de europeus ávidos de lucros fáceis – principalmente portugueses e italianos – brasileiros das mais diversas procedências, dos mais diferentes temperamentos, dos mais contraditórios feitios éticos. Esse café, não o fundara nenhum italiano empreendedor nem nenhum português mais audaz, mas um moço de Pernambuco. Chamava-se Fausto Porto e era filho de Da. Leonor Porto, célebre pela sua atividade abolicionista ao lado de Joaquim Nabuco, de José Mariano e de Da. Olegarinha Carneiro da Cunha. Era outro que fora para o Amazonas, fugindo ao governo Barbosa Lima, senhor um tanto intolerante de um Estado de gente então um tanto rebelde a prepotências oficiais. Sua mãe, Da. Leonor, tomara o cadáver de José Maria das mãos de estranhos, depois de assassinado o inquieto e bravo político pelos oficiais da polícia de Barbosa, Otoni e Magno. O jovem Porto, considerando-se malvisto pelos homens do governo e da Polícia em Pernambuco, tratou de sentir-se brasileiro livre em outras partes do Brasil; e nenhuma então mais sedutora para o filho de uma abolicionista como Leonor Porto que o Amazonas; ou que Manaus, cujo chefe de Polícia era precisamente um fidalgo pernambucano de tendências liberais.

É possível que o bacharel Estêvão de Sá é que devesse ser então o governador de Pernambuco e o capitão doutor Alexandre José Barbosa Lima, o do Amazonas, mais na sua qualidade de capitão que na de bacharel em ciências; mas é também possível que o Amazonas tivesse sido prejudicado em sua expansão um tanto desordenada por um autoritário como Barbosa Lima e que Pernambuco, sob um governo democrático-liberal, não tivesse experimentado o adiantamento técnico que experimentou sob a administração Barbosa Lima: adiantamento neutralizado ou anulado, em vários dos seus aspectos, pelo governo que sucedeu ao do capitão doutor: o do conselheiro Correia de Araújo, vindo do Império cheio de preconceitos contra inovações republicanas. Desses preconceitos, uns eram talvez orientados pelo bom senso conservador; outros impregnados de simples apego à rotina. Mesmo assim, passa esse bom conselheiro por ter sido o introdutor, na sua Província, da excelente manga chamada rosa, do mesmo modo que o diplomata Oliveira Lima foi quem introduziu no Nordeste do Brasil o mangostão japonês.

Manaus foi uma reação à rotina brasileira: reação tornada possível pela distância física e cultural do Rio de Janeiro, de uma sub-região – a amazônica – que, adotando ingresias e francesias, ianquices e até espanholadas, diferenciou-se enormemente daqueles centros brasileiros onde, na República, continuaram a ser preservados valores sensatamente brasileiros e o seu tanto imperiais de comportamento. Daí ter atraído desajustados sociais e políticos de áreas brasileiras já estabilizadas em sua cultura e limitadas nas possibilidades aparentes da sua economia. Desajustados que, no ambiente de uma economia de aventura e de uma "civilização" antes cenográfica que autêntica, encontraram campo às vezes ideal para se compensarem de frustrações aos seus desejos de triunfo rápido. Explica-se assim que lá se tenham reunido nos primeiros anos do século XX, tantos desajustados dessa espécie: homens de talento mas sobretudo de temperamento se não sempre boêmio, rebelde a convenções, inconformado, aventuroso. Chegaram eles a formar toda uma constelação de anjos brasileiros caídos por algum tempo ou para sempre das graças sociais ou políticas em meios brasileiros conservadores na sua cultura, na sua moral social ou na sua economia. Foram eles homens como Carlos Dias Fernandes – que até em crime contra a Fazenda resvalara –, Euclides da Cunha, Alberto Rangel, João Barreto de Meneses, Efigênio Sales, Gonçalves Maia, Quintino Cunha, Aníbal Teófilo, para recordar apenas alguns dos mais conhecidos ou notáveis. Homens nem sempre do tipo cacogênico de Euclides: alguns esplendidamente eugênicos como Carlos Dias Fernandes e que se desgarraram de famílias ilustres do litoral mais civilizado, mais europeizado e até mais aristocratizado do Brasil, para darem expansão, no Amazonas, ao seu gosto por aventuras de toda espécie. Um filho dos barões de Contendas deixou-se fascinar pela Amazônia onde constituiu família de cor, em vez de casar-se ortodoxamente com prima branca e fidalga. Augusto Galvão foi onde preferiu fazer carreira como advogado: na Amazônia. Gaspar Guimarães, também; e chegou a desembargador na Amazônia. Note-se desses homens que eram quase todos esguios, mais altos que baixos, leptossômicos, embora não deixasse de haver entre eles pícnicos como Pereira Teixeira e atléticos como Teófilo.

Viviam alguns em repúblicas, como se já homens-feitos fossem ainda estudantes. Não havia então em Manaus hotel ou sequer pensão que correspondesse ao que era em grandiosidade o teatro: fato significativo para a interpretação de Manaus, em particular, e em geral, daquelas outras capitais brasileiras que, com a República, se acatitaram, umas mais, outras menos, em modernas: o Rio de Janeiro e Belém, principalmente. Em ambos e também em São Paulo ergueram-se na época teatros rivais do de Manaus em suntuosidade de fachada e mesmo no luxo e no dourado das instalações: mas não hotéis do mesmo quilate de tais teatros. Nenhum hotel verdadeiramente moderno e bom em Manaus. Os solteiros que vivessem em repúblicas como viveram Euclides da Cunha, Firmo Dutra, Alberto Rangel. Os casados que se estabelecessem em casas particulares, nenhuma das quais parece ter adquirido em Manaus o luxo, a segurança ou o conforto dos palacetes de Santa Maria de Belém nos dias de Antônio Lemos: cidade menos cenográfica e menos boêmia que Manaus; mais "filistina" – como diria o sociólogo Thomas – e mais "artística", na aplicação dos lucros da borracha ao viver dos homens em família e ao seu conviver em sociedade elegante.[25]

"Em Manaus nunca existiu um grande hotel de luxo pelo fato de não ser porto de trânsito", escreve, apologético, no seu depoimento, João d'Albuquerque Maranhão. Mas a apologia, para ser de algum modo válida, teria de admitir a existência de grandes hotéis de luxo em harmonização com o que de moderno essas cidades adquiriram nos primeiros anos da República, de grandiosamente moderno; e essa modernidade por vezes grandiosa não apenas quanto a teatros como com relação a palácios de governo se não construídos para esse fim, adaptados a ele com alguma pompa; a estações de estrada de ferro; a docas; a portos; a avenidas com aspecto de bulevares.

O que parece é que na economia brasileira a transformação dos característicos rurais em urbanos não se processara com bastante vigor para exprimir-se em hotéis que fossem como catedrais de um novo culto: fenômeno que ocorreu não só nos Estados Unidos como na Argentina em antecipação ao Brasil. As residências particulares continuaram a ser na República, nas capitais brasileiras, um pouco hotéis para adventícios ilustres, recomendados por amigos ou parentes, do mesmo modo que para esses amigos ou parentes quando em viagem. Quando muito, compreendia-se que tais adventícios se instalassem em pensões antes confortáveis que modernas; e que eram menos hotéis que sobrevivências de casas patriarcais sob a forma de pousadas elegantes. Por muito tempo foi esse o caso da pensão mantida no Recife pela baronesa de Landy; e isto depois de também por alguns anos ter existido no mesmo Recife, com o nome de Hotel Internacional, pensão do mesmo estilo, instalada no antigo Mondego em casa ainda mais fidalga que a da baronesa alemã na Madalena. O anglo-americano Maturin M. Ballou, que a conheceu nos primeiros anos da República, diz em livro publicado em Nova Iorque, em 1892, sob o título *Equatorial America (Descriptive of a Visit to St. Thomas, Martinique, Barbadoes and the Principal Capital of South America)*, que regalou-se com a hospedagem que aí desfrutou, em casa cercada de belas árvores de fruto e de jardins animados pelas cores de lindos papagaios e pela vivacidade de engraçados macacos, todos, é claro, conservados nas suas gaiolas. Jantava-se ao ar livre e no meio de uma profusão de flores tropicais. Bom serviço por empregados da terra. Cozinheiro francês. Da casa o informaram ter pertencido a senhor rural, cujas finanças haviam se deteriorado de tal modo – talvez com a Abolição – que o ruralista fora obrigado a vender o palacete por um quinto do custo. Adaptado aos propósitos de um hotel, conservava, entretanto, sua fidalguia de casa patriarcal.[26]

Foi sob a agradável impressão dessa pensão aristocrática do Recife que Mr. Ballou chegou ao Rio de Janeiro; e aí concluiu não haver ainda no Brasil um só hotel realmente bom e confortável. A capital da República brasileira em 1890, com mais de meio milhão de habitantes, possuía muitos dos característicos de uma cidade anglo-americana de primeira classe; mas com esta exceção notável: a inteira ausência de bons hotéis. *"There is not a really good and comfortable public house in all Brazil"*, são palavras de Mr. Ballou. O que lhe pareceu haver de melhor no Rio de então como hotel ou, antes, pensão, foi o chamado Whyte's Hotel, na Tijuca. Entretanto, havia na cidade bons edifícios públicos e belas residências particulares, nos quais se exprimia um tipo de civilização diferente sob alguns aspectos da dos Estados Unidos, embora semelhante em outros. A diferença, tivessem Mr. Ballou e outros anglo-saxões que visitaram na mesma época o Brasil procurado identificá-la e talvez a encontrassem no fato de que o Rio de Janeiro, como as outras cidades brasileiras de importância, eram imaturas expressões urbanas de uma economia predominantemente rural; e de uma organização de sociedade predominantemente patriarcal ou familiar.

Daí persistir em 1890 o costume de grandes casas comerciais hospedarem, nos seus andares superiores, senhores rurais ou pessoas de suas famílias. Quando em visita às cidades era aí ou nas próprias residências dos seus comissários ou armazenários que se instalava essa gente do interior. Também persistia o costume patriarcal de as mesmas casas comerciais fazerem as vezes de casas patriarcais de família para os seus empregados, dando-lhes nos fundos ou em andares superiores dos próprios estabelecimentos, quase sempre amplos, almoços presididos pelos chefes da firmas. Mr. Ballou notou no Rio de Janeiro dos primeiros anos da República ter o costume luso-brasileiro de serem os empregados das grandes firmas alojados nos estabelecimentos comerciais se comunicado a firmas inglesas e francesas;[27] mas não, ao que parece, o dos almoços patriarcais em que patrões, caixeiros e comitentes do interior formavam uma como família só em torno de vastas mesas de refeição.

Havia também na época quem ainda se hospedasse em conventos; ou neles almoçasse. Conventos com poucos frades, em alguns se hospedavam até estudantes de cursos superiores. Outros mosteiros já não eram, nos últimos decênios do Segundo Reinado, estabelecimentos religiosos, porém bibliotecas públicas, escolas, quartéis e até alfândegas. Adquirindo esses edifícios uma função econômica – ou política – em substituição à religiosa, afastavam-se consideravelmente do seu propósito de origem; mas mesmo assim dando à nova função uma dignidade que raramente faltou no Brasil à arquitetura de convento. Compreende-se que brasileiros eminentes, como, no Rio de Janeiro, o conselheiro Ferreira Viana, preferissem, depois de velhos, residir em conventos; e aí estudar e repousar. Já se tinham afirmado esses mosteiros edifícios mais bem construídos para o clima tropical que os que vinham sendo levantados desde o começo do século XIX pelos Grandjean de Montigny para repartições públicas, escola e residências; e tão amplos e plásticos eram os mesmos conventos grandes e até monumentais, sob a sua aparência de rigidez, que era possível adaptá-los a alfândegas do mesmo modo que a escolas superiores. A fins econômicos da mesma maneira que a propósitos intelectuais.

Nos últimos decênios do Império os hotéis, mesmo sem se destacarem por um tipo especial ou moderno de arquitetura, começaram a ser pontos de reunião nas suas salas nobres e nos seus restaurantes tanto de príncipes do comércio, da lavoura, das indústrias, das finanças como da política, das letras, do magistério. Mas principalmente de príncipes do comércio, das finanças, das novas indústrias. A nova ordem econômica encontrou nos restaurantes dos hotéis seus principais centros de *rendez-vous*. Centros por vezes luxuosos e até nababescos.

Distinguiram-se esses novos restaurantes de hotéis, onde se reuniam aqueles novos príncipes, por uma pompa de decoração que dos mesmos restaurantes de hotéis se comunicou a algumas casas particulares, numa reciprocidade de influências interessante de ser observada. Tornando-se notáveis mais pela presença neles – principalmente nos seus restaurantes – de príncipes do poder econômico que do poder político, os hotéis tornaram-se também pontos de confluência dos representantes desses dois poderes; ou da ordem econômica e da política representadas pelas suas elites: homens que na falta de clubes discretos e elegantes onde se encontrassem, encontravam-se no meio dos grandes espelhos dos salões de hotéis; e aí, entre goles de sopas ou colheradas de sorvetes – sorvetes de pitanga, de caju, de cajá: combinações ideais do gelo boreal com as frutas tropicais, desenvolvidas no Rio de Janeiro pelo italiano Francioni, "o maior importador de gelo no Brasil", segundo ele próprio[28] – discutiam finanças, problemas econômicos, atualidades políticas, sem deixar de conversar também sobre mulheres, teatro, música, novidades francesas, literatura nacional e alheia. Aliás ao italiano Francioni se deve outra combinação de civilização europeia com ambiente ou realidade tropical: a das *terrasses* em que os amantes brasileiros de sorvetes ou de outras iguarias pudessem saborear esses regalos em mesas ao ar livre. Foi inovação lançada no Brasil pelo seu Hotel do Norte,[29] ainda na primeira fase do reinado de Pedro II; e que depois se espalhou, sob a forma de *terrasse* de hotel ou apenas de café, às capitais de províncias mais adiantadas do Império e, posteriormente, às de Estados da República. Principalmente àquelas cidades do Norte mais tropical do Brasil como Manaus e Belém do Pará, onde tais *terrasses*, sob grandes árvores de sombra, se tornaram famosas; e famosos os sorvetes ou refrescos de frutas esquisitamente tropicais aí servidos. Nas *terrasses* de Belém, a certa hora, se encontrava toda a gente importante, uns discutindo preços de borracha, outros preços de francesas. Aí, como nos cafés de Manaus, além de refrescos e gelados feitos com frutas amazônicas, tomava-se cerveja Tennent e saboreava-se uísque Dewar's: cerveja e uísque dos quais era importador Percy Vaugham, "especialista em conservas e bebidas finas" muito do gosto dos novos senhores da economia e das finanças no Brasil: os altos comerciantes, comissários, armazenários, banqueiros, industriais. Gente, quase toda, mais ou menos anglicizada que, entretanto, nas *terrasses* dos cafés de Belém e de Manaus tinha a coragem de certos brasileirismos impossíveis no Sul do País: ostentavam chapéus do chile e sapatos brancos com solas de borracha, além de imaculados dólmãs de feitio anglo-indiano.

Nas *terrasses* do Rio de Janeiro, não era de esperar, no tempo ainda do Império, que se encontrassem príncipes do poder econômico ao lado dos do poder político. Esses homens de sobrecasaca preta e de chapéu alto, também preto, quase sacerdotais na aparência, encontravam-se discretamente nos salões de hotéis aristocráticos como na corte tornou-se, depois de 1875, o Hotel Globo, sucessor, de certo modo, do estabelecimento de Francioni. Célebre pela sua cozinha e pelo seu salão de banquetes, quem comia no Globo "enchia a boca a alardear tal distinção"; e quanto ao salão, servia não só para banquetes como "para reuniões de membros do Parlamento [...]".[30] Mas tanto quanto os políticos, ou ainda mais do que eles, reuniam-se no Globo os homens de negócios; e quando do chamado encilhamento, que foi, como se sabe, uma "febre bolsista" classificada, como já vimos, por Wileman de "epidêmica", houve nesse hotel aristocrático "sardanapalescos jantares", regados "de custosos vinhos e do espumante champanhe Clicquot".[31] Aos homens de negócios brasileiros juntavam-se os estrangeiros – os mais finos dentre eles, quer comerciantes, quer industriais; e a estes e aos brasileiros de regresso da Europa se deve, em grande parte, terem se tornado bebidas elegantes no Brasil da época o *vermute*, o *coquetel*, o *gin fizz*, o *uísque*, o *Pick me up*, o *Sherry-Cobbler*,[32] sem que o Porto e o champanhe perdessem seu prestígio nessas e em outras rodas esnobes. Havia já o chope; mas saboreado menos por príncipes do poder econômico ou do político que pelos boêmios das confeitarias, dos cafés, das *terrasses*; por literatos; por jornalistas; pelos jovens; pelos caixeiros; por estrangeiros que, destemidos em seu modo de vestir – pois foram eles que no Brasil voltaram, no reinado de Pedro II, à tradição portuguesa de vestir-se o europeu ou o seu descendente nos trópicos, de branco ou de roupas leves, semi-indianas, semiorientais – estendiam seu arrojo às suas preferências pelo chope ou pela cerveja leve e gelada. Cortejando--os, o Hotel Globo publicava seus anúncios em francês, salientando: "*Ce magnifique restaurant offre aux étrangers arrivant à Rio toutes les commodités pour lunch, dîners etc.*" Inclusive: "*cabinets particuliers pour familles, splendide buvette au rez-de-chaussée, boissons glacées.*"[33] Uma das novidades da época, nos cafés elegantes, foi a representada pelos sifões Prana Sparklets, dos quais se dizia que com eles era possível obter águas gasosas minerais iguais em ação terapêutica à de Vichy, de Carlsbad ou de Seltz. Os concessionários dessa suposta maravilha foram, no Rio de Janeiro, Louis Hermanny & Cia. Não haverá, talvez, exagero em dizer-se que as gasosas e águas minerais concorreram para que entre a burguesia da época diminuísse o número de vítimas de águas sujas, isto é, de disenterias e febres tifoides.

Os grandes espelhos foram talvez a nota mais característica de decoração rococó que do interior dos hotéis – dos seus salões nobres, montados por estrangeiros – se comunicou às residências, numa fase que se assinalou, no Brasil, não só no fim do Império como principalmente no começo da República, pela emergência de barões improvisados; de novos-ricos; de novos-poderosos; de novos-cultos; de *art nouveau*. Todos, um tanto desorientados quanto ao que fazer com seu dinheiro ganho de repente; ou com o seu poder ou a sua cultura, também adquiridos às vezes às pressas. Fortunas assim rápidas foram a do conde de Leopoldina; a de Delmiro Gouveia, que de pequeno chefe de estação de estrada de ferro suburbana subiu quase da noite para o dia, nos primeiros anos da República, a grande industrial, modernizando para sua residência, antiga casa de subúrbio do Recife, num palacete com banheira quase imperial de mármore: palacete a que deu, um tanto liricamente, o nome da esposa: Villa Anunciada. Poderosos quase da noite para o dia tornaram-se alguns dos brasileiros obscuros que Floriano nomeou para altos cargos da República. Cultos também quase da noite para o dia tornaram-se alguns dos parentes do barão de Lucena, por ele improvisados em mestres de ciências em que nem sequer haviam sonhado em iniciar-se; e investidos solenemente de cátedras de escolas superiores, nos dias do mesmo barão príncipe da República – eminência parda, que foi do generalíssimo – para surpresa de todos: inclusive deles próprios, novos-cultos.

O rococó, como estilo decorativo, não podia deixar de corresponder psicologicamente a um estado de ânimo que se tornou, nessas várias expressões de vida republicana, característico de uma nova época. Era nova e escandalosa para a maior parte dos brasileiros, habituados, como estavam, quase todos, a um regímen de economia que já tivera, é certo, em Irineu Evangelista de Sousa, depois barão de Mauá, um dissidente notabilíssimo, a ascensão repentina de indivíduos pobres à situação de ricos e até de nababos. A economia nacional continuara a ser, quase até o fim do Império, um regímen de ortodoxa moderação em seus arrojos extra-agrários; sem audácias de especulação; sem iniciativas industriais ou comerciais que roçassem pela grandiosidade. Tal ritmo só foi verdadeiramente perturbado com a abolição do trabalho escravo, feita de modo radical; e à qual se seguiu, para espanto dos ortodoxos em economia e em política, um surto econômico considerado excepcionalmente brilhante e promissor pelo próprio visconde de Ouro Preto, que apenas considerara o fenômeno do alto de sua torre de presidente do último Conselho de Ministros do Império.[34]

Era enganoso o surto, a despeito da moeda alta em suas relações com os valores-ouro; e do fato de ter se exprimido o volume global de negócios brasileiros, entre maio de 88 e novembro de 89, por cifras que somavam as de todos os exercícios anteriores, parecendo assim tais negócios se terem juntado de repente para desmentir a tese de que com a Abolição se desorganizaria a economia brasileira: a geral e não apenas a agrária. Não tardou essa aparência de desmentido a degradar-se na febre altista do Encilhamento sob formas de especulação que o Brasil não conhecia; e que, como já recordamos, tiveram nos salões dourados do Hotel Globo quem a comemorasse com champanha, como se ali se desse *rendez-vous* uma nova elite econômica – a urbana, a comercial, a dos bancos, a das jovens indústrias – que estivesse já segura de poder viver vida à parte da outra: a antiga; a agrária; a desdenhosamente chamada de escravocrática.

Simbólico desse estado de espírito pode ser considerado o Hotel Globo, grandioso embora de modo algum grande como hotel; sem aposentos para hóspedes que fossem na realidade aposentos de grande hotel; deficiente, ainda, nas suas instalações de banho e sanitárias, julgadas se não por padrões franceses, relativamente baixos neste particular, pelos anglo-americanos, que começavam a tornar-se os dominantes em instalações de hotéis, embora sem adotarem dos franceses, como adotaram os brasileiros na época aqui considerada, a indiscutível conveniência higiênica representada pelo bidê; mas hotel de luxo pelos seus salões; pelos seus espelhos onde os magnatas dos últimos anos do Império e dos primeiros da República podiam ver-se e rever-se de corpo inteiro, deliciando-se seu narcisismo nessas contemplações à hora do almoço precedido de gim ou do jantar acompanhado a champanha. Também se deliciava na contemplação dos adornos dos espelhos seu estetismo de brasileiros que por virem se tornando cosmopolitas não deixavam de se sentir nacionais. Pois eram motivos pitorescamente indígenas os dos enfeites das molduras dos espelhos: ananases e outras frutas da terra. Adaptara-os ao rococó do conjunto decorativo dessa semicatedral de um nova elite brasileira, certo artista francês "estabelecido na Rua Sete de Setembro, próximo ao Largo do Rossio".[35] Nova elite econômica e nova elite política, sabido como é que foi em banquete realizado no Globo que João Alfredo, conservador radicalmente abolicionista, declarou que "o Partido Conservador devia, podia e queria resolver a questão do elemento servil".[36] Com o que não concordou nunca o barão de Cotegipe, homem da elite antiga; escravocrata por entender que a Abolição repentina desorganizaria a economia e destruiria o próprio sistema político do Império; mas que nem por isto deixava de ir uma ou outra vez ao Globo, senão a jantares que justificassem algum encontro seu com francesa elegante ou cocote fina da época – pelas quais era tão notório o seu fraco que serviu de pretexto ao escândalo armado contra ele pelo leviano Cesário Alvim, em torno da questão chamada das *popelines* – a banquetes políticos. É possível que nessas ocasiões jantasse perto de Francisco Glicério, Quintino Bocaiuva, Aristides Lobo e "outros denodados propagandistas da República" que se reuniam nos últimos anos do Império não em nenhuma tasca boêmia mas no luxuoso hotel "para acordarem nos meios a empregar para o advento do novo regímen..."[37]

Também jantavam no Globo, nos últimos anos do Império, José Bonifácio o Moço, Martim Francisco, José Mariano: o José Mariano um tanto demagógico que na sua Província natal era visto por vezes nos quiosques, a comer sarapatel com cafajestes, seus compadres, uns, e outros, seus capangas. Por vezes, também o barão de Torres Homem. Este, servia-se sempre de sorvete à sobremesa,[38] continuando a tradição de Pedro II, o qual, no tempo ainda do Francioni, depois de visitar as igrejas na Quinta-Feira Santa dava-se ao luxo um tanto infantil de servir-se de sorvetes em lugar público.[39]

Consolidada a República, não tardaria a frequentar o Globo certo barão da antiga elite que para servir o interesse nacional no plano internacional, se tornaria também membro da nova: José Maria da Silva Paranhos. Às vezes com diplomatas sul-americanos como Fernando Guachalla e Cláudio Pinilla. Outras vezes, com Euclides da Cunha, Assis Brasil, Gastão da Cunha. Ambiente ideal para o segundo Rio Branco, esse hotel de boa cozinha; de bons móveis de salão; de espelhos com ananases e outras frutas da terra esculpidas nas suas molduras; e frequentado por magnatas econômicos, brasileiros e estrangeiros, que para um diplomata como o reoganizador do Ministério dos Negócios Estrangeiros do Brasil não deviam ser elemento desprezível.

Pois é inexato dizer-se do barão que foi homem de todo alheio aos aspectos econômicos da política internacional. Sua oposição ao chamado *Bolivian Syndicate* – tentativa de homens de negócios anglo--americanos de estenderem à América tropical métodos de dominação econômica e talvez política, semelhantes aos que Cecil Rhodes vinha empregando na África[40] – não se baseou senão no sentido econômico da política brasileira de fronteiras com as Repúblicas de fala espanhola. É certo que não deixaram de atingi-lo as críticas de Oliveira Lima, em *Coisas diplomáticas*, quanto ao pouco relevo que então se dava, entre nós, no serviço diplomático, aos assuntos mais miúda ou prosaicamente econômicos ou aos problemas menos grandiosos de relações comerciais do Brasil com os países vizinhos e com os europeus e os da América do Norte. Mas é também verdade que esse relevo não poderia ser dado pelo Brasil a essa espécie de relações, estando ainda em situação incerta suas fronteiras ou limites com as repúblicas suas vizinhas: problemas que sendo de geografia política não deixavam, aliás, de ser de geografia econômica. E que foram resolvidos pelo barão, na época aqui considerada, com consequências vantajosas para a futura coincidência das fronteiras econômicas do Brasil com as suas fronteiras políticas.

Outro diplomata brasileiro com o sentido econômico de diplomacia mais definido que no barão, jantava no Globo durante suas permanências no Rio: Salvador de Mendonça que, aliás, como ministro da República Brasileira em Washington parece ter sido mais responsável que Rui Barbosa – se é que Rui, como ministro da Fazenda, pode ser considerado responsável por uma negociação de natureza econômica, realizada através de meios diplomáticos – por um tratado econômico que resultou desfavorável ao Brasil; e provocou reações vigorosas da parte de republicanos brasileiros mais objetivos que sentimentais em suas atitudes de solidariedade ideológica da nova e débil república do Sul com a forte e colossal, do Norte. Dentre esses republicanos, Barbosa Lima quando governador de Pernambuco: na defesa da produção regional do açúcar, prejudicada pelo mesmo tratado, Alexandre José Barbosa Lima levantou bravamente sua voz contra uma política de solidariedade do Brasil republicano com os Estados Unidos que só fazia beneficiar a economia da república mais forte. Erro semelhante, por conta do mesmo espírito de solidariedade republicana, foi o cometido na mesma época por Quintino Bocaiuva com relação à Argentina. Bocaiuva chegou a firmar um acordo, prejudicial ao Brasil, que não foi ratificado pela jovem República. Foi sobretudo no sentido de moderar essas desorientações da diplomacia republicana que a ação do barão do Rio Branco se exerceu de modo admiravelmente sensato, objetivo, realista.

Também foi *habitué* do Globo o Wright, cujo cardápio, a despeito do seu nome inglês, "era o mesmo todos os dias" e sempre muito brasileiro: peru assado à brasileira, precedido de uma sopa e acompanhado de um sorvete.[41] Sorvete com certeza de fruta tropical. De sorvetes dessa espécie sabe-se que foi a vida toda entusiasta o barão de Penedo, cujos jantares em Londres, quando ali representou o Brasil e negociou empréstimos para o Império com banqueiros da *City* dos quais foi acusado de receber comissões, tornaram-no célebre na Capital britânica.

Com o seu aspecto em parte cosmopolita, o Globo foi também centro de abrasileiramento do paladar de altos negociantes estrangeiros, seus frequentadores; e é possível que nas suas salas reservadas – na depois chamada Sala Rio Branco, por exemplo – houvesse quem preferisse ao mais requintado assado à francesa uma feijoada brasileira; ou uma peixada à baiana. Era, como se sabe, a preferência do próprio barão que na velhice – repita-se – parece ter perdido seu gosto excessivo de moço – Juca Paranhos – por mulheres e concentrado toda sua sensualidade na glutoneria.

Em carta a Ernesto Senna, um sobrevivente dos grandes dias do Hotel Globo analisou retrospectivamente, nos primeiros anos do século XX, a decadência da instituição nacional que se tornara o mesmo hotel; e que foi vítima, depois de longo período de estabilidade, da "voragem do encilhamento". Seu salão, modelo de elegâncias, algumas copiadas por particulares em suas residências, foi se estragando; suas pinturas "se enegrecendo"; seus famosos espelhos, "cobrindo-se de manchas leprosas". Tornando-se espelhos embaciados nos quais aquele e outros sobreviventes dos dias de esplendor do Globo foram mirando "emblemas da própria vida que os anos gastaram [...]".[42]

Vieram os sucessores do Globo: o Hotel dos Estrangeiros, o Internacional, o Avenida, este tendo, no andar térreo, um restaurante, o Brahma, que seria frequentado pelo barão do Rio Branco nos seus últimos anos de vida e de glutoneria: de irredutível Juca Paranhos que parece ter se consolado – repita-se pela terceira vez sem desrespeito algum pela memória de quem foi talvez o maior brasileiro da sua época – com os regalos de mesa, da incapacidade para outras aventuras ou outros gozos físicos. E também por Capistrano de Abreu: cearense um tanto boêmio, dado muito germanicamente – seu feitio de letrado, pesquisador da história e da etnologia brasileiras, foi antes o germânico que o latino – ao hábito do chope. Por altos comerciantes e por altos industriais, cada dia mais socialmente iguais de grandes senhores de terras, de grandes políticos, de grandes advogados, de grandes médicos, de grandes militares, de grandes engenheiros, no prestígio e no comportamento. Pois a ordem brasileira alterou-se, com a República, no sentido da maior valorização social do poder econômico tanto quanto do poder militar; e do poder econômico, o urbano, o industrial, o comercial é que foi principalmente valorizado com prejuízo crescente do puramente agrário.

"O melhor hotel era [então] o dos Estrangeiros", depõe quanto à capital da República no seu primeiro decênio de cidade republicana Antenor Nascentes, nascido no Rio de Janeiro em 1886. No que é confirmado pelo depoimento de Joaquim Amaral Jansen de Faria, também nascido no Rio de Janeiro, em 1883: "O principal hotel era na Praça José de Alencar o Hotel dos Estrangeiros [...] surgindo posteriormente o Hotel Avenida [...]". Opinião também do pernambucano nascido em 1873 e formado em Engenharia em São Paulo, Cláudio da Costa Ribeiro: o hotel por excelência do Rio era o dos Estrangeiros; enquanto "em minha cidade natal quase não havia hotel"; "era muito procurada a Pensão Landy".

"Em Niterói onde eu morava [quando adolescente], não havia nenhum grande hotel por esse tempo", informa Astrojildo Pereira, nascido no interior do Rio de Janeiro em 1890. Quanto ao Rio, "o hotel mais afamado era o Hotel dos Estrangeiros". Hotel grande-burguês. Ele, Astrojildo, tendo desde os 21 anos se entregue "completamente ao movimento anarquista e operário, tornando-se um militante profissional e redigindo o semanário *Guerra Social*", deixou desde então de frequentar, não hotéis elegantes, que nunca chegou a propriamente frequentar, mas os próprios cafés literários onde chegara a conviver com velhos como Lopes Trovão, Múcio Teixeira, Rocha Pombo e com jovens como então Agripino Grieco, Carlos Maul, Gutman Bicho, Procópio Ferreira, para frequentar apenas "os cafés operários": "muito importantes na história do movimento", acrescenta referindo-se ao movimento operário e antiburguês. O que, a ser exato, mostra terem sido esses cafés pontos importantes de articulação de esforços pró-proletários contra as medidas de avigoramento ou de expansão, no Brasil, de interesses financeiros e econômicos de banqueiros, industriais, comerciantes que se promoviam em almoços ou jantares como os do Globo, os do Hotel dos Estrangeiros, os do Hotel Avenida: jantares ou almoços, os destes últimos dois hotéis, e do Internacional, de que por vezes participaram, nos começos do século, anglo-americanos como Percival Farquhar; ingleses ou canadenses como o depois Sir Alexander Mackenzie; alemães, franceses, italianos, belgas.

Quanto a São Paulo, os hotéis principais da época foram "o Grande Hotel e o Hotel d'Oeste", informa o paulista Antônio Carlos Pacheco e Silva, nascido em 1898, que do Rio destaca como equivalente daqueles hotéis mil e novecentistas do seu Estado, o Avenida, onde se hospedou no começo do século atual.

Em Porto Alegre, o "grande hotel" da época era o Hotel Brasil, também equivalente do Hotel dos Estrangeiros, do Rio. É o que informa Florêncio (Carlos) de Abreu (e Silva), nascido em 1882 no Rio de Janeiro mas crescido no Rio Grande do Sul.

Armando Silveyra, nascido no Rio Grande do Sul em 1887, é mais específico sobre este ponto. Recorda os hotéis de Porto Alegre do fim do século XIX: Lagache e Paus, nos quais "hospedava-se... a abostança". Em 1908, porém, substituindo a cidade "os burros da Carril por cavalos sintéticos", como "uma coisa puxa outra, fundou-se o Grande Hotel". Passou a ser o hotel da "abostança".

João Barreto de Meneses, nascido em Pernambuco em 1872, não nos dá notícia de hotéis do extremo Norte, para onde foi quando moço. É que, boêmio, deve ter habitado "repúblicas", como em Manaus o próprio Euclides da Cunha: já se disse que ali não havia hotéis dignos do nome de hotéis. De João Barreto de Meneses é interessante recordar-se mais uma vez que antes de aventurar-se ao beribéri do Amazonas, esteve nas fileiras do Exército: bateu-se na "revolução de setembro de 93" e em Canudos, sempre sob a sedução da "energia cívica" de Floriano. Só depois de amadurecido, veio a achar estranho ter um homem do seu "temperamento ardentemente liberal" chegado "a vestir a farda"; pois esta, "embora gloriosa como é, nunca deixou de simbolizar a força, que tem sido a gargalheira dos ideais". Combateu em Canudos ao lado da legalidade, por "amor às instituições republicanas, as quais se anunciavam ameaçadas de uma restauração monárquica". Elogiado por bravura em ordem do dia do quartel-general, tornando-se indicado "ao prêmio dos galões iniciais do oficialato", preferiu deixar-se "arrastar a outros campos de luta". E para um brasileiro do seu feitio, que campo de luta mais sedutor, ao morrer do século XIX ou ao despontar do XX, que o campo amazônico? Poderia lá tornar-se talvez o fundador de alguma indústria ou de algum comércio novo para os amazonenses, e que lhe permitisse voltar nababo à sua terra; ou instalar-se no Rio de Janeiro como um paxá, à maneira do advogado baiano enriquecido em Manaus, Joaquim Pereira Teixeira. Entretanto, não passaria no Amazonas de chefe de seção de Secretaria de Estado, depois de ter sido simples escrivão de Polícia. "O temperamento ardentemente liberal" do filho de Tobias Barreto teve de conformar-se, numa cidade como Manaus no começo do século, aberta a todas as iniciativas e arrojos, com esta atividade tristonhamente burocrática e por excelência antiliberal: o ofício de escrivão de Polícia. Entretanto, como ele próprio confessa em seu depoimento, recebera do pai, desde o berço, "injunção psíquica" no sentido da "independência de atitudes". Independência e bravura.

Não deixou de revelá-las no Amazonas, ao participar romanticamente da chamada "revolução do Acre" – movimento a que não parece ter faltado sentido econômico. João Barreto de Meneses serviu no "assalto à fortaleza de Porto Alonso, comandada por oficiais da Bolívia, sob cujo domínio aquela região [ainda] se achava". Foi esse assalto "anterior à influente atuação de Plácido de Castro"; e nele "foram despendidos alguns milhares de cartuchos e usados um canhão e uma metralhadora, tombando vários camaradas de luta. Obrigados a operar a retirada, soubemos depois os estragos materialmente feitos, sabendo também que um oficial superior fora atingido e morrera o comandante da praça. Entre os companheiros nesse movimento contei os saudosos conterrâneos Trajano Chacon e Samuel Rios e Efigênio Sales, que foi [posteriormente] deputado federal e governador do Amazonas".

Sabe-se do Território do Acre que era terra rica em seringueiras: "*thickly sown with the trees*", nas palavras do geógrafo Elliott.[43] A *hevea*

negra era em terras como a do Acre, às margens de águas tropicalmente amazônicas, que se apresentava dentro da sua melhor condição
ecológica; e a *hevea* negra era a forte, em contraste com a branca,
tida pelos conhecedores do látex por fraca; ou com a vermelha, que
coagulando mal era classificada como entrefina enquanto a negra,
consideravam-na os peritos fina. De Elliott é a informação de terem
sido da *hevea brasiliensis* branca as sementes que Wickham surripiou
do Tapajós em 1876 e das quais se desenvolveram, por iniciativa
britânica, os seringais do Oriente – produtores de borracha inferior à
negra, do Amazonas, mas de forma de tal modo sistemática que essa
vasta produção de borracha inferior, ao ganhar os mercados, deixou
a superior, do Brasil, reduzida a insignificância econômica.

O herói técnico – do ponto de vista brasileiro, o vilão – desse
rapto econômico chamava-se Wickham: Henry Alexander Wickham.
Foi uma espécie de precursor de Lawrence da Arábia a agir entre caboclos brasileiros – ingênuos como os árabes do fim do século XIX e
do começo do XX, em assuntos de economia moderna – a favor dos
interesses do império econômico da gente britânica em áreas tropicais. Sua primeira presença no trópico amazônico foi sob a forma de
um cientista que estivesse seduzido pela floresta; mas especialmente
pela seringueira. Veio ao Amazonas, do Orinoco, através de densas
florestas atravessadas pelo Rio Negro. Dessa difícil viagem de estudos
resultou seu livro publicado em Londres em 1872: *Rough Notes of a
Journey Through the Wilderness*.

Em 1876, Wickham voltou ao Brasil. Desta vez, subindo de San-
tarém o Tapajós encheu caixas e mais caixas de sementes de *hevea
brasiliensis*: 70 mil sementes. Levou-as para os Jardins de Kew, em
Londres. Aí, em estufas, conseguiu que as sementes germinassem; e os
rebentozinhos, carregou-os consigo como a delicados bebês vegetais
que devessem ser tratados com a maior das ternuras, para terras de
Ceilão, então britânicas. Duas mil plantas foram deixadas em Ceilão:
outras, distribuiu-as Wickham por terras igualmente tropicais do
Oriente, dominadas pelo Império britânico: Java, Burma, Cingapura.
Em 1881 floresceram as seringueiras de Ceilão. Era a vitória da técnica
de transplantação – outrora tão praticada, de uma área quente para
outra, pelos portugueses, e, com relação ao café, por portugueses
já quase brasileiros – sobre a *nonchalance* com que o Brasil vinha

explorando sua enorme riqueza em látex: sem método; sem sistema; sem previsão; boemiamente; aventurosamente; insensatamente; loucamente. Assunto de que no fim da época considerada ocupou-se, em livro idôneo, um inglês que publicou em Londres, em 1914, trabalho um pouco de sociologia da economia através do método comparativo: C. E. Akers, autor de *The Rubber Industry in Brazil and the Orient*. Livro semelhante ao que com relação ao café publicara, também em Londres, em 1885, C. F. van Delden Laërne: *Brazil and Java. Report on Coffee Culture in America, Asia and Africa*.

Recorda Elliott que ao chegarem aos ouvidos brasileiros as primeiras notícias dos triunfos técnicos de Wickham, em Ceilão, não se acreditou que a indústria amazônica de borracha pudesse ser duplicada no Oriente.[44] Contudo, legislou-se sobre o assunto. Proibiu-se por lei e bacharelescamente, bizantinamente, idiotamente, até, a exportação de sementes de *hevea brasiliensis*: era ao Brasil que pertenciam. Também veio a proibir-se a exportação de nozes de ouricuri empregadas no Amazonas na defumação da borracha. Tudo tarde, porém. A Amazônia brasileira já fora ferida de morte na sua economia, pela astúcia britânica.

Ao iniciar-se o século XX, começaram os produtores brasileiros de borracha a sentir o impacto da produção anglo-oriental: a 4 toneladas de borracha crua, produzidas pelo Oriente em 1900, sucederam-se 145 toneladas em 1905; 8 mil, em 1910; 28 mil, em 1912; 71 mil, em 1914; quase 107 mil, em 1915; cerca de 150 mil, em 1916. Isto de uma área de plantação sistemática de seringueiras que perfazia um total de 1,35 milhão de acres, espalhados pelo Ceilão, pela Malásia, pelas Índias Orientais Holandesas, pela Índia, por Bornéu.[45]

Mesmo assim, houve até 1910 relutância da parte dos grandes compradores de borracha, em trocarem as peles negras do Amazonas pela borracha chamada de plantação: estavam acostumados às perfeições e imperfeições do produto amazônico, por natureza superior. Parece que só em consequência de excesso brasileiro no emprego da técnica de valorização da borracha amazônica, é que os compradores decidiram inclinar-se pela borracha de plantação, com todas as suas imperfeições preferida por eles, para uma crescente variedade de manufaturas – desde os pneumáticos para leves e pesados veículos a delicadíssimos artigos de erótica e de profilaxia pessoal e médica – em várias das quais o uso do látex foi substituindo o do couro, o da lona, o da madeira. Infelizmente, porém, essa crescente aplicação da borracha à indústria, em vez de beneficiar o Brasil, favoreceu ingleses e holandeses com colônias nos trópicos asiáticos, embora aos brasileiros restasse o consolo até o fim da época evocada neste ensaio, de verem a borracha chamada *"fine hard Pará"* alcançar, nos mercados de Nova Iorque, 75 centavos a libra, enquanto a do Oriente alcançava apenas 65. Homenagem à qualidade. Mas uma qualidade economicamente superada pela quantidade produzida sistematicamente ou metodicamente por ingleses e holandeses no Oriente, de modo a preponderar a borracha oriental nos mercados sem que a sua aquisição pelos compradores fosse perturbada por excessos de valorização comercial do produto amazônico, em que o Estado ou o governo brasileiro se empenhasse de maneira considerada às vezes impertinente pelos mesmos compradores.

O assunto é apresentado, de modo lúcido, do ponto de vista brasileiro, por Elói de Sousa, no seu trabalho *A crise da borracha*, publicado no Rio de Janeiro em 1913; e que é, sob a forma de livro, expansão do parecer lido por esse então deputado pelo Rio Grande do Norte – mestiço ilustre, aliás – na Câmara dos Deputados. Para Elliott *"there is perhaps no better presentation of the subject* [...]" que o parecer de Elói de Sousa. O geógrafo estrangeiro concorda com o parlamentar brasileiro em ter a borracha amazônica constituído um "paradoxo econômico", em consequência do qual o Amazonas rendeu milhões e milhões de ouro, sem se haver empregado parte alguma desse muito ouro em obras sistemáticas de benefício à região. Nem sequer em hotéis – acrescente-se a Elliott – que dessem à ocupação brasileira de Manaus o caráter de relativa estabilidade que um bom hotel sugere. Manaus – repita-se – mesmo nos seus dias de esplendor, não chegou a ter um bom hotel: apenas repúblicas boêmias. Grande número de obras cenográficas em torno de um teatro supercenográfico.

É certo, porém, que data da época aqui considerada a construção da estrada de ferro Madeira-Mamoré, na qual muitas vidas a princípio se perderam; e que, em Manaus, se fez nos grandes dias da borracha, algum urbanismo, do tipo realizado em maior escala em Belém, graças a um prefeito deveras empreendedor: Antônio Lemos. E tanto àquelas obras de construção de estrada de ferro como a essas, de urbanização, se devem estímulos ao progresso brasileiro que de Manaus, de Belém, da Amazônia se comunicaram a outras subáreas e cidades da República. Osvaldo Cruz, chamado ao Amazonas a fim de estudar de perto as condições sanitárias em que se vinha construindo a Madeira-Mamoré, produziu notável relatório. Verificou-se no Amazonas a necessidade de profilaxia contra o ancilóstomo; contra a disenteria; contra a pneumonia tropical, devida a mudanças bruscas de temperatura; contra o beribéri. Com relação a essas e outras doenças ditas tropicais, apurou-se não se tratar de problema apenas médico, mas de engenharia rural e de valorização dos campos pela agricultura. Dos campos e de sua população: gente que atravessou toda a fase de opulência da *hevea brasiliensis* sem ter se promovido a defesa da sua saúde pela sistematização do suprimento de víveres frescos a homens tão abandonados nas suas necessidades básicas de civilizados perdidos em selvas e águas medonhamente tropicais. Em 1915 o Pará, o Amazonas, o Acre importavam ainda feijão, arroz, açúcar, charque, bacalhau, gado, conservas, em quantidades tais e a preços tão fantasticamente altos que eram como se fossem terras de todo maninhas: incapazes de suprir-se de qualquer dos alimentos essenciais à sua população.

Ao mesmo tempo, verificou-se na época – e o alarme foi benéfico a outras populações indígenas – que a riqueza de alguns exploradores de seringais nas várias Amazônias – inclusive em parte da brasileira – se estava realizando à custa da opressão, às vezes cruel, de nativos. É pena que em revelar ao Brasil, de modo sistemático, objetivo e não apenas retórico, tal situação, não se tenha destacado no período republicano nenhum dos brasileiros de "temperamento ardentemente liberal" que, nos grandes dias da borracha, se deixaram seduzir pelo romance amazônico: os João Barreto de Meneses, os Efigênio Sales, os Carlos Dias Fernandes, os Trajano Chacon, os Gonçalves Maia. Nenhum deles teve o arrojo de embrenhar-se pela selva; de observar com olhos euclidianos o drama dos seringais, anotando minúcias, documentando observações, analisando fatos miúdos mas significativos de exploração dos caboclos pelos brancos ou semibrancos ávidos de lucros; de colher informações exatas sobre a luta que foi a construção da Madeira-Mamoré. Excetuados Euclides – homem de gênio – e um ou outro Firmo Dutra ou Alberto Rangel, precedido por um ou outro

Inglês de Sousa ou José Veríssimo, quanto à Amazônia anterior aos dias de esplendor da borracha, daqueles muitos brasileiros de talento literário, oratório ou jornalístico que Manaus atraiu ou seduziu, nenhum se salientou, na época aqui considerada, por observações parassociológicas já não diremos sistemáticas, mas sequer panfletárias ou jornalísticas – como foram aliás, em grande parte, as do próprio Euclides – que reduzidas a romance ou a poema ou a peça de teatro ou a ensaio, tivessem não só enriquecido a literatura brasileira com algumas páginas dignas de fazer companhia, ninguém diria que a *Os sertões*, de Euclides, nem mesmo a *Canaã*, de Graça Aranha, mas a *O missionário*, de Inglês de Sousa ou *A pesca na Amazônia*, de Veríssimo, como despertado a sensibilidade brasileira ou americana ou europeia para situações tão pungentes; e concorrido para providências do Estado a favor de populações tão sofredoras.

Para despertar a sensibilidade europeia em torno de uma situação que por ser transnacionalmente pan-amazônica não deixava de ser brasileira – e vergonhosa para o Brasil – foi preciso que escrevesse vigoroso relatório em inglês – veemente, é certo, mas sobretudo bem documentado: baseado em penosa pesquisa de campo – um irlandês, meio romântico, cônsul de Sua Majestade britânica no Rio de Janeiro. Poucos anos depois desse belo arrojo, de burocrata desdobrado em crítico social, e de sua residência no Rio de Janeiro, seria ele condenado à morte pelo seu próprio governo. Praticaria crime político contra o Império Britânico e a favor da imperial Alemanha. A verdade, porém, é que, como cônsul de Sua Majestade britânica no Brasil, esse criminoso político – Roger Casement – ao clamar contra a situação dos indígenas no Amazonas, revelara-se um raro europeu, da raça dos que têm se destacado pela coragem de denunciar crueldades dos chamados civilizados conta os intitulados selvagens. Seu livro, como crítica social de uma situação de conflito étnico-cultural de algum modo existente no Brasil, e não somente no Peru, se situa, entre as produções brasileiras do período em apreço, ao lado de *Canaã*, de Graça Aranha e de *Os sertões*, de Euclides, embora, é claro, seu ponto de vista fosse o de um diplomata europeu a serviço do seu governo; e não o de um escritor de república indo-latina, com maiores responsabilidades em torno do assunto e mais ampla liberdade de expressão. Pena que Euclides não tenha se antecipado a sir Roger em escrever um livro que, como equivalente de *Os sertões*, tivesse marcado aos olhos do mundo culto a preocupação brasileira com o drama, para não dizer tragédia, de suas populações amazônicas.

Sem ter deixado de concorrer para prestigiar por algum tempo – dentro da época considerada neste ensaio – a economia brasileira, o surto amazônico da borracha não chegou de modo algum a tornar-se, em sua repercussão sobre a mesma economia e sobre a cultura nacional, da mesma importância que o surto do açúcar; ou que o do café, que parece ter sido de influência decisiva na estabilização da ordem econômica da República e na provocação, um tanto paradoxal, do seu progresso industrial, tendo por base a hegemonia de São Paulo. Entretanto, sob o estímulo do apogeu da borracha, o Brasil de alguma maneira estendeu sua consciência nacional ao Amazonas. Adotou amazonismos. Brasileiros do Nordeste e do Sul trouxeram de lá para outras regiões do Brasil o gosto por valores amazônicos e paraenses; pelo pato com molho de tucupi, por exemplo; pela sopa de tartaruga; pela de castanha; pelo açaí; pelo guaraná; pelo cupuaçu; pelo puxuri; pela raiz de camapu; por toda uma variedade de ervas medicinais aromáticas, afrodisíacas, profiláticas, decorativas; pelas madeiras do Pará; pelas redes tecidas por indígenas; pelos chapéus chamados do Chile. O chapéu chamado do Chile tornou-se, na época, usadíssimo pelos brasileiros mais ciosos de acrescentarem alguma coisa de indígena à sua elegância europeia: inclusive pelo um tanto cacique Pinheiro Machado, imitado nessa sua preferência pelos muitos admiradores do seu modo ao mesmo tempo viril e romântico de ser condutor de homens. Entrou o chapéu do chile em combinação com o fraque inglês, com as botinas Walkover anglo-americanas, com as gravatas e as camisas de seda de Doucet. Usaram-no no Rio de Janeiro, além de políticos em evidência durante os primeiros decênios da República de 89 como o gaúcho Pinheiro Machado, elegantes simplesmente notáveis pela elegância. Usaram-no quando liturgicamente de branco e a cavalo, nos engenhos do Nordeste, senhores de engenho que foram ao mesmo tempo figuras ilustres de homens públicos como o pernambucano Estácio Coimbra. Eram presentes apreciadíssimos. Os melhores desses chapéus finos e leves cabiam em um envelope de papel de seda. E houve quem, tendo visto de perto seu fabrico no extremo Norte do País, importasse de lá mulheres indígenas, peritas na arte de tecer esses chapéus quase plumas, de tão espantosamente leves, para desenvolver a arte amazônica em atividade artística, ao mesmo tempo que econômica, noutras regiões da República. Mas sem sucesso: o chapéu chamado do Chile revelou-se arte profundamente ecológica.

Militão de Oliveira Bivar, nascido no Rio Grande do Norte em 1875, tendo passado oito anos no Amazonas, de lá voltou de chapéu do chile; e tornou-se, nos seus últimos vinte anos de vida, propagandista de ervas amazônicas de valor medicinal, tendo montado para esse fim, no Recife, um laboratório que tornou-se a base de pequena indústria. Confessa, no seu depoimento, a preferência ou o gosto pelo brim branco, à moda inglesa, que parece ter adquirido também no Amazonas. Do Pará, dólmãs brancos à inglesa chegaram, na época aqui considerada, a ser importados por brasileiros de outras regiões, de lá também se importando, para essas outras regiões, além das famosas castanhas, doces em conserva e até as cobras mansas, em uso em algumas de suas casas, para combater os ratos e outros roedores daninhos à economia doméstica. Ao mesmo tempo, apareciam em 1909 na imprensa do Rio de Janeiro, anúncios como este, do Tayupira: "Depurativo vegetal brasileiro específico das moléstias da pele e sífilis [...] preparado exclusivamente com vegetais é um repositório dos princípios ativos das mais preciosas plantas depurativas, que a flora brasileira encerra no seu majestoso e abundante seio". Estas plantas eram: azougue-dos-pobres, velame-do-campo, sucupira, manacá e junça. Os fabricantes do depurativo mágico eram Silva Araújo & Cia. Surgia o Tayupira, com o seu Y como que simbólico das raízes que o prendiam ao trópico amazônico, em competição com anúncios em francês de drogas francesas: "*Pilules Cronier, L'Iodure de Fer et de Quinine, Xarope de Hypophosphato de Cal do Dr. Churchill* para tuberculose, anemia, neurastenia, raquitismo, tosse, fraqueza geral, bronquite", "*Quina-Laroche* para doenças do estômago, falta de forças, febres".[46] Com relação ao guaraná amazônico era o próprio Luís Pereira Barreto – o sábio paulista – que sustentava: "Metchnikoff não conhece sem dúvida o guaraná senão como um útil medicamento para combater as diarreias infantis frequentes na Europa". Enganava-se o sábio russo, então empenhado em descobrir armas higiênicas que conjurassem a velhice entre os civilizados. O guaraná era uma dessas armas que o brasileiro civilizado adquirira do indígena.

Onde "a ciência oficial" propunha a coalhada para a melhor conservação ou o maior prolongamento da vida, Pereira Barreto propunha o guaraná. "Quem tiver juízo, é o meu conselho, siga o bugre", chegou a dizer o sábio paulista.

Quanto a brasileiros que nascidos na Bahia ou no Nordeste procuraram, no fim do Império e no começo da República, melhor futuro, emigrando não para o Amazonas – onde alguns deles, bacharéis em direito e filhos de famílias brancas e aristocráticas, constituíram famílias fora de sua raça e de sua classe, casando-se com mulheres de sangue africano ou cafuzo – mas para o extremo Sul ou para Minas Gerais ou São Paulo, destes já se salientou que de ordinário desposaram no Rio Grande mulheres tão brancas quanto eles; ou mais brancas do que eles. E economicamente quase sempre conseguiram se não tanto, quanto, no seu desenvolvimento de simples promotores em desembargadores; na sua ascensão aos mais altos postos militares; nos seus triunfos como advogados, professores, médicos, políticos, engenheiros, industriais, comerciantes.

Nem sempre foi por ambição que se verificou a emigração de homens do Nordeste ou da Bahia para Províncias do Sul ou do Centro, onde vários constituíram famílias: Albuquerques, Wanderleys, Cavalcantis, Bandeira de Melo, Lins, Góis, Carneiro Leão, Sousa Leão, Barros Pimentel. Também por simples desgosto íntimo. Tal o caso de Leopoldo Marinho de Paula Lins, nascido em 1857 em Pernambuco e que, tendo se casado, ainda quartanista de direito, com sua prima Adélia da Rocha Wanderley da Silva Freyre, teve a infelicidade de perdê--la dois anos depois do consórcio, juntamente com a única filhinha do casal, Maria Adélia. Seguiu então – confessa ele em depoimento por vezes patético – "sob o peso da minha enormíssima desgraça, pela morte de dois entes queridos que completavam minha jovem existência, para o Rio Grande do Sul, como juiz municipal do Termo de Conceição do Arroio, da Comarca do Rio dos Sinos, onde travei conhecimento" – foi isto em 1883 – "com o grande tribuno Gaspar da Silveira Martins, Camargo, Maciel, Joaquim Pedro Salgado e outros próceres da situação liberal, a que eu pertencia". Mas no Rio Grande do Sul, Leopoldo Marinho de Paula Lins só permaneceria três anos.

O bastante para algumas observações de interesse sociológico que constam do seu depoimento. Por exemplo: o contraste entre o procedimento do vigário católico de Conceição do Arroio, certo cônego R., e o dos pastores protestantes que conheceu entre os neobrasileiros de origem alemã; gente em geral ativa e trabalhadora; e economicamente equilibrada. Existia então perto de Conceição do Arroio uma colônia denominada das Três Forquilhas. Em visita a essa colônia, o jovem magistrado foi hóspede do "padre protestante", tendo se surpreendido de, ao almoço, ter se sentado ao lado da esposa do pastor e entre seus filhos, em um ambiente de bem organizada vida de família que lhe pareceu admirável. Admirável como exemplo a ser seguido pela Igreja Católica que, na época, até no Rio Grande do Sul, a despeito da rivalidade do seu clero com o protestante, fazia-se notar pela vida relassa de muitos dos seus sacerdotes, enquanto, os pastores protestantes, contribuindo para dar equilíbrio moral à vida dos colonos, contribuíam também para a sua produtividade econômica.

Também João d'Albuquerque Maranhão, nascido em engenho do Nordeste em 1883, esteve – como já foi recordado – homem-feito, no Rio Grande do Sul; e depois de ter tido, ainda adolescente, sua aventura amazônica, viu o extremo meridional do Brasil com olhos de homem do Rio Grande do Norte: "tive oportunidade de ver os teuto e os ítalo-brasileiros ocupando-se da economia, da indústria e do comércio, de um modo superior, sabendo ler, sabendo comer, sabendo morar e sobretudo possuindo educação econômica". Isto um tanto em contraste com a impressão que recolheria do extremo setentrional da República, quando, voltando depois de homem-feito à Amazônia, foi à fronteira do Purus com o Peru, demorando-se por algum tempo no Território do Acre. "Aquilo" – recorda – "era [então] quase um deserto. Entretanto, em Sena Madureira, cidade fundada pelo general sergipano Siqueira de Meneses, havia uma civilização incipiente. Correios, telégrafo, bondes, jornalismo, teatro, clubes etc." Na fronteira aonde foi por ordem de Pandiá Calógeras instalar a agência aduaneira do Brasil na foz do Rio Santa Rosa, demorou três anos: "Suportei o deserto [...]. Euclydes da Cunha por ali havia passado quando chefiava a comissão de limites entre o Peru e o Brasil, escrevendo então o seu grande livro *À margem da história*". Da sua missão escreve que era cumprir "uma das formalidades estatuídas pelo tratado de 17 de novembro de 1903, assinado em Petrópolis pelo excelso barão do Rio Branco e Assis Brasil, por parte do nosso país; Dr. Fernando Guachalla e Cláudio

Pinilla, pela Bolívia". Recorda que pelo mesmo tratado, segundo a introdução escrita pelo barão, o Brasil incorporara ao seu patrimônio "um território mais extenso que o de qualquer dos Estados do Ceará, Rio Grande do Norte, Paraíba, Pernambuco, Alagoas, Sergipe, Espírito Santo, Rio de Janeiro e Santa Catarina", território que produzia "renda anual superior à de mais de metade dos 20 Estados da nossa União".

Durante sua permanência nesse novo território brasileiro João d'Albuquerque Maranhão teve contato com as tribos semisselvagens dos Colina e Tucurina "que me visitavam para pedir objetos de uso doméstico e me presenteavam com xerimbabos, isto é, com animais silvestres criados em casa. Esses índios eram de índole pacata e vinham periodicamente apanhar ovos de tartaruga nas praias do Purus, na vazante daquele rio". Evidentemente nem eles nem os civilizados do extremo Norte do País possuíam a "educação econômica" que fazia dos teuto e dos ítalo-brasileiros, do extremo Sul, elemento valiosíssimo de modernização e dinamização da economia nacional.

Mas não era só no Rio Grande do Sul que esse elemento neobrasileiro fazia sentir com vantagem para o Brasil sua presença de gente criadora de riqueza na vida, na paisagem e na cultura da República: também em Santa Catarina, no Paraná, em São Paulo. Também em Minas Gerais e no Espírito Santo. Que todas essas partes do Brasil vinham sendo beneficiadas – repita-se – desde os últimos anos do Império por uma imigração de suíços, alemães, italianos, poloneses, experimentados na agricultura, que faziam falta a outras regiões brasileiras, apenas salpicadas de europeus comerciantes, artesãos, técnicos, intelectuais; além de um ou outro industrial como o sueco Lundgren, em Pernambuco; ou o inglês Clark, no Piauí; um ou outro médico como o Dr. Patterson, na Bahia; uma ou outra governanta, como Mrs. Rawlinson, também em Pernambuco; um ou outro homem de ciência como o alemão Wucherer, também na Bahia ou o belga Luís Cruls, na cidade do Rio de Janeiro, onde continuaram a ser numerosos – embora menos que nos primeiros decênios do Império – os negociantes e técnicos franceses, entre estes uma parteira célebre, madame Durocher, pela sua técnica e influente pela sua personalidade; e também os judeus alsacianos, presentes tanto no Sul como no Norte: na Bahia, em Pernambuco, no Ceará, no próprio Amazonas; os primeiros sírios; os primeiros japoneses.

O ano de 1915 marcou uma vitória nada insignificante para velha e castiça indústria do Rio Grande do Sul, anterior à presença dos alemães naquele Estado e desde que o Brasil é Brasil, ponto de apoio de sua ordem econômica: foi nesse ano que a França adquiriu do Sul do Brasil charque para suas tropas em guerra.[47] Entre os brasileiros, considerável como era, desde dias remotos, o consumo de charque ou carne-seca, tornara-se essa espécie de carne indispensável ao prato nacional por excelência: a feijoada. Mas parecia fantástico que os franceses o adquirissem para seus soldados. A verdade é que vários alimentos caracteristicamente brasileiros passaram, com a primeira Grande Guerra, a ser procurados por europeus. E data de 1914 o começo – que não foi no Rio Grande do Sul mas em São Paulo – da moderna indústria da carne fresca, com refrigeração em escala talvez nova em terra tropical. Em 1916 a carne gelada exportada pelos frigoríficos brasileiros chegou a perfazer o total de 29 mil toneladas[48] e neste particular, como no tocante à carne-seca, no Sul do País, e à de vento ou de sol, no Nordeste, a iniciativa que criou para a economia brasileira novas possibilidades de bastar-se si própria, como sistema ou ordem nacional, e de expressão internacional, capaz de nos compensar da perda dos mercados para a *hevea brasiliensis*, não foi de estrangeiro, mas de brasileiro – da Companhia Frigorífica e Pastoril de São Paulo, orientada pela inteligência e animada pela energia de um paulista genuíno, com sangue ameríndio: Antônio da Silva Prado. E aqui nos lembremos de outra data significativa para a história da consolidação da ordem econômica brasileira, na época considerada neste ensaio: em novembro de 1914 o frigorífico da Companhia Frigorífica e Pastoril, que desde 1913 supria de carne congelada a cidade de São Paulo, exportou para a Inglaterra a primeira tonelada experimental de carne do Brasil frigorificada no Brasil e por brasileiros de São Paulo. Bem aceita a amostra, a essa primeira exportação de carne brasileira para a Inglaterra seguiu-se outra, de 4.360 toneladas; e uma terceira, para a Itália, de mais de 2 mil toneladas; outro tanto, para os Estados Unidos. Foi animado por essa iniciativa brasileira, que os Sulzberger, de Chicago, ligados ao grupo Farquhar,[49] instalaram novo frigorífico em terra brasileira, este em Osasco, nos arredores da capital de São Paulo.[50]

Ao mesmo tempo, por experiências realizadas por brasileiros criadores de gado começou-se a verificar que o capim chamado do

Pará representava, há tempo, dentro da ordem econômica nacional, velha vitória dos mesmos brasileiros quanto ao melhor alimento para o gado de corte na América tropical. Não era a ciência argentina ou a texana que, neste particular, devia ser seguida pelos brasileiros no interesse dessa parte importante da sua economia nacional; e sim a ciência brasileira, continuadora da portuguesa, em seu afã de aprender das populações tropicais, mesmo quando bárbaras do ponto de vista europeu, um saber "de experiência feito" – ecológico, telúrico – que se verificasse, por métodos europeus de indagação científica, corresponder a condições especificamente tropicais, diferentes das temperadas tanto quanto das boreais, de vida e de economia humanas, de vida e de alimentação humanas e animais. Também se afirmou neste período a vitória dos criadores que entendiam ser o boi da raça indiana Nellore indispensável, ao desenvolvimento, sob a forma de zebu, de um gado mestiço, adaptado ao Brasil tropical: vitória dos realistas como Nogueira Itagiba sobre positivistas teóricos como o sábio paulista Pereira Barreto. Vitória que deu nítida vantagem a Minas Gerais sobre São Paulo; e fez do Triângulo Mineiro um dos pontos de apoio da ordem econômica de um Brasil que, transformado de Império unitário em República federativa, começou a pensar regionalmente sobre certos assuntos econômicos; e a descobrir que, se no Paraná e no Rio Grande do Sul, era possível a um criador de *stock* criar gado importado da Europa – Devon, Hereford, Flamengo, Durham, Jersey – na maior parte do Brasil mais quente, só um tipo mais forte de animal resistiria ao clima intensamente tropical e aos insetos e pragas próprios desse clima. Daí a valorização pelo criador brasileiro, do caracu, contra advertências de técnicos anglo-americanos; mas, tendo a seu favor a opinião de conhecedor inglês do assunto, para quem o clima e as pragas do Brasil são fatores do problema que o particularizam em problema especificamente brasileiro, "*not to be solved by applying experience of Texas or Argentina*".[51]

Continuou, no período em apreço, a ser parte da rotina econômica brasileira, a exportação de peles para os Estados Unidos: atividade em que fez fortuna, quando ainda moço, o arrojado Delmiro Gouveia. Em capítulo próximo, veremos o mesmo Delmiro, sob a forma de industrial, a causar a renovação de toda uma subárea de economia arcaica do Nordeste e a revelar-se pioneiro no aproveitamento da energia da Paulo Afonso.

Também continuaram a dar algum prestígio ao Brasil pós--republicano nos mercados estrangeiros os algodões no Nordeste: o mocó, do Ceará e da Paraíba; o seridó, do Rio Grande do Norte. Mas sem a necessária estandardização para competirem, em tais mercados, com algodões de outras procedências. Isto acontecera, é certo, durante a Guerra de Secessão nos Estados Unidos; mas pelo excepcional das circunstâncias. Veremos, entretanto, em outro capítulo, ter se desenvolvido, no período aqui considerado, a indústria brasileira de tecidos, com a utilização de algodões da terra adquiridos em Pernambuco e na Paraíba; do mesmo modo que se desenvolveu, na mesma época, o consumo de mate pelos brasileiros, um dos propagandistas desse chá sulista entre os brasileiros do Norte tendo sido um filho de Silva Jardim: grande propagandista, trinta anos antes, não do mate, mas da República, entre os mesmos brasileiros do Norte. Verificou-se o aumento de consumo do mate no Brasil, sem que a poderosa Companhia Mate Laranjeira, com sede no interior de Mato Grosso – e base da fortuna de Da. Laurinda Santos Lobo, sobrinha de um grande da República: Joaquim Murtinho – deixasse de continuar a exportar o produto brasileiro para a Argentina, a despeito das dificuldades criadas pelo governo daquela República a esse comércio, particularmente vantajoso para o Brasil.

O cacau, o fumo, o milho, o arroz, o feijão, não tiveram na época significação econômica que se afirmasse em expressões sociais, culturais ou políticas específicas, como as que corresponderam à borracha, ao açúcar, ao algodão, ao café, à criação de gado. Nem por isto deixaram de concorrer para a estabilização econômica com que o País se foi resguardando, desde a Lei do Ventre Livre, das perturbações à sua economia, ao seu equilíbrio social e ao seu sistema político, causadas pelo colapso de maciças monoculturas escravocráticas como tinha sido, até aquela lei, a velha lavoura-indústria do açúcar.

Também aumentou na época aqui evocada o consumo nacional de açúcar brasileiro, ao se desenvolverem indústrias de doces: compensação à crescente perda de mercados estrangeiros. É outro aspecto do progresso industrial do Brasil no começo do século XX que será considerado em capítulo próximo. Neste nos limitaremos a assinalar que a ordem econômica do Brasil continuou, na República, a depender do açúcar, embora essa dependência, ainda grande durante os primeiros decênios do Império, viesse, nos últimos, se reduzindo, com repercussões notáveis sobre a distribuição ou o equilíbrio – ou o desequilíbrio – de poder político, nas diferentes regiões ou Províncias brasileiras. Note-se, entretanto, que houve nos primeiros anos da República quem se empenhasse em estabelecer o equilíbrio político entre o Brasil produtor de açúcar e o de café: foi o capitão doutor Alexandre José Barbosa Lima, ao governar o Estado de Pernambuco.

"Deu ele" – lembra, em seu depoimento, Leopoldo Marinho de Paula Lins, que foi colaborador de Barbosa Lima naquele e em outros empenhos de sentido ao mesmo tempo político e econômico – "grande impulso à lavoura de cana [...]". Leopoldo Lins era homem nascido em engenho e descendente de antigas famílias ligadas, através de gerações, à agricultura da cana no massapê sul-pernambucano e no norte-alagoano: os Lins, os Acioly, os Wanderley, os Marinho Falcão, os Cavalcanti, os Albuquerque. Tendo se casado com uma prima, Wanderley-Freyre, esteve, quando moço, à frente de um dos engenhos de propriedade do sogro, Alfredo Alves da Silva Freyre: o Trombetas, em frente à cidade de Palmares, à margem do Rio Una, famoso pelos pitus. Adquiriu mais tarde o Engenho Imprensa. Estava assim apto pela experiência de agricultor de cana a ser um dos orientadores de Barbosa Lima, quando este se empenhou em restaurar, ao menos, parte do prestígio econômico do açúcar de Pernambuco, favorecendo a modernização da indústria, no Estado, sem desprezar os interesses dos agricultores ou dos senhores de engenho. Afã em que aliás o precedera, ainda no Império, o barão de Lucena. Mas sem que nenhum deles conseguisse fazer o açúcar voltar, em Pernambuco, sob a forma de açúcar, à metade sequer do seu prestígio de outrora, quando era dos canaviais do Norte – da Bahia ao Pará – que emergia grande parte da nobreza política que governava o Império. Desde o fim do Império que os barões vinham em maior número do Sul: de casas-grandes que dominavam fazendas de café. Os barões, os viscondes, os senhores de terras. É certo que o Norte, produzindo bacharéis, doutores e militares, se compensaria por algum tempo da perda de poder político direto – isto é, através dos próprios senhores de terras – pela ascensão dos filhos, dos genros, dos sobrinhos, desses senhores já decadentes mas ainda moral e folcloricamente prestigiosos, a postos de comando militar, parlamentar, jurídico, administrativo, técnico, em que poderiam fazer sombra – como de fato fizeram – ao poder cruamente econômico ou puramente político dos *landlords* – como então diziam nos jornais, os cronistas anglomaníacos – do Sul. E quem dizia Sul, nos últimos decênios do Império, dizia café.

Precisamente no ano de 1870 – às vésperas da Lei do Ventre Livre – o Brasil chegara a uma exportação anual de 3 milhões de sacos de café; antes de findar o século, essa produção atingiria 10 milhões de sacos. Isto a despeito da crise na transição do trabalho escravo para o livre, que afinal se resolvera em São Paulo – já o recordamos em outra página – pela substituição do trabalho escravo africano pelo italiano, livre. Note-se que essa substituição só se tornou possível pela intervenção do Estado nas relações entre patrões e trabalhadores, com o Estado procurando resguardar os trabalhadores italianos – através do que então se chamou Patronato Agrícola: note-se a sobrevivência, na própria palavra patronato, do paternalismo monárquico da Coroa com relação aos escravos, aos humildes, aos fracos, em face dos senhores, dos ricos e dos fortes menos conscientes dos seus deveres para com os servos – da ganância dos fazendeiros. O que mostra datar daí a intervenção do Estado republicano na ordem econômica nacional: quer através do chamado Patronato Agrícola – sem o qual talvez não se tivesse realizado nunca o ajustamento de relações entre trabalhadores livres e fazendeiros de formação patriarcal: homens que guardaram sob o *laisser-faire* dos primeiros e desordenados anos da Abolição e da República, os vícios, mas não as virtudes, do antigo regímen paternalista de proteção dos escravos pelos senhores; quer através da chamada valorização: valorização que no Brasil da época foi valorização quase exclusiva do café. E que representou uma das primeiras sistematizações modernas – no seu aspecto específico, a primeira – de técnica econômica, no sentido da economia dirigida; ou da ostensiva intervenção do Estado na economia de uma região ou de um país.

Houve na época discussões veementes em torno do chamado Plano de Valorização. Nele um crítico estrangeiro, reconhecendo defeitos nos métodos adotados em sua execução, destacou quinze anos depois do famoso Convênio de Taubaté, *"the merit of boldness"*.[52] Tão grande foi essa virtude ou esse mérito, numa época necessitada de medidas econômicas mais ou menos heroicas, que a técnica brasileira – uma das mais notáveis contribuições para a ciência econômica mundial da parte do Brasil novecentista: o plano data dos primeiros anos do século XX – veio a ser imitada por vários países, como já sugerimos em outro dos nossos ensaios; e em página que talvez tenha sido a primeira que se escreveu ou publicou no Brasil, encarecendo a originalidade e salientando a repercussão internacional da ideia brasileira. Pelo Convênio de Taubaté – que foi também notável como iniciativa com que se pretendeu dar validade transestadual às soluções de problemas ao mesmo tempo regionais e racionais, com o critério estreitamente estadualista de se resolverem desajustamentos de economia (critério favorecido pela República de 89) superado pelo regional no bom sentido – obrigavam-se os Estados brasileiros produtores de café – toda uma região, por conseguinte – a não vender seu café por menos do que o preço fixado; a impedir a exportação de cafés de tipo abaixo do 7; a desenvolver no estrangeiro a propaganda do café brasileiro, visando o aumento de vendas do produto nacional; a recolher uma sobretaxa por saco em todo café exportado; e a limitar a plantação de cafeeiros. A sobretaxa recolhida ficaria sob o cuidado do governo federal, que a empregaria na amortização de um empréstimo que se realizasse, a fim de ser criada a caixa de Emissão e Conversão. Essa caixa se encarregaria dos aspectos financeiros do plano.[53]

Foi sobre os ombros paulistas, prestigiados no momento justo pelo governo federal, que primeiro caiu o peso econômico – logo suportado também, ou principalmente, pelo mesmo governo federal – de sustentar um plano, para a época, quase fantástico. Cheio de riscos. Aventuroso. No estrangeiro,[54] encontraram os brasileiros empenhados em tornar realidade sua ideia de valorização, apoio inicial não na finança anglo-saxônia – então a mais sólida, mais conservadora e mais inimiga das intervenções do Estado nos negócios dos particulares –, nem na francesa – também conservadora ou convencional nos seus estilos –, mas na alemã: foi do *Brasilianische Bank für Deutschland* que obtiveram o empréstimo preliminar de 1 milhão de libras. Só depois desse empréstimo, os brasileiros, decididos a executar o Plano de Taubaté, obtiveram de J. Henry Schroeder & Company, de Londres, e subsequentemente, do National City Bank of New York, os 3 milhões de libras necessários à aquisição e armazenagem de café. Até que em 1907 o próprio governo federal concorreu financeiramente para dar consistência ao plano, quer adquirindo os cafés de tipo inferior, quer obtendo dos Rothschild, de Londres, mais 2 milhões de libras para a redenção de café consignado a comissários. Soma que foi duplicada, ao arrendar o Estado de São Paulo a Estrada de Ferro Sorocabana ao sindicato dirigido por Mr. Percival Farquhar: curiosa figura de anglo--americano que desde os começos do século XX se tornou inseparável tanto da ordem econômica brasileira como do progresso industrial do Brasil. Homem com uma visão grandiosa do futuro de um país que se tornou, em certo sentido, mais seu que os Estados Unidos, onde nascera em família de gente religiosa e honesta. Foi – diga-se de passagem – um dos anglo-americanos mais seduzidos, na época aqui considerada, pelo Brasil. Tão seduzido pelo futuro econômico da nova República quanto os geólogos John Casper Branner e Orville Derby, que vieram pela primeira vez ao Brasil no tempo ainda do Império, tendo Derby se naturalizado brasileiro. Amigo – e parece que colaborador – de Euclides da Cunha e de Teodoro Sampaio –, ocupou-se também esse Derby de assuntos de geografia e de história brasileira. Mas tratado de resto por um ministro da agricultura, homem um tanto desabusado nos modos e até rústico nos gestos, embora com qualidades de aristocrata – aristocrata alto, belo mas moreno e como o seu conterrâneo Estácio Coimbra um tanto desdenhoso de homens louros – passa por ter se suicidado devido ao escândalo de uma ofensa que lhe teria feito o ilustre político, menos, com certeza, por maldade que por leviandade. Político e usineiro, esse político ilustre mas desabusado – José Bezerra – estava acostumado a pilheriar com meio mundo, julgando-se sempre com o direito de troçar dos outros. Menos quando encontrava reação imediata, como da vez em que, num trem da Great Western, teria sido repelido com algum vigor por outro fidalgo da terra, também desabusado; ou na tarde em que o conteve, obrigando-o a moderar a linguagem pilhérica, um juiz então ainda jovem mas já cioso da dignidade da sua magistratura. O pobre do Orville Derby é que não tendo sabido revidar ao poderoso – poderoso pelo poder político e poderoso pelo poder econômico – a ofensa que lhe fizera, teria melancolicamente se suicidado, sob o peso da humilhação recebida do seu então chefe, depois de uma vida inteira de notáveis serviços ao Brasil. Serviços de valor econômico e serviços de valor intelectual.

Da importância da agricultura-indústria do café na economia nacional, é preciso que se saliente que tendo atingido, na época considerada neste ensaio, o seu máximo de repercussão internacional, não deixou nunca de ser, nos seus grandes dias, essencialmente brasileira não só no apoio que deu à ordem econômica durante os primeiros decênios da República de 89 e ao progresso industrial verificado no Brasil no mesmo período, como no fato de se ter conservado, tanto quanto o açúcar, o algodão, o mate, o charque, a pecuária, e, até certo ponto, a própria borracha – mas ao contrário dos frigoríficos – atividade econômica dominada, orientada e dirigida desde os seus começos ao seu apogeu, principalmente por brasileiros. O que aqui se destaca não por simplista nacionalismo, mas para se pôr em destaque a capacidade do brasileiro, que se desenvolveu no fim do Império e principalmente nos primeiros decênios da República, para as atividades econômicas, não só agrárias como industriais ou comerciais, concomitantes ou não com as políticas; e em crescente superação à mística de só serem atividades dignas do brasileiro fidalgo ou com pretensões a fidalgo, além da de senhor de terras, a de magistrado, a de militar, a de professor de escola superior, a de médico, a de doutor, a de bacharel. Mesmo depois que se organizou a Brazilian Warrant Company, com sede em Londres e ramos na cidade de São Paulo, em Santos e no Rio de Janeiro e que sucedeu à São Paulo Pure Coffee Company, os exportadores de café continuaram a ser, em número considerável, brasileiros. Notou-o um observador estrangeiro que não resistiu à generalização: "[...] *coffee is not one of the businesses which the South American leaves for the foreigner*".[55] O mesmo poderia ter dito do açúcar, nos grandes dias dos senhores de engenho completados nas cidades por armazenários e comissários, que eram outros tantos aristocratas da chamada açucarocracia. E tendo o café constituído, no período em apreço neste ensaio, quase metade do total de exportações brasileiras, compreende-se que o Brasil tenha considerado não só a lavoura como a indústria e o comércio do café, atividades socialmente nobres e essencialmente nacionais, fazendo da propaganda desse seu produto-rei no estrangeiro uma atividade patriótica.

Aliás, da época aqui evocada, saliente-se que foi de grandes esforços de publicidade do Brasil não tanto nos Estados Unidos quanto na Europa. Propaganda romanticamente patriótica a que por vezes se juntou a propaganda do café ou a da borracha ou a do mate. Do primeiro gênero de propaganda brasileira na Europa revelou-se mestre o barão do Rio Branco ao criar a mística, que criou, em torno do "gênio", da "cultura", da "civilização" brasileiras representadas pelo conselheiro Rui Barbosa, delegado do Brasil na Conferência da Paz, reunida na Haia em 1907. Ou a procurar tirar partido para o Brasil da imensa popularidade alcançada na França por Alberto Santos Dumont. Também foi considerável a propaganda que se fez na Europa, durante a presidência Rodrigues Alves e porventura orientada pelo barão do Rio Branco, então ministro do Exterior, dos triunfos alcançados pelo médico e higienista Osvaldo Cruz na luta contra a febre amarela; pelo prefeito Pereira Passos, na urbanização, na modernização e no embelezamento da capital da República; pelo marechal Hermes da Fonseca, na reorganização do Exército; pelo almirante Alexandrino de Alencar, na modernização da Marinha de Guerra, para a qual se adquiriu, na época, no meio de muito reclame, o famoso *dreadnought* Minas Gerais. *Dreadnought* do qual o marinheiro negro João Cândido, revoltando-se contra seus superiores, se apoderou em 1910, estando o monumental navio ainda brilhante de novo. Praticou então João Cândido terrível, embora talvez involuntária, propaganda contra o Brasil.

O negro, em geral – e não apenas João Cândido, em particular – foi, aliás, na época aqui considerada, "mancha na civilização nacional" de que muito se envergonharam arianistas e antimelanistas da terra. Alguns pretenderam escondê-la dos olhos do estrangeiro. Julgavam que só se desenvolveria no Brasil economia moderna, civilização moderna, cultura moderna, submergindo-se os sobreviventes de negros sob grandes ondas albinas de imigrantes europeus. Esperava-se dos imigrantes que, vindo concorrer para avigorar a ordem econômica no país e para o desenvolvimento, aqui, de indústrias e de lavouras modernas, viessem também desempenhar esta missão chamada por uns de eugenização, por outros, de arianização: a missão de absorver o negro. A missão de fazer sair dos ventres de negras ainda retintamente pretas, cuja presença era considerada vergonhosa por brasileiros fascinados com os ecos da propaganda do próprio Brasil na Europa – propaganda èm que se destacava ser o Brasil uma "grande nação latina", uma "nova civilização europeia", publicando-se, de acordo com essas generalizações, apenas fotografias de brancos reais ou aparentes, de trechos aparentemente europeus de avenidas e de teatros levantados em estilo neoclássico e de palacetes elegantemente normandos – pardos e até morenos com alguma coisa dos pais alemães, italianos, espanhóis, portugueses, na fisionomia, no aspecto, na cor.

Sobretudo dos pais italianos. Os italianos foram de todos os imigrantes europeus recebidos na época os mais desejados, mimados, elogiados. Não eram ásperos como os alemães. Nem anedóticos como os portugueses, os galegos, os próprios espanhóis vindos de meios rústicos. Eram inteligentes, plásticos, amáveis, simpáticos, trabalhadores. Trabalhadores sem deixarem de confraternizar com os brasileiros nas devoções festivas aos santos, nas procissões, nas folias. Cantadores de operetas que se tornavam cantadores de modinhas. Úteis à economia brasileira, à renovação econômica do País, à substituição do trabalho do escravo pelo do homem livre; e ao mesmo tempo úteis à arianização da República que herdara do Império uma tão grande população de gente negra, parda, de cor. Pois não faltava aos italianos gosto pelas mulheres de cor. E como não parecesse a muitos dos brasileiros então preocupados com os destinos nacionais, possível a modernização da ordem econômica brasileira sem a arianização do proletariado, a fim de que se tornasse visível aos olhos de todos os estrangeiros que o Brasil deixara de ser, desde 88, um país cuja economia se apoiava em escravos, os italianos se apresentavam aos olhos desses brasileiros como os imigrantes por excelência messiânicos. Continuassem os negros a preponderar na massa operária e pareceria que essa massa continuava a ser composta de escravos; ou de servos. Importasse o Brasil apenas portugueses ou galegos, e não se elevaria – pensavam os mesmos patriotas – o nível de inteligência e de cultura da massa nacional. Viessem para o País somente alemães e não se daria tão cedo a desejada arianização da mesma massa, dada a tendência germânica para viver à parte da população brasileira. Quanto aos japoneses apenas começavam a ser objeto de apologia da parte de uns e de repúdio da parte de outros, pois até 1920 foi insignificante sua presença na vida e na economia nacionais: apenas um começo de imigração sistemática.

Quando Rui Barbosa, já no fim do período de vida brasileira evocado neste ensaio, disse, em conferência proferida em Buenos Aires, não serem os brasileiros descendentes de "guaranis", mas de "latinos", quis sobretudo dizer não deverem os argentinos continuar a pensar do Brasil como terra de descendentes de índios ou de negros; e sim como civilização desenvolvida da Europa latina; e desenvolvida dessa Europa, mais por descendentes de latinos da Europa que por homens de qualquer outra origem étnica ou cultural. Exagero, talvez. Mas expressão de um estado de ânimo que vinha já passando do que os ingleses chamam *wishful thinking* à caracterização de uma realidade. Realizando o aparente milagre sociológico de substituírem, na ordem econômica brasileira, os escravos e, ao mesmo tempo, os africanos – sem os quais parecera a alguns impossível a continuação da mesma ordem, desde 1870 representada principalmente pelo café – os italianos vieram, na verdade, reforçar, no Brasil, o lastro latino da civilização aqui fundada por hispanos. Do ano 1820 a 1915, o total de imigrantes italianos recebidos pelo Brasil foi de 1.361.266, que em 1915 calculava-se terem se tornado mais de 2 milhões, sobrepujando no conjunto formado pelo seu número, pelo seu valor econômico e pela sua importância étnica e cultural, qualquer outro grupo de europeus entrados no Brasil na mesma época.[56]

Esses outros grupos foram, à parte dos espanhóis, dos galegos e dos portugueses – dificilmente considerados estrangeiros pelos brasileiros da época – os russos e os poloneses estabelecidos desde 1880 no Paraná; os russos estabelecidos em Nova Odessa, em São Paulo; austríacos; turco-árabes; sírios; libaneses; judeus; belgas; franceses; ingleses; suíços; suecos; japoneses; e notadamente os alemães, desde 1826 estabelecidos no Rio Grande do Sul; a partir de 1849, de modo vigoroso e sistemático, em Santa Catarina; desde 1852, em Minas Gerais; desde 1847, no Espírito Santo.

Não há exagero em dizer-se que, antes de se estabelecerem os alemães no extremo Sul do Brasil, foi essa subárea um parente pobre da economia brasileira, cuja opulência estava ainda apoiada, de modo exclusivo, em artigos e em meios e formas de exploração econômica essencialmente tropicais: o açúcar, o algodão, o cacau; o aristocrata lusitano ou lusodescendente, senhor das plantações, das terras e dos escravos; o trabalho escravo e africano. Para Elliott, o Sul até então atraiu poucos brasileiros (*"the South attracted few Brazilians"*),[57] talvez pela predileção que parece ter caracterizado sempre o hispano e principalmente o luso, quando em espaços extraeuropeus, pela terras mais quentes ou mais tropicais. Mas o próprio Elliott reconhece terem os bandeirantes conservado essas terras menos tropicais do extremo Sul do Brasil, portuguesas e brasileiras, afastando delas os castelhanos do Rio da Prata; ao mesmo tempo que espalhando, nos campos, gado português; e povoando o Rio Grande do Sul e Santa Catarina, em pontos militar e economicamente estratégicos, com casais açorianos.

Embora deva ser destacado que foi por intervenção do governo brasileiro nas relações entre patrões nacionais e trabalhadores estrangeiros, que essas relações se normalizaram nas fazendas de café do Sul da República, é justo reconhecer-se ter a iniciativa ou o esforço de particulares contribuído para o desenvolvimento da imigração europeia no Brasil. O alemão Blumenau foi um desses particulares, a quem por isto mesmo a economia brasileira deve ser reconhecida. Outros foram os Vergueiro, em São Paulo. Também Teófilo Otoni, em Minas Gerais. E o visconde de Baependi. O nome de Vergueiro está associado ao sistema de parceria, em fazendas de café de São Paulo: sistema elogiado por J. L. Moré, no seu *Le Brésil en 1852*; mas duramente criticado por outros estudiosos do assunto. No período em apreço, já não se fez sentir a influência de semelhante sistema; assim como, já não repontaram, dentre as várias aventuras de colonização espontânea, as de caráter socialista – como a de franceses fourieristas em Santa Catarina. Apenas verificou-se no fim do século XIX a tentativa de colonização comunista, por um grupo de russo-alemães que se estabeleceram nos arredores de Curitiba como se tivessem descido dos frios da Lua e insistissem em não tomar conhecimento do Brasil: nem da sua situação de país tropical nem da sua condição de nação já definida nos principais rumos sociais e culturais da sua civilização.

Daí o fracasso desses russo-alemães, após um vão esforço no sentido de lavrarem os campos quase tropicais do Paraná como se fossem estepes; e de viverem à maneira comunista, dando os seus conflitos intercomunistas constante trabalho à polícia da Província. Repatriados muitos deles à Europa, alguns permaneceram no Brasil; e terminaram por se adaptar à situação brasileira, uns em atividades de transportes úteis à economia da região; outros cultivando cereais; ainda outros, colhendo e preparando mate a fim de ser exportado para a Argentina.

Data de 1867 a vinda para o Brasil de anglo-americanos quase tão desgarrados da realidade social brasileira quanto os comunistas russo-alemães da ecológica ou tropical. Eram esses anglo-americanos grupos fugidos à vitória do Norte sobre o Sul na guerra civil que acabara de ensanguentar a grande República de Washington. Vila Americana foi o seu reduto em São Paulo, depois de terem se estabelecido em Santa Bárbara. Outros se fixaram na região amazônica, os menos rígidos abrasileirando-se ou acaboclando-se. Uns poucos tentaram estabelecer-se em Pernambuco, onde seu fracasso foi total. Parece que alguns deles esperavam encontrar no Brasil – império ainda plenamente escravocrático quando aqui chegaram – condições ideais para continuarem senhores de escravos, *"gentlemen farmers"*, aristocratas brancos com relação à plebe de gente de cor. Deles escreve o geógrafo Elliott que *"former owners of slaves they were less fitted to make a living from the soil than the negroes they left behind"*.[58] Por outro lado, faltava-lhes a capacidade econômica para adquirirem escravos no Brasil. Eram homens arruinados pela Guerra de Secessão. A única lavoura tentada por eles foi, ao que parece, a de algodão: mas segundo métodos que não se adaptavam ao trópico brasileiro. Entretanto, em terras próximas às suas, estabeleceram-se, anos depois desse fracasso anglo-americano no Brasil tropical, japoneses que, cultivando arroz, tornaram-se lavradores prósperos e felizes. Prósperos devido à sua técnica de lavoura adaptada à situação tropical do Brasil; e felizes em virtude de seu gênero de vida de homens menos hirtos que os anglo-saxões em suas atitudes para com as terras, as paisagens e a populações diferentes – como as do Brasil tropical – das do seu país de origem. Menos hirtos que os anglo-saxões, que os alemães, que os poloneses, que os russo-alemães. Mas sem a plasticidade, é claro, dos italianos, em face de um país quente já latinizado ou romanizado pela colonização hispânica e católica.

É a presença dos italianos na economia, na vida e na cultura brasileiras que parece constituir o acontecimento sociologicamente mais significativo da época aqui evocada, se o considerarmos principalmente sob o aspecto econômico de sua expressão social e de sua composição étnica. Um aspecto difícil de ser separado dos outros, quando não se segue, na reconstituição, na análise e na interpretação de uma época, o estreito critério marxista.

Com o aumento da imigração italiana, criou vigor entre os brasileiros mais fervorosos em seu entusiasmo pela colonização europeia como meio de arianização da gente brasileira, a confiança nesse processo de aperfeiçoamento se não étnico – como supunham alguns – eugênico e cultural da mesma gente. Pois o italiano era um europeu não ibérico com cuja plasticidade se podia contar para a intensificação desse processo. Um europeu que muitos, no Brasil, acreditavam superior ao ibero em inteligência ou em capacidade intelectual e estética, sendo, ao mesmo tempo, tão inclinado quanto o ibero a misturar-se com a população de cor; a uniões com negras e mulatas; à miscigenação. A concorrer, portanto, para o desenvolvimento de um tipo de brasileiro,[59] tanto camponês como proletário, semelhante ao que vinha resultando da mestiçagem do ibero com o negro ou com o ameríndio.

Foi principalmente a favor dele e do alemão, quando inclinados a se fixarem na lavoura, que, depois da Lei do Ventre Livre, intensificou-se no país uma campanha de sentido aparentemente só financeiro mas, na realidade, de significado econômico e de projeção social, contra o latifúndio, que alguns reformadores desejaram desde então atingir nas suas bases através do chamado imposto territorial. Não só os europeus com acentuados pendores para a vida agrária seriam favorecidos por esse imposto, considerado pelos senhores de terras da época "repugnante"; também os agregados às fazendas e aos engenhos. Também os caboclos, os tabaréus, os matutos. E não foram raras as vozes que se levantaram então em prol desses "amarelinhos", nos quais alguns enxergavam vítimas inermes dos grandes senhores territoriais.[60] Grandes senhores que no fim da era imperial já não dominavam o País do alto de velhas casas-grandes do Norte, mas de torres de comando que se levantavam dentre os cafezais do Sul. Principalmente dentre os cafezais paulistas.[61]

Notas ao Capítulo VIII

1. Sabe-se que ao cair do Império, a nobreza era composta no Brasil de 7 marqueses e 1 marquesa viúva, 10 condes e 10 condessas viúvas, 20 viscondes e 18 viscondessas viúvas, 27 barões e 11 baronesas viúvas, 34 viscondes sem grandeza e 6 viscondessas viúvas, 280 barões sem grandeza e 55 baronesas viúvas (*Almanaque Brasileiro Garnier*, publicado sob a direção de João Ribeiro, ano 1908, Rio de Janeiro, p. 151). Para Sousa Bandeira, devia-se consolidar a República no Brasil "cimentando-a com a experiência dos nossos antepassados" (*Reformas*, Rio de Janeiro, 1909, p. 16). Havia, entretanto, quem considerasse a elite monárquica "crápula bolorenta de cortesãos senis", com os quais a República não devia contemporizar (José Augusto Correia, *A revolução no Brasil e o opúsculo do visconde de São Boaventura*, Lisboa, 1894, p. 60).

2. J. P. Wileman, *Brazilian Exchange – The Study of an Inconvertible Currency*, cit., p. 256. De Wileman afirma J. F. Normano, no seu sugestivo *Brazil, a Study of Economic Types* (Chapel Hill, 1935), ter se tornado o principal orientador de Joaquim Murtinho, quando este foi nomeado ministro da Fazenda.

3. Sobre o reflexo da situação econômica do Brasil, ainda Império, sobre a situação financeira, em geral, e o meio circulante, em particular, lê-se na p. 86 do *Relatório do Ministério da Fazenda*, Rio de Janeiro, 1891: "Após mais de sessenta anos de administração monárquica, o trabalho industrial, entre nós, vegetava ainda raquiticamente no estado mais elementar [...]. Em circunstâncias tais, qual havia de ser o regímen do meio circulante? Não existindo população industrial, não havia precisão dele para lhe retribuir serviços. Os trabalhadores agrícolas, instrumentos passivos do cativeiro, não percebiam salário, alimentavam-se quase exclusivamente dos mantimentos que a própria terra lhes ministrava e apenas recebiam [do senhor] a grosseira roupa do corpo".

   Embora a industrialização do Brasil não date nem da República nem da Abolição, essa generalização vale como generalização, sendo equivalente da de Felisbelo Freire que, na sua *História constitucional da República* (Rio de Janeiro, 1894), afirma na p. 123 do vol. II, da situação econômica do Segundo Reinado, tal como se refletia não só na financeira como na política: "Como os detentores da renda e o centro das relações econômicas, a classe agrícola predominava na política, exercendo nela a maior proeminência, já como membros do Parlamento Nacional, das Câmaras Municipais, das Assembleias Provinciais, já como chefes políticos das províncias e seus vice-presidentes, já finalmente como os representantes da judicatura popular [...]. Esse poder e essa influência não podiam deixar de repercutir na legislação financeira e tributária [...]".

Deve-se notar que, contrariando a afirmativa demasiadamente enfática do *Relatório do Ministério da Fazenda de 1891*, os fatos confirmam a observação de Felisbelo Freire de que antes de 1880 já se verificava no Brasil o começo de industrialização moderna, acompanhado pelos "primeiros rebentos da vida bancária": por conseguinte, um "regímen francamente capitalista". Com efeito, de 1838 a 1864, já se haviam organizado no país e se desenvolvido ou permanecido 124 companhias industriais. Em 1881 havia já no Brasil 46 fábricas de tecidos de algodão, a fábrica de ferro de Ipanema, as forjas de Gandarela, a Companhia de Mineração de São João del-Rei, indústrias de combustíveis minerais, cal, cimento, sal comum e salitre, produtos florestais, produtos animais, linho, máquinas, carpintaria, marcenaria (inclusive a famosa, de Spieler, no Recife, especializada em móveis de vinhático e jacarandá), peles, couros, vestuário. Lembra Felisbelo Freire que "em 1888, quando se deu a transformação econômica com a abolição do trabalho escravo, o número de companhias industriais existentes só na capital do País era de 100". Isto quanto às indústrias. Quanto a bancos, de 1838 a 1864 informa o minucioso *Relatório da Comissão da Crise no Mês de Setembro de 1864* que de 1838 a 1864 organizaram-se no Brasil "41 estabelecimentos de crédito, entre bancos, caixas econômicas e caixas filiais". Em 1871 o seu número era, segundo Felisbelo Freire, 17. Pelo que o regímen proprietário agrícola "não podia deixar de vir sofrendo" uma grande transformação com o movimento industrial e bancário que tendia a se desenvolver, deslocando do trabalho agrícola um capital não pequeno" (Felisbelo Freire, *História constitucional da República*, Rio de Janeiro, 1894, II, p. 342-344). Pretende o mesmo economista e historiador que semelhante industrialismo capitalista tomou repentino relevo após a Abolição, tendo chegado a 3 de novembro de 1891 ao extremo do chamado "golpe da bolsa", que provocou forte protesto do então deputado Barbosa Lima contra os que cobravam "um ágio sacrílego sobre o suor do proletário, sacando desordenadamente contra o futuro do nossos filhos" (Freire, op. cit., I, p. 348). Destaque-se do progresso industrial do Brasil que, em seu início e na própria Província, depois Estado, de São Paulo, apoiou-se no trabalho de crianças. "É considerável" – escrevia em 1901, ufano do progresso paulista, Antônio Francisco Bandeira Júnior, no seu *A indústria de São Paulo em 1901* (São Paulo, 1901) – "o número de menores, a contar de 5 anos, que se ocupam em serviços fabris, percebendo salários que começam por 200 réis diários [...]" (p. XIII). Em 1901 já havia em São Paulo greves de operários que se consideravam mal pagos, reconhecendo o ufanista Bandeira Júnior que ao operariado faltava conforto na "opulenta e formosa capital paulista". Suas casas eram "infectas". Faltava-lhes tudo: água, luz, esgotos. Isto tanto no Brás e Bom Retiro como em Água Branca, Lapa, Ipiranga, São Caetano. São Paulo devia levantar vilas operárias a fim de reter operários e consolidar seu desenvolvimento industrial, afirmando sua "oposição excepcionalmente superior" de Estado quase nação na nova federação. "Nos países de organização política como o Brasil depois de 15 de novembro, os Estados são pequenas nações, destinadas a viverem dos seus próprios recursos, progredindo, não tanto em relação a suas riquezas naturais como principalmente em relação à sua administração política interna. Se alguma vantagem nos trouxe aquela transformação, a mais saliente deve ser justamente a organização de cada Estado de acordo com a sua posição corográfica e seus elementos naturais, regendo-se com leis a eles adaptados como agora" (p. XV), Era lamentável que em 1901 faltasse ainda a proteção adequada a indústrias paulistas como a de brasileiríssimas farinhas de banana, mandioca e inhame, o que fez que "o operoso industrial", inventor dessas farinhas "mandasse para a Europa uma nova descoberta sua, para vir como produto estrangeiro" (p. XVII). Felizmente já não era preciso fazer o mesmo com produtos de charcutaria, massas alimentícias e cervejas que São Paulo, ao alvorecer o século XX, já preparava "tão bem como na Itália e na Alemanha". Nem com calçados e guarda-chuvas, embora com relação a chapéus, o industrial paulista mistificasse o comprador, dando seu produto como importado: "se o comprador souber que o chapéu é nacional, embora lhe custe 60% menos, não o quererá" (p. XX).

4. Wileman, op. cit., p. 256. Sobre o assunto, vejam-se também *La politique monétaire du Brésil* (Rio, 1910), de Pandiá Calógeras, *Finanças e política da República* (Rio, 1892), de Rui Barbosa, *Finanças e financistas* (Rio, 1922), de Antônio Carlos Ribeiro de Andrada. Também a *Presidência Campos Sales: política e finanças* (Rio, 1902), de Alcindo Guanabara.

Referindo-se às primeiras "reformas financeiras" da República, Felisbelo Freire afirma na página 146 do vol. II de sua *História constitucional da República* (Rio de Janeiro, 1894) que "seu insucesso dependeu mais da sua execução do que da sua inoportunidade ou da insubsistência dos seus princípios". E lembra que resultaram em grande elevação dos preços de artigos de primeira necessidade. Com efeito, a carne-seca subiu de 120-400 a 400-500 réis o quilo; a banha subiu de 80 réis; a manteiga de 450 réis, ou 50%, o quilo; o bacalhau de 22$000 e 26$000 passou a 32$000 e 35$$00. O sabão – artigo já há vários anos produzido no Brasil e em fábricas nacionais – subiu de 80-100 réis a 130-150 réis. O saco de milho passou de 4$000 e 5$000 a 6$000 e 7$000. A farinha de Mages que valia 6$000-7$500 o saco passou a ser vendida de 9$000 a 11$000 ou 120 a 160 réis o litro. A roupa de homem sob medida subiu 60% e a já feita 50, 60%. O algodão azul, para roupa de pobre, passou de 360 ou 420 réis a 520 ou 580 réis o metro. As camisas de meia, de 6$000 a 9$000 a dúzia passaram a 8$500 e 13$000 ("Retrospecto" do *Jornal do Commercio*, Rio de Janeiro, relativo ao ano de 1892). Do mesmo "retrospecto" é o comentário de que "a política do governo provisório no tocante às finanças" sublevara "a desconfiança" e resultara no desaparecimento do "apoio espontâneo e geral" com que fora recebido. "Nem mais se podia ele iludir" – acrescentava o autorizado crítico – "com o aplauso interessado que lhe fora dispensado pelos que cresceram à sombra das emissões prodigamente concedidas". Muito censuradas por jornais idôneos da época foram também algumas das muitas concessões feitas pelo então ministro da Agricultura, o paulista Francisco Glicério.

5. Wileman, op. cit., p. VI.

6. Wileman, op. cit., p. 179.

7. Wileman, op. cit., p. 180.

8. José Maria dos Santos, *Os republicanos paulistas e a Abolição*, São Paulo, 1942, p. 81. Sobre o assunto veja-se também *Estudo econômico e financeiro sobre o Estado de São Paulo* (São Paulo, 1896) pelo então lente substituto da Faculdade de Direito da capital paulista, professor João Pedro da Veiga Filho. Em capítulo sobre a "organização do trabalho agrícola", Veiga Filho salientava terem sido os efeitos da Abolição sobre "a economia geral", "inteiramente diversos" nestas três Províncias: São Paulo, Minas Gerais, Rio de Janeiro. Em São Paulo, segundo ele, estavam "os fazendeiros inteiramente preparados para a difícil transição", ao contrário do que sucedia naquelas Províncias vizinhas e noutras áreas escravocráticas do País (p. 63). Parece-nos haver Veiga Filho tocado em ponto que os nossos estudos nos têm levado a considerar essencial para a explicação da singular preparação dos paulistas para um regímen de trabalho livre e, em consequência disso, para um regímen político mais de acordo com o novo aspecto que vinha tomando sua vida econômica, com a imigração de europeus: a facilidade de transporte gratuito pelas vias férreas – assunto desde o meado do século XX considerado com o maior carinho pelos paulistas – de "levas e levas de imigrantes para a diferentes lavouras ameaçadas de abandono pelos ex-escravos durante o período de transição [...]" (p. 69). O especial carinho do paulista pelas vias férreas teria sido motivado pelos lucros que ele vinha retirando de uma lavoura – a do café – para a qual as terras ideais eram terras dispersas e algumas a considerável distância do porto de Santos.

É evidente que o ouro das Gerais concorreu para a transferência da capital do Brasil Colonial da Bahia para o Rio de Janeiro. Mas o beneficiado principal por essa transferência não foi o mineiro – o brasileiro do Centro – e sim o do Sul: o fluminense e sobretudo o paulista; e beneficiado graças não ao ouro mas ao surto do café. Pois não tardou que, estabelecida a capital do Brasil colonial no Rio de Janeiro, esse deslocamento coincidisse com a demanda cada ano maior de café pelos mercados internacionais e com a demanda cada vez menor de açúcar pelos mercados. Donde o paulista, ainda mais que o fluminense, ter feito da lavoura e do comércio do café sua especialização de atividade econômica, passando desde o começo e, sobretudo, desde o meado do século XIX, a pensar, sentir e agir em termos de café. Foi em função dessa atividade que se desenvolveu particularmente, em São Paulo, o tropeiro; que se desenvolveu o trole, ali introduzido pelos colonos anglo-americanos do Sul dos Estados Unidos e que substituiu o carro de boi; e, aparecida a locomotiva, a estrada de ferro, não havendo escapado à argúcia do geógrafo francês Pierre Monbeig o fato de ter sido o desenvolvimento da viação férrea em São Paulo iniciativa do fazendeiro de café, que nesse desenvolvimento pôs o seu maior empenho. Daí, o porto de Santos: sua situação de crescente prestígio econômico. Daí o movimento, desde 1860, de migração intrabrasileira voluntária, de mineiros e brasileiros do Norte, para São Paulo, ao lado da migração involuntária de escravos: escravos que o fazendeiro paulista começou a adquirir do Norte agrário em decadência com o declínio dos preços do açúcar nos mercados internacionais. Daí, também, a imigração de italianos, promovida ou bem recebida pelo mesmo fazendeiro. Esse aumento de população economicamente ativa tornou possível o desenvolvimento de um sistema ferroviário que favorecia a expansão agrária em São Paulo para quanta terra roxa existisse na Província. Substituída a Monarquia pela República, dos políticos paulistas notáveis como campeões do novo regímen, vários se tornaram particularmente ativos, como políticos brasileiros de um novo tipo: políticos em função dos interesses de grupos econômicos menos da nação, em geral, que dos seus respectivos Estados, em particular. A nova organização política do País – a federal, imitada dos Estados Unidos – favorecia essa espécie de estadualismo. Viu-se então a atividade dos políticos paulistas do tipo de Glicério – atividade quase sempre bem-sucedida – requintar-se na busca de favores federais para seu Estado: para suas estradas de ferro, sobretudo. Mas também para suas indústrias, para sua economia, para o seu plano de valorização do café.

É interessante destacar-se, do período de vida brasileira aqui considerado, que um dos seus característicos foi a associação das novas indústrias nacionais a figuras e a acontecimentos políticos da época. Vários morins e brins, fabricados no país, que tomaram nomes de políticos ou de homens públicos em evidência. Assim, logo após o assassinato do marechal Carlos Machado de Bittencourt, no Rio de Janeiro, em 1897, a Companhia Progresso Industrial do Brasil estabelecida em fábrica de algodões, chitas e morins em Bangu, fabricou e consagrou à memória do mesmo marechal "uma marca especial de excelente morim, que tem vendido a preço assaz módico, ao alcance mesmo do consumo popular, imprimindo-lhe a efígie do incomparável mártir do dever cívico e honrando-a com o título de Marechal de Ouro". Registrando o fato no livro *O Marechal de ouro* (Rio de Janeiro, 1898) escreveu na página 400 o general Honorato Caldas que "homenagens dessa ordem" valiam poemas. Do mesmo livro consta o poema de Múcio Teixeira, "O incomparável", de exaltação à memória daquele militar: "Ministro da Guerra, heroico e nobre". Com o morim Marechal de Ouro não tardaria a competir o brim consagrado à memória do Marechal de Ferro.

9. Vejam-se sobre o assunto: Sérgio Milliet, *O roteiro do café*, São Paulo, 1938; Roberto Simonsen, "Aspectos da história econômica do café", separata da *Revista do Arquivo*, nº LXV, São Paulo, 1940 e Alfredo Ellis Júnior, *O café e a paulistânia*, São Paulo, 1951. Também os meio esquecidos: *L'exportation caféière au Brésil* (Gand, 1889), de Hubert van De Putte e Ladislas [sic] d'Almeida; *Il caffè* (São Paulo, 1904), de Eugênio Lefèvre; *Étude de biologie industrielle sur le café. Rapport adressé à M. le directeur de l'École Polytechnique* (Rio, 1883), de Louis Couty; *Memórias sobre a fundação e custeio de uma fazenda na província do Rio de Janeiro* (Rio de Janeiro, 1878, 4ª ed.), de Francisco Peixoto de Lacerda Werneck, barão do Pati de Alferes. E, particularmente, J. R. de Araújo Filho, "O café, riqueza paulista", em *Boletim Paulista de Geografia*, nº 23, julho de 1956. Também os estudos de Afonso de E. Taunay, Pierre Monbeig e Aroldo de Azevedo. No ensaio citado, J. R. de Araújo Filho transcreve de Afonso de Taunay estas palavras sobre o desenvolvimento da lavoura do café em São Paulo, "os hábitos castelões se aprimoraram. Enormes prédios solarengos se ergueram nas fazendas [...]. Criou-se verdadeiro patriciado do café". E sob o critério de geografia econômica ou cultural que principalmente o orienta, destaca terem sido vários os tipos de casa-grande com que se aristocratizou a fazenda paulista, ao desenvolver-se, naquela subárea

do Brasil meridional, a lavoura do café. Nenhum desses pesquisadores paulistas, porém, parece ter dispensado a atenção merecida ao fenômeno de transferências de ritos e formas sociais e culturais – de convivência, de existência, de habitação – que ocorreu, do Norte para aquela parte do Sul do Império, ao deslocar-se de modo decisivo a base da economia brasileira, do açúcar, para o café. Entretanto, tanto esses autores como J. E. Teixeira Mendes na introdução ao livro *Lavoura cafeeira paulista (Velhas fazendas no Município de Campinas)*, São Paulo, s.d., parecem admitir ter havido essa transferência, através principalmente da consolidação e da aristocratização da casa-grande completada pela senzala e por vezes assobradada: tipo de arquitetura rural nobre que desenvolveu-se no Brasil nas áreas de cana-de-açúcar e foi adotado, com variantes de caráter ecológico-social, pelos fazendeiros de café ao se tornarem equivalentes dos senhores de engenho, antes de os ultrapassarem em importância econômica e poder político. Com o nosso ponto de vista veio a concordar o economista Abelardo Vergueiro César que foi também quem em carta, hoje pertencente a nosso arquivo, chamou nossa atenção para a figura do português José Elisário Montenegro, fundador, entre 1875 e 1879, da Fazenda Nova Lousã, na qual iniciou a substituição de escravos, não por italianos, mas por colonos portugueses: substituição que parece ter se verificado em maior escala do que de ordinário se pensa.

Deve ser também recordado o fato de que o desenvolvimento de São Paulo, com a lavoura do café e o começo de indústrias, atraiu, desde 1870, para as terras paulistas, "capitais e braços" de Minas Gerais e de outras províncias. Foi o que contribuiu para que em 1874 Santos já rivalizasse com a Bahia e Pernambuco como centro de exportação e importação de valores por cabotagem e longo curso (J. Ramos de Queirós, *Ligação da Província de São Paulo ao Rio São Francisco*, Rio de Janeiro, 1875).

10. Santos, op. cit., p. 92.

11. Santos, op. cit., p. 93.

12. Sud Menucci, *O precursor do abolicionismo no Brasil*, São Paulo, 1938, p. 145. Veja-se também Michaux-Bellaire, *Considérations sur l'abolition de l'esclavage et sur la colonisation du Brésil* (Paris, 1876).

13. Menucci, op. cit., p. 151.

14. Menucci, op. cit., p. 152.

15. José Maria dos Santos, op. cit., p. 222.

16. Santos, op. cit., p. 222.

17. Santos, op. cit., p. 228.

18. Santos, op. cit., p. 245.

19. Santos, op. cit., p. 314. Vejam-se também Francisco Amyntas de Carvalho Moura, *Ensaios econômicos e apreciações práticas sobre o estado financeiro do Brasil* (Rio, 1885) e Jacaré Assu, *Brazilian Colonization from an European Point of View* (Londres, 1873).

20. Santos, op. cit., p. 316.

21. Vieira de Aguiar, op. cit., p. 272.

22. Vieira de Aguiar, op. cit., p. 290-291.

23. Vieira de Aguiar, op. cit., p. 317.

24. Vieira de Aguiar, op. cit., p. 8. Sobre os contrastes entre a economia "substancial" do Sul e a "decorativa", do Norte do Brasil, no fim do século XIX, veja-se o artigo "Politics and Finance in Brazil", em *The Fortnightly Review*, Londres, janeiro 1893, cujo autor se apresenta como "An Englishman".

    Em 1885 já escrevia Ernesto Matoso Maia Fortes, depois de ter viajado pela Amazônia: "Dispomo-nos a concordar com aqueles que dizem que a borracha virá a ser um mal para a Amazônia". Segundo ele, vários dos cearenses – cerca de 60 mil naquela época – que se tornavam seringueiros no extremo Norte, uma vez conseguido algum pecúlio atiravam-se para o Sul (*Itinerário e trabalhos da Comissão de Estudos da Estrada de Ferro Madeira e Mamoré. Impressões de viagem por um dos membros da mesma Comissão*, Rio de Janeiro, 1885, p. 62-63). A verdade, porém, é que desde então numerosos brasileiros do Sul fixaram-se na Amazônia concorrendo para sua estabilização econômica.

25. Interessante, a esse respeito, o depoimento do francês Paul Adam, no seu livro *Les visages du Brésil*, Paris, 1914. Depois de referir-se à sua viagem, por mar, do Rio a Belém, em vapor em que viajavam senhoras, partidárias de Lauro Sodré e contrárias à vacina obrigatória – assunto que por vários anos dividiu os brasileiros e senhoras que discutiam *"les idées de notre Emile Faguet, qui semble exercer en ces pays latins la même influence spirituelle que Voltaire"* –, fixa ele suas impressões de Belém; e dessas impressões destacaremos algumas. Havia quem considerasse a capital do Pará *"la plus belle après Rio"*: era *"oeuvre de M. Lemos"* (p. 224), homem então elogiado por uns, e muito atacado por outros. Adam observou em Belém *"[...] un constant hommage [...] à la très belle effigie de la République surmontant la fine colonne qui jaillit vers le ciel, dans le milieu du parc, consacrée aux triomphes de cette antique déesse, fille à Athènes comme de Rome"* (p. 272). Notou contrastes: "ce 'caboclo' *[...] qui nu-pieds, conduit ses mules derrière le 'bond électrique'* (p. 273) *[...] les dandys [...] en blancs costumes, avec des bagues à leurs doigts grêles et brunes [...] ces 'docteurs', médecins, ingénieurs, architectes, ou avocats, qui se saluent très cérémonieusement sur le seul de l'Intendance Municipale [...] ces dames et ces négresses qui se groupent en toilettes de couleurs sur le parvis des églises à deux tours sonnantes [...] ces institutrices et étudiantes habillées par les imitateurs habiles*

de nos couturiers célèbres [...]" (p. 273). *"Et vous apprendez que nul ne doute, pour cette République, lentement et patiemment acquise, d'un avenir heureux"* (p. 274). Admirou *"la voiture spéciale [...] wagon muni du confort aux* sleeping cars *et fait en bois amazoniens par l'art des éléments paraenses"* (p. 275). Note-se que até o ano de 1912 o Brasil fornecera grande parte da borracha necessitada pela indústria mundial. Daí a prosperidade da Belém que Paul Adam conheceu: cidade de 300 mil habitantes *"créoles et blancs, nègres et mulâtres, caboclos et cafuzos, mamalucos et curibocas, caraibas, tupis et gès, tous également vêtus de coton propre, de crapeaux en paille fraîche ou de feutres neufs [...] tous également satisfaits de leur aisance [...]"* (p. 275).

De Belém, Paul Adam foi a Manaus. Aí observou: *"On boit, à Manaos, des chambertins et des champagnes excellents. On savoure des potages à la tortue sans pareils. On mange des poissons à la chair la plus délicate"* (p. 287). No teatro: *"[...] messieurs en smoking [...] dames resplendissantes [...]"*. Das mundanas europeias notou que havia *"bacchantes qui retournent en Europe après six mois de fête, avec un magot de soixante ou quatre-vingt mille francs"* (p. 289). Eram numerosos aqui como noutras cidades do Brasil, os comerciantes estrangeiros, as atrizes estrangeiras, as mundanas estrangeiras. Elogia Adam as religiosas francesas que no Brasil, do sul ao norte da República desenvolviam benéfica atividade cristã (p. 300), em sentido por vezes contrário – pode-se acrescentar a Adam – ao das cocotes francesas; mas por vezes com o mesmo efeito civilizador, no sentido do refinamento de maneiras e de gostos de brasileiros. Recorde-se da época brasileira aqui considerada que foi por vezes de exibicionismo da parte de rapazes ricos não tanto do Rio de Janeiro ou de São Paulo como de Belém e de Manaus: exibicionismo em vários casos contido por cocotes francesas, mestras – lembre-se novamente – de polidez e de bom gosto. E.P; da *jeunesse dorée* de Belém, não só gostava de exibir-se em companhia de atrizes em vitórias de capota arriada – como outrora, na própria corte, Juca Paranhos, futuro barão do Rio Branco – como ia, nos seus dias mais eufóricos de rapaz elegante e rico, ao extremo de fazer do salão da barbearia mais fina da cidade onde estivesse – quer Belém, quer o Recife – simples mictório. Antes, porém, de qualquer protesto da parte do proprietário, mandava abrir o frasco do mais caro perfume francês que houvesse na loja e ele próprio o derramava sobre a urina nauseabunda. Gabava-se E. P. de ter aprendido das francesas, ainda mais do que dos franceses, de cuja literatura e de cuja arte era entusiasta, lições de bom gosto e de elegância. Por não as ter aprendido do mesmo modo que o conselheiro Rosa e Silva é que, segundo E. P., seu contemporâneo Estácio Coimbra – que às francesas louras sempre preferia as brasileiras morenas – fora uma vez quase vaiado pelo sereno, após um banquete no Teatro Santa Isabel, onde comera espargos com garfo; e no Rio de Janeiro troçado pelos más-línguas das portas de livrarias, por ter dito, em outro banquete, *élite*, acentuando a primeira sílaba, em vez de *élite*, à francesa, sendo a palavra francesa.

Sobre o assunto vejam-se também os capítulos dedicados ao Rio de Janeiro e às suas maneiras por Lino d'Assunção no seu livro *Narrativas do Brasil* (Rio de Janeiro, 1881), *Aparência do Rio de Janeiro* (Rio, 1948), de Gastão Cruls e os livros de crônicas da vida carioca de João do Rio, que mostram a sociedade brasileira sob o máximo de influência francesa na sua vida elegante.

26. Maturin M. Ballou, *Equatorial America (Descriptive of a Visit to St. Thomas, Martinique, Barbadoes and the Principal Capitals of South America)*, Nova Iorque, 1892, p. 132-133. Houve também no Recife dos primeiros anos do século XX a *Pensão Siqueira*, meio galante, mas onde então costumavam almoçar ou jantar recifenses elegantes do porte do médico Constâncio Pontual e do advogado Odilon Nestor, ambos professores da Faculdade de Direito do Recife. Aí hospedavam--se os artistas das melhores companhias de teatro, quando em excursão pelo Norte da República: tradição vinda do Império. Aí, também, adoeceu de febre amarela a linda Dolores Rentini, que, aliás, faleceu no Recife, do mal então terrível, quando atacava europeus. Foi nessa pensão elegante que ilustre brasileiro residente no Recife encontrou-se com afamada atriz portuguesa, célebre, nos seus grandes dias, não só pela sua arte de "cômica" como pela sua histeria erótica: histeria que se manifestava em gritos de regozijo nos momentos mais agudos de êxtase sexual, nos quais invocava por extenso o nome do indivíduo com quem se achasse em relações sexuais, divulgando indiscretamente intimidades. Até num dos vapores ingleses da Mala Real – vapores conhecidos pela gravidade vitoriana que conservavam na era de Eduardo VII – a mesma atriz teria quebrado, certa vez, o silêncio britânico, com gritos de regozijo em que o nome invocado teria sido o de um viajante brasileiro elegante mas circunspecto.

27. Ballou, *op. cit.*, pág. 169.

28. Ernesto Senna, *O velho comércio do Rio de Janeiro*, cit., p. 99.

29. Senna, op. cit., p. 100.

30. Senna, op. cit., p. 105.

31. Senna, op. cit., p. 108.

32. Senna, op. cit., p. 109. No começo do século XX, muito se distinguiu como hotel semigalante, a Vila Moreau, na Tijuca, onde, segundo um observador da época, havia piscina com o letreiro: "É expressamente proibido tomar banho sem calças, no banho usar sabão, pós de dentes ou outros ingredientes" (Manoel de Sousa Pinto, *Terra moça. Impressões brasileiras*, Porto, 1910, p. 167). O mesmo autor destaca do chuveiro ter se tornado "no Rio e em todo o Brasil" uma instituição: "diária e abundantemente, toda a gente" o praticava, então no país. A piscina recreativa é que era novidade no alvorecer do século XX, quando começou a competir com o banho salgado – ou de mar – que já vinha superando o banho de rio, como banho terapêutico mais do que recreativo.

33. *Almanaque da Gazeta de Notícias para 1887*, Rio de Janeiro, 1887, p. 128.

34. Veja-se *A Década Republicana*, Rio de Janeiro, 1899-1901.

35. Senna, op. cit., p. 115.

36. Senna, op. cit., p. 108.

37. Senna, op. cit., p. 108.

38. Senna, op. cit., p. 118.

39. Senna, op. cit., p. 101.

40. Veja-se sobre este ponto o depoimento de José Tolentino de Carvalho, em artigo sob o título "O problema da Amazônia", no nº 5, p. 25-32, da *Revista Contemporânea* (Rio de Janeiro, 1935). Tolentino de Carvalho, tendo exercido a presidência da Comissão de Diplomacia e Tratados da Câmara dos Deputados, durante a presidência Nilo Peçanha, muito privou com o barão do Rio Branco. Informa que "Rio Branco preocupava-se principalmente então com o pangermanismo e delineava, em linguagem viva e impressionante, o quadro da Alemanha, que já negociava com a Monarquia portuguesa, em vésperas de ruir, um plano de domínio econômico em Angola e que, apoiando-se depois na Madeira, completaria o seu triângulo estratégico do Atlântico, com os nossos territórios meridionais, especialmente Santa Catarina, onde o *jus sanguinis* do direito alemão inspirava ao Reichstag uma legislação perigosa com relação às populações teuto-brasileiras [...]. Em torno desse tema insistia Rio Branco sobre a necessidade da nossa aproximação dos Estados Unidos [...]". Achava, porém, que essa "intimidade política" devia ser contrabalançada por "uma vigilância discreta, mas eficiente, sobre as atividades econômicas norte-americanas, principalmente no vale do Amazonas. Costumava ele insistir muito sobre os motivos que o haviam induzido a afastar do Acre o grupo americano que ali pretendia explorar a indústria seringueira, no gozo de uma concessão boliviana. A transferência desse contrato para o Brasil, com a aquisição do território do Acre, nenhuma dificuldade nos teria oferecido. Mas Rio Branco argumentava sustentando que fora preferível o sacrifício de 3 milhões de dólares para afastar definitivamente dali os concessio-nários, porque reputava em princípio indesejável e perigoso o regímen de concessões territoriais a sindicatos estrangeiros, e sobretudo americano, mormente no vale do Amazonas". Sobre o assunto vejam-se também os *Documentos parlamentares* relativos aos últimos anos do século XIX e primeiros anos do século XX: não só os que se referem à defesa da borracha, reunidos sob o título *Política econômica, defesa da borracha, 1906* – (Rio de Janeiro, 1915), como principalmente o minucioso relato sobre a questão do Acre que consta de "O programa – Vista geral da administração (Rodrigues Alves)", incluído nas *Mensagens presidenciais* (1891-1910), dos mesmos *Documentos* publicados por ordem da Mesa da Câmara dos Deputados, em volume que apareceu em 1912. Diz-se aí na página 447, que "promulgado pelo general Pando o contrato de arrendamento de toda a região do Acre a um sindicato estrangeiro" o governo do Brasil – cuja política exterior era então orientada pelo barão do Rio Branco – teve de tomar, em face da concessão boliviana, atitude que resguardasse os interesses nacionais. Pois tratava-se nada mais, nada menos, que da "implantação na América do sistema das *chartered companies* empregado nas terras da Ásia e da África". Era o sindicato composto de "alguns dos banqueiros mais poderosos ou influentes de Nova Iorque [...]" (p. 445). Destaca-se no mesmo relato que já em 1900 Rui Barbosa se ocupara

do assunto na imprensa do Rio de Janeiro, para advertir que "a borracha é o Acre. Mas o Acre é o Amazonas e o Amazonas é o Brasil" (p. 462).

É também interessante o fato de ter o Brasil se preocupado, desde o fim do século XIX, em atrair para a Amazônia colonos italianos cuja presença naquela área, em 1900, era, segundo um observador português "já considerável" (Joaquim Leitão, *Do civismo e da arte no Brasil*, Lisboa, 1900, p. 199). Segundo o mesmo observador Manaus, ao findar o século XIX, parecia encaminhar-se "para um futuro igual ao de São Paulo", pois a sua colonização estava-se "fazendo ativamente com o elemento italiano" (p. 145). No Pará, avultava então a colonização portuguesa. Com essas duas presenças latinas no extremo Norte, o Brasil preparava-se para resistir a tentativas anglo-saxônias de transferência, para aquela área de *"chartered companies"*.

41. Senna, op. cit., p. 118.

42. Senna, op. cit., p. 122.

43. L. E. Elliott, *Brazil, Today and Tomorrow*, Nova Iorque, 1917, p. 194.

44. Elliott, op. cit., p. 189. Veja-se também C. E. Akers, *The Rubber Industry in Brazil*, Londres, 1914.

45. Vejam-se *Documentos parlamentares – Política econômica*, cit., especialmente o parecer parlamentar de que foi relator o então representante do Rio Grande do Norte, Elói de Sousa, depois publicado sob a forma de livro intitulado *A crise da borracha*. Vejam-se também J. C. Macedo Soares, *A borracha – Estudo econômico e estatístico*, Paris, 1927; C. E. Akers, *Relatório sobre o vale do Amazonas*, Rio de Janeiro, 1913; *Rubber Production in the Amazon Valley* (publicação oficial nº 23 do Departamento do Comércio dos Estados Unidos, Washington, 1925); José Jobim, *História das indústrias no Brasil*, Rio de Janeiro, 1940; Artur E. M. Tôrres, *Expansão econômica do Brasil*, Rio de Janeiro, 1935; Durval Bastos de Meneses, *À margem da borracha*, Rio de Janeiro, 1943 e, ainda, Willard Price, *The Amazing Amazon*, Nova Iorque, 1950, especialmente o capítulo XV, que destaca, nesse capítulo, ter a riqueza ganha com a borracha dado às crianças de Manaus, nos grandes dias de esplendor dessa cidade remota, o privilégio de brincarem com "brinquedos de ouro" e de estudarem, depois de rapazes, na Europa. Por esse motivo Manaus teria adquirido mais civilização europeia que muitas das cidades provincianas da Europa, tendo tido tração elétrica antes de Liverpool; e instalado telefones antes de várias cidades mais antigas. Ao mesmo tempo tornou-se famosa pelos seus tapetes de Veneza, seus espelhos de Bruxelas, seus azulejos de Portugal e por um teatro onde dançava o corpo de baile do Scala. Famosa também pelas suas casas de lenocínio: em 1914 64% das casas de Manaus seriam de lenocínio.

46. *Almanaque Brasileiro Garnier* (Rio de Janeiro, 1909). Vejam-se também *Relatório do delegado engenheiro João Alberto Massô sobre o guaraná e suas propriedades; análise química pelo Dr. Teodoro Peckolt e opinião médica pelo Dr. Luís Pereira Barreto*, Rio de Janeiro, 1912, p. 10.

47. Elliott, op. cit., p. 209.

48. Elliott, op. cit., p. 210.

49. A propósito de Percival Farquhar, leiam-se os capítulos XVII, XVIII e XIX de *Capítulos de memórias*, de Daniel de Carvalho (Rio de Janeiro, 1957), que dão relevo à figura do extraordinário anglo-americano, organizador ou financiador principal de obras como a Madeira-Mamoré, o Porto do Pará, o Porto do Rio Grande, Ligação Ferroviária de São Paulo com o Rio Grande do Sul e idealizador da Itabira Iron, contra as mesquinharias que se levantaram contra seus arrojos. Esses arrojos, como salienta o Sr. Daniel de Carvalho, firmavam-se em estudos sérios e sólidos, sendo diferentes daquela "megalomania a que Ruy Barbosa emprestou o brilho do seu talento, como ministro da Fazenda de Deodoro". Tal, porém – acrescenta o memorialista mineiro – "o fulgor do gênio do imortal baiano que, volvidos sessenta anos, até os seus erros, tão danosos ao País, servem de tema para panegíricos" (p. 214), quando, na verdade, só quando, depois dos desmandos dos primeiros anos da República, "se restabeleceu a moralização financeira no governo Campos Sales, puderam os seus sucessores, Rodrigues Alves e Afonso Pena, cuidar do aparelhamento econômico do País". Deste cuidaram também – embora desprezando, como os seus predecessores, o problema da organização do trabalho nos seus aspectos mais importantes – Nilo Peçanha, Hermes da Fonseca e Venceslau Brás. Foi já nesse período de "moralização financeira" que se destacaram, na vida econômica da República de 89, as figuras de Alexander Mackenzie e de Percival Farquhar.

50. Elliott, op. cit., p. 211.

51. J. O. P. Bland, *Men, manners & morals in South America*, Londres, 1920, p. 85.

52. Elliott, op. cit., p. 71.

53. Vejam-se sobre o assunto *Documentos parlamentares – Política econômica. Valorização do café* (1896-1906), Rio de Janeiro, 1915. Também *La question de la valorisation du café au Brésil*, Anvers, 1907), de Francisco Ferreira Ramos, *A vida econômica e financeira do Brasil* (Rio, 1915), de Amaro Cavalcanti, *Questões econômicas* (Rio, 1918), de Afonso Costa.

54. O primeiro empréstimo obtido em Londres pela República foi em 1895, tendo marcado a continuação de relações do Brasil com banqueiros ingleses, vindas do Império. Esses banqueiros, os Rothschild. Segundo Normano, *"the collaboration of Rothschild and the Brazilian Government* [Campos Sales, Murtinho] *resulted in the funding loan of 1898"* (*Brazil: a Study of Economic Types*, Chapel Hill, 1935). Vejam-se também Campos Sales, *Cartas da Europa*, Rio de Janeiro, 1894 e Tobias Monteiro, *O presidente Campos Sales na Europa*, Rio de Janeiro, 1928.

Data da permanência de Campos Sales na Europa, durante a qual se verificou o início de negociações para aquela operação financeira – ao que parece facilitadas pelo prestígio pessoal, entre ingleses, do ministro do Brasil Sousa Correia – a fotografia de Tobias Monteiro, então secretário de Campos Sales, de casaca, calções e sapatos de fivela: trajo de rigor para um baile na corte britânica. Essa fotografia consta da preciosa coleção de fotografias sobre o fim do século XIX e o começo do século XX brasileiros, da Brasiliana Oliveira Lima, hoje na Pontifícia Universidade Católica, em Washington; e cujo bibliotecário, o professor Manuel Cardoso tem em preparo um estudo biográfico de Oliveira Lima, no qual, ao lado da personalidade do eminente brasileiro, é estudada sua época. Tobias Monteiro era um típico "amarelinho" do Rio Grande do Norte e sua fotografia em trajo de gala para um baile de corte em Londres, no fim do século XIX, é rica de sugestões para o estudo tanto do mito brasileiro do "amarelinho" como da atitude da parte de europeus nórdicos, de ordinário robustos e corados, para com mestiços sul-americanos cacogênicos, por eles considerados evidência da degeneração do homem pela mestiçagem e pelo clima tropical. Entretanto, brasileiros da mesma época de Tobias Monteiro, Rui Barbosa e Coelho Neto foram um desmentido, aos olhos dos mesmos europeus, de teoria tão simples. Entre tais brasileiros, o barão de Penedo, Sousa Correia, o próprio Oliveira Lima antes de deformado pela obesidade, o barão de Rio Branco, Joaquim Nabuco, Saldanha da Gama, o cardeal Arcoverde, o general Tasso Fragoso, Graça Aranha.

55. Elliott, op. cit., p. 179.

56. Valioso inquérito foi o que promoveu, sobre o assunto, a Sociedade Nacional de Agricultura e que consta do livro, publicado no Rio de Janeiro em 1926 sob o título *Imigração*: excelente documentário de considerável interesse antropológico e sociológico. Inclui o volume o material seguinte: "Relatório ao presidente da Sociedade pelo secretário-geral"; "Fichas Individuais"; "Subsídios"; "O problema da imigração no Parlamento brasileiro". Foram obtidas 166 respostas às 6.000 fórmulas enviadas a instituições e indivíduos; 5 dos 166 revelando-se contrários a qualquer imigração, 161 favoráveis, entre os contrários achando-se Rodrigues Vale, autor de um livro, *Pátria vindoura*, de "propaganda contra a imigração"; 75 das respostas ao questionário foram a favor de imigração amarela; 79, contra; 7, sem opinião; 30 foram a favor da imigração da raça negra; 124, contra; em dúvida, 1; não emitiram opinião sobre o assunto, 6; 84 foram francamente favoráveis ao trabalhador nacional; 39, a favor com restrições; 22, sem opinião; 21, desfavoráveis; 100 manifestaram, com relação à imigração, preferência pelo italiano, seguindo-se na escala de preferência, o alemão, o português, o espanhol, o polaco, o holandês etc. O organizador do inquérito foi Heitor Beltrão.

57. Elliott, op. cit., p. 59.

58. Elliott, op. cit., p. 64. Mesmo assim foi considerável a influência que anglo-americanos do Sul dos Estados Unidos, estabelecidos no Brasil, e seus descendentes, exerceram sobre a vida brasileira. J. C. Alves de Lima informa ter conhecido a antiga Escola Americana, em São Paulo, fundada por aqueles colonos, e acompanhado seu desenvolvimento no Colégio Mackenzie: "A dedicação e altruísmo de que deram prova Chamberlain, Horace Lane, George Nash Morton, miss Martha

Brown, serão sempre lembrados no Estado de São Paulo com a maior gratidão". Procuraram os anglo-americanos do Sul dos Estados Unidos estabelecidos em São Paulo concorrer de vários modos para o progresso da sua nova pátria, "introduzindo o primeiro trole e o caminhão daquele tempo que, até certo ponto substituiu o cavalo de montaria e o carro de boi" (*Recordações de homens e cousas do meu tempo*, Rio, 1926, p. 248-250). O que não pôde esse pequeno grupo de anglo-saxões foi competir com os italianos, mais numerosos e mais plásticos.

Veja-se também sobre o assunto – a presença italiana no Brasil do fim do século XIX e do começo do XX – P. Ubaldi, *L'espanzione coloniale e commerciale dell'Italia nel Brasile*, Roma, 1911. Note-se – ainda a propósito desse assunto – que o desequilíbrio na economia brasileira que se verificaria com a transição do trabalho escravo para o livre foi previsto com notável lucidez pelo ministro e secretário de Estado dos Negócios da Fazenda Afonso Celso de Assis Figueiredo (futuro visconde de Ouro Preto), no seu relatório à Assembleia Geral Legislativa (2ª sessão da 17ª legislatura), publicado no Rio de Janeiro em 1879. Destacava Afonso Celso que os lavradores do Norte vinham-se sentindo obrigados a vender – urgidos pelos credores – seus escravos, às Províncias do Sul, resultando daí "muitos estabelecimentos [...] de fogo morto": "Cada paquete do Norte traz para este porto 250 escravos, termo médio" (p. 2). A produção vinha aumentando em São Paulo e no Rio de Janeiro em consequência do "acréscimo de braços vindos do Norte".

59. Era, decerto, pensando principalmente nos imigrantes italianos que José Alves de Figueiredo, nascido no Ceará em 1879, respondia em 1940 ao inquérito que serve de lastro a este ensaio, contrapondo aquele elemento progressivo – do ponto de vista do progresso brasileiro – ao preto ou pardo, estacionário: "Não tolero negros e mulatos. Sou de opinião que de material ruim, nada se poderá conseguir de bom e útil. A Abolição foi uma cruzada purificadora, porque o negro enodoava o branco. Era necessário evitar a aproximação forçada com o domínio de um sobre o outro. Acho que o Brasil, por descaso pelos seus grandes problemas, vai resolver bem a questão da raça negra, porque essa será absorvida dentro de alguns anos. Creio que com as grandes correntes emigratórias que o Brasil recebe constantemente de todos os pontos do Universo, em breves anos desaparecerá o traço negro e surgirá uma raça capaz de levar o Brasil aos seus grandes destinos".

Enquanto Higino (Cícero) da Cunha, nascido no Maranhão em 1858, ao sonhar com um tipo de brasileiro mestiço que fosse também um tipo de homem progressivo, capaz de concorrer para o progresso econômico ou industrial da República, acentuava, em sua resposta, também de 1940, ao mesmo inquérito: "Produto das três raças povoadoras do Brasil, nunca ocultei as minhas origens mestiças e as minhas simpatias pelos descendentes dos meus ancestrais. As raças chamadas inferiores sempre revelaram tendências igualitárias, procurando melhorar a colaboração em favor dos brancos. Sem o cruzamento do branco com o preto e o vermelho, não teríamos os mais belos espécimes das nossas caboclas e mulatas morenas, tão decantadas pelos nossos poetas de todas as escolas e matizes. Catulo Cearense e outros aedos sertanejos ficariam sem motivo para suas mais belas produções. O cruzamento entre ameríndios e europeus começou desde o primeiro século da colonização pela escassez de mulheres vindas da metrópole. O mesmo se deu com as mulheres pretas, que invadiram o seio das famílias no serviço doméstico [...]. Os mestiços das três raças se impuseram como fator relevante na guerra holandesa, no século XVII. Quanto ao casamento legal, sempre houve um certo preconceito, talvez oriundo do estigma da escravidão da raça negra, considerada inferior diante da raça conquistadora pela superioridade das armas. É inegável que os chamados arianos sempre empunharam o facho da civilização na evolução da humanidade. Mas nem por isso, os negros deixaram de revelar aptidões progressistas, mesmo nos Estados Unidos, onde têm sofrido os maiores entraves". Sob esse critério é que vários brasileiros preocupados com o futuro nacional, começaram a considerar especialmente favorável ao progresso do País o concurso do imigrante italiano para a miscigenação, iniciada, entre nós, pelo ibero; e que veio, na verdade, a ser continuada pelo mesmo italiano com a vantagem de ser este um elemento culturalmente mais dinâmico, do ponto de vista de um país em processo de industrialização.

Aliás, essa virtude da imigração italiana fora entrevista pelo francês L. Couty ao observar, dos italianos típicos que conhecera em área rural de São Paulo, sua situação de conforto e de relativa higiene e sua preocupação de economia (*Étude de biologie industrielle sur le café*, Rio de Janeiro, 1883). O assunto foi também estudado, no meado da época considerada neste ensaio, pelo belga Ed. de Grelle, no seu *Étude du Brésil* (Bruxelas, 1888). Grelle, referindo-se nesse seu estudo à colônia instalada em Ribeirão Preto, escrevia: *"Elle est peuplée d'italiens dont la prospérité toujours croissante est manifeste"*.

Foi precisamente a presença de um elemento europeu assim crescentemente próspero e sempre dinâmico, plástico, progressivo, que permitiu a São Paulo e, até certo ponto ao Rio Grande do Sul, juntar ao progresso agrário, o industrial, principalmente com relação a bebidas, vinagre e xaropes – indústria de que foram pioneiros em São Paulo os Brinati, os Fincato, os Antônio Bove – a massas alimentícias (Secchi, Quaranta etc.), a instrumentos de música (Nardelli), a gravura (Pagani), a escultura (Del Favero), a móveis escolares (Raffinatte, Mosso), moagem de trigo (Matarazzo). É uma presença, a italiana no começo do moderno desenvolvimento industrial de São Paulo, que transparece do estudo de Antônio Francisco Bandeira Júnior, *A indústria no Estado de São Paulo em 1901* (São Paulo, 1901), escrito sob a convicção de não dever o Brasil continuar a viver "só da lavoura", mas também da "indústria": política econômica que, para Bandeira Júnior, uma vez seguida, faria desaparecer as dificuldades ao progresso brasileiro: "em futuro não remoto estaremos desassombrados" (p. XXIX).

De um perspicaz observador inglês, J. O. P. Bland, que visitou o Brasil no começo do século XX, e escreveu *Men, Manners & Morals in South America*, cit., é o reparo de que o italiano trouxe para o Brasil "nova e viril latinidade" que se fundiu com a "adulterada latinidade do antigo *stock* brasileiro". Nas suas exatas palavras: *"In political ideals, in civic administration and in its social institutions, the life of São Paulo reflects the gradual fusion of the new and virile Italian Latiny with the adulterated Latinity of the old Brazilian stock"*. E ainda: *"The swift moods and passions, the fatal instability that characterize elsewhere in Brazil (as in Portugal) the mixed race of Iberian, Indian and African descent, with all the marks left upon it by Moorish domnation, are being steadly tempered and subdueld to the intelligent vivacity and practical common sense of the Italian"*. (p. 71.) Em São Paulo como em outros meios havia uma "*passive semi-oriental attitude of women and the undisguised prevalence of irregular polygamy amongst men*" (p. 72), que vinha sendo afetada, desde o fim do século XIX pela presença não só de italianos como de europeus de outras origens não ibéricas.

Sobre esse aspecto do assunto veja-se o um tanto apologético *La cooperazione degli italiani al progresso civile ed economico del Rio Grande del Sud*, Porto Alegre, 1925, com colaboração de Celeste Gobbato, Átila Salvaterra, Lorenzo Cichero e outros. Não nos esqueçamos porém que o mais expressivo testemunho a favor da contribuição italiana para o progresso brasileiro, do fim do século XIX ao começo do XX, que nos vem dessa própria época, é o do francês padre Gaffre, no seu *Visions du Brésil*, onde depõe: "*Le Brésil leur doit beaucoup, car si la main-d'oeuvre italienne n'était pas venue réparer l'éffroyable vide que causa la subite libération des esclaves, la brousse et la forêt vierge eussent vite reconquis les immenses propriétés abandonnées, faute de bras; mais, en revanche, la race italienne doit beaucoup au Brésil [...]*" (p. 287).

É verdade que o padre Gaffre advertiu aos brasileiros contra o perigo de italianos – e também sucedia o mesmo com portugueses – vindos, não de regiões agrícolas mas das marginais das cidades; e, no Brasil, fixados em cidades (p. 359). Eram imigrantes por vezes agitadores. Havia "maçons" dessa espécie entre os italianos de São Paulo, que publicavam em seu jornal *La Vita*: "[...] temos fé no Brasil de amanhã, ao qual novas gerações nascidas do sangue italiano transmitirão novo vigor de espírito. Quanto ao velho Brasil, curvado diante da Igreja Católica, neste velho Brasil crioulo em que até os jornais incrédulos são clericais, não nos dá nenhuma confiança [...]". (p. 364). Era diante de tais explosões que Gaffre recomendava seleção moral, ao lado da física, de imigrantes. Abrir-lhes as portas sem cuidado "*ce n'est pas libéralisme, c'est tout simplement stupidité de vouloir l'ignorer*" (p. 367). Deviam os brasileiros considerar o fato de que "[...] *les démonstrations antireligieuses conduites à Rio par M. Coelho Lisboa, à Saint-Paul par les leaders italiens [...]*" (p. 369) afugentaram europeus sensatos do Brasil, fazendo que preferissem o Canadá.

Aliás, havia, na época aqui considerada, estrangeiros ou europeus que ocupavam-se "por demais com a África e a Ásia" e não enxergavam "as vantagens colossais que o Brasil oferece a toda sorte de empresas, ignorando que aqui há ainda muitos tesouros a explorar, que são mais preciosos do que as riquezas legendárias da Índia" (Lamberg, op. cit., p. 151). O que se devia, em parte, a receio do País, por parte de imigrantes de origem católica, em face de explosões – aliás, raras – anticlericais, como a referida pelo padre Gaffre e animadas, no Rio de Janeiro, por Coelho Lisboa. Mas também – para ferirmos, em conexão com este problema, assunto que voltaremos a versar – ao protecionismo industrial que tornava caríssima a vida no Brasil. Ou ao "sistema [...] restringindo a importação por altas tarifas" que era, segundo Lamberg, "falsíssimo". "A indústria manufatureira, por exemplo" – acrescentava o alemão – é protegida por todos os modos possíveis, por privilégios, direitos elevadíssimos, e finalmente por bancos comerciais, e isto à custa da indústria agrícola que com exceção de alguns fazendeiros mais ricos e privilegiados não tem à sua disposição nenhum banco [...]" (p. 148-149). A matéria-prima vinha do estrangeiro; e os "preços dos artigos nacionais" eram "tão elevados quanto os do importado" (p. 149). "O que se faz é favorecer alguns industriais em detrimento de toda a população", acrescentava Lamberg, para quem "não se deveria favorecer unicamente a lavoura do café e sim também outros produtos e mormente aqueles que são indispensáveis à existência de todas as classes sociais" (p. 149). O protecionismo operava "apenas em proveito de poucos industriais" e "em prejuízo dos cofres públicos, dos consumidores" e também da "numerosa classe comercial" (p. 149) e dos europeus que chegavam ao Brasil como imigrantes.

Veja-se também sobre o assunto o trabalho de Domingos José Nogueira Jaguaribe, *Reflexões sobre a colonização do Brasil* (São Paulo, 1878), no qual já se repeliam as supostas vantagens da substituição, no Brasil, de negros africanos por chins, destacando-se ser possível "o aclimamento de europeus em países tropicais", contanto que fossem observados "preceitos higiênicos" (p. 269). Destaque-se que desde o fim da era imperial começaram a aparecer apologistas da emigração chinesa, um deles Salvador Mendonça, desde 1879. Em livro, *Trabalhadores asiáticos*, publicado em Nova Iorque em 1879, dizia Mendonça dos chineses: "Trazidos da zona única de onde podem ser trazidos, da Província de Cantão, cujo clima é tropical, achar-se-ão para logo aclimados entre nós". Fariam dos vales do Amazonas e do São Francisco "centros mais ricos de produção que os vales do Mississipi e de Illinois", além de fortalecerem "a nossa produção de açúcar e de algodão nas províncias do Norte" e a de café "nas do Sul" (p. 226).

Em 1889, em discurso parlamentar (*Questões da imigração*, Rio, 1889, p. 29), Alfredo d'E. Taunay, partidário do desenvolvimento da imigração europeia para o Brasil, acusava o Parlamento do Império de vir dedicando "pouco interesse" ao assunto, enquanto colonos alemães há um quarto de século estabelecidos no Brasil abandonavam o nosso país, trocando-o pela Argentina e fazendo-se acompanhar de crianças e adolescentes "nascidos no solo brasileiro". É que ninguém devia esperar dos colonos europeus que se sujeitassem a tomar o lugar de escravos. A Argentina atraía-os com leis de maior proteção que as brasileiras ao trabalhador: assunto que, aliás, seria quase tão desprezado pelos políticos brasileiros (com exceção dos paulistas) da República como fora pelos do Império com exceção de um ou outro Joaquim Nabuco.

60. É significativo o fato de que de 1870 ao fim da era imperial muito se discutiu, no Brasil, o problema do "imposto territorial", tendo mais de um ministro de Estado – da Fazenda e da Agricultura – entrado em conflito, a propósito de tão debatido assunto, com a Câmara e o Senado. Era considerável a oposição, no Parlamento, a semelhante imposto, da parte daqueles senadores e deputados – a maioria, aparentemente – mais ligados a interesses territoriais. Em discurso na sessão da Câmara dos Deputados de 19 de abril de 1879, o deputado Buarque de Macedo discordava daqueles seus colegas que consideravam o imposto territorial "um imposto repugnante". A seu ver era o imposto

territorial que devia substituir o de exportação (*Imposto sobre baldios, Relatório de 1879*, Rio de Janeiro, p. 20). Aliás, no *Inquérito de 1874 sobre a lavoura* (Rio de Janeiro) o imposto territorial fora apontado por diversas comissões como "necessidade indeclinável". Em vários relatórios do Ministério da Agricultura vinha figurando "entre as medidas tendentes a favorecer e focar a imigração", como salientou, em seu parecer de 1879, o conselheiro João Cardoso de Meneses e Sousa (*Relatório*, cit., p. 13). Mais enfático foi sobre o assunto, em minucioso parecer, do mesmo ano, o engenheiro – significativa sua condição de engenheiro – João da Rocha Fragoso. Desse documento, que consta das páginas 4 a 6 do citado *Relatório* são os trechos que se seguem, nos quais se revela o começo de um vigoroso movimento de opinião contra a predominância dos interesses territoriais privados em assuntos nacionais de economia e de finanças: "Em falta de dados que possam ter imediata aplicação ao lançamento do imposto territorial no Império, na parte já explorada ou que venha a sê-lo, ou posta em tais condições pelo estabelecimento de vias regulares de comunicações, penso que, atentas as circunstâncias da nossa lavoura, e necessidade de seu desenvolvimento, à falta de cadastros etc., devemos limitar-nos não a um imposto igual e fraco para todos os terrenos, mas sim proporcional à qualidade, extensão, posição e distância dos grandes mercados, de modo a produzir tal imposto seus efeitos, não só quanto à renda do Estado, como, e principalmente, para criar e desenvolver a pequena lavoura. Em minha humilde e insignificante opinião, é este o maior benefício que resultará da aplicação do imposto territorial. É sabido que os nossos lavradores, assim denominados mui impropriamente, por isso que ignoram os conhecimentos os mais rudimentares dos lavradores de outros países, têm a franqueza da posse de grandes territórios, que nunca seriam capazes de cultivar e cujo principal fim é neles estabelecer uma espécie de feudo. Nesses territórios ou fazendas nota-se, que, apenas uma extensão mui diminuta é cultivada pelos escravos. A grande área restante conserva-se inculta, não por falta de braços, porquanto em quase toda ela nota-se um grande número de indivíduos que aí se estabelecem, com permissão do senhor das terras, ou fazendeiro, e que são denominados 'agregados'. Esses agregados, em número muitas vezes superior ao dos escravos, são cidadãos pobres que não podem dispor de recursos pecuniários bastantes para comprar uma nesga de terra, porque o fazendeiro exige-lhes quantia relativamente fabulosa; seguramente com o propósito de não libertar tais indivíduos de sua ação dominadora. Em tais condições, contentam-se os agregados em cultivar as terras, tanto quanto baste para delas tirar o indispensável à sua subsistência e de suas famílias. Pela dependência em que se acham dos proprietários, constituem aqueles agregados uma classe escravizada que, se bem não esteja sujeita a tributo algum de dinheiro ou trabalho, em benefício do fazendeiro, estão-no, entretanto, pelo imposto eleitoral, que em ocasião oportuna pagam à boca do cofre, sob pena de expulsão, indo muitas vezes submeter-se a condições mais rigorosas. Compreende-se facilmente que de tais condições resulta a falta de estímulo e amor ao trabalho, na população livre e pobre do interior, que cada vez mais se enerva e corrompe. O imposto colocando o senhor de terras em condições de não possuir mais que o indispensável para a cultura, segundo os braços escravos de que pode dispor, sob pena de consideráveis prejuízos, será forçado a arrendar ou vender em retalho o excedente de suas terras, onde irão estabelecer-se aqueles agregados, não já nesta qualidade, mas na de proprietários ou arrendatários. Nesse novo estado terão tais indivíduos adquirido uma independência que os nobilitará; começarão a compreender a importância e valor do trabalho, essa riqueza por excelência, fonte de todas as felicidades. Os esforços multiplicar-se-ão com o auxílio das máquinas e instrumentos aratórios, e o progresso da lavoura será uma verdade. A ordem e moralidade pública, que resultam dos bons usos e costumes, e que só podem existir com o amor ao trabalho, será uma realidade, e constituirão os verdadeiros e mais poderosos elementos de progresso do País. Colocada em tal via de progresso a população agrícola do Império, a imigração se fará espontaneamente, porque os pequenos lavradores saberão acolhê-la, e tratá-la, de modo mui diverso daquele por que atualmente o fazem os senhores de escravos. No mal que causam os grandes fazendeiros de terras, em relação à pequena lavoura, acompanham-nos os grandes proprietários de terrenos urbanos. Certos de que o valor de tais terrenos vão sempre em aumento com o desenvolvimento da população, e não estando eles sujeitos a imposto algum, está na conveniência dos proprietários conservá-los como um capital a juros, ou só vendê-los por preços sumamente elevados. Em tais circunstâncias, o pobre ou mesmo o remediado, fica inibido de ser proprietário; quaisquer duas braças de terreno absorveriam um capital, que em qualquer outro lugar bastaria para aquisição de um pequeno terreno e construção de uma pequena casa. Daqui resulta o excessivo preço dos aluguéis, que obriga grande parte da população da corte a habitar os cortiços ou casinhas, em péssimas condições higiênicas''.

61. Segundo Silva Jardim, nas suas *Memórias e viagens*, publicadas em Lisboa em 1891, quem, em São Paulo, no fim da era imperial, saísse da capital na direção norte, encontrava "o domínio verdadeiramente feudal" de alguns fazendeiros: os Aranhas, na região campineira, os Pinhais, na rio-clarense, os Moreira Lima, em Lorena, todos "com um tronco central de conde ou barão feito pela Monarquia: homens dignos, bons, ricos, mas poderosos, conservadores, embora com rótulo liberal e que [...] se colocavam à parte, sem resistir ao movimento republicano, mas sem apoiá-lo" (p. 127). Menos "feudal" parecia a Silva Jardim a subárea fluminense, no fim da era imperial, onde "em vez de grandes barões eu pudera dizer que o ambiente só produziu baronetes" (p. 129). Exceto um ou outro Soares de Sousa. Em São Paulo, os republicanos, durante a propaganda, haviam sentido "serem necessários muitos esforços para vencer as oligarquias existentes, talvez somente já eliminadas na zona marítima de que Santos é a capital" (p. 129). Continuando em suas tentativas de traçar o que ele próprio chamou de "geografia política" do Brasil, no fim da era imperial, Silva Jardim escreveu naquelas páginas de reminiscências ter encontrado no Recife "uma cidade europeia": "a única cidade do Brasil em que há verdadeiramente um proletariado". Era o Recife de então "uma Lisboa moldada por Amsterdã", com sua "casaria alta, de muitos andares" e uma "massa proletária" capaz de "todos os arrojos" (p. 392).

IX A República de 89 e o Progresso Industrial no Brasil: considerações em torno da realidade e da ficção de um progresso talvez contraditório

Reunindo em livro publicado em Paris em 1910 sob o título *Le Brésil d'aujourd'hui* suas impressões do Brasil – país que há pouco visitara –, o padre Joseph Burnichon expandiu-se, em uma ou em outra página, em generalizações sobre o trópico. Que os países quentes tinham o seu encanto, era fato incontestável. O homem sempre se sentira atraído pelas terras onde sabia "florescer a laranjeira". As migrações humanas não se dirigiam nunca das terras quentes e temperadas para as terras frias; e sim das frias para as quentes ou temperadas.

Mas nem tudo se apresentava sob a forma de vantagem para o homem nos países quentes. Talvez fosse até necessário à raça humana ter de lutar contra os rigores do frio para conservar a energia: a energia moral tanto quando a física. Houve quem dissesse ao padre Burnichon nos seus primeiros dias na Bahia, ao notar que o francês considerava "suportável" o clima do Brasil tropical: "[...] estais apenas chegado da Europa; trazeis uma reserva de forças; esperai dois ou três anos. Veremos então qual a vossa opinião da nossa indolência"[1].

A ideia era que o europeu, no fim de dois ou três anos de Bahia, estaria igual aos baianos no pouco ânimo para as formas mais ásperas de trabalho; e na disposição de viver a vida docemente; sem muita pressa; num ritmo diferente do francês ou do inglês ou do alemão.

Diferente sobretudo do ianque. Num ritmo que importava em viver-se no Brasil num tempo social e psicológico difícil de ser harmonizado com o vivido pelos povos econômica e politicamente líderes do mundo de então.

Entretanto, essa harmonização começava a verificar-se, por uma espécie de inclinação da economia como que masculina – que era a norte-europeia ou a ianque – para, em suas relações, nos trópicos, com economias como que femininas – o caso da brasileira – demorar o momento de gozo masculino no amplexo economicamente sexual entre as duas, até haver coincidência desse gozo com o feminino. Assim se explicaria que Elihu Root, ao visitar a mesma Bahia, pouco antes de Burnichon, fizesse o elogio do ritmo baiano de vida; e que o próprio Burnichon, após sua permanência de alguns meses entre os baianos, acabasse compreendendo a placidez brasileira; e perguntando-se a si mesmo se os norte-europeus não teriam "o defeito contrário", dando talvez aos brasileiros a impressão de "agitados".

De qualquer modo, parece certo ter concorrido para a harmonização desses contrários, o crescente número de europeus que, a partir do começo do século XIX, e precedendo Burnichon de quase um século, passaram a residir no Brasil não como puros senhores de escravos, que não precisassem de trabalhar, mas como artesãos, técnicos, maquinistas, industriais, necessitados de pelo menos iniciar, com as suas próprias e branquíssimas mãos, novas técnicas de produção econômica e de transporte. Número que aumentou no decorrer do século; e tornou-se considerável nos últimos decênios do Império e nos primeiros anos da República.

É verdade que isto se verificou menos na Bahia que em São Paulo; mas verificou-se também no Rio Grande do Sul, no Rio de Janeiro, em Pernambuco, em Minas Gerais, no Pará. Em todas essas Províncias – e na própria Bahia – fundaram-se então indústrias; estabeleceram-se fábricas; modernizaram-se técnicas. E dessas iniciativas, umas de estrangeiros, várias de brasileiros, resultou o tempo brasileiro, agrário, escravocrático, aristocrático, até então excessivamente lento, aproximar-se do europeu, passando-se a viver em certos meios do Brasil, num terceiro tempo – social, psicológico, cultural – diferente daqueles dois. Foi nesse tempo – nesse terceiro tempo – que Ramalho Ortigão, sem o identificar nem classificar, parece ter sentido o fator desconhecido que separava parte considerável do Brasil – da opinião pública mais esclarecida do Brasil, pelo menos – não precisamente do sistema monárquico do governo, mas de um imperador cujo pensar emperrara no de um liberal arcaico do tempo de Voltaire; e a quem faltava ânimo "empreendedor e arrojado" que o levasse a orientar ou dirigir "grandes coisas" em que a riqueza se multiplicasse no País "por meio de progressiva valorização das coisas aperfeiçoadas", como, por exemplo, "o saneamento sistemático das povoações do litoral e a reedificação da cidade do Rio de Janeiro [...]".[2] Não era um tempo-dinheiro que se desejava; e sim um tempo menos rotina e mais inovação, sem que a inovação precisasse de se extremar em ianquismo; em renúncia ao charuto lentamente fumado; ao quilo na rede; à modinha ao violão.

Um bom imperador do Brasil, pelo fato mesmo de representar a presença, na América, de um passado mais nobre que o representado pelos governos republicanos e instáveis do continente, estaria em situação única de poder corrigir, na gente brasileira, o americanismo. Isto é, o americanismo que significasse – interpretemos assim o pensamento de Ramalho – um tempo demasiado rápido em seu modo de ser progressivo; ou demasiado materialista em seu modo de valorizar as coisas, reduzindo-as a dinheiro – *time is money* – com prejuízo da valorização das pessoas.

D. Pedro II se opôs – não parece haver dúvida sobre este ponto – a uma resolução demasiadamente rápida do problema brasileiro de organização do trabalho; ou da substituição do trabalho escravo pelo livre. Opôs-se também ao começo do americanismo demasiadamente materializante em sua valorização das coisas, que supôs ver nos arrojos de Mauá. Opôs-se, desde jovem, à sobrevivência do que havia de mais arcaico no feudalismo dos senhores brasileiros de terras e de escravos. Seu fracasso de arte política consistiu em não ter sabido animar, no Brasil, o desenvolvimento daquele terceiro tempo social. Um terceiro tempo social que não sendo nem o agrário, escravocrático, quase medieval – mantido nos seus relógios, sempre atrasados, pelos senhores de terras e de escravos –, nem o "europeu" ou o "americano", desejado pelos progressistas desordenados – gente utópica que pretendia situar o Brasil fora de todas as sugestões de espaço – o tropical – e de passado – o lusitano ou hispânico – que o condicionavam –, fosse um justo meio-termo, em que à doçura de viver o brasileiro em clima quente, se juntasse a capacidade de realizar esse mesmo brasileiro, num clima assim diverso do europeu, um progresso equivalente – mas não igual – do europeu, como conquista de conforto material e, sobretudo, de cultura do espírito; de aperfeiçoamento da pessoa humana e do seu bem-estar; de refinamento das graças ou dos encantos da vida; e essa conquista, sem pressa; sem exagero de rapidez; com bastante vagar para escolher-se dos modelos europeus e anglo-americanos de progresso apenas os convenientes ao trópico e ao Brasil; os possíveis de serem adaptados a um ritmo de vida própria do Brasil.

Será que, com a República, procurou-se retificar o erro político do segundo imperador com relação ao tempo social em que principalmente vivesse o País: um tempo que evitasse ser arcaico, por um lado e ser europeu ou anglo-americano, por outro, para desenvolver seu próprio ritmo brasileiro de progresso ou, antes, de vida? Somos dos que pensam que não. Pois o governo provisório logo se afirmou progressista de modo estreito, identificando o progresso nacional com o progresso industrial. E para o Brasil o progresso nacional parece hoje a alguns estudiosos do passado recente do Brasil que deveria ter tomado sob a República um sentido mais amplo que o que tomou; e ter incluído a valorização sistemática da agricultura e da pecuária.

Somos dos que pensam ter estado com a melhor das razões o barão d'Anthouard, quando, em livro escrito após uma permanência de alguns anos no Brasil como ministro da França na então jovem República – livro publicado em Paris em 1911, com introdução de Gabriel Hanotaux e intitulado precisamente *Le progrès brésilien* – perguntou, em face da política exagerada de protecionismo às indústrias nacionais que o Brasil vinha seguindo: "*Des encouragements à l'agriculture n'auraient-ils pas été moins coûteux que ceux qu'ont été accordées à l'industrie manufacturière et plus fructueux aussi?*"[3] Seu argumento era que a produção agrícola fornecia ao País dois terços dos elementos de exportação; e sendo uma produção entravada por uma rotina secular – "*une routine séculaire*" – sofria periodicamente de crises e encontrava-se gravemente ameaçada por concorrentes mais bem aparelhados. Necessitava portanto de ser assistida. Mais ainda: não devia a República vir cuidando de desenvolver a colonização agrária, para que se povoassem os campos? Do protecionismo não se devia esperar senão que enchesse as cidades de operários, juntando a dificuldades já numerosas de vida urbana os perigos de conflito entre o capital e o trabalho. O bom senso estaria a indicar que, num país sobretudo agrícola como o Brasil, a obra mais urgente a ser realizada era aperfeiçoar-se o que já existia, antes de se tentarem criações artificiais. O aperfeiçoamento das indústrias agrícolas antes da criação das indústrias manufatureiras. Talvez fosse útil e até necessário auxiliar algumas dessas indústrias manufatureiras. Mas selecionando-se quais. Fixando-se limites ao seu desenvolvimento regional. Seguindo-se um protecionismo que D'Anthouard chamava *"rationnel"* e que importava no que veio posteriormente a denominar-se economia dirigida. Aliás em 1908 economia dirigida já não era nenhuma inovação para o Brasil. Já vimos não ter sido outro o significado sociológico de formas, aliás originalmente brasileiras, de intenvenção do Estado em atividades econômicas, como as representadas pelo chamado "Patronato Agrícola" criado em São Paulo, para o ajustamento de relações entre fazendeiros e imigrantes vindos para o Brasil como trabalhadores rurais; ou como a chamada valorização aplicada de início à defesa do café brasileiro nos mercados estrangeiros. A própria tradição da administrarão portuguesa ou hispânica do Brasil colonial importava em intervencionismo protetor da parte do Estado com relação às populações e às economias mais débeis.

Em 1908, publicação oficial, em três volumes, do Centro Industrial do Rio de Janeiro, intitulada *O Brasil*, em anexo 13 ao seu volume III, avaliava em cerca de 3 mil o número de estabelecimentos de indústria manufatureira no Brasil. Os Estados onde se achavam tais estabelecimentos em maior número eram: Rio de Janeiro (Distrito Federal), já com 35 mil operários; São Paulo, com 24 mil; Rio Grande do Sul, com 16 mil; Rio de Janeiro, com 14 mil; Pernambuco, com 12 mil. A principal indústria era a de tecidos. Considerável se apresentava, ainda, em Minas Gerais a exploração de minas. Ainda fraca, a indústria do sal: o sal indígena vindo principalmente do Rio Grande do Norte. Várias as fábricas de móveis, de bebidas, de charutos, de cigarros, de fumo, de mosaicos, de sabão, de fósforos, de cerâmica, de conservas alimentares, de veículos.[4] Aliás o ano de 1908 foi o da Exposição Nacional do Rio de Janeiro; e nessa exposição o Brasil procurou exibir o que de melhor se vinha produzindo no país, numa demonstração de ser realidade brilhante o progresso brasileiro de manufaturas e indústrias. Inclusive o das águas mineiras engarrafadas.

Muitos foram os brasileiros do Sul, do Norte e do Centro que a Exposição atraiu ao Rio de Janeiro; e que lá desembarcaram, quase todos, de vapores do Lloyd Brasileiro; alguns, dos vapores estrangeiros em que era chique viajar dos Estados para o Rio; vários, de trens vindos do Sul e de Minas. Os hotéis se encheram desses brasileiros ávidos de ver não só o que a exposição exibia nos seus pavilhões como as reformas que vinham modernizando o Rio. Acabando com os quiosques. Pondo abaixo as casas com biqueiras. Alargando ruas. Abrindo avenidas. Destruindo os chamados pardieiros. Levantando edifícios novos, os mais requintados em estilo mourisco. Maravilhas de *art nouveau*. E tudo iluminado de modo tal, que as noites comuns pareciam noites de festa. Era o Rio que se "civilizava", na frase de um dos seus cronistas. E sem febre amarela, sem quiosques, sem negras de tabuleiro nas ruas mais elegantemente novas, com calçadas em que as pedras escuras e claras formavam serpentes, à tradicional maneira portuguesa revivida no trópico brasileiro, era uma cidade que mostrava quanto o Brasil republicano se tornara diferente do de Pedro II. Com outro ritmo de progresso. Diferente para melhor, concordava a maioria, sob o protesto de um ou outro caturra. Até seus crimes, de rústicos e banais, vinham se tornando parecidos com os da Europa; e praticados não apenas por negros boçais mas por italianos sofisticados. Que os italianos tendo contribuído como nenhum outro povo para dar novo vigor à latinidade da civilização brasileira, tornaram-se também notáveis, no Brasil republicano, por crimes de roubo e de morte que dos jornais passaram ao folclore. O que fez um anglo-saxão, Ballou, em viagem pelo Brasil em 1890, referir-se com evidente injustiça a *"the objectionable character of the Italian emigrants, who come hither as well as to our own States [...]"*. Os que viviam então no Rio de Janeiro, como porteiros, operários nas docas, remadores, eram *"a lawless vagabond element of the community, giving the police force a great deal of trouble"*.[5] Exagero do anglo-saxão.

A polícia, aliás, teve, no Brasil, de acompanhar o progresso industrial – que foi um progresso sobretudo urbano – tornando-se mais apta do que nos pacatos dias de antes da Abolição, a lidar com criminosos finos; brancos; pacholas; anéis nos dedos; botões de ouro nos punhos. Italianos, franceses, judeus. Contrabandistas. Cáftens. Escroques. Ao lado deles, os capoeiras combatidos por Sampaio Ferraz se amesquinharam em simples meninões turbulentos: mulatos que navalhavam ventres de portugueses por puro sadismo de adolescentes pobres contra adultos ricos. Não roubavam as carteiras dos portugueses; nem lhes arrancavam os anéis de brilhante dos dedos; nem os botões de ouro das camisas. Navalhavam-nos por navalhar e não para matar ninguém. Compreende-se assim que tenha na época aqui considerada se desenvolvido no Rio a polícia chamada científica, com gabinetes de identificação e outros requintes técnicos.

Com o progresso industrial e urbano, aumentou – repita-se – o número de crimes hediondos. Crimes de roubo acompanhados de assassinatos. O de Carleto e Rocca apaixonou o País inteiro: tornou-se matéria folclórica.

E é claro que com o protecionismo exagerado às manufaturas nacionais, o contrabando floresceu como nunca. Contrabandos de linho, de sedas, de relógios. Alguns diz a tradição que em santos de pau oco. Outros entre os seios e por dentro dos espartilhos de senhoras elegantes. A época foi de seios pomposos em contraste com cinturas finíssimas de mulher, por efeito dos bem apertados cordões dos espartilhos. E tanto uns como outros se prestavam a concorrer para o ludíbrio, através do contrabando, das indústrias nacionais pelas estrangeiras, cujos artigos eram os da preferência dos brasileiros mais elegantes. Artigos que por vezes entravam nos portos brasileiros escondidos nos seios, nas ancas, nas protuberâncias e refolhos do trajo feminino da época.

Do Rio da Exposição de 1908 espalharam-se pelo Brasil milhares de cartões-postais: vistas menos do Corcovado ou das matas da Tjuca ou das palmeiras do Jardim Botânico – maravilhas da natureza antes para inglês ver que para brasileiro admirar – que do Palácio Monroe, da Avenida Central, do Hotel Avenida. Nesses postais (a época repita-se que foi de paixão pelos postais, por algumas pessoas colecionados do mesmo modo que os selos e os leques e postos nas salas em porta-postais ou em álbuns de bonitas capas, ao lado dos álbuns, mais antigos, de fotografias de parentes e amigos) do que os provincianos em visita ao novo Rio mais insistentemente falavam à gente de casa ou aos velhos da família, era dos progressos urbanos – urbanos e industriais – da agora chamada Capital da República; ou Capital federal; e pelos antigos ainda denominada uma vez por outra a velha corte. Era das docas, dos estaleiros, dos cinemas; das coisas vistas nos mostruários da exposição; das águas minerais brasileiras já industrializadas pelo Brasil e bebidas nas *terrasses* dos cafés da avenida junto com os refrescos e as cervejas. Era dos bondes elétricos, das luzes elétricas, dos elevadores, dos automóveis, dos novos carros e das novas escadas de bombeiros, que às vezes se exibiam como se fossem acrobatas de um novo tipo, capazes de salvar do fogo os edifícios novos, as fábricas, as indústrias, as lojas já cheias de produtos brasileiros ao lado dos estrangeiros. Era das confeitarias, dos vestidos das mulheres bonitas, do trajo dos homens, alguns desses elegantes, de monóculo e de polainas, para espanto ou escândalo dos provincianos mais simples. Pareciam, de longe, ingleses de figurinos, embora horrorizassem aos ingleses de fato seus excessos de anéis e de joias, de pomada ou brilhantina no cabelo, de perfume de mulher nos lenços e nas pontas dos dedos.[6] Havia, entretanto, quem acabasse por descobrir em vários desses "ingleses", ex-provincianos por vezes cascudos que, no Rio de Janeiro, se improvisavam em fradiques superelegantes, com *petites maîtresses* ou grandes cocotes a lhe anunciarem a prosperidade,[7] alguns dizendo-se "Cavalcanti com 'ti', outros decompondo o Wanderley do nome em Van der Ley e um tendo chegado ao extremo de dizer-se príncipe por confirmação – parece que de algum modo obtida – do Vaticano. Aliás o Vaticano fez, na época aqui considerada, de vários brasileiros ilustres, condes da Santa Sé. A receptividade a tais títulos, de algum modo substitutos dos monárquicos, parece até certo ponto desmentir a tese de A. D'Atri no seu ensaio sobre Quintino Bocaiuva publicado em Paris em 1911 de que no Brasil pouca importância se dava aos mesmos títulos. O que, a seu ver, se devia ao *"caractère du peuple brésilien qui a besoin de caricaturer tout et tout le monde, depuis le président de la République jusqu'au dernier reporter du Journal du Commerce, depuis un convoi funéraire à la dernière mascarade de carnaval*". É o que se lê na página 152 desse ensaio: apologia de um político severamente republicano que, entretanto, parece ter adotado com tanto gosto como Francisco Glicério o título de general do Exército que lhe fora concedido, logo depois de proclamada a República, assim como a Rui Barbosa, pelos novos senhores do poder. Rui, entretanto, optou pelo de conselheiro do Império. Com a industrialização do Brasil, é interessante destacar-se que vários industriais prósperos procuraram obter de governos europeus ou do Vaticano títulos de conde e de comendador. Vem como desejo de, dentro de uma nova espécie de progresso econômico, competirem com os sobreviventes da velha ordem: os últimos barões e viscondes, outrora donos de escravos e senhores de opulentas fazendas e de engenhos quase feudais.

Alguns dos brasileiros de Estado, em visita ao Rio da Exposição de 1908, escreveram aos parentes e amigos das suas aldeias, postais inteiros contando-lhes que tinham visto na avenida "o Barão", a caminho do Restaurante Brahma, e sempre vivado pelos patriotas; ou Rui Barbosa, feinho, pequenininho, de pincenê e fraque cinzento, a descer de sua vitória para ir comprar livros ou assistir sua fita de cinema; ou Lopes Trovão de monóculo; Pinheiro Machado, de chapéu do chile, aspecto senhoril, o ar másculo, os pés de moça; Estácio Coimbra, formoso, pálido, romântico, de luvas; a irmã Paula, de hábito severamente escuro e coifa branca a recolher dos ricos esmolas para os pobres, cujo número vinha aumentando na cidade tanto quanto o de cocotes francesas, o de meretrizes mulatas e o de pederastas que podiam ser encontrados à noite na Praça Tiradentes. E os veteranos da capital federal advertiam os amigos recém-chegados dos Estados contra o perigo dos contos do vigário, dos cavalheiros de indústria, dos ladrões finos, das ladras de vestido de seda. Havia até um "Dr. Antônio", de família importante do Rio Grande do Sul, de quem se dizia que era um perfeito *gentleman* na aparência; mas terrível na arte de roubar ingênuos nos hotéis elegantes. Além do que, as moças de Província deviam guardar-se dos dom-juans melífluos, também muitos no novo Rio; as velhas, de vestidos ou penteados arcaicos, precaver-se das troças dos estudantes – os de engenharia e os de medicina mais do que os de direito. Contra o que, o melhor era substituírem seus vestidos, seus chapéus, seus sapatos, seus penteados, suas dentaduras, suas joias antigas trazidas das Províncias, pelas novidades que se encontravam nas lojas, nas oficinas, nas filiais das fábricas nacionais, nas modistas elegantes do Rio de Janeiro. Raro o provinciano de então que, homem de algum dinheiro, não regressou à sua terra, da aventura na capital federal, sem o seu fato feito por alfaiate metropolitano; sem o seu chapéu adquirido na Chapelaria Watson; sem a sua gravata de seda comprada na Avenida Central; sem o seu par de luvas; sem as suas polainas. Luvas e polainas que o receio dos moleques de Província nem sempre permitiu que eles usassem nos meios nativos; pelo que algumas dessas luvas e dessas polainas amareleceram como simples *souvenirs* em gavetas de cômodas burguesas.

Em livro publicado em Paris em 1909, *Le Brésil au Xe Siècle,*[8] Pierre Denis fixou em páginas menos de sociólogo da economia que de economista-geógrafo, alguns dos traços característicos da situação brasileira durante os primeiros anos da República. Inclusive o que havia de postiço num protecionismo a serviço de poucos e contrário, quase sempre, ao interesse mais ampla e autenticamente nacional. Era assim que se tributavam proibitivamente – como já destacara o *Jornal do Commercio* – os tecidos de lã, sem que o País possuísse lanifício e realizasse a criação sistemática dos lanígeros; os chapéus de chuva, para que, por preços módicos, os fabricantes brasileiros importassem os cabos, a armação, a seda cortada em triângulo, resumindo-se a fabricação nacional desses artigos em "juntar as partes componentes". O mesmo quanto a papel pintado. Quanto a fósforos. Com relação aos fósforos, o Brasil, país de florestas inexploradas, dava-se ao desfrute de importar da Noruega a madeira em pequenas lâminas.

Tratava-se de uma indústria nacional em parte carnavalesca; e cujo progresso era antes ficção que realidade. À Exposição de 1908 não faltou assim alguma coisa de bovarístico; e os amazonenses e paraenses que se aventuraram a visitá-la, vindos do extremo Norte ao Rio de Janeiro em patrióticos vapores do Lloyd, devem ter sentido de perto a crueldade de um protecionismo que para eles e outros brasileiros de regiões de pouca ou nenhuma indústria manufatureira não significava senão aumento de preços, vida cara, existência precária.

O Estado do Amazonas, por exemplo – notou-o o barão d'Anthouard – não tendo indústria manufatureira, vinha pagando aos

Estados manufatureiros da União, sob o regímen protecionista, "verdadeiro tributo": *"un véritable tribut, afin de leur réserver son marché"*.[9] E é curioso ter sido necessário aparecer um francês para destacar em livro que havia nesse desajustamento inter-regional, no Brasil, reminiscência dos chamados pactos coloniais entre metrópoles e colônias.

Coincidiu, entretanto, com a Exposição de 1908 do Rio de Janeiro – espécie de parada ou exibição de progresso estreitamente industrial e metropolitano num país em que se fizera a República, alegando-se sobretudo, contra o Império, o seu caráter unitário, a centralização do seu governo, o abandono das Províncias pela corte, o desprezo dos agricultores pelos políticos demagógicos do Rio de Janeiro – uma petição ao Congresso Nacional do comércio do Amazonas que outra coisa não foi senão clamor de colônia contra abusos de exploração metropolitana. Por essa petição tornou-se evidente o desenvolvimento, no Brasil, de um imperialismo econômico da parte do Rio de Janeiro e talvez, já, de São Paulo, com relação a Estados inermes, pior, sob mais de um aspecto, para esses Estados, que o imperialismo político da corte com relação às antigas províncias. Para a população do Amazonas, com o protecionismo, favorável sobretudo ao Rio de Janeiro e a São Paulo, um tanto menos, a Minas Gerais e ao Rio Grande do Sul, e, ainda menos, a Pernambuco, os direitos de importação haviam aumentado de 562% sobre o arroz, de 383 % cento sobre a batata chamada inglesa, de 122% sobre a cebola, 161% sobre o feijão, de 117% sobre a manteiga, de 50% sobre a carne em conserva. O mesmo com relação a panos grosseiros.[10]

Com semelhante aumento de custo de vida, em regiões incapazes de se compensarem em parte desse aumento por meio de uma industrialização real ou fictícia, o progresso nacional no Brasil, sacrificado à mística pan-industrialista – isto é, manufatureirista –, tendia a tornar-se um paradoxo: isto é, um antiprogresso. Um antiprogresso, além de um perigo para a ordem econômica de um país da extensão do Brasil. Para a ordem econômica, para a ordem política e para a ordem social.

Evidentemente, era uma situação que afugentava do Brasil a melhor imigração europeia para lançá-la quase toda nas terras argentinas e uruguaias. Eram repúblicas, a Argentina e o Uruguai, empenhadas no saudável desenvolvimento das duas lavouras, da sua pecuária, das suas indústrias agrárias, das suas indústrias de carnes, banhas, produtos de leite. Indústrias agrárias, pastoris, telúricas. Por conseguinte, países de vida barata e fácil, em contraste com o Brasil, que, entretanto, segundo observadores estrangeiros que na época o visitaram – um deles, Savage-Landor – estava em situação de desenvolver-se em potência agropastoril. Sobretudo pastoril.

Embora não houvesse ainda no Brasil dos primeiros anos da República nenhuma área de concentração industrial-manufatureira que lembrasse a dos Estados Unidos, mas, ao contrário, uma dispersão que a Pierre Denis pareceu "extrema", encontrando-se "minúsculas fábricas até em pequenas aldeias", mesmo assim parecem ter se acentuado, sob o protecionismo, desequilíbrios prejudiciais à unidade inter-regional. Tais desequilíbrios viriam a culminar, em época mais recente que a considerada neste ensaio, no império industrial-manufatureiro concentrado em São Paulo, dentro da área supermetropolitana formada pelo conjunto manufatureiro-urbanístico distrito federal – São Paulo.

Uma área que, desde o começo do desenvolvimento do Rio de Janeiro em metrópole moderna, como grandiosa capital de uma nova República, tornou-se área de abastecimento, beneficiando-se assim do progresso manufatureiro e do desenvolvimento urbanístico da antiga corte, foi a mineira. Isto sem ter deixado de repousar o essencial da sua economia na lavoura, na pecuária, nas indústrias agrárias. Procedimento que foi também o da maior parte do Rio Grande do Sul e de Santa Catarina.

Construída à beira-mar e em plena floresta tropical, não pudera o Rio de Janeiro – notou Pierre Denis – "rodear-se de uma cinta de arrabaldes com hortas e pomares, como a maior parte das grandes cidades".[11] Daí a dependência em que, com o crescimento de sua população e das suas manufaturas, passou a viver das lavouras e do gado de além da Serra do Mar, com os comboios trazendo-lhe diariamente de Minas Gerais legumes, leite e carnes. Alimentar o Rio de Janeiro tornou-se assim para a gente de Minas uma indústria lucrativa, com as fazendas engordando porcos e a Mantiqueira fabricando manteiga e queijos para a população carioca. Os queijos, a manteiga e as águas minerais da velha Capitania do ouro tornaram-se famosos no país inteiro.

Não se diga que da mística de progresso industrial – comprometedora da unidade brasileira só quando significou protecionismo exagerado a falsas manufaturas brasileiras, e abandono criminoso da agricultura e das indústrias agrárias – não resultou benefício, na época aqui considerada, para a República, que se esmerou desde o governo provisório em animá-la. Nesse empenho da República, revelou-se, aliás, em 1889, a capacidade de Rui Barbosa para considerar objetivamente problemas brasileiros de economia. Isto, ao contrário da lenda que se formou, em torno do nome do insigne baiano, de ter sido, como ministro da Fazenda, apenas exuberante retórico. Retórico e exuberante até nos telegramas, como diziam dele os ingleses, talvez antevendo no pequeno, franzino e, com efeito, verboso Rui, inimigo poderoso das exportações britânicas para o Brasil. Rui pode ter sido desastrado na sua política financeira, baseada num conhecimento impreciso da situação brasileira. Mas embora quase sempre impreciso nesse conhecimento, não deixou de ser objetivo ao antever a necessidade de prestigiar-se no Brasil a industrialização, sem desprezar-se a agricultura. Neste particular sua reabilitação vem sendo empreendida de modo quase sempre justo por estudiosos da história econômica da República, dentre os quais os professores Aliomar Baleeiro e Santiago Dantas e o economista Humberto Bastos: este em tom demasiadamente apologético.

Em 1909, Denis previa o desenvolvimento, através de um progresso industrial que se conciliasse com o agrário, de relações interestaduais que tornassem a economia da República de 89 um sistema verdadeiramente nacional. O abastecimento, por exemplo, dos sequeiros do Rio Grande do Sul – que ainda compravam o sal em Cádis – pelas salinas do Rio Grande do Norte e do Ceará. A substituição da madeira resinosa importada da Noruega pelo pinho do Paraná. A própria substituição da farinha de trigo importada da Argentina pela que se produzisse no Brasil meridional.[12] E em livro publicado em São Paulo, em 1920, Isaltino Costa iria além de Denis, prevendo a expansão da indústria têxtil brasileira nos mercados sul-americanos.

Ao notar da capital de São Paulo que era, nos começos do século XX, "acima de tudo, uma grande cidade de negócios", observou também Denis que se tornaria um "grande centro industrial", cuja "prosperidade" já se mostrara capaz de resistir "à crise cafeeira".[13] Era estrutura caracterizada pela "desordem", a dessa cidade progressiva; mas já animada – segundo o observador francês – daquele poder de resistência, que baseado em desordenado progresso industrial, permitia-lhe atravessar crises de origem agrária. Sinal de que tendo sido afirmação de ordem agrária, era agora – no alvorecer do século XX – começo de expressão de progresso urbano-industrial; e ponto de encontro deste progresso com aquela ordem. Ponto de encontro, também, da tradição hispano-ameríndia do Sul do Brasil com as novas correntes de sangue e de cultura que a excelência e o caráter para europeu do clima do planalto – clima de uma subárea de exceção dentro de um sistema predominantemente tropical – atraíam da Europa – principalmente da Itália – para suas terras. O que não significa que, sob a sedução do motivo econômico, considerável número de europeus – particularmente de italianos, estes um tanto estimulados pelo próprio governo do seu país depois do estudo científico do assunto por uma comissão de delegados do mesmo governo – não tenham se dirigido para o extremo Norte brasileiro, nos grandes dias da borracha.

A esta altura, deve-se assinalar, num ensaio como este, com pretensões a fazer sociologia de história – no caso, a história de uma época brasileira tão próxima da atual, que em certos pontos as fronteiras entre passado e presente quase se dissolvem –, a importância de São Paulo e do seu progresso industrial e urbano no progresso de assimilação de adventícios à cultura preponderantemente hispânica do Brasil. Foi imensa e através de escolas, urbanas e suburbanas, impossíveis em áreas rurais ou agrárias num país da extensão do nosso. Daí o retardamento com que essa assimilação se operou, na época aqui considerada, em áreas rurais do Rio Grande do Sul, de Santa Catarina e do Espírito Santo. Podiam os adventícios, nessas áreas ou subáreas, dar-se ao luxo de um isolamento, impossível em subáreas de progresso industrial e de concentração urbana. Os italianos que desde as vésperas da Abolição vinham trabalhando nos cafezais das fazendas paulistas, raro se radicavam neles como lavradores: passado algum tempo de trabalho agrário, deixavam-se atrair pelas fábricas, pelas indústrias, pelas atividades urbanas na capital da Província. Tendência que se intensificou sob a República. E uma vez na cidade, o ânimo dos adventícios italianos tornou-se o de ascensão social através da competição com a gente nativa. Para tanto, era preciso que aprendessem a língua portuguesa, a geografia e a história do Brasil, que se iniciassem na sua literatura, que adquirissem em português conhecimentos técnicos e científicos. Foi o que fizeram. E a República de 89 soube compreender a importância e a delicadeza da sua missão abrasileirante se não em subáreas como o Rio Grande do Sul e Santa Catarina – onde essa missão foi por vezes esquecida sob interesses sordidamente eleitorais, permitindo-se a alemães ou poloneses ou italianos regalias de minorias étnicas, contanto que dessem seus votos aos candidatos do governo –, em meios como o carioca e o paulista, de concentração urbana e progresso industrial.

Foi considerando o grande número de alunos estrangeiros nas escolas do Distrito Federal que, desde o começo da República, os diretores de ensino nessa zona por excelência urbana e industrial do País passaram a recomendar aos professores que ao definirem a ideia de pátria, não insistissem na ideia da "terra onde se nasce". Pois seria contrariar a propaganda que se devia fazer entre adventícios a favor do Brasil.

Ao mesmo tempo, o mestre-escola devia insistir em ser o Brasil "de todos os países do mundo, o mais belo, o mais nobre e o mais digno de ser amado". Ufanismo oficializado. Aliás, pertence ao período de vida brasileiro considerado nestas páginas não só o livro de Afonso Celso, *Por que me ufano do meu país*, como o de Virgílio de Oliveira, *A pátria brasileira*. Não tardaria que Olavo Bilac se deixasse encarregar de propaganda patriótica do Brasil e do serviço militar, através de discursos em escolas e quartéis. Diz-se, aliás, de Bilac que, com outros intelectuais, escrevera já artigos de propaganda nacionalista e de apologia da política do Itamaraty, inspirados ou encomendados pelo barão do Rio Branco. Do barão há quem informe ter se utilizado, para esse fim, e também para trazer ao Rio de Janeiro europeus eminentes como Ferrero, Ferri, Anatole France, Paul Adam – de verbas especiais ao seu dispor. No uso de tais verbas teria inteligentemente se antecipado aos políticos nacionais que só anos depois dele viriam a gastar largas somas com imprensa e propaganda, visando os mesmos objetos de apologia do Brasil e de informação sobre o Brasil visados pelo grande estadista.

Na assimilação de adventícios italianos e de outras origens, através das escolas do Estado, pareceu a Denis não se esmerar São Paulo tanto quanto o governo federal, tendo bastado, ao que parece, aos paulistas da época, a assimilação realizada através da "atividade dos negócios" ou da "vida intensa" – atividade e vida características do meio vibrantemente industrial e urbano em que começou a desenvolver-se, rapidamente, desde a proclamação da República a capital daquele Estado. Essa atividade, essa vida, o contato com "um povo cheio de energia e de ambição", bastavam para o Brasil absorver, por intermédio do paulista, "os próprios adultos". "A prosperidade econômica" – escrevia o observador francês em 1909 – "tem dado a São Paulo um poder de absorção superior ao de todas as outras Províncias Brasileiras".[14] Absorção de estrangeiros e absorção de brasileiros procedentes de outros Estados ou Províncias, que, em São Paulo, se paulistanizavam e, ao mesmo tempo, se nacionalizavam, em brasileiros de vigoroso espírito de iniciativa, tornando-se, às vezes, mais paulistas que os próprios paulistas em certos arrojos economicamente saudáveis e socialmente bons, como sucedeu ao pernambucano Saldanha Marinho, ao baiano Artur Neiva, ao fluminense Washington Luís, ao alagoano Albuquerque Lins; ou em maus arrojos, como se tem verificado com outros brasileiros transformados em paulistas; ou com filhos de italianos, de sírios, de polacos, de japoneses, de israelitas, que no meio de um progresso industrial nem sempre autêntico e de uma prosperidade econômica nem sempre genuína, como tem sido o progresso ou a prosperidade paulista desde os começos da República de 89, se têm distinguido pela indecisão do seu comportamento de homens já desprendidos da ética do país de seus pais sem terem adquirido do Brasil senão as técnicas de sucesso rápido e inescrupuloso, e por processos que seus pais se envergonhariam em empregar na Itália ou na Síria ou no Japão ou na Alsácia: em terras a que se sentissem enraizados pela tradição; onde fossem conhecidos; onde suas famílias ou seus parentes constituíssem censores da sua conduta.

Nem todos os europeus chegados a São Paulo, atraídos pela mística das "terras roxas", trabalharam nessas terras antes de se deixarem atrair pela outra mística: a do progresso industrial ou da atividade urbana, que lhes permitisse triunfos rápidos e às vezes mágicos. Alguns se estabeleciam de início na cidade, mesmo como engraxadores de sapatos, afiadores de tesouras e facas, pequenos mascates. E é de notar-se que tanto permanecendo nas cidades como iniciando suas atividades brasileiras nas fazendas de café, esses europeus, quando italianos, aprendiam em pouco tempo a língua portuguesa, preferindo empregá-la à medida que se verificava sua ascensão social paralela ao sucesso econômico. É que o italiano de muitos deles era dialeto; e não o culto nem o romano. Capaz, por conseguinte, de identificar, sob a forma de dialeto, origens humildes de classe e de região que os triunfadores se empenhavam em esconder não tanto dos brasileiros antigos quanto dos de ainda recente procedência italiana e porventura de classe ou de região superior à deles, triunfadores. Houve também dos italianos vindos para o Brasil, sem vocação alguma para a atividade agrária, alguns que se tornaram jornalistas, não em língua italiana e em jornais italianos, dos publicados então em São Paulo, mas em jornais brasileiros; e sob a forma de jornalistas políticos nem sempre intransigentemente honestos. O português, aliás brilhante, João Laje, não foi o único estrangeiro a destacar-se, na época aqui considerada, nesse tipo de jornalismo às vezes pouco escrupuloso, em que os artigos de ataque a políticos ou de apologia de homens de governo raramente eram sinceros ou espontâneos. Alguns eram artigos que os jornalistas brasileiros de alguma responsabilidade intelectual ou moral se esquivavam a escrever.

Nesse gênero de jornalismo se salientaram uns poucos italianos, capazes de uma extraordinária violência de linguagem em português, idioma que alguns deles conseguiram dominar de tal modo que vários dos seus artigos poderiam figurar em antologias, ao lado dos de José do Patrocínio ou Carlos Dias Fernandes, dos de Alcindo Guanabara ou Leão Veloso. O mesmo que esses italianos, fizeram brasileiros de talento, da época aqui considerada. Mudando de residência, transportando-se, sozinhos, do Nordeste, por exemplo, para Belém do Pará, ou da Bahia para o Rio de Janeiro, ou de Sergipe para São Paulo, sentiram-se em meios para eles grandes e progressivos com relação às suas províncias ou às suas cidades natais, livres de compromissos de natureza ética e soltos de convenções de caráter moral; por conseguinte, de pena inteiramente pronta a executar as ordens de atacar fulano ou elogiar sicrano que lhe desse um Pinheiro Machado ou um

Antônio Lemos. Deste se diz que se deu por vezes a um requinte de fazer imprimir seu jornal em Belém, a progressiva capital do Pará nos grandes dias da borracha, em papel-cuchê. Luxo que se conciliava com o dos bulevares, o das obras de ferro rendilhado mandadas vir da Europa já feitas por artistas europeus, o dos jardins, o da arquitetura *art nouveau*, com que o chamado oligarca abrilhantou a velha Santa Maria de Belém. E do Pará espalhou-se pelo Brasil o gosto pelos soalhos feitos de tacos de madeiras amazonenses diversas na cor: arte em que se especializaram portugueses.

O progresso industrial do País, refletindo-se sobre a técnica de comunicações e tornando mais fácil a mobilidade brasileira no Brasil – mobilidade mais de homens sós que acompanhados de suas famílias – e de umas Províncias para outras, de uns Estados para outros, do extremo Sul para o extremo Norte ou para o Centro – Plácido de Castro, Carlos Dias Fernandes, Pandiá Calógeras, por exemplo –, tornou mais frequentes que outrora os casos de brasileiros com dupla personalidade: uma, nas suas terras de origem e sob a censura ou a vigilância dos parentes, dos amigos, dos conterrâneos; outra em terras estranhas – como Manaus, para um paraibano, São Paulo, para um sergipano, o Recife, para um piauiense – em que não se sentiam sob o olhar de censores de importância igual à dos conterrâneos, parentes, amigos. Aliás, essa dupla personalidade nem sempre se exprimiu em boa e má: em alguns casos apenas em timidez de comportamento no ambiente nativo e desassombro, no estranho. A superioridade moral de comportamento dos neobrasileiros de origem alemã, fixados no Rio Grande do Sul e em Santa Catarina, sobre os de outras origens não lusitanas, talvez deva ser atribuída ao seu maior apego aos seus meios nativos, no Brasil: meios de ordinário agrários. Essa constância explicaria também sua relativa lentidão em iniciativas de caráter industrial: relativa lentidão ao lado de arrojos italianos por vezes aventurosos.

O que não significa que não os tenha alcançado, no período de vida brasileira considerado neste livro, a mística do progresso industrial ou da atividade urbana. Alcançou-os. "De São Leopoldo a Hamburger Berg um odor dos curtumes persegue-nos", escreveu Denis[15] em página de impressão da área; ou subárea, do Rio Grande do Sul animado pela presença alemã. As peles, a matéria-prima, não eram das colônias mas do Sul do Rio Grande: dos matadouros de Bagé e de Pelotas. Era matéria-prima outrora exportada para o estrangeiro, que agora se industrializava no próprio Brasil graças à técnica alemã; e estes neobrasileiros expediam para o País inteiro seus artigos manufaturados. Efeito bom do protecionismo brasileiro, podia-se argumentar; mas também efeito mau. A própria população teuto-brasileira do Rio Grande, reduzida pela mística do progresso industrial desordenado, vinha descurando a agricultura.[16] Aliás, desde 1899, em sua mensagem presidencial de 3 de maio, que o paulista M. F. de Campos Sales advertira os brasileiros contra o perigo de "indústrias completamente artificiais", como algumas que começavam a aparecer na jovem República.

Do ponto de vista a um tempo cultural e brasileiro, a vantagem da industrialização dos teuto-brasileiros talvez superasse a desvantagem; integrava-os mais rapidamente no sistema nacional de cultura que era e é o predominantemente lusitano nas suas formas de coexistência e de intercomunicação básicas. Punha-os em comunicação constante com o Brasil de língua portuguesa que era e é, afinal, o Brasil-nação, através de relações econômicas, sempre propensas a se alongar noutras relações culturais e sociais; e nas biossociais. "A prosperidade econômica" – notou Denis, empregando a expressão "prosperidade econômica" em sentido quase idêntico àquele em que aqui se emprega a expressão "progresso industrial" – "renderá por si só a fortaleza alemã do Rio Grande do Sul. Abriu-lhe já largas brechas."[17] E esse reparo de natureza sociológica ele poderia tê-lo estendido, na época do seu contato de homem de estudo com o Brasil, aos redutos alemães ou teuto-brasileiros de Santa Catarina: também estes, no começo do século XX e no próprio fim do XIX, já em processo de industrialização da sua economia; e essa industrialização sob a forma de um progresso que os integrava no vasto, embora desordenado, progresso industrial do Brasil; e através dessa integração cultural, no ainda mais vasto, ainda que menos desordenado, conjunto cultural formado pelas várias regiões e populações brasileiras; e cujo principal ponto de ligação, ou de intercomunicação, era a língua portuguesa. Os grupos que apenas falassem a língua alemã eram, dentro desse conjunto, pequenas ilhas antes prejudicadas que favorecidas por tal insulamento.

Nada mais exato que a generalização de um economista de que com o protecionismo julga-se proteger uma nação e protege-se na realidade uma classe. Uma classe ou uma região. Mas devem-se admitir vantagens para o Brasil inteiro, que derivando-se do protecionismo às indústrias chamadas nacionais, animaram por quase todo o território nacional, após a proclamação da República, desejos de progresso industrial que se concretizaram em numerosas iniciativas e indústrias novas. Essas indústrias, com o aproveitamento de matéria-prima regional outrora desprezada e o emprego de jovens a quem repugnava o trabalho agrário por lhes parecer próprio de "escravo" ou de "negro"; e eles, embora mestiços e até pretos, desejarem ser sociologicamente brancos. Foram também essas atividades industriais que importando lamentavelmente no desprezo das atividades agrárias concorreram, entretanto, para desenvolver a comunicação entre regiões que, dentro da suficiência agrária, viviam quase isoladas; e desenvolvendo a comunicação inter-regional, desenvolveram também a técnica de transporte.

O que infelizmente houve na época aqui considerada foi a total ausência de um plano de conjunto para o desenvolvimento nacional, no qual não se desprezasse quase de todo, como se desprezou, a agricultura pela indústria manufatureira; nem o campo pela cidade; nem o homem da terra pelo trabalhador estrangeiro, objeto, em São Paulo, do paternalismo reaparecido sob o aspecto de patronato agrícola, que não teve nenhum equivalente em patronato que amparasse o cearense em particular, ou o nordestino, em geral, nas suas migrações; nem o liberto ou o ex-escravo na sua instabilidade e na sua inexperiência. Vagou o liberto às tontas pelas cidades, fugindo aos campos e às fazendas, numa mórbida desorientação e numa angustiosa inquietação de ex-escravo que desejasse também tornar-se ex-negro. Ex-negro que se tornasse igual ao italiano, ao europeu, ao branco, do tipo daqueles que ele, liberto, via merecerem tantos carinhos da parte de uma paternal ou maternal República, representada pelo Patronato, pelo Serviço de Imigração, pelo Ministério da Agricultura. Alguns desses ex-escravos se tornaram nostálgicos da Monarquia; saudosos da princesa Isabel; e é possível que fossem ex-escravos assim desajustados os negros que se juntaram aos devotos brancos e caboclos de Antônio Conselheiro – gente arcaicamente pastoril em suas normas de vida e por conseguinte desconfiada de quanto fosse progresso industrial animado pela República – na sua luta contra o Exército republicano e, de algum modo, a favor da restauração da Monarquia. Aspecto sociológico daquela luta de soldados da República com sertanejos que parece ter escapado ao engenheiro-sociólogo Euclides da Cunha.

Destaque-se o fato – já sugerido em outra página – de, com a mística de progresso industrial, inseparável da de progresso urbano, ter tomado relevo no Brasil a figura do engenheiro. Ainda em 1875, Luís Rafael Vieira Souto escrevia no seu *O melhoramento da Cidade do Rio de Janeiro*, ser "a grande cidade [...] um centro de inteligência", cuja "população aglomerada" facilitava, com "a divisão do trabalho", o "acréscimo da produção"[18] e, desenvolvendo "toda espécie de indústrias". Eram os engenheiros que começavam a fazer uma sociologia que sendo em parte *pro domo sua*, não deixava de ser a favor do Brasil. Tornavam-se eles homens públicos sem propriamente se tornarem políticos. Os engenheiros mais lúcidos como que pareciam desejar fazer nas suas construções o que os Josés de Alencar vinham fazendo na literatura, isto é, procurar mostrar que, em arquitetura como em literatura, o estilo não devia ser apenas o homem, mas "o povo, isto é, o País". A expressão do povo, do País, da nação. E para Vieira Souto, era precisamente o que vinham faltando à arquitetura urbana do Império, vítima da "perniciosa prática de moldarmos as nossas construções particulares pelas estrangeiras, sem a mínima atenção às condições de clima, riqueza e costumes do País". O que a seu ver se devia em parte à facilidade com que se deixava a "qualquer mestre de obras, ou simples operário" o direito de "arvorar-se em engenheiro ou arquiteto".[19] No que talvez fosse injusto: mais de um mestre de obras da época revelou-se superior aos engenheiros no sentido regional e no feitio tradicional que souberam dar às suas construções.

Dado este brado de nacionalismo arquitetônico, era de esperar que, com o progresso industrial e urbano que se foi acentuando no Brasil desde os últimos anos do Império, começasse a se manifestar em cidades parandustriais como o Rio de Janeiro, São Paulo, o Recife, uma arquitetura semelhante à de Barcelona da mesma época, em seu afã de conciliar a tradição hispânica com as solicitações ou exigências de uma civilização industrial. Tal porém não aconteceu.

As melhores casas urbanas de residência da época parecem ter sido, no Rio de Janeiro como em São Paulo, no Recife como em Belém do Pará, as que continuaram a tradição portuguesa chamada colonial, com uma ou outra modernização apreciável. E quanto a estações de estradas de ferro, matadouros, edifícios comerciais e públicos, usinas, fábricas, oficinas, escolas industriais, cemitérios, pontes, nada parece se ter construído, no Brasil da época aqui considerada, que revelasse o empenho da parte de engenheiros e arquitetos de realmente se elevarem à altura de um José de Alencar ou de um Gonçalves Dias, de um Machado de Assis ou de um Euclides da Cunha, de um Carlos Gomes ou de um Nepomuceno, de um Teixeira de Freitas ou de um Clóvis Beviláqua, na arte de desenvolver em arquitetura um estilo em que se exprimisse nas cidades a nova civilização do Brasil: a urbano-industrial. No grandioso Teatro do Amazonas ocorreu certa fusão de estilos europeus com motivos indígenas, da qual resultaram por vezes curiosas combinações ítalo-ameríndias de glorificação de Carlos Gomes e de José de Alencar e das suas criações indianistas. Mas foram brasileirismos de superfície; decorativos; cenográficos. De qualquer modo, expressão de um ânimo antes italiano que português no sentido de tais combinações de arte europeia com valores ou mitos indígenas.

Houve, é certo, quem desde 1872 quisesse aproveitar com outros terrenos, os adjacentes à vala que passava nos fundos da chácara do Visconde de Mauá, para aí levantar-se "um vasto edifício destinado a servir para exposição permanente de máquinas e aparelhos aplicados à indústria e principalmente à agrícola, que é a principal base da riqueza nacional".[20] Não se pretendia levantar para tal fim um edifício monumental: apenas "um grande edifício", onde a luz penetrasse "em abundância por todos os lados", iluminando os "maquinismos em movimento". Não nos dizem, porém, o engenheiro Pereira Passos e seus colaboradores que expressão arquitetônica haviam pretendido dar a essa como que catedral do progresso industrial no Brasil. Apenas se sabe que nesse edifício-padrão de arquitetura industrial não se admitiriam azulejos nas paredes exteriores: Passos e seus colaboradores eram dos que viam nos azulejos em paredes exteriores o inconveniente de absorverem "o calor solar" e aquecerem "horrivelmente o interior das casas". Nem azulejos – velharia lusitana, arcaísmo eclesiástico, sobrevivência hispano-árabe – teria o edifício por excelência industrial por eles desejado para o Rio de Janeiro, nem "vidraças com vidros de cores variadas e mal combinadas", cujos efeitos lhes pareciam "além de prejudiciais, desagradáveis à vista".

E já em relatório de 1875 Pereira Passos – o futuro reformador do Rio de Janeiro – se revelava terrível inimigo dos quiosques e de cores várias e vivas que comprometessem no Brasil, o aspecto moderno de uma cidade industrial, progressiva, semelhante às do Norte da Europa – destino que ele sonhava para o Rio de Janeiro: "esses quiosques de várias cores e casas de quitanda com que ultimamente se têm atravancado as poucas praças que possuímos".[21] É possível que nada houvesse a aproveitar em tais quiosques; admita-se que pouco houvesse nos sobrados portugueses que pudesse ser adaptado a uma arquitetura urbana de civilização industrial; mas não se conhece nem de Passos nem de qualquer dos seus colaboradores traçado ou projeto que exprimisse de sua parte intuição ou visão do que deveria ser, no Brasil, a arquitetura que, adaptando-se àquele tipo de civilização – ou ao progresso industrial – fosse também expressão de um estilo brasileiro de vida. Ou que se aproximasse – como se aproximou Vieira Souto – do critério que viria a ser fixado nos nossos dias pelo professor Lewis Mumford, no capítulo "The Age of the Machine", do seu *Sticks and Stones*, de que o traçado de edifício que só considere as necessidades físicas dos seus futuros ocupantes, parando assim na física e na mecânica, e ignorando a biologia, a psicologia e a sociologia, é produto de uma "limitada concepção de ciência" ("*a limited conception of science*").[22] Desse ponto de vista é lamentável que nenhum dos grandes engenheiros brasileiros do período de vida nacional aqui considerado, tenha sido indivíduo influenciado ou orientado, em sua ciência do homem, da casa e da cidade, pelo positivismo menos cientificista e mais humanístico, ao mesmo tempo que tocado por um pouco de gênio criador. É ainda do professor Mumford o reparo de ter a era da máquina produzido (nos Estados Unidos) uma arquitetura capaz de abrigar apenas máquinas ou dínamos; e esquecida de haver uma ciência do homem, sem a qual a ciência das coisas materiais ("*material tinges*") é incompleta.[23] Incompleta, árida e melancólica.

Ao progresso industrial e urbano no Brasil, na fase que imediatamente se seguiu aos longos anos, de modo algum estéreis ou incaracterísticos, de ordem agrária e patriarcal, faltou a influência da ciência – ou arte – de valorização dos homens que completasse a de valorização das coisas. Várias foram as coisas da terra por ele valorizadas: peles, couros, madeiras, pedras, drogas, resinas, plantas, animais, minerais, águas, passaram a ter um novo valor; e seu aproveitamento pelos próprios brasileiros, passou a dar um novo sentido às relações dos homens com a natureza, dos homens com as águas, dos homens com os animais, diferentes das da época apenas pastoril ou somente agrária de economia. Faltou, entretanto, a esse novo sentido das coisas – o industrial – um critério também novo que impregnasse a mística brasileira de progresso de um corretivo ao que nela se inclinou, desde o fim do século XIX, a ser puro americanismo, quer como ritmo de tempo social, quer como técnica ou processo de ocupação de espaço também social; ou de domínio sobre o espaço físico. Ritmo, processo e domínio, sôfregos antes de superfície que de profundidade, comprometeram a possível exceção em que o Brasil poderia ter se consolidado na América, em virtude da Monarquia e da ordem ao mesmo tempo aristocrática e democrática desenvolvida à sua sombra e dentro de um tempo social diferente do americano. Diferente do americano embora conciliável com ele.

"Sob D. Pedro, o Brasil estava livre ao mesmo tempo de despotismo e de desordem", observou Mr. Ballou em 1892, ao comparar a situação brasileira, por um lado, com a dos Estados Unidos; e, por outro, com a das Repúblicas da América do Sul, estas sujeitas a *"an alternation of revolution and military despotism"*.[24] Com o próprio Chile julgava o observador anglo-americano que a situação brasileira contrastava pelo fato de ser o povo luso-americano, recém-saído do regímen monárquico, superior "em inteligência e civilização": *"since both intelligence and civilization are far more advanced in Brazil than in Chile"*.[25] Entretanto, essa civilização de que Ballou destacaria aspectos "progressivos", louvando no Brasil suas estradas de ferro, seus *tramways*, o grande estaleiro do Rio de Janeiro, os edifícios públicos e os comerciais, pareceu-lhe desde o seu primeiro contato com a gente brasileira – que foi no Pará – seguir uma espécie de *"picnic mode of life which has conformed itself to climatic influence [...]. Everything is very quiet, there is no hurry*", escreveu o ianque do Pará que conheceu dois anos depois de proclamada a república. E mais: "*It all seems to a stranger to be the very poetry of life* [...]".[26]

Entretanto, nessa cidade aparentemente toda vagar – e poética, até, no seu ritmo lento de vida – Mr. Ballou viu com os próprios olhos "um excelente porto, de larga capacidade" em que carregavam e descarregavam numerosos navios de muitas toneladas.[27] Carregavam produtos tropicais – principalmente borracha: a então sem rival *hevea brasiliensis*. Era assim possível a uma civilização de ritmo lento como a brasileira fazer-se econômica, social e politicamente respeitar pelas de ritmo acelerado: mesmo conservando-se, como se conservara até 1889, monárquica e aristocrática em face de uma República dita democrática como a dos Estados Unidos, cujos homens mais idôneos pela inteligência e pela cultura não haviam hesitado em considerar, até o 15 de novembro, o único império sul-americano superior em cultura, em organização, em ordem política, às repúblicas vizinhas desse mesmo Império.

Da parte de brasileiros inquietos com a singularidade da sua situação na América é que houvera maiores dúvidas quanto ao fato de ser sua civilização superior à das repúblicas vizinhas; e a suspeita de dever-se atribuir a possível inferioridade ao sistema político de governo, associado, na imaginação de alguns desses inquietos, à ideia de rotina ou de arcaísmo. À ideia de negação mesma de progresso: inclusive progresso industrial. Dada a simbiose de caráter sociológico que de fato existia no Brasil, formada pela interdependência em que vinham vivendo o Império e a ordem agrária; e, dentro dessa simbiose, a coincidência do tempo político de um com o tempo econômico da outra (a despeito do terceiro tempo que parecia vir começando a resultar do que havia de tropical e de europeu, de americano e de brasileiro, no tempo social vivido pelos brasileiros sob um Império que, sendo escravocrático, não deixara, entretanto, de ser progressivo), compreende-se ter se apoderado aquela ideia da imaginação dos superficiais. Compreende-se terem brasileiros, leitores, quando meninos, de Júlio Verne, se extremado em homens sôfregos por máquinas, invenções, ingresias, francesias, ianquices que acelerassem entre eles o ritmo de progresso: industrial, técnico, mecânico e também, por coerência, político e social. Que os tornasse mais donos do que vinham sendo sob um imperador voltairiano e de guarda-chuva, dos vastos espaços que constituíam o território brasileiro.

O triunfo em Paris de Santos Dumont, nos primeiros dias da República, veio acalmar em muitos adultos que haviam lido Júlio Verne com olhos de menino essa inquietação de espírito; essa sofreguidão por tapetes mágicos que aproximassem o Amazonas do Rio Grande do Sul, o Rio de Janeiro de Mato Grosso; e que significassem outro ritmo de tempo para o Brasil: porventura mais rápido que o dos europeus, que o dos americanos, que o dos ianques.

Nunca ninguém foi mais herói para seu povo do que Alberto Santos Dumont. Por ele o brasileiro se sentiu vingado dos estrangeiros petulantes que diziam desdenhosamente do Brasil que era o país do "tenha paciência", do "espere até amanhã", do "depois de amanhã". Santos Dumont tornou-se de repente o símbolo, aos olhos do brasileiro, de um Brasil capaz de por si mesmo, isto é, pelo gênio e pelas invenções como que mágicas dos próprios nacionais – que para tanto não precisavam de ser homenzarrões de bela estampa, mas simples homens iguais à maioria dos seus compatriotas: pequenos, franzinos e até "amarelinhos" como, aliás, os japoneses quase nanicos, vencedores dos russos gigantes em guerra então recente –, elevar-se a exemplo de progresso ou de adiantamento técnico de repercussão mundial. Daí o carisma que, como por milagre, iluminou quase de surpresa a figura do jovem mineiro, fazendo dele a mais pura glória nacional do período aqui evocado.

O mito Santos Dumont tornou-se como nenhum outro, no Brasil do começo do século XX, parte do mito maior: o do progresso brasileiro pela ciência. E para ganhar mais consistência, assimilou o mito brasileiríssimo do "amarelinho". O mito do brasileirinho valente, heroico, astuto, engenhoso e até genial – "Camões", como se diz nos folhetos populares que vêm sendo estudados entre nós, com critério sociológico, pelo jovem pesquisador Renato Campos, no Recife, e pelo escritor já ilustre Orígenes Lessa, no Rio de Janeiro –, capaz de vencer, a despeito da sua aparência de joão-ninguém, miúdo, pálido e franzino, os mais fortes gigantes da Europa e da América do Norte. Franceses e ingleses. Alemães e russos. Capaz de alcançá-los no tempo social através de novas velocidades no espaço físico.

Capaz de ultrapassá-los nessa velocidade. Capaz de ultrapassá-los sobretudo em agilidade mental, em velocidade intelectual e rapidez de raciocínio.

Esse o mito sociologicamente mais significativo, a nosso ver, dos últimos decênios da época considerada neste ensaio. O mais impregnado de força legendária, simbólica, heroica. O carisma do aeronauta alimentou-se mais de anedotas expressivas que de verdades biográficas, confirmando aquela tese alemã (Muschg) de que a anedota é, no campo biográfico, o verdadeiro expoente do valor simbólico: reprodução menos da ação heroica do herói que do caráter por assim dizer poético ou romântico ou novelesco dessa ação. O Brasil precisava de um Santos Dumont que lhe avivasse a fé num futuro messiânico: Santos Dumont correspondeu esplendidamente a essa necessidade da sua gente, passando de repente de indivíduo a símbolo e de símbolo a mito.

"O delírio empolgou a cidade ao chegar [ao Rio de Janeiro] a notícia de ter Santos Dumont circulado a Torre Eiffel com seu aparelho mais pesado que o ar", informa Joaquim Amaral Jansen de Faria, nascido na antiga corte em 1883.

Octavio Tarquínio de Sousa (Amaranto), nascido no Rio de Janeiro em 1893, depõe: "Senti nele [Santos Dumont] a glorificação do Brasil. Durante algum tempo foi para mim uma espécie de figurino: penteava-me como ele, usava colarinhos Santos Dumont e chapéu--panamá".

Astrojildo Pereira (Duarte da Silva), nascido no Rio de Janeiro em 1890, confessa que, a despeito de todo seu pendor para o anarquismo, o proletarismo, o marxismo, deixou-se empolgar pela figura do inventor; e teve como muita gente a impressão de que, como na canção em voga, de Eduardo das Neves, a Europa se curvara ante o Brasil:

"A Europa curvou-se ante o Brasil..."

Max Fleiuss, nascido em 1868, também no Rio de Janeiro, não resistiu à sedução de Santos Dumont: admirou-o. Admirou-o com entusiasmo.

O simpatizante do positivismo, Amílcar Armando Botelho de Magalhães, outro brasileiro nascido no Rio de Janeiro, em 1880, entusiasmou-se pelo inventor e desde logo considerou o seu feito ponto de partida para "formidável desenvolvimento" da "aviação".

Outro simpatizante do positivismo, Agliberto Xavier, nascido no Rio de Janeiro em 1869, informa que, com o triunfo de Santos Dumont, se encheu de "prazer patriótico" porque "esse feito grandioso [...] acabava de dar à nossa nacionalidade a glória da navegação aérea em todos os seus estágios fundamentais".

Engenheiro pela Escola Politécnica do Rio de Janeiro, João Franklin de Alencar Nogueira, nascido no Ceará em 1867, informa ter conhecido pessoalmente "o glorioso Santos Dumont", cuja glória confessa haver invejado.

Higino (Cícero) da Cunha, nascido no Maranhão em 1858, confessa sua admiração por Santos Dumont; e a propósito narra ter conhecido, numa de suas viagens do Recife ao Maranhão, "o inventor paraense Júlio César Ribeiro de Sousa, que acabava de fazer experiências na Praia Vermelha, do seu balão *Vitória*, com a presença do imperador, que o abraçou afetuosamente, animando-o a prosseguir no seu empreendimento".

"Santos Dumont não foi somente um dos maiores brasileiros, foi um dos maiores homens do mundo; fui grande entusiasta da grande glória mundial que ele obteve", escreve no seu depoimento Demóstenes Ipiranga de Sousa Dantas, nascido em Pernambuco em 1880.

Heraclides César de Sousa-Araújo, nascido no Paraná em 1886, informa ter tido "forte impressão" de Santos Dumont, com quem aliás morou por algum tempo num hotel do Rio.

Paulo Inglês de Sousa, nascido em São Paulo em 1888, confessa ter tido pelo inventor, quando do seu triunfo em Paris, "entusiasmo imenso".

Leopoldo (Marinho de Paula) Lins, nascido em Pernambuco em 1857, escreve em seu depoimento ter sido dos que se assombraram com o voo de Dumont em torno da Torre Eiffel.

"De Santos Dumont tive a impressão de que ele era o maior homem da Terra e tinha conseguido um milagre como os santos", escreve Miguel Seabra de Melo, nascido em 1878 em Pernambuco.

E Da. Virgínia Cavalcante, nascida também em Pernambuco em 1879, informa: "Não me causou grande admiração [...] a grande descoberta de Santos Dumont, pois eu já estava com o cérebro cheio das invenções e das viagens de Júlio Verne. Meu avô tinha toda a coleção, que me obrigava a ler sempre".

"Admirei Santos Dumont como um grande inventor e em especial por sua glória ter se refletido sobre o Brasil", depõe Emiliano Ribeiro de Almeida Braga, nascido no Maranhão em 1873.

José Alves de Figueiredo, nascido no Ceará em 1879, recorda que logo após o triunfo do inventor brasileiro em Paris "todo elegante queria usar chapéus, gravatas, calçados, colarinhos e camisas à Santos Dumont".

"Quando da sua visita ao Brasil, eu estava no Amazonas, mas toda a nação vibrou de sincero entusiasmo e eu mesmo usei penteado e colarinho à Santos Dumont, até a idade madura", escreve no seu depoimento João d'Albuquerque Maranhão, nascido no Rio Grande do Norte em 1883.

José Ferreira Novais, nascido na Paraíba em 1871, foi dos que viram em Santos Dumont o iniciador de "uma época da humanidade": época da "viação aérea, encurtando as distâncias pelo espaço..."

E Rogério Gordilho de Faria, nascido em Sergipe em 1889, confessa: "Tive por Santos Dumont admiração fanática". E como João d'Albuquerque Maranhão no Amazonas e os elegantes do Ceará, a que José Alves de Figueiredo se refere no seu depoimento, Rogério Gordilho de Faria, na Bahia, "procurava imitá-lo na moda indumentária (chapéu, colarinho, quando atingi a idade de usá-lo)".

Aureliano Leite, nascido em Minas Gerais em 1887 mas crescido em São Paulo, é outro que confessa ter tido, adolescente, "fascinação patriótica" por Santos Dumont: "Para recebê-lo em São Paulo [...] andei quilômetros a pé, sem alimento. Aplaudi com entusiasmo a modinha cantada pelo preto Eduardo das Neves: 'A Europa curvou-se ante o Brasil'".

Maria Teodora dos Santos, nascida em Pernambuco em 1878, afirma ter achado Santos Dumont "uma coisa do outro mundo".

Antônio Carlos Pacheco e Silva, nascido em São Paulo em 1898, estende-se em seu depoimento acerca de Santos Dumont: "[...] o grande herói, talvez o único a empolgar a meninada do meu tempo. As suas façanhas, os seus balões, o seu primeiro balão Demoiselle, eram objeto de discussões e a fértil imaginação infantil fazia ainda mais prodigiosos os inventos do grande brasileiro [...]". E também em São Paulo "os pequenos buscavam acompanhar os grandes, usando pastinha à Santos Dumont, chapéu à Santos Dumont, gravata à Santos Dumont".

Raimundo (Dias) de Freitas, nascido em 1874, no Piauí, escreve no seu depoimento: "[...] foi ele, [Santos Dumont] o jovem brasileiro de então, que fixou a lei do domínio do espaço por corpos mais pesados que o ar".

Da. Antônia Lins Vieira de Melo, nascida em 1878 em São Paulo mas crescida em engenho da Paraíba, depõe de Santos Dumont que nos engenhos, "se passou a ouvir cantigas sobre o homem voador".

"Um gênio e um arrojado que abria para a humanidade (inclusive o Brasil) o caminho dos ares", foi a impressão que teve de Santos Dumont Florêncio (Carlos) de Abreu (e Silva), nascido no Rio de Janeiro em 1882 mas crescido no Rio Grande do Sul.

Tomás Pompeu de Sousa Brasil Sobrinho, nascido no Ceará em 1880, salienta que já era rapaz quando do triunfo de Santos Dumont em Paris; pôde assim pensar da obra vitoriosa do inventor brasileiro que, sendo "essencialmente artística", tinha "um aspecto industrial--econômico". Talvez pelo que importava em economia de tempo: aspecto do progresso humano que aos olhos do jovem engenheiro cearense se apresentava com alguma importância. Tanto que sempre foi apologista da ortografia reformada, capaz de trazer ao brasileiro "economia de tempo e trabalho".

"Guardei todas as fotografias publicadas a respeito do invento de Dumont", recorda Antenor Nascentes, nascido no Rio de Janeiro em 1886.

"Era o Brasil que ele engrandecia, ao resolver o problema do mais pesado que o ar", pensou diante do primeiro voo triunfal de Santos Dumont, o rio-grandense-do-sul Manuel Duarte, nascido em 1883.

A R. S., nascido em 1878 em Santa Catarina, o triunfo alcançado por Santos Dumont em Paris "proporcionou momentos de exaltação patriótica. O Brasil foi o precursor da aviação e por isto viam em Santos Dumont o continuador dessa predestinação".

João Barreto de Meneses, nascido em 1872, em Pernambuco, recorda: "[...] me lembro do vagalhão humano, qual foi a multidão em sua apoteose, ao chegar a esta capital e ser recebido pela mocidade acadêmica na escola de engenharia, ainda existente no edifício, hoje demolido, que se construíra junto ao Palácio do Governo. Foi uma noite de incontido delírio". Aliás, no Recife, Dumont foi recebido também na Associação Comercial; e conta Alfredo Alves da Silva Freyre, nascido em Pernambuco em 1874, e presente a essa recepção entusiástica dos recifenses ao inventor glorioso, que a certa altura, notando a multidão que se comprimia em andar superior do prédio e supondo ouvir ranger as tábuas antigas do soalho, o aeronauta deixou-se dominar por um grande pavor: o de uma catástrofe. O homem que não temia os riscos de voos arrojados apavorava-se com os perigos, se não de terra firme, de simples e prosaico primeiro andar de prédio burguês, sobrecarregado de brasileiros entusiásticos, sôfregos para apertarem a mão do seu herói máximo.

Artur (Roberto) Coelho (de Sousa), nascido na Paraíba em 1889, recorda a letra de um dobrado que a Filarmônica Itabaianense passou a tocar depois do feito de Santos Dumont – palavras dirigidas ao Brasil: "Levas teus filhos até os ares para mostrares – um brasileiro!"

O padre Florentino Barbosa, nascido em 1881 na Paraíba, informa ter considerado Santos Dumont "um dos homens mais úteis à humanidade".

"Admirei Santos Dumont como o maior dos brasileiros", escreve no seu depoimento Teófilo de Barros, nascido em Alagoas em 1877; e que confessa ter desde menino desejado ser engenheiro.

E o padre Leopoldo Fernandes Pinheiro, nascido no Ceará em 1880, recorda ter visto em Santos Dumont o homem que "abriu o caminho dos espaços até então percorridos exclusivamente pelas novelas dos romancistas imaginosos".

Aos olhos de moço de Manuel Pereira Dinis, paraibano nascido em 1887, Santos Dumont se apresentou como "um dos maiores gênios da humanidade".

"Foi quando ele esteve no auge da glória que a Europa se curvou ante o Brasil", recorda o cearense José Gonçalves de Sousa Rolim, nascido em 1882.

E Antônio Pires da Fonseca, nascido do Maranhão em 1870, confessa: "[...] sentia-me orgulhoso de ser brasileiro como ele, já adivinhando o futuro do Brasil".

Para outro cearense, Cícero Bezerra Lobo, nascido em 1883, Santos Dumont foi "o maior homem do seu tempo, pois executou a fantástica imaginação de Júlio Verne".

"Um homem de muita coragem e inteligência", foi o que Santos Dumont pareceu a Sebastião de Sousa Gomes, nascido em 1887 em Pernambuco.

Da. Ângela Correia de Melo, nascida em 1875 no Rio Grande do Sul, confessa que, estando em Paris por ocasião do voo triunfal de Santos Dumont, quis "acompanhá-lo nos seus voos consecutivos, e não o fez por ter sido impedida pelos amigos e pessoas da família".

"Quase que adorava a Santos Dumont", recorda da sua mocidade Pergentino Silva, nascido em 1880 no Ceará.

"Assisti à chegada dele ao Recife e com indizível esforço consegui apertar-lhe a mão", depõe José Antônio da Silveira, nascido em Pernambuco em 1884.

Também Adolfo Ferreira, nascido em Pernambuco em 1879, assistiu, vibrando de entusiasmo, ao desembarque de Santos Dumont no Recife, na antiga Lingueta: "Foi um dia de Juízo o da sua chegada, tamanha era a multidão no trajeto dos cais para o Palácio do Governo, de onde ele saiu escondido para voltar a bordo".

O paraibano Horácio Gomes da Silva, nascido em 1863, diz ter admirado em Santos Dumont "o dominador dos ares".

O cearense Alberto de Paula Rodrigues, nascido em 1882, depõe: "O meu entusiasmo por Santos Dumont, no auge da sua glória, foi por um brasileiro que soube impor ao povo francês, egoísta e avaro, o seu valor e o seu denodo. Era estudante quando ele chegou ao Rio e pela primeira vez na minha vida confundi-me na massa anônima para aclamar uma pessoa gloriosa."

"Fui à Lingueta vê-lo quando passou pelo Recife no Atlantique de caminho de regresso à França, mas como quase todo o mundo não o vi [...]. Usei, porém, colarinhos duplos e altos, gravatinhas de laço, chapéu de imitação a chile quebrado na frente, à Santos Dumont...", depõe Mário Sette, nascido em Pernambuco em 1887.

"Santos Dumont atingiu o auge da glória ao tempo da minha adolescência; e os brasileiros daquela época o consideravam com orgulho um dos maiores gênios da humanidade", cujos arrojos vinham se realizando em "Paris, o mais poderoso foco de irradiação da cultura ocidental" (naquela mesma época) – depõe (Luís) Mílton Prates, nascido em Minas Gerais em 1888.

"Conheci Santos Dumont desde o início de suas invenções, tendo acompanhado [seus triunfos] com grande interesse, por ser de família de nossas relações; assisti a todos os seus triunfos e fiz questão de acompanhar o seu esquife em São Paulo", informa Da. Maria Vicentina de Azevedo Pereira de Queirós, nascida em São Paulo em 1868.

"Herói" – foi como considerou, com olhos de menino, Alberto Santos Dumont, o paulista nascido em 1899 José de Paiva Castro.

"Sempre tive uma grande admiração por Santos Dumont e segui desde pequeno os ensaios em Paris, quando elevou em 1904 o nome do Brasil, dando três voltas com o seu balão à Torre Eiffel", escreve, em seu depoimento, outro paulista, Mário Robertson de Sylos, nascido em 1895.

Nascido em Minas Gerais em 1891, depõe João Augusto de Castro: "Cursava a escola dos jesuítas quando muito ouvi falar sobre Santos Dumont. Os padres eram entusiasmados por ele [...]. Cresci tendo verdadeira admiração por esse grande inventor".

Pedro do Coutto, nascido no Rio de Janeiro em 1872, viu em Santos Dumont "o descobridor da dirigibilidade dos balões" e do "mais pesado que o ar" (aeroplano). Homem, portanto, duas vezes glorioso.

João Batista Lima Figueiredo, nascido em São Paulo em 1878, é objetivo no seu depoimento: "Foi uma coisa grandiosa. Tive oportunidade de vê-lo de longe. Era feio".

"Um gênio", foi o que pensou do triunfante Santos Dumont, Da. Lucília Wilson Coelho de Sousa, nascida no Maranhão em 1863.

Expressivo é o depoimento de Luís (de Toledo) Piza Sobrinho, nascido em São Paulo em 1888: "A minha impressão de Santos Dumont, no tempo de sua vitoriosa volta em torno da Torre Eiffel, foi de deslumbramento. Era para mim o maior gênio da humanidade. E via, nos meus devaneios de juventude, a Europa curvar-se efetivamente ante o Brasil, como na ingênua canção popular".

Outro depoimento muito expressivo a respeito de Santos Dumont é o de Deodoro Machado de Mendonça, nascido no Pará em 1889: "Santos Dumont foi no Pará um símbolo não só de orgulho como de novidade. Houve chapéu, sapato, calças, passos de dança, ruas, canoas, vapores, modinhas e nomes de batismo. A gente mais rude tomou a sério aquele canto – 'a Europa curvou-se ante o Brasil'. Eu vi, ufano, em Santos Dumont, um rebento precoce da nossa raça, dando-nos expoente científico sem termos ciência e uma capacidade que a ciência brasileira não estratificou".

Waldemar (Martins) Ferreira, nascido em São Paulo em 1885, escreve no seu minucioso depoimento: "De Alberto dos Santos Dumont tive a impressão das mais profundas. O seu feito dominou todos os espíritos, sobretudo pelo significado nacional do empreendimento que ele levou a cabo. Lembra-se de sua passagem por Jacareí, quando vinha do Rio de Janeiro para São Paulo. Todo o ginásio compareceu à estação ferroviária para homenageá-lo. A manifestação foi entusiástica e tornou-se inesquecível. De resto, imortalizou-o a canção popular de Eduardo das Neves".

Interessante é ter Santos Dumont servido até em áreas progressivas como São Paulo, para levantar "jacobinos" contra "franceses". Guaracy Silveira, nascido em São Paulo em 1893, escreve no seu depoimento: "Meu pai, segundo sempre contava à família, havia pedido a Nossa Senhora Aparecida, de quem era devoto, que não desejava morrer sem ver a República, a libertação dos escravos (ele pensava que esta seria a ordem) e a dirigibilidade do aeróstato. (Não havia admitido o voo do mais pesado que o ar.) Era natural que Santos Dumont fosse para ele o maior herói brasileiro. Meu pai, todavia, me fez jacobino. Não me interessei muito por Santos Dumont, porque o julgava mais francês do que brasileiro".

Para Luís de Vargas Dantas, nascido no Rio de Janeiro em 1870 e a vida inteira monarquista, houve nos voos triunfais de Santos Dumont uma como compensação à "queda da Monarquia" e à "queda da moeda": "Caiu a Monarquia e com ela o vulto venerando de Ouro Preto; subiu 'o salvador das finanças' [Ruy Barbosa]. Foi o descalabro, o desmoronamento. O câmbio entrou a baixar sempre e só se deteve e mesmo subiu no quadriênio do saudoso Campos Sales que, incitando a Monarquia, restabeleceu a liberdade e geriu a fazenda pública com honestidade e competência e por isso foi também ultrajado ao deixar o poder. Depois, prosseguiu a queda da moeda". Até que apareceu o brasileiro Santos Dumont, subindo a grandes alturas e fazendo subir o nome do Brasil: "Alberto Santos Dumont inegavelmente integrou com glória para o Brasil o ciclo evolutivo da aeronáutica iniciado por Bartolomeu de Gusmão e continuado, entre outros, por Augusto Severo. Acompanhei-lhe, fremente de admiração, os trabalhos científicos e experiências em Paris com aparelhos de sua invenção mais leves e mais pesados que o ar – dirigíveis e aeroplanos de terra ou de água. Pode-se dizer sem favor que ele resolveu em definitivo o problema da direção. Depois só tem havido aperfeiçoamento e aproveitamento para diversos fins. Tão cheio de valor real quanto de modéstia, dizem que tinha aversão aos discursos e pedia que não lhos fizessem. Como todo sábio verdadeiro, era de sentimentos piedosos em tão alto grau que, quando viu que a perversão dos governos estava pondo sua descoberta a serviço do extermínio humano, sofreu grande abalo moral".

Houve, é certo, quem não se entusiasmasse com Santos Dumont: "Vi Santos Dumont em sua passagem por Pernambuco. Não tive boa impressão porque o homem fugia de ser visto", recorda o pernambucano José Feliciano Augusto de Ataíde, nascido em 1879. E já vimos a reação jacobina do paulista Guaracy Silveira.

José Frazão Milanez, nascido no Maranhão em 1886, recorda: "Santos Dumont, se bem que muito festejado, foi, na época, muito combatido por ser considerado pouco brasileiro. Dizia-se que era mais francês, muito sobranceiro para os de cá e muito gentil com os de lá. Teria, diziam, arvorado a bandeira francesa no seu balão, ao dar volta à Torre Eiffel, e não se lembrou da brasileira".

Segundo José da Silva Pereira, nascido em 1880 no Ceará, receava-se no Brasil que Santos Dumont vendesse sua invenção (ao estrangeiro).

José Maria da Silva Freire ou Freyre, nascido em 1887 em Pernambuco, achou que Dumont foi "descortês para o povo por ocasião da sua passagem por aqui [Recife]".

Cláudio da Costa Ribeiro, nascido em Pernambuco em 1873, recorda: "Quando Santos Dumont apareceu, [eu] já era engenheiro. Tive [por ele] admiração de brasileiro e louvei o seu esforço de resolver o problema da aviação. Mas lembro-me muito da figura de Augusto Severo – moço forte, helênico, procurando no mais leve que o ar a solução do problema e [que] morreu caindo das nuvens sobre Paris estupefata!"

Manuel (Carneiro de Sousa) Bandeira, nascido em 1886, também em Pernambuco, toca no mesmo ponto: "Havia uma certa rivalidade entre Santos Dumont e Augusto Severo. Este não era levado a sério aqui. Mas um grupo de [seus] amigos que entendiam de mecânica tinham fé no invento dele e consideravam-no mais interessante que o de Santos Dumont. Meu pai (engenheiro) era deste grupo. Severo tinha queixas de Santos Dumont. Talvez por isto não senti grande entusiasmo pela figura de Santos Dumont e lembro-me que assisti friamente às manifestações que lhe fizeram em São Paulo".

E Eduardo Jacobina, nascido no Rio de Janeiro em 1879, escreve no seu depoimento que a proeza de Santos Dumont, no Bagatelle, foi "exclusivamente um triunfo esportivo, para o qual cooperou o seu físico franzino, o seu pouco peso. Ele não descobriu um princípio novo, não criou um dispositivo original com seu aparelho. Que diferença dos irmãos Wright, que observaram que a Natureza construía as asas dos pássaros, de modo a no voo terem a forma de uma superfície reversa, uma superfície de dupla curvatura! Santos Dumont tinha o espírito e a inteligência (eu conversei com ele) incapazes de aperfeiçoamento. Isto é que explica o fato de os Farman, de os Wright terem continuado a descobrir e aperfeiçoar as suas descobertas, enquanto o nosso herói nacional parou no voo do Bagatelle..."

De modo que, "em vez de negroidemente cantarmos a 'Europa curvou-se ante o Brasil', devíamos corrigir, pela educação em nossos filhos, os defeitos que tornam possível a criação desses ridículos pseudograndes homens".

É possível que, na glorificação de Alberto Santos Dumont – que foi talvez a maior, no Brasil, que já teve por objeto homem vivo – os brasileiros tenham se exagerado. Mas é que o glorificado deixou na verdade de ser indivíduo ou pessoa para tornar-se sob mais de um aspecto, símbolo da capacidade brasileira para vencer espaço e tempo – porventura os dois maiores inimigos do Brasil na sua busca de prestígio, entre as nações, como civilização moderna, *dernier cri*, *up-to-date*, *up-to-the-minute*, até; e dominadora efetiva dos espaços sob sua jurisdição. Símbolo, também, da capacidade brasileira para obter tais triunfos – triunfos de progresso técnico, mecânico, industrial – através de brasileiros que pudessem ser considerados se não no nome, no físico, na aparência, brasileiríssimos da cabeça aos pés, como eram o caso de Santos Dumont e o de Rui Barbosa, sem ter sido, na mesma época, o caso de um barão do Rio Branco ou o de um Saldanha da Gama ou o de um Joaquim Nabuco ou o de um Osvaldo Cruz: homens fortes, belos, eugênicos. Helênicos, como alguém disse na época não de Saldanha da Gama como de Augusto Severo, o rival de Santos Dumont. Mas rival aos olhos de uns poucos. Aos olhos de grande maioria de brasileiros, muitos dos quais, na época dominada pela figura gloriosa de Santos Dumont, homens franzinos, pálidos, alguns doentes e até sifilíticos maltratados, o herói que melhor correspondia aos seus ideais de verem o Brasil respeitado e admirado, não estava na pessoa de um brasileiro excepcional pela aparência eugênica, a ponto de parecer estrangeiro, mas na de um brasileirinho pálido, franzino, pequenino, se possível indianoide – como tantos dos seus compatriotas – embora não negroide. Era esse o tipo de herói que a maioria brasileira via encarnado por um Santos Dumont em quem o Santos do nome materno de família neutralizava a estrangeirice do Dumont do avô francês. Estava ele dentro do mito brasileiro do "amarelinho" – o amarelinho capaz de grandes façanhas e de tremendas vitórias sobre gigantes louros e rosados; espécie de Davi brasileiro em face de Golias nórdicos ou germânicos – consagrado já pelo folclore; e que teve, na mesma época de Dumont, outra expressão vitoriosa na figura de Rui Barbosa: o baiano franzinozinho – cabeça de homem precocemente velho em corpo de menino doente – através de quem o Brasil triunfou na Haia, como triunfara em Paris através do corpo também quase de criança raquítica de Alberto Santos Dumont. Criança subnutrida: pesando pouco mais que uma pluma.

A esse mito – o do "amarelinho" – no qual os brasileiros por muito tempo encontraram refúgio e compensação para o fato de o clima, o trópico, a alimentação imprópria, a malária, às vezes o vestuário inadequado, fazerem de muitos deles, homens com o aspecto de convalescentes ou valetudinários – embora capazes, dentro dessa aparência de quase doentes, de grandes proezas de amor físico, de desbravamento do Amazonas, de ação guerreira em Canudos –, correspondeu na mesma época da glória máxima de Santos Dumont a idealização da figura do cearense. Do cearense houve muito quem dissesse nos começos da República que era quem vinha firmando o domínio do Brasil sobre a

Amazônia, desejado pelos Estados Unidos. Que era, a despeito do seu aspecto de homem *mignon*, o brasileiro que mais se espalhava pelo Brasil, não ocupando, como bacharel em direito, postos políticos e cargos de juiz; nem mesmo empenhado em atividades militares como outros brasileiros do Nordeste; e sim em atividades econômicas, em que se manifestava seu pendor para criar ou desenvolver riqueza, através do comércio e da própria indústria. Daí ter se tornado uma figura inseparável da mitologia brasileira em torno do progresso industrial do Brasil, embora, na verdade, o talento econômico do cearense tenha se revelado mais no comércio que na indústria. Várias vezes, porém, na combinação de uma atividade com a outra.

Isto, em contraste com os pendores de outros brasileiros do extremo norte, do Nordeste, da Bahia, do Rio de Janeiro, em geral, na época aqui considerada, voltados para as artes e para as letras; ou desejosos, como Santos Dumont, de triunfarem pelo gênio que para alguns significava menos qualquer esforço, penoso e pachorrento, que simples ou pura inspiração. Houve exceções como a do engenheiro e industrial Meneses em Pernambuco; a do *self-made man* pernambucano Delmiro Gouveia (que se dedicou aí e em Alagoas, aproveitando a energia da Paulo Afonso, à indústria e ao comércio com um arrojo superior ao de qualquer paulista ou ao de qualquer cearense); a do baiano Luís Tarquínio: a negação mesma do baiano macio e lento, mas, ao contrário, espécie de reencarnação, em plena Bahia tropical, de Irineu Evangelista de Sousa: gaúcho estimulado pelo minuano. E também a de Osvaldo Cruz, a de Pereira Passos, a do barão do Rio Branco, a de Roquette-Pinto: outras tantas negações da lenda de ser o ambiente carioca tão hostil, quanto o do Norte do Brasil, a todo esforço sério ou verdadeiramente criador: especialmente em atividades técnicas ou industriais. Lenda em que acreditou o economista Roger W. Babson, ao tomar inteiramente a sério as palavras de certo Jeremias brasileiro que lhe teria dito: "*There is something about the climate here in the tropics which takes out the ginger of all of us. Did you ever hear of a great inventor, artist, writer or any other man of real note who did his work in the tropics?*"[28]

Ideia que, na verdade, influiu sobre as atitudes de muitos dos brasileiros da época aqui considerada, concorrendo para que homens ricos ou apenas remediados enviassem os filhos para países frios, a fim de realizarem seus estudos sob o favor dos climas estimulantes. Sob o favor da neve ou do gelo.

Não era só de São Paulo nem só em Paris ou na Suíça que meninos ricos ou de famílias esmeradas no trato ou na criação de seus filhos iam fazer, então, os seus estudos: também do Rio de Janeiro, de Pernambuco, da Bahia; e também na Inglaterra. Houve um colégio inglês que no começo do século XX atraiu considerável número de meninos brasileiros: o Saint Joseph's, perto de Londres. Dirigia-o nesse tempo certo irmão Hyacinth.

Aí fez parte dos estudos secundários um brasileirinho de Pernambuco chamado Emílio Cardoso Ayres, nascido no Recife no fim do século XIX e criado pela mãe, Da. Emília de Melo Vieira (dos Melo Vieira, do Engenho Gaipió) Cardoso Ayres, como quem criasse antes menina do que menino. Com muito dengo e fazendo-lhe todas as vontades, embora encontrando às vezes reação a esse seu modo de educar o filho, da parte do esposo, que era então um dos mais ricos armazenários de açúcar do Recife. Burguês elegante, morador de chalé cor-de-rosa com jardim francês e *court* de tênis à inglesa para os filhos rapazes. Esses rapazes cresceram, a princípio rodando de velocípede, depois de bicicleta, pelo sítio da chácara chamada dos Dois Leões, que tendo sido outrora de um ramo da família Cavalcanti de Albuquerque, fora adquirida por Eugênio Cardoso Ayres.

Não respondeu Emílio – que se suicidou na França em 1916 – ao inquérito sobre o qual principalmente se baseia este ensaio. Mas nas cartas aos pais que sua família conserva se encontram respostas como que por antecipação a vários itens do mesmo questionário. Uma delas, relativa a estudos em colégio inglês. Em carta dirigida a "mamãe" e datada de 21 de outubro de 1904, escrevia Emílio, falando também pelos irmãos: "Há dias que estamos aqui no colégio. Estou muito satisfeito e nada me falta. O quarto de dormir é muito bom e tem tudo o que é preciso. Papa hoje esteve aqui para ver se nós estávamos bem. Ele me deu três postais seus que muito me deram prazer. A comida é boa e muito farta. Às 8 horas temos o pequeno almoço, com pão, manteiga e café com leite. Ao meio-dia o almoço com sopa, dois pratos e sobremesa. Depois temos o chá e o jantar que também são bons [...]. A classe é boa e esperamos em pouco tempo fazer algum progresso [...]. Comecei a estudar piano hoje e amanhã meu mestre de pintura deve vir. Por hora [sic] só estudo inglês e quando compreendê-lo bem irei então para uma classe onde possa seguir todos os estudos em inglês. O diretor é muito bom [...] os outros padres são agradáveis, que eles continuem deste modo é o que desejo [...]. Todos os dias vamos à missa na capela do colégio, que é muito bonita". Pede à mãe que abrace tias e primas; mas também *mademoiselle*, isto é, a governanta francesa da família. *Mademoiselle* era pessoa quase da família entre esses ricos burgueses afrancesados que não queriam saber de bá negra ou parda para os filhos uns cor-de-rosa, outros pálidos: o caso de Emílio. Mas todos branquíssimos e resguardados pela mãe absorvente do sol forte, cru, tropical.

Noutra carta – de 7 de maio de 1905 – informava a Da. Emília o seu filho Emílio, aluno do Saint Joseph's College, de Londres, que embora com "muitas saudades" de Pernambuco e fazendo uso – pois foi sempre menino doente – de remédios, ia bem: e divertindo-se com os esportes: futebol, críquete, tênis. Jogos então, no Brasil, só da flor da burguesia elegante no Rio de Janeiro, em São Paulo, em Pernambuco. O gosto por esses jogos foi desenvolvido, no Brasil da época aqui considerada, não só por filhos de ingleses, como, no Rio de Janeiro, os Cox, como por jovens brasileiros educados, à maneira de Emílio, no estrangeiro: em países anglo-saxônios.

Emílio, ao prazer mais de assistir a esses jogos do que de participar deles, juntava o de pintar aquarelas e o de aprender piano. E também o gosto de colecionar cartões-postais: gosto – repita-se – tão característico da época então vivida pelo Brasil. Eram cartões de vistas de cidades ou de paisagens, os do Brasil requintando-se em exibir aspectos do novo Rio de Janeiro ou do novo Manaus ou do novo Belém ou do novo São Paulo – aspectos de cidades em processo de industrialização: a Avenida Central, o Palácio Monroe, o Pavilhão Mourisco, o teatro da capital do Amazonas, a Catedral do Pará, o Viaduto do Chá, o Porto de Manaus, os bondes elétricos de Belém, trechos da estrada de Ferro Paulista. Mas também postais com figuras coloridas de noivos, de mulheres bonitas, de crianças louras, de camponesas europeias. Na Feira da Ladra, em Lisboa, ainda hoje se encontram cartões-postais que do Brasil do começo do século XIX escreviam a parentes em Portugal portugueses recém-chegados ao

Rio de Janeiro ou a Belém ou a Manaus. Postais com vistas coloridas de um Brasil cujo progresso, nessas cidades, contrastava com a rotina das pacatas aldeias do Portugal daqueles dias. Escrevendo neles palavras de entusiasmo pelo progresso urbano e industrial do Brasil, tais portugueses despertavam a inveja dos seus parentes placidamente rústicos: gente agrária das aldeias. É possível que postais semelhantes a esses, escritos para Portugal, tenham sido escritos de São Paulo e do Rio Grande do Sul para a Itália, por italianos entusiasmados com o Brasil.

Os postais foram uma das expressões mais vivas da sociabilidade brasileira no começo do século XX. Colecionou-os com muito carinho, não só pelas figuras ou pelas vistas como pelos autógrafos, Da. Maria (Iaiá) Cavalcanti de Albuquerque, pernambucana, por algum tempo residente em Santos, e cujos sobrinhos-netos estudaram na Suíça. Em 1907 recebeu ela luxuoso *postkarte* com a figura colorida de São José a segurar um livro e no verso estas palavras assinadas por "Sinhá", uma sua amiga residente na Bahia: "O mensageiro mergulhe no mar da felicidade aquela que colhe hoje mais um lírio no jardim da sua preciosa existência". Palavras muito da época: tanto nos postais como nas felicitações públicas, pelos diários.

Em outro postal uma sua sobrinha lhe escrevia em 1908 do Rio: "O Carnaval foi tão bom que cheguei a escrevê-lo aqui com letra maiúscula". Aliás havia também postais coloridos de reclame industrial, como os do Xarope Roche: um deles fixando o doce viver de uma família ameríndia, o homem deitado na rede, a mulher com o culumizinho, sentada no chão. Ou como os do Manon Purgativo, simbolizado num automóvel, enquanto "outros purgantes" eram apresentados sob a forma de carros de boi. Ou, ainda, como o do Xarope Noel, representado pela figura de um Papá Noel a distribuir o xarope do seu nome a crianças. Foi no começo do século XX que, através dessas e de outras sugestões neoeuropeias, a figura do Papá Noel principiou a substituir, nos meios burgueses mais progressivos do Brasil, a do Menino Deus dos velhos presepes, rurais ou agrários, que foram se tornando arcaicos para a gente dessa esfera social. Ele, os presepes, as lapinhas, os próprios pastoris, foram se tornando arcaísmos um tanto ridículos aos olhos dos brasileiros progressivos, raros tendo sido, no fim do século XIX e no começo do XX, os quase provincianos um tanto fora de época que, como Melo Morais, Sílvio Romero, Afonso Arinos, tentaram comunicar aos seus compatriotas o gosto pelo folclore. Afonso Arinos foi, na época aqui considerada, o tipo do provinciano cosmopolita.

Outros dos parentes de Iaiá Cavalcanti de Albuquerque escreviam-lhe em 1911 para São Paulo, informando-a dos progressos do Recife: um Recife que se industrializava ou modernizava, embora sem poder comparar-se com São Paulo. Mandando-lhe vistas da Estação Central, das obras do porto, da Praça da Independência, da Praça da República, outrora Campo das Princesas. Nem todos esses seus parentes eram entusiastas de tal progresso; nem simpáticos, como fidalgos antigos, a outra gente que não fosse a branca ou de "cabelo bom": o "cabelo bom" tendo sido na época uma espécie de marco que estabelecia decisivamente a fronteira entre brancos e gente de cor. Quem tivesse "cabelo bom" passava por branco; era "tão bom como tão bom", como se passou a dizer, com frequência, após o 13 de Maio, do ex-escravo em relação com o homem livre; quem tivesse cabelo ruim, isto é, encarapinhado, mesmo que fosse alvo ou sardento de pele, era considerado cabra, isto é, amulatado. Filho ou neto de escravo e como tal socialmente desprezível.

Em 1912 escrevia do Recife a Da. Iaiá seu parente Z. que "a pátria brasileira cheia de analfabetismo, politiquice, negros e mulatos" ia "definitivamente à gaita". Quanto "ao progresso do Recife" naqueles dias "a coisa é cômica, podemos lhe garantir. Tem se feito, no largo do Palácio, mais uns canteiros e arrancaram-se as grades do jardim. E sabe que ideia teve o prefeito? No centro de um desses canteiros, defronte do edifício do Tesouro e do edifício da Biblioteca Pública, ao desembocar da ponte Buarque de Macedo, como um monumento aos estrangeiros que venham de desembarcar nesta 'Veneza americana', construiu (é estupendo!) um mictório! Só se vendo..." E ainda: "Que gente torpe e que cérebros de tapioca misturada com angu de milho, feijão-preto e farinha de pau!"

Aliás, na mesma época, outro parente perguntava à "Dinda Iaiá" – como era conhecida em família Da. Maria Cavalcanti de Albuquerque – se não tinha, no nevoento São Paulo, "saudades dos quitutes do Norte". Devia tê-las, embora, com o crescente prestígio nacional do Rio de Janeiro, em prejuízo das Províncias – excetuada a de São Paulo – viesse se acentuando a tendência para levar-se ao ridículo quanto fosse rústico ou matuto ou sertanejo ou caipira na civilização brasileira: tendência que teve uma das suas mais pitorescas expressões na figura, consagrada pela *Careta* de então, do mineiro mítico Manuel Tibúrcio da Anunciação – criação do então jovem humorista Mário Brant; e outra, no tipo cômico e até burlesco de "Seu Anastácio", de revista teatral muito em voga nos primeiros anos da República. Pelo que não era elegante, no Rio de Janeiro ou em Santos ou no já muito industrializado e reeuropeizado São Paulo, gostar ostensivamente alguém de "quitutes do Norte"; de tutu ou de lombo de porco mineiro; do próprio cuscuz chamado paulista; ou do churrasco do Rio Grande. Daí a consagração nacional que alcançou nesses dias de supervalorização do que fosse carioca, nos meios elegantes ou sofisticados do País inteiro, "o peru à carioca": concessão máxima à culinária nacional, desde que aos franceses repugnavam a feijoada, o caruru, o vatapá; e comidas que repugnassem a franceses e fossem, além do mais, de origem em parte africana, eram plebeísmos ou africanismos que deviam desaparecer da culinária nacional.

Admitia-se, porém, que se considerasse quitute nacional ou brasileiro a canja de origem indiana, propagada no Brasil pelos portugueses; e que tendo sido o prato predileto do imperador, na sua velhice de burguês um tanto simplório e inimigo de riquefifes culinários, recebeu em 1913 rasgado elogio de Theodore Roosevelt. Falando a um repórter do Rio de Janeiro sobre a expedição Roosevelt-Rondon aos sertões brasileiros, disse o grande sertanista e positivista que "o Sr. Roosevelt só de uma descoberta se vangloriou: foi a da canja". "Da canja?!" – perguntou espantado o jornalista. E Rondon: "Sim, da canja. Para ele esse prato, tão nosso conhecido, constituiu uma verdadeira revelação. Não se cansava de o elogiar nem de o ver figurar no cardápio de todas as refeições. Afirmava que o iria tornar conhecido nos Estados Unidos. Enquanto estivemos em lugares em que era possível adquirir galinhas, com elas se preparava a canja do Sr. Roosevelt, ao almoço e ao jantar. Quando nos vimos no interior do sertão bravio, navegando águas do antigo Dúvida, abatíamos a tiro jacus e jacutingas, pois essas aves se prestam àquele fim tão bem como as galinhas".[29]

Canja de jacu foi decerto um brasileirismo, aparecido na época aqui considerada. Um delicioso brasileirismo digno da melhor atenção nacional. Mas não se comunicou ao Rio de Janeiro, nem sequer a Belém. Eram cidades, essas, que o progresso industrial afastava dos jacus e dos valores rústicos que não sofressem, como as ervas medicinais, o beneficiamento industrial.

Não se limitou, entretanto, o primeiro Roosevelt a adotar a canja lusotropical como prato de sua particular estima: "[...] o ilustre hóspede achava excelente o nosso feijão e muitas vezes se fez servir do que era preparado no caldeirão da cozinha para os camaradas e praças do contingente".[30] Aliás, o mesmo anglo-americano, que teve no Brasil desses rasgos quase de antecipação aos de Lawrence da Arábia, no Oriente, elogiou de modo entusiástico o caboclo brasileiro que viu nos sertões, em luta com a mais áspera das naturezas: "[...] um país que possui filhos como estes [e assim falava apontando os brasileiros, simples homens do povo, que os acompanhavam na sua travessia de ermos tropicais, disse Roosevelt a Rondon que] estava destinado a ir muito longe".[31] Isto foi dito por Theodore Roosevelt de caboclos às vezes cabras, isto é, tocados de sangue africano; e deve ter desconcertado os arianistas brasileiros da época, horrorizados com o número de "negros e mulatos" que enchiam o Brasil de então; e com o fato de nas casas burguesas haver quem comesse comida de origem africana.

A Emílio Cardoso Ayres não foi precisamente esse o aspecto da vida nacional que o desencantou no Brasil, após vários anos de estudos na Europa: os secundários, em colégio inglês, e os de pintura, em Paris, com mestres franceses. O que o entristeceu no Rio de Janeiro de 1910 foi a falta, a seu ver absoluta, de densidade, do meio artístico: "meio artístico pequeno demais... quase mesmo que não existe", escrevia ele da capital da República à sua mãe, em carta de 29 de agosto daquele ano. Era, entretanto, o meio artístico – em pintura e escultura – dos Bernardelli, dos Eduardo de Sá, dos Amoedo, dos Parreiras. A Escola de Belas-Artes do Rio de Janeiro pareceu-lhe em 1910 "uma miséria para quem vem de onde eu vim". Pelo que: " [...] cada vez sinto menos simpatia por este meu país". Isto sem que fossem suas recordações de Londres e de Paris todas elas tão "boas recordações" que não lhe permitissem ter boas impressões do seu país.

Entretanto, em sua carta de 10 de agosto de 1907 – carta ainda de adolescente – mostrara-se encantado com certos progressos de superfície do Rio, já em processo de modernização sob a mística de progresso industrial. "Ontem apesar do dia conservar-se incerto, realizou-se na Avenida Beira-Mar um esplêndido *five-o' clock tea*, servido por senhoras, e ao mesmo tempo o corso, que deram à bela avenida um aspecto muito bonito, esteve como eu nunca a vi, nem mesmo no dia de regatas, somente a chuva veio acabar com tudo, terminando a festa antes de tempo." Assistira a "uma conferência no Instituto de Música". E informava que "a festa da tia" constara de "um chá na *cave*". Mais: "os ônibus automóveis já chegaram, estando já um em serviço pela Avenida, Lapa e E. de Ferro. Qualquer dia destes irei em um deles para o ateliê, experimentar".

Não era assim Emílio um europeizado que de todo se fechasse, no Rio de Janeiro, ao que fosse progresso metropolitano que estivesse enriquecendo a paisagem e abrilhantando a vida do seu país. Seu desencanto era com a pobreza das artes e a esterilidade dos artistas, numa terra cujo encanto, diferente do europeu, ele já devia sentir, certo como é que ia antecipar-se aos Gide e aos Lawrence em ser um entusiasta da África e do Oriente, precisamente por isto: por serem terras diferentes da Europa. A 7 de novembro de 1914 ele escreveria de Toguer, aldeia castiça da Tunísia: "lindo lugar retirado num oásis de 400 mil palmeiras, a cidade ou aldeia árabe cheia portanto de tipos interessantes". Ao contrário de Argel: "[...] infelizmente nada interessante pelo lado indígena, pois os franceses já estragaram tudo com a civilização e com os edifícios modernos, destruindo assim toda a cidade árabe. Só existe um quarteirão que ainda está intacto, quarteirão este só interessante pelos tipos que lá se encontram". E encantador em Toguer – espécie de lugar messiânico para Emílio – era o fato de não se verificarem lá "nem roubos nem assassinatos". Crimes então frequentes no Brasil; e que vinham se acentuando com o progresso industrial. É curioso que sua aversão de artista, um tanto sem entusiasmo pela civilização industrial, se estendesse a Portugal: "Quanto a Portugal, mamãe bem sabe que prefiro ir para outros lados".

Foi pena que, no Brasil dos primeiros anos do século XX, Emílio não tivesse ido à Bahia; nem ao Pará; nem aos sertões, numa das expedições de Rondon. Eram arrojos para os quais lhe faltava, além de um ânimo mais viril, saúde: Emílio, sendo um bonito rapaz, sempre muito elegante nos seus jaquetões, no Brasil feitos no Brandão, era, entretanto, como Rui Barbosa, doentíssimo dos olhos; e mártir de males menos evidentes. Seu desajustamento ao Brasil talvez explique o fato de ter sido aqui caricaturista – talvez o maior caricaturista brasileiro de todos os tempos, com certeza, o mais fino, o mais agudo, o mais complexo do mil e novecentos carioca; e na África, pintor. Pintor sobretudo de retratos. No Brasil dos primeiros anos do século XX, o único retrato que pintou esse pintor desajustado do progresso ou da civilização industrial e comercial da sua época – progresso como que identificado aos seus olhos com a figura do pai – foi o retrato de Da. Emília: sua mãe.

Enquanto Santos Dumont foi o super-herói dos "amarelinhos" brasileiros da época considerada neste ensaio, seguido de perto, nessa glorificação do homem aparentemente insignificante mas, na realidade, de supremo valor, pelo também "amarelinho" Rui Barbosa, Emílio Cardoso Ayres parece ter sido o supermártir do mito. Seu suicídio, num hotel francês de província, é o sentido sociológico que parece apresentar: o de inconformação de um *mignon* de nascença com a deterioração, pelo tempo e pela doença, desse seu físico de semi--homem, tornado escandaloso, aos seus próprios olhos de caricaturista com alguma coisa de genial, pelo contraste de sua figura em declínio com a da mocidade vigorosa, atlética e cor-de-rosa dos rapazes que conheceu na Suécia, patinando sobre o gelo, fazendo esqui, brincando com a neve. Não lhe serviu de consolo nem de animação o exemplo de Santos Dumont. Parece ter agido sobre ele, mais poderosamente que esse exemplo de triunfo, aquela outra parte de todo folclórica do mito brasileiro do "amarelinho", segundo a qual o indivíduo débil e muito pálido encantava-se não em herói, mas em lube: em lobisomem.

Um lobisomem a cumprir sua sina pelos cais e pelos cabarés europeus, para vergonha da família e dos amigos brasileiros e antir-reclame do Brasil: que o barão do Rio Branco tanto procurara tornar além de admirado, respeitado por europeus e americanos. O que conseguira servindo-se até de "amarelinhos" positivos como Santos Dumont e como Rui. Emílio Cardoso Ayres não quis ser, neste particular, um "amarelinho negativo". Seu suicídio foi o de um narciso em decomposição mas foi também, ao que parece, o de um artista torturado pela ideia, aliás falsa, do fracasso. Fracasso de artista e fracasso de brasileiro que representando, como artista, o Brasil na

Europa – uma Europa que Santos Dumont empolgara – não conseguiu ser outro Santos Dumont. Um outro Santos Dumont que se compensasse da inferioridade de físico, quando o declínio lhe atingiu a mocidade de Narciso inquieto, sentindo-se um artista supremo a quem a Europa se curvasse curvando-se ao mesmo tempo ao seu Brasil materno. O representado por Da. Emília, sinhá do Engenho Gaipió; e não pelo pai, armazenário de açúcar desejoso de ver o filho continuá-lo nesse comércio e, por esse meio, concorrer para o progresso econômico do seu país.[32]

Notas ao Capítulo IX

1. Burnichon, *Le Brésil d'aujourd'hui*, cit., p. 13.

2. Ramalho Ortigão, "O quadro social da revolução brasileira", *Revista de Portugal*, cit., II, p. 99.

3. Barão d'Anthouard, *Le progrès brésilien*, Paris, 1911, p. 149-150.

4. *O Brasil*, publicação do Centro Industrial do Rio de Janeiro, Rio de Janeiro, III, anexo 13, 1908.

5. Ballou, *Equatorial America*, cit., p. 162.

6. J. O. P. Bland, *Men, Manners & Morals in South America*, Londres, 1920.

7. Foi J. O. P. Bland, no seu *Men, Manners & Morals in South America,* cit., quem, antes de observar que era elegante, no Brasil do começo do século XX, o homem próspero, mesmo casado, ostentar amantes europeias – *"opera troupes, light comedy companies and variety artists, not to mention petites maîtresses and* grandes cocottes [...]" –, contribuindo esse pendor dos elegantes para que *"the white slave traffic"* viesse crescendo *"with the wealth of these South American communities"* e satisfazendo, entre nova espécie de paxás, *"polygamous instincts* [...] *indeniable strong".* Sobre o abuso de perfumes pelo brasileiro da época, escreveu o observador inglês: *"The Brazilian's penchant for scent amounts to a passion: upon their coming aboard, all the perfumes of Arabia contended for mastery in the social hall and even in the smoking-room the fragrance of Havana and bird's-eye was smothered by patchouli, verbena and fleur d'amour* [...]. *The race's sense of smell seems to have gone on a perpetual 'jag' that nothing but the strongest excitement can satisfy".* Eram homens "[...] *oiled and curly* [...]" (p. 36-37).

8. Pierre Denis, *Le Brésil au Xe Siècle*, Paris, 1909, p. 88.

9. D'Anthouard, op. cit., p. 148.

10. Consultem-se sobre o assunto os *Anais da Câmara dos Deputados*, Rio de Janeiro, 1908, que foi ano decisivo no desenvolvimento ou definição de uma política incisivamente protecionista. Sobre os últimos anos da época considerada neste ensaio, veja-se *A presidência Venceslau Brás* (1914-1918), Rio de Janeiro, 1918, de Pedro Cavalcanti. Também, Isaltino Costa, *A indústria têxtil brasileira e os mercados sul-americanos*, São Paulo, 1920. Em 1913, dizia-se em artigo no *Jornal de São Paulo*, transcrito em *O Mundial* – órgão de propaganda mutualista – de 26 de abril do mesmo ano, que não era com "o simples abaixamento de tarifas aduaneiras" que se conseguia deter o encarecimento da vida então já generalizado no país e não apenas

sentido de modo agudo na área setentrional. Afinal, havia "lavouras" que floresciam "à sombra dos direitos protetores", com essas lavouras remediando-se o perigo da monocultura. Tais "direitos protetores" defendiam o Brasil contra o açúcar alemão, as batatas francesas, o milho argentino, o arroz indiano. O mesmo não se podia dizer de tarifas alfandegárias brasileiras no que se referia à "matéria-prima, manufaturas de ferro e aço, instrumentos de trabalho".

11. Denis, op. cit., p. 161.

12. Denis, op. cit., p. 104.

13. Denis, op. cit., p. 146.

14. Denis, op. cit., p. 153.

15. Denis, op cit., p. 317.

16. Veja-se sobre o progresso de teuto-brasileiros no Rio Grande do Sul, em Santa Catarina e outras partes do Brasil o livro coletivo, organizado por Alfredo Funke, *O Brasil e a Alemanha* (1822-1922), publicado em Berlim em 1923, especialmente os capítulos "A civilização brasileira e o elemento alemão no Brasil" (Alfredo Funke), "A cooperação do trabalho alemão na indústria brasileira" (Mark Neven du Mont).

17. Denis, op. cit., p. 329.

18. Vieira Souto, *O melhoramento da Cidade do Rio de Janeiro*, cit., p. 6.

19. Vieira Souto, op. cit., p. 71.

20. Francisco Pereira Passos e outros, *1º Relatório da Comissão de Melhoramentos da Cidade do Rio de Janeiro*, Rio de Janeiro, 1875, p. 12.

21. Passos e outros, *1º Relatório*, cit., p. 28.

22. Lewis Mumford, *Sticks and Stones – A Study of American Architecture & Civilization*, Nova Iorque, 1924, p. 179.

23. Mumford, op. cit., p. 188.

24. Ballou, op. cit., p. 206.

25. Ballou, op. cit., p. 207.

26. Ballou, op. cit., p. 103.

27. Ballou, op. cit., p. 96.

28. Roger W. Babson, *The future of South America*, Boston, 1915, p. 293. Babson registrou no seu livro evidências de progresso industrial no Brasil, mas observando o exagerado protecionismo a

cuja sombra ele se vinha realizando e que era causa do *"enormous cost of living"* que afligia os brasileiros (p. 304). Interessante foi a preocupação revelada pelo então ministro do Exterior do Brasil, em conversas com o economista anglo-americano, de retificar o erro, salientado pelo próprio Babson, de incluírem os compêndios de geografia adotados nos Estados Unidos, o Brasil, entre os "países tropicais". Lauro Müller repeliu tal generalização: não era certo que o Brasil fosse todo *"hot, low and unhealthy country"* (p. 320).

29. *Missão Rondon. Apontamentos sobre os trabalhos realizados pela Comissão de Linhas Telegráficas Estratégicas de Mato Grosso ao Amazonas sob a direção do coronel de engenharia Cândido Mariano da Silva Rondon de 1909 a 1915*, Rio de Janeiro, 1916, p. 436-437.

30. *Missão Rondon*, cit., p. 437.

31. *Missão Rondon,* cit., p. 438. Talvez tenha concorrido para avivar em Rondon o senso de responsabilidade brasileira em face dos sobreviventes de grupos ameríndios no território nacional, o "acuso!" de Roger Casement à Anglo-Peruvian Amazon Co., cuja repercussão na Europa foi considerável. Esse "acuso!" não deixava de envolver brasileiros, senhores de seringais; e o próprio governo da República. O nome de Casement, através desse documento corajoso, tornou-se um dos nomes de europeus mais ligados à América do Sul – inclusive o Brasil – do começo do século XX.

Depois de algum tempo de serviço consular na África – inclusive na África Portuguesa –, Roger David Casement foi transferido em 1906 para Santos, donde seguiu para a capital do Pará, como cônsul, em 1907, até ser nomeado cônsul-geral da Grã-Bretanha no Rio de Janeiro em 1908. Por incumbência do governo britânico, voltou em 1910 à região amazônica a fim de investigar até que ponto eram exatas as acusações de crueldade no tratamento dos indígenas que vinham sendo feitas contra os agentes da Anglo-Peruvian Amazon Co. Dessas investigações resultou um *Blue Book* publicado em 1912, com revelações sobre o assunto que comoveram a Europa civilizada; e que valeram a elevação do seu autor a baronete. Embora as mesmas crueldades fossem principalmente praticadas na Amazônia peruana, também na Amazônia brasileira se encontravam então práticas do sistema denominado pelos ingleses *"loan slavery"*. Além do referido *Blue Book*, devem ser lidos sobre o assunto o livro *The Lords of the Devil's Paradise*, de G. Sidney Paternoster, publicado em Londres em 1913 e o de H. H. Smith, *The Rubber Industry of the Amazon*, Londres, 1915. No *The Times* (Londres) de 25 de fevereiro de 1913 a situação brasileira foi especificamente considerada. Aliás do assunto já se ocupara em livro publicado em Londres em 1913 – *Across Unknown South America* – o explorador inglês A. Henry Savage-Landor, que tendo estado no Brasil em 1911, percorreu, sem o auxílio do coronel Cândido Rondon, grande parte do interior agreste, e surpreendeu na área amazônica traços daquele tipo de escravidão. Savage-Landor encontrou-se na Amazônia brasileira com Roger Casement, que parece ter vivido ali vida um tanto excêntrica, sendo conhecido por uma arara de estimação que às vezes praticava diabruras. É estranho que Rondon tivesse se recusado a acompanhar Savage-Landor, de acordo com a determinação do então ministro da Agricultura, Pedro de Toledo, *"specially interested"* na viagem do inglês, segundo declara na p. 12, vol. I, daquele seu livro. Savage-Landor elogia a obra realizada no interior do Brasil pelo ilustre predecessor de Rondon que foi Couto de Magalhães, estranhando que ela não viesse sendo continuada *"in these days of civilisation, order and progress"* (I, p. 110).

Savage-Landor não exagerava quanto às condições de trabalho na Amazônia brasileira, onde ele surpreendeu traços de escravidão. José Veríssimo escrevera que o índio selvagem e o domesticado (tapuio) eram ainda, no fim do século XIX, "muitíssimas vezes escravos. Como tal surrados, como tal vendidos (menos o instrumento público), como tal doados ou ultrapassados, sem consulta à sua vontade, de patrão a patrão" – *A Amazônia*, Rio de Janeiro, 1892, p. 30. Veja-se do mesmo autor, *Interesses da Amazônia*, Rio de Janeiro, 1915. Aí reconhecia o eminente publicista, na página 34, que era antes de "boa justiça" do que de "clima" próprio à imigração europeia, que necessitava o imigrante branco para instalar-se na região amazônica. E recordava que já eram então "numerosos" os italianos aclimados na Amazônia brasileira, além de vários "pequenos grupos" de alemães, russos e polacos; e de franceses. Havia também anglo-americanos.

32. Não existe sobre Emílio Cardoso Ayres livro que ponha em relevo a importância desse artista brasileiro que chegou a impressionar a Paris do começo do século XX pelo seu talento. A conferência por nós proferida sobre o assunto, no Museu de Arte de São Paulo, em 1949, ainda não a publicamos. Essa escassez de bibliografia em torno de personalidade tão digna de estudo, pelo valor da sua arte e pela pungente intensidade do seu drama de desajustado, contrasta com a abundância de publicações a respeito de Santos Dumont, cujo drama de desajustado – como Emílio, Santos Dumont terminaria a vida suicidando-se – já foi objeto de interessante ensaio psicossocial: *Santos Dumont* (Rio, 1940), por Gondim da Fonseca. Vejam-se também o estudo de Aluísio Napoleão, *Santos Dumont e a conquista do ar* (Rio, 1941) e *Documentos e depoimentos sobre os trabalhos aeronáuticos de Santos Dumont*, publicado no Rio em 1941 pelo Ministério das Relações Exteriores. Sobre a caricatura no Brasil, devem ser lidos os admiráveis ensaios de Herman Lima.

X | A República de 89
e a Ordem Religiosa no Brasil

Em 1879, discutiu-se na Câmara dos Deputados o problema das relações da Igreja com o ensino superior no Brasil. Um dos oradores exclamou a certa altura de um longo discurso, interrompido por muitos apartes: "Não sou inimigo da Igreja Católica, notem os nobres deputados. Basta ter ela favorecido a expansão das artes, ter sido o fator que foi na história, ser a igreja da grande maioria dos brasileiros e da nossa raça, para não me constituir em seu adversário. Quando o catolicismo se refugia na alma de cada um, eu o respeito: é uma religião de consciência... Mas do que sou inimigo é desse catolicismo político, esse catolicismo que se alia a todos os governos absolutos..."[1]

Quem assim falava era um deputado pela Província de Pernambuco: Joaquim Nabuco. Joaquim Aurélio Barreto Nabuco de Araújo, nascido em sobrado do Recife e criado em casa-grande de engenho fidalgo: o Massangana, de propriedade de sua madrinha, Da. Ana Rosa. Engenho onde aprendeu a rezar o padre-nosso na capelinha de São Mateus.

O que ele opunha à tendência para se criarem, então, no Brasil faculdades livres católicas, semelhantes às belgas, era o receio de que se tornassem redutos de ortodoxia contrários à ciência. E sem ciência, não lhe parecia possível o verdadeiro progresso brasileiro: "[...] cientificamente falando, quem menos conhece o Brasil são os brasileiros;

[...] os domínios da natureza, tão prodigamente abertos diante das nossas vistas, só não têm sido explorados por nós mesmos..." Donde o seu lema: "progresso do País, liberdade da ciência."[2]

Estava então o Brasil no começo de uma época que se requintaria em fazer do progresso um deus e da ciência uma deusa das suas elites intelectuais. Tanto que se chegaria ao extremo de se pretender substituir, com Martins Júnior, a poesia lírica pela "poesia científica" e com outros positivistas, a religião tradicional pela "religião científica". "Política científica", "ditadura científica", "crítica científica", foram outras expressões que se tornaram correntes nesse Brasil ainda Império nuns aspectos de sua vida e já República em outros. Daí homens como o jovem Nabuco de 1879 não terem sabido considerar o problema religioso senão sob critério científico.

Não era de outro modo que vinha considerando o assunto o também ardente apologista do "progresso do País", Rui Barbosa. Na ordem religiosa politicamente representada no Império do Brasil pela aliança da Igreja Católica com o Estado, enxergavam esses e outros jovens homens públicos de ideias, como então se dizia, adiantadas, e grandes entusiastas da Ciência com inicial maiúscula, obstáculo àquele "progresso" e a essa "ciência".

Ainda em 1879 – a 30 de setembro – o então deputado Joaquim Nabuco voltou, na Câmara, a ocupar-se do assunto; mas desta vez a propósito da secularização dos cemitérios. Não defendia – explicou – a causa dos protestantes ou dos judeus. Os protestantes pertenciam, aliás, quase todos, a uma raça que não podia deixar sem solução o problema dos enterramentos: "A raça inglesa não podia ter povoado o mundo, não podia ter criado as grandes colônias que em todos os mares mostram que ela está destinada a governar o mundo no futuro, sem ter em toda parte, por uma forma ou outra, achado o meio de tratar os seus mortos do modo que a sua religião, os seus costumes e o seu sentimento lhes ditaram na mãe pátria".[3] Por consequência, os protestantes, quando anglo-saxões, não teriam se estabelecido em cidades como o Rio de Janeiro "se não tivessem acautelado conforme a sua religião, não só a sua vida como a sua morte". O mesmo era certo dos judeus que aliás preferiam, por motivo de religião, enterrar à parte os seus mortos. Havia, entretanto, quem continuasse, no Brasil, sujeito, depois de morto, ao que Joaquim Nabuco chamava de "perseguição religiosa"[4] sob a forma de jurisdição temporal exercida pela Igreja Católica sobre os cemitérios. E novamente considerando a ordem político-religiosa em vigor no Brasil contrária ao progresso, Nabuco exclamava na Câmara dos Deputados: "[...] um dos fins do estadista, do homem que se interessa verdadeiramente pelo progresso do seu país, é conseguir que se apaguem todos os antagonismos que possam comprometê-lo, que as afinidades que prendem os cidadãos do mesmo país multipliquem-se sempre, isto é, que os sentimentos comuns, os pontos em que todos se acham de acordo, cada vez sejam mais numerosos".[5]

Aqui tocava Nabuco em aspecto do problema que viria a versar ainda noutro discurso: o proferido na Câmara a 16 de julho de 1880 sobre "liberdade religiosa". Isto é, a liberdade religiosa relacionada com o casamento civil, com a organização da família, com a emigração. Não se compreendia país progressivo e livre, em que "toda a imensa força que decorre do poder de autorizar e impedir os casamentos" estivesse "nas mãos do poder clerical", por forma que "todas as questões relativas à constituição da família" dependessem de "tribunais eclesiásticos".[6] Tampouco se compreendia, segundo o então deputado Joaquim Nabuco, que o Estado continuasse a formar ministros ou sacerdotes de determinada religião: "[...] eu ontem votei contra a verba dos seminários [...]". Mesmo porque, nesses seminários os meninos se tornavam padres por persuasão hábil da parte dos mestres, sendo educados "em uma atmosfera especial de misticismo, isolados de todas as ambições e aspirações patrióticas [...]".[7] A Igreja pois, que os educasse à sua custa.

Cremos que nesses três discursos de Joaquim Nabuco, exprimiram-se as principais objeções à aliança política da Igreja com o Império, da parte dos brasileiros que, jovens ao se verificar o ato decisivo para a Abolição representado pela Lei do Ventre Livre, empenhavam-se em considerar, por antecipação, outros aspectos do problema da substituição do trabalho escravo pelo livre: entre estes a necessidade de concederem-se direitos civis ao imigrante acatólico iguais aos dos católicos. Era uma necessidade que, reconhecida, viria alterar profundamente a ordem religiosa em vigor no Império, obrigando a Igreja a transigir com a secularização dos cemitérios e com o casamento civil. E tais transigências – realizadas, sob a pressão do Estado, às vezes em conflito com o representante da Santa Sé no Rio de Janeiro – teriam de acabar, como de fato acabaram, na completa separação da Igreja, do Estado, realizada no momento justo pela República de 89. Realizada de modo tão suave que o catolicismo não se ressentiria dela: de sua aparente falta de respeito à tradição católica do País. Ao contrário: o modo por que o Império, através de alguns dos seus estadistas maçônicos – um deles, o próprio visconde do Rio Branco – agira contra a Igreja, na célebre questão chamada dos Bispos, predispusera numerosos católicos brasileiros, dentre os mais conscientes de suas responsabilidades religiosas, tanto à República como à separação da Igreja, do Estado.

Fato de que se aperceberia, em perspicaz análise retrospectiva das causas do colapso da Monarquia no Brasil, o neto mais ilustre do imperador Pedro II; e herdeiro, por algum tempo, do seu trono. Referimo-nos ao príncipe D. Luís d'Orléans-Bragança, no livro admirável publicado em Paris em 1912 sob o título *Sous la Croix du Sud*. Aí recorda o autor o que foi a questão dos Bispos: resultado da "*union trop étroite de l'Église et de l'État*" com seus "*nombreux inconvénients*",[8] destacando ter havido falta de tato de ambas as partes: da Igreja e do Império. Tendo os prelados insistido em proibir o ingresso de maçons às irmandades, como membros, o governo imperial "*prit parti pour les francs-maçons*". Foi quando os dois bispos que, no momento, encarnaram mais salientemente a causa da ortodoxia católica contra a maçonaria brasileira ou à brasileira – diferente da europeia sob vários aspectos – e que foram o bispo de Olinda, D. Frei Vital, e o do Pará, D. Antônio Macedo Costa, lançaram o interdito sobre as igrejas e capelas das irmandades que recusassem obediência às suas ordens: ordens apoiadas sobre bulas pontifícias. O governo imperial agiu então contra eles através do judiciário. E daí resultou serem os bispos condenados a quatro anos de prisão "com trabalho", isto é, com trabalhos forçados, dos quais os dispensou o imperador, por ato de clemência. Da pena de prisão, entretanto, chegaram a cumprir mais de um ano, sendo dispensados do seu cumprimento integral pelo decreto de anistia que, em 1875, seguiu-se à queda do gabinete Rio Branco.

Desse, na verdade, "*déplorable conflit*" – como o chama, no seu livro, o príncipe D. Luís – é que resultou, da parte do alto clero brasileiro, desinteresse tal pela sorte da Monarquia, que o 15 de Novembro lhe pareceria "*un affranchissement désirable*".[9] Explica-se assim que, poucos meses após a revolução republicana, o episcopado brasileiro viesse, em pastoral coletiva de 19 de março de 1890, regozijar-se com o fim da "opressão regalista" sob que teria vivido, nos últimos decênios do Império, e exprimir sua esperança de vir a desfrutar sob o regímen de separação decretado pelo governo provisório, uma liberdade jamais conhecida pela Igreja, no Brasil, sob a Monarquia.

Do assunto se ocupa o padre Joseph Burnichon, S. J., num capítulo inteiro – o IX – do seu *Le Brésil d'aujourd'hui*; e aí resume o observador francês seus estudos da questão religiosa no Brasil, lembrando que, sob o regalismo ou o josefismo, os padres haviam se tornado funcionários do Império, "porque ele os pagava"; e pagos pelo Império como quaisquer outros funcionários, seu espírito ou sua mentalidade havia se impregnado ela própria de regalismo. Daí nenhum bem ter resultado para a Igreja da "forte proporção de padres" na primeira assembleia do Império, alguns dos quais – se não todos – foram dos deputados progressistas que mais se apressaram em apoiar, em 1828, o projeto de lei que preparara a supressão das ordens religiosas no Brasil. Processo que se arrastou através da longa agonia das mesmas ordens, durante a qual – como já se recordou noutra página – velhos e ilustres conventos foram degradados em quartéis, em repartições públicas, em bibliotecas, em Assembleias Legislativas de Províncias, em hospedarias. Era toda uma ordem religiosa que se desagregava, ao se desagregarem essas ordens, e se degradarem os seus conventos, sob o pretexto de fazer-se o Brasil marchar ao ritmo de um progresso espiritual, de feitio anglo-saxônio e protestante, que homens como, a princípio, os Feijó e os Abreu e Lima, depois o jovem Joaquim Nabuco – o dos discursos anticlericais de 1879 e 1880 na Câmara – e o jovem Rui Barbosa – o do memorável prefácio a *O papa e o concílio* – pretendiam fosse não um progresso apenas, mas o progresso. O progresso absoluto, único, linear, a que o Brasil religioso, repudiando tradições hispânicas e constantes latino-católicas que o distanciavam de anglo-saxões e de protestantes, devia sem demora e sem restrições ajustar-se, desprendendo-se da tutela de Roma e conservando um catolicismo apenas íntimo, refugiado na consciência ou no sentimento de cada um, como aconselhava Joaquim Nabuco. Nem ao menos parecia esse então radical admitir que o catolicismo se conservasse, no Brasil, culto doméstico ligado ao sistema patriarcal de família, com os próprios padres – às vezes tios-padres – suavizados em comparsas dos patriarcas; e com os sinhozinhos, as sinhazinhas, os meninos, as meninas, as crianças despojando-se às vezes dos seus cabelos soltos e sedosos – a grande insígnia, no Brasil patriarcal, de raça fina, de classe nobre, de família ilustre, de criança fidalga, de mulher bela – para com essas cabeleiras opulentas, nas próprias capelas domésticas ou nas igrejas, como a do Outeiro da Glória, no Rio de Janeiro, a serviço quase exclusivo de famílias aristocráticas – famílias cujas moças não hesitavam, em igrejas tão docemente suas, de namorar com os rapazes, de conversar umas com as outras; de tomar alegremente sorvetes sentadas à oriental sobre tapetes – se cobrirem cabeças de Nossas Senhoras, de Virgens Marias, de santas. Tornaram-se essas Mães dos Homens, pelos cabelos – e não apenas pelas joias, também relíquias de família, com que eram adornadas – pessoas de casa das famílias brasileiras, verificando-se um máximo de identificação da religião católica com a organização patriarcal da sociedade. A sociedade em que nascera Joaquim Nabuco, em Pernambuco, Rui Barbosa, na Bahia, Gaspar Silveira Martins – outro progressista da época, em assuntos de religião –, no Rio Grande do Sul. Que estrangeiros protestantes vissem em identificação assim poética dos filhos brasileiros de famílias patriarcais com suas madrinhas santas simples evidências de papismo ou romanismo supersticioso, compreende-se; mas é difícil desculpar-se nos Nabucos, nos Ruis, nos Silveiras Martins, a atitude de repúdio um tanto pedante ao conjunto lírico de valores, ritos, formas de relações entre os homens e os santos, que haviam se tornado parte tão viva da ordem religiosa brasileira, confundindo-a com a sua ordem familial.

É possível que em alguns desses ritos tenham sobrevivido, no Brasil, até quase os nossos dias, absorções da liturgia indiana dos pagodes, pelo catolicismo dos portugueses quando em contato mais íntimo com o Oriente tropical. Ewbank foi do que se convenceu, tanto em face do costume dos ex-votos ou promessas, nas igrejas brasileiras, em torno de certos santos, como do próprio carnaval que conheceu no Rio de Janeiro, ainda na primeira fase do reinado de Pedro II. Mas sempre foi da política como que antropológica ou sociológica da Igreja tolerar tais absorções sob a forma de substituições, quando úteis à causa católica e incapazes de comprometer o essencial da sua ortodoxia.

Explica-se que protestantes como Kidder e Fletcher[10] tenham visto apenas pitoresco no costume brasileiro, em vigor no século XIX, das ofertas e promessas às Nossas Senhoras serem feitas através de diferentes cores de fitas, de flores, de pedras preciosas das ofertas da parte de indivíduos ou de família; ou do vestuário a ser usado pelas crianças, durante meses, anos, ou, depois de adultos, a vida inteira: indivíduos a favor dos quais, mães aflitas com as doenças dos filhos haviam feito suas promessas. Na verdade, nessa estética de promessas e ofertas, se expandiu um dos aspectos mais significativos da cultura brasileira vinda da era patriarcal; e naquela parte dessa cultura em que as cores do vestuário, das casas, dos móveis, em vez de terem sido caprichos individuais, obedeceram às inspirações ou imposições de uma ordenação ou sistematização religiosa da vida que chegou a alcançar a existência quase inteira dos homens. Resta saber que influência terá tido essa ordenação religiosa – e ao mesmo tempo, poética – da vida, no belo costume, peculiar, segundo parece, ao Brasil, dos anéis de grau de bacharéis e doutores das diferentes faculdades com cores ou pedras correspondentes aos diversos cursos, conforme uma simbologia que se afasta das cores das insígnias dos vários graus consagradas na Europa pela Idade Média. No Brasil, o rubi vem correspondendo ao direito; a esmeralda, à medicina; a safira, à engenharia. É assunto ainda não elucidado, o desse critério brasileiro de cores correspondentes a estudos, inseparável do costume que aqui se desenvolveu dos anéis de grau. A seu respeito, ainda pudemos consultar em 1931 o maior mestre português de história social de Portugal e, até certo ponto, do Brasil, então ainda intelectualmente ativo, João Lúcio d'Azevedo, que nos informou nada ter conseguido apurar sobre a origem do curioso brasileirismo, em que talvez se projete remota influência oriental: daquelas que se projetaram sobre o sistema religioso ao mesmo tempo que sobre o profissional ou o recreativo ou o político de vida ou de liturgia brasileira, através de contatos quer diretos, quer indiretos, do Brasil com a Índia e com a própria China.

Tal a estética pirotécnica, até aos nossos dias inseparável, no Brasil, do sistema religioso de homenagens públicas aos santos; e que dessas homenagens ao sagrado estenderam-se em zumbaias ao profano, representado por homens poderosos; ou em demonstrações de regozijo popular por acontecimentos de caráter igualmente profano. Nas comemorações da Abolição e da República, nos comícios de Joaquim Nabuco no Recife, nas festas que assinalaram a chegada ao Brasil de Santos Dumont, depois do seu triunfo em Paris e de Rui Barbosa à Bahia, após a vitória da sua eloquência na Haia, noutros grandes dias de regozijo profano da época brasileira considerada neste ensaio, o foguete, o fogo de artifício, o chamado fogo de vista desempenharam papel saliente, numa demonstração significativa de ter a estética pirotécnica deixado de comemorar apenas a glória de santos, de reis e de príncipes, para comemorar também, ruidosamente, vitórias de brasileiros cujos feitos teriam resultado no engrandecimento do Brasil aos olhos dos estrangeiros. E para grande número de homens do povo, tais feitos só poderiam ter se verificado sob proteção divina, impondo-se, assim, atos ou ações de graças a Deus e aos santos. Durante o período aqui considerado, realizaram-se numerosas festas, no Brasil, que foram ao mesmo tempo cívicas e religiosas, profanas e sagradas, com os fogos de vista, de origem oriental, animando-as de uma arte – a pirotécnica – que chegou a atingir, entre os brasileiros, um desenvolvimento talvez não igualado em nenhum outro país da América. Estrangeiros viajados por ceca e meca tiveram a impressão, depois de terem visto os fogos, em festas como, nos grandes dias do império, a do alto da Glória, no Rio de Janeiro – festa que se tornou semirreligiosa, semipolítica, pelo fato de se haver desenvolvido numa espécie de glorificação sistemática, todo santo ano, da família imperial, que a ela comparecia, liturgicamente, subindo a ladeira a pé e da igreja dirigindo-se, após a missa, para a residência, também na Glória, da baronesa de Meriti –, de não se encontrar então país algum, exceto a China, onde a pirotecnia igualasse, como arte, a do Brasil.[11] Esse apuramento estético se realizara através da associação de uma arte de origem nitidamente pagã com a Igreja, que, aliás, permitia que, por ocasião das festas de Santo Antônio, São João e São Pedro, as exibições de fogos de vista, concentradas – rodas, sóis, luas, estrelas, triângulos, polígonos, cestas, arcos com letras, dançarinas: figuras todas grandiosas e que se moviam magnificamente aos olhos das multidões – se tornassem, pelo Brasil inteiro – pelos cidades, pelas aldeias, pelos engenhos, pelas fazendas, pelas estâncias – uma dispersão cintilante de fogueiras e de foguetes, cada família procurando armar sua fogueira, maior ou menor, diante da casa; e cada menino procurando soltar sua pistola, sua rodinha ou seu busca-pé. Vários foram os santos regionais, de bairro e até de rua e até as devoções exclusivas de famílias de engenho ou de fazenda que dividiram, até quase os nossos dias, os brasileiros em devotos de cultos particularíssimos, aos quais não faltou por vezes o sal de uma rivalidade belicosa, os adeptos de certa Nossa Senhora vendo nos adeptos de outra, inimigos ou adversários. Os adeptos de Nossa Senhora de Guadalupe mulata desdenhando os de São Benedito ou Santa Ifigênia: santos pretos. Os devotos de Nossa Senhora do Carmo considerando sua santa superior a Nossa Senhora da Penha: ambas brancas, mas uma loura, outra morena. Mas essas divisões foram sempre insignificantes ao lado da solidariedade nacional – de brasileiros de todas as cores, raças, climas, regiões – em torno de São João, de Santo Antônio e de São Pedro. Benedito pode ser, no Brasil, nome só de negro ou de descendente de negro ou de menino cuja mãe, branca e católica, desesperada de vê-lo sobreviver, prometeu humilhar-se e ao menino, dando-lhe o nome de Benedito. E o mesmo é certo de Ifigênia e de Maria do Rosário. Mas João, Antônio, Pedro, do mesmo modo que Manuel e José, Francisco e Maria, Ana e Teresa, vêm sendo, entre os brasileiros, nomes de santos da Igreja dados a meninos de toda espécie e pelos quais não se distingue nem classe nem raça nem região.

É interessante notar-se que entre os fundadores da República no Brasil estava um Manuel Deodoro da Fonseca cujo nome tornou-se o de muita criança brasileira nascida em 1889; menos, porém, sob a forma de Manuel que de Deodoro. Ruis, Benjamins, Florianos tornaram-se numerosos, no Brasil, após o 15 de Novembro, assinalando essa tendência para homenagens a heróis cívicos, novidade entre os brasileiros, entre os quais à tradição de dar aos filhos nomes de santos já se haviam acrescentado outras inovações: a dos nomes clássicos, gregos e romanos; a de heróis da Guerra do Paraguai; a de heróis literários de poemas, romances, novelas ou de autores desses romances ou poemas como Milton, Lamartine; a dos nomes de homens de ciência ou inventores como Newton, Franklin, Edison; a dos nomes ameríndios ou indígenas, como afirmações de nativismo. Não foram poucos, no período aqui considerado da vida brasileira, os brasileiros recém-nascidos que receberam de pais ortodoxamente católicos nomes com alguma coisa de militante em sua afirmação de catolicismo: o de Vital, em homenagem ao bispo que enfrentara com desassombro raro o regalismo do Império. O de Pio, o de Leão, o de Inácio de Loyola, o de Luís Gonzaga, o de Francisco de Assis, o de Vicente de Paulo. Também passaram a ser numerosas, nas famílias mais piedosamente católicas, as Marias de Lourdes, em homenagem à nova devoção católica; as Marias de Nazareth; as Marias da Aparecida; e as Isabel, ou Maria Isabel, em homenagem à princesa Isabel, tida nas mesmas famílias por grande devota da Igreja e considerada, pela gente de cor, como a redentora da raça negra (e como tal homenageada sob a forma do seu nome dado a recém-nascidas da mesma raça); as Teresas – de Teresa Cristina, imperatriz e "Mãe dos Brasileiros" –; as Francisca e Januária – nomes de princesas. Isto sem que em tempo algum, desde a consolidação do Brasil como civilização católica, tivessem deixado de ser batizados recém-nascidos com o nome de Francisco, em homenagem a São Francisco de Assis ou de Inácio, em homenagem a Santo Inácio de Loyola. A despeito de dentro e fora da Igreja, sempre ter havido oposição considerável, no Brasil, ao jesuitismo ou à Sociedade de Jesus, Loyola parece ter tido, em todas as épocas, admiradores ou devotos que lhe puseram o nome nos filhos; e veremos em outra página que tanto Joaquim Nabuco como Rui Barbosa, depois de terem na mocidade se extremado em anticlericais, em geral, e antijesuítas, em particular, terminaram mais do que reconciliados com a tradição religiosa. Nabuco, entretanto, dera ao primeiro filho o nome de um alemão acatólico – Maurício – de resto conservado desde o século XVII, na aristocracia pernambucana, pelos descendentes do holandês Gaspar van der Ley: Maurício ou João Maurício, ao lado do nome do próprio Gaspar.

Em 1890, Rui Barbosa, autor do projeto de separação da Igreja, do Estado, que se converteria em lei, ao elaborar-se a Constituição que um ano depois – 1891 – seria sagrada nova carta magna do Brasil, ainda se revelou anticlerical e antijesuíta. Daí o parágrafo naquele projeto, em que se mantinha a exclusão, do País, da Companhia de Jesus, e paralelamente se interditava a fundação de conventos ou institutos monásticos. Exprimia-se aí a ideia de catolicismo afagada tanto pela inteligência moça de Joaquim Nabuco, na Câmara do Império, de 1879 a 1880, como pelo espírito jurídico do homem ainda de quarenta e poucos anos que era, em 1890, o conselheiro Rui Barbosa. Um catolicismo de "consciência". Um catolicismo de "sentimento". Um catolicismo quase sem ritos. Sem procissões nas ruas. Sem novenas de santos nas igrejas. Sem festas com fogos de vista nos pátios das matrizes. Sem terços nem cultos de Maria nos oratórios ou nas capelas das casas. Um catolicismo que, pelo gosto daqueles "ingleses do Sr. Dantas", seria, no Brasil, anglo-saxonizado em protestantismo; copiado do metodismo da Inglaterra ou do quakerismo dos Estados Unidos, do mesmo modo que as leis, os costumes, os esportes. Isto – é curioso – na mesma época em que nos Estados Unidos e na Inglaterra se verificava considerável latinização do cristianismo; e não pouca romanização do catolicismo anglicano. A época seguinte ao Movimento de Oxford na Inglaterra; a época de maior repercussão, entre cristãos de língua inglesa, da conversão de anglicanos como Manning e sobretudo Newman à Igreja de Roma, que os sagrou cardeais: da conversão à Igreja de Roma dos descendentes de sir Walter Scott, na Escócia: a época de conversão à fé e aos ritos romanos, de intelectuais anglo-americanos como Crawford.

Enquanto toda essa tendência à latinização ou à romanização do cristianismo se manifestava nos países de língua inglesa, Joaquim Nabuco e Rui Barbosa, um tanto retardados no seu anglicismo ou no seu anglo-americanismo, vinham querendo anglo-saxonizar de tal modo o conjunto de crenças e ritos – ritos acrescidos de formas poéticas de expressão de fé ou religiosidade, absorvidos, sem dano para o essencial da ortodoxia católica, de indianos, chineses, africanos – que, triunfante seu critério de purificação do catolicismo brasileiro, a ordem religiosa resultaria, entre nós, na melhor das hipóteses, uma caricatura da metodista ou da *quaker*. Que a tal equivaleria o cristianismo de "consciência" ou de "sentimento", pregado por Joaquim Nabuco da Câmara do Império e por Rui Barbosa, na introdução a *O papa e o concílio*. Foi precisamente essa pregação que predispôs parte considerável da elite brasileira à indiferença pela Igreja Católica, resultando, ainda no Império, em impressionante declínio de vocações para o sacerdócio. Até, que, proclamada a República, houve quem ao republicanismo juntasse sentimentos anticlericais.

Contra lei de separação da Igreja, do Estado, que excluísse do País a Companhia de Jesus e anticlericalismo ou antimonasticismo que, na própria Constituição da República, proibisse a fundação de institutos monásticos no Brasil, levantou-se em tempo justo o episcopado brasileiro. E com tal vigor, que o então anticlericalismo de Rui Barbosa cedeu ao tradicionalismo impregnado de latinidade católica e brasileira, representado, no momento, com autoridade inigualável, por D. Antônio Macedo Costa. Reclamava o então arcebispo da Bahia para os brasileiros a liberdade de render culto a Deus e de praticar a religião cristã, segundo as tradições do País; essas tradições eram – não o disse o primaz do Brasil mas subentende-se em suas palavras – as latinas, as romanas, as hispânicas. Opunha, por conseguinte, um vivo sentimento brasileiro de latinidade católica à inovação antibrasileira e anticatólica que parece ter informado o primeiro projeto ou o primeiro jato de lei de separação da Igreja, do Estado.

Do triunfo que o episcopado brasileiro obteve contra um anticlericalismo então poderosíssimo, em certos meios brasileiros, resultou uma lei de separação da Igreja, do Estado, que dificilmente poderia ter sido – reconheceu-o o padre Joseph Burnichon, S. J. – *"plus bienveillante et plus amicale"*.[12] Apenas, escrevendo em 1908, o bom do jesuíta não pôde deixar de acrescentar este comentário ao acontecimento de 1890: "[...] *l'auteur du projet se punit lui-même plus tard de l'y avoir inséré confiante aux jésuites l'éducation de ses fils"*.[13] De Joaquim Nabuco veremos noutra página que acabaria católico dos chamados, no Brasil, práticos; e completado, na sua reintegração na ordem religiosa brasileira, pelo fato de um dos seus filhos ter se tornado sacerdote.

O problema das vocações sacerdotais foi, na época de vida brasileira aqui considerada, um dos mais graves para a ordem religiosa no país. Tendo se acentuado a desagregação de um sistema patriarcal de organização de família, de economia e de política, dentro do qual a própria atividade religiosa se vira subordinada mais aos patriarcas do que aos bispos, criaram-se novas situações para o sacerdócio e para os sacerdotes. Começaram muitos dos brasileiros do tipo dos que outrora concordavam docemente em se tornar padres e até frades, para satisfazer desejos de mães piedosas ou imposições de patriarcas arbitrários – tão arbitrários que distribuíam os filhos pelas várias profissões nobres, isto é, as Armas, o serviço del-rei, a magistratura, o magistério, a Igreja, posteriormente, a medicina, visando estabelecer, assegurar ou conservar o prestígio da família – a notar que já não lhes estava reservado, na carreira eclesiástica, o confortável papel de tios-padres, isto é, de padres mais filhos ou mais membros ou mais comparsas desta ou daquela família patriarcalmente importante, embora também religiosos, que puros sacerdotes a serviço da Igreja; e sendo assim, nem a eles nem aos patriarcas convinha, no interesse familial ou patriarcal com que se combinasse o da Igreja, a atividade clerical ou monacal. Em depoimento oral, ilustre brasileiro que se dedicou no fim do século passado ao sacerdócio católico, confessou-nos ter tido do sacerdócio experiência diversa da do tio – tipo ainda clássico de tio-padre – por ter se ordenado já sob nova situação nas relações da ordem religiosa com a ordem patriarcal ou familial no Brasil. A Igreja, ao tornar-se superior em prestígio ao que fora nos dias das famílias patriarcalmente importantes quase donas de conventos, de recolhimentos, das próprias sés, e não apenas dos capelães e dos tios-padres a serviço dos interesses patriarcais e, por extensão, nacionais ou pré-nacionais, tanto quanto dos da Igreja – em alguns casos mais dos interesses patriarcais ou familiais do que dos da Igreja –, passou a exigir dos sacerdotes uma fidelidade aos deveres sacerdotais e uma devoção à causa religiosa, em sua forma estritamente eclesiástica, que antes não fora exigida nem sequer esperada deles. Em face de tais exigências e do declínio, por outro lado, da instituição patriarcal de família, sucedeu o que era natural que sucedesse: principiou a diminuir o número de jovens que ingressavam nos seminários, não apenas para adquirir boas humanidades, porém para se fazer ordenar sacerdotes. Chegou-se assim à situação de, em 1907, haver, no Brasil, apenas um padre para 15 mil fiéis, enquanto nos Estados Unidos – República protestante – havia um padre católico para 867 fiéis.[14]

A verdade, porém, é que ao declínio em quantidade parece ter correspondido o começo de um progresso nada desprezível na qualidade e se não intelectual, moral, dos padres brasileiros. Sob a plenitude do regímen patriarcal, tantos eram os indivíduos que concordavam em ser padres e até frades apenas pelo prestígio social então associado à carreira eclesiástica e tendo em vista o fato de que sua subordinação às autoridades da Igreja era mínima, que o clero brasileiro se tornara famoso pela "imoralidade". "*There is no class of men in the whole Empire whose lives and practices are so corrupt as those of the priesthood*", diz-se na edição de 1879 de *Brazil and the Brazilians*, de Fletcher e

Kidder.[15] Isto, numa época ainda de numerosos padres e frades no Brasil, que ao Rev. Fletcher deram a impressão de trajar, quase todos, nas ruas, de "modo extremamente inadequado a um clima tropical" (*"exceedingly inconvenient in a warm climate [...] with perfect composure under a hot sun that makes every one else swelter"*,[16] enquanto, no interior das igrejas, geralmente fresco, o padre brasileiro parecia adaptado ao trópico: *"the padre, with his uncovered tonsured head, with his thin gowns and airy laces, seems prepared for a tropical clime"*.[17]

Não era oneroso o ofício de padre no Brasil de então. Pelo menos, assim pensou o protestante Fletcher. A atividade religiosa da maioria dos sacerdotes resumia-se, no Império brasileiro, em dizer missas na fresca da manhã e com aquelas vestes leves; em levar o Santíssimo aos moribundos; em acompanhar, quase sempre de carro, enterros ou funerais. E é claro que a batizar, casar, confessar. Quanto a festas da Igreja, embora continuassem solene ou festivamente celebradas a Semana Santa, o Domingo de Ramos, o Sábado de Aleluia com os seus judas, o dia de São Jorge – além do de São João, o de Santo Antônio, o de São Pedro –, já não eram tão numerosas, em 1878, num Império, como o brasileiro, governado por um voltairiano, como outrora; e ao fogo de vista algumas já acrescentavam o anglicismo das corridas de cavalo e os leilões.[18] Em outras se anunciava, para escândalo dos protestantes estrangeiros de passagem pelo Rio de Janeiro, estarem à venda Espíritos Santos de ouro, de prata, de metal semelhante à prata: cada tipo, com seu respectivo preço. Compreende-se assim que vários dos sacerdotes da época fossem professores; ou poetas; ou jornalistas; outros, políticos: membros da Câmara ou do Senado. Aí, segundo Fletcher, o padre de ordinário se revelava mais eloquente *"in ore rotundo Lusitaniam"*, que do púlpito. E não é senão à presença de padres na tribuna parlamentar, na imprensa, na literatura, durante o Império, que se deve atribuir a sobrevivência no Brasil de formas demasiadamente oratórias ou excessivamente clássicas, de expressão, quer parlamentar, quer literária, com todas as vantagens e sobretudo desvantagens decorrentes de tais excessos.

A anglo-saxões como Ewbank, Kidder, Fletcher, que visitaram o Brasil durante o regímen imperial, concentrando o melhor da sua atenção no estado religioso da gente brasileira, vítima, segundo eles, do papismo ou do romanismo, assombraram os anúncios de orações contra doenças e pestes que em pleno Segundo Reinado apareciam em jornais do Rio de Janeiro, entre anúncios de drogas e remédios. Anúncios como este, relativo à cólera, contra a qual notou Fletcher muitos brasileiros se resguardarem por meio de escapulários ou orações aos santos, pendurados ao pescoço, à maneira maometana ou árabe: "Oração para benzer as casas contra a epidemia reinante, ornada de emblemas religiosos, troca-se por 80 r.s. na Rua dos Latoeiros nº 59". Ou como este: "Palavras santíssimas e armas da Igreja, contra o terrível flagelo da peste, com a qual se tem aplacado a divina justiça, como se viu no caso que sucedeu no real mosteiro de Santa Clara de Coimbra em 1480. Vende-se na Rua da Quintanda nº 174. Preço 320 rs".[19]

Pelo mesmo motivo, foram frequentes nas capitais do Brasil, durante o Segundo Reinado, as procissões de penitência, com tochas, com homens vestidos de mortalhas, com iaiás finas de pés descalços. Essas procissões desapareceram das capitais para prolongarem-se no interior até os primeiros decênios da República, e algumas até aos nossos dias, concentrando-se as manifestações devotas de sabor ainda medieval em santuários como o da Lapa, o da Aparecida, o de Santo Amaro de Serinhaém, o de São Severino dos Ramos; mas permanecendo, várias, em torno de igrejas urbanas, como as de Nazareth, em Santa Maria de Belém; ou a de Nosso Senhor do Bonfim, na capital da Bahia. O puritano que havia no Rev. Fletcher reagiu contra as festas brasileiras do tipo da de Nazareth – *the grand annual festival of Nazareth* – com todo o ardor do seu puritanismo: não eram festas que concorressem para a edificação religiosa do povo, mas novenas célebres pelas danças, pelos fogos de artifício e pela jogatina.[20] E outro clérigo protestante, o inglês Walsh, já observara dos brasileiros que eram rivais dos turcos na quantidade imensa de pólvora que faziam explodir por ocasião dessas festas.

Todos notaram, como era de esperar que notassem, menos respeito da parte dos católicos brasileiros que dos anglo-saxões protestantes pelo Dia do Senhor. Mas nisto os brasileiros não constituíam exceção: sua atitude era a mesma que a dos católicos italianos e franceses. Daí paradas militares aos domingos; e funções nos teatros e nas casas de ópera mais concorridas que nos outros dias. Tornou-se também o domingo o dia de música de pancadaria nas praças ou nos jardins públicos, em coretos um tanto orientais que se tornaram característicos das cidades brasileiras – das pequenas tanto quanto das capitais – nos primeiros decênios da República, quando a música de dobrado parece ter se animado de fortes inspirações cívicas ou de sugestões patrióticas vindas da Abolição, das proclamação da República, da luta do chamado Marechal de Ferro contra os chamados sebastianistas, embora nenhum desses acontecimentos tenha se projetado sobre a música popular com o vigor com que nela e na poesia folclórica se projetou o triunfo, em Paris, do brasileiro Santos Dumont. Note-se, entretanto, de D. Vital que foi homem da Igreja que teve na época uma repercussão que se prolongou do fim do Império ao começo da República; e que essa repercussão não se limitou aos jornais, mas tornou a figura, aliás dramática, se não carismática, do capuchinho, objeto de devoções vizinhas das dedicadas aos santos. Recebeu também D. Vital homenagens de caráter essencialmente popular como a de ter o seu nome dado por um fabricante de cigarros a uma das melhores marcas do seu produto, tendo no rótulo a figura máscula do bispo, por alguns considerado mártir, com a sua bela barba negra. Este foi por algum tempo o cigarro preferido pelos fumantes mais ortodoxamente católicos, enquanto os anticlericais fumavam a marca José Mariano ou Joaquim Nabuco. A Coleção Brito Alves de rótulos de cigarros se presta a interessante estudo psicossocial ou sociológico das homenagens dessa espécie a brasileiros ilustres, por fabricantes de um produto, como o cigarro, de consumo rasgadamente popular – e não aristocrático, como de ordinário, o de charutos; por conseguinte só possíveis no caso de figuras de autêntica repercussão popular. Também se encontram nos jornais brasileiros da época aqui considerada anúncios comerciais em que se usa ou abusa do nome de D. Vital, atribuindo-se ao bispo empregar, ou ter empregado, no cuidado da sua barba, loção ou brilhantina cujas virtudes os anúncios apregoavam.

Voltando à guarda do domingo pelos católicos brasileiros dos últimos anos do Império e dos primeiros decênios da República, deve-se reconhecer que, neste ponto, a ordem religiosa brasileira mostrou-se, durante grande parte daquele período, um tanto indiferente ao significado do Dia do Senhor como dia de repouso para os homens de trabalho. Inclusive para os caixeiros do então já considerável comércio de capitais como o Rio de Janeiro, Salvador, o Recife, São Paulo,

Belém. Em 1878, enquanto todos os estabelecimentos estrangeiros de comércio em grosso fechavam aos domingos, muitas das lojas, muitas das casas de comércio a retalho, muitos dos chamados armarinhos, ainda se conservavam abertos aos domingos: pelo menos nas manhãs dos domingos. O domingo era também o dia preferido para os leilões: costume brasileiro que se prolongaria até quase nossos dias, a despeito de um convênio para aboli-lo que se tentou em 1852. A guarda do domingo foi um dos assuntos de natureza em parte religiosa, em parte econômica, mais discutidos no Brasil, durante o Império. Em geral, os que se escandalizavam com o fato de grande parte do trabalho se fazer no Brasil de então nos domingos do mesmo modo que nos dias chamados úteis, se esquecem de que o número de dias santos quase compensava, para os homens de trabalho, o dos domingos que seus patrões lhes negavam para o repouso ou a recreação.

Daí o interesse sociológico de uma obra brasileira se não da época – pois sua primeira edição foi de 1837 –, aparecida em terceira edição em 1863, e aparentemente só de teologia: o compêndio de *Teologia moral*, do padre – depois bispo e conde: 9º bispo do Rio de Janeiro e conde de Irajá – Manuel do Monte Rodrigues d'Araújo, que foi professor da matéria no Seminário de Olinda. Aí se mostra que no Império brasileiro o número de dias santos observados pela Igreja, sua aliada, continuava sob D. Pedro II o mesmo do decreto de Urbano VIII, de 1642, com o acréscimo, permitido pelo mesmo decreto, do santo padroeiro de cada Província, cidade ou vila do País, para comemoração apenas local. Tais dias santos estavam divididos nos de guarda, durante os quais o católico e por conseguinte, na época – até 1889 – o brasileiro, estava proibido de trabalhar; e os "dispensados", nos quais cada um tinha por obrigação ouvir missa, mas não estava de modo algum impedido de trabalhar. Os primeiros eram em número de vinte ou vinte e cinco; os outros, alternavam entre dez e quinze.

Pode-se talvez sugerir que a maior importância atribuída aos dias santos que aos domingos, para efeitos de paralisação de trabalho no comércio, nas lavouras e nas indústrias brasileiras de grande parte da época considerada neste ensaio, resultou da interpenetração das duas ordens, a religiosa e a econômica, dentro do sistema social de organização que dominava então o País; e que era ainda o patriarcal, embora já em dissolução. Estava no interesse da ordem econômica que a Igreja lhe permitisse o trabalho nos domingos, no ritmo lento característico do trabalho nos trópicos. E para que se estabelecesse ou se firmasse esse acordo como que secreto entre as duas ordens, a econômica não parece ter hesitado nunca em prestigiar a guarda e a celebração dos dias santos, concorrendo alegremente os fazendeiros, os senhores de engenho, os donos de fábricas, de armazéns, os de lojas, associados em irmandades religiosas, para o chamado "esplendor" das festas religiosas. Com o que o prestígio da ordem religiosa – a católica – se manteve no país, sem a ordem econômica se ver obrigada, por motivo ou imposição religiosa, a uma guarda estrita ou rigorosa do domingo.

Houve quem notasse, como Andrews na página 52 do seu *Brazil*, publicado em Nova Iorque, em 1887, que nos domingos, nas cidades do Império, "*many shops are kept open and some kinds of out-door labor carried on. Billard-rooms and other places of amusement are more frequented than on workdays*". Na verdade, só tarde, no Brasil, caixeiros e operários urbanos de vários tipos conseguiram a folga dominical. De um caixeiro carioca do fim do século XIX é a confissão de que nos seus domingos de plantão – dois por mês – trabalhava no interior do armazém, como que de sentinela à porta, enquanto toda a gente passeava. Só os rapazes do comércio que tinham folga aos domingos iam ao bilhar, ao passeio público, ao teatro. Ao teatro para aplaudir as atrizes de sua predileção, como a Ester de Carvalho que no Rio de Janeiro do fim do século passado foi quase ídolo dos caixeiros da ainda corte. Os esteristas ostentavam como distintivo um cravo-branco à lapela em contraste com os estudantes civis das escolas superiores, adeptos da espanhola Pepa Ruiz, cujo distintivo era um cravo vermelho. É o que recorda o antigo caixeiro Múcio da Paixão, na página 95 do seu livro *Cenografias*, publicado no Rio em 1905. Aliás, também nas procissões da época os estudantes civis das escolas superiores distinguiam-se dos caixeiros; e no cotidiano, eram os estudantes que usavam bengala. Cada um dos dois grupos tinha santos da sua particular devoção. Não tardaram os cadetes dos cursos militares em constituir um terceiro grupo, com atrizes e santos de sua especial estima; e também irmandades ou grêmios. Também a mocidade proletária tinha suas devoções ou seus santos próprios, embora, não frequentando teatros, não tivesse atrizes estrangeiras, mas simples pastoras de pastoril, pelas quais vibrasse de entusiasmo sectário.

Em aliança com a ordem econômica patriarcal – raramente contra ela, depois dos conflitos entre religiosos e proprietários de escravos durante o período colonial – é que, no Brasil, a Igreja tornou-se, através das santas casas ou das misericórdias, das ordens terceiras, de confrarias, de irmandades, uma força protetora do homem contra a doença, a velhice, a desgraça, cuja importância dificilmente pode ser exagerada. É certo que algumas, no período de vida brasileira aqui estudado, se conservaram maçonizadas, a despeito da violência, talvez inábil, com que agiu contra a penetração da Igreja, no Brasil, pelo maçonismo, o capuchinho D. Vital, quando bispo de Olinda. Mas sem que tal maçonismo, prejudicial à Igreja do ponto de vista da sua disciplina, tenha comprometido aquelas organizações nos seus aspectos de beneficência. "São irmandades geralmente ricas", escreveu delas o padre Burnichon;[21] e que despendiam enormes somas com suas festas. Mas não só com suas festas: também com seus serviços sociais – seu principal objetivo. E esses serviços foram de tal extensão e chegaram a tal aperfeiçoamento na época brasileira considerada neste ensaio, que a ninguém é dado escrever da ordem religiosa característica do Brasil dessa e de outras épocas, nacionais e pré-nacionais, sem reconhecer, depois de algum estudo das suas muitas atividades, o que representaram as misericórdias ou santas-casas, urdens terceiras, irmandades, confrarias como aspecto ou expressão positiva daquela mesma ordem religiosa. Ou de civilização cristã no Brasil.

Das ordens terceiras e irmandades que floresciam no Brasil no fim do Segundo Reinado, Émile Allain escreveu, no seu *Rio de Janeiro*,[22] que eram instituições de caráter "a um tempo religioso e assistencial", destacando da Santa Casa de Misericórdia que seu hospício geral era "estabelecimento magnífico e de primeira ordem",[23] com salas que podiam acomodar então 1.200 doentes; e cujas enfermarias, confiadas às irmãs de São Vicente de Paulo, serviam ao ensino clínico da Faculdade de Medicina. Aí já se fazia em 1884, em gabinetes gratuitos, além de cirurgia dentária, eletroterapia; davam-se de graça remédios aos doentes; e as consultas estendiam-se à oftalmologia e ginecologia, havendo também uma seção homeopática. Aos brasileiros pobres, a admissão nas enfermarias era mediante simples certificado de uma autoridade; aos estrangeiros, a pedido dos cônsules respectivos. Os marinheiros de qualquer nacionalidade tinham direito a tratamento gratuito, quer nesse hospital quer em qualquer dos hospícios que formavam o sistema da Misericórdia do Rio de Janeiro, ao qual se assemelhava, pela amplitude e organização, o de Pernambuco, o da Bahia, o de Santos; em nenhum dos quais se discriminava contra doentes por motivo de raça, cor, credo religioso. No Rio de Janeiro, além do referido hospital havia o de Nossa Senhora da Saúde, na Gamboa, para tratamento de doenças contagiosas; o de Nossa Senhora do Socorro, em São Cristóvão; o de São João Batista, em Botafogo; o de Cascadura, para tuberculosos: o Pedro II, para alienados; a Casa dos Expostos; o Recolhimento de Órfãs.

A administração da Misericórdia desde época remota que vinha se constituindo numa espécie de aristocracia de homens bons, nos dois sentidos da expressão "homens bons". Bons, por serem principais ou nobres; e bons por serem devotados ao bem público, praticando a caridade sob as melhores formas de amor cristão. José Clemente Pereira foi no que se destacou: na administração da Misericórdia do Rio de Janeiro, que elevou a uma espécie de superministério, dedicado à proteção dos doentes, dos órfãos, das crianças, dos pobres, dos desvalidos, numa sociedade, como a brasileira, que de patriarcal e agrária, na sua estrutura, vinha se tornando complexamente urbana, burguesa e industrial em vários dos seus aspectos ou das suas áreas. Sabe-se que foi do próprio imperador Pedro II a iniciativa de levantar uma estátua de mármore a esse leigo que soube praticar seu cristianismo de modo tão elevado, deixando a Provedoria da Misericórdia do Rio de Janeiro na categoria de um dos cargos mais honrosos que pudesse ser exercido por um brasileiro na sede do Império. Tanto que teve por sucessores homens como o então visconde, depois marquês do Paraná. Como o marquês de Abrantes. Como o conselheiro Zacarias de Góis e Vasconcelos, que foi provedor da Santa Casa até a sua morte em 1877, e sempre objeto de muita anedota ou assunto de muita caricatura em que o representavam entre irmãs de caridade, às vezes ele próprio vestido de freira ou trajado de frade. Ou como o visconde de Jaguari. Ou, ainda, como o barão de Cotegipe: outro que foi muito caricaturado pela malícia da sua época, não como leigo piedoso a ponto de parecer frade, mas como brasileiro cortejador de francesas elegantes. Esse mundano, porém, foi bom católico no sentido de ter sido bom provedor da Santa Casa de Misericórdia do Rio de Janeiro: dignidade de que se achava investido desde 1882, quando faleceu em 1889. Foi em sua administração que se criou na capital do Império, dentro do sistema da Misericórdia, o Instituto Pasteur.

Na administração do seu sucessor, o visconde de Cruzeiro, verificou-se a chamada "desanexação", pelo governo provisório, do sistema da Misericórdia. O visconde resignou o cargo; e só na administração do conselheiro Paulino José Soares de Sousa (1890--1901) regularizou-se a situação jurídica da Santa Casa do Rio de Janeiro, em face do novo regímen político e da separação da Igreja, do Estado, prevalecendo a opinião de estarem as Misericórdias isentas da jurisdição administrativa tanto das autoridades judiciárias como das eclesiásticas. É o que informa[24] a obra mandada publicar em 1922, no Rio de Janeiro, pelo prefeito do distrito federal, sob a direção do então juiz da Corte de Apelação Ataulfo Nápoles de Paiva e intitulada *Assistência pública e privada no Rio de Janeiro – História e estatística.*

Destaque-se que as Misericórdias e outras irmandades recebe-ram, no período aqui evocado, legados por vezes consideráveis de negociantes brasileiros ou estrangeiros, enriquecidos no Brasil, tendo os portugueses se distinguido neste particular pela sua generosi-dade, em testamentos impregnados do melhor sentimento cristão. Das misericórdias, ordens terceiras e irmandades do Rio de Janeiro imperial, em particular, e do Brasil, em geral, é que Allain escreveu que *"l'amour que leur portent un grand nombre de leurs membres est remarquable; il est très rare qu'elles ne soient pas comprises, par des legs quelquefois très importants, dans le testament des* irmãos *favorisés de la fortune. Ce fait est surtout très fréquent dans la colonie portugaise".*[25] Com esses legados é que foi possível a tais instituições expandirem-se e modernizarem seus serviços. A mística do donativo ou do legado às irmandades foi uma das expressões mais caracte-rísticas da vida religiosa, na época brasileira que se procura estudar neste ensaio; e de tal modo se firmou em convenção que tornou--se malvisto o rico católico que não se mostrasse, sob este aspecto, religioso ou caridoso. Aliás, a essa mística se juntava a do prestígio social associado à irmandade de que o rico se tornasse benfeitor ou membro; e que, por sua vez, o beneficiava com as suas insígnias. As da Misericórdia eram balandraus e varas pretas, com frisos dourados: balandraus e varas com que os irmãos se apresentavam em enterros, procissões e noutras solenidades. Os membros da Mesa e da Junta distinguiam-se então dos simples irmãos por uma cruz de veludo roxo ao lado esquerdo do peito; o provedor, por um balandrau forrado de seda roxa com borla de fios de ouro; e a vara com as armas da Misericórdia, representadas pelas cinco chagas sob uma cruz cingida pela coroa de espinhos.

Outra irmandade prestigiosa da época foi, no Rio de Janeiro, a da Candelária. Sob seus cuidados esteve, nos últimos decênios da Monarquia, o Imperial Hospital dos Lázaros, fundado no século XVIII pelo conde da Cunha.[26] Hospital público. O que se acentua devido ao fato de ter sido característico do sistema ou da organização da maioria das irmandades do século XIX, no Brasil, manterem hospitais, servidos por bons médicos e cirurgiões, para uso ou tratamento exclusivo dos seus membros, como haviam mantido cemitérios privados, de feitio um tanto aristocrático. Tais, no Rio de Janeiro e noutras cidades principais do Império, as Ordens Terceiras de São Francisco e do Carmo;[27] no Rio de Janeiro, a Venerável e Arquiepiscopal Ordem Terceira de Nossa Senhora do Monte do Carmo chegou a ser das mais famosas pelo sepultamento dos seus irmãos em igreja privada. Mandada construir pelos terceiros que a princípio haviam praticado os atos de culto na igreja do Convento dos Carmelitas, tornou-se exclusiva deles, terceiros: para atos de culto e para sepultamento dos irmãos. Sepultados os corpos dos irmãos falecidos em covas subterrâneas no interior do templo, foi esse sistema de enterramento abandonado por excessivamente "incômodo ao olfato" e "perigoso à saúde", sem que, entretanto, os terceiros renunciassem ao propósito de sepultar seus mortos em igreja somente deles. Apenas substituíam o sistema de covas subterrâneas pelo de jazigos com catacumbas em galeria: sistema que vigorou nas capitais do Brasil até 1850. Só então, foi proibida a inumação no interior das igrejas e conventos das principais cidades do Império: proibição que encontrou resistência da parte dos católicos, como os terceiros do Carmo, habituados a considerar as igrejas, nas cidades, seus cemitérios particulares. Em 1857, os terceiros do Carmo adquiriam no novo cemitério público de São Francisco Xavier área destinada ao sepultamento exclusivo dos seus membros. O que se verificou com os terceiros do Carmo da capital do Império, verificou-se, com relação ao sepultamento dos seus mortos, com outros terceiros e outras irmandades poderosas, em cidades principais do País: insistiram quanto puderam em assegurar aos seus mortos uma exclusividade no sepultamento que o progresso urbano foi tornando impraticável.

Caixas chamadas de caridade foram instituídas, nos últimos decênios do século XIX e nos primeiros do XX, para aqueles irmãos ou membros de confrarias que caíssem em notória indigência. Uma delas foi a da Irmandade do Santíssimo Sacramento da Freguesia de São José, na capital do Império. Já existiam em 1870 as chamadas devoções, tendo por fim o exercício da caridade cristã ao lado do culto religioso à Virgem ou a algum santo em particular. Tal a Devoção de Nossa Senhora da Piedade, fundada em 1855 na Igreja da Santa Cruz dos Militares do Rio de Janeiro e cuja primeira zeladora foi a baronesa de Taquari. Fundou-se, segundo seu compromisso, neste ponto um tanto poético, a fim de "perpetuar o ato de clemência com que a Divina Providência, por intercessão da Santíssima Virgem Senhora da Piedade, fez cessar o flagelo da peste [cólera-morbo], que acometeu os povos do Brasil e comemorar o ato de humildade e caridade cristãs de que muitas senhoras deram exemplo na Igreja da Santa Cruz dos Militares, pedindo esmolas para socorro dos acometidos da peste".[28] Uma das suas atividades tornou-se socorrer as irmãs solteiras, viúvas e também as casadas cujos maridos se achassem "impossibilitados de prover a subsistência da família, portanto caídas em estado de indigência, verificado pela comissão de sindicância, tendo-se sempre em especial consideração sua moralidade".[29]

Da vida religiosa brasileira passou a tornar-se característico, na época aqui considerada, o chamado espiritismo, com suas associações beneficentes, algumas semelhantes, em suas atividades, às confrarias ou às devoções católicas. Talvez a primeira dessas associações tenha sido o Grupo Confúcio, fundado em 1873 na capital do Império mas dissolvido dois anos depois da sua fundação. Em 1876 fundou-se outra: a Sociedade de Estudos Espíritas Deus, Cristo e Caridade, da qual nasceu uma terceira: a Sociedade Espírita Fraternidade, que participou da propaganda abolicionista. Em 1882 organizou-se a Federação Espírita Brasileira, tendo entre seus fundadores o então major do Exército, depois marechal, Francisco Raimundo Ewerton Quadros e da qual veio a ser parte uma Assistência aos Necessitados, ao lado de uma escola de médiuns.[30] Em 1912 fundou-se também no Rio de Janeiro, um Hospital Espírita para "pessoas atacadas de alienação mental", que quisessem submeter-se ao tratamento "pelas correntes fluídicas organizadas pelo astral superior".[31]

Também foi na época evocada neste ensaio que o evangelismo estabilizou-se como aspecto característico da vida religiosa brasileira, através de casas de culto ou de oração organizadas com crentes ou devotos de seitas evangélicas, na sua maioria brasileiros; e esses brasileiros, no seu maior número, gente humilde e plebeia; ou indivíduos cultos mas entusiastas – como por algum tempo Júlio Ribeiro – de um cristianismo tolstoiano em contraste com o católico-romano. Foram os membros de uma dessas congregações que fundaram no Rio de Janeiro, em 1893, a Associação Cristã de Moços, que se notabilizaria pelo impulso que viria a dar, na capital brasileira, à educação física da mocidade.[32] Já em 1887 outro grupo de protestantes havia fundado, na ainda capital do Império, uma associação destinada a construir e manter um hospital evangélico onde pudessem ser recolhidos protestantes, quando enfermos; ou desvalidos, em geral. Veio o Hospital Evangélico a inaugurar em 1912 um curso para enfermeiras; inovação anglo-americana e protestante num país habituado a associar a figura da enfermeira à da irmã de caridade. Ao lado desse hospital, não tardou a aparecer, no Rio de Janeiro, fundado por missão anglo- -americana, colégio protestante com o nome, depois da proclamação da República, carismático, de Americano: carisma que se acentuou quando no mesmo Rio de Janeiro se reuniu, em 1906, o Congresso Pan-Americano, de que foi presidente um Joaquim Nabuco já glorioso; e que à glória pessoal juntava a distinção de ser o primeiro embaixador do Brasil em Washington. Desse congresso resultou o Palácio Monroe integrar-se no conjunto urbano do Rio de Janeiro como sinal de uma época; e sobretudo como sinal de uma nova fase de relações do Brasil-República com a sua "poderosa irmã do Norte", como dizia então a retórica dos jornais. Os colégios protestantes ou evangélicos chamados americanos – e organizados no Recife, em Salvador, em São Paulo, em Minas Gerais – beneficiaram-se enormemente dessa voga de cordialidade pan-americana. A própria caricatura de Tio Sam, muito frequente nas revistas brasileiras da época, tendo adquirido traços simbólicos de uma nova força tanto moral como material no mundo, tornou-se como que reclame dos colégios protestantes que se denominavam americanos; e cujo patrono foi Joaquim Nabuco, embora Nabuco já não fosse agora, em religião, o antirromano dos seus dias de moço e que desejara, um tanto à maneira dos *quakers* e de outras seitas evangélicas, o cristianismo brasileiro reduzido a um cristianismo apenas de consciência ou de sentimento; e sim homem religioso e até místico que, através de Roma e de anglo-saxões convertidos à fé católica, se reaproximara da Igreja materna. E já um tanto olímpico ou apolíneo no seu comportamento, voltara a praticar os ritos romanos com uma correção de anglicano convertido ao catolicismo. Ajoelhando-se para rezar. Ouvindo a missa de livro aberto diante dos olhos devotos e rosário entre os dedos de místico que na mocidade se deixara seduzir pelo mais tentador dos *défroqués*: o então muito lido no Brasil Ernest Renan.

Mais antigas, em sua constância de minorias, que a minoria espírita ou protestante, se apresentam, aos olhos do historiador-sociólogo, dentro da ordem religiosa brasileira, sempre preponderantemente católico-romana, a israelita e a maometana; mas na época considerada neste ensaio, não fizeram sentir sua presença de modo notável na vida nacional, contrariando ou desprestigiando a estrutura católica da mesma ordem. Sabe-se, entretanto, que durante os últimos decênios do Império foi considerável o número de negros maometanos vindos para o Brasil como escravos; e de descendentes seus, pardos ou mestiços, que, conseguindo tornar-se libertos ou livres, e enriquecer em alguma atividade comercial ou técnica, regressaram à África. Refere o livro *Brazil and the Brazilians* que em 1852, quando visitou o Império uma delegação inglesa de *quakers* ou Amigos, recebeu-os no Rio de Janeiro uma deputação de Negros Mina: "*They had earned money by hard labor and had purchased their freedom and were now desirous of returning to their native land*". Mais: tinham já com que pagar suas passagens de regresso à África. O que eles desejavam saber daqueles protestantes ingleses era se a costa [da África] estava realmente livre de *slavers*, isto é, de negreiros. Sessenta deles haviam no ano anterior, isto é, em 1851, partido do Rio de Janeiro para a costa de Benim e aí chegado em segurança. Os *quakers* quase não acreditaram na palavra dos Mina: mas foi-lhes mostrada *"a copy of the charter under which the sixty Minas sailed, and which showed that they had paid four thousand dollars passage money"*.[33] Os *quakers* Candler e Burgess não tardaram a receber, depois desse seu encontro com pretos maometanos que, depois de anos no Brasil, se dispunham a regressar à África, *"a paper beautifully written in Arabic by one of their chiefs, who is a Mohammedan"*. O que nos parece de mais interessante em relação com a presença de cultura negra – maometana ou árabe ou animista – no Brasil é que parte dela aqui se abrasileirou de tal modo, que dos libertos de regresso à África durante a segunda metade do século XIX quase todos ali se mantiveram como "brasileiros", vivendo vida à parte da dos negros africanos: inclusive – grande número deles – vida de católicos à maneira brasileira, alguns, devotos de um Nosso Senhor do Bonfim que, na África, só fez mudar de sexo, tornando-se Nossa Senhora. Tal sobrevivência de cultura brasileira na África – da qual procuramos destacar alguns aspectos em ensaio publicado na segunda edição do nosso *Problemas brasileiros de antropologia*: ensaio escrito com a valiosa colaboração do pesquisador francês Pierre Verger – talvez tenha se verificado sob a pressão de motivos que mereçam análise psicológica, além de sociológica, pelo possível repúdio que aí tenha se manifestado à reminiscência do poder patriarcal do branco, substituído pela glorificação da mãe ou da mulher: glorificação, de resto, tão característica do catolicismo brasileiro nos últimos decênios do século XIX. Daí alguns puristas do catolicismo inflexivelmente cristocêntrico em sua teologia terem acusado os católicos brasileiros de mariolatria: uma mariolatria que nas formas mais elevadas parece ter animado, conforme sugestão nossa, em ensaio anterior, o próprio D. Vital Maria de Oliveira, na luta contra o Império-pai e a favor da Igreja-mãe, em que se empenhou.

O padre Joseph Burnichon, S. J., assistiu às festas de uma noite de Reis na capital da Bahia; e ficou impressionado com o culto da população baiana, sobretudo da gente de cor, ao Menino Jesus e ao seu presepe. Da gente de cor, parte considerável de devotos eram mulheres e moças, quase todas de vestidos claros, a maioria delas maometanamente de branco: *"la plupart en robes blanches"*.[34] Vinham em grupos: ternos ou ranchos. Cada grupo com sua insígnia ou o seu símbolo: o Sol, a Terra, a aurora, o cordeiro, o urubu, a borboleta. Cada grupo, também, precedido de sua música, para acompanhamento aos cantos de Natal de homenagem – acrescente-se ao jesuíta francês – ao Deus-Menino e à sua mãe: figuras centrais desse culto predominantemente cristão com elementos absorvidos de ritos africanos. Também no culto menos cristão e mais africano a Iemanjá – deusa ou Nossa Senhora das águas – a figura central era de mulher, identificada com os significados maternos da água.

O assunto – a presença africana na vida religiosa do Brasil, através de uma participação de negros e de descendentes de negros no culto católico que dava a esse culto aspectos dos quais por vezes se envergonhavam os ortodoxos brancos – preocupou na época mais de um homem de estudo brasileiro. Um deles, brasileiro do Maranhão radicado na Bahia – o médico e professor Nina Rodrigues –, escreveu todo um ensaio a respeito do problema, tal como se apresentava entre a gente baiana no fim do século XIX, em língua francesa – *L'animisme fétichiste des nègres de Bahia*. Outro propósito não o animava senão o de fazer o estrangeiro ver naquelas infiltrações africanas, algumas escandalosas, no catolicismo brasileiro, problema de patologia que desafiava a argúcia dos doutores em medicina sem deixar de constituir questão inquietante para as autoridades da Igreja. Pelo menos ao jesuíta Burnichon, erudito e ortodoxo, foi o que pareceu: que Nina Rodrigues atribuía à histeria fenômeno em que não era difícil de reconhecer-se a possessão diabólica.[35] Daí terem médicos e teólogos igualmente se alarmado, através das revelações dos estudos sistemáticos de Nina Rodrigues, com o número extraordinário não só de indivíduos de cor como de brancos que na Bahia recorriam, em momentos de aflição, não aos doutores médicos, nos seus consultórios, nem aos doutores da Igreja, nas suas matrizes, nos seus confessionários, nos seus colégios, mas a babalorixás, a orixás, aos equivalentes negro-africanos desses médicos e desses padres brancos. Aquele número, Nina chegou a escrever que era "incalculável"; pois quase *"la population entière, à l'exception de quelques esprits supérieurement éclairés"* se deixara impressionar por aqueles fenômenos e pela feitiçaria. Curioso é ter Nina Rodrigues falecido em Paris no começo do século XX de morte misteriosa, não tendo os médicos europeus chegado a acordo quanto à doença que o fizera sucumbir ainda moço. O que fez mais de um baiano acreditar que Nina morrera vítima de feitiço ou despacho, por ter levado sua bisbilhotice de pesquisador científico a extremos contra os quais fora mais de uma vez advertido por alguns dos seus amigos africanos.

Ao padre Burnichon a situação brasileira, sob esse ponto de vista, não pareceu tão alarmante quanto parecia a alguns ortodoxos brasileiros: ele talvez se recordasse que até em províncias ou regiões francesas como a Bretanha sobreviviam, entre a gente cristã mais simples, elementos pagãos misturados à fé católica. Na Bahia, *"au surplus ils ont un respect naïf mais sincère pour les choses saintes [...]"*.[36] Um respeito ingênuo mas sincero pelas coisas sagradas, notou o padre francês na Bahia mil e novecentista, a despeito do estado religioso de parte considerável da população que os livros de Nina Rodrigues vinham revelando sob cores patológicas. Esse respeito se manifestava no costume de quem passasse por uma igreja, parar e fazer o pelo-sinal. Mas também no gosto de se revestirem brancos e baianos de cor – e o mesmo se verificaria então em outras partes do Brasil – de opas e balandraus de irmandades, nas procissões. No fervor com que mulheres e homens – inclusive soldados – beijavam pelo Natal, depois da Missa do Galo, a imagem do Menino Jesus. Na veneração pelas imagens bem-vestidas e bem adornadas da Virgem e dos santos. Com relação ao culto das imagens, notou o jesuíta francês nos católicos do Brasil-República mil e novecentista, o mesmo que notara Ewbank no Império, durante a primeira fase do reinado de Pedro II: *"ils passeront des heures à les regarder et à leur adresser des hommages et des prières"*.[37]

Essas homenagens se extremavam na Bahia de então no culto da imagem de Nosso Senhor do Bonfim, do mesmo modo que no Rio de Janeiro imperial vinha se extremando na adoração da de São Jorge, no dia desse santo posta sobre um cavalo vivo. Percorria então a imagem do santo guerreiro, em procissão, as ruas da capital do Império, como se fosse pessoa e não imagem. Eram imagens ou santos aos quais se faziam na época – porque os santos têm a sua voga ou a sua época, sendo raros os que, no Brasil, têm sido objeto de um culto constante como Santo Antônio de Lisboa – muitas ofertas, muitas promessas, ex-votos de toda espécie, feitos, também, em grande número de santuários do País ao mesmo Santo Antônio; ou a Nossa Senhora Aparecida, em São Paulo, e a de Nazareth, no Pará; a

São Severino dos Ramos, na capela do engenho do mesmo nome, em Pernambuco. Deve-se notar que essas promessas ou esses ex-votos nem sempre se limitavam na época aqui considerada, nem vêm se limitando nas posteriores, a agradecimentos a Cristo, à Virgem ou aos santos por benefícios obtidos pelos devotos sobre suas pessoas ou, antes, sobre determinadas partes do seu corpo: cabeça, mãos, fígado, coração, pés, nariz, pernas; ou apenas sobre seus filhos e suas casas; mas também sobre animais preciosos à sua economia doméstica ou às suas lavouras; sobre bois, vacas, carneiros, cabras; e desde os fins do século XIX, sobre moendas ou máquinas de engenhos de açúcar ou de aparelhos empregados no beneficiamento de outros produtos: mandioca, café, milho; sobre barcos, canoas, navios, saveiros, loco-motivas, carros de boi, carroças. Quanto a promessas ou ex-votos relativos a esses objetos econômicos ou técnicos, a serviço do homem, cremos ser o primeiro a os vir procurando identificar e classificar de modo sistemático, com o propósito de mostrar a interpenetração das duas ordens, a religiosa e a econômica, na formação brasileira, em geral, e, em particular, no desenvolvimento do Brasil de economia rústica em economia servida por máquinas importadas da Europa e dos Estados Unidos: importação que foi considerável na época na-cional considerada neste ensaio.

Também foi notável no Brasil do século XIX e, particularmente, no da época aqui evocada – o fim do século passado e o começo do atual –, a interpenetração da ordem religiosa e da ordem política, através de promessas a santos da Igreja com objetivos políticos; e também através de feitiços, despachos, bruxedos visando os mesmos fins; e não somente envolvendo figuras ilustres de políticos como refletindo, por vezes, a participação de alguns deles em confabula-ções com babalorixás ou orixás ou catimbozeiros, visando sucessos partidários, a ascensão de certo indivíduo ao governo nacional ou provincial ou estadual, a derrota e a própria morte do adversário. Há quem diga da tentativa de envenenamento de Barbosa Lima, quan-do governador de Pernambuco, por uma fritada que foi servida, em banquete, àquele e a outros políticos seus amigos – envenenamento que teria tido um dos seus inspiradores em José Mariano, então ad-versário político de Barbosa Lima – ter substituído o primeiro plano de fazer desaparecer o bravo administrador, que era, aliás, adepto do positivismo, por métodos misteriosos, só conhecidos de catimbozeiros negros ou africanos. Eram negros, e alguns deles negros nascidos na África, esses catimbozeiros, entre os quais continuava grande, naqueles dias, a popularidade do mesmo José Mariano, vinda dos dias em que ele e Joaquim Nabuco haviam sido, em Pernambuco, os campeões máximos do abolicionismo. O veneno, entretanto, teria sido preparado por amigos brancos e médicos de Mariano e apenas posto na fritada por cozinheiro negro. Isto, que parece, por falta de fé da parte dos cientistas na eficácia daqueles métodos místicos. Felizmente, no caso, a ciência ocidental falhou onde a mística, dos catimbozeiros talvez não tivesse falhado. Segundo informação de pessoa idônea ao autor deste ensaio, o cozinheiro quase autor de crime nefando teria morrido devoto da Igreja Católica; e, dias antes de expirar, teria mandado pedir perdão do ato criminoso ao próprio Barbosa Lima que, aliás, também parece ter acabado seus dias reconciliado com a Igreja de Roma.

Na Bahia mil e novecentista, o padre Burnichon ainda pôde ver, no Bonfim, entre os ex-votos ao Cristo então no auge do seu prestígio místico, um agradecimento do próprio governador de então da Bahia ao mesmo Nosso Senhor, por ter escapado de uma tentativa de assassinato, diz-se que inspirada também por um dos seus mais perigosos adversários políticos. "O Dr. José Marcelino de Sousa" – dizia o agradecimento dele próprio ou dos seus parentes ou amigos a N. S. do Bonfim – "fora atingido pela bala do assassino; mas N. S. do Bonfim fizera tremer a mão do celerado e o ferimento não fora fatal".[38]

No Rio de Janeiro igualmente mil e novecentista, notou João do Rio (Paulo Barreto), ao recolher material para o que talvez deva ser considerado o maior triunfo na arte de reportagem até hoje alcançado em língua portuguesa, com sucesso não apenas jornalístico mas literário e até sociológico – material que se encontra num dos melhores livros da época aqui considerada: *As religiões no Rio* –, ter ouvido velhos feiticeiros negros da capital da República falar "com intimidade das figuras mais salientes do país, do imperador, de quem quase todos têm o retrato, de Cotegipe, do barão de Mamanguape, dos presidentes da República".[39] Foi nesse livro que o admirável escritor mil e novencentista – talvez o maior, dentre os de segunda categoria, da mesma época, isto é, depois de Machado, Joaquim

Nabuco, Euclides, Aluísio Azevedo, Simões Lopes Neto e Raul Pompeia – revelou ter vivido meses no meio de feiticeiros negros, "cuja vida se fingia desconhecer", mas que se conhecia "na alucinação de uma dor ou da ambição"; entre feiticeiros negros que formigavam então, no Rio, "espalhados por toda a cidade, dos cais à Estrada de Santa Cruz", e degenerando, em suas práticas, tanto "o maometismo" como "o catolicismo".[40] As "pessoas eminentes" não deixavam de ir ouvi-los;[41] e eles formavam uma classe de negros que enriqueciam com a feitiçaria à custa desses brancos de dinheiro. Constituíam uma "espécie de maçonaria", da qual o chefe apurou o repórter ser "o Ojó da Rua dos Andradas"; mas dentro desse sistema geral de defesa, havia partidos de feiticeiros africanos contra feiticeiros brasileiros; rivalidades; dissensões.

É de presumir que esses feiticeiros, assim divididos, tenham por vezes tomado partido nas lutas políticas dos primeiros anos da República de 89, uns a favor de Floriano, outros, da Revolta da Armada. João do Rio soube de uma conspiração política (de brancos) com feiticeiros negros, visando "nada mais, nada menos, que a morte de um passado presidente da República", acrescentando a este respeito: "A princípio achei impossível, mas os meus informantes citavam com simplicidade nomes que estiveram publicamente implicados em conspirações..." E dos seus informantes negros soube também que bastava aquele presidente ser visto à janela do palácio, para que dois meses depois ele morresse. Perguntou como. Os informantes disseram-lhe então que era difícil explicar-lhe. Os trabalhos dessa espécie faziam-se na roça, "com orações e grandes matanças". Um boi representava a pessoa importante que se quisesse fazer desaparecer.[42]

E adiantando que algumas dessas casas de feitiçaria africana estavam ligadas a "casas suspeitas" de outra espécie, o autor de *As religiões no Rio* revelou nesse livro de 1906 ter visto "senhoras de alta posição saltando, às escondidas, de carros de praça, como nos folhetins de romances, para correr, tapando a cara com véus espessos, a essas casas..."[43] Mais: pôde acompanhar de longe certo babalorixá que viu entrar em casas de "Botafogo e da Tijuca, onde, durante o inverno, há recepções e *conversationes* às 5 da tarde como em Paris ou nos palácios da Itália". De uma vez mostraram-lhe o retrato de uma menina que João do Rio julgava honesta. "Mas para que isso?", perguntou ao negro seu informante. "Ela quer casar com este", respondeu o feiticeiro. E mostrou-lhe a fotografia de um advogado. Tanto de Martiniano do Bonfim, na Bahia, como de Pai Adão, no Recife, recolhemos informações acerca de relações secretas de brancos ilustres com os terreiros daqueles babalorixás, nos primeiros decênios do século XX: informações que confirmam, a respeito da Bahia e do Recife, generalizações de João do Rio sobre a capital da República, a base do seu inquérito carioca. Por mais de um branco elegante foram Martiniano e Adão procurados para resolver não só "casos políticos" como casos "amorosos": brancos dos que na época liam Renan e citavam Le Bon e até Spencer e Auguste Comte.

Seria que os santos da Igreja Católica, depois da sua separação do Estado, vinham se recusando a atender como outrora, no próprio Rio de Janeiro, a aflições, a desejos, a promessas dessa espécie? A alguns evidentemente eles nunca atenderam: a pedidos para que fizessem morrer misteriosamente chefes de Estado, por exemplo. Mas a promessas ou a pedidos em torno de casamentos, de sucessos políticos, de triunfos profissionais, de aprovações em exames nos colégios e nas faculdades, de cura de doenças ou de vícios – o da embriaguez, o do jogo –, a julgar pelo testemunho de pessoas agradecidas a graças recebidas de Santo Antônio e de outros santos – algumas das quais começaram a ser anunciadas discretamente nas seções pagas dos jornais –, os santos da Igreja evidentemente vinham atendendo. O que parece é que a clientela ilustre numerosa de feiticeiros ou babalorixás negros e dos seus "santos" representava principalmente uma corrente mística de pessoas que recorriam a tais "santos" por se sentirem indignos de comparecer com seus pedidos à presença daqueles outros santos. Operava-se uma seleção ética a favor dos santos católicos, com os "santos" africanos sendo objetos de um culto de brancos que se manifestava em promessas em torno de desejos políticos, eróticos, comerciais não de todo honestos. Recorrendo aos babalorixás, prestavam esses brancos uma homenagem, talvez involuntária, à Igreja Católica: aos seus santos e aos seus próprios padres, por menos santos que estes continuassem a se mostrar em certos aspectos da sua vida.

A verdade é que houve na época aqui evocada numerosos sacerdotes venerados quase como santos; religiosas respeitadas pela sua devoção não só a Deus como ao serviço dos pobres e dos doentes – o caso da irmã Paula, no Rio de Janeiro; frades igualmente respeitados por toda a gente, da mais culta à mais miúda, por seu trabalho de religiosos que tanto se destacaram pelo combate aos adventícios protestantes como pelo afã com que procuraram, em viagens missionárias pelo interior e através das chamadas "santas missões", trazer à ordem religiosa do Império e, depois do 1889, da sociedade brasileira, aqueles que às vezes por simples falta de assistência da Igreja – malservida por vigários comodistas ou burocratizados em simples funcionários do Estado – amigavam-se em vez de se casarem diante do altar; deixavam os meninos crescer sem batismo; expunham-se ao perigo de serem seduzidos por Antônios Conselheiros ou por Josés Marias, ou por padres Cíceros; ou por profetistas como, entre alemães do Rio Grande do Sul, a célebre Jacobina: centro de um Canudos ou de um Juazeiro em ponto pequeno, constituído por europeus ruivos e rústicos nos quais reviveu, em pleno Brasil, o fanatismo dos antigos anabatistas da Europa Central.

Os capuchinhos foram talvez os frades que mais se distinguiram, na época aqui considerada, pelo seu constante trabalho de frades militantes a favor de uma ordem religiosa que era também uma ordem ética: meninos desde novos batizados em nome do Pai, do Filho e do Espírito Santo; crianças instruídas no catecismo e nos rudimentos da moral católica; adultos casados e constituídos em pais de famílias cristãs e legais perante o altar da Igreja; confissões, comunhões, novenas, terços, que concorriam tanto para a saúde religiosa dos católicos como para a saúde social dos brasileiros. A esse trabalho, no Brasil, dos capuchinhos e também dos franciscanos, não faltou, desde os últimos anos do século XIX, um caráter de obra destinada principalmente a aproximar a Igreja da gente mais miúda, nas cidades, e da mais rústica, no interior, incluindo assim um tipo de sermão, de pregação e de atividade missionária, como que populista. Foi nesse tipo de apologética e de atividade missionária católica que maior resistência encontraram protestantes, espíritas e seitas africanas para suas infiltrações nas mesmas camadas da população brasileira: infiltrações que tomaram grande impulso no período de vida brasileira evocado neste ensaio, pela escassez de sacerdotes capuchinhos e franciscanos que as evitassem ou reprimissem. Principalmente entre descendentes de escravos aos quais de repente faltou assistência religiosa que, juntamente com a social, descia até eles das casas-grandes patriarcais. Vantagem do sistema não só patriarcal como escravocrático de família do qual não se apercebiam aqueles senhores de casas-grandes que à bondade supunham juntar o "espírito adiantado", ao ostentarem, se não de público, em seus diários íntimos, seu radical abolicionismo. Tal o caso de S. A. Accioli Lins, senhor do Engenho Goiana, que a 14 de maio de 1888 anotava em seu diário íntimo – manuscrito hoje em nosso poder graças à gentileza do professor Murilo Guimarães: "Prazer indizível" O que não o impediria de escrever no mesmo diário confidencial a 30 de junho de 1888: "O estado social continua mal, a certos respeitos como dantes". Na verdade, pior para muitos dos libertos do que dantes, com vários desses libertos sem a assistência social e religiosa que lhe dispensavam até 1888 seus senhores. Caíram alguns desses ex-escravos sob o domínio de babalorixás nem sempre escrupulosos. Sob o aspecto, por vezes de endemoninhados, do que alguns dos libertos e de seus descendentes passaram a sofrer foi da angústia de se sentirem desprotegidos e desnorteados; desajustados a uma vida de liberdade que os abolicionistas romanticamente lhes concederam de repente, fazendo esse mimo – quase um presente de gregos – sair como por mágica de dentro de suas cartolas de políticos liberais; e sem que ocorresse ao seu liberalismo um tanto retórico o perigo, para os libertos, dessa liberdade postiça, à qual não se juntava um mínimo sequer de assistência religiosa, além da social. Era natural que, assim ao deus-dará, vários dos libertos procurassem amparo ou consolo nas seitas africanas; em babalorixás. Mas era também de se esperar que sucedesse o que sucedeu: a decepção desses libertos em face do consolo que lhes concediam babalorixás nem sempre idôneos. E com essa decepção, a nostalgia, que vários começaram a experimentar, da Igreja; da assistência que lhes vinha outrora das capelas dos engenhos e das fazendas; das festas católicas; das procissões; dos terços patriarcais; do refúgio que para eles representava, contra os próprios abusos dos seus senhores, a proteção que encontravam no culto de Maria Santíssima.

Daí o êxito dos exorcismos, praticados principalmente por capuchinhos, quase sempre entre aquela gente; uma ou outra vez, entre pessoas das chamadas cultas. Frei Pazza, capuchinho italiano, informou em 1905 a João do Rio que todas as sextas-feiras trabalhava sem cessar em exorcismos das 4 horas da manhã às 4 horas da tarde: "Só no ano de 1903 exorcismei mais de 300 demoníacos"[45] Satã mais do que nunca, no Brasil, ameaçava Deus, pensava frei Pazza, pensando talvez na voga dos feiticeiros e no progresso dos espíritas e dos protestantes entre a gente mais simples e mais ingênua. O exorcismo atingia essas ameaças pelas raízes: vencendo o Diabo nos possessos ou nos endemoninhados. Se não era ato sempre público, é que o Diabo, pela boca dos possessos, às vezes contava a vida das pessoas e injuriava os presentes. O sacerdote, em paramentos roxos, tinha de ler do *Rituale* o ofício do exorcismo; de fazer sinais da cruz na cabeça, no ventre, no peito e no coração do paciente; de imprecar com palavras tremendas, em nome de Jesus Cristo, contra "o fantasma, enviado de Satã". Os casos de endemoniados no Rio mil e novecentista eram, segundo frei Pazza, "principalmente nas classes baixas, sem limpeza". O que o fazia concluir um tanto de acordo com uma das místicas progressivas da época, a da higiene, pregada sobretudo por Osvaldo Cruz, que o Diabo amava a imundície. De qualquer modo, fenômenos que a chamada espiritolatria tinha por novos, eram conhecidos velhos da Igreja e dos capuchinhos: criaturas que se dobravam em duas, outras que se tornavam sábias de repente ou que gritavam em línguas desconhecidas, sempre com "uma força enorme". Às vezes cuspiam no crucifixo como uma virgem que frei Pazza exorcizara. Cuspia a moça no crucifixo e dizia a vida dos outros.[46] Pior, porém, era a Cabocla, uma mulher do Rio de Janeiro mil e novecentista da qual se dizia que comandava "250 espíritos";[47] e que onde estava, havia rumores, os móveis caíam, os vasos quebravam-se. Esta, o italiano não conseguira exorcizar: ela dizia já ter nascido "com os espíritos" e não querer tirá-los. Resistência, talvez, um tanto nativista, de indígena, a frade europeu. Pois a época foi no Brasil de extinção de frades brasileiros e de começo de repovoamento dos conventos com religiosos italianos, belgas, alemães, cujas atividades recordaremos no capítulo seguinte; e com os quais pode-se dizer ter sido principalmente superada a aparente vitória alcançada sobre o catolicismo, por um lado, pelo positivismo, por outro, pelo espiritismo ou por um vago espiritualismo, esboçada, no Brasil, durante os anos do Império ou do reinado de um Pedro II, em religião, voltairiano.

Mas não tocaremos nesse ponto sem resumirmos, neste capítulo, depoimentos de brasileiros nascidos ainda do Império ou nos primeiros anos da República, sobre suas atitudes de moços para com a Igreja Católica e a religião. Depoimentos que importam por vezes em confissões pessoais ou íntimas.

O de Aureliano Leite, por exemplo, nascido em Minas Gerais em 1887 mas educado em São Paulo; e que informa ter em menino praticado a religião católica, a ponto de ter querido ser coroinha – do que foi impedido por um irmão mais velho; homem-feito, passaria a ver na mesma religião "um freio de certa utilidade entre as classes humildes"; não a combatendo mas respeitando-a como "tradição dentro da qual viveram os meus pais e seus antepassados". Quanto ao positivismo: sempre o respeitou.

José Maria Moreira Guimarães, nascido em Sergipe em 1864, depõe sempre ter se sentido bem "nas cerimônias católicas". Do positivismo, porém, "o aspecto científico se lhe afigurava insuperável". Mesmo assim, na Escola Militar, foi "antes spencerista que discípulo de Augusto Comte". Mais tarde é que sua visão da "estrutura social" humana, em geral, e brasileira, em particular, se aprimoraria "sob a luz do pensamento comtiano das três providências – a moral, a intelectual, a material – ou, melhor, das quatro providências, dicotomizando-se o material em capital e operário". E voltando ao assunto: "Fui católico. Depois, spencerista, na Escola Militar, ao tempo em que a mocidade quase toda era comtista". Mais tarde, "tendo lido a obra de Herbert Spencer, foi meditar Augusto Comte", cujo livro, *Système de politique positive*, passou a representar para o ex-católico "a obra-prima do mestre, o maior dos mestres, mesmo no que se tenha de afastar dele". Mas sem parar em Comte: "completando, remodelando, corrigindo suas vistas na religião, na estética, na filosofia, na ciência, na indústria, na política, numa palavra, em tudo". Quanto ao clero, o que lhe mereceu sempre simpatia foi "o clero, [...] expressão do poder espiritual". Note-se, de passagem, de alguns dos positivistas ou comtistas menos rígidos, que terminariam voltando a ser católicos.

"Uma necessidade para a humanidade, porém se os seus dirigentes fossem mais moralistas", depõe na sua meia-língua sociológica, da Igreja Católica, L. R. da S., nascido em 1895 em Pernambuco, onde aprendeu desde moço a arte de barbeiro, indo, anos depois, especializar-se no Rio de Janeiro na de cabeleireiro. Explica-se, assim, que se manifeste sobre o positivismo como "um temperamento que todo homem devia possuir"; e considere o clero "nocivo" tão somente por "não conhecer as responsabilidades de um lar".

A analfabeta Josefa Maria da Luz, nascida cerca de 1880 em Pernambuco, confessa-se ter crescido católica e apreciadora dos padres "que dão maior atenção aos pobres". Outra analfabeta, Francisca Gomes da Silva, nascida cerca de 1875, também em Pernambuco, diz-se, em seu depoimento ditado a pessoa idônea, "romana" e também "apreciadora dos padres", julgando, porém, os frades "mais sérios que os padres". Maria Joaquina da Conceição, nascida em Pernambuco em 1885, informa ter sido católica e haver se tornado espírita (médium vidente). Maria Teodora dos Santos, outra pernambucana rústica, nascida em 1878, informa ter crescido católica; e, embora malcasada, sempre "contra o divórcio".

Católico, também, e contra o divórcio, se confessa José Cupertino, nascido em 1878 em Pernambuco, e cuja profissão foi a de marítimo. Enquanto Adauto Acton Mariano das Neves, nascido na Paraíba em 1885, informa ter crescido católico, dentro do "respeito" e "obediência" à Igreja.

Nascido já em 1898 em São Paulo, Antônio Carlos Pacheco e Silva escreve no seu depoimento nunca ter estudado em colégio de padres; e ter nascido em família católica apenas por tradição. Seus pais "não eram praticantes: [...] nem sequer fiz a primeira comunhão, embora tivesse sido batizado e crismado". Desde menino travou conhecimento com o positivismo, através do seu tio, Gabriel de Piza, então ministro do Brasil em Paris, com quem visitou a casa da Rue Monsieur le Prince, onde nascera Auguste Comte; e de quem recebeu "noções básicas acerca do positivismo". Daí ter votado pelo divórcio, na qualidade de constituinte, em 1934. Com relação ao clero, informa ter conhecido "sacerdotes virtuosos e de grandes qualidades intelectuais e morais ao lado de outros que não têm se mostrado à altura das suas responsabilidades". Mas: "não posso deixar de reconhecer ter o clero prestado inestimáveis serviços ao Brasil. A religião católica sobre a qual se assenta a moral do nosso povo merece ser amparada por todos".

Eurico de Sousa Leão, nascido em Pernambuco em 1889, recorda ter, antes dos seus estudos de direito iniciados no Recife e completados no Rio de Janeiro, cursado o Seminário de Olinda, onde teve por professores, entre outros, o cônego Ambrosino Leite e o depois bispo de Niterói, D. José Pereira Alves. Verificara em tempo não ter vocação para o sacerdócio – o que também aconteceu aos igualmente alunos do Seminário de Olinda, na mesma época ou em período um pouco mais recente, Agamenon Magalhães e Aníbal Fernandes. Outro que fez nos primeiros anos do século XX estudos para o sacerdócio católico foi o depois agrônomo ilustre e constituinte de 1946, Lauro Bezerra Montenegro. Nenhum deles, porém, deixando de seguir a carreira eclesiástica, depois de já ter andado dentro e fora do seminário de batina e faixa azul, tornou-se anticlerical. É assim que Eurico de Sousa Leão escreve no seu depoimento ter sido sua atitude, para com a Igreja Católica, "de respeito e, depois, de aceitação pragmática [da sua importância], como centro de equilíbrio e de ordem espiritual para a família e [para] a nação". Pelo positivismo, seu interesse nunca se estendeu além de "mera curiosidade intelectual". Para com o clero, sua atitude se conservou de "simpatia, compreensão e apoio à sua missão no mais amplo sentido cultural e religioso".

Cássio Barbosa de Resende, nascido em Minas Gerais em 1879, é que, em seu depoimento, revela-se severo crítico da Igreja Católica: "[...] mais uma instituição política que religiosa"; tanto que "se pusermos, no prato de uma balança, os benefícios, e, no outro, os malefícios que ela tem feito ao mundo, o último prato será mais pesado". Informa ter frequentado na mocidade a chamada Capela Positivista; mas sem achar nenhum encanto na sua parte religiosa, que "em muita coisa não passava de uma imitação ridícula das práticas do catolicismo"; e "acabei me convencendo de que os positivistas eram e são iguais aos demais brasileiros sob todos os pontos de vista, apesar da auréola de ciência e de virtudes que os envolvia". Quanto ao clero brasileiro, não deixou de reconhecer existirem ao lado de "muitos sacerdotes que não estão à altura de pregar moral", "sacerdotes virtuosos e respeitáveis". Tentou ler Comte e Spencer mais de uma vez; mas "confesso que não consegui levar avante a tentativa, pela dificuldade em compreender convenientemente o pensamento de tais filósofos". Para sua mocidade, "a única ideologia" foi "a República, tal qual existia e a impressão que eu tinha era que um tal regímen nunca mais se alteraria. No que mais se pensava então era na liberdade individual. Quando se falava em 'ditadura', 'estado de sítio', 'intervenção nos Estados', os homens do meu tempo ficavam horrorizados. Eu me lembro de que quando Deodoro deu o golpe de Estado, meu pai pôs as mãos na cabeça e viu em tal ato uma verdadeira manifestação de loucura".

Eduardo Jocobina, nascido em 1879 no Rio de Janeiro, por ter desde jovem admitido a necessidade, para o progresso das nações, dos "entrechoques individuais", e, em escala internacional, dos "entrechoques entre nacionalidades [...] indispensáveis ao progresso da humanidade", não pôde nunca ver com simpatia "as pretensões católicas, universais, do cristianismo romano, ultramontano". Daí, também, seu repúdio ao positivismo, considerado pela sua inteligência crítica, "uma pose, uma atitude [no Brasil] de esnobes", revelando, como todo sectarismo, "secura de coração, de espírito e esterilidade de inteligência". E também "ignorância, falta de cultura geral". Comte fora um "pobre tarado, destinado ao manicômio, onde viveu 10 anos de sua existência"; nunca fora "um matemático". A sua *Teoria do número de pontos determinantes de cada espécie de curva*, que ele quis incluir entre as teorias gerais da goniometria de Descartes, não tem pé nem cabeça e qualquer segundanista da Politécnica mostrará onde se lhe acha o erro". Entretanto, "mantido o princípio *libera chiesa in libero stato*[11], parecia-lhe, um tanto em contradição com seu individualismo darwiniano e até nietzschiano, que o clero católico tinha – ou tem – uma alta e nobre função na sociedade".

Luís Pinto de Carvalho, nascido em 1877 na Bahia, depõe sempre ter julgado o catolicismo "absurdo e irracional [...]". Daí, também, ter sido "divorcista convencidíssimo". Entretanto, nascera e crescera em família "radicalmente monarquista", sob a intensa admiração do pai por D. Pedro II, e tendo no médico da sua família, o barão de Itapoã, o ideal de homem e de médico que ele desejava ser depois de adulto. O que mostra nem sempre terem coincidido, no Brasil da época aqui evocada, as duas místicas: a monárquica e a católica.

Coincidiram até certo ponto em Carlos Luís de Vargas Dantas, nascido no Rio de Janeiro em 1879, que foi sempre católico – embora "não praticante" – e monarquista fervoroso. Mais monarquista do que católico, porém; e admitindo o divórcio sempre que um dos cônjuges fosse "de procedimento indigno".

Monarquista e católica foi a família de Da. Antônia Lins Vieira de Melo, nascida em 1879 em São Paulo, mas crescida em engenho patriarcal da Paraíba. D. Pedro II era para a gente conservadora no meio da qual ela cresceu "como um protetor e um pai": "Andara pela Paraíba e deixara a melhor impressão. Nos móveis em que tocara, o respectivo dono ficou guardando como relíquia, nenhum preço para eles, nenhuma troca, nenhum negócio". Enquanto do positivismo dos republicanos se supunha entre aquela população rústica que fosse "negócio de crença", isto é, que tivesse "partes com o demônio".

João Fernandes de Carvalho, nascido em Pernambuco em 1867, informa ter crescido "tolerante com todos os credos". Mas sem se ter tornado divorcista.

Artur (Roberto) Coelho (de Sousa), nascido na Paraíba em 1889, informa ter nascido em família protestante. Protestante, seguiu para o Amazonas, onde por algum tempo se conservou fiel à sua fé: apego religioso que durou nele enquanto duraram uns camisões de dormir, de galões de bordado no pescoço e nos punhos, feitos pelas mãos de sua mãe; e que levara consigo no baú. "À noite" – recorda Artur Coelho – "ao pôr um dos camisões para dormir, lembrava-me de casa, de que não nos recolhíamos sem ler a *Bíblia* e orar, e então concentrava-me e orava. Mas os camisões envelheciam, rasgavam-se, iam-se acabando... e com eles iam desaparecendo as minhas preces. Ao desfazer-se o último camisão eu já não orava". Em virtude do protestantismo sob o qual se formou, a Igreja Católica foi para seus olhos de menino e de adolescente uma "deturpadora da verdade evangélica" que viria mais tarde a compreender "ser apenas uma das diversas formas de verdade religiosa".

Nascida em Pernambuco em 1896, depõe Da. Maria Amélia: "Fui batizada na Igreja Católica, Apostólica, Romana e sigo os seus ensina-mentos, sendo contrária com todas as forças a qualquer inovação que lhe queiram impor". Quanto ao divórcio, diz considerá-lo "imoral".

Da também pernambucana, Da. Ester Bezerra Pontes, nascida em 1888, é o depoimento de ter sido, quando criança, "muito piedosa", tendo continuado depois de moça-feita, "católica fervorosa", detestando o divórcio e "achando falto de moral o país que o adota".

Antônio da Rocha Barreto, nascido em 1882 na Paraíba, depõe sobre a Igreja Católica: "Uma poderosa organização espiritual, disci-plinadora e ativa, de cuja cooperação o Brasil não há de prescindir". Favorável é também seu juízo acerca do clero nacional: merecedor de "todo o nosso acatamento". Ao que acrescenta: "Tive um tio-avô padre e tenho um irmão padre, vigário de Ilhéus, na Bahia". Quanto ao divórcio, talvez chegasse a admiti-lo: "Mas somente em casos excepcionais e mediante rigorosíssimo processo..."

Florêncio (Carlos) de Abreu (e Silva), nascido em 1882 na então corte mas crescido na Província e depois Estado do Rio Grande do Sul, informa de sua atitude para com a Igreja Católica, ter sido, primeiro, de veneração, através da tradição doméstica, em seguida, ainda de veneração, através da "majestade dos seus templos, da pompa do seu ritual"; depois, de admiração, "em virtude do seu formidável papel histórico, como força espiritual e como força política [...]". Confessa, num dos depoimentos mais expressivos do que houve de equilíbrio de contradições ou de antagonismos na formação religiosa e filosófica dos brasileiros de elite da época evocada neste ensaio, que "não muito tempo depois da minha primeira comunhão, caiu-me nas mãos um livro evolucionista (ainda lhe recordo o nome – *Evolução dos mundos e das sociedades*) e o meu espírito sofreu uma séria reviravolta, empolgado pelas novas doutrinas filosóficas. Darwin e Haeckel passaram a exercer enorme influência sobre o meu modo de conceber o universo e o homem. À medida, porém, que amadurecia, comecei a sair do mundo das hipóteses plausíveis e brilhantes, para a formação positivista do meu espírito, afinando com grande parte dos meus mestres e colégas na filosofia comtiana, sem aceitar porém a parte religiosa da doutrina, que reputava originada numa quadra em que o cérebro de Comte fora atingido pela enfermidade. Fiquei com Littré. Atento à rigidez do comtismo, temperei-o depois, a meu modo, com certos princípios de Spencer, no que concerne ao evolucionismo. Embora seja católico, aceito muitas das soluções comtistas no campo dos fatos sociais. Vê-se desde logo que repudio o divórcio, no interesse da mulher, parte fraca [...]". E ainda: "Quando menino, até certa idade (mais ou menos 10 anos) a minha atitude era de misterioso respeito para com o clero; aos 12, mais ou menos, achava os padres ridículos, especialmente por andarem de 'saias', como as mulheres; os seminaristas, achava-os ainda mais ridículos, auxiliando por vezes as vaias [aos seminaristas], quando saíam à rua. É claro que, com a idade, essa atitude foi pouco a pouco se modificando. Maus exemplos notórios de certo modo prejudicavam o conceito que fazia eu do clero como classe. Todavia, depois de homem-feito e com a maturidade esse conceito evoluiu de modo favorável. Jamais, porém, tolerarei o chamado clericalismo, isto é, a atuação do clero como partido político por ser isto contrário aos preceitos essencialmente religiosos e à destinação social acima dos partidos".

Heitor Modesto (d'Almeida), nascido em Minas Gerais em 1881, escreveu em 1940 em seu depoimento ter reconhecido sempre na Igreja Católica preponderância na "educação espiritual" do brasileiro. Na época de sua adolescência o positivismo ergueu-se, no país, como um desafio a essa preponderância entre os brasileiros cultos, através de um "ritual religioso [...] cópia do catolicismo". Mas "o positivismo que veio em 1889, com Benjamim Constant, num surto político, acabou restringindo-se a uma seita: não foi além do 'Ordem e Progresso' (na bandeira!) e da separação da Igreja do Estado". Foi frequentando a Escola Militar que Heitor Modesto, aluno do "curso superior de engenharia", pôde dar a Comte seu "justo valor", que não lhe pareceu ter sido o de fundador da chamada Religião da Humanidade, com aquele ritual imitado da católica, mas o de matemático: "Comte foi antes de tudo e acima de tudo um dos maiores, se não o maior matemático do seu século. Sua filosofia nasceu de sua matemática num momento de deleitação mental. Onde ele falhou foi no desvio da matemática [...]".

Nascido no Ceará em 1880, Tomás Pompeu de Sousa Brasil Sobrinho depõe: "[...] como menino" apenas tivera da religião católica "uma insuficiente ideia"; e esta, a que resultara de uma "ambiência doméstica essencialmente religiosa [católica]". Mais tarde "libertou-se pouco a pouco dos tabus". Sempre "grande apreciador de Darwin, de Spencer, de Huxley, jamais conseguiu simpatizar com Comte, Hegel, Nietzsche, Marx".

De Antenor Nascentes, nascido no Rio de Janeiro em 1886, é o depoimento de brasileiro em quem se conciliaram antagonismos: "Sempre respeitei e admirei a Igreja Católica. Sempre respeitei o positivismo, embora notando nele certo exotismo. Não refugo totalmente a teoria transformista". E tendo lido Karl Marx quando menino, recorda-se de ter preferido a Marx, Spencer e Comte "por menos dogmáticos".

Manuel Duarte, nascido em 1833 no Rio Grande do Sul, informa que afeto, desde menino, "a rezar, a temer e invocar Deus, eu via nela [Igreja Católica] o nicho da divindade, cercado de santos". Nessa atitude, havia "alguma coisa do misticismo, que eu aceitava como quem busca abrigo à tempestade". Quanto ao clero, considerou-o sempre "expressão heroica de renúncia e sacrifício, dedicação, privação e sofrimento [...]". Isto, apesar de ter se deixado seduzir por algum tempo por Darwin, Spencer, Nietzsche, "em cujo individualismo por vezes cruel mergulhei a pobre da minha imaginação".

O cearense Carlos Carneiro da Rocha, nascido em 1880, confessa ter nascido católico, isto é, dentro da Igreja. As "leituras livres", porém, "fizeram distanciar-me dela"; mas "depois de anos", voltaria ao catolicismo.

Também R. S., nascido em Santa Catarina em 1878, informa ter sido criado no catolicismo, do qual o afastaria "a rigidez dos seus dogmas": "Fui criado no catolicismo, se bem que minha família nunca foi arraigada às práticas religiosas. Os princípios cristãos, a sublime moral de Jesus, o redentor, serviram, a meu entender, de orientação e norma para os surtos de progresso que hoje desfruta a humanidade. A rigidez dos seus dogmas, porém, e a errônea interpretação dada pelos concílios cardinalícios aos seus símbolos que, no fundo, representam verdades cósmicas", viriam comprometendo ou diminuindo a importância da Igreja Católica como centro de "religião universal". Apologista do divórcio, reconhecia, entretanto, no clero católico, "instituição benéfica que dirige e encaminha as tendências religiosas do povo".

Armando Silveyra, nascido em 1887, no Rio Grande do Sul, recorda ter nascido "em um berço católico"; mas "quando cheguei à adolescência, andava em voga o racionalismo. A mocidade queria quebrar tudo". Inclusive Deus e os santos. Entretanto, "por precaução, os racionalistas iam permitindo que os filhos e as esposas acreditassem em alguma coisa". Como notasse que "os institutos de ciências psíquicas, sob a orientação de sábios, andavam perturbados em face de ciências que escapavam à sua ciência" e o próprio Spencer reconhecesse um domínio "inacessível aos processos científicos", Armando Silveyra foi dos que, passado o furor racionalista da mocidade, voltaram a Jesus. Ao mesmo tempo, estudando o direito constitucional brasileiro, examinou "a exegese do estatuto de 91", sentindo "a notável influência, às vezes salutar, do Apostolado Positivista". Por causa de Castilhos, essa influência se acentuara na Constituição rio-grandense, fortalecendo o poder executivo. Lembra-se de que aí por 1905, a imprensa brasileira sondou a opinião pública a respeito do divórcio. Mas apenas a elite. Nunca se refletiu nessas sondagens o modo de ver popular. Nas Câmaras, o divórcio sempre caiu, talvez por seguirem os políticos mais esse modo do que a opinião daquela elite. Quanto ao clero católico, recorda Silveyra que no seu tempo de menino era já, no Rio Grande do Sul, "na sua quase totalidade, estrangeiro: alemães, italianos, poucos franceses". Homens, em geral cultos, porém pouco aptos a ser pastores de ovelhas brasileiras, cuja psicologia ignoravam.

Dona Isabel Henriqueta de Sousa e Oliveira, nascida na Bahia em 1853, informa ter crescido "católica em tese"; "nunca confessou nem comungou." Foi sempre "antipática ao positivismo"; "teve mesmo discussões com uma professora, sua colega, que era positivista". Confessando-se "contra o divórcio", diz-se também, no seu depoimento, "anticlerical". Entretanto, "sempre foi monarquista", embora casada – repita-se – com um republicano radical. Tão radical que dizia que o Brasil "só havia de ser bom quando enforcasse o último padre na tripa do último príncipe". O que não o impediria de morrer com confissão e tomando os últimos sacramentos.

João Barreto de Meneses, nascido em 1872 em Pernambuco, depõe sobre a Igreja Católica: "[...] embora admirador da obra social do catolicismo, não devo também escurecer os muitos erros de seus adeptos. Aí está como demonstração do que afirmo, haver me insurgido nesta capital [o Recife] contra a queima de bíblias protestantes, em praça pública, realizada sob o louvor se não de todos, da maioria dos católicos. Por esse motivo travei uma renhida polêmica de que há documentos no arquivo das bibliotecas. Nunca fui positivista, embora houvesse por vezes me deixado seduzir pela famosa lei dos três estados. Gostei de Darwin em suas linhas gerais. Entre Comte e Spencer, preferi este". Quanto ao divórcio, tornou-se favorável à sua adoção no Brasil por lhe parecer "consequência advinda do próprio âmago da lei que regula o casamento como um contrato".

Da. Carlinda Custódia Nunes, nascida no Rio de Janeiro em 1874, informa ter sido sua atitude para com a Igreja Católica sempre respeitosa: "respeitava, amava e venerava a Igreja Católica, Apostólica e Romana, detestando o positivismo" e sendo "muito contra o divórcio".

Para com o clero, sua atitude foi igualmente, desde a infância, de "respeito e veneração".

O padre Florentino Barbosa, nascido na Paraíba em 1881, confessa não ter escolhido ele próprio o sacerdócio como a atividade máxima da sua vida: "fixou-se na profissão que tem porque o colocaram na mesma". Só depois de seminarista, veio a sentir "alguma inclinação para continuá-la". Do Seminário da Paraíba, passou-se à Universidade Gregoriana de Roma, tendo tido ali professores eminentes: o padre Gori, o padre Frederici, o padre Loinaz, o padre Shaof, o padre Goretti Miniatti, o padre Macksey, o padre Müller. Estudou teologia moral, pastoral, dogmática, direito canônico, liturgia, história eclesiástica, história sagrada, filosofia, astronomia, física, química, francês, italiano, latim. Com relação à Igreja sua atitude foi sempre de "acatamento e respeito religioso", tendo desde jovem julgado errados o positivismo, o marxismo, o spencerismo, o nietzschianismo; e aprendido a considerar o divórcio "a pior chaga da sociedade".

O também paraibano Epaminondas Montezuma de Meneses, nascido em 1864, informa, em seu depoimento escrito em 1940, que embora nascido e criado na religião católica, na qual pretendia morrer, e considerar-se homem "muito feliz no casamento", simpatizava com o divórcio.

Ao contrário de Teófilo de Barros, nascido em 1877 em Alagoas, que confessa nunca ter admitido o divórcio, coerente assim com sua condição de católico e de filho de pais católicos, admirador do clero "pelos grandes serviços prestados à sociedade como detentor da moral de Cristo e serviços outros prestados na colonização do nosso país". Daí nunca ter se deixado seduzir nem pelas doutrinas positivistas nem pelas de Darwin, Nietzsche, Marx ou Spencer. "Sou católico", não admitindo, portanto, o positivismo, informa o cearense Juvenal Correia, nascido em 1872.

"Fizeram-me católico ao nascer e minha mãe ensinou-me a rezar, coisa de que logo me esqueci", confessa o pernambucano José Feliciano Augusto de Ataíde, nascido em 1879.

O padre Leopoldo Fernandes Pinheiro, nascido no Ceará em 1880, narra em seu depoimento que desde a meninice desejara ser sacerdote – frade beneditino – "talvez pela circunstância de terem sido hóspedes de meu pai, naquele tempo, dois frades beneditinos".

Fixou-se na ideia de ser padre não só pela "fortíssima impressão da grandeza sacerdotal" que lhe deixaram os dois beneditinos como porque o "padre lhe parecia então [...] a mais excelsa figura nos sertões cearenses". Foram essas "razões humanas" que fortaleceram em sua aspiração ao sacerdócio "os motivos sobrenaturais". Tendo feito os estudos no Seminário de Fortaleza, tornou-se apaixonado leitor de livros franceses: da literatura católica em língua francesa. Mas sempre considerando Comte "um gênio que não sabendo dirigir sua casa, foi infeliz quando pretendeu reformar o mundo, modelando as leis sociais no mesmo decalque dos fenômenos físicos".

O sergipano José Magalhães Carneiro, nascido em 1880, informa ter sempre acatado a Igreja Católica; e tido reservas contra o positivismo desde que Sílvio Romero, seu mestre, "condenou-o como sistema falho".

E o paraibano, insistente em dizer-se mestiço, Manuel Pereira Dinis, nascido em 1887 e irmão de padre – irmão que diz ter recusado a auxiliá-lo nos seus estudos superiores [direito] – escreve, no seu depoimento, acerca da Igreja Católica, considerá-la em declínio da sua antiga situação de "principal fator das grandezas morais, espirituais e materiais do mundo cristão". Isto sem se ter deixado seduzir nem pelo positivismo nem pelo darwinismo nem pelo marxismo nem por nenhum ismo dessa espécie; e reconhecendo no clero brasileiro qualidades, ao lado dos defeitos.

José Augusto Seabra, nascido no Ceará em 1869, confessa-se católico ortodoxo; e o também cearense Cícero Bezerra Lobo, nascido em 1883, informa sempre ter seguido o catolicismo, "já por hereditariedade, já por inclinação decidida".

Atitude semelhante é a que registra no seu depoimento o maranhense Antônio Pires da Fonseca, nascido em 1870: "Sempre fui cristão, batizado na Igreja Católica. Quanto ao positivismo, jamais me alistei nessa legião de crentes porque nunca pude conceber a vida sem a existência de um Deus, centro do Universo e princípio vital da inteligência e da energia cósmica".

"Nunca fui católico praticante nem mesmo convencido", depõe José Frazão Milanez, nascido no Maranhão em 1886. E acrescenta: "Desde cedo fui influenciado pelo positivismo dos meus mestres de matemática. Frequentei a igreja de Teixeira Mendes, à Rua Benjamim Constant e lá me deliciava com as suas prédicas. Li toda a *Filosofia positiva*, bem como a *Política positiva*. Voltei-me mais tarde para Spencer, cuja obra me foi familiar durante muito tempo [...]. Karl Marx, nunca li".

Sebastião de Sousa Gomes, nascido em Pernambuco em 1887, não se tornou entusiasta de religião nenhuma: nem da católica nem da chamada da humanidade. Uma, repudiou-a por lhe parecer exploradora dos homens; a positivista, por lhe dar a impressão de "frieza". Em compensação Teófilo Artur de Siqueira Cavalcanti, nascido em Pernambuco em 1877, informa ter sido sempre católico, apostólico, romano, "diametralmente oposto ao positivismo" e espera morrer "abraçado à cruz do Salvador".

Igual fervor com relação à fé católica é manifestado no seu depoimento por José da Silva Pereira, nascido no Ceará em 1880, e a quem tocaram de modo particular os "milagres de Lourdes, a figura de Bernadette". Daí seu acatamento ao clero e sua repugnância pelo divórcio.

Da. Ângela Correia de Melo, nascida no Rio Grande do Sul em 1875, escreveu em 1941 no seu depoimento sempre ter possuído "tendências místicas": tanto que "sua maior aspiração, quando moça, era ser irmã de caridade". Essas tendências se acentuariam na mulher-feita. Compreende-se assim sua atitude com relação ao divórcio que, desorganizando a família, causa prejuízo sobretudo aos filhos; e seu repúdio ao positivismo.

"Sou apreciador de todo templo onde se pronuncia a palavra de Deus", depõe o eclético Adolfo Ferreira da Costa, nascido em Pernambuco em 1879. Mas esclarecendo ser contra o divórcio.

"Católico intransigente e sempre contrário a tudo que arvorasse doutrina que ao menos de longe ferisse o clero católico", é como descreve o seu passado religioso Horácio Gomes da Silva, nascido em 1863 na Paraíba.

Outro paraibano, (João Rodrigues) Coriolano de Medeiros, nascido em 1875, escreve, no seu depoimento, da Igreja Católica, ser de "resistência excepcional, sentindo-se sua influência mesmo nos países onde não predomina".

"Nos meus tempos de rapaz fui muito chegado à Igreja Católica e até missa ajudava na Igreja dos Aflitos", informa José Maria da Silva Freire, nascido em 1887 em Pernambuco. Quanto ao divórcio, diz o mesmo brasileiro de Pernambuco: "Apesar de ter sido infeliz no casamento, condeno o divórcio".

Alberto de Paula Rodrigues, nascido no Ceará em 1882, confessa-se em seu depoimento "católico por batismo, filho de pais católicos e de família religiosa [...]". Mas evidentemente, pouco ortodoxo. Daí escrever do clero católico, que devia ser, em sua opinião, como o protestante: "o sacerdote constituindo um lar exemplar, pregando pelo exemplo as virtudes cristãs". E o divórcio, este lhe parecia "consequência lógica do casamento". Considerando o positivismo "um sonho utópico sob o ponto de vista religioso e errado sob o ponto de vista das ciências", escreve só ter se interessado por Comte "pelo fato da influência da sua filosofia no Brasil".

"Sempre fui muito católica", informa Da. Carolina Tavares Sales, nascida em Pernambuco em 1884, e sobrinha de monsenhor Muniz Tavares. Muito católica e contra o divórcio.

Sebastião de Oliveira, nascido em 1878 no Rio Grande do Sul, informa ter sido na mocidade anticlerical; mas sem ter se tornado adepto do divórcio: "porta aberta à licenciosidade". Quanto a Comte, foi "simpatizante da sua doutrina".

Católica praticante se confessa Da. Maria Tomásia Ferreira Cascão, nascida Soares Brandão, em 1875, em Pernambuco.

"A minha atitude em menino, moço e depois de homem sempre [foi a de] católico", informa Francisco Lopes Filho, nascido no Ceará em 1880.

"Sou católico, apostólico, romano", escreve no seu depoimento Alcides Pereira, nascido no Maranhão em 1873; e "quanto ao positivismo e ao darwinismo, nunca a eles me filiei [...]". Admite, entretanto, o divórcio para casos excepcionais.

De Max Fleiuss, nascido no Rio de Janeiro em 1868, é o depoimento de ter sido sempre "católico, nada positivista"; e "simpatizante do clero, nas suas grandes figuras".

Da. Maria Cavalcanti de Albuquerque, nascida em Pernambuco em 1857, depõe: "Pertenço à religião católica, apostólica, romana. Detesto todas as outras. Sou contra o divórcio, pois vejo nele a dissolução da família. O clero, respeito-o, mas não gosto de frades nem de freiras".

E Manuel da Rocha Wanderley, nascido em 1867, também em Pernambuco, confessa: "Sempre fui chegado ao catolicismo".

De Joaquim Amaral Jansen de Faria, nascido no Rio de Janeiro em 1883, é o depoimento de sempre – desde menino – ter distinguido do catolicismo o cristianismo. O catolicismo sempre lhe pareceu aplicar mal o cristianismo aos males sociais. Daí sua inclinação para achar o espiritismo, em certos pontos, "mais lógico" que o catolicismo. Isto por não se ter tornado ateu nem ter vindo a descrer da existência da alma, depois dos seus estudos superiores: os de medicina. Nem se haver deixado influir pelo positivismo ou pelo darwinismo. Quanto aos padres, reconhece que vários deles têm sido úteis ao Brasil; mas achando que deviam obedecer ao Estado; e que, no ensino, deviam ser "rigorosamente fiscalizados" a fim de que nos seus colégios a religião não fosse "exageradamente ensinada, em detrimento de outros estudos".

Crítico severo menos do catolicismo que do clero se revela o engenheiro de formação positivista Cláudio da Costa Ribeiro, nascido em Pernambuco em 1873, mas formado em engenharia em São Paulo; e que recorda ter frequentado (no Rio de Janeiro) "as sessões em que Teixeira Mendes doutrinava". Mais: "Li Comte. Estudei pela sua *Geometria analítica* e todos os estudantes de cursos superiores eram positivistas ou simpáticos [ao positivismo]. Estávamos no começo da República: 1891-1893". Quanto ao padre: "não devia existir"; "ou por outra", o catolicismo devia fazer sua "propaganda, de outro modo".

Já Octavio Tarquínio de Sousa (Amaranto), nascido em 1893 no Rio de Janeiro, depõe: "Criado em família fortemente católica, mesmo quando senti a minha fé abalada, mantive em relação à Igreja uma atitude respeitosa. A pregação que Miguel Lemos e Teixeira Mendes fizeram no Brasil, e de que fui testemunha, tornou o positivismo, para mim, sobretudo no aspecto religioso que os dois lhe imprimiram, pouco simpático e por vezes ridículo". Quanto a Darwin: "A leitura da *Origem das espécies* [...] produziu-me extraordinária impressão, de tal maneira que ainda nas fases de fervor religioso procurei sempre meios de conciliar a teoria darwinista com a explicação bíblica da formação do mundo e do homem". Sempre admitiu a necessidade do divórcio, nunca se tornou anticlerical.

Do cônego Matias Freire, nascido em 1882 na Paraíba, neto dos barões de Mamanguape, é a informação de ter desejado ser, quando menino, militar. Só com a morte do pai, em 1895, pediu à mãe "para entrar no seminário. Dez anos depois cantava a primeira missa". Já sacerdote visitando Roma, escreve no seu depoimento ter se sentido ali "mais católico do que em outros lugares".

Astrojildo Pereira (Duarte da Silva), nascido em 1890 no Rio de Janeiro, informa ter sido indiferente à religião até 13 anos; dos 13 aos 14, experimentou "profundo sentimento religioso" (católico). Seguiram-se a esse fervor, "desencanto"; "crise religiosa íntima"; "anticlericalismo"; "ateísmo anarquista"; "interpretação marxista" (da religião, em geral, e do catolicismo, em particular).

Nascido também no Rio de Janeiro, em 1880, Amílcar Armando Botelho de Magalhães, sobrinho de Benjamim Constant, escreve, no seu depoimento, considerar a Igreja Católica, como religião, a "mais bem organizada e cujos princípios de moral são úteis à humanidade", em contraste com o positivismo cuja "implantação" (como religião) seria "utopia", a despeito de merecer admiração e respeito como "força de saber e de ciência". Favorável ao divórcio. Quanto ao clero, precisava de ser controlado (no Brasil) com "diplomacia [...] patriotismo e energia", para ser subordinado à autoridade (do Estado) "em quaisquer atitudes" que pudessem prejudicar "a nação".

Alfredo Severo dos Santos Pereira, nascido em 1878 no Ceará, informa ter sido educado dentro do catolicismo ou da Igreja; mas verificou, depois de crescido, e influenciado pelo positivismo, estar o dogma católico "em antagonismo franco com as concepções científicas e positivas que orientam a atividade prática, industrial". Daí a necessidade de ser esse catolicismo arcaico substituído pelo "positivismo [...] ou melhor", pela "Religião da Humanidade". O darwinismo, este não era senão "uma das modalidades do materialismo filosófico, de caráter metafísico e absolutista [...]". E "o falso evolucionismo de Spencer [...] aplicação do transformismo biológico à sociedade humana". Entretanto, esse positivista "científico" escreve no seu depoimento não admitir o divórcio: "porta aberta para a dissolução da família..."

De outro positivista, Agliberto Xavier, nascido no Rio de Janeiro em 1869, é o depoimento: "Oriundo de uma família tradicionalmente católica, eu fui educado no catolicismo. Em 1883 ingressei no Colégio Pedro II na segunda série do curso, onde ensinava religião monsenhor Félix Maria de Freitas e Albuquerque, velho sacerdote muito amável, bondoso e de maneiras assaz cativantes, a quem comecei em breve a consagrar profunda veneração. Não obstante haver falecido antes do fim do ano letivo, exerceu tão forte influência em meus sentimentos de adolescente que me tornei religioso praticante". Mas tendo tido sua curiosidade despertada "para o conhecimento de outras religiões, mormente do positivismo", tomou para seu mestre particular de matemática o então famoso Benjamim Constant. Isto em 1886. Verificou-se o que era de esperar que se verificasse, tratando-se de um matemático que era sobretudo propagandista do positivismo e da República: "Ao precioso préstimo do ensino eminentemente filosófico da matemática, juntavam-se incomparáveis referências sociológicas à evolução das artes, das ciências, da civilização, em suma, da religião. Tive pois a inefável ventura de ver perfeitamente justificadas as minhas ingênuas crenças religiosas; realçadas a beleza e a importância moral e social daquelas ficções que encantavam minha imaginação infantil. Tive assim a felicidade de passar da imaginação à razão positiva sem romper a continuidade do pensamento, sem os extravios do estado revolucionário". Disso resultou ter sua atitude para com "o catolicismo e todas as outras formas que tomou a religião" se fixado em sentimento de "supremo respeito"; e também de admiração: a admiração devida "às grandes criações do gênio humano, práticas, teóricas e estéticas". Mas "essa mesma admiração e respeito" se tornavam nele "desprezo" por aqueles que se serviam "dessas veneráveis instituições do passado para explorarem o presente"; por aqueles que "inteiramente destituídos de sentimento religioso" se proclamavam "católicos, para ilaquearem a ingenuidade alheia".

Manuel (Carneiro de Sousa) Bandeira, nascido em Pernambuco em 1886, confessa ter havido de sua parte, nos dois últimos anos de ginásio – o Pedro II, no Rio de Janeiro – "pendor para o positivismo, por influência de Paula Lopes". E acrescenta: "Lia Comte, mas só uma vez fui ao templo positivista. Desagradou-me o que havia no positivismo religioso de pastiche católico". Entretanto, "o agnosticismo comtista" deixaria de o satisfazer, embora "sobre as questões de ensino", as "ideias positivistas" tenham continuado a lhe parecer as mais razoáveis. Sempre foi pelo divórcio. Não leu Marx, na mocidade; e de Nietzsche e Spencer, apenas fragmentos.

"Quanto aos ismos fora da Igreja nunca acreditei neles", informa o paraibano Alfredo Rosas, nascido em 1887. Isto, a despeito de não ter tido uma infância severamente católica: "[...] ia à igreja, por mal dos meus pecados, namorar as moçoilas galantes. Nunca fui, porém, um irreverente". Daí ter vindo a considerar os padres, depois de homem-feito, uns benfeitores. "Que mandam do púlpito? Que se obedeça à lei de Deus". Quanto ao "divórcio, proibido pela Igreja", "por maior que fosse minha volubilidade, negá-lo-ia".

Nascido em Pernambuco em 1868, Antônio José da Costa Ribeiro confessa ter sofrido, na mocidade, considerável influência do positivismo: "Li com a maioria dos meus colegas o Comte e o Littré". Mas "o que alcançamos de conhecimentos muito úteis, em conjunto, nas lições de Spencer, deixaram os outros somente 'dúvidas', para cujo esclarecimento julgamos sempre muito limitado o espírito humano". Curioso é ter, depois de homem de idade provecta, observado a volta das "novas gerações" ao espiritualismo, repudiado pela "nova geração" do seu tempo de moço. Quanto ao divórcio, nunca foi partidário dele. Ao seu respeito de católico, pelo clero, juntou, depois de homem-feito, o de brasileiro pelos "serviços inolvidáveis" dos padres à civilização do Brasil.

"Embora não seja um crente, conservo pela Igreja Católica a veneração que ela merece e um amor quase filial", informa João Franklin de Alencar Nogueira, nascido em 1867 no Ceará e formado pela Escola Politécnica do Rio de Janeiro, onde não sofreu nenhuma influência diretamente positivista. Mesmo porque, "nunca participei do fanatismo dos brasileiros pela terra dos Marat e dos Combes", embora tenha admirado sempre "os grandes sábios que a França tem produzido". Confessa-se partidário do divórcio para a solução de "casos infelizes".

O maranhense José Luso Torres, nascido em 1879, depõe sobre o clero católico que conheceu no Maranhão, nos seus dias de moço: "Cuido que [...] tinha mais cultivo humanístico e geral que o de hoje." Quanto a Comte, leu-o sem se tornar comtista: encontrando, porém, em sua obra, "mais largos horizontes" que na de Spencer.

"Superficialmente católico, vivi sempre afastado da Igreja, apesar de ser amigo verdadeiro de muitos sacerdotes", confessa em seu depoimento Alfredo Bartolomeu da Rosa Borges, nascido em Pernambuco em 1864. Também confessa ter sido sempre partidário do divórcio.

José Cupertino Dantas, nascido em 1854 em Sergipe mas educado em Pernambuco, onde se formou em direito, recorda, em seu depoimento, a grande influência moral e religiosa recebida de um padre – o padre Félix – em cuja casa morou, quando colegial, por ser amigo dos filhos do mesmo padre, Antônio e José. As conversas do padre Félix "em todos os tempos recaíam ora sobre assuntos educacionais, ora sobre assuntos religiosos e regras sacerdotais; ora sobre contos e anedotas, desde sua ordenação na Bahia, coadjutoria da freguesia de Itabaiana, sua passagem pela Bahia, Pará e Pernambuco e também como professor nessas Províncias. Os seus sentimentos religiosos eram de uma pureza e elevação que não combinavam com o pensar e o proceder de muitos sacerdotes. Por isso vivia muito arredio do grêmio dos colegas". Mais: "O seu *penitet* pelo pecado cometido [por ele, padre Félix] no Pará, cujas amarguras ele considerava merecido castigo do Céu, foi de tal ordem que comoveu e abrandou o rigor do severo D. Vital, bispo de Olinda. Sei de tudo minuciosamente..."

O depoimento de Higino (Cícero) da Cunha, nascido em 1858 no Maranhão, é o de um típico anticlerical da sua época: "Quanto ao clero e à Igreja Católica, sempre me repugnaram os seus dogmas, os seus processos de dominação universal, constantes de sua longa história cheia de crimes, de morticínios, de cruzadas internas e externas, de perseguições sanguinárias, de roubalheiras, de espionagens e delações no Santo Ofício da Inquisição e nas fogueiras dos autos de fé".

Demóstenes Ipiranga de Sousa Dantas, nascido em Pernambuco em 1880, é outro brasileiro da época evocada neste ensaio que, tendo sido, quando menino, "fervoroso entusiasta de D. Pedro II", depõe nunca ter sido verdadeiramente católico, "não obstante as impressões católicas" recebidas dos pais e "toleradas" por ele com carinho. Nem católico, por um lado, nem positivista, por outro, tendo sempre julgado Auguste Comte "um louco e um despeitado". Darwinista, também não foi; nem partidário do divórcio. Simpático ao clero regular, informa haver sempre antipatizado o secular, "quase sempre político profissional intransigente".

De anticlerical é o depoimento de João Evangelista dos Santos, nascido em Pernambuco em 1885; e para quem a Igreja Católica foi sempre "instituição política".

Enquanto Heraclides César de Sousa-Araújo, nascido no Paraná em 1886, informa que, a despeito de não ter sido influenciado, quando menino, pela Igreja Católica, aprendeu a respeitá-la por conselho do pai, que sempre dizia a Heraclides e aos demais filhos: "Quando passarem diante de uma igreja ou de uma escola, tirem o chapéu". Moço, "pelas leituras, estudos e frequência da Igreja Positivista", começou "a admirar mais a obra do catolicismo". Foi simpático ao positivismo. Depois de homem-feito, tornou-se "eclético em filosofia" (religiosa). Mas sempre respeitando o clero. Nunca leu – nem quis ler – sobre assunto religioso ou não, Nietzsche ou Karl Marx; mas muito Comte e um pouco Spencer.

Da. A. N. A., nascida em Pernambuco em 1867, informa: "Pela educação recebida de meus pais, abracei a religião católica, mas acho que não devemos perseguir aos que têm religião contrária, ditada pela consciência, desde que tenha por base a caridade, o amor ao próximo..." Daí, ecleticamente, admitir o divórcio; e render seu "preito", aos "imortais Comte e Spencer".

Paulo Inglês de Sousa, nascido em São Paulo em 1888, informa ter nascido sob influência positivista; mas haver se tornado, através de crises, espiritualista. Na transição de uma fase para outra, acreditou-se, ainda adolescente, anarquista; niilista; partidário do amor livre. Mas Tolstoi concorreu para dar equilíbrio ao seu humanitarismo. Veio depois a ter a impressão de que a 'construção econômica' resolveria o problema brasileiro, desprezando-se os aspectos sociais do mesmo problema: inclusive o religioso. Só depois de homem-feito, chegou a uma visão amplamente social desse e de outros problemas.

O pernambucano Hermínio de Holanda Trevas, nascido em 1893, confessa-se católico, apostólico, romano; mas, ao mesmo tempo, partidário do divórcio.

Quanto ao também pernambucano Carlos Dinis, nascido em 1883, informa ter nascido católico, aceitado o positivismo, lido Darwin, vindo a abraçar, já homem-feito, "o espiritismo segundo Flammarion, Léon Denis, Allan Kardec". Isto sem desconhecer o muito que a civilização deve ao "clero", isto é, ao clero católico; e à Igreja de Roma.

Nascido em 1875, no Rio Grande do Norte, Militão de Oliveira Bivar veio a se sentir feliz como católico, apostólico, romano.

Atitude igual é a confessada por Emiliano Ribeiro de Almeida Braga, nascido no Maranhão em 1873: "Sou católico, apostólico, romano, sendo a Igreja Católica para mim, que nela fui criado, a melhor de todas". Quanto ao positivismo, tendo conhecido muito positivista que "vivia [...] no escuro", não criou respeito pela chamada Religião da Humanidade.

Leopoldo Marinho de Paula Lins, nascido em Pernambuco em 1857, confessa seu respeito pela Igreja Católica, "cheia de doutrinas salutares", a despeito de "abusões" introduzidas nela "pela ignorância de uns e má-fé de outros". Mas conciliando com esse respeito pela Igreja sua apologia do divórcio. E reconhecendo que, quanto ao clero, o do Brasil, no seu tempo de moço, fora prejudicado pela presença nele de muitos indivíduos sem vocação para o sacerdócio: "[...] qualquer família de certa importância fazia timbre em ter um filho sacerdote, nada influindo para isso a vocação, de qualquer maneira manifestada pelo pimpolho, e o resultado é o que se via então. Era o vigário de uma paróquia de Alagoas, tio de J. de A. B., tendo filhos de toda espécie, inclusive de uma negra, mais preta do que a sua batina. Era um outro, meu... padrinho". Ainda mais: cerca de 1890 "fui pela primeira vez, com minha segunda esposa e parentes, a uma já adiantada cidade do interior. Aí, num sábado, correu notícia de que casar-se-ia naquele dia a filha do vigário. Fomos à matriz assistir ao ato que não me recordo de que teria sido celebrado pelo genitor da noiva!"

"Da Igreja Católica aprendi a fé; abomino os padres por serem hipócritas embusteiros", depõe o pernambucano Miguel Seabra de Melo, nascido em 1878.

De Da. Virgínia Cavalcante, nascida também em Pernambuco, em 1879, é a confissão ortodoxa de ter sido sempre católica, apostólica, romana, religião de seus pais e que "é a verdadeira, pode todo o mundo ficar certo disso". Daí ser também contra o divórcio.

E o cearense José Alves de Figueiredo, também nascido em 1879, depõe: "A Igreja Católica foi edificada sobre sólida base moral mas a maioria dos sacerdotes têm trabalhado com afinco para destruir essa base [...]". Ao que acrescenta ter sido sempre partidário do divórcio.

Do paraibano José Ferreira de Novais, nascido em 1871, é o depoimento: "Nunca fui apologista do divórcio, que sempre reputei causa dissolutiva da família brasileira, se tivesse sido adotado na legislação pátria [...]". Quanto à Igreja Católica e o seu clero: "Os padres e frades da Igreja Católica muito fizeram pela civilização brasileira".

Nascido em Sergipe em 1889 mas educado na Bahia, depõe Rogério Gordilho de Faria: quanto à Igreja Católica, julgando-a "necessária [ao Brasil] como freio e como sistema"; e quanto ao clero, reputando-o "apesar dos pesares, uma força útil à coletividade [brasileira]". Quanto ao divórcio, só o admitia "em termos". Quanto a Spencer, fora "o filósofo da sua juventude". Chegara a considerar *Os primeiros princípios*, uma espécie de "catecismo" substituto do católico. Mas esse encanto pelo spencerismo passara, como passara a curiosidade por Marx ou o entusiasmo por Nietzsche, já que não tivera quase nenhum por Auguste Comte.

O que aconteceu, neste particular, a Rogério Gordilho de Faria vê-se, pelos depoimentos reunidos para servirem de lastro autobiográfico à tentativa, representada por este ensaio, de reconstituição e de interpretação de uma época brasileira fortemente significativa – quer os já resumidos, quer os que continuaremos a resumir –, ter acontecido a numerosos brasileiros nascidos entre o ano de 1850 e o de 1900, variando, é claro, os objetos de seu entusiasmo. Tendo sido esses brasileiros desviados, na mocidade ou na adolescência, do sentimento de lealdade à ordem religiosa tradicional do seu país, ou da devoção a essa ordem e aos seus valores essenciais, pela leitura de filósofos anticatólicos, anticristãos, antirreligiosos, positivistas, materialistas, ateístas, raramente conservaram o encanto experimentado durante a juventude por tais inovadores. Vários regressaram aos valores católicos, se não sob a forma de crentes, de admiradores. Outros se desencantaram dos dois tipos de valores: os católicos e os anticatólicos. Ainda outros, encontraram o meio de reconciliar-se com valores cristãos ou católicos, através do protestantismo evangélico ou do espiritismo chamado cristão.

Grande foi, porém, o número dos que nunca se afastaram da igreja ou da fé. Da. Maria Vicentina de Azevedo Pereira de Queirós, nascida em São Paulo em 1868, informa: "Fui criada no catolicismo. Toda a minha família era e é católica. Nunca me preocupei com outras religiões que não fossem a católica e nunca li nada sobre positivismo". E ainda: "Sou e serei sempre contra o divórcio. Como católica respeito o clero, admirando sempre suas grandes figuras".

Para (Luís) Mílton Prates, nascido em Minas Gerais em 1888, ele e os moços do seu tempo consideraram a ação da Igreja Católica restrita "ao domínio intemporal". Depois de homem-feito, viria a considerar a missão da Igreja não só espiritual como de "reparação das injustiças que afligem os homens". Quanto ao positivismo: "Não teve nenhuma repercussão na minha Província, nem mesmo nos primeiros tempos da República. A atitude dos mineiros em face da doutrina de Auguste Comte foi de total indiferença, se não mesmo de hostilidade. Em matéria de positivismo, ficamos solidários com Antônio Torres, que sustentou na imprensa do Rio violenta campanha contra os adeptos da nova seita".

Deodoro (Machado) de Mendonça, nascido no Pará em 1889, informa: "Sou católico e como acredito que as religiões sem dogma estão destinadas a morrer, não discuto as minhas próprias crenças com temor de um raciocínio extravagante que me desvie das normas boas que a ela devo, sem embargo de condenar tantas outras más que florescem na sua prática viciada". Por outro lado: "Sempre adotei o positivismo, menos com Comte, mais com Spencer, positivismo científico, sem religião."

Waldemar (Martins) Ferreira, nascido em São Paulo, em 1885, comenta que a religião católica no Brasil viesse, desde seus dias de moço, se amalgamando com a dos índios e a dos africanos; e perdendo, assim, "muito da sua eficácia" e "passando a valer mais pelo ritual [...]". Além disso, o catolicismo, entre nós, se afastara do lar: "É nas igrejas, e só nelas, que ele se cultiva e pratica; nos lares, não. A missa só se ouve e tem valia na igreja. No lar, não. Nisso o protestantismo foi mais prático e mais decisivo". E citando exemplo, a seu ver expressivo, refere-se ao caso de certo fazendeiro paulista que representara ao bispo, dizendo-lhe que, tendo capela em sua fazenda, distante da cidade, pleiteava autorização para ali se realizar serviço religioso, sem que os colonos se ausentassem da fazenda. A licença para esse serviço doméstico lhe fora denegada.

Luís (de Toledo) Piza Sobrinho, nascido também em São Paulo em 1888, confessa: "Minha atitude frente à Igreja Católica é a da maioria dos brasileiros: por tradição de família, sou católico pouco praticante [...]. Sou, porém, por convicção, por sentimento, cristão [...]". Mais: "Ao iniciar meus estudos superiores, cheguei a ter entusiasmo pelo positivismo. Li várias obras de Comte por sugestão do meu tio, Dr. Gabriel de Toledo Piza e Almeida, então ministro plenipotenciário do Brasil em Paris e um dos apóstolos do positivismo no Brasil, desde a propaganda republicana em São Paulo, da qual foi um dos chefes, tendo firmado o histórico Manifesto da Convenção de Itu em 1870".

Confessa ainda Luís Piza Sobrinho, a propósito de sua atitude para com o catolicismo, ter guardado impressão "a mais desfavorável" do colégio de padres que frequentou quando menino: o Diocesano. Métodos retrógrados. Aulas enfadonhas. Além do que "tínhamos por obrigação assistir missa diariamente, às 6 horas da manhã, na capela do seminário" e "confessar todas as sextas-feiras. A disciplina do colégio era severa. Os castigos iam desde ficar de pé, voltado para a parede [...] à privação de recreio e até 'bolos' de palmatória". Certa vez, numa aula de latim à noite, houve uns gritos ou assobios que o padre professor não pôde descobrir de quem partira; nem ninguém revelou o autor da travessura. O resultado é que na sexta-feira que se seguiu ao fato, Luís foi com outros dois alunos levado à presença do padre-ministro, do qual cada um recebeu "nas pequeninas mãos, dois 'bolos' bem puxados". Como haviam apurado quais os autores da travessura? Pelo confessionário, embora os padres dissessem sempre aos meninos que "tudo que o confessor ouvisse em confissão, lhe era vedado comunicar a outrem [...]". Combinaram depois disso os três meninos – recorda Luís – "nunca mais revelar aos confessores" seus "execráveis pecados". Quanto a Luís: "Após sair do colégio, nunca mais me prostrei diante do sacerdote, num confessionário, não alcançando por isso fazer minha primeira comunhão, cerimônia que tanto me encantava pelo solene misticismo de que se revestia".

"Órfão de pai aos 11 anos, continuei a ter esse mesmo ambiente religioso", informa Mário Sette, nascido em Pernambuco em 1888, depois de haver recordado de seus pais que eram católicos "mais de um culto interno, doméstico, que de igreja". E acrescenta a esta confissão: "Adolescente, fui rapaz da minha época: fumaças de materialismo, direi melhor, de anticlericalismo. Rebeldias de leitura da época. Tudo isso, numa incoerência, de mistura com um envolvimento místico diante das cerimônias católicas, com os cânticos, o cheiro de incenso, as pompas das vestes sacerdotais, as luzes, os círios. Desejos às vezes de experimentar a clausura. Amigo de vários padres, a quem queria bem e até tomava a bênção: [um deles] o vigário João Augusto, do Corpo Santo..." Homem-feito, Mário Sette viria a sentir-se mais ligado à Igreja que na mocidade, inclusive pelos seus "sentimentos de brasileiro". Aos 61 anos, faria sua "primeira comunhão".

Plínio Barreto, nascido em São Paulo em 1882, escreve no seu depoimento: "A Igreja Católica pareceu-me sempre uma instituição majestosa, mas nunca me empolgou inteiramente. Não lhe pude perdoar a Inquisição nem tampouco a maneira por que recebeu, nos primeiros tempos do seu apostolado, a personagem de São Francisco, que é para mim uma das maiores personagens da história humana. Em relação ao positivismo a minha atitude foi sempre de simpatia e curiosidade, não obstante a impressão pouco favorável que tive de Augusto Comte como homem".

Leonel Vaz de Barros (Leo Vaz), nascido também em São Paulo, em 1890, confessa que a Igreja Católica lhe pareceu sempre "a mais sábia industrialização da estupidez"; e o positivismo, "inventariante filosofia para guarda-livros".

De Guaracy Silveira, ainda outro paulista, este nascido em 1893, é a confissão de que estudava para padre católico e já andava de batina, quando houve para ele e seus companheiros um retiro espiritual, pregado por certo padre francês, de fala carregada: "Punha [o padre francês] medo na gente com o inferno mas isto não me preocupava porque não cria. Mas um dia ele falou no amor de Nosso Senhor Jesus Cristo, morrendo na cruz para nos salvar [...]. Nesse instante eu cri". De tal maneira que "a lembrança dos pecados antigos que antes me deleitava, agora me causava tristeza e vergonha". Até que, achando uma *Bíblia*, leu-a com fervor. "No fim de 1914" – acrescenta Guaracy Silveira na sua confissão – "recebi do bispo de Ribeirão Preto [...] aconselhando-me a entrar numa ordem mais rigorosa, como a dos franciscanos. Foi então que resolvi abandonar a carreira eclesiástica". A carreira eclesiástica na Igreja Católica. Pois acabaria pastor protestante. Quanto ao positivismo, veio a considerar impraticável sua moral "por se privar o positivista da graça de Deus".

Vários outros, dentre os depoentes, os que, quando meninos, quiseram ser padres. Aliás não foram poucos – já o destacamos – entre os políticos, advogados e médicos da época aqui considerada, os que chegaram, quando adolescentes, a seminaristas; e alguns, quase a padres.

Leopoldo Marinho de Paula Lins, nascido em Pernambuco em 1857, repete que, quando menino, "não cogitava de heróis": apenas gravara-se "em meu espírito, o que ouvia dizer de Osório, Caxias e Tamandaré, cuja fama era assaz divulgada". O que ele queria ser era padre; mas, ao mesmo tempo, queria casar-se: "todo o anelo da minha vida". Quando lhe diziam que "padre não se casava, eu apontava um, que me batizara e a quem eu chamava meu padrinho, o qual tinha mulher e filhos e deles não fazia mistério". Confusão de vocação sacerdotal com a patriarcal.

Américo Raimundo da Silva, nascido também em Pernambuco em 1882, foi outro que quando menino desejou ser padre: "A minha propensão em menino era ser padre. Depois que fui tendo alguma compreensão voltei-me para o comércio; minha mãe botou-me no Arsenal da Marinha para aprender a arte; fui aprender a arte de torneiro. Por decreto do governo de Campos Sales foi fechado o Arsenal, ficando muita gente na miséria; voltei para o comércio feito homem; deixei o comércio por outros empregos sem futuro até hoje. Quanto às profissões nunca tive perseverança com nenhuma". Talvez por ter se desviado da vocação sacerdotal. Pois desta nunca parece ter se libertado de todo. Até nos trajos civis conservou certa austeridade de clérigo. Nas suas palavras: "Fui sempre contra a moda exagerada; sempre gostei da modéstia; nunca tive alfaiate de preferência; quando tinha roupa para fazer procurava aquele que me pudesse atender de acordo com minha precisão. Gostei muito de uma bengala de volta e de um botão-de-ouro [flor] na lapela do paletó; sempre fui adepto do chapéu de feltro; nunca usei um chapéu de palha. As roupas de dentro eram brancas e as ceroulas compridas; as camisas bocas de saco, colarinhos e punhos muito duros; joias nunca as possui a não ser um bom relógio com boa corrente". Tendo se tornado, depois de adulto, espírita, nunca se desprendeu do critério religioso ao examinar as próprias questões biológicas: "Se examinarmos esta questão de raça chegaremos a conclusão bastante triste: sabemos que todos nós descendemos de uma raça mestiça. Segundo a lei do atavismo e a uma teoria espírita, não podemos comentar qual o motivo que nos leva a gostar mais de um do que de outro, não nos importando os princípios. Daí a matéria atrai a matéria na ordem direta das massas e na ordem inversa dos quadrados das distâncias. Quanto ao casamento com pessoas de cor ainda não houve pais ou tutores ou mesmo juízes que evitassem, porque quando a mulher quer, penso, nem o próprio Deus não demoverá de tal propósito; são portanto defeitos da humanidade porque não pode haver só perfeitos, o único perfeito foi Deus; assim mesmo há ainda quem não se conforme com essa teoria".

João Augusto de Castro, nascido em São Paulo, em 1897, tendo estudado com os jesuítas, em Itu, sofreu de alguns dos seus mestres, religiosos à maneira da S. J., considerável influência. Um deles era antipático: "Terrível, exigia que só se falasse francês na classe e quando [os alunos] conversassem com ele; e a palmatória, ele a punha sempre em ação". Havia festas no colégio, algumas com banquetes, com um aluno lendo em voz alta, durante a refeição, a vida de um santo. Foi numa dessas festas que Castro conheceu Caruso. Sua grande impressão, porém, foi a de uma descrição de Roma feita pelo conde Brasílio Machado. Contudo, seu sonho de interno do Colégio de Itu permaneceu o de ser engenheiro. O ambiente piedoso do ginásio de padres não conseguiu que seu encanto pela Cidade Eterna se fixasse na vontade de seguir para o Colégio Pio Latino a fim de estudar em Roma para o sacerdócio católico.

"Devo confessar que sou católico, mantendo respeito à religião de meus pais, em que milito e vou transmitindo a meus filhos", escreve em seu longo depoimento Antônio José da Costa Ribeiro, nascido em Pernambuco em 1868. Isto a despeito de, quando moço, muito ter simpatizado "com o positivismo"; e muito ter lido "Comte e Littré".

É particularmente interessante o depoimento de Antônio José da Costa Ribeiro, na parte relativa à sua experiência religiosa e à sua atitude para com a Igreja, por proceder do filho de notável advogado do Recife que, por haver pretendido conservar-se ao mesmo tempo maçom e católico, foi um dos motivos para a vigorosa campanha por D. Vital, na mesma cidade, contra a maçonaria: campanha que se propagou ao Império quase inteiro e teve repercussão na Europa. Recorda o depoente: "Numa certa tarde voltaram meus pais, do palácio do bispo, na Soledade, onde fora minha mãe ser madrinha de crisma de uma senhora sua parenta e amiga. E, ao jantar, narraram o seu encanto pelo bispo D. Vital, que as cumulara de atenções e gentilezas. No dia seguinte, porém, voltava meu pai do escritório, triste e surpreendido com um ofício da Irmandade do Sacramento de Santo Antônio, acompanhando outro de D. Vital, datado da véspera, em que ordenava sua expulsão da mesma irmandade, por ser maçom. E dizia meu pai haver já respondido à irmandade para que deliberasse conforme entendesse ser o seu dever. A irmandade insurgiu-se, foi suspensa ou interdita; houve recurso à Coroa, que tendo provimento, e sendo essa imperial decisão desrespeitada pelo bispo D. Vital, deu isso motivo a seu processo e mais fatos que constituíram a célebre Questão Religiosa. Em todo esse movimento, meu pai se manteve silencioso. Só uma vez veio à imprensa e para publicar a defesa que lhe fizera o visconde do Rio Branco, no Senado, quando ali acusado pelo senador Cândido Mendes de 'desordeiro nas sacristias das igrejas do Recife'".

Prosseguindo no seu depoimento, informa de seu pai, Antônio José da Costa Ribeiro: "Entretanto meu pai era e sempre foi até morrer um espírito muito religioso e católico praticante, grande amigo dos frades do Carmo e da Penha, advogado da Irmandade de São Pedro dos Clérigos. Ao início do conflito, ouvi meu pai dizer que todos esses frades e padres se apressaram a procurar D. Vital, afirmando-lhe esses seus sentimentos religiosos, ouvindo do bispo não lhe ser isso desconhecido e o que buscara fora "chamar ao aprisco ovelha tão preciosa e que se desgarrava".

Ainda mais: "eu tinha um tio, irmão de meu pai, vigário da Freguesia de São José, nesta cidade, cônego João José da Costa Ribeiro, e que era também professor de latim no Ginásio Pernambucano. D. Vital ordenou-lhe que se demitisse do cargo de professor, no prazo de 24 ou 48 horas. Meu velho tio correu a pedir conselho a meu pai. Este ponderou-lhe ser seu dever obedecer ao bispo. O tio padre (como nós o chamávamos) aceitou o conselho, mas parece ter havido alguma demora na resposta, o que motivou ser suspenso de ordens e excomungado *ex-informa conscientio*. Vigário colado, teve de usar do recurso à Coroa, que teve provimento para o recebimento de sua côngrua, obtendo depois da Santa Sé o restabelecimento de suas ordens, declarada sem efeito a excomunhão".

O depoente conclui o seu valioso depoimento: "Devo confessar que, em menino, esses fatos em mim causaram um sentimento de espanto e grande estranheza. Não podia compreender esse duro modo de proceder do bispo com meu pai e com o velho padre, meu tio, que não era maçom. Mas rapaz, depois homem, jamais comentei esses fatos. Obedecia à atitude que sempre guardou meu pai. E agora, relembrando, não quero ser mais que um simples cronista, deixando a outros os comentários, hoje que é tão exaltada a figura de D. Vital".

Entretanto, se a ordem católica no Brasil foi contrariada, em algumas de suas normas tradicionais, de conciliação do "sagrado" com o "profano", pela atitude talvez excessivamente áspera de D. Vital com relação à Maçonaria e às ligações de católicos com lojas maçônicas; se desse embate, por vezes violento, resultou trauma ou angústia para católicos, então jovens ou meninos, como Antônio José da Costa Ribeiro; a verdade, por outro lado, é que iniciou-se, desde então, nova fase na vida do catolicismo em nosso país. Fase que seria caracterizada por um progresso, se não ostensivo, autêntico, da Igreja, como instituição cujos destinos deviam ser orientados no sentido de uma catolicidade que passasse a ser definida menos por políticos "profanos", mesmo quando bons cristãos, do que pelos bispos ungidos pelo de Roma para essa missão essencialmente "sagrada".

Notas ao Capítulo X

1. Joaquim Nabuco, *Discursos parlamentares*. Publicação comemorativa do 1º centenário do nascimento do antigo deputado por Pernambuco. Iniciativa da Mesa da Câmara dos Deputados. Seleção e prefácio do deputado Gilberto Freyre. Introdução do deputado Munhoz da Rocha. Rio de Janeiro, 1949, p. 106.

2. Nabuco, *Discursos parlamentares,* cit., p. 110.

3. Nabuco, *Discursos parlamentares,* cit., p. 197.

4. Nabuco, *Discursos parlamentares,* cit., p. 199.

5. Nabuco, *Discursos parlamentares,* cit., p. 202.

6. Nabuco, *Discursos parlamentares,* cit., p. 251.

7. Nabuco, *Discursos parlamentares,* cit., p. 252.

8. Luís d'Orléans-Bragança, *Sous la Croix du Sud*, Paris, 1912, p. 15.

9. Luís d'Orléans-Bragança, op. cit., p. 16.

10. Fletcher e Kidder, *Brazil and the Brazilians*, cit., p. 98.

11. Fletcher e Kidder, op. cit., p. 99.

12. Burnichon, *Le Brésil d'aujourd'hui*, cit., p. 193.

13. Burnichon, op. cit., p. 192.

14. Burnichon, op. cit., p. 198. Veja-se sobre o assunto Tales de Azevedo, *O catolicismo no Brasil*, Rio de Janeiro, s.d. Vejam-se também padre Júlio Maria, *O catolicismo no Brasil, memória histórica (1900)*, Rio de Janeiro, 1900; padre Desidério Deschand, *A situação atual da religião no Brasil*, Rio de Janeiro, 1910; Erasmo Braga e K. G. Grubb, *The Republic of Brazil: a survey of the religious situation*, Londres, 1932; Roger Bastide, "Religion and the Church in Brazil", in *Brazil: portrait of half a continent*, obra coletiva organizada por T. Lynn Smith e A. Marchant, Nova Iorque, 1951; A. Jacobina Lacombe, "Brasil", in *El catolicismo contemporaneo en hispano-america*, obra coletiva organizada por Richard Pattee, Buenos Aires, 1951. E, ainda, J. Cruz Costa, "O positivismo na República", *Revista de História*, nº 15, 1953. Vejam-se também *O padre*

protestante (São Paulo, 1950), de Boanerges Ribeiro, *Anais da primeira Igreja Presbiteriana de São Paulo* (São Paulo, 1938), de Vicente Temudo Lessa, *Cinqüenta anos de metodismo no Brasil* (São Paulo, 1928), de J. L. Kennedy, *História dos batistas no Brasil* (São Paulo, 1940), de A. R. Crabtree e A. N. de Mesquita, *Bandeirantes da fé* (Belo Horizonte, 1947), de Maria de Melo Chaves. E, ainda, *É o positivismo ateu? Pode ser considerado uma religião?* (Rio de Janeiro, 1956), de Ivan Lins, com uma pequena e interessante parte histórica sobre as relações, no Brasil, do positivismo com o catolicismo. Sobre o desenvolvimento do protestantismo em áreas rurais do Brasil tem em preparo interessante ensaio o pesquisador Renato Campos, do Instituto Joaquim Nabuco de Pesquisas Sociais, do Recife.

15. Fletcher e Kidder, op. cit., p. 141.

16. Fletcher e Kidder, op. cit., p. 144.

17. Fletcher e Kidder, op. cit., p. 145.

18. Fletcher e Kidder, op. cit., p. 147-148.

19. Fletcher e Kidder, op. cit., p. 158-159.

20. Fletcher e Kidder, op. cit., p. 562.

21. Burnichon, op. cit., p. 207.

22. Emile Allain, *Rio de Janeiro*, cit., p. 238.

23. Allain, op. cit., p. 232.

24. Ataulfo Nápoles de Paiva, *Assistência pública e privada no Rio de Janeiro – História e estatística*, Rio de Janeiro, 1922, p. 287.

25. Allain, op. cit., p. 240.

26. Allain, op. cit., p. 234.

27. Allain, op. cit., p. 254.

28. Paiva, op. cit., p. 235.

29. Paiva, op. cit., p. 236.

30. Paiva, op. cit., p. 243.

31. Paiva, op. cit., p. 245.

32. Paiva, op. cit., p. 103.

33. Fletcher e Kidder, op. cit., p. 136. Veja-se sobre o assunto o capítulo do livro de J. R. de Almeida Prado, *O Brasil e o colonialismo europeu* (São Paulo, 1956), intitulado "A Bahia e suas relações com o

Daomé". Também nosso pequeno ensaio, publicado em 1950 na revista *O Cruzeiro* (Rio de Janeiro) e incluído na 2ª edição do nosso *Problemas brasileiros de antropologia*, que acaba de aparecer, sobre antigos escravos brasileiros que regressaram do Brasil, principalmente da Bahia, à África. Intitulado "Acontece que são baianos", foi esse ensaio escrito com a colaboração do pesquisador francês Pierre Verger, que nos trouxe das Áfricas Francesa e Inglesa cópias de vários testamentos e cartas daqueles ex-escravos e dos seus descendentes; e informações, que nos interessaram de modo particular, sobre práticas de uma religião católica, paternalista ou maternalista, levada pelo mesmos ex-escravos do Brasil para a África e ali conservadas com relativa pureza durante mais de um século.

34. Burnichon, op. cit., p. 72.

35. Burnichon, op. cit., p. 78.

36. Burnichon, op. cit., p. 78-79.

37. Burnichon, op. cit., p. 79.

38. Burnichon, op. cit., p. 81.

39. João do Rio (Paulo Barreto), *As religiões no Rio*, Rio de Janeiro, 1906, p. 9.

40. João do Rio, op. cit., p. 26.

41. João do Rio, op. cit., p. 27.

42. João do Rio, op. cit., p. 30.

43. João do Rio, op. cit., p. 33.

44. João do Rio, op. cit., p. 34.

45. João do Rio, op. cit., p. 177. Contra tais atividades, talvez um tanto medievais, de frades ou religiosos católicos quase sempre estrangeiros, no Brasil do começo do século XX, não consta ter havido protesto oficial dos positivistas brasileiros que, ao contrário, em 1910, pela voz de Teixeira Mendes, em carta a Teófilo Braga, diziam: "Não basta dominar por um momento para encadear o futuro ou condenar o passado [...]. Urge, pois, garantir a livre existência da veneranda religião dos nossos antepassados [...]. Não carecemos doravante senão de amor, mais amor, e sempre amor [...]" (*A República em Portugal e a atitude da Igreja Positivista do Brasil. Publicação nº 313 da Igreja e Apostolado Positivista do Brasil*, Rio de Janeiro, 1911, p. 9). Para Teixeira Mendes, destinado o catolicismo a extinguir-se como "qualquer teologismo ou metafísica", os brasileiros esclarecidos pelo positivismo deviam deixar que a velha religião e os seus "representantes extremos" desaparecessem "cercados pelas atenções e as bênçãos dos contemporâneos órgãos da posteridade" (*O catolicismo e o positivismo. Publicação nº 293 da Igreja e Apostolado Positivista do Brasil*, Rio de Janeiro, 1910, p. 5). Note-se que Teixeira Mendes publicou no *Jornal do Commercio*, do Rio

de Janeiro, expressivo artigo contra a decisão do governo brasileiro de proibir o desembarque, no nosso país, em 1910, de frades expulsos pelo novo governo – o republicano – de Portugal, artigo que consta daquela publicação. Para o líder positivista "só a ingratidão, o rancor e a cegueira metafísico-democrática" permitiam desconhecer "o inestimável concurso" que "o sacerdócio católico" – inclusive os frades – vinham prestando e continuavam a prestar à "regeneração social" no Brasil, "defendendo os grandes princípios políticos e morais que constituem o mais precioso legado dos nossos avós". Mais: Teixeira Mendes foi dos poucos que protestaram contra o que chamou a "destruição vandálica" do Convento da Ajuda, no Rio de Janeiro, escrevendo que só para os estetas apenas sensuais esse convento era "uma vergonha, destoando das pretendidas magnificências da Avenida Central". Não assim para os que punham o "belo moral" e o "belo intelectual" acima do simples "belo físico" (Cruz Costa, *O positivismo na República. Nota sobre a história do positivismo no Brasil*, São Paulo, 1956, p. 141).

46. João do Rio, op. cit., p. 181.

47. João do Rio, op. cit., p. 182.

XI
A República de 89 e o Progresso Católico no Brasil

Os anos de mil oitocentos e setenta e poucos foram decisivos para o desenvolvimento brasileiro sob vários aspectos. Sob o aspecto econômico, em particular, e social, em geral, foi num mil oitocentos e setenta e poucos que se verificou o início de revolução no regímen nacional de trabalho marcada pela lei chamada do Ventre Livre (1871). Sob o aspecto político, em particular, e inter-regional, em geral, foi também num mil oitocentos e setenta e poucos que se publicou o Manifesto Republicano: prenúncio de uma fase, na vida política brasileira, em que, não só por motivos complexamente ecológicos e econômicos como especificamente políticos, se afirmaria, com a República, o primado de São Paulo-Minas Gerais-Rio Grande do Sul sobre o conjunto nacional brasileiro. Sob o aspecto cultural, em geral, e filosófico, em particular, foi ainda em mil oitocentos e setenta e poucos que se definiram além da influência positivista, no Sul, a germanista e a spencerista, no Norte, sobre o pensamento brasileiro, todas essas influências em sentido contrário ao da ortodoxia católica; e com repercussões não só sobre a jurisprudência como sobre as belas-letras e as próprias normas estéticas dos brasileiros mais sofisticados.

E não nos esqueçamos de datar, ainda, de mil oitocentos e setenta e poucos a presença vulcânica de D. Vital, como bispo de Olinda, na vida católica do Império: presença de conservador revolucionário que, mesmo breve, como foi, marcou o começo de um novo tempo ou de um novo ritmo na mesma vida. O início de um conjunto de alterações à sua rotina que podem ser consideradas tanto pelo volume como pela qualidade de alguns dos seus efeitos sobre o comportamento do clero, dos católicos e dos brasileiros, em geral, uma fase de progresso católico. Progresso, como todos os progressos do ponto de vista estritamente sociológico ou antropológico-social, relativo. Mas progresso de acordo com os padrões, quer brasileiros, em particular, quer ocidentais, em geral, quer católicos, em particular, quer cristãos, em geral, do que seja aperfeiçoamento de conduta, pela maior aproximação entre os ideais religiosos ou éticos – o de castidade cristã, por exemplo – e as práticas sociais; entre as normas anunciadas como características de um sistema ético e a sua objetivação se não cotidiana, quase cotidiana, no ramerrame da existência ou do funcionamento desse sistema.

Pois é como existência que o passado social, sexual, cultural e quanto possível íntimo do brasileiro interessa aos objetivos deste ensaio, continuador de dois outros acusados por alguns críticos precisamente disto: de sacrificarem ao estudo do que tem sido a existência mais cruamente e mais genuinamente brasileira, o daqueles outros aspectos de cultura ou civilização que, desde certos exageros remotamente coloniais – a concessão de títulos de bacharel e de mestre em artes, por exemplo, a rapazes que teriam atingido quando muito a mentalidade de estudantes secundários, nas escolas mantidas aqui, naquela época, pelos jesuítas – vêm constituindo apenas crosta ou verniz dos valores anunciados ou ostentados. A princípio, talvez, para o papa de longe alegrar-se com tais aparências. Por algum tempo, apenas para inglês ver. Mais recentemente, para fins de estatística cultural favoráveis a pretensões brasileiras superiores à realidade nacional.

D. Frei Vital não era homem de contentar-se com aparências. No que ele mais vivamente se empenhou foi exatamente em dar autenticidade à vida católica no Brasil, para que de longe não se supusesse Império verdadeiramente católico um país de padres mais ou menos burocratas, alguns ligados antes a lojas maçônicas que à própria Igreja; e muitos deles pastores sem cajados, mas apenas de burgueses e confortáveis chapéus de sol, de uma população em grande parte conservada sem instrução religiosa. Exposta a infiltrações anticatólicas de toda espécie. Sabendo apenas fazer o sinal da cruz; rezar o padre-nosso ou a ave-maria; ajoelhar-se diante do Santíssimo; ir à missa aos domingos; fazer batizar os filhos. Alguma coisa, não há dúvida; mas não o bastante para caracterizar uma população como verdadeiramente católica.

Sabendo depender a vitalidade de uma população católica sobretudo do seu clero, foi para o clero que se voltou o maior interesse do bispo de Olinda contra quem se levantariam tantos padres. Padres amigados. Padres maçons. Padres mais políticos do que padres. Padres jacobinos. Tios-padres mais a serviço de senhores de terras e de escravos do que dos seus bispos ou da sua Igreja.

Com um desassombro que poucos prelados teriam tido em circunstâncias como aquelas que teve de enfrentar dentro da própria Igreja, D. Vital se lançou contra os padres assim transviados da sua missão como se eles, e não os protestantes estrangeiros já em operação no Brasil, e os feiticeiros africanos, que se infiltravam cada dia mais pelos próprios lares católicos, corrompendo a pureza da sua fé, é que fossem o obstáculo principal ao desenvolvimento do catolicismo em uma força de fato orientadora do pensar e purificadora do proceder dos brasileiros. E o paradoxo é que desse modo corajoso de intervir D. Vital na vida religiosa e na conduta do clero no seu país, resultou o começo de substituição de padres nacionais por sacerdotes estrangeiros, em benefício tanto da Igreja como, durante largo período de reajustamento de valores brasileiros com valores católicos, do Brasil.

Realmente, foi D. Vital quem abriu o caminho para essa substituição, nem sempre agradável aos brasileiros da época, mas necessária à Igreja e ao próprio Brasil, de padres de ordinário descaracterizados em seu proceder de padres – embora vários deles, bons homens e bons patriotas – por europeus que se revelassem animados de verdadeira unção sacerdotal. Substituição difícil. Os sacerdotes de que a população brasileira precisava para integrar-se na condição de país católico, e dentro dessa condição, desenvolver-se, a Europa não os tinha de sobra mas em número pequeno. De modo que nem sempre a substituição do padre nacional transviado às vezes somente como padre, não como homem, se fez pelo padre estrangeiro – nem sempre substituto ideal de um elemento que, de ordinário, não era de todo mau: apenas ineficiente nas suas funções sacerdotais; e relapso na sua castidade, não por se ter tornado femeeiro, mas por haver constituído irregularmente família. Do padre estrangeiro simplesmente padre há quem suponha que, não tendo constituído quase nunca, irregularmente, família, mostrou-se talvez mais inclinado que o brasileiro de antes de D. Vital, a outras irregularidades de comportamento, igualmente comprometedoras da condição sacerdotal. Da condição sacerdotal e da dignidade da Igreja. O padre estrangeiro, passível de tal acusação, teria sido principalmente o italiano, ainda no Império, quando a seu respeito circularam anedotas desprimorosas para a condição sacerdotal, algumas talvez inspiradas pelo jacobinismo de alguns católicos da época.

Ainda que date do Império a presença de capuchinhos italianos no Brasil, que se tornaram notáveis pela atividade missionária, foi no começo da República de 89 que, graças ao caminho aberto há mais de dez anos por D. Vital, se verificou o repovoamento sistemático dos conventos ou mosteiros do País com frades estrangeiros: beneditinos, carmelitas, franciscanos, capuchinhos, vindos da Itália, da França, da Alemanha, da Bélgica. Foram eles – lembra a respeito o padre Joseph Burnichon, S. J. – encarregados de "reinstalar a regra nas casas de suas respectivas ordens". O que não se realizou docemente, comenta o jesuíta francês, para quem *"il y a là un chapitre de l'histoire monacale où ne manque ni le grotesque ni le tragique"*. Com efeito, houve religiosos nacionais, dos que viviam brasileiramente vida dupla, sendo monges, por um lado, e pais de família, por outro, que *"ne voulaient pas être troublés dans l'existence commode qu'ils s'étaient faite"*.[1] O Rio de Janeiro chegou a viver momentos agitados em torno da substituição dos últimos frades nacionais – pouquíssimos e velhos – por estrangeiros. Fez-se do assunto motivo de reivindicações nacionalistas, talvez animadas entre a gente miúda por maçons ainda influentes na política nacional; e que sentiram estar sendo a sua causa vencida de modo definitivo pelos continuadores de D. Vital. No que, aliás, não se enganavam. Data da campanha antimaçônica daquele bispo de Olinda evidente declínio na influência da Maçonaria sobre a vida brasileira.

Ao mesmo tempo que se verificava o repovoamento sistemático de conventos quase abandonados, com frades estrangeiros, dava-se a instalação ou a reinstalação no Brasil-República de várias ordens ou institutos católicos ativos e militantes, uns que pela primeira vez se organizavam no país, adquirindo para suas sedes velhas residências patriarcais, chácaras e terrenos no interior, outros apenas regressando à terra brasileira. Tais os maristas franceses, os trapistas, os redentoristas, os jesuítas, os lazaristas, os dominicanos. Congregações de religiosos e congregações de religiosas, tendo o Brasil da época aqui evocada acolhido freiras e frades expulsos da França e de Portugal.

O padre Burnichon, depois de ter visitado alguns desses institutos e vários daqueles conventos e, particularmente, os colégios mantidos por freiras francesas que, na época, chegaram a ser muitos – o Sion, o Sacré-Coeur, os das ursulinas, os das irmãs do Santo Sacramento, os das irmãs de São Vicente de Paulo, os das freiras de São José de Chambéry, além dos das Damas Cristãs, religiosas belgas de língua francesa dissidentes do Sacré-Coeur francês –, concluiu: *"Le progrès de la vie religieuse depuis vingt ans est incontestable"*.[2] O aspecto, a seu ver lamentável, nesse progresso, era este: o de continuar o Brasil a se apresentar sob a forma de *"pays de mission"* quando já devia ter grande parte dos seus religiosos recrutados da população católica nacional. Justamente essa escassez de brasileiros nas ordens ou congregações religiosas é que facilitava as campanhas nacionalistas ou maçônicas que uma vez por outra irrompiam nos jornais ou nas revistas contra o religioso estrangeiro. Foi provocado por essas campanhas que o maior dos jornalistas católicos que teve o Brasil na época aqui considerada – Carlos de Laet – produziu sua famosa apologia: *O frade estrangeiro*.

A verdade é que os colégios católicos ganharam novo vigor, com a presença, no país, desde o começo da República, de padres e freiras europeus, especializados na arte do ensino. Reconheceu-o o geógrafo Elliott, em 1916, ao destacar dos colégios, então já antigos, mantidos no Brasil pelos beneditinos, pelos jesuítas, pelas irmãs do Sacré-Coeur, como *"splendid"*.[3] E não diga desses mestres estrangeiros que concorreram para o desprestígio da língua portuguesa, no falar ou no escrever da qual alguns se tornaram exímios, tendo os maristas contribuído para o aperfeiçoamento dos livros didáticos no idioma nacional do Brasil. Também dentre os jesuítas alemães no Rio Grande do Sul alguns se distinguiram, na época aqui evocada, por obras científicas sobre a flora regional escritas em bom ou exato português; e dos franciscanos, igualmente alemães, que se enraizaram então no Brasil, não poucos se notabilizaram pela correção senão de estilo, de gramática, dos seus sermões ou das suas conferências em língua portuguesa.

É claro que nem todos conseguiram tal domínio sobre a língua portuguesa do Brasil; e é certo que quase todos tiveram de fazer no próprio púlpito ou na própria cátedra seu aprendizado, cometendo erros de pronúncia ou de gramática, alguns dos quais se tornaram anedóticos. Daí, talvez, os reparos de Armando Silveyra sobre a presença do padre estrangeiro, no Rio Grande do Sul, darem relevo a esse aspecto do desajustamento entre líderes religiosos importados da Europa e as populações católicas brasileiras por eles servidas; desajustamento que, parecendo apenas linguístico, talvez fosse por vezes – através de equívocos semânticos – psicológico, além de cultural. Sendo "homens, em geral, cultos", informa Silveyra dos padres estrangeiros que conheceu quando menino e jovem no Rio Grande do Sul, que "exprimiam-se defeituosamente"; de modo que "os devotos, muitas vezes, não podiam deixar de sorrir", prejudicando esses constantes sorrisos o respeito que devia haver da parte dos paroquianos para com os párocos. Além do que, "o trabalho psicológico do mentor tropeçava em dificuldades" que ultrapassavam as linguísticas: vinham da "diversidade de temperamento e de educação entre a ovelha e o pastor".

A verdade, porém, é que a substituição dos sacerdotes nacionais pelos estrangeiros se tornara imperiosa, pela própria escassez de padres brasileiros que se seguiu ao maior rigor da parte dos bispos – continuadores de D. Vital – com relação ao procedimento ou à conduta do clero. Não tardou, aliás, que no Rio Grande do Sul, aos padres importados da Europa se sucedessem os nascidos já no Brasil, de famílias católicas de origem italiana, alemã e polonesa, das quais também a Congregação Marista viria a recrutar numerosos elementos jovens para a missão de educadores religiosos no Sul e no Norte do País. No próprio Norte, repovoados os conventos beneditinos, franciscanos, carmelitas com frades alemães, belgas, espanhóis, e postos os religiosos sob disciplina mais austera que a de outrora, não tardaram a entrar nessas ordens e na própria Companhia de Jesus, jovens de algumas das melhores famílias da região. Evidências de um renascimento católico que coincidiu com a proclamação da República e a lei de separação da Igreja, do Estado; e a cuja frente estiveram por algum tempo, como educadores religiosos de uma nova elite brasileira – incluídos nessa elite em elaboração filhos de políticos outrora anticatólicos como Rui Barbosa –, os jesuítas do Anchieta, em Nova Friburgo, os do São Luís, em Itu e os do Colégio de São Leopoldo, no Rio Grande do Sul, aos quais se seguiriam, já no fim da época aqui evocada, os do Antônio Vieira, em Salvador, e os do Nóbrega, no Recife.

"Quando minha mãe morreu" – narra em seu depoimento Heitor Modesto (d'Almeida), nascido em Minas Gerais em 1881 –, "fui internado no Colégio Anchieta, em Nova Friburgo [...]. Era ainda no antigo prédio conhecido como Chateau. Disciplina severa. Ordem e asseio. O corpo docente era todo de padres. Ensinava-se bem e saía-se de lá com um sólido preparo de humanidades. Lembro-me de quando chegou a notícia da descoberta dos raios X, por Roentgen. Na véspera, o padre Prosperi havia dado uma lição sobre o tema: raios catódicos. Parecia tatear a descoberta".

No Anchieta, não havia aulas nem nos domingos nem nas quintas-feiras. Ou antes: nas quintas havia apenas aulas livres de alemão e de italiano. O alemão era facultativo em vez do inglês nas matrículas no curso superior. Tinha o colégio boa biblioteca. Lia-se muito Chateaubriand e Júlio Verne; e Heitor Modesto recorda o fato de ser também muito lido, ao que parece sob o estímulo dos padres, o livro *Assassinatos maçônicos*, de Leo Taxil.

Outro aspecto novo da educação nos colégios católicos organizados ou reorganizados no Brasil nos primeiros anos da República, sob a direção ou com o concurso de padres estrangeiros, e já em competição com colégios estabelecidos nas principais cidades da República por protestantes também estrangeiros, foi o relevo dado à educação física dos meninos e dos adolescentes. No Anchieta, nos primeiros anos da República no Brasil, já os alunos jogavam o futebol: não o que se jogaria depois entre nós, informa Heitor Modesto; mas "uma espécie de rúgbi menos violento. Jogava-se também o *bat*, o 'quadrado' e a 'guerra'".

Informa ainda Heitor Modesto: "A saída era uma vez por mês, na companhia dos pais ou de seu representante autorizado. Saía-se depois da missa para se voltar ao cair da tarde. Eu saía e ia passar o dia no antigo Hotel Engert [...] o velho Engert estava vivo e presidia a mesa que era excelente, com peru à vontade e manteiga fresca a fartar. Eu dava muito valor à manteiga porque no colégio só se comia manteiga no pão na primeira quinta-feira de cada mês, quando se saía depois da missa para um passeio no campo, almoçando-se lá: a comida era levada numa carrocinha".

Quanto à vida religiosa dos alunos: "Havia congregação dos Filhos de Maria do Coração de Jesus, com fita azul ou vermelha que era posta por ocasião da missa. A confissão era obrigatória apenas uma vez no ano, na Semana Santa". E com relação à naqueles dias ainda grande escassez de vocações brasileiras para o sacerdócio: "Durante os quatro anos em que estive lá somente professou um aluno, o Militão de Castro e Sousa. Esse mesmo, tendo ido para o noviciado [...] não confirmou sua vocação".

Havia banda e orquestra de alunos. Os professores de música eram italianos. Primeiro, Maestrini; depois, Corali Ungo. Com o que aprendeu de música no Anchieta, Alberto Teixeira da Costa, sem fazer outros estudos depois que saiu do colégio, "fez uma ópera levada no Municipal" do Rio de Janeiro; e deixou, além dessa ópera, composições que seriam divulgadas por sua sobrinha Bidu Saião: 'Canto da saudade', 'Serenata, Cisnes'.

O prêmio ao melhor aluno de cada classe era, no fim do ano, uma medalha com a efígie do papa, que na época de Heitor Modesto aluno dos padres do Anchieta era Leão XIII. Durante todos os seus quatro anos no colégio de Nova Friburgo – o mesmo do filho de Rui Barbosa que reconciliando-se com a Igreja e com os jesuítas aí proferiu (recorde-se ainda uma vez) oração célebre, numa festa de fim de ano letivo –, Modesto informa não ter tido jamais notícia de qualquer escândalo no internato. A fiscalização era constante. Havia sempre um olhar de padre sobre as atividades dos meninos. De modo que "não havia propriamente pederastia e sim alguma amizade amorosa, como é regra nos internatos de ambos os sexos". É certo que J. S. M., que, como presidente da Congregação dos Filhos de Maria do Anchieta, destacara-se pelo seu feitio extremamente piedoso, viria a ser envolvido, já fora do colégio, em escândalo de caráter sexual. Mas sem que com isto se comprometesse o valor da instrução religiosa e da formação moral que os alunos dos jesuítas de Nova Friburgo recebiam dos seus mestres: padres que, sendo cultos e austeros, foram também renovadores dos métodos de ensino elementar e secundário no Brasil, acrescentando ao ensino assim renovado ou aperfeiçoado o cuidado inteligente com a educação física dos meninos e com a higiene dos adolescentes; e privando-os do uso diário de manteiga, talvez por medida de higiene alimentar com possível repercussão sobre a sexual.

Foram educadores, os jesuítas, os beneditinos, os salesianos, os maristas – quase todos estrangeiros – que, no Brasil dos primeiros anos da República, aceitaram o desafio protestante à pedagogia católica, por alguns anglo-saxões considerada evidência da incapacidade latina de elevar-se às formas mais adiantadas de civilização moderna; e aos valores latinos de educação católica acrescentaram, esses educadores, no Brasil daquela época e para benefício dos meninos e adolescentes brasileiros, seus alunos, anglo-saxonismos como a educação esportiva, o piquenique, o futebol.

Tais anglo-saxonismos foram também introduzidos na mesma época, no Brasil, em colégios dirigidos por educadores anglo-americanos, com o propósito, nem sempre confessado, de competir com os educadores católicos, no esforço de dominar a mocidade brasileira. Essa competição da parte dos anglo-saxões e dos protestantes resultou quase sempre em estímulo para o catolicismo; e para o desenvolvimento do Brasil em civilização predominantemente latina na América tropical. Que muito podem as constantes, já estabelecidas, de uma cultura regional ou nacional, sobre as inovações, quer de ordem técnica, quer mesmo de caráter ético, que, vindo de fora, se projetem sobre ela, podendo causar, não há dúvida, distúrbios socioculturais e até psicossociais, importantes; mas, de ordinário, deixando-se depois de algum tempo, se não assimilar, alterar ou modificar por aquelas constantes.

Alteração ou modificação que sofreria no Brasil o próprio futebol, ao passar, como veio a passar, de jogo apolíneo a dionisíaco, com alguma coisa de maxixe, de samba, de capoeiragem em seu novo ritmo. E que não deixou de atingir os próprios hinos evangélicos ou cantos folclóricos de gentes nórdicas aqui introduzidos por missionários e educadores anglo-saxônios. Na boca do homem do povo brasileiro, e cantados em português do Brasil, tais hinos e cantos vieram a perder seu tempo anglo-saxônio para adquirirem o brasileiro, assemelhando-se então no brio ou no langor adquirido, uns a dobrados, outros a modinhas; mas todos abrasileirando-se a ponto de parecerem contradizer o espírito dos originais exóticos. É aspecto da interpenetração, que se vem verificando no nosso país, de protestantismo e brasileirismo, que merece estudo minucioso, além das páginas que já lhe consagrou um pesquisador francês – o professor Émile G. Leonard – no seu *L'illuminisme dans un protestantisme de constitution récente* (Paris, 1953) – que, sem chegar à consideração das consequências mais íntimas dessa interpenetração aqui, pela primeira vez, apontadas, lembra que nos cururus, ou desafios populares ao violão, paulistas, a *Bíblia* – por influência protestante, e, em grande parte, de missionários anglo-saxões – vem competindo com a história do Brasil como fonte de inspiração por assim dizer erudita dos mesmos cantadores. Do assunto começa a ocupar-se, através do estudo de cantadores e dos seus desafios, na área mais antiga da agricultura da cana e do fabrico do açúcar, do Norte do Brasil, outro pesquisador com orientação sociológica, para quem o declínio da assistência patriarcal na região vem favorecendo o alastramento do protestantismo entre a plebe rural: o jovem sociólogo Renato Campos. Esse alastramento foi precedido pela influência sobre elites brasileiras, do protestantismo, ao mesmo tempo que do anglo-saxonismo, através de colégios para filhos de aristocratas e de burgueses, estabelecidos no Brasil, ainda no Império.

Anglo-saxonismos adquiriu Eduardo Jacobina (nascido na corte em 1879) nos seus estudos, que duraram anos, no colégio do Rio de Janeiro ainda imperial, significativamente denominado Progresso; e que fora fundado e era dirigido por uma miss Eleanor Leslie, nascida em Filadélfia, nos Estados Unidos, de família celta da Escócia – "extraordinária senhora: formosa, alta, elegante, culta e de grande instrução..." Ligou-se "por grande amizade" aos pais do então menino Eduardo. Vendo-o um dia, em casa, a brincar, disse Miss Leslie: "[...] este Eduardo quero dirigi-lo desde os primeiros passos."

Recorda Eduardo Jacobina em depoimento escrito em 1938 que "assim foi": "em janeiro de 1886, já sabendo ler, escrever e contar (fora meu pai o meu mestre), entrei para o Colégio Progresso, de onde saí em novembro de 1892". Saiu com este atestado da mestra de Filadélfia: "Colégio Progresso. Atesto que o Sr. Eduardo Jacobina fez uma educação literária em meu colégio, onde frequentou o curso primário, o secundário e superior, mostrando grande aproveitamento em todas as matérias, revelando muita aptidão para o estudo de ciências naturais, física e química, do que deu sobejas provas em seus exames finais".

Era um colégio em que não havia castigos: inovação no meio brasileiro. *"Bad marks* e *good marks* eram reveladas às famílias nos boletins mensais que trazíamos aos nossos pais. Para casos graves, uma pequena retenção além das horas de aulas ou privação de saída ao sábado para os alunos pensionistas. Eu era, naturalmente, externo. A atmosfera moral era pura. Miss Leslie, mais tarde Mrs. L. Hentz, tudo de nós obtinha *'for righteousness sake'* e éramos criados no horror a tudo que era baixo e vil. E nos momentos de maior nervosismo bastava o aparecimento da formosa e altiva figura de serenidade olímpica, da nossa Junodiretora, com o seu tradicional *'Girls! What is the matter, girls?'* (o colégio era principalmente para meninas) para o restabelecimento da ordem".

A despeito da "serenidade olímpica" – apolínea, portanto, segundo expressão consagrada pela moderna antropologia e aceita pela moderna sociologia – de Miss Leslie, Eduardo se formaria homem latinamente dionisíaco; e enxergando valor, no Brasil do seu tempo, quase que somente em Rui Barbosa – aliás, seu ilustre parente. Daí ter escrito, irritado, no seu precioso depoimento de 1937, do próprio barão do Rio Branco: "[...] foi um bem pequeno grande homem. Prestou-nos, é claro, em algumas questões de limites, estimáveis serviços. Mas de que gente se cercou às vezes; e como foi antipatriótica a sua conduta [com relação à] candidatura Hermes da Fonseca! [...] O caso de Georges Scelle, narrado nas *Memórias* de Rodrigo Otávio, prova a mesquinhez do R. Branco, nisto semelhante ao pai". Isto depois de, no mesmo depoimento, ter considerado Santos Dumont uma insignificância ao lado dos irmãos Wright; de ter apontado "falhas morais muito graves, sobretudo tratando-se de um soberano", em D. Pedro II, por ele acusado de "intelectualmente medíocre, com uma instrução assentada exclusivamente sobre a memória" – pecado mortal de pedagogia do ponto de vista dos anglo-saxões da época; e de recordar de Benjamim Constant que seu célebre curso de cálculo infinitesimal na Escola Militar era "vergonhoso"; e que os dos seus discípulos, já mestres, eram cômicos, ridículos, e faziam rir as pessoas de fato entendidas em matemática.

A formação em ambiente anglo-saxônio talvez tenha criado em Eduardo Jacobina e, possivelmente, noutros alunos da bela Miss Leslie, certo "espírito de minoria", e até de rebelião protestante, até certo ponto útil; de certo ponto em diante, porém, prejudicial à integração dos revoltados sistemáticos no conjunto tradicional de valores e de métodos de avaliação dos homens e das suas atitudes, em vigor numa civilização predominantemente latina e católica como era então, e sempre tinha sido, a brasileira. Aliás, dos seus mestres anglo-saxônios parece ter adquirido Eduardo Jacobina a própria predisposição para um etnocentrismo menos latino que anglo-saxônio ou "ariano", tendo vindo a acreditar, já homem de idade provecta, mas sempre lembrando da imagem bela e serena de Miss Leslie, num "judaísmo" empenhado em baralhar e confundir, através de seus "meios fartos de propaganda", "o conceito de raça". Ele é que não se deixaria influenciar por tal propaganda, certo de que "as grandes, as imensas qualidades morais dos portugueses degeneraram no brasileiro em consequência da mestiçagem [...]". Aos negros como aos guaranis faltavam "iniciativa, amor-próprio, amor ao progresso, ao conforto": qualidades por excelência dos anglo-saxões. Sobretudo dos anglo-saxões protestantes.

Dos brasileiros educados ainda no tempo do Império e no começo da República de 89, em colégios anglo-saxônios – nos que se estabeleceram então entre nós, alguns com o fim exato, embora disfarçado, de desprestigiarem os valores latinos e católicos pela exaltação ou consagração dos nórdicos e protestantes –, vários devem ter se transformado de meninos em homens, guardando, no íntimo, à imagem das misses serenas, belas, olímpicas, suas primeiras ou principais mestras nesses colégios, um apego tal, que porventura os fez desejar ver outras misses assim belas e olímpicas, mães de numerosos nenéns ou bebês brasileiros – todos róseos, louros, branquíssimos.

Não foram de todo raros os brasileiros da época que se casaram com europeias ou anglo-americanas, tendo se verificado mais de um casamento de brasileiro católico com europeia ou anglo-americana protestante. Até brasileiros quase pretos se casaram, então, com europeias brancas, nem todos se conservando, depois de casados, altivamente brasileiros como Juliano Moreira e José Maria dos Santos:

alguns se tornaram anedóticos, pelo fato de terem procurado adquirir das esposas o próprio sotaque estrangeiro na pronúncia da língua portuguesa.

Essa fascinação exercida até sobre brasileiros de cor, homens finos e cultos, pelos novos valores de civilização triunfantes principalmente entre europeus do Norte e anglo-americanos protestantes, o catolicismo concorreu, no Brasil mil e novecentista, para moderá-la ou reorientá-la, quer exaltando, em colégios católicos tão modernos nos seus métodos como os das misses Leslies, os valores latinos e católicos de cultura, quer assimilando a substância de tais valores a formas católicas de ensino, de comportamento, até mesmo de arte. E um dos aspectos mais interessantes que se possa denominar de progresso católico, verificado nos últimos anos do século XIX e nos primeiros do XX, está no vigor de algumas dessas assimilações, os salesianos, por exemplo, tendo se notabilizado, através dos seus educadores – em grande número italianos – pelos times de futebol dos seus alunos, numerosas vezes triunfantes sobre os times dos chamados "colégios americanos", de feitio protestante e anglo-saxônio.

Algumas instituições católicas da época concorreram notavelmente para o progresso católico no Brasil, pelo ensino gratuito: tal o Mosteiro de São Bento, no Rio de Janeiro. Cássio Barbosa de Resende, nascido em Minas Gerais em 1879, lembra-se de ter por algum tempo seguido, com seu irmão Gaspar, os cursos gratuitos dos beneditinos. Nem todos os professores, nesses cursos, eram sacerdotes. O professor de aritmética, por exemplo, era um engenheiro "já velho, quase inteiramente careca, que usava uma pequena barba andó e bigodes brancos, voltados para baixo, o que disfarçava um pouco a completa ausência de dentes. Usava sempre uma longa sobrecasaca preta abotoada e cartola também preta, como era de uso naquele tempo. Chamava-se Alfredo Coelho Barreto e era o pai de Paulo Barreto ou João do Rio..."

Coelho Barreto – recorda Cássio Barbosa de Resende – "pouco ensinava". Em vez de falar sobre a matéria, "gostava de entreter os alunos com assuntos de outra natureza"; e é curioso que num curso mantido por beneditinos – beneditos brasileiros e à brasileira – Barreto às vezes fosse ao extremo de falar sobre doutrinas positivistas, das quais se dizia adepto. Era pitoresco: dava de ordinário ao aluno o qualificativo de "peru"; e quando um deles cometia erro grave, que revelasse extrema ignorância, era clássico o seu: "Vá beber mijo!" Outras vezes, "sem articular uma só palavra, ele imitava no espaço, com movimentos das mãos, uma caixa de engraxate ou uma carroça de burro, e o aluno já sabia o que isso queria dizer".

Quanto ao professor de história universal, um Magalhães Castro, segundo Cássio "nada sabia da matéria". Fazia suas preleções, guiado por um exemplar do compêndio que trazia sempre consigo. Exemplar que "ficava aberto sobre a mesa, de onde fazia a preleção, e para que ele pudesse valer-se do livro para dar a lição, levava a aula toda a simular acessos de tosse e arrotos, que ele procurava reprimir levando o lenço à boca, manobra essa que lhe permitia abaixar a cabeça por algum tempo e ler o que estava escrito no livro".

Já o professor de latim era mestre de outro feitio. Parece que acumulava com o ensino as funções de vice-diretor do curso. Era – recorda Cássio Barbosa de Resende – "um padre alto, moreno, cara fechada". Chamava-se Loreto: o cônego Loreto. "Trajava-se com apuro e elegância e andava pausadamente. As aulas desse homem inspiravam aos alunos um verdadeiro pavor por causa do seu gênio mau, sempre disposto a castigar e a ridicularizar com ironias os erros e as cincadas que os mesmos cometiam". Às vezes não parecia padre, de tão impiedoso. Cássio recordava-se de que frequentava as aulas um rapaz de Mato Grosso "muito pobre, raquítico, quase maltrapilho"; e ou porque não estudasse ou porque não fosse inteligente, esse rapaz era, de fato, "um mau aluno". Um dia "foi chamado à lição. Levantou-se e foi à presença do padre. Este abriu o livro e ordenou: – Vamos à lição, Sr. Abelardo. Como, porém, o Abelardo não conseguisse repetir de cor o que estava no livro, o cônego Loreto exprobrou-o com estas palavras: – Tão sem vergonhazinho! Tão raquítico que até parece um pé de milho nascido sobre uma pedra! E foi por aí afora, ofendendo o pobre rapaz, cujos olhos se encheram de lágrimas [...]". Evidentemente, com tais processos, padres como o cônego Loreto não concorreram, no Brasil da época aqui considerada, para prestigiar os valores católicos e latinos então em começo de conflito, principalmente nos colégios, com os anglo-saxônios e protestantes. É verdade que do lado destes, nem todas as misses eram como miss Leslie; nem todos os misters, como Mr. Lane, em São Paulo; ou Mr. Muirhead, em Pernambuco.

Do cônego Loreto, recorde-se ainda que era autor de uma Gramática latina "que os alunos" – informa Cássio Barbosa de Resende – "eram obrigados a comprar e a qual era aprendida de cor, em pequenos trechos diários de 15 a 20 linhas que o padre marcava": mau método a que nos colégios anglo-saxônios e protestantes se opunha o de "compreender", "analisar" e "interpretar" a matéria sob estudo. Na hora da lição, no curso do mosteiro, "o aluno de pé, em frente à mesa do padre, recitava de cor a lição que ele ia acompanhando com o livro aberto nas mãos. Terminado o estudo da pequenina gramática, dizia o padre que o aluno estava apto para traduzir qualquer trabalho latino e desde logo lhe dava para tal fim as obras de Tácito".

A *Gramática* do cônego Loreto era vendida na redação do *Apóstolo*, jornal católico e monarquista, do qual Cássio tem a impressão que o seu mestre de latim no curso do São Bento era redator. Jornal que teria sido dos empastelados "numa das agitações de rua, de natureza política, que naquele tempo eram muito comuns e uma das quais culminou no assassinato de Gentil de Castro, por ocasião do fracasso da expedição de Canudos, comandada pelo coronel Moreira César e na qual perdeu também a vida o coronel Tamarindo." Desse empastelamento, é possível que o raquítico Abelardo tenha participado. Mas isto é outra história. E não interessaria à análise que aqui se esboça do que houve de progresso nas atividades católicas no Brasil dos últimos anos do Império e dos primeiros da República. Progresso que não tendo sido absoluto teve seus cônegos Loretos para o desmentirem ou o comprometerem.

Voltemos ao depoimento de Cássio Barbosa de Resende; e dele aprendamos que no curso gratuito do Mosteiro de São Bento, num Rio de Janeiro ainda indeciso entre o Império e a República como o dos dias da Campanha de Canudos, "uma vez por semana fazia-se a sabatina e aluno que dava o quinau, passava bolos de palmatória no que errava". Cássio conhecera, ainda em Minas Gerais, no Ateneu Leopoldinense, esse "instrumento aviltante" – a palmatória. Pareceu-lhe decerto estranho vir a encontrá-la de novo na capital da então jovem República de 89; e num curso de mosteiro de beneditinos.

Ainda durante o tempo de Cássio, aluno desse curso, o cônego Loreto faleceu "com uma hérnia estrangulada". E Abelardo de Sousa "não pôde conter a alegria que o acontecimento lhe despertou e vingou-se das humilhações por que passara, desejando que o padre se enterrasse com o Pão de Açúcar por cima da cova".

Dias depois tomou conta da classe outro cônego. Este chamava-se Serejo e era "a antítese do padre Loreto: bom, paciente, paternal..." Outros foram também os métodos que adotou o cônego Serejo no ensino do latim. Sinal de que mesmo entre os velhos cônegos da época havia quem já não acreditasse em lição apenas aprendida de cor; e tanto quanto os novos mestres protestantes, insistissem que o aluno devia compreender, e não apenas decorar, a matéria estudada.

Fato curioso notado por Cássio Barbosa de Resende nos vários colégios que frequentou – inclusive no curso do mosteiro – é que "em nenhum deles se cuidava da educação cívica dos alunos". Em nenhum deles o diretor ou o mestre se articulava com os pais do aluno para a causa comum da educação do menino: daí atritos entre os dois poderes. Certa vez, tendo o vice-diretor de um colégio frequentado por Cássio, dado "uma ligeira pancada com uma régua de madeira nas costas de um menino, resultou daí uma cena de pugilato que causou escândalo e surpresa pela eminência social e política de um dos contendores". Chamava-se o vice-diretor do colégio Napoleão Reis; o pai do aluno era o visconde de Ouro Preto que, avisado pelo filho, compareceu ao colégio. Houve entre os dois ligeira troca de palavras e logo o visconde ergueu o guarda-chuva e desfechou com ele "uma forte pancada na região frontal de Napoleão Reis, produzindo nela um ligeiro ferimento contuso". Em seguida, mestre e pai de aluno se atracaram em corpo a corpo. Imagine-se o escândalo entre os rapazes. Escândalo que teria sido maior se Napoleão Reis fosse padre; e a luta houvesse se verificado entre um pai de sobrecasaca oficial e um sacerdote de batina: um padre-mestre.

Poderia Cássio Barbosa de Resende ter observado outra deficiência: em nenhum dos colégios da época se iniciavam os meninos em qualquer arte ou ofício, deixando-se esse ensino exclusivamente para os liceus de artes e ofícios, para os patronatos, para os aprendizados de artífices. Aqui se deve destacar notável contribuição católica para o desenvolvimento da educação dos brasileiros: a representada pelos colégios salesianos, que foram estabelecidos no país nos fins do século XIX. Colégios do tipo do Santa Rosa, de Niterói; e onde aos estudos secundários se acrescentavam os de artes e ofícios diversos, segundo as mais modernas técnicas em vigor nessas artes e nesses ofícios.

Ao padre Joseph Burnichon, S. J., os salesianos de Niterói deram a impressão de admiravelmente progressistas: "[...] *ne boudent pas le progrès*"; daí terem em suas oficinas as máquinas mais aperfeiçoadas ("*les machines les plus perfectionnées*"). E esse seu esforço não se limitava ao Rio de Janeiro: "*ils ont à ma connaissance douze établissements au Brésil, dont cinq dans le seul État de São Paulo [...]*".[4] Antecipando-se esse progresso católico – o de ensino técnico, o de artes e ofícios, o de aprendizado mecânico – ao progresso intelectual que se vinha esboçando em subáreas brasileiras como a paulista, nessa antecipação a Igreja revelou-se atenta aos novos rumos e tendências do desenvolvimento brasileiro.

Deve-se notar que a presença francesa no progresso católico e no progresso brasileiro da época aqui considerada não se fez sentir somente nos colégios elegantes para as meninas da alta sociedade do Rio de Janeiro e das Províncias: também em estabelecimentos para órfãs, moças desvalidas, meninas pobres que aí aprendiam ofícios, costuravam, bordavam. Daí o padre L. A. Gaffre ter podido registrar em seu livro *Visions du Brésil*: "*Les institutions de bienfaisance de toute nature s'épanouissent sur toute la surface du Brésil et y affirment la sève de la vitalité catholique*".[5] Várias dessas instituições tinham a seu serviço padres e religiosas francesas. Sobretudo religiosas.

Mais do que isto: foram de inspiração católica e francesa algumas das primeiras medidas que se adotaram no Brasil republicano a favor da gente de trabalho, quer das indústrias urbanas quer das próprias subáreas agrícolas. Um dos centros de irradiação de ideias católicas e francesas de proteção ao trabalho e à gente rurais no Brasil foi Tremembé, onde em 1903 se estabeleceram trapistas franceses, transformando matagais em plantações de arroz.

Quando o padre Gaffre os visitou em 1911, os trapistas tinham no serviço das plantações por eles fundadas 300 trabalhadores brasileiros, aos quais pagavam salários regularmente: toda semana. Isto, apurou o padre Gaffre, em contraste com a irregularidade no pagamento de tais salários da parte de vários fazendeiros da terra ou da região. Faltando-lhes dinheiro certo, os trabalhadores viam-se obrigados a recorrer a fornecedores que os exploravam com as artes próprias aos usurários.[6] Pagando salários não só certos, como para o meio e para a época, elevados, aos seus operários, os trapistas causaram uma revolução nas relações de patrões com trabalhadores agrários em São Paulo: revolução que deve ser considerada aspecto nada insignificante do progresso católico no Brasil dos primeiros anos do século XX, na parte em que esse progresso significou também progresso brasileiro. E como não pudessem elevar aqueles salários ao ponto que lhes pareceu ser o justo, pois neste caso levantariam contra sua congregação e contra a própria Igreja os fazendeiros da região, os trapistas recorreram à forma talvez mais adequada então às circunstâncias brasileiras: a proteção paternal ao trabalhador Assim, instalaram numa dependência do seu mosteiro, *"une distribution perpétuelle de denrées, de secours en nature, en vêtements, en pharmacie, aux familles nombreuses ou indigentes"*.[7]

Também levantaram casas para essas famílias, que sendo casas rústicas e simples, eram superiores em higiene aos antigos casebres; e fazendo que cada família, ao lado da casa, cuidasse de uma horta, além de um jardim. As famílias assim beneficiadas pelos trapistas – cerca de 300: toda uma população – eram umas caboclas, outras mestiças, várias italianas, algumas ainda negras do tempo da escravidão; e quase todas expressão de maior ou menor abandono em que ficou a gente rural no Brasil, principalmente a nativa, após a Abolição. Vítima de várias explorações, tornou-se então essa gente, cuidada tão inteligentemente pelos trapistas franceses em subárea paulista, uma como ilha social no meio do vasto abandono em que vivia no Brasil a maior parte da plebe rural. Pequena ilha de plebe amparada, em relação com a grande extensão do Brasil e com a dispersão sobre ela, de muitos pequenos grupos de população miserável.

Uma dessas explorações notadas pelos trapistas foi a que se fazia através das vendas chamadas a crédito; e que não eram senão um meio de uns poucos indivíduos se tomarem os árbitros da situação das famílias que deles se tornavam tributárias. Quer fossem isto, quer aquilo, tais indivíduos, vendendo a crédito, tornavam-se senhores quase absolutos de compradores radicalmente incapazes de pagar suas dívidas. Daí a semiescravidão em que grande parte da população rural vivia, num Brasil recém-saído do regímen patriarcal de trabalho escravo, em relação com fornecedores, às vezes sócios ou protegidos dos próprios senhores de terras. Este o sistema contra o qual se levantaram os trapistas de Tremembé, não com palavras eloquentes – que aos religiosos da Trapa proíbem as regras de sua ordem a exuberância verbal – mas discreta e silenciosamente, criando para suas centenas de trabalhadores e para as mulheres e crianças dependentes desses operários rurais um eficiente sistema de proteção econômica e de assistência social. Esse sistema é pena não ter sido ampliado pelo governo da então jovem República de 89, até tornar-se nacional em vez de limitado a simples subárea rural paulista. De qualquer maneira, representou o esforço trapista, num Brasil pouco preocupado em questões de proteção econômica ao trabalhador rural e de assistência social ao operário nativo, como foi o mil e novecentista, a vigilância católica – ou de alguns católicos mais lúcidos – em torno dessas questões: seu desejo de associar o progresso da Igreja, no nosso país, ao progresso humano – das pessoas – e não apenas ao inumano, das coisas (as urbanas mais do que as rurais); nem somente ao daqueles animais mais semelhantes às coisas, em seu modo de ser valores simplesmente econômicos: o gado bovino valorizado pelos frigoríficos do conselheiro Prado e de Mr. Percival Farquhar, por exemplo.

Num país do qual se tem querido dizer que não tinha ainda "questão social" – para justificar-se a indiferença dos Ruis Barbosas a um problema considerado desde mil oitocentos e tanto pelos Joaquins Nabucos – o padre Gaffre observou a contradição entre o salário dos trabalhadores rurais e os preços dos alimentos, considerando-o causa de "um estado de miséria física", entre muitos desses trabalhadores, "indigno de um grande país voltado para o progresso como o Brasil [...]". Preparava-se assim – notou o padre francês com olhos de católico advertido da questão social por Leão XIII – na então jovem República americana, que fora até há pouco Império escravocrático, largo terreno para o socialismo – *"un large terrain au socialisme"* – em dias talvez menos distantes do que alguns então supunham: *"pour des jours qui ne sont peut-être pas si éloignés qu'on le croit"*.[8] Aos seus olhos de europeu, a plebe rural do Brasil havia se apresentado mais como *"de la poussière de peuples qu'un peuple proprement dit: nulle cohésion ethnique, nul lieu de traditions, je dirai même nulle communauté d'intérêts ne les coagulent"*.[9] Aparecesse um nexo entre esses elementos, e o primeiro agitador poderia fazer deles uma violenta plebe insurreta. Não lhe pareceu remoto o dia em que tal viesse a suceder, fazendo o País descuidado de suas populações rurais que vinha sendo o Brasil desde a proclamação da República – na verdade desde que o trabalho passara de escravo a livre – atravessar crise profunda. Até então – 1911 – essa plebe não procurara sair, por uma reação brusca, do estado de inferioridade em que vegetava, por falta daquela coagulação de interesses comuns entre caboclos, italianos e descendentes de escravos.

Não compreendia o padre francês que não houvesse intervenção do governo brasileiro nas relações entre patrões e operários rurais, no sentido de proteger-se o operário rural contra sua própria fraqueza e contra a exploração dos que tudo lhe vendem a crédito, conservando-o em estado equivalente ao de servidão. *"En certains pays"* – escrevia o padre Gaffre – *"les pouvoirs publics établissent un maximum légal de prix sur les objets nécessaires à la vie, pain, sel, sucre etc. Dans les campagnes brésiliennes, le champ des objets contrôlés devrait être plus étendu. De la sorte, la rapacité des vendaires, qui vendent ce qu'ils veulent, aux prix qu'ils veulent, et dans les conditions qu'ils veulent, serait en partie refrénée".*[10]

Que repercussão tiveram no Brasil mil e novecentista essas palavras do padre Gaffre? Que repercussão alcançou no mesmo Brasil a obra dos trapistas de Tremembé? Quase nenhuma. Não consta que as tenha comentado séria e lucidamente nenhum dos publicistas mais em voga naqueles dias: nem dentre os mais velhos nem dentre os mais jovens. Nenhum Rui Barbosa. Nenhum Graça Aranha. Nenhum Sílvio Romero. Nenhum Gilberto Amado. Era um Brasil que começava a deixar-se seduzir antes por franceses elegantemente céticos na sua prosa como Anatole France ou pedantemente sentenciosos na sua sociologia como Gustave Le Bon ou apenas melífluos nos seus versos, como Edmond Rostand, do que por católicos um tanto rudes nas palavras e certamente honestos nas ideias: franceses dos que então se antecipavam em considerar, do ponto de vista da Igreja, o problema do operário – do rural do mesmo modo que do urbano – como questão eminentemente católica, profundamente cristã. E procuravam comunicar essa preocupação ou esse afã – do qual na França menos anatoliana e mais autêntica se contagiou o próprio príncipe D. Luís de Bragança, herdeiro do trono de Pedro II e que neste particular se adiantou aos políticos republicanos do Rio de Janeiro em ideias de reabilitação do homem de trabalho, no Brasil, degradado pela escravidão e desamparado pela Abolição – aos católicos brasileiros – ou simplesmente aos brasileiros – entre os quais, aliás, já havia, fora dos mesquinhos grupos políticos, quem, como Sílvio Romero, Alberto Torres, Euclides da Cunha, enxergasse "questão social" no Brasil. Mas sem alcançarem, entretanto, tais franceses ou tais afrancesados maior êxito entre brasileiros contaminados de ceticismo anatoliano e de burguesismo leboniano.

Estava no auge do seu poder político o general José Gomes Pinheiro Machado, que teve, ao que parece, antes de Rui Barbosa, a intuição da importância, para a República de que se considerava romanticamente uma espécie de protetor de poncho e de botas, da questão social que se definia entre as populações operárias do País inteiro de modo cada dia mais inquietante; e com aspectos regionais diversos. Faltou-lhe, porém – insistiremos neste ponto em capítulo próximo – quem o orientasse quanto aos meios dos políticos republicanos seus amigos se aproximarem do problema, de maneira que, coincidindo esses meios com os princípios do grande intuitivo que foi Pinheiro, inaugurasse ele no Brasil republicano uma política relativa à "questão social". Política renovadora – corajosamente renovadora, até – que não deixasse de ser conservadora. Que sendo humanitária, não deixasse de ser objetiva. Pois vinha ocorrendo este paradoxo: o da situação do trabalhador livre no Brasil vir-se apresentando inferior, em várias áreas, à do escravo. Lamberg, embora notando que no Brasil republicano, "o povo" não era oprimido nem pelos governos nem pelos ricos, soube, ainda nos primeiros anos do regímen de trabalho livre, fazer justiça ao sistema patriarcal que se desarticulara com a Lei Áurea. Com todas as suas deficiências, era um regímen protetor do homem de trabalho.[11]

É certo que quando o abade D. Chautard viera ao Brasil, no princípio do século XX, fundar em São Paulo a Trapa que tomaria o nome de Maristela, fora acolhido simpaticamente pelas autoridades da República. O próprio presidente de então lhe teria dito: "Não é uma, mas vinte Trapas, que eu desejaria ver estabelecidas no Brasil".[12] Mas não consta que essas palavras tivessem se estendido a atos capazes de prestigiar, na iniciativa católica e francesa, ninguém diz o seu objetivo social, mas o seu puro aspecto econômico ou técnico, por si só merecedor de tal estímulo.

Visitando em 1908 a obra trapista, o padre Joseph Burnichon, S. J., pôde verificar que "sem subvenção nem favor de espécie alguma" (*"sans subvention ni faveur d'aucune sorte"*), os trapistas de Tremembé vinham dando aos fazendeiros paulistas "magnífica lição de coisas".[13] Impressão também do engenheiro agrícola anglo-americano Bradford, contratado nos Estados Unidos pelo governo do Estado de São Paulo para desenvolver a cultura do arroz naquele Estado.[14] Bradford constatou virem os trapistas realizando bem orientada obra pioneira no sentido do desenvolvimento daquela lavoura, essencial à alimentação brasileira. O importante, porém, nesse esforço católico, é que os religiosos europeus juntavam ao triunfo técnico na agricultura tropical, a preocupação cristã de melhorar as condições de vida do caboclo ou do homem do campo, quer branco, quer de cor. Cuidavam ao mesmo tempo de nativo e de adventício, como que considerando impossível separar a sorte de um da sorte de outro; como que evitando resvalar no erro de supor-se que por uma como mágica de caráter sociológico, a só presença em áreas de população cabocla de uns tantos alemães ou de uns tantos italianos, bastaria para elevar a população cabocla. A verdade é que sem assistência religiosa aos adventícios e proteção, também de ordem espiritual, além da material, aos nativos, poderia ocorrer a degradação dos adventícios. Aliás, ocorrera, conforme reparos de observadores idôneos como Fletcher.[15]

As iniciativas nesse sentido, no Brasil mil e novecentista, foram, quase todas, apolíticas e isoladas. Sem subvenção nem apoio dos governos: nem o da República nem o dos Estados. E quase todas de inspiração católica.

Pois ao lado do experimento trapista de Tremembé, no Sul do País, devem ser recordados os do industrial Carlos Alberto de Meneses, tanto em Pernambuco como na Bahia, em subáreas precocemente industriais desses Estados. Foi com efeito, por iniciativa da Federação Operária Cristã de Pernambuco, que em 1904 chegou à Câmara dos Deputados uma representação em que se expunham a necessidade e as vantagens da organização profissional e se pedia a elaboração de uma lei que a permitisse. "A representação" – informa o professor Tadeu Rocha depois de ter estudado o assunto em documentos da época – "foi firmada pela própria Federação Operária, representando sete agremiações filiadas, e por mais 15 agremiações obreiras, todas falando em nome de quase 6 mil operários de Pernambuco, Alagoas, Sergipe, Bahia, Paraíba e Rio Grande do Norte. No ano seguinte, o deputado baiano Joaquim Inácio Tosta, ligado a esse movimento social-trabalhista, desde o ano de 1900, por intermédio do engenheiro Carlos Alberto de Meneses, renovou na Câmara Federal as ideias contidas na representação do operariado nordestino, apresentando um anteprojeto que se transformou, afinal, no Decreto nº 1.635, de 5 de janeiro de 1957".[16]

É dessa lei que salienta o professor Tadeu Rocha que, "baseada na doutrina social católica e na experiência de um industrial de boa vontade – Carlos Alberto de Meneses –, estaria destinada a ser o instrumento da colaboração das nossas classes patronais e operárias, se o individualismo estrutural da sociedade brasileira e o liberalismo político-econômico do País não a houvessem relegado ao mais injusto desprezo". É que "as preocupações políticas suplantavam [então] as realidades econômicas e sociais [...]".[17]

Do engenheiro Carlos Alberto de Meneses se sabe que desenvolveu de 1891 a 1904 notável ação social, inspirada em princípios católicos; ou em sentimentos cristãos. Diretor-gerente de uma indústria em Pernambuco, fez incluir nos estatutos da companhia por ele orientada "diversas normas de cristianismo social". Não agiu quixotescamente só: teve a colaboração de Antônio Muniz Machado, de Pierre Collier, do mais tarde deputado federal Luís Correia de Brito. Criou serviços de assistência social para os seus operários da Usina de Goiana e da Fábrica de Camaragibe. Mais do que isso: ao seu espírito de católico preocupado com a "questão social" se devem as primeiras cooperativas de inspiração católica no Brasil. Nas palavras do professor Tadeu Rocha: "Com base no espírito de associação, Carlos Alberto fez surgir as primeiras cooperativas, no território brasileiro. Não existindo, então, qualquer lei reguladora da matéria, em nosso país, essas cooperativas de consumo tiveram de ser organizadas como sociedades anônimas, concedendo, porém, juntamente com o dividendo de 8%, o bônus de 10% sobre o total das compras de cada associado. No dia 1º de janeiro de 1895, instalou-se a Sociedade Cooperativa do proletariado industrial de Camaragibe, que abriu armazém de víveres, loja de fazendas, padaria e açougue. No mês de maio de 1896, foi inaugurada a Sociedade Cooperativa dos empregados e operários da Usina de Goiana, com um armazém de secos e molhados e uma loja de fazendas". E ainda: "Coroando toda uma obra de reeducação social, exercida durante nove anos, Carlos Alberto de Meneses reorganizou os serviços sociais da Fábrica de Camaragibe, numa grande Corporação Operária, instalada a 1º de julho de 1900. A corporação adotou a forma, então possível e aconselhável, de sindicato misto, congregando patrões, empregados e operários, desde os chefes aos mais humildes trabalhadores. Todos pertenciam obrigatoriamente à corporação, a fim de que os proletários ignorantes ou relapsos fossem beneficiados pela assistência e previdência social e pela organização trabalhista, e assim garantissem o futuro das suas famílias". Desse modo "o exemplo da Fábrica de Camaragibe foi cedo imitado na de Paulista, onde se fundou uma Corporação Operária, em 1º de maio de 1902, por iniciativa do gerente do estabelecimento, Custódio José da Silva Pessoa, que se orgulhava de ter sido um operário têxtil, conhecedor das necessidades e aspirações dos seus antigos companheiros de trabalho. Também na Usina de Goiana, vencidos mil obstáculos, afinal foi constituída a Corporação Operária, a 8 de setembro de 1903. Não foi fácil a Carlos Alberto de Meneses, mesmo ajudado por Luís Correia de Brito, integrar nessa corporação um proletariado rural muito ignorante, mal saído do regímen escravocrático e ainda impregnado de todos os seus vícios".[18]

Mas não se esgotou aí a ação do engenheiro católico mil e novecentista. Ainda foi iniciativa sua "a fundação da Federação Operária Cristã de Pernambuco. No 1º Congresso católico deste Estado, reunido no Recife, em junho de 1902, sob a sua presidência, ele apresentou um trabalho a respeito da necessidade inadiável da fundação de um centro de direção, centro de doutrina, centro de estudo, centro de animação e de força". Para o que obteve que "o Congresso Católico apoiasse a sua tese e logo constituísse uma comissão para organizar este centro", E "no ano de 1903, muito pioneiramente, fundou os primeiros Grupos de Estudos Sociais de que há notícia no Brasil",[19] informa o professor Tadeu Rocha sobre a ação do engenheiro Meneses em Pernambuco: aliás a parte do Brasil mais predisposta a iniciativas dessa natureza por ter nessa antiga Província do Império propagado o seu fourierismo o engenheiro Louis Vauthier,[20] que evidentemente inspirou a Antônio Pedro de Figueiredo boa parte do seu "socialismo cristão". A Figueiredo se seguiu, em Pernambuco, na preocupação com os problemas sociais brasileiros, vistos no Norte agrário do Brasil sob critério brasileiro e não europeu, e de modo objetivo e não utópico, outro discípulo de Vauthier, o também engenheiro Milet: francês que se casou com brasileira e se abrasileirou quase por completo nos estilos de vida; e o qual, por sua vez, parece ter comunicado sua preocupação com aqueles problemas ao então jovem pernambucano Joaquim Nabuco. Nabuco, tudo parece indicar que, não houvesse a proclamação da República, em 1889, lhe interrompido a carreira antes de reformador social que de político, teria se desenvolvido em católico social; ou em sindicalista católico.

Acabou Nabuco ainda mais profundamente reconciliado com a Igreja Católica que Rui Barbosa. Depois de haver se anglicizado a tal ponto que tornou-se, na mocidade, quase protestante, acabou católico – repita-se – dos chamados práticos: seguindo o ofício divino de livro de missa na mão; ajoelhando-se; fazendo o sinal da cruz; e educando os filhos tão de acordo com as normas do catolicismo romano que num deles surgiu a vocação para o sacerdócio, embora o principalmente litúrgico, sem grandes preocupações sociais. Mas, ao mesmo tempo, deixou Joaquim Nabuco discursos e conferências proferidos nos últimos anos do Império sobre a questão social no Brasil – assunto quase sempre evitado pelo seu contemporâneo Rui Barbosa – que fazem dele o precursor do depois denominado trabalhismo – trabalhismo de feitio inglês de sentido ético – no seu e nosso país.

Teve o catolicismo no Brasil da época evocada neste ensaio, quem lhe fizesse a apologia em páginas de valor literário e não apenas jornalístico. Tais algumas das páginas sobre assuntos religiosos escritas no fim da vida por Joaquim Nabuco; as que Eduardo Prado dedicou à sugestiva figura do padre Anchieta; as de Carlos de Laet em defesa do frade estrangeiro. No púlpito, destacou-se no mil e novecentos brasileiro pelo vigor de sua palavra persuasiva, mas sem excessos melifluamente retóricos, o padre Júlio Maria. Depois da eloquência sóbria e elegante dos seus sermões, alguns polêmicos – e a polêmica, quer através de discursos, quer por meio de artigos nos editoriais ou nas ineditoriais dos diários, foi um dos característicos mais vivos da época aqui evocada – e, vários, corajosamente críticos dos próprios padres do seu país e do seu tempo, tornou-se ridícula a oratória imitada ou caricaturada de Mont'Alverne. Mesmo ridícula, porém, sobreviveu em sermões em que às vezes o caricaturado não era o velho frade mas o exuberante Rui Barbosa. Sermões em que raramente se exprimia a preocupação dos sacerdotes da época com os problemas sociais do País, embora alguns desses sacerdotes, eloquentes ou não, se desmandassem em políticos de facção. Um deles, monsenhor Olímpio de Campos, foi assassinado em Sergipe por questão mesquinhamente política. Outro, governou sensatamente a Paraíba. Ainda outro, foi deputado federal por São Paulo. Um cônego de Olinda – Jonas Taurino[21] – extremou-se em sua oratória de "civilista" ou adepto de Rui Barbosa.

Dos quatro sacerdotes, nascidos entre 1880 e 1882, que gentilmente concordaram em enriquecer, com seus depoimentos de brasileiros que viveram a transição do Brasil, do trabalho escravo para o livre, e da Monarquia para a República, o lastro deste ensaio, nenhum se revela, em suas confissões de sacerdotes a um leigo para efeitos de tentativa de interpretação sociológica de uma época, preocupado com aqueles problemas; os problemas sociais. Nem mesmo o cônego Matias Freire que, neto de barões do Império, foi por vezes político militante.

"Nada a respeito", escreveu no seu depoimento o padre Florentino Barbosa, cônego efetivo da sede metropolitana da Paraíba, doutor em filosofia pela Universidade Gregoriana, nascido na Paraíba em 1881, ao ter de referir-se a tais problemas. Resposta igual foi a do também cônego e também paraibano padre Matias Freire, nascido em 1882. O padre Leopoldo Fernandes Pinheiro, nascido em 1888, no Ceará, sempre pôde dizer-se "entusiasta, nas reformas social e política do Brasil, das ideias de Alberto Torres": Mas entusiasta platônico. O padre Manuel Higino da Silveira, nascido na Bahia em 1882, e vigário em 1943 – data do seu depoimento – da cidade do Livramento, depôs ter sempre considerado os problemas sociais do seu e nosso país "respeitando [...] o cristianismo e a religião sob cuja égide nasceu o Brasil".

Ao primeiro cardeal que teve o Brasil – D. Joaquim Arcoverde de Albuquerque Cavalcanti –, que foi também o primeiro cardeal que teve a América Latina, não parecem ter inquietado aqueles problemas. Talvez lhe tenha parecido excessivo e até cômico o receio do padre Gaffre de que a República de 89 viesse a experimentar em dia próximo grave crise social, caso não cuidasse em tempo de suas populações rurais, miseráveis e abandonadas. Descendente de gente rural do sertão, Arcoverde não vivera no interior agrário do País em contato com a miséria da plebe rural, após a Abolição. Era sacerdote preocupado mais com aspectos propriamente religiosos do catolicismo do que com o social. Parece ter presidido o comitê de católicos que patrocinou, no Rio de Janeiro, as conferências do padre Gaffre, de resposta às do socialista Ferri e às do anticlerical Clemenceau, considerando nessas conferências sobretudo o seu valor apologético. Quase indiferente, portanto, ao que delas teria por vezes irrompido sob a forma de discreta alusão do orador francês àqueles aspectos da situação social do Brasil que estariam a exigir dos católicos imediatas atitudes de proteção aos operários e às populações agrárias. Atitudes nas quais o espírito de solidariedade cristã dos católicos brasileiros – seu catolicismo social, seu socialismo católico – se antecipasse ao espírito simplesmente humanitário ou apenas "científico" dos socialistas acatólicos ou anticatólicos.

Tais socialistas já começavam a se agitar, no Brasil mil e novecentista, embora menos que os anticlericais do feitio romântico, ardoroso e eloquente do paraibano Coelho Lisboa. Foram estes os que principalmente apoiaram, em comícios e nos jornais, a política radicalmente antijesuítica de Nilo Peçanha, quando os padres da Companhia, expulsos de Portugal pela República de 1910, voltaram-se para a República brasileira de 89, como se aqui devessem encontrar o seu mais natural refúgio às perseguições dos Afonsos Costas e de outros políticos violentamente maçônicos e estreitamente anticatólicos. Peçanha tendo recuado do seu radicalismo *à la* Combes, o Brasil foi beneficiado com a presença de jesuítas portugueses do saber e das virtudes do padre Luís Gonzaga Cabral. Homens que, radicados na República brasileira, prestariam bons serviços à mocidade; e concorreriam, com a vantagem de falarem língua comum a Portugal e ao Brasil, para o progresso católico na América Portuguesa. Isto a despeito de, no meio deles, ter vindo para esta parte da América mais de um ressentido com a violência daquela expulsão. Esses ressentidos se comportariam no Brasil com uma intolerância às vezes mórbida em relação aos próprios cristãos de tendências diferentes das suas.

Em 1891 o anglo-americano Maturin M. Ballou, em visita aos países equatoriais da América, chegou ao Brasil, recentemente transformado de Monarquia em República, atento ao que fosse aqui transformação social operada com a mudança de regímen político. Sabia que uma dessas transformações era a que alterava a situação do catolicismo. O Estado se separara pacificamente da Igreja: sem tocar nas igrejas nem nos conventos. Sem se assenhorear deles para repartições públicas. Sem degradá-los na sua arquitetura ou na sua arte.

Mr. Ballou soube haver, no Rio de Janeiro, de 60 a 70 igrejas.[22] Visitou algumas. E como bom protestante e bom ianque, apressou-se em criticar nelas a falta de ventilação que, no Brasil como na Europa latina – principalmente na Itália e na Espanha –, tornava um tormento permanecer algum anglo-saxão de olfato mais exigente no interior dos velhos templos católicos. Os maus odores como que criavam no interior desses templos sem ventilação uma espécie de consistência pastosa formada pelas exalações de corpo, através de séculos, da parte mais pobre da população; e como no Brasil aos negros se dava quase o mesmo direito que aos brancos de assistir à missa nas igrejas, não havendo, como nos Estados Unidos, igrejas para brancos e outras, da mesma fé e ordem, para pretos, é de supor que Mr. Ballou tenha se sentido deveras incomodado, no Rio de Janeiro de 1890, no seu olfato de nórdico e de protestante, pela inhaca africana misturada ao mau cheiro da plebe. Ainda mais incomodado por esse mau cheiro do que em Roma ou em Ávila. E talvez tenha desejado ver o Brasil importar dos Estados Unidos algum bom arquiteto ianque que abrisse amplos janelões nas velhas igrejas, dando-lhes ventilação higiênica.

Ao visitar Mr. Ballou o Rio de Janeiro, a catedral estava em reparos; cheia de andaimes; com muita poeira no interior. Mesmo assim, pôde concluir ser sua arquitetura de efeito impressionante: *"very striking in its architectural effect"*.[23]

Entretanto, os andaimes, as obras, os reparos talvez indicassem o começo de uma fase de excessiva modernização ou de discutível embelezamento da arquitetura tradicional das igrejas e dos conventos, que marca a fase, aqui considerada, de progresso católico no Brasil, de alguns dos seus mais discutíveis "progressos". O progresso no sentido de uma arquitetura que, para se tornar progressiva, perdesse de todo, como em vários casos perdeu, a casta histórica ou a qualidade artística. O progresso no sentido de transformar-se o barroco em gótico. O progresso no sentido de se substituírem velhas imagens, também barrocas, por estátuas feitas comercialmente na Itália. O progresso no sentido de cair-se azulejo; de pintar-se mármore; de desprezar-se e até vender-se jacarandá antigo de sacristia e de convento, para ser substituído por madeiras efemeramente em voga entre a gente do século.

Com a separação da Igreja, do Estado,[24] desapareceram as providências oficiais a favor da conservação das igrejas e dos conventos como obras de arte religiosa de interesse nacional. Ao mesmo tempo, o clero, agora em grande parte estrangeiro, sentiu-se mais senhor dessas igrejas e desses conventos – da sua arquitetura, da sua arte, dos seus valores estéticos e históricos – do que no tempo do Império: um império oficialmente católico em que várias igrejas juntavam, nos seus frontões, aos emblemas religiosos a coroa imperial. E como a muitos padres e frades estrangeiros faltasse o sentido nacional daquela arquitetura e daquela arte religiosa, particularmente brasileira em alguns dos seus encantos, aconteceu o que era natural que acontecesse: não hesitaram em descaracterizá-la, em substituí--la, em modernizá-la. Começou, assim, para o catolicismo, no Brasil, um período de crescente desvalorização, dentro da própria Igreja, das tradições brasileiras de arquitetura e de arte eclesiásticas; e de exagerada valorização não só do gótico como de italianismos e francesismos de discutível autenticidade artística como arquitetura ou escultura religiosa. Começou, propriamente, não: acentuou-se. Pois essa tendência já se esboçara no fim do Império, ao se levantarem no Brasil monumentos como a Igreja de Nossa Senhora da Penha, no Recife: traçado e execução de capuchinhos italianos. Obra grandiosa, é certo; mas num estilo sem raiz nenhuma no passado religioso ou na tradição artística dos brasileiros.

Em 1891, Mr. Ballou notou, na capital do Estado da Bahia, estarem várias das suas igrejas "*in a very dilapidated condition*"; e provavelmente não seriam reparadas ou consertadas.[25] A verdade é que essa deterioração de Igrejas de interesse artístico e histórico foi geral, no Brasil da época considerada neste ensaio; e favorecida pela atitude de prelados para quem a Igreja Católica não era nenhuma sociedade de antiquários, para gastar o seu dinheiro ou perder o seu tempo em conservar igrejas velhas, restaurá-las, defendê-las do clima tropical. Os bispos num país jovem como o Brasil deviam ser homens de espírito jovem. Dinâmicos. Deviam empenhar-se tão somente em construir igrejas, capelas, escolas. Assim devem ter pensado bispos ilustres como D. Luís de Brito e como D. Adauto de Miranda Henriques, ao se destacarem pelo desassombro de homens de negócios com que concordaram na demolição ou na descaracterização de igrejas veneravelmente antigas, contanto que as finanças episcopais fossem beneficiadas por esses seus arrojos de bispos estreitamente progressistas. Benefícios talvez precários. O Brasil é que, com esse lamentável aspecto do "progresso católico" que caracterizou o seu "fim de século" – o fim do século XIX – e o seu mil e novecentos – os primeiros anos do século XX – perdeu para sempre alguns dos melhores monumentos de arte religiosa que, enobrecendo sua paisagem, vinham concorrendo desde os dias coloniais para dar dignidade artística e constância histórica ao seu modo de ser nação ou civilização católica. Da dilapidação, porém, escapou muita igreja antiga; e com as igrejas, outros valores de arte religiosa já caracteristicamente brasileira.

Ainda mais que o fim do século XIX, o mil e novecentos brasileiro foi tanto com relação à arquitetura religiosa – que marcou ou comprometeu seu progresso católico – como com relação à arquitetura civil da mesma época, um campo aberto a aventureiros e a aventuras. Quase todas, aventuras prejudicadas pela quase ausência de bom gosto e pela pobreza de bom senso. Neste particular, o Brasil republicano parece ter se deixado afetar pelo progresso não só da capital da Argentina como da capital do Uruguai: o Uruguai do fim do século XIX. Com efeito, Montevidéu – cidade republicana e incaracterística – se antecipara ainda mais que Buenos Aires, ao Rio de Janeiro ainda monárquico, em tornar-se um aglomerado de chalés suíços, vilas italianas, estruturas góticas, pavilhões mouriscos onde a natureza nem sempre fora "o cúmplice silencioso" que deve ser sempre – segundo urbanistas e sociólogos – na criação ou na adaptação de novas formas de arquitetura. Sempre que falte essa cumplicidade, falta às formas de arquitetura exótica introduzidas numa região ou num país, autenticidade ou vigor. Foi o que sucedeu aos vários góticos de igreja introduzidos no Brasil nos primeiros anos do seu mil e novecentos. Com nenhum deles se harmonizou a natureza ou o trópico, já tão amigo das formas barrocas de arte eclesiástica aqui desenvolvidas pelos católicos ibéricos ou hispânicos.

Na poesia, nas belas-letras, na música, tampouco nos resta, do período de vida nacional aqui evocado, a marca de uma obra verdadeiramente notável de nítida inspiração ou intenção católica que tenha sido também uma obra brasileira de integração do catolicismo no trópico americano. A não ser que assim se considere a poesia de Alphonsus de Guimaraens, da escola que Sílvio Romero chamou "decadista e simbolista", continuada, noutro tom místico, pela de Augusto de Lima; e pela de Auta de Sousa. Na prosa, não faltou ânimo católico à literatura de apologética de valores brasileiros rústicos que Afonso Arinos esboçara sobre motivos principalmente mineiros; e que Simões Lopes Neto realizou com maiores virtudes de permanência literária do que Arinos, no Rio Grande do Sul. No *Negrinho do pastoreio* há alguma coisa de religioso que por ser vago não deixa de trazer a marca do sentimento católico de que se impregnou, no trópico brasileiro, boa parte das relações de brancos com negros.

Sílvio Romero destaca, talvez com alguma generosidade, na sua *Evolução da literatura brasileira*,[26] do período aqui considerado, vários oradores sacros, aos quais atribui importância literária: o padre Patrício Moniz e D. Antônio de Macedo Costa, que associa à Escola Baiana do século XIX; D. Luís Raimundo da Silva Brito; o aqui já citado padre Júlio Maria; o cônego Francisco de Paula Rodrigues; monsenhor Manuel Vicente.[27] Homens cuja eloquência deve ter contribuído para o progresso católico nos dias da maior atividade oratória desses valorosos sacerdotes; mas foi um verbo, o deles, que não se fez literatura; nem concorreu – excetuado, talvez, Júlio Maria – para unir de forma permanente uma nova fase de cultura católica com o desenvolvimento da cultura brasileira. No período aqui considerado, o catolicismo, no Brasil, depurou-se de vários dos seus defeitos da era nacional e pré-nacional de mais absorvente patriarcalismo. Mas sem haver adquirido plena consciência de sua responsabilidade de religião que deixou em 1889 de ser oficial, sem ter deixado de ser nacional na sua importância e na sua capacidade de impregnar de religiosidade cristã e de catolicidade latina os demais aspectos da cultura brasileira, do Norte ao Sul do País. Tanto entre brasileiros há séculos brasileiros como entre neobrasileiros católicos de origem italiana, alemã, polonesa, húngara, espanhola, portuguesa, que, no período que coincidiu com a separação da Igreja, do Estado, passaram a se tornar numerosos ou influentes no país; e a surgir nas atividades políticas, nas literárias, nas artísticas, nas econômicas, do Brasil, como uma força nova ligada principalmente à antiga pela sua qualidade de católicos. Católicos que se mostrariam mais fervorosos na comemoração do Natal que na do São João, porém católicos. Católicos sociologicamente católicos mesmo quando ideologicamente anticatólicos como certo filho candidamente louro de italiano nascido em Brodósqui em 1910; e chamado Cândido Portinari.

Paul Adam, em visita ao Brasil, encontrou aqui confirmação para a ideia que já o animava na Europa, de ser a Igreja Católica "*en dépit de ses princes et de ses politiques [...] la mère du peuple*". Falava-se muito na Europa de então em socialismo; e alguns, até, viam no comunismo uma solução moderna ou nova para desajustamentos sociais. Paul Adam verificou que no Brasil as obras que vinham resistindo melhor ao trópico e ao tempo eram as levantadas por frades ou religiosos católicos com um sentido social de esforço em conjunto que não era senão o sentido verdadeiramente socialista ou comunista das grandes obras coletivas. Afinal, "*le seul essai durable de communisme et de socialisme, qui l'a vraiment tenté et même réussi, sinon les moines?*" Entre esses religiosos, "*point de luxe individuel [...]. Mais pour la compagnie, pour le syndicat de ces ouvriers agricoles, de ces maçons, de ces enlumineurs, de ces jardiniers, un luxe magnifique...*"[28] Assim falava o francês diante, se não de um progresso católico no Brasil que saltasse aos olhos de qualquer europeu chegado da Europa, de uma evidente constância católica no que havia de mais autêntico e de mais sólido na civilização brasileira: constância impossível de ser desprezada ou negligenciada por quem quisesse destacar os característicos principais dessa mesma civilização na sua fase de transição do trabalho escravo para o livre.

Era uma civilização que se afirmava em espaço tropical: fato notado por Clemenceau, por Ferrero, por Lamberg, por Elliot; e admitido pelo próprio Bryce. Podia ter seus regressos com relação à matriz europeia e em face de situações tropicais, algumas violentamente antieuropeias. Mas apresentava já um conjunto de progressos, do ponto de vista europeu, difíceis de ser negados ou impugnados pelo observador que, vindo da Europa, não quisesse ou pretendesse encontrar no Brasil apenas uma subEuropa, a copiar ou imitar passivamente modelos franceses ou ingleses.

Daí o padre Gaffre ter estendido sua indulgência compreensiva e cristã aos próprios desvios, de que se inteirou no Brasil, da parte de sacerdotes desgarrados no vasto interior do País, da ortodoxia ou da ética católica. Esses desvios, considerou-os menores que os triunfos já obtidos pela Igreja e pelos seus padres em meio tão áspero como o brasileiro, tropical e em certas áreas em fase ainda um tanto bárbara de indecisão entre a selva e a cidade. Pelo que era preciso considerar--se o brasileiro do interior um homem ainda em parte dominado pela selva: "[...] *dans l'âme brésilienne j'ai souvent saisi des sentiments et des tendances qui révèlent une puissance extraordinaire de germes dissemblables, de germes venus de plusieurs points et enrichissant le substratum psychique comme les épiphytes et les cipos décorent le tronc et les ramures du géant fleuri des mattos*".[29] Dando ordem a essa confusão de influências, o catolicismo no Brasil pareceu ao padre Gaffre estar *"en gain indéniable"*.[30] Não que o clero fosse todo exemplar no seu procedimento. Era-o nas cidades, quando mais vigiado por bispos zelosos da pureza de vida dos seus padres. No interior, havia irregularidades. Mas o católico europeu não fazia ideia do que representava a expressão brasileira "padre do interior". Era um padre, o do interior do Brasil, condenado a viver, num clima sempre quente como o trópico, *"avec des créatures rudimentaires"* – quer gente da terra, quer imigrantes da Europa – *"dont la mentalité n'est pas toujours supérieure à celle de ces indigènes"*. Sendo assim, como estranhar-se que alguns padres desgarrados no interior do Brasil se rendessem às vezes ao *"faix de l'ambiance"*? Eram heróis falíveis: *"héros faillibles"*.[31] Heróis falíveis contra os quais foram de ordinário tão violentas as agressões dos maçons e dos anticlericais da época.[32]

A despeito dessas agressões, a época aqui considerada foi mais de progressos que de fracassos católicos. Por conseguinte, de progresso católico. Um progresso católico a que correspondeu – repita-se – o declínio, desde a prisão dos bispos, do poder político dos maçons e dos anticlericais.

Notas ao Capítulo XI

1. Burnichon, *Le Brésil d'aujourd'hui*, cit., p. 201.

2. Burnichon, op. cit., p. 202.

3. Elliott, *Brazil*, cit., p. 116.

4. Burnichon, op. cit., p. 219.

5. L. A. Gaffre, *Visions du Brésil*, cit., p. 125. Ao observador francês não escapou o fato de que o menino brasileiro, julgado pelos padrões europeus, era então, quase sempre, um menino-problema, devido à sua precocidade: *"À treize ou quatorze ans"*, um menino brasileiro *"réclame des droits qui paraîtraient fantaisies déplacées et vite reprimées dans nos familles françaises"* (p. 356).

6. Gaffre, op. cit., p. 293.

7. Gaffre, op. cit., p. 7.

8. Gaffre, op. cit., p. 298. Lembremo-nos de que o católico Eduardo Prado, seguindo, neste ponto, o critério de Joaquim Nabuco quando ainda pouco católico nas suas ideias e anticlerical nas suas atitudes, escreveu, no começo do século XX, no seu livro *A ilusão americana* (p. 175), que os operários eram já "a força", o "número", "a justiça" e seriam "o poder de amanhã".

9. Gaffre, op. cit., p. 298.

10. Gaffre, op. cit., p. 300.

11. Segundo Lamberg, "os escravos aqui no Brasil, sobretudo nestes últimos quarenta anos, não eram em geral maltratados nem viviam pior do que a maioria de trabalhadores europeus [...]. Os senhores que maltratavam os escravos constituíam exceção" (op. cit., p. 48). O escravo: "Tanto ele como a família eram geralmente alimentados à moda da roça. Ninguém sofria fome, nem mulheres nem crianças. Estas só aos 12 ou aos 14 anos eram empregadas em trabalhos caseiros. O seu completo desenvolvimento corporal não encontrava o menor embaraço. A roupa estava em relação com o clima e o fim a que era destinada [...]. O escravo tinha um pequeno lote de terra que cultivava para si e mais de um sabia aproveitá-lo tão bem que, passados alguns anos, estava em condições de salientar-se mediante dinheiro". Se ele ou alguém da família adoecia, "as despesas corriam por conta do senhor e desta forma não lhe faltava nenhum dos cuidados pessoais" (p. 49).

Feita a Abolição, não houve uma lei regulamentando a situação ou o futuro dos libertos: "Muitos destes não queriam aceitar trabalho nas fazendas [...]: só queriam viver nas cidades [...]". Verificou-se "[...] completa confusão [...]" com os "libertos incapazes de se guiar por si mesmos [...]. Seria preciso que durante anos tivessem tutor [...]. O governo contemplou com calma olímpica essa má situação" (p. 347). Com essa desorganização do trabalho, "a terra desvalorizou-se [...] e baixou o preço do café".

O 13 de Maio foi, assim, "[...] ato não preparado e violento, embora progressista [...]" (p. 351). Os fazendeiros, antes da Lei Áurea", vinham pedindo ao governo imperial auxílios para a lavoura por meio de empréstimos baratos e adiantamento em dinheiro para pagamento dos trabalhadores. O chefe do Gabinete, que era João Alfredo, ao mesmo tempo ministro da Fazenda, "quis acalmá--los com promessas e transações demoradas com os bancos, e afinal a ninguém contentou, pelo menos aos realmente necessitados" (p. 351). A vingança dos fazendeiros – de grande número deles – foi terem se passado para "o partido republicano [...]" (p. 351). A impopularidade de João Alfredo entre eles chegou ao extremo.

12. Gaffre, op. cit., p. 278.

13. Burnichon, op. cit., p. 281.

14. Burnichon, op. cit., p. 281.

15. No livro, já clássico, de Fletcher e Kidder, sobre o Brasil, encontram-se estes inteligentes reparos sobre a degradação que ocorreu, ainda no Império e sendo o regímen de trabalho nacional ainda o escravocrático, entre colonos alemães de Petrópolis *brought with them few arts and but little education. It seems difficult in any tropical climate to prevent the morals and industry of emigrants from deteriorating and this is particularly to be observed in slave countries. The degraded colonist, while setting himself above the African, engrafts the vices of the latter upon the European stock, and thus sinks to a lower grade than the negro. The German in Brazil has the want of a sound moral people surrounding him, to sustain and elevate him: therefore it is no marvel if he sinks lower and lower in the scale of civilisation. Much, however, is being done for the Germans of Petropolis. The clergymen, as the pastor of the church and superintendent of the schools, takes a deep interest in the welfare of his countrymen both spiritually and intellectualy"* (op. cit., p. 301). Se o mesmo não ocorreu em Santa Catarina, no Rio Grande do Sul e em outras aréas de colonização europeia não ibérica, sob a influência não já de negros escravos, mas de mestiços, negros, caboclos e brancos da terra, libertos mas desorganizados economicamente e desamparados moralmente por governo e particulares, é que os adventícios naquelas áreas tiveram quase sempre uma assistência religiosa, em uns casos, Protestante, outros – com italianos, poloneses, principalmente – católica, que faltava aos chamados "colonos alemães" de Petrópolis.

16. Tadeu Rocha, "Partiu de Pernambuco o movimento sindicalista", *Diário de Pernambuco,* 6 de janeiro de 1957.

17. Rocha, loc. cit.

18. Rocha, loc. cit.

19. Rocha, loc. cit.

20. Veja-se sobre o assunto o nosso *Um engenheiro francês no Brasil.*

21. Desse erudito padre de Olinda, diz-se que, empolgado pela Campanha Civilista (1909), chegou a dizer em discurso, durante essa campanha política ou cívica, que como brasileiro ajoelhava-se aos pés de Rui do mesmo modo por que, como católico, se ajoelhava aos pés de Maria Santíssima. Era a devoção a Rui. O culto a Rui a rivalizar com o culto a Maria Santíssima.

22. Ballou, *Equatorial America,* cit., p. 166.

23. Ballou, op. cit., p. 167.

24. Veja-se padre Manuel Barbosa, *A Igreja no Brasil,* Rio de Janeiro, 1945. Também o recente ensaio biográfico do padre Francisco Lima, *D. Adauto – Subsídios biográficos,* vol. I, Paraíba, 1956. O padre Lima apresenta no seu livro, baseado em papéis e notas do biografado, interessante relato de conversa de D. Adauto com o então papa, Leão XIII, sobre a situação brasileira quatro anos após a proclamação da República: "Inclinando-se um pouco para D. Adauto, em voz pausada e de tom confidencial, perguntou-lhe Leão XIII: 'Julgas possível a restauração monárquica no Brasil?'" (p. 153).

    Isto foi em 1893. D. Adauto disse-lhe que não: "a mentalidade americana" parecia-lhe refratária "ao sistema monárquico". E o Brasil afigurava-se ao então ainda jovem bispo brasileiro, "americano" (p. 154).

    Entretanto D. Adauto "não saudara com alegria o advento da República [...]" (p. 126).

25. Ballou, op. cit., p. 145.

26. Sílvio Romero, *Evolução da literatura brasileira,* Campanha, 1905.

27. Romero, op. cit., p. 78.

28. Paul Adam, *Les visages du Brésil,* Paris, 1914, p. 188-189.

29. Gaffre, op. cit., p. 343.

30. Gaffre, op. cit., p. 124.

31. Gaffre, op. cit., p. 115.

32. Veja-se, dentre as publicações anticlericais do fim do século XIX, o *Diário a Quatro, do* Recife; dentre as do começo do século XX, *A Reação,* órgão da Liga Mato-Grossense de Livres-Pensadores,

que apareceu em Cuiabá em 1909. O principal combate sustentado por *A Reação* era contra os colégios católicos, acusados de terem por mestres, religiosos sem moral: "E ainda há pais que confiam em mandar seus filhos e filhas estudar em estabelecimentos religiosos!", estranhava no seu nº 1, de julho de 1909. No nº 7-8 (janeiro-fevereiro, 1910) era aos salesianos da capital de Mato Grosso que *A Reação* acusou de, após as aulas de catecismo, distribuírem aos alunos "pinga com água", com o fim de embrutecerem os cérebros dos alunos e "arrastá-los a práticas condenáveis".

XII A República de 89
vinte e tantos anos depois:
considerações em torno da dissolução
de um futuro em passado

Nada mais expressivo da relatividade dos tempos que a fácil dissolução dos futuros em passados, deixando em insignificância os presentes: os tempos presentes. A República de 89 foi resposta até certo ponto toynbeeana ao desafio de um futuro: o futuro americano e democrático do Brasil, que alguns brasileiros do fim do século XIX supunham, sinceramente, contrariado ou impedido pela Monarquia: sobretudo pela Monarquia escravocrática.

Essa resposta começou a se definir em setenta e poucos, com o Manifesto Republicano; e também com a chamada Lei do Ventre Livre. Definiu-se em 89. Em 1910 esse quase ex-futuro messiânico já começara há anos a ser passado – e passado sob alguns aspectos remoto – sem que nas soluções dos utopistas de 15 de novembro para os problemas nacionais encontrassem seus novos analistas ou seus novos críticos, já distanciados trinta anos daquela revolução, exata correspondência com as necessidades brasileiras. Sem haver certeza alguma da parte dos então sociólogos políticos do Brasil – Alberto Torres e os primeiros discípulos de Alberto Torres; Euclides da Cunha, Sílvio Romero, José Veríssimo, Oliveira Lima, o professor Gilberto Amado: sociólogos ou quase sociólogos aos quais não tardariam a juntar-se Vicente Licínio Cardoso, Oliveira Viana, Alceu Amoroso Lima, professor Delgado de Carvalho, o professor Pontes de Miranda – de ter sido a mesma revolução o movimento messiânico imaginado pelos Benjamins Constant, pelos Silvas Jardim, pelos Martins Júnior, pelos Quintinos Bocaiuva, pelos Prudentes de Morais. Além do que, brasileiros na sua mocidade republicanos, como Afonso Celso Júnior e Manuel de Oliveira Lima, haviam se tornado desde o fim do século XIX de tal modo simpáticos à Monarquia e nostálgicos das suas virtudes que alguns deles chegaram a ser considerados perigosos ao regímen de 89. Pelo menos do ponto de vista dos republicanos misticamente fiéis à República dos seus sonhos de adolescentes, como continuaram a ser, até o fim da vida, políticos como José Gomes Pinheiro Machado.

De Pinheiro Machado[1] nos disse um dia o seu amigo Estácio Coimbra que quando pronunciava a palavra re-pú-bli-ca, era batendo cada sílaba de tal modo como se pronunciasse palavra sagrada ou mágica. O modo gaúcho de dar ênfase à pronúncia das palavras, é certo; mas que nele se apurava toda vez que pronunciava república. Palavra que para Pinheiro, em 1915, era sobrecarregada de sugestões de passado – um passado vivido por ele próprio – que se juntava às sugestões de futuro. Mas principalmente de sugestões de futuro; Pinheiro recusara-se sempre a transigir com o passado monárquico do Brasil. E a palavra república conservou-se moça na sua boca então quase de velho: velho romântico a sonhar com o futuro do Brasil como se fosse o futuro do seu próprio sangue de grande romântico. O futuro de uma filha amada, querida e até idolatrada.

"Gostam os brasileiros de dizer que o seu país é um país jovem", notou Pierre Denis quando visitou o Brasil nos começos do século XX; "com efeito" – acrescentou – "têm nele as melhores esperanças e sabem o seu presente carregado de promessas".[2] De promessas, isto é: de futuro. E futuro particularmente caro aos românticos de áreas como a rio-grandense-do-sul, quase sem outra história que a militar.

Mas o Brasil, segundo Denis, não era nos começos do século XX país jovem no sentido de não ter passado. Era um passado, o do Brasil – poderia ter acrescentado: o da própria República brasileira – que impressionava vivamente o europeu, depois de ter esse europeu "já percorrido outros países americanos como a Argentina e os Estados Unidos". "É-se menos expatriado no Brasil", escreveu Denis fixando sua impressão de europeu; "não se tem ali a sensação de surpresa ou de espanto que nos causam a Argentina e os Estados

Unidos, com a sua sociedade mal firme, sem hierarquia e sem raízes e orientada exclusivamente pelo gosto da independência individual e pela preocupação de fortuna". O patriotismo brasileiro comportava "mais recordações" que o argentino ou o anglo-americano.[3] Em 1918, ao findar o chamado "tempo de Venceslau", o próprio republicanismo brasileiro comportava "recordações" ao lado de "esperanças" num futuro capaz de retificar os erros de um passado já de quase trinta anos: os de experiência republicana, após cerca de vinte de antecipação dessa experiência. Desde 1910 que a República vinha deixando de ser simples atualidade para tornar-se passado. Passado já susceptível de análise retrospectiva; de avaliação; de interpretação.

É certo que experiência republicana desde o início moderada pela forte projeção, sobre ela, da muito mais longa experiência monárquica do Brasil – quer a desejassem, quer não, os puristas do republicanismo um tanto à moda espanhola da América, como Pinheiro Machado ou Quintino Bocaiuva. A primeira dessas projeções, já a recordamos noutra página: foi a do barão de Lucena, como orientador político do próprio generalíssimo Deodoro da Fonseca, fundador da República de 89. Outra foi a do barão do Rio Branco, de quem conta Georges Clemenceau, em seu livro de impressões da América do Sul, que sua "autoridade" foi "soberana", no Brasil mil e novecentista, em assuntos de política estrangeira: "*Le baron – c'est ainsi qu'on le désigne communément – jouit d'une autorité souveraine en matière de politique extérieure*".[24]

A verdade é que a autoridade do barão do Rio Branco não se limitou à política estrangeira: projetou-se também sobre a doméstica, igualmente neste particular zelando pela constância e até pelo avigoramento das tradições brasileiras de ordem vindas da Monarquia; e que tanto distinguiam o Brasil das repúblicas da América Espanhola. Do barão se sabe pelo próprio Clemenceau que, simpático à França mas admirador da Alemanha, foi do Império alemão que desejou se importassem instrutores militares para a República brasileira, num evidente desejo de que a República superasse, no Brasil, o próprio Império na organização antes classicamente monárquica que bolivarianamente republicana das suas forças armadas. "*Quelqu'un qui le touche de très près*" – escreveu Clemenceau naquele seu livro – "*m'a confié qu'il considérait l'éducateur germanique comme particuliè-*

rement propre à inculquer aux soldats brésiliens le sentiment du devoir militaire". Com o que não deixava de concordar o republicano francês: "*Trop d'actes d'insubordination – quelques-uns fort graves – ont, en effet, montré l'urgence d'un tel enseignement*".[5] Apenas o excesso de ideologia militarista da imperial Alemanha de então – "*la doctrine absolutiste de Guillaume II sur le devoir militaire*" – é que parecia a Clemenceau incompatível com a alma e os modos de uma democracia como a brasileira:[6] não o que a instrução germânica pudesse trazer, à tropa brasileira, de disciplina e daquilo que um político mineiro da época, João Pinheiro, chamara de "grave senso da ordem". Talvez se possa dizer de Clemenceau que concordava com o segundo Rio Branco em que fosse dada forma germânica ao exército brasileiro sem que a essa forma se juntasse substância ou ideologia alemã ou prussiana, na verdade incompatível com o feitio socialmente democrático dos brasileiros.

Ao filho do antigo grão-mestre do Grande Oriente no Império brasileiro não repugnou receber, quando ministro das Relações Exteriores, com a sua melhor cordialidade, sacerdotes católicos que, como o padre Gaffre, trouxessem ao Brasil palavras que contrariassem, às vezes duramente, o republicanismo radical dos Clemenceau e o socialismo ateu ou cético dos Enrico Ferri e dos Anatole France – europeus cuja presença, no Brasil, se deve em grande parte ao seu vigilante espírito, sempre atento às visitas de tais celebridades à América do Sul; e nunca dispostos a deixar que uma delas viesse à Argentina, sem demorar algum tempo no Brasil. Mas o que parece de todo certo do barão do Rio Branco, quando ministro de Estado da República de 89 durante três presidências, é ter sido, nessas funções, leal à nação brasileira, sem ter deixado de se empenhar para que do passado monárquico o Brasil conservasse, sob a República, o máximo de valores positivos: os de organização, os de ordem, os de disciplina. E até mesmo os católicos.

Informado com antecedência de ir almoçar com um político maçom, o padre Gaffre colheu, entretanto, do seu almoço com o barão, na residência particular do então ministro do Exterior do Brasil, a impressão de ter convivido na intimidade de um homem simpático à própria Igreja, tal o carinho com que conservava na sua sala de trabalho – célebre pela desordem das mesas sobrecarregadas de livros e de papéis em que a nenhum estranho era dado o direito de tocar e entre os quais se perdiam constantemente os pincenê do grande homem de estudo desdobrado em homem de Estado – bela imagem de Cristo. "Este é que é o dono da casa", disse o suposto herege ao padre francês. E no quarto de dormir do barão dito maçônico, o sacerdote europeu pôde ver, além de outro Cristo, mais duas imagens sagradas: uma da Virgem, outra de Santo Antônio de Pádua. O que fez o padre Gaffre concluir: *"[...] je souhaite à beaucoup de nos grands hommes réputés conservateurs, comme j'en connais quelques-uns, de donner à leurs visiteurs l'impression d'édification morale et religieuse que j'emportai de cette demeure"*.[27]

O boêmio que, na mocidade, fora Juca Paranhos, se convencera na idade madura da necessidade, para o seu país, de disciplina; e teria com certeza se regozijado, tanto quanto os bons católicos da nova época brasileira – a de separação da Igreja, do Estado, inaugurada pela República de 89 – com as primeiras consequências do repovoamento dos mosteiros com religiosos alemães e belgas: *"[...] ont refait fleurir la plus exacte discipline sur les ruines des Congrégations indigènes"*, notara a este respeito o padre Gaffre, ao observar que os lazaristas franceses vinham substituindo os escassos lazaristas brasileiros.[8] Era essa "exata disciplina" que o barão desejava para as Forças Armadas nacionais; e na direção do ministério das Relações Exteriores ele não só vinha sendo um reorganizador dos serviços diplomáticos do seu país e um disciplinador das atividades dos diplomatas mais novos, como seguindo certos métodos católicos e até jesuíticos de sedução dos jovens inteligentes para os mesmos serviços. Isto sem se despreocupar do problema aparentemente insignificante da educação das esposas desses diplomatas, que ele entendia deverem ser quanto possível elegantes e até belas, além de instruídas. Para que não faltassem meios para essa instrução, repita-se que animou com a sua melhor simpatia o desenvolvimento dos colégios católicos de religiosas francesas, destinados às moças brasileiras de sociedade. Era com pavor – diz a este respeito a tradição oral do Itamaraty, confirmando informações de pessoas que desfrutaram da intimidade do segundo Paranhos – que enfrentava a necessidade de convidar para festas diplomáticas, brasileiros ilustres casados com senhoras mal-amanhadas ou de instrução deficiente. O mesmo mal-estar deve ter experimentado em face de militares brasileiros, mal-amanhados e de mau físico; e sabe-se ter evitado – insistamos neste ponto, por envolver atitude muito característica do barão e de outros homens públicos da sua época – na representação do Brasil no estrangeiro não só os indivíduos cacogênicos como principalmente os mestiços que, ostensivamente negroides, não recomendassem na Europa ou nos Estados Unidos o vigor e a eugenia das elites brasileiras. Com tais tendências, compreende-se que o antigo boêmio, ele próprio homem eugênico e bem-apessoado, houvesse se tornado um entusiasta da educação católica francesa para as moças e da alemã para os militares do seu país.

A verdade é que, como os seus dois grandes contemporâneos, Joaquim Nabuco e Rui Barbosa, José Maria da Silva Paranhos, barão do Rio Branco, pertenceu ao número de brasileiros da sua época que foram, ao mesmo tempo, e um tanto paradoxalmente, conservadores e revolucionários. Isto sem nenhum deles ter se partido em metades inimigas uma da outra; e sim conciliando, cada um dos três, dentro de si, contradições que resultaram fecundas para o Brasil a que eles serviram de modo notável.

Visitando Rui Barbosa – com quem cordialmente almoçou – o padre Gaffre não ignorava estar visitando antigo adversário da Igreja ou, antes, alguém que se levantara em páginas célebres *"contre l'Église, ou ce qui est plus juste, contre certaines formes représentatives de l'Église, les jésuites en particulier".*[9] Mas essas *"escarmouches"*, o sopro de acontecimentos mais recentes as havia dissipado em fumo. Rui vinha revelando *"une largeur accueillante de sentiments"* que não lhe permitia endurecer-se em anticlerical, muito menos em anticatólico. O filho, confiara-o aos jesuítas do Anchieta. Além do que, como observou o padre Gaffre no Brasil mil e novecentista, os brasileiros não se pareciam aos franceses na rigidez da intransigência entre homens que seguissem ideias ou credos diferentes: na ainda nova república sul-americana nem sequer se imaginavam os abismos entre adversários que caracterizavam a França republicana de então.[10]

É verdade que, durante os dias de Floriano, a chamada consolidação da República se fizera com alguma intransigência: houvera ódio político entre os brasileiros sob formas terrivelmente cruas que, por algum tempo, acentuaram as semelhanças dos brasileiros com os sul-americanos equatoriais de língua espanhola. Mas só por algum tempo: tempo tão breve que não chegou a constituir-se numa época. A tradição brasileira reabsorveu-o – a esse ódio entre florianistas e antiflorianistas – na sua constância que, admitida uma exceção ou outra – uma ou outra eleição manchada de sangue, um ou outro quebra-quilos, uma ou outra "farroupilha" ou "cabanagem" – foi e é uma constância de cordialidade intranacional. Retomou-a sem demora do Império, a República: de 89 ao fim da presidência Venceslau Brás não teve o regímen republicano no Brasil a perturbar-lhe aquele ritmo de cordialidade intranacional, senão uma ou outra agitação animada menos por ódio político que por puro desajustamento entre subáreas ou sub-regiões brasileiras, ou antes, entre épocas culturais desigualmente vividas por esses grupos regionais da população nacional, separados por distâncias sociais e sobretudo culturais ou psicoculturais, criadas ou favorecidas por imensas distâncias no espaço físico. Compreende-se assim – outro ponto em que não hesitamos em insistir – que brasileiros como José do Patrocínio, Augusto Severo – sobretudo quando deputado federal – e Alberto Santos Dumont, tenham refletido, no seu empenho de resolver o problema do transporte aéreo, um afã particularmente brasileiro – ou de grupo considerável de brasileiros progressistas – de superar o mal das grandes distâncias dentro do território nacional. E que Santos Dumont tenha sido aclamado super-herói pelos compatriotas mais animados desse afã, com um fervor patriótico que chegou ao próprio delírio.

Aliás, talvez se possa dizer da República de 89 que correspondeu a um afã brasileiro – ou da parte de grupo considerável de brasileiros – de ainda maior amplitude: o de superar o Brasil mais rapidamente que através dos métodos um tanto lentos de administração e de política seguidos pelo Império, seus problemas sociais e culturais de distância. Distância assim no tempo como no espaço.

Tanto Bryce como o Padre Gaffre – dois dos melhores observadores europeus da República brasileira de 89 – souberam ver na revolta de marinheiros chamada de João Cândido que, em 1910, agitou por alguns dias o Rio de Janeiro e alarmou os políticos, a erupção de um desajustamento social em cuja análise lhes faltou tempo para se aprofundarem. O padre Gaffre informando-se do sistema de recrutamento de marujos no Brasil, concluiu: "*Ce qui explique, en partie, le soulèvement brutal de ces marins c'est leur mode de recrutement*".[11]

Eram eles, com efeito, rapazes – quase todos negros e mulatos – para quem o serviço naval era simples meio de vida. Faltava a quase todos a mística do Brasil e sobretudo a da República: muitos dos ex-escravos e descendentes de escravos, dos quais esses rapazes descendiam, que viviam no Brasil ao proclamar-se a República eram devotos da princesa Isabel. Quando escravos, haviam sido beneficiados pela assistência patriarcal da parte das famílias a que serviam; depois de livres, vinham sendo abandonados à sua sorte por um governo republicano cujos carinhos paternalistas passaram, depois de 88, a concentrar-se em torno dos imigrantes europeus para o Sul do País. Aprofundara-se assim entre eles, rapazes pobres de cor – quase todos do Norte – e os demais brasileiros, a distância social criada menos pela sua condição étnica que pela sua situação de descendentes de escravos abandonados tanto pelos velhos senhores dos seus pais como pelos novos senhores do País: os republicanos.

Uma vez admitidos tais rapazes e adolescentes ao serviço naval, a República laica e preocupada sobretudo em valorizar ou modernizar coisas – a capital federal, as indústrias, os navios de guerra, as estradas de ferro – não dera a esses descendentes de escravos nem instrução cívica nem instrução religiosa. Tratava-os a chibata. Só a chibata: ao contrário da tradição paternalista vinda dos dias da escravidão, nos quais à chibata se juntavam o remédio, a assistência religiosa, a própria instrução da parte dos brancos para com os negros. Ninguém de bom senso sustentará que a chibata devesse ter sido abolida na Marinha brasileira da noite para o dia pela República de 89 só para se mostrar o novo regímen superior ao Império. De modo algum. Mas desde que a República passara a atribuir maior importância que o Império à sua Marinha de Guerra e à necessidade de maior número de homens no serviço naval, o sensato teria sido se haverem lembrado os criadores da mística de "Rumo ao Mar!" de acrescentar-lhe um mínimo de preocupação com o aspecto humano desse esforço de valorização militar e técnica de navios, de estaleiros, de máquinas, quase todas adquiridas na Inglaterra ou na Escócia. Foi a valorização do elemento humano que faltou à obra de engrandecimento material e técnico da Marinha de Guerra empreendida pelos políticos mais progressistas da República de 89, nos primeiros anos do século XX, com uma sofreguidão de quem quisesse recuperar, neste como noutros domínios da atividade nacional, tempos perdidos pelo Império, constantemente acusado por alguns daqueles políticos mais progressistas da República de ter sido demasiado lento nos seus métodos de administração. É assunto de que nos ocupamos aqui, insistindo em reparos já esboçados em capítulo especial, por nos parecer de extrema importância para a compreensão da época que pretendemos interpretar neste ensaio.

Nenhuma observação mais exata, ao nosso ver, da parte dos observadores estrangeiros que fixaram sua atenção nos problemas brasileiros da época considerada nestas páginas, que as palavras do padre Gaffre, no seu *Visions du Brésil*, sobre o afã progressista que surpreendeu então na ainda jovem República: afã – acrescente-se ao padre francês – tão característico da mística abolicionista como da republicanista e, ainda, da nacionalista e da industrialista: aspectos ou expressões, todas quatro, de uma mística maior: a do progresso tão rápido quanto materialmente possível. A qual também se formou – insista-se neste ponto – em torno do invento de Santos Dumont e de sua aplicação se não imediata, próxima, ao transporte intranacional no Brasil. "*À mon humble avis*" – escreveu o padre francês naquele seu excelente livro – "*le grand tort du Brésil, ce qui s'explique assez aisément par son génie ardent au progrès, par sa volonté intense de se placer au niveau des grandes nations civilisées, son grand tort a été de vouloir brûler les étapes*".[12] Ao seu senso sociológico, tanto quanto ao de Bryce, afigurava-se perigosa essa espécie de progresso precipitado ao desordenado; pois seria inútil o Brasil pretender assemelhar-se aos velhos países da Europa, somente pela posse de enormes *dreadnoughts*; sem que seu estado social e sobretudo cultural – o do grosso de sua população – coincidisse com aqueles aperfeiçoamentos apenas técnicos ou materiais. Aperfeiçoamentos, de resto, postiços, adquiridos, "*made in England*"; ou "*made in USA*"; alguns já "*made in Germany*". Na falta de atenção a esse problema de coincidência do aperfeiçoamento do elemento humano com o aperfeiçoamento das coisas e das técnicas – cidades, docas, indústrias, estradas de ferro, vapores de passageiros e de carga e não apenas navios de guerra – já sugerimos, em ensaio anterior, ter talvez residido o maior erro da República de 89.

Mas não devemos desconhecer o fato de que do progresso assim desordenado – o que se inspirou na valorização antes das coisas que das gentes – resultou mais de uma vez serem as gentes oblíqua ou indiretamente beneficiadas. Foi na época considerada neste ensaio que o Lloyd Brasileiro, na cabotagem e as estradas de ferro – quase todas construídas com capitais ingleses e por engenheiros britânicos –, na comunicação por terra das capitais com o interior, atingiram no Brasil um desenvolvimento, em relação com o qual as fases posteriores desses meios intranacionais e por vezes internacionais de transportes, viriam a representar, sob alguns aspectos, declínio ou decadência. Foi também na época aqui evocada que o automóvel – a princípio o europeu, em seguida o de fabrico anglo-americano – começou a passar de simples novidade técnica e esportiva a meio regular de transporte. E todos esses aperfeiçoamentos da técnica de transporte num país, como o Brasil, sob o permanente desafio aos seus homens públicos, aos seus industriais, aos seus comerciantes, da complexidade dos problemas de distância no espaço físico, resultaram em alterações da ordem ou do sistema social e cultural do Império e depois da República que facilitaram por vezes a valorização do negligenciado elemento humano.

Elliott notou em 1916 que os automóveis, por algum tempo de uso limitado, entre os brasileiros, às cidades principais, onde eram antes luxo dos ricos que meio regular de transporte da gente média, vinham começando a ser adquiridos por fazendeiros ou agricultores. O que fazia prever que daí viesse a resultar o aperfeiçoamento das estradas no interior: problema muito mais difícil no Brasil que em países de clima temperado. No Brasil, observou o geógrafo Elliott: *"The climate of half the country opposes itself to road permanence with all the force of the tropics"*.[13] Já havia, porém, em certas sub-regiões brasileiras, caminhos desbravados: pelas carroças dos colonos de origem russa ou polonesa no Paraná, por exemplo; pelos próprios carros de boi dos matutos dos engenhos de açúcar, em certas áreas do Norte agrário; e até pelos "caboclos" a serviço da comissão chefiada por um oficial do Exército Brasileiro, ele mesmo caboclo pela raça e pelo espírito de homem telúrico, chamado Rondon: Cândido Mariano da Silva Rondon. Militar encarregado pelo governo da República de orientar trabalhos de comunicação telegráfica com o Centro ainda agreste do País; de dirigir pesquisas geológicas e geográficas nessas sub-regiões; de cuidar da proteção aos indígenas que iam sendo encontrados nesses ermos tropicais – deu ao cumprimento dessas tarefas amplitude e eficiência. Foi uma das maiores figuras nacionais da época aqui evocada – repita-se – esse Cândido Rondon, de formação e ideias positivistas; republicano para quem a República era uma espécie de culto; mas sobretudo brasileiro identificado de corpo e alma com os interesses mais essencialmente nacionais ou intranacionais do Brasil.

Quanto ao progresso ferroviário, note-se que em 1916 já havia na República brasileira oficinas onde se construía o material necessário a essa espécie de tráfego, empregando-se na construção de vagões--dormitórios, vagões-restaurantes, matéria-prima brasileira: as excelentes madeiras nacionais. Trabalho em que se distinguiu uma das estradas de ferro mais úteis à expansão rumo Oeste, do Brasil, através do Sul de Mato Grosso e visando Corumbá, na fronteira com a Bolívia: a *North-Western of Brazil Railway*. Companhia de nome inglês mas com sede em Bruxelas; e cujos interesses, sobre o capital empregado no Brasil, eram garantidos, como os de outras companhias ferroviárias que operaram na época, entre nós, pelo governo da República, à base de um empréstimo levantado para esse fim em Paris em 1909. Dirigiu--lhe os trabalhos um engenheiro brasileiro notável pelos serviços que prestou então ao Brasil: Firmo Dutra. Amigo de Euclides da Cunha, tinha como o autor de *Os sertões* a mística do Brasil e a mística do engenheiro. Mas do engenheiro que às obras urbanas preferia as de campo, nas regiões mais rústicas do País. Foi onde se gastou o melhor da sua mocidade. Em 1916, o ainda jovem Firmo Dutra já era chamado por Elliott *"an able Brazilian engineer"*.[14] Do trabalho realizado pela companhia sob sua direção destacava-se este aspecto de engenharia social, acrescentada à simplesmente ferroviária: às margens da estrada de ferro, plantavam-se cafezais e abriam-se pastos para o gado, ao mesmo tempo que se fundavam povoações.

Aliás, não foi Firmo Dutra o único engenheiro da época que revelou capacidade igual à de ingleses ou anglo-americanos – Hammond, Fox, Derby – ou superior à deles, para organizar ou dirigir serviços técnicos ferroviários, sanitários, portuários, geológicos que desde o Segundo Reinado vinham sendo considerados pelos brasileiros especialidade de engenheiros britânicos ou anglo-americanos, dos quais, com efeito, muito aprenderam os brasileiros. Ao lado do nome de Firmo Dutra, vários outros podem ser recordados: o de Ceciliano Mamede Ferreira, o de Lauro Müller, o de Paulo de

Frontin, o de Pereira Passos, o de Saturnino de Brito, o de Pandiá Calógeras.

Saturnino – figura excepcional de engenheiro e de administrador de serviços públicos que está a merecer um estudo, além de biográfico, sociológico: um estudo que fixe suas relações com o meio e com a época – chegou a fazer escola, caracterizada pelo empenho dos engenheiros sanitaristas que obedeciam à sua orientação, de se conservarem apolíticos nos postos técnicos que lhes eram confiados pelos governos: apolíticos e intransigentemente honestos. Como Rondon, era homem de formação e ideias positivistas. A ele se deve parte considerável dos triunfos obtidos pela República de 89 na luta contra as doenças infecciosas em algumas das principais cidades do País: em Santos e no Recife, sobretudo. Foi Saturnino quem lhes modernizou os sistemas de abastecimento de água e de esgotos, procedendo antes a estudos dessas áreas urbanas: estudos superiores aos de simples rotina pelo critério ecológico-social que os orientou. Porque a República de 89 de fato avantajou-se ao Império no decisivo vigor com que seus homens públicos – vários deles, engenheiros tocados pela influência positivista – enfrentaram, com os problemas de modernização dos portos, os de saneamento do Rio de Janeiro e das cidades principais do País.

"Quando vim para o Rio em 1887" – recorda em depoimento autobiográfico escrito em 1940 para servir de lastro a este ensaio o mineiro Heitor Modesto, nascido em Cataguases em 1881, de família de agricultores – "a cidade era devastada periodicamente pela febre amarela e a varíola. No centro urbano, onde se achava o comércio de café, a ceifa era grande, notadamente nas vizinhanças da Saúde e da Gamboa. Não havia isolamento: o doente era tratado em casa. Diziam que a febre amarela preferia os estrangeiros e a varíola os negros. Era médico da nossa casa o Dr. Miguel Couto, que então iniciava sua clínica, morando num sobradinho na Prainha. Tivemos em casa vários casos de febre amarela e varíola, mas não se perdeu ninguém".

Mas o pavor das epidemias era constante. Falava-se muito em "vômito negro" e em "pele de lixa". Heitor Modesto lembra-se de ter rezado à imagem da Virgem, pegada à parede do seu quarto, ao saber que sua mãe estava com varíola: "Minha Nossa Senhora, fazei que eu tenha bexiga para ficar perto de minha mãe!" Sua mãe salvou-se "com marcas no rosto". Era uma felicidade, salvar-se alguém da varíola com poucas marcas no rosto. Muitos brasileiros da época, desde moços tinham as faces, o nariz, a testa picados de sinais de bexiga. Iaiás que haviam sido lindas meninas tornavam-se moças feias: da "cara bexigosa". Outras, com as febres, perdiam o cabelo: insígnia tão preciosa, naqueles dias – já o recordamos – de beleza e de nobreza de raça e de classe. Os Miguéis Couto dos últimos anos do Império nem sempre podiam vencer a varíola, a febre amarela, o tifo. Precisavam que os engenheiros sanitaristas, os médicos sanitaristas, os higienistas cuidassem das cidades que o Império, neste particular, abandonou durante muito tempo aos clínicos e aos boticários; e aos padres, quando nem clínicos nem boticários podiam salvar os doentes da morte certa por infecções que vinham da água contaminada que se bebia nas mesmas cidades, dos maus esgotos, da má alimentação.

"Muitos anos depois, no fim da vida, nos seus últimos anos" – Modesto recorda, em seu depoimento, referindo-se àquele grande clínico –, "admirei-me de ouvir o Dr. Miguel Couto em conversa comigo referir-se até a apelidos de pessoas lá de casa. Como [eu] elogiasse sua memória, ele explicou: 'Não podia esquecer nunca... Foi um dia célebre para mim aquele em que fui chamado a ver um doente na Casa Barão de Ipanema... Naquele tempo isso me dava grande importância, no começo da clínica'".

Essa Casa Barão de Ipanema, que assim prestigiava os médicos ainda jovens quando chamados para ver seus doentes, era uma casa comissária de café. E assim se explica que nela residissem os Modestos: "Meu pai" – escreve Heitor Modesto – "já havia sido comissário de café no Rio e conhecia bem o negócio. Foi trabalhar na Casa Barão de Ipanema como chefe de escritório. Passamos por isto a morar à Rua Municipal nº 5, onde era a casa comissária. Ocupávamos todo o terceiro piso". Aliás, as casas comissárias formavam então todo um conjunto ecológico na ainda capital do Império: "[...] ocupavam todos os prédios das ruas Municipal e Beneditinos e a maioria das ruas adjacentes. Prédios grandes, de três pisos, com enormes armazéns. Nesse comércio preponderavam os brasileiros. Estrangeiros eram na maioria os ensacadores e os exportadores". Quanto aos empregados de escritório, de armazém, os viajantes, eram também brasileiros.

A importância das casas comissárias de café, na época aqui considerada, correspondia, no Sul, à das casas dos comissários e armazenários de açúcar, no Norte, em cujas residências já recordamos que se hospedavam seus comitentes ou pessoas das famílias dos seus comitentes quando vinham do interior às cidades. Traziam então, quando doentes – eles ou as mucamas ou os pajens que os acompanhavam – problemas, para os clínicos urbanos, que nem sempre podiam ser resolvidos dentro da patologia urbana, sua conhecida, certo como era que as fazendas e os engenhos constituíam sistemas patológicos diversos do urbano ou do metropolitano. Foi no tratamento desses doentes finos – mesmo quando mucamas ou pajens –, hóspedes, nas cidades, de casas comissárias de café e de açúcar, que médicos urbanos de importância como, no Rio, os Miguéis Couto e os Francisco de Castro, familiarizaram-se com doenças rurais. Mas foi nelas, também – muito mais do que em hotéis – que brasileiros rurais se sentiram vítimas de doenças urbanas, por eles consideradas exóticas; e que foram, na época aqui evocada, o pavor da gente rural do Brasil. Conta Modesto que uma vez Miguel Couto foi chamado para ver o seu tio Oscar. "Pelos sintomas deve ser febre amarela", falou o Dr. Miguel Couto ao ouvir as primeiras informações sobre o mineiro enfermo. Ao que este reagiu, vindo do quarto onde se achava deitado para a sala "cambaleante e enfermo, metido numa camisola, a dizer com olhos esbugalhados: 'Mas eu... não tenho nada... Não tenho nada'". Era o pavor da gente rural à febre amarela: maior que o seu temor à bexiga, à cólera, às doenças conhecidas nos engenhos e nas fazendas.

É certo que com o novo abastecimento de água inaugurado na corte em 1880 e o encanamento dos esgotos de matérias fecais e águas, as edificações no centro da cidade melhoraram de condição higiênica, várias tendo sofrido reformas no sentido da distribuição da água, agora encanada, para as bacias de patente, os banheiros, as latrinas. De modo que em 1887 existiam já no Rio 33.713 casas com 29.261 latrinas e 37.080 penas-d'água.[15] Mas as casas térreas e mesmo os primeiros, segundos e terceiros andares dos sobrados continuavam "uma péssima morada no centro da cidade", não pelo "cortejo inconveniente dos ruins materiais e dimensões pequenas, senão também pela escassez de ar, de luz e de sol" – inconvenientes atenuados, é claro, nos andares superiores, principalmente naqueles de dormitórios voltados para o nascente.[16] Esses inconvenientes alcançavam em cheio algumas das casas de comissários de café em que se hospedavam pessoas rurais em suas visitas às vezes demoradas à corte; e daí ficarem expostas ao tifo, à difteria, à tuberculose. Ainda piores eram as condições de vida urbana na maioria dos hotéis e hospedarias, nas cidades principais do Império, nos últimos anos do reinado de Pedro II: hotéis chamados por um higienista da época "antros mefíticos".[17] Neles a sífilis, o álcool, o jogo, abatiam o moral e o físico daqueles indivíduos vindos do interior e que, não tendo família nem casa de comissário nas cidades, eram obrigados a se hospedar nos mesmos hotéis.

A tais hotéis se juntavam os denominados freges, ou frege-moscas, os quiosques, as casas de pasto que não sofriam – nem elas nem as vendas, armazéns, botequins, confeitarias[18] – quase nenhuma fiscalização da parte das autoridades sanitárias do Império: nisto merecedoras das mais severas críticas. Em confronto com as autoridades sanitárias da República que, pouco tempo depois de consolidado o regímen inaugurado em 89, mostraram-se animadas de verdadeiro messianismo higiênico, os higienistas do Império se apresentam aos olhos do historiador social em situação de nítida inferioridade. Na fiscalização de abusos contra a saúde pública praticados, por ganância comercial, por particulares irresponsáveis, destacaram-se sob a República: em Pernambuco, ainda no governo Barbosa Lima, isto é, no fim do século XIX, o higienista Rodolfo Galvão; no Rio de Janeiro, no começo do mil e novecentos, e de modo que alcançou repercussão mundial, o sanitarista Osvaldo Cruz. A República de 89 neste particular como que atendeu sem demora ao apelo do grande publicista português Ramalho Ortigão; o qual, tendo estado no Brasil no fim do reinado de D. Pedro II, já vimos ter denunciado o descaso do governo imperial pelos problemas de higiene urbana como uma das maiores deficiências não do sistema monárquico de governo na América, mas do imperador D. Pedro II.

No *Almanaque Brasileiro* – publicado no Rio de Janeiro para o editor Garnier sob a direção de um sábio: João Ribeiro – houve no número correspondente ao ano de 1909, quem, já à distância de vinte anos do 15 de Novembro, submetesse o último imperador do Brasil a inteligente análise e, ao mesmo tempo, justa avaliação retrospectiva; e concluísse ter o velho monarca perdido o trono por não ter sabido fazer do Segundo Reinado a "fase organizadora" da Monarquia, como instituição que se harmonizasse com a situação ou a realidade brasileira. Esse estudo, publicado em 1909, antecipou-se, sob vários aspectos, a algumas das melhores páginas de interpretação e avaliação do esforço republicano em confronto com o do Segundo Reinado, que apareceriam em 1922 no livro, publicado também no Rio de Janeiro, *À margem da história da República*. Referimo-nos ao pequeno mas sugestivo ensaio "Por que caiu o Império", assinado por Joaquim Viana, que aí defendeu a tese de não ter sido D. Pedro II "nem um autoritário, nem um imperador rigorosamente constitucional". Desejara tão somente viver "em paz" – paz burocrática – quando a fase de vida brasileira que lhe coubera presidir como monarca constitucional exigia do chefe do Estado que fosse organizador, empreendedor, realizador, sem para tanto lhe faltar a coragem de "criar inimigos".[19] Precisamente a coragem – acrescente-se a Joaquim Viana – que teriam, na República, Floriano, Prudente, Rodrigues Alves; que revelaram os paulistas com o seu plano de "valorização do café", contrário às ideias de todos os economistas europeus e anglo-americanos ortodoxos da época;[20] que se manifestou em reformadores enérgicos da administração pública através de métodos por vezes autoritários de governo e de ação: homens da têmpera do engenheiro Pereira Passos, do sanitarista Osvaldo Cruz, do governador Barbosa Lima; de ministros de Estado como o barão do Rio Branco, Joaquim Murtinho, Hermes da Fonseca – o reorganizador do Exército nacional como Alexandrino de Alencar foi, até certo ponto, da Marinha.

O segundo imperador não cuidara de nenhuma dessas forças nacionais. Antimilitarista, "desconfiava do Exército"; e de tal modo que, lembrou Viana no seu ensaio de 1909, "num dado momento teve a veleidade de substituí-lo, a exemplo do rei-*poire* Luís Filipe, pela guarda nacional".[21] Livre-pensador, "não soube fazer liga com a Igreja", deixando assim de manobrar o clero em proveito próprio e do sistema monárquico de governo. "Guardou sempre um secreto despeito" – escreveu Viana – "contra os padres, com a recordação amarga da primeira fase da sua instrução e educação entregue a um religioso". Descreu da capacidade de ação dos "teoristas". Deixou sempre de "falar diretamente ao povo, à sua imaginação, ao seu entusiasmo patriótico, pronunciando dessas frases imorredouras, que se gravam indelevelmente no coração popular..."[22] e que "provocam o culto das multidões, definindo rumos, criando afeições indestrutíveis, mesmo diante dos maiores erros."[23] Daí ter se visto, "um belo dia, sem ninguém ao seu lado", dado que ele próprio concorreu para desenvolver nos políticos do Segundo Reinado a anglomania, a imitação a costumes parlamentares ingleses e ao liberalismo britânico, sem que a essa imitação intelectual acompanhasse a psíquica: o culto dos mitos, dos ritos, da estética com que no Império da rainha Vitória se prestigiava quase religiosamente a realeza. E não sendo um homem de ação, mostrou-se incapaz de resistir à "ideologia demagógica" e às "ineptas utopias", refugiando-se da dura necessidade de agir politicamente no estudo da astronomia, da história natural, da filologia; da geologia de mestre Agassiz; da cosmografia de mestre Liais; da arqueologia de mestre Lund; evitando as ciências sociais; comportando-se como "o mais exemplar dos chefes de seção da administração brasileira", a fiscalizar com o seu lápis e através das suas lunetas de burocrata-mor os amanuenses em que transformava os seus ministros. Daí ter sido a sua morte política, segundo Viana, a de "um empregado público aposentado".

Qualquer um dos presidentes de República, seus sucessores na chefia da nação brasileira – excetuados, no período considerado neste ensaio, apenas o conselheiro Afonso Pena e o marechal Hermes da Fonseca – foi, no exercício da sua autoridade e das suas funções, mais monárquico e mais autoritário do que ele, daí tendo resultado a rápida remodelação do Rio de Janeiro, a vitória definitiva da República sobre a febre amarela urbana, a efetiva penetração do interior brasileiro pela Comissão Rondon, a solução pacífica de antigas questões de limites do Brasil com várias repúblicas vizinhas, por um ministro do Exterior que juntava ao saber histórico-geográfico a capacidade de ação do diplomata prestigiado pelo governo da República por um modo por que um Império não prestigiaria nenhum ministro de Estado, a reorganização do Exército, o reaparelhamento técnico da Marinha de Guerra, o desenvolvimento das estradas de ferro, a modernização dos principais portos nacionais, a modernização dos serviços de saneamento nas principais cidades do País, a modernização de algumas das indústrias essenciais ao avigoramento econômico do Brasil, como a de frigoríficos.

Com a República de 89 o Brasil começou a tornar-se conhecido na Europa – isto é, entre franceses, alemães, espanhóis, ingleses, italianos e portugueses mais cultos – como nova civilização tropical capaz de verdadeiramente tornar possíveis a vida, a residência e o triunfo econômico de europeus num país quente e, em parte, equatorial. Foi o que destacou *Le Figaro*, de Paris, em artigo assinado por P. Bernier e reproduzido em 1909 no Brasil;[24] e no qual se destacava no Rio de Janeiro mil e novecentista uma cidade que podia ser comparada "com as cidades mais salubres da Europa"; e que mais salubre se tornaria quando suas autoridades sanitárias conseguissem subjugar a tuberculose do mesmo modo enérgico por que haviam já vencido ou dominado a febre amarela. Os estrangeiros, salientava *Le Figaro*, podiam agora exercer sua atividade na capital do Brasil, "explorando as inesgotáveis fontes de riqueza do País sem perigo algum para sua saúde ou para sua vida". O que segundo o jornal parisiense se devia um pouco à ciência francesa: o Instituto Manguinhos era uma espécie de filial científica do Pasteur. Mas sem deixarem os franceses de reconhecer que essa ciência se tornara efetiva no Brasil pela ação do governo republicano do presidente Rodrigues Alves, que, na verdade, soubera ter, dentro de uma repartição ou de um ministério, num médico como Osvaldo Cruz, não um burocrata qualquer, cumpridor das suas obrigações, mas um homem da ciência de avental branco a serviço do Brasil: serviço áspero de campo.[25] Destaque-se aliás do período aqui considerado que durante ele praticou-se no Brasil o grande arrojo de substituir-se a antiga capital de Minas Gerais por uma cidade inteiramente nova: Belo Horizonte.[26]

Guglielmo Ferrero, o historiador sociólogo italiano, especializado em estudos clássicos, que visitou o Brasil nos dias de intensa transformação não só do Rio de Janeiro como de várias capitais brasileiras de Estados, em cidades saneadas e modernas, que foram os primeiros anos do século XX – capital da República e capitais de Estados visitadas também, entre a presidência Rodrigues Alves e a Venceslau Brás, por Anatole France, Georges Clemenceau, Enrico Ferri, James Bryce, Theodore Roosevelt, Elihu Root, a Duse, a Réjane, Novelli, Isadora Duncan, a Pavlova –, teve a impressão de serem então os europeus recém-chegados da Europa os revolucionários da sociedade brasileira. Ou, talvez se possa dizer, resumindo a ideia de Ferrero: os brasileiros é que eram a ordem clássica e conservadora; os imigrantes, a desordem romântica mas criadora ou inovadora. Escreveu Ferrero suas impressões do Brasil a propósito do romance sociológico em que Graça Aranha procurou fixar, no começo do século XX, o conflito entre o Brasil antigo e o adventício: *Canãa*.[27]

A verdade, porém, é que, desde a Abolição e a proclamação da República o Brasil vinha sendo também revolucionado de dentro para fora. Romantizado de dentro para fora, sem que o processo de romantização viesse importando em total dissolução da sua ordem clássica que, logo após o meado do século XIX, fora notada pelos Agassiz através de reflexos de uma arquitetura romana em correspondência com um sistema que lhe pareceu também romano, de governo, em oposição a certo feudalismo – poderia ter acrescentado – dos grandes senhores de terra: feudalismo posto em destaque por Joaquim Nabuco. É preciso, porém, que se reconheça ter sido considerável o ímpeto daquela romantização – romantização, note-se bem – de motivos de vida e de estilos de existência, que se definiu no Brasil na política e na jurisprudência e não apenas na literatura, contra as sobrevivências esterilmente romanas ou clássicas aqui surpreendidas pelos Agassiz. Em literatura, o maior desses ímpetos foi o representado pela prosa romântica de Alencar. E já no fim da época em apreço, pela prosa também anticlássica de Euclides da Cunha.

Foi um romantismo, o brasileiro, que não se extremou em agitações bolivarianas; que guardou quase sempre no seu comportamento – no literário, no político, no artístico, no social – alguma coisa de clássico que continha ou moderava excessos românticos; que impedia espanholadas; que atenuava furores da espécie dos de Garibaldi. Furores que, do Sul do Império, nunca transbordaram no Rio de Janeiro ou em Minas Gerais ou em São Paulo. No próprio extremo Sul do País, a presença do açoriano sóbrio, sensato, terra a terra, concorreu desde dias remotos para moderar no gaúcho brasileiro o gosto pelas chamadas espanholadas em que se excediam os gaúchos argentinos e uruguaios.

Mas quem, por volta de 1918, depois de uma existência inteira em contato com as influências novas que desde a Abolição e a proclamação da República ou desde a Lei do Ventre Livre e o Manifesto Republicano vinham agindo dentro da sociedade brasileira e à flor da sua cultura, voltasse para o último meio século olhos de algum modo críticos, reconheceria ter passado a viver num novo tempo social, diferente do monárquico e escravocrático, embora as constantes nacionais continuassem as mesmas: antes clássicas que românticas. Dionisíacas, é certo, em vários dos seus aspectos; mas noutros, apolíneas mais do que dionisíacas. Antes bonifacianas que bolivarianas.

José Bonifácio como que continuara a ser, depois de morto, o orientador principal do desenvolvimento do Brasil: daquelas suas forças que Eduardo Prado chamava "forças vivas" antes dessa expressão haver-se tornado acaciana; da sua transformação de sociedade escravocrática em sociedade livre; de Monarquia em República. Os positivistas brasileiros, adeptos desses movimentos por eles quase mística ou religiosamente considerados progressivos, souberam, aliás, reconhecer em José Bonifácio a figura máxima de político-sociólogo produzida pela América Portuguesa; e a mais capaz de inspirar aos brasileiros do século XX desejos de progresso – inclusive de progresso democrático – que se conciliassem com as tradições luso-americanas de autoridade política e de segurança social. Estas, manifestadas desde a era colonial num sistema de proteção dos pobres pelos ricos que os católicos brasileiros da época da República souberam, nas cidades, conservar da do Império, dando-lhe apenas novos aspectos – o sistema das misericórdias, das ordens terceiras, das Irmandades. Aquelas, fixadas principalmente na tradição de "poder pessoal" ou de "poder moderador" do monarca constitucional que a República soube igualmente conservar em teoria, sob a forma presidencialista copiada do modelo anglo-americano: e desenvolver na prática, às vezes exagerando-a em caciquismo. Mas caciquismo quase sempre elegantemente moderado ou contido dentro de um gosto, quase invencível nos brasileiros, pelos ritos ou pelas aparências de legalidade; diferente do da América Espanhola; e destaque-se que por vezes benéfico à maioria da população brasileira ou de certas regiões, como foi o que deu a Floriano Peixoto o cognome de "Marechal de Ferro"; a Rodrigues Alves, o de "Papai Grande"; a Borges de Medeiros – por algum tempo governador autoritário, dentro de normas positivistas, do Rio Grande do Sul –, o de "Papa Verde"; a Barbosa Lima – governador também autoritário e de algum modo inspirado em ideias positivistas – o de "Barbosa Fera"; ao barão do Rio Branco, o de "o Barão"; a Pinheiro Machado, o de "o Chefe"; a Rosa e Silva, o de "o Conselheiro". No que se deve reconhecer a continuação, na República, de estilos monárquico-patriarcais nas relações entre dirigentes e dirigidos. Foram estilos depurados de suas sobrevivências mais grosseiras da época mais cruamente patriarcal do País – que foi a dos grandes senhores de terra – pela existência, no Brasil-Império, de uma aristocracia que faltou às Repúblicas da América Espanhola: tanto às bolivarianas como às do Sul do continente.

Ao olhar arguto de Clemenceau não escapou esta singularidade brasileira na América que distinguia a República de 89 das suas irmãs mais antigas. *"À Saint-Paul ou à Rio de Janeiro"* – escreveu ele – *"les hommes politiques avec qui il m'a été donné d'échanger des vues peuvent affronter, soit pour la culture, soit pour la volonté d'action méthodique, toutes les comparaisons. Autour de l'empereur, une aristocratie c'était constituée dont il subsiste les vestiges que le grand floc démocratique est en voie de recouvrir"*. E ainda: *"Qu'il me suffise de mentionner seulement le cas, rare aux contrées latines, d'un* leader *universellement obéit. Je ne doute pas que M. Pinheiro Machado ne possède toutes les qualités d'un manieur d'hommes, mais je suis moins étonné de les rencontrer en lui que de constater l'abnégation qui discipline sous ses mains tant d'hommes politiques de mentalité latine"*.[28]

O que Clemenceau, a despeito de todo seu radicalismo republicano-democrático de francês violentamente anticlerical, não pôde compreender, num Brasil que se republicanizara no seu sistema de governo sem perder de todo a tradição aristocrática vinda do Império, foi a democracia étnica que então se manifestava ostensiva ou escandalosamente, aos olhos dos europeus mais ortodoxos, na composição do grosso das Forças Armadas. Notou-o, além de Bryce, o padre Burnichon; e o padre Gaffre tanto quanto Clemenceau. Este não soube reprimir o preconceito de europeu ao reparar das tropas que vira desfilar no Rio de Janeiro: *"Les jeunes officiers m'avaient fait la meilleure impression, et l'installation de casernes ne laissait certainement rien à désirer. Mais il y avait vraiment beaucoup d'hommes de couleur dans le rang"*.[29] O mesmo Clemenceau, porém, verificou em São Paulo – na Polícia Militar paulista, instruída então por uma missão de oficiais franceses – ser possível ao Brasil desenvolver em seus homens do povo – mesmo em São Paulo, tocado de uma variedade de sangues não europeus – o espírito de disciplina necessária à formação de um bom Exército ou de uma boa Marinha. E ele próprio ouviu de um dos chefes franceses daquela missão: *"[...] mes hommes sont dociles en même temps qu'alertes et toujours de bonne humeur"*. E não pareceu difícil a Clemenceau verificar por que tal coisa se passava com homens acerca dos quais se generalizara serem todos uns impulsivos: tratava-se de gente que às "vantagens pecuniárias" juntava as do conforto e da higiene de suas instalações. Eram soldados que viviam em condições de higiene e de conforto que ultrapassavam – segundo Clemenceau – as dos soldados franceses. Soldados bem pagos, além de bem alojados e de bem nutridos. O fator social anulava neste caso, como em tantos outros, a suposta preponderância do étnico.

O mesmo era de esperar que acontecesse com os operários brasileiros – mesmo os de cor – quando lhes fossem concedidas pela República brasileira de 89 "vantagens pecuniárias", ao lado das de higiene e de conforto das suas condições de trabalho e de habitação, iguais às que desfrutavam então os soldados da Polícia Militar de São Paulo; e talvez os bombeiros – famosos desde o Império, segundo o depoimento de von Koseritz – do Rio de Janeiro; e um ou outro pequeno grupo de trabalhadores de usinas ou de fábricas, no Sul e no Norte do País, menos por exigência de qualquer lei republicana efetivamente a seu favor e contra a ganância dos patrões, que por iniciativa de alguns dos próprios patrões, uns católicos, como o engenheiro Meneses; outros protestantes, como alguns ingleses e anglo--americanos. Pois houve dentre esses nórdicos quem, em São Paulo, se tornasse, por vezes, pioneiro de obras de assistência a operários, dando assim exemplo de espírito cristão aplicado ao trabalho industrial, aos próprios católicos e latinos.

Clemenceau verificou no Brasil de 1910 que *"nos lois de protection sociale pour le ouvriers de l'industrie et de l'agriculture étaient inexistantes..."*[30] Não que os homens públicos não se preocupassem com o assunto, acrescenta um tanto apologético dos seus correligionários brasileiros, os homens públicos da República. Mas porque o *"flottement d'administrations insuffisamment centralisées"* não lhe parecia permitir a aplicação de tais leis – explicação evidentemente vaga de uma deficiência grave da parte dos mesmos homens públicos: tão eficazes em seus esforços, por vezes autoritários e quase ditatoriais, de valorização de coisas nacionais ou regionais; mas tão hesitantes e até flutuantes, com relação à então já mais que necessária proteção ao trabalhador, ao operário, ao empregado nas indústrias, nas construções ferroviárias, em obras oficiais e semioficiais de urbanização e modernização do País, no próprio comércio. Nunca será demais acentuar-se o estranho silêncio em que a esse respeito se conservou até 1919 Rui Barbosa. De modo que quem do fim da presidência Venceslau Brás se voltasse para o passado republicano do Brasil, e o confrontasse, sob o aspecto da intervenção do governo nas relações entre patrões e operários, com as atividades da parte do governo imperial a favor dos trabalhadores escravos, desde a chamada Lei do Ventre Livre à de 13 de Maio, teria de concluir pela superioridade, neste particular, da ação dos governos monárquicos sobre a ação dos governos republicanos. Teria também de estranhar que a voz eloquente de Rui Barbosa, tão vigorosa quanto a de Joaquim Nabuco em clamar, durante os últimos decênios do Império, a favor daqueles trabalhadores escravos, tivesse emudecido, uma vez realizada a Abolição e proclamada a República, com relação à sorte ou à condição dos trabalhadores desde 1888 proclamados livres; mas, na realidade, sociologicamente escravos – de um modo que chegou por vezes a ser cruel – da sua situação de ex-escravos ou de descendentes de escravos. Escravos como de si próprios.

Daí o mérito que Clemenceau soube destacar nos particulares que no Brasil republicano, sem esperar pela ação dos governos, procuraram melhorar a condição dos indivíduos empregados nas suas indústrias. Esse mérito, encontrou-o ele em donos de fábricas situadas nos arredores da capital da República, como a de Bangu. Eram industriais, os da Bangu, que, em 1910, tratavam seus operários com alguma coisa dos velhos métodos de assistência patriarcal desenvolvidos no Brasil por uma civilização que por ter sido escravocrática, não deixou de se conservar cristã no essencial da sua ética e nos seus ritos de convivência dos supostos superiores com os supostos inferiores. *"La population ouvrière de Bangu"* – escreveu Clemenceau – *"dispersée dans la campagne en des chalets où aucun des soins de l'hygiène ne paraît faire défaut, offre l'heureuse apparence d'une belle santé physique et morale"*. Não lhe faltava sequer o substituto de uma casa-grande patriarcal, adaptada às novas condições, já francamente industriais e quase urbanas, de trabalho: *"Une grande maison commune pour les réunions de tous ordres se complète d'un théâtre où les travailleurs se donnent à eux-mêmes le plaisir des concerts et de la comédie"*.[31]

Eram porém poucos os industriais que assim tratavam a sua gente de trabalho no período de vida brasileira aqui evocado: gente que pareceu excelente a Manuel Bernárdez para *"qualquier desempeño industrial"*.[32] De modo geral repita-se que houve degradação dessa gente, abandonada não só pelos industriais como pela própria Igreja Católica. Desapareceu o que havia de religioso nas antigas relações patriarcais entre senhores e operários, em torno das capelas particulares, dos presepes, dos são-joões patrocinados pelos senhores e que juntavam de algum modo nobreza e plebe, ligadas também pelo parentesco católico do compadrio de senhor com morador, de pobre com rico, de preto com branco.

Explica-se assim o sucesso alcançado pelo protestantismo evangélico entre descendentes de escravos, entregues inteiramente a si próprios: sem senhores, sem sinhás, sem tios-padres que cuidassem deles. O protestantismo evangélico deu a número considerável desses ex-escravos desnorteados – assunto que está sendo atualmente estudado por um dos pesquisadores do Instituto Joaquim Nabuco de Pesquisas Sociais – compensação sentimental ao vazio que começaram a sentir no seu novo e insípido gênero de vida: o de homens livres. Poucos os que se deixaram seduzir por outros substitutos que lhes enchessem esse vazio: a mística anarquista ou a marxista trazida da Europa por espanhóis, italianos, um ou outro alemão. Foram místicas – a anarquista e a marxista – que no Brasil mil e novecentista contagiaram menos descendentes de escravos que brancos em situação psíquica – mas não cultural – semelhante às deles, descendentes de escravos: a de adolescentes burgueses criados em colégios católicos e que se sentiram quase de repente abandonados não pela caridade da Igreja – o caso dos negros descendentes de escravos – mas pela fé católica. A fé da sua infância. A fé dos seus pais e dos avós.

Não foi outra a experiência de Astrojildo Pereira, nascido no interior do Rio de Janeiro em 1890 e aluno por algum tempo – já recordamos – do Colégio Anchieta, e, depois, da sucursal de Niterói do Colégio Abílio; mas que tendo se desiludido da Igreja – após ter pensado em ser religioso ou monge – viu-se abandonado pela fé, sob a qual se julgara tão seguro a ponto de ter desejado viver inteiramente dela e para ela. Foi quando caiu sob a influência de leituras as mais anticatólicas: Kropotkine, Grave, Faure, Malatesta, Hamon. E de acontecimentos que concorreram para acentuar nele a insatisfação com a chamada ordem estabelecida: a derrota de Rui em 1909, o fuzilamento de Ferrer na Espanha, a revolta de João Cândido. Rui, o próprio Astrojildo confessa que se tornara para a sua juventude de ex-católico, "um deus". Mas perdida também a fé nesse "deus", precisou de outras fés e de outros deuses. Encontrou o primeiro substituto das fés perdidas em Bakunin: estudou-o todo. Foi então adversário de Marx: mas "sem o ter lido diretamente". Em 1918, depois da revolução russa, através de Lenine, se tornaria marxista, tendo então "tomado conhecimento direto de Marx". Isto depois de uma viagem de aventura à Europa, em 1911, que deve ter concorrido para seu desencanto com a "burguesia": "viagem de terceira classe, com pouquíssimo dinheiro". Seu projeto era "trabalhar e estudar em Paris". Esperou-o em Gênova seu amigo Max Vasconcelos, que ali se encontrava já há um ano: "juntos seguimos para Paris, via Suíça. 1º de maio de 1911 em Berna". Mas sempre sem dinheiro na Europa, tiveram de ser repatriados por brasileiros generosos: "Fomos repatriados pela Associação da Colônia Brasileira que além de passagens nos deu 50 francos a cada. Compramos 100 francos de livros. Impressão geral: desencanto... mas uma espécie de desencanto gostoso".

Confissão, ainda, de menino burguês e católico que se tornou antiburguês e anticatólico, talvez em grande parte por falta, nos colégios do Brasil da época de sua adolescência, de um arremedo de orientação profissional que aproveitasse nos rapazes mais inquietos o seu talento, dando-lhes rumos quanto possível positivos e facilitando-lhes os estudos: "Minha primeira paixão política séria foi Rui Barbosa. A derrota dele em 1908 [sic] desiludiu-me. Crise política. Em 1909-10 tornei-me anarquista da escola de Kropotkine. Mais tarde, influência de Georges Sorel. Durante a guerra europeia, contra o grupo Kropotkine-Grave, que era favorável à participação pró-aliados; ao lado de Faure, grupo pacifista. Fui um dos organizadores de um congresso internacional pró-paz que se reuniu no Rio de Janeiro em 1916. Sob a influência da revolução russa e de Lenine (1917-1920), abandonei o anarquismo, tornando-me marxista".

Em Paris Astrojildo Pereira talvez tenha se encontrado com um brasileiro rico, quase da sua idade, que, nascido no fim do século XIX, viveu mais na França que no Brasil mil e novecentista: Emílio

Cardoso Ayres. Foi outro desajustado do Brasil da sua época, não por ter perdido a fé na Igreja tradicional e o entusiasmo pelo "civilismo" superficialmente reformador de Rui Barbosa, mas por haver-se tornado subjetivamente antiburguês: revolta do chamado "artista" contra os denominados "filisteus" que o levou a um antimilitarismo ou pacifismo vizinho do socialismo ou do anarquismo. Em Emílio a angústia do artista foi intensificada pela do sexo um tanto de mulher em corpo de homem sempre um tanto menino. Sofreu do mesmo mal que João do Rio ou que o também pintor brasileiro, por algum tempo estudante em Paris, Virgílio Maurício, sem permitir, porém, que esse mal o acanalhasse em pederasta ostensivo, mesmo elegante. Sofreu também do mal de outro brasileiro da época, sempre muito de Paris, com seu chapéu-panamá, seu colarinho duro, seus sapatos de salto alto – Alberto Santos Dumont: a consciência de ser pequenote, franzino, pálido no meio de europeus em geral sadios, robustos e cor-de-rosa; e de parecer eternamente menino, sendo já homem.[33] Difícil é dizer-se hoje qual dessas angústias levou Emílio ao suicídio num hotel do Sul da França, de volta de uma das suas viagens ao Norte da África: um Norte da África que parece ter se tornado para esse brasileiro *déraciné* um tanto à maneira de certas *misses* anglo-americanas de Henry James e talvez do próprio Henry James, um substituto quase francês e ao fácil alcance de Paris, do então distante da Europa, Norte do Brasil. Substituto pelo sol, pela cor, pelas palmeiras, pelo moreno dos belos adolescentes rústicos, cujos sorrisos Emílio se angustiou em pintar, como se buscasse neles, um tanto à maneira de um Leonardo da Vinci mirim, o paraíso perdido de sua infância. Infância de menino rico do trópico, criado pela mãe pernambucaníssima com um excesso tal de carinho, que as cartas da sinhá ao filho já adulto continuaram a ser protetoramente maternais.

Do seu desajustamento vingou-se de algum modo Emílio tornando--se o extraordinário caricaturista que se tornou da sociedade elegante do Rio de Janeiro mil e novecentista. Ninguém até hoje – insistamos neste ponto, já ferido noutro capítulo deste livro – o excedeu ou sequer o igualou em sutileza nessa arte de crítico social. Isto a despeito de haverem florescido na época brasileira evocada neste ensaio numerosos caricaturistas, alguns notáveis pela malícia: nos últimos decênios do século XIX os já recordados Ângelo Agostini, Bordalo Pinheiro,

Crispim do Amaral, Vera Cruz – tendo sido então Pedro II a figura mais caricaturada pelos gaiatos, com ele competindo, por algum tempo, nessa distinção, o bispo D. Vital: objeto de muita sátira anticlerical, nas revistas ilustradas. Nos últimos anos do século XIX e nos primeiros do século XX foi caricaturadíssimo Rui Barbosa[34] – uma das caricaturas do ilustre baiano tendo sido a propósito da queima, por ele levianamente ordenada, dos papéis relativos à escravidão. Caricaturadíssimos foram também nos primeiros anos do século XX, o barão do Rio Branco, Rodrigues Alves, Nilo Peçanha, Pereira Passos, Hermes da Fonseca, Pinheiro Machado: Hermes da Fonseca talvez mais do que ninguém. Do segundo Rio Branco se deve salientar que raramente as caricaturas publicadas nas revistas lhe foram desfavoráveis. O que se deve atribuir à grande popularidade que desfrutou como estadista suprapartidário que foi; mas também ao fato de ter sido o seu ministério amigo como nenhum dos jornalistas; e generoso protetor de homens de letras ligados ou não a jornais.

Um desses homens de letras foi Aluísio Azevedo, que sem a justa e inteligente proteção que lhe soube dispensar o barão e com a vocação que revelou desde moço, para a arte da caricatura, talvez tivesse terminado a vida, caricaturista; e caricaturista amargo, como era do seu feitio de homem que em parte alguma do mundo se sentiu de todo feliz durante sua carreira de cônsul; mas, por outro lado, incapaz de viver confortável e alegremente no Brasil republicano. Ele que, na mocidade, combatera a ordem monárquica, não se acomodou, depois de homem-feito, à República triunfante, senão para servi-la no estrangeiro na qualidade de cônsul; e cônsul sempre saudoso dos seus dias de menino no Maranhão. Odiou a Inglaterra (onde, após a triunfal permanência do barão de Penedo, como ministro do Império do Brasil junto à corte de St. James, representara a República de 89, na mesma corte, o *chevalier* Sousa Correia, tornando-se um dos brasileiros mais festejados pelos ingleses – inclusive pelo próprio príncipe de Gales, o futuro Eduardo VII), enfastiou-se da Argentina; até no Japão e em Nápoles viveu dias insípidos.[35] De Nápoles escrevia Aluísio a 22 de dezembro de 1909 ao seu amigo Guimarães que o Natal já não era para ele senão uma época "dolorosa": tantos já os seus natais de cônsul passados em "terra alheia entre rostos indiferentes". Em Cardiff dera uma vez, dia de Natal, "uma festança à criançada pobre" que vivia perto de sua casa: seus convidados "gozaram tanto, tanto dançaram, representaram e brincaram em torno do pinheiro verde cheio de brinquedos e em volta dos bolos e do chá com leite", que o maranhense, "fumando solitário" no seu gabinete de trabalho, ao ouvir aqueles meninos "gritar e soltar risadas", lembrara-se da sua "infância no Maranhão e do bumba meu boi e dos presepes e das pastorinhas e do canto dos Reis Magos e da missa do galo e da canja de capão"; e caíra "numa tal tristeza" que desde então o nome de Natal lhe vinha doendo tanto como o nome de sua mãe.

Não deixava, entretanto, o tristonho Aluísio de preocupar-se com "o movimento consular" próximo; e só pedia a Deus que não fosse parar "em Venezuela ou no Paraguai. Já escrevera ao Pessegueiro, secretário fo barão; e voltaria a escrever-lhe: "Conheço muito os modos ultimativos do barão e os escrúpulos do seu secretário". Sempre o mesmo Aluísio: romântico e realista; sentimental e objetivo. Em carta anterior, de 11 de julho de 1902, ele escrevera ao seu "querido Guimarães" que "a condição da inteligência é sofrer e não gozar. O gozo de todo homem inteligente é fictício e nunca chega a ser gozo e custa caro em dispêndio nervoso. Para esses é que se inventaram os vícios – álcool, jogo e mulher". Filosofia amarga. Valia a esse desencantado da vida o fato de o vir amparando o barão.

A 22 de dezembro de 1906 ele escrevera de Cardiff ao amigo predileto, referindo-se ao "abençoado Rio Branco, em cujas mãos o corpo consular se tem transformado de um torniquete de aporrinhações que era, em uma carreira garantida e de propícios horizontes". Sua remoção de Cardiff para Nápoles dera-lhe alma nova: "Eu aqui [em Cardiff] estava positivamente morrendo". E pormenorizava: "Não é tanto o frio que me faz mal mas é a umidade, esta umidade que a gente apalpa e que a gente ouve aspirar, sorvendo-nos o calor do corpo, lambendo-nos o que nos resta de vida moral e chupando-nos a vida que se derrete em tédio podre; esta umidade que não nos larga, creio mesmo que se nos metêssemos numa fogueira e que está conosco por toda a parte, na mesa, no pedaço de pão pastoso que levamos à boca, no cigarro que fumamos, no lençol em que nos embrulhamos, no chinelo que calçamos e nas coisas em que pensamos..." Em Nápoles, contava esse homem do trópico, devastado por um clima frio, "ressuscitar"; vir a salvar-se do "esgoto dos esgotos, das brutalidades e das intemperanças da Inglaterra" que era Cardiff: "terra de ladrões machos e fêmeas" onde se sujara para sempre dessa "torpe algaravia de bêbedos que se chama a língua inglesa". Em Nápoles ele teria "um pouco de sol que aos menos me lembrará o da minha terra". E já amargo contra a humanidade inteira: "a humanidade não presta". Cardiff porém, era "um pequeno e compacto índice dos defeitos do mundo inteiro".

Entretanto, ao saber que fora removido da América Espanhola para a Europa, ele escrevera em 1903, de Salto, a Guimarães: "Como te estou grato! Uma vez na Europa tudo para mim mudará de figura. Confesso-te que me não queixava mais de Salto e não esperneava com mais veemência contra este covil de brutos traficantes de boi e de politicagem rio-grandense, só para não parecer rabugento..." Não fosse a atividade consular, com uma constante mudança de postos e uma constante renovação de contatos, e Aluísio, no Rio, teria dado, talvez – repita-se – para desbragado jornalista de oposição, amargo contra Deus e contra o mundo: contra o próprio barão; contra o próprio "abençoado Rio Branco". Jornalista, caricaturista, panfletário, teria sido outro Edmundo Bittencourt: com alguma coisa de Lima Barreto. Isto sem que lhe tivesse faltado nunca o pendor para uma visão romântica da vida, nele abafado por uma série de experiências infelizes talvez mais de adolescente do que de homem-feito. Adolescente cedo em revolta contra um meio e contra um conjunto de tradições, dos quais, no fim da vida, sentiria tantas saudades quanto da própria mãe; ou quanto do próprio sol do Brasil. Mas era tarde. O gosto de ver o mundo – o Oriente, a Europa – se assenhoreara de mais de metade do seu ser, não lhe permitindo reintegrar-se numa "felicidade brasileira". Drama que foi o de vários outros brasileiros da época. Entretanto talvez só Paris, de todo o Ocidente, tivesse adoçado em Aluísio a nostalgia não do Brasil, mas da infância maranhense: nostalgia em que parece ter vivido todo o seu silencioso fim de vida de ex-homem de letras, só se abrindo em confidências, em cartas interessantíssimas, até agora inéditas, e atualmente em nosso poder, ao seu fraterno amigo, o também maranhense Francisco Guimarães. Maranhense, esse bom e fino Guimarães, cor-de-rosa como um francês, que se tornou quase um perfeito parisiense, ao lado de muitos outros brasileiros de algum dinheiro ou de alguma *chance* – alguns até homens de cor escura ou de pele parda – que desde os dias do Segundo Reinado se exilaram na capital francesa, vivendo aí vida elegante de afrancesados de alto porte. Nos primeiros anos da República de 89 houve quem se apropriasse de dinheiro público, para viver em Paris; também quem se tornasse *défroqué* – o caso do padre Severiano de Resende – para morar boemiamente em Paris; quem por amor à vida de Paris abandonasse a família no Brasil; e já houvera quem renegasse a Monarquia pelo sonho de uma representação ou de uma sinecura republicana em Paris.

"No tempo de minha mocidade a Europa era Paris, sonho de todos os moços", depõe Joaquim Amaral Jansen de Faria, nascido no Rio de Janeiro em 1883. E mais: "A Inglaterra era para nós como o céu nublado de Londres e os Estados Unidos não nos interessavam muito".

Cláudio da Costa Ribeiro, nascido em 1873 em Pernambuco, escreve: "Paris era para mim, menino, a cidade dos divertimentos; jovem, a capital dos amores fáceis; homem, centro da inteligência". Ao mesmo tempo, a Europa de que essa Paris sedutora era o centro, apresentava-se aos olhos do brasileiro dos fins do século XIX e dos princípios do XX como "motivo de grande curiosidade, porque de lá nos mandavam tudo, desde o velocípede aos bombons..."

Octavio Tarquínio de Sousa (Amaranto), nascido no Rio de Janeiro em 1893, confessa: "Sempre tive imenso desejo de conhecer Paris. Já com mais de 30 anos, pude realizar meu sonho de menino e adolescente. Lá estive mais de dois anos que não me trouxeram nenhuma decepção".

O cônego Matias Freire, nascido na Paraíba em 1882, recorda, em depoimento escrito já em idade provecta, ter conservado sempre da França e da sua capital "impressões magníficas", que se estendiam, entretanto, "a Lourdes e a Vichy, pontos de referência privilegiada em meu mapa geográfico, quando sinto necessidade dos tônicos espirituais e das águas magnesianas".

"Paris sempre me empolgou como cérebro do mundo civilizado e como cidade máxima de divertimento e de progressos materiais", depõe Amílcar Armando Botelho de Magalhães, nascido no Rio de Janeiro em 1880.

Positivista, é como positivista que Alfredo Severo dos Santos Pereira, nascido no Ceará em 1878, depõe sobre Paris: "Sempre considerei Paris a capital do mundo pela projeção que a França estendeu a todos os povos, especialmente depois da grande Revolução de 89. Essa veneração cresceu de vulto depois que conheci a obra do seu grande filho Augusto Comte, que assim se exprime: 'Paris é a França, o Ocidente, a Terra'".

Manuel (Carneiro de Sousa) Bandeira, nascido em Pernambuco em 1886, é um dos raros brasileiros da época aqui evocada, que se esquivaram à sedução de Paris: "Nada de especial a dizer sobre Paris e a Europa".

O maranhense José Luso Torres, nascido em 1879, depõe: "Na minha mocidade, Paris era a capital do mundo".

Heraclides César de Sousa-Araújo, nascido no Paraná em 1886, recorda ter quando moço, por influência de Teixeira Mendes, considerado Paris "o coração o mundo..."

Paulo Inglês de Sousa, nascido em São Paulo em 1888, confessa ter tido desde muito novo o sonho de ir a Paris, de ser estudante em Paris.

José Ferreira de Novais, nascido em 1871 na Paraíba, recorda: "O meu exame de geografia versou sobre a França, capital Paris. Escrevi então que Paris era também a capital do mundo civilizado. Foi isso em 1885. Cresci alimentando o mesmo pensamento".

Para Rogério Gordilho de Faria, nascido em Sergipe em 1889 mas crescido e educado na Bahia, Paris foi sempre "a pátria da intelectualidade".

Antônio José da Costa Ribeiro, nascido em Pernambuco em 1868, confessa ter sempre desejado conhecer Paris; até que, certa tarde de verão, em julho ou agosto de 1900, pôde contemplar, comovido, quase ao pôr do sol, da Praça da Concórdia, "o intenso movimento dos Campos Elísios".

(Luís) Mílton Prates, nascido em Minas Gerais em 1888, quando moço considerava Paris "a capital espiritual do mundo". E acrescenta que sabia de cor páginas inteiras de "Anatole France e de Oscar Wilde", que discutia "com o maior interesse" com rapazes do seu tempo os artigos da *Revue de Deux Mondes*, em português devorando os romances de Eça, célebre pelo seu francesismo e pelo seu apego a Paris.

"Tive sempre quando jovem verdadeira obsessão por Paris e sempre me veio à mente a vontade de conhecer essa bela cidade que a meu ver era o centro da cultura e da arte de todo o mundo", depõe Mário (Robertson) de Sylos, nascido em São Paulo em 1895.

Raimundo Dias de Freitas, nascido no Piauí em 1874, pormenoriza no seu depoimento: "Na minha infância, era motivo imperioso para a melhor recomendação ou aceitação de um objeto, de uma moda, ou de uma ideia ou de uma teoria científica, o dizer-se que os objetos, as modas ou os princípios científicos eram de origem francesa. Tudo que era bom, bonito e recomendável procedia de Paris. Realmente, naquele tempo, Paris, a capital do mundo, segundo lhe chamavam, impunha o seu prestígio e ofuscava o renome das demais capitais europeias. Impunha-se, Paris, ao bom conceito universal não somente pela produção de suas artes e confecções como pelas doutrinas científicas que os seus intelectuais iam descobrindo, sistematizando e disseminando nos meios culturais do Universo. Todavia, é necessário não esquecer que Londres, Berlim, Roma e Viena, capitais dos mais importantes Estados europeus, marchavam, sobranceiras, ao lado uma da outra na disputa do aperfeiçoamento dos conhecimentos humanos e na aplicação de investigações para novas descobertas e invenções valiosas. Encarando, em geral, os países do continente europeu, eu os considerava como a placenta da civilização do Ocidente. A nossa civilização, norte e sul-americana, não é mais do que uma continuação da dos Estados europeus, preponderando em cada nação das Américas, a civilização dos países europeus que lhe deram a origem. Augusto Comte e Spencer, o primeiro cidadão francês e o segundo súdito inglês, sobejamente concorreram para o desenvolvimento dos conhecimentos científicos e, principalmente, para o estudo metodizado da sociologia".

Nascido em São Paulo em 1878, João Batista de Lima Figueiredo, quando criança, tivera "vontade de conhecer a Europa". Mas: "quando estive em Paris, nos primeiros dias não gostei, achei frio e um cheirinho desagradável". Como apenas permaneceu na capital da França "28 dias", não pôde "tirar muitas conclusões".

Mario Sette, nascido em Pernambuco em 1886, foi à Europa ainda menino; e aí é que vestiu suas primeiras calças compridas: "roupa de marujo azul-marinho e gola bordada". Em Paris viu revistas de 4 de julho; o jogo de águas do Trocadero; a Torre Eiffel. E teve seus medos das cenas de terror do Museu Grevin. Cresceu sob "a preponderância europeia".

Plínio Barreto, nascido em São Paulo em 1882, confessa ter sido a França o país dos "seus sonhos".

Do também paulista Leonel Vaz de Barros, nascido em 1890, é a confissão de brasileiro discípulo de Eça: "Paris, o único sítio habitável da Terra; o resto, paisagem".

Adolfo Faustino Porto, nascido em Pernambuco em 1887, lembra-se de ter se deixado fortemente impressionar pelas novidades parisienses que um seu irmão trouxe de Paris, sendo Adolfo ainda muito novo: valises cheirando a couro da Rússia, perfumes, ternos, gravatas, sapatos de várias cores. Impressionado ficara também com histórias, contadas pelo irmão, de francezinhas complacentes. Cresceu considerando Paris um misto de virtudes e de vícios, de progresso século XX e de Idade Média, de sensatez e frivolidade.

Waldemar (Martins) Ferreira, nascido em São Paulo em 1885, depõe sobre a Paris do seu tempo de menino e de rapaz: "Paris era para os meninos e para os jovens [brasileiros] a capital do mundo. A Marselhesa, o segundo hino nacional [...]".

"Quando menino, as fotografias de Paris, Roma, Londres e outras grandes capitais europeias despertavam-me um ardente desejo de conhecer a Europa, que eu julgava um mundo de maravilhas", recorda Luís (de Toledo) Piza Sobrinho, nascido também em São Paulo, em 1888. Quando, já adulto, veio a conhecer Paris, "o primeiro contato foi decepcionante". A imaginação criara-lhe "uma Paris deslumbrante, indefinível". Familiarizando-se "com os bulevares, com os seus monumentos, com os recantos históricos", veio-lhe "o encantamento" pela "extraordinária cidade".

Emiliano (Ribeiro de Almeida) Braga, nascido no Maranhão em 1873, conheceu, ainda menino, Paris, através de certo mestre afrancesado do Liceu Maranhense. Aí foram seus professores, além de um Pereira Castro, que "analisava *Os Lusíadas* até dormindo", os padres Damasceno e Castelo Branco, ambos de francês; um maranhense "descendente de ingleses, educado na Inglaterra e mais inglês, mais excêntrico que os próprios ingleses" – de inglês; Morais Rego, de matemática, "Trajano César dos Reis, cego, irmão do gramático Sotero", de latim; e de geografia, o Dr. Tibério César de Lemos: o tal afrancesado, que irradiava civilização parisiense. Recorda-lhe a figura de "velho", Emiliano Braga, no seu detalhado depoimento: "[...] velho – creio que ninguém o conheceu moço, pois diziam que ele não tinha idade – calvo, mulato claro – apelidavam-no de 'Casca de Cajá' –, homem grande e forte, que se formara em Paris, usava *lorgnon* que levava aos olhos para mirar as meninas que ia encontrando pelas ruas e as quais beijava as mãos dizendo-lhes invariavelmente '*toujours*', galanteria que aprendera em Paris. Não sei se também de Paris trouxera o hábito de conduzir o guarda-chuva, a bengala e as galochas, num só amarrado, o ano inteiro, sem deles nunca servir-se".

Florêncio (Carlos) de Abreu (e Silva), nascido no Rio de Janeiro em 1882, mas crescido e educado no Rio Grande do Sul, confessa lealmente: "Acredito que no meu tempo de jovem, começaria a conhecer Paris pelos seus cabarés e pelo Folies Bergère, tal o reclame que se fazia dessas atrações".

Tomás Pompeu de Sousa Brasil Sobrinho, nascido no Ceará em 1880, depõe que o relato das viagens frequentes do seu avô, seu pai e seus tios à Europa, "em casa muitas vezes repetido", desenhou em seu espírito "uma imagem irreal daquele continente e em particular de Paris, imagem ampliada, engrandecida, superior".

"Sempre adorei Paris, desde 8 anos de idade, em que vi as primeiras vistas [da capital francesa] na *Geografia* de Lacerda", confessa Antenor Nascentes, nascido em 1886 no Rio de Janeiro.

Nascido em 1883 no Rio Grande do Sul, Manuel Duarte escreve no seu depoimento: "Paris julguei sempre a imagem da própria grandeza que se não imita, que a mais nenhum povo é lícito atingir".

R. S., nascido em 1878 em Santa Catarina, recorda sua impressão, quando moço, de Paris: "[...] capital do mundo, berço da cultura e da liberdade".

Nascido no Rio Grande do Sul em 1887, Armando Silveyra depõe: "Criança, ouvia de todos, os nomes mágicos: Europa! Paris! Modas de Paris, livros de Paris, mulheres de Paris. Também a liberdade, se não fosse de Paris, não prestava [...]. Em nossa adolescência, chega Eça, de monóculo. Mesmo de Lisboa ou de Londres, fala de Paris. E assim o Brasil estabeleceu a sua capital em Paris. O Rio era apenas uma sucursal".

Da. Isabel Henriqueta de Sousa e Oliveira, nascida na Bahia em 1853, desejava, quando moça, "ser francesa" e em Paris "conhecer as modas de perto..."

Teófilo de Barros, nascido em 1877 em Alagoas, depõe: "Paris sempre foi para mim o foco da civilização, da cciência e das letras".

"A capital do mundo" – assim pensava de Paris, quando jovem, o padre Leopoldo Fernandes Pinheiro, nascido em 1880 no Ceará.

Nascido no Ceará em 1882, Alberto de Paula Rodrigues recorda no seu depoimento: "De Paris, a minha impressão foi de deslumbramento, tanto que ali não pude aperfeiçoar meus estudos dentro do curto prazo de que dispunha. Que tempo teria para frequentar hospitais e cursos quem estava deslumbrado pelas belezas da cidade, com seus teatros, seus museus, seus recantos históricos e respectivas maravilhas?" O médico cearense conheceu Paris e estudou na Europa, antes da Guerra de 1914 – uma Europa em que se viajava sem ter de exibir passaporte: "[...] só tive de exibir passaporte duas vezes: a primeira para fixar-me em estudos em Berlim e a segunda para entrar no Casino de Monte Carlo [...]. Recordo-me que ao chegar à Alfândega de Cherburgo, em companhia de um patrício viajado, que se me propôs a cicerone, os guardas aduaneiros nem abriram minhas malas, confiando na minha declaração, enquanto remexeram a fundo as do meu companheiro. Era que esse brasileiro ostentava na lapela uma bruta comenda de Cristo, de Portugal, e os franceses não toleravam essa macaqueação da sua Legião de Honra".

Aureliano Leite, nascido em 1887 em Minas Gerais, escreve em seu depoimento que em menino ouvia falar de Paris e da Europa como de alguma coisa muito distante: "céu ou inferno".

Nascido em São Paulo em 1898, Antônio Carlos Pacheco e Silva confessa ter tido com os franceses, desde a infância, "a maior afinidade". E explica: "Estive em Paris em várias épocas da minha vida. Na minha infância assisti ao *guignol* nos Campos Elísios, brinquei no Parque Monceau, compareci às feiras de Neuilly, presenciei as deslumbrantes paradas militares sob o Arco do Triunfo, fiz navegar veleiros em miniatura nos lagos do Jardim de Luxemburgo, percorri em bicicleta as alamedas do Bois de Boulogne, admirei, deslumbrado, os chafarizes gigantescos e o jogo das águas do Palácio de Versailles nos dias de festas, participei de recepções na Legação Brasileira e frequentei a Escola Richelieu". Mais: "[...] chorei, juntamente com a minha velha governanta francesa, diante do túmulo de Napoleão, nos Inválidos"; "percorri, encantado, a Praça da Concórdia e as grandes pontes sobre o Sena"; "assisti missas na Notre Dame e na Madeleine"; "subi à Torre Eiffel"; "caminhei através dos grandes bulevard, chupando *sucres d'orge*, ou comendo cerejas, levando pela mão lindos balões, cheios de gás, que recebia como brinde no Louvre e no Bon Marché, quando acompanhava minha mãe nas compras"; "alimentei pardais e pombos no Jardim das Tulherias"; "distribuí pão às carpas dos lagos de Buttes Chaumont". Isto nos primeiros anos do século XX. Dez anos depois, o paulista Antônio Carlos Pacheco e Silva voltou à Paris que conhecera menino: sobrinho do então ministro do Brasil na França, Gabriel de Toledo Piza e Almeida, terrível inimigo do barão do Rio Branco e "médico formado nos Estados Unidos". Reviu Antônio Carlos aqueles lugares todos, conhecidos com olhos de criança, cheio de emoção: "sobretudo porque nada havia mudado". E, agora rapaz, foi à Comédia Francesa, à Ópera, ao Odeon; seguiu conferências na Sorbonne; fez cursos na Escola de Medicina; frequentou laboratórios e hospitais. Ouviu lições de sábios: Babinski, Pierre Marie, Sicard, Dupré, Lhermitte, Foix, Lère, Dumas, Pierre Janet, Henri Claude...

Conhecer Paris foi "o ideal" de mocidade de Luís Pinto de Carvalho, nascido em 1877 na Bahia. Mas ideal que só realizaria em "idade provecta".

Enquanto outros brasileiros da época, nem mesmo na velhice conseguiriam viver este sonho: o de ver Paris, respirar o seu ar, comprar livros no cais do Sena, assistir a uma conferência de sábio na Sorbonne, ouvir missa na Madeleine, tomar um aperitivo no Café de La Paix, caminhar pelos Campos Elísios, ver as francezinhas do Folies Bergère e as velhas casas do Quartier Latin. Tal o caso de Antônio da Rocha Barreto, nascido na Paraíba em 1882; só "através de leituras, pude admirar Paris como esplendor de civilização ocidental". De leituras e de filmes: os filmes que foram para os brasileiros mais sedentários da época aqui evocada consolo à sua sedentariedade; e olhos para a sua cegueira de homens do trópico condenados ao terrível castigo de nunca ver de perto a então chamada com frequência Cidade Luz. Nem ela nem Londres nem Roma nem Berlim nem Nova Iorque nem a Suíça nem o Japão.

De Paris traziam então para o Brasil os brasileiros ricos que demoravam lá meses e até anos – uns estudando medicina ou engenharia ou belas-artes, outros apenas bulevariando ou vendo museus, indo a teatros, frequentando conferências na Sorbonne, educando o paladar nos restaurantes finos – não só mulheres tão louras quanto as próprias bonecas francesas: mulheres que os mais requintados instalavam em chalés discretos e em recantos pitorescos – como livros: entre os quais os eróticos –, profiláticos de borracha para a própria língua amorosa, gravatas de Doucet, vinhos e até águas minerais – Horácio de Aquino Fonseca só bebia, no Brasil mil e novecentista, água mineral francesa –, chapéus, camisas de seda, remédios. Estudava-se medicina em Paris; estudava-se medicina no Brasil por livros franceses de mestres de Paris; os brasileiros ricos ou apenas remediados iam a Paris tratar-se, como Odilon Nestor, com doutores ou médicos parisienses; obturar os dentes com dentistas de Paris; e os remédios que mais curavam os brasileiros da época eram os fabricados em Paris – embora já os médicos e os remédios alemães e vienenses começassem a fazer sentir sua influência sobre o Brasil; e houvesse já – ou ainda – nativistas para os quais remédio algum, fabricado na Europa, igualava em eficácia as ervas amazônicas ou os chás brasileiros. Foram da época aqui considerada o 606 e o 914 contra a sífilis – de grande repercussão num Brasil então cheio de sifilíticos. Mas a maioria dos remédios que então se importavam da Europa eram os franceses, repudiados apenas por aqueles nativistas que não se tratavam senão com ervas e drogas brasileiras.

Do mesmo modo era, como já se recordou neste ensaio, a literatura francesa, a principalmente lida pelos brasileiros do fim do século XIX e do começo do XX; a língua francesa, a principalmente falada pelos mais cultos dentre eles. Aquela em que um erro de gramática ou de pronúncia podia causar a desgraça social ou intelectual de um homem.

Falada, cantada e – já o recordamos igualmente – escrita. A tal ponto que Emile Faguet supôs que o Joaquim Nabuco, autor de *Pensées détachées* – livro do mil e novecentos brasileiro que marcou uma como oposição, involuntária mas significativa, a *Os sertões* –, fosse pseudô-nimo de europeu, tão bom achou o seu francês; e tão europeus os seus pontos de vista ou os seus modos de filosofar. Devia ser obra de diplomata europeu – supôs sagazmente Faguet – que tivesse residido por algum tempo no Brasil. E o diagnóstico poderia tê-lo estendido um Faguet que conhecesse a língua portuguesa a outros livros brasileiros dos últimos anos do Império e dos primeiros da República: foram, na verdade, livros escritos psicologicamente em francês e só literalmente em português; e obras menos de diplomatas brasileiros que tivessem vivido longos anos na Europa – o verdadeiro caso de vários dos seus autores – que de diplomatas europeus que houvessem residido no Brasil o bastante para terem se tornado um tanto sensíveis ao ambiente do trópico e ao tempo social que lhe era e é característico: um tempo mais lento que o europeu ou o anglo-americano. A alguns dos próprios livros de Machado de Assis se pode aplicar essa generalização, sem deixar-se de reconhecer nem neles nem nas páginas de Nabuco mais impregnadas de sugestões francesas ou de influências inglesas a virtude de terem contagiado de forma primorosa os brasileiros e a literatura brasileira com essas sugestões; e os enriquecido com esses modelos e com essas influências.

Apenas tanto com relação a tais modelos literários, sociológicos e filosóficos como aos remédios franceses – dos quais muito se abusou na época de vida brasileira aqui evocada – sentiram alguns nativistas dos primeiros anos da República ser tempo de se opor uma nova valorização de elementos indígenas ou tropicais, assim em literatura como em farmacopeia. Valorização que se antecipasse ao ousado arrojo de técnica revolucionária em economia que foi, no mil e novecentos nacional e mesmo no internacional, a valorização do café. Foram valorizações – a dos motivos literários e a das drogas regionais – que na verdade se esboçaram, no Brasil, como se representassem um movimento só, desde José de Alencar e da voga do guaraná e do mate, entre brasileiros mais telúricos, acentuando-se no fim do século XIX e no começo do XX. A das drogas tropicais acentuou-se no mil e novecentos brasileiro mais que a dos motivos e formas de expressão literária já ostensivamente brasileiros. E é curioso que tanto uma como a outra dessas duas valorizações tenham chegado ao Rio de Janeiro descidas da Amazônia, embora a segunda, encontrando no Recife seu principal ponto de apoio. Isto, através de uma Escola do Recife que, havendo oposto, ainda nos dias do Império, ao excesso de francesismo dominante nas letras, nas artes e nas ciências brasileiras, o germanismo, sob a forma violenta mais de uma purgação daquele excesso que de uma substituição inteligente da sua predominância de influência, veio a abrir caminho ao brasileirismo: brasileirismo que se exprimiria com alguma coisa de tropicalismo – o tropicalismo sinônimo, entre franceses e afrancesados, de mau gosto, de incontinência na linguagem, de deselegância na expressão, de primarismo no pensar e no sentir, de incapacidade para as nuances mais finas de sensibilidade e de palavra – em *Os sertões*, de Euclides da Cunha. Livro brasileirista do qual talvez se possa dizer que foi tornado possível não só por Alencar e por Gonçalves Dias como – um tanto paradoxalmente – pelo germanismo de Tobias e pelo spencerismo de Sílvio Romero. Isto sem se desconhecer o que representou para seu autor a influência de franceses mais ou menos românticos, como Saint-Victor.

Quando em livro aparecido em Nova Iorque, em 1917, e já mencionado neste ensaio – *Brazil-Today and Tomorrow* –, o geógrafo L. E. Elliott destacou ser considerável o débito do mundo ao Brasil em matéria de horticultura e de medicina, já havia quem, na República de 89, por influência em grande parte de brasileiros da Amazônia ou que haviam estado na Amazônia, só se tratasse com drogas daquela região ou do trópico úmido do Brasil. Com ipecacuanha, com copaíba, com jaborandi. Em 1874, um Dr. Coutinho, do Brasil, já fizera o célebre Rabutau, de Paris, examinar com olhos de especialista plantas de jaborandi; e Rabutau chegara à conclusão de que se tratava de droga tão valiosa como o quinino como febrífugo e sudorífico.[36] E em 1865, no seu *Dicionário de medicina*, publicado no Rio de Janeiro, o médico T. J. H. Langaard já destacara as virtudes da droga nacional. Brasileirismo médico ou terapêutico, embora vago; mas brasileirismo médico ou terapêutico que foi atraindo para o trópico brasileiro a atenção de cientistas europeus: inclusive franceses. Assunto já ferido noutra parte deste ensaio; mas no qual insistimos neste capítulo por ter essa espécie de brasileirismo tomado o relevo de um dos característicos mais fortes da época aqui evocada; e agora considerada mais no seu conjunto de época já histórica que em qualquer das suas particularidades de período de transição.

Do guaraná, por exemplo, se sabe que foi na França que obteve sua melhor aceitação na Europa, como tônico agradável ao paladar. No Brasil, em 1917, já era corrente seu uso como refrigerante: amazonismo dos mais evidentes da época de maior relevo amazônico na economia e na cultura nacionais do Brasil, que foi a que se estendeu do fim do século XIX ao começo do XX. Elliott escreveu naquele seu livro que as ervas medicinais brasileiras, principalmente as da Amazônia, constituíam um conjunto tão numeroso que para enumerá-las todas ele teria de alongar-se em muitas páginas. Pelo que se limitou a destacar a quássia, já então de fama internacional; a Jalapa; o diurético chamado no Brasil lágrima-de-nossa-senhora; o melão-de-são-caetano; o cipó-caboclo, adstringente; o cambará, muito em uso no preparo de xaropes para doenças do peito; a batata-de-purga e a purga-do-pastor, ambas febrífugos; a laranjeira-do-mato, o pau-paraíba e o pau-pereira, tônicos; o óleo de andiroba, do qual se fazia uso tanto no preparo de um sabão para a pele como nos candeeiros, sob a forma de azeite de iluminação; a sapucainha, noz empregada no tratamento do reumatismo em Minas Gerais, no Rio de Janeiro e no Espírito Santo; a baunilha; o pau-precioso.

Além do que, no Brasil – considerada, neste particular, sua situação ao fim da época evocada neste ensaio, isto é, trinta ou quase trinta anos após a proclamação da República –, a República que, para alguns dos seus propagandistas, representara a necessidade de integrar-se o País no sistema político americano, apresentava-se como a mais opulenta expressão do sistema americano de natureza tropical no que, nessa natureza, era possibilidade ou realidade médica, terapêutica, higiênica, útil ao homem de qualquer região; mas especialmente ao morador no trópico. Útil ao próprio brasileiro, importador de tanto remédio francês para doenças que os químicos franceses dos começos do século XX e dos fins do XIX foram às vezes os primeiros a constatar, na Europa, que eram doenças no tratamento das quais as drogas indígenas ou tropicais do Brasil se mostravam superiores às europeias ou anglo-americanas. Ao começar a tornar-se como que patrioticamente consciente dessa realidade, o Brasil, já republicano, começou a integrar-se num sistema de natureza e de cultura que muito mais lhe reclamava ou exigia a presença de país destinado antes a guiar que a ser guiado, que o simplesmente republicano da América: o sistema de natureza e cultura tropical. O nacionalismo brasileiro com relação aos seus valores tropicais de natureza susceptíveis de utilização médica, higiênica, alimentar, terapêutica, começou a manifestar-se sob aspectos industriais característicos dos primeiros anos de República no nosso país, menos em remédios capazes de competir com os elegantemente europeus, que em águas minerais e refrigerantes engarrafados: o guaraná, entre esses refrigerantes; as Águas de Caxambu e Salutáris, entre as águas minerais. A época marcou também o estabelecimento em Caxambu, Lambari, Cambuquira, São Lourenço, Araxá, de hotéis um tanto rusticamente imitados dos das grandes estações de águas europeias. Nessas estações europeias fora elegante o brasileiro rico, o diplomata, o político, o próprio sacerdote de alguns recursos, curar-se do fígado, dos intestinos, da obesidade: sobretudo do fígado que foi, para os médicos brasileiros da época, o grande vilão entre os inimigos da saúde dos seus compatriotas. Carlsbad e Vichy atraíram por algum tempo os mais ricos desses brasileiros. A guerra de 1914--1918 é que veio valorizar de modo considerável tanto as estações de água nacionais como a indústria brasileira de drogas medicinais que, num país de gente particularmente afeiçoada ao uso cotidiano de remédios, se tornaria indústria capital; e indústria à sombra da qual muito se desenvolveu entre nós a arte do reclame – nos jornais, nas paredes dos edifícios, nos bondes. Anúncios por vezes em versos; e esses versos escritos por poetas de renome. Foi também a época caracterizada pela publicação, nas seções pagas dos jornais e das revistas, de opiniões de médicos ilustres sobre drogas em geral nacionais: brasileirismo que muito escandalizava os estrangeiros. Ao lado dos reclames, apareciam as fotografias dos médicos, quase sempre togados; alguns imponentes nas suas vestes doutorais. Outros anúncios da época foram além: serviram-se de homens públicos dentre os mais ilustres e mais em evidência, caricaturando-os em atitudes de apologistas dos produtos que seus fabricantes desejavam recomendar ao "respeitável público". Tal o reclame de sabonete Reuter aparecido a 3 de setembro de 1906 na *Revista da Semana*: políticos venerandos da época (Afonso Pena, Rui, Francisco Sales) em torno de uma banheira e de um sabonete e a legenda: "Quem mais uso fizer do sabonete Reuter, mais votos alcançará". Que sejam perdoados aos caricaturistas do mil e novecentos brasileiro seus excessos, pelo bem que fizeram ao público nacional, mesmo quando puseram sua arte a serviço de interesses privados de industriais e de comerciantes. A favor do que pode ser relembrada como típica, esta outra caricatura da *Revista da Semana*, de 26 de novembro de 1905, em que apareciam dois brasileiros, um representando o passado, outro o futuro, o primeiro de *croisé* e de cartola, o outro de chapéu de palha e fato leve; e o de cartola dizendo para o de chapéu de palha: – "Não, meu caro, eu sou um homem de respeito. Não devo andar senão de cartola..." Ao que respondia o de chapéu de palha: – "Não és de mais respeito do que eu. Tu és o preconceito e eu o progresso. Tu fazes a avenida como sendo o último eco da rotina; eu faço-a de acordo com o passeio que ela é e com a estival estação que só exige roupas leves e alegres..." Ou este reclame da Água de Caxambu, aparecida na mesma *Revista* de 10 de setembro de 1905: Afonso Pena agarrado a uma garrafa de Água de Caxambu e a legenda: "A predileta das prediletas!" Ou, ainda, este anúncio verdadeiramente espantoso, aparecido na *Revista da Semana* de 5 de novembro de 1905: o jurista "Cardoso de Castro", em caricatura, agradecendo ao presidente Rodrigues Alves sua nomeação para importante cargo na magistratura federal: – "Agradeço a V. Exa. a minha nomeação para o Supremo Tribunal Federal". Ao que o presidente da República – o então muito caricaturado Papai Grande respondia: – "Nada tem que me agradecer: fique certo de que se o nomeei foi só porque usa o magnífico calçado Condor, comprado no Depósito Silva, à Rua da Uruguaiana n° 86; aquilo é que é calçado, além de durar muito, dá sorte a quem o usa". Diante de tais reclames, compreende-se que desde o fim da era imperial o Rio de Janeiro tenha parecido ao francês Marc rival de Nova Iorque no furor da reclame comercial. Referindo-se aos anúncios não nos jornais e nas revistas, mas nas paredes dos edifícios e até sobre os telhados dos prédios – anúncios iluminados a gás durante a noite –, é que Marc escreveu na página 422 do primeiro volume do seu *Le Brésil*, publicado em Paris em 1890: "*Les murs des maisons sont ici, comme à New York, plus qu'à Paris, couverts d'affiches, d'échantillons ou d'énormes figures soit en carton, soit en métal*". Gastava-se bom dinheiro com "*lanternes utilisées pour la réclame commerciale*". Essa febre de reclame não tardou a assenhorear-se, na época brasileira evocada nestas páginas, da brasileiríssima instituição que foi então o bonde. Encheram-se os bondes de anúncios de sapatos, de roupas feitas, de drogas.

Foi indústria, a das drogas, em que enriqueceram os Daudt e os Oliveira, com a Saúde da Mulher e o Bromil; os fabricantes do Sabão Aristolino; do Elixir de Nogueira; do Elixir Sanativo; do Regulador Gesteira. Em 1916 Elliott considerava possível ao Brasil não só substituir, dentro das suas fronteiras, drogas estrangeiras por nacionais como até exportar águas minerais e remédios: "*[...] were her resources better investigated and quantities developed, she could greatly increase her position as a supplier of medicines to international markets*.[37] Vimos que este já fora o afã do brasileiro Urias.

Numa especialidade, a ciência médica brasileira atingiu, na época evocada neste ensaio, relevo verdadeiramente internacional: no preparo de sérum antiofídico. Especialidade de que se tornou mestre o médico Vital Brasil; e centro de importância mundial, o Instituto Butantã, de São Paulo: "[...] *the world's headquarters for information and serums against snake-bite*", escreveria desse instituto brasileiro de ciência médica, Mr. Roy Nash.[38]

Quase igual renome mundial alcançou pelas suas pesquisas e pelas suas publicações, o Instituto Osvaldo Cruz, do Rio de Janeiro, ao qual se tornaram muito ligados nomes de médicos e cientistas ilustres: o de Carlos Chagas; o de Adolfo Lutz – pai de Da. Bertha Lutz, também cientista e a primeira feminista brasileira a agitar com inteligência o problema dos "direitos políticos da mulher",[39] o de Sousa Araújo e o de Olímpio da Fonseca, pelo seu relatório sobre a excursão que fizeram subindo o Rio Paraná até Assunção; o de Osmino Pena; o de J. P. Fontenelle; o de Cardoso Fonte; os dos irmãos Osório de Almeida; o de Artur Neiva; o de Belisário Pena. Foi de outro médico notável da época – Miguel Pereira – o brado de alarme quanto às condições sanitárias das áreas rurais do País. Preocupação que se tornou a constante da vida de Belisário Pena e comunicou-se a um dos mais vigorosos escritores aparecidos no fim da época considerada neste ensaio: Monteiro Lobato. E não devemos nos esquecer dos baianos Pirajá da Silva; Juliano Moreira e Oscar Freire, que também alcançaram renome europeu pelas suas pesquisas médicas.

Médicos brasileiros, em institutos como o de Manguinhos ou Osvaldo Cruz, em laboratórios como os das Faculdades de Medicina da Bahia e do Rio de Janeiro, à frente de repartições públicas, de saúde ou higiene, juntaram-se, na época aqui considerada, a engenheiros e a uns poucos agricultores e industriais arrojados – um desses o quase analfabeto Delmiro Gouveia, que levantou em Pedra, no interior de Alagoas, não apenas uma fábrica de linhas mas um verdadeiro sistema industrial adaptado à região –, concorrendo para que a República de 89, desde os seus primeiros decênios, se avantajasse ao Império um tanto moroso de Pedro II na demonstração do fato de ser possível, no Brasil, o desenvolvimento de uma civilização agrária e industrial que, por ser situada no trópico, não tinha fatalmente de conservar--se nem apenas subeuropeia em suas técnicas nem inferior nas suas realizações, às civilizações situadas em regiões temperadas.

Desde a vitória anglo-americana na abertura do Canal de Panamá, que se sabia ser possível ao branco viver e trabalhar no trópico úmido – escreveria Roy Nash em 1926, recordando, a este respeito, inteligentes reparos de Herbert J. Spinden aparecidos em fevereiro de 1923 na revista *World's Work*, de Nova Iorque, sob o título "Civilization in the Wet Tropics". Um desses reparos, o de ser antes ilusão do que verdade, a suposição nórdica de que só os climas desagradáveis pelo excesso de frio e de bruma eram capazes de produzir homens civilizados. A conclusão semelhante chegariam em trabalho publicado em 1921, no nº 3 do *Tropical Diseases Bulletin* – "Report of Subcommittee of the Permanent Occupation of Tropical Australia by a Healthy Indigenous White Race" –, os investigadores britânicos que, nos primeiros decênios do século XX, intensificaram na Austrália os estudos desse problema inquietante de ecologia e de antropologia.[40] No Brasil, até 1918, o assunto não tivera ainda sociólogo ou antropólogo que o houvesse considerado com a necessária amplitude ecológica, sociológica e antropológica; mas desde os princípios do século XX que estudos de médicos por vezes alongados em antropólogos ou em sociólogos, como Roquette-Pinto e Afrânio Peixoto, vinham concorrendo, juntamente com ensaios de grandes intuitivos por vezes completados, em suas intuições, pelo contato direto com a situação brasileira no interior ou no Amazonas – Eduardo Prado, Inglês de Sousa, Sílvio Romero, João Ribeiro, José Veríssimo, Alberto Torres, Euclides da Cunha, Gustavo Barroso, Alberto Rangel, o professor Gilberto Amado –, para reduzir em alguns brasileiros mais cultos estes dois profundos ressentimentos: o de serem habitantes de espaço quase todo tropical; o de serem mestiços ou terem por compatriotas mestiços em número preponderante sobre o de brancos puros. Ressentimentos que os faziam sentir-se inferiores com relação aos argentinos – na sua grande maioria, brancos – e que provocavam nos mais exaltados o ódio ao português: europeu lamentavelmente errado que se estabelecera na América tropical, em vez de se ter estendido principalmente pela fria; e cruzara com gentes de cor, em vez de haver se conservado puramente branco ou caucásico. A principal doença dos trópicos diria com muito humor *e* alguma verdade Roy Nash naquele seu livro sobre o Brasil, publicado em 1926, que devia ser considerada "a ignorância".[41] Poderia ter acrescentado que a ignorância dos brasileiros do fim do Segundo Reinado e dos primeiros decênios da República, acerca de si próprios e dos demais povos tropicais e mestiços, se desenvolvera em quase psicose caracteristicamente nacional em sua configuração cultural; e que apenas se atenuara um pouco com os estudos, realizados na época considerada neste ensaio, por Sílvio Romero, Couto de Magalhães, José Veríssimo, Celso de Magalhães, Nina Rodrigues, Euclides da Cunha, João Ribeiro, Teodoro Sampaio, Oliveira Lima, Inglês de Sousa, Eduardo Prado, visconde de Taunay, Roquette-Pinto, Gustavo Barroso; e pelos pesquisadores médicos das Faculdades de Medicina da Bahia, do Rio de Janeiro e dos Institutos Manguinhos e Butantã; pelos naturalistas e etnólogos do Museu Goeldi (que fez por algum tempo de Belém um centro brasileiro de pesquisa científica de valores tropicais, conhecido e respeitado na Europa e nos Estados Unidos); pelos do Museu Nacional; pelos do Museu Paulista (ao qual se associou, na época aqui considerada, como naturalista, um filho do famoso jurista alemão Rudolf von Ihering; e também pelos geólogos estrangeiros que estudaram então a geologia de várias regiões brasileiras como o francês Dombre, e os anglo-americanos Hartt, Derby e Branner; e pelos etnólogos como von den Steinen. E não nos esqueçamos da pesquisa agronômica, a que a República de 89 deu, nos seus primeiros anos, a importância que o Império se demorara um tanto em conceder-lhe – aliás em consonância perfeita com o caráter antes ornamental que prático da ciência mais prestigiada por Pedro II; nem da pesquisa mineralógica, iniciada no Império e continuada um tanto displicentemente pela República. Tão displicentemente que possuindo o Brasil tório – na época, material preciosíssimo, por ser encontrado apenas na Noruega – seu governo e os geólogos oficiais ignoravam o fato. De modo que foi por acaso que vagando um dia desconsoladamente por areias da Bahia certo Mr. John Gordon, súdito britânico, enquanto fazia horas para continuar a viagem que vinha realizando em vapor, de volta à Grã-Bretanha, notou a espessura das mesmas areias. Eram areias que pareciam querer agarrá-lo pelos pés e agarrar-se aos seus sapatos. Pôs um punhado delas no bolso;

e feita a sua análise, na Inglaterra, descobriu-se que continham tório. Mr. Gordon estava rico: romanticamente rico.[42] E mais uma vez se verificava serem os brasileiros uns displicentes com relação aos seus próprios recursos, quase não enxergando nenhum além dos clássicos: açúcar, café, algodão, borracha, cacau. E os ingleses, uns realistas incomparáveis que, mesmo quando romanticamente vítimas do que então se denominava *spleen*, descobriam riquezas através da espessura invulgar das areias de praia que lhes rangiam sob os pés. Ao tempo em que aconteceu a aventura de Mr. Gordon na Bahia, o Brasil atravessava terrível crise na sua principal economia: a do café. Em compensação, desde os primeiros anos do século XX que um geólogo anglo-americano, Mr. White, vinha afirmando, com toda a sua autoridade científica, a existência, no Brasil, de petróleo em quantidade suficiente para *"all requirements of the Republic."*[43] Se nada se fez então a esse respeito, é que o governo da República não se mostrou interessado no assunto.

A época aqui considerada teve, entretanto, seus realistas em relação com problemas brasileiros para os quais debalde se vinha procurando solução em outras áreas tropicais: o do pasto para o gado, por exemplo, que os criadores do Brasil tropical vinham verificando – conforme já se recordou em capítulo anterior – ser o chamado *Pará-grass*. O do próprio gado a ser preferido nas regiões quentes da América.

Repita-se que quando visitou o Brasil, durante a guerra de 1914--1918, o inglês J. O. P. Bland notou haver da parte de fazendeiros do Sul do País a convicção, baseada na sua própria experiência e contra as lições que os técnicos anglo-americanos então lhes ministravam um tanto teoricamente em fazendas-modelo como a de São Maninho, de ser o gado caracu o mais vantajoso para os criadores, devido a maior imunidade, que vinha revelando, "à 'garapata'" [sic] e a outras pestes, às quais facilmente sucumbia o gado importado da Europa ou de outras regiões temperadas. O inglês observou dos caracus que eram animais resistentes, de bom leite e de bom peso.[44] E concordou com aqueles fazendeiros – já o lembramos noutra parte deste ensaio – em que o clima e as pragas peculiares ao trópico brasileiro eram fatores, no problema de gado para o corte, *"not necessarily to be solved by applying the experience of Texas or Argentina"*. Isto é, explicava-se e justificava-se – pensavam técnicos europeus como Bland – que os brasileiros, baseados na sua própria experiência tropical, desenvolvessem um tipo de gado que considerassem mais bem adaptado às condições regionais de clima, isto é, o obtido pelo cruzamento do franqueiro, do curraleiro e sobretudo do caracu – descendentes de animais introduzidos no Brasil, ainda nos dias coloniais, pelos portugueses – com o *stock* zebu importado da Índia. Gado já então mais generalizado em Minas Gerais do que em São Paulo, por ter contra ele se levantado em São Paulo o saber, na espécie parece que apenas acadêmico, de um sábio prestigioso: o positivista formado na Bélgica Luís Pereira Barreto.

O êxito dos experimentos realizados por homens práticos e realistas não podia deixar de concorrer para dar ao nacionalismo brasileiro da época aqui evocada aspecto de certo modo novo. Os criadores de Minas Gerais e de outras subáreas poderiam, na verdade, ter passado a ufanar-se de haver encontrado o tipo de gado ecologicamente apropriado não só ao Brasil como a outras áreas tropicais. De gado – assunto por muito tempo debatido, com prós e contras em torno da solução brasileira – e de pasto. Poderiam ter enxergado em seu triunfo experimental porém extra-acadêmico, com relação ao capim de pasto, motivo para se considerarem iniciadores de uma subciência brasileira relativa à alimentação do gado em área tropical. Na realidade, comportaram-se com uma modéstia merecedora de ser adjetivada como exemplar.

Outro aspecto do nacionalismo brasileiro da época aqui evocada foi o que se refletiu nas letras e em algumas das artes; e que precedeu de alguns anos e acompanhou durante mais de um decênio a proclamação da República de modo como que apologético desse movimento. Em livro publicado no Rio de Janeiro em 1896, reunindo artigos aparecidos em revista, sob o título: *Literatura brasileira, Movimento de 1893, O crepúsculo dos povos* – o crítico T. A. Araripe Júnior, ao analisar e interpretar o movimento literário brasileiro de 1893, fez obra menos de crítica literária que de sociologia de literatura: da literatura que, a seu ver, vinha sendo animada no Brasil pela revolução republicana; e que lhe pareceu significar novo surto de nativismo nas letras nacionais.

De nativismo e de melhor articulação – pensava ele – das letras provincianas com as do centro, promovida pela *Revista Brasileira*. Fora a *Revista Brasileira* que trouxera ao conhecimento dos "espíritos cultos" do Rio de Janeiro que "em 1880 havia no Pará um movimento literário bem notável, iniciado por um escritor, hoje muito reputado na imprensa fluminense, porque aqui reside e já faz parte brilhantemente do jornalismo, mas que entretanto naquele tempo ali vivia obscuro, ignorado, embora tivesse dado à estampa, nos jornais da terra, os seus *Estudos amazônicos* e outros trabalhos de crítica, que poderiam ser colocados a par dos escritos dos mais audaciosos pensadores brasileiros".[45] Referia-se Tristão de Alencar a José Veríssimo; e insinuava que a revista dirigida por esse erudito brasileiro de Província vinha realizando obra essencial de articulação do que se produzia em áreas remotas como a amazônica com a capital da então nova República.

Era uma capital em 1893 sob a artilharia dos navios revoltosos; mas sem que esse bombardeio tivesse afetado deveras o carioca. A mocidade, sobretudo, convencera-se de que o movimento da Armada não passava de "um acidente".[46] O que, porém, não se podia dizer – segundo Araripe – era que o movimento republicano no Brasil tivesse sido "infenso ao incremento das letras". De modo algum: "[...] mais de um fato denuncia que a mudança das instituições, a adoção de novos costumes políticos, o abalo das ideias, as agitações dos espíritos criaram uma atmosfera intensa..." E um dos "sintomas mais visíveis" dessa nova situação encontrava-se "na renascença do nativismo" que acabara de tomar forma em um livro de "intuitos puramente republicanos": *Festas nacionais*, de Rodrigo Otávio, prefaciado pelo romancista Raul Pompeia, que era também ensaísta com alguma coisa de pensador político. E pensador político para quem era tempo de o Brasil, feita a República, deixar de continuar sob os "grandes centros sensórios do nosso organismo de interesses" que – pensava o nativista Pompeia – estavam "em Londres ou em Lisboa". Por essa subordinação se explicaria termos atravessado "todo o Segundo Reinado", sob "o regímen mortal dos déficits financeiros"; e também a campanhas da imprensa, já sob a República, "contra as medidas, os recursos, as precauções enérgicas que têm feito a salvação econômica e financeira de outros Estados".[47] Era contra os abusos de intervenção do poder econômico na política brasileira que Raul Pompeia clamava no seu prefácio de clérigo inteiramente desgarrado na mesma política; contra um poder que dominava o jornalismo, intervinha "profundamente na direção dos negócios públicos" e se revelava "formidável" como "depositário e possuidor da melhor parte da fortuna particular..."[48]

Tanto a Pompeia como a Araripe irritava o "cosmopolitismo" que, naqueles dias, se contrapunha ao "nativismo brasileiro", tentando – supunha Pompeia – ridicularizá-lo. Cosmopolitismo que não deixando de animar então a literatura de Eça de Queirós, caracterizava, sobretudo, aos olhos dos intelectuais "nativistas" e republicanos do Brasil, o principal autor de *As farpas*; e autor, como já recordamos noutro capítulo, de uma das análises mais perspicazes que se escreveram em 1890 sobre a Revolução de 89. Para Araripe, "esses evadidos da pátria responsável para a Cosmópolis egoísta do gozo" – isto é, Ramalho e mesmo Eça – eram escritores "cuja situação mental seria inofensiva se eles não procurassem influir sobre a mocidade, bestializando-a com as feitiçarias do estilo [...]"; e convencendo-a de que ser "nativista" era ser "besta".[49]

Araripe foi dos que sinceramente pensaram da revolução brasileira de 89 ter sido um movimento diferente dos outros que haviam agitado o Brasil com o nome de revoluções; e que haviam sido apenas repercussões de movimentos europeus. O 15 de Novembro constituíra "um movimento exclusivamente nacional"; surgira como "uma floração resultante do elaborar de um passado inteiro, surdamente comprimido".[50] De modo que era de esperar que se fizesse acompanhar por um movimento literário também exclusivamente nacional. A literatura brasileira, ou subordinava-se ao "novo feitio" que o Brasil tomara – novo feitio político; ou se abastardaria no "cosmopolitismo incolor, único resultado caroável da cópia servil dos movimentos da decadência latina".

Não parece que a literatura, em particular, ou a cultura brasileira, em geral, vista retrospectivamente do ano de 1919, tenha se republicanizado em 89, a ponto de haver constituído uma literatura ou uma cultura de todo diferente da monárquica; ou a ela antagônica pelo seu mais definido caráter nacional. Já havia traços nacionais na literatura de Alencar, de Gonçalves Dias, de Manuel de Almeida; na música de Carlos Gomes; na cozinha baiana e na paraense anteriores ao 15 de Novembro; na doçaria pernambucana; na modinha brasileira cantada pelas iaiás e pelas mulatas do Segundo Reinado; no modo de Teixeira de Freitas considerar como jurista problemas sociais e que tornara suas concepções jurídicas de brasileiro mais fáceis de ser assimiladas por argentinos e chilenos do que as europeias; na capoeiragem praticada pelos malandros cariocas e baianos e que a República de 89 sufocou, como arte vergonhosa, quando representava valor nacional semelhante ao samba ou ao maracatu: dança folclórica caracteristicamente brasileira que os propagandistas da República em Pernambuco também pretenderam proibir; e isto em mil oitocentos e setenta e poucos e sob o mesmo pretexto alegado contra a capoeiragem: o de que envergonhava a civilização nacional. Quando o que havia que conter nessas expressões já brasileiras de arte folclórica eram excessos ou transbordamentos talvez dionisíacos de espontaneidade popular: não as mesmas expressões em si. Ou seus resíduos africanos só por serem africanos ou terem sido trazidos da África ao Brasil por escravos.

A obra de brasileirismo cultural de Sílvio Romero, que se projetou sobre grande parte da época considerada neste ensaio, não decorreu da República de 89: seu começo precedeu o 15 de Novembro; e precedeu-o sem intuito republicanizante. Sem aspecto sequer pararrepublicano. Tampouco decorreu do 15 de Novembro a obra de brasileirismo linguístico de João Ribeiro. Ou a de brasileirismo voltado para o estudo do folclore iniciada no Recife por Celso de Magalhães. Ou a de brasileirismo sociológico voltado para o estudo da questão social no Brasil como questão diferente, sob vários aspectos, da europeia, iniciada no mesmo Recife por Joaquim Nabuco.

Nem por isto faltou importância ao discurso de Olavo Bilac, no banquete que em 1907 lhe ofereceram admiradores no Rio de Janeiro; e ao qual compareceu, como a dar à homenagem uma nota cosmopolita ou latina que teria talvez repugnado a Alencar Araripe, o historiador italiano Guglielmo Ferrero. "O que estais, como brasileiros, louvando e premiando nesta sala" – disse então Bilac – "é o trabalho árduo, fecundo, corajoso, da geração literária a que pertenço e o papel definido, preciso, dominante que essa geração conquistou com o seu labor, para o homem de letras, no seio da civilização brasileira".[51]

Outra valorização se realizou na República, ao lado da valorização do café: a do homem de letras. Foi com a geração de Bilac – que apareceu com a República – que o escrever, no Brasil, começou a ser quase profissão: "forçamos a porta dos jornais e vencemos a inépcia e o medo dos editores..."

No Império, até por volta de 1870 – "há quarenta anos", disse Bilac no seu discurso de 1909 – não houvera "propriamente homens de letras no Brasil" e sim "estadistas, parlamentares, professores, diplomatas, homens de sociedade ou homens ricos que, de quando em quando, invadiam por momentos o bairro literário – alguns deles com um certo vexame, encapotando-se, disfarçando-se, escondendo-se, cosendo-se às paredes, com medo da murmuração da gente séria, como se entrassem em lugares proibidos, centros de frívolas ou condenáveis diversões".[52] Não que com a República de 89 algum escritor brasileiro tenha passado a viver exclusiva ou principalmente dos seus escritos. Nem mesmo com Machado de Assis aconteceu essa rápida e completa valorização da arte literária. Mas o certo é que a figura do homem de letras começou a existir entre nós sem precisar de esconder nem de disfarçar sua qualidade de homem de letras. Ao contrário: ostentando-a. Para o barão do Rio Branco, ser homem de letras era recomendação se não sempre para a diplomacia, para o serviço consular, no qual integrou Aluísio Azevedo e Mateus de Albuquerque, tendo, ao mesmo tempo, aproveitado em missões ou tarefas mais ou menos importantes, Joaquim Nabuco, Graça Aranha, Oliveira Lima, Euclides da Cunha, Domicio da Gama, Araújo Jorge. Hélio Lobo – ainda jovem e já com tendências literárias – foi um dos novos atraídos pelo barão para o serviço do Itamaraty.

Outra atividade que adquiriu prestígio no Brasil dos últimos anos da Monarquia e nos primeiros da República foi a de industrial. Também em algumas indústrias se exprimiram novas formas de nacionalismo ou de nativismo, tornando-se com efeito, essas indústrias, afirmações da capacidade do brasileiro para competir com o estrangeiro estabelecido no país em atividades associadas a máquinas e motores. Dos Prados, de São Paulo, vários tornaram-se industriais sem deixarem de ser senhores de terras. No Rio Grande do Sul, na chamada "aristocracia da banha" se afirmou o prestígio social da indústria do charque, equivalente da dos usineiros do açúcar do Rio de Janeiro e do Norte no seu modo de ser indústria como que telúrica: ligada à terra, à estância, ao pasto. A indústria de tecidos adquiriu considerável desenvolvimento, na época evocada neste ensaio, sob a direção, quase sempre, de brasileiros: vários deles brasileiros anglicizados, é certo.

O caso, na Bahia, de Luís Tarquínio, industrial que viria a ser denominado pelo historiador Pedro Calmon o "Mauá baiano"; e que tendo sido empregado e sócio de Bruderer & Cia. aprendeu com os ingleses a considerar a atividade comercial e a industrial tão honrosas para um homem como qualquer outra. Aos 40 anos, era homem enriquecido no comércio. Mas sob sugestões britânicas, não se deixou amolecer pela fortuna "como acontecia com a maioria dos negociantes portugueses e dos filhos dos senhores de engenho do Recôncavo", lembra Péricles Madureira de Pinho no seu estudo *Luís Tarquínio, pioneiro da justiça social no Brasil*.[53] Daí não ter comprado apólices nem prédios "para a vida sem atribulações de pacato burguês". Pioneiro industrial, em 1891 fundou a Companhia Empório Industrial do Norte. E fundou-a cuidando ele próprio dos três aspectos principais da nova organização: o financeiro, o técnico e o social, isto é, a organização das relações do patrão com o operário sobre novas bases. Quanto às máquinas para a nova indústria, recorda Péricles Madureira de Pinho que foi assunto em que "a experiência de Luís Tarquínio melhor se demonstrou". É que "suas constantes viagens aos grandes centros têxteis da Europa foram suficientes para que não aceitasse a oferta de 'fábricas completas', na época impingidas por fabricantes europeus a muitos industriais brasileiros". Luís Tarquínio "escolheu em cada canto o que de melhor havia". E seguindo uma como política de pluralismo técnico, evidentemente vantajosa para o Brasil, "da Inglaterra trouxe máquinas dos famosos fabricantes Felber Jucker & Cia., da Bélgica e da Alemanha importou outras peças e valeu-se da nascente indústria americana para completar o conjunto que na opinião dos técnicos constituía monumento homogêneo".[54] Na opinião de "um conhecedor de fábricas europeias", quem nos últimos anos do século XIX visitasse na Bahia o Empório de Luís Tarquínio, podia "confiar no futuro do Brasil".[55] Era o ufanismo nacional a se exprimir em torno de esforços, alguns verdadeiramente grandiosos, realizados por industriais brasileiros: por um Antônio Prado ou um Jorge Street, em São Paulo; por um Luís Tarquínio, na Bahia; por um Carlos Alberto de Meneses, em Pernambuco; por um Delmiro Gouveia, em Alagoas. Enquanto no Rio Grande do Sul era um homem da categoria intelectual de Assis Brasil que à sua obra de pensador político medíocre mas elegante juntava a atividade, na qual se requintou sua elegância sem sacrifício da sua competência especializada, de agricultor industrial. Industriais a quem estrangeiro nenhum excedia no conhecimento das atividades industriais de sua especialidade: nem das financeiras nem das técnicas.

Era também o futuro republicano a se tornar passado sob mais de um aspecto honroso para a República de 89. Por mais que se lamente o que o protecionismo às indústrias, trazido pela República, teve de postiço e até de pernicioso nas suas consequências sobre a economia nacional, devem-se reconhecer, no industrialismo estimulado pelo novo regímen, aspectos saudáveis. Iniciativas como a de Tarquínio, na Bahia, e como a do sueco naturalizado brasileiro Hermann Lundgren, em Pernambuco. Iniciativas de interesse econômico que tiveram também o valor social de dar trabalho a ex-escravos e descendentes de escravos, desde a Abolição concentrados nas cidades e aí vivendo, muitos deles, vida simplesmente de malandros. Empregados em indústrias como a fundada por Luís Tarquínio, na Bahia, as orientadas por Jorge Street, em São Paulo, as dos Mascarenhas, em Minas Gerais, as da Empresa Bangu, no Rio de Janeiro, as dirigidas pelo engenheiro Meneses, em Pernambuco, esses malandros foram valores brasileiros recuperados pela sociedade brasileira; e integrados em novo sistema de atividade, de recreação e de cultura. Foi entre eles que primeiro se democratizaram esportes ingleses, por algum tempo exclusividade, no Brasil, dos próprios ingleses e de brancos das classes altas: o futebol, por exemplo. Aliás, nos primeiros decênios da República acentuou-se notavelmente, entre os brasileiros, o gosto pelos esportes: e com o gosto pelos esportes, consagrados como "higiênicos" e "helênicos" até por letrados de mau físico e de pincenê acadêmico, como Coelho Neto, começou a desenvolver-se também, no Brasil, certa harmonização do trajo dos homens e das próprias senhoras com o clima ou o ambiente tropical. Certa anglicização do trajo dos homens, dado o fato de que os ingleses vinham introduzindo na América do Sul estilos de vestuário já adaptados por eles aos climas quentes das Índias: das Orientais e das Ocidentais. Inclusive o pijama que na época aqui considerada começou a substituir o camisolão de dormir entre os homens, entre os quais começou também a verificar-se a substituição das ceroulas compridas pelas curtas; o abandono das ligas de elástico; a substituição dos suspensórios pelos cintos; a substituição da cartola ou do chapéu--coco – de rigor entre indivíduos importantes – pelo chapéu de feltro, pelo de palha, pelo do chile, a substituição da gravata horizontal pela vertical; a substituição do colarinho duro pelo mole; o abandono dos punhos duros e engomados, nos quais havia quem tomasse notas a lápis, como num carnê: hábito ou vício em que se requintou Euclides da Cunha. Entre as senhoras, verificou-se nos começos do século XX a substituição da saia ou das saias de baixo, pelas calças ou calçolas. Entre os meninos, consumou-se a substituição pelas calças de timão ou sunga-nenê de andarem em casa. Datam também dessa época: a moda esportiva dos sapatos de sola de borracha; a voga do calçado *Walk-over*; a substituição das botinas pelos sapatões; a voga do chapéu de palha.

Entretanto, Joaquim Amaral Jansen de Faria, nascido no Rio de Janeiro em 1883, lembra-se de ter se tornado homem, no Brasil já republicano, ainda sob o completo império de modas francesas, boreais e antiesportivas: "As modas eram parisienses tanto para as mulheres como para os homens, embora as casimiras, em grande parte, viessem da Inglaterra, as roupas brancas, em sua maioria, de Portugal, havendo mesmo no Largo de São Francisco uma casa especialista em camisas [...]". Camisas "de peito duro e de punhos postiços, com colarinho pavorosamente alto. Os coletes eram de cores berrantes; as gravatas, plastrom ou borboleta, laço estreito e preto. As bengalas eram finas, os chapéus duros, chamados de coco [...]". Mas já começavam a aparecer "os moles" e os de palha.

Mesmo no Rio Grande do Sul, Sebastião de Oliveira, nascido em Cruz Alta em 1878, sentia-se obrigado, no fim do século XIX e no princípio do XX, como comerciante, a usar o chapéu chamado de coco; e embora no inverno usasse ceroulas, no verão já se aventurava ao uso, então raro, de cuecas. Calçado, preferia as botinas. Quando tropeiro, usara "poncho de borracha marca inglesa", através do qual "nunca passava água". Bengala, usou-a sempre, quando moço, como arma. Joias, nunca as apreciou em homem.

Octavio Tarquínio de Sousa (Amaranto), nascido no Rio de Janeiro em 1893, foi da geração que primeiro se acamaradou esportivamente com o mar: "[...] o mar desde logo me atraiu. Recordo-me que as primeiras transgressões às ordens de meu pai foram andar às escondidas em pequenos barcos, na companhia de amigos como Paulo Inglês de Sousa, Paulo Vieira Souto e outros. Nesse tempo ainda não se fizera a Avenida Beira-Mar, de modo que, em Botafogo, havia uma grande praia." Mais do que isto: "Joguei futebol nos seus começos, como beque, tendo sido um dos fundadores do South America F. C." Quanto a roupas, vestiu sempre as de fazenda inglesa, feitas no Raunier, no Nagib, no Vale: "Em 1914, o melhor terno de casimira inglesa custava, nos grandes alfaiates do Rio, 180 mil-réis". Bengala, usou-a durante todo o seu tempo de moço, substituindo-a pelo guarda-chuva, em dias de chuva. Joias, "de espécie alguma".

Astrojildo Pereira (Duarte da Silva), nascido também no Rio de Janeiro, em 1890, quase não praticou esporte quando moço: "Esporte, quase nenhum". Seu grande divertimento foi o cinema, nunca tendo frequentado bailes. E quanto a alfaiates, nunca teve nenhum preferido. Nunca se preocupou com modas. Nunca usou bengala nem joias. Em certo período, andou de guarda-chuva.

Waldemar (Martins) Ferreira, nascido em São Paulo em 1885, depois de informar que seus jogos de menino de colégio foram a barra, *saute-mouton*, as corridas, os pulos, a barra-manteiga, uns começos de futebol, recorda que entre as danças como que esportivas de sua predileção estava a polca. Quanto a modas e alfaiates, tendo de viver de 130$000 por mês, nem podia seguir as elegâncias da época nem mandar fazer ternos em alfaiates como os da Casa Raunier, franceses (150$000 o terno de casimira francesa), ou os Irmãos Canelli (italianos que pediam 130$000 pelo terno) ou o Vieira Pinto, "português havido como o melhor alfaiate do Brasil".

Lembra ainda Waldemar (Martins) Ferreira que, no seu tempo de rapaz, "haviam, de há muito, cessado as serenatas". Os moços, porém, "poetavam e eram todos homens de letras, potencial ou efetivamente". Isto em São Paulo: na capital paulista. Aí "a mocidade acadêmica [de 1900] vivia nos cafés e nas confeitarias do Triângulo da Pauliceia. Há poucos meses se fechou o Café Guarani, na Rua XV de Novembro, que era o quartel-general da estudantada. As casas de bebidas – as cervejarias, tinham orquestras, que funcionavam até 11 horas da noite; e também as confeitarias. Entre aquelas, primavam o Progredior, na mesma rua; a Fasoli, na Rua Direita e a Castelões no Largo do Rosário, que depois se chamou Praça Antônio Prado e, antes de rasgada com a demolição da Igreja do Rosário, que dava frente para a Rua XV de Novembro, era a sala de visita da Pauliceia boêmia, ponto de encontro de todas as noites. Havia um ou outro restaurante fino. A estudantada frequentava alguns das Ruas de Santa Teresa, Formosa e São João, que tinham denominações genéricas que se não escrevem. Os grandes hotéis paulistas eram a Rôtisserie Sportsman e o Grande Hotel".

Deodoro (Machado) de Mendonça, nascido no Pará em 1889, conheceu Belém ainda nos seus dias de cidade opulenta, célebre pelas *terrasses* do seu Grande Hotel e pelos seus clubes, onde se dançava e se praticavam esportes. Deodoro de Mendonça informa no seu depoimento que frequentava "[...] o Café Manduca, ponto de toda gente no Pará; à noite a *terrasse* do Hotel da Paz, depois substituída pela do Grande Hotel. Não gostava de clubes senão para dançar. Entretanto relembro os opulentos clubes que fizeram a grandeza da sociedade paraense: o Euterpe, o Sport Clube, o Internacional, o Universal, e os grandes bailes no salão nobre do Teatro da Paz". Quanto a modas, acrescenta: "Seguia sem exagero as modas da minha época: por isto usei calças estreitas, cartolas e cartolinhas, as ceroulas compridas e de nastro para amarrar, a bengala grossa e a fina de muirapinima e junco e exibi meus anéis de brilhante que hoje tanto detesto". Não informa se abusou de perfumes.

Plínio Barreto, nascido em São Paulo em 1882, escreve, no seu depoimento, ter se deleitado, quando rapaz e depois de homem-feito, com o tênis, a natação, a marcha a pé. Nunca jogou [cartas] nem fumou. Frequentou quando moço cafés em companhia de Amadeu Amaral, Nestor Pestana, Antero Bloem. Clubes, só conheceu os de caráter esportivo. Vive na sua memória o Hotel de France porque aí, quando estudante, "frequentemente entretinha palestras intermináveis com Euclydes da Cunha, quando de Santos e de outros lugares, ele vinha a São Paulo". Os alfaiates dos seus dias de moço foram "portugueses dotados de uma larga tolerância mercantil": nunca o apertaram para o pagamento de contas. Calçados, chapéus, guarda-chuva, sempre os quis de "boa qualidade". Joias, nunca as usou: "Nem anel de bacharel possuí jamais".

Mário Sette, nascido em Pernambuco em 1886, informa que alcançou ainda a moda das ceroulas de amarrar nos tornozelos com as meias por cima, presas a ligas; dos punhos supostos e gomados; dos colarinhos duros de uso diário. Viu nascer a moda dos colarinhos moles e das camisas de peito sem goma; a dos sapatões que substituíram as botinas de enfiar ou de abotoar, embora os velhos comodistas continuassem a usar as de elástico. E recorda que "não se dispensava o colete; aliás a sua ausência era tida como sinal de relaxamento, ou de capadoçada". Quanto aos sapatos brancos, seu uso não era bem-visto entre os homens: "Davam uma impressão desairosa de masculinidade". Os ternos brancos eram também raros.

Continuando, informa Mário Sette no seu depoimento: "Chapéus – usei-os de coco, ou meia-cartolinha em plena voga, de palha e de feltro –, especialmente da Chapelaria Colombo, à Rua do Cabugá. Gravatas, camisas (peito duro), colarinhos (duros e duplos à Santos Dumont); gravatas (borboletas, *plastrons*); e perfumes (Houbigant, Deletrez, Roger Gallet, Piver, de 6, 8, 10 e 15$000 o frasco); em *A Risonha*, na Rua 1º de Março (Crespo). Detestei o guarda-chuva e quase não o usei em rapaz. Em compensação tive algumas bengalas. Preferi, porém, andar com as mãos livres e por isto quem, nesse tempo, quisesse me fazer raiva, me desse um embrulho para transportar".

Em solteiro, lembra Mário Sette, no seu depoimento, ter frequentado cafés da Rua do Imperador, no Recife, tendo por companheiros Raul de Morais, Mário Rodrigues, João Pessoa, Oscar e Órris Soares, às vezes Gilberto Amado. Discutiam-se versos, romances, amores, uma vez por outra, política; e parece que muito raramente, esportes. "Esportes, não os pratiquei, apesar de, por influência de amigos, haver sido fundador do Sport Club e seu 1º secretário", informa Mário Sette. E recorda que no desempenho dessas funções, assistiu ao "1º jogo de futebol em público, no Recife", que foi no Derby. Poderia incluir entre seus esportes de moço, o carnaval – o carnaval de bisnagas, de papel picado, dos pós de ouro e mais tarde do confete e das serpentinas: carnaval de batalhas de confete, de assaltos a bisnaga a carros de capota arriada, nos quais faziam o corso famílias, senhoras, moças.

Leonel Vaz de Barros (Leo Vaz), nascido em São Paulo em 1890, depois de recordar seus jogos de menino de colégio – pião, fubeca, barra-manteiga, peteca –, informa ter sido grande apreciador de circos e touradas, ao mesmo tempo que devoto de um esporte mental muito em voga na época aqui considerada: o charadismo. Dicionário em punho, decifrou muita charada, enigma, logogrifo do *Almanaque de Lembranças Luso-Brasileiro* e também do *Almanaque das Senhoras*. O esporte do seu gosto de rapaz foi o remo; mas não o aristocrático de ioles, e sim o caipira, em canoa de um pau só. Foi também jogador de bilhar. Seu alfaiate foi um italiano, o Bocchetti, em cuja oficina se via, num manequim, o fraque que merecera medalha de ouro na Exposição Nacional de 1908. Chapéus, os mais em moda entre os rapazes, eram os palhetas de aba estreita. Bengala com castão de metal. Nada de joias.

Luís (de Toledo) Piza Sobrinho, nascido em São Paulo em 1888, também jogou, quando menino, a barra e "as bolinhas em uma série de buracos". Colegial, fez ginástica sueca. Estudante de direito, frequentou o Sport Club Internacional, em cuja praça de esportes se praticavam o futebol, o tênis e o atletismo. Quando jovem, teve por alfaiate o Vieira Pinto. Homem-feito, passou a vestir-se no Rio de Janeiro: no Almeida Rabelo. E acrescenta: "A bengala estava, na minha mocidade, em grande moda. Era obrigatória". Preferia as de junco – com alguma coisa de esportivo – de cabo curvado. Guarda-chuva, pouco usava. A garoa paulista recomendava mais um impermeável, com chapéu mole. Não usava joias. Trajo elegante já com alguma coisa de esportivo e de ianque.

Nascido na Bahia em 1856, Cleto Ladislau Tourinho Japi-Açu estudou na Inglaterra: "Como já disse, com 19 anos, fui aperfeiçoar os meus conhecimentos de engenharia naval, na Inglaterra, de onde guardo as melhores recordações, conservando ainda ali, muitos bons e dedicados amigos". Da Inglaterra trouxe hábitos ingleses: inclusive o gosto pelos esportes.

Emiliano (Ribeiro de Almeida) Braga, nascido no Maranhão em 1873, pormenoriza seus esportes de rapaz junto com seus jogos ou brinquedos de menino – uns prolongados nos outros: "Os brinquedos que mais eu apreciava eram os papagaios de papel feitos e brincados como só no Maranhão se fazia, com gosto e proficiência, com uma técnica toda especial, brinquedo esse em que tomavam parte médicos, bacharéis, padres, cônsules, juízes, o que o Maranhão tinha de gente fina. Salientei-me tanto nesse brinquedo, que era chamado o rei dos papagaieiros, e ainda há um ano, quando lá estive em visita a amigos, muitas vezes com esse título fui saudado por antigos conhecidos. Brinquei também muito com o pião e a borroca, jogo com as castanhas-de-caju. Já mocinho, gostava muito de montar a cavalo, remar, nadar, caçar de espingarda e de cachorro. Todos estes esportes usei-os até os meus 55". E quanto às danças: "Fui um grande apreciador de danças, valsas, chotes, mazurcas, quadrilhas, das danças dos nossos sertanejos do Maranhão, o chorado, a cabaça de bagre e até mesmo o tambor. Com que gosto eu recebia ou dava uma punga numa mulata faceira!" Isto sem esquecer as modinhas cantadas ao violão, as serenatas às vezes arriscadas: quase um esporte. "As modinhas! As modinhas ao violão – que considero o mais brasileiro dos instrumentos, mesmo sem sermos o seu inventor, tanto ele se adapta ao nosso sentimentalismo, principalmente de nós nortistas –; uma modinha, cantada numa noite de luar, que deleite, que bem-estar não nos traz à alma!", recorda Emiliano Braga, sentimental, no seu depoimento. E especifica: "'A mucama', de G. Crespo, 'Perdoa-me, oh! sê clemente, de J. Serra:; 'Mulata', de Melo Morais Filho; 'A brisa corre de manso', de Campos de Carvalho; 'Minha Mãe', não sei o autor, e tantas outras. As serenatas do Maranhão! Quantos tocadores de violão, quantos cantores de nomeada! E o violão e as modinhas nos recreios dos sítios pelas festas de junho e de dezembro! Quantas recordações não estão trazendo estas linhas, quantas saudades não estou sentindo!"

Curioso caso o de Alfredo (Bartolomeu) da Rosa Borges, nascido no Recife em 1864 e que chegaria à velhice particularmente saudoso de certa modinha do seu tempo de rapaz. Aquela que dizia:

> *"Acorda Adalgisa*
> *Que a noite desliza*
> *Vem ver o luar*
> *Vem ouvir os cantos*
> *Ungidos de prantos*
> *Que vêm lá do mar*
> *A voz que te chama*
> *É de quem te ama*
> *E dum trovador*
> *Acorda Adalgisa*
> *Que a noite desliza*
> *Ouve o teu amor."*

Mesmo assim sentimental, foi jovem muito dado a esportes, festas, teatros. Nas suas próprias palavras: "Frequentei todas as companhias de meu tempo, desde as revistas até as tragédias. Quanto a esportes, dediquei-me com ardor ao remo. Gostava muito do pôquer. O presépio era o meu fraco. Quando rapazola fugi muitas vezes de casa ao ouvir o bombo anunciando a função". Era "apreciador da Contramestra, mas fugia disfarçadamente quando o 'Velho' iniciava o leilão em benefício dela". Continua Alfredo da Rosa Borges, no seu depoimento: "Os meus colegas de café foram muitos, entre eles, o talentoso Gervásio Fioravanti, o dos versos maviosos. A sua verve, salpicada de malícia, era adorável; Eugênio Adour, boêmio inveterado, espirituoso, coração de ouro; Artur de Melo, o sarcástico, Caetano Ramos. Formávamos um grupo alegre. O Caetano, célebre pelas suas gargalhadas, ria, ria até perder o fôlego, com as nossas brincadeiras. O meu Clube foi o Internacional, do qual fui um dos fundadores. Lembro-me da Pensão Siqueira e do Hotel Caxangá, procurado pelo 'Grand Monde'. As refeições feitas ao ar livre, debaixo de um alpendre e o banheiro no rio, para uso dos hóspedes, davam um cunho muito pitoresco ao hotel, motivo por que a gente rica daquele tempo procurava-o para veraneio". Era um hotel com o seu quê de esportivo. E apreciadíssimo pelos banhos de rio. Interessante é que para Alfredo da Rosa Borges o movimento abolicionista teve qualquer coisa de um esporte em ponto grande: "A Abolição me fez vibrar intensamente. Acompanhei entusiasticamente todos os seus passos". Entretanto, conservou-se sempre homem de um arraigado preconceito de cor, tendo confessado que "seria contrariadíssimo que receberia, em minha família, um casamento com pessoa de cor".

Roberto Christiani Naegeli, nascido no Rio de Janeiro, em 1881, e educado na Europa, depõe sobre os esportes dos seus dias de rapaz: "Pouco depois da minha volta [da Suíça] para o Brasil iniciou-se aqui o jogo do futebol. Meu irmão e eu logo tomamos parte ativa no exercício desse desporte, pois estávamos acostumados a praticá-lo na Europa. Este jogo, que chegou a empolgar o mundo inteiro, trouxe, na minha opinião, grandes benefícios para a nossa terra. Acostumou o brasileiro a submeter-se voluntariamente à disciplina pelo interesse do jogo e do seu clube, tão somente. Grande parte da população masculina de todas as camadas sociais tem como assunto predileto das conversações as discussões sobre os jogos de futebol. É até interessante observar-se com quanta competência as fases dos jogos, a atuação de *players* e juízes é criticada tanto por rapazes e velhos, operários ou funcionários e gente abastada. É verdade que, conforme os temperamentos, estas discussões, às vezes, resultam em briga, mas nem por isso o assunto do futebol deixa de ser inofensivo. Diverte e entretém o espírito da rapaziada, impedindo-a que se lembre de coisas piores. Antigamente os rapazes, tanto das classes baixas como mesmo rapazes de família, se encontravam nas tavernas, por falta de outra diversão bebericavam, contavam bravatas, exercitavam-se no jogo de capoeiragem e as brigas à mão armada eram frequentes. Isso mudou muito e, segundo a minha opinião, em grande parte devido ao jogo de futebol".

Erasto Gaertner, nascido no Paraná em 1900, foi brasileiro filho de brasileira e de alemão; e neto de pastor luterano. Daí ter estudado em escola alemã e terem sido um tanto alemães seus primeiros jogos – logo vencidos, em luta desigual, pelos brasileiros. Esteve cinco anos numa escola teuto-brasileira de Curitiba: "Na Escola Alemã permaneci durante cinco anos e acredito que com bom aproveitamento. Ao fim do primeiro ano já me familiarizara com o idioma, já entendia e me fazia entender com os mais íntimos. A imensa maioria dos alunos era constituída de filhos de alemães, isto é, de pais e mães alemães natos ou descendentes, usando a língua no lar. Os meninos, nos brinquedos dos recreios, em geral, falavam pouco alemão ou de preferência insistiam em usar o português. Muitos falavam mal a nossa língua, mostravam o sotaque carregado e talvez por isso, preferiam usar o português. Era o recurso hábil para se aperfeiçoarem no idioma nacional, e a mim me surpreendia que aqueles meninos, que falavam mal o português, eram alvo da mofa da parte dos outros alemãezinhos mais bem desenvolvidos. Sendo fraquíssimo, de começo, durante as aulas e obrigado constantemente a sofrer constrangimento, quando compreendia mal ou não me fazia compreender pelo professor, nas horas de recreio sentia-me superior e importante pois a todo passo servia de árbitro nos embaraços linguísticos dos meus colegas. Sentia-me senhor da situação, também na aula de português, visto que lia corretamente, escrevia ditados razoáveis e interpretava plenamente, em suma, as lições do professor brasileiro. O curso de português na Escola era dado pelo professor Artur Loyola, um mestre boníssimo". E continua: "Ao meu tempo, os brinquedos de menino tinham lugar na escola, na rua e no próprio lar. Na escola se brincava de esconder, de polícia e de ladrão, saltava-se de pastelão, jogava-se bolinha de 'burico' [no Rio, bolinha de gude], jogava-se o 'pilão'. Quando passei a frequentar o Colégio de Júlio Teodorico e o Ginásio Paranaense, o futebol começou a ingressar em nossa cidade".

Na rua os brinquedos eram ainda mais brasileiros que no ginásio: "No outono se empinavam ou papagaios ou raias, como chamávamos, e esse era dos brinquedos favoritos. Nas festas de junho, soltavam-se balões e queimavam-se os fogos em grande escala com as tradicionais fogueiras nas vésperas de Santo Antônio, São João e São Pedro. Os folguedos de carnaval, as mascaradas, o entrudo, a farinha de trigo e a água, os bailes infantis, disputavam o nosso entusiasmo".

Além dos brinquedos comuns, "prevalecia em nossa cidade a organização das troças, constituídas de bandos de meninos das diferentes ruas ou arrabaldes, bandos que atingiam, às vezes, as proporções de verdadeiros exércitos. Na própria rua onde morávamos organizou--se a troça da Rua 13 de Maio em paralelo com a da Rua Saldanha Marinho e outras tantas. Aqueles pequenos exércitos, além de outros fins, mais ou menos inconfessáveis, para que se organizavam, como furtar e às vezes roubar frutas pelos quintais, gêneros e garrafas nos botequins e casas comerciais, além das depredações, quebra de vidraças e lâmpadas da iluminação pública e outros banditismos existiam, principalmente, para cultivar as rivalidades recíprocas. E as competições constantemente subiam às práticas de verdadeiras guerras, nas quais se distinguiam a luta pessoal a tapas e socos e pontapés, outras vezes, a briga coletiva organizada, a pedradas atiradas à mão livre ou por meio de setas (estilingues) ou bodoques. Entre a troça a que eu pertencia e a da Rua Saldanha Marinho houve sempre uma rivalidade muito acirrada e que resultava da diferença de nível social entre os competidores. Do nosso lado, os meninos pertenciam, em geral, a famílias de condição mais modesta, crianças entre as quais muitas de cor trabalhavam, mesmo em tenra idade, para ajudar aos pais, na maioria vendendo jornais. No lado de cá, éramos, então, rigorosos nos conceitos. Gostávamos de assinalar que os adversários eram 'moleques', vadios e ordinários, gente de baixa condição e que nos odiava por inveja e por despeito. Eram eles valentes e, pelo contrário uns pequenos heróis lançados precocemente à luta pela vida". E quanto aos "meninos de família" que enfrentavam tais muleques: "Lutávamos também como heróis". Naquele tempo "não havia bom senso entre nós, para reconhecer a bravura dos inimigos, muitos dos quais fizeram e fazem carreiras mais dignas. Entre os companheiros da rua, junto aos quais se distinguiam muitos escolares e colegas, as caçadas a bodoque e seta, as pescarias e os banhos no Passeio Público, no tanque do Bacacheri e nos Rios Ivo e Belém e as excursões nos arrabaldes do Bigorrilho e Santa Felicidade, constituíam as diversões aventurescas preferidas. Essas excursões, por demandarem muito gasto de tempo, não se faziam sem as gazetas, isto é, faltas às aulas. Eram o terror dos pais não só pelas faltas ao estudo, como, principalmente, pelos perigos e acidentes que às vezes marcavam de tons graves e tristes os brinquedos".

Outras influências abrasileirantes e católicas e algumas anglo--saxonizantes se fizeram sentir sobre Erasto, desgermanizando-o e desliteralizando-o. "A leitura, na minha infância, fora dos misteres escolares, compreendia O *Tico-Tico* e os respectivos almanaques, os quais tinham grande voga. Liam-se também histórias da carochinha. Logo depois surgiram as novelas do Nick Carter, Sherlock Holmes e Búfalo Bill, que dominaram rapidamente os meios infantis. As histórias dos piratas, de Robinson Crusoé e outras aventuras, andavam de mão em mão e os que não obtinham os livros se consolavam em ouvir essas histórias contadas. Os meus heróis foram precisamente os dessas histórias que acabei de mencionar. Adorei de começo o Robinson Crusoé nas suas encantadoras aventuras. Mas a seguir me apaixonei pelos policiais, empenhados em combater o crime".

Neto de pastor luterano e sempre um tanto protestante, explica-se que nunca tenha usado "nem mesmo anel de grau ou de casamento". E nunca tenha tido gosto por bengala. Jogou bilhar quando rapaz. Preocupou-se pouco com modas e alfaiates. Já alcançou, quando quase rapaz, o *ragtime*.

A época considerada neste ensaio marcou a transferência do esporte de natação, da água doce para a água salgada. Marcou o começo das elegâncias esportivas de beira-mar: os homens de camisas listradas e de calças até quase os tornozelos; as senhoras e moças, de grossas baetas de azul severamente escuro que as cobriam do pescoço aos tornozelos. Isto em contraste com os banhos de rio em que senhoras e moças, despindo-se, como acontecia em Pernambuco – Província famosa, nos seus grandes dias, pelos seus rios e pelos seus banhos de rio – em banheiro de palha, por vezes nadavam além dos banheiros; e eram vistas nuas, de longe, por olhos alumbrados de adolescentes. Antônio José da Costa Ribeiro, nascido em Pernambuco em 1868, e cujo testemunho já foi tantas vezes invocado neste ensaio, recorda que no seu tempo de menino o chamado "passamento de festa" queria dizer principalmente isto para os meninos, para as moças, para os rapazes: nadar em água doce; banho de rio; festas, pastoris, danças, teatro em subúrbios elegantes à beira do rio como o Monteiro, Caxangá, Apipucos. Nas suas palavras: "Ao meu tempo de menino, as famílias em sua maior parte, moravam no centro da cidade e no verão (de outubro a fevereiro) saíam para o campo, para passar a festa. Os meus pais se conheceram, namoraram e casaram-se no Poço da Panela. E jamais esqueceram a freguesia. Ainda no ano anterior ao de sua morte, meu pai passara a festa em uma velha casa no Largo do Monteiro e da qual não se esquece o seu neto, o poeta Manuel Bandeira, embora não seja esta a 'casa de seu avô', a que se refere em sua 'Evocação ao Recife'. No Monteiro muitas vezes, e no Chacon, lembro-me dos passadios de festa e dos banhos no Capibaribe, onde aprendi a nadar, atravessando-o muitas vezes nas grandes enchentes. Havia os banheiros e também assisti a cenas iguais a que o poeta, meu sobrinho, se refere [moças nuinhas no banho] por as ter visto em menino, em Caxangá, onde os avós também passaram um verão. As minhas recordações de menino e rapaz são dos tempos de festa do Poço e Monteiro; do que vi e do que ouvira, passando antes de poder entrar no conhecimento dos fatos. Houve no Monteiro muita vida de sociedade. Na Levada existia um clube, com reuniões dançantes aos sábados. No Largo do Monteiro houve um teatro onde vinham representar, não só amadores, como companhias dramáticas que apareciam no Recife. As festas de São Pantaleão, oráculo da capela que ali existia, eram pomposas e concorridas. E, no meu tempo, foi transformado em escola normal um estabelecimento de instrução que ali se fundara e que, mais tarde, transferido para o Recife, tomou o nome do seu fundador, e é hoje a conhecida Escola Normal Pinto Júnior. Boas casas, algumas chácaras, ocupadas todas por pessoas mais ou menos abastadas. Mas, com o tempo e novos hábitos, desagregações da família, veio chegando a decadência. Lembro-me também muito do Poço da Panela, de sua vida pitoresca e das suas festas, onde belas vozes femininas se faziam ouvir. E nos corredores do templo ou no pátio da Igreja, tantas meninas e moças bonitas... Também lembro-me, quando menino, de minha satisfação quando podia viajar em cima dos vagões, que então tinham o que se chamava galeria, à moda dos ônibus de Paris. Neste ponto de reminiscência vale também notar um excelente passadio de festa numa velha casa, no Chacon, à beira do rio, para onde tinha a sua frente. Casa sempre cheia de amigos e vida alegre. Armou-se um presépio com as filhas de um compadre de meu pai, música dos irmãos Lisboa (aos quais já me referi). Tudo se passou bem até o dia do queima, que foi por meu pai apressado, quando apareceram uns penetras e aos vivas ao 'azul' ou ao 'encarnado', com alvoroço da meninada. Além do Monteiro e do Poço, outro centro de atração era Apipucos, onde residiam as famílias Burle e Dubeux. Famílias numerosas e entrelaçadas por próximo parentesco. Muitos rapazes e moças, todos vivos e alegres. Bem relacionados com a colônia inglesa, havia em Apipucos grande vida social". Nadava-se de dia e dançava-se à noite.

Não era só na natação e nas danças – danças que quase sempre findavam com o galope – que estavam os esportes mais queridos da mocidade brasileira do fim do século XIX e do começo do XX, em cidades como o Recife ou o Rio de Janeiro ou Salvador ou Porto Alegre ou Belém do Pará. Também na participação, por vezes violentamente esportiva, de adolescentes e rapazes em lutas a favor de uma atriz ou cantora, contra outra. Formavam-se partidos e eram quase sempre as *mezzosoprani* – informa no seu depoimento Antônio José da Costa Ribeiro – "que dividiam a plateia ou os rapazes das galerias", isto, das chamadas torrinhas. Essas lutas não raro terminavam em bengaladas. E era tal o entusiasmo com que os apologistas de tal ou qual artista de teatro defendiam a sua causa, que havia o perigo de cabeças quebradas ou de casacas rasgadas. "Lembro-me que em noite de benefício e grande exaltação, o Fausto Cardoso, tão cheio de talento, e a quem a política levou ao fim tão trágico que teve, sacudiu no palco, depois do chapéu e do paletó, o mocho do camarote de onde partiam os seus aplausos", recorda, ainda a propósito desse quase esporte, Antônio José da Costa Ribeiro.

Havia, porém, quem não se contentasse com esportes tão do trópico; e sonhasse com os boreais do mesmo modo por que o poeta negro Cruz e Sousa sonhava com névoas do Norte da Europa e o poeta mulato B. Lopes, com duquesas ou condessas brancas-de-neve. Tal o caso de W. Z., que de esportes praticados no Brasil no seu tempo de rapaz o único que tolerou – e isto mesmo só para ver: não para praticar – foi o de corridas de bicicletas. Lembra-se de ter visto correr em pistas brasileiras Artur Lundgren, que era "jovem, louro e bonito", Francisco Pessoa de Queirós ("Náutico"), José de Barros ("Vulpino"), Getúlio Cavalcanti ("Jacy"). Foi ao prado, às corridas de cavalo. Viu, horrorizado, brigas de galo. Mas o seu sonho era ir à Europa, "patinar sobre o gelo a toda velocidade"; ou "subir de balão como Santos Dumont". O mesmo W. Z., nascido em 1888 em Província do Norte, refere ter sido criado mais por uma tia solteirona que pela própria mãe; ou pelo pai, quase sempre ausente de casa e muito dado à cerveja. Enviado, para os estudos, a um internato do Recife, seu enxoval causou escândalo, tais eram pelo número, pela variedade e pelos requintes as peças do seu vestuário. Sofreu intensamente no internato, sendo vaiado pelos adornos de renda alagoana de um seu casaco que tinha qualquer coisa de sobrecasaca à Luís XV. Na sua cidade natal já fora vaiado por moleques de rua, devido a seus cachos, só cortados quando ele completou oito anos: foram então oferecidos por sua mãe e sua tia – que era também sua madrinha – à imagem do Senhor dos Passos da Cidade de Z.[56] Nunca participou de "jogos brutos", tendo tido desde muito pequeno decidida predileção por brinquedos de meninas. Descobriu, ainda adolescente, que gostaria de ter nascido menina e se chamado Cármen. Nos carnavais, sempre se fantasiava de cigana, saindo em grupo com outros rapazes da mesma tendência que a sua; e provocando homens com dengos imitados dos das mulheres. No colégio conservou-se relativamente casto durante anos, não tendo, porém, resistido ao cerco que lhe fez certo colega mais velho, ao qual se entregou como se fosse mulher e o colega, homem. Depois dos estudos secundários, teve outros "casos" semelhantes (homossexuais). Pensou em ser escultor, tendo, quando moço, admirado um brasileiro de sua geração que fez sucesso em Paris, como artista: V. M. Mas faltou-lhe constância no estudo da pintura. Faltou-lhe constância noutros estudos. Vem vivendo, depois de homem, da pequena fortuna deixada pelo pai e administrada por um tio; e de certo comércio com antiguidades. Também certa vez "tirou pequena quantia na loteria". E sempre jogou no bicho. Refere mais, do seu passado sexual, que a aversão a mulheres talvez lhe tenha vindo do fracasso experimentado junto à primeira polaca a que o levaram amigos, num dia de carnaval. Fracasso completo. Nunca procurou corrigi-lo com novas aventuras da mesma espécie. Admirou "Santos Dumont quando do seu triunfo em Paris"; mas sempre lamentando que ele não tivesse "a aparência magnífica de Augusto Severo". Sempre procurou acompanhar a moda, preferindo a francesa. Chegou a ter uma grande coleção de figurinos, tanto para mulher como para homem. Das joias, informa que sempre adorou: alfinete de gravata, botões, anéis. Muito apreciou as caricaturas de Rian (Da. Nair Teffé). Indiferente à política: inclusive Monarquia e República, positivismo, socialismo, comunismo, feminismo. Admirador de Oscar Wilde, Eça de Queirós, Verlaine. Refratário a danças.

Refratário aos esportes, quando moço, foi Max Fleiuss, nascido na corte em 1868. Nem sequer nas danças soube mover-se: "A primeira vez que dancei, no baile da Ilha Fiscal em 1889, rasguei o vestido, quilométrico, da minha dama". Quanto a roupas e modas, sua preocupação, desde moço, foi apenas vestir-se "sempre com limpeza" e simplesmente: "Nada de joias".

"Dos esportes sempre preferi a natação", depõe Alfredo Severo dos Santos Pereira, nascido no Ceará em 1878. E quanto às modas: "Sempre preferi, tanto quanto o consentiam minhas posses, a moda inglesa, pois sempre segui nisso, embora sem ainda a conhecer, a opinião de Sales Torres Homem, segundo a qual não devemos deixar aos cretinos nem mesmo a vantagem da indumentária".

Manuel (Carneiro de Sousa) Bandeira, nascido em 1886 em Pernambuco, mas crescido no Rio de Janeiro, depois de esclarecer ter adoecido "aos 17 anos", informa que, quando moço, "ia às vezes ao futebol, que começava a introduzir-se aqui [Rio de Janeiro]". Quanto a roupas e modas, escreve no seu depoimento: "Quando passei a usar calças compridas, meu alfaiate era o do meu pai – o Lacurte (Rua do Ouvidor)". Os homens "como meu pai" – o engenheiro Sousa Bandeira – "usavam habitualmente fraque e chapéu-coco, mas alguns usavam também a cartola. Lembra-me de ter visto 'o Custódio' – isto é, o almirante Custódio de Melo – de jaquetão e cartola". Os positivistas pareciam distinguir-se pelo uso do *croisé*: "usavam ainda o *croisé*".

Como roupa de baixo, era de rigor o uso de ceroulas compridas. As camisas eram de colarinho e punhos postiços. O alfinete de gravata raramente faltava aos homens de então, que usavam borzeguins e guarda-chuva, enquanto os rapazes "usavam muito bengala".

Amílcar Armando Botelho de Magalhães, nascido em 1880 no interior do Rio de Janeiro, informa: "Quando moço, gostei de passeios a cavalo, esporte de remo, danças..." O futebol, detestou-o sempre, assim como as touradas e "as brigas de animais quaisquer". E como não fosse rapaz rico, só pôde mandar fazer roupa de casimira inglesa no Almeida Rabelo, quando conseguiu sua promoção a alferes-aluno. Era assim "obrigado a contentar-me com uns ternos mal-ajambrados, confeccionados nos alfaiates mambembes do Catete e alhures". Como oficial, porém, primou por se fardar "bem e impecavelmente uniformizado sempre"; até o posto de major só se fardou "no melhor alfaiate militar dessa época – Guilherme Riecken, depois Oliveira". "Minha decidida preferência" – informa ainda Botelho de Maga- lhães – "quanto a modas masculinas, era pelos manequins ingleses; os tipos franceses se me afiguravam efeminados e os norte-americanos... roupas emprestadas, quando o defunto era maior". Quanto a chapéus: "Preferi, sempre que os podia comprar, os de coco". No verão, os de palha: "palhetas", no Rio; "picaretas", no Rio Grande do Sul. Em "matinês chiques, usei muitas vezes cartola de pelo luzidio Crystis, tendo começado a fazê-lo aos 17 anos". Calçado militar, usava o da Casa Catete ou do Incroyable, "feito sob medida"; para trajo civil, "preferia borzeguins de cordão ou de botões, em primeiro lugar os do fabricante Walkover". A princípio "os aguentava de verniz, mesmo no clima quente do Rio de Janeiro"; aos poucos substituiria o verniz pela pelica fina. Em bailes, "à noite, como bom dançarino, dava um dente por me enfiar num levíssimo par de sapatos de entrada baixa, tipo especial para dançar". Guarda-chuvas e bengalas, usou-os sempre quando moço: eram "indispensáveis para completar a indumentária". Joias, só as que lhe davam de presente: nunca teve coragem de com- prar nenhuma para seu uso.

Antônio José da Costa Ribeiro, nascido em Pernambuco em 1868, recorda do seu tempo de menino e de moço que "os esportes [atuais] não estavam [ainda] em moda". De maneira que, "menino e rapaz, só pratiquei a barra fixa, o trapézio e a natação no Capibaribe, nos passadios de festa no Chacon ou no Monteiro". Quanto a modas: "O meu alfaiate em menino era Seu Macário, no Largo da Matriz de Santo Antônio, um mulato, homem excelente, estimadíssimo, liberal, político de prestígio e 1º Juiz de Paz da Freguesia". Mais tarde, seu alfaiate tornou-se o Paul Julien, de quem era caixeiro o Maniva, que o substituíra. Não tinha "preferência de modas": seguia as então "comumente usadas" que eram "as inglesas e francesas". Dos calçados era muito apreciado o Milliet; dominavam os borzeguins; eram ainda raros os sapatões. Raros, também, os sapatos de cor. Chapéus, usava Antônio José "como toda a gente", isto é, toda a gente da sua classe, o chamado de coco e a cartola. "A moda do chapéu de palha" – esclarece – "começava e também" a dos "chapéus moles de feltro e a que, em Lisboa, em 1900, ouvi dar em uma chapelaria um nome feio, por causa da fenda que se [dava] na copa". A esse tempo "era mais usado o chapéu de sol que a bengala".

Alfredo Rosas, nascido na Paraíba em 1887, não praticou quando menino ou rapaz, "quase nenhum" esporte; e recebeu mal a novidade do futebol. Estudante no Rio de Janeiro, seu alfaiate foi então um cearense chamado Mendonça Furtado: "Magnífico cidadão não só pela excelência das suas casimiras com pelos prazos longos e camaradas das suas prestações..." A despeito de não praticar esportes nem gostar de futebol, gostava de "roupas à inglesa, largas e mesmo que fossem desajeitadas [...]". O chapéu de palha, também de caráter esportivo em oposição ao feitio solene do chapéu-coco, confessa ter sido o seu dengo. Seu sapato, o Bostock. Roupas de dentro, de linho. Nada de joias: nem sequer "o inefável anel de bacharel", por outros tão ostentado na época.

João Franklin de Alencar Nogueira, nascido no Ceará em 1867, mas formado em engenharia na Escola Politécnica do Rio de Janeiro – onde assistiu, aos 22 anos, à proclamação da República –, foi outro que quase não praticou, quando moço, esporte nenhum. Quanto a roupas, confessa: "Sempre andei um tanto fora da moda, vestindo-me quanto possível ao modo antigo. Ceroulas de cadarço amarrado no tornozelo e chapéu de palhinha. Nos trabalhos de campo, nunca usei os pedantes chapéus de cortiça". Sempre usou guarda-chuva. Aliás, dizia-se dos chapéus de cortiça que seu uso nunca se tornaria moda no Brasil. Talvez por ter havido vigorosa reação contra eles da parte do moleque brasileiro, às vezes responsável pelo fracasso de certos exotismos no Brasil. Raoul Dunlop viu, no começo do século XX, ingleses, de capacete colonial, serem vaiados por moleques cariocas. Deu-nos a esse respeito interessante depoimento oral.

José Luso Torres, nascido no Maranhão em 1879, informa sempre ter gostado de montar a cavalo. Quanto a modas, sua preferência foi, mesmo quando moço, pelo meio-termo. E joias, tornou-se homem só tolerando o seu uso pelas mulheres.

Alfredo Bartolomeu da Rosa Borges, nascido em Pernambuco em 1864, escreve, no seu depoimento, ter, quando moço, se dedicado com ardor ao remo. Mas o seu fraco foi o semiesportivo pastoril: "Quando rapazola, fugi muitas vezes de casa ao ouvir o bombo anunciando a função". Seu grande entusiasmo – repita-se – era pela "Contramestra, mas fugia disfarçadamente quando o 'Velho' iniciava o leilão em benefício dela". A época de Rosa Borges – que confessa não ter nunca se exagerado quanto a modas – foi, aliás, no Recife ainda imperial, época de pastoris célebres pelas suas pastoras. Em torno de algumas delas – quase sempre, lindas mulatas – se formaram rivalidades semelhantes às que existiram então em torno de atrizes italianas, espanholas ou portuguesas de teatro. Foram rivalidades que quase sempre serviram para aguçar em cidades como o Recife, o Rio de Janeiro, Salvador, São Paulo, o antagonismo entre estudantes e caixeiros. Antagonismo que do Império prolongou-se pela República.

José Cupertino Dantas, nascido em 1854 em Sergipe, mas formado pela Faculdade de Direito do Recife, não praticou esportes de campo, contentando-se com "as danças de salão". Suas roupas nunca o preocuparam; nem seus calçados ou chapéus. "Minhas ideias" – escreve no seu depoimento – "sempre foram moderadas, tanto social como politicamente".

Já Higino Cunha, nascido em 1858 no Maranhão, sem ter praticado na meninice ou na mocidade esportes ingleses, foi desde menino "nadador emérito [...] tanto nos rios e riachos como no mar". Quanto a modas, foi outro que nunca se preocupou muito com elas, contentando-se em vestir-se "decentemente, sem exagero nem muito apuro".

"Sempre tive antagonismo a toda sorte de jogos, gostava [apenas] das corridas do prado", informa Demóstenes Ipiranga de Sousa Dantas, nascido em 1880 no interior de Pernambuco. Quanto a modas, pormenoriza ter sempre preferido o chapéu do chile; botinas, as importadas então da Inglaterra. Guarda-chuva, sempre o dispensou, mesmo nos dias de chuva. Na mocidade, nunca saiu à sua rua que não fosse de bengala. Não por estar na moda o seu uso, mas "como arma": rija bengala feita da madeira conhecida por coração-de-negro. Nas suas próprias palavras: "[...] nunca a dispensava ao sair para a rua, trazendo-a sempre em giros constantes ao redor do ombro direito, enquanto a mão esquerda trazia-a no bolso da calça". Mãos sem anéis: "Nem mesmo o próprio anel conjugal". Menino, acompanhando seu pai, viu-o mais de uma vez encontrar-se no Hotel Londres com "José Mariano, Aristarco Lopes, Gonçalves Maia, Sérgio Magalhães e outros muitos"; entre esses "outros muitos", alguns pernambucanos célebres pelo seu modo violento de praticar a política. Como a época fosse de intensa agitação, Demóstenes Ipiranga de Sousa Dantas cresceu sem sentir a necessidade de esportes: a política deu-lhe toda a excitação reclamada pela adolescência. "Estou bem lembrado" – escreve ele no seu depoimento – "dos encontros agitados em Palácio, na Praça da República. Vi José Mariano ir e vir, para um e outro lado, transmitindo ordens aos coronéis Ricardo Lima e Paula Mafra, para a possível reação do 2º e 14º B. C., naquela praça aquartelados, que tinham ordem para depor o Exmo. Sr. barão de Contendas, então governador do Estado. Em face daqueles preparativos bélicos, meu pai retirou-se para a casa de Rodrigo de Carvalho & Cia., antigo comerciante na Rua do Imperador. Dali assisti ao desenlace do primeiro movimento reacionário violento, sanguinário, de governos inescrupulosos, como foi o do marechal Floriano Peixoto. Foi um combate à queima-roupa a poucos metros de distância, no qual tombaram centenas de homens bravos, valentes".

Heraclides César de Sousa-Araújo, nascido em 1886 no Paraná, foi na mocidade indiferente a esportes e jogos. Estudante no Rio de Janeiro, sempre se vestiu "nos melhores alfaiates: Almeida Rabelo e Nagib David". Preferiu as modas inglesas. Chapéus: Borsalino, Gélot, Maussant, Lincoln, Panamá; o de palhinha, muito raramente". Calçado: Abrunhosa e Casa Ouvidor. Não usou, quando moço, nem joias nem bengala.

Paulo Inglês de Sousa, nascido em São Paulo em 1888, recorda ter gostado, quando moço, de remar. Em modas de homem, seguiu desde adolescente as inglesas, embora seu calçado predileto de rapaz fosse o Walkover (americano); e quanto a camisas, às inglesas preferia as francesas. Chapéus, também ingleses. Nunca usou anel de bacharel; mas bengala, sim: foi sua insígnia de classe, numa época em que, bem apuradas as convenções, caixeiro não usava bengala, enquanto o homem formado raramente saía à rua sem conduzir o seu bastão mais ou menos elegante. Às vezes o cabo ou o castão da bengala era também simbólico da profissão do indivíduo.

"Esporte, nunca pratiquei", depõe Leopoldo Marinho de Paula Lins, nascido em Pernambuco em 1857. Quanto a modas, nunca o preocuparam. De joias, usou apenas, quando moço, os botões de punho, as alianças de casamento, o anel de bacharel e um relógio de ouro, patente suíço.

Do também pernambucano Joaquim Cirilo da Silva Ramos, nascido em 1882, é o depoimento de ter sempre apreciado regatas; mas não futebol. Quanto a modas, seguiu, quando rapaz, as francesas.

Emiliano (Ribeiro de Almeida) Braga, nascido no Maranhão em 1873, informa não terem faltado esportes à sua mocidade: caçada, natação, remo, cavalo. E quando estudante de liceu, em São Luís do Maranhão, lutas com caixeiros e com a polícia. Funcionava o liceu na parte térrea de um convento de carmelitas, dos quais sobrevivia então apenas um frade, o brasileiro frei Caetano de Santa Rita Serejo, muito amigo dos rapazes. No dia de Nossa Senhora do Carmo, o frade oferecia aos estudantes "um pantagruélico almoço num dos grandes salões do convento. Logo após o café, em suas casas, os estudantes corriam para o convento, ouviam missa e espalhavam-se pelo quintal, em brinquedos. Ao meio-dia em ponto, frei Caetano dirigia-se para a sala do banquete acompanhado pela estudantada, assumia a cabeceira da interminável mesa, rezava, abençoava-nos e a rapaziada avançava na boia. Não havia cadeiras... Que festa! Que fartura de comida! O que sobrava era sempre muito, era para os inúmeros pobres que ali por perto esperavam sua vez".

Havia alguma coisa de brutal nos trotes que, no Maranhão dos dias de Emiliano Braga, aluno do liceu, chegavam aos "fortes cascudos, empurrões com alguém de cócoras atrás da vítima, rabos de pano e papel nos calouros em charola pela cidade". As vaias do liceu foram, também, célebres, "pois muitas vezes redundaram em barulho, até mesmo com a polícia e urbanos (espécie de guardas-civis desse tempo e que os estudantes apelidavam de manichupas). Quantas vezes eles não investiram contra os estudantes pelas escadarias acima, para nem sempre levarem a melhor! Nesse tempo os rapazes tinham garbo em brigarem a braço, como homens de força, e não a faca e revólver, armas de fracos e assassinos". Nas festas, as lutas dos estudantes do liceu deixavam de ser com os soldados para ser com os caixeiros. "Com estes, então, quanto rolo sério não houve. Não havia tiro nem facada mas muita pancadaria rolava e sempre os estudantes saíam de melhor partido". Nas lutas de algum modo esportivas com caixeiros, era evidente o ânimo nacionalista da parte dos estudantes, quase todos brasileiros, enquanto os caixeiros eram quase todos portugueses. E o português era ainda para os maranhenses, o marinheiro.

"[...] pé de chumbo, calcanhar de requeijão",

que tivera a

"petulância de pisar no Maranhão."

Quanto a modas, Braga gostava muito, quando moço em São Luís, de chapéus de palha; porém saíam-lhe caros: cinco por ano. Sempre usou botinas. Com relação a roupas de dentro, chegou ao requinte de só vestir linho ou seda. No tempo de chuva, saía de guarda-chuva; nos dias de sol, de bengala. Destas teve verdadeira coleção: bengalas de "raras e caras madeiras da Amazônia, entre as quais uma, cujo único exemplar foi o que possuí". Quanto a joias, só usou relógio, alfinete de gravata e aliança de casamento, evitando anel de brilhante "por não achar próprio para homens".

João d'Albuquerque Maranhão, nascido no Rio Grande do Norte em 1883, informa ter quando moço, no Recife, jogado boliche no Mercado do Derby: "excelente esporte"; a seu ver sempre gostou muito de dançar. Em Manaus, vestia-se no Aux 100.000 Paletots, de Levy & Cia.: judeus alsacianos. Não usava chapéu de coco; no Amazonas, deu preferência ao chapéu de palha. Chapéu de palha acompanhado de fraque; e mais de guarda-chuva que de bengala. De joias, só usou, quando rapaz, anéis e alfinete de gravata.

José Ferreira de Novais, nascido na Paraíba em 1879, escreve no seu depoimento ter sido, quando moço, jogador de bilhar. Quanto à indumentária, informa secamente que a sua "sempre foi simples, à brasileira". Mas não deixou de praticar façanhas de sabor esportivo: "Em 1889, a 22 de novembro, eu, Antônio Pinho, Cândido Pinho e Américo de Gouveia, companheiros de casa, embarcamos do Recife em duas jangadas embonadas, com uma tolda comum, e tivemos de pernoitar em Ponta de Pedra, que deixamos pela madrugada seguinte. Alcançamos a praia do Bessa à meia-noite imediata e dali rumamos a esta cidade [a capital da Paraíba], caminhando a pé. Em 1892, a 10 de janeiro, eu e Temístocles Cavalcanti, ora falecido, embarcamos no porto de Sanhauá na barcaça Dona Mariana, carregada de fardos de algodão, em rumo do Recife. Pernoitamos em Cabedelo e continuamos viagem no dia imediato sem vento favorável, chegando ao Recife às 4 horas da manhã do dia 12".

Aureliano Leite, nascido em Minas Gerais, em 1887, informa ter sido a natação o esporte da sua predileção de menino. Natação em açude, iludindo a vigilância dos pais. Rapaz, praticou pouco o esporte: talvez por já ter nascido robusto. Jogou futebol; mas raramente.

José Maria Moreira Guimarães, nascido em Sergipe em 1864, fez quando rapaz muita marcha a pé; e tomou muito banho de mar. Quanto a modas, não o preocuparam: perdeu até "uma joia preciosa, o anel de engenheiro militar, por não gostar de a trazer no dedo, conservando-a por vezes no bolso da farda, no dólmã".

Alberto Carneiro de Mendonça, nascido em 1870, em Minas Gerais, recorda no seu depoimento ter praticado na mocidade vários esportes: natação, equitação e até patinação. Mais: "jogava críquete"; dava-se a "corridas" e "saltos". Nada informa a respeito de suas preferências com relação a modas, parecendo ter seguido principalmente as francesas e inglesas.

Antônio Carlos Pacheco e Silva, nascido em São Paulo em 1898, precisamente na casa na Rua dos Timbiras de onde Campos Sales saíra para ocupar o Catete, cresceu em época já marcada pela predominância do futebol sobre outros esportes. Quando menino, "os jogos de futebol, no fundo dos quintais onde se reunia a meninada da vizinhança", foram "o [seu] divertimento favorito". Mas sem que deixasse de fazer no quintal da própria casa exercícios de barra fixa, trapézio e argolas, impostos pelo pai, que "tinha sido um grande ginasta e atribuía a sua resistência ao fato de ter feito muito esporte na adolescência". Também se empenhou com seus camaradas "na luta romana e na capoeira". Nas férias, ia sempre à fazenda do pai, em Campinas; e aí se regalava de cavalos, caçadas, pescarias; nadava nos tanques; mariscava nos ribeirões; corria pelos campos de "pés descalços, sobre a relva orvalhada". Como tivesse visto surgir, quando menino, os primeiros automóveis, era natural que se apaixonasse por um esporte no qual se notabilizou, no começo do século XX, Eduardo Chaves, seu parente, indo de automóvel do Rio a São Paulo através de estradas terríveis. Mas não se apaixonou pelos automóveis. Ao contrário: viu com certa melancolia desaparecerem os landaus e suas "belas parelhas de cavalos [...] substituídos por enormes Renault, Mercedes, Panhard, Fiat – todos de procedência europeia. Os magnatas paulistas, de volta de suas viagens à Europa, traziam sempre um automóvel com o respectivo chofer, em geral mecânico, contratado por elevadas quantias, com casa, comida e até vinho às refeições. O ideal supremo [da maioria] dos meninos passou a ser então o de guiar automóvel". Rapaz elegante, Pacheco e Silva praticou muitos esportes finos: ciclismo, natação, boxe, tênis, futebol, atletismo, remo. Suas roupas eram feitas no Vieira Pinto, no Cibela, no Carniceli, no Latuchela. Quanto a chapéus, usou os Gélot e os Borsalino; calçados, o Clark, o Guarani e o Hanau, este "americano". Bengalas, pouco as usou: as que teve foram feitas em São Paulo, de peroba e guambixira. Gravatas, francesas. Guarda-chuvas, ingleses. Nenhuma joia – a não ser "abotoaduras e alfinetes de gravata".

De Eurico de Sousa Leão, nascido em Pernambuco em 1888, é a informação de ter substituído os esportes pela excitação em torno dos pastoris. Seus alfaiates de rapaz elegante no Rio foram o Almeida Rabelo e o Vale; depois o Nagib. Sua marca preferida de chapéu, a Gélot.

Nascido em Minas Gerais em 1879, Cássio Barbosa de Resende escreve no seu depoimento: "Nunca tive a menor preocupação com as modas ou com as joias". Tampouco parece ter se interessado por esportes.

Luís Pinto de Carvalho, nascido na Bahia em 1877, informa nunca ter jogado nem feito esportes. E "nunca teve cuidados especiais por questões de indumentária".

Carlos Luís de Vargas Dantas, nascido no Rio de Janeiro em 1870, recorda ter sempre apreciado "excursões, principalmente a lugares de altitude". Nada informa sobre modas ou preferências de indumentária.

"O esporte que mais apreciei" – escreve no seu depoimento Raimundo Dias de Freitas, nascido em 1874 no Piauí – foi "a equitação". Quando militar em Belém do Pará, frequentou o Sport Club. Quanto à indumentária no seu tempo de moço: "Sempre procurei vestir-me bem. Para isso recorria aos melhores alfaiates ao meu alcance, tais os que trabalhavam nas oficinas do Clube Militar e Cooperativa Militar, ambas sediadas no Rio de Janeiro". Mas vestir-se bem nunca significou para Raimundo Dias de Freitas seguir as modas com exagero: "Nunca usei calças com preguinhas na frente da barriga nem calças à boca de sino, contendo 35 centímetros de largura. Também não aceitei a moda dos paletós com o comprimento dos antigos *croisés*". Chapéus, sempre preferiu os elegantes e distintos, evitando os espalhafatosos. Quanto a calçados, os de sua predileção foram os das fábricas Scatamacchia, DNB, Clark e Fox. Cuecas, nunca as usou demasiadamente curtas. E sempre preferiu as "confeccionadas em boa fazenda, *oxford* ou tricoline, de cor ou brancas", assim como as camisas. Não dispensou, quando moço, guarda-chuva ou bengala, considerando a bengala "útil". Apreciou "boas joias".

"Fui bom nadador, sem saber que nadar era um esporte proveitoso", informa Antônio da Rocha Barreto, nascido na Paraíba em 1882. Quanto a modas, confessa ter se vestido "sempre mal".

Artur (Roberto) Coelho (de Sousa), nascido também na Paraíba em 1882, quanto a modas, confessa ter se vestido "sempre de pegar passarinho". E como teve desde menino propensão para inventos e ingresias, foi também "ótimo fazedor de bodoques e de espingardinhas de cabo de chapéu de sol". Neste particular, acrescenta ter inventado "um fecho especial para espoletas de papel, que foi admirado até pela gente grande". Quanto a modas, informa que a Itabaiana do seu tempo de rapaz "possuía duas alfaiatarias, cujas modas estavam sempre fora da moda, mas ninguém dava por isso". Às vezes "surgia algum janota com sapato americano, a olhar para os pés como um pavão. O calçado de maior voga era o Bostock."

Florêncio (Carlos) de Abreu (e Silva), nascido no Rio de Janeiro em 1882, mas crescido e educado no Rio Grande do Sul, informa ter sido o "esporte" de sua predileção "a equitação". Sempre procurou vestir-se de acordo com a moda em voga: quando moço "casaco de trespasse ou fraque"; chapéu, o de coco ou, excepcionalmente, "a cartola de feltro, com sobrecasaca ou fraque"; calçado, o borzeguim de verniz, abotoado de lado, de cano cinza-claro. Mais: "a bengala me era indispensável; só a deixava quando chovia, obrigado então a usar o guarda-chuva. As joias, apreciava-as somente nas mulheres: o meu anel simbólico passou para o dedo da minha [esposa]".

De Heitor Modesto (d'Almeida), nascido em Minas Gerais em 1881, é este o depoimento: "Antes da República, o calçado em moda era o Clark". Inglês ou escocês, o calçado Clark "manteve longo tempo seu prestígio". Mas teve na época um forte competidor: o Walkover. "O *chic* era ranger a sola", informa Heitor Modesto dos calçados elegantes dos seus dias de moço. Os alfaiates da "alta roda" eram, no Rio de Janeiro, Raunier, Almeida Rabelo, Vale. Mas havia os avulsos, a prestações. Fez época "o primeiro alfaiate que trabalhou com tecidos nacionais baratos". Quanto a esportes: "Fora dos colégios, só havia educação esportiva nos clubes de regatas e no Clube Ginástico Português". Na Rua Senador Dantas, um Paulo Mauret "dava lições de esgrima".

Tomás Pompeu de Sousa Brasil Sobrinho, nascido no Ceará em 1880, escreve no seu depoimento terem sido "seus principais e mais estimados divertimentos de rapaz... os passeios pelos subúrbios ou no campo". Foi sempre um tanto indiferente às modas. E "nunca usou joias; nem mesmo a aliança ou o anel de grau. Também nunca possuiu bengala e nem usou chapéu de palhinha".

Antenor Nascentes, nascido no Rio de Janeiro em 1886, depõe sobre o seu tempo de jovem: "[...] não fazia esporte, a não ser a nata-ção, que praticava durante todo o ano". Quanto à sua indumentária na mesma época escreve: "Chapéu de palha, botinas inteiriças, bengala, horror à camisa de meia e às joias".

O rio-grandense-do-sul Manuel Duarte, nascido em 1883, infor-ma não ter sido rapaz dado a esportes. Quanto a modas, foi sempre "sóbrio" e "arredio a [seus] requintes". Entretanto: "Nunca dispensei bengala: a minha era crioula, de curunilha, cuja madeira eu trouxe de meus pagos e deu para duas bengalas, uma das quais presenteei a Getúlio [Vargas] [...]". Note-se a este propósito que a bengala foi por vezes, na época aqui considerada, arma aristocrática de defesa ou agressão, em contraste com o cacete plebeu: arma de cafajeste. Era elegante ser alguém agredido a bengaladas – como o conselheiro Rosa e Silva, às vezes chamado "conselheiro Houbigant", devido à sua preferência por perfumes e requintes franceses, uma tarde, à porta da Chapelaria Watson, no Rio de Janeiro, pelo industrial Delmiro Gouveia. Em geral, havia "troca de bengaladas": conflito entre cavaleiros. O humilhante era um homem fino, de cartola e fraque, ser agredido a cacetadas por cafajestes ou capoeiras. Ou a tabicadas, por um caipira ou matutão de engenho.

R. S., nascido em Santa Catarina, em 1878, escreve no seu depoimento ter sido contrário, quando moço, "aos esportes violentos, como o remo, o futebol etc., por seu aspecto brutal, impróprio à sensibilidade da nossa raça e à temperatura do nosso clima e, ainda, por despertar o egoísmo e a animalidade no homem". Em modas sempre preferiu "o meio-termo". Nunca usou joias.

No seu depoimento, Armando Silveyra, nascido no Rio Grande do Sul, em 1887, generaliza: "Não éramos, outrora, homens de esporte". Entretanto, em 1906 começaram a aparecer no Rio Grande do Sul "pequenos estádios de educação física, ginástica sueca ou método Hebert". Ele, Armando, cultivou o ciclismo. Quanto a modas: "Eu preferia, em rapaz, o figurino francês. Inclinei-me mais tarde para o americano [...] Chapéu cinzento-claro, aba larga, caída na frente. Os sapatos Walkover, com um calombo no bico, eram horríveis, mas cômodos". Joias, apenas "uma pequena pérola no fundo escuro da gravata" e "o anel de esponsais".

João Barreto de Meneses, nascido em 1872 em Pernambuco, confessa muito ter apreciado, quando moço, "a pescaria com anzóis de alfinete [...] em perseguição às piabas dos rios e camarões dos riachos". Quanto a modas: "Nunca tive alfaiates do meu gosto porque sendo pobre não contava com dinheiro para tanto. Consequentemente, não obedeci a nenhuma das modas em voga". Mesmo assim: "Usei o chapéu de coco e o de palha, o de cano alto aos domingos, calçados de enfiar, buscando para eles cordões de seda para torná-los mais apropriados às minhas calças de gazimira [sic] listrada. Preciso informar que em geral, principalmente entre os moços, eram de uso o colarinho alto e bem engomado, gravata larga e cheia, colocado sobre ela um broche de valor ou não".

Durval Guimarães Espínola, nascido na Bahia, em 1883, informa nunca ter feito esporte, quando rapaz. A modas, escreve no seu depoimento ter sido refratário. Nunca, porém, deixou, na mocidade, de usar bengala.

"Sempre me dei à equitação e à natação", informa no seu depoimento Teófilo de Barros, nascido em Alagoas em 1877. Menino, tempo de férias, entregava-se no engenho do pai "a toda sorte de brinquedos e esportes": "passeios na mata a pé, à procura de frutas e abelhas, banhos intermináveis no açude [...] carreiras a pé e a cavalo, jogos de bola..." Quanto às modas, nunca o preocuparam.

A natação foi também o esporte preferido por Manuel Pereira Dinis, nascido em 1887 na Paraíba. Quanto a modas, informa que durante todo o seu curso de direito, mandou fazer apenas "três roupas de casimira e um terno de fraque", o qual serviu para a festa da sua formatura. Isto "sem falar em roupas de brim".

Antônio Pires da Fonseca, nascido em 1870 no Maranhão, considera terem sido esportes da sua primeira mocidade as festas populares, o carnaval, o São-João, com seus busca-pés, balões, carretilhas, fogueiras, "em torno das quais a gente constituía novos parentescos..." Mais tarde, empolgou-o o futebol. Quanto a roupas, usou, quando jovem, "fraques, *croisés*, jaquetões à moda do tempo, chapéus de feltro, cartola nas ocasiões solenes, isto é, enterros, procissões, casamentos, festas cívicas, reuniões políticas e sociais". Botinas, informa ter usado as de polimento, "com elásticos de lado, para facilitar sua entrada nos pés"; ou então "as chamadas de duraque". Guarda-chuva, o de seu uso, quando moço, foi "o de seda portuguesa, desenrolado, para exibição do tecido"; e de "cabo caprichoso feito de marfim, ouro, prata, abraçado por um laço de retrós de seda, de onde pendiam duas borlas de igual tecido". Bengala, a que então usou foi a de "cabeça de prata com ponteira de igual metal ou de ouro. Joia, o correntão de ouro atravessado no colete".

Nascido no Maranhão, em 1886, José Frazão Milanez escreve que, ao seu tempo de menino e mesmo no de rapaz, "o esporte, como hoje é feito, não havia". Quanto às modas: "Os homens de distinção vestiam-se à moda inglesa. Sobrecasaca ou fraque e chapéu alto. Bengala ou guarda-chuva. Roupas de dentro, brancas. Camisa de linho branco, peito duro, marca Bertholet. Custava 10$000 e a fralda era de tecido finíssimo pele de ovo. Houve também moda de jaquetão preto e chapéu. O almirante Custódio de Melo, que era um príncipe no seu meio [no Rio de Janeiro], esmerava-se na indumentária e eu o vi muita vez assim trajado, a fazer ponto na Rua do Ouvidor, junto à porta de um alfaiate militar, ao que diziam seu conhecido. Nenhum homem que se prezava tinha coragem de sair à rua com um terno de linho branco. Mesmo as casimiras muito claras não eram bem-vistas. Dizia-se que Joaquim Nabuco, tempos atrás, no Império, comparecendo de terno claro à Câmara dos Deputados, causou escândalo. Vi, entretanto, muita vez, Guimarães Passos e o deputado Herédia de Sá trajando sobrecasaca cinza-clara e chapéu alto. Os elegantes, estes usavam luvas e polainas". Note-se de passagem, com relação a ternos claros ou brancos, que foram considerados impróprios para senadores, deputados, altos funcionários públicos, médicos, advogados, catedráticos de faculdades, até o fim da época aqui considerada. Estácio Coimbra foi impedido pelo pai, o velho e austero João Coimbra, de presidir a Assembleia Estadual de Pernambuco, já na República, de terno claro. Davam-se então a sem-cerimônias no trajo – ternos claros, fraques cinzentos, dólmãs brancos – industriais como Delmiro Gouveia, jornalistas como Paulo Barreto (João do Rio), anglomaníacos como Francisco de Barros Barreto.

"Nunca apreciei o futebol", confessa Adolfo Ferreira da Costa, nascido em Pernambuco em 1879. Mas foi entusiasta do banho de rio, além de ter, já rapaz, empinado muito papagaio e jogado muito pião. Teve, quando rapaz, um fraque feito de fazenda inglesa finíssima que lhe custou "120$000 a prazo". Mesmo com tais facilidades, havia quem caloteasse alfaiate. O pobre-diabo era às vezes obrigado a vir pelas "solicitadas" dos jornais, onde ameaçava revelar o nome do devedor; ou revelava-o. É tradição recifense ter sido um desses caloteadores de alfaiates certo estudante de direito, vindo do interior do Rio de Janeiro. O rapaz primava pela elegância; e era uma verdadeira sereia em forma de mulato eugênico: simpático, risonho, sempre alegre. Chamava-se Peçanha: Nilo Peçanha.

Adolfo Ferreira da Costa lembra-se de uma camisaria do Recife que muito impressionou seus olhos de adolescente: a Camisaria Dourada. Tinha uma camisa dourada pintada na frente; e seu proprietário era um português chamado Álvaro. Adolfo cresceu entusiasta das camisas francesas de peito bordado; também de calçado inglês Bostock; das meias de fio de escócia; dos guarda-chuvas e das bengalas – sobretudo das bengalas – do Ferreira. Caprichando no trajar.

Recifense de Santo Amaro, Adolfo – que ganhou ainda moço fama de valente – não era homem de procurar barulho; mas não se esquivara a provocações. Daí sair quase sempre de bengala na mão e punhal na cava do colete. Conheceu de perto alguns dos mais célebres desordeiros do Recife dos últimos anos da Monarquia e dos começos da República: José de Bento, Manuel da Jacinta, Bernardino Caboclo, Pedro Nolasco, João Grande, Manuel Roxinho e Zané de Santo Amaro. Zané lutou certa vez com Nascimento Grande numa casa de jogo da Rua do Imperador; mas "não suportou mais do que uma bengalada de Nascimento e nunca mais teve saúde, vindo a falecer tempos depois de tuberculose". Era assim Nascimento: uma bengalada sua fazia o cabra que tivesse a afoiteza de enfrentá-lo, espapaçar-se no chão, às vezes deitando sangue pela boca. Mestre da arte da bengala tanto quanto da do punhal, suas bengaladas fizeram época. Aliás, não foi só entre cabras que houve, na época evocada neste ensaio, troca de bengaladas: também entre homens finos. Às vezes simples guarda-chuva, empunhado por mão vigorosa, fez as vezes da bengala agressiva. No Recife, foi como o velho negociante Oliveira Lima (pai do historiador) agrediu certa vez o também negociante Pereira Carneiro (pai de Ernesto e Camilo Pereira Carneiro): a guarda-chuva. A guarda-chuva viram-se repelidos por pais severamente burgueses mais de um pelintra da época, dos que às vezes se excediam em suas afoitezas para com meninas ainda ingênuas de subúrbio. A sombrinha, senhoras casadas desfeitearam em plena rua ou dentro dos cinemas – novidade do mil e novecentos brasileiro, que se tornou famosa pelo fato dos chamados bolinas terem se aproveitado, para suas inconveniências, do escuro essencial à exibição dos filmes (a princípio quase todos franceses e cômicos, com Max Linder, depois dinamarqueses com Psilander e, italianos, com Boreli e finalmente, anglo-americanos com aventuras de caubói, Mary Pickford e Douglas Fairbanks) – vagabundos bem--vestidos, dos que se tornaram praga no Rio de Janeiro, pouco depois de transformada a cidade de corte em capital federal.

Recorda Adolfo Costa ter Nascimento Grande pertencido a uma verdadeira maçonaria de cabras valentes, que entretanto se faziam anunciar pelo afrancesado do trajo: "chinelos franceses marca chove, calça de brim branco, de puro linho e boca de sino; camisa francesa de peito bordado, mangas arregaçadas, deixando aparecer os punhos de fina camisa de meia que usavam por baixo; chapéu massa francês, denominado carteira e de abas largas". Cabras afrancesados no trajo e às vezes nas próprias maneiras: macias, finas, baianas. Nascimento, nos últimos dias do Império, fora, ainda rapazola, homem da confiança de José Mariano; e os que o conheceram como nós, nos seus dias de morador de Apipucos e devoto dos santos não de xangô mas da Igreja, guardam dele a lembrança de um cabra à sua maneira fidalgo.

(João Rodrigues) Coriolano de Medeiros, nascido na Paraíba em 1875, informa ter cultivado, quando moço, "a pesca, a caça e os longos passeios a pé". Quanto à indumentária, depõe ter sempre usado chapéu de feltro, sem nunca haver transigido com o de palha; sapatão de pelica preta, com elásticos; guarda-chuva – nunca bengala.

De Alberto de Paula Rodrigues, nascido no Ceará em 1882, é a informação de nunca ter, quando menino ou moço, se dedicado a esportes propriamente ditos; nem se interessado por pugnas esportivas. Viu-se porém, ainda menino, arrastado a lutas de certo caráter esportivo: as que então imitavam, nas ruas ou nas campinas, as revoltas dos adultos, com florianistas, de um lado, e revoltosos, de outro. Louro, viu-se Alberto quase sempre hostilizado pelos morenos, pardos e pretos: chamavam-no sarará; agrediam-no; expulsavam-no das folganças. Na verdade, além de louro, era rapazinho de "desenvolvimento físico superior ao dos seus companheiros", alguns dos quais enfezados e talvez pálidos: talvez amarelinhos. Como no jogo de revoltosos contra florianistas a arma principal fosse a pedrada, Alberto mais de uma vez voltou a casa ferido: "[...] tendo eu por duas vezes saído ferido dessas pugnas, tendo revidado também a alguns contendores na mesma moeda".

Recorda mais Alberto de Paula Rodrigues ter sido menino e adolescente numa época em que era obrigatório, no Brasil, entre os homens de prol, o uso da sobrecasaca preta, cartola, camisa de colarinhos brancos engomados. Médico de família – escreve Alberto de Paula Rodrigues no seu depoimento – "não entrava em casa de família sem essa indumentária fúnebre e anti-higiênica, em um clima tropical como o nosso. Quando muito, no ardor da canícula, havia cidadãos graves e de representação que usavam calças de brim branco, acompanhadas de sobrecasaca e cartola. Os elegantes usavam sobrecasacas de cores, coletes de seda e gravatas plastrom, e como então a expressão mais cara e *chic* da moda indígena era chapéu do chile, importado através da Amazônia, havia muitos que completavam essa toalete absurda e ridícula, substituindo a cartola pelo panamá. Ao formar-me já se fazia reação à sobrecasaca; mas a favor do fraque. O paletó-saco era vulgar, só para caixeiros e meninotes. E quando Manuel Vitorino, chegando da Europa, passava pela Rua do Ouvidor com um terno-saco e camisa de cor, os mais severos comentários foram feitos. O ilustre médico, professor eminente da Faculdade da Bahia, embora então tentasse fazer clínica no Rio de Janeiro, nada conseguiu, morrendo pouco depois quase pobre, esquecido e criticado".

Lembre-se a favor dos médicos, que foram eles que, através do Clube Médico e por iniciativa do Dr. Graça Couto, iniciaram, no Rio de Janeiro dos primeiros anos da República, justa campanha contra "o trajar impróprio e ridículo dos facultativos", os próprios pregadores dessa guerra higiênica à sobrecasaca e ao fraque dando o exemplo de substituírem suas vestes sacerdotais pelo simples paletó sem colete dos homens comuns. Nivelando-se aos caixeiros. Mas isto numa época em que os caixeiros, tornando-se industriais, começavam a elevar-se à categoria social dos doutores e até a ultrapassarem, como numa Bahia transbordante de doutores foi o caso de Luís Tarquínio; e no Rio de Janeiro e em São Paulo o de vários ex-caixeiros que, elevando--se pelo prestígio social, através da indústria e do próprio comércio, a homens principais da República, nem ao menos se empenhavam em ter filhos ou genros doutores; tampouco em imitar os doutores ou os bacharéis na sua indumentária e no seu uso, ou antes, abuso, de perfumes no lenço e no cabelo, de anéis nos dedos e de pince-nê. Eram indivíduos, esses novos-ricos, nem sempre prejudicados pelo rastaquerismo, que, viajando à Europa, de lá regressavam com uma nova consciência do valor dos homens de negócios na vida das modernas comunidades; e certo desdém pelos valores simplesmente acadêmicos – às vezes já esotéricos de tão acadêmicos –; e que eles, homens práticos, passaram a – como já se recordou – empregar nas suas empresas ou nas suas indústrias, encarregando-os de fazer versos de apologia a sabonetes, elixires, xaropes, madapolões, calçados.

Daí médicos, engenheiros, advogados que se tornaram industriais, vestindo-se, vários deles, não mais como doutores sacerdotais, mas um tanto à maneira de ingleses nos trópicos: alguns até – como Delmiro Gouveia – de dólmã branco mandado fazer no Pará, segundo modelo deixado aos paraenses pelos ingleses.

As modas do Rio de Janeiro começaram, com a maior industrialização do Brasil sob a República, a sofrer tais influências; a se anglicizarem no sentido de corresponderem à melhor adaptação do vestuário do homem de formação europeia ao trópico: arte em que os ingleses ultrapassaram os portugueses – seus pioneiros nos séculos XVI e XVII – durante o século XIX. Em alguns brasileiros da época os estilos de trajo chegaram ao extremo da ianquização. E com os estilos de trajo, os de barba, os de corte de cabelo, os de bigode. A discrição no uso de perfumes e de anéis pelos homens começou a substituir os antigos excessos brasileiros neste particular: sobretudo o uso de "perfumes violentos [...] hábito em nosso meio", do qual escreveria em 1940 Alberto de Paula Rodrigues ter sido uma das características do Brasil mil e novecentista; e haver colocado os homens de bem ou de prol do nosso país daquela época em situação de equivalência com os de *certains milieux* europeus. De um informante idôneo é a pitoresca mas significativa informação – significativa para o estudo psicológico de uma época através dos seus pequenos nadas e não apenas das suas grandiosidades – de ter, em mil novecentos e pouco, o então jovem Georgino Avelino, passado pelo Recife tão perfumado que alguns dos provincianos a quem apertou a mão quase desmaiaram; outros se indignaram com o excesso do elegante, então no início de sua carreira triunfal.

José Maria da Silva Freire, ou Freyre, nascido em Pernambuco em 1887, foi menino de engenho em Palmares; e aí tomou muito banho de rio. Rapaz, tornou-se entusiasta de pastoris: sobretudo do de Herotides. A tal ponto que sifilizou-se em amores com pastoras. De esporte, "apreciava as corridas de cavalo no prado". Quanto a modas, nunca se preocupou muito com elas; mas lembra-se de ter visto mais de uma vez, no Rio de Janeiro, "o Barão" envergando seu fraque preto, suas calças brancas, a cartola um pouco para a nuca, num exemplo de elegância que podia não ser a mais apropriada para o meio, isto é, para o clima, mas tinha o seu chique: chique sem exagero. A solenidade atenuada pelas calças brancas e pela cartola para a nuca.

Era o barão homem de vastos bigodes. Aliás o começo se não da República no Brasil, do século XX, parece ter sido assinalado pela predominância do fraque sobre a sobrecasaca; do chapéu-coco e até do chapéu do chile sobre a cartola; do pincenê sobre os óculos; e também dos bigodes sobre as barbas. Raros os homens de destaque no Brasil republicano dos primeiros decênios do século XX que fossem homem de grandes barbas semelhantes às dos estadistas mais ortodoxos do Segundo Reinado: um ou outro Rosa e Silva ou Barbosa Lima. Muitos os homens notáveis apenas pelos bigodes fartos – às vezes acompanhados de simples felpa de pera: Rui Barbosa, Floriano, Martins Júnior, Júlio de Castilhos, Assis Brasil, o Barão, Custódio, Manuel Vitorino, Pinheiro Machado, João Pinheiro, Joaquim Nabuco, Miguel Calmon, Nilo Peçanha. Muitos também os de pincenê: os políticos e não apenas os intelectuais de pincenê. Os elegantes de pincenê. Inclusive as senhoras que, por simples elegância, usavam pincenê, correspondendo a um culto por esse símbolo de requinte intelectual na mulher que em alguns homens da época tornou-se culto um tanto erótico. De Alfredo de Carvalho se diz que, homem do mundo como era, além de intelectual de alto valor, tinha por suprema expressão de beleza feminina – digna, segundo ele, de ser retratada por um pintor de gênio – a da mulher que à inteira nudez acrescentasse o requinte civilizado de um pincenê. Para algumas senhoras e mesmo para alguns elegantes, o pincenê de ouro tornou-se, no Brasil mil e novecentista, joia que completava os anéis, os brincos, os broches, as pulseiras. Daí alguns o terem usado por elegância: alguns mulatos, para se anunciarem donos de narizes caucásicos ou semitas, capazes de sustentar os também chamados (pelos puristas) nasóculos; e não por miopia nem defeito de visão.

Se o Brasil passou de Império a República, com os homens dos últimos decênios da Monarquia e dos primeiros anos de regímen republicano, às vezes excessivos na ostentação de anéis e de joias, de dentes e de pincenê de ouro, de perfume no cabelo, na barba e nas mãos, tendo um deles – Joaquim Nabuco – sido acusado pelos seus adversários do uso de pulseira, não é de admirar que esse orientalismo escandaloso aos olhos dos europeus e sobretudo dos anglo-americanos se requintasse ainda mais nas mulheres. Rara a esposa de brasileiro rico do mil e novecentos que não saísse de casa – às vezes simplesmente para fazer compras – sobrecarregada de joias e perfumada da cabeça aos pés.

Da. Antônia Lins Vieira de Melo, nascida em 1879 em São Paulo, mas crescida em engenho aristocrata do Nordeste, recorda que suas roupas de sair eram todas adquiridas em Paris: "Compradas por encomenda e por intermédio de costureiras do Recife". Também vinham de Paris para essa e outras sinhás dos engenhos da região chapéus e calçados de luxo e roupas de dentro "finas, delicadas" e, segundo Da. Antônia, de "muito bom gosto". Usava-se "a última moda de Paris". Quanto às joias as preferidas eram os anéis de brilhante grande, os broches também grandes cheios de brilhantes, o cordão de ouro com medalha e crucifixo de brilhantes. "Havia" – depõe Da. Antônia – "particular predileção pelo brilhante, embora outras pedras preciosas fossem usadas como, no meu caso, o rubi e a esmeralda. A maioria dessas joias tinham conformação variada mas se notava preferência por aquilo que significasse imagens da Igreja, sendo a cruz o símbolo mais em voga. Éramos às vezes obrigadas a usar por algum tempo anéis de metal branco com que os 'compadres' e as 'comadres' nos presenteavam e que foram adquiridos [por eles] no dia da festa de Santa Luzia. Não se podia contrariá-los". Havia também quem deixasse de ostentar joias caras para ter nos dedos anéis de menor valor "apenas porque benzidos pelos padres e que significavam símbolos muito preciosos para os católicos praticantes".

Quanto a esportes, escreve Da. Antônia em depoimento datado de 1940: "Os esportes que hoje se praticam não eram conhecidos então". O preferido era a equitação: "Passeei muito [a cavalo] de um engenho a outro, em visita a parentes e amigos [...]. Tínhamos na estrebaria bons cavalos. Meu pai nunca deixou de os possuir dos mais escolhidos... E muito bem arreados de prata. Sela e selim de primeira. Não eram comprados em feira, eram objetos vindos de encomenda [...], pois nisso havia gosto e não se olhava despesa [...]. As pessoas não gostavam de andar senão em cavalos. Quando a família tinha de viajar e havia muita criança, para facilidade, reunindo-se todos sob a vista [dos velhos], procurava-se o carro de boi. Ainda assim, o chefe e os maiores iam a cavalo. Sempre foi muito radicada [minha] preferência pelo cavalo".

Diga-se de passagem que uma das elegâncias da época nas estações de água tornou-se o passeio a cavalo. Ou então o esporte de andar de charrete, contemporâneo nesses e em outros recantos finos – em Petrópolis, por exemplo – do jogo de *críquete* e do de tênis; do flerte; de danças mais desenvoltas do que a valsa ou o *pas de quatre*; do no Brasil chamado, ninguém sabe ao certo por que, *footing*; e também da voga dos chapéus de palha entre os dois sexos; e entre os rapazes, das calças de flanela creme e dos sapatos brancos e de sola de borracha. As conversas de moças com rapazes elegantes tornaram-se salpicadas de palavras ou de frases não só em francês como em inglês.

Isto entre a gente alta ou a rica; ou a mais adiantada nas ideias e mais progressiva nos costumes. Para parte considerável da média, o mil e novecentos continuou no Brasil época desfavorável à expansão do gosto pelos esportes entre as moças. Uma ou outra se aventurava ao tênis, à bicicleta, à charrete. E havia quem, como Da. Maria Amélia – nascida em Pernambuco em 1886 – ainda que gostasse de danças e cantos, nem ao prazer de danças e cantar pudesse se entregar, a não ser raras vezes: atraso do "meio em que passei minha mocidade", recorda ela.

Mais feliz foi outra pequena-burguesa do interior da mesma Província: Da. Ester Bezerra Pontes, nascida em 1888. Esta, quando moça, dançou "muito"; caprichou em espartilhar-se; ainda usou anquinha. Usou joias, para "melhor me ornamentar", esclarece; e recorda ter dado grande apreço ao guarda-sol, objeto de extrema importância na moda feminina dos seus dias de jovem. Quanto aos calçados, o da sua predileção foi a botina atacada de lado.

Dona Henriqueta Galeno, nascida no Ceará em 1890, foi brasileira de elite para sua época: de elite intelectual. Bacharelou-se em direito, adquirindo assim o privilégio de ser tratada por doutora: doutora Henriqueta. Mas sempre teve o bom gosto de evitar o excesso de joias. Chegou ao extremo de "apenas raramente" sair à rua "de anel de grau". Não deixou foi de publicar na "imprensa do país" trabalhos em que procurou defender "a emancipação econômica e profissional da mulher". Aliás, o mil e novecentos brasileiro foi época de afirmação de notáveis talentos ou competências femininas: Cármen Dolores e Júlia Lopes de Almeida, por exemplo. Em modas, escreve Da. Henriqueta Galeno ter sempre preferido "a maior simplicidade". Em esportes, parece ter se contentado com as danças, das quais sua predileta foi a chamada lanceiros. Ao bacharelar-se em direito, seu fim foi a carreira diplomática; mas tendo seu pai, Juvenal Galeno, perdido a vista, tornou-se muito feminina e cristãmente "sua secretária".

"Usei muito espartilho mas sempre achei horrível a moda das anquinhas", confessa Da. Levina Alves da Silva, nascida em 1880 no interior de Pernambuco; e de quem é também a confissão de ter "gostado muito de joias". Também se recorda de ter dançado valsa e quadrilha; e de ter achado o *sportsman* inventor que foi Santos Dumont, além de "elegante", "bonito".

Da. Isabel Henriqueta de Sousa e Oliveira, nascida na Bahia em 1853, não praticou, quando moça, esportes propriamente ditos. Gostou muito foi de dançar. Quanto a roupas, as suas foram sempre feitas em casa. Não frequentou costureira ou modista elegante. Ainda alcançou as saias-balão, "com as calças compridas e aparecendo [para mocinhas]". Usou essa saia e essas calças. Gostava de joias: principalmente de anéis. Depois de casada, teve muita joia e muito anel.

Tampouco teve vestidos feitos em modista, Da. Carlinda Custódia Nunes, nascida no Rio de Janeiro em 1874. Seus vestidos de moça foram todos cortados e costurados em casa. Quanto a esportes, gostou sempre de corridas de cavalos; menos pelo esporte, porém, que pela reunião. Se a dança pode ser considerada esporte, dançou valsa, mazurca, quadrilha.

Da. Carolina Tavares Sales, nascida em Pernambuco em 1884, pouco se divertiu quando moça: aliás, seu desejo era ser freira. "Meu pai" – recorda ela no seu depoimento – "nos privava de tudo, nem procissão se via. Algumas vezes ia-se à missa; [mas] não se conversava com ninguém [...]. Não se saía a não ser com o Velho. Carnaval, apenas no último dia, de 2 às 6 horas da tarde. Nada de modas..."

Já Da. Maria Tomásia Ferreira Cascão (*nascida* Soares Brandão), nascida em Pernambuco em 1875, teve mocidade mais alegre que Da. Carolina. Frequentou a Casa de Banhos, do Recife, para os seus célebres banhos salgados. Teve costureira elegante: Mme. Ducasble; chapeleira: Mme. Laquin; luvas, comprava-as em Mme. Gérard. Gostava de joias; mas sem excesso. Dançou muito no Clube Internacional.

Da. Virgínia Cavalcante, nascida também em Pernambuco, em 1879, teve por costureiras no Recife Mme. Pugot e Da. Adelaide Palhares. Mas "não alcancei mais as saias-balão e as anquinhas, que estavam já em declínio, tanto que não cheguei a usá-las. Lembro-me das saias de serpentinas bem compridas e dos corpetes bem apertados para se ficar com a cintura bem fina. Mangas-presunto, e não se dispensavam duas ou três anáguas de baixo bem engomadas. Era chique". Quanto ao seu esporte, limitou-se ao de apostar carreiras com outras meninas.

Nascida no Rio Grande do Sul em 1875, Da. Ângela Correia de Melo lembra-se de ter assistido quando menina a um esporte por assim dizer castiço: castiçamente ibérico. Esse esporte foi o das cavalhadas, sobrevivência folclórica da recordação dos combates entre cristãos e mouros. Viu-as no Rio Grande do Sul. Era um esporte áspero: "raros eram nestes jogos os participantes que não quebravam costelas e pernas". Um dos participantes mais notáveis era um parente de Da. Ângela: Dinarte Correia. E não nos esqueçamos de que, estando em Paris quando Santos Dumont voou pela primeira vez, Da. Ângela quis acompanhar o patrício nos voos seguintes. Ânimo esportivo completado pelo ânimo patriótico. Nunca se preocupou muito com modas nem com joias: desejou quando moça ser "irmã de caridade".

Não foram poucas, aliás, nos primeiros anos do século XX e nos últimos do XIX, as brasileiras de famílias ilustres que se fizeram religiosas. Uma delas tornou-se, com o nome de madre Lyra, educadora doroteia. Religiosa tornou-se também uma filha de Augusto Severo. Freira – freira carmelita – tornou-se uma filha do pouco católico Capistrano de Abreu. E houve também o caso – caso dramático – de um deputado federal que, nos primeiros anos do século XX, abandonou a atividade política para seguir a vida religiosa, após uma crise de misticismo em plena Câmara. Uma como compensação ao vários sacerdotes que desde o Império vinham traindo o sacerdócio pela atividade facciosamente política e estreitamente parlamentar.

A República de 89 chegou ao fim da presidência Venceslau Brás e ao começo da presidência Epitácio Pessoa quase de todo depurada do anticlericalismo dos seus primeiros dias e sobretudo da época da propaganda, embora ainda prejudicada por algum jacobinismo. Sem homens de *croisé* – a não ser um ou outro arcaico e fora de tempo; sem nenhum homem público que andasse sempre de cartola como até 1912 andara o segundo Rio Branco; quase sem carros puxados a cavalo nas ruas do Rio de Janeiro.

O que para os republicanos do Manifesto fora futuro – e futuro messiânico – era agora começo de um passado que principiava a confundir-se com o monárquico. A formar com o monárquico um só passado verdadeiro: o nacional. Mais do que isto: o brasileiro.

Mais de um republicano, dos chamados "históricos", isto é, vindos dos dias românticos do Manifesto de São Paulo, chegou ao fim daquela presidência, vendo dissolvido em passado igual aos outros do Brasil – o colonial, o real, o imperial – um futuro que sua imaginação idealizara em época sempre cor-de-rosa. Em futuro que não se tornasse nunca passado mas se transformasse num presente sempre novo.

Não que a República de 89 não tivesse significado uma experiência nova para o Brasil: significara. Mas menos do que imaginara o messianismo dos seus propagandistas mais cândidos. Menos do que imaginara um Silva Jardim ou um Saldanha Marinho ou mesmo um Prudente de Morais ou um Martins Júnior ou um Coelho Lisboa. Contra a expectativa de qualquer um deles, a Igreja crescera em prestígio. O culto por D. Pedro II fizera do Pedro Banana das caricaturas antimonárquicas dos dias mais intensos da propaganda republicana quase uma figura de santo nacional: santo que o Brasil inteiro sentia cada vez mais seu. Enquanto isto, Benjamim Constant empalidecera em objeto de uma devoção apenas sectária: a dos positivistas. Um positivismo em 1918 sem sedução quase nenhuma para os intelectuais: nem os militares nem os civis. Quase sem voz na política da República. As grandes vozes de comando nessa política tinham deixado, aliás, de ser as dos intelectuais do tipo de Benjamim e mesmo de Rui Barbosa: eram agora as de paulistas e mineiros pragmáticos, realistas, alguns terra a terra em seu modo de ser políticos; mas capazes de arrojos surpreendentes. Emudecera Pinheiro Machado: talvez o último dos românticos da República. Rui Barbosa já não seduzia os jovens: nem mesmo quando se mostrava sensível às novas ideias socialistas que começavam a chegar da Europa à América do Sul. No que o grande orador baiano com todo o seu brilhante talento e toda a sua vasta erudição, se revelou um retardado quase mental com relação àqueles políticos pragmáticos de São Paulo e de Minas Gerais. Pois através deles o Brasil, desde os primeiros anos do século XX, dera à Europa o exemplo de nova e desconcertante técnica de socialismo de Estado: a representada pela valorização do café. "*Opération de socialisme d'État à outrance qui est en voie de réussir contre "ele"' attente des économistes*", escrevera dela, surpreendido com a audácia da inovação brasileira, o político francês Georges Clemenceau.[57] Fora talvez – essa arrojada operação de socialismo de Estado inventada por brasileiros – o maior acontecimento nacional do mil e novecentos nacional, ao lado da publicação de *Os sertões*, da integração do Acre no território da República, da vitória de Osvaldo Cruz sobre a febre amarela e do voo pioneiro de Santos Dumont. O mais revelador de uma vitalidade brasileira de que os europeus até então não haviam suspeitado. O mais expressivo da disposição dos brasileiros do começo do século XX para tornarem quanto possível concreto o lema da República de 89: ordem e progresso. Ou progresso moderado, quando necessário, pelas exigências da ordem: a ordem econômica ou a ordem social brasileira. Com ênfase nos adjetivos – social e econômica – sem prejuízo do respeito merecido pelos dois ilustres substantivos: ordem e progresso. Com ênfase, sobretudo no adjetivo brasileira, por isto mesmo impresso aqui em negrito.

Notas ao Capítulo XII

1. De Pinheiro Machado, o francês Paul Adam, quando visitou o Brasil, teve esta impressão: *"Pinheiro Machado* [...] *mène la politique actuelle du Brésil* [...]. *Il règne aujourd'hui sur le Brésil absolument"* (*Les visages du Brésil*, cit., p. 219-220).

2. Pierre Denis, *Le Brésil*, cit., p. 5.

3. Denis, op. cit., p. 6.

4. Georges Clemenceau, *Notes de voyage dans l'Amérique du Sud*, Paris, 1911, p. 212. Sobre o assunto veja-se também o livro *British Consul* (Londres, 1938), de Ernest Hambloch, antigo cônsul inglês no Rio de Janeiro, autor também de *His Majesty the President*.

5. Clemenceau, op. cit., p. 212.

6. Clemenceau, op. cit., p. 213.

7. Gaffre, *Visions du Brésil*, cit., p. 131.

8. Gaffre, op. cit., p. 107.

9. Gaffre, op. cit., p. 212.

10. Gaffre, op. cit., p. 213.

11. Gaffre, op. cit., p. 34.

12. Gaffre, op. cit., p. 34.

13. Elliott, *Brazil*, cit., p. 128.

14. Elliot, op. cit., p. 136.

15. Antônio Martins de Azevedo Pimentel, *Subsídios para o estudo da higiene do Rio de Janeiro*, cit., p. 179.

16. Azevedo Pimentel, op. cit., p. 180.

17. Azevedo Pimentel, op. cit., p. 189.

18. Azevedo Pimentel, op. cit., p. 345.

19. Joaquim Viana, "Por que caiu o Império", *Almanaque Brasileiro Garnier*, Rio de Janeiro, 1909, p. 271.

20. Em *Les visages du Brésil*, Adam refere-se assim à revolucionária iniciativa brasileira: "[...] *la valorisation du café, cette audace d'économistes clairvoyants qui sauvèrent le crédit de l'État, qui eurent raison contre les thèses de toutes les compétences européennes grâce à la sûreté de leur logique*" (p. 144). Pois *"l'hostilité de certains doctrinaires yankees contre la valorisation des cafés, contre ses conséquences logiques dans les pays importateurs, avait un moment inquieté les économistes dans São Paulo et dans Rio de Janeiro"*.

21. Viana, loc. cit., p. 271.

22. Viana, loc. cit., p. 272.

23. Viana, loc. cit., p. 272.

24. *Almanaque Brasileiro Garnier*, 1909, p. 170.

25. *Almanaque Brasileiro Garnier*, cit., p. 170.

26. Arrojo também destacado pelo francês Adam no seu *Les visages du Brésil*, que exclama a propósito de Belo Horizonte: *"Quelle fabuleuse entreprise!"* Outras iniciativas brasileiras da época que o impressionaram foram a Companhia Docas de Santos (*"oeuvre énorme"*), a construção da Madeira-Mamoré (onde conta terem perdido a vida seis ou sete estudantes paulistas de engenharia) e o Instituto Butantã. Dos engenheiros paulistas da época escreve: *"La réputation des ingénieurs paulisters n'a pas de rivale dans tout le Brésil. L'un d'eux, tout jeune, a résolu la difficulté de construire les piles du haut Uruguay, pour le pont de 400 mètres, malgré les crues subites élevant les eaux de 13 mètres en vingt heures. Problème que n'avaient pas fini les ingénieurs nord-américains ni français du Brazil Railway"* (p. 139). E o caráter que hoje chamaríamos ecológico da ciência de Butantã não escapou ao inteligente observador francês: *"L'organisation de cet institut; l'administration de ses rapports avec les planteurs, l'élevage des animaux destructeurs des serpents venimeux, telle la couleuvre mussurana qui les ataque et les avale sans souffrir des morsures dangereuses, tout cela révèle une science attentive* [...]" (p. 143). O mesmo poderia ter dito dos experimentos mineiros com capins para pasto de gado – interessantíssima pesquisa brasileira que, na época aqui considerada, adquiriu sistemática científica em Minas Gerais, graças ao então governador João Pinheiro. Este aspecto de uma atividade brasileira científica e ecologicamente orientada no sentido de resolver-se problema peculiar ao Brasil – no caso, a criação de gado – escapou a Adam; mas não a Manuel Bernárdez que, no seu *El Brasil, su vida, su trabajo, su futuro* (Buenos Aires, 1908), observou vir-se realizando em Minas "verdadeira revolução econômico-industrial, orientada por João Pinheiro da Silva; e destacou como um dos aspectos dessa revolução a série de experimentos que vinham sendo realizados sobre capins de pasto ou de engorda de gado. Indo até ao socialismo de Estado

que se conciliasse com a iniciativa particular, João Pinheiro, como governador de Minas Gerais, intervinha a favor dos particulares, criadores de gado, encarregando-se de importar animais para suas fazendas, desde que, a seu ver, onde não havia iniciativa particular "cumpria à ação administrativa intervir no problema" (p. 118). Quanto aos capins: "[...] *hay capim adequado para los campos de cria y lo hay especial para el engorde – siendo las mejores variedades el capim jaragua, de aspecto parecido al ray-grass, que, por ser más azoado que los otros se reputa el primero en calidad nutritiva para formar carne y energia muscular – el capim mimoso, que parece ofrecer de preferencia sus tallos tiernos y azucarados a la hacienda de cria y el capim gordura, que se distingue por una vellosidad blanquecina que lo hace untuoso al tacto y que, como su nombre lo indica, es especial para producir grasas"* (p. 128). Bernárdez profetiza bons resultados para o cruzamento do schwitz com o gado autóctone caracu (p. 130). No Rio Grande do Sul, parecia-lhe que o gado da raça devon estava sendo *"cultivado con todo éxito"*; mas era uma situação ecológica diferente da mineira.

Aliás, sobre o assunto – nova atitude do Estado com relação ao problema econômico – o antigo ministro Daniel de Carvalho, em seus recentes e valiosos *Capítulos de memórias* (Rio de Janeiro, 1957), traz um depoimento que importa em retificação essencial: quem verdadeiramente conduziu Minas Gerais a uma política de "indireta intervenção dos poderes públicos por meio de medidas estimuladoras da capacidade produtora", rompendo com "o *laissez* da doutrina ortodoxa entronizada por Murtinho na política federal" e advogando "o protecionismo e a valorização do café", não foi João Pinheiro, mas Francisco Sales. Pinheiro, vigoroso como era, acompanhou Sales nessa corajosa política, para a época revolucionária. "Não pode haver dúvidas" – depõe Daniel de Carvalho – "de que o *primum movens* dessa política econômica foi Francisco Sales. Dele partiu a ideia. Teve a ventura de encontrar o homem que possuía a aptidão especial para realizá-la". Realizando essa retificação, o capítulo XV do referido livro de memórias, intitulado "Francisco Sales e os novos rumos econômicos do Brasil", deixa-nos ver em Sales, contra a ideia que a seu respeito se popularizou, um político inteligente que talvez se deixasse passar por homem medíocre. O contrário de Lauro Müller que de tal modo deixou-se ver pelos demais políticos dos primeiros decênios da República como o homem inteligente que na verdade era, que a fama de raposa só fez prejudicá-lo. O caso de Rui Barbosa – homem de grande e ostensivo talento oratório, de notável espírito público porém mau político – parece ter animado numerosos políticos da República de 89 contra "o excesso de inteligência" na atividade política ou na vida pública; isto é, contra o excesso de inteligência brilhante ou ostensiva.

27. Prefácio à edição inglesa de *Canaã*, que apareceu em Nova Iorque em 1916.

28. Clemenceau, op. cit., p. 218.

29. Clemenceau, op. cit., p. 220.

30. Clemenceau, op. cit., p. 234.

31. Clemenceau, op. cit., p. 234.

32. "[...] *el brasilero proletario a un obrero excelente para qualquier desempeño industrial, siendole especialmente facil el aprendizaje porque trae consigo ya larga herencia de habilidad industrial*", escreveu Bernárdez (op. cit., p. 184).

33. A consciência dessa inferioridade reflete-se em algumas das cartas que escreveu de Paris à sua mãe, Da. Emília, residente no Brasil: cartas que procuramos analisar com o maior cuidado, visando uma reconstituição quanto possível exata da personalidade de desajustado que foi a de Emílio Cardoso Ayres. Essas cartas pertencem ao arquivo da Família Cardoso Ayres (Recife) e se acham atualmente em nosso poder.

34. São deveras interessantes as pesquisas que vem realizando sobre a história da caricatura no Brasil o escritor Herman Lima. Da nossa parte pretendemos contribuir para a história da caricatura no nosso país com um estudo sobre Emílio Cardoso Ayres, acompanhado de uma seleção de seus desenhos.

35. É o que revela a correspondência de Aluísio Azevedo com o seu fraternal amigo Francisco Guimarães: uma série de cartas interessantíssimas, quase todas inéditas, cujos autógrafos pertencem hoje ao nosso arquivo, e que pretendemos publicar, assim como algumas de Emílio, como documentação ilustrativa de desajustamentos de personalidades brasileiras com o meio, nos últimos anos do século XIX e nos primeiros do XX. A 22 de dezembro de 1909, Aluísio escrevia de Nápoles a Francisco Guimarães que uma vez, pelo Natal, em Cardiff, dera "uma festança à criançada pobre" que muito gritou e riu, fazendo que o autor de *O mulato* se lembrasse tristonhamente do seu Maranhão: "[...] comecei a lembrar-me da minha infância lá no Maranhão e do bumba meu boi e dos presepes e das pastorinhas e da missa do galo e da canja de capão e caí numa tal tristeza que até hoje esse sagrado nome de Natal me dói tanto como o de minha mãe ou dos outros meus que estão com ela". E preocupado com o seu futuro de cônsul e com as decisões próximas do barão e do seu secretário, o Pessegueiro, escrevia, menos sentimental, ao amigo: "Vai haver movimento consular e só peço a Deus que eu não vá parar em Venezuela ou no Paraguai." (Cartas de 22 de dezembro de 1909, de um grupo de cartas, inéditas, de Aluísio Azevedo a Francisco Guimarães, autógrafos que pertencem ao arquivo do autor do presente ensaio.)

36. Elliott, op. cit., p. 313.

37. Elliott, op. cit., p. 315.

38. Roy Nash, *The Conquest of Brazil*, Nova Iorque, 1926, p. 347. Publicado em 1926, o ensaio de Mr. Roy Nash dá-nos ótima visão de conjunto da época considerada nestas páginas: época que esse analista conheceu de perto, por ter vindo ao Brasil logo após a presidência Venceslau Brás. Seu livro, entretanto, não se limita a analisar ou interpretar o Brasil então mais recente, mas o desenvolvimento brasileiro desde os dias coloniais.

39. A propósito de feminismo no Brasil, recordaremos, nesta nota, depoimentos de sobreviventes da época considerada neste ensaio, à pergunta que lhe fizemos sobre "a questão dos direitos (políticos e civis) da mulher".

"Na minha adolescência e mocidade não me preocupei com problemas atinentes aos direitos da mulher", informa Antônio Carlos Pacheco e Silva, nascido em São Paulo em 1898.

"Achava ridículo os 'direitos da mulher'", escreve Aureliano Leite, nascido em Minas Gerais em 1887, ao recordar sua atitude de moço em face do assunto então muito em foco.

Antônio da Rocha Barreto, nascido em 1882, escreve no seu depoimento ter vindo a verificar, "quando chefe do Serviço do Correio, a inaptidão das moças no tráfego postal [...]", o que lhe confirmou a ideia de que os direitos da mulher deviam ter suas restrições, desde que "elas eram incompatíveis com certos encargos".

Conclusão semelhante foi aquela a que chegou, ainda moço, Florêncio de Abreu, nascido no Rio de Janeiro em 1882, mas crescido no Rio Grande do Sul: "A de que a completa e perfeita igualdade dos dois sexos no que tange ao exercício das funções políticas ou públicas" era "antibiológica e antissocial".

Heitor Modesto (d'Almeida), nascido em Minas Gerais em 1881, lembra que, no Brasil do seu tempo de moço, "o trabalho da mulher só era tolerado nos ateliês de costuras e chapéus e nas fábricas. As primeiras garçonetes surgiram nos cabarês e nas sorveterias da Rua do Lavradio [...]". Com a moda dos chamados cafés-cantantes as mulheres dançavam e cantavam em pequenos palcos e depois, sob o pretexto de agradar os machos, vinham abancar com eles para consumação... Era do ofício". Ninguém falasse em divórcio: "A campanha pró-divórcio, longo tempo sustentada na Câmara por um deputado, era apontada como sendo de interesse pessoal num caso íntimo".

Antenor Nascentes, nascido no Rio de Janeiro em 1886, "achava [quando moço] que os homens cerceavam os direitos da mulher".

Manuel Duarte, nascido em 1883, no Rio Grande do Sul, informa ter sempre desejado que a mulher se conservasse no lar, fora do "entrevero das paixões" e "fiel à sua grande missão providencial".

A R. S., nascido em Santa Catarina, em 1878, sempre pareceu que a mulher devia ser tratada pelo homem "como de igual para igual".

Da. Isabel Henriqueta de Sousa e Oliveira, nascida em 1853 na Bahia, depõe dizendo-se "absolutamente contrária", desde a mocidade, "ao feminismo", por sempre lhe ter parecido justa "a subordinação da mulher ao homem".

João Barreto de Meneses, nascido em 1872 em Pernambuco e filho de Tobias Barreto, que foi pioneiro no Brasil, dos chamados "direitos da mulher", confessa-se, no seu depoimento, desde jovem, favorável "em absoluto", a esses "direitos".

José Luso Torres, nascido no Maranhão, em 1879, depõe: "[...] repugnava-me ouvir falar em sufragistas e em direitos da mulher".

"Inteiramente justificáveis dentro dos limites da natureza e da psicologia feminina", foi como, ainda jovem, começou a considerar os "direitos da mulher", o padre Leopoldo Fernandes Pinheiro, nascido no Ceará em 1880.

Opinião semelhante à do padre Pinheiro é a de Antônio Pires da Fonseca, nascido no Maranhão em 1870. Também a de José Frazão Milanez, igualmente nascido no Maranhão em 1886, quando, ainda moço, consideraram o mesmo problema.

Coriolano de Medeiros, nascido na Paraíba em 1875, concordava, quando jovem, em que a mulher fosse "amparada pelo Estado", contanto que "a nobilíssima missão de esposa, dona de casa, de mãe de família" não fosse "prejudicada".

"Dos chamados direitos da mulher sempre fui partidário, considerando que a sua chamada inferioridade é fruto apenas de um tradicional preconceito", escreve no seu depoimento Alberto de Paula Rodrigues, nascido no Ceará em 1882.

"Com a emancipação da mulher, raras são as que se conformam com a maternidade" – foi sempre o receio de Joaquim Amaral Jansen de Faria, nascido no Rio de Janeiro em 1883, ante o feminismo.

"A mulher nasceu para a reprodução, isto é, viver no lar", pensava na mocidade Cláudio da Costa Ribeiro, nascido em Pernambuco em 1872.

"Como *Libertador*, fui dos propugnadores pela igualdade dos direitos da mulher", Sebastião de Oliveira, nascido no Rio Grande do Sul em 1876, recorda no seu depoimento.

"Sempre fui partidário do voto feminino: irritava-me, desde rapaz, o ridículo que se pretendia lançar sobre as propagandistas inglesas, as *suffragettes*", depõe Octavio Tarquínio de Sousa (Amaranto), nascido no Rio de Janeiro, em 1889.

A Max Fleiuss, nascido também no Rio de Janeiro, em 1868, sempre pareceu que a mulher devesse "ser principalmente o anjo do lar".

Os "direitos da mulher", desde moço considerou-os Amílcar Armando Botelho de Magalhães, nascido no Rio de Janeiro em 1880, em relação com "a organização da sociedade".

Opinião também de Alfredo Severo dos Santos Pereira, nascido no Ceará em 1878, desde que não tocando à mulher "independência econômica", não lhe tocavam "direitos" iguais aos do homem.

"Sempre fui favorável aos direitos da mulher, embora não pudesse ver, sem completo desagrado, um cigarro em seus lábios", depõe Alfredo (Bartolomeu da) Rosa Borges, nascido em Pernambuco em 1864.

A Leopoldo (Marinho de Paula) Lins, nascido em 1857 em Pernambuco, sempre repugnou o feminismo: a "mulher política, filósofa associada a clubes, de toda espécie, em contendas com o marido..."

Nascido no Maranhão em 1873, Emiliano Ribeiro de Almeida Braga não conseguiu, quando moço, aceitar "como mulher" uma criatura que ele visse "beber, fumar, jogar", do mesmo modo que um homem.

Ao contrário de José Alves de Figueiredo, nascido em 1879 no Ceará, a quem sempre pareceu justo que as mulheres tivessem direitos iguais aos dos homens.

Atitude também de Rogério Gordilho de Faria, nascido em 1889 em Sergipe mas crescido na Bahia.

Waldemar (Martins) Ferreira, nascido em São Paulo em 1885, depõe ter sido a mocidade (intelectual) do seu tempo de estudante de direito "pela igualdade dos direitos da mulher aos do homem, civis e políticos".

"Simpatizei sempre com a extensão dos direitos da mulher, inclusive os direitos políticos", escreve no seu depoimento Luís (de Toledo) Piza Sobrinho, nascido em São Paulo em 1888.

Da. Vicentina de Azevedo Pereira de Queirós, nascida em São Paulo em 1868, confessa nunca ter se preocupado, quando moça, com "a questão dos direitos da mulher". Só aos 65 anos votaria pela primeira vez.

40. "Report of Subcommittee of the Permanent Ocupation of Tropical Australia by a Healthy Indigenous White Race", *Tropical Diseases Bulletin*, nº 3, 1921.

41. Apud Nash, op. cit., p. 352.

42. Percy F. Martin, *Through Five Republics*, cit., p. 221.

43. Martin, op. cit., p. 220.

44. J. O. P. Bland, *Men, Manners & Morals in South America*, cit., p. 85. Leia-se também *O gado nos trópicos*, de Octavio Domingues, Rio, 1961.

45. T. A. Araripe Júnior, *Literatura brasileira, Movimento de 1893, O crepúsculo dos povos*, Rio de Janeiro, 1896, p. 3. Do mesmo autor veja-se *Função normal do terror nas sociedades cultas. Capítulo para ser intercalado na história da República Brasileira*, Rio de Janeiro, 1891.

46. Araripe Júnior, op. cit., p. 7.

47. Araripe Júnior, op. cit., p. 13.

48. Araripe Júnior, op. cit., p. 14.

49. Araripe Júnior, op. cit., p. 17.

50. Araripe Júnior, op. cit., p. 40.

51. *Almanaque Brasileiro Garnier*, 1909, cit., p. 100.

52. *Almanaque Brasileiro Garnier*, 1909, cit., p. 100.

53. Péricles Madureira de Pinho, *Luís Tarquínio, pioneiro da justiça social no Brasil*, Bahia, s.d., p. 46.

54. Madureira de Pinho, op. cit., p. 79.

55. Madureira de Pinho, op. cit., p. 80.

56. Caso semelhante ao recordado por Ewbank: *"When the brother of Sr. P. L. a young gentleman of my acquaintance, was seven years old, his hair reached more than half-way down his back. His mother having great devotion to Nossa Senhora, sheared off the silken spoils, and offered them as an act of faith to her, little thinking how literally she was copying the practice of heather dames. The locks were sent to a French hairdresser who wrought them into a wig. It was then brought to the church and laid in due forme before Our Lady, when the priest reverently removed her old wig and covered her with the flowing tresses of the Laranjeiras Absalom"* (Ewbank, *Sketches of Life in Brazil*, cit., p. 95).

"The Brazilian of twenty five is an exquisite. He is dressed in the last Paris fashion, sports a fine cane, his hair is as smooth as brush can make it, his mustache irreaprochable, his shoes of the smallest and glossiest pattern, his diamond sparkle, his rings are unexceptionable: in short, he has a high estimation of himself and clothes", escreveu Fletcher em livro publicado em 1819 (Fletcher e Kidder, op. cit., p. 181).

57. Clemenceau, op. cit., p. 250.

XIII | A República de 89 e o desafio do trópico à civilização brasileira

A Monarquia, como sistema nacional de governo a que incumbisse cuidar da saúde da população, nunca aceitou de modo direto e franco o desafio do trópico úmido à civilização brasileira. Contornou-o sempre. A tarefa de aceitar de maneira incisiva essa espécie de desafio da parte de um espaço como o tropical – que aliás não deixou nunca de ser o aliado de um tempo, ou de um ritmo de vida, se não contrário ao europeu, diferente do europeu – à civilização predominantemente europeia que aqui vinha se desenvolvendo, desde o século XVI, com enorme sacrifício de vidas e de valores, foi tarefa que a República de 89 tomou sobre os seus ombros com um vigor que faltara ao Império.

Tal generalização não significa, porém, afirmar-se ou insinuar-se que só com a República houve no Brasil uma medicina e uma higiene, que procedessem de acordo com a situação tropical da gente brasileira, deixando de se conservarem, aqui, hierática ou academicamente europeias. Essa tendência precedeu a própria organização do Brasil em sistema político independente do português. Mas foi então uma tendência da parte da ordem privada – como diria o professor Nestor Duarte; e não da pública. Da parte dos particulares; e não do governo.

De qualquer maneira foi uma tendência que caracterizou a época evocada neste ensaio, antes de haver-se verificado a substituição da Monarquia pela República ou do trabalho escravo pelo livre; e tomando por vezes o aspecto de um como nacionalismo sanitário ou médico que se acentuaria na época republicana como programa ou atitude de governo. Nem sempre, porém, a definição ou a afirmação de semelhante forma de nacionalismo ou ecologismo ocorreu, antes ou depois de 89, de modo límpido ou puro. Várias foram suas expressões hióridas e até contraditórias: formas europeias de curar ou de prevenir doenças adaptadas a conteúdos especificamente brasileiros. Às vezes confusão de formas: as europeias com as brasileiras. Ou de formas com conteúdos: com conteúdos indígenas ou tropicais que, não tolerando adaptações de formas importadas do meio europeu, criavam suas próprias formas, perturbando ou desnorteando os médicos mais ortodoxamente europeus.

Dos menos ortodoxos, não poucos vieram se notabilizando, desde os grandes dias de Pedro II – os do esplendor do seu reinado – pela insistência em procurarem libertar o Brasil de produtos ou drogas europeias, através da utilização em medicina ou em higiene de valores indígenas, tão bons, para certos objetivos médicos, quanto os europeus; e para males peculiares ao Brasil, ou aqui mais intensos, talvez superiores aos europeus. De modo que é esse um aspecto da fase de transição brasileira considerada neste ensaio, de modo algum desprezível do ponto de vista sociológico ou antropológico-social ou histórico-social.

É desse ponto de vista, que recordaremos algumas das práticas médicas ou higiênicas mais características da época que nos interessa evocar. Época – repita-se – mais de transição que de estabilização em suas normas sociais e de cultura. Entre essas normas, as médicas ou terapêuticas.

Contra as doenças parasitárias empregavam-se as substâncias que os doutores chamavam então antizimóticas. No curativo de feridas, muito se usavam as soluções de iodofórmio, de biclorureto de mercúrio, de ácido bórico. Os hospitais da época era ao que mais terrivelmente fediam: a iodofórmio.

No tratamento da infecção sifilítica, os ortodoxos não hesitavam: empregavam o mercúrio e o iodureto de potássio. A malária, tratava-se com os sais de quinino. A raiva, o carbúnculo e a varíola eram prevenidos pela vacina. Raras, ainda, as injeções. Mas desde o fim do século XIX que foi se acentuando contra a voga de remédios indígenas para o grande mal brasileiro que foi então a sífilis, a voga de injeções europeias contra o mesmo mal. Voga que culminou com o emprego do 606 e do 914. Germanismos que marcaram de modo sensacional a presença da Alemanha na terapêutica brasileira.

Contra várias doenças – as anemias, a escrofulose, as caquexias, o reumatismo – empregnavam-se o ferro, o arsênio, o acônito, o fósforo, os óleos, a quina em massa, a linhaça, os vinhos. Vinham da Europa vinhos – o de Málaga e o quinado, por exemplo – e licores para anêmicos, convalescentes e doentes. Os fabricantes ou os importadores desses vinhos anunciavam que eram de particular eficácia contra doenças próprias do Brasil, do trópico, das florestas, dos seringais do Amazonas, das terras chamadas miasmáticas.[1]

Muitas das receitas da época tiveram por base a tintura de sais de acônito, a noz-vômica, o calomelano, a jalapa, a água de louro-cereja, o extrato de beladona, o óleo de rícino, o xarope de flores de laranjeira, a infusão de jaborandi. Em casa preparavam-se os chás de sabugo, de pega-pinto, de mastruço, de cidreira. Vários outros: toda uma variedade de chás. Também os unguentos. Punha-se sobre brasas, para desinfetar quartos de doentes, o alecrim, usado também como chá, contra tosses, digestões difíceis, clorose. Do alho fazia-se cataplasma, constando de soldados covardes ou indispostos aos combates que o introduziam no ânus, a fim de produzir febre e ter baixa ao hospital.[2] Empregado primeiramente, na época, como septicida, por médicos brasileiros como mestre Sousa Lima, da Bahia, foi a araroba. Ou "pó-da-bahia".[3]

De muito uso na medicina caseira, no período aqui evocado, foi a arruda; empregada pelas comadres nos partos, dada a sua capacidade de aumentar o poder contrátil do útero; e empregada também contra a suspensão de regras. Aos dentes cariados era comum aplicar-se o cravo. A caroba era utilizada no tratamento de banhos. O caiapó era o purgativo caseiro preferido por muitas mães de família, tendo merecido, com outros brasileirismos, a atenção da medicina oficial, através da tese de doutoramento médico que lhe consagrou J. M. de Castro e das análises a que o sujeitou em Paris o professor Gubler. Da época aqui considerada, foram também esforços brasileiros no sentido de substituir-se o choupo pela imbaúva como carvão de uso na terapêutica: imbaúva carbonizada que se verificou produzir o mesmo pó de carvão que o Belloc, "ficando o Brasil" – escreveu um médico do fim do século XIX – "livre dessa droga estrangeira, como devia acontecer a um cento das drogas que sem razão nos vêm do estrangeiro, quando o Brasil é que podia exportar o excesso do seu consumo".[4]

Isto aliás acontecia com a matéria-prima – a borracha ou o *caoutchouc* de que na Europa se faziam sondas, bicos de mamadeira, pessários, meias elásticas, chapas de vulcanite para os maxilares, a cinta chamada hipogástrica, os suspensórios, as fitas elásticas, as bandas contrativas. E também profiláticos contra doenças venéreas, que passaram a ser vendidos ao lado das seringas.[5]

Nenhum chá mais usado em casa, no Brasil, pelas mães de família da época, que o de laranjeiras: – contra dor de dente, dor de cabeça, defluxo. Também para acalmar as pessoas e fazê-las dormir: efeito obtido também com o maracujá. Enquanto os beribéricos eram tratados com banhos de folhas de pitangas. Empregava-se também o tropicalíssimo tamarineiro – a limonada de tamarindo – como laxante. A ipecacuanha juntamente com o óleo de rícino e a tintura de acônito constituía, segundo médicos da época, "a primeira medicina da maior parte dos lavradores e das mães de família brasileiras".[6] Muito era o uso que se fazia então no Brasil da ipecacuanha. Nas indigestões, nos embaraços gástricos, nos excessos de bílis, nas febres paludosas, na tifoide, na própria febre amarela, nas diarreias chamadas serosas, também nas bronquites. Nas próprias hemoptises. Nos próprios envenenamentos.

Ia essa preciosidade – a ipecacuanha – quase toda para a Inglaterra, de onde o Brasil a recebia, sob a forma de remédio europeu, "por um preço exorbitante, sujeitando-se a um alto câmbio". Entretanto, segundo Urias, uma estrada de ferro entre o Rio e a Província de Mato Grosso – de onde principalmente se extraía a ipecacuanha – faria sem dúvida cessar mais uma das aberrações de nossas finanças, obtendo os consumidores em todas as cidades e aldeias, a ipecacuanha importada diretamente e por baixo preço. Exploração inglesa? De modo algum: incúria brasileira. Incúria que se estendeu a outros artigos fabricados por europeus com produtos do Brasil tropical e que, com algum esforço, poderiam, desde o fim do século XIX vir sendo sistematicamente cultivados e industrializados no próprio território brasileiro.

Muito importante era que os remédios fossem acompanhados de dietas: caldos, canjas, papas, torradas, jejum. O clister imperava, tendo sobrevivido à voga da sangria. Clister de vários tipos: purgativos, calmantes, diuréticos, cateréticos, febrífugos, excitantes, emolientes, mecânicos, alimentícios. Era o clister administrado por meio de seringas de borracha, de couro, de metal, de vidro. Nas doenças que afetavam as vias digestivas como a angina e o *croup*, recorria-se aos clísteres alimentícios, havendo alguns que eram verdadeiros jantares via anal: caldo de galinha ou de carne acompanhado de vinho branco.

Abusava-se dos purgantes e talvez dos remédios contra vermes ou lombrigas. Em certos casos, a administração desses remédios a todos os meninos da família, brancos e negros, nobres e escravos, senhores e servos, fazia-se em massa, em dias fixos do ano. Constituía esse uso parte da rotina patriarcal.

Temia-se o chamado "sereno da noite". Temiam-se os pântanos chamados miasmáticos. Já no fim do período evocado neste ensaio é que se generalizou no Brasil, de norte a sul, e através principalmente de anúncios, quase sempre ilustrados, nos jornais, o uso de remédios já industrializados que, entretanto, se tornaram, quase tanto como alguns alimentos – o arroz, o feijão, o charque, a canja – elementos de unidade nacional de cultura, no sentido sociológico de cultura: a Emulsão de Scott, o Elixir de Nogueira, A Saúde da Mulher, o Bromil, o Sabonete de Reuter.

Começava o declínio da arte de formular: arte ortodoxa e quase sacerdotal com pequenas variações regionais. Também o declínio do prestígio do farmacêutico quase médico, cuja figura foi sendo substituída pela do vendedor de drogas industrializadas. O próprio declínio da letra chamada de médico: parte de uma aliança secreta e como que maçônica entre o médico que receitava e o farmacêutico que preparava com algum mistério os remédios.

Marca também o fim do período evocado neste ensaio, o começo do domínio, pelo Brasil, sobre doenças que até o próprio alvorecer do século XX foram grandemente devastadoras da população brasileira: a varíola; a febre amarela; a cólera-morbo; a bubônica; a tísica. Domínio que se conseguiu, em grande parte, através de maior higiene, quer pública, quer particular, nas capitais e no interior do País. Médicos ilustres começaram desde o fim do século XIX a advertir os brasileiros contra o perigo de só procurarem preservativos contra as doenças graves nas boticas, quando a defesa de adultos e, principalmente, de crianças, de males como o *croup*, estava também – ou principalmente – na observação de preceitos de higiene.[7]

Daí, alguns médicos de família – e a época foi caracterizada pela importância do médico de família,[8] cuja figura chegou até quase o fim do período aqui evocado, com alguma coisa de sacerdotal no próprio trajo: a sobrecasaca quase talar e sempre negra, a cartola preta, as botinas pretas – terem se apurado em aconselhar os patriarcas de vida mais sedentária, residentes de sobrados, nas cidades, a fazerem exercícios ao ar livre: passeios, natação, exercícios, ginástica. Conselhos que se aplicavam principalmente às crianças linfáticas, filhos de pais tuberculosos; aos raquíticos, aos escrofulosos, aos obesos. Segundo Urias, os homens, as mulheres e as crianças no Brasil deviam, "regra geral", fazer um exercício diário "pelo menos de 3 horas, expostos à direta irradiação solar".[9] Recomendava a "marcha cadenciada", o trapézio simples e o duplo. Ao lado de tais exercícios, foi se afirmando a importância da hidroterapia.

A época aqui evocada assinalou no Brasil o começo da voga da hidroterapia, tendo se verificado larga substituição dos simples banhos de rio pelos de mar ou salgados, receitados ou recomendados pelos médicos a numerosos doentes; e também pelos tratamentos com águas minerais nas suas próprias fontes: as águas de Lambari, Campanha, Baependi, Caldas e sobretudo Caxambu. O Brasil começou a competir na chamada "riqueza hidrológica" com a França, a Alemanha, Portugal, a Itália, já célebres pelas suas águas medicinais para ricos: Vichy, Carlsbad, Vals. Se bem que em 1889 ainda se considerasse pequeno e até "insignificante" "o movimento de doentes para as diversas fontes que existem no Império, sobretudo a Província de Minas",[10] dada a "infinidade de moléstias que nos climas intertropical soem reclamar o tratamento hidromineral", o fato é que, desde 1871, se faziam estudos comparativos das análises realizadas, por comissão nomeada pelo governo imperial, das águas gasosas de Caxambu e Lambari; e por essas análises já se vinha concluindo não serem inferiores as mesmas águas às que vinham sendo importadas do estrangeiro. Também já haviam sido examinados, antes de 1889, os efeitos daquelas águas brasileiras sobre os doentes, parecendo que em quase todos provocavam aumento de apetite e facilitavam as digestões. Em alguns o apetite se exagerava de tal modo que se fazia preciso "recomendar-se-lhes prudência e comedimento com sua alimentação".[11]

Os primeiros frequentadores de Caxambu foram principalmente dispépticos: três quartas partes do total. Mas não poucos doentes do fígado – inclusive os que sofriam de engorgitamentos, dependentes, segundo afirmavam os médicos da época, de sífilis terciárias – tornaram-se *habitués* daquelas águas. Também doentes de males comuns aos climas quentes como o catarro do colo, a amenorreia e a leucorreia, os catarros vesicais, os engorgitamentos da próstata, as areias e cálculos renais, a escrofulose, a anemia, as caquexias de fundo palustre, as hemorroidas, o histerismo e as cloroanemias das senhoras. A estas os médicos recomendavam, além do uso das duchas, carne de vaca mal-assada, ovos, vinho finíssimo e exercícios ao ar livre.

Os meses primeiro escolhidos para estações de águas na Província de Minas, foram os de agosto, setembro, outubro, até meados de novembro. Mas havia quem preferisse os meses de março e abril.

Não só gente sinhá era mandada às águas de Minas para tratamento: também a servil. "Um escravo de um fazendeiro de Coração do Rio Verde (Minas) consultou-nos" – depõe um médico da época. E acrescenta: "Indicamos o uso das águas ferruginosas, acrescentando o ferro Bravais. Era um opilado com todo o cortejo de sintomas. A cura efetuou-se rapidamente."[12] Pensavam alguns médicos brasileiros do fim do século XIX que as águas minerais curando os meninos e as mulheres linfáticas e escrofulosas, prevenissem uma consequência "quase sempre inevitável dessas afecções": a tuberculose, que continuava no Brasil daquela época a ser "a desilusão de famílias inteiras", a muitas das quais levava anualmente "o pranto e o desespero". Acreditava-se que as águas de Poços curassem a bronquite crônica. Às de Araxá, atribuía-se eficácia no tratamento da "tuberculose incipiente".

Entretanto, não se devia esperar da hidroterapia que fosse mágica. O regímen de vida dos doentes nas estações era de extrema importância. Os pletóricos, os gotosos, os calculosos, os hemorroidários, por exemplo, deviam abster-se das carnes rubras ou usá-las com moderação. Os linfáticos, os anêmicos, ao contrário, deviam usar alimentos fortes: carnes rubras, ovos, leite. E quanto ao exercício a pé, a cavalo, de carro, ginástica – devia ser também proporcionado aos doentes dos vários tipos. As senhoras, durante as estações de águas, deviam desembaraçar-se dos espartilhos. Os homens deviam usar roupas folgadas e suspensórios, nunca cintas. E todos deviam andar bem agasalhados: camisas de flanela, meias de lã. Todos deviam evitar exageros nas doenças, no fumo, nos vinhos, no jogo.

"Há doentes" – escrevia Urias em seu livro publicado em 1889 – "que passam a sua estação jogando o *besygs*, a manilha, o lansquenê etc. etc., em lugar onde o ar é confinado e viciado pela fumaça do cigarro e do charuto; outros entregam-se às danças desordenadas: valsas, polcas etc. logo após as refeições: neste caso não são raras as congestões pulmonares ou cerebrais; e as nevralgias nas senhoras que sofrem do útero. A própria conversação em voz alta e declamada e a leitura prolongada são nocivas".[13]

Do óleo de rícino sabe-se que foi, no fim do século XIX, "o purgante da moda no Brasil: 20 a 60 gramas". Era considerado laxante pronto e seguro, sem irritação, e sem constipação, como acontecia com sais neutros. Repugnante de tomar-se, administravam-no aos doentes mais dengosos em cápsulas, infusão de café, caldos de galinha ou de carne de vaca, licor, infusão de hortelã ou de cravo. Era o purgante administrado às senhoras, antes e durante o parto. E foi também estimado pelas mães de família, na época aqui considerada, por suas virtudes vermífugas. Urias informa que, após a Lei do Ventre Livre, foi purgativo "comumente empregado nas moléstias dos ex-escravos".[14] O que indica ter sido um dos remédios verdadeiramente universais do Brasil dos últimos decênios do século XIX: empregado de norte a sul do país; administrado a sinhás durante e após o parto; a crianças e adultos burgueses; a servos. Remédios assim universais concorreram – repita-se – para a unidade nacional do Brasil, de modo nada desprezível. Para a unidade nacional e para a exaltação da condição humana sobre a de classe, de raça e de cor.

Se não foi com remédios ou drogas, importadas da Europa ou indígenas, que a República de 89 enfrentou o desafio do trópico úmido à definitiva consolidação, no Brasil, de uma civilização predominantemente europeia, e sim através de medidas de higiene pública, não é justo desprezar-se a contribuição, para esse objetivo, dessas drogas e remédios. Nem a dos particulares, através de medidas de higiene pessoal,[15] de asseio doméstico e de medicina caseira ou patriarcal, que tiveram na época evocada neste ensaio um período decisivo para o seu desenvolvimento. O indianismo na música e na literatura, e o nativismo ou o caboclismo, na política, coincidiram com algumas delas, prestigiando-as. Daí entusiastas de Alencar, de *O guarani* e de Floriano que foram também devotos do guaraná, do mate e do vinho de caju.

Filipe Neri Colaço, em livro de higiene doméstica como que ecológica, publicado em 1883, já salientava que nós brasileiros, em assuntos de alimentação, devíamos nos lembrar de que, como "os árabes e os índios [...]" habitávamos "debaixo dos trópicos". Daí a conveniência de sermos moderados no uso de "alimentos gordos, oleosos e açucarados" bem como "de vinhos".[16] Recomendava a macaxeira e a mandioca; a araruta; o inhame; e das frutas, a fruta-pão e a banana. Alimentos que sendo brasileiros ou tropicais eram também bons ou nutritivos. E não lhe repugnava o emprego de certos remédios brasileiros.

A época aqui evocada assinalou em medicina, o aparecimento, em cidades principais do Brasil, de médicos especializados em certos ramos de sua arte. Dentistas. Cirurgiões. Parteiros. Oculistas. O "dentista americano" tornou-se uma instituição. Uma instituição no Rio de Janeiro, em São Paulo, no Recife: nas cidades mais progressivas. Daí até ingleses, como no Recife, o Dr. Rawlinson, intitularem-se "dentistas americanos". É verdade que esse bom Dr. Rawlinson acabou por se desprender tanto de sua condição étnico-cultural de inglês como da étnico-profissional de anglo-americano, tornando-se inveterado adepto do brasileiríssimo jogo do bicho; e findando os seus dias mais preocupado com esse jogo do que com os progressos técnicos na sua especialidade. Não foram poucos, entretanto, os brasileiros da época que cursaram nos Estados Unidos escolas de odontologia, voltando delas ao Brasil dentistas, de algum modo, americanos.

Entre os brasileiros rústicos da época e mesmo entre parte considerável da burguesia das capitais, areavam-se os dentes com pedaços de carvão de lenha ou com cinzas de charutos. Mas também com juá. Até que o Odol tornou-se entre a burguesia mais elegante, por influência dos anúncios ou recomendações dos dentistas, o substituto do carvão, da cinza e do juá; do próprio gargarejo de ácido bórico.

Aliás o ácido bórico era muito empregado nas lavagens dos olhos, antes de aparecerem os colírios especiais: sobretudo o Colírio Moura

Brasil. Moura Brasil foi, como oculista, a maior celebridade médica no nosso país durante a época evocada neste ensaio. Outras celebridades médicas da mesma época foram Torres Homem e o barão de Petrópolis, dentre os mais antigos; Silva Lima, Miguel Couto, Francisco de Castro, Silva Araújo, Antônio Austregésilo, Osvaldo Cruz, Miguel Pereira, dentre os mais próximos de nós.

Do período aqui considerado foi o aparecimento de Vital Brasil, fundador de uma instituição brasileira que desde o começo do século XX alcançou renome mundial, ao lado do Museu Nacional, do Museu Goeldi e do Instituto de Manguinhos: Butantã. Foi o seu trabalho de algum modo precedido pelos esforços de João Batista de Lacerda, diretor do Museu Nacional, "que descobriu a ação antidótica do permanganato de potássio sobre os venenos dos ofídios, pelo que mereceu um prêmio do Estado de 30 contos de réis".[17] Aliás Urias acreditava ter-se, no Brasil, uma erva, a "erva-botão", que combatia ou neutralizava "a peçonha da cobra", em qualquer que fosse o período em que se fizesse sua administração à vítima, e tanto por via gástrica como pela retal ou hipodérmica.

Muito se disse, na mesma época, das virtudes do chá-mate, considerado patrioticamente superior ao da Índia sob qualquer ponto de vista. Mas exaltado principalmente como substituto do chá-da-índia nos países de climas quentes e enervantes. Tanto que, na Grã-Bretanha – então império com várias colônias em terras tropicais – chegou a haver quem sugerisse o uso oficial do mate pelas tropas britânicas destacadas para serviço militar nos trópicos. Oficialização que, se tivesse se verificado, teria resultado em largo benefício para as finanças brasileiras. Um dos apologistas do mate brasileiro, na época aqui considerada, foi o inglês Domville-Fife, que no seu livro *United States of Brazil*, publicado em Londres em 1910, recordou na página 215 haver na Inglaterra de então um movimento no sentido do uso do mate *"mixed with ordinary Indian tea, for troops engaged in protracted warfare in the torrid zone"*.

Outro produto do trópico que começou a ser então muito festejado, pelos benefícios que, segundo seus entusiastas, era capaz de proporcionar ao homem civilizado, empenhado em viver harmoniosamente com o ambiente tropical, foi o guaraná, que teve um dos seus maiores entusiastas no sábio Luís Pereira Barreto. Ainda outro, o açaí. Também o caju, que teve seu maior apologista no médico Cosme de Sá Pereira.

Mas nem tudo se deu então à terra: muito se deu também ao mar. Foi no fim do século XIX e no começo do XX que os banhos salgados passaram a ser considerados, no Brasil, de efeito tônico nas dispepsias, congestões crônicas do fígado, flores-brancas, escrofulose, engorgitamento dos gânglios mesentéricos, paralisias, afecções uterinas, cloroanemias, fraqueza geral, beribéri, raquitismo. Deviam ser tomados – segundo os médicos da época – das cinco às sete da manhã. As pessoas fracas deviam tomar, logo após o banho, um cálice de vinho do Porto ou de licor. Devia-se por precaução – precaução contra os riscos das ondas – tomar banhos de mar com banhistas.

Acentuou-se na época aqui evocada a crítica dos médicos higienistas ao trajo demasiadamente europeu na sua composição e nos seus estilos, usado pela burguesia brasileira. Que era a causa de muita gente viver mal, diziam alguns desses médicos, sem que, entretanto, ousassem deixar de recomendar a flanela para os numerosos brasileiros que sofriam então do peito ou do ventre. Deviam eles agasalhar-se com flanelas. No inverno, principalmente à noite, nenhuma pessoa de idade devia deixar de usar em casa sua carapuça ou seu boné de seda. Na rua, chapéus felpudos. No verão é que o chapéus deviam ser leves e de palha ou de pelo. Chapéus de abas largas e folgados na cabeça. Desde os 12 anos, o homem devia fazer uso de suspensórios, evitando o arrocho do ventre pelas cintas. A mulher devia preferir aos espartilhos rígidos o de goma elástica: um dos vários artigos que se faziam, na Europa, em grande parte com matéria-prima brasileira ida do trópico amazônico. O pés deviam ser conservados quentes: "cabeça fresca, ventre livre e pés quentes".

Época de transição, a evocada neste ensaio foi, em certos aspectos da terapêutica empregada pelos seus médicos, de verdadeiros contrastes. Época ainda de sangrias e de sanguessugas hamburguesas, por um lado, e por outro, de eletroterapia, nas principais cidades do País. Em 1889 já a eletroterapia se achava introduzida no Brasil há uns dez anos mais ou menos, achando-se muito generalizada. Um dos seus pioneiros foi o médico Tomás de Carvalho. Era um tratamento que se fazia pelo banho elétrico e pelas correntes dinâmicas. É claro que em terapêutica como noutras zonas de ciência aplicada e de técnica, o

Brasil da época aqui evocada viveu tempos sociais e culturais diversos, dentro de um tempo aparentemente único: o tantas vezes fictício tempo cronológico.

Neste ensaio é claro que nos limitamos a fixar as predominâncias de tempo social e cultural, sem deixarmos, entretanto, de reconhecer os contrastes entre essas predominâncias, nas áreas econômica e politicamente decisivas do País e as formas dominantes de solução de problemas, quer de existência, quer de convivência em áreas menos atuantes sobre o todo nacional, embora de considerável importância para a definição do Brasil como cultura plural nos seus tempos, nos seus ritmos e não apenas nos seus estilos de vida nacional e subnacional.

Ao celebrar-se em 1929, o centenário da Academia Nacional de Medicina, o médico Alfredo Nascimento, em publicação oficial da mesma academia, pôde destacar "a velocidade" com que o Brasil, através de obras de saneamento e de assistência médica, de laboratórios e de policlínicas, de institutos antivariólicos e antiofídicos – "velocidade" que fora particularmente intensa durante "o quatriênio Rodrigues Alves"[18] e (poderia ter acrescentado) nas áreas urbanas do País – pudera se elevar à categoria de país civilizado em assuntos de medicina e de higiene. Foi um triunfo alcançado principalmente pela República: pelos seus governos. Mas também pelos particulares que de certo modo concorreram, desde o Império, para que o viver civilizado no Brasil se harmonizasse com as condições tropicais de existência. O que em parte se verificou através de práticas e usos de medicina caseira ou de higiene empírica: experiencial ou existencial. Daí o conselho de alemães como Lamberg aos europeus no Brasil: quando atacados pela febre amarela ou por outra doença tropical, recorrerem não a médicos europeus mas a médicos brasileiros.

Do ponto de vista da medicina ou da higiene doméstica, a época brasileira aqui considerada continuou a ser de relações por vezes demasiado íntimas do homem com animais. Época, ainda, de muito mosquito, muito bicho-de-pé, muita formiga, muita mosca, dentro das casas ou em torno delas, nos fundos dos quintais, nos jardins. De carrapato nas vacas. E de ratos e sobretudo baratas. Também de morcegos e urubus. De carneiros, cavalos, pássaros conservados em gaiolas nas salas, papagaios, macacos, gatos, cachorros[19] – estes às vezes portadores de pulgas. De aranhas, lagartixas, besouros. De sapos. De pombos. De galinhas, patos e perus nos quintais. De cobras domésticas: cobras sem veneno criadas em casa com o fim de perseguirem os ratos, auxiliando os gatos. Pois a época em apreço foi de intensa perseguição aos ratos, como defesa dos homens contra o mal da bubônica. Tornou-se, também, de combate ainda mais intenso aos mosquitos, como defesa das populações urbanas contra a febre amarela. A Osvaldo Cruz houve quem desse o apelido de "Doutor Mata-Mosquito".

"Por mais limpa que esteja uma casa, ainda assim não está livre das baratas",[20] escreveu Lamberg das casas brasileiras do fim do século XIX: o mesmo Lamberg para quem o europeu, doente de febre amarela, devia recorrer a médico brasileiro. Acrescentando: "Encontram-se muito especialmente em aquele número de casas velhas e sujas; mas também pode-se vê-las passear pelos sótãos mais ricos".[21] Não poupavam coisa alguma: roíam tudo com exceção dos metais. Causavam por vezes prejuízos sérios. Destruíam roupa de pano e de linho. Não poupavam objetos de couro. Extremavam-se contra livros e papéis. Notou o alemão que as baratas no Brasil roíam então "até mesmo os cabelos untados de pomada de quem está dormindo".[22] E a época foi de muita pomada e de muito unguento: pomada nos cabelos; pomada nas barbas; pomada no corpo contra coceiras, erupções na pele, feridas. Isto sem ter deixado de ser época de piolho não só no cabelo das mulheres do povo como no de algumas iaiás.

A época aqui evocada, assinalada, como foi, por numerosas transições, correspondeu à substituição, nas casas burguesas e nobres do País, dos fogões fixos de tijolo, tendo por combustível a lenha, pelos de ferro, tendo por combustível o carvão de pedra e o coque. Outra substituição que se acentuou na época em apreço foi a da panela de barro pela de ferro. Ambas as substituições importaram em alteração no gosto de certos quitutes tropicalmente brasileiros que pareciam identificados com o combustível lenha e com a panela de barro; mas, por outro lado, trouxeram às cozinhas das mesmas casas vantagens de ordem higiênica, trazidas também pelos armários de cozinha com portas de tela, em vez de madeira ou vidro: inovação considerada "brasileirismo" por alguns estrangeiros por corresponder a condições particularmente brasileiras ou tropicais de clima. Foi costume da época combater-se a praga das pulgas, nas casas burguesas, com pó de piretro; e nas patriarcais, do interior, colocando-se em diferentes partes da habitação molhos da erva chamada paracari ou meladinha.

Contra as moscas, empregava-se o papel mata-mosca. Contra o cupim, o arsênico. Contra as baratas, uma massa feita de cré e óleo. Contra as muriçocas – das quais já havia, antes da ciência erudita esclarecer o assunto, quem desconfiasse, em várias áreas tropicais, que fossem daninhas ao homem – considerava-se providência eficaz "conservar os quintais limpos". Providência por alguns completada com a "fumaça do cominho rústico" a que se refere Filipe Neri Colaço.[23] Quanto aos ratos, não bastavam para destruí-los os gatos chamados dengosamente Mimi ou Fanny ou com algum respeito e até certa adulação Fidalgo, Paxá, Duque: empregavam-se contra eles ratoeiras e um veneno que os fazia inchar e morrer da inchação: cal misturada com farinha.

Notas ao Capítulo XIII

1. Anúncio típico de vinho tônico reconstituinte é o que no fim do período imperial a Farmácia e Drogaria de A. Pereira Guimarães vendia na corte, segundo anúncio no *Almanaque da Gazeta de Notícias* (1887) e que era recomendado especialmente às amas de leite e às crianças.

2. É o que refere Urias A. da Silveira, em *Terapêutica brasileira*, Rio de Janeiro, 1889, I, p. 148. Vejam-se também os capítulos "Flora" e "Climate and Diseases" de *Brazil in 1909* de J. C. Oakenfull, Paris, 1909. Oakenfull destaca das *"purely Brazilian species of bitter tonical plants"*, a angélica e a cássia; e dentre os depurativos, a salsaparrilha.

3. Urias, op. cit., II, p. 181. Veja-se também sobre o assunto o capítulo "Le malattie del Brasile", do livro de Alfonso Lomonaco, *Al Brasile*, Milão, 1889.

4. Urias, op. cit., II p. 307-309.

5. Na referida Drogaria Pereira Guimarães vendiam-se nos últimos anos do Império, segundo anúncios da época, vários artigos de borracha, provavelmente de origem amazônica, mas fabricados na Europa: mamadeiras, bicos, irrigadores. Isto ao lado de produtos do trópico brasileiro como vinho de jurubeba e óleo de babosa. É curioso o fato de que em 1907, já a Amazônia no seu esplendor, as madeiras de construção elegantes em Manaus fossem as estrangeiras e não as nativas: o cedro, "a madeira de riga de todas as dimensões para soalho", pinho branco, a madeira de carvalho, nogueira. É o que se vê por um anúncio de Vilas-Boas & Cia. – talvez a casa mais importante da época, na capital do Amazonas, dentre as que se especializavam em materiais para construção – no *Álbum Artístico Comercial do Estado do Amazonas*, Rio de Janeiro, 1907, p. 141. Em compensação, consta do mesmo *Álbum* (p. 202) que se consumia na época no Amazonas assim como em São Paulo, no Rio de Janeiro e em Minas Gerais, um produto francês que resultava de um invento brasileiro: a "lâmpada brasileira" a álcool inventada por Manuel Galvão, própria para "iluminação pública e industrial" e já adotada na França pelos "Chemins de Fer de l'État" assim como no Brasil pela Estrada de Ferro Leopoldina.

6. Urias, op. cit., II, p. 594.

7. É interessante o reparo do inglês Percy F. Martin, no seu *Through Five Republics of South America* (Londres, 1905) de que a Bahia, a despeito de ser um centro de saber acadêmico especializado em medicina, continuava *"one of the most deadly fever holes on the Brazilian coast"* (p. 203).

Sinal da desarmonia entre medicina acadêmica e higiene, quer doméstica, quer pública, adaptada às condições tropicais do Brasil. No Rio de Janeiro parecia-lhe que essa desarmonia vinha sendo atenuada, menos em consequência de esforços médicos brasileiros, que dos de engenharia sanitária britânica representada pela *Rio City Improvements Company*.

8. Sobre o médico de família no Brasil da época aqui evocada, leia-se o capítulo XXIII da *Medicina e costumes do Recife Antigo*, de Otávio de Freitas (Recife, 1943). Freitas destaca que o médico de família era, então, "parteiro, pediatra, cirurgião, oculista e até geriatra [...]" e que nele o doente tinha "um amigo, um conselheiro inteligente [...]" (p. 86).

9. Urias, op. cit., I, p. 598. Veja-se também, sobre o assunto, Antônio Martins de Azevedo Pimentel, *Subsídios para o estudo da higiene do Rio de Janeiro*, Rio de Janeiro, 1890.

10. Urias, op. cit., II, p. 60. Sobre a higiene de alimentação na época veja-se, ainda, Azevedo Pimentel, op. cit., cap. IV. Veja-se, mais, Militão Bivar, *Flora brasileira, plantas medicinais*, Recife, 1931.

11. Urias, op. cit., II, p. 68.

12. Urias, op. cit., II, p. 83. Sobre o aspecto humano ou social das estações de cura ou repouso no Brasil da época, veja-se *Brazil in 1909* por J. C. Oakenfull, Paris, 1909, capítulo XIX.

13. Urias, op. cit., II, p. 109.

14. Urias, op. cit., II, p. 742. Vejam-se, a respeito de remédios assim polivalentes do ponto de vista social, depoimentos de médicos nos anais da Academia Nacional de Medicina.

15. No brasileiro "o asseio corporal degenera até muitas vezes em pedantismo" (Lamberg, op. cit., II, p. 63).

16. Filipe Neri Colaço, *O conselheiro da família brasileira*, Rio de Janeiro, 1883. Veja-se principalmente o capítulo "Da alimentação". Sobre várias das formas por que a flora tropical brasileira se vem associando, no Brasil, à higiene e à adaptação do homem ao meio, veja-se *Curiosidades de nossa flora*, de Getúlio César, Recife, 1956. Com relação ao mate, destacou J. C. Oakenfull, na página 141 do seu *Brazil in 1909* (Paris, 1909) que "*during the war with Paraguay the soldiers marched and fought day after day without any food but mate*".

17. Urias, op. cit., II, p. 675.

18. Alfredo Nascimento, *O centenário da academia nacional de medicina. Primórdios e evolução da medicina no Brasil*, Rio de Janeiro, 1929. Vejam-se especialmente p. 217-219. Veja-se também Leonidio Ribeiro, *A medicina no Brasil*, Rio de Janeiro, 1940.

19. Segundo Lamberg, o Brasil do fim do século XIX estava longe de ser um paraíso para os cães: "o clima parece ser-lhes desfavorável". Desfavorável também aos cavalos. "Os pobres cães rafeiros que andam vagabundando pelas cidades, têm quase todos moléstia da pele" (op. cit., II, p. 27),

observou o alemão. Da galinha da terra Lamberg fez o elogio: "esgravatadeira por excelência e requer muito pouco cuidado" (p. 28). Os gansos eram raros. Os patos, poucos. Abelhas as que então se criavam eram a tiúba e a jataí. Notava-se algum desenvolvimento da apicultura no Paraná e Santa Catarina (p. 29).

20. M. Lamberg, *O Brasil* (trad. do alemão por Luís de Castro), Rio de Janeiro, 1896, p. 22-23.

21. Lamberg, op. cit., II, p. 22.

22. Lamberg, op. cit., II, p. 22. Veja-se também Ina von Binzer, *Alegrias e tristezas de uma educadora alemã* (trad. do alemão), São Paulo 1956, p. 110-112. Embora sem ter chegado ao extremo de aconselhar aos europeus que, no Brasil, empregassem contra os ratos, as cobras mansas utilizadas por alguns brasileiros no interior da suas casas, Lamberg não hesitou em escrever: "[...] aconselho ao doente de febre amarela que não chame médico estrangeiro [...] os médicos brasileiros têm mais experiência dessa moléstia, e se nem sempre tratam o doente segundo os princípios da ciência mas segundo as tradições e os conhecimentos empíricos, estes, ainda assim, falham menos do que os primeiros" (op. cit., II, p. 93).

23. Filipe Neri Colaço, *O conselheiro da família brasileira*, cit., p. 49-51.

XIV A República de 89 e o desafio dos adeptos da restauração monárquica aos republicanos no poder, em torno da questão social

Por mais estranho que pareça, verificou-se no Brasil dos primeiros decênios do século XX este paradoxo: a República de 89 foi desafiada pelos homens que mais lucidamente passaram a encarnar a causa da restauração monárquica – ou antes, pelo próprio herdeiro presuntivo do trono – em torno de uma questão que, estando já presente num país, como o nosso, desde os últimos decênios do século XIX em processo de industrialização e urbanização e sob crescente influência de ondas sucessivas de imigrantes europeus, vinha sendo quase de todo desprezada pelos políticos republicanos: a chamada "questão social". Os inovadores republicanos encontraram-se, neste particular, quase de repente, em situação defensiva; e os restauradores ou sebastianistas, quase de repente, passaram de figuras tidas por arcaicas a representantes ativos e, até, agressivos, do que havia de mais novo, de mais moderno e, de certo modo, de mais revolucionário, na sociologia política ou na sociologia econômica da época.

Será que não havia receptividade entre os jovens republicanos a tal espécie de revolução branca que do campo apenas político se estendesse ao social? Os depoimentos recolhidos para servir de lastro a este ensaio parecem indicar que tal receptividade, embora vaga, animava as atitudes de vários desses jovens, predispondo-os a acompanhar um Pinheiro Machado ou um novo Joaquim Nabuco – o grande político por assim dizer social dos últimos anos do Império – num movimento de tal natureza.

Assim Deodoro de Mendonça, nascido em 1889 no Pará, em casa de fazenda ainda patriarcal, e que passou muito brasileiramente de menino a homem ao som de "modinhas com letras de Castro Alves, Casimiro de Abreu e Melo Morais acompanhadas ao violão nas serenatas" e dançando nos salões a quadrilha francesa, a valsa, o *schottisch*, a mazurca e a polca", informa ter sido desde novo "simpático ao socialismo construtor que desse conforto e felicidade ao maior número de pessoas na base de trabalho livre..." E acrescenta: "Amei a República apesar dos erros de seus governos, como desenvolvi minhas ideias socialistas malgrado o círculo fechado de incompreensão sobre elas, formado pelo clero e pelos remanescentes do nosso feudalismo econômico". Era laurista, isto é, adepto de Lauro Sodré. Mas a Sodré parece ter sempre faltado o desassombro de atitudes necessário a um autêntico renovador. Foi quase sempre um tímido ou, pelo menos, um indeciso, um flutuante, uma vítima talvez, do seu próprio saber: um saber teórico, desligado da situação brasileira. Era, entretanto, homem sério e de bem.

"Quando rapaz, não tive ideias definitivas sobre a reforma social e política do Brasil", depõe Plínio Barreto, nascido em São Paulo em 1882, em Campinas: "então a principal cidade, depois da capital, com a qual rivalizava em muita coisa: em riqueza, em atividade política, em desenvolvimento de cultura", sendo também "o centro mais ativo da propaganda republicana" pois "ali residiam os principais chefes do Partido Republicano, entre os quais se destacavam Campos Sales e Francisco Glycerio, na turma dos mais antigos, e Júlio Mesquita e João Alberto Sales, na turma dos mais novos". Queria, entretanto, para o Brasil, "política limpa, feita por homens clarividentes e desinteressados"; e sentia, ainda rapaz, haver "lugar e atmosfera em nossa terra para o convívio íntimo de todas as raças". Era, portanto, um predisposto a seguir uma política de renovação social do Brasil que excedesse a dos republicanos triunfantes em 89: a de melhoramentos apenas materiais. A de reformas apenas políticas, jurídicas e financeiras.

Nascido também em São Paulo, em fazenda pertencente a seus tios maternos, ainda no tempo do Império, Waldemar (Martins) Ferreira informa de suas ideias de rapaz sobre "reforma social" num Brasil em transição do trabalho escravo para o livre e da Monarquia para a República, que foram ideias "socialistas". Recorda, a propósito, seu entusiasmo pela candidatura de Lauro Sodré à Presidência da República: causa que o empolgou em São Paulo do mesmo modo que atraiu no Pará o ardor parassocialista de Deodoro de Mendonça. A verdade, porém, é que o socialismo em torno de Lauro Sodré e de outros republicanos era vago: "não de todo bem definido", como esclarece Waldemar Ferreira. O próprio Sodré foi sempre, em sua personalidade, um homem mal definido.

Mílton Prates, nascido em 1888 em Montes Claros, em Minas Gerais, informa ter pertencido a uma geração que, em Minas, "não tomou conhecimento" da questão social: "[...] estávamos satisfeitos com a República, a demagogia parlamentar e o bico de pena". Fascinados pela oratória, seu "ídolo era Ruy Barbosa"; e Rui Barbosa não lhes apresentava a questão social, versando nos seus discursos apenas assuntos políticos de superfície e questões por vezes bizantinamente jurídicas.

Nascido no Recife, em 1886, numa casa de azulejos da Rua Princesa Isabel, Mário Sette confessa ter crescido monarquista: "fui monarquista em menino e até certa altura da adolescência". Perdida a devoção à causa monárquica, não a substituiu por nenhum outro entusiasmo de caráter político ou político-social. Tanto que, tendo assistido "à saída de *Os sertões*", seu primeiro interesse foi "pela parte propriamente militar" da narrativa. Sua "convivência literária" no Recife do começo do século foi com Mateus de Albuquerque, Ernesto Paula Santos, Gilberto Amado e outros jovens que não parecem ter-se interessado então por questões sociais mas só pelas políticas, financeiras, literárias, estéticas. Confessa, entretanto, o bem-nascido Mário Sette não ter tido nunca "prejuízos de casta", deixando, assim, entrever sua disposição a acompanhar um movimento que tivesse dado à República de 89 o aspecto de uma verdadeira tentativa de reorganização social do Brasil, com a valorização do homem de trabalho.

Leonel Vaz (de Barros), nascido em São Paulo em 1890, escreve no seu depoimento: "[...] em meus tempos de mocinho costumávamos ser anarquistas e como tais queríamos ver 'enforcado o último rei nas tripas do último padre'".

Nascido na passagem do século XIX para o XX, no Paraná, informa Erasto Gaertner ter sentido, "desde menino, revolta pelas desigualdades sociais e pela injusta distribuição das riquezas e dos bens que fazem a vida mais confortável e melhor". Esses sentimentos ganhariam expansão "logo que iniciados os estudos médicos".

Florêncio (Carlos) de Abreu (e Silva), nascido em 1882 no Rio de Janeiro, mas crescido e educado no Rio Grande do Sul, depõe que, rapaz, sentia que "o proletariado estava apenas acampado na sociedade moderna". E fixando uma atitude que parece ter sido a de outros moços do seu tempo, igualmente vagos ou desorientados sobre um assunto que viria a ser ferido de modo tão provocante pelo príncipe D. Luís: "Entendia que a República bem compreendida e praticada seria a solução para todos os males de ordem política e social. A República era o tabu".

"Lembra-me que sempre tive como defeituosa ou pelo menos susceptível de grandes melhoramentos a organização social [do Brasil], sem que entretanto pensasse em qualquer reforma definida", escreve no seu depoimento Tomás Pompeu de Sousa Brasil Sobrinho, nascido no Ceará em 1888.

"Não cogitava do assunto", informa Antenor Nascentes, nascido no Rio de Janeiro em 1886.

Manuel Duarte, nascido em 1883 no Rio Grande do Sul, depõe que "profundamente embebido em leituras liberais, de exagerado individualismo, pouco sentia a necessidade de reformas sociais tirantes para o socialismo. Achava que a vitória dos mais fortes representava a própria beleza da vida social". Quanto ao Estado "não devia ser convertido em Santa Casa de Misericórdia..."

"Nunca se interessou pelo assunto", informa Da. Isabel Henriqueta de Sousa e Oliveira, nascida na Bahia em 1853; e salienta ter sido sempre monarquista.

Joaquim Amaral Jansen de Faria, nascido ainda na corte em 1883, escreve que, em face da escravidão, se fizera necessária no Brasil a Abolição; e que, do mesmo modo, em face da "escravatura dos trabalhadores uma reforma social" se tornara ainda mais necessária no país, depois de proclamada a República. Pensava ele, ainda moço, que "não era possível os governos cruzarem os braços ante o desespero da população oprimida, espoliada e mesmo roubada". E vendo o assunto com olhos de médico formado na "velha escola de Santa Luzia", depois de ter estado em seminário católico: "A miséria verificava-se nos salários pagos por serviços exagerados"; na "exploração dos menores nos serviços impróprios e nas horas de trabalho" e "das mulheres em estado de gestação"; na "deficiência de alimentação dos operários"; na falta de "verificação do estado sanitário nas fábricas e repartições"; na ausência de "reformas ou aposentadorias nos casos de invalidez pela idade ou por acidente". De nada disso se cogitava numa República que se industrializava e se urbanizava com rapidez: só de avenidas, edificações de luxo, protecionismo aos industriais.

Cláudio da Costa Ribeiro, nascido em 1873 no Recife, informa que, quando rapaz, foi dos que desejaram "atenção para os que trabalham". Isto porque: "Cortava-me o coração ver pobres operários saírem, pela madrugada, de seus lares, voltando à noite"; e "mal alimentados, mal instruídos". E acentua ter sido então – como, aliás, sempre – "positivista ou, melhor, simpático ao positivismo cujo lema é 'pátria, família e humanidade'", não tendo lido, quando moço, Karl Marx.

Sebastião de Oliveira, nascido no Rio Grande do Sul em 1878, na então Vila de Cruz Alta, confessa ter tido, quando rapaz, "noção muito embaralhada sobre esses problemas" [os sociais]; mas amigo de Pinheiro Machado, por um lado, e por outro, de Assis Brasil, teria seguido qualquer deles num movimento de política social com o objetivo da valorização do homem de trabalho. Qualquer deles ou Rui Barbosa, pois participou "das campanhas eleitorais em que o eminente brasileiro foi candidato à Presidência da República".

Octavio Tarquínio de Sousa (Amaranto), nascido no Rio de Janeiro em 1889, depõe que "em rapaz já tinha noção bastante nítida de que a sociedade em que vivia estava se degringolando". Parecia-lhe "inevitável uma grande reforma social", que "via sob as aparências de um socialismo humanitário".

Manuel (Carneiro de Sousa) Bandeira, nascido no Recife em 1886, confessa ter tido, quando moço, seu pendor para o positivismo. Mas sem ter se interessado especificamente pela "questão social".

Higino Cunha, nascido no Maranhão em 1858, confessa ter se dedicado na mocidade a "leituras socialistas". Mas quase sempre sob a obsessão de haver um "imperialismo papal".

João de Albuquerque Maranhão, nascido em 1883 no Rio Grande do Norte, sinceramente depõe: "Faltaria aqui à verdade se dissesse que possuía ideias sobre reforma social no meu tempo de rapaz." Entretanto, grande impressão lhe fez a leitura de *A catedral*, de Blasco Ibañez, como livro de caráter revolucionário-social.

"Ruyista", nunca foi além, quando rapaz, com relação à questão social, das ideias de Rui – informa Rogério Gordilho de Faria, nascido em Sergipe em 1889; mas desde novo educado na Bahia.

"Quando rapaz fui socialista ao contrário do que pregava Comte", escreve no seu depoimento José Frazão Milanez, nascido no Maranhão em 1886.

"Quando rapaz, estudante ou não, nunca me preocupei com as reformas sociais; supunha que a sociedade era um corpo vivo, obedecendo a leis fatais, intangíveis", informa (João Rodrigues) Coriolano de Medeiros, nascido em 1875 na Paraíba.

"Comecei a compreender já em 1907 (a despeito de nunca ter lido ou ouvido falar em Marx) as reivindicações sociais, talvez por influência de Ricardo Gonçalves, que chegara a apresentar em 1909 uma tese socialista no Congresso de Estudantes em São Paulo", depõe Aureliano Leite, nascido em Minas Gerais em 1887 mas educado em São Paulo. E acrescenta: "Acreditava na República mas descria dos seus homens. Sentia a necessidade de reformas sociais dentro da própria democracia".

Nascido em Sergipe em 1864, depõe (José Maria) Moreira Guimarães: "[...] preocupava-me tão somente com a República, certo de que o mais viria por condições de ambiente".

Eurico de Sousa Leão, nascido em Pernambuco em 1889, informa de suas ideias de moço acerca da "questão social" no Brasil: "Muito vagas e inconsistentes". Ruista, só Rui lhe despertaria a atenção para o assunto: mas já em 1919.

Cássio Barbosa de Resende, nascido em 1879 em Minas Gerais, escreve, no seu depoimento, ter considerado o problema de raças no Brasil "de importância secundária diante de outros muito mais sérios..." E com o "problema de raças", a "questão social".

Raimundo Dias de Freitas, nascido em São Paulo em 1874, confessa ter-se apercebido, ainda moço, e aluno de colégio militar, da necessidade de uma reforma social do Brasil "que abrangesse a todas as atividades coletivas, as instituições, os costumes e a retêmpera do caráter do povo". Mas achando-a difícil "em face da tacanha e improdutível espécie de política dos partidos que então se digladiavam". Só a poderia ter realizado "um governo forte".

Afonso José de Sousa, nascido em São Paulo em 1880, escreve no seu depoimento ser de lamentar que "as finalidades da Revolução Francesa, cujo exemplo foi seguido no Brasil, não tenham tido o sucesso desejado, sendo que a nobreza foi substituída pelos burgueses, sem vantagem para a classe pobre..."

Nascido também em São Paulo, em 1892, João de Oliveira Machado escreve no seu depoimento, acerca da "questão social" no Brasil: "O declarante é conservador e acha que *'natura non facit saltus'*". Parece ter sido sempre essa sua atitude.

Francisco Pinto de Abreu, nascido na Paraíba em 1869, confessa ter pensado, quando rapaz, "numa sociedade internacional baseada no amor e na justiça".

Nascido em 1890 no Ceará, Raimundo de Novais Mifont informa não ter cogitado, quando moço, de uma reforma político-social que se aplicasse "às diversas nações de continentes diferentes" porque "cada país tem os seus casos particularíssimos que não se amoldariam a uma norma geral..."

Antônio Massa, nascido na Paraíba em 1863, e que, homem-feito, seria senador da República, escreve, no seu depoimento, não ter sido entusiasta da "lei de 13 de maio nos termos em que foi feita". Não se interessou, quando moço, por outra questão social.

Sylvio Rondinelli, nascido em São Paulo em 1893, informa ter crescido sob a impressão de ser necessário ao Brasil uma "política [social?] segura".

"Tinha os meus 21 anos quando comecei a sentir a miséria da nossa gente", confessa Joaquim Ernesto Coelho, nascido no fim do século passado em Minas Gerais. Daí ter dado à sua clínica no interior o caráter de uma atividade social.

"Quando rapaz, causava-me estranheza a desigualdade social", escreve no seu depoimento José de Paiva Castro, nascido em 1899 numa "cidadezinha engastada nos últimos contrafortes da Serra da Mantiqueira [...], próximo à estrema do Estado de São Paulo com Minas Gerais". Era então a sociedade brasileira "uma sociedade que exigia urgente reforma", havendo "a agravante de serem as reivindicações operárias consideradas como caso de polícia".

Júlio de Mesquita Filho, nascido em 1892, em São Paulo, na casa do avô, informa ter passado de menino a moço no meio de uma "absoluta indiferença cívica dos estudantes": indiferença que se estendia às questões sociais. Dada sua "quase repugnância pela disciplina do direito", tal como era então estudado no Brasil, procurou "buscar algures" as bases para uma cultura que o habilitasse a enfrentar aquelas questões no seu país, encontrando-as, sob o favor de um curso ginasial feito na Suíça, na leitura de obras inglesas de caráter sociológico: Stuart Mill, Spencer. E também nas de Novicow, tendo voltado a ler Comte "através de madame Martineau". Também teve contato com os livros de Demolins, Taine e Durkheim e, mais tarde, com as páginas de estreia de Oliveira Viana e com as obras de Simmel e Sorel. Com essas leituras tomou conhecimento de problemas brasileiros que não eram apenas políticos mas sociais; e que vinham sendo negligenciados pelos líderes republicanos do País.

Luís de Castro Maciel Pinheiro, filho do famoso propagandista da Abolição e da República que foi Maciel Pinheiro e nascido na cidade do Recife em 1875, confessa, no seu depoimento, sempre ter dado importância ao aspecto moral ou ético das reformas, políticas ou sociais: "a formação moral" é que, a seu ver, estabelecia "a diferenciação entre os homens".

Luís de Toledo Piza Sobrinho, nascido em São Paulo em 1888, escreve no seu longo depoimento que, "como era natural, atraíam-me as ideias em voga, na ocasião, consubstanciadas no socialismo, que obtinha na Europa seus primeiros triunfos, notadamente na França, Inglaterra e Bélgica".

Tenório de Cerqueira, nascido em Alagoas em 1871, depõe ter sido dos que, na mocidade, não se interessaram pela "questão social" no Brasil. Isto a despeito de haver admirado Nabuco.

Guaracy Silveira, nascido em São Paulo em 1893, e que passou de clérigo católico já de batina – por ele usada sempre "bem ajustada [...] com sapatos rasos de fivela de prata" – a pastor protestante, informa não terem suas ideias sobre "reforma social e política" se tornado precisas ou definidas, durante sua mocidade. Só na meia-idade viria a fixar-se no "socialismo cristão".

Da. Maria Vicentina de Azevedo Pereira de Queirós, nascida também em São Paulo em 1868, não enxergou, quando moça, "questão social" que devesse preocupar os brasileiros, uma vez realizada a Abolição. Tinha 20 anos quando se verificou a Abolição.

"Eu estava naquele tempo profundamente imbuído da convicção de que a verdadeira prática da democracia, segundo os conceitos correntes de liberdade, igualdade e fraternidade resolveriam os angustiantes problemas da humanidade, não apenas no Brasil mas em todo o mundo", escreve no seu depoimento Adolfo Faustino Porto, nascido em 1887 na cidade de Olinda, na então ainda Província de Pernambuco. Daí não se ter apercebido, senão já depois de homem-feito, do "industrialismo artificial" que a República de 89 acentuara no Brasil, sem a participação do crescente operariado nas atividades de organização e direção da vida nacional.

Problema – o dessa participação – que nenhum homem público da República proclamada por Deodoro pôs em foco, vindo a caber a um neto de Pedro II e campeão da causa, aparentemente arcaica, da restauração da Monarquia no Brasil, defini-lo em termos ao mesmo tempo políticos e sociológicos. A verdade – repita-se num capítulo todo ele cheio de repetições ou de insistências em assuntos em parte já versados em outras páginas, como é este – é que não apareceu na República de 89, durante os seus primeiros dois ou três decênios, nenhum homem público que se ocupasse no Parlamento da "questão social" no Brasil com o vigor e com a amplitude dada à análise política do assunto por Joaquim Nabuco, durante os seus grandes dias de deputado por Pernambuco na Câmara do Império. Lauro Sodré poderia ter sido, talvez, neste particular, o continuador de Nabuco: faltou-lhe, porém, além do talento, do saber, da voz, do carisma, do autor de *O abolicionismo*, ânimo ou desassombro para tanto. Dos políticos de prestígio conseguido e firmado mais através da ação silenciosa que da atuação parlamentar, Pinheiro Machado é quem estava em situação quase ideal para ser, no Brasil, e adaptando-se, é claro, às especialíssimas circunstâncias brasileiras, uma espécie de conservador revolucionário com relação à "questão social". Mas a Pinheiro, se não faltou desassombro, faltaram colaboradores para essa difícil aventura que, triunfante, teria elevado o cacique gaúcho, de político a estadista. "Foi um tipo excepcional de lutador", reconheceu de Pinheiro Machado um duro adversário: o autor de *Estado do Rio de Janeiro – Aspectos políticos e econômicos – O Sr. Nilo Peçanha*, livro que apareceu no Rio de Janeiro em 1917. Aí reconhece João Barreto não ter sido "o caudilhismo de Pinheiro Machado [...] o caudilhismo dos pampas". E caracterizando, na página 14 do panfleto antipinheirista, a figura do "forte político", acentua terem lhe faltado "ideias" e "cultura". "Duro disciplinador" – isto conseguia ser. Mas sem ideias, sem orientação político-social, a cujo serviço pusesse suas virtudes de "duro disciplinador" que sonhara "retirar dos ombros a toga" – a toga de bacharel – para "vestir o poncho do gaúcho" – procedendo do mesmo modo que Theodore Roosevelt.

É pena que a um Pinheiro Machado, discípulo de Castilhos e político capaz de proclamar-se, como se proclamou no ano de 1910, em pleno Senado da República de 89, homem sensível aos "direitos dos que trabalham, dos que mourejam, dos humildes",[1] direitos, a seu ver, "esquecidos neste regímen de desigualdade" – o da República de 89 –, tenha faltado intelectual que o esclarecesse ou orientasse no sentido de tornar tais sentimentos ou tais ideias, ação política; e essa ação, ao mesmo tempo, conservadora e renovadora. Teria se desenvolvido, desse modo, sob o prestígio da personalidade de um grande intuitivo, que foi sempre a negação do demagogo e do retórico, uma legislação social, cuja ausência, no Brasil, da época do memorável discurso de Pinheiro, impressionou tanto a Clemenceau como ao padre Gaffre: legislação que poderia ter feito a República brasileira de 89 antecipar-se ao Uruguai e à Argentina em medidas concretas de proteção ao operário ou ao homem de trabalho. Tais medidas teriam provavelmente atraído para o Brasil de antes da guerra de 1914 a flor da emigração europeia, seduzida então pela Argentina e, sobretudo, pelo Uruguai: o Uruguai de Battle y Ordoñez.

Em vez de ter Pinheiro dado expressão política àqueles seus sentimentos, o que se viu foi o príncipe Luís de Orléans-Bragança tornar-se paradoxalmente – do seu exílio em Paris – o pioneiro, na República brasileira de 89, do "Socialismo de Estado" tentado nos primeiros dias do regímen republicano, no Brasil, pelos positivistas; mas reduzido à insignificância pela vigorosa ação desenvolvida no governo provisório pelo conselheiro Rui Barbosa no sentido político de uma economia rasgadamente liberal; e favorável antes a industriais e a indústrias que a interesses mais largamente brasileiros. Um João Luís Alves, um Alcindo Guanabara e sobretudo um Gilberto Amado – para recordarmos três clérigos ou intelectuais, dentre os mais estimados por Pinheiro Machado pelas altas virtudes de inteligência que, na verdade, os distinguiram – que se tivesse dado ao difícil trabalho de procurar adaptar à situação brasileira de dias ainda tão plásticos, medidas, já triunfantes na Europa, de proteção efetiva ao homem de trabalho, poderia ter concorrido para uma como revolução social conservadora, complementar da apenas política, de 89. Isto é, para uma revolução social conservadora que, orientada por Pinheiro Machado, tivesse iniciado saudavelmente para o Brasil uma política de nítida conveniência para o desenvolvimento, quer agrário, quer industrial, da economia nacional. Uma política, nesse particular, ao mesmo tempo conservadora e renovadora, em harmonia com as tendências e com o temperamento de Pinheiro e de acordo com a sua formação positivista; e, ao mesmo tempo, adaptada ao Brasil de modo a não desfigurar-se a tradição de sua ordem social nem perturbar--lhe o progresso econômico. O professor Costa Porto escreveu há pouco, em sua biografia de Pinheiro Machado, que ele "poderia ter sido estupendo condutor de massas, num tempo em que a massa não conquistara a própria força";[2] e atribui seu fracasso, nesse particular, ao puro fato de ter preferido "carambolar, dirigindo o povo através de um partido, que não passava de ficção legal".[3]

Talvez estivesse, entretanto, nas funções daqueles intelectuais uma vez por outra incumbidos pelo autoritário Pinheiro, de sistematizar suas ideias, ou antes, suas intuições, dando-lhe a expressão lógica de um quase pensamento político, concorrer para que, a esse quase pensamento político, tivesse o senador gaúcho acrescentado outro, quase social, de valorização do homem brasileiro de trabalho, segundo ele próprio "tão esquecido" no "regímen de desigualdade" em que se extremara a República de 89. A falta dessa sistematização parece ter sido menos dele, Pinheiro, que daqueles intelectuais: principalmente daquele que sendo o mais jovem dos três, era, também, o mais lúcido, o mais plástico, o de palavra mais persuasiva, em sua figura tendo se afirmado desde os vinte e poucos anos a inteligência ainda há pouco recordada pelo seu contemporâneo, o professor Assis Chateaubriand, como tendo sido a maior da sua geração: o então já mestre e já professor Gilberto Amado. Nenhum deles, porém, nem mesmo sob a provocação das críticas de Clemenceau ao fato de vir o Brasil se industrializando, sem leis de proteção ao operário, ocupou-se mesmo superficialmente do assunto. Nenhum deles esclareceu, como intelectual, o intuitivo que sentia estar no desprezo pela "questão social" uma das fraquezas da República de 89. Nenhum deles serviu de guia de cego ao chefe ignorante mas perspicaz, necessitado de doutores em matéria sociológica, e não apenas na jurídica e na financeira: doutores que fossem nesse particular ainda mais que os olhos, as mãos secretas a traçarem planos de ação para o caudilho sedutor e até carismático, porém rústico: suas eminências pardas.

Saliente-se que o manifesto do príncipe D. Luís, em que é corajosa e lucidamente versada a questão social no Brasil, foi publicado no *Diário do Congresso Nacional* a 27 de agosto de 1913. Alarmou republicanos dos chamados "históricos" no momento em que, no Senado da República, havia quem levantasse contra a indicação de um nome como o de Manuel de Oliveira Lima para a legação do Brasil em Londres objeções de caráter político: o autor de *Sept ans de République au Brésil* teria se tornado perigosamente monarquista.

Na verdade não foi esse manifesto um documento inócuo. Nele o príncipe dizia: "Sem recomendar aos meus amigos a violência e menos ainda pregar a guerra civil, sempre desastrosa, espero que, no momento preciso, nós, os monarquistas, saberemos ter os gestos viris que necessários forem para a salvação do País". E destacava o fato de virem os regimens monárquicos na Europa salientando-se pela inteligente e efetiva proteção ao operário: missão que deveria ser desempenhada pelo Império que se restaurasse no Brasil e nisto se mostrasse capaz de ser mais moderno e mais atual do que a República de 89. Missão de que o próprio Império brasileiro vinha se revelando consciente, alertado pela voz dos Joaquins Nabuco, quando o "pronunciamento" de 15 de Novembro fez que políticos como Nabuco se tornassem uma espécie de religiosos da Trapa; e à sua voz se sucedesse a de pregadores de outros evangelhos. Foi a mensagem de Joaquim Nabuco que o Manifesto de D. Luís veio reviver.

Ao ousado desafio da parte de um passado a ressurgir sob a forma da promessa de um futuro socialmente mais adiantado que o até então representado pela República de 89, fracassada em ponto tão importante do seu difuso messianismo, respondeu o Apostolado Positivista do Brasil com o panfleto nº 350, que talvez deva ser considerado o mais significativo da série publicada sob as legendas "o amor por princípio e a ordem por base"; "o progresso por fim", "viver para outrem" e "viver às claras". Tendo por título *O Império Brasileiro e a República Brasileira perante a regeneração social* e por autor R. Teixeira Mendes, apareceu no Rio de Janeiro em 1913: "Ano CXXV da Revolução Francesa e LIX da Era Normal".

Repudiava a acusação do príncipe D. Luís de vir a República deixando de cumprir a parte social do seu programa, talvez por incapacidade do próprio regímen para elevar-se ao plano necessário a uma política superior aos interesses de grupos. Escreveu a esse propósito Teixeira Mendes, na página 29 desse panfleto – documento tão significativo para a história do trabalhismo, no Brasil, quanto os discursos e as conferências aparentemente só abolicionistas, de Joaquim Nabuco, nos últimos anos do Império, o discurso, no Senado da República, em 1910, do general Pinheiro Machado e o Manifesto do mesmo príncipe D. Luís, de 1913: "A mais completa fraternidade acha-se reconhecida tanto nos brasileiros como em relação aos demais povos, onde quer que estejam. Foi preciso que surgisse a República para que começasse a cessar a opressiva situação em que vivia o proletariado livre no Brasil. Com efeito foi um dos primeiros atos do regímen republicano conceder aos proletários ao serviço do Estado férias anuais, como as que gozavam os demais funcionários públicos. Ao mesmo tempo iniciou-se o movimento dignificador que tem crescido sempre, dissipando as diferenças entre jornaleiros e os demais empregados públicos [...]. Note-se que todo esse movimento de dignificação proletária acha-se de acordo com a índole do regímen republicano, ao passo que os preconceitos dinásticos e aristocráticos que formam a índole da Monarquia, lhe são adversos".[4] E de modo direto, com relação ao manifesto de D. Luís: "Qual a Monarquia europeia em que a 'dignidade proletária' acha-se mais respeitada do que na República Brasileira, como afirma o manifesto?"

O manifesto afirmara, com efeito, que a República de 89 vinha sendo no Brasil, o "governo de poucos contra todos e para poucos". Que a "condição do povo" não vinha merecendo a "mínima atenção" dos governos. Que o "problema operário [...] em parte resolvido pelas principais monarquias europeias", não fora sequer "encarado no Brasil". Parecia que o governo republicano do Brasil esperava "de braços cruzados" que a situação do trabalhador, tornando-se intolerável, surgisse ameaçadora, entre os brasileiros, "como na república vizinha, o espectro do socialismo anarquista".

A crítica era, em grande parte, justa. O alheamento do governo republicano do Brasil à situação do trabalhador já vimos ter sido destacado por observadores tão diferentes nos seus critérios de considerar a questão social como Clemenceau e o padre Gaffre. Um testemunho friamente objetivo sobre essa indiferença é o que nos oferece o inglês W. Domville-Fife, no seu livro *The United States of Brazil*, publicado em Londres, em 1910. Na página 225 desse seu estudo escreve o viajadíssimo inglês ter visto no East End de Londres, do mesmo modo que nos bairros mais pobres das cidades maiores da Grã-Bretanha, da Rússia, da Alemanha, da França, da Bélgica e da Espanha, *"scenes of crowded, sordid poverty, which no system of government yet devised can effectually cope with or prevent"*. Mas ainda que em São Paulo parecesse prevalecer não essa sordidez, mas evidente felicidade, entre parte considerável da população e haver trabalho e espaço para todos, *"it would be an untruth to say that the labourer enjoys more freedom or security, or even as much, as he does under the limited Monarchy of great and greater Britain"*.[5] No Brasil, como em todos os países republicanos, o domínio era do dinheiro: *"money rules as in all republican countries"*. E nas repúblicas assim dominadas pelo dinheiro, parecia confirmar-se a generalização do príncipe brasileiro de ser a situação dos operários inferior à que se tornara nas monarquias europeias. Isto é, naquelas que vinham se esmerando em cuidar da condição da gente de trabalho: a Alemanha talvez mais que a Grã-Bretanha; a Bélgica, a Holanda, a Suécia, a Noruega mais do que a França republicana.

Daí ter Couto de Magalhães salientado, em panfleto, *Manual do monarquista*, aparecido em São Paulo, também em 1913, a superioridade do regímen monárquico sobre o republicano neste ponto: em não ser o governo monárquico, pela sua própria condição de hereditário, um governo de partido ou de grupo, ou dependente de eleições e, consequentemente, de dinheiro. Pois o dinheiro, observava Couto de Magalhães, desempenhava nas eleições republicanas "papel importante", sendo o "campo eleitoral" nos próprios Estados Unidos, na própria França, "um verdadeiro mercado". Não era raro em 1913, "na República brasileira, ver um candidato comprar votos". Sendo assim, quem poderia impedir "a Inglaterra" – perguntava em 1913 Couto de Magalhães – "de mandar para aqui um ou mais agentes, encarregados de, pelo dinheiro, promover a eleição do presidente", isto é, do presidente que conviesse "aos interesses financeiros" que a ligavam ao Brasil?[6] Ao contrário, a Monarquia era a melhor garantia da ordem ou da continuidade nacional, sendo, ao mesmo tempo, "moderna": "moderna"[7] e "progressista". Capaz de juntar à sua capacidade de representar, como nenhum outro regímen, a ordem ou a continuidade nacional, a capacidade de "favorecer o progresso e as reformas sociais". Poderia proteger, como nenhum outro sistema, os interesses populares, por não estar sujeita a nenhum grupo como, em geral, a República; como aliás – poderia ter acrescentado Couto de Magalhães – a própria República de 89, no Brasil. A qual vinha, talvez mais que o Império com relação aos interesses dos grandes proprietários de terras e de escravos, de plantadores de cana-de-açúcar e depois também de café – senhores a cujo predomínio mais de uma vez se opôs "o poder pessoal" do Imperador na defesa de interesses gerais – servindo quase exclusivamente aos interesses dos produtores de café e dos novos industriais, favorecidos pelas leis protecionistas. Produtores e industriais em grande parte concentrados no Sul do País; e industriais aos quais não interessavam leis que visassem, à custa deles e com sacrifício dos seus lucros, a proteção ou a valorização da gente de trabalho empregada nas indústrias. Raras as exceções – quase todas inspiradas em sentimentos ou ideias de catolicismo social.

Do programa de restauração monárquica no Brasil não constava, com relação às indústrias brasileiras, senão "um protecionismo moderado e variável com as necessidades do momento, devendo também ser defendido o consumidor". Enquanto que eram nítidos os seus intuitos de "garantir o trabalho dos operários", protegendo-o e valorizando-o de modo que não vinha sendo sequer tentado pela República, comprometida demasiadamente com aqueles interesses regionais e de grupo econômico; e que poderia ser realizado por "um governo de forma monárquica melhor do que por qualquer outro", pois "estável a detenção do poder em uma família", o chefe do Estado não precisava "cortejar o voto do proletariado, nem pedir o auxílio dos ricos para as campanhas eleitorais".[8]

Foi em face de argumentos assim concretos a favor da restauração monárquica no Brasil que Teixeira Mendes se sentiu obrigado a reconhecer vir sendo o regímen republicano, entre nós, comprometido, no seu "surto de sociabilidade", por "perturbações determinadas pelas aberrações espontâneas agravadas pela fatal anarquia intelectual inerente à revolução moderna".[9] A culpa dessas aberrações, porém, não cabia – a seu ver – ao positivismo que, desde a fundação, em 1881, pelo "cidadão Miguel Lemos" – os positivistas, no Brasil, tentaram em vão contrariar o pendor nacional para o uso e abuso de títulos acadêmicos, intitulando-se uns aos outros de "cidadãos" e tratando por "cidadãos", militares e civis, por mais eminentes – da Igreja e do Apostolado Positivista, vinha procurando opor à "cegueira do empirismo do governo imperial" as "soluções políticas" que "a Religião da Humanidade" oferecia para a solução dos problemas brasileiros.[10] Entretanto, o monarca brasileiro, a despeito de haver convidado Benjamim Constant "para professor de suas filhas e netos [...] jamais mostrou-se impressionado pela influência de Augusto Comte".[11] Que maior erro ou mesmo crime político poderia ter sido cometido por D. Pedro – pensavam os positivistas – que esse de ter se mostrado indiferente ao positivismo? Evidentemente – pensavam os positivistas – o Império o que queria era "entreter perpetuamente o povo brasileiro no grau de dissolução do regímen teológico-militar em que o mesmo povo se achava na época da Independência";[12] e fechar o Brasil ao regímen "científico-industrial" e "pacífico", do qual resultaria "o feliz desfecho" (em futuro) "de todo o passado da humanidade". Isto, "mediante a conciliação de condições de ordem com as condições de progresso":[13] conciliação em que tanto e tão sabiamente insistiu o "socialismo" de Teixeira Mendes sem que, entretanto, pareça tocar de modo límpido e indiscutível, ao ardoroso positivista, a glória de ter sido na "atmosfera 'liberaloide' do Império [...] o socialista mais avançado do Brasil", da generalização um tanto enfática do historiador João Camilo de Oliveira Tores, no seu *O positivismo no Brasil*. Essa glória parece caber a Joaquim Nabuco, continuado no começo do século XX pelo príncipe D. Luís.

Para os positivistas, fora a República de 89 que abrira o Brasil ao regímen "científico-industrial", mediante a conciliação de "ordem" com o "progresso". Isto sem ter deixado a República de sofrer "perturbações" nesse seu esforço, desde que o novo regímen vinha tendo, entre os seus executores, "políticos vindos, em geral, dos partidos monarquistas e até das fileiras escravocráticas".[14] Não conheciam esses políticos outra teoria política senão a "metafísica-democrática". Era natural que a sua tendência viesse sendo para proceder, no regímen republicano, como haviam procedido no monárquico, "modificados apenas naquilo que a índole do povo brasileiro e a situação republicana lhes tornassem impossível".[15] Segundo Teixeira Mendes, o fato de ter tido a República, no Brasil, tais políticos, entre seus executores, explicaria "os fátuos elogios" por eles "prodigalizados... ao regímen imperial, aos estadistas do Império e especialmente ao segundo imperador". Entretanto, o eminente chefe do positivismo brasileiro reconhecia vir a República fomentando o desenvolvimento de "ostentações industriais, sob o pretexto de melhoramentos materiais e higiênicos", o "desenvolvimento da emigração artificial", e, ainda, o "entretenimento dos hábitos de jogo, desde as combinações financeiras até as loterias". Mais: "tendências escravocráticas nas relações com os proletários" continuavam a caracterizar o procedimento da República em face da questão social. Fossem quais fossem, porém, os erros que a República vinha cometendo, "o povo brasileiro" não possuía mais "instituições legais em contradição radical com o regímen republicano normal da humanidade". Estavam abertas no Brasil "todas as vias para a regeneração humana".[16]

Do panfleto anterior – *A propósito da liberdade de cultos,* publicado em 1888 – Teixeira Mendes transcreveu, na resposta ao manifesto-desafio de D. Luís, expressiva nota a propósito do "juramento parlamentar"; e do panfleto *A propósito da agitação republicana* publicado também em 1888, pelo Apostolado Positivista, "nota" ainda mais interessante, provocada pela publicação da primeira. "Nota" e, ao mesmo tempo, "carta" ao então deputado Joaquim Nabuco, com a data de "1º de outubro de Shakespeare de 1888". Aí Teixeira Mendes esclarecia que para os positivistas a "forma" republicana de governo não significava nem parlamentarismo nem governo representativo nem regímen eletivo – que existiam, aliás, nas monarquias. Governo republicano significava para o positivismo "um governo sem a mínima aliança com a teologia e a guerra, pela consagração da política à sistematização da 'vida industrial', baseando-se em motivos humanos, esclarecidos pela ciência".[17] Para que tal espécie de governo republicano se iniciasse no Brasil, era necessário que fosse o governo de um chefe popular e não de um sistema parlamentar ou eletivo. Ditatorial, portanto. O bom teria sido – segundo os positivistas brasileiros chefiados por Miguel Lemos e Teixeira Mendes – que o próprio imperador tivesse tido a iniciativa de "transformar a Monarquia constitucional em ditadura republicana".[18] Desde "a conversão do cidadão Miguel Lemos à Religião da Humanidade, em fins de 1878", que vinha sendo este o empenho político dos mesmos positivistas.[19]

Em face da questão social, um governo republicano assim ditatorial teria agido com mais desembaraço do que através de um regímen travado por escrúpulos de caráter constitucionalista e legalista: escrúpulos que, por força da tradição monárquica, atuaram poderosamente sobre os não positivistas da República de 89. De modo que em 1913, de pouco poderiam gabar-se, na verdade, os positivistas de haver resolvido a favor dos operários brasileiros, além de terem eliminado "o contraste entre os chamados 'jornaleiros' e os intitulados 'empregados públicos'", disso fazendo praça, como episódio decisivo na eliminação das "odiosas distinções separando os proletários dos burgueses" mantidas, segundo os mesmo positivistas, pelo Império.[20] Essas distinções, por eles atribuídas ao Império, quando eram antes patriarcais que imperiais, "iam até o uso dos castigos corporais no Exército e na Armada, castigos abolidos legalmente quanto ao Exército, ainda no tempo do Império, mas conservados na Marinha até a proclamação da República, além de profunda separação entre os oficiais e marinheiros".[21]

O que se vê pela resposta, um tanto retórica e abstrata, do Apostolado Positivista, ao incisivo e objetivo manifesto do príncipe D. Luís, é que, em 1913, de muito escassos serviços concretos podia o positivismo brasileiro vangloriar-se de vir prestando, através da República de 89 – criação em parte sua – à causa da valorização do homem de trabalho na mesma República: o máximo problema nacional, em seguida à desorganização das relações entre patrões e operários representada pelo 13 de maio de 88.[22] Foram particulares de orientação católica como o engenheiro Meneses, em Pernambuco, ou de ideais se não parassocialistas, neocapitalistas, mas não positivistas, como Luís

Tarquínio, na Bahia, que concorreram, dentro dos seus limites, para aquela valorização, desatendida de modo como que sistemático por um regímen político cujo empenho máximo, em assuntos de valorização, concentrou-se na do café. Isto sem ter deixado de proceder-se a valorizações benéficas à gente brasileira, em geral, mas não à de trabalho, em particular: a valorização da cidade do Rio de Janeiro, através de medidas de higiene pública – combatidas, aliás, vigorosamente pelo positivismo e causa de uma insurreição ou revolta um tanto ridícula na mesma cidade, durante a presidência Rodrigues Alves; a valorização dos portos; a valorização do imigrante europeu; a valorização do ameríndio selvagem; a tardia valorização da borracha.

Assim, ao concurso católico – tão grande, no passado colonial e mesmo no imperial, do Brasil – para a valorização entre os brasileiros, do homem como homem, não se seguiu, estabelecida a República oficialmente acatólica de 1889, um concurso positivista, de igual a envergadura, no mesmo sentido. Nem sequer esse concurso, da parte dos positivistas, superou, no novo regímen, as realizações concretas, da parte de católicos leigos, preocupados cristâmente com a questão social no seu país, desde o fim do século XIX. Questão desprezada, do mesmo modo que pelos governos, pelo clero católico ou pela hierarquia da Igreja.

Quanto àquele concurso católico no passado brasileiro reconheceram-no os positivistas, triunfantes no Brasil em 1889, ao levantarem no Rio de Janeiro, um monumento "comemorativo da defesa republicana personificada em Floriano Peixoto". Monumento em que à homenagem a Floriano – o "Marechal de Ferro" – se juntaram outras glorificações; e essas, indiretamente, ao esforço cristão no Brasil. Tendo sido projeto de um artista, Eduardo Sá, tanto quanto o pintor Décio Vilares filiado à Religião da Humanidade, não parece ter ocorrido a esse escultor ortodoxamente positivista salientar, num conjunto grandiosamente monumental, como tornou-se aquele, a importância da incorporação do proletário à sociedade brasileira, senão como conquista positivista, sob o aspecto de aspiração dos discípulos de Comte no Brasil.

São circunstâncias, todas essas, que juntas ou unidas parecem reduzir a muito pouco a concreta contribuição positivista para a solução do problema operário entre os brasileiros: – problema agravado de modo dramático pela crise de 13 de maio. O empenho posto de fato pelos positivistas na solução objetiva de tal problema se apresenta consideravelmente inferior ao seu entusiasmo abstrato pela "fraternidade universal", além de inferior ao esforço católico, ele próprio insignificante, neste particular, durante a época considerada neste ensaio, como esforço oficialmente católico; e nem a centésima parte do que deveria e poderia ter sido em país tradicionalmente cristão, que se industrializava ou se modernizava às tontas. Em época posterior à considerada neste ensaio o principal sistematizador do começo da legislação operária que se verificaria no Brasil, ainda na República de 89, seria um leigo católico: o então deputado Antônio Vicente de Andrade Bezerra. E nesse esforço, quem mais salientemente o precedeu foi outro católico: Inácio Tosta. Isto sem se desconhecer o esforço de alguns dos parlamentares positivistas ou parapositivistas em torno de problemas sociais ligados ao de trabalho.

Foi em parte por ter visto "o povo" brasileiro do interior, após quinze anos de um regímen que ele próprio acreditara messiânico ou "salvador", "nas vascas da miséria", que A. Coelho Rodrigues passou a lamentar-se de público de quanto escrevera "contra a Monarquia e a favor de novo regímen";[23] e a admitir a restauração do Império "como remédio radical" para o fracasso da experiência republicana. Segundo Coelho Rodrigues, ao erro da "liberdade incondicional dos escravos, atirados de chofre ao deus-dará, do fundo das senzalas às ruas da cidade",[24] sucedera o de uma república caracterizada pelo predomínio regional do Estado de São Paulo e dos Estados do Sul confederados com São Paulo para "tirarem da União o máximo em troca do mínimo possível", em benefício quase exclusivo de "seus políticos fazendeiros". O próprio Rui Barbosa "meteu-se no coro dos paulistas e por algum tempo até lhes tomou a batuta".[25] Se logo após o 15 de Novembro começou a erguer-se, desejoso de poder político, um grupo de militares, quase todos positivistas, particularmente temidos pelo generalíssimo Deodoro, não foi menos terrível o grupo que, quase consolidada a República, se levantou com o mesmo fim no Sul do País, principalmente em São Paulo e formado por "advogados administrativos", "comerciantes políticos" e, segundo Coelho Rodrigues, "particularistas ferozes", que "à socapa iam puxando a brasa para a sua sardinha e promovendo o braço de ferro entre as quatro províncias do Sul, ao mesmo tempo que embaraçavam o porto de Torres e a navegação do Araguaia".[26] Em torno da "navegação do Araguaia", chegou a haver conflito entre Rui Barbosa e os dois ministros paulistas no governo provisório. Confirmadas essas duas repercussões profundas de questões econômicas sobre a política republicana, ainda nos primeiros dias do novo regímen, teria se inaugurado com a República, no Brasil, novo tipo de relações entre os interesses econômicos, particulares ou regionais, e o poder político nacional; e nesse novo tipo de relações da economia com a política e das regiões com o centro político do País teriam se destacado políticos civis paulistas, em parte contrariados pelos militares – vários deles positivistas – de outras origens; e mais desinteressados de empresas econômicas, mais desprendidos de conveniências econômicas regionais, do que aqueles civis. Destaque-se a propósito dos políticos civis paulistas que se distinguiram, triunfante a República, em promover interesses econômicos de grupos estaduais ou regionais, nem sempre coincidentes com os gerais ou nacionais, que foram apenas alguns dentre os republicanos históricos de São Paulo. Outros se salientaram sempre pela integridade e até pela intransigente pureza de conduta; e também pela capacidade de considerar os problemas brasileiros como problemas nacionais. Através daqueles e não por intermédio destes, é que a República pareceu de certo modo constituir, nos seus primeiros dias de regímen consolidado, o "Eldorado" de São Paulo, com a compra, pela União, do "ramal da São Paulo", o alargamento, realizado pelo governo federal, da bitola da mesma via férrea, a organização da cabotagem de São Paulo com o Rio Grande do Sul. Medidas em benefício da economia paulista caracterizada agora não só pelo prestígio, na verdade incomparável, do café produzido por São Paulo, na economia mundial, como pelo fato de ter a sub-região paulista, à sombra ainda do Império, cautelosamente se preparado para a *débâcle* da Abolição, através da imigração europeia concentrada nas suas terras não só providencialmente roxas como de clima semelhante ao europeu. Compreende-se que dos políticos republicanos, vários, ao se tornarem entusiastas da crescente valorização da economia do Sul, o tenham feito do ponto de vista dos produtores de café e dos fundadores ou renovadores de indústrias que vinham aparecendo ou se aperfeiçoando na mesma parte meridional do País.

Desse ponto de vista, o problema de proteção ao trabalho não era problema máximo porém mínimo. Era uma valorização que de início teria exigido daqueles produtores de café e demais industriais considerável diminuição dos lucros que elevaram alguns deles a nababos. Pois os primeiros anos de regímen republicano foram de sofreguidão, da parte de industriais, pelos grandes lucros; e caracterizados pela presença de advogados administrativos a serviço de homens de negócios, entre os políticos; sob a forma, até, de políticos. Novidade que, no Império, teria provocado a imediata intervenção do imperador.

É de justiça salientar-se que entre os políticos ou jornalistas de São Paulo de feitio mais progressivo houve quem se opusesse tanto aos "glycerios" e aos "republicanos já desmoralizados" como aos monarquistas que não logravam "moralizar-se", pelo modo por que procuraram ligar ao nosso regímen reformas "de caráter socialista". Tal o caso de Brasílio Rodrigues dos Santos, que em 1900 escrevia nesse sentido ao seu amigo, o monarquista Martim Francisco de Andrada. "É em vão" – observava Brasílio – "que os monarquistas esperam que o povo se volte para o passado; as restaurações só podem ser golpes de força; e a força que os derrubou não os levantará. A lógica dos fatos (em que creio) não o permitiria, mesmo que quisessem os monarquistas tentar um 15 de novembro. (Penso que já o tentaram, com grande fiasco.)" Num ponto, porém, ele reconhecia deficiente o regímen republicano no Brasil mesmo com relação a alguns dos "menos liberais da Europa": em reformas "de caráter socialista". Donde o seu empenho em que Martim Francisco o acompanhasse num movimento de jornal que, batendo-se por essas reformas, "mostrasse a verdadeira República em contraste com essa feia contrafação que aí está..."A carta socialista de Brasílio dos Santos vem transcrita por Martim Francisco no capítulo VII do seu *Contribuindo*, publicado em São Paulo em 1921. Livro em que também transcreve cartas recebidas de D. Luís de Orléans-Bragança que foi para esse Andrada altivo e independente "o príncipe perfeitíssimo". E várias dessas cartas não fazem senão insistir de modo mais objetivo que Brasílio dos Santos na necessidade de se realizarem no Brasil "reformas de caráter socialista" que dessem ao operário sua justa dignidade. "Vejo com grande prazer" – escrevia da França a Martim Francisco o príncipe D. Luís – "que há ao menos um monarquista [no Brasil] que dá toda sua atenção às questões operárias, que hoje em dia têm uma importância capital. Tive a esse respeito há poucos dias uma longa conversa com o rei dos Belgas, meu primo. É o soberano que tem estudado mais essas questões. É preciso dizer que na Bélgica, como aliás nas outras principais monarquias da Europa, as leis protegem muito mais o operário do que nas repúblicas, como na França e nos Estados Unidos". E acrescentava, um tanto esquecido da obra de renovação social que vinha sendo realizada por Battle no Uruguai, com repercussão na Argentina: "Na América do Sul nada se tem feito até agora nesse sentido; mas não é possível que a questão operária deixe de se apresentar lá um desses dias. Como nada está preparado, ela tomará logo proporções gigantescas. Veja o que já agora acontece na Argentina". E em outra carta ao amigo paulista, esta de 11 de setembro de 1913, era de ação que D. Luís se mostrava ansioso, ação que o levasse ao governo e a um terceiro reinado que mostrasse ser a Monarquia mais capaz que a República – tal como este regímen vinha sendo praticado no Brasil – de valorizar o homem de trabalho: "A nossa atmosfera está saturada de palavras. Mesmo os admiráveis discursos de Ruy já não produzem a menor impressão". Não era só de retórica que estava saturada a atmosfera brasileira daqueles dias: também de um progressismo que só significava o progresso das "coisas", esquecido quase de todo, o aperfeiçoamento das "pessoas" a serviço desse progresso.

Por terem sido estas as circunstâncias que fizeram dos primeiros decênios da República um período de valorização quase exclusiva de coisas, com negligência, da parte de quase todos os homens de governo, pela proteção à gente de trabalho – principalmente a nativa, a cabocla, a da terra, por vezes vítima inerme desse progresso estreitamente material, é que Pinheiro Machado, como homem do Rio Grande do Sul, esteve em situação ideal, nos seus grandes dias de poderoso chefe político, com repercussões no país inteiro, para cuidar dessa parte esquecida da população brasileira; e realizar no Brasil obra semelhante à realizada no Uruguai por Battle y Ordoñez. Se é certo que lhe faltava o contato, que Battle tivera aos vinte e poucos anos, em Paris, com Laffitte e com os positivistas franceses, com mestres da Sorbonne e do Colégio de França, essa deficiência, um grande intuitivo como Pinheiro teria facilmente sabido e podido supri-la, encarregando de estudar assuntos de organização de trabalho e de proteção ao operário, os mesmos homens de talento e de letras que mais de uma vez incumbiu de estudar problemas brasileiros de economia e de finanças. Por outro lado, não se compreende que o mais talentoso dos assessores de Pinheiro, o então jovem professor de direito Gilberto Amado, não tenha preferido à inócua missão na Holanda – a de preparar com material europeu, por incumbência de Lauro Müller, um relatório a mais sobre imigração – tarefa muito mais importante para o Brasil: a de estudar no Uruguai, após um contato esclarecedor com a Europa e com as suas várias formas de socialismo de Estado, as reformas já realizadas por Battle no sentido da organização de trabalho e a proteção ao trabalhador em país americano e, como o Brasil, de imigração.

Esclarecido por um estudo assim objetivo, que tivesse sido realizado por um "baiano de superior talento e do alto saber do professor Amado, Pinheiro teria se orientado para a missão que, como senador pelo Rio Grande do Sul e líder de prestígio verdadeiramente nacional, estava em situação única de realizar no Brasil, antecipando-se ao esforço desenvolvido pelos políticos da Argentina com relação àquela República do Sul: a missão de organizar o trabalho nacional. O que infelizmente aconteceu – repita-se com o risco de a insistência extremar-se em cantilena irritante – foi esse problema, versado no último decênio da Monarquia com a maior inteligência política, por Joaquim Nabuco, ter sido, durante anos, negligenciado pelos homens públicos do Brasil republicano, deixando-se a massa brasileira de descendentes, quer de escravos, quer de brancos pobres, em situação de quase inteiro abandono.

Foi essa situação de inteiro abandono de parte tão considerável da população, que se tornou alarmante aos olhos de médicos com espírito público, os quais começaram a bradar que o Brasil se estava transformando em "vasto hospital"; e a despertar, com esses brados antes clínicos que sociológicos, os políticos da República de 89 e os seus clérigos: homens mais leitores de Anatole France que de Georges Sorel; quase todos mais entusiastas de Le Bon que de Le Play; e de todo alheios ao que em inglês vinham escrevendo, naqueles dias, sociólogos ou parassociólogos como os Webbs ou como Patrick Geddes. Isto sem se fazer referência aos William Morris, aos Max Weber, aos Georg Simmel, aos Thornstein Veblen, quase de todo ignorados no Brasil da época pelos brasileiros mais cultos – alguns dos quais se aperceberam apenas, sugestionados por Joaquim Nabuco, do um tanto simplista Henry George: aqueles brasileiros em situação de melhor contribuir para fazer de Pinheiro Machado o conservador revolucionário de que a República pungentemente necessitava. Pois sem esse conservador revolucionário – sem a sua ação prestigiosa – era fatal que os problemas brasileiros de organização do trabalho se tornassem objeto de programas reformistas utópicos ou demagógicos, além de superficiais.

Foi por falta de orientação objetiva a respeito de tais problemas que jovens então sôfregos por soluções para os desajustamentos nacionais que ultrapassassem em eficácia e profundidade as soluções somente jurídicas ou apenas políticas, oferecidas pela retórica erudita de uns tantos reformistas e pela erudição retórica de outros – jovens como então Astrojildo Pereira e Paulo Inglês de Sousa – desencantaram-se de Rui Barbosa: do eloquente e bravo Rui, cuja pregação de ideias novas, em 1909, limitava-se a opor um vago "civilismo" ao "militarismo" encarnado, segundo ele, pelo marechal Hermes da Fonseca. Colocados nesses termos os problemas sociais que o Brasil devia enfrentar com maior vigor, era evidente, por um lado, que os positivistas ainda se mostravam mais capazes que qualquer outro grupo republicano, político ou parapolítico, em atuação, entre os brasileiros, de seduzir os jovens não de todo superficiais, com suas ideias ou suas fórmulas não de todo arcaicas; e, por outro lado, que mais em dia que qualquer líder de qualquer desses grupos com os avanços da política social europeia em favor da gente de trabalho se revelava, na República de 89, vinte e cinco anos depois de sua proclamação, e às vésperas de explodir na Europa a Guerra de 1914, o príncipe D. Luís de Orléans-Bragança. O neto de Pedro II pertencia à raça de netos cuja missão no mundo parece vir sendo a de retificar os erros ou corrigir as deficiências dos avós. À sua aventura política de restaurador da Monarquia, no Brasil, à base de uma política de renovação ou reorganização social superior a quantas foram até então esboçadas por qualquer dos políticos republicanos fora de esquemas sectária ou estreitamente positivistas, faltou o favor de circunstâncias decisivas. Entretanto, durante a presidência Hermes da Fonseca, as circunstâncias se inclinaram por vezes no sentido de aventura aparentemente tão despropositada. E D. Luís chegou a ser considerado pelos republicanos ortodoxos um perigo para a República: a República cujo desprestígio acentuou-se com a revolta de João Cândido.

Não é fora de propósito atribuir-se ao movimento de marinheiros nacionais contra os seus chefes que, em 1910, avermelhou as relações, tradicionalmente pacíficas, entre superiores e inferiores, nas Forças Armadas do Brasil, o caráter de uma insurreição proletária; e esta, mais de maquinistas que de militares: expansão, talvez, da greve que, em agosto de 1909, se esboçara, no Recife, sob a forma de um movimento no sentido da afirmação de "direitos" de "maquinistas navais". Para esse movimento, seus promotores recifenses procuraram se articular com os camaradas do Brasil inteiro organizados em associações de trabalho: a Associação Central dos Homens do Mar; a Associação dos Foguistas (navais); a dos Carvoeiros (navais). Eram, todas elas, associações com sedes no Rio de Janeiro e sucursais em todos os principais portos da República. Em Pernambuco, entraram em choque com a Companhia de Serviços Marítimos que o jornal *A Pátria*, simpatizante da causa dos maquinistas navais em greve, em sua edição de 28 de agosto de 1909, denunciou ser propriedade do então "senador Rosa e Silva e de sua família", explicando-se assim a atitude antiproletária do *Diário de Pernambuco* da mesma época, também propriedade do senador Rosa e Silva e de sua família. Antiproletária por que *A Pátria* referia-se nitidamente aos grevistas de 1909 como a "proletários marinheiros, acusando o oficial da Marinha de Guerra, comandante Cunha, naqueles dias capitão dos Portos de Pernambuco, de vir ajudando "os capitalistas" a "esmagarem o proletariado". Dizia-se *A Pátria* "órgão defensor das classes laboriosas", sendo seu secretário de redação, um brasileiro de origem italiana, Públio Pugo.[27]

Não se duvida que os cabeças da insurreição de marinheiros, conduzida no Rio de Janeiro em 1910 por João Cândido, tenham sido, em seus sentimentos revolucionários, "aperfeiçoados e industriados na Europa, durante as longas estadias na Inglaterra", como afirma na página 90 o autor – "Um Oficial da Armada" – de *Política versus Marinha*, livro impresso em Paris e aparecido na capital da República logo após aquele acontecimento. Um dos livros mais interessantes que apareceram no Brasil na época considerada nestas páginas.

E é possível que venha a se precisar ter havido repercussão, sobre a revolta de João Cândido, de uma insatisfação de maquinistas e foguistas navais que vinha se acentuando nos próprios portos nacionais: no do Recife assim como noutros de igual movimento ou importância. E os foguistas, reconhecia na página 77 daquele seu livro "Um Oficial da Armada", terem se tornado "a alma essencial dos navios modernos". Havia falta deles para a guarnição do *São Paulo* tanto como para o do *Rio Grande do Sul*: eram necessários 2.200 foguistas e no corpo de marinheiros nacionais só havia 944. Como se suprira tal falta? Contratando "foguistas fora do quadro": "elemento heterogêneo, altamente inconveniente à disciplina dos navios", reconhecia o autor de *Política versus Marinha*. Até estrangeiros foram admitidos naqueles navios de guerra, para suprirem a escassez de técnicos nacionais: portugueses, gregos, americanos, barbadenses. O *Minas Gerais* contratou "ingleses com alimentação separada dos nossos marinheiros, mais abundante e de melhor qualidade, fato odioso e injusto" – recorda-se na página 78 daquele livro. Introduziu-se o vasto navio – entre inferiores – a própria segregação racial já existente, aliás, entre oficiais superiores e marinheiros. E em trabalho recente, o professor Cruz Costa destaca – na página 197 do seu *O positivismo na República* (São Paulo, 1956) – que os motivos da rebelião de marujos, em 1910, foram "o baixo salário que recebiam, o excesso de serviço, a péssima alimentação que se lhes dava e, sobretudo, os maus-tratos e a chibata", esquecendo-se de aludir àquela irritante discriminação entre ingleses e nacionais. A esses motivos é que Teixeira Mendes chamaria, em opúsculo publicado no Rio de Janeiro em novembro de 1910 – *A anistia e a política moderna, sobretudo Republicana* – "instintos revolucionários em desespero".

O problema, porém, foi bem mais complexo do que transparece dos relatos até hoje feitos da rebelião. Foi extremamente complexo e expressão de um estado de coisas que não se limitava à Marinha de Guerra.

A verdade é que a Marinha de Guerra do Brasil se modernizara na sua parte material, sem que tivesse havido preparação técnica do elemento humano brasileiro para novas funções, exigidas pela modernização dos navios. A eterna história do carro adiante dos bois. E não tendo havido essa preparação, nem técnica, nem disciplinar, de elemento humano, o que muito brasileiramente se fez foi improvisar técnicos, maquinistas, foguistas, recorrendo-se à escória dos portos e introduzindo-se desordeiros da terra e estrangeiros tocados por ideais anarquistas, entre os marinheiros de feitio tradicional e habituados às velhas normas de disciplina – inclusive a chibata – conservadas, na Marinha, dos dias patriarcais do Império. O resultado é que mesmo o elemento tradicionalmente afeito aos estilos brasileiros de disciplina nos navios de guerra e nos arsenais de Marinha foi contaminado por tais adventícios: contaminação fácil, tanto mais quanto não havia assistência moral ou religiosa ou educativa aos tripulantes dos mesmos navios. Tripulantes na sua maioria negros: descendentes de escravos ainda próximos das senzalas. Gente que não conhecia outra disciplina senão a patriarcal, das casas-grandes. Em livro publicado no Rio de Janeiro em 1907 – *De aspirante a almirante* – já escrevera na página 48 do tomo IV o almirante Artur Jaceguay, que desde o Império os marinheiros nacionais vinham sendo recrutados principalmente dentre "vagabundos e malfeitores dos grandes centros populosos do litoral".

Em 1910, segundo "Um Oficial da Armada", das guarnições dos navios de guerra brasileiros 50% eram negros, 30% mulatos, 10% caboclos, 10% brancos ou quase brancos. Dos negros, vários aparentavam "incapacidade física": não sabiam comer nem dormir nem vestir-se. Para "Um Oficial da Armada" era da raça – raça por ele considerada inferior – que tais homens traziam "a tara da incapacidade de progredir".[28] Não se esquece de referir que o soldo de quaisquer desses marinheiros desaparecia no fumo, no queijo de Minas, nas sardinhas, nos espelhos e nos almanaques; que seu divertimento era o samba; que os grumetes se entregavam por meses ao dominó e à víspora; que a todos dominava uma "sentimentalidade doentia", causa às vezes de tragédias de amor tanto de macho com fêmea como de homem-feito com grumete adolescente. Analfabetos, "sem os freios da religião" – os positivistas e os republicanos mais progressistas não admitiam que se cogitasse de assistência religiosa às Forças Armadas –, constituíam, ainda, segundo "Um Oficial da Armada", "a mais propícia cultura do vício e do crime".[29] Não se sentiam humilhados pelos castigos: sentiam a necessidade da "tutela dos oficiais". Daí ao mesmo observador parecer "literalmente indispensável" a chibata, enquanto persistissem a moral e os costumes que reinavam nos navios de guerra brasileiros[30] ostentados pela República de 89, como evidência da sua superioridade militar na

América do Sul. Daí também, o pendor do barão do Rio Branco para reorganizar o Exército Brasileiro sob instrutores alemães: mestres sem igual de ordem e de disciplina. Desses mestres necessitava também a Marinha, contanto que fosse o seu ensino técnico acompanhado de assistência médica, religiosa, cívica e educativa que integrasse desajustados, como eram, em grande parte, os marinheiros nacionais – vítimas do modo desordenado por que se fizera a Abolição – na condição de brasileiros. Ainda segundo Jaceguay, na página 93 do referido tomo IV da sua notável obra como que de sociologia da organização naval do Brasil, em 1895 pela "falta de desenvolvimento físico e de adestração nove décimos dos nossos marinheiros e grumetes, em uma marinha regular, ainda estariam na classe de aprendizes; na marinha inglesa seriam *boys* e na francesa, *mousses*".

O que se fez com a Marinha desde os primeiros dias da civilização da República de 89,[31] foi o que se fez com o Exército, com o Rio de Janeiro, com os portos, com as indústrias: cuidou-se da modernização das coisas e das técnicas sem se cuidar ao mesmo tempo da adaptação dos homens ou das pessoas a novas situações criadas pela ampliação ou pela modernização tecnológica da vida brasileira. Data de 1906 um ousado programa de aumento de navios de guerra. Mas tudo realizado sob o erro da "superposição do problema do material sobre o problema do pessoal", a que se refere o autor de *Política versus Marinha*.[32] Nem ao menos durante a construção dos navios na Inglaterra preocupou-se o governo republicano do Brasil em renovar e selecionar a marinhagem existente, "dotando os navios novos mais poderosos de guarnições escolhidas".

O drama da Marinha de Guerra do Brasil era, em ponto pequeno, no fim do século XIX e no começo do XX, o drama do Brasil inteiro da mesma época: faltava à Marinha sob a forma de "inferiores", o que faltava ao Brasil sob a forma de uma pequena mas essencial e atuante, plástica, mediadora classe média; faltava à Marinha, como faltava ao Brasil o que alguém chamou de "infiltração industrial" que não se limitasse às coisas mas atingisse os homens, passando-se a considerar, na Marinha, a especialização técnica dos homens empenhados no manejo das máquinas adestramento da mesma importância que sua especialização militar no manejo da artilharia. Guarnições, foguistas e inferiores, para serem capazes de lidar com as novas e moderníssimas máquinas navais importadas para um Brasil ainda feudalmente agrário e mal saído do regímen patriarcal-escravocrático, da então superindustrializada e supermecanizada Inglaterra, necessitavam de uma educação técnica que era uma educação que não lhes vinha sendo dada. Os próprios oficiais da Marinha continuavam, em grande número, os equivalentes da maioria dos bacharéis em direito saídos do Recife e de São Paulo: acadêmicos com um preparo arcaico em face das novas situações criadas para a administração pública, no Brasil, pelos começos de industrialização e de urbanização do País estimulados pela República de 89 num como corretivo, sob vários aspectos exagerado, à inércia, neste particular, do Império de Pedro II: um Pedro II que sempre temera em Mauá os exageros industrialistas ou os excessos progressistas. Em 1910 escrevia dos seus colegas "Um Oficial da Armada" que "eram extremamente inteligentes, muitos naturalmente hábeis e alguns verdadeiramente ilustrados"; "nenhum", porém, era "um prático".[33] Em outras palavras: eram oficiais bacharelescos, abstratos, técnicos. Precisavam de ser reeducados no sentido da realidade brasileira ao mesmo tempo que no sentido de uma nova época: a que estavam vivendo todas as marinhas de guerra verdadeiramente modernas, depois de substituído o navio a vela pelo mecânico. Impunha-se que essa reeducação se fizesse através de uma missão naval inglesa, semelhante – poderia alguém ter acrescentado aos partidários dessa reeducação da gente naval do Brasil – à missão alemã, desejada pelo barão do Rio Branco para o também arcaico e mal organizado Exército da República; e à missão francesa que, pela reeducação do soldado brasileiro, já transformara a Polícia Militar de São Paulo na melhor e mais eficiente da América do Sul. E em uma e em outra reeducação era inseparável do novo sentido prático que se desse à formação dos oficiais de Marinha e de Exército a elevação de nível – "nível moral e intelectual" – dos chamados inferiores. "Classe intermediária" – escrevia em 1910 "Um Oficial da Armada" – entre os oficiais e os marinheiros. Ou entre os oficiais e os soldados. "Classe intermediária" importantíssima para a renovação dessas organizações militares do mesmo modo que para a modernização da agricultura e do comércio de que necessitava o Brasil, ao lado das indústrias que nele vinham sendo estabelecidas ou improvisadas. E estabelecidas ou improvisadas sem que os novos líderes nacionais cuidassem dos problemas sociais ou humanos suscitados por essas alterações materiais ou econômicas. Atentos apenas a um aspecto do progresso introduzido no Brasil por tais indústrias e por aquela mecanização ou modernização de técnicas: o progresso representado por essas coisas em si mesmas, separadas arbitrariamente dos homens a seu serviço e das populações por elas mais diretamente afetadas num sentido que nem sempre foi o de sua melhor integração na sociedade brasileira. Já Jaceguay, no fim do século XIX, considerava certas indústrias como as metalúrgicas e mecânicas e as de construção naval e de pesca, viveiros onde podiam "recrutar marinheiros mais ou menos idôneos para o manejo dos navios modernos". Foi um dos pontos em que o velho almirante mais insistiu em seus artigos sobre "Condições atuais da Marinha Brasileira", publicados na *Revista Brasileira* e no *Jornal do Commercio* do Rio de Janeiro, no decorrer do ano de 1896. Nesses estudos, não deixara Jaceguay de observar que das próprias atividades pré-industriais – como diríamos hoje – em vigor entre os brasileiros, mestiços ou indígenas de várias regiões do País, poderiam vir sendo recrutados aqueles "marinheiros mais ou menos idôneos", que revelavam esses caboclos "notável aptidão para a vida do mar". Era o caso do "jangadeiro do Norte do Brasil".

Não se cuidou, séria e inteligentemente, na época da vida nacional aqui evocada, nem de ligar os homens do País às coisas modernas e até moderníssimas para cá trazidas da Europa ou dos Estados Unidos nem de se articular entre si o novo pessoal técnico necessário ao manejo de tais ingresias: "superiores" a "inferiores", através de um homem médio, idôneo, mediador, que fosse como que o elemento básico de um novo sistema de relações do homem com a técnica e dos homens entre si. Essa articulação faltou à agricultura que se quis modernizar, cuidando-se de formar bacharéis em agronomia, sem se prepararem contramestres: faltou às indústrias; faltou ao Exército e à Marinha, que foram modernizados tanto no seu equipamento como nas suas elites de bacharéis de espada e de galões sem que se cuidasse de valorizar e modernizar, dentro dessas instituições, aquele elemento médio, através do qual verdadeiramente se integrassem essas elites nos grupos sob seus comandos: comandos abstratos, teóricos, distantes das massas comandadas tanto quanto das situações especificamente brasileiras que deviam enfrentar, quer nos dias normais, quer nos de crise.

Com relação ao Exército, a situação foi fielmente retratada pelo alemão Lamberg ao notar no fim do século XIX que os cursos da Academia Militar do Brasil eram então "tão pouco adequados à prática militar" que os "oficiais licenciados possuem, na verdade, vasta educação e à custa de ciências militares, profundas e práticas, chegam a uma erudição completa ou incompleta em muitas outras disciplinas do saber humano". Era por isso que o Exército brasileiro, possuindo "grande quantidade de oficiais superiores e de generais de grande ilustração", sua capacidade militar limitava-se de ordinário "apenas à bravura, aos conhecimentos e exercícios táticos no quartel e na praça de armas e finalmente aos conhecimentos teóricos". A essa elite de doutores ou bacharéis de farda e até de pincenê contrapunha-se uma massa de soldados rasos que eram, além de caboclos,[34] negros, cabras e mulatos, que intelectualmente se achavam "em um degrau tão baixo" que fora melhorado, após o 15 de Novembro, em sua condição material, sem ter sido beneficiado na intelectual. Situação que pouco se modificou quando no fim da época considerada neste ensaio esteve no Brasil o general Maitrot, para estudar os problemas das Forças armadas do nosso país e de outras repúblicas da América do Sul; e concluiu faltar ao Exército brasileiro, unidade moral desde que suas unidades de guerra eram formadas *"d'éléments étrangers uns aux autres, dont les grands chefs sont des inconnus que les soldats voient apparaître au moment où sonne l'heure critique de la lutte"*. Daí ser uma organização que precisava de ser transformada *"de fond en comble"* para merecer o nome de moderna.[35] Não era enviando seus oficiais bacharéis à Alemanha e à França que o Exército brasileiro se modernizaria, pois como notou outro arguto europeu que observou então a situação brasileira – o inglês Domville-Fife – a extensão territorial do Brasil – e, poderia ter o inglês acrescentado: sua condição de país tropical – tornava impossível a adoção pura e simples de estratégia, de tática e de organização praticadas na Alemanha. Era com as tropas americanas em Cuba, com as inglesas no Transvaal e nas campanhas do Oriente e da África, que os brasileiros deviam estar aprendendo estratégica, tática e organização militar.[36] Mas o problema básico e imediato tanto para o Exército como para a Marinha Brasileira era o de assegurarem sua unidade ou sua integralidade, desenvolvendo o seu elemento médio: deixando de ser elites de bacharéis fardados que não se faziam compreender, senão vagamente, pela massa de soldados rasos para esforços em comum que de fato correspondessem a situações especificamente tropicais, sul-americanas, brasileiras.

Era também o problema das indústrias que vinham nascendo, prejudicadas pela mesma desarticulação entre os industriais-chefes e seus operários. O problema dos eleitores que vinham crescendo em número sem que se desenvolvesse sua compreensão dos problemas agitados pelos bacharéis da alta política. O problema de muitos dos jovens que se formavam doutores em medicina na Bahia e mesmo no Rio de Janeiro, distanciados do saber vivo, prático, concreto de pajés e curandeiros caboclos e negros dos quais muito poderiam aprender sobre ervas e doenças tropicais. O problema da agricultura, cuja modernização se procurou fazer através dos mesmos métodos abstratos e acadêmicos e sem se cuidar de desenvolver, em escolas práticas e experimentais, um número considerável de contramestres que igualmente aprendessem da tradição oral da gente do campo lições de coisas sobre assuntos especificamente tropicais que não lhes poderiam ser ensinadas pelos mestres importados da Europa e dos Estados Unidos. De onde escolas como o *Imperial Instituto Baiano de Agricultura,*[37] fundado pelo imperador em São Bento das Lajes, terem se artificializado durante longo tempo em academias, como a militar, do Rio de Janeiro e como a de medicina, de Salvador, de saber bacharelesco e abstrato. Escolas de agricultura nas quais o ensino prático era grandemente sacrificado ao teórico; e a formação de contramestres à de bacharéis em agronomia.

Mesmo assim, a época brasileira considerada neste ensaio foi marcada por numerosas realizações, algumas de caráter prático, que fizeram dela, sob vários aspectos, uma época de notáveis progressos nacionais. Progressos um tanto desordenados, mas progressos. O conselheiro Rui Barbosa, o conselheiro Antonio Prado e Antônio Conselheiro. Santos Dumont, Machado de Assis, o Barão. A epopeia do Acre. Joaquim Nabuco, Carlos Gomes, Delmiro Gouveia. A valorização do café. Butantã. O Instituto Osvaldo Cruz. A Avenida Central. Rondon. Incluímos Antônio Conselheiro porque o Arraial de Canudos não deixou de marcar um triunfo brasileiro: a organização de sertanejos das mais diversas procedências num grupo a que não faltou, entre outras virtudes, necessárias tanto ao progresso como à ordem de uma comunidade, a disciplina social. De onde poder dizer-se do famoso arraial que; se por algum tempo comprometeu a estabilidade da República brasileira e contrariou o seu progresso mais ostensivo, visto a distância, parece ter sido sobretudo uma afirmação de vitalidade da parte de um grupo tão sociologicamente significativo de brasileiros quanto o dos bravos soldados nacionais que, cumprindo um duro dever, subjugaram-no, integrando-o na sociedade nacional. Reconciliou-se desde então o sertanejo do Norte com uma República repelida pela sua lealdade de homem desde a era colonial habituado a obedecer a um rei e, quando muito, a uma rainha. Não escapou, a esse propósito, ao olhar arguto do francês Marc, o fato de, nos sertões do Ceará, os sertanejos receberem os socorros que, nas épocas de secas como a de 77, lhes enviava do Rio de Janeiro o governo imperial, como sendo auxílios del-rei aos seus súditos; auxílios vindos do Reino. Nem a circunstância de, na própria cidade de São Sebastião do Rio de Janeiro, a princesa Da. Isabel ter sido vivada fervorosamente pela plebe, quando se proclamou a Abolição, não como princesa ou regente constitucional, mas como rainha: "Viva a rainha!"[38] Compreende-se, assim, que os sertanejos mais remotos tenham encontrado dificuldades em ver o rei ou a rainha substituída pela República. A época evocada neste ensaio foi, no Brasil, da superação do mito do rei pelo mito de uma República fundada sob um lema abstratamente positivista: "Ordem e Progresso".

Superação difícil mas que se realizou, através de uma valorização mítica de quanto pudesse ser qualificado como "científico": empenho que as elites positivistas ou parapositivistas conseguiram de algum modo comunicar a outros grupos da população brasileira. De onde a época aqui considerada ter se tornado de glorificação da parte, se não da massa, da grande parte da gente média, de "governo científico", de "política científica", de "diplomacia científica", e até de "espiritismo científico" ou de "religião científica". Em 1909, ao aparecer, risonho e eufórico, numa das ruas do Rio de Janeiro, como presidente da República, Nilo Peçanha foi saudado por um homem do povo com as palavras: *Eita, presidente científico!*"[39]

Notas ao Capítulo XIV

1. Discurso que, constando dos *Anais do Congresso Nacional*, consta também da transcrição minuciosa de quanto se passou no mesmo Congresso Nacional, em face da revolta de João Cândido, em *O livro da minha vida*, de José Carlos de Carvalho, Rio de Janeiro, 1912, p. 399-410. Ao proferir suas palavras a favor dos desfavorecidos, o senador Pinheiro Machado voltou-se para o senador Rui Barbosa, dizendo-lhe: "E não são novidades para o ilustre Senador pela Bahia os sentimentos que acabo de externar, porque S. Exa., que me honrou com sua amizade, sabe perfeitamente que sempre assim pensei". Houve, então, "sinal afirmativo do senador Ruy Barbosa". Às mesmas palavras do senador Pinheiro Machado o senador por São Paulo Alfredo Ellis deu o seguinte aparte: "São os desderdados da República oligarca" (p. 405). Reconhecendo o caráter de reivindicação do movimento de João Cândido dissera na mesma sessão de 24 de novembro de 1910 o senador Rui Barbosa: "[...] a par da extinção dos castigos corporais, se torna urgente o melhoramento do salário dos homens de guerra entre nós, dos inferiores do Exército e da Armada", tendo recebido o seguinte aparte do senador Antônio Azeredo: "Dos inferiores e soldados". Ao senador Rui Barbosa, sempre indiferente a operários, soldados, proletários, escapara o fato de existirem soldados tão necessitados de amparo do Estado quanto os chamados "inferiores" das forças armadas do País.

2. Costa Porto, *Pinheiro Machado e seu tempo – Tentativa de interpretação*, Rio de Janeiro, 1951, p. 224.

3. Costa Porto, op. cit., p. 224.

4. R. Teixeira Mendes, *O Império brasileiro e a República brasileira perante a regeneração social*, Rio de Janeiro, 1913, p. 30.

5. Charles W. Domville-Fife, *The United States of Brazil*, Londres, 1910, p. 209.

6. Couto de Magalhães, *Manual do monarquista*, São Paulo, 1913, p. 18.

7. Couto de Magalhães, op. cit., p. 33.

8. Couto de Magalhães, op. cit., p. 60.

9. Teixeira Mendes, op. cit., p. 33. Veja-se também Venâncio Filho, *Augusto Comte e a República*, Rio de Janeiro, 1937.

10. Teixeira Mendes, op. cit., p. 32.

11. Teixeira Mendes, op. cit., p. 33.

12. Teixeira Mendes, op. cit., p. 33.

13. Teixeira Mendes, op. cit., p. 33. João Camilo de Oliveira Torres, *O positivismo no Brasil*, cit., p. 311. É certo, como lembra a esse propósito, o Professor Cruz Costa (*O positivismo na República*, cit., p. 57), que desde a publicação do seu trabalho *Universidade* até os seus opúsculos do século XX, como são, por exemplo, *As greves, A ordem republicana e a reorganização social ou ainda as greves*, assim como *A atual atitude do patriciado e do proletariado perante a reorganização social*, os princípios que orientaram Teixeira Mendes foram os de "um decidido adversário do liberalismo". Mas sem que o infatigável comtista revelasse o conhecimento dos problemas brasileiros de trabalho revelados por Joaquim Nabuco nas conferências que proferiu no Recife e no Rio de Janeiro, sobre a questão social no Brasil, quando candidato a deputado por Pernambuco; nem se mostrasse – nos opúsculos referidos pelo professor Cruz Costa – o socialista esclarecido e objetivo que se mostrou, na mesma época, o príncipe D. Luís. Em objetividade só se revelou Teixeira Mendes superior aos liberais extremamente subjetivos como Rui Barbosa, cujas "ficções metafísicas revolucionárias" criticou, a propósito das doutrinas defendidas pelo eminente baiano na Haia: inclusive o "princípio de igualdade das nações" (Teixeira Mendes, *A diplomacia e a regeneração social – A Conferência de Haia em 1907*, apud Cruz Costa, op. cit., p. 72). Nesse opúsculo, Teixeira Mendes criticou também o governo brasileiro por vir deixando de conservar "a homogeneidade do povo brasileiro" comprometida pela imigração do elemento germânico ao qual se projetava juntar o elemento japonês, com o perigo de se reunirem no Brasil "populações em estados diversos de civilização", sem que presidisse a sua fusão "uma doutrina religiosa universal".

14. Teixeira Mendes, op. cit., p. 35.

15. Teixeira Mendes, op. cit., p. 35.

16. Teixeira Mendes, op. cit., p. 35.

17. Teixeira Mendes, *A propósito da agitação republicana*, Rio de Janeiro, 1888, p. 12.

18. Teixeira Mendes, op. cit., p. 14.

19. Teixeira Mendes, op. cit., p. 14.

20. Teixeira Mendes, *O Império brasileiro e a República brasileira perante a regeneração social*, cit., p. 28.

21. Teixeira Mendes, op. cit., p. 28.

22. À Abolição, isto é, ao 13 de Maio de 1888, seguiu-se no Brasil entre alguns brasileiros de espírito público ou de "ideias adiantadas", certa preocupação com a "questão social": inclusive com o

problema de casas para operários. Foram particulares da época imperial os pioneiros de movimentos, infelizmente mal organizados, na solução desse problema. Foi ainda o governo imperial que concedeu a Artur Sauer favores para a construção de edifícios para a habitação de proletários. A propósito do que publicou a imprensa da época: "O Sr. Artur Sauer, que obteve para si ou para a companhia que organizar diversos favores relativamente aos edifícios que construir para habitação de classes pobres e operários, fez ontem nas oficinas Laemmert uma exposição das plantas dos mesmos edifícios.

"Oito foram as plantas apresentadas, sendo uma da descrição geral de um bairro, outras de estabelecimento balneário, grupos de casas, ruas e detalhes dos materiais empregados.

"A esta exposição assistiram os Srs. ministro do Império e seu oficial de gabinete Dr. Copertino do Amaral, barão de Cotegipe e muitas outras pessoas.

"Depois do exame das plantas, foram visitadas as oficinas Laemmert e apreciados os trabalhos de fundição, tipografia e litografia, estereotipia, fototipia, encadernação e douração.

"Depois da visita seguiu-se um *lunch*, no qual se trocaram muitos brindes, sendo os últimos a Suas Majestades e Altezas Imperiais.

"A todas as pessoas presentes foi distribuído um relatório descritivo, escrito pelo Sr. Sauer, sendo o executor dos planos o Dr. Félix Kwakowski.

"Terminada a festa, o Sr. Sauer declarou que dispensava os seus empregados do dia 17 ao dia 20, e que fechava as suas oficinas, a fim de que eles pudessem associar-se às manifestações populares que terão lugar nesses dias, em regozijo à lei que extinguiu a escravidão" (*Jornal do Commercio*, de 17 de maio de 1888).

E o *Diário de Notícias* na mesma data publicava: "Habitações para operários e os novos libertos pela Lei Áurea nº 3.353 — Sem dúvida que pela extinção da escravidão os novos libertos de perto ou de longe terão de afluir à corte e acumular-se nos cortiços e estalagens, cujas condições ficarão piores do que ora são.

"Assim pois julgamos a propósito nestes dias de festa chamar a atenção de todos sobre uma pequena função que foi feita no ato de serem examinadas as plantas de uma sociedade, que tem por fim remediar a grande falta de casas apropriadas para os pobres.

"A convite dos Srs. Artur Sauer e Dr. João Franklin de Alencar Lima, organizadores da Companhia de Saneamento do Rio de Janeiro, realizou-se ontem, às 10 horas da manhã, uma visita ao escritório provisório da companhia, na Rua dos Inválidos, nas oficinas da imprensa da conhecida Casa Laemmert & C.

"A esta visita compareceram o Exmo. Sr. conselheiro Costa Pereira, ministro do Império, com seu oficial de gabinete Sr. Dr. Copertino do Amaral, o Exmo. Sr. conselheiro barão de Cotegipe, ex-presidente do Conselho, Exmo. Sr. conselheiro Tristão de Alencar Araripe e Carlos Frederico Xavier, o Sr. Dr. Frederico Xavier, membro da inspetoria de higiene, o Sr. Dr. Schreiner, engenheiro, o Sr. Dr. Adolfo Merker, o Sr. professor Bráulio Jaime Muniz Cordeiro, o Sr. Dr. Carlos Francisco Xavier e diversas pessoas gradas, os representantes da Casa Laemmert e os representantes da imprensa

Ernesto Senna, pelo *Jornal do Commercio*, o Dr. Ribeiro de Freitas, redator do *Diário de Notícias*, o Sr. Paulo, pela *Revista Tipográfica*, e o Sr. Dr. Bolle, pelo jornal alemão *Rio-Post*.

"A arte da construção estava representada, além dos engenheiros da empresa, pelos Srs. Drs. Schreiner e Ribeiro de Freitas.

"Não é suficiente para julgar completamente de um projeto a rápida visita de algumas horas; entretanto a impressão deixada no espírito dos visitantes foi magnífica, porque, se de um lado foram observadas regras e preceitos para melhorar as habitações do operário, do proletário; do outro, os materiais a empregar e as disposições da obra são verdadeiras novidades na arte da construção nacional.

"Os desenhos representando os diversos tipos de habitações eram em número de oito. No primeiro, estampa nº 1, estava representado em planta um bairro inteiro, tendo na parte superior uma vista perspectiva de uma das faces do grupo de habitações e na parte inferior uma secção transversal das construções. O desenho nº 2 representa em planta um edifício balneário e lavanderia que ocupará o meio do bairro projetado. Os desenhos 3, 4, 5, 6 e 7, são destinados a dar maiores indicações acerca da disposição arquitetônica das construções. O desenho nº 8 mostra em diversas figuras todos os pormenores dos materiais a empregar na construção e especialmente dos de natureza metálica.

"Os sistemas de construção que serão adotados se referem aos seguintes tipos:

"– 1º Prédios construídos exclusivamente de alvenaria de pedra natural ou artificial;

"– 2º Prédios construídos de ferro;

"– 3º Prédios de construção mista de ferro e alvenaria; sendo que os dois últimos tipos só se empregarão de conformidade com as cláusulas do projeto apresentado ao governo, se a experiência demonstrar a vantagem deste gênero de habitações, para cujo fim mandará vir o concessionário por sua conta e risco o material necessário.

"Haverá seis classes de habitações: 1ª para uma pessoa; 2ª para duas pessoas; 3ª para famílias até cinco ou seis pessoas, entre adultos e crianças; 4ª para famílias até oito pessoas, entre adultos e crianças; 5ª para famílias até dez pessoas, entre adultos e crianças; 6ª para famílias até 12 pessoas, entre adultos e crianças.

"Além dos desenhos, havia mais amostras de pedra artificial, em forma de blocos ocos, permitindo o arejamento interno das paredes e dispostos de forma que por chanfros e saliências convenientemente dispostos, possam formar um todo estereotômico estável.

"A falta de espaço nos proíbe entrar em uma análise minuciosa dos projetos e dos materiais, limitando-nos a felicitar o Sr. Félix Kwakowski, engenheiro-chefe da empresa e os seus dignos auxiliares.

"Depois de examinados os projetos das habitações dos operários, o Sr. Artur Sauer convidou as pessoas presentes a uma visita às importantíssimas oficinas da imprensa Laemmert & C.

"Não é possível fazer-se aqui uma descrição do que é esse estabelecimento, montado de forma a rivalizar com os mais notáveis da Europa, agradecendo nós aqui somente a extrema delicadeza com que foram mostrados e explicados os diversos trabalhos de impressão, gravura, fundição de tipos, brochura e encadernação, que na ocasião estavam sendo executados.

"Depois da visita ao estabelecimento foi servido um bem organizado *lunch*, a que não compareceu o Exmo. Sr. barão de Cotegipe, que, por incomodado, se havia retirado, e durante o qual foram trocados vários brindes:

"Do Sr. conselheiro Costa Pereira, ministro do Império, à prosperidade da Companhia de Saneamento, de que são organizadores os Srs. Artur Sauer e Dr. Alencar Lima, tão necessária na atualidade, em vista do mau estado das estalagens na corte.

"Do Sr. Dr. Alencar Lima, saudando na pessoa do Sr. ministro do Império ao Gabinete de 10 de março.

"Do Sr. conselheiro Tristão de Alencar Araripe à extinção da escravidão no Brasil.

"Do Sr. conselheiro Costa Pereira à Província do Ceará, por ter sido a primeira que libertou seus escravos.

"Do Sr. Sauer ao Sr. barão de Cotegipe, que, referendando o decreto da concessão, foi o iniciador deste melhoramento das habitações para operários e classes pobres, de imprescindível urgência em vista da extinção do elemento servil, por isso que milhares de novos cidadãos virão estabelecer-se nesta cidade, afluindo aos cortiços e estalagens, que por esta aglomeração de gente se tornarão ainda mais insalubres.

"Do Sr. Alencar Lima à imprensa brasileira.

"Do Sr. Adolfo Merker à Casa Laemmert & C., pelos sócios Egon Wildmann, Gustavo Massow e Artur Sauer.

"Do Sr. Gustavo Massow aos operários das oficinas da casa, agradecendo-lhes os bons serviços que têm prestado em bem da prosperidade do estabelecimento.

"Do Sr. ministro do Império o conselheiro Costa Pereira em brinde de honra a S. A. a princesa imperial, justamente denominada pelo povo – Isabel, a Redentora, e a S. M. o imperador.

"Após estes brindes retiraram-se o Sr. ministro do Império e muitos dos senhores convidados.

"Continuando o *lunch*, o Sr. conselheiro Carlos Frederico Xavier saudou ao Sr. Sauer e à sua família, o Sr. engenheiro B. Ribeiro de Freitas, como engenheiro e redator de uma folha, cumprimentou o Sr. Félix Kwakowski, engenheiro-chefe da empresa do saneamento, e ao Sr. Artur Sauer, redator do *Almanaque Laemmert*; o mesmo senhor, em nome do *Diário de Notícias*, saudou os Sr. Laemmert & C.; houve mais um brinde do Sr. Bráulio Cordeiro ao *Diário de Notícias*, do Sr. Sauer aos operários, vários outros de que não é possível dar completa enumeração.

"Esteve imponente esta festa do trabalho, retirando-se todos os convidados satisfeitos com os belíssimos exemplos do quanto pode a indústria e daí saíram penhorados pela maneira distinta por que foram tratados"(*Diário de Notícias,* Rio de Janeiro, de 17 de maio de 1888).

E, ainda: "Na ordem econômica das nações o belo preceito evangélico – 'amai-vos uns aos outros' – encontra no desenvolvimento das sociedades cooperativas a sua mais alevantada expressão.

"Estas agremiações de milhares de seres humanos, reunidos por um mesmo pensamento de mútuo benefício e utilidade, congregando-se para um mesmo fim de solidariedade, auxiliando-se ou protegendo-se reciprocamente, são a obra-prima de economia política, social e cristã, uma das mais poderosas alavancas do progresso, brilhantíssima conquista deste século em que predomina o coração, raio de luz e calor que, afugentando a miséria e fundindo as dificuldades inerentes à condição humana, diminui as agruras da existência aos menos favorecidos da sorte, permitindo-lhes atingir o bem-estar e conforto que o trabalho e a economia, quando organizados, soem conceder.

"As associações cooperativas, fundando-se unicamente para o bem coletivo de seus associados, desenvolvem a sociabilidade, que dá origem à recíproca benevolência e esta ao amor pelos nossos semelhantes. A cooperação mútua é, pois, um elemento de ordem, de fraternidade e de justiça, um incentivo poderoso ao bem, ao progresso intelectual e moral, fonte de economia e de riqueza das nações.

"O Brasil, entrando agora em nova fase de existência que lhe impõe novos deveres, carece de imediatamente organizar sociedades cooperativas, destinadas à produção e ao consumo, que venham auxiliar o desenvolvimento da sua riqueza, atenuar as dificuldades em todas as épocas inerentes às grandes reformas sociais, ao passo que utilizarão os pequenos capitais esparsos que, no seu isolamento atual, nenhuma força produtiva determinam.

"Desagregados como se acham estes capitais e forçadamente inertes, apenas significam o algarismo do valor que lhes corresponde. Confiados ao comércio e à indústria que os reclamam, para recíproco interesse, a sua circulação, aliás, de imperiosa necessidade, alimentaria as forças vivas da pátria, que tem o direito e o dever de pedir a todos os seus filhos que colaborem mutuamente para diminuir os atritos da evolução profunda que a transformou e enobreceu" (*Revista Financeira*, Rio de Janeiro, maio de 1888).

No seu ensaio *Significação do marechal Hermes* (Rio de Janeiro, 1956), Umberto Peregrino reclama, na página 45, para Hermes da Fonseca "a glória de ter sido o precursor do 'trabalhismo' no Brasil, pois com ele, verdadeiramente, é que se incorporam às preocupações do governo federal os problemas de bem-estar e da organização coletivista das classes operárias". Vê-se, porém, pelas transcrições aqui feitas sobre iniciativas ainda da era imperial que o governo de Pedro II não se conservou indiferente ao problema de casas para operários que o marechal Hermes da Fonseca abordaria através da construção das Vilas Proletárias da Estação de Marechal Hermes, da Rua Salvador de Sá, do Jardim Botânico. Quanto à glória de precursor do trabalhismo brasileiro parece-nos caber principalmente a Joaquim Nabuco, embora o governo do marechal Hermes da Fonseca tendo se feito notar por iniciativas concretas a favor do operariado da capital da República.

23. A. Coelho Rodrigues, *A República na América do Sul*, Einsiedeln, 1906, p. IX.

24. A. Coelho Rodrigues, op. cit., p. 4.

25. A. Coelho Rodrigues, op. cit., p. 26-27.

26. A. Coelho Rodrigues, op. cit., p. 29-30.

27. O jornal de Públio Pugo continuou tradição recifense de socialismo militante e até agressivo nas suas atitudes antiburguesas, vinda dos dias do jornal *A Canalha*, que se publicou no fim do século XIX, tendo como redator responsável Leônidas d'Oliveira, e redação na Praça 17; e dizendo-se "órgão do proletariado" e fiel ao lema "Proletários de todos os países, uni-vos". Dizia-se nesse jornal, em editorial um tanto retórico de 14 de julho de 1898: "O capital concentrado nas mãos férreas e egoísticas dos que o exploram e dele fazem a cadeia com que prendem os pulsos do proletariado – ou há de ceder um pouco de sua tirania, numa primeira concessão inevitável, ou terá certamente de ser arrebatado nessa onda destruidora que mina-lhe as bases de granito, dia a dia, com a persistência assombrosa que a justiça ensina e o direito gera". Na mesma época, publicavam-se já, no Brasil, *O Eco Operário*, no Rio Grande do Sul, *O Primeiro de Maio*, no Rio de Janeiro, *A Paz do Operário*, na Bahia, *A Época*, no Ceará, *A Greve*, *La Birichina*, *O Rebate* e *O Socialista*, em São Paulo; e no mesmo Estado de São Paulo, havia já, além de uma *Sociedade Operária*, um "Partido Socialista", do mesmo modo que havia no Rio de Janeiro um Clube Socialista. *O Hino da Canalha*, dos socialistas que, no Recife, se agrupavam em torno de *A Canalha*, era um tanto violento:

> "Avante companheiros
> Avante noite e dia!
> Sejamos os coveiros
> Da infame burguesia!"

Segundo *O Socialista*, de São Paulo, a causa socialista em São Paulo contava "grandes elementos" em Santos, talvez devido ao seu porto. Santos e o Recife seriam assim, no fim do século XIX, os dois focos de maior inquietação proletária do Brasil, devido, ao que parece, aos trabalhadores de carga e descarga dos portos e gente engajada em atividades marítimas, em geral. Daí poder admitir-se, na Revolta de João Cândido, repercussão de um estado de ânimo, entre trabalhadores de docas e do mar, que, no Recife, vinha sendo estimulado por jornais como foi por algum tempo *A Canalha*. Da mesma época foram publicações de socialismo militante como *Rebeldias*, de Benjamim Mota que, entretanto, não conseguimos ler.

Vejam-se também Everardo Dias, "O Socialismo no Brasil", in *Revista Brasiliense*, nº 2-13, Rio, 1955-57, e Joaquim Pimenta, *Retalhos do passado*, Rio, 1948. Pelos dados que o estudo histórico de Dias reúne vê-se que, com efeito, as primeiras leis antigrevistas no Brasil, como a chamada Lei Adolfo Gordo, dirigiram-se principalmente contra o trabalhador estrangeiro, exposto a ser expulso do País por qualquer acusação patronal ou ação policial. Daí resultou que os primeiros expulsos fizessem, nos seus países, ou no Uruguai e na Argentina – para onde alguns se transferiram – tal propaganda contra o Brasil, que a imigração para o nosso país foi grandemente afetada por essa propaganda, às vezes desenvolvida por homens como Vicenzo Vacirca, diretor do jornal *Avante!* de São Paulo; e expulso do Brasil por atividades socialistas. De volta à Itália, foi Vacirca eleito deputado pelo Partido Socialista Italiano e, na Câmara do seu país, mostrou-se veemente em suas denúncias, talvez em vários pontos exageradas, do modo por que os imigrantes europeus eram tratados por fazendeiros e industriais paulistas, em particular, ou brasileiros, em geral. Para Dias, a política social do governo brasileiro era ainda orientada por homens mal saídos da economia escravocrática, que temiam "o proletariado europeu esclarecido" e sua influência sobre o nativo. Dos políticos de então, os mais "avançados" eram uma minoria; e mais "teorizantes que objetivos". O que confirma a tese esboçada neste ensaio de ter feito falta a Pinheiro Machado um frei José que o tivesse orientado no sentido de uma política objetiva e inteligentemente brasileira de proteção ao mesmo tempo à agricultura, à indústria e ao trabalho, em vez de se ter deixado a proteção ao operário a "teorizantes" como Medeiros e Albuquerque e, na sua atividade parlamentar, Barbosa Lima. Ou a demagogos como, naqueles dias, Joaquim Pimenta.

Note-se, a propósito do começo de reivindicações proletárias no Brasil já industrializado dos primeiros decênios do século XX e dos últimos anos do século XIX – reivindicações a que se conservaram alheios grandes liberais como os Rui Barbosa e os José Mariano –, que o ano de 1907 marca a vitória da causa operária no sentido da redução de horas de trabalho diário, de 11, 10 e 9 horas, para 8. Foi vitória conseguida pelos pedreiros de São Paulo, após o movimento grevista em que se empenharam naquele ano. Tais reivindicações encontraram dura oposição da parte dos industriais comandados pelo conde Álvares Penteado e, especialmente, da firma Francisco Matarazzo, então ainda no princípio de seu poder dinástico na economia nacional. Observe-se que, naquele ano, a jornada de 8 horas já era causa vitoriosa na maior parte dos países industrializados.

28. "Um Oficial da Armada", *Política versus Marinha*, s.d., p. 86.

29. "Um Oficial da Armada", op. cit., p. 86.

30. "Um Oficial da Armada", op. cit., p. 89. A propósito dos problemas de disciplina entre as Forças Armadas da República, após a sua consolidação, convém novamente recordar que o barão do Rio Branco e outros homens públicos pensaram seriamente em reorganizar as mesmas forças com o auxílio de oficiais alemães. Várias foram as objeções levantadas a semelhante ideia. *"Les méthodes allemandes d'instruction militaire, brutales et rigides, la morgue et le manque de souplesse des officiers instructeurs qui commencent même en Allemagne à provoquer la critique des allemands, pourtant militarisés, ne peuvent en aucun cas convenir au Brésil"*, escrevia no começo do século XX o francês Paul Walle, na página 57 do seu *Au Brésil, de l'Uruguay au Rio São Francisco*, Paris, s.d. Segundo o mesmo observador, com a República vinha melhorando no Brasil a organização militar, muito embora os soldados viessem das *"classes inférieures"*: *"nègres, mulâtres, caboclos etc."* Do Batalhão Naval notava Walle que era *"la meilleure troupe du Brésil"*, sendo entretanto, composta *"en majorité d'hommes de couleur [...]"* (p. 61). Quanto às escolas de aprendizes marinheiros, vinham prestando serviço duplo ao País *"en formant des marins et des hommes pour la vie civile"* (p. 60). O marechal Hermes da Fonseca não tendo conseguido instituir, quando ministro da Guerra, o serviço militar obrigatório, organizava os "tiros de guerra": segundo Walle, *"une organisation très élastique"*, com alguma coisa de esportiva e, além do mais, econômica (p. 55).

31. Característico das relações entre civis e militares nos primeiros anos de República civil é o artigo que publicou em 1904 Coriolano de Freitas: "O Brasil – podemos dizê-lo sem exagero – é hoje um país de queixosos. Exceção feita dos chefes das oligarquias e seus apaniguados, nenhuma classe existe que não tenha a sua história de dissabores, que se não sinta viúva de garantias nesta terra onde a liberdade só é direito para a prática das bandalheiras que às enxurradas descem das culminâncias do poder.

"Iludem-se por completo os que pensam que só existem queixas quando as ouvem, proferidas em vozeria ou as veem estampadas claramente na imprensa diária. Pertencem a dois grupos os descontentes: o dos que dizem abertamente o seu modo de sentir e pensar, chegando mesmo ao extremo de enaltecer as vantagens de uma revolução; o daqueles que, por índole ou pelas circunstâncias em que se acham, não querem ou não podem senão murmurar em voz baixa as suas queixas, que nem por isso têm menos intensidade, são menos significativas e, podemos dizer, menos perigosas que as dos outros. Estão no segundo grupo os militares de terra e mar, que a isso se vêm obrigados pelos preceitos disciplinares.

"Acreditais, porventura, que o Exército e a Armada vejam com olhos otimistas esse arrastar de uma pátria para o abismo da depravação, essa urgia [sic] onde se liquidam consciências à custa dos dinheiros públicos? Acreditá-lo seria duvidar do pudor e do patriotismo da classe militar, tanto mais quanto sobre ela é que pesam em maior quantidade os danos consequentes a essa política divorciada do bom senso e da moral.

"Os militares sofrem os males que todos sofremos, parte integrante que são da sociedade brasileira. Sofrem ainda porque, tendo sido os principais fatores da revolução de 15 de Novembro, sempre que articulam palavra contra este estado de coisas encontram quem lhes diga malevolamente: 'Os senhores fizeram a República...' Os militares sofrem mais porque são vítimas do ódio que de norte a sul do País lhes votam os grupos aventureiros que atualmente dirigem a política nacional.

"Terminada a revolta, o marechal Floriano Peixoto tratou imediatamente de aumentar o nosso poder naval. Era o vencedor que, num rasgo de nobreza e são patriotismo, procurava restabelecer e multiplicar as forças do vencido. Veio o primeiro presidente civil, que entrou a querer fazer leilão dos nossos vasos de guerra... Se fosse permitido, o martelo do leiloeiro teria batido até no pessoal. O Exército, esse, foi lançado ingloriamente na malfadada campanha de Canudos para lutar contra o sertanejo indômito e fanático, mas lutar sem meios de ação, passando as maiores privações, e deixando mortos numerosos oficiais da mais alta distinção e bravura. Quando de lá voltaram os nossos soldados, tiveram uma bela recompensa: o nome de malvados, incendiários e assassinos, e a suspeita de que vinham tramar a deposição do governo civil... O atentado de 5 de novembro, por ocasião do qual um marechal pagou com a vida o seu amor à disciplina e a sua dedicação pessoal, trouxe a necessidade do estado de sítio e este foi aproveitado para se desorganizar completamente o ensino militar: o governo ordenou aos seus sequazes do Congresso que aprovassem um regulamento feito de afogadilho, vergonhosamente arquitetado, onde formigam as incoerências, os disparates, e os erros. A reforma do ensino militar era simples pretexto: o que se queria era arredar da convivência com a mocidade os elementos que se julgavam perigosos. Então, entre muitos outros, foram postos em disponibilidade professores como Lauro Sodré, Barbosa Lima e os irmãos Morais Rego – quatro organizações intelectuais de fino quilate, na altura de ombrear com as melhores do País.

"Certo, as corporações armadas lucraram muitíssimo com o governo do primeiro presidente civil...

"Quanto ao outro que veio logo depois, não havemos mister de dizer muito: está na consciência de toda a nação o modo descortês por que tratava a classe militar o mais corrupto de todos os governos que tem tido o Brasil. Se quereis entender a causa mais a fundo, pedi informações aos dois distintíssimos oficiais – um do Exército e outro da Armada – que foram respectivamente chefe e subchefe da casa militar do segundo presidente civil. Este só no fim do seu quadriênio compreendeu que era preciso trocar a descortesia pela bajulação e entrou a babar as plantas dos militares, julgando que estes seriam capazes de descer e desembainhar a espada contra um governo que só merecia o mais aviltante dos instrumentos de castigo – o chicote.

"Vamos, senhores militares de terra e mar! Dizei, olhando a imagem da pátria, que estremeceis, recordando a bela história da vossa nobre classe: este estado de coisas pode continuar por muito tempo?

"Aos oficiais generais das duas corporações compete o início da reação: ou se negando a servir como secretários de governos que incluem nos seus programas o desrespeito à Força Armada, ou, uma vez no exercício daqueles cargos, exigindo que se deem à sua classe os recursos de que ela há mister e que se lhe prestem as considerações e deferências a que ela tem incontestável direito. Depois... que venham as consequências" (Coriolano de Freitas, "Exército e Armada e sua situação na República", *Jornal Pequeno*, Recife, 2 de janeiro de 1904).

32. "Um Oficial da Armada", op. cit., p. 84.

33. "Um Oficial da Armada", op. cit., p. 85,

34. Lamberg, op. cit., p. 307.

35. Maitrot, *La France et les républiques sud-américaines*, Paris, 1920, p. 231-232.

36. Charles W. Domville-Fife, *The United States of Brazil*, Londres, 1910, p. 336.

37. Alfred Marc, *Le Brésil, excursion à travers ses 20 provinces*, Paris, 1890, I, p. 316.

38. Marc, op. cit., I, p. 431.

39. "Um fato interessante verificou-se na inauguração do Teatro Municipal. Pela primeira vez o Rio admirou um carro à Dumont. Inaugurou-o o chefe da nação com excessiva pompa... Quando o presidente descia do carro, rodeado pelo ministério, ouviu-se um grito estridente do seio da multidão: Viva o presidente científico!" (João Lima, *Figuras da República Velha*, Rio de Janeiro, 1941,

p. 18.) A novidade do carro à Dumont juntou-se, no Brasil da época considerada neste ensaio, à tradição do galeão D. João VI, no qual eram recebidos um tanto arcaicamente porém com uma fidalguia que só era possível, na América, numa república como a do Brasil – "científica", mas herdeira de império ou monarquia clássica –, os estrangeiros mais ilustres que chegavam ao Rio de Janeiro. Diz-se que um dos maiores admiradores desse arcaísmo colonial na vida de uma república "científica", foi o embaixador Edwin Morgan, por muitos anos representante da ainda mais científica República dos Estados Unidos da América do Norte, no Rio de Janeiro. Foi Morgan embaixador no Rio de Janeiro no fim da época considerada neste ensaio, tendo sido talvez o representante do seu país que maiores simpatias conquistou no Brasil: não só entre velhas baronesas e viscondessas do Império, como entre políticos, intelectuais, jornalistas, líderes do comércio, da lavoura e da indústria republicanas, paulistas, progressivas. Isto a despeito de tendências de sua parte para um estilo de vida, segundo alguns dos críticos sociais da época, comprometedor da masculinidade de um perfeito *"he-man"*; mas que não parece ter prejudicado sua conduta de *"gentleman"* ou sua atração de diplomata, num meio e numa época nem sempre generosos com semelhantes desvios ou semelhantes deficiências. Já no fim da época aqui evocada foi representante da França no Brasil, Paul Claudel; ainda na primeira fase do reinado de Pedro II fizera parte da representação da Espanha no Rio de Janeiro, Juan Valera; algum tempo depois de Valera, o conde de Gobineau representara a França no Brasil. Mas foi talvez Claudel a maior figura de intelectual que, em qualquer época, esteve no Rio de Janeiro como representante diplomático de um país amigo: uma das glórias do "tempo de Venceslau". Sua presença contribuiu para reavivar a amizade franco-brasileira.

Saliente-se da época aqui considerada que um dos característicos da sua fase republicana foi a por vezes excessiva – como da parte de Salvador de Mendonça – política de solidariedade do Brasil com os Estados Unidos. Em 1910 verificou-se a célebre proposta pan-americanista brasileira, na 4ª Conferência Internacional Americana reunida em Buenos Aires – a 3ª se reunia euforicamente em 1906, no Rio de Janeiro. Foi essa proposta menos de apoio à Doutrina de Monroe, que de tentativa de sua continentalização, numa fórmula de Joaquim Nabuco. A proposta brasileira – que não teve êxito – foi qualificada de gafe pelo Jornal do Commercio, do Rio de Janeiro, em editorial de 29 de agosto de 1910. Considerou-a, com evidente exagero, o autorizado jornal, "uma ridícula demonstração de hostilidade às nações da Europa, das quais tanto precisamos". O que provocou inteligente defesa da proposta brasileira pelo próprio barão do Rio Branco, que atribuiu o insucesso da proposta à sua má interpretação por delegados de repúblicas da América Espanhola, ressentidos com manifestações não de todo remotas de política intervencionista dos Estados Unidos em Nicarágua, no Panamá e na Venezuela.

Segundo Impressões do Brasil no século vinte, cit., era "restrita a influência norte-americana" (p. 117), no Brasil do começo do século. O "elegante carioca" fazia "grande cabedal das suas roupas e dos seus modos ingleses" (p. 117), enquanto a mulher elegante se vestia por figurinos de Paris.

Apêndice 1 – Biobibliografia de Gilberto Freyre

1900 Nasce no Recife, em 15 de março, na antiga Estrada dos Aflitos (hoje Avenida Rosa e Silva), esquina de Rua Amélia (o portão da hoje residência da família Costa Azevedo está assinalado por uma placa), filho do dr. Alfredo Freyre – educador, juiz de direito e catedrático de Economia Política da Faculdade de Direito do Recife – e de Francisca de Mello Freyre.

1906 Tenta fugir de casa, abrigando-se na materna Olinda, desde então, cidade muito de seu amor e da qual escreveria, em 1939, *Olinda, 2º guia prático, histórico e sentimental de cidade brasileira.*

1908 Entra no jardim de infância do Colégio Americano Gilreath. Lê as *Viagens de Gulliver* com entusiasmo. Não consegue aprender a escrever, fazendo-se notar pelos desenhos. Tem aulas particulares com o pintor Telles Júnior, que reclama contra sua insistência em deformar os modelos. Começa a aprender a ler e escrever em inglês com Mr. Williams, que elogia seus desenhos.

1909 Primeira experiência da morte: a da avó materna, que muito o mimava por supor que o neto tinha *déficit* de aprendizado, pela dificuldade em aprender a escrever. Temporada no engenho São Severino do Ramo, pertencente a parentes seus. Primeiras experiências rurais de menino de engenho. Mais tarde escreverá sobre essa temporada uma das suas melhores páginas, incluída em *Pessoas, coisas & animais.*

1911 Primeiro verão na Praia de Boa Viagem, onde escreve um soneto camoniano e enche muitos cadernos com desenhos e caricaturas.

1913 Dá as primeiras aulas no colégio. Lê José de Alencar, Machado de Assis, Gonçalves Dias, Castro Alves, Victor Hugo, Emerson, Longfellow, alguns dramas de Shakespeare, Milton, César, Virgílio, Camões e Goethe.

1914 Ensina latim, que aprendeu com o próprio pai, conhecido humanista recifense. Toma parte ativa nos trabalhos da sociedade literária do colégio. Torna-se redator-chefe do jornal impresso do colégio *O Lábaro.*

1915 Tem lições particulares de francês com Madame Meunieur. Lê La Fontaine, Pierre Loti, Molière, Racine, *Dom Quixote*, a Bíblia, Eça de Queirós, Antero de Quental, Alexandre Herculano, Oliveira Martins.

1916 Corresponde-se com o jornalista paraibano Carlos Dias Fernandes, que o convida a proferir palestra na capital do estado vizinho. Como o dr. Freyre não apreciava Carlos Dias Fernandes, pela vida boêmia que levava, viaja autorizado pela mãe e lê no Cine-Teatro Pathé sua primeira conferência pública, dissertando sobre Spencer e o problema da educação no Brasil. O texto foi publicado no jornal *O Norte*, com elogios de Carlos Dias Fernandes. Influenciado pelos mestres do colégio e pela leitura do *Peregrino,* de Bunyan, e de uma biografia do dr. Livingstone, toma parte em atividades evangélicas e visita a gente miserável dos mucambos recifenses. Interessa-se pelo socialismo cristão, mas lê, como espécie de antídoto a seu misticismo, autores como Spencer e Comte. É eleito presidente do Clube de Informações Mundiais, fundado pela Associação Cristã de Moços do Recife. Lê ainda, nesse período, Rui Barbosa, Joaquim Nabuco, Oliveira Lima, Nietzsche e Sainte-Beuve.

1917 Conclui o curso de Bacharel em Ciências e Letras do Colégio Americano Gilreath, fazendo-se notar pelo discurso que profere como orador da turma, cujo paraninfo é o historiador Oliveira Lima, daí em diante seu amigo (ver referência ao primeiro encontro com Oliveira Lima no prefácio à edição de suas *Memórias,* escrito a convite da viúva e do editor José Olympio). Leitura de Taine, Renan, Darwin, Von Ihering, Anatole France, William James, Bergson, Santo Tomás de Aquino, Santo Agostinho, São João da Cruz, Santa Teresa, Padre Vieira, Padre Bernardes, Fernão Lopes, São Francisco de Assis, São Francisco de Sales e Tolstói. Começa a estudar grego. Torna-se membro da Igreja Evangélica, desagradando a mãe e a família católica.

1918 Segue, no início do ano, para os Estados Unidos, fixando-se em Waco (Texas) para matricular-se na Universidade de Baylor. Começa a ler Stevenson, Pater, Newman, Steele e Addison, Lamb, Adam Smith, Marx, Ward, Giddings, Jane Austen, as irmãs Brönte, Carlyle, Mathew Arnold, Pascal, Montaigne, Euclides da Cunha e Monteiro Lobato. Inicia sua colaboração no *Diário de Pernambuco,* com a série de cartas intituladas "Da outra América".

1919 Ainda na Universidade de Baylor, auxilia o geólogo John Casper Branner no preparo do texto português da *Geologia do Brasil.* Ensina francês a jovens oficiais norte-americanos convocados para a guerra. Estuda Geologia com Pace, Biologia com Bradbury, Economia com Wright, Sociologia com Dow, Psicologia com Hall e Literatura com A. J. Armstrong, professor de Literatura e crítico literário especializado na filosofia e na poesia de Robert Browning. Escreve os primeiros artigos em inglês publicados por um jornal de Waco. Divulga suas primeiras caricaturas.

1920 Conhece pessoalmente, por intermédio do professor Armstrong, o poeta irlandês William Butler Yeats (ver, no livro *Artigos de jornal,* um capítulo sobre esse poeta), os "poetas novos" dos Estados Unidos: Vachel Lindsay, Amy Lowell e outros. Escreve em inglês sobre Amy Lowell. Como estudante de Sociologia, faz pesquisas sobre a vida dos negros de Waco e dos mexicanos marginais do Texas. Conclui, na Universidade de Baylor, o curso de Bacharel em Artes, mas não comparece à solenidade da formatura: contra as praxes acadêmicas, a Universidade envia-lhe o diploma por intermédio de um portador. Segue para Nova York e ingressa na Universidade de Colúmbia. Lê Freud, Westermarck, Santayana, Sorel, Dilthey, Hrdlicka, Keith,

Rivet, Rivers, Hegel, Le Play, Brunhes e Croce. Segundo notícia publicada no *Diário de Pernambuco* de 5 de junho, a Academia Pernambucana de Letras, por proposta de França Pereira, elege-o sócio-correspondente.

1921 Segue, na Faculdade de Ciências Políticas (inclusive as Ciências Sociais Jurídicas) da Universidade de Colúmbia, cursos de graduação e pós-graduação dos professores Giddings, Seligman, Boas, Hayes, Carl van Doren, Fox, John Basset Moore e outros. Conhece pessoalmente Rabindranath Tagore e o príncipe de Mônaco (depois reunidos no livro *Artigos de jornal*), Valle-Inclán e outros intelectuais e cientistas famosos que visitam a Universidade de Colúmbia e a cidade de Nova York. A convite de Amy Lowell, visita-a em Boston (ver, sobre essas visitas, artigos incluídos no livro *Vida, forma e cor*). Segue, na Universidade de Colúmbia, o curso do professor Zimmern, da Universidade de Oxford, sobre a escravidão na Grécia. Visita a Universidade de Harvard e o Canadá. É hóspede da Universidade de Princeton, como representante dos estudantes da América Latina que ali se reúnem em congresso. Lê Patrick Geddes, Ganivet, Max Weber, Maurras, Péguy, Pareto, Rickert, William Morris, Michelet, Barrès, Huysmans, Verlaine, Rimbaud, Baudelaire, Dostoiévski, John Donne, Coleridge, Xenofonte, Homero, Ovídio, Ésquilo, Aristóteles e Ratzel. Torna-se editor associado da revista *El Estudiante Latinoamericano*, publicada mensalmente em Nova York pelo Comitê de Relações Fraternais entre Estudantes Estrangeiros. Publica diversos artigos no referido periódico.

1922 Defende tese para o grau de M. A. (*Magister Artium* ou *Master of Arts*) na Universidade de Colúmbia sobre *Social life in Brazil in the middle of the 19th century*, publicada em Baltimore pela *Hispanic American Historical Review* (v. 5, n. 4, nov. 1922) e recebida com elogios pelos professores Haring, Shepherd, Robertson, Martin, Oliveira Lima e H. L. Mencken, que aconselha o autor a expandir o trabalho em livro. Deixa de comparecer à cerimônia de formatura, seguindo imediatamente para a Europa, onde recebe o diploma, enviado pelo reitor Nicholas Murray Butler. Vai para a França, a Alemanha, a Bélgica, tendo antes passado pela Inglaterra, estabelecendo-se em Oxford. Vai para a França, atravessa a Espanha e conhece Portugal, onde se fixa. Lê Simmel, Poincaré, Havelock Ellis, Psichari, Rémy de Gourmont, Ranke, Bertrand Russell, Swinburne, Ruskin, Blake, Oscar Wilde, Kant e Gracián. Tem o retrato pintado pelo modernista brasileiro Vicente do Rego Monteiro. Convive com ele e com outros artistas modernistas brasileiros, como Tarsila do Amaral e Brecheret. Na Alemanha conhece o Expressionismo; na Inglaterra, estabelece contato com o ramo inglês do Imagismo, já seu conhecido nos Estados Unidos. Na França, conhece o anarcossindicalismo de Sorel e o federalismo monárquico de Maurras. Convidado por Monteiro Lobato – a quem fora apresentado por carta de Oliveira Lima –, inicia sua colaboração na *Revista do Brasil* (n. 80, p. 363-371, agosto de 1922).

1923 Continua em Portugal, onde conhece João Lúcio de Azevedo, o Conde de Sabugosa, Fidelino de Figueiredo, Joaquim de Carvalho e Silva Gaio. Regressa ao Brasil e volta a colaborar no *Diário de Pernambuco*. Da Europa escreve artigos para a *Revista do Brasil* (São Paulo), a pedido de Monteiro Lobato.

1924 Reintegra-se no Recife, onde conhece José Lins do Rego, incentivando-o a escrever romances, em vez de artigos políticos (ver referências ao encontro e início da amizade entre o sociólogo e o futuro romancista do Ciclo da Cana-de-Açúcar no prefácio que este escreveu para o livro *Região e tradição*). Conhece José Américo de Almeida através de José Lins do Rego. Funda-se no Recife, a 28 de abril, o Centro Regionalista do Nordeste, com Odilon Nestor, Amaury de Medeiros, Alfredo Freyre, Antônio Inácio, Morais Coutinho, Carlos Lyra Filho, Pedro Paranhos, Júlio Bello e outros. Excursões pelo interior do estado de Pernambuco e pelo Nordeste com Pedro Paranhos, Júlio Bello (que a seu pedido escreveria as *Memórias de um senhor de engenho*) e seu irmão, Ulysses Freyre. Lê, na capital do estado da Paraíba, conferência publicada no mesmo ano: Apologia pro generatione sua (incluída no livro *Região e tradição*).

1925 Encarregado pela direção do *Diário de Pernambuco*, organiza o livro comemorativo do primeiro centenário de fundação do referido jornal, *Livro do Nordeste*, onde foi publicado pela primeira vez o poema modernista de Manuel Bandeira "Evocação do Recife", escrito a seu pedido (ver referências no capítulo sobre Manuel Bandeira no livro *Perfil de Euclides e outros perfis*). O *Livro do Nordeste* consagra, também, o até então desconhecido pintor Manuel Bandeira e publica desenhos modernistas de Joaquim Cardoso e Joaquim do Rego Monteiro. Lê na Biblioteca Pública do Estado de Pernambuco uma conferência sobre Dom Pedro II, publicada no ano seguinte.

1926 Conhece a Bahia e o Rio de Janeiro, onde faz amizade com o poeta Manuel Bandeira, os escritores Prudente de Morais Neto (Pedro Dantas), Rodrigo M. F. de Andrade, Sérgio Buarque de Holanda, o compositor Villa-Lobos e o mecenas Paulo Prado. Por intermédio de Prudente, conhece Pixinguinha, Donga e Patrício e se inicia na nova música popular brasileira em noitadas boêmias. Escreve um extenso poema, modernista ou imagista e ao mesmo tempo regionalista e tradicionalista, do qual Manuel Bandeira dirá depois que é um dos mais saborosos do ciclo das cidades brasileiras: "Bahia de todos os santos e de quase todos os pecados" (publicado no Recife, no mesmo ano, em edição da *Revista do Norte*, reeditado em 20 de junho de 1942, na revista *O Cruzeiro* e incluído no livro *Talvez poesia*). Segue para os Estados Unidos como delegado do *Diário de Pernambuco*, ao Congresso Panamericano de Jornalistas. Convidado para redator-chefe do mesmo jornal e para oficial de gabinete do governador eleito de Pernambuco, então vice-presidente da República. Colabora (artigos humorísticos) na *Revista do Brasil* com o pseudônimo de J. J. Gomes Sampaio. Publica-se no Recife a conferência lida, no ano anterior, na Biblioteca Pública do Estado de Pernambuco: A propósito de Dom Pedro II (edição da *Revista do Norte*, incluída, em 1944, no livro *Perfil de Euclides e outros perfis*). Promove no Recife o 1º Congresso Brasileiro de Regionalismo.

1927 Assume o cargo de oficial de gabinete do novo governador de Pernambuco, Estácio de Albuquerque Coimbra, casado com a prima de Alfredo Freyre, Joana Castelo Branco de Albuquerque Coimbra. Conhece Mário de Andrade no Recife e proporciona-lhe um passeio de lancha no rio Capibaribe.

1928 Dirige, a pedido de Estácio Coimbra, o jornal *A Província*, onde passam a colaborar os novos escritores do Brasil. Publica no mesmo jornal artigos e caricaturas com diferentes pseudônimos: Esmeraldino Olímpio, Antônio Ricardo, Le Moine, J. Rialto e outros. Lê Proust e Gide. Nomeado pelo governador Estácio Coimbra, por indicação do diretor A. Carneiro Leão, torna-se professor da Escola Normal do Estado de Pernambuco: primeira cadeira de Sociologia que se estabelece no Brasil com moderna orientação antropológica e pesquisas de campo.

1930 Acompanhando Estácio Coimbra ao exílio, visita novamente a Bahia, conhece parte do continente africano (Dacar, Senegal) e inicia, em Lisboa, as pesquisas e os estudos em que se basearia *Casa-grande & senzala* ("Em outubro de 1930 ocorreu-me a aventura do exílio. Levou-me primeiro à Bahia; depois a Portugal, com escala pela África. O tipo de viagem ideal para os estudos e as preocupações que este ensaio reflete.", como escreverá no prefácio do mesmo livro).

1931 A convite da Universidade de Stanford, segue para os Estados Unidos, como professor extraordinário daquela universidade. Volta, no fim do ano, para a Europa, permanecendo algum tempo na Alemanha, em novos contatos com seus museus de antropologia, de onde regressa ao Brasil.

1932 Continua, no Rio de Janeiro, as pesquisas para a elaboração de *Casa-grande & senzala* em bibliotecas e arquivos. Recusando convites para empregos feitos pelos membros do novo governo brasileiro – um deles José Américo de Almeida –, vive, então, com grandes dificuldades financeiras, hospedando-se em casas de amigos e em pensões baratas do Distrito Federal. Estimulado pelo seu amigo Rodrigo M. F. de Andrade, contrata com o poeta Augusto Frederico Schmidt – então editor – a publicação do livro por 500 mil-réis mensais, que recebe com irregularidades constantes. Regressa ao Recife, onde continua a escrever *Casa-grande & senzala*, na casa do seu irmão, Ulysses Freyre.

1933 Conclui o livro, enviando os originais ao editor Schmidt, que o publica em dezembro.

1934 Aparecem em jornais do Rio de Janeiro os primeiros artigos sobre *Casa-grande & senzala*, escritos por Yan de Almeida Prado, Roquette-Pinto, João Ribeiro e Agrippino Grieco, todos elogiosos. Organiza no Recife o 1º Congresso de Estudos Afro-Brasileiros. Recebe o prêmio da Sociedade Felipe d'Oliveira pela publicação de *Casa-grande & senzala*. Lê na mesma sociedade conferência sobre O escravo nos anúncios de jornal do tempo do Império, publicada na revista *Lanterna Verde* (v. 2, fev. 1935). Regressa ao Recife e lê, no dia 24 de maio, na Faculdade de Direito e a convite de seus estudantes, conferência publicada, no mesmo ano, pela Editora Momento: O estudo das ciências sociais nas universidades americanas. Publica-se no Recife (Oficinas Gráficas The Propagandist, edição de amigos do autor, tiragem de apenas 105 exemplares em papel especial e coloridos a mão por Luís Jardim) o *Guia prático, histórico e sentimental da cidade do Recife*, inaugurando, em todo o mundo, um novo estilo de guia de cidade, ao mesmo tempo lírico e informativo e um dos primeiros livros para bibliófilos publicados no Brasil. Nomeado em dezembro diretor do *Diário de Pernambuco*, cargo que exerceu por apenas quinze dias por causa da proibição, por Assis Chateaubriand, da publicação de uma entrevista de João Alberto Lins de Barros.

1935 A pedido dos alunos da Faculdade de Direito do Recife e por designação do ministro da Educação, inicia na referida escola superior um curso de Sociologia com orientação antropológica e ecológica. Segue, em setembro, para o Rio de Janeiro, onde, a convite de Anísio Teixeira, dirige na Universidade do Distrito Federal o primeiro Curso de Antropologia Social e Cultural da América Latina (ver texto das aulas no livro *Problemas brasileiros de antropologia*). Publica-se no Recife (Edições Mozart) o livro *Artigos de jornal*. Profere, a convite de estudantes paulistas de Direito, no Centro XI de Agosto, da Faculdade de Direito de São Paulo, a conferência Menos doutrina, mais análise, tendo sido saudado pelo estudante Osmar Pimentel.

1936 Publica-se no Rio de Janeiro (Companhia Editora Nacional, v. 64 da Coleção Brasiliana) *Sobrados e mucambos* o livro que é uma continuação da série iniciada com *Casa-grande & senzala*. Viagem à Europa, permanecendo algum tempo na França e em Portugal.

1937 Viaja de novo à Europa, dessa vez como delegado do Brasil ao Congresso de Expansão Portuguesa no Mundo, reunido em Lisboa. Lê conferências nas Universidades de Lisboa, Coimbra e Porto e na de Londres (King's College), publicadas no Rio de Janeiro no ano seguinte. Regressa ao Recife e lê conferência política no Teatro Santa Isabel, a favor da candidatura de José Américo de Almeida à presidência da República. A convite de Paulo Bittencourt inicia colaboração semanal no *Correio da Manhã*. Publica-se no Rio de Janeiro (José Olympio) o livro *Nordeste: aspectos da influência da cana sobre a vida e a paisagem do Nordeste do Brasil*.

1938 É nomeado membro da Academia Portuguesa de História pelo presidente Oliveira Salazar. Segue para os Estados Unidos como lente extraordinário da Universidade de Colúmbia, onde dirige seminário sobre sociologia e história da escravidão. Publica-se no Rio de Janeiro (Serviço Gráfico do Ministério da Educação e Saúde) o livro *Conferência na Europa*.

1939 Faz primeira viagem ao Rio Grande do Sul. Segue, depois, para os Estados Unidos, como professor extraordinário da Universidade de Michigan. Publica-se no Rio de Janeiro (José Olympio) a primeira edição do livro *Açúcar* e no Recife (edição do autor, para bibliófilos) *Olinda, 2ª guia prático, histórico e sentimental de cidade brasileira*. Publica-se em Nova York (Instituto de las Españas en los Estados Unidos) a obra do historiador Lewis Hanke, *Gilberto Freyre, vida y obra*.

1940 A convite do governo português, lê no Gabinete Português de Leitura do Recife a conferência (publicada no Recife, no mesmo ano, em edição particular) Uma cultura ameaçada: a luso-brasileira. E, em Aracaju, na instalação da 2ª Reunião da Sociedade de Neurologia, Psiquiatria e Higiene Mental do Nordeste, lê conferência publicada no ano seguinte pela mesma sociedade; no dia 29 de outubro, na Biblioteca do Ministério das Relações Exteriores e a convite da Casa do Estudante do Brasil, profere conferência sobre Euclides da Cunha, publicada no ano seguinte; no dia 19 de novembro, na Biblioteca do Estado do Rio Grande do Sul, faz uma conferência por ocasião das comemorações do bicentenário da cidade de Porto Alegre, publicada em 1943. Participa do $3^{\underline{o}}$ Congresso Sul-Rio-Grandense de História e Geografia, ao qual apresenta, a pedido do historiador Dante de Laytano, o trabalho Sugestões para o estudo histórico-social do sobrado no Rio Grande do Sul, publicado no mesmo ano pela Editora Globo e incluído, posteriormente, no livro *Problemas brasileiros de antropologia.* Publica-se em Nova York (Columbia University Press) o opúsculo Some aspects of the social development on Portuguese America, separata da obra coletiva *Concerning Latin American culture.* Publicam-se no Rio de Janeiro (José Olympio) os livros *Um engenheiro francês no Brasil* e *O mundo que o português criou*, com longos prefácios, respectivamente, de Paul Arbousse-Bastide e Antônio Sérgio. Prefacia e anota o *Diário íntimo do engenheiro Vauthier*, publicado no mesmo ano pelo Serviço do Patrimônio Histórico e Artístico Nacional.

1941 Casa-se no Mosteiro de São Bento do Rio de Janeiro com a senhorita Maria Magdalena Guedes Pereira. Viaja ao Uruguai, Argentina e Paraguai. Torna-se colaborador de *La Nación* (Buenos Aires), dos *Diários Associados*, do *Correio da Manhã* e de *A Manhã* (Rio de Janeiro). Prefacia e anota as *Memórias de um Cavalcanti*, do seu parente Félix Cavalcanti de Albuquerque Melo, publicadas pela Companhia Editora Nacional (volume 196 da Coleção Brasiliana). Publica-se no Recife (Sociedade de Neurologia, Psiquiatria e Higiene Mental do Nordeste) a conferência Sociologia, psicologia e psiquiatria, depois ampliada e incluída no livro *Problemas brasileiros de antropologia*, contribuição para uma psiquiatria social brasileira que seria destacada pela Sorbonne ao doutourá-lo H.C. Publica-se no Rio de Janeiro (Casa do Estudante do Brasil) e em Buenos Aires a conferência Atualidade de Euclides da Cunha (incluída, em 1944, no livro *Perfil de Euclides e outros perfis*). Ao ensejo da publicação, no Rio de Janeiro (José Olympio), do livro *Região e tradição*, recebe homenagem de grande número de intelectuais brasileiros, com um almoço no Jóquei Clube, em 26 de junho, do qual foi orador o jornalista Dario de Almeida Magalhães.

1942 É preso no Recife, por ter denunciado, em artigo publicado no Rio de Janeiro, atividades nazistas e racistas no Brasil, inclusive as de um padre alemão a quem foi confiada, pelo governo do estado de Pernambuco, a formação de jovens escoteiros. Com seu pai reage à prisão, quando levado para "a imunda Casa de Detenção do Recife", sendo solto, no dia seguinte, por interferência direta de seu amigo general Góes Monteiro. Recebe convite da Universidade de Yale para ser professor de Filosofia Social, que não pôde aceitar. Profere, no Rio de Janeiro, discurso como padrinho de batismo de avião oferecido pelo jornalista Assis Chateaubriand ao Aeroclube de Porto Alegre. É eleito para o Conselho Consultivo da American Philosophical Association. É designado pelo Conselho da Faculdade de Filosofia da Universidade de Buenos Aires Adscrito Honorário de Sociologia e eleito membro correspondente da Academia Nacional de História do Equador. Discursa no Rio de Janeiro, em nome do sr. Samuel Ribeiro, doador do avião Taylor à campanha de Assis Chateaubriand. Publica-se em Buenos Aires (Comisión Revisora de Textos de Historia y Geografía Americana) a 1ª edição de *Casa-grande & senzala* em espanhol, com introdução de Ricardo Saenz Hayes. Publicam-se no Rio de Janeiro (José Olympio) o livro *Ingleses* e a 2ª edição de *Guia prático, histórico e sentimental da cidade do Recife*. A Casa do Estudante do Brasil divulga, em 2ª edição, a conferência Uma cultura ameaçada: a luso-brasileira, proferida no Gabinete Português de Leitura do Recife (1940).

1943 Visita a Bahia, a convite dos estudantes de todas as escolas superiores do estado, que lhe prestam excepcionais homenagens, às quais se associa quase toda a população de Salvador. Lê na Faculdade de Medicina da Bahia, a convite da União dos Estudantes Baianos, a conferência Em torno de uma classificação sociológica e no Instituto Histórico da Bahia, por iniciativa da Faculdade de Filosofia do mesmo estado, a conferência A propósito da filosofia social e suas relações com a sociologia histórica (ambas incluídas, com os discursos proferidos nas homenagens recebidas na Bahia, no livro *Na Bahia em 1943*, que teve quase toda a sua tiragem apreendida, nas livrarias do Recife, pela Polícia do Estado de Pernambuco). Recusa, em carta altiva, o convite para ser catedrático de Sociologia da Universidade do Brasil. Inicia colaboração no *O Estado de S. Paulo* em 30 de setembro. Por intermédio do Itamaraty, recebe convite da Universidade de Harvard para ser seu professor, que também recusa. Publicam-se em Buenos Aires (Espasa-Calpe Argentina) as 1ªˢ edições, em espanhol, de *Nordeste* e de *Uma cultura ameaçada* e a 2ª, na mesma língua, de *Casa-grande & senzala*. Publicam-se no Rio de Janeiro (Casa do Estudante do Brasil) o livro *Problemas brasileiros de antropologia* e o opúsculo Continente e ilha (conferência lida, em Porto Alegre, no ano de 1940 e incluída na 2ª edição de *Problemas brasileiros de antropologia*). Publica-se também, no Rio de Janeiro (Livros de Portugal), uma edição de *As farpas*, de Ramalho Ortigão e Eça de Queirós, selecionadas e prefaciados por ele, bem como a 4ª edição de *Casa-grande & senzala*, livro publicado a partir desse ano pelo editor José Olympio.

1944 Visita Alagoas e Paraíba, a convite de estudantes desses estados. Lê na Faculdade de Direito de Alagoas conferência sobre Ulysses Pernambucano, publicada no ano seguinte. Deixa de colaborar nos *Diários Associados* e em *La Nación*, em virtude da violação e do extravio constantes de sua correspondência. Em 9 de junho de 1944, comparece à Faculdade de Direito do Recife, a convite dos alunos dessa escola, para uma manifestação de regozijo em face da invasão da Europa pelos Exércitos Aliados. Lê em Fortaleza a conferência Precisa-se do Ceará. Segue para os Estados Unidos, onde profere, na Universidade do Estado de Indiana, seis conferências promovidas pela Fundação Patten e publicadas no ano seguinte, em Nova York, no livro *Brazil:* an interpretation. Publicam-se no Rio de Janeiro os livros *Perfil de Euclides e outros perfis* (José Olympio), *Na Bahia em 1943* (edição particular) e a 2ª edição do guia *Olinda*. A Casa do Estudante do Brasil publica, no Rio de Janeiro, o livro *Gilberto Freyre*, de Diogo Melo Menezes, com prefácio consagrador de Monteiro Lobato.

1945 Toma parte ativa, ao lado dos estudantes do Recife, na campanha pela candidatura do brigadeiro Eduardo Gomes à presidência da República. Fala em comícios, escreve artigos, anima os estudantes na luta contra a ditadura. No dia 3 de março, por ocasião do primeiro comício daquela campanha no Recife, começa a discursar, na sacada da redação do *Diário de Pernambuco*, quando tomba a seu lado, assassinado pela Polícia Civil do Estado, o estudante de Direito Demócrito de Sousa Filho. A UDN oferece, em sua representação na futura Assembleia Nacional Constituinte, um lugar aos estudantes do Recife, que preferem que seu representante seja o bravo escritor. A Polícia Civil do Estado de Pernambuco empastela e proíbe a circulação do *Diário de Pernambuco*, impedindo-o de noticiar a chacina em que morreram o estudante Demócrito e um popular. Com o jornal fechado, o retrato de Demócrito é inaugurado na redação, com memorável discurso de Gilberto Freyre: Quiseram matar o dia seguinte (cf. *Diário de Pernambuco*, 10 de abril de 1945). Em 9 de junho, comparece à Faculdade de Direito do Recife, como orador oficial da sessão contra a ditadura. Publicam-se no Recife (União dos Estudantes de Pernambuco) o opúsculo de sua autoria em apoio à candidatura de Eduardo Gomes: *Uma campanha maior do que a da abolição* e a conferência lida, no ano anterior, em Maceió: Ulysses. Publica-se em Fortaleza (edição do autor) a obra *Gilberto Freyre e alguns aspectos da antropossociologia no Brasil*, de autoria do médico Aderbal Sales. Publica-se em Nova York (Knopf) o livro *Brazil: an interpretation*. A Editora mexicana Fondo de Cultura Económica publica *Interpretación del Brasil*, com orelhas escritas por Alfonso Reyes.

1946 Eleito deputado federal, segue para o Rio de Janeiro, a fim de participar nos trabalhos da Assembleia Constituinte. Em 17 de junho, profere discurso de críticas e sugestões ao projeto da Constituição, publicado em opúsculo: Discurso pronunciado na Assembleia Nacional Constituinte (incluído na 2ª edição do livro *Quase política*). Em 22 de junho lê no Teatro Municipal de São Paulo, a convite do Centro Acadêmico XI de Agosto, conferência publicada no mesmo ano pela referida organização estudantil Modernidade e modernismo na arte política (incluída, em 1965, no livro *6 conferências em busca de um leitor*). Em 16 de julho, na Faculdade de Direito de Belo Horizonte, a convite de seus alunos, apresenta conferência publicada no mesmo ano: Ordem, liberdade, mineiralidade (incluída em 1965, no livro *6 conferências em busca de um leitor*). Em agosto inicia colaboração no *Diário Carioca*. Em 29 de agosto profere na Assembleia Constituinte outro discurso de crítica ao projeto da Constituição (incluído na 2ª edição do livro *Quase política*). Em novembro, a Comissão de Educação e Cultura da Câmara dos Deputados indica, com aplauso do escritor Jorge Amado, membro da Comissão, o nome de Gilberto Freyre para o Prêmio Nobel de Literatura de 1947, com o apoio de numerosos intelectuais brasileiros. Publica-se no Rio de Janeiro a 5ª edição de *Casa-grande & senzala* e em Nova York (Knopf), a edição do mesmo livro em inglês, *The masters and the slaves*.

1947 Apresenta à Mesa da Câmara dos Deputados, para ser dado como lido, discurso sobre o centenário de nascimento de Joaquim Nabuco, publicado no ano seguinte. Em 22 de maio, lê no auditório da Associação Brasileira de Imprensa, a convite da Sociedade dos Amigos da

América, conferência sobre Walt Whitman, publicada no ano seguinte. Trabalha ativamente na Comissão de Educação e Cultura da Câmara dos Deputados. É convidado para representar o Brasil no 19º Congresso dos Pen Clubes Mundiais, reunido em Zurique. Publica-se em Londres a edição inglesa de *The masters and the slaves*, em Nova York, a 2ª impressão de *Brazil: an interpretation* e no Rio de Janeiro, a edição brasileira deste livro, em tradução de Olívio Montenegro: *Interpretação do Brasil* (José Olympio). Publica-se em Montevidéu a obra *Gilberto Freyre y la sociología brasileña*, de Eduardo J. Couture.

1948 A convite da Unesco, toma parte, em Paris, no conclave de oito notáveis cientistas e pensadores sociais (Gurvitch, Allport e Sullivan, entre eles), reunidos pela referida Organização das Nações Unidas por iniciativa do então diretor Julian Huxley para estudar as Tensões que afetam a compreensão internacional, trabalho em conjunto depois publicado em inglês e francês. Lê, no Ministério das Relações Exteriores, a convite do Instituto Brasileiro de Educação, Ciência e Cultura (Comissão Nacional da Unesco), conferência sobre o conclave de Paris. Repete na Escola de Comando do Estado-Maior do Exército a conferência lida no Ministério das Relações Exteriores. Inicia em 18 de setembro sua colaboração em *O Cruzeiro*. Em dezembro, profere na Câmara dos Deputados discurso justificando a criação do Instituto Joaquim Nabuco de Pesquisas Sociais, com sede no Recife (incluído na 2ª edição do livro *Quase política*). Lê no Museu de Arte de São Paulo duas conferências: uma sobre Emílio Cardoso Ayres e outra sobre d. Veridiana Prado. Apresenta mais uma conferência na Escola de Comando do Estado-Maior do Exército. Publicam-se no Rio de Janeiro (José Olympio) o livro *Ingleses no Brasil* e os opúsculos O camarada Whitman (incluído, em 1965, no livro *6 conferências em busca de um leitor*), Joaquim Nabuco (incluído, em 1966, na 2ª edição do livro *Quase política*) e *Guerra, paz e ciência* (este editado pelo Ministério das Relações Exteriores). Inicia sua colaboração no *Diário de Notícias*.

1949 Segue para os Estados Unidos, a fim de participar, na categoria de ministro, como delegado parlamentar do Brasil, na 4ª Conferência Internacional da Organização das Nações Unidas. Lê conferências na Universidade Católica da América (Washington, D.C.) e na Universidade de Virgínia. Profere, em 12 de abril, na Associação de Cultura Franco-Brasileira do Recife, conferência sobre Emílio Cardoso Ayres (apenas pequeno trecho foi publicado no *Bulletin* da Associação). Em 18 de agosto, apresenta na Faculdade de Direito do Recife conferência sobre Joaquim Nabuco, na sessão comemorativa do centenário de nascimento do estadista pernambucano (incluída no livro *Quase política*). Em 30 de agosto, profere na Câmara dos Deputados discurso de saudação ao Visconde Jowitt, presidente da Câmara dos Lordes do Reino Unido da Grã-Bretanha e Irlanda do Norte (incluído em *Quase política*). No mesmo dia, lê, no Instituto Histórico e Geográfico Brasileiro, conferência sobre Joaquim Nabuco. Publica-se, no Rio de Janeiro (José Olympio), a conferência apresentada no ano anterior, na Escola de Comando do Estado-Maior do Exército: Nação e Exército (incluída, em 1965, no livro *6 conferências em busca de um leitor*).

1950 Profere na Câmara dos Deputados, em 17 de janeiro, discurso sobre o pernambucano Joaquim

Arcoverde, primeiro cardeal da América Latina, por ocasião da passagem do primeiro centenário de seu nascimento (incluído em *Quase política*). Apresenta na Câmara dos Deputados, em 5 de abril, discurso sobre o centenário de nascimento de José Vicente Meira de Vasconcelos, constituinte de 1891 (incluído em *Quase política*). Profere na Câmara dos Deputados, em 28 de abril, discurso de definição de atitude na vida pública (incluído em *Quase política*). Discursa na Câmara dos Deputados, em 2 de maio, sobre o centenário da morte de Bernardo Pereira de Vasconcelos (incluído em *Quase política*). Profere na Câmara dos Deputados, em 2 de junho, discurso contrário à emenda parlamentarista (incluído em *Quase política*). Apresenta na Câmara dos Deputados, em 26 de junho, discurso no qual transmite apelo que recebeu de três parlamentares ingleses, em favor de um governo supranacional (incluído em *Quase política*). Discursa na Câmara dos Deputados, em 8 de agosto, sobre o centenário de nascimento de José Mariano (incluído em *Quase política*). Profere no Parque 13 de Maio, do Recife, discurso em favor da candidatura do deputado João Cleofas de Oliveira ao governo do estado de Pernambuco (incluído na 2ª edição de *Quase política*). Em 11 de setembro inicia colaboração diária no *Jornal Pequeno*, do Recife, sob o título Linha de fogo, em prol da candidatura João Cleofas ao governo do estado de Pernambuco. Profere, em 8 de novembro, na Câmara dos Deputados, discurso de despedida por não ter sido reeleito para o período seguinte (incluído na 2ª edição de *Quase política*). Publica-se em Urbana (University of Illinois Press) a obra coletiva *Tensions that cause wars*, em Paris, em 1948, tendo como contribuição de Gilberto Freyre: Internationalizing social sciences. Publicam-se no Rio de Janeiro (José Olympio) a 1ª edição do livro *Quase política* e a 6ª de *Casa-grande & senzala*.

1951 Publicam-se no Rio de Janeiro (José Olympio) a seguinte edição de *Nordeste* e de *Sobrados e mucambos* (esta refundida e acrescida de cinco novos capítulos). A convite da Universidade de Londres, escreve, em inglês, estudo sobre a situação do professor no Brasil, publicado, no mesmo ano, pelo *Year book of education*. Publica-se em Lisboa (Livros do Brasil) a edição portuguesa de *Interpretação do Brasil*.

1952 Lê, na sala dos capelos da Universidade de Coimbra, em 24 de janeiro, conferência publicada, no mesmo ano, pela Coimbra Editora: Em torno de um novo conceito de tropicalismo. Publica-se em Ipswich (Inglaterra) o opúsculo editado pela revista *Progress* de Londres com o ensaio: Human factors behind Brazilian development. Publica-se no Recife (Edições Região) o *Manifesto regionalista de 1926*. Publicam-se no Rio de Janeiro (Serviço de Documentação do Ministério da Educação e Cultura) o opúsculo *José de Alencar* (José Olympio) e a 7ª edição de *Casa-grande & senzala* em francês, organizada pelo professor Roger Bastide, com prefácio de Lucien Fèbvre: *Maîtres et esclaves* (volume 4 da Coleção La Croix du Sud, dirigida por Roger Caillois). Viaja a Portugal e às províncias ultramarinas. Em 16 de abril, inicia colaboração no *Diário Popular* de Lisboa e no *Jornal do Comércio* do Recife.

1953 Publicam-se no Rio de Janeiro (José Olympio) os livros *Aventura e rotina* (escritos durante a viagem a Portugal e às províncias luso-asiáticas, "à procura das constantes portuguesas de caráter e ação") e *Um brasileiro em terras portuguesas* (contendo conferências e discursos proferidos em Portugal e nas províncias ultramarinas, com extensa "Introdução a uma possível luso-tropicologia").

1954 Escolhido pela Comissão das Nações Unidas para o estudo da situação racial na união sul-africana, como o antropólogo estrangeiro mais capacitado a opinar sobre essa situação, visita o referido país e apresenta à Assembleia Geral da ONU um estudo publicado pela organização nessa nação em: *Elimination des conflits et tensions entre les races*. Publica-se no Rio de Janeiro a 8ª edição de *Casa-grande & senzala*; no Recife (Edições Nordeste), o opúsculo Um estudo do prof. Aderbal Jurema e, em Milão (Fratelli Bocca), a 1ª edição, em italiano, de *Interpretazione del Brasile*. Em agosto é encenada no Teatro Santa Isabel a dramatização de *Casa-grande & senzala*, feita por José Carlos Cavalcanti Borges. O professor Moacir Borges de Albuquerque defende, em concurso para provimento efetivo de uma das cadeiras de português do Instituto de Educação de Pernambuco, tese sobre *Linguagem de Gilberto Freyre*.

1955 Lê, na sessão inaugural do 4º Congresso Brasileiro de Neurologia, Psiquiatria e Higiene Mental, conferência sobre Aspectos da moderna convergência médico-social e antropocultural (incluída na 2ª edição de *Problemas brasileiros de antropologia*). Em 15 de maio profere no encerramento do curso de treinamento de professores rurais de Pernambuco discurso publicado no ano seguinte. Comparece, como um dos quatro conferencistas principais (os outros foram o alemão Von Wreie, o inglês Ginsberg e o francês Davy) e na alta categoria de convidado especial, ao 3º Congresso Mundial de Sociologia, realizado em Amsterdã, no qual apresenta a comunicação, publicada em Louvain, no mesmo ano, pela Associação Internacional de Sociologia: *Morals and social change*. Para discutir *Casa-grande & senzala* e outras obras, ideias e métodos de Gilberto Freyre, reúnem-se em Cerisy-La-Salle os escritores e professores M. Simon, R. Bastide, G. Gurvitch, Leon Bourdon, Henri Gouhier, Jean Duvignaud, Tavares Bastos, Clara Mauraux, Nicolas Sombart e Mário Pinto de Andrade: talvez a maior homenagem já prestada na Europa a um intelectual brasileiro; os demais seminários de Cerisy foram dedicados a filósofos da história, como Toynbee e Heidegger. Publicam-se no Recife (Secretaria de Educação e Cultura) os opúsculos Sugestões para uma nova política no Brasil: a rurbana (incluído, em 1966, na 2ª edição de *Quase política*) e Em torno da situação do professor no Brasil; em Nova York (Knopf) a 2ª edição de *Casa-grande & senzala*, em inglês: *The masters and the slaves*, e em Paris (Gallimard) a 1ª edição de *Nordeste* em francês: *Terres du sucre* (volume 14 da Coleção La Croix du Sud, dirigida por Roger Caillois).

1957 Lê, em 4 de agosto, na Escola de Belas Artes da Universidade Federal de Pernambuco, em solenidade comemorativa do 25º aniversário de fundação daquela instituição, conferência publicada no mesmo ano: Arte, ciência social e sociedade. Dirige, em outubro, curso sobre Sociologia da Arte na mesma escola. Colabora novamente no *Diário Popular* de Lisboa, atendendo a insistentes convites do seu diretor, Francisco da Cunha Leão. Publicam-se no Recife os opúsculos Palavras às professoras rurais do Nordeste (Secretaria de Educação e Cultura do Estado de Pernambuco) e Importância para o Brasil dos institutos de pesquisa científica (Instituto Joaquim Nabuco de Pesquisas Sociais); no Rio de Janeiro (José Olympio), a 2ª edição de *Sociologia*; no México (Editorial Cultural), o opúsculo A experiência portuguesa no trópico americano; em Lisboa (Livros do Brasil), a 1ª edição portuguesa de *Casa-grande & senzala* e a obra *Gilberto Freyre's "lusotropicalism"*, de autoria de Paul V. Shaw (Centro de Estudos Políticos Sociais da Junta de Investigações do Ultramar).

1958   Lê, no Fórum Roberto Simonsen, conferência publicada no mesmo ano pelo Centro e Federação das Indústrias do Estado de São Paulo: Sugestões em torno de uma nova orientação para as relações intranacionais no Brasil. Publicam-se em Lisboa (Centro de Estudos Políticos e Sociais da Junta de Investigações do Ultramar) o livro, com texto em português e inglês, *Integração portuguesa nos trópicos/Portuguese integration in the tropics*, e no Rio de Janeiro (José Olympio), a 9ª edição brasileira de *Casa-grande & senzala*.

1959   Lê, em abril, conferências no Instituto Joaquim Nabuco de Pesquisas Sociais, iniciando e concluindo cursos de Ciências Sociais promovidos pelo referido órgão. Em julho, apresenta na Faculdade de Direito da Universidade Federal de Minas Gerais conferência publicada pela mesma universidade, no ano seguinte. Publicam-se em Nova York (Knopf) *New world in the tropics*, cujo texto contém, grandemente expandido e praticamente reescrito, o livro (publicado em 1945 pelo mesmo editor) *Brazil: an interpretation*; na Guatemala (Editorial de Ministério de Educación Pública José de Pineda Ibarra), o opúsculo Em torno a algunas tendencias actuales de la antropología; no Recife (Arquivo Público do Estado de Pernambuco), o opúsculo A propósito de Mourão, Rosa e Pimenta: sugestões em torno de uma possível hispano-tropicalologia; no Rio de Janeiro (José Olympio), a 1ª edição do livro *Ordem e progresso* (terceiro volume da Série Introdução à história patriarcal no Brasil, iniciada com *Casa-grande & senzala*, continuada com *Sobrados e mucambos* e finalizada com *Jazigos e covas rasas*, livro nunca concluído) e *O velho Félix e suas memórias de um Cavalcanti* (2ª edição, ampliada, da introdução ao livro *Memórias de um Cavalcanti*, publicado em 1940); em Salvador (Universidade da Bahia), o livro *A propósito de frades* e o opúsculo Em torno de alguns túmulos afrocristãos de uma área africana contagiada pela cultura brasileira; e em São Paulo (Instituto Brasileiro de Filosofia), o ensaio A filosofia da história do Brasil na obra de Gilberto Freyre, de autoria de Miguel Reale.

1960   Viaja pela Europa, nos meses de agosto e setembro, lendo conferências em universidades francesas, alemãs, italianas e portuguesas. Publicam-se em Lisboa (Livros do Brasil) o livro *Brasis, Brasil e Brasília*; em Belo Horizonte (edições da *Revista Brasileira de Estudos Políticos*), a conferência Uma política transnacional de cultura para o Brasil de hoje; no Recife (Imprensa Universitária), o opúsculo Sugestões em torno do Museu de Antropologia do Instituto Joaquim Nabuco de Pesquisas Sociais, e no Rio de Janeiro (José Olympio), a 3ª edição do livro *Olinda*.

1961   Em 24 de fevereiro recebe em sua casa de Apipucos a visita do escritor norte-americano Arthur Schlesinger Junior, assessor e enviado especial do presidente John F. Kennedy. Em 20 de abril profere na Faculdade de Medicina da Universidade Federal de Pernambuco uma conferência sobre Homem, cultura e trópico, iniciando as atividades do Instituto de Antropologia Tropical, criado naquela faculdade por sugestão sua. Em 25 de abril é filmado e entrevistado em sua residência pela equipe de televisão e cinema do Columbia Broadcasting System. Em junho viaja aos Estados Unidos, onde faz conferência no Conselho Americano de Sociedades Científicas, no Centro de Corning, no Centro de Estudos de Santa Bárbara e nas Universidades de Princeton e Colúmbia. De volta ao Brasil, recebe, em agosto, a pedido da Comissão Educacional dos Estados Unidos da América no Brasil (Comissão Fulbright), para uma palestra informal sobre problemas brasileiros, os professores norte-americanos que participam do II Seminário de Verão promovido pela referida comissão. Em outubro, lê, no Instituto Joaquim Nabuco de Pesquisas Sociais, quatro conferências sobre sociologia da vida rural. Ainda em outubro e a convite dos corpos docente e discente da Escola de Engenharia da Universidade Federal de Pernambuco, lê na mesma escola três conferências sobre Três engenharias inter-relacionadas: a física, a social e a chamada humana. Viaja a São Paulo e lê, em 27 de outubro, no auditório da Academia Paulista de Letras, sob os auspícios do Instituto Hans Staden, conferência intitulada Como e porque sou sociólogo. Em 1º de novembro, apresenta no auditório da ABI e sob os auspícios do Instituto Cultural Brasil-Alemanha, conferências sobre Harmonias e desarmonias na formação brasileira. Em dezembro, segue para a Europa, permanecendo três semanas na Alemanha Ocidental, para participar, como representante do Brasil, no encontro germano-hispânico de sociólogos. Publicam-se em Tóquio (Ministério da Agricultura do Japão, série de Guias para os emigrantes em países estrangeiros), a edição japonesa de *New world in the tropics*: Atsuitai no sin sekai; em Lisboa (Comissão Executiva das Comemorações do V Centenário da Morte do Infante Dom Henrique) – em português, francês e inglês –, o livro *O luso e trópico*: les Portugais et les tropiques e *The portuguese and the tropics* (edições separadas); no Recife (Imprensa Universitária), a obra *Sugestões de um novo contato com universidades europeias*; no Rio de Janeiro (José Olympio), a 3ª edição brasileira de *Sobrados e mucambos* e a 10ª edição brasileira (11ª em língua portuguesa) de *Casa-grande & senzala*.

1962 Em fevereiro, a Escola de Samba de Mangueira desfila, no Carnaval do Rio de Janeiro, com enredo inspirado em *Casa-grande & senzala*. Em março é eleito presidente do Comitê de Pernambuco do Congresso Internacional para a Liberdade da Cultura. Em 10 de junho, lê, no Gabinete Português de Leitura do Rio de Janeiro, a convite da Federação das Associações Portuguesas do Brasil, conferência publicada, no mesmo ano, pela referida entidade: *O Brasil em face das Áfricas negras e mestiças*. Em agosto reúne-se em Porto Alegre o 1º Colóquio de Estudos Teuto-Brasileiros, organizado por sugestão sua. Ainda em agosto é admitido pelo Presidente da República como Comandante do Corpo de Graduação da Ordem do Mérito Militar. Por iniciativa do Banco Interamericano de Desenvolvimento, o professor Leopoldo Castedo profere em Washington, D.C., no curso Panorama da Civilização Ibero-Americana, conferência sobre La valorización del tropicalismo en Freyre. Em outubro, torna-se editor--associado do *Journal of Interamerican Studies*. Em novembro, dirige na Faculdade de Letras da Universidade de Coimbra um curso de seis lições sobre Sociologia da História. Ainda na Europa, lê conferências em universidades da França, da Alemanha Ocidental e da Espanha. Em 19 de novembro recebe o grau de Doutor *Honoris Causa* pela Faculdade de Letras de Coimbra. Publicam-se no Rio de Janeiro (José Olympio) os livros *Talvez poesia* e *Vida, forma e cor*, a 2ª edição de *Ordem e progresso* e a 3ª de *Sociologia*; em São Paulo (Livraria Martins Editora), o livro *Arte, ciência e trópico*; em Lisboa (Livros do Brasil), as edições portuguesas de *Aventura e rotina* e de *Um brasileiro em terras portuguesas*; no Rio de Janeiro (José Olympio), a obra coletiva *Gilberto Freyre: sua ciência, sua filosofia, sua arte* (ensaios sobre o autor de *Casa-grande & senzala* e sua influência na moderna cultura do Brasil, comemorativos do vigésimo quinto aniversário de publicação desse livro).

1963 Em 10 de junho, inaugura-se no Teatro Santa Isabel do Recife uma exposição sobre *Casa--grande & senzala*, organizada pelo colecionador Abelardo Rodrigues. Em 20 de agosto, o governo de Pernambuco promulga a Lei Estadual nº 4.666, de iniciativa do deputado Paulo Rangel Moreira, que autoriza a edição popular, pelo mesmo estado, de *Casa-grande & senzala*. Publicam-se em *The American Scholar*, Chapel Hill (United Chapters of Phi Beta Kappa e University of North Caroline), o ensaio On the Iberian concept of time; em Nova York (Knopf), a edição de *Sobrados e mucambos* em inglês, com introdução de Frank Tannenbaum: *The mansions and the shanties (the making of modern Brazil)*; em Washington, D.C. (Pan American Union), o livro *Brazil*; em Lisboa, a 2ª edição do opúsculo Americanism and latinity America (em inglês e francês); em Brasília (Editora Universidade de Brasília), a 12ª edição brasileira de *Casa-grande & senzala* (13ª edição em língua portuguesa) e no Recife (Imprensa Universitária), o livro *O escravo nos anúncios de jornais brasileiros do século XIX* (reedição muito ampliada da conferência lida, em 1935, na Sociedade Felipe d'Oliveira). O professor Thomas John O'Halloran apresenta à Graduate School of Arts and Science, da New York University, dissertação sobre *The life and master writings of Gilberto Freyre*. As Editoras A. A. Knopf e Random House publicam em Nova York a 2ª edição (como livro de bolso) de *New world in the tropics*.

1964 A convite do governo do estado de Pernambuco, lê na Escola Normal do mesmo estado, em 13 de maio, conferência como orador oficial da solenidade comemorativa do centenário de fundação daquela Escola. Recebe em Natal, em julho, as homenagens da Fundação José Augusto pelo trigésimo aniversário da publicação de *Casa-grande & senzala*. Recebe, em setembro, o Prêmio Moinho Santista para Ciências Sociais. Viaja aos Estados Unidos e participa, em dezembro, como conferencista convidado, do seminário latino-americano promovido pela Universidade de Colúmbia. Publicam-se em Nova York (Knopf) uma edição abreviada (*paperback*) de *The masters and the slaves*; em Madri (separata da *Revista de la Universidad de Madrid*) o opúsculo De lo regional a lo universal en la interpretación de los complejos socioculturales; no Recife (Instituto Joaquim Nabuco de Pesquisas Sociais), em tradução de Waldemar Valente, a tese universitária de 1922, *Vida social no Brasil nos meados do século XIX* e o opúsculo (Imprensa Universitária) O estado de Pernambuco e expressão no poder nacional: aspectos de um assunto complexo; no Rio de Janeiro (José Olympio), a seminovela *Dona Sinhá e o filho padre*, o livro *Retalhos de jornais velhos* (2ª edição, consideravelmente ampliada, de *Artigos de jornal*), o opúsculo A Amazônia brasileira e uma possível luso-tropicologia (Superintendência do Plano de Valorização Econômica da Amazônia) e a 11ª edição brasileira de *Casa-grande & senzala*. Recusa convite do presidente Castelo Branco para ser ministro da Educação e Cultura.

1965 Viaja a Campina Grande, onde lê, em 15 de março, na Faculdade de Ciências Econômicas, a conferência (publicada no mesmo ano pela Universidade Federal da Paraíba) *Como e porque sou escritor*. Participa no Simpósio sobre Problemática da Universidade Federal de Pernambuco (março/abril), com uma conferência sobre a conveniência da introdução na mesma universidade, de "Um novo tipo de seminário (Tannenbaum)". Viaja ao Rio de Janeiro, onde recebe, em cerimônia realizada no auditório de *O Globo*, diploma com o qual o referido jornal homenageou, no seu quadragésimo aniversário, a vida e a obra dos Notáveis do Brasil: brasileiros vivos que, "por seu talento e capacidade de trabalho de todas as formas invulgares, tenham tido uma decisiva participação nos rumos da vida brasileira, ao longo dos quarenta anos conjuntamente vividos". Em 9 de novembro, gradua-se, *in absentia*, doutor pela Universidade de Paris (Sorbonne), em solenidade na qual também foram homenageados outros sábios de categoria internacional, em diferentes campos do saber, sendo a consagração por obra que vinha abrindo "novos caminhos à filosofia e às ciências do homem". A consagração cultural pela Sorbonne juntou-se à recebida das Universidades da Colúmbia e de Coimbra e às quais se somaram as de Sussex (Inglaterra) e Münster (Alemanha), em solenidade prestigiada por nove magníficos reitores alemães. Publicam-se em Berlim (Kiepenheur & Witsch) a 1ª edição de *Casa-grande & senzala* em alemão: *Herrenhaus und sklavenhütte (ein bild der Brasilianischen gesellschaft)*; no Recife (Imprensa Oficial do Estado de Pernambuco), o opúsculo Forças Armadas e outras forças, e no Rio de Janeiro (José Olympio), o livro *6 conferências em busca de um leitor*.

1966 Viaja ao Distrito Federal, a convite da Universidade de Brasília, onde lê, em agosto, seis conferências sobre Futurologia, assunto que foi o primeiro a desenvolver no Brasil. Por solicitação das Nações Unidas, apresenta ao United Nations Human Rights Seminar on Apartheid (realizado em Brasília, de 23 de agosto a 5 de setembro) um trabalho de base sobre Race mixture and cultural interpenetration: the Brazilian example, distribuído na mesma ocasião em inglês, francês, espanhol e russo. Por sugestão sua, inicia-se na Universidade Federal de Pernambuco o Seminário de Tropicologia, de caráter interdisciplinar e inspirado pelo seminário do mesmo tipo, iniciado na Universidade de Colúmbia pelo professor Frank Tannenbaum. Publicam-se em Barnet, Inglaterra, *The racial factor in contemporary politics*; no Rio de

Janeiro (José Olympio), a 13ª edição do mesmo livro; e no Recife (governo do estado de Pernambuco), o primeiro tomo da 14ª edição brasileira (15ª em língua portuguesa) de *Casa--grande & senzala* (edição popular, para ser comercializada a preços acessíveis, de acordo com a Lei Estadual nº 4.666, de 20 de agosto de 1963).

1967 Em 30 de janeiro, lançamento solene, no Palácio do Governo do Estado de Pernambuco, do primeiro volume da edição popular de *Casa-grande & senzala*. Em julho, viaja aos Estados Unidos, para receber, no Instituto Aspen de Estudos Humanísticos, o Prêmio Aspen do ano (30 mil dólares e isento de imposto sobre a renda) "pelo que há de original, excepcional e de valor permanente em sua obra ao mesmo tempo de filósofo, escritor literário e antropólogo". Recebe o Nobel dos Estados Unidos na presença de embaixador, enviado especial do presidente Lyndon B. Johnson, que se congratula com Gilberto Freyre pela honraria na qual o autor foi precedido por apenas três notabilidades internacionais: o compositor Benjamin Britten, a dançarina Martha Graham e o urbanista Constantino Doxiadis por obras reveladoras de "criatividade genial". Em dezembro, lê na Academia Brasileira de Letras, no Instituto Histórico e Geográfico Brasileiro e no Instituto Joaquim Nabuco de Pesquisas Sociais, conferências sobre Oliveira Lima, em sessões solenes comemorativas do centenário de nascimento daquele historiador (ampliadas no livro *Oliveira Lima, Dom Quixote gordo*). Publicam-se em Lisboa (Fundação Calouste Gulbenkian) o livro *Sociologia da medicina*; em Nova York (Knopf), a tradução da "seminovela" *Dona Sinhá e o filho padre*: *mother and son: a Brazilian tale*; no Recife (Instituto Joaquim Nabuco de Pesquisas Sociais), a 2ª edição de *Mucambos do Nordeste* e a 3ª edição do *Manifesto Regionalista de 1926*; em São Paulo (Arquimedes Edições), o livro *O Recife, sim! Recife não!*, e no Rio de Janeiro (José Olympio), a 4ª edição de *Sociologia*.

1968 Em 9 de janeiro, lê, no Palácio do Governo do Estado de Pernambuco, a primeira da série de conferências promovidas pelo governador do estado para comemorar o centenário de nascimento de Oliveira Lima (incluída no livro *Oliveira Lima, Dom Quixote gordo*, publicado no mesmo ano pela Imprensa da Universidade de Recife). Viaja à Argentina onde faz conferência sobre Oliveira Lima na Universidade do Rosário, e à Alemanha Ocidental, onde recebe o título de Doutor *Honoris Causa* pela Universidade de Münster por sua obra comparada à de Balzac. Publicam-se em Lisboa (Academia Internacional da Cultura Portuguesa) o livro em dois volumes, *Contribuição para uma sociologia da biografia* (*o exemplo de Luís de Albuquerque, governador de Mato Grosso no fim do século XVII*); no Distrito Federal (Editora Universidade de Brasília), o livro *Como e porque sou e não sou sociólogo*, e no Rio de Janeiro (Record), as 2ªs edições dos livros *Região e tradição* e *Brasis, Brasil e Brasília*. Ainda no Rio de Janeiro, publicam-se (José Olympio) as 4ªs edições dos livros *Guia prático, histórico e sentimental da cidade do Recife* e *Olinda, 2º guia prático, histórico e sentimental de cidade brasileira*.

1969 Recebe o Prêmio Internacional de Literatura La Madonnina por "incomparável agudeza na descrição de problemas sociais, conferindo-lhes calor humano e otimismo, bondade e sabedoria", através de uma obra de "fulgurações geniais". Lê conferência, no Conselho Federal de Cultura, em sessão dedicada à memória de Rodrigo M. F. de Andrade. A Universidade Federal de Pernambuco lança os dois primeiros volumes do seminário de Tropicologia, relativos ao ano de 1966: *Trópico & colonização, nutrição, homem, religião, desenvolvimento, educação e cultura, trabalho e lazer, culinária, população.* Lê no Instituto Joaquim Nabuco de Pesquisas Sociais quatro conferências sobre Tipos antropológicos no romance brasileiro. Publicam-se no Recife (Instituto Joaquim Nabuco de Pesquisas Sociais) o ensaio Sugestões em torno da ciência e da arte da pesquisa social, e no Rio de Janeiro (José Olympio), a 15ª edição brasileira de *Casa-grande & senzala*.

1970 Completa setenta anos de idade residindo na província e trabalhando como se fosse um intelectual ainda jovem: escrevendo livros, colaborando em jornais e revistas nacionais e estrangeiros, dirigindo cursos, proferindo conferências, presidindo o conselho diretor e incentivando as atividades do Instituto Joaquim Nabuco de Pesquisas Sociais, presidindo o Conselho Estadual de Cultura, dirigindo o Centro Regional de Pesquisas Educacionais e o Seminário de Tropicologia da Universidade Federal de Pernambuco, comparecendo às reuniões mensais do Conselho Federal de Cultura e atendendo a convites de universidades europeias e norte-americanas, onde é sempre recebido como o embaixador intelectual do Brasil. A Editora A. A. Knopf publica em Nova York *Order and progress*, com texto traduzido e refundido por Rod W. Horton.

1971 Recebe a 26 de novembro, em solenidade no Gabinete Português de Leitura, do Recife, e tendo como paraninfo o ministro Mário Gibson Barbosa, o título de Doutor *Honoris Causa* pela Universidade Federal de Pernambuco. Discursa como orador oficial da solenidade de inauguração, pelo presidente Emílio Garrastazu Médici, do Parque Nacional dos Guararapes, no Recife. A rainha Elizabeth lhe confere o título de *Sir* (Cavaleiro Comandante do Império Britânico) e a Universidade Federal do Rio de Janeiro, o grau de Doutor *Honoris Causa* em filosofia. Publicam-se a 1ª edição da *Seleta para jovens* (José Olympio) e a obra *Nós e a Europa germânica* (Grifo Edições). Continua a receber visitas de estrangeiros ilustres na sua casa de Apipucos, devendo-se destacar as de embaixadores do Reino Unido, França, Estados Unidos, Bélgica e as de Aldous Huxley, George Gurvitch, Shelesky, John dos Passos, Jean Duvignaud, Lincoln Gordon e Roberto Kennedy, a quem oferece jantar a pedido desse visitante. A Companhia Editora Nacional publica em São Paulo, como volume 348 de sua coleção Brasiliana, a 1ª edição brasileira de *Novo mundo nos trópicos*.

1972 Preside o Primeiro Encontro Inter-Regional de Cientistas Sociais do Brasil, realizado em Fazenda Nova, Pernambuco, de 17 a 20 de janeiro, sob os auspícios do Instituto Joaquim Nabuco de Pesquisas Sociais. Recebe o título de Cidadão de Olinda, conferido por Lei Municipal nº 3.774, de 8 de março de 1972, e em sessão solene da Assembleia Legislativa do Estado de Pernambuco, a Medalha Joaquim Nabuco, conferida pela Resolução nº 871, de 28 de abril de 1972. Em 14 de junho profere no Instituto Joaquim Nabuco de Pesquisas Sociais palestra sobre José Bonifácio e no Instituto Joaquim Nabuco de Pesquisas Sociais as duas primeiras conferências da série comemorativa do centenário de Estácio Coimbra. Em 15 de dezembro, inaugura-se na Praia de Boa Viagem, no Recife, o Hotel Casa-grande & senzala. A Editora Giulio Einaudi publica em Turim a edição italiana de *Casa-grande & senzala: Case e catatecchie*.

1973   Recebe em São Paulo o Troféu Novo Mundo, "por obras notáveis em sociologia e história", e o Troféu Diários Associados, pela "maior distinção anual em artes plásticas". Realizam-se exposições de telas de sua autoria, uma no Recife, outra no Rio, esta na residência do casal José Maria do Carmo Nabuco, com apresentação de Alfredo Arinos de Mello Franco. Por decreto do presidente Médici, é reconduzido ao Conselho Federal de Cultura. Viaja a Angola, em fevereiro. A 10 de maio, a convite da Assembleia Legislativa do Estado de Pernambuco, profere discurso no Cemitério de Santo Amaro, diante do túmulo de Joaquim Nabuco, em comemoração ao Sesquicentenário do Poder Legislativo no Brasil. Recebe em setembro, em João Pessoa, o título de Doutor *Honoris Causa* pela Universidade Federal da Paraíba. Profere na Câmara dos Deputados, em 29 de novembro, conferência sobre Atuação do Parlamento no Império e na República, na série comemorativa do Sesquicentenário do Poder Legislativo no Brasil e na Universidade de Brasília, palestra em inglês para o corpo diplomático, sob o título de Some remarks on how and why Brazil is different. Em 13 de dezembro é operado pelo professor Euríclides de Jesus Zerbini, no Hospital da Beneficência Portuguesa de São Paulo.

1974   Recebe em São Paulo o Troféu Novo Mundo, conferido pelo Centro de Artes Novo Mundo. Faz sua primeira exposição de pintura em São Paulo, com quarenta telas adquiridas imediatamente. A 15 de março, o Instituto Joaquim Nabuco de Pesquisas Sociais comemora com exposição e sessão solene os quarenta anos da publicação de *Casa-grande & senzala*. Em 20 de julho profere no Instituto Joaquim Nabuco de Pesquisas Sociais conferência sobre a Importância dos retratos para os estudantes biográficos: o caso de Joaquim Nabuco. A 29 de agosto, a Universidade Federal de Pernambuco inaugura no saguão da reitoria uma placa comemorativa dos quarenta anos de *Casa-grande & senzala*. A 12 de outubro recebe a Medalha de Ouro José Vasconcelos, outorgada pela Frente de Afirmación Hispanista do México, para distinguir, a cada ano, uma personalidade dos meios culturais hispano-americanos. O cineasta Geraldo Sarno realiza documentário de cinco minutos intitulado *Casa-grande & senzala*, de acordo com uma ideia de Aldous Huxley. O editor Alfred A. Knopf publica em Nova York a obra *The Gilberto Freyre Reader*.

1975   Diante da violência de uma enchente do rio Capibaribe, em 17 e 18 de julho, lidera com Fernando de Mello Freyre, diretor do Instituto Joaquim Nabuco, um movimento de estudo interdisciplinar sobre as enchentes em Pernambuco. Profere, em 10 de outubro, conferência no Clube Atlético Paulistano sobre O Brasil como nação hispano-tropical. Recebe em 15 de outubro, do Sindicato dos Professores do Ensino Primário e Secundário de Pernambuco e da Associação dos Professores do Ensino Oficial, o título de Educador do Ano, por relevantes serviços prestados à comunidade nordestina no campo da educação e da pesquisa social. Profere em 7 de novembro, no Teatro Santa Isabel, do Recife, conferência sobre o Sesquicentenário do

Diário de Pernambuco. O Instituto do Açúcar e do Álcool lança, em 15 de novembro, o Prêmio de Criatividade Gilberto Freyre, para os melhores ensaios sobre aspectos socioeconômicos da zona canavieira do Nordeste. Publicam-se no Rio de Janeiro suas obras *Tempo morto e outros tempos, O brasileiro entre os outros hispanos* (José Olympio) e *Presença do açúcar na formação brasileira* (IAA).

1976 Viaja à Europa em setembro, fazendo conferências em Madri (Instituto de Cultura Hispânica) e em Londres (Conselho Britânico). É homenageado com a esposa, em Londres, com banquete pelo embaixador Roberto Campos e esposa (presentes vários dos seus amigos ingleses, como Lord Asa Briggs). Em Paris, como hóspede do governo francês, é entrevistado pelo sociólogo Jean Duvignaud, na rádio e na televisão francesas, sobre Tendências atuais da cultura brasileira. É homenageado com banquete pelo diretor de *Le Figaro*, seu amigo, escritor e membro da Academia Francesa, Jean d'Ormesson, presentes Roger Caillois e outros intelectuais franceses. Em Viena, identifica mapas inéditos do Brasil no período holandês, existentes na Biblioteca Nacional da Áustria. Na Espanha, como hóspede do governo, realiza palestra no Instituto de Cultura Hispânica, presidido pelo Duque de Cadis. Em Lisboa é homenageado com banquete pelo secretário de estado de Cultura, com a presença de intelectuais, ministros e diplomatas. Em 7 de outubro, lê em Brasília, a convite do ministro da Previdência Social, conferência de encerramento do Seminário sobre Problemas de Idosos. A Livraria José Olympio Editora publica as 16ª e 17ª edições de *Casa-grande & senzala*, e o IJNPS, a 6ª edição do *Manifesto regionalista*. É lançada em Lisboa 2ª edição portuguesa de *Casa-grande & senzala*.

1977 Estreia em janeiro no Nosso Teatro (Recife) a peça *Sobrados e mucambos*, adaptada por Hermilo Borba Filho e encenada pelo Grupo Teatral Vivencial. Recebe em fevereiro, do embaixador Michel Legendre, a faixa e as insígnias de Comendador das Artes e Letras da França. Profere em março, no Seminário de Tropicologia, conferência sobre O Recife eurotropical e, na Câmara dos Deputados, em Brasília, conferência de encerramento do ciclo comemorativo do Bicentenário da Independência dos Estados Unidos. Exibição, na Biblioteca Municipal Mário de Andrade, em São Paulo, de um documentário cinematográfico sobre sua vida e obra, *Da palavra ao desenho da palavra*, com debates dos quais participam Freitas Marcondes, Leo Gilson Ribeiro, Osmar Pimentel e Egon Schaden. Profere conferências na Câmara dos Deputados, em Brasília, em 19 de agosto, sobre A terra, o homem e a educação, no Seminário sobre Ensino Superior, promovido pela Comissão de Educação e Cultura, e no Teatro José de Alencar de Fortaleza, em 24 de setembro, sobre O Nordeste visto através do tempo. Lançamento em São Paulo, em 10 de novembro, do álbum *Casas-grandes & senzalas*, com guaches de Cícero Dias. Apresenta, no Arquivo Público Estadual de Pernambuco, conferência de encerramento do Curso sobre o Sesquicentenário da Elevação do Recife à Condição de Capital, sobre O Recife e a sua autobiografia coletiva. É acolhido como sócio-honorário do Pen Clube do Brasil. Inicia em outubro colaboração semanal na *Folha de S.Paulo*. A Livraria José Olympio Editora publica *O outro amor do dr. Paulo*, seminovela, continuação de *Dona Sinhá e o* *filho padre*. A Editora Nova Aguilar publica, em dezembro, a *Obra escolhida*, volume em papel-bíblia que inclui *Casa-grande & senzala*, *Nordeste* e *Novo mundo nos trópicos*, com introdução de Antônio Carlos Villaça, cronologia da vida e da obra e bibliografia ativa e passiva, por Edson Nery da Fonseca. A Editora Ayacucho lança em Caracas a 3ª edição em espanhol de *Casa-grande & senzala*, com introdução de Darcy Ribeiro. As Ediciones Cultura Hispánica publicam em Madri a edição espanhola da *Seleta para jovens*, com o título de *Antología*. A Editora Espasa-Calpe publica, em Madri, *Más allá de lo moderno,* com prefácio de Julián Marías. A Livraria José Olympio Editora lança a 5ª edição de *Sobrados e mucambos* e a 18ª edição brasileira de *Casa-grande & senzala*.

1978   Viaja a Caracas para proferir três conferências no Instituto de Assuntos Internacionais do Ministério das Relações Exteriores da Venezuela. Abre no Arquivo Público Estadual, em 30 de março, ciclo de conferências sobre escravidão e abolição em Pernambuco, fazendo Novas considerações sobre escravos em anúncios de jornal em Pernambuco. Profere conferência sobre O Recife e sua ligação com estudos antropológicos no Brasil, na instalação da XI Reunião Brasileira de Antropologia, no auditório da Universidade Federal de Pernambuco, em 7 de maio. Em 22 de maio, abre em Natal a I Semana de Cultura do Nordeste. Profere em Curitiba, em 9 de junho, conferência sobre O Brasil em nova perspectiva antropossocial, numa promoção da Associação dos Professores Universitários do Paraná; em Cuiabá, em 16 de setembro, conferência sobre A dimensão ecológica do caráter nacional; na Academia Paulista de Letras, em 4 de dezembro, conferência sobre Tropicologia e realidade social, abrindo o 1º Seminário Internacional de Estudos Tropicais da Fundação Escola de Sociologia e Política. Publica-se *Recife & Olinda*, com desenhos de Tom Maia e Thereza Regina. Publicam-se as seguintes obras: *Alhos e bugalhos* (Nova Fronteira); *Prefácios desgarrados* (Cátedra); *Arte e ferro* (Ranulpho Editora de Arte), com pranchas de Lula Cardoso Ayres. O Conselho Federal de Cultura lança *Cartas do próprio punho sobre pessoas e coisas do Brasil e do estrangeiro*. A Editora Gallimard publica a 14ª edição de *Maîtres et esclaves*, na Coleção TEL. A Livraria Editora José Olympio publica a 19ª edição brasileira de *Casa-grande & senzala*, e a Fundação Cultural do Mato Grosso, a 2ª edição de *Introdução a uma sociologia da biografia*.

1979   O Arquivo Estadual de Pernambuco publica, em março, a edição fac-similar do *Livro do Nordeste*. Participa, no auditório da Biblioteca Municipal de São Paulo, em 30 de março, da Semana do Escritor Brasileiro. Recebe em Aracaju, em 17 de abril, o título de Cidadão Sergipano, outorgado pela Assembleia Legislativa de Sergipe. É homenageado pelo 44º Congresso Mundial de Escritores do Pen Clube Internacional, reunido no Rio de Janeiro, quando recebe a medalha Euclides da Cunha, sendo saudado pelo escritor Mário Vargas Llosa. Recebe o grau de Doutor *Honoris Causa* pela Faculdade de Ciências Médicas da Fundação do Ensino Superior de Pernambuco – Universidade de Pernambuco, em setembro. Viaja à Europa em outubro. Profere conferência na Fundação Calouste Gulbenkian, em 22 de outubro, sobre Onde o Brasil começou a ser o que é. Abre o ciclo de conferências comemorativo do

20º aniversário da Sudene, em dezembro, falando sobre Aspectos sociais do desenvolvimento regional. Recebe nesse mês o Prêmio Caixa Econômica Federal, da Fundação Cultural do Distrito Federal, pela obra *Oh de casa!*. Profere na Universidade de Brasília conferência sobre Joaquim Nabuco: um novo tipo de político. A Editora Artenova publica *Oh de casa!*. A Editora Cultrix publica *Heróis e vilões no romance brasileiro*. A MPM Propaganda publica *Pessoas, coisas & animais*, em edição não comercial. A Editora Ibrasa publica *Tempo de aprendiz*.

1980 Em 24 de janeiro, a Academia Pernambucana de Letras inicia as comemorações do octogésimo aniversário do autor, com uma conferência de Gilberto Osório de Andrade sobre Gilberto Freyre e o trópico. Em 25 de janeiro, a Codepe inicia seu Seminário Permanente de Desenvolvimento, dedicando-o ao estudo da obra de Gilberto Freyre. O Arquivo Público Estadual comemora a efeméride, em 26 e 27 de fevereiro, com duas conferências de Edson Nery da Fonseca. Recebe em São Paulo, em 7 de março, a medalha de Ordem do Ipiranga, maior condecoração do estado. Em 26 de março, recebe a medalha José Mariano, da Câmara Municipal do Recife. Por decreto de 15 de abril, o governador do estado de Sergipe lhe confere o galardão de Comendador da Ordem do Mérito Aperipê. Em homenagem ao autor, são realizados diversos eventos, como: missa cantada na Catedral de São Pedro dos Clérigos, do Recife, mandada celebrar pelo governo do estado de Pernambuco, sendo oficiante monsenhor Severino Nogueira e regente o padre Jayme Diniz. Inauguração, na redação do *Diário de Pernambuco*, de placa comemorativa da colaboração de Gilberto Freyre, iniciada em 1918. Almoço na residência de Fernando Freyre. *Open house* na vivenda Santo Antônio. Sorteio de bilhete da Loteria Federal da Praça de Apipucos. Desfile de clubes e blocos carnavalescos e concentração popular em Apipucos. Sessão solene do Congresso Nacional, em 15 de abril, às 15 horas, para homenagear o escritor Gilberto Freyre pelo transcurso do seu octogésimo aniversário. Discursos do presidente, senador Luís Viana Filho, dos senadores Aderbal Jurema e Marcos Freire e do deputado Thales Ramalho. Viaja a Portugal em junho, a convite da Câmara Municipal de Lisboa, para participar nas comemorações do Quarto Centenário da Morte de Camões. Profere conferência A tradição camoniana ante insurgências e ressurgências atuais. É homenageado, em 6 de julho, durante a 32ª Reunião Anual da Sociedade Brasileira para o Progresso da Ciência, realizada no Rio de Janeiro, e em 25 de julho, pelo XII Congresso Brasileiro de Língua e Literatura, promovido pelas universidades estaduais do Rio de Janeiro e Universidade Federal do Rio de Janeiro. Em 11 de agosto, recebe do embaixador Hansjorg Kastl a Grã-Cruz do Mérito da República Federativa da Alemanha. Ainda em agosto, é homenageado pelo IV Seminário Paraibano de Cultura Brasileira. Recebe o título de Cidadão Benemérito de João Pessoa, outorgado pela Câmara Municipal da capital paraibana. Recebe o título do sócio-honorário do Instituto Histórico e Geográfico da Paraíba. Em 2 de setembro, é homenageado pelo Pen Clube do Brasil com um painel sobre suas ideias, no auditório do Palácio da Cultura, no Rio de Janeiro. Encenação, no Teatro São Pedro de São Paulo, da peça de José Carlos Cavalcanti Borges *Casa-grande & senzala*, sob a direção de Miroel Silveira, pelo grupo teatral da Escola de Comunicação e Artes da USP. Em 10 de outubro, apresenta conferência da Fundação Luisa e Oscar Americano, de São Paulo, sobre Imperialismo cultural do Conde Maurício. De 13 a 17 de outubro, profere simpósio internacional promovido pela Universidade de Brasília e pelo Ministério da Educação e Cultura, com a participação, como conferencistas, do historiador social inglês Lord Asa Briggs, do filósofo espanhol Julián Marías, do poeta e ensaísta português David Mourão-Ferreira, do antropólogo francês Jean Duvignaud e do historiador mexicano Silvio Zavala. Recebe o Prêmio Jabuti, de São Paulo, em 28 de outubro. Recebe, em 11 de dezembro, o grau de Doutor *Honoris Causa* pela Universidade Católica de Pernambuco. Em 12 de dezembro, recebe o Prêmio Moinho Recife. São publicadas diversas obras do autor, como: o álbum *Gilberto poeta*: algumas confissões, com serigrafias de Aldemir Martins, Jenner Augusto, Lula Cardoso Ayres, Reynaldo Fonseca e Wellington Virgolino e posfácio de José Paulo Moreira da Fonseca (Ranulpho Editora de Arte); *Poesia reunida* (Edições Pirata, Recife); 20ª edição brasileira de *Casa-grande & senzala*, com prefácio do ministro Eduardo Portella; 5ª edição de *Olinda*; 3ª edição da *Seleta para jovens*; 2ª edição brasileira de *Aventura e rotina* (todas pela Editora José Olympio); e a 2ª edição de *O escravo nos anúncios de jornais brasileiros do século XIX* (Companhia Editora Nacional). A Editora Greenwood Press, de Westport, Conn., publica, sem autorização do autor, a reimpressão de *New world in the tropics*.

1981   A Classe de Letras da Academia de Ciências de Lisboa reúne-se, em fevereiro, para a comunicação do escritor David Mourão-Ferreira sobre Gilberto Freyre, criador literário. Encenação, em março, no Teatro Santa Isabel, da peça-balé de Rubens Rocha Filho *Tempos perdidos, nossos tempos*. Em 25 de março, o autor recebe do embaixador Jean Beliard a *rosette* de Oficial da Légion d'Honneur. Inauguração de seu retrato, em 21 de abril, no Museu do Trem da Superintendência Regional da Rede Ferroviária Federal. Em 29 de abril, o Conselho Municipal de Cultura lança, no Palácio do Governo, um álbum de desenhos de sua autoria. Inauguração, em 7 de maio, no Museu Nacional da Quinta da Boa Vista, da edição quadrinizada de *Casa-grande & senzala*, numa promoção da Universidade Federal do Rio de Janeiro, Museu Nacional e Editora Brasil-América. Profere conferência, em 15 de maio, no auditório Benício Dias da Fundação Joaquim Nabuco, sobre Atualidade de Lima Barreto. Viaja à Espanha, em outubro, para tomar posse no Conselho Superior do Instituto de Cooperação Ibero-Americana, nomeado pelo rei João Carlos I.

1982   Recebe em janeiro a medalha comemorativa dos trinta anos do Conselho Nacional de Desenvolvimento Científico e Tecnológico (CNPq). Profere na Academia Pernambucana de Letras a conferência Luís Jardim Autodidata?, comemorativa do octogésimo aniversário do pintor e escritor pernambucano. Na abertura do III Congresso Afro-Brasileiro, em 20 de setembro, apresenta conferência no teatro Santa Isabel. Em setembro, é entrevistado pela Rede Bandeirantes de Televisão, no programa *Canal Livre*. Recebe do embaixador Javier Vallaure, na Embaixada da Espanha em Brasília, a Grã-Cruz de Alfonso, El Sabio (outubro), e no auditório do Palácio da Cultura, em 9 de novembro, profere conferência sobre Villa-Lobos revisitado. Profere no Nacional Club de São Paulo, em 11 de novembro, conferência sobre

Brasil: entre passados úteis e futuros renovados. A Editora Massangana publica *Rurbanização: o que é?* A Editora Klett-Cotta, de Stuttgart, publica a 1ª edição alemã de *Das land in der stadt. die entwicklung der urbanem gesellschaft Brasiliens* (*Sobrados e mucambos*) e a 2ª edição de *Herrenhaus und sklavenhütte* (*Casa-grande & senzala*).

1983 Iniciam-se em 21 de março – Dia Internacional das Nações Unidas Contra a Discriminação Racial – as comemorações do cinquentenário da publicação de *Casa-grande & senzala*, com sessão solene no auditório Benício Dias, presidida pelo governador Roberto Magalhães e com a presença da ministra da Educação, Esther de Figueiredo Ferraz, e do diretor-geral da Unesco, Amadou M'Bow, que lhe entrega a medalha Homenagem da Unesco. Recebe em 15 de abril, da Associação Brasileira de Relações Públicas, Seção de Pernambuco, o Troféu Integração por destaque cultural de 1982. Em abril, expõe seus últimos desenhos e pinturas na Galeria Aloísio Magalhães. Viaja a Lisboa, em 25 de outubro, para receber, do ministro dos Negócios Estrangeiros, a Grã-Cruz de Santiago da Espada. Em 27 de outubro, participa de sessão solene da Academia de Ciências de Lisboa e da Academia Portuguesa de História, comemorativa do cinquentenário da publicação de *Casa-grande & senzala*. A Fundação Calouste Gulbenkian promove em Lisboa um ciclo de conferências sobre *Casa-grande & senzala* (2 de novembro a 4 de dezembro). É homenageado pela Feira Internacional do Livro do Rio de Janeiro, em 9 de novembro. O Seminário de Tropicologia reúne-se, em 29 de novembro, para a conferência de Edson Nery da Fonseca, intitulada Gilberto Freyre, cultura e trópico. Recebe em 7 de dezembro, no Liceu Literário Português do Rio de Janeiro, a Grã-Cruz da Ordem Camoniana. A Editora Massangana publica *Apipucos: que há num nome?*, a Editora Globo lança *Insurgências e ressurgências atuais* e *Médicos, doentes e contextos sociais* (2ª edição de *Sociologia da medicina*). Realiza-se na Fundação Joaquim Nabuco, de 19 a 30 de setembro, um ciclo de conferências comemorativo dos cinquenta anos de *Casa-grande & senzala*, promovido com apoio do governo do estado e de outras entidades pernambucanas (anais editados por Edson Nery da Fonseca e publicados em 1985 pela Editora Massangana: *Novas perspectivas em Casa-grande & senzala*). A José Olympio Editora publica no Rio de Janeiro o livro de Edilberto Coutinho *A imaginação do real:* uma leitura da ficção de Gilberto Freyre, tese de doutoramento defendida na Universidade Federal do Rio de Janeiro. A Editora Record lança no Rio de Janeiro *Homens, engenharias e rumos sociais.*

1984 Lançamento, em 20 de janeiro, de selo postal comemorativo do cinquentenário de *Casa--grande & senzala*. Viaja a Salvador, em 14 de março, para receber homenagem do governo do estado pelo cinquentenário de *Casa-grande & senzala*. Inauguração, no Museu de Arte Moderna da Bahia, da exposição itinerante sobre a obra. Conferência de Edson Nery da Fonseca sobre Gilberto Freyre, *Casa-grande & senzala* e a Bahia. Convidado pelo governador Tancredo Neves, profere em Ouro Preto, em 21 de abril, o discurso oficial da Semana da Inconfidência. Profere em 8 de maio, na antiga Reitoria da UFRJ, conferência sobre Alfonso X, o sábio, ponte de culturas. Recebe da União Cultural Brasil-Estados Unidos, em 7 de junho, a medalha de merecimento por serviços relevantes prestados à aproximação entre o Brasil e os

Estados Unidos. Convidado pelo Conselho da Comunidade Portuguesa do Estado de São Paulo, lê no Clube Atlético Paulistano, em 8 de junho (Dia de Portugal) a conferência Camões: vocação de antropólogo moderno?, publicada no mesmo ano pelo conselho. Em setembro, o Balé Studio Um realiza no Recife o espetáculo de dança *Casa-grande & senzala*, sob a direção de Eduardo Gomes e com música de Egberto Gismonti. Recebe a Medalha Picasso da Unesco, desenhada por Juan Miró em comemoração do centenário do pintor espanhol. Em setembro, homenageado por Richard Civita no Hotel 4 Rodas de Olinda, com banquete presidido pelo governador Roberto Magalhães e entrega de passaportes para o casal se hospedar em qualquer hotel da rede. Participa, na Arquidiocese do Rio de Janeiro, em outubro, do Congresso Internacional de Antropologia e Práxis, debatedor do tema *Cultura e redenção*, desenvolvido por D. Paul Poupard. É homenageado no Teatro Santa Isabel do Recife, em 31 de novembro, pelo cinquentenário do 1º Congresso Afro-Brasileiro, ali realizado em 1934. Lê no Museu de Arte Sacra de Pernambuco (Olinda) a conferência Cultura e museus, publicada no ano seguinte pela Fundarpe.

1985 Recebe da Fundação do Patrimônio Histórico e Artístico de Pernambuco (Fundarpe) a Homenagem à Cultura Viva de Pernambuco, em 18 de março. Viaja em maio aos Estados Unidos, para receber, na Baylor University, o prêmio consagrador de notáveis triunfos (Distinguished Achievement Award). Profere em 21 de maio, na Harvard University, conferência sobre My first contacts with american intellectual life, promovida pelo Departamento de Línguas e Literaturas Românicas e pela Comissão de Estudos Latino-Americanos e Ibéricos. Realiza exposição na Galeria Metropolitana Aloísio Magalhães do Recife: Desenhos a cor: figuras humanas e paisagens. Recebe, em agosto, o grau de Doutor *Honoris Causa* em Direito e em Letras pela Universidade Clássica de Lisboa. É nomeado em setembro, pelo presidente da República, para compor a Comissão de Estudos Constitucionais. Recebe o título de Cidadão de Manaus, em 6 de setembro. Profere, em 29 de outubro, conferência na inauguração do Instituto Brasileiro de Altos Estudos (Ibrae) de São Paulo, subordinada ao título À beira do século XX. Em 20 de novembro, é apresentado, no Cine Bajado, de Olinda, o filme de Kátia Mesel *Oh de casa!*. Em dezembro viaja a São Paulo, sendo hospitalizado no Incor para cirurgia de um divertículo de Zenkel (hérnia de esôfago). A José Olympio Editora publica a 7ª edição de *Sobrados e mucambos* e a 5ª edição de *Nordeste*. Por iniciativa do Centro de Estudos Latino-Americanos da Universidade da Califórnia em Los Angeles, a editora da universidade publica em Berkeley reedições em brochuras do mesmo formato *The masters and the slaves, The mansions and the shanties* e *Order and progress*, com introduções de David H. E. Mayburt-Lewis e Ludwig Lauerhass Jr., respectivamente.

1986 Em janeiro, submete-se a uma cirurgia do esôfago para retirada de um divertículo de Zenkel, no Incor. Regressa ao Recife em 16 de janeiro, dizendo: "agora estou em casa, meu Apipucos". Em 22 de fevereiro, retorna a São Paulo para uma cirurgia de próstata no Incor, realizada em 24 de fevereiro. Recebe em 24 de abril, em sua residência de Apipucos, do embaixador Bernard

Dorin, a comenda de Grande Oficial da Legião de Honra, no grau de Cavaleiro. Em maio, é agraciado com o Prêmio Cavalo-Marinho, da Empitur. Em agosto, recebe o título de Cidadão de Aracaju. Em 24 de outubro, reencontra-se no Recife com a dançarina Katherine Dunhm. Em 28 de outubro é eleito para ocupar a cadeira 23 da Academia Pernambucana de Letras, vaga com a morte de Gilberto Osório de Andrade. Toma posse em 11 de dezembro na Academia Pernambucana de Letras. Recebe, em 16 de dezembro, o título de Pesquisador Emérito do Instituto de Pesquisas Sociais da Fundação Joaquim Nabuco. Publica-se em Budapeste a edição húngara de *Casa-grande & senzala: udvarbáz es szolgaszállás*. A professora Élide Rugai Bastos defende na Pontifícia Universidade Católica de São Paulo (PUC) a tese de doutoramento *Gilberto Freyre e a formação da sociedade brasileira*, orientada pelo professor Octavio Ianni. A Áries Editora publica em São Paulo o livro de Pietro Maria Bardi, *Ex-votos de Mário Cravo*, e a Editora Creficullo lança o livro do mesmo autor *40 anos de Masp*, ambos prefaciados por Gilberto Freyre.

1987 Instituição, em 11 de março, da Fundação Gilberto Freyre. Em 30 de março, recebe em Apipucos a visita do presidente Mário Soares. Em 7 de abril, submete-se a uma cirurgia para implantação de marca-passo no Incor do Hospital Português. Em 18 de abril, Sábado Santo, recebe de d. Basílio Penido, OSB, os sacramentos da Reconciliação, da Eucaristia e da Unção dos Enfermos. Morre no Hospital Português, às 4 horas de 18 de julho, aniversário de Magdalena. Sepultamento no Cemitério de Santo Amaro, às 18 horas, com discurso do ministro Marcos Freire. Em 20 de julho, o senador Afonso Arinos ocupa a tribuna da Assembleia Nacional Constituinte para homenagear sua memória. Em 19 de julho o jornal *ABC de Madri* publica um artigo de Julián Marías: Adiós a um brasileño universal. Em 24 de julho, missas concelebradas, no Recife, por Dom José Cardoso Sobrinho e Dom Heber Vieira da Costa, OSB, e em Brasília, por Dom Hildebrando de Melo e pelos vigários da catedral e do Palácio da Alvorada com coral da Universidade de Brasília. Missa celebrada no seminário, com canto gregoriano a cargo das Beneditinas de Santa Gertrudes, de Olinda. A Editora Record publica *Modos de homem e modas de mulher* e a 2ª edição de *Vida, forma e cor*; *Assombrações do Recife Velho* e *Perfil de Euclides e outros perfis*; a José Olympio Editora, a 25ª edição brasileira de *Casa-grande & senzala*. O Círculo do Livro lança nova edição de *Dona Sinhá e o filho padre*, e a Editora Massangana publica *Pernambucanidade consagrada* (discursos de Gilberto Freyre e Waldemar Lopes na Academia Pernambucana de Letras). Ciclo de conferências promovido pela Fundação Joaquim Nabuco em memória de Gilberto Freyre, tendo como conferencistas Julián Marías, Adriano Moreira, Maria do Carmo Tavares de Miranda e José Antônio Gonsalves de Mello (convidado, deixou de vir, por motivo de doença, o antropólogo Jean Duvignaud). Ciclo de conferências promovido em Maceió pelo governo do estado de Alagoas, a cargo de Maria do Carmo Tavares de Miranda, Odilon Ribeiro Coutinho e José Antônio Gonsalves de Mello. Homenagem do Conselho Latino-Americano de Ciências Sociais, na abertura de sua XIV Assembleia Geral, realizada no Recife, de 16 a 21 de novembro. A editora mexicana Fondo de Cultura Económica publica a 2ª edição, como livro de bolso, de *Interpretación del Brasil*. A revista *Ciência e Cultura* publica em seu número de setembro o necrológio de Gilberto Freyre, solicitado por Maria Isaura Pereira de Queiroz a Edson Nery da Fonseca.

1988 Em convênio com a Fundação Gilberto Freyre e sob os auspícios do Grupo Gerdau, a Editora Record publica no Rio de Janeiro a obra póstuma *Ferro e civilização no Brasil*.

1989 Em sua 26ª edição, *Casa-grande & senzala* passa a ser publicada pela Editora Record, até a 46ª edição, em 2002.

1990 A Fundação das Artes e a Empresa Gráfica da Bahia publicam em Salvador *Bahia e baianos*, obra póstuma organizada e prefaciada por Edson Nery da Fonseca. A Editora Klett-Cotta lança em Stuttgart a 2ª edição alemã de *Sobrados e mucambos* (*Das land in der Stadt*). Realiza-se na Fundação Joaquim Nabuco o seminário O cotidiano em Gilberto Freyre, organizado por Fátima Quintas (anais publicados no mesmo ano pela Editora Massangana).

1994 A Câmara dos Deputados publica, como volume 39 de sua Coleção Perfis Parlamentares, *Discursos parlamentares*, de Gilberto Freyre, texto organizado, anotado e prefaciado por Vamireh Chacon. A Editora Agir publica no Rio de Janeiro a antologia *Gilberto Freyre*, organizada por Edilberto Coutinho como volume 117 da Coleção Nossos Clássicos, dirigida por Pedro Lyra. A Editora 34 publica no Rio de Janeiro a tese de doutoramento de Ricardo Benzaquen de Araújo *Guerra e paz:* Casa-grande & senzala e a obra de Gilberto Freyre nos anos 30.

1995 Realiza-se na Fundação Joaquim Nabuco a semana de estudos comemorativos dos 95 anos de Gilberto Freyre, com conferências reunidas e apresentadas por Fátima Quintas na obra coletiva *A obra em tempos vários*, publicada em 1999 pela Editora Massangana. A Fundação de Cultura da Cidade do Recife e a Imprensa Universitária da Universidade Federal de Pernambuco publicam no Recife *Novas conferências em busca de leitores*, obra póstuma organizada e prefaciada por Edson Nery da Fonseca. A Editora Massangana publica o livro de Sebastião Vila Nova, *Sociologias e pós-sociologia em Gilberto Freyre*.

1996 Realiza-se na Fundação Joaquim Nabuco o simpósio Que somos nós?, organizado por Maria do Carmo Tavares de Miranda em comemoração aos sessenta anos de *Sobrados e mucambos* (anais publicados pela Editora Massangana em 2000).

1997 Comemorando seu septuagésimo quinto aniversário, a revista norte-americana *Foreign Affairs* publica o resultado de um inquérito destinado à escolha de 62 obras "que fizeram a cabeça do mundo a partir de 1922". *Casa-grande & senzala* é apontada como uma delas pelo professor Kenneth Maxwell. A Companhia das Letras publica em São Paulo a 4ª edição de *Açúcar*, livro reimpresso em 2002 por iniciativa da Usina Petribu.

1999 Por iniciativa da Fundação Oriente, da Universidade da Beira Interior e da Sociedade de

Geografia de Lisboa, iniciam-se em Portugal as comemorações do centenário de nascimento de Gilberto Freyre, com o colóquio realizado na Sociedade de Geografia de Lisboa, de 11 e 12 de fevereiro, Lusotropicalismo revisitado, sob a direção dos professores Adriano Moreira e José Carlos Venâncio. A Fundação Oriente institui um prêmio anual de 1 milhão de escudos para "galardoar trabalhos de investigação na área da perspectiva gilbertiana sobre o Oriente". As comemorações pernambucanas são iniciadas em 14 de março, com missa solene concelebrada na Basílica do Mosteiro de São Bento de Olinda, com canto gregoriano pelas Beneditinas Missionárias da Academia Santa Gertrudes. Pelo Decreto nº 21.403, de 7 de maio, o governador de Pernambuco declara, no âmbito estadual, Ano Gilberto Freyre 2000. Pelo Decreto de 13 de julho, o presidente da República institui o ano 2000 como Ano Gilberto Freyre. A UniverCidade do Rio de Janeiro institui, por sugestão da Editora Topbooks, o prêmio de 20 mil dólares para o melhor ensaio sobre Gilberto Freyre.

2000 Por iniciativa da TV Cultura de São Paulo, são elaborados os filmes *Gilbertianas I* e *II*, dirigidos pelo cineasta Ricardo Miranda com a colaboração do antropólogo Raul Lody. Em 13 de março, ocorre o lançamento nacional da produção, numa promoção do Shopping Center Recife/UCI Cinemas/Weston Táxi Aéreo. Em 21 de março são lançados, na sala Calouste Gulbenkian da Fundação Joaquim Nabuco, no Núcleo de Estudos Freyrianos, no governo do estado de Pernambuco, na Sudene e no Ministério da Cultura. Por iniciativa do Canal GNT, VideoFilmes e Regina Filmes, o cineasta Nelson Pereira dos Santos dirige quatro documentários intitulados genéricos de *Casa-grande & senzala*, tendo Edson Nery da Fonseca como corroteirista e narrador. Filmados no Brasil, em Portugal e na Universidade de Colúmbia em Nova York, o primeiro, *O Cabral moderno*, exibido pelo canal GNT a partir de 21 de abril. Os demais, *A cunhã:* mãe da família brasileira, *O português:* colonizador dos trópicos e *O escravo na vida sexual e de família do brasileiro*, são exibidos pelo mesmo canal, a partir de 2001. As Editoras Letras e Expressões e Abregraph publicam a 2ª edição de *Casa-grande & senzala em quadrinhos*, com ilustrações de Ivan Wasth Rodrigues colorizadas por Noguchi. A Editora Topbooks lança a 2ª edição brasileira de *Novo mundo nos trópicos*, prefaciada por Wilson Martins. A revista *Novos Estudos Cebrap*, n. 56, publica o dossiê Leituras de Gilberto Freyre, com apresentação de Ricardo Benzaquen de Araújo, incluindo as introduções de Fernand Braudel à edição italiana de *Casa-grande & senzala*, de Lucien Fèbvre à edição francesa, de Antonio Sérgio a *O mundo que o português criou* e de Frank Tannembaum à edição norte-americana de *Sobrados e mucambos*. Em 15 de março, realiza-se na Maison de Sciences de l'Homme et de la Science o colóquio Gilberto Freyre e a França, organizado pela professora Ria Lemaire, da Universidade de Poitiers. Em 15 de março o arcebispo de Olinda e Recife, José Cardoso, celebra missa solene na Igreja de São Pedro dos Clérigos, com cantos do coral da Academia Pernambucana de Música. Na tarde de 15 de março, é apresentada, na sala Calouste Gulbenkian, em projeção de VHF, a Biblioteca Virtual Gilberto, disponível imediatamente na Internet: <http://prossiga.bvgf.fgf.org.br>. De 21 a 24 de março realiza-se na Fundação Gilberto Freyre o Seminário Internacional Novo Mundo nos Trópicos (anais publicados com título homônimo). De 28 a 31 de março é apresentado no Centro Cultural Banco do Brasil do Rio de Janeiro o ciclo de palestras A propósito de Gilberto Freyre (não reunidas em livro). De 14 a 16 de agosto realiza-se o seminário Gilberto Freyre: patrimônio brasileiro, promovido conjuntamente pela Fundação Roberto Marinho, pela UniverCidade do Rio de Janeiro, pelo Colégio do Brasil, pela Academia Brasileira de Letras, pela *Folha de S.Paulo* e pelo Instituto de Estudos Avançados da USP. Iniciado no auditório da Academia Brasileira de Letras e num dos *campi* da Universidade, é concluído no auditório da *Folha de S.Paulo* e na cidade universitária da USP. Em 18 de outubro, realiza-se no anfiteatro da História da USP o seminário multidisciplinar Relendo Gilberto Freyre, organizado pelo Centro Angel Rama da Faculdade de Filosofia, Letras e Ciências Humanas na mesma universidade. Em 20 de outubro realiza-se na embaixada do Brasil em Paris o seminário Gilberto Freyre e as ciências sociais no Brasil, promovido pelo Ministério das Relações Exteriores e Fundação Gilberto Freyre. Em 30 de outubro realiza-se em Buenos Aires o seminário À la busqueda de la identidad: el ensayo de interpretación nacional en Brasil y Argentina. De 6 a 9 de novembro é realizada no Sun Valley Park Hotel, em Marília (SP), a Jornada de Estudos Gilberto Freyre, organizada pela Faculdade de Filosofia e Ciências da Unesp. Em 21 de novembro, na Universidade de Essex, ocorre o seminário *The english in Brazil:* a study in cultural encounters, dirigido pela professora Maria Lúcia Pallares-Burke. Em 27 de novembro, realiza-se na Universidade de Cambridge o seminário Gilberto Freyre & história social do Brasil, dirigido pelos professores Peter Burke e Maria Lúcia Pallares-Burke. De 27 a 30 de novembro, acontece no Centro de Ciências Humanas, Letras e Artes da Universidade Federal da Paraíba o simpósio Gilberto Freyre: interpenetração do Brasil, organizado pela professora Elisalva Madruga Dantas e pelo poeta e multiartista Jomard Muniz de Brito (anais com título homônimo publicados pela editora Universitária em 2002). De 28 a 30 de novembro, ocorre na sala Calouste Gulbenkian da Fundação Joaquim Nabuco o seminário internacional Além do apenas moderno. De 5 a 7 de dezembro é apresentado no auditório João Alfredo da Universidade Federal de Pernambuco o seminário Outros Gilbertos, organizado pelo Laboratório de Estudos Avançados de Cultura Contemporânea do Departamento de Antropologia da mesma universidade. Publica-se em São Paulo, pelo Grupo Editorial Cone Sul, o ensaio de Gustavo Henrique Tuna: Gilberto Freyre – entre tradição & ruptura, premiado na categoria "ensaio" do 3º Festival Universitário de Literatura, organizado pela Xerox do Brasil e pela revista *Livro Aberto*. Por iniciativa do deputado Aldo Rebelo a Câmara dos Deputados reúne no opúsculo Gilberto Freyre e a formação do Brasil, prefaciado por Luís Fernandes, ensaios do próprio deputado, de Otto Maria Carpeaux e de Regina Maria A. F. Gadelha. A Editora Comunigraf publica no Recife o livro de Mário Hélio *O Brasil de Gilberto Freyre:* uma introdução à leitura de sua obra, com ilustrações de José Cláudio e prefácio de Edson Nery da Fonseca. A Editora Casa Amarela publica em São Paulo a 2ª edição do ensaio de Gilberto Felisberto Vasconcellos *O xará de Apipucos*. A Embaixada do Brasil em Bogotá publica o opúsculo Imagenes, com texto e ilustrações selecionadas por Nora Ronderos.

2001 A Companhia das Letras publica em São Paulo a 2ª edição de *Interpretação do Brasil*, organizada e prefaciada por Omar Ribeiro Thomaz (nº 19 da Coleção Retratos do Brasil). A Editora Topbooks publica no Rio de Janeiro a obra coletiva *O imperador das ideias*: Gilberto Freyre em questão, organizada pelos professores Joaquim Falcão e Rosa Maria Barboza de Araújo, reunindo conferências do seminário realizado no Rio de Janeiro e em São Paulo de 14 a 17 de agosto de 2000. A Editora Topbooks e UniverCidade publicam no Rio de Janeiro a 2ª edição de *Além do apenas moderno*, prefaciada por José Guilherme Merquior e as 3ᵃˢ edições de *Aventura e rotina*, prefaciada por Alberto da Costa e Silva, e de *Ingleses no Brasil*, prefaciada por Evaldo Cabral de Melo. A Editora da Universidade do Estado de Pernambuco publica, como nº 18 de sua Coleção Nordestina, o livro póstumo *Antecipações*, organizado e prefaciado por Edson Nery da Fonseca. A Editora Garamond publica no Rio de Janeiro o livro de Helena Bocayuva *Erotismo à brasileira:* o excesso sexual na obra de Gilberto Freyre, prefaciado pelo professor Luis Antonio de Castro Santos. O *Diário Oficial da União* de 28 de dezembro de 2001 publica, à página 6, a Lei no 10.361, de 27 de dezembro de 2001, que confere o nome de Aeroporto Internacional Gilberto Freyre ao Aeroporto Internacional dos Guararapes do Recife. O Projeto de Lei é de autoria do deputado José Chaves (PMDB-PE).

2002 Publica-se no Rio de Janeiro, em coedição da Fundação Biblioteca Nacional e Zé Mário Editor, o livro de Edson Nery da Fonseca *Gilberto Freyre de A a Z*. É lançada em Paris, sob os auspícios da ONG da Unesco Allca XX e como volume 55 da Coleção Archives, a edição crítica de *Casa-grande & senzala*, organizada por Guillermo Giucci, Enrique Rodríguez Larreta e Edson Nery da Fonseca.

2003 O governo instalado no Brasil em 1º de janeiro extingue, sem nenhuma explicação, o Seminário de Tropicologia criado em 1966 pela Universidade Federal de Pernambuco, por sugestão de Gilberto Freyre e incorporado em 1980 à estrutura da Fundação Joaquim Nabuco. Gustavo Henrique Tuna defende, no Departamento de História do Instituto de Filosofia e Ciências Humanas da Unicamp, a dissertação de mestrado *Viagens e viajantes em Gilberto Freyre*. A Editora da Universidade de Brasília publica, em coedição com a Imprensa Oficial do Estado de São Paulo, as seguintes obras póstumas, organizadas por Edson Nery da Fonseca: *Palavras repatriadas* (prefácio e notas do organizador); *Americanidade e latinidade da América Latina e outros textos afins, Três histórias mais ou menos inventadas* (com prefácio e posfácio de César Leal) e *China tropical*. A Global Editora publica a 47ª edição de *Casa-grande & senzala* (com apresentação de Fernando Henrique Cardoso). No mesmo ano, lança a 48ª edição da obra-mestra de Freyre. A mesma editora publica a 14ª edição de *Sobrados e mucambos* (com apresentação de Roberto DaMatta). Publica-se pela Edusc, Editora da Unesp e Fapesp o livro *Gilberto Freyre em quatro tempos* (organização de Ethel Volfzon Kosminsky, Claude Lépine e Fernanda Arêas Peixoto), reunindo comunicações apresentadas na Jornada de Estudos Gilberto Freyre, realizada em Marília (SP), em 2000. É lançada pela Edusc, Editora Sumaré e Anpocs o livro de Élide Rugai Bastos *Gilberto Freyre e o pensamento hispânico:* entre Dom Quixote e Alonso El Bueno.

2004 A Global Editora publica a 6ª edição de *Ordem e progresso* (apresentação de Nicolau Sevcenko), a 7ª edição de *Nordeste* (com apresentação de Manoel Correia de Oliveira Andrade), a 15ª edição de *Sobrados e mucambos* e a 49ª edição de *Casa-grande & senzala*. Em conjunto com a Fundação Gilberto Freyre, a editora lança o Concurso Nacional de Ensaios – Prêmio Gilberto Freyre 2004/2005, destinado a premiar e a publicar ensaio que aborde "qualquer dos aspectos relevantes da obra do escritor Gilberto Freyre".

2005 Em 15 de março é premiado o trabalho de Élide Rugai Bastos intitulado *As criaturas de Prometeu:* Gilberto Freyre e a formação da sociedade brasileira, vencedor do Concurso Nacional de Ensaios – Prêmio Gilberto Freyre 2004/2005, promovido pela Fundação Gilberto Freyre e pela Global Editora. Esta publica a 50ª edição (edição comemorativa) de *Casa--grande & senzala*, em capa dura. Em agosto, o grupo de teatro Os Fofos Encenam, sob a direção de Newton Moreno, estreia a peça *Assombrações do Recife Velho*, adaptação da obra homônima de Gilberto Freyre, no Casarão do Belvedere, situado no bairro Bela Vista, em São Paulo. Em 18 de outubro, na Livraria Cultura do Shopping Villa-Lobos, em São Paulo, é lançado *Gilberto Freyre: um vitoriano dos trópicos*, de Maria Lúcia Pallares-Burke, pela Editora da Unesp, em mesa-redonda com a participação dos professores Antonio Dimas, José de Souza Martins, Élide Rugai Bastos e a autora do livro. A Global Editora publica a 3ª edição de *Casa-grande & senzala em quadrinhos*, com ilustrações de Ivan Wasth Rodrigues colorizadas por Noguchi.

2006 Realiza-se em 15 de março na 19ª Bienal Internacional do Livro de São Paulo, sediada no Pavilhão de Exposições do Anhembi, no salão A-Mezanino, a mesa de debate setenta anos de *Sobrados e mucambos*, de Gilberto Freyre, com a presença dos professores Roberto DaMatta, Élide Rugai Bastos, Enrique Rodríguez Larreta e mediação de Gustavo Henrique Tuna. No evento, é lançado o 2º Concurso Nacional de Ensaios – Prêmio Gilberto Freyre 2006/2007, organizado pela Global Editora e pela Fundação Gilberto Freyre que aborda qualquer aspecto referente à obra *Sobrados e mucambos*. A Global Editora publica a 2ª edição, revista, de *Tempo morto e outros tempos*, prefaciada por Maria Lúcia Garcia Pallares-Burke. Realiza-se no auditório do Instituto de Filosofia e Ciências Humanas da Unicamp, nos dias 25 e 26 de abril, o Simpósio Gilberto Freyre: produção, circulação e efeitos sociais de suas ideias, com a presença de inúmeros estudiosos do Brasil e do exterior da obra do sociólogo pernambucano.

A Global Editora publica *As criaturas de Prometeu – Gilberto Freyre e a formação da sociedade brasileira*, de Élide Rugai Bastos, trabalho vencedor da 1ª edição do Concurso Nacional de Ensaios/ Prêmio Gilberto Freyre 2004/2005, promovido pela editora e pela Fundação Gilberto Freyre.

2007 Publicam-se em São Paulo, pela Global Editora: a 5ª edição do livro *Açúcar*, apresentada por Maria Lecticia Monteiro Cavalcanti; a 5ª edição revista, atualizada e aumentada por Antonio Paulo Rezende do livro *Guia prático, histórico e sentimental da cidade do Recife*; a 6ª edição revista e atualizada por Edson Nery da Fonseca do livro *Olinda: 2ª guia prático, histórico e sentimental de cidade brasileira*. Publica-se no Rio de Janeiro, pela Civilização Brasileira, o primeiro volume da obra *Gilberto Freyre, uma biografia cultural*, dos pesquisadores uruguaios Enrique Rodrigues Larreta e Guillermo Giucci, em tradução de Josely Vianna Baptista. Publica-se no Recife, pela Editora Massangana, o livro de Edson Nery da Fonseca *Em torno de Gilberto Freyre*.

2008 O Museu da Língua Portuguesa de São Paulo encerra em 4 de maio a exposição, iniciada em 27 de novembro de 2007, *Gilberto Freyre intérprete do Brasil*, sob a curadoria de Élide Rugai Bastos, Júlia Peregrino e Pedro Karp Vasquez. Publicam-se em São Paulo, pela Global Editora: a 4ª edição revista do livro *Vida social no Brasil nos meados do século XIX*, com apresentação e índices de Gustavo Henrique Tuna; e a 6ª edição do livro *Assombrações do Recife Velho*, com apresentação de Newton Moreno, autor da adaptação teatral representada com sucesso em São Paulo. O editor Peter Lang de Oxford publica o livro de Peter Burke e Maria Lúcia G. Pallares-Burke *Gilberto Freyre: social theory in the tropics*, versão de *Gilberto Freyre, um vitoriano nos Trópicos*, publicado em 2005 pela Editora da Unesp, que em 2006 recebeu os Prêmios Senador José Ermírio de Morais da ABL (Academia Brasileira de letras) e Jabuti, na categoria Ciências Humanas.

A Global Editora publica *Ensaio sobre o jardim*, de Solange de Aragão, trabalho vencedor da 2ª edição do Concurso Nacional de Ensaios – Prêmio Gilberto Freyre 2006/2007, promovido pela editora e pela Fundação Gilberto Freyre.

2009 A Global Editora publica a 2ª edição de *Modos de homem & modas de mulher* com texto de apresentação de Mary Del Priore. A É Realizações Editora publica em São Paulo a 6ª edição do livro *Sociologia: introdução ao estudo dos seus princípios*, com prefácio de Simone Meucci e posfácio de Vamireh Chacon, e a 4ª edição de *Sociologia da medicina*, com prefácio de José Miguel Rasia. O Diário de Pernambuco edita a obra *Crônicas do cotidiano: a vida cultural de Pernambuco nos artigos de Gilberto Freyre*, antologia organizada por Carolina Leão e Lydia Barros. A Editora da Unesp publica, em tradução de Fernanda Veríssimo, o livro de Peter Burke e Maria Lúcia G. Pallares-Burke *Repensando os trópicos: um retrato intelectual de Gilberto Freyre*, com prefácio à edição brasileira.

2010 Publica-se pela Global Editora o livro *Nordeste semita – Ensaio sobre um certo Nordeste que em Gilberto Freyre também é semita*, de autoria de Caesar Sobreira, trabalho vencedor da 3ª edição do Concurso Nacional de Ensaios – Prêmio Gilberto Freyre 2008/2009, promovido pela editora e pela Fundação Gilberto Freyre. A Global Editora publica a 4ª edição de *O escravo nos anúncios de jornais brasileiros do século XIX*, com apresentação de Alberto da Costa e Silva. A É Realizações publica a 4ª edição de *Aventura e rotina*, a 2ª edição de *Homens, engenharias e rumos sociais*, as 2ªˢ edições de *O luso e o trópico*, *O mundo que o português criou*, *Uma cultura ameaçada e outros ensaios* (versão ampliada de *Uma cultura ameaçada: a luso--brasileira*), *Um brasileiro em terras portuguesas* (a 1ª edição publicada no Brasil) e a 3ª edição de *Vida forma e cor*. A Editora Girafa publica *Em torno de Joaquim Nabuco*, reunião de textos que Gilberto Freyre escreveu sobre o abolicionista organizada por Edson Nery da Fonseca com colaboração de Jamille Cabral Pereira Barbosa. Gilberto Freyre é o autor homenageado da 10ª edição da Feira Nacional do Livro de Ribeirão Preto, realizada entre os dias 14 e 18 de junho. É também o autor homenageado da 8ª edição da Festa Literária Internacional de Paraty (Flip), ocorrida na cidade carioca entre os dias 4 e 8 de agosto. Para a homenagem, foram organizadas mesas com convidados nacionais e do exterior. A conferência de abertura, em 4 de agosto, é lida pelo ex-presidente Fernando Henrique Cardoso e debatida pelo historiador Luiz Felipe de Alencastro; no dia 5 realiza-se a mesa Ao correr da pena, com Moacyr Scliar, Ricardo Benzaquen e Edson Nery da Fonseca, com mediação de Ángel Gurría-Quintana; no dia 6 ocorre a mesa Além da casa-grande, com Alberto da Costa e Silva, Maria Lúcia Pallares-Burke e Ângela Alonso, com mediação de Lilia Schwarcz; no dia 8 realiza-se a mesa Gilberto Freyre e o século XXI, com José de Souza Martins, Peter Burke e Hermano Vianna, com mediação de Benjamim Moser. É lançado na Flip o tão esperado inédito de Gilberto Freyre *De menino a homem*, espécie de livro de memórias do pernambucano, pela Global Editora. A edição, feita com capa dura, traz um rico caderno iconográfico, conta com texto de apresentação de Fátima Quintas e notas de Gustavo Henrique Tuna. O lançamento do tão aguardado relato autobiográfico até então inédito de Gilberto Freyre realiza-se na noite do dia 5 de agosto, na Casa da Cultura de Paraty, ocasião em que o ator Dan Stulbach lê trechos da obra para o público presente. O Instituto Moreira Salles publica uma edição especial para a Flip de sua revista *Serrote*, com poemas de Gilberto Freyre comentados por Eucanaã Ferraz. A Funarte publica o volume 5 da coleção Pensamento crítico intitulado *Gilberto Freyre, uma coletânea de escritos do sociólogo pernambucano sobre arte*, organizada por Clarissa Diniz e Gleyce Heitor.

2011 Realiza-se entre os dias 31 de março e 1º de abril na Universidade Lusófona, em Lisboa, o colóquio Identidades, hibridismos e tropicalismos: leituras pós-coloniais de Gilberto Freyre, com a participação de importantes intelectuais portugueses como Diogo Ramada Curto, Pedro Cardim, António Manuel Hespanha, Cláudia Castelo, entre outros. A Global Editora publica *Perfil de Euclides e outros perfis*, com texto de apresentação de Walnice Nogueira Galvão. O livro *De menino a homem* é escolhido vencedor na categoria Biografia da 53ª edição do Prêmio Jabuti. A cerimônia de entrega do prêmio ocorre em 30 de novembro na Sala São Paulo, na capital paulista. A 7ª edição da Fliporto (Festa Literária Internacional de Pernambuco), realizada entre os dias 11 e 15 de novembro na Praça do Carmo, em Olinda, tem Gilberto Freyre como autor homenageado, com mesas dedicadas a discutir a obra do sociólogo. Participam das mesas no Congresso Literário da Fliporto intelectuais como Edson Nery da Fonseca, Fátima Quintas, Raul Lody, João Cezar de Castro Rocha, Vamireh Chacon, José Carlos Venâncio, Valéria Torres da Costa e Silva, Maria Lecticia Cavalcanti, entre outros. Dentro da programação da Feira, a Global Editora lança os livros *China tropical*, com texto de apresentação de Vamireh Chacon e *O outro Brasil que vem aí*, publicação voltada para o público infantil que traz o poema de Gilberto Freyre ilustrado por Dave Santana. No mesmo evento, é lançado pela Editora Cassará o livro *O grande sedutor: escritos sobre Gilberto Freyre de 1945 até hoje*, reunião de vários textos de Edson Nery da Fonseca a respeito da obra do sociólogo. Publica-se pela Editora Unesp o livro *Um estilo de história – a viagem, a memória e o ensaio*: sobre *Casa--grande & senzala e a representação do passado*, de autoria de Fernando Nicolazzi, originado da tese vencedora do Prêmio Manoel Luiz Salgado Guimarães de teses de doutorado na área de História promovido no ano anterior pela Anpuh.

2012 A edição de março da revista do Sesc de São Paulo publica um perfil de Gilberto Freyre. A Global Editora publica a 2ª edição de *Talvez poesia*, com texto de apresentação de Lêdo Ivo e dois poemas inéditos: "Francisquinha" e "Atelier". Pela mesma editora, publica-se a 2ª edição do livro *As melhores frases de Casa-grande & senzala:* a obra-prima de Gilberto Freyre, organizado por Fátima Quintas. Publica-se pela Topbooks o livro *Caminhos do açúcar*, de Raul Lody, que reúne temas abordados pelos trabalhos do sociólogo pernambucano. A Editora da Unesp publica o livro *O triunfo do fracasso: Rüdiger Bilden, o amigo esquecido de Gilberto Freyre*, de Maria Lúcia Pallares-Burke, com texto de orelha de José de Souza Martins. A Fundação Gilberto Freyre promove em sua sede, em 10 de dezembro, o debate "A alimentação na obra de Gilberto Freyre, com presença de Maria Lecticia Monteiro Cavalcanti, pesquisadora em assuntos gastronômicos.

2013 Publica-se pela Fundação Gilberto Freyre o livro *Gilberto Freyre e as aventuras do paladar*, de autoria de Maria Lecticia Monteiro Cavalcanti. Vanessa Carnielo Ramos defende, no Departamento de História do Instituto de Ciências Humanas e Sociais da Universidade Federal de Ouro Preto, a dissertação de mestrado *À margem do texto*: estudo dos prefácios e notas de rodapé de *Casa-grande & senzala*. A Global Editora e a Fundação Gilberto Freyre abrem as inscrições para o 5º Concurso Nacional de Ensaios – Prêmio Gilberto Freyre 2013/2014, que tem como tema Família, mulher e criança. Em 4 de outubro, inaugura-se no Centro Cultural dos Correios, no Recife, a exposição Recife: Freyre em frames, com fotografias de Max Levay Reis e co-curadoria de Raul Lody, baseada em textos do livro *Guia prático, histórico e sentimental da cidade do Recife*, de Gilberto Freyre. Publica-se pela Global Editora uma edição comemorativa de *Casa-grande & senzala*, por ocasião dos oitenta anos de publicação do livro, completados no mês de dezembro. Feita em capa dura, a edição traz nova capa com foto do Engenho Poço Comprido, localizado no município pernambucano de Vicência, de autoria de Fabio Knoll, e novo caderno iconográfico, contendo imagens relativas à história da obra--mestra de Gilberto Freyre e fortuna crítica. Da tiragem da referida edição, foram separados e numerados 2013 exemplares pela editora.

2014 Nos dias 4 e 5 de fevereiro, no auditório Manuel Correia de Andrade do Centro de Filosofia e Ciências Humanas da Universidade Federal de Pernambuco, realiza-se o evento Gilberto Freyre: vida e obra em comemoração aos 15 anos da criação da Cátedra Gilberto Freyre, contemplando palestras, mesas redondas e distribuição de brindes. No dia 23 de maio, em evento da FLUPP (Festa Literária Internacional das UPPs) realizado no Centro Cultural da Juventude, sediado na capital paulista, o historiador Marcos Alvito profere aula sobre Gilberto Freyre. Entre os dias 12 e 15 de agosto, no auditório do Instituto Ricardo Brennand, no Recife, Maria Lúcia Pallares-Burke ministra o VIII Curso de Extensão Para ler Gilberto Freyre. Realiza-se em 11 de novembro no Empório Eça de Queiroz, na Madalena, o lançamento do livro *Caipirinha: espírito, sabor e cor do Brasil*, de Jairo Martins da Silva. A publicação bilíngue (português e inglês), além de ser prefaciada por Gilberto Freyre Neto, traz capítulo dedicado ao sociólogo pernambucano intitulado "Batidas: a drincologia do mestre Gilberto Freyre".

Nota: após o falecimento de Edson Nery da Fonseca em 22 de junho de 2014, autor deste minucioso levantamento biobibliográfico, sua atualização está sendo realizada por Gustavo Henrique Tuna e tenciona seguir os mesmos critérios empregados pelo profundo estudioso da obra gilbertiana e amigo do autor.

Apêndice 2 – Edições de *Ordem e Progresso*

Brasil

1959 *Ordem e Progresso: processo de desintegração das sociedades patriarcal e semipatriarcal no Brasil sob o regime de trabalho livre: aspectos de um quase meio século de transição do trabalho escravo para o trabalho livre; e da monarquia para a república.* 1ª ed., 2 vols., il. Rio de Janeiro, José Olympio. Prefácio do autor. Desenho de Luís Jardim.

1962 2ª ed., 2 vols., il. Rio de Janeiro, José Olympio. Prefácios do autor. Desenho de Luís Jardim.

1974 3ª ed., 2 vols., il. Rio de Janeiro/Brasília, José Olympio/INL. Prefácios do autor. Desenho de Luís Jardim.

1990 4ª ed., il. Rio de Janeiro, Record. Prefácios do autor. Desenho de Luís Jardim.

2000 5ª ed., il. Rio de Janeiro, Record. Prefácios do autor. Desenho de Luís Jardim.

Portugal

1969 *Ordem e Progresso: processo de desintegração das sociedades patriarcal e semipatriarcal no Brasil sob o regime de trabalho livre: aspectos de um quase meio século de transição do trabalho escravo para o trabalho livre; e da monarquia para a república.* 2 vols. Lisboa. Livros do Brasil. Prefácio do autor.

Estados Unidos

1970 *Order and Progress: Brazil from monarchy to republic.* New York, Alfred A. Knopf. Prefácio do autor. Trad. de Rod W. Horton.

1970 Reimpressão da 1ª Edição. Westport, Greenwood. Prefácio do autor.

1986 2ª ed. Los Angeles, University of Califórnia Press. Prefácio do autor. Introdução de Ludwig Lauerhass Jr. Trad. de Rod W. Horton.

Índice remissivo

A

Abolição
consequências da, 255, 256, 279, 339, 527, 529, 567, 606, 628, 629, 634, 638, 646, 647, 663, 664, 696, 698, 708, 852, 853, 855, 861, 869, 891, 1008, 1010, 1019, 1026, 1027
desarticulação do sistema patriarcal, 567, 855
desorganizadora da economia brasileira, 664, 698, 708
dissolução da "escravidão patriarcal", 567
dissolução de "fortuna em escravos", 279
economia brasileira por ela alterada, 527
favorecimento à miscigenação, 606
modificação no sentido de tempo na economia brasileira, 255, 256
paternalismo das casas-grandes abalado por ela, 529
problemas sociais após a Abolição, 339
reações à, 587, 590, 591, 592, 593, 595, 596, 599, 600, 601, 602, 603, 604, 605, 606, 609, 610, 612, 615, 616, 617, 618, 619, 620, 621, 647, 708, 932, 997
Abolicionismo
atuação de Luiz Gama, 638
atuação de "negroides retóricos e sentimentais", 552
depoimentos sobre, 932
ensaio de Anselmo da Fonseca, 553, 554, 555, 556
jornais abolicionistas, 441
participação de mulheres, 172
províncias onde o movimento teria sido mais intenso, 428
reação ao, 369
Acre
território comprado da Bolívia, 679, 680, 704
Açúcar
débâcle da açucarocracia, 649
decadência do açúcar brasileiro dentro da economia internacional, 632
desenvolvimento da indústria de doces no Brasil, 683
África
sobrevivência da cultura brasileira, 792
tropicalidade, 625

África do Sul
domínio dos boêres, 556
Agradecimentos pessoais de Gilberto Freyre, 34, 36, 37, 44
Agricultura brasileira
atividade pouco desenvolvida na República, 718, 725, 734
base da economia brasileira, 554
em Minas Gerais prejudicada pela mineração, 646
modernização, 1021, 1023
problemas após a Abolição, 869
Alemães no Brasil
Blumenau, 692
em Santa Catarina, 577
estudos sobre sua atuação no Brasil, 763
frades e monges no Brasil, 569
no extremo Sul do Brasil, 691
no Rio Grande do Sul, 577
relativa lentidão em iniciativas de caráter industrial, 732
tendência ao enquistamento, 690
Alimentação brasileira
bebidas mais elegantes, 662
higiene, 988
imperfeita (causadora de males da formação brasileira), 604
"Amarelinho"
comparado ao cavalo sertanejo, 191
mito brasileiro, 108, 164, 186, 188, 464, 466, 583, 586, 694, 707, 740, 751, 760, 954
Amazonas
área de atração de nordestinos, 181, 650, 653
capacidade do português para colonizar a região, 625
Amazônia
"começo de conquista efetiva", 169
ervas medicinais, 677
indígenas escravizados, 764, 765
integração no "complexo brasileiro de civilização" pretendida por Euclides da Cunha, 563
italianos, 765
ocupação por nordestinos, 181, 650, 653
riqueza das drogas, 911

servidão de indígenas e cearenses, 576
vitalidade econômica, 655
América Latina
condenada pela mestiçagem, segundo
Gustave Le Bon, 188
América Portuguesa
povo mais inteligente e civilizado
da América do Sul, segundo Mr. Ballou, 738
progresso católico, 861
Anarquismo
ameaça do socialismo anarquista no Brasil,
segundo D. Luís, 1004
atuação de Astrojildo Pereira, 668, 741, 816, 897
depoimento de Leonel Vaz de Barros, 994
ideais estrangeiros nos portos, 1018
ideias anarquistas de Paulo Inglês de Sousa, 403
"mística anarquista", 896
Andiroba, 912
Anel de grau
costume desenvolvido no Brasil, 773
Antagonismos em equilíbrio, 631, 638, 640, 716, 807,
808, 878
Anúncios
em bondes, 914
em paredes de edifícios, 914
em revista, 913, 914
iluminados a gás à noite, 914
Anúncios em jornais brasileiros
empregadas, 443, 444, 445, 446, 447, 448
ervas medicinais amazônicas, 677
escravas, 447
estrangeiros preferidos para o trabalho doméstico,
445, 447, 448
linguagem oral, viva e espontânea, 439, 440
molecas, 447
mulatas, 447
mulatos, 447
negras, 447
negros, 447
orações contra doenças e pestes, 780
remédios, 913
representativos de aspectos genuinamente
brasileiros, 440
Araroba, 975
Arquitetura
do Rio de Janeiro: influenciada pela
Roma antiga, 362
doméstica patriarcal em harmonia com o meio
tropical, 431, 432
dos hotéis, 660

dos mosteiros (adaptados ao clima tropical), 660
influência de Louis Léger Vauthier em Pernambuco, 306, 433
modernização das igrejas e conventos,
862, 863, 864
necessidade de exprimir um estilo brasileiro de
vida, 735, 737
necessidade de levar em conta as condições de
clima, riqueza e costumes do Brasil, 735
Art nouveau, 171, 663, 720, 732
Arte
brasileira (francesismo), 910
eclesiástica brasileira (desvalorização), 862, 863,
864, 865
Escola de Belas Artes do Rio de Janeiro, segundo
Emílio Cardoso Ayres, 758
pobreza das artes brasileiras, segundo Emílio
Cardoso Ayres, 758, 759
Automóvel, 882, 947
Aviação
depoimentos sobre os feitos de Santos Dumont,
741, 742, 743, 744, 745, 746, 747, 748, 749,
750, 751, 939
problema do transporte aéreo no Brasil, 879

B

Babosa, 987
Bacharéis
ascensão, 227, 536, 557
do Norte e Nordeste migrando para o Sul, 632, 678
em Direito: especialistas na direção política do
país, 535, 557
falta de saber prático, 1020, 1023
Bahia
atuação de Nina Rodrigues, 429
breve histórico de sua situação em fins de séc.
XIX, 418
clima amolecedor, 715
experiência fracassada com imigrantes europeus,
642
Faculdade de Medicina, 417, 422, 424, 426, 430,
519, 565
fracasso do positivismo, 427
organização de carregadores livres, 561, 562
representada pela baiana gorda, 162
Bandeira nacional brasileira
depoimento de Roberto C. Naegeli, 282
discussão sobre o seu lema, 214

Banho
de mar, 978, 983
de rio, 935, 936, 952, 956, 978
elétrico, 983
Basquetebol
aparecimento, 162
Batata-de-purga, 912
Belém
bondes elétricos, 754
depoimento de Paul Adam, 701, 702
Bengala
"símbolo tão forte de masculinidade", 48
Bidê, 160, 664
Bonde
anúncios, 914
apologia do, 147
de tração animal, 146
efeito de "democratização da vida nacional", 361
elétrico em Belém, 754
importância destacada por Olavo Bilac, 376
importância no meio urbano, 376, 377
na vida brasileira, 147, 148
transigência entre o tempo social brasileiro e o
norte-europeu do anglo-americano, 370
Borracha
ascensão como rival do café na economia nacional, 649
atuação de Henry A. Wickham, 671, 672
escravidão de indígenas na Amazônia, 764
estudos sobre seu desenvolvimento no Amazonas,
705
obstáculo à lavoura de alimentos, 674
propaganda, 689
substituição do couro, da lona, da madeira pelo
látex, 672
surto amazônico importante para a economia
brasileira, 676
usos da, 976, 987
valorização da, 1009
Brasil
"americanização do sentido brasileiro
de tempo", 412
anglomania, 889, 956
assimilação do "elemento étnico" negro pela
"população nacional", 605
avidez pelo progresso, 84
brasileirismo, 910, 911, 912, 913, 919, 922, 985
conservação da ordem nacional, 52, 202, 203, 204,
228, 230, 244, 876
"cordialidade intranacional", 879

cultura plural, 984
depoimentos sobre Rui Barbosa, 451, 453, 454,
455, 456, 457, 458, 459, 460, 461, 462, 463,
464, 465, 467, 468, 469, 470, 471
disparidades regionais, 68, 81
federalismo desejado por José Veríssimo, 255
formação histórica patriarcalista, 645
industrialização e modernização, 716
influência social dos artistas de teatro dramático,
505, 506
mito do "amarelinho", 464, 466, 583, 586, 694,
707, 740, 751, 760, 954
"mobilidade entre raças, classes, culturas e
populações", 527
modernização "às tontas", 1010
novo tipo de civilização tropical, 155
novos tipos de raça e de civilização, 235, 236
país do futuro, 873, 874, 924, 962, 1002
preocupação com o progresso material, 630
presença francesa, 145, 146, 171, 188, 297, 438,
477, 482, 487, 488, 489, 490, 495, 496, 500,
502, 702, 851, 854, 855, 902, 903, 904, 905,
906, 907, 908, 909, 910, 926, 1035
progressivismo, 310, 312, 406, 421,
430, 436, 437, 630, 631, 718, 727, 881,
892, 1013, 1021
progresso católico, 836, 847, 849, 851, 852, 853,
861, 864, 865, 866, 867
progresso cultural observado por
estrangeiros, 513, 514
progresso desordenado, 1023
progresso industrial desordenado, 733
progresso intelectual dificultado pela ordem social
dominante (patriarcal e escravocrática), 425
"progresso precipitado ao desordenado", 881
questão social, 991, 992, 993, 994, 995, 996, 997,
998, 999, 1002, 1003, 1004, 1005, 1007, 1008,
1009, 1010, 1012, 1013, 1014, 1015, 1026,
1028, 1029, 1030
rivalidade com a Argentina, 160
romantização, 890, 891, 911
saudosismo monárquico como obstáculo ao
progresso nacional, 283
séc. XIX: ascensão dos genros, 175, 227
séc. XIX: idealização da figura do "estrangeiro",
298, 299, 346
"singularidade da posição brasileira na América",
235

sociedade com elementos conservadores, segundo Rui Barbosa, 226

substituição do arcaísmo monárquico pelo modernismo republicano, 225

tempo ou ritmo de vida diferente do europeu, 973

tempo social característico, 910

tempo social e psicológico particular, 716

ufanismo de Afonso Celso, 189, 195

voga da caricatura, 162

Brasil Império

apego à ordem por parte dos brasileiros, 213

ascensão dos bacharéis mestiços, 536

brasilidade a ser valorizada, 232

comportamento de D. Pedro II, 217, 239, 240, 241, 242, 245, 260, 270, 276, 282, 299, 305, 306, 307, 356, 357, 360, 380, 717, 887, 888, 889, 1020

críticas dos positivistas à monarquia, 218

democracia étnica, 235

democracia social e política para a "gente de cor", 207

descaso pelas Forças Armadas, 542, 546, 572

descontentamento em relação à Monarquia, 229

elogios ao regime monárquico, 237, 238

expansão do ensino primário, 379

forma autoritária de governo paternalista, 215

ideias socialistas de Louis Léger Vauthier, 214

industrialização, 634, 695

modernização, 360

monarquia brasileira diferente da britânica, 528

monarquia próxima da música e dos músicos, 312

opinião de Oliveira Lima, 371

oportunidades de ascensão ao negro ou mulato livre, segundo J. C. Fletcher, 531

paternalismo monárquico da Coroa em relação aos escravos, 685

poder moderador, 528, 529

questão militar, 217

receio de D. Pedro II em relação ao progresso material excessivo, 224

sabedoria de contemporização dos estadistas, 631

"sangue negro" em famílias da corte, 234

sobrevivências romanas na política e na sociedade, 362

tédio da vida social da corte de D. Pedro II, 304, 305

títulos acadêmicos como "cartas de branquidade sociológica", 536

valor dos depoimentos dos viajantes estrangeiros, segundo Gilberto Freyre, 531

voga do piano no Segundo Reinado, 313, 314

Brasil República

antilusismo e antiafricanismo, 69

apego à legalidade, 42

arianização da população, 168

avigoramento das tradições brasileiras, 875

críticas de Eduardo Prado ao regime, 233, 234, 236, 238, 638

consolidação do regime feita por Floriano Peixoto, 224

descontentamentos, 79, 80, 81

domínio político dos "brancos puros ou de fato", 543

exaltação da figura da criança, 152

falta de homem público sensível à questão social, 999, 1000, 1001, 1002

forte unidade nacional, 195, 224, 228, 229, 236, 406

"governo autoritário dentro de uma sociedade democrática na estrutura", 527

grandes escritores, 77, 95

habilidade do governo provisório, 243, 244

idealização do Itamaraty, 172, 176

liderança paulista como garantia de segurança para os brasileiros, 645

novo governo incorporando membros ilustres do Império, 244, 251, 285, 355, 582, 627, 629

novo patriarcalismo, 175

o bonde na vida brasileira, 147, 148

Patronato Agrícola (sobrevivência monárquica), 685

permanência de formas sociais antigas, 196

permanência sociológica do patriarcado agrário, 68

"poderes locais", 645

política diplomática, 187, 285, 372, 584, 585, 665, 666, 667, 704, 705, 729, 875, 876, 877, 878, 1002, 1020, 1024, 1035

preconceito do governo em relação à capoeira, 212

prestígio da ciência no início do regime, 1024, 1034, 1035

prestígio dos títulos militares, 534, 535, 545, 546

problemas do "estadualismo republicano", 636, 699

problemas do primeiro período republicano, 74, 75

proeminência do senador, 101, 105

progresso da indústria nacional, 154, 634

prostituição estrangeira, 165, 300, 301, 302, 303, 306, 309, 366
protecionismo às indústrias nacionais, 925
reforma do ensino, 85
seleção étnica no meio diplomático, 70
"señoritos", 212
separação da Igreja do Estado, 770, 776, 787, 798, 808, 841, 862, 863, 865, 877
sobrevivências monárquicas, 105, 232, 250, 280, 285, 286, 353, 372, 379, 527, 685, 875, 892, 893, 921
"teoria brasileira de valorização", 76, 77
valorização do homem de letras, 922, 923
valorização dos engenheiros, 382
vida íntima do brasileiro, 165
voga do bilhar, 171
Brasileiro
gosto pela fotografia, 152
gosto pelo uso de perfumes, 762
mito do "amarelinho", 464, 466, 583, 586, 694, 707, 740, 751, 760, 954
"mulato de espírito", 590
o brasileiro-síntese, 181, 194
opinião de Lamberg sobre o povo brasileiro, 566
paixão pela loteria, 148
povo mais inteligente da América do Sul, segundo Mr. Ballou, 738
"tipo moreno brasileiro", 602
valorização da língua francesa, 170, 176, 300, 382, 383, 387, 404, 413, 477, 489, 490, 492, 495, 500, 502
vida marcada pela música, 318
Brasileiros
admiração pelas figuras do teatro dramático, 505
"anglomania", 504
apego à ordem durante o Império, 213
autores mais lidos por eles, 396, 397, 399, 479, 480, 481, 483, 484, 485, 486, 487, 488, 489, 490, 491, 492, 493, 494, 495, 496, 497, 498, 499, 500, 501, 502, 503, 510, 568, 739, 740, 746, 802, 813, 815, 817, 818, 820, 822, 827, 841, 903
caboclismos, 579, 580
conservadores da Primeira República (sabedoria de contemporização), 205
da elite: preferência pelo estrangeiro, 82, 83, 88
despreparados para a instalação do regime republicano, 215

desprezo pelo trabalho até meados do séc. XIX, 560
elogiados por Roosevelt, 189
esmero ao tingir barba ou bigode, 157
gente "quase oriental" na sua "apatia", segundo E. F. Knight, 201, 209
gosto pelos esportes, 925
gosto pelos títulos, 534, 535, 536, 545, 546, 550
grandes "brasileiros eugênicos", 180
hábito do dente de ouro, 151
íntimos dos animais, 984, 985, 988, 989
jornais e revistas mais lidos por eles, 453, 454, 455, 456, 457, 458, 459, 460, 461, 462, 464, 466, 468, 469, 470, 471
negros: superação da condição étnica pela social, 556
"neobrasileiros", 449, 559, 679, 680, 732, 733, 865
"ordem clássica e conservadora", 890
"raça indolente", 201, 209
"raça indolente", segundo E. F. Knight, 201
significado da barba, 331, 332, 333

C

Caciquismo, 892
Café
casas comissárias, 885, 886
Convênio de Taubaté, 685, 686
estudos sobre seu desenvolvimento no Brasil, 699, 700
neoaristocracia em São Paulo, 632, 633
propaganda, 689
"quase metade do total de exportações brasileiras", 689
repercussão internacional do café brasileiro, 688
triunfo sobre o açúcar, 632, 633
valorização do, 922, 964, 965, 1009, 1011
Caiapó, 975
Calomelano, 975
Cambará, 912
Campinas
"centro mais ativo da propaganda republicana", 992
Canudos, 275, 368, 372, 373, 377, 410, 539, 542, 669, 670, 735, 751, 799, 849, 1024, 1033
Capoeira
combatida por Sampaio Ferraz no Rio de Janeiro, 541, 721
declínio, 162
descrição de Émile Allain, 212

presença forte na capital do Império, 540, 541

sugestão de J. C. Alves Lima, 258

técnica de possível utilidade na manutenção da ordem republicana, segundo Gilberto Freyre, 541, 542

utilizada pela Guarda Negra, 210

valorização pensada por Coelho Neto, 212

Caricatura

em propagandas na *Revista da Semana*, 913, 914

grandes caricaturistas no Brasil, 898, 899, 901

pesquisas de Herman Lima, 967

políticos mais caricaturados, 899

voga da, 162

Caroba, 975

Cartões-postais, 722, 723, 753, 754, 755

Casa brasileira

ausência de objetos de arte, 309

mobiliário de mau gosto, 310

Casamentos

combinados pelos chefes de família, 619

entre brasileiros católicos e mulheres europeias ou anglo-americanas protestantes, 846

entre pessoas de cores diferentes (depoimentos), 588, 589, 590, 591, 592, 593, 594, 595, 596, 597, 598, 599, 600, 601, 602, 603, 604, 605, 606, 607, 608, 609, 610, 611, 612, 613, 615, 616, 618, 619, 620, 621, 622, 826, 932

governantas europeias casando-se no Brasil, 415

predomínio do casamento romântico, 173

Casas-grandes

paternalismo abalado pela Abolição, 529

Catolicismo brasileiro

adoção de nomes de santos nos filhos, 776

apologia ao, 859

culto das imagens de Santo, 795

depoimentos sobre o, 802, 803, 804, 805, 806, 807, 808, 809, 810, 812, 814, 815, 816, 818, 819, 821, 822, 824, 826, 828

estudos sobre o, 830, 831

europeização excessiva, 863, 865

ex-votos, 772, 795, 797

festas, 774, 775, 780, 781, 800

glorificação da mãe ou da mulher, 792

guarda do domingo, 782, 783, 784

mística do donativo ou do legado às irmandades, 787

político, criticado por Joaquim Nabuco, 767, 771

procissões, 781, 795, 800

progresso católico, 836, 847, 849, 851, 852, 853, 861, 862, 864, 865, 866, 867

promessas, 772, 773, 795

Cavaquinho, 313

Ceará

primeira província a extinguir a escravidão, 637

Cemitérios

costume carmelita de enterrar corpos dentro de igrejas, 788

secularização, 768

Cerveja, 154, 155

Chineses

aclimatação no Brasil, segundo Salvador Mendonça, 711

Chope, 163, 662, 668

Cinema

filmes franceses, 908

surgimento, 156

Cipó-caboclo, 912

Circo

ofuscado pelo cinema, 156

Classes

mobilidade entre elas no Brasil, 527

Clero brasileiro

depoimento do padre Gaffre, 867

depoimentos sobre o, 802, 803, 804, 805, 806, 808, 810, 811, 812, 813, 814, 815, 818, 819, 820, 821, 822, 824, 825, 826, 867

desprezo pela questão social na República, 1009

imoralidade do, 779

sacerdotes brasileiros substituídos por estrangeiros, 837, 838, 839, 840

Clima

brasileiro (amolecedor), 715

brasileiro: sua relação com a capacidade de criação técnica ou industrial, 752

do sul do país aparentado do europeu, 643

interior paulista favorável ao café, 637, 639

tropical brasileiro e o vestuário, 925, 926, 983

Coco

gênero musical, 318, 319, 323

Colégios

americanos, 173, 185, 411, 412, 413, 790, 791

Anchieta, 392, 393, 841, 842, 878

Ateneu brasileiro, 394, 395, 396

católicos, 839, 841, 847, 848, 871, 877, 878, 896

colégio Progresso, 844, 845

de padres, 824

Ginásio Pernambucano, 385, 386, 388, 487, 828
jesuítas, 173, 392, 393, 841, 842, 878
Kopke, 389, 403
liceus de artes e ofícios, 850
mistos, 398
para moças, 176, 177
Pedro II, 380, 381, 382, 383, 384, 385, 387, 390, 393, 396, 403, 406, 407, 518, 816, 817
Sacré-Coeur, 839
Comunicação
cartões-postais, 722, 723, 753, 755
telefone, 160
telégrafo, 160, 164, 206, 457, 882
Confrarias, 785
Conventos
hospedaria de estudantes de cursos superiores, 660
Cooperativas, 857, 858
Copaíba, 911
Coronelismo, 169, 529
Cozinha brasileira
alteração do gosto dos quitutes, 985
diferenças regionais, 757
farofa à carioca, 294
pratos amazônicos e paraenses, 676
prestígio dos pratos baianos, 418
Criança brasileira
brinquedos e jogos, 184, 185, 292
idealização das crianças louras, 296
primeira comunhão, 183
Crimes
aumento do número de crimes com o progresso urbano, 721
crimes violentos após a Abolição, 721
Culinária brasileira
alteração do gosto dos quitutes, 985
diferenças regionais, 758
farofa à carioca, 294
pratos amazonenses e paraenses, 676
prestígio dos pratos baianos, 418
Culto de Maria no Brasil, 221, 538, 539
Culto do pai
proposto por Antônio Conselheiro, 373
Cultura
brasileira: influenciada pela norte-americana, 355, 356, 357, 358, 359, 360, 361, 363, 364, 365, 366, 368
brasileira: influenciada pela romana, 362
brasileira: plural, 984
brasileira: presente entre os negros regressados, 792

francesa no Brasil, 902, 903, 904, 905, 906, 907, 908, 909, 910, 926
valorização da europeia em detrimento da africana no Brasil, 327, 328

D

Danças
depoimentos sobre, 930, 936, 937, 939, 940, 942, 945, 959, 960, 992
Direito penal
voga dos criminalistas italianos, 171
Direitos
políticos e civis das mulheres no Brasil, 915, 967, 968, 969, 970
Divórcio, 813
depoimentos sobre o, 806, 807, 810, 811, 813, 815, 816, 818, 819, 820, 821, 822
Doenças, 884
amenorreia, 979
bronquite, 979
cálculo renal, 979
carbúnculo, 974
cólera, 886
cólera-morbo, 977
difteria, 887
escrofulose, 979
febre amarela, 884, 885, 886, 889, 977, 984, 985
hemorroida, 979
histerismo, 979
leucorreia, 979
malária, 974
peste bubônica, 977
raiva, 974
reumatismo, 975
sífilis, 179, 180, 183, 887, 979
tifo, 885
tísica, 977
tuberculose, 887, 979
varicela, 183
varíola, 884, 885, 974, 977

E

Economia brasileira
alteração após o fim da Monarquia, 1011
ascensão da borracha, 649

atividade industrial tímida no fim do Império, 663

baseada na lavoura, 554

Convênio de Taubaté, 685, 686

críticas da imprensa à situação financeira no
início da República, 450, 451

desorganizada pela Abolição, 527, 664, 698

emissão exagerada de moeda na República,
segundo Ramalho Ortigão, 289

feminina, 716

imperialismo econômico do Rio de Janeiro e de
São Paulo, 725

importância do surto amazônico da borracha, 676

industrialização em meados do séc. XIX, 564

lenta no período da escravidão, 405

mudança da atividade agrícola para a industrial, 634

política de encilhamento, 460, 628

primeiras reformas do governo provisório, 697

problemas do "estadualismo republicano", 636

protecionismo às indústrias nacionais, 718, 721,
724, 725, 726, 727, 734, 762, 1005

sentido de tempo modificado pela Abolição,
255, 256

substituição do trabalho escravo pelo livre,
255, 256

"supremacia monetária" no Império, segundo
argentinos, 246

transferência de hegemonia do Norte e Nordeste
para São Paulo, 632, 633, 634, 637

transformação dos característicos rurais em
urbanos, 658

Educação brasileira

castigos aos alunos, 824, 827

colégio Pedro II, 380, 381, 382, 383, 384

colégios americanos, 173, 185

colégios católicos, 839, 871

colégios jesuítas, 173, 392, 393, 841, 842, 878

colégios para moças, 176, 177

cursos superiores, 191, 550, 557, 565

educação física nos colégios, 843

em São Paulo (papel dos anglo-americanos), 369

envio de estudantes para a Europa, 280, 282, 753

envio de estudantes para os Estados Unidos, 364

escolas militares, 548, 550, 558, 571, 573

governantas europeias, 413, 414, 416

homens recebendo lições de "civilidade" das
cocotes, 308, 309

liceus de artes e ofícios, 558, 559, 562, 564, 565

oportunidade de estudo para mestiços em escolas

militares, 536, 548, 573

Eloquência

prestígio, 330, 334, 335

Empatia

meio de compreensão da realidade, 50, 51, 54, 56

Ensino no Brasil

Ateneu brasileiro, 394, 395, 396

caligrafia, 380, 386, 390, 406, 416

castigos aos alunos, 381, 385, 386, 387, 388, 389,
392, 394, 398, 404, 406, 407, 410, 416, 824,
827

centros de irradiação de saber, 400, 401, 402

colégio Anchieta, 392, 393, 841, 842, 878

colégio Kopke, 389, 403

colégio Pedro II, 380, 381, 382, 383, 384, 385, 406,
407, 518, 816, 817

colégio Progresso, 844, 845

colégios americanos, 173, 185, 790, 791

colégios católicos, 839, 871

colégios como lugares apenas de estudo, 293

colégios jesuítas, 173, 392, 393, 841, 842, 878

colégios para moças, 176, 177

cursos superiores, 191, 417, 419, 420, 422, 423,
424, 425, 426, 472, 519, 550, 557, 565, 573

educação física nos colégios, 843

em São Paulo (papel dos anglo-americanos), 369

envio de estudantes para a Europa, 753, 754

escolas militares, 395, 548, 550, 558, 571, 573

formação de padres pelo Salesianos,
em Lorena, 408

Ginásio Nacional (antigo Pedro II),
390, 393, 396, 403

liceus de artes e ofícios, 558, 559, 562,
564, 565, 850

livros didáticos e seu papel para o sentimento de
unidade brasileira, 408

oportunidade de estudo para mestiços em escolas
militares, 536, 548, 573

Escravidão

absorção de escravos do Norte pelas fazendas
paulistas, 632, 644

amena em muitas áreas, 193, 263, 576, 596, 601,
611, 616, 868

comportamento dos libertos, segundo Lamberg, 623

discutida nos jornais, 441, 442

posição conservadora de Domingos Carlos da
Silva, 554, 555, 556

"tradição paternalista", 880

Escravos
    assistência patriarcal, 880
    comportamento dos libertos, segundo Lamberg, 623
    cozinheiras e escravos "tratados como pessoas da família", 616
    em condição superior à dos trabalhadores livres, 855
    ex-escravos leais à Monarquia, 210, 571
    falta de assistência aos ex-escravos na República, 1014
    maometanos, 791
    "raça inferior", 623
    transferidos do Norte para o Sul no fim do império, 567
    tratados com consideração em muitas áreas, 193, 263, 576, 587, 596, 601, 611, 616, 868
    "um anexo da família", 587
Espartilho, 156, 172, 721, 960, 980, 983
Espiritismo
    associações beneficentes, 789
    hospital no Rio de Janeiro, 790
    "irradiação" no Brasil, 169
Esportes
    depoimentos sobre, 926, 927, 928, 929, 930, 931, 932, 933, 935, 937, 938, 939, 940, 941, 942, 943, 944, 945, 946, 947, 948, 949, 950, 951, 954, 956, 958, 959, 960, 961
Estados Unidos
    crítica de Gilberto Freyre à sua política diplomática, 234
    depoimentos sobre os, 902
    discriminação de cor nas igrejas, 862
    grande sentimento de "desigualdade das cores", segundo Joaquim Nabuco, 533
    imperialismo, 375
    o "paraíso dos inventores", 366
    presença na cultura brasileira, 355, 356, 357, 358, 359, 360, 361, 363, 364, 365, 366, 367, 368
    problema negro "grave e insolúvel", segundo Florêncio de Abreu, 587
    questão da cor em comparação ao Brasil, 532
    reações à proclamação da República no Brasil, 245
    segregação racial dos negros, 556, 862
Estradas de ferro
    desenvolvimento no período republicano, 889
    e a formação de povoações, 883
    importância para a economia brasileira, 633

Madeira-Mamoré, 673, 674, 706
    modernização, 360, 880
    North-Western of Brazil Railway, 883
    Sorocabana, 687
    utilização de madeiras brasileiras, 883
Eugenia, 70, 103, 180, 551, 581, 582, 583, 585, 586, 589, 600, 601, 602, 603, 657, 689, 751, 878
Evangelismo, 790, 896
Exército brasileiro
    apreciação de Rui Barbosa, 226
    bandas militares, 328
    "cônegos", 150, 151
    democratização étnica, 893, 894
    democratização social e étnica em sua composição, 247
    Deodoro da Fonseca elogiado por Gilberto Freyre, 252
    descaso do Império, 888
    distância em relação à D. Pedro II, 247
    e os interesses da população após 15 de novembro, 249
    elogio ao soldado, 149
    elogio do *Diário de Notícias*, de Rui Barbosa, 249, 250
    estudos sobre sua atuação, 260, 261
    garantia da unidade nacional, 226, 229
    homossexualismo, 150
    idealização dos soldados, 171
    militares como grandes representantes dos interesses nacionais, 547
    modernização, 1019, 1021, 1022, 1032, 1033
    poder suprapartidário, 251, 252, 546, 573
    prestígio, 248, 250, 252, 265, 266, 267, 268, 269, 270, 271, 272, 273, 274, 275, 278, 387, 410, 534, 537, 538, 539, 545, 546, 558, 573, 574
    principais centros de formação de oficiais, 288
    republicanização dos oficiais, 217, 247
    "vigilante pela ordem pública", 252

F

Família brasileira
    ameaçada pela presença das prostitutas, 302
    numerosa, 182
Família patriarcal
    catolicismo doméstico, 772
    declínio, 778, 779

Feminismo no Brasil
atuação de Bertha Lutz, 915
depoimentos sobre, 939, 967, 968, 969, 970
Festas
arte pirotécnica, 774
católicas, 774, 775, 780, 781, 800
diplomáticas, 877
Flor de laranjeira, 975
Fotografia, 152, 162, 274, 583, 707, 722, 744, 913
Frades
alemães, 488, 840
belgas, 840
beneditinos, 811, 838
brasileiros "em extinção", 801
capuchinhos, 799, 800, 801, 838
carmelitas, 838, 840
carreira prestigiada no regime patriarcal, 779
depoimento da preta Francisca Gomes
da Silva, 615
depoimentos sobre os, 803, 811, 814, 821
espanhóis, 840
exorcistas, 800, 801, 832
franciscanos, 799, 838, 840
Franceses no Brasil
cultura francesa no Brasil, 902, 903, 904, 905, 906,
907, 908, 909, 910, 926
maristas, 839
trapistas, 851, 852
Freges, 887
Freiras
depoimentos sobre as, 814
Futebol
depoimentos sobre, 932, 933, 939, 940, 941, 944,
946, 951, 952
desenvolvimento, 162
jogado em colégio americano, 412
transformação (de apolíneo para dionisíaco), 843

G

Genros
ascensão, 684
Gramofone, 163
Guaraná
entusiastas do, 981, 982
refrigerante, 911, 912
voga do, 910
Guarda Nacional, 226, 227, 254, 269, 276, 303, 888

Guarda Negra, 207, 208, 210, 262, 540, 541, 544, 570
Guarda-pó, 160, 171
Guerra
campanha federalista, 542
civil norte-americana, 210, 344, 369,
633, 683, 693
de Canudos, 275, 368, 372, 373, 377, 410, 539,
542, 669, 670, 735, 751, 849, 1024, 1033
do Paraguai, 211, 222, 229, 247, 253, 254, 258,
265, 266, 267, 268, 269, 270, 271, 272, 273,
276, 278, 284, 316, 410, 534, 537, 538, 545,
548, 549, 558, 562, 572, 579, 630, 650, 775
do Transvaal, 271
Primeira Guerra Mundial, 589, 681, 907,
913, 918, 1000
russo-japonesa, 272

H

Hevea, 670, 671, 672, 674, 681, 739
Higiene
pessoal, 988
pública no Rio de Janeiro, 886
urbana (descaso do Império), 887
Higiene pública
avanços em São Paulo, 410
higienistas, 885
na Bahia, 430
no Rio de Janeiro, 431, 886
preocupação da República brasileira, 565
Higienismo, 884, 885, 886, 887, 915, 983, 984, 1009
História do Brasil
manutenção da ordem, 52, 203, 204, 230, 237,
244, 344, 345, 876
Homossexualidade
na Revolta da Armada, 348
no Recife, 348
no Rio de Janeiro, 348
Hotéis
"antros mefíticos", 887
"centros de *rendez-vous*" nos restaurantes, 660
decoração rococó, 662, 664
Grande Hotel, 669
Hotel Avenida, 667, 668, 669, 721
Hotel Brasil, 669
Hotel D'Oeste, 669
Hotel dos Estrangeiros, 667, 668, 669
Hotel Engert, 842
Hotel Globo, 661, 662, 664, 665, 666, 667

Hotel Internacional, 667
imitados de estações de águas europeias, 913
"pontos de confluência" dos representantes do poder econômico e do político, 660

I

Igreja Católica
abandono aos operários na República, 896, 1009
assistencialismo, 785, 786
Cardeal Arcoverde, o primeiro cardeal da América do Sul, 581
cooperativas de inspiração católica, 857
depoimentos sobre a, 802, 803, 804, 805, 806, 807, 808, 809, 810, 811, 812, 813, 814, 816, 817, 819, 821, 823, 824, 826, 827, 828
desprezo pela questão social na República, 1009
dias santos, 783, 784
e o patriarcalismo, 772
festas, 774, 775, 780, 781, 800
imoralidade do clero brasileiro, 779
primeira comunhão, 183
problema das vocações sacerdotais, 778, 779
progresso católico, 836, 847, 849, 851, 852, 853, 861, 862, 864, 865, 866, 867
questão dos bispos, 217, 228, 770
questão religiosa, 770, 827, 828, 829
Igrejas
corpos sepultados em seus interiores, 788
demolição, 864
descaracterização, 864
deterioração, 863
Imbaúva, 975, 976
Imigração
valioso inquérito feito pela Sociedade Nacional de Agricultura, 707
Imigração asiática
chineses, 711
japoneses, 690, 693, 1026
Imigração europeia, 691
alemães, 569, 577, 679, 690, 691, 732, 763
benefícios para a formação da elite político--econômica paulista, 635
desprezo pelos italianos observado por Alfonso Lomonaco, 524
elogio de Luís de T. Piza Sobrinho, 410, 411
empregadas portuguesas e italianas, 193
enquistamentos raciais, 593
esforço de particulares, 692

estudos a respeito, 624
expectativa de eugenização, 689
fracassos na Bahia, 642
imigrantes com experiência na agricultura em todo o Brasil, 680
intensificação desejada por Erasto Gaertner, 598
italianos, 324, 567, 568, 575, 577, 624, 625, 640, 646, 690, 691, 693, 694, 705, 710, 728, 731, 765, 1031
malvista por D. Pedro II, 216
mudanças na vida íntima do brasileiro, 165
"neobrasileiros", 449, 559, 679, 680, 732, 733, 865
no sul do Império, 370
papel revolucionário, 890
poloneses, 691
predomínio de europeus do sul da Europa em São Paulo, 637
relatórios do Ministério da Agricultura, 712
solução paulista pós-Abolição, 1011
Indígenas
escravizados na Amazônia, 764, 765
esforço do governo brasileiro em favor deles, 78
remédios, 975
servidão nos seringais, 674, 675
submetidos à servidão na Amazônia, 576
valorização dos, 579, 580, 581, 1009
Industrialização
aparecimento no Sul de vários Mauás, 634
"às tontas", 1010
criadora de um "terceiro tempo" social, psi-cológico e cultural, 716
em São Paulo, 730
frigoríficos, 889
no Brasil Império, 634, 695
no Recife, 756
papel na vida íntima do brasileiro, 165
prestígio do industrial, 923, 924
progresso da indústria nacional, 154
protecionismo às indústrias nacionais, 724, 725, 726, 727, 734, 925, 1005
sua situação no Brasil em 1908, 719
tecidos, 923, 924
valorização da, 880
Infância
período marcante na vida do ser humano, 196
Inglaterra
depoimentos sobre a, 902

Ipecacuanha, 911, 976

Irmandades religiosas, 785, 787, 788, 789, 794, 827, 828, 892

Italianos no Brasil
arianização da República, 690, 694
autores de crimes de roubo e de morte, 720
depoimento do padre Gaffre, 710
em São Paulo, 324, 567, 568, 575, 577, 624, 625, 640, 728, 731, 1031
gosto pelas mulheres de cor, 690
latinidade e catolicidade, 568, 569, 693
na Amazônia, 705, 765
númerosa colônia em São Paulo, 324
opinião de J. O. P. Bland, 709
os imigrantes mais elogiados, 690
plasticidade, 693, 694, 709
total de italianos recebidos pelo Brasil de 1820 a 1915, 691

J

Jaborandi, 911, 975
Jalapa, 912, 975
Jangadas, 200
Japoneses no Brasil
ameaça à "homogeneidade do povo brasileiro", segundo Teixeira Mendes, 1026
cultivo de arroz, 693
presença incipiente até 1920, 690
Jardins
franceses no Rio de Janeiro, 306
Jesuítas
alemães no Rio Grande do Sul, 839
colégio Anchieta, 392, 393, 841, 842, 878
combatidos por Nilo Peçanha, 861
Jogo do bicho, 148, 161, 981
Jornalismo
"publicista", 474
relação próxima com a literatura, no período considerado em *Ordem e Progresso*, 472, 473, 494, 495
Juá, 981
Judeus
alsacianos, 680
discriminados nos Estados Unidos, 620
grupo segregado, 556
respeitados no Brasil, segundo Frank Bennett, 570
Jurubeba, 987

L

Laranjeira-do-mato, 912
Lazer
depoimentos sobre, 926, 927, 928, 929, 930, 931, 932, 933, 935, 936, 937, 938, 939, 940, 942, 943, 945, 946, 947, 948, 949, 950, 951, 954, 956, 959, 960, 961, 992
Lingerie, 143, 144
Língua Portuguesa
desvantagens da ação de puristas, 511
elogio de J. C. Fletcher, 508, 509
gramática em inglês feita por John Casper Branner, 358
neologismos, 433, 434, 435, 436, 438
polêmicas, 108
ponto de ligação entre as várias regiões e populações brasileiras, 733
problema dos padres estrangeiros no Brasil, 840
processo de assimilação de estrangeirismos, 433, 434, 435, 436
pureza do idioma defendida por Rui Barbosa, 417
vantagens da ação de puristas, 510
Linotipos, 651, 652
Literatura brasileira
arianismo, 511, 512
autores definidores da identidade brasileira, 510
autores mais lidos pelos brasileiros, 397, 399, 479, 480, 481, 483, 484, 485, 486, 489, 491, 492, 493, 494, 495, 496, 497, 498, 499, 500, 501, 502, 510
do séc. XIX: na avaliação de J. C. Fletcher, 507, 508
do séc. XIX: na avaliação de Maurício Lamberg, 506, 507
livros de História, 513
nativismo, 919, 920, 921
opinião de Alfonso Lomonaco, 514
opinião de Henri Turot, 514
opinião de L. E. Elliott, 509, 512
reconhecimento de Machado de Assis, 516, 517
valorização do homem de letras, 922, 923
Literatura estrangeira
autores mais lidos pelos brasileiros, 396, 397, 399, 479, 480, 481, 483, 484, 485, 486, 487, 488, 489, 490, 491, 492, 493, 495, 496, 497, 498, 499, 500, 501, 502, 503, 568, 739, 740, 743, 746, 802, 812, 815, 817, 818, 820, 822, 823, 827, 841, 903
prestígio da literatura francesa no Brasil, 909

Livros
atuação do editor Garnier no Brasil, 474, 475, 476, 477, 503, 523
pirataria editorial, 494
Livros de viajantes estrangeiros
importância para Gilberto Freyre, 89

M

Maçonaria
atitude de repúdio aos caftens, 304
atitudes agressivas em relação ao clero, 867
bandas de música, 318
campanhas contra o religioso estrangeiro, 569, 839
combatida por D. Vital, 827, 828, 829, 836, 838
declínio do poder político, 163, 867
maçons contrários à influência do "frade estrangeiro", 569
perda de poder político após a proclamação da República, 279
questão dos bispos, 770
Manaus
ausência de um grande hotel, 657
bonde elétrico, 651
depoimento de Paul Adam, 702
modernização da cidade, 651
prostituição, 301
"reação à rotina brasileira", 656
reduto de "oratória ou de eloquência", 342
Teatro Amazonas, 651, 657, 736
vitalidade econômica, 655
Maracatu, 298, 314, 315, 318, 328, 922
Marimbau, 327
Marinha brasileira
"cônegos", 150
democratização étnica, 893, 894
homossexualismo, 150
idealização dos marinheiros, 171
modernização, 1017, 1018, 1019, 1021, 1032, 1033
presença de pretos e pardos, 537
republicana (falta de "valorização do elemento humano), 881
Revolta da Chibata, 150, 151, 1016, 1017, 1025
Mariolatria, 792
Maristas, 839
Massapê, 637, 684
Mate
propaganda, 689

Maternalismo brasileiro, 219, 220
Maxixe, 300, 320, 325, 327
Medicina
anúncios de remédios nos jornais, 158
brasileiros com problemas no fígado, 178
eletroterapia, 983
especialização, 981
faculdades, 417, 419, 422
hidroterapia, 978
importância dos orixás e babalorixás, 793
Institutos de Manguinhos e Butantã, 162
livros em francês, 488
renovadores baianos, 424, 430, 520, 521
voga da injeção, 171
Médicos
alarmados com a saúde na República, 1014
de família, 978, 988
especialização, 981
estrangeiros, 424
mais famosos, 982
preocupação com a oratória, 423, 424
urbanos, 884, 885, 886
Melão-de-são-caetano, 912
Meninas brasileiras
brinquedos e jogos, 292, 409
leitura estimulante dos livros de Júlio Verne, 498
pobres (boneca de pano), 296
ricas (boneca de louça), 296
Menino brasileiro
brincadeira de soldado, 265, 266, 267, 272, 274
brinquedos e jogos, 265, 266, 267, 272, 274, 291, 292, 293, 396, 398, 399, 412, 413, 414, 927, 929, 930, 933, 934, 942, 944, 946, 947, 948, 951, 952, 954
costume de longas cabeleiras, 174
enxoval, 182
precocidade, 868
vestuário europeizado, 184
Meninos brasileiros
do interior (brinquedos e brincadeiras), 295
iniciação sexual no orifício de bananeira ou em animais, 292
leitura estimulante dos livros de Júlio Verne, 404, 405, 470, 488, 496, 497, 498, 500, 501, 503, 523
Mestiçagem
"absorção paulatina das raças de cor pela raça branca", segundo Roberto C. Naegeli, 597
em São Paulo, 631
generalizada no Brasil, 544

italianos lombardos com negras, caboclos com italianas, 568

problema da América Latina, segundo Gustave Le Bon, 188

situação brasileira defendida por J. B. de Lacerda, 586

Mestiços

ascensão social, 579, 584, 586

frequentadores dos liceus de artes e ofícios, 558

membros do Exército na Guerra do Paraguai, 211

oportunidade de ascensão nas escolas militares, 536, 548

população mestiça identificada com a Monarquia no Brasil, 530, 533

principais escritores da literatura brasileira, segundo J. C. Fletcher, 507

títulos acadêmicos como meio de ascensão, 536

Minas Gerais

fontes de águas minerais, 978, 979

"furor em torno da mineração", 646

mudança da capital, 890, 965

Mineração

consequências para Minas Gerais, 646

Miscigenação

"absorção paulatina das raças de cor pela raça branca", segundo Roberto C. Naegeli, 597

em São Paulo, 631

generalizada no Brasil, 544

italianos lombardos com negras, caboclos com italianas, 568

problema da América Latina, segundo Gustave Le Bon, 188

situação brasileira defendida por J. B. de Lacerda, 586

Mobiliário

europeização, 310, 315, 334

forte influência europeia em Pernambuco no séc. XIX, 559

Modernismo

do eixo Rio-São Paulo, 79

Modinhas

acontecimentos políticos como tema, 102

"agente musical de unificação brasileira", 316

caráter democrático, 320

exaltadoras de morenas e mulatas, 321

fontes valiosas para interpretação sociológica e psicológica, 321

glorificadoras das morenas, 184

líricas, 350

no Rio de Janeiro, 312

presença na vida dos brasileiros, 318

superadas por canções de inspiração francesa, 171

tendência para o individualismo romântico, 322

Moleques de rua

brinquedos e jogos, 935

resistência à europeização do vestuário, 144

Mosquiteiro, 156, 161

Movimento republicano

abolicionistas, 262

comportamento conservador da ordem elogiado na Inglaterra, 244

"delicadeza feminina" dos homens, 222, 223, 224

e a "ordem econômica dominante", 231

em São Paulo, 638, 639, 640

interesse dos militares pelo bem comum, 249

jornal *A Ordem*, de Santos, 452

Manifesto Republicano, 572

propaganda, 221, 222, 249, 277, 278, 332, 338, 356, 384, 437, 452, 580, 665, 683, 713, 817, 823, 912, 922, 963, 992, 998

Mulatas

nos anúncios de jornais, 447

pastoras, 942

Mulatos

Cotegipe, 532

depoimentos sobre eles, 587, 588, 589, 590, 591, 592, 593, 594, 595, 596, 597, 600, 602, 603, 604, 605, 606, 607, 608, 609, 610, 611, 612, 613, 615, 616, 617, 618, 619, 620, 622, 623, 708

livres: oportunidades de ascensão no Brasil império, segundo J. C. Fletcher, 531

músicos, 312

presença no serviço naval, 880

Mulher

cultuada na República, 219, 220, 221

Mulheres brasileiras

direitos políticos e civis, 915, 967, 968, 969, 970

influência de sinhás na política do governo de Deodoro da Fonseca, 260

Música

abrasileiramento, 843, 844

"arte por excelência brasileira", 312

artistas estrangeiros no Brasil, 328, 329, 330, 331, 350, 351

bandas militares, 328, 538

coco, 318, 319, 323

depoimentos sobre, 930, 931

dobrado, 745, 782, 844

domingo como o dia de música de pancadaria, 781

ensinada por governantas europeias, 416

hinos militares, 538

maracatu, 298, 314, 315, 318, 328, 922

maxixe, 320, 325, 327

modinha, 316, 318, 319, 320, 321, 322, 324, 325, 326, 844, 931

ópera, 313, 317, 320, 322, 323, 324, 325, 326, 342, 343

ópera *O guarani* (repercussão mundial), 313, 317

opinião de Eugène de Robiano, 524, 525

presença na vida dos brasileiros, 318, 320

sambas, 298, 314, 315, 318, 922

valsa, 319, 322, 323, 325, 326

via de comunicação entre os salões e a rua, 320

N

Negras velhas, 193, 604

Negros

abrasileiramento, 792

ascensão social, 579

depoimentos sobre eles, 587, 588, 589, 590, 591, 592, 593, 594, 595, 596, 597, 598, 600, 602, 603, 604, 605, 606, 607, 608, 609, 610, 611, 612, 613, 615, 616, 617, 618, 619, 620, 622, 623, 624, 708

livres: fidelidade à monarquia, 540, 571

livres: oportunidades de ascensão no Brasil império, segundo J. C. Fletcher, 531

livres: regressando à África, 791, 792, 832

"mancha na civilização nacional", 689

membros do Exército na Guerra do Paraguai, 211

presença no serviço naval, 880

segregados nos Estados Unidos, 556

vários apegados à "causa monárquica", 206, 207, 208, 210, 257, 262, 540, 541, 571, 734

Negros velhos, 653

O

Objetivos e metodologia do livro, segundo Gilberto Freyre, 34, 35, 36, 39, 40, 41, 43, 44, 45, 47, 48, 49, 55, 56, 57, 60, 67, 111, 141, 142, 181, 197, 479, 728, 822, 836

Óleo de rícino, 183

Oratória

declínio da oratória "rococó", 343

especialidade de Rui Barbosa, 338, 339, 340, 341, 390, 417, 458, 460, 463, 964, 966

presença nos debates políticos da Guerra Civil norte-americana, 344

prestígio, 272, 273, 334, 335, 336, 337, 340, 341, 344

Ordens Terceiras, 785, 788, 789, 892

Oriente

mudas de seringueiras importadas da Amazônia, 652, 671, 672, 673

tropicalidade, 625

P

Padres

"amigados", 837

brasileiros substituídos por estrangeiros, 837

carreira prestigiada no regime patriarcal, 779

depoimentos sobre os, 803, 810, 812, 818, 821, 824, 825

jacobinos, 837

jornalistas, 780

maçons, 837

pais de família, 826, 838

políticos, 780, 837

professores, 780

Salesianos, em Lorena, 408

seus métodos de ensino, 848, 850

tendo filhos, 821, 826

tios-padres, 779

Palhoças, 316

Palmatória, 849

Panela

substituição da panela de ferro pela de barro, 985

Papagaio

brinquedo brasileiro tradicional, 291, 293, 294, 295, 413, 934

Pará

teatro que atraía ótimos conjuntos musicais e teatrais, 326

Paris

depoimentos sobre, 902, 903, 904, 905, 906, 907, 908, 909

Patriarcalismo brasileiro

arquitetura em harmonia com o meio tropical, 431, 432

assistência religiosa aos escravos, 800

assistencialismo em relação aos escravos, 576, 880
costume de se mostrar o quarto dos noivos, 182
desarticulado pela Abolição, 855
descaracterização com a República, 311, 312
desintegração, 503, 778, 786
desintegração de seus "melhores valores", 414
"estética de promessas e ofertas", 773
importância das famílias, 645
no Rio de Janeiro do séc. XIX, 659
presença no período republicano, 893
protetor dos escravos, 576, 800, 880
Patronato Agrícola, 685, 719, 734
Pau-paraíba, 912
Pau-pereira, 912
Pecuária brasileira
    atividade pouco desenvolvida na República, 718
    e o clima tropical brasileiro, 918, 919
    gado caracu, 918
    gado zebu, 919
    no sul do Brasil, 682
Pega-pinto, 975
Pernambuco
    cooperativas, 857, 858
    decadência do açúcar, 684
    descrição de E. F. Knight, 199, 200
    Federação Operária Cristã, 856
    representado pelo leão, 162
Pés
    apologia aos pés pequenos das sinhazinhas, 307
    "um dos orgulhos" dos brasileiros, 154
Petróleo, 918
Piano, 298, 313, 314, 323, 327, 328, 346, 349, 416, 651
Pincenê
    voga do, 957
Pipa
    brinquedo brasileiro tradicional, 291, 293
Pipo, 183
Portos brasileiros
    ideais estrangeiros anarquistas, 1018
    modernização, 1019
    Santos: porto importante, 633, 698
Portugal
    colonização portuguesa no Brasil criticada por
        Raimundo de Freitas, 618
Português
    elogio de Eduardo Prado, 232
    valor de sua experiência colonizadora no Oriente
        e na África, 625
Positivismo
    depoimentos sobre o, 802, 804, 805, 806, 807, 808,

810, 812, 813, 814, 815, 816, 817, 818, 819,
    820, 822, 823, 825, 827, 995, 1006
desenvolvimento no Brasil, 51, 52, 73, 85, 86, 102,
    103, 107, 153, 175, 181, 207, 209, 213, 214,
    215, 218, 221, 222, 223, 224, 227, 232, 247,
    249, 251, 272, 278, 281, 332, 336, 337, 338,
    339, 340, 341, 342, 353, 364, 383, 384, 388,
    390, 391, 394, 395, 396, 401, 402, 403, 407,
    408, 417, 427, 428, 458, 460, 491, 534, 546,
    548, 549, 551, 552, 554, 562, 563, 606, 607,
    609, 648, 654, 682, 738, 742, 757, 768, 801,
    802, 804, 805, 806, 807, 808, 809, 810, 811,
    812, 813, 814, 815, 816, 817, 818, 819, 820,
    822, 823, 825, 827, 832, 833, 835, 847, 883,
    884, 892, 902, 919, 939, 964, 995, 1001, 1003,
    1006, 1007, 1008, 1009, 1010, 1011, 1013,
    1015, 1017, 1024, 1026
Proclamação da República
    aumento do prestígio do Exército, 537
    consequências da, 537, 628, 648, 654, 668, 770,
        775, 777, 891, 1006, 1007, 1011, 1022
    favorecimento à miscigenação, 606
    observações de Max Leclerc, 216
    processo violento, 209, 210
    reações à, 202, 203, 204, 205, 206, 208, 214, 225,
        227, 228, 229, 230, 231, 233, 236, 238, 242,
        243, 244, 245, 246, 247, 248, 249, 250, 251,
        255, 259, 261, 265, 266, 267, 268, 269, 270,
        271, 273, 274, 275, 276, 277, 278, 279, 280,
        281, 282, 283, 284, 287, 289, 340, 341, 354,
        355, 368, 371, 372, 373, 374, 455, 456, 460,
        461, 462, 465, 502, 530, 534, 616, 648, 771,
        870, 921, 992, 996
    reservas da imprensa europeia, 243, 249
Prostituição
    caftismo, 165, 302, 303, 304
    denominações diversas para a prostituta, 167
    francesas, 300, 301, 303, 309, 366
    "Mme Pommery", em São Paulo, 301
    mulatas, 346, 723
    no Rio de Janeiro, 300, 301, 302, 303, 347
    polacas, 166
    "Susana", no Rio de Janeiro, 300
    urbana e estrangeira, 165, 302
Protestantes
    divulgadores das "verdades dos Evangelhos", 167
    presença no Brasil, 539
Protestantismo
    "alastramento" entre a "plebe rural", 844

bíblias protestantes queimadas em Recife, 810
colégios americanos, 173, 790, 791
depoimentos sobre o, 823
evangélico (disseminação entre descendentes de
    escravos), 896
influência norte-americana sobre o Brasil, 366
"irradiação" no Brasil, 169
Purga-do-pastor, 912

Q

Quakers, 791, 792
Quássia, 912
Quinino, 911, 974

R

Raça
    arianismo de intelectuais brasileiros, 511, 512
    democratização étnica nas Forças Armadas, 893,
        894
    direitos civis independentes de raça ou cor no
        Brasil, segundo J. C. Fletcher, 531
    indolência da "raça" dos brasileiros, segundo E. F.
        Knight, 201, 209
    novo tipo de raça no Brasil, 235, 236
    questão presente no questionário de Gilberto
        Freyre, 48
    raça negra como "raça-mulher", 553
Raças
    brasileiras e os males do país, 553
    democratização étnica no Brasil, 579, 586
    estudiosos das raças no Brasil, 188
    interpenetração, 599
    mobilidade entre elas no Brasil, 527
    problema secundário, segundo Cássio Barbosa de
        Resende, 996
Racismo
    depoimentos sobre a atitude em relação aos negros
        e mulatos, 587, 588, 589, 590, 591, 592, 593,
        594, 595, 596, 597, 598, 599, 600, 601, 602,
        603, 604, 605, 606, 607, 608, 609, 610, 611,
        612, 613, 616, 618, 619, 620, 621, 622
    seleção étnica nos altos comandos políticos da
        República brasileira, 543, 544
Raia, 934
Recife
    1º Congresso Católico, 858

amostras da europeização, 155
campanha de D. Vital contra a maçonaria, 827,
    828, 829, 836, 838
centro de cultura intelectual artística
    e mundana, 402
centro de grande progresso cultural, 408
colégio americano, 790
Faculdade de Direito, 421, 487, 495, 496, 523, 573,
    600, 612
foco de inquietação proletária, 1031
"grande veneração pela ciência alemã", 420
homossexualismo, 348
modernização da cidade, 756
pensão da baronesa de Landy, 658, 668
pensão Siqueira, 703
queima de bíblias protestantes
    em praça pública, 810
Teatro Santa Isabel, 702
Regionalismo nordestino, 79
Religião
    casamentos entre católicos e protestantes, 846
    cultos africanos, 793, 796, 798
    depoimentos sobre, 802, 803, 804, 805, 806, 807,
        808, 810, 811, 812, 813, 814, 815, 816, 818, 819,
        820, 821, 822, 823, 824, 825, 826, 828, 860
    espírita, 789, 790
    estudo de João do Rio sobre as religiões no Rio de
        Janeiro, 797
    estudos sobre, 797, 830, 831
    evangelismo, 790, 896
    festas, 774, 775, 780
    liberdade religiosa, 769
    protestante, 167, 169, 173, 366, 790, 791,
        810, 823, 896
Repúblicas de estudantes, 400, 401, 442, 557
Retórica
    prestígio, 334, 335, 336
Rio de Janeiro
    cidade elogiada por Roosevelt, 189
    cidade sem bons hotéis, 659
    colégio Pedro II, 403
    colégio Progresso, 844, 845
    Faculdade de Medicina, 419, 422, 519, 565
    homossexualismo, 348
    jardins franceses, 306
    modernização da cidade, 293, 431, 432, 521, 630,
        689, 720, 737, 759, 880, 884, 890
    prostituição, 300, 301, 302, 303
    sociedade predominantemente patriarcal, 659

tédio da vida social da corte de D. Pedro II,
305, 306, 307
voga do bilhar, 171
Rio Grande do Sul
alemães, 577
gaúcho de poncho e botas, 162
Rococó, 662, 663, 664
Rua
libertação da rotina privada, 294
mascates, 294, 295, 314
vendedores, 294, 298, 314

S

Salvador
descrição de E. F. Knight, 200, 201
Faculdade de Medicina, 417, 422, 424, 426, 430,
519
opinião de Louis Agassiz, 430
reação à proclamação da República, 206
Samba
divertimento dos marinheiros, 1018
Sambas, 298, 314, 315, 318, 922, 1018
Sanatórios, 163
Sanitarismo, 884, 885, 886, 887, 888, 988
Santa Catarina
alemães, 577
enquistamentos raciais, 593
franceses fourieristas, 692
Santas Casas, 785, 786, 787, 788, 994
Santos
foco de inquietação proletária, 1031
porto em situação de crescente prestígio
econômico, 698
porto movimentado, 633
São Paulo
boas condições de solo e de clima, 68
centro intelectual experimentador e renovador, 416
condições favoráveis à adoção do trabalho livre,
637, 639, 640, 641, 644, 698
"democratização etnicossocial", 640
Escola Americana, 411, 412
escravos importados do Norte e Nordeste, 632
Faculdade de Direito, 423, 425, 472, 491, 519, 573
"grande cidade de negócios",
segundo Pierre Denis, 727
importância das estradas de ferro, 633
industrialização, 730

italianos, 324, 567, 568, 575, 577, 624, 625, 640,
728, 731, 1031
mística das "terras roxas", 730
mística do progresso industrial ou da atividade
urbana, 730
neoaristocracia do café, 632, 633
presença forte de italianos, segundo Sousa Pinto,
567, 568
prosperidade para o café, 567
prostituição, 301
Sapucainha, 912
Seminário
de Fortaleza, 812
de Olinda, 804
Senhoras
significado das longas cabeleiras, 332
Sexualidade
"libertinagem", 348
masturbação dos meninos, 182
meninos precoces no orifício de bananeira ou em
animais, 292
relações sexuais entre mestiças e sinhozinhos
brancos, 614
Sífilis no Brasil
doença generalizada, 179
preocupação dos médicos, 178
Sociologia
de Auguste Comte, 207
empírica, 64, 69
genética, 54, 197
Suspensório, 163

T

Tamarindo, 976
Teatro
dramático, 505
lírico, 313, 504
Tempo tríbio
teoria de Gilberto Freyre, 59, 197
Terrasses, 661, 662, 722, 928
Tório, 917, 918
Trabalho
depoimento de Eduardo Prado sobre os operários,
868
"despertar de uma consciência proletária na vida
brasileira", 566
desprezado pelos brasileiros até meados do séc.
XIX, 560

falta de assistência aos operários no início da República, 894, 895, 995, 1000, 1001, 1002, 1003, 1004, 1005, 1007, 1008, 1012, 1013, 1015, 1027, 1030

jornais operários, 1031

Lei Adolfo Gordo, 1031

Lei do Ventre Livre (1871), 835, 873, 891

manual valorizado, 559

opinião de Lamberg sobre o operariado urbano brasileiro, 566

preferência pelos estrangeiros para o serviço doméstico, 445, 446, 447, 448, 449, 522, 523

questão operária colocada por D. Luís de Orléans--Bragança, 363, 1012, 1013

regime patriarcal de trabalho protetor dos escravos, 576

reivindicações de marinheiros, 1016, 1017

reivindicações proletárias, 998, 1032

relações entre patrões e empregados desorganiza-das pela abolição, 1008

substituição do trabalho escravo pelo livre, 255, 256, 444, 449, 555, 561, 562, 563, 564, 567, 634, 639, 640, 641, 647, 685, 698, 708, 769, 854, 858, 860, 866, 892, 974, 993

trabalhador livre em condição inferior à do escravo, 855

Transporte

aéreo, 406, 879

automóvel, 882, 947

bonde, 146, 147, 239, 266, 293, 302, 370, 376, 377, 651, 754

cadeirinhas de armar, 561

carro de boi, 958

carruagens, 314

jangada, 200

modernização do transporte urbano, 361

navegação regular do alto Amazonas, 358, 360

navio a vapor, 172, 200, 560, 650, 720, 724, 881

pau-e-corda, 561

trem, 633

trole, 698, 708

Trapistas, 851, 852, 853, 854, 855, 856

Trópico

adaptação do vestuário no Brasil, 925, 926, 983

opinião de Roy Nash, 917

sucesso da civilização tropical brasileira, 916, 918, 973, 980

U

Urbanização

a figura do engenheiro, 735

atuação de Saturnino de Brito, 884

em São Paulo, 730

higienistas, 885, 887

no Recife, 433

no Rio de Janeiro, 431, 433, 630, 689, 720, 722, 759, 890

papel na vida íntima do brasileiro, 165

preocupação da República brasileira, 565

sanitaristas, 884, 885, 887, 888

Uruguai

reformas sociais, 1013, 1014

V

Valsa, 402

Velocípede, 753

Vestuário

à moda Santos Dumont, 743, 744, 746, 747

adaptação ao clima tropical, 925, 926, 983

anglicização, 956

anúncios, 914

depoimento de Fletcher e Kidder, 971

depoimentos sobre, 927, 928, 929, 930, 935, 939, 940, 941, 942, 943, 944, 945, 946, 947, 948, 949, 950, 951, 952, 953, 954, 955, 956, 958, 959, 960, 961

europeização, 983

lingerie, 143, 144

Violão, 313, 314, 316, 321, 323, 324, 608, 614, 717, 931, 992

Voleibol

aparecimento, 162

W

Water closet, 160

Índice onomástico

A

A. N. A., 114, 471, 820
ABRANCHES, Dunshee de, 72, 91
ABRANTES, marquês de, 786
ABREU, Canuto, 107
ABREU, Casimiro de, 113, 319, 326, 341, 395, 484, 485, 486, 489, 491, 492, 493, 495, 496, 497, 498, 499, 500, 501, 503, 992
ABREU, Francisco Pinto de, 130, 267, 997
ABREU, João Capistrano de, 76, 92, 93, 490, 513, 572, 668, 961
ABREU, Vergue de, 120
ADAM, Paul, 76, 99, 471, 701, 702, 729, 866, 870, 964
ADÃO, pai, 798, 802
ADÉLIA, Maria, 678
ADONIAS FILHO, 195
ADOUR, Eugênio, 932
AFONSO, João, 100
AGASSIZ, Louis, 192, 299, 357, 358, 363, 377, 424, 425, 430, 520, 889
AGASSIZ, mme., 299, 377, 520, 529
AGOSTINI, Ângelo, 454, 476, 481, 482, 503, 515, 545, 898
AGUEDA, conde d', 260
AGUIAR, Cardoso de, 573
AGUIAR, Durval Vieira de, 87, 88, 427, 520, 560, 575, 641, 643, 701, 712, 716
AGUIAR, Guilherme de, 120
AIMÉE, mlle., 347
AIRES, Mariana de Campos, 398
AKERS, C. E., 672, 705
ALBUQUERQUE, Estevão de Sá Cavalcanti de, 654, 656
ALBUQUERQUE, Félix Cavalcanti de, 46, 117
ALBUQUERQUE, Félix Maria de Freitas e, 816
ALBUQUERQUE, Maria (Iaiá) Cavalcanti de, 117, 755, 765, 814
ALBUQUERQUE, Mateus de, 923, 1010
ALBUQUERQUE, Medeiros e, 72, 75, 90, 103, 210, 258, 343, 456, 472, 475, 504, 513, 1032
ALBUQUERQUE, Minervina de, 319
ALBUQUERQUE, Mota e, 137

ALBUQUERQUE, Ulisses Lins de, 196
ALCÂNTARA, Marco Aurélio de, 37
ALEGRE, Porto, 273, 475, 508, 572
ALENCAR, Alexandrino de, 689, 888
ALENCAR, José de, 75, 172, 307, 316, 319, 322, 341, 396, 399, 474, 475, 479, 480, 483, 484, 485, 486, 489, 491, 492, 493, 494, 495, 496, 497, 498, 499, 500, 501, 502, 503, 506, 508, 509, 510, 515, 550, 586, 735, 736, 891, 910, 911, 921, 981
ALENCAR, Mário de, 513
ALFREDO, João, 72, 73, 121, 159, 212, 227, 345, 580, 648, 664, 869
ALI, Said, 83, 396
ALIGHIERI, Dante, 480, 484, 488, 495, 500
ALLAIN, Émile, 98, 212, 258, 521, 785, 787, 831, 843
ALMEIDA, Cândido Mendes de, 475, 572, 828
ALMEIDA, Cornélio, 400
ALMEIDA, Fialho de, 484
ALMEIDA, Gabriel de Toledo Piza e, 823, 908
ALMEIDA, Heitor Modesto d', 61, 63, 128, 489, 587, 588, 808, 841, 842, 884, 885, 949, 965, 985
ALMEIDA, irmãos Osório de, 915
ALMEIDA, José Américo de, 402
ALMEIDA, Júlia Lopes de, 177, 475, 510, 513, 959
ALMEIDA JÚNIOR, José Ferraz de, 102, 170
ALMEIDA, Ladislas d', 699
ALMEIDA, Manuel Antônio de, 475, 486, 921
ALMEIDA, Manuel Pinto de, 130
ALMEIDA, Pires de, 348, 563, 564, 575
ALMEIDA, Renato, 92, 103, 349
ALMEIDA, Telésforo de, 342
ALVES, Brito, 47, 334, 782
ALVES, Castro (Antônio C. A.), 113, 121, 316, 323, 325, 326, 341, 395, 397, 429, 480, 483, 484, 485, 486, 489, 492, 493, 494, 495, 496, 497, 498, 499, 500, 501, 502, 504, 506, 508, 992
ALVES, D. José Pereira, 804
ALVES, Francisco de Paula Rodrigues, 40, 69, 72, 133, 134, 158, 180, 280, 286, 348, 349, 357, 377, 472, 645, 689, 704, 706, 888, 890, 892, 899, 914, 984, 1009
ALVES, João Luís, 1001

ALVIM, Cesário, 665
AMADO, Gilberto, 7, 39, 78, 80, 81, 82, 83, 90, 92, 95, 188, 190, 402, 505, 511, 854, 877, 920, 933, 997, 1004, 1005, 1017
AMARAL, Agostinho Pires do, 341
AMARAL, Amadeu, 928
AMARAL, Copertino do, 1027
AMARAL, Crispim do, 454, 481, 899
AMARAL, Francisco Gurgel do, 155
AMARAL, José Avelino Gurgel do, 624
AMARAL, José Ribeiro do, 112, 113, 136
AMARAL, Silvino Gurgel do, 177, 180
AMARO, Zané de Santo, 953
AMÉLIA, Maria, 114, 620, 806, 959
AMICIS, Edmundo de, 171, 394, 489
AMICO, Pedro d', 106
AMICO, Vicente d', 106
ANCHIETA, padre José de, 104, 281, 549, 859
ÂNCORA, Morais, 548, 649
ANDÓ, Flávio, 331
ANDRADA, Antônio Carlos Ribeiro de, 697
ANDRADA, Martim Francisco de, 73, 1012
ANDRADA, Martim Francisco de (o 3º), 457
ANDRADE, Almir de, 44, 92, 321
ANDRADE, Bueno de, 640
ANDRADE, Carlos Drummond de, 110
ANDRADE, Mário de, 95
ANDRADE, Oswald de, 95, 403, 505
ANDRÉ, Charles, 495
ANDREWS, C. C., 98, 349, 519, 567, 575, 580, 784
ANGELL, Robert, 54
ANJOS, Augusto dos, 95, 402, 485
ANJOS, Maria, 114
ANTHOUARD, barão d', 99, 718, 719, 724, 762
ANTUNES, Pedro, 496
ANUNCIAÇÃO, Manuel Tibúrcio da, 757
AQUINO, comendador Thomaz de, 124
ARANHA, Graça, 70, 75, 77, 78, 89, 90, 120, 165, 177, 180, 190, 195, 393, 402, 471, 475, 479, 484, 491, 493, 504, 506, 515, 582, 675, 707, 854, 890, 923
ARANHA, Osvaldo, 505
ARANTES, visconde de, 202
ARARIPE JÚNIOR, Tristão de Alencar, 499, 504, 919, 970
ARARIPE, Tristão de Alencar, 922
ARARUAMA, conde de, 203
ARAÚJO, Correia de, 656
ARAÚJO, Elísio de, 571

ARAÚJO, Ferreira de, 330, 458, 473, 499, 507
ARAÚJO FILHO, J. R. de, 612, 699
ARAÚJO, Nabuco de, 427, 429, 516, 555, 572
ARAÚJO, Silva, 677, 982
ARCOVERDE, cardeal, 47, 180, 387, 581, 583, 707, 860, 861
ARISTARCO, 84
ARON, Raymond, 64
ASCARELLI, Tullio, 109
ASSIS, Joaquim Maria Machado de, 75, 77, 89, 100, 103, 117, 167, 299, 307, 342, 391, 393, 396, 438, 475, 476, 477, 479, 480, 481, 484, 485, 491, 492, 493, 494, 495, 497, 498, 499, 500, 501, 502, 504, 506, 507, 510, 512, 514, 515, 516, 517, 533, 588, 590, 736, 796, 910, 923, 1023
ASSU, Jacaré, 701
ASSUNÇÃO, Lino d', 702
ATAÍDE, José Feliciano Augusto de, 114, 749, 811
ATAÍDE, Tristão de, 39, 80
ATANÁSIO, 348
AUDIFFRET, Georges, 140, 336, 607
AUGUSTO, vigário João, 824
AULER, Guilherme, 46, 92, 505, 506
AULETE, 389
AUSTREGÉSILO, Antônio, 94, 178, 179, 982
AVELINO, Georgino, 956
AYRES, Emília de Melo Vieira Cardoso, 45
AYRES, Emílio Cardoso, 45, 47, 179, 482, 753, 758, 760, 765, 897, 898, 967
AYRES, Eugênio Cardoso, 753
AZEREDO, Antônio, 101, 539, 1025
AZEREDO, Magalhães de, 70, 177, 180
AZEVEDO, Aluísio, 45, 77, 89, 114, 165, 180, 399, 401, 416, 437, 486, 488, 490, 491, 494, 496, 497, 498, 500, 502, 503, 504, 505, 507, 510, 512, 515, 797, 899, 900, 901, 923, 967
AZEVEDO, Álvares de, 475, 480, 486, 493, 498, 500, 501
AZEVEDO, Aroldo de, 699
AZEVEDO, Artur, 117, 458, 460, 478, 481, 485, 486, 499, 504
AZEVEDO, Costa, 358
AZEVEDO, Fernando de, 92
AZEVEDO, Francisco de Paula Ramos de, 389
AZEVEDO, João Lúcio de, 773
AZEVEDO, José Vicente de, 127, 283
AZEVEDO, Manuel Antônio Duarte de, 204
AZEVEDO, Tales de, 53, 830

B

B. G., Manuel, 614
BABINSKI, 908
BABSON, Roger W., 99, 189, 421, 752, 763, 764
BACH, 120, 651
BAER, Alfredo, 120
BAHIA, Xisto, 119
BAKUNIN, Mikhail, 897
BALBI, Heliodoro, 342
BALEEIRO, Aliomar, 727
BALLOU, Maturin M., 99, 658, 659, 703, 720, 738, 739,
    762, 763, 861, 862, 863, 870
BALZAC, 407, 484, 486, 492, 498
BANCROFT, 357
BANDEIRA, Antônio Herculano de Sousa, 123
BANDEIRA, Esmeraldino, 481
BANDEIRA, João, 120
BANDEIRA JÚNIOR, Antônio Francisco, 696, 709
BANDEIRA, Manuel, 44, 95, 110, 117, 272, 291, 292,
    293, 298, 337, 396, 460, 480, 481, 750, 817,
    903, 936, 939, 995
BANDEIRA, Sousa, 374, 377, 695, 939
BARBOSA, Adolfo Simões, 180
BARBOSA, Francisco de Assis, 44, 90
BARBOSA, João Manoel, 158, 159
BARBOSA, padre Florentino, 115, 591, 745, 811, 860
BARBOSA, padre Manuel, 870
BARBOSA, Rui, 45, 65, 70, 72, 73, 75, 76, 78, 80, 85, 86,
    90, 93, 98, 101, 108, 115, 122, 126, 127, 145,
    159, 170, 172, 176, 177, 179, 181, 186, 202, 216,
    225, 226, 227, 229, 230, 231, 232, 233, 241, 244,
    249, 250, 255, 258, 261, 274, 275, 276, 278, 280,
    281, 282, 287, 335, 336, 337, 338, 339, 340, 341,
    342, 343, 344, 345, 358, 360, 363, 365, 366, 375,
    390, 391, 393, 416, 417, 423, 429, 437, 450, 451,
    452, 453, 454, 455, 456, 457, 458, 459, 460, 461,
    462, 463, 464, 465, 466, 467, 468, 469, 470, 471,
    472, 479, 483, 488, 489, 491, 499, 504, 505, 507,
    510, 511, 513, 515, 519, 522, 523, 534, 535, 536,
    550, 551, 552, 553, 574, 582, 583, 586, 609, 628,
    648, 666, 689, 690, 697, 705, 706, 707, 723, 727,
    748, 751, 760, 768, 771, 772, 774, 775, 776, 777,
    778, 841, 842, 845, 853, 854, 855, 859, 860, 870,
    878, 895, 897, 898, 899, 913, 957, 962, 965, 967,
    994, 996, 997, 998, 1000, 1002, 1010, 1011,
    1013, 1015, 1023, 1025, 1026, 1032
BARBOSA, Sebastião Ferreira, 122, 268, 408

BARBOSA, Soares, 409
BARCELOS, Ramiro, 108
BARCELOS, Ruben de, 95, 96
BARRAL, condessa de, 92, 260, 305, 317
BARRETO, (irmãs) Barros, 293
BARRETO, Afonso Henriques de Lima, 90, 490, 510, 901
BARRETO, Alfredo Coelho, 847
BARRETO, Amaro, 120
BARRETO, Antônio da Rocha, 131, 270, 470, 502, 621,
    653, 806, 908, 948, 968
BARRETO, Dantas, 42
BARRETO, Francisco de Barros, 952
BARRETO, Francisco Moniz, 494
BARRETO, Luís Pereira, 180, 223, 232, 259, 281, 426,
    428, 677, 678, 682, 705, 919, 982
BARRETO, Mário, 83, 393
BARRETO, Paes, 555
BARRETO, Plínio, 115, 280, 282, 325, 341, 368, 592,
    824, 905, 928, 992
BARRETO, Rosendo Moniz, 494
BARRETO, Tobias, 70, 90, 95, 115, 121, 128, 178, 179,
    267, 275, 343, 367, 401, 402, 407, 408, 420,
    421, 426, 427, 428, 455, 478, 480, 484, 485,
    487, 491, 492, 495, 499, 501, 504, 507, 512,
    514, 550, 552, 553, 569, 572, 590, 600, 670,
    911, 968
BARROS, Feliciana Freire (ou Freyre) de, 124, 414, 415
BARROS, Francisco do Rego, 548
BARROS, José de, 938
BARROS, Leonel Vaz de, 138, 185, 193, 279, 280, 342,
    592, 825, 905, 929, 993
BARROS, Sebastião do Rego, 548
BARROS SOBRINHO, 471
BARROS, Teófilo de, 116, 275, 455, 495, 599, 745, 811,
    907, 951
BARROSO, almirante, 267, 270, 273, 276, 278
BARROSO, Gustavo, 261, 916, 917
BARRUCCO, Donato Canonico, 350
BARTHOLET, 403
BASBAUM, Leôncio, 92
BASTIDE, Roger, 109, 552, 830
BASTOS, Abguar, 260, 262
BASTOS, Aureliano Cândido Tavares, 344, 389, 475
BASTOS, Humberto, 727
BASTOS, Sousa, 262
BATES, Henry Walter, 358
BATISTA, Francisco das Chagas, 470, 501
BATTLE Y ORDOÑEZ, 1000, 1013

BAUDELAIRE, 486, 493
BEETHOVEN, 120
BELO, alferes, 571
BELO, José Maria, 37, 89
BELO, Júlio de Albuquerque, 62
BELO, Quincas o, 173
BELTRÃO, Heitor, 707
BENEVIDES, José Joaquim de Sá e, 342, 462
BENNETT, Frank, 99, 532, 533, 534, 570, 623
BENSABATH, 409
BENTO, Antônio, 595
BENTO, José de, 953
BÉRENGER (filho), 559
BÉRENGER (pai), 559
BERGSON, 196
BERNARDELLI, H., 103, 758
BERNARDES, Artur, 63, 284, 645
BERNÁRDEZ, Manuel, 99, 624, 625, 896, 965, 966, 967
BERNHARDT, Sarah, 47
BERNIER, P., 890
BEVILACQUA, Alfredo, 120
BEVILÁQUA, Clóvis, 70, 78, 93, 95, 176, 401, 402, 457, 475, 487, 489, 491, 736
BEZERRA, Antônio, 524, 576
BEZERRA, Antônio Vicente de Andrade, 1010
BICHO, Gutman, 668
BILAC, Olavo, 77, 86, 90, 117, 127, 147, 167, 179, 342, 376, 396, 397, 456, 470, 475, 477, 480, 481, 483, 484, 485, 486, 489, 490, 491, 492, 493, 494, 495, 496, 499, 500, 501, 502, 510, 523, 582, 729, 922
BINET, Carlos, 328
BINZER, Ina von, 414, 989
BITTENCOURT, Carlos Machado de, 699
BITTENCOURT, Edmundo, 471, 473, 901
BITTENCOURT, Manuel, 401
BIVAR, Militão de Oliveira, 129, 461, 677, 820, 988
BLACKSTONE, 519
BLAINE, 74
BLANCO, Guzmán, 238
BLAND, J. O. P., 99, 623, 624, 706, 709, 762, 918, 970
BLOEM, Antero, 928
BLOT, 475
BLUMENAU, 692
BLUMER, H., 57
BOA VISTA, barão da, 306, 654
BOAS, Franz, 98, 188
BOAS, José Augusto Vilas, 139, 269

BOCAGE, 396, 480, 484, 495, 498
BOCAINA, barão da, 115
BOCAIUVA, Quintino, 72, 91, 238, 263, 299, 332, 458, 459, 472, 507, 557, 569, 572, 575, 665, 666, 722, 874, 875
BOCCHETTI, 929
BOEHRER, George C. A., 92
BOGARDUS, Emory, 54, 55
BOLÍVAR, Simon, 278
BOLLE, 1028
BONAPARTE, Napoleão, 181, 267, 270, 272, 275, 276, 278, 907
BONFIM, baronesa de, 62, 257
BONFIM, Martiniano do, 798
BONIFÁCIO, José, 52, 162, 236, 237, 281, 421, 508, 511, 548, 549, 607, 665, 892
BORBA, José Jerônimo Silva, 133
BORELLI, 156
BORGES, Abílio César, 387, 398, 404
BORGES, Alfredo Bartolomeu da Rosa, 132, 272, 273, 337, 609, 818, 931, 932, 942, 969
BORGES, Ana, 138
BOSSUET, 404
BOTELHO, João Afonso, 116
BOTHA, 271
BOUETE, 328
BOURGET, 177
BRADFORD, 856
BRAGA, Emiliano Ribeiro de Almeida, 112, 293, 340, 462, 484, 485, 611, 612, 743, 820, 905, 930, 931, 944, 945, 969
BRAGA, Erasmo, 105, 830
BRAGA, Francisco, 103
BRAGA, Teófilo, 486, 491, 832
BRANCO, Camilo Castelo, 479, 480, 484, 485, 486, 490, 492, 493, 495, 498, 500, 501, 502, 503
BRANCO, Joana Marinho Castelo, 498
BRANCO, padre Castelo, 905
BRANDÃO, 403, 759
BRANDÃO, Henrique, 130
BRANDÃO, Ulisses Soares, 122, 457
BRANDT, 108
BRANNER, John Casper, 100, 192, 358, 687, 917
BRANT, Mário, 757
BRÁS, Venceslau, 43, 262, 350, 627, 706, 762, 879, 890, 895, 961, 967
BRASÃO, 119
BRASIL, Assis, 582, 665, 679, 924, 957, 995

BRASIL, Moura, 982
BRASIL SOBRINHO, Tomás Pompeu de Sousa, 130, 366, 453, 587, 744, 808, 906, 949, 994
BRASIL, Vital, 86, 180, 915, 982
BRASIL, Zeferino, 492
BRASSEY, lady, 346
BRITO, d. Luís Raimundo da Silva, 864, 865
BRITO, Farias, 81, 83, 90, 491, 569
BRITO, José Bezerra de, 116, 276, 496, 601
BRITO, Luís Correia de, 857, 858
BRITO, Saturnino de, 75, 86, 170, 884
BROCA, Brito, 93
BROWN, John, 58, 59
BROWN, miss, 410, 411, 412, 413, 708
BRUNO, Ernâni Silva, 91
BRYAN, Willian Jennings, 376
BRYCE, James, 76, 85, 99, 189, 191, 512, 513, 524, 527, 570, 866, 879, 881, 890, 893
BUCETA, 585
BÜCHNER, 401
BUENO, Pimenta, 475
BUENO, viscondessa da Cunha, 399
BULHÕES, Leopoldo de, 76, 630
BURKE, 196
BURNICHON, Joseph, 99, 149, 535, 536, 537, 539, 570, 715, 716, 762, 771, 778, 785, 792, 793, 794, 796, 830, 831, 832, 838, 839, 851, 856, 868, 869, 893
BURTON, Richard, 309, 515

C

CABO FRIO, visconde de, 158, 355
CABOCLO, Bernardino, 953
CABRAL, João Crisóstomo de Melo, 137
CABRAL, Luís Gonzaga, 861
CABRAL, Ulisses José da Costa, 394
CABRITA, prof., 396
CAETANO, João, 505
CAIRU, visconde de, 426, 549
CALASÃS, 500
CALDAS, barão de, 268
CALDAS, general Honorato, 535, 699
CALISTO, 117
CALMON, Miguel, 102, 180, 582, 957
CALMON, Pedro, 923
CALÓGERAS, Pandiá, 76, 90, 180, 679, 697, 732, 884
CÂMARA, Faelante da, 401, 407

CÂMARA, Manoel de Arruda, 422
CAMINHA, Adolfo, 165, 399
CAMÕES, Luís de, 100, 272, 302, 426, 480, 484, 489, 493, 495, 498, 499, 500, 513
CAMPELO, Barreto, 167
CAMPISTA, David, 76, 169, 343, 630
CAMPOAMOR, 480
CAMPOS, Adelino, 398
CAMPOS, Bernardino de, 410
CAMPOS, Gonzaga, 94
CAMPOS, mons. Olímpio de, 107, 860
CAMPOS, Murilo, 106
CAMPOS, padre Pinto de, 548
CAMPOS, Renato, 586, 740, 831, 844
CÂNDIDO, Antônio, 53
CÂNDIDO, João, 42, 124, 150, 151, 689, 879, 897, 1016, 1017, 1025, 1031
CANELLI, irmãos, 927
CANTU, Cesare, 481
CARAMURU, 206
CARAPEBUS, José de, 450
CARDOSO, Fausto, 107, 180, 582, 937
CARDOSO, Graco, 63
CARDOSO, irmãos, 561
CARDOSO, Manuel, 707
CARDOSO, Maurício, 274, 491, 492
CARDOSO, Vicente Licínio, 39, 81, 82, 95, 96, 873
CARDUCCI, 484
CARLETO, 96, 350, 721
CARLOS, J., 482
CARLYLE, Thomas, 5, 491
CARNEIRO, Camilo Pereira, 953
CARNEIRO, Ernesto Pereira, 953
CARNEIRO, Gomes, 274
CARNEIRO, José Magalhães, 128, 270, 495, 599, 600, 812
CARNEIRO, Luciano, 377
CARNEIRO, Pereira, 953
CARNICELI, 947
CARNOT, 305
CARRARA, 488
CARUSO, 827
CARVALHO, Trajano de, 267, 410
CARVALHO, Alfredo de, 180, 485, 490, 957
CARVALHO, Aluísio de, 486
CARVALHO, Augusto de, 522
CARVALHO, Campos de, 931
CARVALHO, Carlos de, 257

CARVALHO, Daniel de, 706, 966
CARVALHO, Delgado de, 80, 873
CARVALHO, Ester de, 784
CARVALHO, Felisberto de, 137, 171, 319, 392, 411, 499
CARVALHO, Gontijo de, 90
CARVALHO, J. J., 461
CARVALHO, João Fernandes de, 117, 323, 469, 619, 806
CARVALHO, José Aristides da Costa, 118
CARVALHO, José Carlos de, 1025
CARVALHO, José Tolentino de, 704
CARVALHO, Luís Pinto de, 130, 322, 467, 501, 617, 805, 908, 947
CARVALHO, Marina Nicolay de, 37
CARVALHO, Rodrigo de, 943
CARVALHO, Ronald de, 39, 81, 95
CARVALHO, Sousa, 630
CARVALHO, Tomás Ferreira de, 179, 983
CARVALHO, Vicente de, 180, 341, 480, 500
CARVALHO, Vieira de, 572
CASCÃO, Maria Tomásia Ferreira, 122, 457, 498, 814, 960
CASEMENT, Roger, 576, 675, 764
CASH, W. J., 344, 351
CASTELAR, 339, 496
CASTILHOS, Júlio de, 52, 72, 274, 344, 491, 492, 505, 557, 582, 810, 957, 1000
CASTRO, Apulchro de, 522
CASTRO, Cardoso de, 914
CASTRO, Cipriano, 187
CASTRO, cônego Valois de, 127
CASTRO, Eugênio de, 480, 492, 495
CASTRO, Francisco de, 94, 162, 180, 886, 982
CASTRO, Gentil de, 849
CASTRO, J. M. de, 975
CASTRO, João Augusto de, 117, 747, 827
CASTRO, José de Paiva, 129, 594, 747, 997
CASTRO, Magalhães, 848
CASTRO, Pereira, 905
CASTRO, Plácido de, 670, 732
CASTRO, Viveiros de, 95, 165, 348, 401
CAVALCANTE, Virgínia, 117, 273, 292, 297, 404, 484, 611, 742, 821, 960
CAVALCANTI, Amaro, 358, 364, 519, 630, 706
CAVALCANTI, Amélia, 539
CAVALCANTI, André, 400
CAVALCANTI, deputado Carlos de Lima, 46
CAVALCANTI, E. Di, 165, 166
CAVALCANTI, Getúlio, 938
CAVALCANTI, João Barbalho Uchoa, 520

CAVALCANTI, Odon, 492
CAVALCANTI, Paulo, 479, 553
CAVALCANTI, Pedro, 762
CAVALCANTI, Temístocles, 946
CAVALCANTI, Teófilo Artur de Siqueira, 134, 603, 813
CAVALHEIRO, Edgard, 61
CAXIAS, duque de, 180, 252, 254, 266, 267, 268, 270, 271, 272, 273, 275, 276, 278, 410, 452, 453, 464, 483, 548, 549, 558, 572, 825
CEARENSE, Catulo da Paixão, 96
CELESTINA, professora, 138
CELSO, Afonso, 180, 459, 708
CELSO JÚNIOR, Afonso, 86, 189, 195, 475, 496, 504, 507, 729, 874
CEPELOS, Batista, 107
CERQUEIRA, general Dionísio, 90, 92, 180, 574, 579
CERQUEIRA, Tenório de, 118, 998
CERUTTI, 415
CERVANTES, Miguel de, 484, 493, 496
CÉSAR, 177, 278, 399
CÉSAR, Abelardo Vergueiro, 700
CÉSAR, coronel Moreira, 849
CÉSAR, Getúlio, 988
CHACON, Trajano, 670, 674
CHAGAS, Carlos, 86, 167, 915
CHAGAS, João, 99, 146, 147, 148, 149
CHAGAS, Pinheiro, 492
CHAMBERLAIN, 707
CHANDLER, 358
CHASE, Gilbert, 349, 350
CHATEAUBRIAND, 387, 484, 486, 495, 841
CHATEAUBRIAND, Assis, 80, 95, 402, 435, 471, 488, 1001
CHAUTARD, abade, 855
CHAVES, Eduardo, 947
CHAVES, Maria de Melo, 831
CHOCOLAT, baron du, 583
CHOPIN, 120, 415
CIBELA, 947
CÍCERO, 84, 181, 399, 495
CICHERO, Lorenzo, 710
CIRILO, 169
CIRNE, Adolfo, 407
CISNEIROS, Ismael, 400
CLAP, Casimiro Vicente Dias Ferraz, 442
CLARK, 680
CLAUDE, Henri, 908
CLAUDEL, Paul, 104, 1035
CLAY, Maria, 44

CLEMENCEAU, Georges, 76, 88, 99, 514, 861, 866, 875, 876, 890, 893, 894, 895, 963, 964, 966, 971, 1000, 1002, 1004

COELHO, Furtado, 119

COELHO, Joaquim Ernesto, 118, 997

COELHO, José Joaquim, 496

COELHO, Latino, 486

COELHO NETO, Henrique Maximiano, 79, 117, 212, 258, 342, 481, 489, 491, 499, 500, 507, 510, 583, 707, 925

COELHO SOBRINHO, João, 118, 277, 278

COIMBRA, Estácio de Albuquerque, 46, 47, 101, 102, 108, 135, 180, 267, 383, 498, 582, 676, 687, 702, 723, 874, 952

COIMBRA, Jaime Castelo Branco de Albuquerque, 498

COIMBRA, João, 952

COLAÇO, Filipe Neri, 349, 981, 986, 988, 989

COLERIDGE, 180, 196

COLLIER, Pierre, 857

COLOR, Lindolfo, 566

COMAITÁ, 328

COMBES, 818, 861

COMTE, Auguste, 5, 52, 65, 137, 207, 213, 215, 218, 221, 222, 223, 224, 336, 337, 339, 340, 341, 391, 395, 401, 402, 407, 408, 480, 487, 491, 499, 551, 573, 592, 602, 607, 609, 654, 798, 802, 803, 804, 805, 807, 808, 810, 812, 814, 815, 817, 818, 819, 820, 822, 823, 825, 827, 903, 904, 996, 998, 1006, 1009, 1025

CONCEIÇÃO, Ana Maria da, 118, 463, 614

CONCEIÇÃO, Maria Joaquina da, 118, 295, 296, 319, 615, 803

CONI, Antônio Caldas, 192, 519

CONSELHEIRO, Antônio, 42, 75, 86, 96, 368, 373, 539, 734, 1023

CONSELHO, visconde de Bom, 202, 516

CONSTÂNCIA, preta, 319, 616

CONSTANT, Benjamim, 209, 215, 221, 222, 223, 224, 238, 251, 259, 267, 268, 270, 271, 276, 277, 278, 284, 322, 336, 338, 339, 340, 341, 342, 364, 383, 384, 385, 387, 388, 390, 394, 395, 455, 457, 458, 460, 461, 464, 469, 546, 549, 550, 613, 648, 808, 816, 817, 845, 874, 962, 1006

CONSTANT FILHO, Benjamim, 383, 384, 385

CONTENDAS, barão de, 943

COOLEY, Charles Horton, 41

COOPER, Fenimore, 356

COPPIN, Lievin, 624

CORBELLI, Analice Ribeiro, 599

CORDEIRO, Bráulio Jaime Muniz, 1027

CORNELY, mr., 241, 242

CORREIA, conselheiro Manoel Francisco, 410

CORREIA, Dinarte, 961

CORREIA, José Augusto, 695

CORREIA, major Serzedelo, 384, 550

CORREIA, Raimundo, 396, 485, 492, 493, 495, 499, 500, 502

CORREIA, Rivadávia, 180, 582

CORREIA, Sousa, 706, 707, 899

CORSI, Carlo, 394

CORUJA, 381, 398

COSTA, Adolfo Ferreira da, 122, 497, 604, 746, 813, 952, 953

COSTA, Adolfo Manuel Vitório da, 409

COSTA, Afonso, 706

COSTA, Alberto Teixeira da, 842

COSTA, Batista da, 103

COSTA, Cláudio Manuel da, 494

COSTA, Félix da, 303

COSTA, Isaltino, 727, 762

COSTA, João Cruz, 87, 93, 830, 833, 1017, 1026

COSTA, Ladislau, 613

COSTA, Samuel Guimarães da, 261, 574

COTEGIPE, barão de, 180, 344, 345, 371, 524, 532, 533, 580, 610, 665, 786, 796, 1027, 1029

COULON, mme., 144

COURTIN, René, 109

COUTINHO, Afrânio, 473

COUTO, Graça, 955

COUTO, Miguel, 180, 884, 885, 886, 982

COUTO, Pedro do, 272

COUTTO, Pedro do, 121, 277, 593, 747

COUTY, Louis, 98, 192, 206, 699, 709

COX, Dilermando, 44

COX, irmãos, 84, 754

CRABTREE, A. R., 106, 831

CRAIG, Neville B., 99

CRAWFORD, 777

CRESPO, Gonçalves, 486, 493, 931

CRETEN, mme., 144

CRISTINA, Teresa, 181, 307, 776

CRULS, Gastão, 292, 347, 702

CRULS, Luís, 94, 379, 680

CRUZ, José Cupertino de Figueiredo, 124, 616, 803

CRUZ, Osvaldo, 75, 86, 95, 167, 172, 180, 582, 674, 689, 751, 752, 801, 887, 888, 890, 915, 963, 982, 985

CRUZ, Vera, 481, 899
CRUZEIRO, visconde de, 787
CUNHA, Adalardo, 37
CUNHA, Bocayuva, 263
CUNHA, Brasílio Itiberê da, 103
CUNHA, comandante, 1016
CUNHA, conde da, 788
CUNHA, Euclides da, 76, 77, 78, 79, 80, 81, 83, 89, 90, 103, 107, 115, 149, 167, 176, 179, 188, 190, 195, 258, 285, 373, 393, 479, 491, 493, 499, 502, 504, 510, 515, 516, 563, 576, 582, 657, 665, 669, 674, 675, 679, 687, 735, 736, 797, 855, 873, 883, 891, 911, 916, 917, 923, 926, 928
CUNHA, Flores da, 582
CUNHA, Francisco Solano Carneiro da, 278
CUNHA, Gastão da, 90, 102, 177, 343, 582, 665
CUNHA, Herculano Augusto Lassance, 347
CUNHA, Higino Cícero da, 121, 364, 401, 402, 461, 708, 742, 819, 942, 995
CUNHA, Margarida Davina, 296
CUNHA, Olegarinha Carneiro da, 172, 614, 655
CUNHA, Quintino, 657
CURTI, Merle, 375
CURVELO, Manoel, 263
CUSTÓDIO, Ângelo, 127

D

D' ANNUNZIO, Gabriel, 330, 480, 493, 497, 568
D' ATRI, A., 569, 722
D' EU, conde, 175, 261, 266, 279, 571, 580
DALMAN, 323
DAMASCENO, Athos, 92
DAMASCENO, padre, 905
D'ANGEVILLE, 655
DANTAS, Carlos Luís de Vargas, 138, 322, 380, 467, 468, 501, 618, 748, 805, 948
DANTAS, Demóstenes Ipiranga de Sousa, 135, 272, 273, 339, 364, 461, 609, 742, 819, 942, 943
DANTAS, Faro, 262
DANTAS, José Cupertino, 121, 397, 400, 609, 818, 942
DANTAS, Júlio, 125, 416
DANTAS, M. G. de Sousa, 204
DANTAS, Santiago, 261, 573, 727
DANTON, 181, 277, 339
DARCY, James, 180
DARÍO, Rúben, 515
DARWIN, Charles, 65, 84, 170, 499, 807, 808, 809, 810, 811, 815, 820

DAUDET, 500
DAUDT FILHO, João, 167
DAUNT, 169
DAVID, Nagib, 943
DAZA, 238
DE PUTTE, Hubert van, 699
DEBRET, Jean Baptiste, 311
DEFFONTAINES, Pierre, 108
DEFOE, 397
DEL FAVERO, 709
DELEBECQUE, J., 99
DEMOLINS, 998
DEMÓSTENES, 84, 486
DENIS, Ferdinand, 310
DENIS, Léon, 820
DENIS, Pierre, 76, 99, 724, 726, 727, 730, 732, 733, 762, 763, 874, 964
DERBY, Orville, 76, 94, 192, 358, 687, 883, 917
DERVET, general, 271
DESCARTES, 805
DESCHAND, padre Desidério, 830
DEUS, João de, 398
DIAS, Cassiano José, 122
DIAS, Everardo, 1031
DIAS, Francisco Moreira, 123, 407
DIAS, Gonçalves, 172, 297, 316, 341, 395, 397, 480, 483, 484, 485, 486, 489, 493, 494, 495, 496, 497, 498, 500, 501, 502, 503, 508, 509, 510, 511, 515, 533, 588, 736, 911, 921
DIAS, João José, 506
DIAS, Marcílio, 271
DÍAZ, Porfírio, 218
DICKENS, 484, 493
DIDEROT, 87
DIEGUES, dr., 114
DIEULAFOY, 488
DINIS, Carlos, 122, 820
DINIS, Joaquim Monteiro, 400
DINIS, Júlio, 492, 498
DINIS, Manuel Pereira, 130, 368, 495, 600, 745, 812, 951
DOCE, alferes Bico, 467
DOLORES, Cármen, 513, 959
DOMBRE, 917
DOMVILLE-FIFE, Charles W., 982, 1004, 1022, 1025, 1034
DÓRIA, Escragnolle, 169, 350, 351
DOUVIZY, 152
DOYLE, Conan, 172, 394
DRAGO, Luís Pedro, 382

DROZ, 476
DUARTE, d., 136
DUARTE, Joaquim Artur Ferreira, 122
DUARTE, Manuel, 63, 122, 274, 275, 295, 367, 454, 491, 492, 497, 588, 744, 808, 906, 949, 968, 994
DUARTE, Nestor, 973
DUARTE, Paulo, 92
DUARTE, Urbano, 458
DUBEUX, família, 937
DUCASBLE, mme., 960
DUMAS, Alexandre, 484, 485, 486, 489, 491, 495, 497, 498, 499, 502, 503, 507, 533, 908
DUMAS FILHO, Alexandre, 503, 507
DUMONT, Alberto Santos, 65, 70, 75, 84, 86, 90, 96, 145, 163, 172, 177, 179, 185, 186, 350, 412, 464, 465, 483, 503, 523, 582, 583, 689, 740, 741, 742, 743, 744, 745, 746, 747, 748, 749, 750, 751, 752, 760, 761, 765, 774, 782, 845, 879, 881, 898, 929, 938, 939, 960, 961, 963, 1023
DUNCAN, Isadora, 505, 890
DUNLOP, Raoul, 942
DUPRÉ, 908
DUQUE, Gonzaga, 102, 103
DURKHEIM, 58, 998
DUROCHER, Mme., 680
DUSE, 330, 331, 334, 890
DUTRA, Eurico Gaspar, 492
DUTRA, Firmo, 657, 674, 883
DUVIGNAUD, Jean, 59

E

EDISON, 170, 366, 775
EDMUNDO, Luís, 91, 92
EDUARDO VII, 703, 899
ELÍSIO, Filinto, 396, 480
ELLIOTT, L. E., 99, 509, 512, 670, 671, 672, 673, 691, 692, 693, 705, 706, 707, 839, 868, 882, 883, 911, 914, 964, 967
ELLIS, Alfredo, 1025
ELLIS JÚNIOR, Alfredo, 699
EMANUEL, Giovanni, 655
EMERSON, 491
ENGERT, 842
ERARD, 334
ESCRICH, 481, 484, 493, 496
ESMERALDA, mulata, 403
ESOPO, 591

ESPÍNOLA, Durval Guimarães, 126, 494, 591, 951
ESTRELA, baronesa de, 62, 239, 304, 307
ESTRELA, visconde de, 328
EUGÊNIA, preta, 193
EVANGELISTA, professor, 137
EWBANK, Thomas, 234, 235, 237, 259, 772, 780, 794, 971

F

FAGUET, Emile, 701, 909
FAIRBANKS, Douglas, 953
FARIA, Joaquim Amaral Jansen de, 113, 114, 291, 292, 294, 457, 488, 605, 668, 741, 814, 902, 926, 969, 994
FARIA, Rogério Gordilho de, 126, 273, 365, 416, 463, 485, 486, 613, 743, 821, 822, 903, 970, 996
FARONI, 328
FARQUHAR, Percival, 90, 471, 669, 687, 706, 853
FASCIOTTI, Estevão dos Santos, 380
FAURE, Sebastién, 479, 896, 897
FEDRO, 591
FEIJÓ, Diogo Antônio, 281
FEITOSA, Maria Alves, 341
FELICIE, Mme., 106
FERGUSSON, James, 243
FERNANDES, Aníbal, 471, 804
FERNANDES, Carlos Dias, 180, 657, 674, 731, 732
FERNANDES, Elvira Chaves, 394
FERNANDES, Joaquim Alfredo, 113
FERNANDES, Raul, 62
FERRAND, Paul, 94
FERRAZ, Sampaio, 157, 332, 541, 580, 582, 721
FERREIRA, Antônio Gonçalves, 327
FERREIRA, Ceciliano Mamede, 883
FERREIRA, Eduardo de Morais Gomes, 397
FERREIRA, Elisa Vilhena, 140, 409, 596
FERREIRA, Francisco Faustino, 122, 471
FERREIRA, Gonçalves, 101, 158
FERREIRA, Miguel Vieira, 106
FERREIRA, Pedro Paranhos, 176, 585
FERREIRA, Pires, 101
FERREIRA, Procópio, 668
FERREIRA, Waldemar Martins, 63, 128, 281, 325, 341, 398, 399, 592, 748, 823, 905, 927, 970, 992, 993
FERRERO, Guglielmo, 75, 506, 568, 729, 866, 890, 922
FERRI, Enrico, 481, 488, 568, 729, 861, 876, 890
FESTINGER, Leon, 56

FIALHO, Anfrísio, 90, 520
FIGNER, 104
FIGUEIRA, Domingos de Andrade, 542, 545, 546, 547, 551, 571, 574
FIGUEIREDO, Antônio Pedro de, 119, 858, 859
FIGUEIREDO, Antônio Pereira de, 475
FIGUEIREDO, Jackson de, 80
FIGUEIREDO, João Batista de Lima, 127, 265, 594, 747, 904
FIGUEIREDO, José Alves de, 113, 340, 365, 462, 485, 612, 708, 743, 821, 969
FIGUEIREDO, José Bento da Cunha, 516
FIGUEIREDO, Lima, 92
FILGUEIRAS, Luís, 390
FIORAVANTE, Gervásio, 498, 932
FIRMINA, Maria, 615
FLAMMARION, Camille, 172, 481, 486, 493, 820
FLAUBERT, Gustave, 479, 480, 481, 486, 492, 498, 502
FLEIUSS, Henrique, 454, 481
FLEIUSS, Max, 124, 459, 479, 606, 741, 814, 939, 969
FLETCHER, J. C., 98, 314, 358, 359, 361, 375, 376, 422, 423, 507, 508, 509, 520, 522, 524, 531, 570, 773, 779, 780, 781, 830, 831, 856, 869, 971
FLORES, Eurico, 348
FOIX, 908
FONSECA, Aníbal Freire da, 91
FONSECA, Antônio Pires da, 130, 496, 601, 745, 812, 951, 969
FONSECA, Deodoro da, 42, 73, 142, 180, 181, 194, 196, 209, 229, 233, 238, 244, 246, 250, 251, 252, 253, 254, 260, 265, 276, 278, 279, 285, 332, 340, 344, 353, 361, 384, 464, 469, 534, 535, 546, 550, 581, 706, 775, 805, 875, 999, 1010
FONSECA, Gondim da, 90, 765
FONSECA, Hermes da, 42, 79, 85, 191, 284, 285, 350, 469, 535, 689, 706, 845, 888, 889, 899, 1015, 1030, 1032
FONSECA, Horácio de Aquino, 909
FONSECA, Joaquim de Aquino, 421
FONSECA, Luís Anselmo da, 422, 428, 430, 520, 553, 554, 555, 556, 558, 574, 575
FONSECA, Olímpio da, 915
FONSECA, Valentim da, 310
FONTE, Cardoso, 915
FONTENELE, tenente Vilaronga, 342
FONTENELLE, J. P., 915
FONTES, José Casimiro de Oliveira, 113
FORD, Isaac, 99, 354, 355, 363, 375, 377, 379, 518
FORESTA, Alberto de, 624

FORTES, Ernesto Matoso Maia, 347, 701
FORZANO, Francesco, 624
FOURIER, 213, 214
FOX, 883, 948
FRAGOSO, João da Rocha, 712
FRAGOSO, Tasso, 180, 707
FRANÇA, Carlos, 397, 480
FRANÇA, Eurico Nogueira, 103
FRANÇA JÚNIOR, 346, 486, 499, 503
FRANCE, Anatole, 102, 117, 330, 391, 397, 479, 480, 481, 484, 490, 492, 496, 500, 501, 502, 515, 729, 854, 876, 890, 903, 1014
FRANCIA, 236, 370
FRANCIONI, 661, 662, 665
FRANCISCO, Antônio, 612
FRANCO, Afonso Arinos de Melo, 73, 77, 90, 91, 92, 180, 190, 195, 504, 518, 756, 865
FREDERICI, padre, 811
FREEMAN, E. A., 375
FREIRE, Adelino Lima, 487
FREIRE, Aníbal, 402
FREIRE, cônego Matias, 124, 271, 391, 392, 815, 860, 902
FREIRE, Felisbelo, 76, 91, 263, 634, 635, 695, 696, 697
FREIRE, José Maria da Silva, 133, 134, 622, 749
FREIRE, Junqueira, 508
FREIRE, Oscar, 422, 429, 915
FREIRE, Teotônio, 520
FREITAS, Amélia de, 70, 71
FREITAS, Coriolano de, 1033, 1034
FREITAS, Herculano de, 180, 582
FREITAS, Otávio de, 62
FREITAS, Raimundo Dias de, 63, 124, 322, 365, 385, 468, 501, 618, 744, 904, 948, 996
FREITAS, Ribeiro de, 1028, 1029
FREITAS, Teixeira de, 75, 420, 421, 422, 429, 475, 489, 572, 736, 921
FREUD, Sigmund, 196
FREYCINET, Louis de, 312
FREYRE, Adélia da Rocha Wanderley Alves da Silva, 46, 611, 678
FREYRE, Alfredo Alves da Silva, 46, 311, 487, 611, 684, 745
FREYRE, Gilberto, 577, 607, 830
FREYRE, José Maria da Silva, 133, 456, 813, 956
FREYRE JÚNIOR, Alfredo Alves da Silva, 397, 413
FREYRE, Laudelino, 475
FRONTIN, Paulo de, 169, 396, 565, 883, 884

FUNKE, Alfredo, 763
FURTADO, Mendonça, 941

G

GABI, 86, 327
GAERTNER, Erasto, 61, 63, 124, 597, 933, 994
GAERTNER, João Frederico, 125
GAFFRE, padre L. A., 76, 168, 445, 522, 710, 851, 853, 854, 860, 861, 867, 868, 869, 870, 876, 877, 878, 879, 881, 893, 964, 1000, 1004
GALDOIS, Eugène, 98
GALENO, Henriqueta, 125, 502, 621, 959
GALENO, Juvenal, 502, 960
GALES, príncipe de, 899
GALVÃO, Augusto, 657
GALVÃO, barão de Ramiz, 334, 582
GALVÃO, Eneas, 136
GALVÃO, Fonseca, 558, 649
GALVÃO, Horácio Pires, 211, 258
GALVÃO, Manuel, 987
GALVÃO, Rodolfo, 887
GAMA, Basílio da, 481
GAMA, Benedito, 638
GAMA, Domício da, 177, 475, 585, 601
GAMA FILHO, Saldanha da, 224, 390
GAMA, Luís Filipe Saldanha da, 72, 86, 172, 180, 190, 224, 581, 584, 707, 751
GAMA, Luiz, 90, 410, 429, 552, 557, 608, 637, 638
GAMA, padre Miguel do Sacramento Lopes, 442
GARÇÃO, 480
GARCIA, padre José Maurício Nunes, 312, 315, 329
GARIBALDI, 181, 266, 300, 568, 891
GARIBALDI, Anita, 103
GARNIER, Batista Luís, 474, 475, 476, 477, 503, 519, 523, 887
GAROFALO, 481
GARRAUX, 488, 519
GARRETT, 484, 495, 503
GASPARIN, Agenor de, 98
GAULD, Charles, 90
GAUTHIER, 476, 480
GEDDES, Patrick, 1014
GENESI, da., 389
GEORGE, Henry, 1015
GÉRARD, mme., 960
GIBBON, 358
GIBSON, Iaiá do Rego Barros, 416

GIDDINGS, Franklin, 97
GILET, 328
GLADSTONE, 84, 170, 181, 244, 245
GLAZIOU, monsieur, 306
GLICÉRIO, Francisco, 73, 262, 263, 279, 339, 451, 543, 545, 557, 610, 636, 638, 639, 640, 665, 697, 699, 723, 992, 1012
GOBBATO, Celeste, 710
GOBINEAU, conde de, 607, 1035
GODÓI, Jacinto, 491, 492
GOETHE, 499
GOGH, Van, 180
GOIANA, barão de, 227
GÓIS, Baltasar, 262
GOMES, Antônio Carlos, 112, 312, 315, 316, 317, 322, 324, 326, 329, 489, 505, 736, 921, 1023
GOMES, Damasco, 304
GOMES, Eduardo, 406
GOMES, Luís, 406
GOMES, Ordival Cassiano, 519
GOMES, Sebastião de Sousa, 135, 496, 602, 746, 813
GONÇALVES, Lopes, 101
GONÇALVES, Malaquias, 478
GONÇALVES, Ricardo, 996
GONÇALVES, Sigismundo, 128
GORDON, mr. John, 917, 918
GOTTSCHALK, Louis, 54, 328, 329, 330, 350, 351
GOUVEIA, Américo de, 946
GOUVEIA, Delmiro, 107, 663, 682, 752, 915, 924, 950, 952, 956, 1023
GOUVEIA, Emília Josefina da Cunha, 296
GOUVEIA, Nabuco de, 581
GOUVEIA, Nerval de, 272, 396
GRAÇA, Heráclito, 83
GRANDE, João, 953
GRANDE, Nascimento, 112, 953
GRAVE, Jean, 896, 897
GRELLE, Ed. de, 98, 709
GREY, Edward, 576
GRIECO, Agrippino, 95, 668
GROSSI, Vicenzo, 624
GRUBB, K. G., 830
GUACHALLA, Fernando, 665, 679
GUANABARA, Alcindo, 456, 472, 582, 636, 697, 731, 1001
GUBLER, professor, 975
GUDIN, 328
GUEIROS, Jerônimo, 83, 412

GUIGNON, 328
GUIMARAENS, Alphonsus de, 485, 865
GUIMARÃES, A. Pereira, 987
GUIMARÃES, Abdon Leite Costa, 118
GUIMARÃES, Antonino, 612
GUIMARÃES, Aprígio, 550
GUIMARÃES, Barros, 407
GUIMARÃES, Bernardo, 475, 480, 486, 496
GUIMARÃES, Francisco, 45, 63, 901, 967
GUIMARÃES, Gaspar, 657
GUIMARÃES, José Maria Moreira, 129, 463, 499, 613, 802, 946, 996
GUIMARÃES, Murilo, 800
GUIMARÃES, Ricardo, 219
GUIMARÃES JÚNIOR, Luís, 399, 475, 485, 486, 497
GUINLE, Guilherme, 389
GUIZOT, 500
GURGEL, Silvério, 582
GURJÃO, Hilário, 273
GURVITCH, Georges, 40, 65
GUSMÃO, Bartolomeu de, 405, 749

H

HAECKEL, 491, 499, 807
HAGENBORGH, Hubert François Salu von, 399
HALBOUT, J. F., 387, 409
HALLIER, Adolfo M., 153
HAMBLOCH, Ernest, 964
HAMMOND, 883
HAMON, Augustin, 896
HANOTAUX, Gabriel, 718
HARDENBURG, W. E., 99, 576
HARRIS, Marvin, 109
HARRISON, 223
HARTT, 76, 358, 917
HASSLOCHER, Germano, 169, 339, 582
HEGEL, 808
HEINE, 480
HEITOR, A., 152
HEITOR, Luís, 349
HELIODORA, Bárbara, 267
HELLOT, 331
HENRIQUES, D. Adauto de Miranda, 864, 870
HENRIQUES, D. Pedro, 287
HENTZ, mrs. L., 845
HERCULANO, Alexandre, 479, 480, 484, 486, 488, 490, 492, 495, 497, 498, 500, 503, 507

HEREDIA, 493
HERMANNY, Louis, 662
HERNDON, 358
HEROTIDES, mulato, 326, 348, 956
HERVAL, 275
HEYNS, Roger W., 56
HIGINO, José, 487
HINDENBOURG, von, 94
HOLANDA, Aurélio Buarque de, 434
HOLANDA, Sérgio Buarque de, 104
HOMEM, Sales Torres, 420, 507, 533, 550, 939, 982
HOMERO, 181, 399, 495
HOONHOLTZ, von, 169
HORÁCIO, 181, 399, 480, 591
HUGO, Victor, 181, 480, 484, 485, 486, 488, 489, 495, 497, 498, 499, 500, 501, 553
HUXLEY, 207, 808
HYACINTH, irmão, 753

I

IBAÑEZ, Blasco, 484, 996
IBIAPINA, padre, 464
IDA, mmle., 413, 414, 415
IHERING, Rudolf von, 94, 491, 917
IRAJÁ, conde de, 783
IRESON, Ella, 415
ISABEL, princesa, 45, 115, 206, 218, 260, 266, 282, 464, 483, 530, 538, 543, 544, 591, 593, 595, 603, 610, 611, 621, 734, 776, 880, 1024, 1029
ITAPOÃ, barão de, 805

J

J.S., 464
JACEGUAY, almirante, 72, 180, 533, 584, 1018, 1019, 1021
JACEGUAY, barão de, 90, 582
JACINTA, Manuel da, 953
JACOBINA, Eduardo, 126, 466, 467, 500, 617, 750, 844, 846
JACQUES, general Ouriques, 303
JAGUARÃO, barão de, 346
JAGUARI, visconde de, 786
JAGUARIBE, Domingos José Nogueira, 711
JALUZAT, Jules, 145
JAMES, Henry, 307, 898
JAMES, Preston, 108

JAMES, William, 192, 358, 375, 376, 584
JANET, Pierre, 908
JANUZZI, 568
JAPI-AÇU, Cleto Ladislau Tourinho, 137, 270, 469, 619, 930
JAPURÁ, barão de, 508
JARDIM, Silva, 72, 157, 279, 332, 550, 557, 571, 580, 683, 713, 962
JEQUITINHONHA, visconde de, 328, 532, 533, 543, 584
JOÃO VI, D., 171, 306, 312, 353, 473, 1035
JOBIM, José, 92, 705
JOFILY, Irineu, 138
JOHNSON, Earl S., 49, 50, 51
JORDAN, David Starr, 376
JORGE, Adriano, 342
JORGE, Araújo, 402, 923
JOSÉ, "velho", 385
JUCKER, Felber, 924
JULIEN, Paul, 941
JUNDIAÍ, baronesa de, 115, 284
JUNQUEIRA, Francisco da Cunha, 341
JUNQUEIRA, José, 126, 268, 269, 598
JUNQUEIRO, Guerra, 125, 342, 395, 407, 480, 485, 488, 489, 493, 495, 496, 498, 501, 502, 504
JUQUERI, barão de, 281
JUSTINA, escrava, 603

K

KAHN, 493
KANT, 491
KAPPLER, Izidoro, 303
KARDEC, Allan, 481, 820
KATZ, Daniel, 56
KENNEDY, J. L., 106, 831
KIDDER, D. P., 99, 314, 375, 376, 423, 520, 522, 524, 570, 773, 779, 780, 830, 831, 869, 971
KLINGER, general Bertoldo, 90
KLUCKHOHN, Clyde, 54
KNIGHT, E. F., 199, 200, 201, 202, 205, 206, 207, 208, 209, 213, 214, 245, 257, 258
KNIGHT, Frank H., 50
KOCK, Paulo de, 481, 484, 492, 493, 501
KONDER, 169
KOPKE, professor, 389
KOSERITZ, Carl von, 94, 169, 491, 518, 894
KROPOTKINE, Pietr, 479, 896, 897
KRUGER, 271

KU, 585
KWAKWOSKI, Félix, 1027, 1028, 1029

L

LA FONTAINE, 397, 480
LACERDA, 367, 392, 412, 906
LACERDA, J. B. de, 75, 86, 188, 511, 512, 586, 982
LACOMBE, A. Jacobina, 519, 830
LACURTE, 939
LADÁRIO, barão de, 206
LADISLAU NETO, 572
LAEMMERT, 1029
LÄERNE, C. F. van Delden, 672
LAET, Carlos de, 72, 73, 83, 86, 393, 399, 472, 486, 499, 504, 507, 513, 839, 859
LAFFITTE, 218, 222, 1013
LAJE, João, 731
LAJES, barão de, 328
LAMARTINE, 84, 87, 181, 484, 486, 495, 500, 775
LAMBERG, Maurício, 99, 149, 287, 288, 346, 418, 419, 420, 421, 423, 506, 514, 518, 519, 520, 566, 570, 572, 573, 575, 623, 624, 710, 711, 855, 866, 868, 984, 985, 988, 989, 1022, 1034
LAMBERT, Jacques, 109
LAMEGO, Alberto Ribeiro, 93
LAMEGO FILHO, Alberto, 93
LANDY, baronesa de, 658
LANE, Horace, 411, 412, 707, 848
LANGAARD, T. J. H., 911
LANGE, Francisco Curt, 351
LAPA, tenente, 212
LASSANCE, general Guilherme, 46, 571
LATIF, Miran de Barros, 93
LATTEUX, 99
LATUCHELA, 947
LAYTANO, Dante de, 44
LE BON, Gustave, 172, 188, 189, 798, 854, 1014
LE LANNOU, Maurice, 109
LE PLAY, 552, 1014
LEAL, Aurelino, 91
LEAL, José Clementino Santos, 132
LEAL, Valfredo, 392
LEAL, Vítor Nunes, 92
LEÃO, Antônio Carneiro, 413
LEÃO, Eurico de Sousa, 135, 267, 269, 326, 466, 500, 616, 803, 804, 947, 996
LEÃO, Laurindo, 407

LEÃO, Policarpo Lopes de, 642
LEÃO XIII, papa, 842, 853, 870
LECLERC, Max, 99, 216, 218, 258
LECROQ, Oscar, 146
LEDA, Mariano de César de Miranda, 136
LEITÃO, Joaquim, 705
LEITE, Aureliano, 44, 91, 93, 127, 266, 267, 463, 498, 613, 743, 802, 907, 946, 968, 996
LEITE, Benedito, 401
LEITE, cônego Ambrosino, 804
LEITE, Maria de Barros, 116, 278
LEITE, Risério, 44
LEMOS, Antônio, 657, 673, 732
LEMOS, Miguel, 218, 219, 221, 222, 223, 259, 272, 390, 408, 815, 1006, 1008
LEMOS, Tibério César de, 905
LENAU, 480
LÊNIN, 897
LÉONARD, Émile G., 105, 106
LEONCAVALLO, 112
LEOPOLDINA, conde de, 663
LÈRE, 908
LESAGE, 484, 490
LESLIE, Eleanor, 844, 845, 846, 847, 848
LESSA, Orígenes, 740
LESSA, Pedro, 115, 135
LESSA, Vicente Temudo, 105, 831
LEVY, Alexandre, 103
LEVY, Calman, 476
LEY, Gaspar van der, 131, 776
LHERMITTE, 908
LIAIS, mestre, 889
LIMA, Alcides, 277
LIMA, Alexandre José Barbosa, 72, 74, 78, 81, 86, 91, 108, 192, 332, 335, 338, 451, 454, 534, 550, 582, 654, 655, 656, 666, 684, 696, 795, 796, 887, 888, 892, 957, 1032, 1034
LIMA FILHO, Augusto de, 93
LIMA, Francisco Antônio de, 127, 605
LIMA, Herman, 92, 765, 967
LIMA, Hermes, 90, 92
LIMA, J. C. Alves, 258
LIMA, João, 571, 1034
LIMA, João Franklin de Alencar, 1027
LIMA, Jorge de, 110
LIMA, Juvenal Correia, 118, 495, 811
LIMA, Luzia Angélica de, 127, 615
LIMA, Manoel de Oliveira, 73, 75, 76, 79, 81, 82, 86, 89, 90, 92, 99, 103, 168, 176, 187, 190, 285,

287, 371, 513, 515, 656, 666, 707, 873, 874, 917, 923, 1002
LIMA, mestre Sousa, 975
LIMA, Ricardo, 943
LIMA, Silva, 192, 418, 422, 429, 982
LINCH, Rodolfo, 274
LINDER, Max, 156, 953
LINS, Albuquerque, 632, 730
LINS, Álvaro, 90
LINS, Ivan, 92, 831
LINS, Leopoldo Marinho de Paula, 45, 128, 273, 339, 365, 462, 484, 610, 611, 678, 684, 742, 821, 825, 944, 969
LINS, S. A. Accioli, 46, 800
LIRA, 167
LIRA, Heitor, 90
LISBOA, Arrojado, 81
LISBOA, Cândido, 608
LISBOA, Coelho, 157, 180, 343, 345, 505, 582, 710, 861, 962
LISBOA, comandante, 616
LISBOA, João, 422
LISBOA, João Francisco, 390
LISBOA, Joaquim, 608
LISBOA, Joaquim Inácio de Almeida, 390
LISBOA, José Augusto, 496
LISLE, Leconte de, 493
LITTRÉ, E., 401, 402, 487, 807, 818, 827
LÍVIO, Tito, 552
LOBATO, José Bento Monteiro, 60, 61, 63, 78, 95, 138, 915
LOBO, Aristides, 665
LOBO, Cícero Bezerra, 116, 602, 746, 812
LOBO, Hélio, 923
LOBO, Laurinda Santos, 47, 63, 482, 683
LOBO, Sousa, 274
LOINAZ, padre, 811
LOMBROSO, Cesare, 481, 488
LOMONACO, Alfonso, 514, 524, 987
LONGFELLOW, 357, 488, 496, 508
LOOMIS, 357
LOPES, Aristarco, 943
LOPES, B., 501, 510, 938
LOPES, Castro, 436, 437, 438, 477, 521
LOPES FILHO, Francisco, 127, 605, 814
LOPES, João Clodoaldo Monteiro, 610
LOPES NETO, Simões, 70, 77, 95, 485, 510, 524, 797, 865
LOPES, Paula, 272, 396, 817

LÓPEZ (o primeiro), 236
LÓPEZ, Francisco Solano, 43, 222, 254, 370
LOPICOLLO, 120
LORETO, cônego, 848, 849, 850
LOTI, Pierre, 177
LOUREIRO, Nicolau, 127
LOWELL, 357
LOYOLA, Artur, 933
LUCENA, barão de, 72, 73, 192, 244, 251, 285, 332, 335, 450, 582, 654, 663, 684, 875
LUDOVICA, 385
LUÍS, Pedro, 508, 574
LUÍS, Washington, 582, 730
LUÍS XIV, 539
LUÍS XV, 144, 174, 175, 324, 938
LUND, mestre, 889
LUNDGREN, Artur, 938
LUNDGREN, coronel Frederico, 63
LUNDGREN, Hermann, 680, 925
LUTZ, Adolfo, 410, 915
LUTZ, Bertha, 915
LUZ, Josefa Maria da, 127, 318, 803
LYRA, madre, 961

M

MACÁRIO, alfaiate, 941
MACAÚBAS, barão de, 159, 398
MACAULAY, 486
MACEDO, Buarque de, 548, 711
MACEDO, Francisco Ferraz de, 347
MACEDO, Joaquim Manuel de, 172, 316, 399, 474, 475, 479, 480, 484, 485, 486, 489, 492, 493, 495, 496, 498, 508, 510
MACHADO, Antônio de Alcântara, 524
MACHADO, Antônio Muniz, 857
MACHADO, Brasílio, 104, 136, 827
MACHADO, João de Oliveira, 129, 268, 997
MACHADO, Julião, 460
MACHADO, Pinheiro, 72, 90, 101, 102, 105, 107, 108, 157, 158, 274, 582, 676, 723, 731, 855, 874, 875, 892, 893, 899, 957, 962, 964, 992, 995, 999, 1000, 1001, 1003, 1013, 1015, 1025, 1032
MACIEL, Joaquim, 463
MACIEL, Pedro, 463
MACKENZIE, Alexander, 90, 669, 706
MACKSEY, padre, 811
MACOLA, Ferruccio, 99, 522

MAESTRINI, 842
MAETERLINCK, 481, 491
MAFRA, Paula, 610, 943
MAGALHÃES, Agamenon, 804
MAGALHÃES, Amílcar Armando Botelho de, 116, 363, 394, 459, 606, 741, 816, 902, 940, 969
MAGALHÃES, Celso de, 503, 917, 922
MAGALHÃES, Couto de, 104, 344, 358, 511, 563, 765, 917, 1004, 1005, 1025
MAGALHÃES, Fernando de, 519
MAGALHÃES, Gonçalves de, 475, 496, 497
MAGALHÃES, J. B., 261
MAGALHÃES JÚNIOR, Raimundo, 89, 92, 211, 258, 505
MAGALHÃES, Sérgio, 943
MAGALHÃES, Valentim, 399, 480, 484, 489, 507
MAGNO, Carlos, 113, 275, 291, 496, 497
MAHAN, Alfredo, 375
MAIA, Dionísio de Farias, 122, 278
MAIA, Gonçalves, 657, 674, 943
MAIA, Luís, 44
MAITROT, general, 99, 1022, 1034
MALATESTA, Errico, 479, 896
MALHERBE, 480
MALLARMÉ, 493
MALLET, Pardal, 219
MAMANGUAPE, barão de, 271, 391, 796, 815
MANGABEIRA, João, 90
MANGABEIRA, Otávio, 162, 582
MANIVA, 941
MANN, Thomas, 419
MANNING, 777
MANTEGAZZA, 523
MANUEL, padre João, 580
MANUEL, Joaquim, 312
MARANHÃO, Afonso d' Albuquerque, 654
MARANHÃO, Augusto Severo de Albuquerque, 84, 293, 405, 406, 503, 582, 749, 750, 751, 879, 939, 961
MARANHÃO, João d' Albuquerque, 112, 295, 342, 343, 462, 485, 612, 653, 654, 655, 658, 679, 680, 743, 945, 996
MARC, Alfred, 914, 1024, 1034
MARCHANT, Alexander, 53, 390, 830
MARCHANT, Langhort, 390
MARCIONILO, coronel, 614
MARÇOU, 399
MARIA, padre Júlio, 80, 104, 180, 343, 830, 859, 865
MARIANO, José, 180, 212, 262, 345, 371, 401, 402, 407, 451, 463, 464, 471, 571, 610, 614, 655, 665, 782, 795, 796, 943, 954, 1032

MARÍAS, Julian, 35
MARIE, Pierre, 908
MARINHA, Joaquim José Marques, 153
MARINHO, Saldanha, 332, 344, 550, 730, 962
MARITAIN, 467
MARQUES, Virgínio, 293
MARQUES, Xavier, 510
MARQUOI, 358
MARTINEAU, mme., 998
MARTINELLI, 169
MARTINS, Eneias, 176
MARTINS, Francisco Gonçalves, 561
MARTINS, Gaspar da Silveira, 86, 278, 279, 339, 505, 550, 581, 640, 678, 772
MARTINS, Graciliano, 566, 635
MARTINS JÚNIOR, 107, 121, 140, 157, 162, 219, 223, 224, 267, 271, 272, 335, 337, 338, 342, 365, 371, 372, 388, 401, 402, 408, 451, 458, 480, 487, 504, 505, 513, 609, 768, 874, 957, 962
MARTINS, Luís, 91, 530
MARTINS, Mendes, 497
MARTINS, Oliveira, 484, 486, 500
MARX, Karl, 65, 121, 395, 486, 491, 808, 811, 813, 817, 820, 822, 897, 995, 996
MASSA, conselheiro Antônio, 128, 193, 543, 997
MASSÔ, João Alberto, 705
MASSOW, Gustavo, 1029
MATARAZZO, Francisco, 709, 1032
MATOS, Carlos Tavares de, 144
MATOS, Tito de, 303
MATOZINHOS, conde de São Salvador de, 381
MAUÁ, barão de, 239, 548, 634, 663, 717, 1020
MAUÁ, visconde de, 736
MAUL, Carlos, 668
MAUPASSANT, Guy de, 117, 397, 479, 480, 481, 486, 500
MAURET, Paulo, 949
MAURÍCIO, Virgílio, 490, 898
MAURY, tenente, 358, 361
MEDEIROS, Bianor de, 137
MEDEIROS, Borges de, 892
MEDEIROS, João Rodrigues Coriolano de, 128, 276, 498, 604, 813, 954, 969, 996
MEIRA, Albino, 365, 407
MELGAREJO, 238
MELO, A. Teixeira de, 577
MELO, Afonso d' Albuquerque, 260
MELO, Ângela Correia de, 118, 277, 368, 456, 497, 603, 746, 813, 961

MELO, Antônia Lins Vieira de, 138, 296, 323, 366, 469, 501, 619, 648, 744, 805, 958
MELO, Artur de, 932
MELO, barão Homem de, 278, 287
MELO, Custódio José de, 92, 102, 180, 939, 952
MELO, Dantas, 262
MELO, Ferreira de, 151, 152
MELO, Gomes de, 131
MELO, José Antônio Gonsalves de, 62, 63, 293, 405
MELO, José Maria de Albuquerque e, 107, 451, 654
MELO, Luís Gonzaga de, 128, 599
MELO, Miguel Seabra de, 132, 742, 821
MELO, Ramos, 383, 384, 385
MENDES, J. E. Teixeira, 700
MENDES, Raimundo Teixeira, 73, 80, 86, 90, 190, 209, 218, 222, 223, 259, 390, 408, 409, 461, 574, 609, 812, 815, 832, 833, 903, 1003, 1006, 1007, 1008, 1017, 1025, 1026
MENDILOW, A. A., 196
MENDONÇA, Alberto Carneiro de, 116, 267, 342, 409, 499, 946
MENDONÇA, Deodoro Machado de, 127, 193, 279, 325, 326, 592, 747, 823, 928, 992, 993
MENDONÇA, Lúcio de, 180, 571
MENDONÇA, Salvador de, 72, 74, 180, 477, 666, 1035
MENDONÇA, Trajano Alípio Temporal de, 137
MENDONÇA, Virgílio, 279
MENESES, Carlos Alberto de, 856, 857, 858, 924
MENESES, Diogo de Melo, 44
MENESES, Durval Bastos de, 705
MENESES, Emílio de, 484, 490, 495
MENESES, Epaminondas Montezuma de, 128, 455, 494, 811
MENESES, Ferreira de, 303
MENESES, general Siqueira de, 679
MENESES, João Barreto de, 115, 275, 343, 367, 454, 494, 590, 591, 657, 669, 670, 674, 744, 810, 950, 968
MENESES, Júlio Augusto de, 390
MENEZES, Adolfo Bezerra de, 107
MENUCCI, Sud, 90, 638, 700
MERITI, baronesa de, 774
MERKER, Adolfo, 1027, 1029
MEROU, García, 97, 513
MESQUITA, A. N. de, 106, 831
MESQUITA, Elpídio, 574
MESQUITA FILHO, Júlio de, 61, 128, 280, 282, 324, 998
MESQUITA, Júlio de, 128, 471, 472, 594, 992

METCHNIKOFF, 677
METTERNICH, 524
MEUNIER, mme., 409, 413
MEYERBEER, 317
MICHAUX-BELLAIRE, 624, 700
MICHEL, Ernest, 98
MICHELET, 486, 491, 500
MIFONT, Raimundo de Novais, 128, 284, 997
MIGUEL-PEREIRA, Lúcia, 7, 89, 190, 195
MIGUEZ, Leopoldo, 103
MILANEZ, José Frazão, 124, 276, 455, 496, 602, 749, 812, 951, 969, 996
MILANO, Nicolino, 655
MILET (ou MILLET), Henrique Augusto, 94, 214, 258, 471, 859
MILHAUD, Darius, 104
MILL, Stuart, 998
MILLIET, Sérgio, 91, 258, 699
MILTON, 170, 397, 486, 488, 495, 775
MINDELO, professor, 124
MINHO, viscondessa do, 328
MINIATTI, padre Goretti, 811
MIRABEAU, 339
MIRANDA, Pontes de, 39, 80, 81, 95, 96, 188, 402, 488, 873
MOACIR, Pedro, 136, 339
MOACIR, Primitivo, 92
MONBEIG, Pierre, 108, 698, 699
MONCORVO, dr., 446
MONIZ, padre Patrício, 865
MONIZ, Pedro, 554
MONT, Mark Neven du, 763
MONT'ALVERNE, frei Francisco de, 335, 505, 860
MONTEIRO, Antônio Peregrino Maciel, 402, 486, 497, 548
MONTEIRO FILHO, 219
MONTEIRO, Góis, 492
MONTEIRO, João, 136
MONTEIRO, José Rodrigues, 128, 588
MONTEIRO, Tobias, 71, 76, 179, 472, 574, 706, 707
MONTENEGRO, Augusto, 120
MONTENEGRO, José Elisário, 700
MONTENEGRO, Lauro Bezerra, 804
MONTEPIN, 477, 481, 486
MORAIS, Evaristo de, 92
MORAIS FILHO, Melo, 475, 485, 503, 590, 931
MORAIS, Melo, 326, 475, 503, 756, 992
MORAIS, Prudente de, 69, 72, 180, 196, 276, 280, 281, 332, 344, 400, 471, 639, 962

MORAIS, Raul de, 929
MORAZÉ, Charles, 109
MORÉ, J. L., 692
MORÉAS, 493
MOREAU, M. M. A., 145
MOREIRA, Juliano, 180, 429, 550, 584, 586, 846, 915
MOREYRA, Álvaro, 135
MORGAN, Edwin, 1035
MORLEY, Helena, 110
MORTON, George Nash, 707
MOSSO, 709
MOTA, Benjamim, 1031
MOTA, Cesário, 410, 411, 413
MOTA, Otoniel, 83, 105, 412
MOURA, A. Lourival de, 574
MOURA, Francisco Amyntas de Carvalho, 701
MOZART, 651
MUIRHEAD, mr., 848
MÜLLER, Lauro, 72, 101, 133, 169, 344, 558, 764, 883, 966, 1014
MÜLLER, padre, 811
MUMFORD, Lewis, 737, 763
MUNIZ, barão de, 642
MURAT, Luís, 180
MURGER, Henri, 488
MURTINHO, Joaquim, 76, 389, 530, 566, 630, 683, 695, 706, 888, 966
MUSSET, Alfred de, 476, 486, 488, 489

N

N.S., 129, 590
NABUCO, Carolina, 90
NABUCO, Joaquim, 45, 46, 47, 70, 71, 72, 73, 76, 77, 78, 81, 83, 86, 89, 90, 100, 103, 104, 121, 134, 158, 167, 177, 178, 180, 187, 206, 207, 212, 215, 216, 224, 225, 238, 252, 255, 257, 262, 272, 282, 292, 337, 338, 339, 363, 371, 372, 391, 401, 402, 407, 408, 417, 418, 427, 428, 456, 457, 463, 464, 475, 477, 478, 479, 483, 487, 491, 499, 500, 504, 505, 507, 513, 515, 519, 532, 533, 540, 550, 551, 552, 553, 554, 555, 557, 558, 559, 563, 581, 584, 585, 607, 610, 614, 649, 655, 707, 711, 751, 767, 768, 769, 771, 772, 774, 776, 777, 778, 782, 790, 791, 796, 797, 830, 853, 859, 868, 878, 891, 895, 909, 910, 922, 923, 952, 957, 992, 998, 999, 1002, 1003, 1006, 1007, 1014, 1015, 1023, 1026, 1030, 1035

NAEGELI, Roberto Christiani, 118, 282, 596, 932

NAPOLEÃO, Aluísio, 90, 765

NARDELLI, 709

NASCENTES, Antenor, 129, 367, 453, 491, 588, 668, 744, 808, 906, 949, 968, 994

NASCIMENTO, Alfredo, 984, 988

NASCIMENTO, Cassiano do, 277

NASH, Roy, 91, 915, 916, 917, 967, 970

NAVA, Pedro, 44

NAZARETH, barão de, 478, 553

NAZARETH, Elias de Figueiredo, 619

NAZARETH, Ernesto, 104

NEGRO, baronesa do Rio, 330

NEIVA, Artur, 730, 915

NÉLSON, almirante, 272

NEPOMUCENO, Alberto, 180, 505

NEPOMUCENO, Alfredo, 103

NESTOR, Odilon, 62, 93, 703, 909

NEUKOMM, 312

NEVES, Adauto Acton Mariano das, 128, 270, 324, 620, 803

NEVES, Eduardo das, 96, 741, 743, 748

NEVES, Getúlio das, 98

NEVES, João, 274, 491, 492

NEWMAN, 104, 777

NICOSCA, S., 624

NIELSEN, Asta, 156

NIEMEYER, Otto, 409

NIEMEYER, professor, 481

NIETZSCHE, Friedrich, 65, 180, 395, 607, 808, 809, 811, 817, 820, 822

NOBRE, Antônio, 480, 485, 493, 501

NOGUEIRA, Antônio Costa, 118, 268

NOGUEIRA, Ataliba, 212

NOGUEIRA, Hamilton, 571

NOGUEIRA, João Franklin de Alencar, 112, 460, 608, 742, 818, 941

NOLASCO, Pedro, 953

NORDAU, Max, 608

NORMANO, J. F., 633, 634, 695, 706

NORONHA JÚNIOR, J. R., 129

NOVAIS, Guiomar, 86, 180

NOVAIS, José Ferreira de, 122, 365, 406, 407, 462, 485, 612, 743, 821, 903, 946

NOVELLI, 890

NOVICOW, 998

NUNES, Carlinda Custódia, 129, 297, 455, 591, 810, 960

NUNES, Castro, 122, 404, 406

NUNES, J. de Castro, 257

O

OAKENFULL, J. C., 987, 988

OHNET, Jorge, 485, 497

OLÍMPIO, Domingos, 490, 491

OLIVEIRA, Alberto de, 180, 342, 397, 475, 477, 480, 485, 486, 492, 499, 510

OLIVEIRA, Alfredo Mariano de, 346

OLIVEIRA, Beraldo Inocêncio de, 281

OLIVEIRA, Cândido de, 457, 488

OLIVEIRA, coronel Vicente de, 122

OLIVEIRA, d. Vital Maria Gonçalves de, 41, 180, 318, 453, 464, 770, 776, 782, 785, 792, 819, 827, 828, 829, 835, 836, 837, 838, 840, 899

OLIVEIRA, Isabel Henriqueta de Sousa e, 135, 275, 297, 454, 493, 590, 810, 906, 960, 968, 994

OLIVEIRA, Leônidas d', 1031

OLIVEIRA, Sebastião Almeida, 113

OLIVEIRA, Sebastião de, 389, 390, 458, 605, 814, 926, 969, 995

OLIVEIRA, Virgílio de, 729

OPPENHEIMER, Robert, 59

ORLANDO, Artur, 190, 401, 402, 403

ORLÉANS-BRAGANÇA, d. Luís d', 73, 79, 99, 285, 287, 363, 770, 830, 854, 994, 1000, 1002, 1003, 1006, 1007, 1008, 1012, 1013, 1015, 1016, 1026

ORTIGÃO, Ramalho, 239, 240, 241, 254, 255, 259, 261, 289, 292, 304, 335, 348, 391, 407, 478, 479, 480, 481, 484, 486, 494, 497, 499, 522, 716, 762, 887

ORTON, 358

OSÓRIO, Francisco, 277

OSÓRIO, general, 180, 254, 265, 266, 267, 268, 270, 271, 272, 273, 275, 277, 464, 483, 549, 550, 558, 825

OTAVIANO, 508

OTÁVIO, Rodrigo, 90, 180, 582, 845, 920

OTTIKER, 328

OTTONI, 572

OURO PRETO, visconde de, 76, 86, 115, 226, 227, 230, 251, 279, 459, 466, 574, 581, 631, 663, 708, 748, 850

OVÍDIO, 591

P

PACHECO, Félix, 472
PAGANI, 709
PAIM FILHO, 491, 492
PAIVA, Alfredo de, 530, 570
PAIVA, Ataulfo Nápoles de, 787, 831
PAIVA, João, 129
PAIXÃO, Antônio Manuel da, 262
PAIXÃO, Múcio da, 348, 784
PALHARES, Adelaide, 960
PALMA, Ricardo, 282
PANDO, general, 704
PARANÁ, marquês do, 786
PARANAGUÁ, Nogueira, 105, 539
PARENTE, Francisco Gomes, 407
PARETO, Vilfredo, 467
PARREIRAS, Antônio, 103, 180, 758
PASSOS, Guimarães, 180, 486, 490, 952
PASSOS, John dos, 505
PASSOS, Pereira, 69, 70, 180, 293, 565, 582, 689, 736,
   737, 752, 763, 884, 888, 899
PATERNOSTER, G. Sidney, 764
PATI DO ALFERES, barão do, 699
PATROCÍNIO, José do, 45, 84, 405, 456, 458,
   464, 490, 499, 503, 507, 552, 557, 595, 608,
   610, 731, 879
PATTEE, Richard, 830
PATTERSON, 192, 422, 429, 680
PATTI, 330
PAULA, irmã, 723, 799
PAULO FILHO, dr., 179
PAZZA, frei, 800, 801
PEARSON, Henry C., 99
PEÇANHA, Alcebíades, 550, 557
PEÇANHA, Nilo, 72, 442, 451, 543, 550, 557, 565, 586,
   704, 706, 861, 899, 952, 957, 1024
PECKOLT, Teodoro, 705
PEDERNEIRAS, Raul, 117, 481, 507
PEDRO, bispo D., 409
PEDRO I, d., 101, 312
PEDRO II, d., 67, 70, 90, 94, 106, 121, 126, 131, 157,
   160, 166, 174, 202, 204, 215, 216, 217, 224,
   225, 226, 234, 237, 239, 240, 241, 242, 247,
   258, 260, 265, 266, 267, 268, 269, 270, 271,
   272, 274, 276, 277, 279, 280, 281, 282, 283,
   285, 298, 299, 304, 305, 306, 307, 308, 310,
   313, 316, 317, 318, 322, 327, 328, 330, 334,

339, 356, 357, 359, 360, 361, 362, 370, 376,
   381, 388, 392, 394, 417, 419, 422, 424, 425,
   430, 455, 456, 457, 458, 459, 464, 466, 469,
   470, 493, 508, 514, 516, 520, 530, 532, 539,
   543, 544, 572, 584, 615, 616, 627, 661, 662,
   665, 717, 720, 770, 772, 783, 786, 794, 801,
   805, 806, 819, 845, 854, 887, 888, 899, 915,
   917, 962, 974, 999, 1015, 1020, 1030, 1035
PEIXE-BOI, Júlia, 166, 327
PEIXOTO, Afrânio, 78, 167, 180, 188, 190, 429, 502,
   510, 521, 566, 916
PEIXOTO, Carlos, 102, 343
PEIXOTO, Floriano, 42, 86, 90, 102, 172, 190, 209,
   224, 253, 265, 266, 267, 270, 275, 278, 279,
   303, 345, 395, 468, 471, 523, 534, 546, 550,
   579, 581, 663, 669, 775, 797, 878, 888, 892,
   943, 957, 981, 1009, 1033
PEIXOTO, Joaquim de Alencar, 112
PENA, Afonso, 72, 158, 286, 344, 565, 583, 605, 706,
   889, 913, 914
PENA, Belisário, 167, 915
PENA, Osmino, 915
PENEDO, barão de, 72, 180, 584, 667, 707, 899
PENTEADO, conde Álvares, 1032
PEREGRINO, Umberto, 574, 1030
PEREIRA, Alcides, 130, 459, 605, 814
PEREIRA, Alfredo Severo dos Santos, 132, 335, 336,
   460, 606, 607, 816, 902, 939, 969
PEREIRA, Antônio Pacífico, 519
PEREIRA, Astrojildo, 80, 130, 173, 271, 335, 392, 393,
   459, 479, 606, 668, 741, 816, 896, 897, 927,
   1015
PEREIRA, conselheiro Costa, 1027, 1029
PEREIRA, Cosme de Sá, 983
PEREIRA, Eduardo Carlos, 83, 105, 411
PEREIRA, José Clemente, 786
PEREIRA, José da Silva, 134, 333, 497, 603, 749, 813
PEREIRA, Manuel Vitorino, 180, 339, 423, 424, 429,
   455, 548, 610, 955, 957
PEREIRA, Miguel, 81, 167, 915, 982
PERNETA, Emiliano, 484
PESSEGUEIRO, 900, 967
PESSOA, Custódio José da Silva, 858
PESSOA, Epitácio, 81, 86, 180, 284, 343, 402, 457,
   467, 582, 627, 961
PESSOA, João, 929
PESSOA, Manuel de Lemos, 127, 497
PESTANA, Nestor Rangel, 472, 928

PETRÓPOLIS, barão de, 982
PICAROLLO, Antônio, 624
PICKFORD, Mary, 953
PIEROLA, 238
PIERSON, Donald, 109
PIMENTA, Joaquim, 80, 1031, 1032
PIMENTA, Silvério, 550
PIMENTEL, Antônio Martins de Azevedo, 964, 988
PIMENTEL, Figueiredo, 486
PINHEIRO, Chabi, 655
PINHEIRO, cônego, 507
PINHEIRO, João, 72, 876, 957, 965, 966
PINHEIRO, Luís de Castro Maciel, 127, 282, 998
PINHEIRO, Maciel, 121, 127, 282, 371, 998
PINHEIRO, padre Leopoldo Fernandes, 122, 368, 475, 495, 599, 745, 811, 860, 907, 968
PINHEIRO, Rafael Bordalo, 481, 898
PINHO, Antônio, 946
PINHO, Cândido, 946
PINHO, Péricles Madureira do, 90, 924
PINHO, Wanderley, 91
PINILLA, Cláudio, 665, 679
PINTO, Ângela, 655
PINTO, Apolônia, 119
PINTO, Manoel de Sousa, 376, 521, 567, 568, 703
PINTO, Manuel Pereira, 156
PINTO, Silva, 98, 522
PINTO, Soares, 358
PINTO, Vieira, 927, 930, 947
PIZA, Gabriel de, 803
PIZA, Simão de Toledo, 281
PIZA SOBRINHO, Luís de Toledo, 61, 63, 136, 281, 282, 324, 410, 595, 747, 823, 824, 905, 930, 970, 998
POMBO, Rocha, 668
POMMERY, mme., 301, 347
POMPEIA, Raul, 77, 90, 107, 110, 157, 179, 393, 399, 472, 479, 480, 491, 493, 498, 499, 504, 797, 920, 921
POMPÍLIO, Numa, 471
PONDÉ, João, 377
PONTES, Eloy, 90
PONTES, Maria Ester Bezerra, 116, 620, 806, 959
PONTUAL, Constâncio, 703
PONTUAL, Davino, 120
PORRAS, 585
PORRAS Y PORRAS, 586
PORTINARI, Cândido, 866
PORTO, Adolfo Faustino, 130, 283, 593, 905, 999

PORTO, Costa, 90, 1001, 1025
PORTO, Fausto, 655
PORTO, Leonor, 156, 471, 655, 656
PORTO, M. E. de Campos, 247, 257, 259, 260, 261
PORTO SEGURO, visconde de, 507, 508
PORTUGAL, Marcos, 312
POUILLON, Jean, 59
PRADEZ, Charles, 98
PRADO, conselheiro Antônio, 69, 72, 90, 180, 203, 344, 345, 355, 582, 639, 640, 641, 924
PRADO, da. Veridiana, 482
PRADO, Eduardo, 72, 73, 74, 83, 86, 104, 180, 186, 187, 190, 193, 194, 195, 232, 233, 234, 235, 236, 238, 252, 255, 259, 309, 310, 365, 368, 379, 493, 504, 574, 584, 638, 859, 868, 892, 916, 917
PRADO, J. F. de Almeida, 62, 92, 831
PRADO JÚNIOR, Caio, 262
PRADO, Paulo, 63
PRADO, Severiana José do Patrocínio Nabuco de Araújo, 442
PRATES, Luís Milton, 130, 265, 325, 479, 593, 747, 822, 903, 993
PRICE, Willard, 705
PROSPERI, padre, 841
PROUDHON, 121, 486
PROUST, Marcel, 180
PRUDÊNCIO, padre, 127
PSILANDER, 156, 953
PUCCINI, 112, 326
PUGO, Públio, 1016, 1031
PUGOT, mme., 960
PUJOL, Alfredo, 89
PUTO, 586

Q

QUADROS, Francisco Raimundo Ewerton, 790
QUARANTA, 709
QUEIRÓS, Eça de, 117, 125, 172, 194, 195, 233, 242, 330, 342, 391, 396, 478, 479, 480, 481, 483, 484, 485, 486, 489, 490, 491, 492, 493, 494, 495, 498, 500, 501, 502, 504, 534, 553, 568, 903, 905, 906, 921, 939
QUEIRÓS, Eusébio de, 328
QUEIRÓS, Francisco Pessoa de, 938
QUEIRÓS, J. Ramos de, 700
QUEIRÓS, Maria Vicentina de Azevedo Pereira de, 115, 283, 324, 408, 493, 595, 747, 822, 999

QUEIROZ, Carlota Pereira de, 61
QUEIROZ, Rachel de, 110
QUENTAL, Antero de, 480, 485, 486
QUERICA, 585

R

R. S., 130, 294, 367, 454, 492, 809, 906, 950
RABELO, Almeida, 930, 940, 943, 947, 949
RABELO, Laurindo, 494, 501
RABELO, Sílvio, 90
RABUTAU, 911
RADIGUET, Max, 306, 307, 348
RAFFINATTE, 709
RAMOS, Augusto, 389
RAMOS, Caetano, 932
RAMOS, coronel Fidélis, 274
RAMOS, Francisco Ferreira, 706
RAMOS, João, 610
RAMOS, Joaquim Cirilo da Silva, 134, 944
RAMOS, Nereu, 341
RAMOS, Silva, 396
RANGEL, Alberto, 76, 90, 342, 563, 576, 657, 674, 916
RAUNIER, 927, 949
RAWLINSON, mrs., 680, 981
REBELO, Pedro, 490
REBOUÇAS, André, 90, 420, 533, 550, 564, 584, 608
REBOUÇAS, Antônio Pereira, 70, 207, 532, 533, 548,
      550, 552, 564, 584, 608
REED, mss. Elise, 413
RÉGIS, Maria, 130, 494, 591
REGNIER, 399
REGO, irmãos Morais, 1034
RÊGO, José Lins do, 110, 179
REGO, Morais, 905
REIS, Álvaro, 104, 412
REIS, Artur César Ferreira, 577
REIS, Napoleão, 115, 850
REIS, Sotero dos, 409, 905
REIS, Trajano César dos, 905
RÉJANE, 890
RENAN, Ernest, 391, 479, 480, 488, 491, 791, 798
RENTINI, Dolores, 655, 703
RESENDE, Cássio Barbosa de, 63, 115, 270, 314, 320,
      349, 466, 500, 617, 646, 804, 847, 848, 849,
      850, 947, 996
RESENDE, Francisco de Paula Ferreira de, 646
RESENDE, Severiano de, 902

RETIRO, visconde de Bom, 516, 584
RHODES, Cecil, 666
RIACHÃO, Manuel, 497
RIBAS, A. J., 475
RIBAS, Emílio, 410
RIBEIRO, Antônio Benedito, 131
RIBEIRO, Antônio José da Costa, 62, 63, 118, 119, 460,
      486, 487, 608, 818, 827, 828, 829, 903, 936,
      937, 940
RIBEIRO, Boanerges, 90, 105, 831
RIBEIRO, Carneiro, 108
RIBEIRO, Cláudio da Costa, 118, 271, 388, 458, 480,
      668, 749, 815, 902, 969, 995
RIBEIRO, cônego João José da Costa, 828
RIBEIRO, Demétrio, 215, 277, 338
RIBEIRO, Eleutério, 404
RIBEIRO, Hilário, 389
RIBEIRO, João, 77, 83, 89, 117, 190, 392, 393, 396,
      399, 404, 408, 477, 479, 481, 499, 502, 511,
      513, 586, 695, 887, 916, 917, 922
RIBEIRO, Júlio, 78, 83, 105, 399, 411, 486, 499, 571,
      790
RIBEIRO, Leonídio, 93, 106
RIBEIRO, Rosalvo, 103
RIBEIRO, tenente Leite, 212
RIBEIRO, Tomás, 485, 498
RICHER, Siegmond, 303
RICORDEAU, 655
RIECKEN, Guilherme, 940
RIO APA, barão do, 136
RIO BRANCO, barão de, 65, 69, 70, 71, 72, 76, 86, 90,
      107, 158, 172, 176, 180, 187, 202, 212, 224, 252,
      285, 299, 379, 457, 459, 463, 465, 466, 467, 483,
      489, 499, 582, 584, 585, 586, 588, 601, 630, 665,
      667, 679, 689, 702, 704, 707, 729, 751, 752, 760,
      845, 875, 876, 877, 878, 888, 892, 899, 900, 901,
      908, 923, 961, 1019, 1020, 1032, 1035
RIO BRANCO, visconde de, 302, 464, 548, 770, 828
RIO, João do, 89, 165, 472, 475, 477, 486, 490, 491,
      505, 510, 513, 702, 796, 797, 798, 800, 832,
      833, 847, 898, 952
RIO, José Pires do, 514
RIO, Pires do, 81
RIOS, Samuel, 670
RISTORI, 330
RITA, da. Maria, 386
ROBIANO, Eugène de, 514, 524
ROCCA, 96, 350, 721

ROCHA, Carlos Carneiro da, 809
ROCHA, Carlos Cordeiro da, 118, 295, 492
ROCHA, Joaquim da Silva, 91
ROCHA, José Manuel, 456
ROCHA, Landelino, 137, 388
ROCHA, Lindolfo, 510
ROCHA, Munhoz da, 830
ROCHA, Pinto da, 335
ROCHA, Tadeu, 856, 857, 858, 870
ROCHEFORT, 470
RODRIGUES, A. Coelho, 554, 1010, 1030
RODRIGUES, Alberto de Paula, 131, 456, 489, 490, 604, 746, 814, 907, 954, 956, 969
RODRIGUES, Carlos, 470
RODRIGUES, cônego Francisco de Paula, 865
RODRIGUES, João Carlos, 473
RODRIGUES, José Carlos, 259, 357, 507
RODRIGUES, José Honório, 92, 93
RODRIGUES, Lafayette, 78, 459
RODRIGUES, Mário, 105, 471, 929
RODRIGUES, Nina, 86, 89, 95, 188, 418, 429, 511, 563, 793, 794, 917
RODRIGUES, Silvestre, 497
ROENTGEN, 841
ROLDÃO, 275
ROLIM, José Gonçalves de Sousa, 126, 455, 745
ROLLINAT, 486
ROMERO, Emílio, 577
ROMERO, Sílvio, 78, 79, 80, 81, 83, 89, 90, 98, 103, 128, 188, 190, 195, 390, 392, 402, 408, 475, 492, 499, 502, 504, 507, 510, 511, 512, 513, 552, 586, 599, 624, 756, 812, 854, 855, 865, 870, 873, 911, 916, 917, 922
RONDINELLI, Sílvio, 131, 266, 997
RONDON, Cândido Mariano da Silva, 78, 86, 180, 188, 189, 190, 562, 563, 757, 758, 759, 764, 765, 882, 883, 884, 1023
ROOSEVELT, Theodore, 76, 99, 168, 189, 375, 376, 512, 757, 758, 890, 1000
ROOT, Elihu, 376, 716, 890
ROQUE, Vicente, 132
ROQUETTE-PINTO, Edgar, 63, 78, 81, 86, 95, 188, 190, 236, 511, 512, 563, 581, 752, 916, 917
ROSA, da. Ana, 555, 767
ROSA, Ferreira da, 302, 303, 347, 348
ROSA, Virgínio Santa, 260, 573
ROSAS, Alfredo, 132, 470, 481, 608, 817, 941
ROSAS, Tito, 107

ROSSI, Lauro, 317
ROSTAND, Edmond, 485, 854
ROTH, 487
ROTHSCHILD, (os), 161, 687, 706
ROURE, Agenor de, 91
ROUSSEAU, J. J., 488
ROUX, Jules, 145
ROXINHO, Manuel, 953
RUELLAN, Francis, 108
RUFUS, 411
RUIZ, Pepa, 784

S

SÁ, Eduardo de, 102, 758, 1009
SÁ, deputado Herédia de, 952
SABOIA, barão de, 581
SACCARELLO, Pedro Castello, 117
SAIÃO, Bidu, 842
SAINT-JUST, 219
SAINT-PIERRE, Bernardin de, 484
SAINT-SIMON, 213
SAINT-VICTOR, 911
SALAMONDE, Eduardo, 460
SALES, Antônio, 475
SALES, Carolina Tavares, 136, 276, 277, 456, 465, 814, 960
SALES, Efigênio, 657, 670, 674
SALES, Francisco, 913, 966
SALES, João Alberto, 992
SALES, Manuel Ferraz de Campos, 69, 72, 128, 157, 280, 332, 344, 471, 472, 543, 544, 645, 706, 707, 733, 748, 826, 946, 992
SALGADO, Joaquim Pedro, 678
SALVATERRA, Átila, 710
SAMHABER, Ernst, 644, 645
SAMPAIO, Antônio, 212
SAMPAIO, Bittencourt, 316, 475
SAMPAIO, J. Pereira, 97
SAMPAIO, J. Rodrigues, 152
SAMPAIO, Teodoro, 104, 180, 190, 429, 584, 687, 917
SANA, da., 415
SAND, George, 486
SANT'ANNA NERY, barão de, 99, 349, 379
SANTOS, Benedito Oliveira, 129
SANTOS, Brasílio Rodrigues dos, 1012
SANTOS, Ernesto Paula, 993
SANTOS, João Evangelista dos, 132, 819

SANTOS, João Félix dos, 275
SANTOS, José Maria dos, 89, 630, 636, 639, 641, 698, 700, 701, 846
SANTOS, Maria Teodora dos, 132, 319, 499, 615, 743, 803
SANTOS, Urbano, 401
SÃO BOAVENTURA, visconde de, 262
SÃO LOURENÇO, visconde de, 561, 562
SAPPEY, 488
SARAIVA, conselheiro José Antônio, 204
SARAIVA, Gumercindo, 274
SARAIVA, Santos, 105
SARASATE, 330
SARDOU, 476
SARMENTO, dr., 387
SAUER, Artur, 1027, 1028, 1029
SAVAGE-LANDOR, A. Henry, 76, 191, 625, 726, 764, 765
SÁVIO, Temístocles, 390
SCELLE, Georges, 845
SCHILLER, 496
SCHMIDT, 169
SCHOPENHAUER, 488
SCHREINER, dr., 1027, 1028
SCOTT, Walter, 356, 499, 500, 503, 777
SCROSOPPI, 412
SEABRA, Bruno, 485
SEABRA, J. J., 114, 121, 180, 471, 523
SEABRA, José Augusto, 812
SEABRA, Paulo, 167
SEBASTIÃO, cabo, 131
SECCHI, 709
SÉGUR, condessa de, 490
SEIXAS, Aristeu, 377
SEIXAS, Tomás, 132
SEKKI, Dante, 132
SENA, Costa, 94
SENNA, Ernesto, 475, 476, 523, 667, 703, 704, 705, 1028
SEREJO, cônego, 850
SEREJO, frei Caetano de Santa Rita, 944
SERPA, Joaquim José de, 422
SERRA, Joaquim, 475, 572, 931
SETTE, Mário, 132, 282, 324, 341, 411, 746, 824, 904, 928, 929, 993
SEVERO, Ricardo, 521
SEVIGNÉ, mme. de, 404
SHAKESPEARE, William, 177, 488, 655, 1007
SHAOF, padre, 811
SHAW, Bernard, 493
SHUPP, padre Ambroise, 105

SICARD, 908
SIGISMUNDO, Doninha de, 36, 166
SILVA, Abel da, 392
SILVA, Américo Raimundo da, 132, 826
SILVA, Antônio Carlos Ferreira da, 121, 487
SILVA, Antônio Carlos Pacheco e, 61, 129, 411, 412, 413, 499, 616, 669, 743, 803, 907, 908, 946, 947, 968
SILVA, Antônio de Morais, 421, 438, 513
SILVA, conselheiro Rodrigo, 459
SILVA, conselheiro Rosa e, 101, 105, 133, 158, 180, 344, 345, 582, 702, 892, 950, 957, 1016
SILVA, Domingos Carlos da, 554, 555, 556
SILVA, Florêncio Carlos de Abreu e, 112, 273, 274, 366, 367, 453, 489, 587, 669, 744, 807, 906, 948, 968, 994
SILVA, Francisca Gomes da, 126, 318, 615, 803
SILVA, Francisco Manuel da, 312
SILVA, Gonçalo Guilherme da, 132, 614
SILVA, Horácio Gomes da, 126, 604, 746, 813
SILVA, João Moreira da, 135
SILVA, José Augusto, 133
SILVA, Leovigildo Régis da, 131
SILVA, Levina Alves da, 113, 621, 960
SILVA, Ludgero Gonçalves da, 540
SILVA, Pereira da, 475, 508
SILVA, Pergentino, 133, 603, 746
SILVA, Pirajá da, 520, 915
SILVA, Rebelo da, 484
SILVA, Tito Henriques da, 133, 455, 493, 591
SILVA, Vítor, 492
SILVEIRA, Carlos Pedro da, 596
SILVEIRA, Guaracy, 134, 284, 408, 479, 596, 748, 749, 825, 998
SILVEIRA, João Luís da, 135
SILVEIRA, José Antônio da, 134, 497, 603, 746
SILVEIRA, padre, 123, 406
SILVEIRA, padre Manuel Higino da, 134, 495, 860
SILVEIRA, Tasso da, 39, 80
SILVEIRA, Urias A. da, 915, 976, 978, 980, 982, 987, 988
SILVEIRA, Xavier da, 580
SILVEYRA, Armando, 454, 492, 589, 590, 669, 809, 810, 840, 906, 950
SIMAS, Hugo, 456
SIMMEL, Georg, 998, 1015
SIMÕES, Lucília, 505
SIMÕES, Lucinda, 655
SIMONETTI, Antônio, 132

SIMONSEN, Roberto, 699
SINIMBU, João Vieira Cansanção de, 95, 204, 407, 421, 487
SMILES, Samuel, 394, 497
SMITH, Carleton Sprague, 375
SMITH, Herbert, 98, 764
SMITH, T. Lynn, 53, 109, 830
SMOLTZ, 120
SNYDER, John, 533
SOARES, J. C. Macedo, 705
SOARES, José Alvares de Souza, 159
SOARES, José de Souza, 574
SOARES, Órris, 929
SOARES, Oscar, 929
SOARES, Teixeira, 180
SODRÉ, Lauro, 101, 127, 207, 279, 343, 539, 701, 992, 993, 999, 1034
SODRÉ, Nelson Werneck, 92, 211, 260
SOREL, Georges, 897, 998, 1014
SOUSA, Abelardo de, 848, 849
SOUSA, Afonso José de, 134, 997
SOUSA, Artur Roberto Coelho de, 118, 326, 366, 470, 501, 502, 620, 650, 651, 653, 745, 806, 948
SOUSA, Auta de, 105, 865
SOUSA, Belisário de, 403
SOUSA, Carlos Martins Pereira e, 135, 274
SOUSA, Cláudio de, 119
SOUSA, conselheiro João Cardoso de Meneses e, 712
SOUSA, Cristiano de, 655
SOUSA, Cruz e, 512, 938
SOUSA, Domingos Pereira e, 135
SOUSA, Elói de, 81, 673, 705
SOUSA, frei Luís de, 484
SOUSA, Henrique Inglês de, 389
SOUSA, Herculano Inglês de, 126, 188, 190, 195, 339, 504, 512, 513, 675, 916, 917
SOUSA, Joaquim Norberto de, 475, 508
SOUSA, José Marcelino de, 582, 796
SOUSA, Júlio César Ribeiro de, 742
SOUSA, Lucília Wilson Coelho de, 140, 279, 593, 747
SOUSA, Marco Antônio de, 263
SOUSA, Militão de Castro e, 842
SOUSA, Octavio Tarquínio de, 134, 271, 389, 390, 391, 458, 479, 605, 741, 815, 902, 926, 969, 995
SOUSA, Paula, 389
SOUSA, Paulino José Soares de, 204, 787
SOUSA, Paulo Inglês de, 126, 339, 403, 484, 610, 742, 820, 903, 926, 943, 1015

SOUSA, Teixeira de, 580
SOUSA, Tibúrcio Ferreira de, 267, 410, 549, 558
SOUSA, Vicente de, 272
SOUSA-ARAÚJO, Heraclides César de, 61, 134, 461, 484, 609, 742, 819, 903, 943
SOUTHEY, Robert, 475
SOUTO, Luís Rafael Vieira, 431, 432, 521, 735, 737, 763
SOUTO, Paulo Vieira, 926
SOUZANDRADE, Joaquim de, 136, 484
SPENCER, Herbert, 65, 84, 170, 172, 395, 416, 488, 491, 499, 552, 798, 802, 804, 807, 808, 809, 810, 811, 813, 816, 817, 818, 820, 822, 823, 904, 998
SPIELER, 559, 696
SPINDEN, Herbert J., 916
STAËL, mme. de, 404
STECCHETTI, 480, 484
STEIN, Stanley J., 109
STEINEN, Karl von den, 76, 98, 917
STENDHAL, 484
STERNBERG, Hildarg O' Reilly, 93
STEVENSON, Robert Louis, 199, 484
STREET, Jorge, 924, 925
STRONG, Josiah, 375
SUAÇUNA, barão de, 132
SUSANA, francesa, 299, 300, 301, 302
SUSZKI, M. B., 56
SWEDENBORG, 481
SYLOS, José Honório de, 135, 266
SYLOS, Mário Robertson de, 135, 747, 904
SYLVEIRA, Armando, 135

T

TABORDA, Afonso Cortes, 118, 589, 590
TÁCITO, 849
TÁCITO, Hilário, 301, 347
TAINE, 397, 480, 491, 998
TAMANDARÉ, 268, 270, 273, 825
TAMARINDO, coronel, 849
TANAJURA JÚNIOR, José de Aquino, 135, 457
TAQUARI, baronesa de, 789
TARDE, 481
TARQUÍNIO, Luís, 90, 752, 923, 924, 925, 955, 1009
TAUNAY, Afonso d' Escragnolle, 63, 91, 699
TAUNAY, visconde de, 72, 75, 169, 178, 180, 341, 459, 477, 495, 497, 499, 502, 504, 510, 515, 548, 581, 624, 711, 917

TAURINO, Jonas, 860
TAVARES, Adelmar, 112
TAVARES, Matias Muniz, 276
TAVARES, monsenhor Muniz, 276, 814
TAVARES, Rufino, 135
TÁVORA, Franklin, 485
TAXIL, Leo, 841
TAYLOR, 169
TEFFÉ, Nair, 939
TEIXEIRA, Duque Estrada, 212
TEIXEIRA, Joaquim Pereira, 651, 657, 670
TEIXEIRA, Múcio, 668, 699
TEIXEIRA, Severino Martiniano, 136
TELES JÚNIOR, Jerônimo José, 46, 102, 103, 170, 180, 566, 575, 624
TEODORICO, Júlio, 934
TEÓFILO, Aníbal, 107, 180, 657
TEÓFILO, Rodolfo, 510
TEOLINA, da., 389
TERRAIL, Ponson du, 481, 484, 486, 489, 497, 498
TEVES, frei Matias, 488
THACKERAY, 484
THALBERG, Sigismundo, 327
THOMAS, Dorothy, 57
THOMAS, W. I., 56, 57, 58, 197, 657
THOMPSON, dr., 411
TIGRE, Bastos, 117, 486
TIRADENTES, 267, 268
TOLEDO, Bonilha de, 410
TOLEDO, Demétrio, 138
TOLEDO, Pedro de, 764, 765
TOLSTOI, 820
TOMÉ, d. Jerônimo, 180
TORRES, Ageu, 612
TORRES, Alberto, 78, 80, 81, 91, 98, 188, 190, 512, 855, 860, 873, 916
TORRES, Antônio, 593, 823
TÔRRES, Artur E. M., 705
TORRES, Heloísa Alberto, 62
TORRES, João Camilo de Oliveira, 87, 93, 1026
TORRES, José Luso, 136, 209, 460, 608, 818, 903, 942, 968
TORRES, major Tavares, 209
TOSTA, J. J., 456
TOSTA, Joaquim Inácio, 857, 1010
TOUSSAINT-SAMSON, mme., 149, 346
TRACUNHAÉM, barão de, 46
TRAJANO, Antônio, 105, 408, 412

TREVAS, Hermínio de Holanda, 137, 610, 820
TREVELYAN, G. M., 354
TROMPOWSKY, Roberto, 180
TROVÃO, Lopes, 157, 180, 335, 345, 476, 505, 668, 723
TUROT, Henri, 99, 514, 515, 524
TWAIN, Mark, 376, 481, 486, 515

U

UBALDI, P., 708
UCHOA, Nicanor F., 138, 364
UNAMUNO, Miguel de, 225
UNGO, Corali, 842
URBANO VIII, 783
URSEL, conde Charles d', 147, 376
URUGUAI, visconde de, 475

V

VACIRCA, Vicenzo, 1031
VALADÃO, 477
VALE, Rodrigues, 707
VALERA, Juan, 1035
VARELA, Fagundes, 480, 484, 486, 489, 492, 495, 500, 503, 508
VARGAS, Getúlio, 42, 52, 60, 112, 274, 367, 491, 492, 949
VARNHAGEN, Francisco Adolfo de, 169, 507, 513
VÁRZEA, Virgílio, 180
VASCONCELLOS, Delfim Félix de, 158, 159
VASCONCELOS, Genserico de, 261
VASCONCELOS, Godói e, 342
VASCONCELOS, Max, 897
VASCONCELOS, padre Félix Barbosa de, 397, 818, 819
VASCONCELOS, Zacarias de Góis e, 610, 786
VASQUES, 120
VAUGHAM, Percy, 661
VAUTHIER, Louis Léger, 214, 306, 433, 858, 859
VAUX, Clotilde de, 221
VAZ, Augusto, 407
VAZ, Maria, 120
VEBLEN, Thornstein, 1015
VEIGA FILHO, João Pedro da, 698
VELLINHO, Moisés, 73
VELOSO, Leão, 731
VENÂNCIO FILHO, 1025
VENÂNCIO, Pedro, 409
VERDE, Cesário, 493

VERDI, 317, 326
VERGARA, Osvaldo, 274
VERGER, Pierre, 792, 832
VERÍSSIMO, José, 78, 81, 83, 89, 96, 159, 165, 188,
190, 254, 255, 396, 475, 485, 504, 510, 512,
513, 563, 586, 675, 765, 873, 916, 917, 920
VERLAINE, 493, 939
VERNE, Júlio, 133, 172, 394, 404, 405, 470, 476, 477,
488, 489, 490, 492, 493, 496, 497, 498, 499, 500,
501, 502, 503, 523, 739, 740, 743, 746, 841
VIANA, Araújo, 103
VIANA, cônego, 409
VIANA, F. J. de Oliveira, 39, 78, 82, 93, 95, 96, 97, 511,
574, 602, 873, 998
VIANA, Ferreira, 581, 660
VIANA FILHO, Luís, 90, 257, 259
VIANA, Joaquim, 888, 965
VIANA, Manuel Alves, 397
VIANA, Ulisses, 204
VICENTE, monsenhor Manuel, 865
VIEIRA, Meneses, 394
VIEIRA, padre Antônio, 426, 484, 841
VIEIRA, Severino, 108, 582, 583
VILABOIM, Manuel, 102, 180, 343, 632
VILARES, Décio, 102, 1009
VILARIM, 403
VILLA-LOBOS, Heitor, 103
VILLARES, Henrique Dumont, 523
VILLIOT, Rosa, 120
VINCI, Leonardo da, 898
VIRGÍLIO, 399, 495, 591
VISCONTI, 103
VÍTOR, Nestor, 475
VITÓRIA, rainha, 516, 889
VIVOS, Amélia Quadros, 166
VOLKART, Edmund, 57
VOLTAIRE, 87, 480, 701, 717

W

WAGLEY, Charles, 109
WAGNER, 322, 326
WALKOVER, 676, 940, 944, 949, 950
WALLACE, Alfred R., 358
WALLE, Paul, 377, 1032
WALSH, Robert, 781

WANDERLEY, general, 119
WANDERLEY, José Maurício Cavalcante da Rocha, 46
WANDERLEY, Manuel da Rocha, 131, 622, 814
WANDERLEY, Rita, 107
WARD, 97
WEBB, 235, 1014
WELLS, James W., 98
WERTHER, barão de, 107, 399
WHITAKER, 169
WHITMAN, Walt, 58, 515
WHITTIER, 357, 508
WICKHAM, Henry Alexander, 671, 672
WIENER, Charles, 583
WIENER, Norbert, 59
WILDE, Oscar, 480, 484, 490, 903, 939
WILDMANN, Egon, 1029
WILLEMS, Emílio, 105
WILLIAMS, mr., 413
WILSON, mr., 201, 202, 245
WITHER, Thomas P. Bigg, 98
WITRUVIO, Eurico, 140
WORDSWORTH, 196
WRIGHT, Arnold, 289
WRIGHT, irmãos, 750, 845
WUCHERER, 418, 422, 429

X

XAVIER, Agliberto, 140, 336, 337, 338, 607, 608,
742, 816
XAVIER, Berenice, 92
XAVIER, Carlos Frederico, 1027, 1029

Y

YOUMANS, 360

Z

ZANDER, Alvim F., 56
ZIONI, Vicente M., 106
ZIRONDI, Lubélio, 37
ZIZINA, mme., 163
ZOLA, Émile, 407, 479, 480, 481, 484, 485, 486, 489,
492, 496, 498, 499, 500, 501, 502